우남 이승만 연구

정병준 지음

역사비평사

존경하는 아버지께

지은이 정병준 鄭秉峻

서울대 국사학과 및 동대학원에서 한국 현대사를 전공해 석사, 박사학위를 받았다. 서울대, 한국외국어대, 방송대, 조선대 등에서 강의했고, 국사편찬위원회와 목포대학교에서 근무했다. 『이화사학연구』 및 『역사와현실』 편집위원장, 『역사비평』, 『한국민족운동사연구』, 『역사학연구』, 『한국사연구』 편집위원, 이화사학연구소장, 이화여대 한국문화연구원 부원장 등을 지냈으며, 현재 이화여자대학교 사학과 부교수로 재직 중이다.

해방 이후 현대 정치사가 전공이며, 새로운 자료 발굴과 글쓰기가 주요 관심사이다. 이승만, 여운형, 김구, 박헌영, 김용중, 안두희, 박순동, 서태석, 김계조, 김성칠, 현앨리스 등 현대사 인물들에 대해 글을 썼다. 『우남이승만연구』와 『한국전쟁』이 문화관광부 우수학술도서에 선정되었고(2006, 2008년), 『한국전쟁』으로 제47회 한국출판문화상 저술상(2007년)을, 『독도1947』로 제36회 월봉저작상(2011년)을 수상했다.

우남 이승만 연구

1판 5쇄 인쇄	2024년 1월 20일
1판 1쇄 발행	2005년 6월 30일

지은이	정병준
펴낸이	정순구
편집	조원식 조수정 정윤경
디자인	이석운
마케팅	황주영

출력	블루엔
용지	한서지업사
인쇄	한영문화사
제본	우진제책사

펴낸곳	(주)역사비평사
등록	제300-2007-139호(2007. 9. 20)
주소	경기도 고양시 덕양구 화중로 100(비전타워 21) 506호
전화	741-6123~5
팩스	741-6126
홈페이지	www.yukbi.com
전자우편	yukbi88 @ naver.com

ⓒ 정병준, 2005

† 책값은 표지 뒷면에 표시되어 있습니다.
　잘못 만들어진 책은 구입하신 서점에서 바꾸어 드립니다.

지은이의 글

　이승만을 연구 주제로 생각한 것은 1990년대 초반이었다. 모든 것이 혼란스럽던 과도기였다. 독재자와 건국의 아버지 사이의 간극은 도저히 용납할 수 없는 불상용(不相容)의 관계였다.

　이승만은 1950년대까지 한국현대정치사를 대표하는 핵심적이고 전면적인 주제 대상이다. 그럼에도 불구하고 학계에서는 정면으로 다뤄지지 않았고, 언론과 연구의 관심사는 부분적인 인물평 수준을 벗어나지 못했다. 의문에 대한 합리적 해석이 연구의 첫 번째 동기가 되었다.

　이승만이란 인물이 갖는 매력도 큰 몫을 했다. 찬반을 떠나 이승만을 다룬다는 것은 현대 정치사에 대한 정면 승부였다. 1986년 한국 현대사를 연구하기 시작하면서 가졌던 열정이 연구의 원동력이 되었다. 학문적 도전과 투지가 일었다. 살 만한 세상을 꿈꾸었던 시대의 열망이 그 기초를 이루었다.

　처음에는 해방 후 분단정부 수립기까지만을 다룰 생각이었다. 하지만 한 인물을 살펴보면서 그 일생 중 불과 몇 년만을 떼어 분석하겠다는 생각의 어리석음을 깨닫는 데 그리 오랜 시간이 걸리지 않았다. 그로부터 10년이 지나서야 작업의 첫 단계를 마무리할 수 있었다.

　작업은 무한한 자료의 바다를 헤매는 과정의 연속이었다. 공간된 자료는 물론 규장각 고문서, 조선총독부 검사국 심문철, 일본 외무성 문서철, 미국 내셔널 아카이브즈의 문서 더미까지 수많은 문서철을 헤쳐 왔다. 자료 한 장, 사실 하나를 확인하기 위해 국내외의 여러 문서관·도서관을 오르내렸다. 방문하지 못한 해외 문서관의 자료 한 장을 얻기 위해 수개월을 기다리는 일쯤은 다반사였다. 분석과 평가의 엄밀함은 자료의 바다를 항해하는 나침반이자 연구의 가장 중요한 도구가 되었다. 이미 발굴된 자료라도 곱씹어 의미와 본질을 드러내기 위해 노력했다. 중요한 대목에 대해 새로운 평가가 가능해졌다.

많은 분들을 만나 증언을 듣고, 이승만에 대한 평가와 관점을 둘러싸고 토론을 벌이기도 했다. 증언을 통해 활자 속에 갇혀 있던 역사가 생동하는 현실로 다가왔다. 새로운 사실을 발견하고 발굴하는 기쁨을 누렸고, 역사적 평가의 엄정함을 깨달으며 숙연해지기도 했다.

이 연구를 진행함에 있어서 간직하고자 노력한 것은 냉정하고 합리적인 자세였다. 인물을 다룰 때 쉽게 빠지는 미화, 과장, 왜곡 등의 주관성과 거리를 유지하기 위해 많은 노력을 기울였다. 특히 이승만에 대해서는 사실과 무관하게 호오(好惡)·긍부(肯否)·훼예포폄(毀譽褒貶)이 극단적으로 갈라졌기 때문에, 사실과 평가를 구별하고 학문적 열정과 감정이입을 준별하기가 쉽지 않았다. 때문에 평가보다는 사실과 자료로 말하게 하는 실사구시(實事求是)의 입장을 취했다.

분석과 평가에 있어서는 시대정신, 당대의 열망에 다가가려고 노력했다. 엘리트중심주의나 영웅주의를 벗어나 이승만을 대상화하고 객관화시키려는 의도에서였다. 이는 시대의 열망과 객관적 상황, 주체의 의지와 선택의 교직 속에 형성된 인간군상의 그물망에 이승만을 위치시키는 작업이기도 했다.

이승만을 통해 한국 근현대 100년을 조망하려는 시도는 여러 우여곡절과 다양한 논의의 징검다리를 통해 이 책으로 형상화되었다. 이승만과 관련된 주요 주제·쟁점들의 대부분을 다루었고, 새로운 자료의 발굴과 분석으로 새로운 해석을 하려 노력했다. 이 책은 이승만에 대해 접근 가능한 모든 자료와 분석의 여러 측면을 최대로 부각시킨 연구라고 자부한다.

한편 이 책은 시기적으로는 한말부터 1948년 정부 수립기까지 한국 근현대 격변기를 다루었다. 원래의 구상이 해방 후로부터 시작되었으므로 해방 이전 시기와 이승만 개인에 대해서는 전면적이라기보다는 부분적으로만 다뤘으며, 때에 따라 필요한 부분이 있으면 부조적(浮彫的)이고 분석적인 접근을 시도했다. 또한 사실에 근거하지 않은 주장과 가설, 인상비평류의 평가에서 출발한 쟁점 등은 처음부터 배제했다. 세밀하지 못한 부분과 다루지 못한 주제들은 후속 작업의 몫으로 남겨두었다.

이 책이 나오기까지 많은 분들의 도움을 받았다. 먼저 이 책의 저본이 된 박사학위논문 심사 과정에서 여러 선생님들의 가르침을 받았다. 지도교수이신 한영우 선생님은 이승만 연구와 관련해 중요한 길잡이 역할을 해주셨다. 구상 단계에서 한 선생님의 지적으로 논문의 범위가 대폭 확대되었다. 준비 부족으로 인한 시행착오의 조정 과정은 결과적으로 큰 도움이 되었다. 정옥자 선생님은 심사위원장으로 긴 역사적 안목이 갖는 중요성에 대해 지적해주셨다. 전통사회와 근대사회의 계승과 변용에 대해 일깨워주셨고, 늘 따뜻한 마음을 열어 보여주셨음에 감사드린다. 권태억 선생님은 석사논문 지도교수셨고, 세심함과 꼼꼼한 지적으로 격려해주셨다. 격려와 분발을 촉구한 김인걸 선생님께도 감사드린다. 석사논문이 고비에 섰을 때, 두 분 선생님과 노을녘 백운저수지에서 함께한 저녁 자리가 늘 가슴에 남아 있다. 서중석 선생님께서는 예리하고 정확한 지적과 비판으로 일깨워주셨다. 주제에 대한 과장과 강조의 위험성에 대해 학문적 긴장 유지, 객관적 간격 유지의 중요성을 강조해주셨다. 서 선생님의 성실함과 학문적 저력은 학문지남(學問指南)으로 변함이 없다.

현대사 연구를 시작하면서 가르침을 받은 세 분 선생님이 계신다. 이 분들은 강단에서 가르치진 않았으나 한국 현대사의 우여곡절을 몸으로 체현한 살아있는 역사책이자 스승이시다.

먼저 김남식 선생님은 직접 배우기도 했고, 오래 사숙한 분이다. 선생님의 책과 자료집은 걸음마 단계에 섰던 현대사 연구자들의 필독서였다. 남한 혁명운동사와 북한 현대사에 대해 선생님은 자기 체험에서 우러나오는 명쾌함과 분명한 자료적 근거를 가지고 계셨다. 분단의 질곡을 한 몸에 체현하면서도 언제나 세계 발전에 대한 낙관과 희망의 빛을 발했다. 원래의 서문이 완성된 직후 선생님께선 불의에 타계하셨다. 생의 마지막 불꽃을 통일운동에 불사르셨던 선생님의 명복을 빈다.

박병엽 선생님은 이미 오래전 고인이 되셨다. 선생님은 한국 현대사와 남북 관계에 대해 전혀 새로운 안목과 방향을 제시해주셨다. 말문을 열면 체계적으로 총화·정리된 이야기였고, 신세계로의 초대였다. 선생님과의 대화를 적으면 그대로 글이 될 정도였다. 선생님은 기억 저장고이자 경이의 대상이었고, 현대사의 진정한 보고였다. 선생님은 비운의 현대사가 낳은 격정과 불운의 생애를 살다 가셨다. 차마 못다 적는 그분의 이야기는 통일되는 날 다 풀어 쓸 수 있을 것이다.

방선주 선생님은 방법론과 자료, 시각에서 일깨워주셨다. 보수적이되 치우침이 없고, 실사구시적이되 자료에 매몰되는 법이 없었다. 30여 년간 미국 내셔날 아카이브즈에서 묵묵히 한국 현대사 자료를 발굴해온 그 성실과 땀의 결정체는 무수한 자료집 발간으로 드러났다. 이를 통해 현대사 연구의 획기적 전진이 가능했다. 이 연구에 사용된 자료의 절반 이상은 선생님에 의해 발굴되고 의미가 확인된 것들이라 해도 과언이 아니다. 2001년 방 선생님과 함께한 미국 내셔날 아카이브즈에서의 한 해는 영광스럽고 즐거운 경험이었다.

한국역사연구회 현대사 분과는 지난 16년 동안 나의 지적인 샘이었고 쉴 만한 안식처였다. 도진순, 이애숙, 임대식, 정연태, 정용욱 선배님들은 송곳처럼 날카롭고 냉정한 지적과 형형한 안목으로 시야를 넓혀주셨다. 김보영, 김정인, 김지형, 노영기, 류승주, 박진희, 박태균, 이승억, 이혜영, 장원정, 정재욱, 정진아, 정창현, 조이현, 한모니카 등의 애정 어린 비판과 실무적 조력은 큰 도움이 되었다. 특히 1990년대 중반 우익연구반의 박진희, 이승억과 함께 했던 번역 및 연구 작업은 이 책의 중요한 골격을 세우는 데 큰 도움이 되었다. 애정과 신뢰로 격려를 아끼지 않았던 기광서, 김광운, 김수자, 박동찬, 홍석률 선후배께도 감사드린다. 박사논문의 초고는 이분들의 조력과 조언에 힘입은 바 컸고, 이 책을 만드는 데 적절한 기준이 되었다.

1993년부터 10여 년간 근무한 국사편찬위원회는 한국 현대사 연구자로 독립하는 데 큰 도움을 받은 곳이다. 솜씨 있는 연구자를 기다리던 수많은 한국 현대사 자료들을 접하면서 자료를 보고 다루는 안목을 키웠다. 앞산의 신록이 물들어 가을 단풍으로 변하고, 마른 가지 위에 함박눈이 쌓이는 것을 보면서 연구의 깊이가 더해졌다. 국사편찬위원회의 아름다운 정원에서 동료 선생님들과 보낸 한때가 아직도 가슴 속에 쟁쟁하다. 밤늦은 시간 퇴근을 독촉하던 수위 아저씨들의 목소리가 그립다.

난해한 한문 초서를 풀어주신 이명래 선생님, 일본어 초서를 해석해주신 박병원 선생님께도 감사드린다. 두 분 선생님은 시도 때도 없는 질문에 번거롭다 하지 않으시고, 기꺼이 도움을 주셨다.

　이곳 목포로 내려와 세 번째 겨울을 맞았다. 아름다운 승달산의 사계절이 연구실 창문에 걸려 있다. 목우암 샘물을 마시고 산자락에 앉아 다도해의 해질녘을 바라보면 눈시울이 뜨거워지곤 했다. 목포대 역사학 전공 선생님들은 따뜻한 마음과 진심 어린 배려로 연구를 격려해 주셨다. 분에 넘치는 애정에 감사드린다.

　자료로 필자에게 도움을 준 많은 분들이 있다. 이 자리에서 이분들의 도움에 특별한 감사를 표한다. 미주 한인 이민100주년기념사업회 로버타 장(Roberta Chang), UCLA 아시안 아메리칸 스터디스 센터(Asian American Studies Center, UCLA) 연구원 안형주, 연세대 오영섭, 전 대한매일신문 정운현기자, 백범김구선생기념사업협회 홍소연차장, 미국립문서기록관리청(National Archives and Records Administration) 선임 아키비스트 리차드 보일란(Richard Boylan), 맥아더기념관(MacArthur Memorial Archives) 아키비스트 제임스 조벨(James Zobel) 등 여러분들과 국가기록원, 국립중앙도서관, 국방부 군사편찬연구소, 국사편찬위원회, 국회도서관, 독립기념관, 서울대 규장각, 역사문제연구소, 중앙일보사 통일문화연구소, 한국방송공사(KBS) 자료실, 남가주대학 기록연구센터 동아시아도서관(the East Asian Library of the Archival Research Center, University of Southern California), 스탠포드대학 후버연구소(Hoover Institute on War, Revolution and Peace, Stanford University), 콜럼비아대학 희귀본·필사본도서관(the Rare Books and Manuscripts Library, Columbia University), 기타 여러 기관에 감사드린다. 길고 복잡한 원고를 좋은 책으로 만들어준 역사비평사 관계자들께도 고마움의 인사를 전한다.

　가족들에겐 늘 바쁘고 여유 없는 가장이었다. 매일같이 연구실에서 밤을 지새며, 가족들과 함께 보내자던 주말마저 집을 비우곤 했다. 빈자리를 대신해온 사랑하는 아내 이경희와 사랑하는 규환·서영에게 고마움과 미안함을 전한다. 이 책은 가족들이 기꺼이 허락한 시간의 결과물이다. 아내는 내 모든 글의 첫 번째 독자이자 비평가였다. 아이들에게는 이 책이 부끄럽지 않은 선물이 되길 비는 마음이다. 27년간 자식을 위해 홀로 계신 아버지께는 요령부득의 아들이었다. 돌이켜보면 헌신적 사랑에 감사하고 부끄러울 뿐이다. 부디 건강하시길 빌며 삼가 이 책을 올린다.

봄비 재촉하는 우수(雨水)날 승달산 자락에서

2005. 2. 18.

저자 씀.

일러두기
─────────

1 각주에 나오는 < ? > 표시는 지은이가 참고한 편지나 기타 문서의 원본에 표시된 그대로의 것으로, 원본 자료의 대상이나 날짜를 정확하게 알 수 없다는 뜻이다.
   (예 : <「李承晩 → 金鉉九?」(?1929년 3월 9일) >는 이승만이 보낸 편지인데, 김현구가 수신자인지 또는 1929년 3월 9일자인지 정확하지 않다는 뜻이다. 그 외에 표에서도 마찬가지 용법이다.)

2 해방 전후의 신문이나 기록에서 원문 그대로 인용할 경우에는 당시의 표기를 그대로 실었다.
   (예 : 가급덕으로 장려ㅎ며 혹 토디가옥 등 모든 부동산과 각종 물품을 매매전집ㅎ며)

차례

지은이의 글   5
글을 시작하며
  1. 연구의 목적과 범위   19
  2. 연구의 구성과 방법론   38
  3. 연구 자료   42

| 제1부 | 한말·개화기 : 성장·교육·개화운동

1장   가계와 왕족 의식
  1. 가계·신분과 이중적 왕족 의식   51
  2. 유년·성장·결혼   59

2장   학업과 독립협회 참여
  1. 과거·배재학당·독립협회   65
  2. 옥중 수학과 『독립정신』의 세계관   74

3장   미국 유학과 망명
  1. '독립 유지'의 첫 외교   81
  2. 6년 만의 박사학위   87
  3. 짧은 귀국, 긴 망명   91

| 제2부 | 일제시기 I : 외교독립노선과 외교 활동

4장   외교독립노선의 형성과 특징
  1. 대외관의 형성과 변화
    1) 개항기의 대외관   99
    2) 대일관의 변화   103
    3) 친미적 대미관   106
    4) 반러적 대러관   111

2. 외교독립노선의 구성과 특징
      1) 무력투쟁불가론·미일개전론 116
      2) 한반도중립화론 : 외교 노선의 핵심 124
      3) 아일랜드 독립운동의 영향 130

5장　1910~30년대 외교 활동
   1. 정립(鼎立)의 재미 한인 지도자 : 박용만·안창호·이승만
      1) 박용만과 이승만 137
      2) 안창호와 이승만 141
   2. 위임통치(委任統治) 청원
      1) 1913~18년 : 준비론·실력양성론 146
      2) 1919년 : 위임통치 청원 150
      3) 위임통치 청원 논란 156
   3. 대통령 자임(自任)과 한성정부 법통론
      1) 대한공화국 임시정부 국무경 161
      2) 초기 상해 임시정부 국무총리 170
      3) 한성정부 집정관총재 178
      4) 한성정부 문건 개조와 대통령제 정부의 창출 184
   4. 구미위원부의 설립과 외교 활동
      1) 구미위원부의 기원 197
      2) 구미위원부의 외교·선전 활동 202

6장　태평양전쟁기 전시 외교 활동
   1. 주미외교위원부 창설과 전후 구상
      1) 재미 한인의 통일과 주미외교위원부의 창설 211
      2) 정적 한길수 221
      3) 주미외교위원부 파란 227
      4) 전후 구상과 대한민주당 창설 계획 233
   2. 대일 무장투쟁노선의 제기
      1) 미 정보조정국(COI)의 한반도 침투 계획 241
      2) 한인 게릴라 부대 창설 제안의 성과 251
   3. 반소반공노선과 '얄타 밀약설'
      1) 반소반공노선의 연원 257
      2) 샌프란시스코 회담과 얄타 밀약설 261

| 제3부 | 일제시기 II : 국내 연계와 지지 기반

7장 1910~20년대 국내 민족주의 세력과의 관계
1. 3·1운동과 국내 인맥의 역할
  1) 3·1운동과 이승만의 명성 제고　　275
  2) 국내 인맥의 기원　　284
  3) 이상재·신흥우·한성정부　　290
2. 실력양성운동과 하와이 한인기독학원모국방문단
  1) 실력양성운동으로의 전환　　302
  2) 임시정부 대통령과 '모국' 일본　　308
3. 일제의 이승만 활용 기도와 자치론
  1) 항일과 타협의 갈림길　　314
  2) 자치론 : 일제와 이승만의 간격　　320

8장 이승만의 국내 지지 기반 흥업구락부(1925~38년)
1. 흥업구락부의 모체, 동지회
  1) 대광(大光) : 동지회의 기원　　331
  2) 동지회　　334
  3) 동지식산회사　　338
2. 흥업구락부의 조직·구성·지향
  1) 조직 과정　　341
  2) 구성원의 경력과 특징　　349
  3) 흥업구락부의 지향　　360
3. 흥업구락부의 활동
  1) 조직 확대·운동자금 조성　　371
  2) 이승만과의 연락·연대　　376
  3) 기독교 문화단체 내 활동　　384
4. 흥업구락부 사건
  1) 조직 발각·검거·친일화　　387
  2) 흥업구락부의 유산　　394

9장 태평양전쟁기 단파방송사건과 국내의 이승만 인식
1. 단파방송 : '이승만 신화'의 배경　　399
2. 좌파의 이승만 인식
  1) 여운형과 건국동맹　　402

2) 허헌·한설야·이중림   406
      3. 우파의 이승만 인식
           1) 홍익범의 역할   411
           2) 송남헌·양제현·경성 방송국   418
           3) 이승만의 단파방송   420

| 제4부 | 해방 직후 : 정부 수립 노선과 활동

  10장   조기 귀국과 동경 회합
      1. 귀국 로비와 여행 계획
           1) 귀국 로비   427
           2) 여행 허가 획득과 여행 계획   433
      2. 맥아더·하지·이승만의 동경 회합   440
      3. 정책 결정자 하지   447

  11장   정계 부상과 독립촉성중앙협의회의 조직
      1. '민족 지도자' 이미지의 부각   455
      2. 정당통일운동과 독립촉성중앙협의회   467
      3. 독촉중협과 미군정의 '임시한국행정부' 구상
           1) 미군정의 '임시한국행정부' 수립 구상   474
           2) 독촉중협의 전개 과정   484
      4. 독촉중협의 귀결 : 신탁파동의 전주   494

  12장   1946년 지지 기반 강화와 단독정부 수립 제안
      1. 반탁 노선의 여러 갈래 길
           1) 김구의 반탁운동과 비상정치회의 소집   509
           2) 이승만의 '민주적 자주정부'수립노선과 제2의 독촉중협 시도   516
      2. 민주의원·이승만·굿펠로우
           1) 민주의원의 조직 : 이승만의 수완   523
           2) 굿펠로우의 공작   530
           3) 광산 스캔들   537
      3. 지방 순회와 지지 기반 강화
           1) 독촉중협과 독촉국민회   543

            2) '남선순행'과 독촉국민회의 장악   548
    4. 자율정부·단독정부·과도정부   563

13장   1945~47년 정치자금 조성과 운용
    1. 대한경제보국회(1945~46년)의 조직과 정치자금
            1) 미군정·이승만·친일 경제인의 결합 과정   580
            2) 정치자금 조성과 이승만 1천만 원 지원   591

    2. 도미 외교(1946~47년) 시 '외교 후원금' 조성과 규모   601

    3. 정치자금 규모와 운용
            1) 정치자금의 규모   606
            2) 정치자금 조성의 특징과 배경   609
            3) 정치자금의 운용   618

14장   1947~48년 우익 진영의 분화와 단독정부의 실현
    1. 도미 외교와 단독정부 수립운동의 강화
            1) 이승만·김구·하지의 동상이몽   627
            2) 도미 외교와 외교 성과의 포장   635
            3) 이승만·김구·하지의 갈림길   641

    2. 제2차 미소공위와 반탁 우익 진영의 분열
            1) 반탁동맹의 균열   652
            2) 이승만의 위기와 2차 미소공위 대책   659

    3. 단정의 실현과 이승만·김구의 분립
            1) 한국 문제의 유엔 이관과 총선거 캠페인   667
            2) 조기 총선거론과 불안한 동맹   675
            3) 합작의 종결 : 이승만의 길·김구의 길   686

글을 맺으며   697
별표   717
참고문헌   726
찾아보기   771

글을 시작하며

1. 연구의 목적과 범위

한국 근현대 100년사는 시련과 격변의 시기였다. 자주독립 국가였던 조선은 일제의 식민지로 전락했고, 짧은 해방 뒤에 두 외세의 군정 통치가 이어졌다. 미소의 대립과 좌우·남북의 갈등 속에서 한국은 분단국가가 되었다. 한편 근현대는 이행과 전환의 시기이기도 했다. 군주의 시대에서 외세 지배의 시대로, 국민·민중의 시대로 이행했다. 전통사회에서 근대로의 이행, 현대로의 전환이 이루어졌다.

이러한 이행·전환기의 가장 큰 과제는 자주 통일·독립국가 건설이었고, 그 핵심은 민족문제·계급 문제의 해결이었다. 그 방식이 자주적이었느냐 아니면 타율적 강제였느냐, 그 지향이 국민국가였는가 '민족통일국가'였는가를 논외로 하더라도, 이를 둘러싸고 개항 이래 다양한 세력과 노선들이 등장했다. 식민지의 거센 압력을 통과한 이 노선들은 해방 공간을 통해 분출되었고, 격렬하게 충돌했다. 해방 공간은 통일·독립이란 목표를 향한 희망과 절망이 교차한 시기였고, 이후 한국 현대사의 흐름이 결정된 분수령이기도 했다.

미소·남북·좌우 대립의 격랑을 거쳐 1948년 대한민국이 수립되었을 때, 우남(雩南) 이승만(李承晚, 1875~1965)은 대통령이 되었다. 이승만은 반소·반공·단독정부노선을 추구했고, 주요 분기점에서 결정적 역할을 수행함으로써 역사의 한 부분이 되었다.

한국 근현대사에서 이승만의 역할은 중요하고 독특한 것이었다. 그는 대한민국임시정부(1919~25년 재임)와 대한민국(1948~60년 재임)의 초대 대통령이 됨으로써 한국 최초 공화정의 최정상에 오르는 영예를 안았다. 그러나 출발점에서 그의 영광이 빛난 반면, 두 정부에서 공히 국민의 손에 의해 축출되는 비극적 결말을 맞이했다. 이승만의 생애는 이처럼 화려한 출발과 파국적 종말로 이어졌고, 스스로 한국 근현대사의 우여곡절을 체현했다. 그에 대한 훼예포폄(毀譽褒貶)이 함께 짝이 되는 것은, 그가 한국 현대사에 남긴 영향이 컸음을 반증한다.

이 연구의 주된 초점은 한국 근현대사의 가교 역할을 한 이승만의 역할과 노선이 무엇이었는가를 추적하는 것이다. 구체적으로 해방 후 이승만이 걸어간 노선의 역사적 배경과 형성 과정을 검토하는 것이다. 이런 측면에서 이 연구는 이승만 개인에 대한 인물사적 접근이다. 그러나 본질적으로는 인물 연구에서 한 걸음 더 나아가 이승만으로 대표되는 부르주아 민족주의 계열이 한국 근현대사에서 차지하는 사상적 지향과 범위, 역사성을 살펴보는 것을 목적으로 하고 있다. 즉 이 연구는 이승만 개인을 통해 한국 근현대사에서 우파의 형성·변화 과정을 살펴보고, 그 지향의 역사적 맥락을 점검하는 것을 의도하고 있다.

이승만에 대해서는 이미 생전부터 평가가 대립적이었으며, 사후에는 평가가 극단적으로 양립했다.[1] 이승만의 업적으로는 식민지 시기의 독

---

1) 이승만에 대한 전반적 평가는 정병준, 「이승만 : 반공건국과 분단독재의 카리스마」, 『한국사인물열전』 3, 한영우선생정년기념논총간행위원회 엮음, 돌베개,

립운동, 해방 이후 대한민국의 건국, 한국전쟁 이후 한미상호방위조약 체결, 농지개혁 등이 지적되었다. 특히 이승만이 '건국노선'을 통해 대한민국을 수립하고, 한국전쟁 시기에 한미상호방위조약을 체결함으로써, 미국의 안전보장 위에서 이후 경제개발을 이룩할 수 있는 토대를 구축했다는, 건국과 반공의 측면이 강조되었다. 대미 외교에서 드러난 이승만의 독자성과 능수능란함 역시, 이후 다른 지도자들과 비교해볼 때 장점으로 꼽힌다. 이승만은 제2차 세계대전 이후 동북아시아에서 장개석(蔣介石)과 쌍벽을 이루는 반공 지도자로서 분명한 카리스마를 지니고 있었다. 반공주의는 이승만의 장점이자, 최대의 약점이기도 했다.

한편 이승만의 과오로는 다음과 같은 점이 지적되었다. 이승만은 권력 장악을 위해 분단 정부 수립을 주도했고, 한국 사회에 반공주의를 전면화하면서 반민주 독재 활동을 통해 민주주의의 진전을 막았다는 비판을 받았다. 특히 이승만은 부산정치파동(1952), 사사오입(四捨五入)을 통한 3선 개헌(1954), 3·15부정선거(1960) 등 대통령 선거 때마다 반민주 독재로 일관했고, 반민특위를 해체하고 친일파를 옹호하고 중용했으며, 조봉암 법살(法殺)로 대표되듯 정적과 반대파를 무자비하게 숙청했다는 불명예를 안고 있다. 한국전쟁과 관련해서 서울 시민을 보호하지 않고 가장 먼저 대구로 피난했고, 보도연맹 사건, 거창 사건, 함평 사건 등 수많은 '민간인 학살'을 초래했다는 비판을 받고 있다. 또한 한미상호방위조약으로 한국의 안보가 확고해졌다는 찬사에도 불구하고, 한국군의 지휘권을 휴전 후에도 미국에 이양함으로써 종속적인 한미 관계를 고착시켰다는 점도 비판의 대상이 되고 있다.

이승만에 대한 전기적 접근이나 서술은 이미 대통령 재임 시절부터 시작되었는데, 1950년대의 전기들은 이승만을 찬양하는 홍보물의 성격

2003, 182~205쪽 참조.

이 강했다.2) 반면 1960년대 이후 간행된 평전들은 정반대로 비판적 내용이 주류였다.3) 전기·평전 이외의 연구에서 이승만에 대한 평가는 시기별로 차이가 있다. 4·19 이후 이승만의 반민주 독재·부정부패·부정선거·반공주의에 대해 국민들의 기억이 분명하던 1960~80년대에는 이승만에 대한 연구가 거의 이뤄지지 않았으며, 분단과 독재의 책임자로 비판하는 평가가 주류를 이루었다.4) 이후 1990년대 들어서는 '건국의 아버지'로 긍정적으로 평가하는 입장이 대두되었다.5)

이승만에 대한 연구가 본격화된 것은 1980년대 이후였다. 주요 연구를 시기별로 개관하면 (1) 개화기의 활동, (2) 일제시대 외교활동, (3) 해방 이후 활동에 대한 연구로 나누어볼 수 있다. 먼저 개화기의 이승만 활동에 대한 연구는 외교독립론을 비롯한 정치사상 형성의 배경, 기독

---

2) 이승만의 대통령 재임 시절 간행된 전기 중 대표적인 것은 다음과 같다. 梁又正 編, 『李承晩大統領 建國路線의 勝利』, 獨立精神普及會, 1948; 梁又正, 『李大統領鬪爭史』, 聯合新聞社, 1949; 徐廷柱, 『李承晩博士傳』, 三八社, 1949; 金珖燮, 『李承晩大統領 全世界에 웨친다』, 대한신문사, 1952; 韓徹永, 『自由世界의 巨星 李承晩大統領』, 文化春秋社, 1953; Robert T. Oliver, *Syngman Rhee : The Man Behind the Myth*, Greenwood Press, Publishers, Westport, Connecticut, 1954; 葛弘基, 『大統領李承晩博士略傳』, 公報處, 1955; 公報室 編, 『世紀의 偉人 : 外國人이 본 李承晩大統領』, 公報室, 1956; 박성하, 『대한민국의 아버지 우남 리승만박사전』, 명세당, 1956; 金長興, 『민족의 太陽 : 雩南李承晩博士評傳』, 警察圖書出版協會, 1956.

3) Richard C. Allen, *Korea's Syngman Rhee : An Unauthorized Portrait*, Charles E. Tuttle Company, Publishers Rutland, Vermont & Tokyo, Japan, 1960; 孫世一, 「李承晩과 金九」, 一潮閣, 1970; 宋建鎬, 『徐載弼과 李承晩』, 正宇社, 1980; 한승인, 『독재자 이승만』, 일월서각, 1984.

4) 金道鉉, 「李承晩路線의 재검토」, 『解放前後史의 認識』, 한길사, 1980; 한승인, 위의 책; 宋建鎬, 「李承晩論」, 『思想界』 11-5, 1963; 宋建鎬, 「李承晩과 金九의 民族路線」, 『창작과비평』 43호, 1977; 宋建鎬, 「이승만」, 『韓國現代人物史論 : 民族運動의 思想과 指導路線』, 한길사, 1984.

5) 이한우, 『거대한 생애 이승만90년』 상·하, 朝鮮日報社, 1995; 朝鮮日報, 『뭉치면 살고 : 1898~1944 언론인 이승만의 글 모음』, 朝鮮日報社, 1995; 유영익, 『이승만의 삶과 꿈』, 中央日報社, 1996.

교를 수용하는 과정, 언론 활동, 한글운동 등에 주목하고 있다.6) 이는 모두 그의 외교론, 기독교 수용, 국가관 등이 일제시대와 해방 이후 그의 노선에 어떤 영향을 주었는지 검토하기 위한 사전 분석적 성격을 지닌다. 특히 미국, 기독교, 선교사의 영향이 이승만에게 미친 영향 등이 주로 연구되었다.

일제시대의 이승만에 대한 본격적 연구는 재미 역사학자 방선주(方善柱)로부터 시작되었다. 그는 미국립문서기록관리청(The National Archives and Records Administration)에서 비밀 해제된 자료를 활용해 이승만 위임통치론의 실상, 외교노선, 박용만과의 관계, 미주 한인 사회에서의 역할 등을 새롭게 조명했다.7) 국내에서는 고정휴(高珽烋)가 이승만의 외교기관인 구미위원부(歐美委員部), 주미외교위원부(駐美外交委員部)와 정통성 주장의 근거가 된 '한성정부(漢城政府)' 등에 대해 집중적으로 분석했다.8) 이외에도 1933년 국제연맹회의 외교, 박용만(朴容萬)·한길수(韓吉

---

6) 高珽烋, 「開化期 李承晩의 思想形成과 活動(1875~1904)」, 『歷史學報』 109호, 1986 ; 주진오, 「청년기 이승만의 언론·정치활동 해외활동」, 『역사비평』 여름호, 1996 ; 柳永益, 「雩南 李承晩의 '獄中雜記' 白眉」, 『인문과학』 80집, 延世大學校 人文科學研究所, 1999 ; 하유식, 「대한제국기 이승만의 정치사상과 대외인식」, 『지역과역사』 제6호, 부산경남역사연구소, 2000 ; 鄭聖培, 「初期 李承晩에게 나타난 基督敎 理念이 그의 行動에 미친 影響研究」, 監理敎神學大學, 1983 ; 서정민, 「구한말 이승만의 활동과 기독교 : 1875~1904」, 연세대 교육대학원 석사학위논문, 1987 ; 鄭晋錫, 「언론인 이승만의 말과 글」, 『뭉치면 살고』, 朝鮮日報社, 1995 ; 김인선, 「개화기 이승만의 한글운동연구」, 연세대 국학협동과정 박사학위논문, 1999.

7) 方善柱, 「3·1운동과 재미한인」, 『한민족독립운동사』 3, 국사편찬위원회, 1988 ; 『在美韓人의 獨立運動』, 한림대 아시아문화연구소, 1989 ; 「1921~22년의 워싱톤회의와 재미한인의 독립청원운동」, 『한민족독립운동사』 6, 1989 ; 「1930년대 재미한인독립운동」, 『한민족독립운동사』 8, 1990 ; 「1930~40년대 歐美에서의 獨立運動과 列强의 反應」, 『韓國獨立運動과 尹奉吉義士』, 1992.

8) 高珽烋, 「歐美駐箚韓國委員會의 初期 組織과 活動, 1919~1922」, 『歷史學報』 134·135합집, 1992 ; 「第2次 世界大戰期 在美韓人社會의 動向과 駐美外交委員部의 活動」, 『國史館論叢』 49집, 1993 ; 「독립운동기 이승만의 외교노선과

洙) 등 정적과의 관계 등이 구체적으로 분석되었다.[9]

일제시대의 이승만에 대한 연구에서는 두 가지 쟁점이 형성되어 있다. 첫째는 독립운동 방략에 대한 평가이다. 그 중에서도 위임통치론으로 대표되는 외교 노선을 독립운동의 방략으로 인정할 것인가 하는 문제, 또 만약 인정한다면 그 노선이 전체 독립운동사에서 어떤 위치를 차지한다고 평가할 것인가 하는 점이 논쟁의 핵심이다.[10] 이미 당대부터 위임통치론이 독립 부정의 논리라는 비판과 연구가 주류를 이루는 가운데, 시대적 한계 속에 나온 어쩔 수 없는 선택이었다는 옹호론도 있다.

둘째는 미주 한인 사회 내에서 이승만의 위상과 역할 문제이다. 미주 한인 이민사·독립운동사 분야에서의 연구는 미주 한인운동의 1세대인 김원용(金元容)의 비판적 정리로부터 시작되었는데,[11] 이승만이 재미 한인 사회의 통일에 기여했다는 긍정적 평가와, 파벌을 조성하고 분열을 초래했다는 부정적 평가가 엇갈리고 있다.[12] 하와이 한인 사회

제국주의」, 『역사비평』 가을호, 1995 ; 「世稱 漢城政府의 組織主體와 宣布經緯에 대한 檢討」, 『韓國史硏究』 97집, 1997.
9) John D. Palmer, "Syngman Rhee's Diplomatic Activities in Geneva and Moscow, 1933", Seoul, Graduate School of International Studies, Yonsei University ; 方善柱, 「韓吉洙와 李承晩」, 『이승만의 독립운동과 대한민국 건국』, 현대한국학연구소, 1994 ; Linda J. Min, "Kilsoo K. Haan versus Syngman Rhee : a competition for leadership in the Korean independence movement in the United States, 1938~1945", Seoul, Graduate School of International Studies, Yonsei University, 1997.
10) 양영석, 「위임통치청원(1919)에 관한 고찰」, 『韓國學報』 49호, 1987 ; 방선주, 「李承晩과 委任統治論」, 『在美韓人의 獨立運動』, 1989 ; 안철현, 「이승만정권의 '임시정부 법통계승론'을 비판함」, 『역사비평』 봄호, 1990 ; 고정휴, 「이승만은 독립운동을 했는가」, 『역사비평』 겨울호, 1991 ; 尹大遠, 「大韓民國臨時政府의 組織·運營과 獨立方略의 분화(1919~1930)」, 서울대 국사학과 박사학위논문, 1999.
11) 金元容, 『在美韓人五十年史』, 캘리포니아 리들리, 1959.
12) 긍정적인 평가로는 洪善杓의 연구(「이승만의 통일운동」, 『한국독립운동사연구』 제11집, 1997)가 있으며, 부정적 평가로는 다음과 같은 연구들이 있다. Roberta W. S. Chang, 1999, "The Korean National Association Kuk Min Hur and Rhee

에서 종교·교육·외교의 측면에서는 이승만의 공로가 인정되는 반면, 네 차례에 걸쳐 하와이 한인 사회와 단체들이 분열되고 재판까지 치른 것에 관련해서는 이승만의 과오가 부각되었다.

해방 이후의 이승만에 대한 연구는 방대하다. 이는 정부 수립을 기점으로 (1) 해방 후~정부 수립기, (2) 정부 수립 후~4·19시기 등 두 시기로 나눠볼 수 있다. 먼저 두 번째 시기를 살펴보자. 정부 수립 이후 4·19시기까지 1950년대사는 어떤 주제를 막론하고 이승만과 무관할 수 없기 때문에, 대부분의 연구들이 이승만의 인물·노선·사상·정당·사회단체·정부를 다루고 있다.13)

정치 분야에서는 주요 인물, 정당(자유당·민국당·민주당·진보당), 일민주의(一民主義)와 반공주의의 정치노선, 주요 사건(김구 암살·반민특위) 등이 다루어졌다. 한국전쟁 시기는 독자적 연구 분야로 설정될 수 있다. 이승만과 관련해서는 한미 관계, 한미상호방위조약, 국민방위군 사건, 부산정치파동, 에버레디 계획을 비롯한 미국의 이승만 제거 계획, 보도연맹 학살, 거창·함평 양민 학살 등 전시의 민간인 학살이 주요 주제로 등장했다.14) 4·19 역시 독자적인 주제로 설정이 가능하며

Syngman in the Courts of the Territory of Hawaii 1915 to 1936", 『韓國現代史資料集成』 45, 국사편찬위원회 ; 金度亨, 「1930년대 초반 하와이 한인사회의 동향」, 『한국근현대사연구』 9집, 1998 ; 최영호, 「이승만과 하와이 교포사회」, 『이승만의 독립운동과 대한민국 건국』, 1998. 1990년대 중반 이전의 연구에 대해서는 閔丙用, 「美洲에서의 獨立運動史 硏究」, 『韓國獨立運動과 民族統一』, 1995 ; 高珽烋, 「미주지역 독립운동에 관한 연구의 회고와 전망」, 『韓國史論』 26집, 국사편찬위원회, 1996 참조.
13) 1948년~1960년까지의 연구 성과에 대해서는 서중석, 「제1공화국 정치세력의 노선과 활동에 대한 연구」 ; 홍석률, 「4·19, 5·16 연구의 쟁점과 과제」 ; 이대근, 「1945~1950年代 經濟의 展開」 ; 정창현, 「1945~1960년 민중운동에 대한 연구」 (이상 『韓國史論 27 : 韓國史硏究의 回顧와 展望 V』, 1997, 국사편찬위원회 수록) ; 정병준, 「한국전쟁」, 『한국역사입문 3 : 근대·현대편』, 풀빛, 1996 ; 정병준, 「분단정권의 수립과 한국전쟁」, 『한국현대사강의』, 돌베개, 1998 참조

미국의 개입 여부, 이승만 대체 계획 등 여러 주제들이 심도있게 논의되었다.15)

경제 분야에서는 한국 농지개혁의 성격, 귀속재산 불하, 한국전쟁 시기의 경제정책, 전후의 복구·부흥 정책과 경제정책의 자율성과 지향 등이 주요 연구 주제로 검토되었다.16)

이 연구의 시기적 하한인 첫 번째 시기와 관련된 주요 연구 성과를 살펴보면 다음과 같다. 먼저 해방 직후 이승만에 대한 연구는 대부분 1945~48년 시기의 단정노선(單政路線)을 다루는 데 집중되어 있다. 역사학계에서는 이승만을 연구 주제로 직접 다루지 않았더라도, 중도파를 중심으로 한 좌우합작-남북협상을 분석하는 과정에서,17) 그리고 미군정의 대한정책을 검토하는 과정에서 그의 노선과 활동을 분석했다.18)

---

14) 이철순,「이승만정권기 미국의 대한정책 연구(1948~1960)」, 서울대대학원 정치학 박사학위논문, 2000 ; 홍석률,「한국전쟁 직후 미국의 이승만 제거계획」,『역사비평』가을호, 1994 ; 李鍾元,「米韓關係における介入の原型 (1)(2)-'エヴァ ーレディ計劃' 再考」,『法學』58·59, 1994·1995 ; 이도영 편역,「한국전쟁비사 1 : 죽음의 예비검속」, 월간『말』, 2000.

15) 4·19에 대한 연구사는 홍석률·정창현,「4월 민중항쟁 연구의 쟁점과 과제」,『4·19와 남북관계』, 한국역사연구회 4월민중항쟁연구반, 민연, 2001 참조.

16) 정병준,「한국농지개혁 재검토」,『역사비평』겨울호, 2003 ; 李鍾元,『東アジア 冷戰と韓米日關係』, 東京大學出版會, 1996 ; June-en Woo, *Race to the Swift : State and Finance in Korean Industrialization*, New York : Columbia University Press, 1991 ; Ronald McGlothlen,"Acheson, Economics, and the American Commitment in Korea, 1947~1950," *Pacific Historical Review*, vol. 58, 1989.

17) 서중석,『한국현대민족운동연구』, 역사비평사, 1991 ; 도진순,『한국민족주의와 남북관계』, 서울대출판부, 1997. 서중석은 우파(이승만·한민당·김구) 대 중간우파(김규식·안재홍·김병로) 사이에 대립 축을 설정한 반면, 도진순은 민족주의자(우파 : 김구, 중간파 : 김규식, 좌파 : 여운형) 대 우익(이승만)·좌익(박헌영)의 대립 구도를 설정했다.(서중석, 위의 책, 29~30쪽 ; 도진순, 위의 책, 4~6쪽.)

18) 朴泰均,「1945~1946년 미군정의 정치세력 재편계획과 남한 정치구도의 변화」,『韓國史研究』74호, 1991 ; 鄭秉峻,「1946~1947년 左右合作運動의 전개과정과 성격변화」,『韓國史論』30집, 서울대 국사학과, 1992 ; 鄭容郁,「1942~47년 美國의 對韓政策과 過渡政府形態 構想」, 서울대 국사학과 박사학위논문,

이승만의 단정노선에 관한 가장 큰 쟁점은 이 노선을 어떤 기준으로 평가할 것인가와 그 성공의 배경이 무엇인가 하는 점이다. 이승만의 단정노선에 대해서, 그것은 선택이 아니라 외교론과 지지 기반에 기초한 필연적 귀결이었다거나,[19] 북진통일론과 함께 분단 유지에 만족하는 분단정책이었다거나,[20] 미국의 단정안 채택을 유도하는 역할을 했다[21] 등의 부정적 평가와, 소련의 한반도 적화를 막기 위한 자율정부 수립운동이었다는[22] 등의 긍정적인 평가가 엇갈리고 있다. 이러한 평가는 통일·민족주의와 자유민주주의 국가 수립이라는 두 가지 기준을 바탕으로 단정노선을 분석한 것이며, 이 가운데 어느 것을 중시하느냐에 따라 평가가 양극화되었다.

이승만의 단정노선이 성공하게 된 배경에 대해서도 견해가 대립되었다. 먼저 '이승만 신화(神話)'에 입각한 해석이 있다. 이승만은 이미 개화기 때부터 애국자였고, 미국 프린스턴대학 박사라는 당대 최고 학력과 임시정부 대통령이라는 최고 경력을 지녔으며, 해방 후에는 국내 지지 기반이 없는 상태에서 미군정의 최고 실력자 하지와 대립하면서도 건국의 대업을 이루어낸 '위인(偉人)'이라는 평가이다.[23] 이러한 논리는 이승만이 소련의 대한(對韓) 적화(赤化) 정책을 유일하게 정확히 인식하여 미군정·국내 좌파·남북협상파의 반대를 극복하고 건국을 했다는 이승만 '국부(國父)'론으로 이어진다.[24]

1996.
19) 徐仲錫, 「李承晩대통령과 韓國民族主義」, 『韓國民族主義論 Ⅱ』, 宋建鎬·姜萬吉 編, 창작과비평사, 1983, 269쪽.
20) 李昊宰, 『韓國外交政策의 理想과 現實』, 法文社, 1980, 217~232쪽.
21) 신병식, 「분단국가의 수립과 이승만노선」, 『한국현대정치사 1』, 이수인 엮음, 실천문학사, 1989, 343~346쪽.
22) 李仁秀, 『대한민국의 건국』, 촛불, 1995, 91~96쪽.
23) 이한우, 앞의 책, 상, 241~246쪽 ; 유영익, 1996, 앞의 책, 1995, 216~225쪽.
24) 朴奉植, 「李承晩大統領과 大韓民國政府樹立」, 『解放前後史의 爭點과 평가 2』,

이와는 정반대로 이승만은 미국의 냉전 전략과 봉쇄정책의 수혜자였으며, 결국 미국이 이승만을 세웠다는 해석이 있다. 미국이 대소 봉쇄정책의 일환으로 남한에서 냉전 대결 구도를 고착화시키는 과정에서, 친미파이던 이승만은 미국인보다 더 미국의 이익과 입장을 대변했고, 미국은 남한 단정을 결정함으로써 결국 이승만의 정치적 승리를 보증했다는 것이다. 즉 미국의 후원과 단정 결정이 없었다면 이승만의 승리는 불가능했다는 해석이다. 이러한 입장은 이승만이 일제시대에 독립운동 진영의 분열과 대립을 조장한 장본인이며, 해방 후에는 민족 분단의 첨병으로 역할했고, 정권 수립 이후에는 독재자였다고 강조한다.[25]

그런데 이러한 설명 방식에는 몇 가지 문제점이 있다. 먼저 해방 후 이승만이 정치적 승리를 거둘 수 있었던 원인을 개인적 탁월함이나 미국의 역할로 돌리고 있다. 물론 개인의 탁월함과 미국의 의도가 중요한 역할을 했지만, 이러한 단선적 해석은 영웅주의 사관이나 강대국 결정론과 다를 것이 없는 비역사적 관점이다.

또한 종래의 연구들은 공통적으로 해방 이전 시기에 이승만에게는 국내 지지 기반이 없었다고 전제하고 있다. 이러한 전제가 당연시됨에 따라, 이승만의 승리는 그의 개인적 탁월성이나 미국의 대한 정책 의도가 주된 요인이었다고 설명될 수밖에 없었다. 이러한 해석 때문에 시기적으로는 일제시대와 해방 이후사의 연속성이 단절되며, 지역적으로는 이승만의 미주 활동과 국내 활동이 분절적으로 설명됨으로써, 국내외를 아우른 해방 전후사의 유기적 해명이 어렵게 되었다.

이 연구의 가장 근본적인 문제의식은 해방 직후에 이승만이 정치적

韓昇助 外 共著, 螢雪出版社, 1990, 152쪽 ; 尹致暎, 「國際聯合과 선거를 통한 대한민국수립」, 같은 책, 167쪽.
25) 한승인, 앞의 책, 1984 ; 金道鉉, 앞의 논문, 1980 ; 송건호 앞의 논문, 1963, 1984.

으로 승리할 수 있었던 과정과 원인을 역사적으로 해명하는 것이다. 이 연구가 포괄하는 시대적 범위는 한말~1948년까지이며, 그 가운데서도 해방~1948년 5·10선거까지가 중심축이다. 시기적 상한을 1948년으로 정한 이유는 1948년 정부 수립 이후의 문제가 분석과 평가에 있어서 질적으로 다른 영역에 속하기 때문이다.

이승만이 정치적으로 승리한 해방 3년사는 그의 생애에서 아주 짧은 기간에 불과했다. 좀 더 정확히 말하면, 이승만이 귀국(1945년 10월)한 후 제2차 미소공동위원회가 결렬(1947년 9월)되는 만2년 동안에 권력의 향배가 정해졌다. 이 짧은 기간에 다양한 요인들이 작용했다. 기존의 이승만 연구들이 강조한 것처럼 해방 이후의 단정노선, 미군정과의 관계, 우익 내부의 역학 관계 등이 주요한 승리의 요인이 된 점은 분명했다. 그러나 좀 더 긴 역사적 관점에서 보자면, 해방은 한 외세의 지배에서 풀려나 두 외세의 지배 아래 들어가게 된 계기였으며, 단일했던 식민지가 적대적인 분단국가로 전환되는 계기였다. 이 연구는 해방 후 이승만이 취한 노선과 활동의 역사적 맥락이 한말부터 형성되고 발전되어 왔으며, 또한 일제시대 국내와의 교호 작용을 통해 수정되고 변용되었다는 전제를 출발점으로 삼고 있다.

식민에서 해방으로, 통일에서 분단으로, 근대에서 현대로 넘어가는 이 시기와 관련해 가장 큰 화두는 분단의 기원과 그 책임 소재였다. 이 연구는 분단 내인론(內因論)과 외인론(外因論) 등 기존의 논의를 염두에 두고 있지만, 형태적 분류보다는 동력학의 관점에서 해방 정국을 유기체적으로 파악하는 데 중점을 두고자 한다. 특히 다양한 요소들이 서로 영향을 줌으로써 정책을 결정하거나 음모를 꾸민 사람의 의도와는 무관하게 뜻밖의 결과를 초래할 수도 있었다고 전제한다. 즉 처음부터 한반도의 운명이 결정되어 있던 것은 아니었다는 점에 주목하고 있다.

잘 알려진 대로 이승만은 분단 형성과 관련해 주요한 내적 동력의 일원이었으며 외세가 한반도에 개입할 수 있도록 만든 주요한 매개자였다. 긍정과 부정이나 예찬과 비판을 떠나서, 이승만의 노선과 활동에 대한 연구는 한국 근현대의 주요 측면들을 밝히는 데 있어 매우 중요하며 동시에 유용하다.

먼저 이승만에 대한 연구는 개인과 사회, 개인과 국가의 관계에서 개인이 끼치는 역할 및 상호 작용에 대한 분석이며, 특히 국가 수립 과정에서 주요 정치 지도자가 차지하는 위상을 규명하는 작업이다. 해방 정국에서 이승만의 역할은 역사상 그 어떤 시대의 전환기와 왕조의 교체기에 등장했던 정치 지도자나 왕조 창립자에도 버금가는 것이었다. 그가 주도한 국가의 성격·정치체제·이념에 따라 한국 현대사의 주요 방향이 결정되었으며, 그 영향이 오늘날까지 이어지고 있다. 역사가 증명하듯이 왕조나 체제를 바꾸지 않는 한, 동일한 왕조나 체제에서 초창기에 수립된 기초 자체를 바꾸기는 어렵기 때문이다.

이런 측면에서 이승만의 정치적 능력과 노선이 어떤 과정을 통해 형성되고 발전되어왔으며, 어떤 지향을 갖고 있었는가 하는 점을 살펴보는 것이 필요하다. 인물 연구에 해당하는 이 부분에서 빼놓을 수 없는 것이 대외적으로 드러난 사상·노선·활동의 밑바탕에 놓여 있는 그의 정치 체질 혹은 성격을 파악하는 작업이다. 좀 더 시야를 확장한다면 신언서판가(身言書判家)로 일컬어지는 전통적인 인물 평가 기준에서 바라볼 때 이승만이 어떤 측면에서 대중들에게 호소력을 지녔을까 하는 부분이 주요한 초점이 된다.[26]

---

26) 身은 신체적 조건·인간적 매력·얼굴 표정과 감성을, 言은 표현력·설득력·대중 연설의 호소력을, 書는 상식·지식·논리적인 주장의 서술 능력을, 判은 판단력·사리분별력을, 家는 경로효친· 부부애·자녀교육 등을 일컫는다.

다음으로 이승만에 대한 연구는 한국과 미국 사이의 역사적 관계를 해명하는 구체적 매개체이자, 그 자체로 한국 내 친미파의 역사가 된다. 이승만을 통해 한국에서 친미파의 형성 과정, 친미파와 미국의 구체적 결합 과정 및 영향력의 관철 과정 등 한미 관계사의 주요 쟁점들을 설명할 수 있을 것이다. 특히 이승만은 미국화·기독교화를 자신의 정신적 모토로 설정했고, 한때는 한인들을 미국화·기독교화해야만 독립이 가능하다고 할 정도로 철저한 친미파로 자부했다. 다른 한편으로 1920~40년대 미주 유학을 경험했던 친미파들 거의 대부분은 이승만 정권기부터 장면 정권기까지 한국 정계와 재계의 지도자와 정부의 고위 관료 등으로 한국 사회를 지배했는데, 이승만은 이들 친미 인맥보다 한 세대 앞선 지도자로 이정표적 기능을 담당했다.

이와 연관시켜 생각할 점은 이승만의 민족주의 혹은 독립 노선에 대한 평가 문제이다. 이승만은 친미파의 대표적 인물이었지만, 해방 이후 친미보다는 반소·반공·반북·반탁을 전면에 내세우며, 이것이 바로 민족주의의 구체적 표현이라고 했다. 그러나 우익 모두가 민족주의를 내세우며 민족주의자로 자처하던 해방 이후의 상황은 일제시대와 결합될 때만 정확한 평가가 가능할 것이다. 이런 측면에서 일제시기 이승만의 노선과 활동, 특히 국내와의 연관 관계를 추적할 필요성이 있다. 이승만이 국내 민족주의 세력 혹은 개량주의 세력과 어떤 점에서 서로 상통하고 교류했는지를 밝힘으로써, 이승만 개인의 역사는 물론 국내 민족주의 세력의 역사를 좀 더 정확히 밝힐 수 있을 것이다. 이승만이 국내에서 지닌 정치·사상적 연계 및 인적·조직적 교류의 문제는 1920~30년대 민족주의 세력의 노선과 활동을 밝히는 데 중요한 의미를 지니며, 해방 후 이승만의 정치 노선과 성공의 원인을 해명하는 데 있어서도 필요한 작업이다. 또한 국외와 국내라는 조건의 차이에도 불구하고 이승만과 국내 지지 세력이 동일한 지향을 갖게 되는 과정을 추적함으로써, 기존의 사상사 논의에서 한 걸음 더 나아갈 수 있으리라고 생각한다.

한국의 근대 민족주의는 일제시대를 거치면서 강렬한 역사의식과 결합되거나,27) 서구의 '근대적 국민주의'와 구별되는 신민족주의적 지향을 보이기도 했다.28) 1910년대 한국 민족주의의 주류는 독립전쟁준비론·공화주의·민족자결론을 지향했고, 1919년의 3·1운동과 임시정부 수립은 이런 지향의 결실이었다.29) 국내 민족주의자들은 3·1운동 이후 교육 장려와 실업 부흥을 통한 실력양성이라는 준비론을 내세우는 한편, 정세의 변화에 따라 열강의 힘과 세력균형을 이용한 외교론을 추구했다. 이미 독립협회운동이나 구국계몽운동 단계에서 문명개화론이 이념적 역할을 하면서, 대외적으로는 국제열강들 사이의 세력균형을 이용한 중립화 외교를 추진하며, 대내적으로 실력양성에 기초한 부국강병으로 완전 독립을 이뤄야 한다는 논의가 제기된 적이 있다.30) 이승만 역시 1910~20년대 외교독립노선과 실력양성노선을 추구했고, 국내 민족주의 우파의 노선에 공명하고 있었다.

여기서 문제가 되는 점은 이승만과 연계된 세력이 민족주의 세력이 었는가, 민족주의 우파였는가, 아니면 민족개량주의자·동화론자였는가

---

27) 한국 근대역사학의 기초를 놓은 丹齋 申采浩가 가장 대표적인 경우였다. 신채호의 역사의식과 民族主義史論에 대해서는 韓永愚, 『韓國民族主義歷史學』, 一潮閣 1·2·5장, 1993 참조.
28) 한국 민족주의를 서구중심의 계급주의·근대적 국민주의와 구별하자고 주장한 사람은 安在鴻·孫晉泰였다.(韓永愚, 「安在鴻의 新民族主義와 史學」, 『한국독립운동사연구』 1, 1987.)
29) 朴贊勝, 「항일운동기 부르주아민족주의세력의 신국가 건설구상」, 『大東文化硏究』 27, 1992, 187~204쪽 ; 박찬승, 「부르주아민족주의운동」, 『한국역사입문 3』, 풀빛, 1996, 443~460쪽.
30) 金度亨, 『大韓帝國期의 政治思想硏究』, 지식산업사, 1994, 31~32쪽.

하는 점이다. 1920~30년대 민족주의 세력·민족주의운동에 대해서는 다양한 논의가 있는데,[31] 가장 큰 논쟁점은 민족개량주의를 민족주의 세력에 포함시킬 것인가, 또한 민족개량주의자의 토대를 어떻게 볼 것인가 하는 점이다. 민족개량주의를 과연 민족주의 세력의 범주에 포함시킬 것인가의 여부는 논란의 대상이지만,[32] 1930년대 초반에 이르면 더 이상 1920년대와 같은 민족주의 좌파가 존재하지 않는다는 것이 일반적 설명이다. 민족주의 좌·우파 분류는 주로 1920년대 중반부터 후반까지 국내 민족주의 세력의 대일 태도를 분류하는 데 있어서만 유효한 설명틀일 수 있다. 이 연구에서 다루는 이승만의 지지 기반은 일반적으로 민족주의 좌파의 핵심 인물로 거론되는 이상재(李商在)·안재홍(安在鴻) 등 조선일보 계열은 물론, 민족주의 우파 혹은 민족개량주의자로 분류되는 기독교 세력, 나아가 친일파로 분류될 수 있는 유성준(兪星濬)·정대현(鄭大鉉)·윤치호(尹致昊) 등에 이르기까지 넓은 층을 포괄하고 있다. 이들이 어떻게 이승만과 연계되었고, 그 지향점은 무엇이었으며, 이들의 역할은 무엇이었는가 하는 점은 이 연구의 관심 영역이다. 그러나 이들을 어떻게 분류할 것인가 하는 점에 대해서는 큰 비중을

---

31) 분류 기준과 구체적인 인물의 평가에 대해서는 朴贊勝, 앞의 논문, 1992·1996 ; 지수걸, 「1930년대 초반기(1930~33) 사회주의자들의 민족개량주의 운동 비판」, 『한국인문사회과학의 현단계와 전망』, 역사비평사, 1988, 267~268쪽 ; 서중석, 「일제시대 사회주의자들의 민족관과 계급관」, 『韓國民族主義論 Ⅲ』, 朴玄埰·鄭昌烈 編, 창작과비평사, 1985, 289~291쪽 ; 姜東鎭, 『日帝의 韓國侵略政策史』, 한길사, 1980, 379~429쪽을 참조.
32) 박찬승·지수걸은 민족개량주의자를 부르주아민족운동의 범주에 포함시켜야 한다고 주장했고, 강동진은 민족개량주의가 민족주의 우파에서 분리된 사이비 민족주의로 민족주의 우파에 속한다고 보았다. 반면 서중석은 민족개량주의를 민족주의 세력에서 제외해야 한다고 주장했는데, 이 경우 실력양성운동·문화운동·자치운동을 추구한 민족개량주의는 민족독립을 부정하는 사상으로 규정된다.(서중석, 「한말·일제하의 자본주의 근대화론의 성격」, 『한국 근현대의 민족문제 연구』, 지식산업사, 1989, 173~174쪽, 188쪽.)

두지 않았다. 그것은 해방 후의 상황까지 염두에 두기에는 일제시기 민족주의 좌·우파의 분류가 영속성이 없는 한시적인 분류 방법이며, 나아가 현실 속에서 이들 사이에 화해할 수 없는 적대감이나 명확한 구분점이 존재했던 것은 아니기 때문이다. 이 연구에서는 이승만의 국내 지지 기반을 설명하기 위해 민족주의 좌·우파를 구별하지 않고 민족주의 세력으로 통칭해서 설명하는 방식을 택했고, 이들이 어떻게 일제시기 이승만의 국내 지지 기반이 되었는가 하는 점을 밝히는 데 중점을 두었다.

이런 측면에서 이승만에 대한 연구는 부르주아민족운동의 역사를 지역적으로는 국내와 국외로, 시기적으로는 일제시기와 해방 이후로 나누던 것에서 한 걸음 나아가, 시대적 조건과 한계 속에서 한국 부르주아민족주의 세력이 근현대사에서 어떤 정치사상적 지향을 형성했으며, 국내와 국외의 지역적 격차에도 불구하고 어떤 유사점과 지향을 가졌는가를 파악하는 작업이다. 결국 이 연구는 이승만이라는 몰락한 왕족 출신이 개화기와 일제시대를 거치면서 변법개화론·외교독립론·실력양성론 등의 정치 노선을 취하게 되는 과정과, 해방 후 국가 건설에 도달하는 경로를 분석하는 데 중점을 둔 것이며, 이승만을 통해 전통사회에서 현대로, 전근대에서 근대로, 식민에서 해방으로 전환하는 한국 근현대사를 살펴보는 작업으로 의미를 지닌다.

이 연구의 또 다른 문제의식의 하나는 해방 이후 미국의 대한 정책이 주조되어가는 과정에 대한 해석이다. 특히 대한 정책이 구상-입안-결정-실행되는 과정에 현지 집행기관이 미친 영향과, 이승만의 작용 등에 대해 주목하고자 한다. 국제주의(Internationalism)와 국가주의(Nationalism)로 대표되는 전후 미국 대외 정책의 흐름 속에서, 국무부를 중심으로 한 미 본국의 외교부서와, 주한미군 사령부-동경 맥아더

사령부를 중심으로 한 현지 집행부서 사이에 있었던 견해의 차이 및 정책 집행의 시간 지체(time lag) 현상은 잘 알려져 있다.[33]

특히 반소·반공을 주장하는 호전적인 국가주의자들의 영향이 결과적으로 관철되어 나가던 1945~47년간 대한 정책을 둘러싼 고위 정책과 하위 정책 간의 상호 작용에 대해서 주목할 필요가 있다. '조숙한 냉전의 용사(premature cold warrior)'였던 하지(John R. Hodge)를 비롯한 미군정 수뇌부는 외교·군사정책의 집행자였으나, 실질적으로 중요한 부분에서까지 대한 정책을 입안하고 결정했다. 이승만을 주목하는 이유는 하지와의 관련 속에서 그가 끼친 영향 때문이다. 이승만은 하지가 초기에 주요한 정책적 결정과 조치를 내리는 데 주요한 역할을 했으며, 그의 정책적 파트너로서 이를 실행에 옮겼다. 하지의 정책적 구상들은 이승만과 그의 추종 세력들의 세력 배치와 활용을 염두에 둔 것으로, 충분히 현지화되고 구체화된 것들이었다. 이러한 조치들은 일련의 정책적 방향을 갖게 되었고, 스스로 관성을 가짐으로써 대한 정책의 하나의 흐름을 창출했다.[34]

정책과 집행 사이의 차이 혹은 워싱턴의 고위 정책과 점령 당국의 하위 정책 사이의 차이는 분명히 존재했다. 그러나 실질적 조치를 통해 구현되고 있던 점령 당국의 하위 정책을 변형하는 것보다는, 책상 위에

---

33) Bruce Cumings, *The Origins of the Korean War, vol. I : Liberation and the Emergence of Separate Regimes 1945~1947*, Princeton University Press, 1981, chapters 6~7.(브루스 커밍스 저·김주환 역, 1986, 『한국전쟁의 기원』 상·하, 靑史) ; Bruce Cumings, "introduction", *The Origins of the Korean War, vol. II : The Roaring of the Cataract 1947~1950*, Princeton University Press, 1990.
34) 정병준, 「주한미군정의 '임시한국행정부' 수립 구상과 독립촉성중앙협의회」, 『역사와현실』 19호, 1996, 135~174쪽 ; 「남한진주를 전후한 주한미군의 對韓정보와 초기점령정책의 수립」, 『史學硏究』 51호, 1996, 179~180쪽 ; 「해방직후 李承晩의 귀국과 東京會合」, 于松趙東杰先生停年紀念論叢刊行委員會, 『韓國民族運動史硏究』, 1997, 920~943쪽.

놓여 있던 고위 정책과 이론을 변형하거나 파괴하는 것이 훨씬 손쉬웠다.35) 이승만은 미군정과 관계가 악화된 이후에도 미국의 대한 정책을 외관상 자신의 것으로 포장하는 데 능숙했으며, 이는 그가 미국의 대한 정책에 관한 정보를 장악하고 판단함에 있어 탁월했음을 의미한다.

해방 후 이승만이 승리할 수 있었던 중요한 이유 중의 하나는, 그를 혐오하던 국무부가 아니라 그에게 호감을 갖고 있던 군부가 남한을 통치했다는 점 때문이었다. 이승만은 대한 정책의 결정권자인 미 국무부와 현지 미군 사령부 사이에 존재하는 정책 방향의 차이와 시간 지체를 최대한 이용할 줄 알았으며, 특히 군부의 호전적인 반소·반공정책에 편승해 남한의 정계를 자신에게 유리한 방향으로 조정할 수 있었다. 이승만은 반소·반공을 추구하던 군부의 생각을 정확하게 읽음으로써 남한 내 그 누구보다도 유리한 입장에 설 수 있었다. 또한 군부 내에서도 정보기관의 인물들과 유대를 맺고 자기 심복들을 심어놓음으로써, 해방 전후 미국의 세계 전략과 움직임을 명확하게 파악하고 자신의 이해와 요구를 관철시킬 수 있었다. 이를 통해 알 수 있듯이 이승만은 해방 정국에서 그 누구보다도 뛰어난 정보 마인드를 보유했고, 이 점은 그가 정치적으로 승리할 수 있는 주요한 원동력으로 작용했다. 이와 관련해 이승만의 정보력과 정보 인맥, 구체적으로는 정보 판단력과 군부 내 조력자와 직계 인맥의 구축이 어떻게 이루어졌으며, 이것이 이승만의 정치적 노련미와 결합되었을 때 어떠한 힘을 지녔는가 하는 점도 이 연구의 중요한 분석 대상이다.

이 연구는 이러한 문제의식에 기초해 인물 연구 차원에서 이승만이

---

35) Bruce Cumings, "Introduction : The Course of Korean—American Relations, 1943~1953", Bruce Cumings ed., *Child of Conflict : The Korean—American Relationship, 1943~1953*, University of Washington Press, Seattle and London, 1983, p. 16.

라는 중요 정치가를 역사적으로 분석하려는 것이다. 그러나 전기적 접근만이 아니기 때문에 일제시대와 관련해서는 두 가지 문제만을 다루려 한다. 첫째는 이승만의 독립운동 방략이자 정치노선인 외교독립노선·실력양성노선이 형성되고 전개되는 과정에 대한 분석이며, 둘째는 이승만과 국내의 연계 및 지지 기반에 대한 분석이다.

또한 이 연구에서는 특별히 이승만의 사상을 규정하거나 추적하지 않았다. 이승만 집권 후 그 추종자들은 귀천계급·지역적 관념·남녀차별·빈부격차 타파를 4대 강령으로 한 일민주의를 이승만의 정치이념으로 내세웠다. 국가·민족 중심의 파시즘 논리였던 일민주의는 전쟁 이후 반공주의로 대체되었다.36) 그러나 일민주의는 정부 수립 이후 급조된 것으로, 그것이 과연 이승만의 사상과 이념을 대표하는 것인지는 의문의 여지가 있다. 또한 이승만은 스스로 자신의 사상을 천명한 적이 없으며, 독자적이고 분명한 사상과 이념보다는 현실에 당면한 입장과 노선을 중시했다.37) 해방 후 이승만이 강조한 반탁·반소·반공·반북·반일은 긍정적 자기 입장의 표현이라기보다는 현실적 의제에 대한 반대 견해를 피력한 것이었을 뿐이다. 이승만에게서 긍정적·건설적인 자기 사상과 노선의 개진을 찾기는 어렵다. 때문에 이 연구는 사상의 차원이 아닌 노선과 활동의 차원에서 이승만을 분석하는 데 초점을 맞추었다.

---

36) 徐仲錫, 「이승만정부 초기의 일민주의」, 『震檀學報』 83집, 1997 ; 연정은, 「안호상의 일민주의와 정치·교육활동」, 『역사연구』 제12호, 2003 ; 하유식, 「안호상의 一民主義 연구」, 『한국민족운동사연구』 제34집, 2003 ; 이관후, 「국가형성기의 한국 민족주의 : 한국전쟁과 통치이념의 변화─일민주의에서 반공주의로」, 서강대 정치외교학 석사학위논문, 2003.
37) 유영익은 이승만의 꿈이 모범적 예수교 국가, 모범적 민주주의 국가, 반소·반공의 보루, 평등한 사회, 문명부강한 나라의 건설이었다고 지적하며, 그의 이상은 19세기 말 급진 개혁가들이 추구했던 西向主義的 개혁 이상의 연장선상에 놓인 것이라고 평가했다.(유영익, 앞의 책, 1996, 225쪽.)

2. 연구의 구성과 방법론

이 연구는 다음과 같은 체제로 구성되었다.

먼저 1부에서는 이승만의 가계와 학업을 분석함으로써 유년기에 형성된 체질을 분석하며, 그가 수학 과정과 초기 사회 활동에서 쌓게 되는 정치 노선의 형성 배경을 살펴보려 한다. 이승만의 가족 환경과 유년기 학업은 그의 정체성을 확립하는 기본이 되었으며, 이는 식민지 시대는 물론 해방 후까지 이어진 것이었다.

2부에서는 이승만의 대외관과 외교독립노선의 형성과 변화의 과정을 통해서 정치 노선의 특징을 파악하고자 한다. 지금까지 이승만의 외교독립노선에 대해서는 위임통치청원(1919)만이 논의되었으나, 좀 더 근본적 문제로는 독립협회 이래의 중립화 외교라는 독특한 구상이 자리하고 있었다는 점에 주목하고자 한다. 나아가 1920년대 이승만의 외교독립노선이 당시 국제적인 문제였던 아일랜드 독립 문제로부터 상당한 영향을 받아 이를 모방하려 했다는 점과 이승만의 대소 외교 시도 문제 등을 검토할 것이다. 이승만의 외교 활동 중에서 가장 특징적인 것은 미일개전론이었는데, 태평양전쟁이 발발한 이후 그는 적극적으로 대일 무력투쟁을 주장하고 한인 게릴라 부대 창설을 주장했다. 나아가 그가 반소·반공노선을 주장하게 되는 배경을 검토할 것이다.

3부에서는 지금까지 밝혀지지 않았던 일제시대 이승만의 국내 지지 기반 문제를 해명하려고 한다. 3·1운동 시기의 외교론에 입각한 독립운동이 실패한 후 국내에서는 실력양성론이 급격하게 대두하고 민족개량주의가 확산되었는데, 이는 이승만의 경우에도 마찬가지였다. 이승만은 1919~22년 사이에 외교독립론에 입각한 외교 노선이 실패로 돌아가자, 1923년부터 본격적인 실력양성운동을 주장했다. 이승만의 실력양성운동 역시 하와이 한인의 교육 진흥과 동지식산회사(同志殖産會社)를 통한 실업 부흥이라는 교육과 경제 두 방면의 실력양성이었다. 국내와 하와이에서 일어난 실력양성운동은 현상적인 측면에서만 동시에 진행된 것이 아니라, 인적 교류와 운동 차원의 교류에 바탕을 둔 것이었다. 국내 실력양성운동의 대표적 사례로 지목되는 물산장려운동과 민립대학설립운동이 제기되었을 때 하와이에서도 동일한 운동이 전개되었고, 1923~24년에는 인적 교류가 활발했다. 특히 독립협회 활동 시기부터 형성된 국내 인맥을 통해 이승만은 1920년대 민족주의 세력의 중심인물이 되었다. 1925년 결성된 흥업구락부(興業俱樂部)는 이러한 인적 교류와 정치 노선의 연대가 만들어낸 결과물이자, 이승만의 국내 지지 기반이었다. 흥업구락부가 이승만이 이끌던 동지회(同志會) 계열이며, 이승만 지지 세력의 모임이었다는 것은 종래에 알려졌지만,[38] 본격적인 분석은 이뤄지지 않았다. 1938년 일제의 검거로 붕괴되었지만, 해방 후 흥업구락부원들은 한국민주당과 기독교계의 원로로 우익 진영의 중심인물이 되었다.

한편 이 연구에서는 해방 직후 이승만이 좌익과 우익의 총체적 지지를 받게 된 원인의 하나로, 태평양전쟁기 이승만의 '미국의 소리(VOA)' 단파방송이 미친 영향을 분석할 것이다. 단파방송 사건은 여운형과 허헌 등 해방 후 정국을 주도한 민족주의 좌파에게 강한 영향을 줌으로써, 해방 후 이승만이 좌익의 지지를 받게 되는 배경이 되었다. 또한 동아일보 계열도 단파방송을 통해 이승만의 위상을 높이 평가하게 되었다.

---

38) 金相泰, 「1920~1930년대 同友會·興業俱樂部 硏究」, 서울대 석사학위논문, 1991 ; 김상태, 「일제하 申興雨의 '社會福音主義'와 民族運動論」, 『역사문제연구』 창간호, 1996 ; 高珽烋, 「大韓民國臨時政府 歐美委員部(1919~1925)硏究」, 고려대학교 박사학위논문, 1991, 274~281쪽.

마지막으로 4부에서는 해방 직후 이승만이 추구한 정부 수립운동의 실체와 정치적 승리의 배경을 해명하고자 한다. 이승만은 귀국 후 남한 내에서 외형적으로 좌우를 망라한 지원을 받았으며, 중국에 있던 임정 요인들보다 50여 일 먼저 귀국함으로써 국내 정계를 장악하는 기틀을 마련했다. 이 연구에서는 이승만이 조기에 귀국할 수 있었던 원인과 귀국 과정, 미군정의 후원 이유, 이승만이 지도자로 추대되는 과정에서 미군정·좌익·우익을 망라한 지지를 받게 된 배경을 해명하고자 한다. 이의 연장선상에서 1945년 말~1946년 초반 반탁노선의 형성과 전개 과정을 분석함으로써 미군정과 이승만의 관계를 밝히고자 한다.

또한 이승만이 귀국 직후 최고 지도자의 명성 차원을 벗어나 실제로 국내 지지 기반을 다지게 되는 1946년 중반의 지방 순회 과정과 정치자금 확보 문제를 검토할 것이다. 이승만은 조직과 자금을 장악한 1946년 6월부터 본격적으로 단정노선을 내걸었는데, 이와 관련해서도 여러 가지 해명될 점이 있다. 이승만이 공식적으로 단정노선을 제출한 것은 1946년 6월이지만 이미 1946년 1월 초 단정안을 결심했으며, 5월 목포 순방 때 공식적으로 단정노선을 제출했다. 이러한 단정노선의 형성과 표출 과정을 분석하며, 미군정과의 연계 문제를 집중적으로 분석할 것이다. 또한 이승만의 단정운동이 1947년 1월을 기점으로 어떻게 성격이 전환되었는가 하는 문제를 검토할 것이다.

이승만은 해방 직후 미군정과 우익의 전면적 후원과 좌익의 방조 속에 정계에 등장했는데, 다시 1947년 말까지 순차적으로 이들과 결별했다. 이 연구에서는 좌익(1945년 말), 미군정(1947년 초), 한국민주당(1947년 제2차 미소공위), 김구(1947년 말) 등이 이승만과의 연합으로부터 차례로 떨어져 나가는 과정을 분석함으로써, 이러한 결별과 분리의 과정이 이승만의 독자적 지지 기반 강화와 맞물려 있음을 해명할 것이다.

이 연구는 다음의 연구 방법에 중점을 두었다. 먼저 역사주의적 접근 방법을 중시하여 이승만의 주요 정치 기반이 일제시대 이래 어떻게 형성되어왔는가를 규명하는 데 많은 비중을 두었다. 지금까지 해방 이후를 연구하는 데 있어 1945년 이전 일제 식민지 시기의 역사적 경험은 부수적으로만 취급되었다. 그러나 1945~48년 시기에 각 정치 세력은 분화와 결합을 반복하는 복잡성을 보여주었으며, 이는 역사적 연원을 갖는 것이었다. 이승만이 해방 이후 정치적 승리를 할 수 있었던 배경을 일제 식민지 시기부터 규명하는 것은 이런 점에 주목한 것이다. 미주 한인 사회를 주요 활동 근거지로 삼고 있었던 이승만이 해방 이후 민족의 지도자로 부상한 데는 한 개인의 우수성, 미군정의 전폭적 지원 이외에 일제시기 국내와의 이념적·조직적 연계도 한몫을 했다. 따라서 이 연구는 지금까지의 연구들이 간과해온 이승만의 국내 지지 기반을 연구하고 분석하고자 한다. 정치 지도자와 정치집단의 유기적 관계를 분석하고, 정치 지도자의 현실적 토대인 조직 기반을 분석하는 것은 이 연구의 주된 방법론이다.

다음으로 이 연구는 이승만의 외교독립노선과 정부수립운동을 연대기적으로 기술한 뒤 이를 비판적으로 분석하는 방법을 취했다. 이 방법은 시간의 흐름에 따라 이승만의 정치 노선이 어떤 방식으로 형성되었는지를 분석하는 데 유용하다. 또한 그의 정치 활동과 노선이 상호 관련 속에 형성되고 전개되었다는 점을 감안한다면, 이러한 연대기적 서술을 통해 한 개인의 연보 수준을 넘어 한국 근현대사의 주요 국면들을 총체적으로 파악할 수 있을 것이다.

다음으로 이 연구는 사료 비판에 중점을 두었다. 특히 정치적 논쟁이 첨예했던 해방 직후의 정치 상황에 대해서 사실·사건·경과에 대한 정치인·정파의 설명과 해석이 상이했으며, 미군정의 자료 역시 객관성과는 거리가 있었다.39) 일제시기의 경우에도 일본 통치자들의 기록(조서·보고서)은 사실을 반영했다기보다는 선호하는 정책 방향을 기술한 경우가 적지 않았다. 때문에 이 연구는 논쟁적 사안을 다룸에 있어서 주체들의 기록은 물론 미군정·일본 통치 기구 등 지배자, 언론·제3자 등의 사실·평가를 비판적으로 교차 검토하는 것을 원칙으로 삼았다.

마지막으로 이 연구는 문헌 자료와 구술 자료를 함께 활용했다. 문헌 자료의 강점은 새삼 강조할 필요가 없지만, 구술 자료 역시 문헌 자료에 드러나지 않는 사건·인물의 상황·인과관계 등을 보여주는 미덕을 갖고 있다. 그러나 구술 자료의 경우 신뢰성에 문제가 있을 수 있기 때문에 문서 자료나 방증 자료로 입증되는 경우에 한정하여 활용하는 것을 원칙으로 했다.

3. 연구 자료

이 연구의 가장 기본적인 자료로 활용된 것은 연세대학교 현대한국학연구소에서 간행한 『이화장 소장 우남 이승만문서(梨花莊所藏 雩南李承晚文書) 동문편(東文篇)』 1~18권(1996, 우남 이승만문서편찬위원회)이다. 이 자료집은 이승만 저작뿐만 아니라 일제시대부터 해방 직후까지

---

39) 주한미군 정보참모부(G-2) 군사실의 軍史官(military historian)이었던 리차드 로빈슨(Richard Robinson)은 미군정기 생산된 자료의 75% 이상이 명백하게 조작되거나 아주 부정확한 것이었다고 비판했다.(리차드 로빈슨, 『미국의 배반』, 정미옥 옮김, 과학과사상사, 1988, 12쪽.)

이승만 관련 조직·단체에 대한 1차 자료를 수록하고 있다. 일제시대와 관련해서는 3·1운동, 임시정부, 구미위원부의 조직과 운영에 대해 새로운 정보가 담겨 있으며, 해방 이후 시기와 관련해서는 지금까지 전혀 알려지지 않았던 독립촉성중앙협의회·비상국민회의·민족통일총본부 등의 회의록들이 들어 있다. 이 회의록들은 1945년 말~46년 초 이승만과 한국민주당 등 우파와의 관계는 물론 미군정이 전혀 기록으로 남기지 않은 군정의 정책 방향을 보여주는 귀중한 자료이다. 또한 이 자료집에는 해방 후 이승만이 작성한 방대한 양의 영수증이 들어 있는데, 이 영수증철과 관련 자료는 이승만이 조성·운용한 정치자금을 밝혀내는 데 큰 도움이 되었다. 한편 이 자료집에는 이승만이 주고받은 일제시대 간찰(簡札) 3책 또한 포함되어 있어, 이승만의 정확한 생각과 노선을 파악하는 데 도움이 되었다.[40]

이승만의 가계와 성장 배경을 분석하는 데는 규장각 소장 자료인『갑자식년종친유부가현록(甲子式年宗親類附加現錄)』,『태종대왕종친록(太宗大王宗親錄)』,『을묘식년종친(乙卯式年宗親)』,『임자식년선원가현록(壬子食年璿源加現錄)』등의 왕실 족보류와『선원속보(璿源續譜)』를 이용했다.

일제시대에 관해서는 주로 일본 외무성 외교사료관(外交史料館) 문서철과 경찰·검찰 신문조서 및 법원 판결문을 활용했다. 이 문서철은 현재 국사편찬위원회, 고려대학교 아세아문제연구소, 정부기록보존소 등에 분산·보관되어 있는 구경성지방법원검사국(京城地方法院檢事局, 현 서울지방검찰청)·구경성복심법원(京城覆審, 현 대검찰청) 문서철 등에 소장되어 있다.[41] 미국·하와이·상해에서의 이승만 활동에 대해서는

---

[40] 자료집의 자세한 내용은『梨花莊所藏 雩南李承晩文書(東文篇)』(이하『雩南李承晩文書』로 약칭)의 1·4·6·9·12·13·16권에 수록된 개별「解題」를 참조.
[41] 이에 대해서는 이상일,「국사편찬위원회의 독립운동자료 수집현황과 과제」,『한국민족운동사 연구의 역사적 과제』, 國學資料院, 2001 참조.

일본 외무성 외교사료관에 소장된 『불령단관계잡건 : 재구미(不逞團關係雜件 : 朝鮮人ノ部·在歐米ノ) 1〜8』(1910〜25), 『불령단관계잡건 : 상해가정부 편(不逞團關係雜件 : 上海假政府篇)』(1919〜26) 등의 문서철을 주로 활용하였다. 이 기록은 미국 호놀룰루·샌프란시스코의 일본 영사관과 상해 일본 영사관이 외무성에 보고한 해당 지역 한인 관련 보고서이다. 일제시대 이승만의 국내 조직 기반이었던 흥업구락부의 경우, 관련자들이 1938년 구속되었으나 기소유예로 풀려나 재판 기록은 물론 경찰·검찰 기록이 없는 것으로 알려져왔다. 그런데 경성지방법원 검사국이 서대문경찰서를 비롯한 경기도경찰부 등의 흥업구락부 사건 관련 신문조서들을 철해놓은 『연희전문학교·동지회·흥업구락부관계 보고(自昭和12年3月30日至昭和13年12月10日)』를 발굴해 이승만과 흥업구락부의 구체적인 연관 관계를 해명할 수 있었다. 특히 이 자료는 사건 관련자인 구자옥(具滋玉, 간사)이 보관한 「흥업구락부원명부」, 「흥업구락부일기」(상·하), 이만규(李萬珪, 회계)가 보관한 「회계관계부책(簿冊)」 등 관련자들이 직접 작성한 문건과 공술에 기초한 것으로 사건의 진상을 정확하게 보여주고 있다.

한편 태평양전쟁기 이승만의 명성이 국내 좌우파 지도자들에게 전파되는 계기가 된 단파방송 사건에 대해서도 검찰·경찰의 신문조서와 법원의 재판 기록을 활용했다. 이 신문조서와 재판 기록들은 고려대학교 도서관(허헌), 한국방송공사(경기현·함상훈·백관수·홍익범·문석준·양제현), 정부기록보존소(여운형·오건영·송남헌) 등에 소장된 마이크로필름을 이용했다.

일제시대와 해방 후의 연대기적 자료는 신문과 잡지를 주로 활용했다. 특히 미주에서 간행된 주간신문인 『공립신보(共立新報)』, 『국민보(國民報)』, 『북미시보』, 『태평양잡지(太平洋雜誌)』, 『독립』, 『보이스 오브 코리아(Voice of Korea)』 등과 1945~48년 시기 신문 자료를 정리해 놓은 『자료대한민국사(資料大韓民國史)』(국사편찬위원회), 『한국현대사자료총서(韓國現代史資料叢書)』(돌베개) 등을 사실과 인과 관계를 파악하는 기본 자료로 활용했다. 그러나 일제시대 미주의 신문들은 파벌 성향이 강했고, 해방 후의 신문들 역시 좌우파의 갈등 속에서 사실 관계를 누락하거나 왜곡하는 경우가 적지 않았다. 이는 다른 자료와 교차 확인을 통해서 확인하려 했으며, 특히 해방 후에는 기본적인 일지로 활용될 수 있는 미군정 정보기관의 자료들을 이용했다.

주한 미24군단 사령부의 정보참모부(G-2)에서 일간·주간으로 간행한 『일일정보요약(G-2 Periodic Report)』, 『주간정보요약(G-2 Weekly Summary)』과 주한미군971방첩대(971 CIC Detachment)가 간행한 『주한미군방첩대주간정보요약(CIC Weekly Information Bulletin)』, 『주한미군방첩대반월간정보요약(CIC Semi-Monthly Report)』 등은 한국 측 기록에는 나타나지 않는 사건의 인과 관계와 이면사를 잘 보여주고 있다.[42]

해방 직후의 경우 미 국립문서기록관리청에 소장된 한국 관련 문서들을 많이 활용했다.[43] 미 국무부 십진분류 문서철 중 「한국 내정 관련 문서철(895.00series)」, 「주한미군 정치고문단 문서철(740.00119 control/Korea series)」, 「UN의 한국문제 처리관련 문서철(501.BB Korea series)」 등은 1945~48년 시기 국내 정치 세력의 동향과 미국의 대한 정책을 잘 보여주고 있다.[44] 또한 「주한미24군단 군사실 문서철(XXIV Corps

---

42) 주한미군 정보자료들은 한림대 아시아문화연구소에서 『주한미군정보일지』·『주한미군주간정보요약』·『미군정기정보자료집-CIC(방첩대)보고서』 등의 제목으로 출간되었다. 미군정기 정보자료의 유형과 성격에 대해서는 정병준, 「해제」, 『美軍CIC情報報告書』 1, 중앙일보 현대사연구소, 1996 참조.
43) 美국립문서기록관리청 소장 한국관련 문서에 대해서는 정병준, 「미국내 한국현대사관련 자료의 현황과 이용법 : NARA를 중심으로」, 『역사와현실』 14집, 1994 참조.

Historical Files)」에는 1946~47년 시기 국내 정치 문제와 관련해 군사관이 수집해놓은 다양한 정보 자료·보고서 등이 있는데, 이 자료들은 이승만과 여타 정치 세력의 상호 관계와 1946년 말 도미 외교를 밝히는 데 도움이 되었다. 전략첩보국(OSS)과 미연방수사국(FBI) 등 정보기관의 자료는 해방 전후 재미 한인의 동향과 이승만 관련 정보를 확인하는 데 큰 도움이 되었다.45)

이외에 이 연구에는 이승만과 밀접한 관계에 있었던 인사들의 개인 문서철도 활용했다. 개인 문서철들을 통해 주한 미군정·미 국무부 문서 등에 드러나지 않는 이승만 관련 중요 정보들을 확보할 수 있었다.46) 태평양전쟁기 이래 이승만의 사설 고문이었던 굿펠로우(Preston M. Goodfellow)의 「굿펠로우 문서철」(스탠포드대학 후버연구소 소장)은 이승만-굿펠로우-하지 사이에 오고간 내밀한 정보를 파악하는 데 도움이 되었다. 맥아더기념문서관(MacArthur Memorial Archives) 소장 「1945년 7~12월간 연합군최고사령부 전문철」, 「맥아더약속장」 등은 이승만의 귀국 과정 및 맥아더-이승만의 관계를 밝히는 데 중요한 역할을 했다. 이승만의 공보 고문이었던 올리버(Robert T. Oliver)의 「올리버 문서철」(국사편찬위원회 소장) 및 「임병직(林炳稷) 문서철」(국사편찬위원회 소장)은 방대한 분량으로 미국인 사설고문단의 역할을 밝

---

44) 국무부문서의 상당부분은 국사편찬위원회에서 『大韓民國史資料集』 제18~26집[「駐韓美軍政治顧問文書」 1~9(1994~95)], 제38~44집[「UN의 한국문제 처리에 관한 美國무부 문서」 1~7(1998~99)] 등으로 간행되었다. 「한국 內政 관련 문서철(895.00series)」 중 1945~49년분은 『美國務省 韓國關係 文書』 23책(韓國人文科學院, 1995)으로 간행되었다.
45) 미국 정보기관의 한인 관련 정보·사찰 자료에 대해서는 정병준, 「해방전후 美洲 韓人 독립운동 관련자료」, 한국정신문화연구원편, 『해방전후사 사료연구 I』 선인, 2002 참조.
46) 이상의 문서철에 대한 자세한 정보는 이 책의 참고문헌을 참조.

혀주는 것은 물론, 연대기적 자료로도 활용되었다. 중국 상해에 거주하며 한국 독립운동에 공로가 많았던 핏치(George A. Fitch)의 「핏치 문서철」(하버드대 옌칭연구소 소장, 국립중앙도서관 복제본)에서는 지금까지 공개되지 않았던 이승만의 자서전(autobiography)을 발굴해 이용했다. 또한 「진희섭(希燮燮)·안형주(安炯柱) 컬렉션」(UCLA의 아시안아메리칸 스터디스센터)에서는 3·1운동과 관련된 주요 전문 및 재미 한인 단체 관련 자료를 활용했으며, 「김용중(金龍中) 콜렉션」(컬럼비아대학·역사문제연구소 소장)에서는 이승만의 방소 외교와 관련한 자료를 발굴했다.

마지막으로 이 연구에서는 부분적으로 증언 자료를 이용하였다. 이승만 가계 및 처가와 관련해 초취 부인 박승선의 양자인 이은수의 증언 및 수기를 이용했다. 이외에도 필요한 부분에서 태평양전쟁기 이승만의 측근으로 중경 임시정부와 이승만 사이의 연락을 담당했던 장석윤(張錫潤, 전내무장관), 단파방송 사건의 송남헌(宋南憲), 김구의 비서였던 선우진(鮮于鎭), 서북청년회 등 우익 청년 단체 관련자인 조영진(趙英珍), 선우길영(鮮于吉永), 최의호(崔義鎬), 조재국(趙在國)의 증언 등을 활용했다.47)

---

47) 「李恩秀 인터뷰(安炯柱대담)」(1998년 11월 20일, 미국 LA자택); 「李恩秀手記(제목없음)」; 「張錫潤(前내무부장관) 인터뷰」(1997년 6월 10일, 일산자택); 「宋南憲 인터뷰」(1999년 4월 15일, 자택; 1999년 4월 30일, 마포; 1999년 10월 8일, 마포); 「鮮于鎭(金九 비서) 인터뷰」(1996년 6월 14일; 1999년 10월 13일, 백범김구선생기념사업협회); 「趙英珍(西北青年會 부위원장) 인터뷰」(1997년 7월 16일, 이촌동자택); 「鮮于吉永 인터뷰」(1997년 4월 2일, 경기도 인덕원 자택); 「崔義鎬(白衣社·김일성 암살 미수) 인터뷰」(1998년 3월 28일, 국사편찬위원회); 「趙在國(김일성 암살 미수) 인터뷰」(1997년 4월 1일6, 대전자택.)

제1부

한말·개화기
: 성장·교육·개화운동

1장
가계와 왕족 의식

1. 가계·신분과 이중적 왕족 의식

　우남 이승만은 1875년(고종 12) 3월 26일(음력 2월 19일) 황해도 평산군 마산면 대경리 능내동에서 이경선(李敬善, 1839~1912)과 김해 김씨(金海金氏, 1833~1896) 사이의 5대 독자로 태어났다. 태몽으로 용꿈을 꾸었기에 아명은 이승룡(李承龍)이었다.

　이승만은 전주 이씨로 양녕대군의 16대손이다. 그가 재미 시절과 대통령 시절에 왕손 의식을 표방한 것은 잘 알려져 있는데, 이는 양녕대군의 후손이라는 자긍심에서 비롯되었다. 그는 족보상 왕족의 후손이었으나, 현실에서는 정치적·신분적으로 쇠락한 상태였다. 그의 집안은 몰락 양반과 다를 것이 없는 처지였다. 그의 직계 선조는 양녕대군의 다섯째 아들로, 서자인 장평부정 이흔(長平副正 李訢)이다. 장평부정파(長平副正派)는 양녕대군파 중에서 한미한 쪽에 속했는데, 이흔과 그의 아들인 부림령 이순(富林令 李順) 2대가 모두 천첩(賤妾) 소생이었던 까닭에 방계로 처질 수밖에 없었다.1)

---

1) 『甲子式年宗親類附加現錄』 1卷(奎9004, 奎9071), 仁祖 2(1624), 宗簿寺 ; 『乙卯式年宗親錄』(奎9035), 肅宗1(1675), 宗簿寺 ; 『太宗大王宗親錄』 1卷(奎9002), 광

종친으로서의 대우는 『경국대전』에 정해진 바에 의해 이승만의 13대조인 윤인(允仁) 대에 끝났다. 윤인은 종친부 종5품 품계인 부령(副令)을 제수받은 후 명선대부(明善大夫)에 이르렀고, 사후 종친부 정3품 품계인 정(正)에 추증되었다. 이후 그의 선대는 종친에서 멀어졌을 뿐만 아니라 청요직(淸要職)에 오르지 못했다. 12대조인 충당(忠讜)이 과거를 거쳐 정6품 좌랑(佐郞)에 이르고, 사후에 정3품 참의(參議)에 추증된 것이 가장 높은 벼슬이었다. 11대조 원약(元約)은 병자호란 당시 무공을 세워 오위(五衛)의 종3품 무관직인 대호군(大護軍)을 지내고, 사후 순충적덕보조공신병판 전풍군(純忠積德補祚功臣兵判 全豊君)에 추증되었다. 이후 이승만 가문은 쇠락하기 시작했다. 직계 7대조로부터 이승만 대에 이르기까지 벼슬에 오른 이가 없었을 뿐만 아니라 생진시(生進試) 합격자도 내지 못한 상태였다.

　　이승만의 가계 가운데 왕실 족보인 『선원록(璿源錄)』, 『종친록(宗親錄)』, 『가현록(加現錄)』 등에서 확인되는 선대는 11대조인 이원약까지이다.[2] 이후의 가계는 전주 이씨의 대동보라고 할 수 있는 『선원속보(璿源續譜, 太宗子孫錄 讓寧大君派)』에 나타나 있는데, 이에 의거해 이승만의 가계를 정리하면 표 1-1, 표 1-2와 같다.[3]

해군 이후.
2) 肅宗6년(1860)에 간행된 『璿源錄』의 경우 宗錄은 9대, 외파의 類錄은 9대를 실었다.(洪順敏, 「조선후기 王室의 구성과 璿源錄」, 『韓國文化』 11, 1990, 188~189쪽.) 그러나 이승만의 직계선조는 여기에 실리지 않았다. 다만 『甲子式年宗親類附加現錄』, 『太宗大王宗親錄』, 『乙卯式年宗親錄』, 『壬子食年璿源加現錄』[卷3(奎8893), 正祖16(1792), 宗正院] 등에 李元約까지의 선대가 드러나 있다.
3) 宗正院 編, 光武6년(1902), 『璿源續譜(太宗子孫錄 讓寧大君派)』 25권 25책 중 1, 3, 11, 22책.(奎章閣 8338/8525.)

표 1-1. 이승만의 가계-1

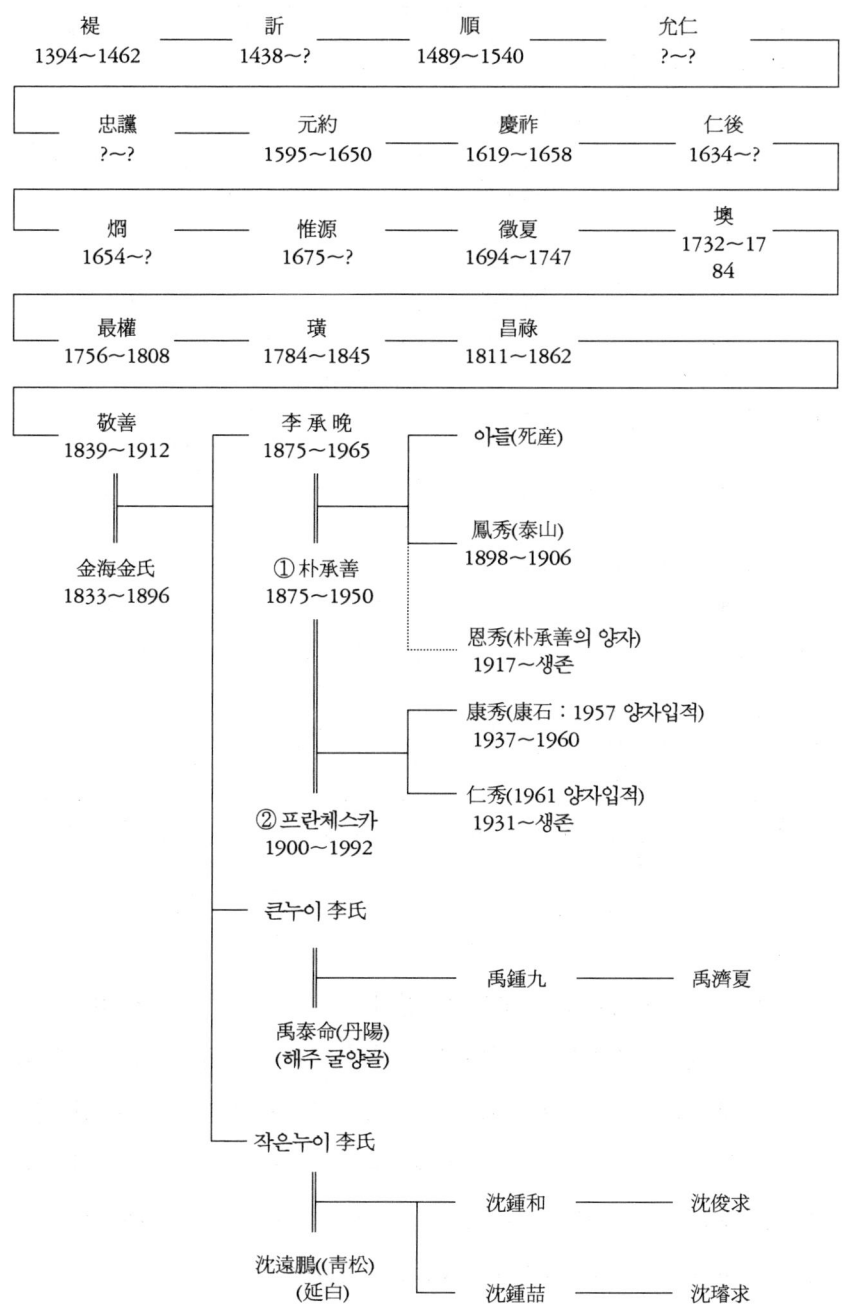

표 1-2. 이승만의 가계-2

姓名	生沒年代	嫡庶	官階·官職	妻	丈人官職	墓位置
李禔	1394~1462	長子	讓寧大君			衿川治東面
李訢	1438~?	五子(庶)	長平副正	晉州姜偉女	牧使	楊州松山面楸洞
李順	1489~1540	長子(庶)	富林令	原州邊處寬女	少尹	楊州松山面鉢里所
李允仁	?~?	長子	樹州正	安山金孟鋼女	校勘	上同
李忠謹	?~?	三子	進士·佐郞·贈參議	盆山李昱女	縣監	上同
李元約	1595~1650	二子	大護軍	密陽朴逸女	司果	文化三峴陵洞
李慶祚	1619~1658	長子	(武科)府使	江陵崔世渭女		上同
李仁後	1634~?	二子		密陽洪澤女	生員	上同
李烱	1654~?	長子	禦侮	靈光金德高女	判官	
李惟源	1675~?	長子		牙山金氏女		西湖眉山白鶴洞
李徵夏	1694~1747	二子	(蔭)縣令	密陽趙氏女		西湖坊眉山
李墺	1732~1784	三子		光山金錫信女		平山箪巖
李最權	1756~1808	獨子	進士	延安宋希祥女		平山舟巖面箪巖後洞
李璜	1784~1845	獨子		南陽洪致復女	縣監	鳳山龍山坊岱宗山
李昌祿	1811~1862	獨子		密陽朴東郁女		平山舟巖面
				濟州高仁寬女	通政	
李敬善	1839~1912	獨子		金海金昌殷女		平山
李承晩	1875~1965	獨子	(蔭)議官	陰竹朴春兼女		
李鳳秀	1898~1905	獨子				

[출전] 宗正院 編, 光武6년(1902), 『璿源續譜(太宗子孫錄 讓寧大君派)』 25권 25책 중 1, 3, 11, 22책.(奎章閣 8338/8525.) 생몰 연대는 高珽烋, 1984, 「開化期 李承晩의 言論·政治 및 執筆活動」, 고려대 사학과 석사학위논문, 73~75쪽에 의거했음.

가계도에서 드러나듯 이승만의 집안은 11대조 원약부터 8대조 경(烱)까지 하급 무관직을 지내면서 실질적으로는 몰락의 길을 걸었다. 10대조 경조(慶祚)는 무과를 통해 부사(府使)를 지냈고, 그의 동생 경우(慶祐) 역시 무과를 통해 종6품 주부(主簿)를 지냈다. 8대조인 경이 무관직으로 정3품 당하관인 어모장군(禦侮將軍)을 지낸 이래 이승만에 이르기까지 단 한 사람도 관직에 나아가지 못했다.

이승만 가계의 성쇠는 혼맥으로도 드러난다. 이승만의 가계가 종친으로 예우를 받던 15~13대조까지 처가의 벼슬은 목사(정3품)-소윤(정4품)-교감(승정원, 종4품) 등 고위직으로 나타난 반면, 무관직으로 있던 11~8대조까지 실직을 가진 처가는 사과(오위, 정6품), 판관(종5품) 등 중급 관직이 고작이었다. 나아가 7대조 이후 처가는 3대조 황(璜)이 현감을 지낸 홍치복(洪致復)의 사위가 된 것을 제외하고는 관직에 나아간 사람이 전무했다. 따라서 이승만의 집안은 관계·관직을 얻지 못한 7대조 이래로 몰락하기 시작했고, 4대조 최권(最權)이 진사가 된 이후 이승만 대에 이르기까지는 몰락 양반 가문에 지나지 않았다.

이승만의 선대가 황해도 평산으로 이주한 것은 이러한 몰락의 반증이기도 했다. 이승만의 회고에 따르면 양녕대군파는 대대로 남대문 밖 양녕대군 사당인 지덕사(至德祠) 부근 도동(桃洞)에 모여 살았다. 그러다 조부인 창록(昌祿) 대에 이르러 황해도 해주·평산으로 이주했고, 이승만의 부 경선은 평산에서 분가했다고 한다.[4] 그런데 『선원속보』에 따르면 이승만의 11대조 원약(元約) 대부터 황해도의 문화삼현 능동(文化三峴 陵洞)에 묘를 썼고,[5] 이후 황해도 서호(西湖) 미산(眉山)·봉산(鳳山)·평산(平山) 등에 묘를 썼다.[6] 이승만의 11대조 이래 황해도에 묘를

---

4) S. Rhee, "Child Life in Korea", *The Korean Mission Field*, March 1903, vol. 8-3, p. 94; "Autobiography of Dr. Syngman Rhee", George A. Fitch Papers, Yenching Institute, Harvard University(이하 『핏치문서철』로 약칭); 李庭植 譯註, 「靑年李承晩自敍傳」, 『新東亞』 9월호 권말부록, 1979; 曺惠子, 「인간 이승만의 새 傳記」 1~12, 『여성中央』 1~12월호, 1983.
5) 황해도에는 2곳에 文化라는 지명이 존재한다. 『海東地圖』에 따르면 한 곳은 海西지방의 文化로 대동강 하류 安岳·信川 오른편이며, 다른 한 곳은 黃海지방의 문화로 平山의 왼편이다. 후대의 묘가 평산에 위치한 것으로 보아 평산 왼편의 문화로 보는 것이 타당하다.(서울大學校 奎章閣 편, 『海東地圖』 下, 1995, 71, 97쪽; 權相老, 『韓國地名沿革考 : 地名變遷辭典』, 1940, 130쪽.)
6) 西湖 眉山은 황해도 鳳山郡으로 평산군과 금천군 사이에 위치해 있다.(『大東輿地圖』; 국사편찬위원회, 『輿地圖書』 下, 1973, 49~50쪽.)

쓴 것으로 미루어 황해도에 위토(位土) 등 일정한 근거를 가지고 있었던 것으로 추측된다. 이승만의 초취 부인 박승선(朴承善)의 양자 이은수(李恩秀)에 따르면 서울에 살던 4대조 최권 대에 조상의 묘지가 있는 평산으로 낙향하였고, 3대조인 황 대에 이르러 집안이 완전 몰락했다고 한다.7)

조부 창록(昌祿)은 28세에 밀양 박씨(1817~49)로부터 경선(敬善)을 얻었다. 이창록은 모두 1남 3녀를 두었고, 첫 부인 사별 후 고인관의 딸(1833~)을 재취로 얻었다.8) 이승만은 부친 이경선이 37세, 모친 김씨가 43세에 얻은 늦둥이였다.9) 이 당시 이승만의 집안은 완전히 몰락해 어머니의 삯바느질과 친척들의 도움으로 생계를 이어갔다. 이경선은 일찍 벼슬길을 포기했고 이승만 위로 아들을 두었다가 천연두로 잃자 세상을 크게 비관했다. 특히 풍수지리설에 몰두하여 조상의 묘자리를 새로 찾아 이장함으로써 가문의 재흥을 꾀한다는 생각에 남은 재산을 거의 탕진하고 방랑으로 재가무일(在家無日)의 나날을 보냈다.10) 이승만

---

7) 이승만의 초취 부인 朴承善의 양자인 李恩秀(1917~)는 이승만 가문의 초기 내력을 가장 잘 아는 인물이다. 혈연으로는 이승만과 무관하지만, 호적상 1949년까지 이승만의 양자로 되어 있었다. 여기서 인용하는 것은 이은수의 자필 수기와 인터뷰(1995년 11월 20일, LA 자택)에 근거한 것이다.[「李恩秀 手記」(연도미상) ; 「李恩秀인터뷰」(安炯柱대담, 1998년 11월 20일 미국 LA자택) ; 「李恩秀 記者會見」, 『한국일보』 1960년 9월 20일자 ; 「探訪談 : '아버지 李博士'는 잘못이 크오, 독재자 이승만 씨의 아들 李恩秀氏와 며느리 安蓮玉女史」, 『實話』 1960년 11월호, 新太陽社 ; 「李承晩 除籍謄本」(서울 동대문구 창신동 625번지.)] 한편 李元淳은 이승만의 5대조 李墺 대에 평산으로 이주했다고 썼다.(李元淳, 『人間李承晩』, 新太陽社, 1988, 19쪽.)
8) 1녀는 金載錫(김해), 2녀는 韓必洙(청주), 3녀는 吳仁模(해주)에게 출가했다.
9) 이승만 위로 누이 2명이 있었는데, 큰 누이는 황해도 海州 굴양골에 사는 丹陽 禹氏 禹泰命에게, 둘째 누이 역시 황해도 延白에 사는 靑松 沈氏 沈遠鵬에게 출가했다.
10) 徐廷柱, 『雩南李承晩』, 華山문화기획, 1996, 27~32쪽. 이 책은 이승만의 구술에 근거해 1949년 완성되었지만, 이승만을 1인칭으로 한 전기가 아니라는 이유

스스로도 "부친은 항시 사방을 유람하고 나와 어머니, 그리고 여비(女婢) 한 사람, 이렇게 세 식구"가 살았다고 회고했을 정도였다.11) 경선은 보학(譜學)에 심취해 일생을 보냈다. 이승만은 자기 집에 24권으로 된 집안 족보가 있었다고 회고했는데, 아마도 이는 광무6년(1902) 종정원(宗正院)에서 간행한 『선원속보』 중 『선원속보(태종자손록 양녕대군파)』 25권 25책이었을 것이다.12)

이승만은 조선왕조에 대해서는 강한 반발 의식과 적개심을 가졌지만, 대외적으로는 왕족 의식을 강력하게 표출하는 이중적인 모습을 보여주었다. 이러한 의식은 유년기부터 지속된 부친의 보학의 영향과, 몰락하고 방계로 처졌지만 왕손이라는 긍지와 자긍심에서 비롯된 것으로 볼 수 있다. 그는 전기 집필자 올리버에게, 정적들이 자신에게 민주 제도가 아닌 왕권을 회복시키려 한다는 비판을 하니, 왕족 가문이라는 사실을 감춰달라고 부탁했다.13) 나아가 족보나 양반 제도에 대해 비판을 아끼지 않았고, 고종에 대해 적개심을 갖고 있었다.14) 이승만은 고

로 발매 금지되었다.(姜仁燮, 「李承晚博士의 逸話들」, 『新東亞』 9월호, 1965, 259쪽.)
11) 이승만이 1956년 쓴 至德祠 李根秀(1842~1907 : 양녕대군 宗孫)의 墓碑文.(서울 동작구 상도동 산65－42 소재.)
12) 『璿源續譜』에 대해서는 신명호, 『조선의 왕』, 가람기획, 1998, 240~242쪽을 참조.
13) Ancestory, "Autobiography of Dr. Syngman Rhee" ; 올리버는 이승만의 발언까지 인용하며 이승만이 양녕대군의 후손이라는 사실을 회고록에 길게 썼다.(Robert T. Oliver, *Syngman Rhee : The Man Behind the Myth*, Greenwood Press, Publishers, 1954, pp. 1~9.)
14) 이승만의 구술에 따라 쓰인 서정주의 책에는 고종이 "게으름뱅이요 무능한 사람", "밤에는 무당 광대들을 불러 질탕히 놀고 낮에는 늘어지게 낮잠을 자는 습관"을 가진 사람, "유일한 즐거움은 광대의 소리를 듣는 거로서 육자배기만 잘 하여도 참봉을 준다"라고 묘사되어 있다.(서정주, 앞의 책, 78쪽.) 또한 1910년 귀국 직후 이승만은 YMCA 청년회관에서 첫째 임금이 없어진 것, 둘째 양반이 없어진 것, 셋째 상투 없어진 것 등이 세 가지 시원한 것이라고 연설해서 문제

종이 독립을 빼앗긴 무능한 군주라고 비판하며 대통령 집권기 동안 이은(李垠) 일가의 귀국을 허락하지 않는 등, 조선왕조 직계에 대해서는 노골적인 반감을 표시했다. 하지만 그는 재미 시절 왕족으로 행세하고, 한때 의친왕(義親王)의 손자를 양자로 입양하려 하는 등, 대외적으로는 군주 의식 또는 왕족 의식을 갖고 있었다.15) 16대 선조인 양녕대군이 상속권을 동생에게 넘겨주지 않았다면 자신이 '고종의 위치에 놓였을지도 모른다'라고 할 정도로 강한 왕족 의식을 갖고 있었다.16)

이승만이 왕족 의식을 대외적으로 표방하게 된 것은 왕족(royal family)을 우대하고 동경하던 미국 생활 과정에서 본격화된 것으로 보인다. 이승만은 적어도 1910년 조선왕조가 망할 때까지 국내에서 왕족 행세를 한다거나 왕조에 우호적 반응을 보이지 않았다. 사실 구한말 이승만의 신분은 왕족과 거리가 멀었고, 직계 4대 내에 과거 합격자도 없는 몰락 양반의 처지였다. 오히려 이승만의 의식은 신분 상승을 꾀하는 중인층이나 성취동기가 강한 한계인(marginal man)에 가까운 것이었다. 이승만은 오랜 미주 생활 과정에서 국내에서 자신의 한계인적 처지와 국외에서의 왕족 행세를 일체화시켜갔다. 이러한 과정에서 국내 일반인과 외국인들에게는 강한 왕족 의식을, 조선왕조의 직계와 제도에 대해서는 격렬한 반감과 비판을 가하는 양면적인 모습을 갖게 되었다. 나아가 대통령이 되자 그는 자연스럽게 군주 의식을 갖고 행동하기 시작했다.17) 몰락한 왕족의 후예로서 갖는 신분적 제약과, 신분 상승과

가 되기도 했다.(金一善,「李承晩博士는 渾身都是熱」,『開闢』8월호, 1925, 19쪽.)
15) 宋建鎬,「李承晩博士의 政治思想」,『新東亞』9월호, 1965 ; 孫世一,『李承晩과 金九』, 一潮閣, 1970, 4~7쪽 ; 禹濟夏,「景武臺四季」81회,『中央日報』1972년 5월 9일자 ; 서정주, 앞의 책, 78쪽.
16) 李庭植 譯註, 앞의 책, 425~426쪽.
17) 이승만은 이미 귀국 직후부터 군주 의식을 갖고 행동했다. 1946년 남한을 방문

출세를 지향하는 의식 사이의 괴리는 이승만을 복잡하고 이중적인 의식의 소유자로 만들 가능성이 농후했다.

2. 유년·성장·결혼

이승만의 집안은 1877년 서울로 이주해 남대문 밖 염동(鹽洞)에 정착했다. 그후 1881년 낙동(洛洞)으로 이사했고, 1884년 재차 남산 서남쪽 도동으로 옮겼다. 이곳에는 양녕대군의 사당인 지덕사가 있었다. 이승만은 이곳에서 유년기를 보냈는데, 자신이 살았던 우수현(雩守峴) 남쪽을 기념해 우남(雩南)을 호로 지을 정도로 도동 생활을 그리워했다.[18] 이승만은 비록 황해도 평산에서 태어났지만, 어린 나이에 서울로 이주해 성장했다. 황해도 출신인 이승만이 이후 기호파의 지도자로 성장할 수 있었던 것은 그의 출신지인 황해도가 서북 지역이 아닌 중부 지역

한 『시카고 썬(Chicago Sun)』지 기자 마크 게인(Mark Gayn)은 하지의 정치 고문 버취(Leonard Bertsch) 중위에게 이승만이 파시스트가 아니냐고 질문했다. 버취는 이승만은 파시스트 따위가 아니고 "파시즘보다 2세기 이전의 인물로 부르봉 왕당파"라고 답변했다.(Mark Gayn, *Japan Diary*, William Sloane Associates Inc., 1948, p. 352.)

18) 雩守峴은 비가 오랫동안 내리지 않으면 기우제를 지내는 고갯마루를 의미했다.(서정주, 앞의 책, 27~67쪽.) 『經國大典』에 따르면 旱魃에 대비하여 음력 4월 상순에 비를 비는 제사를 雩祀라고 했다. 雩는 吁와 통하는 것으로 탄식(吁嗟)하면서 비를 請함을 의미하며 雩壇은 동대문 밖에 설치되었다.(韓國精神文化硏究院, 『譯註經國大典(註釋篇)』, 1986, 413쪽 ; 『經國大典』禮典 祭禮.) 따라서 남산 서남쪽의 桃洞은 공식 우단의 설치 장소는 아니었지만 雩守峴이 기우제를 드리던 언덕이었음은 분명하다.

문화권에 속했기 때문이었다. 특히 황해도는 퇴계 이황의 근거인 안동 지방에 대비되는 율곡 이이의 뿌리(海州 石潭)가 있는 지역으로, 평안도·함경도 등 서북 지방과는 다른 문화와 역사를 가진 지역이었다. 이런 연유로 황해도 출신이던 이승만과 김구는 훗날 상해 임시정부 내에서 기호파의 지지를 받을 수 있었던 것이다.

유년기의 이승만에 대해 알 수 있는 기록은 거의 없지만, 그의 성격을 보여주는 몇 가지 일화가 있다. 이승만은 7세 되던 1881년 퇴직대신 이건하(李建夏)가 조카 이범교(李範喬)를 위해 세운 낙동서당에서 정식으로 한학을 공부하기 시작했다. 이 서당에는 낙동, 도동 등지의 양반집 아들만 30여 명이 모여서 공부를 했다. 양반집 자제 글공부의 상대역으로 이 서당을 다녔던 이승만은, 한 가지 일에 꼬치꼬치 파고드는 성격을 드러냈다.

이승만의 회고를 기록한 서정주에 따르면 평소 이승만의 존재는 아이들의 그늘에 숨어서 별로 드러나 보이지 않았으나 발표 때가 되면 두각을 나타냈다고 한다.[19] 이승만은 서당에서 학동을 편을 갈라 시험을 치루는 도강(都講)에서 제일 공부를 잘해 용보(龍甫)라는 별명을 얻기도 했다. 이승만은 갑신정변 난리 속에 이건하 일족이 충청도 아산으로 피란을 가자 어머니와 여종과 함께 빈집을 지키기도 했다. 이때의 경험은 이승만으로 하여금 같은 양반이지만 빈부의 차이와 신분의 차이가 있음을 느끼게 했다.

이승만의 고집과 집중력을 보여주는 일화도 있다. 이승만이 두 번째 다닌 서당은 이근수(李根秀, 1842~1907) 대감의 도동서당이었는데, 이곳에서 이승만은 그 집 청지기인 최응원(崔應源)으로부터 나비 그림을 배웠다. 그림에 몰두하던 이승만은 놀림을 당하자 일순간에 그림을 그

---

19) 서정주, 앞의 책, 52~53쪽.

만두기도 했다. 도동서당 시절 이승만은 노래 공부에 몰두하기도 하고, 연 날릴 때가 되면 연 날리는 데로, 꽃필 때가 되면 꽃가꾸기로 흥미를 집중하기도 했다.20) 특히 도동서당을 다니던 시절 경험한 집중과 고집, 그리고 열정의 추억은 이승만에게 잊혀지지 않는 것이었다.21)

이승만은 어머니 김씨로부터 기초적인 한자를 배웠고, 다른 한편으로 불교를 접했다. 6세 때 천자문을 떼고 첫 시를 지었지만, 한편으로 매년 생일 때마다 북한산 문수암(文殊庵)에 가서 공양하는 법을 배웠다.22) 이러한 어머니의 영향으로 이승만은 기독교도였음에도 불구하고 "절간에 가면 제집에 들어서는 것 같다"라고 할 정도로 불교적 색채를 갖고 있었다.23) 이승만은 훗날 불교 사찰 출입이 유년기에 지대한 영향을 미쳤으며, 자신의 종교적 본능을 강화시키는 데 큰 기여를 했다고 고백했다.24) 한편 이승만은 6~7세 시절 천연두로 3개월 동안 시력을 잃었다가 양의(洋醫)의 치료를 받아 병이 나은 적이 있는데, 이 경험은 이후 전격적으로 배재학당에 입학하고 단발을 하는 등의 전환을 가능하게 했다.25)

이승만은 어릴 적부터 5대 독자로 자란 데다 아버지가 방랑벽으로 오랫동안 집을 비움에 따라 집안의 유일한 남자로 어머니와 둘이서 외

---

20) 서정주, 앞의 책, 62~74쪽.
21) 이승만은 1945년 귀국 직후 자신이 살았던 복사골(桃洞)을 찾아 옛날을 그리는 다음과 같은 시를 짓기도 했다. 桃源故舊散如煙 奔走風塵五十年 白首歸來桑海變 斜陽揮淚故祠前.(서정주, 앞의 책, 28쪽.)
22) Religious Conditions, "Autobiography of Dr. Syngman Rhee", p. 4.
23) 權五琦, 「李靑潭인터뷰」, 『新東亞』 2월호, 1967. 손세일은 기독교가 이승만의 정신적 현주소이고 불교는 정신적 본적이었다고 썼다.(손세일, 앞의 책, 16~17쪽.)
24) 1913년 이승만의 『호놀룰루 스타불레틴』 인터뷰. "Korean School in Important Factor in Education Filed," *Honolulu Star Bulletin*, September 20, 1913.
25) 리차드 알렌, 『韓國과 李承晩』, 尹大均 역, 合同通信社, 1961, 15쪽 ; 서정주, 앞의 책, 39~50쪽.

롭게 생활하면서, '수탉형'의 외향적 성격과 유아독존적 성격을 갖게 되었다.26) 이승만의 독선적 성격이 어머니를 통해 성장하는 과정에서 비롯되었다는 주장이 있지만,27) 이는 아버지의 권위주의적이고 가부장적인 성격으로부터 영향을 받은 것이기도 했다.28) 유년기의 영향에서 출발한 가부장적 권위주의는 오랜 망명 생활 속에서 다져졌으며, 본능에서 우러나와 제2의 천성이 된 마키아벨리적 성격과 함께 그의 주된 자질이 되었다.29)

이승만의 아버지 이경선은 자신이 양녕대군의 후손이라는 자긍심으로 일생을 보낸 인물이었다. 그는 평생 가족의 생계에 대해 신경을 쓰지 않았고, 양녕대군 후손 중 유력자의 집을 찾아다녔다. 이승만이 이건하, 이근수 등 유력한 집안의 서당에 다닐 수 있었던 것도 이러한 아버지의 영향이었다. 이승만의 교우 관계나 결혼 역시 아버지의 영향에

---

26) 유영익, 『이승만의 삶과 꿈』, 중앙일보사, 1996, 16~17쪽.
27) 李龜枃는 이승만이 외아들로 아버지보다는 어머니, 누이 등과의 관계를 중심으로 성장했기 때문에 이후 독선적 행태를 갖게 되었다고 분석했다.(李龜枃, 「解放直後 3年間의 李承晩의 政治리더쉽에 관한 硏究 : 그의 퍼스낼리티와 政治行態간의 相關關係를 中心으로」, 서울대 정치학과 석사학위논문, 1985, 47~48쪽.)
28) 「李恩秀 인터뷰(安炯柱대담)」(1998년 11월 20일, LA자택) ; 「李恩秀手記」 ; 申興雨, 「李承晩を語る」, 『思想彙報』 16호(1938년 9월), 高等法院檢事局思想部, 283~289쪽.
29) Bruce Cumings, *The Origins of the Korean War, vol. II : The Roaring of the Cataract 1947~1950*, Princeton University Press, 1990, pp. 226~229. 커밍스는 이렇게 썼다. "이승만은 미국인들에게는 아주 한국적이고, 많은 한국인들에게는 아주 이질적인 이상한 혼합물이었다. 그러나 그의 성격은 책임있는 자리에 있었던 옛 한국인에게는 전형적인 듯하다. 같은 사람에게서, 때로는 같은 날에도, 말할 수 없는 매력과 화나지 않을 수 없는 조잡성을 동시에 보는 경우가 아주 흔하다. 미친 듯한 광포성이나 어린애 같은 미친 짓을 보여주다가도 동시에 완전한 자제와 위엄을 지닌 차가운 유교적 행동을 하는 것을 흔하게 보는 것이다. 이것이 아주 전통적인 것에 정통성을 두고 있는 가부장적 정치를 유지하는 데 흔히 요구되는 것이다."(227쪽.)

서 벗어날 수 없었다. 이승만과 절친했던 신흥우(申興雨, 1883~1959) 형제의 경우, 아버지 신면휴(申冕休)가 이경선과 흉허물 없이 지내는 사이였고, 경선의 요청에 따라 서당을 차리고 이승만을 비롯한 다른 여러 친구들의 자식들을 가르쳤다.30) 선대의 관계가 이어진 것이었다. 신면휴는 재야 근왕(勤王) 세력으로 불릴 만한 인물이었는데,31) 이경선 역시 신면휴와 유사한 정치의식을 지녔다고 볼 수 있다.

이승만은 1891년 같은 동네의 동갑인 박승선(1875~1950)과 결혼했다. 음죽 박씨(陰竹朴氏)인 박승선은 외가가 전주 이씨 양녕대군파였고, 외할아버지 이헌필(李憲弼)이 이경선과 잘 알고 지내던 사이였다. 이런 인연으로 혼사가 이루어졌다.32) 부부는 1894년 첫아이를 낳았으나 곧 사망했고, 1898년 12월 외아들 태산(泰山, 일명 鳳秀)을 얻었다. 태산은 이승만 도미 후 박용만(朴容萬)을 따라 미국에 건너갔으나 1906년 2월 필라델피아에서 디프테리아로 사망했다. 박승선은 1899년 1월 이승만이 투옥되자 여러 날을 대궐 앞에서 호소할 정도로 소문난 열녀였다.33) 이승만 역시 옥중에서 부인을 그리는 시 여러 편을 쓸 정도로 금

---

30) 전택부, 『人間申興雨』, 기독교서회, 1971, 27쪽.
31) 高宗은 大韓帝國을 선포하기 직전인 1897년 6월 왕실의 위상을 높이는 방안으로 역대 임금의 치적을 재정리하는 史禮所라는 역사 편찬 기관을 설치했다. 7월 1일 13명의 인원이 보충되었는데, 申冕休는 幼學으로 直員에 선발되었다. (한영우, 「乙未之變, 大韓帝國 성립과 "明成皇后 國葬都監儀軌"」, 『韓國學報』 100집, 2000, 33~34쪽.)
32) 박승선은 1875년 6월 9일 경기도 고천 오봉산 서편 어여비에서 朴春赫과 李憲弼의 여식 사이에서 출생했다. 1876년 부친 사망 후, 南廟 앞 외가인 이헌필가에서 성장했다. 어머니는 1879년경 嚴妃 처소에 침모로 입궁했고, 1882년 임오군란 때 사망했다.[「朴承善의 家系 및 生平」(李恩秀 작성).] 박승선의 母系는 曾祖父(李敬詳)－祖父(李章淑)－父(李憲弼)－전주 이씨(박승선의 母親)·李秉善(동생)으로 이어지고, 父系는 祖父(朴泰鵬)－父(朴春赫)－朴承善·朴炳善(동생)으로 이어졌다. 『璿源續譜』에는 박승선의 부친명이 朴春兼으로, 이승만의 除籍등본에는 朴白契로 되어 있다.
33) 「잡보」, 『皇城新聞』 1899년 3월 25일, 27일자 ; 『獨立新聞』 光武 3년 3월 25

슬이 좋았다.34) 박승선은 생활력이 강할 뿐만 아니라 불 같은 성격의 소유자였고 근대식 교육에 관심을 갖고 있던 인물이다.35) 이승만은 미국 유학 후 귀국한 1911~12년부터 박승선을 멀리했지만,36) 1949년까지 호적상으로는 부부 관계를 유지했다.37)

일, 28일자 ; 『뎨국신문』 光武 3년 3월 25일, 3월 27일자.
34) 이승만의 옥중 시집 『替役集』 乾·坤(辛鎬烈 역, 동서출판사, 1961)에는 「懷人」, 「閨怨」, 「又」, 「落照」, 「獄中歲暮」 등 부인을 그리는 여러 편의 시가 있다.(주진오, 「청년기 이승만의 언론·정치활동 해외활동」, 『역사비평』 여름호, 1996, 178~179쪽.)
35) 박승선은 아들 태산이 미국에서 사망한 후 이승만과 사이가 멀어졌다. 1911년 일본 나가사키에 3개월 동안 유학했고, 1923~27년간 보종학원이란 학교를 운영하기도 했다. 1899년 신문에는 朴召史로 되어있고, 就籍 당시 '박씨'라고만 부르다가 1917년 朴承善이란 이름을 지었다. 아마도 이승만의 이름을 따서 지은 것으로 보인다. 1917년에 출생한 이은수를 그해 양자로 맞아들여 평생을 지냈다.[「李承晩 除籍謄本」(서울 동대문구 창신동 625번지) ;「人間李承晩百年」 7회(아버지가 맺어준 朴氏夫人), 『한국일보』 1975년 3월 18일자 ;「李恩秀 인터뷰(安炯柱대담)」(1998년 11월 20일, 미국 LA자택) ;「李恩秀手記」]
36) 이승만이 초취 부인 박승선과 사이가 벌어진 데는 이경선의 역할이 적지 않았다. 李恩秀의 증언에 따르면 이경선은 飯酒가 없다며 며느리인 박승선을 구박했고, 박승선은 가족의 생계 문제를 도외시하면서도 권위적인 시아버지와 뜻이 맞지 않았다고 한다. 그러나 1913년 이경선이 황해도에서 사망했을 당시 박승선은 남편도 없이 시아버지의 장례를 치루었다.[「李恩秀 인터뷰(安炯柱대담)」 (1998년 11월 20일, 미국 LA자택) ;「李恩秀手記」]
37) 이승만의 甥姪 沈鍾喆은 이승만이 1912년 재차 도미할 당시 두 사람이 합의이혼했다고 증언했으나[「朴氏夫人과 靑年李承晩 : 李博士의 甥姪 沈鍾喆氏 얘기」, 『한국일보』 1960년 9월 19일자.) 사실 여부는 불분명하다. 「李承晩 除籍謄本」 에 따르면 1949년 6월 4일 서울지방법원에서 '妻의 關係 不存在確認의 판결'에 따라 박승선이 이승만의 호적에서 지워졌고, 無籍者가 되어 경기도 양주군 별내면의 친척집에 호적을 만들었다.(『한국일보』 1960년 9월 17~20일자.)

2장
학업과 독립협회 참여

1. 과거·배재학당·독립협회

이승만의 부모는 외아들의 출세에 모든 희망을 걸고 있었기에 가정 형편이 곤궁했음에도 교육에 열성적이었다. 이승만의 교육 과정은 4단계로 나눌 수 있다. 어머니로부터 천자문을 배운 이래 서당에서 전통 한학을 수학한 단계(1880~94), 배재학당에서 신학문을 접한 단계(1895~1898), 감옥 시절의 수학 및 기독교 입문 단계(1899~1904), 미국 유학 단계(1905~10)이다.

이승만은 6세 때 천자문을 뗀 후, 7세인 1881년 퇴직대신 이건하가 조카를 위해 개설한 낙동서당에 입학해서 정식으로 한학을 배우기 시작했다. 이승만은 1884년 양녕대군 직계 종손이던 판서 이근수가 집안에 개설한 도동서당으로 옮겨 본격적으로 한학을 공부했다. 이승만은 이 서당에서 갑오경장 때까지 과거 시험을 준비했다. 이승만은 13세가 되기 전에 이미 사서삼경을 독파했고, 과거를 목표로 한 양반 자제들의 서당에서 단연 두각을 나타냈다.

이승만은 13세 되던 고종24년(음 1887년 3월 15일) 왕세자빈의 관례를 기념하는 경과정시(慶科庭試)가 열리자 거짓으로 나이를 한 살 올리고 아명이던 승룡 대신 승만이란 이름으로 응시했다. 그는 첫 시험 이래 1894년 갑오경장으로 과거가 폐지될 때까지 거의 매년 과거에 응시했다.[1] 1890년 결혼한 이승만에게 과거는 유일한 출세 수단이자 생계의 희망이었으므로 등과(登科)에 대한 집념이 강할 수밖에 없었다. 출세에 대한 욕망과는 반대로 번번이 과거에 떨어지면서, 이승만은 체제에 대해 불만을 품게 되었다. 이승만은 급제가 금품으로 이뤄지며, 생진시도 고관대작의 자제들에게만 기회가 주어진다며 과거제도와 그 체제를 이끈 고종에 대해 강한 반감을 가졌다.[2]

1894년 7월 과거제도가 폐지되었을 때 이승만은 20세였다. 전통적인 한학을 통해 관료로 입신하는 것이 불가능해진 이승만은 1895년 배재학당에 입학했다.[3] 이승만의 배재학당 입학 동기는 크게 세 가지였다. 첫째는, 과거 대신 영어를 통해 관직에 진출하려는 생각이었다.[4] 이승만이 배재학당에 가기로 한 것은 "영어를 배우려는 큰 야심 때문"이었다. 그는 세상이 바뀌어 영어를 해야 관직을 얻는다고 생각했다.[5] 이승만에 따르면 청일전쟁과 갑오경장의 여파로 당시 조선 정부가 청

---

1) 서정주,『雩南李承晚』, 華山문화기획, 1996, 75~87쪽 ; 金泳模,『朝鮮支配層研究』, 一潮閣, 1981, 217~218쪽.
2) 서정주, 위의 책, 78~79쪽.
3) 이승만의 배재학당 입학 시기는 1894년 11월(음), 1895년 2월 등 여러 가지 설이 있다. 여기서는 배재학당의 개학일인 1895년 2월 1일(음)을 기준으로 삼았다.(주진오,「청년기 이승만의 언론·정치활동 해외활동」,『역사비평』여름호, 1996, 160쪽.)
4) 高珽烋,「開化期 李承晚의 言論·政治 및 執筆活動」, 고려대 사학과 석사학위논문, 1984, 8~10쪽.
5) 李庭植 譯註,「靑年李承晚自敍傳」,『新東亞』9월호 권말부록, 1979, 438쪽 ;「人間李承晚百」9회(培材學堂의 苦學生),『한국일보』1975년 3월 20일자.

년들의 외국어 및 서구적 사고방식 습득을 고무했는데, 이는 1895년 2월 한국 정부와 배재학당이 관비위탁생협약(官費委託生協約)을 맺어 학생수가 격증될 시점에 이승만이 입학했음을 의미한다.6)

둘째는, 친구이자 의형제인 신긍우(申肯雨, 1871~95)의 권유 때문이었다. 일제시대 국내의 핵심적인 이승만 지지 인물이었던 신흥우의 둘째 형인 신긍우는 첫째 형 신응우(申膺雨, 1866~1913), 이승만과 함께 도동서당을 다녔다. 또한 그의 아버지 신면휴는 한때 이승만의 글방선생을 하기도 했다.7) 이미 신긍우는 배재에 입학해 현채(玄采)에게 일본어를 배우면서 법부참서관(法部參書官)으로 재직하고 있었다.8) 신흥우에 따르면 당시 배재에서 영어를 조금 하게 되면 외아문(外衙門)에서 외국 파견 사절단에 통역으로 채용함으로써 유수한 양반 가정에서도 배재학당 입학이 시작되었다고 한다.9)

셋째는, 생계수단의 일환이었다. 과거 폐지 이후 이승만 일가에 대한 친척들의 경제적 지원이 끊기게 되자 이승만은 가족들의 연명책을 세워야 했다.10) 배재학당은 1887년부터 자조부(自助部)를 설치하여 고학

---

6) "Autobiography of Dr. Syngman Rhee", p. 5 ; 李光麟, 「初期의 培材學堂」, 『開化派와 開化思想』, 一潮閣, 1989, 113~120쪽 ; 鄭英熹, 『개화기 종교계의 교육운동 연구』, 혜안, 1999, 164~168쪽.

7) Robert T. Oliver, *Syngman Rhee : The Man Behind the Myth*, Greenwood Press, Publishers, 1954, p. 14 ; 申冕休, 「獄中開學顚末」, 『箴訓編謄』.(전택부, 『人間申興雨』, 기독교서회, 1971, 401쪽.) 신흥우는 이승만의 조모가 신 씨였기에 신흥우와 이승만이 사돈 간이라고 했다.[「신흥우 인터뷰(로버트 올리버)」(1949년 4월 12일) 李庭植 譯註, 앞의 책, 439쪽.] 그런데 이승만의 친조모는 박 씨·고 씨뿐이므로, 외조모일 가능성이 있다.

8) 서정주, 앞의 책, 99~109쪽 ; 전택부, 위의 책, 19~22, 27~29쪽.

9) 元致豪, 「申興雨박사의 放送 녹음기록」, 1958, 12~13쪽 ; 전택부, 위의 책, 30쪽.

10) 이은수 수기에 따르면 이승만은 19세 되던 1893년 매값으로 200냥을 벌어왔고, 이것이 최초의 돈벌이였다. 그러나 이 일로 이승만은 장독을 앓았고, 매값으로 번 돈은 빚을 주었다 떼였다.[「李恩秀手記」 ; 「朴承善의 家系 및 生平」(李恩秀

2장 학업과 독립협회 참여 67

생들이 생활비를 벌면서 공부할 수 있는 여건을 마련해주었다.11)

이승만은 배재학당 영문부(英文部)에 다니며 영어를 배웠지만, "영어보다 더 귀중한 정치적 자유"와 기독교를 깨우쳤다. 이승만은 6개월 만에 의료 선교사 화이팅(Georgiana Whiting)의 한국어 교사가 되어 영어를 빨리 배우는 동시에 은화 20달러의 월급을 받아 생활비를 조달할 수 있었다.12) 이승만의 영어 습득은 매우 빨라서 6개월 뒤에는 배재학당의 영어 교사가 될 정도였다. 나아가 이승만은 1895년 말 단발령이 내려지자 제중원(濟衆院)의 애비슨(O. R. Avison)에게 상투를 잘랐다. 배재학당 입학을 꺼리던 이승만이 불과 1년 만에 상투를 자른 것은, 그가 근대 서구 문명을 흡수해 소화하는 속도가 남달랐다는 점과 용기있게 전통과 결별도 마다하지 않는 결단력을 지녔음을 보여주는 것이었다.

이러한 전환과 결단의 신속성은 그의 정치·권력 지향성과도 맞물린 것이었다. 이미 배재학당 시절 '주상호(周時經)는 한글 연구하러, 이승만은 정치하러' 배재를 다닌다는 소문이 돌 정도로 이승만은 정치에 관심을 갖고 있었다.13) 이승만은 21세 되던 1895년 말 명성황후 복수 사건인 춘생문 사건[春生門事件, 1895년 11월 28일(음 10월 12일)]에 연루되어 평산 누님 댁에 3개월간 피신해야 했다.14)

이승만이 관련된 최초의 정치적 사건이었던 춘생문 사건은 을미사변 이후 고립무원의 고종을 경복궁에서 구출하여 정동에 있는 미국 공

작성.)] 분명한 것은 이승만은 成家한 이후 가족들의 생계를 책임져야 했다는 점이다.
11) Daniel L. Gifford, "Education in the Korea", *The Korean Repository*, August, 1896, p. 311.(고정휴, 앞의 논문, 10쪽에서 재인용.)
12) "Autobiography of Dr. Syngman Rhee", p. 5.
13) 「배재학당 명예졸업생 尹聲烈의 증언」, 「人間李承晩百年」, 10회(斷髮의 變身), 『한국일보』 1975년 3월 21일자 ; 전택부, 앞의 책, 38쪽.
14) 서정주, 앞의 책, 114~125쪽 ; 「人間李承晩百年」 11회(春生門 사건), 『한국일보』 1975년 3월 22일자.

사관으로 피신시키고, 김홍집 내각의 대신들을 제거하려 했던 사건으로, 아관파천(1896년 2월 11일)의 전조였다.15) 당시 사건의 주모자인 시종(侍從) 임최수(林㝡洙), 전참령(前參領) 이도철(李道徹), 전주진위대중대장(全州鎭衛隊中隊長) 이민굉(李敏宏), 전위원(前委員) 이충구(李忠求), 탁지부 사계국장(度支部 司計局長) 김재풍(金在豊), 전군부대신(前軍部大臣) 안경수(安駉壽), 사과(司果) 이세진(李世鎭), 훈련대 대대장 이범래(李範來), 이진호(李軫鎬) 등은 이범진(李範晋, 前農商工部大臣), 이재순(李載淳, 侍從院卿), 이윤용(李允用, 前警務使), 이완용(李完用, 前學部大臣), 이하영(李夏榮, 宮內府 會計院長), 윤치호(尹致昊), 이학균(李學均), 민상호(閔商鎬) 등과 공모하여 11월 28일 밤을 기해 친위대를 동원해 경복궁의 춘생문과 북장문(北墻門)을 통해 궁궐을 장악하고, 고종을 미국 공사관으로 피신시킨 다음 김홍집 내각의 대신들을 살해하려고 했다.16) 이 사건에는 미국인 선교사와 교사 및 교관, 그리고 미국 공사관의 알렌과 러시아 공사 베베르 등이 직접 간접으로 연관되어 있었다. 그러나 모의 과정에 정보가 누설되어 실패하고 말았다. 이승만이 이 사건과 연계된 것은 배재학당 동창인 이충구와의 관계 때문이었다. 이충구는 배재학당 출신으로 제중원에서 미국 여자 선교사 스트롱(斯特弄)에게 우리말을 가르치는 등 외국인과 친밀한 사이였다. 이충구는 춘생문 사건 당시 외국 공관과 연통하며, 총탄 80발을 얻어 사건 참가자들에게 제공한 핵심 인물이다.17) 이승만은 이충구로부터 춘생문 사건의 개략을 전해

---

15) 한영우,「乙未之變, 大韓帝國 성립과 "明成皇后 國葬都監儀軌"」,『韓國學報』 100집, 2000, 17~18쪽.
16) 춘생문 사건의 참여자와 경과에 대해서는 洪景萬,「春生門事件」,『李載龒博士還曆紀念韓國史學論叢』, 한울, 1990, 647~676쪽 ; 金榮洙,「俄館播遷期 정치세력 연구」, 성균관대 사학과 석사학위논문, 1999, 7~14쪽을 참조.
17) 鄭喬,『大韓季年史』하권, 국사편찬위원회, 1957, 123~128쪽 ; 서정주, 앞의 책, 114~125쪽 ; 培材學堂,『培材八十年史』, 1965, 253~255쪽.

듣고, 윤웅렬(尹雄烈)·이도철·그레이트하우스(Greathouse) 등이 친위대와 공모해 거사할 계획임도 알고 있었다.18) 그러나 이승만은 모의 과정에는 전혀 개입하지 않았을 뿐 아니라 5대독자라는 이유로 거사에도 배제되었고, 이충구가 이승만을 찾은 이유도 유사시 자기 가족을 부탁하기 위한 것이었다. 또한 이승만은 이충구가 잡혀간 뒤에도 일상생활을 했으며, 순검 3명이 자신을 잡으러 온 뒤에야 평산 누님 댁으로 도피했다. 즉 이승만은 특별한 정치적 신조나 노선이 있었다기보다는 이충구와의 친분 관계 때문에 춘생문 사건에 간접 연루된 것이었다. 이충구는 정동파 관리로 춘생문 사건에 가담했으나, 아관파천 후 노골적인 친러파로 변신한 인물이었다. 고종 앞에서도 언사가 패만했고 공공연히 뇌물을 받아 그것을 벌하려 해도 러시아 공사 때문에 그러지 못했다는 평가가 있을 정도였다.19) 이충구는 대표적 친일파였던 안경수와 마찬가지로 외세를 등에 업고 권력을 추구한 인물이었는데, 이승만이 이충구와 관련을 맺은 것은 배재학당·제중원 등에서 미국인 선교사·교사 등과 친밀한 관계를 유지했기 때문이었다. 이승만은 안경수에 대해서도 동지 의식을 갖고 있었다. 안경수는 독립협회 초대회장으로, 고종황제 폐위 음모와 을미사변의 배후로 지목받아 처형(1900년 5월 1일)되었는데, 당시 옥중에 있던 이승만은 안경수 처교방문(處絞榜文)을 베껴놓으며 애석해했다.20)

---

18) 李庭植 譯註, 앞의 책, 428~429쪽; 서정주, 앞의 책, 119쪽.
19) 이충구는 아관파천 이후 警務使가 되었고 韓露銀行의 설립에 참여했으며, 驛館 출신으로 고종 독살 음모를 꾸미기도 했던 親露派 金鴻戮에게 아부한 대표적 인물로 꼽힌다.(「人間李承晩百年」 12회(두 先覺者: 尹致昊·徐載弼), 『한국일보』 1975년 3월 25일자; 韓哲昊, 『親美開化派研究』, 國學資料院, 1998, 238~239쪽.]
20) 유영익, 「이승만의 '옥중잡기' 백미」, 『이승만연구』, 유영익 편, 연세대학교 출판부, 2000, 43~45쪽.

이승만은 을미사변에 대해서 초보적인 분노감을 표시했을 뿐 적극적인 행동으로 나아가지는 않았다. 이는 21살의 청년 이승만의 정치적 감각이나 판단이 아직 성숙되지 못했음을 반증하는 것이기도 했다.

이승만은 춘생문 사건 재판이 끝난 뒤인 1896년 2월에 서울로 돌아왔다. 이승만이 서울에 돌아왔을 때는 이미 아관파천이 있은 후였다.21) 이후 이승만은 1896년 미국에서 귀국한 서재필이 조직한 배재학당 내의 협성회(協誠會) 토론회를 통해 대중 연설가로서의 훈련을 쌓는 한편, 『협성회회보』라는 잡지를 통해 근대 언론과 접하게 되었다. 협성회는 총 48회의 정기 토론회를 개최했는데 계몽적인 주제부터, 정치체제 개혁과 외세 배격에 이르는 문제를 다루었고, 이를 통해 이승만은 개화의식 및 사회참여 의식을 제고시켰다.22)

이승만은 24세 때인 1898년 7월 8일 배재학당을 졸업했는데, 졸업식에서 '한국의 독립(Independence of Korea)'이라는 제목으로 영어 연설을 할 정도의 실력을 갖추고 있었다.23) 불과 2년 반 만에 전통적인 유생에서 단발한 개화파 지식인으로 변모한 것이다. 이는 이승만의 회고처럼, 배재학당의 '완전한 서구식 교육'과 그의 재능이 결합된 결과였다.24)

졸업 후 이승만은 배재학당의 협성회 조직을 기반으로 언론·정치 분야의 청년 개혁가로 활동을 개시했다. 이 시점에서 이승만은 출세지향적이었고, 자기 현시욕이 강했으며, 과거제를 폐지함으로써 자신의 환로(宦路)를 막은 조선 정부를 공격하는 데 주저함이 없었다. 20대

---

21) 이승만이 아관파천에 대해 어떤 생각을 가졌는지는 분명치 않다. 이승만은 "황제는 俄館으로 피했고 [親日]정부는 밀려나버렸다"라고만 썼다.(李庭植 譯註, 앞의 책, 429쪽.)
22) 서정주, 앞의 책, 126~132쪽; 고정휴, 앞의 논문, 11~16쪽.
23) 「잡보」, 『독립신문』 1897년 7월 10일자 : "The Closing Exercises of Paichai", *The Korean Repository*, July 1897, pp. 271~274.
24) 리차드 알렌, 앞의 책, 16쪽.

초중반의 이승만은 과격한 행동대장이었고, 대중 속에서 자신을 돋보이게 하는 재능을 갖고 있었다.25)

이승만의 언론·정치 활동은 1898년 한 해에 집중되었다. 유영석(柳永錫)·최정익(崔正益)과 함께 주간지『협성회회보』(1898년 1월 1일 창간)와 그 후신인 일간지『미일신문』(1898년 4월 8일 창간)을 주도했다. 또한 이승만은 이종일(李種一)이 주도한『뎨국신문』(1898년 8월 10일 창간)에서도 논설위원으로 활약했는데, 이는 투옥 기간(1899~1904)에도 계속되었다.26) 이승만은 이때의 경험을 통해 여론을 형성하고 주도하는 언론의 중요성을 깨달았고, 이는 일제시대와 해방 후 그가 언론을 중시하고 장악하려 했던 강한 집념의 배경이 되었다. 다른 한편으로 이승만은 언론 활동을 통해 대중에게 호소할 수 있는 한글의 중요성을 자각했고, 이후 저술 대부분을 한글로 쓰게 되었다.27)

이승만의 정치 활동은 독립협회와 긴밀한 연계 아래 이루어졌다. 이승만은 1898년 3월 10일 독립협회가 종로에서 개최한 제1회 만민공동회의 연사로 정치 활동의 첫발을 내딛었다. 만민공동회는 독립협회 정

---

25) 이승만의 이름 역시 이러한 의식의 소산이었다. 그는 두음법칙에 관계없이 자신의 이름을 '리승만', 영문으로는 Rhee, Syngman으로 기록했다. 도미 유학 이전 기록에 나타나는 이승만의 영문명은 Yi, Seungman 혹은 Lee, Sungman이었다. 이승만은 미국인들이 '이'자와 '승'자를 연달아 발음하기 어렵다는 점을 고려했던 것으로 보인다. 또 다른 이유는 자신을 여타 이 씨들과 구별하는 일종의 選民意識 때문이었을 것이다. 이하에서는 편의를 위해 한글명은 이승만으로, 영문명은 Rhee, Syngman으로 통일했으며, 출처를 밝히는 부분에서만 원문에 따라 리승만을 사용하기도 했다.
26) 鄭晋錫,「新聞記者로서의 李承晩」,『月刊中央』4월호, 1979, 322~324쪽 ; 정진석,「언론인 이승만의 말과 글」,『뭉치면 살고 : 1898~1944 언론인 이승만의 글모음』, 朝鮮日報社, 1995.
27) 이승만의 한글관에 대해서는 김인선,「개화기 이승만의 한글운동 연구」, 연세대 박사학위논문, 1999 ; 임대식,「이승만과 한글간소화 파동」, 역사비평 편집위원회,『논쟁으로 본 한국사회 100년』, 역사비평사, 2000을 참조.

치운동의 돌파구로 서재필이 기획한 대규모 민중집회였으며, 독립협회 주도 세력은 배후에서 집회의 과격화를 막는 대신 배재학당과 경성학당의 학생들을 연사로 내세웠다.28) 서재필은 협성회 토론에 적극 참여했던 이승만·문경호(文耿鎬)·현공렴(玄公廉)·홍정후(洪正厚) 등을 연사로 선정했고, 이승만은 총대위원(總代委員)으로 선출되었다. 이승만은 이날 러시아 세력의 철수를 강조했고, 이후 반러운동에 몰두했다.29) 이승만은 협성회를 배경으로 독립협회에 진출한 후 신진 소장파의 일원으로 주목받았으며, 독립협회의 '러시아·프랑스의 이권 요구 반대운동(5월 16일)'과 '외국인궁궐수비부대 창설 저지운동(9월 17일)' 등 반외세 반침략운동에 참여했다.30)

이 시기 활동에 대해 이승만은 독립협회가 미국의 보호 아래 조직되었으며, 개화운동을 주도했다고 회고했다.31) 반면 고종은 반개혁적이고 반민족적이었다고 비판했다.32) 이승만은 친미적인 입장에 서 있었으며, 일본이나 친일파들의 논리에도 일정하게 관심을 가지고 있었다. 적어도 이승만은 동도서기론적(東道西器論的)인 중도개혁 세력이나 친고종 세력에 속하지는 않았다.

이승만이 청년 활동가로 주목받게 된 계기는 11월 4일 독립협회가

---

28) 愼鏞廈, 『獨立協會研究』, 一潮閣, 1979, 288~296쪽.
29) 朱鎭五, 「19세기 후반 開化改革論의 構造와 展開 : 獨立協會를 中心으로」, 연세대 사학과 박사학위논문, 1995.
30) 고정휴, 앞의 논문, 28~29쪽.
31) 서정주, 앞의 책, 139~157쪽.
32) 이승만은 서재필이 미국의 보호 아래 독립협회를 조직했지만, 고종이 독립협회의 개화운동을 증오하고 의심해서 그를 추방했다고 회고했다. 또한 고종이 만민공동회의 반정부적 기세를 막기 위해 皇國協會를 이용했으며, "민족운동을 말소시키려고 전력을 다했다"라고 주장했다.(李庭植 譯註, 앞의 책, 429~431쪽.) 올리버는 이승만의 말에 따라 고종이 영명성이나 강한 의지가 부족했으며, 러시아와 일본 사이에서 생존을 위해 양자 사이를 오갈 수밖에 없는 처지였다고 썼다.(로버트 올리버, 앞의 책, 38쪽.)

공화정을 실시한다는 '익명서(匿名書) 사건'으로 이상재(李商在)·남궁억(南宮檍) 등 독립협회 간부 17명이 구속되었을 때였다. 이 당시 이승만은 양홍묵(梁弘默)과 함께 경무청에서 6일 동안 농성해 전원을 석방시켰다. 계속된 만민공동회에 대해 11월 21일 황국협회의 보부상이 공격했을 때도 이승만은 도망가지 않고 맞서 싸웠다.33) 이러한 활동의 결과 이승만은 명성을 얻게 되었고, 11월 28일 고종이 유화책으로 새로 임명한 중추원 의관(中樞院 議官) 50명 중 한 사람(종9품)으로 임명되었다.

2. 옥중 수학과 『독립정신』의 세계관

그러나 이승만은 곧 박영효(朴泳孝) 쿠데타 음모 사건에 연루되어 도피 중 1899년 1월 9일 체포·투옥되었다.34) 수감 중이던 이승만은 1월 30일 최정식(崔廷植)·서상대(徐相大)와 함께 주시경이 건네준 육혈포 2정을 가지고 탈옥하려다 실패했고, 그 과정에서 옥리에게 총상을 입힌 죄로 7월 18일 종신 징역수가 되었다. 이후 이승만은 1904년 8월까지 5년 7개월에 걸쳐 감옥 생활을 하게 되었다.

감옥 생활은 사회로부터 이승만을 고립시켰지만, 근대 서양 문물을 보다 정확히 파악하고 그의 독자적 사유 체제를 확립하는 데 크게 기

---

33) 『독립신문』 1898년 11월 28일자.
34) 尹炳喜, 「第2次 日本亡命時節 朴泳孝의 쿠데타陰謀事件」, 『李基白先生古稀記念韓國史學論叢』 下, 一潮閣, 1994 ; 고정휴, 앞의 논문, 35~44쪽 ; 주진오, 앞의 논문, 1996, 171~175쪽.

여했다. 만약 이승만이 정치적 격변기였던 이 기간에 옥중에 있지 않았더라면, 도미 유학이나 미국 박사는 불가능했을 것이다.

옥중에서 이승만은 파격적인 대우를 받았다. 옥중에 도서실과 학교를 설치해 운영하고, 자유롭게 집필 활동을 하기도 했으며 아들을 데려와 함께 지낼 수도 있었다.35) 이승만이 파격적인 대우를 받을 수 있었던 이유는 다음과 같다.

첫째, 미국 선교사들의 도움이었다. 이승만 체포 직후 알렌(Horace N. Allen) 주한 미국 공사는 외부(外部)에 조회(1899년 1월 17일)를 보내 이승만이 미국 의사 셔먼의 통변(通辯)이라며 석방을 요구했고, 1901년에도 아펜젤러(Henrry G. Appenzeller)·애비슨·벙커(Dalziel A. Bunker)·헐버트(Homer B. Hulbert)·게일(James S. Gale) 등 선교사 5명이 내부에 연명탄원서를 제출(1901년 11월 9일)했다. 1904년 7월에는 알렌 공사가 주한 일본 공사관·외부에 이승만 석방운동을 했다.36) 이들은 종교서적과 영어잡지 등 150여 권을 차입해 1902년 10월 감옥 내에 서적실(書籍室)을 차리고 학교를 운영할 수 있게 도와주기도 했다.37) 맥킨지(F. A. Mckenzie)의 말처럼 선교사들은 유능한 목사로서의 완벽한 자질을 갖고 있던 이승만을 구하기 위해 "할 수 있는 일이면 무엇이든 다 해주었다."38)

둘째는 고종의 총애를 받았던 엄비(嚴妃 : 純獻皇貴妃, 1854~1911)의

---

35) 李庭植 譯註, 앞의 책, 433~435쪽 ; "Autobiography of Dr. Syngman Rhee", pp. 10~14.
36) 유영익, 앞의 논문, 2000, 14쪽 ; 李庭植 譯註, 위의 책, 433~434쪽.
37) 申冕休, 「獄中開學顚末」, 「獄署工課」, 『箴訓編謄』(전택부, 앞의 책, 60~62쪽) ; 李光麟, 「舊韓末 獄中에서의 基督敎信仰」, 『韓國開化史의 諸問題』, 一潮閣, 1986, 217~238쪽 ; 서정민, 「구한말 이승만의 활동과 기독교(1875~1904)」, 연세대 교육대학원 석사학위논문, 1987, 39~69쪽.
38) F. A. Mckenzie 著, 『韓國의 獨立運動』, 李光麟 譯, 一潮閣, 1969, 48쪽.

후원이었다.39) 신흥우에 따르면 이승만이 투옥되기 전『뎨국신문』을 편집하고 감옥에서도 논설을 썼는데, 엄비는 이승만 논설의 충실한 독자였다.40) 엄비가 이승만에게 호의를 보인 것은 이승만의 처 박승선과의 관계 때문이었다. 이승만의 장모, 즉 박승선의 어머니 이 씨가 1879년경 엄비의 침모로 입궁했다가 1882년 임오군란 때 사망했기에 이승만·박승선 집안과 엄비는 친밀한 사이였다. 감옥서장(監獄署長) 김영선(金英善), 간수장 이중진(李重鎭) 등 감옥 관리들이 이승만에게 호의를 베풀 수 있었던 것도 이들이 엄비의 사람들이었기 때문이다.41)

   이러한 호의를 바탕으로 이승만은 옥중에서 수많은 도서를 읽었으며, 특히 선교사들을 통해 라이만 애보트(Lyman Abot)라는 자유주의적 조합교회의 목사가 간행하는『뉴욕아웃룩(New York Outlook)』,『인디펜던트(Independent)』 등의 잡지에서 영향을 많이 받았다.42) 또한『청일전긔』(1900),『독립졍신』(1904),『신(新)영한사전』(1904),『옥중잡기(獄中雜記)』,『체역집(替役集)』 등을 저술·번역하는 작업과 함께,『신학월보』,『뎨국신문』 등에 투고·논설 집필을 했다.

   6년 동안의 옥중 독서와 집필 활동은 이승만의 생애 중 가장 집중적인 학문·사상적 도야(陶冶)의 시기였고 수학의 시기였다. 옥중 수학을

---

39) 로버트 올리버, 앞의 책, 64쪽.
40) 「申興雨-로버트 올리버 인터뷰(1949년 4월 12일)」, 李庭植 譯註, 앞의 책, 440쪽.
41) 「朴承善의 家系 및 生平」(李恩秀 작성);「李恩秀手記」;「朴承善의 조카 朴貴鉉의 증언」,「人間李承晩百年」36회(獄中執筆),『한국일보』1975년 5월 3일자.
42) 이승만의 옥중 독서 일지에 따르면 이승만은 영문 책·월간지·일간지를 탐독했고, 기독교 신앙·역사·법률 등의 순서로 관심을 가졌다.(서정민, 앞의 논문, 58~60쪽; 유영익, 앞의 논문, 28~32쪽; 李庭植 譯註, 앞의 책, 439~440쪽.) 옥중에는 한문 서적 328권, 한글 서적 165권, 영문 서적 20권 등 총 523권의 책이 있었다.[「人間李承晩百年」39회(獄中圖書室),『한국일보』1975년 5월 8일자.]

통해 이승만은 서구 학문과 정세에 대해 좀 더 정확히 알 수 있게 되었고, 또한 영어에 능통하게 되었다. 이승만은 출옥한 뒤 영어를 훌륭하게 말하고 쓸 수 있는 수준에 도달했다.[43]

당시 이승만의 대외관과 정치사상을 집약한 것은 『독립정신』이었는데, 이는 1904년 2월 러일전쟁의 발발을 계기로 옥중에서 집필한 『청일전긔』, 『뎨국신문』 논설, 『신학월보』 기명 논설 등을 토대로 집필한 것이었다.[44]

『독립정신』은 총 52편의 논설로 구성된 일종의 논설집으로, 자주독립을 위해 민중의 새로운 인식을 촉구하는 내용, 선진 외국의 제도 등 새로운 가치와 지식을 소개하는 내용, 문호 개방 이후 한국사와 주변 국제 정세를 소개하는 내용 등으로 구성되어 있다. 후록으로 붙은 「독립주의의 긴요한 조목」은 6가지 항목으로 구성되어 있으며, 당시 이승만의 세계관을 명확히 보여준다. 특히 주목할 점은 이승만이 상당히 외세 의존적이고 친미·친일·반러적인 한편, 대한제국 정부를 반개혁적으로 평가하고 있는 부분이다.[45]

---

43) 『尹致昊日記』 1904년 8월 9일자.
44) 『독립정신』은 1905년 朴容萬이 미국으로 빼내 1910년 샌프란시스코 大東新書館에서 간행되었다. 『청일전긔』의 원본은 미국 선교사 알렌(Young J. Allen)과 중국인 蔡爾庚이 쓴 『中東戰紀本末』(上海 廣學會, 1897)이며, 柳槿·玄采가 『中東戰紀』(皇城新聞社, 1899)라는 제목으로 출간한 것을 순한글로 번역한 것이다. 이 책은 후에 『청일전긔』(하와이 太平洋雜誌社, 1917)라는 제목으로 출간되었다. 이승만은 『뎨국신문』에 500여 편이 넘는 논설을 게재했고(朝鮮日報, 1995 『뭉치면 살고 : 1898~1944 언론인 이승만의 글모음』, 朝鮮日報社), 『신학월보』에는 「옥중전도」(1903년 5월), 「예수교가 대한 장래의 기초」(1903년 8월), 「샹동청년회에서 학교를 설시흠」(1904년 11월) 등을 기명으로 투고했다.(한국감리교회사학회, 『신학월보』 영인본, 1988.)
45) 이승만은 제물포조약(1876)으로 일본이 조선의 독립을 찾아주었고 갑오경장(1895)은 문명 개화를 위한 신선한 공기였으나 아관파천으로 '우리의 독립 권리'가 손해를 보았고 갑오경장의 기초가 무너졌다고 평가했다.(「일본과 처음으로 통상흠」, 「갑오을미동안 대한정형」, 리승만, 『독립정신』 대동신서관, 1910,

『독립정신』은 개화파의 인식과 독립협회운동을 통해 형성되었던 당시 지식인들의 의식을 엮어놓은 책이다. 많은 부분이 유길준(兪吉濬)의 『서유견문』과 유사한 서술 구조를 가지고 있으며 독립협회운동 당시 『독립신문』 등 각종 언론에 등장하는 논리들을 포함하고 있다.[46] 이승만이 『독립정신』에서 제시하고 있는 핵심은 오랫동안 전제정치를 받아온 한국민을 기독교로 교화시킨 후, 서양의 정치제도와 법률을 그대로 받아들여 내정 개혁을 단행하는 한편, 대외적으로는 만국공법(萬國公法)을 준행하고 중립 외교를 펼쳐 한국의 독립을 보장받자는 것이었다. 즉 정신(기독교), 제도(서양정치·법률), 외교(만국공법·중립외교)에서 한국을 완전히 서구화·기독교화하자는 것이었다.[47] 특히 서구화의 핵심은 미국화를 의미하는 것이었으며, 외교의 주된 대상도 "인간의 극락국"인 미국으로 설정되었다.[48] 한국의 내정과 내적 발전 가능성에 대한 부정적 인식은 이승만의 기독교·서구지향적 국가관·대외관과 결합되면서 외교독립노선으로 이어졌다. 이승만은 미국 선교사와의 개인적 신뢰 형성을 미국에 대한 신뢰로 확대해석했으며, 만국공법에 대한 환상에 빠져 그 배후에 숨어 있는 제국주의적 의도를 간과했다.[49]

옥중 생활은 이승만의 지적 성숙과 서구 지향적 사고를 형성시켰을 뿐만 아니라 그를 기독교로 개종시켰다. 이승만은 감옥에서 생명의 위기를 여러 차례 겪었다. 1899년 탈옥하다 잡힌 후 형이 확정되기 전까

148~150, 192~200쪽.)
46) 주진오, 앞의 논문, 1996, 180~183쪽; 김학준, 『한말의 서양정치학 수용연구』, 서울대학교 출판부, 2000, 161~173쪽.
47) 고정휴, 앞의 논문, 1984, 64쪽; 서정민, 앞의 논문, 76~80쪽.
48) 고정휴, 「독립운동기 이승만의 외교노선과 제국주의」, 『역사비평』 겨울호, 1995, 132~134쪽; 하유식, 「대한제국기 이승만의 정치사상과 대외인식」, 부산경남역사연구소, 『지역과역사』 제6호, 2000, 52~59쪽.
49) 주진오, 앞의 논문, 1996, 181쪽; 서정민, 앞의 논문, 77쪽.

지 형틀을 쓰고 사형수와 다름없는 신세로 지내야 했고, 1902년 콜레라의 창궐로 수많은 죄수들이 죽어가는 것을 목격했다. 그러면서 이승만은 자연스레 기독교를 받아들였고, 1902년 크리스마스에 기독교인이 되었다.50) 그후 이승만은 열성적으로 죄수들을 전도시켰고, 40여 명 이상의 죄수와 심지어 옥리까지도 개종시켰다.51)

마지막으로 이승만은 옥중 생활을 통해 평생의 동지들을 만나게 되었다. 신흥우(1901년 11월 3년형)를 비롯해 1902년 6월에는 의정부 전(前) 총무국장 이상재, 전 승지 이원긍(李源兢), 농상공부 전 회계국장 유성준(兪星濬), 전 참서관 홍재기(洪在箕), 전 경무관 김정식(金貞植), 강화진위대 장교 유동근(柳東根), 이상재의 아들 이승인(李承仁) 등이 투옥되었다.52) 신흥우는 1901년 덕어학교(德語學校) 재학 중 박영효를 영입해야 한다는 발언을 해 난언불고죄(亂言不告罪)로 투옥되었고, 이상재 등은 유길준 쿠데타 사건으로 알려진 국체 개혁 음모 사건에 연루되어 1902년 6월 투옥되었다. 이들 중 유길준의 동생인 유성준만 1904년 3월 유(流) 2년 반을 선고받았고, 나머지 인사들은 석방되었다.53) 이들은

---

50) 李光麟, 「舊韓末 獄中에서의 基督敎信仰」, 『韓國開化史의 諸問題』, 一潮閣, 1986, 235쪽 ; 「리승만박사의 경력담」, 『新韓民報』 1919년 9월 23일 ; 고정휴, 석사학위논문, 1984, 49~50쪽.
51) 서정민, 앞의 논문, 39~69쪽.
52) 尹致昊, 「獨立協會의 始終」, 『新民』 6월호, 1926 ; 『日省錄』, 光武 6年 5月 11日 ; 『官報』, 光武 6年 6月 28日 ; 李光麟, 앞의 논문, 1986, 217~223쪽 ; 서정민, 앞의 논문, 47~50쪽.
53) 이들 외에 이승만의 재감 기간 동안 한성감옥에 투옥된 정치범들의 명단은 다음과 같다. 安駉壽(1900년 2~5월, 사형), 權瀅鎭(1900년 2~5월, 사형), 李承麟(1900년 12~?월, 유배), 李祖鉉(同上), 金彰漢(同上), 李謙濟(同上), 河元泓외 8명(1901년 8~?월, 사형), 尹始鏞(1901년 1~?월, 징역 1년 6월), 張浩翼(1902년 5월~1904년 2월, 사형), 趙宅顯(同上), 金鴻鎭(同上), 權浩善(1902년 5월~, 옥사), 方泳柱(1902년 5~?월, 사형선고 후 감형), 金義善(同上), 金亨燮(同上), 金鳳錫(同上), 金永韶(同上), 柳東根(1902년 6월~1904년 8월), 洪正燮(同上), 李種一(1904년 2월~1904년 8월), 李東寧(1904~1905년), 李儁(1899~?년, 鐵島유

감옥에서 자연스레 친교를 맺게 되었다. 이들의 특징은 1880년대 온건 개화파에 속하다 1900년대 기독교로 개종한 양반 기독교도라고 할 수 있다. 정치적으로는 독립협회를 중심으로 한 개화파에 속하며, 지역적으로는 기호 지방, 계층적으로는 고급 관리·양반 출신이었다.54) 이들은 아펜젤러와 벙커 등 선교사들의 전도로 기독교에 입문하게 되었고, 이원긍의 아들인 이능화(李能和)는 이들이 관신사회신교지시(官紳社會信敎之始)라고 지적했다.55) 즉 이들은 세례를 받기 전에 성경을 연구하였고, 관리와 양반 사회에서 처음으로 기독교 신자가 된 사람들이었다. 이들은 1904년 석방 직후 모두 귀족교회인 연동교회(蓮洞敎會)에서 세례를 받았으며, 황성기독교청년회, 즉 YMCA의 주역으로 활동했다. 유학자로 고급 관리, 양반이던 이들은 신자가 됨으로써 기독교계에서 핵심적인 역할을 하게 되었다. 더욱 중요한 점은 이미 개화기에 한국 정계의 중요인물이었던 이들이 1910~30년대 국내에서 이승만의 핵심 지지 인물로 활동하게 된다는 사실이다.56) 이들 외에 이승만은 검은 정순만(儉隱 鄭淳萬), 우성 박용만(又醒 朴容萬)과 함께 유명한 '3만 결의형제'를 맺었고, 박용만과의 인연으로 1913년 하와이로 망명할 수 있는 근거를 마련하게 되었다.57)

배), 安國善(사형선고 후 유배)[서정민, 앞의 논문, 47~50쪽 ; 李光麟, 앞의 논문, 217~238쪽 ; 鄭喬, 앞의 책 하, 65~129쪽.]
54) 李光麟, 앞의 논문, 1986, 238쪽.
55) 李能和, 『朝鮮基督敎及外交史』 下篇, 朝鮮基督敎, 彰文社, 1928, 203~204쪽.
56) 한성감옥 출신인 이상재·이승만·신흥우·김정식 등은 서로 비밀리에 소식을 주고받는 '輪廻通信'의 방법으로 일제시대에도 연락을 주고받았다.(『新韓民報』 1911년 3월 8일자 ; 高珽烋, 「大韓民國臨時政府 歐美委員部(1919~1925)硏究」, 고려대 사학과 박사학위논문, 1991, 83쪽.)
57) 方善柱, 「朴容萬評傳」, 『在美韓人의 獨立運動』, 한림대 아시아문화연구소, 1989.

3장
미국 유학과 망명

1. '독립 유지'의 첫 외교

이승만은 러일전쟁의 와중에서 일본 공사 하야시 곤스케(林權助)의 도움으로 30세 되던 1904년 8월 9일 석방되었다.[1] 이승만은 러일전쟁 중 일본의 승리를 원하고 있었고, 독립협회파의 상당수가 이런 생각에 동조하고 있었다.[2] 석방 직후 이승만은 잠시 YMCA 활동에 참여하고

---

1) (地檢秘 제1253호) (昭和 13년 8월 9일), 「民族革命ヲ目的トスル同志會(秘密結社興業俱樂部)事件檢擧ニ關スル件」; (京西高秘 제3213호-5) (昭和 13년 8월), 「民族革命ヲ目的トスル同志會(秘密結社興業俱樂部)事件檢擧ニ關スル件(對 5월 21일 京西高秘 제3213호-4)」. 신흥우 역시 林權助가 한국 정부 관계자에게 교섭해 이승만이 석방되었다고 했다.[申興雨, 「李承晩を語る」, 『思想彙報』 16호(1938년 9월), 高等法院檢事局思想部, 288~289쪽.]
2) 이승만의 對露 인식에 대해서는 2부 1장 1을 참조. 이승만이 옥에 있을 당시 독립협회의 창설자 서재필은 일본을 옹호하는 다음과 같은 편지(1904년 4월 6일)를 보냈다. "지금까지 일본은 정당하였으며 모두 문화인이 옹호해야 할 원리 원칙을 위해 전쟁을 하였다. 나는 충심으로 정의와 문명을 위해 싸우는 국가에게 신의 가호가 있기를 기원한다. 일본 또는 다른 어떤 나라도 한국이 스스로를 돕고 타국으로부터 도움을 받으려 노력하지 않는 한 한국을 돕지 못할 것이다. 한국이 계속 어린애같이 행동한다면 어느 타국의 속국이 될 것이 확실

상동(尙洞)청년회를 설립하는 등 기독교 활동을 벌이다 11월 4일 미국으로 떠났다. 이승만의 미국행은 두 가지 목적을 가진 것이었는데, 첫째는 유학의 목적이고, 둘째는 민영환(閔泳煥)과 한규설(韓圭卨)의 개인 밀사 자격으로 외교를 시도하는 것이었다.

이승만이 수행할 외교 임무는 한미수호조약(韓美修好條約)의 상호방위 조문을 발동하도록 청원하는 것이었다. 이승만에 따르면 어느 날 고종이 궁녀를 보내 대미 외교와 관련한 비밀 회동을 제안했으나 이를 거부했는데, 고종이 자신을 만나려 한 것은 민영환과 한규설을 믿을 수 없어 직접 금전과 사신(私信)을 건네려 했기 때문이라는 것이었다. 또한 민영환과 한규설이 자신을 주미 공사로 임명하려고 노력했다고 주장했다.3) 정교(鄭喬)도 "이승만이 密旨를 받들어 미국으로 떠나니 궁중으로부터 민영환을 시켜 전한 것이요 일본과 俄羅斯의 情形을 가서 정탐하려 함"이라고 했다.4) 러일전쟁 중 고종은 미국의 거중조정(good office)을 통한 독립 보전을 시도했는데, 1904년 12월 주일 한국 공사 조민희(趙民熙)를 시켜 당시 컬럼비아대 학장이며 주미 한국 공사관 법

하다."(Robert T. Oliver, *Syngman Rhee : The Man Behind the Myth*, Greenwood Press, Publishers, 1954, p. 72.)

3) 李庭植 譯註, 「靑年李承晩自敍傳」, 『新東亞』 9월호 권말부록, 1979, 441쪽 ; "Autobiography of Dr. Syngman Rhee", p. 15. 한편 金鉉九는 고종이 일반적으로 특사를 파견할 때 3인 이상을 보내며, 그 중 한 명을 '宗班 李氏' 즉 왕족으로 선임했기에 이승만이 선택된 것이라고 주장했다.(金鉉九, 『雩南略傳』, 17~18쪽. 연도미상, 하와이대 한국학연구소 소장.) 反이승만파였던 김현구(1889~1967)는 『金鉉九自傳』, 『雩南略傳』, 『又醒遺傳』, 『儉隱略傳』 등 4명의 인물에 관한 자전·회고록을 집필했다. 우남은 이승만, 우성은 박용만, 검은은 정순만의 호이다. 서대숙에 따르면 김현구는 이 4편의 저술을 1945년에 시작해서 1960년대 중반경에 끝낸 것으로 추정된다.(Dae-Sook Suh, "Introduction", *The Writings of Henry Cu Kim : Autobiography with Commentaries on Syngman Rhee, Pak Yong-man, and Chong Sun-man*, Paper no. 13, University of Hawaii Press, Center of Korean Studies, University of Hawaii, 1987.)

4) 鄭喬, 『大韓季年史』 하권, 국사편찬위원회, 1957, 137쪽.

률 고문이던 니드햄(Charles W. Needham)을 통해 미국 정부가 한국 독립 유지에 노력해주기 바란다는 요지의 밀서를 미 국무장관 헤이(John Hay)에게 전달한 적이 있다.5) 이러한 주장에 기초해 이승만이 한국 정부의 밀사였다는 설이 훗날 대통령 재임 기간 내내 유포되었다.6)

그러나 이승만의 외교는 정확한 목적과 구체적 외교 대상·방법이 없는 것이었다. 뿐만 아니라 고종의 밀사 파견 및 대미 외교는 을사늑약(乙巳勒約) 체결(1905년 10월)을 전후한 시점에서 본격화되었다.7) 이승만은 민영환·한규설·김종한이 주미 공사관에 보내는 사신(私信)을 지닌 개인 밀사였을 뿐이었다.8) 이승만에 따르면 당시 민영환·한규설·김종한·김가진 등과 상의해 그 중 한 사람이 주미 공사로 도미해 러일평화회의를 대비한 활동을 준비하려 했으나 일본의 간섭으로 불가능했고, 자신을 대행시키려 했으나 이 역시 불가했기에 자신에게 "위탁하여 종용히 도미"케 했다는 것이었다.9)

---

5) 국사편찬위원회, 『韓國獨立運動史』 1, 1965, 178~179쪽; 고정휴, 「러일전쟁 전후의 고종외교」, 『한민족독립운동사』 1, 국사편찬위원회, 1998, 111쪽; 「在米韓國公使館顧問 'コロビヤ'大學總長'ニーダム'ヨリ趙民熙ニ與ヘタル書面寫送付ノ件」, 『日本外交文書』 38권 1책, 655~656쪽.

6) 韓徹永, 『自由世界의 巨星 李承晩大統領』, 文化春秋社, 1953, 27쪽; 우남전기편찬위원회, 『우남노선』, 1958, 52쪽.

7) 고종의 외교에 대해서는 韓國敎育史庫, 『高宗황제의 주권수호 외교』, 1994; 김기석, 「光武帝의 주권수호 외교, 1905~1907 : 乙巳勒約 무효 선언을 중심으로」, 『日本의 大韓帝國 强占』, 李泰鎭 편, 까치, 1995 ; 朴熙琥, 「舊韓末 韓半島中立化論 硏究」, 동국대대학원 박사학위논문, 1997을 참조.

8) 이승만이 도미 후, 민영환·한규설이 이승만의 집안을 돌봤다.[「李承晩 → 李敬善」(1905년 12월 30일), 「李承晩 → 閔泳煥」(1905년 8월 9일), 『梨花莊所藏雩南李承晩文書(東文篇)』 제16권, 雩南李承晩文書編纂委員會 編, 中央日報社·延世大學校 現代韓國學硏究所, 1998, 37~42, 153쪽.(이하 『雩南李承晩文書』로 약칭.)] 대통령 취임시 배포된 약력에는 참정대신 한규설이 이승만을 미국에 파견한 것으로 되어 있다.(『京鄕新聞』 1948년 7월 21일자.)

9) 리승만 저, 『독립정신』, 정동출판사, 1993, 298쪽.(하와이 호놀룰루 태평양잡지사 발행 1954년 판본의 再刊本.)

1904년 12월 31일 워싱턴에 도착한 이승만은 1905년 8월까지 최초의 대미 외교를 시도했는데, 만난 사람의 비중만 놓고 본다면 그의 외교 경력 중 최대의 성공이었다. 먼저 이승만은 전 주한 미국 공사 딘스모어(Hugh A. Dinsmore) 상원의원의 소개로 1905년 2월 국무장관 헤이를 만났다. 한국 교회 사업에 관심을 표명한 헤이에게 이승만은 한국에 대한 문호 개방 정책(Open Door Policy)을 청원했다. 헤이가 중국에 대한 문호 개방 정책을 통해 일본의 중국 진출을 저지한 것처럼, 한국을 문호 개방시킴으로써 열강의 진출을 저지시켜달라는 것이었다.10) 딘스모어와 헤이를 만남으로써 사실상 이승만은 민영환·한규설로부터 받은 외교 사명을 모두 완수했다.

　이승만 외교의 정점은 그해 8월 4일 오이스터베이에서 테오도르 루즈벨트(Theodore Roosevelt) 대통령과 만난 일이었다. 루즈벨트는 1905년 7월 러일전쟁 강화회의를 포츠머스에서 개최한다고 발표한 후 국무장관 태프트(William H. Taft)를 일본으로 파견했다. 태프트가 중간 기착지 하와이에 들렀을 때 감리교 목사 윤병구(尹炳求)는 와드맨(John W. Wadman) 감리사와 앳킨슨(Atkinson) 주지사 대리의 도움을 얻어 자신과 이승만을 루즈벨트에게 소개하는 소개장을 얻었다.11) 이승만은 고종이나 한국민이 아니라 하와이 8천 한인들의 대표로 루즈벨트와 만나 하와이 교민의 청원서를 전달하며 한미수호조약에 따라 한국의 독립을 지켜달라고 호소했다.12) 루즈벨트는 외교 경로를 통해 청원서를

---

10) 로버트 올리버, 앞의 책, 81~84쪽 ; 유영익, 「이승만의 '옥중잡기' 백미」, 『이승만연구』, 유영익 편, 연세대학교 출판부, 2000, 38~44쪽.
11) *Honolulu Commercial Advertiser*, July 17, 1905. 당시 하와이 신문들은 윤병구만을 대표로 거론했다. 하와이 교민들은 5백 달러를 성금으로 냈다.
12) 「루즈벨트대통령에게 보내는 하와이 교민의 청원서」(호놀룰루, 하와이, 1905년 7월 12일), F. A. 맥킨지, 『대한제국의 비극』, 신복룡 역주, 집문당, 1994, 287~289쪽 ; 方善柱, 「李承晩과 委任統治案」, 『在美韓人의 獨立運動』, 한림대 아시아

전달하라고 이들을 돌려보냈다.

그런데 이미 7월 31일 일본 동경에서는 가쓰라-태프트 밀약이 체결되어 미국이 정식으로 한국에 대한 일본의 종주권을 인정한 상태였다. 루즈벨트가 이승만과 윤병구를 만난 것은 외교적 제스추어에 불과했지만, 이승만은 희롱당하는 것을 몰랐고 미국의 선의를 믿고 있었다.[13]

이승만은 주미 공사관의 서기관 김윤정(金潤晶)이 공사 신태무(申泰武)를 본국에 소환하고 대신 자신을 대리 공사로 진급시키는 조건으로 협력을 약속했지만, 일본에 붙어 배신했다고 격분했다.[14] 신태무는 주미 한국 공사관 2등 참서관(參書官, 1900년 3월)·주미 서리공사(駐美署理公使 1900년 6월)를 거쳐 봉상시제조(奉常寺提調, 1906년 4월)를 지냈고,[15] 김윤정은 주미 공사관 6등 서기생(書記生, 1904년 4월)을 거쳐 1905년 6월 23일 3등 참서관이 되어 대리 공사를 지냈다.[16] 그러나 김윤정의 승진에 이승만이 개입했을 가능성은 없다. 이승만이 민영환에게 보낸 보고 편지(1905년 8월 9일)와 일본 외무성의 기록 등을 검토해볼 때 루즈벨트를 만나기 훨씬 이전에 김윤정은 이승만의 계획에 반

문화연구소, 1989, 190~194쪽.
13) 방선주, 위의 책, 194쪽 ; 주진오, 「19세기 후반 開化改革論의 構造와 展開 : 獨立協會를 중심으로」, 연세대 사학과 박사학위논문, 1995, 186~188쪽. 文一平은 이승만의 외교가 "부질없이 타인의 웃음거리를 지었을 뿐"이라고 혹평했다.(文一平, 『韓美五十年史』, 探求堂, 1975, 259쪽.)
14) 로버트 올리버, 앞의 책, 85~89쪽 ; "Autobiography of Dr. Syngman Rhee", pp. 19~20. 김윤정에 대한 이승만의 분노는 해방 후까지도 여전해서, 尹炳求 장례식(1949년 6월 24일) 弔辭에서 김윤정을 격렬하게 비난했을 정도였다.(『서울신문』, 1949년 6월 25일.)
15) 『日省錄』, 光武 4년 3월 28일 ; 『承政院日記』, 光武 4년 3월 28일 ; 『舊韓國外交文書』 11권, 美案 2181호, 光武 4년 6월 2일.
16) 국사편찬위원회, 『大韓帝國官員履歷書』, 1972, 155쪽 ; 『日本外交文書』 제38권 제1책 423호. 김윤정은 친일파 외무대신 李夏榮의 심복이었는데, 1905년 9월 5일 '교섭상 소홀'을 이유로 譴責을 당했고, 1906년 泰仁 군수에 임명되었다.

대하고 있었기 때문이다.17)

결국 이승만의 '독립유지외교'는 실패로 돌아갔지만, 이는 이후 그의 진로에 큰 영향을 끼쳤다. 먼저 만30세에 불과했던 이승만에게 미국의 상원의원, 국무장관, 대통령 등 정·관계의 고관과 만나 한국 독립 문제를 청원·협상해본 경험은 자랑스러운 것이었으며, 이는 그의 대미 외교 일변도의 외교 노선을 형성하는 데 큰 역할을 했다.18) 둘째로 루즈벨트 면담은 국내외에 이승만의 명성을 높이는 데 기여했다. 미국에서는 『뉴욕타임즈』·『워싱턴포스트지』에 이승만의 외교 활동이 소개되었고, 국내에서는 박장현(朴長玹, 박용만의 숙부)의 기고로 김윤정이 배신해서 이승만의 활동이 좌절되었다는 내용이 『황성신문(皇城新聞)』에 보도되었다. 특히 『황성신문』에는 이승만이 "한국 인민의 대표자요 독립 주권의 보존자요 애국 열성의 의기 남자요 청년 지사"로 묘사되었다.19)

---

17) 김윤정은 루즈벨트와의 면담을 주선하라는 이승만의 청에 대해 정부의 훈령이 없이는 움직일 수 없다고 맞섰고, 마침내 폭행사태를 빚었다.(『日本外交文書』 제38권 제1책 468호(明治 38년 8월 5일자.) ; 『日韓外交資料集成』 5626호(明治 38년 8월 5일자.) ; 「李承晚 → 閔泳煥」(1905년 8월 9일), 『雩南李承晚文書』 제16권, 37~42쪽.)

18) 이승만은 민영환·한규설의 밀서를 자기 정통성의 중요 근거로 여겨, 대통령 재임 시절까지 이를 간직하고 있었다.(「前대통령 비서 朴贊一의 증언」(1967년 1월), 김정원, 『韓國分斷史』, 동녘, 1985, 51쪽에서 재인용.)

19) 「私嫌으로 國權을 失한 事」, 『皇城新聞』 1906년 4월 17일 ; 고정휴, 「독립운동기 이승만의 외교노선과 제국주의」, 『역사비평』 겨울호, 1995, 139쪽.

2. 6년 만의 박사학위

외교 사명을 완료한 이승만은 학업으로 돌아갔다. 이승만은 1905년 2월 조지워싱턴대학에 입학하여 2년 만에 학사학위를 받고 하버드대학의 석사학위(1910년 3월)와 프린스턴대학의 박사학위(1910년 7월)를 취득했다.[20] 정규 학력도 없이 곧바로 대학에 진학한 이승만은 불과 5년 반 만에 미국 대학에서 박사학위를 취득했는데, 김현구(金鉉九)의 주장처럼 이 학위 과정은 최소 12년이 소요되는 것이었다.[21]

이승만이 이렇게 빠른 속도로 박사학위를 딸 수 있었던 가장 큰 이유는 주한 선교사를 비롯한 미국 기독교계의 전폭적인 지원 때문이었다. 게일(James S. Gale)·언더우드(Horace G. Underwood)·벙커(Dalziel A. Bunker)·존스(George H. Jones)·질레트(Philip L. Gillett)·스크랜턴(Williams B. Scranton) 등 서울의 선교사들은 미국 교회 지도자들에게 이승만을 소개하는 19통의 추천서를 써주었다.[22] 이승만에게 소개편지를 거절한 것은 알렌 공사뿐이었다. 게일이 쓴 소개장에 따르면, 이승만은 감옥 시절 40명의 죄수를 기독교로 개종시킬 정도로 독실한 기독교인이며 한국 기독교계의 주도자가 될 것이니 "2~3년 동안 공부한 후 귀국"하게 해달라는 것이었다.[23] 선교사들은 이승만이 정치가가 아닌 '크리스천'으로 목사가 되어주길 원했고, 이런 측면에서 이승만의

---

20) 이승만이 작성한 경력에는 1908년 8월 하버드대에서 석사(M.A)를 취득한 것으로 되어 있으나(李庭植 譯註, 앞의 책, 459쪽), 유영익의 조사에 따르면 1909년 여름학기에 하버드대학에서 추가학점을 이수한 후 1910년 2월 석사학위를 받은 것으로 드러났다.(유영익, 앞의 책, 58~59쪽).
21) 金鉉九, 『雩南略傳』, 연도미상, 하와이대 한국학연구소 소장, 20쪽.
22) 「이승만 항해일지(Log Book of S.R)」, 유영익, 앞의 책, 46쪽에서 재인용.
23) 李庭植 譯註, 앞의 책, 446쪽.

도미 유학은 특별한 교육 과정이었던 것이다.24)

이승만은 게일의 소개장을 들고 워싱턴 사교계에 영향력을 가진 커버난트 장로교회(The Presbyterian Church of Covenant)의 햄린(Lewis T. Hamlin) 목사를 찾아갔다. 햄린은 주미 한국 공사관의 법률 고문인 니드햄 박사가 학장인 조지워싱턴대학의 콜럼비아 문리대학 특별생으로 편입시켜 주었다. 이승만은 장차 목회자가 될 것을 서약했기 때문에 그에게 등록금 전액에 해당하는 목회 장학금이 주어졌다.25) 이승만은 배재학당(Pai Jai College)의 학력을 인정받아 학부 2학년에 편입했는데, 배재학당에는 1896년부터 4년제 대학부가 설치되어 있었다.26) 또한 신흥우에 따르면 옥중에서 아펜젤러·벙커 등 선교사들의 도움으로 수학한 경력이 인정되었다.27) 이승만은 1907년 6월 학사학위를 받았다.

이승만은 하버드·프린스턴 같은 명문대학 박사학위를 2년 내에 얻을 결심을 가지고 접촉을 시작하고, 한국에서의 선교 활동에 필요하다며 하버드대학에 2년 내 박사학위 수여를 요청했다. 그러나 이 과정은 미국인들에게도 평균 4년 이상이 소요되는 것이었기 때문에 하버드대학은 이 요구를 거부했다. 이승만은 1907년 가을부터 1908년 여름까지 1년간 하버드대를 다녔으나 바로 학위를 얻지는 못했다. 1908년 9월 이승만은 장로교 선교사 홀(Ernest F. Hall)의 도움으로 그의 모교인 프린스턴대학원에 입학했다. 이승만은 2년 내에 박사학위 보장을 요구했고, 프린스턴대학원은 이에 동의하는 한편 프린스턴신학원 기숙사를 무료로 제공했다.28) 이처럼 이승만의 박사학위 취득은 한국에 파송될

---

24) 「人間李承晩百年」 46회(샌프란시스코), 『한국일보』 1975년 5월 21일자.
25) 로버트 올리버, 앞의 책, 80, 97쪽 ; 유영익, 앞의 책, 48쪽.
26) "Autobiography of Dr. Syngman Rhee", p. 5 ; 培材學堂, 『培材八十年史』, 1965, 153~155쪽 ; 전택부, 『人間申興雨』, 기독교서회, 1971, 37~38쪽.
27) 「朝鮮新敎育側面史 : 培材校五十年座談會」, 『朝鮮日報』, 1934년 10월 28일자.

선교사 겸 교역자를 위해 특별히 허락된 것이었다. 이승만은 1910년 7월 '미국의 영향을 받은 중립(Neutrality as Influenced by the United States)'이라는 제목의 논문으로 철학박사학위를 취득했는데, 이는 1776~1872년까지 국제법상에서의 전시중립을 다룬 것이었다.29)

이승만은 유학 경비의 대부분을 교회를 통해 조달했고, 일부는 이상재(李商在)·전덕기(全德基) 등 국내 인사의 도움을 받았다.30) 조지워싱턴대학 시절 이승만은 월평균 3회, 총 60회 가량 교회나 YMCA에서 설교·강연을 했다.31) 이승만은 1905년 4월 23일 부활절 아침에 햄린 목사로부터 세례를 받았고, 조지워싱턴대학에서는 목회 장학금을 받으며 구약 언어학 과목을 들었다. 그러나 선교사들의 기대와는 달리 이승만은 목사가 되길 원하지 않았다. 처음 미국에 도착했을 때 샌라파엘시의 샌안셀모신학교가 3년간의 숙식을 포함한 장학금 제공을 제안했을 때 이승만이 거부한 이유가 여기 있었다.

미주 시절 이승만의 정치적 지향과 사상은 이미 그 방향이 뚜렷하게 정해져 있었다. 이승만의 정치적 성향과 미주 한인 사회 내에서의 위상을 보여주는 대표적인 사례는 장인환(張仁煥)·전명운(田明雲)의 스티븐스 저격 사건 변호 거부(1908년 7월 16일)와 덴버회의로 알려진 애국동지대표회 참석(1908년 7월 11~15일)이었다. 이승만은 1908년 7월

---

28) 유영익, 앞의 책, 54~58쪽; 로버트 올리버, 앞의 책, 93~114쪽; 김학준, 『한말의 서양정치학 수용연구』, 서울대학교 출판부, 179~185쪽.
29) 박사학위논문 원문은 朝鮮日報社, 『이승만 : 초대대통령의 나라세우기』(CD), 솔빛조선미디어, 1995에, 번역본은 이승만, 『이승만의 전시중립론』, 정인섭 역, 나남출판사, 2000에 각각 수록되어 있다.
30) 이승만은 李商在에게 편지를 보내 '죽'으로 연명한다고 엄살을 피웠는데, 이는 미국인들의 아침식사 오트밀(oatmeal porridge)을 빗댄 것이었다. 李商在·全德基 등이 이승만의 학비를 보조했다.(金鉉九, 앞의 책, 37~39쪽.)
31) 유영익, 앞의 책, 50쪽; 李庭植 譯註, 앞의 책, 445쪽.

11일 해삼위(海蔘威) 전권대표 자격으로 콜로라도주 덴버에서 개최된 애국동지대표회에 참석했다. 그해 1월 1일 박용만 등은 6월 콜로라도주 덴버시에서 개최되는 민주당 대통령후보 선출대회에 맞추어 해외동포대표회의 소집을 발기했고, 그 결과 이 대회가 개최되었다.32) 덴버회의에는 40명 이상의 대표가 콜로라도, 네브라스카, 뉴욕, 텍사스 등지에서 모여들었는데, 회의는 이승만을 기다리기 위해 6월에서 7월 8일로, 다시 7월 11일로 연기되었다.33) 자신을 기다리기 위해 두 차례 연기된 이 회의에서 이승만은 의장으로 선출되었고, 이는 미주를 중심으로 한 해외 한인 사이에서 그의 명성이 높았음을 반증한다. 그런데 무력투쟁론자인 박용만이 군사학교 설치를 위해 소집한 이 회의에서 의외로 교육·출판 활동을 통한 점진주의적 결의가 채택되었다.34) 이는 기독교 교육을 통한 점진적 실력양성노선 및 외교 노선이라는 이승만의 독립운동 방략이 반영된 결과였다.35)

덴버회의 직후 이승만은 스티븐스 저격 사건 통역을 의뢰받았지만, 학생 신분이며 기독교도로서 살인자를 변호할 수 없다는 이유를 들어 거부했다.36) 이는 한인 사회의 비난을 받았지만, 당시 미국의 주류 여론은 황인종이 백주대로에 백인을 총살한 사건에 격분했고, 안중근(安

---

32) 『大同公報』, 1908년 2월 27일, 6월 7일, 7월 8일, 29일자 ; 『共立新報』1908년 3월 4일자 ; 方善柱, 「朴容萬評傳」, 앞의 책, 1989, 14~21쪽.
33) 지금까지 헤이그밀사를 끝낸 李相卨이 海蔘威 대표로 참석했다고 알려져왔으나(尹炳奭, 『李相卨傳』, 一潮閣, 1984, 110~111쪽), 이상설은 유고로 참석하지 못했다.(「大韓開國 五百十六年 七月 十五日 北美合衆國 콜롤릐도 덴버 익국동지디표회 의사 긔략」, 『要視察外國人ノ學動關係雜纂 : 韓國人ノ部ノ八』, 日本外務省 外交史料館.)
34) 결의안 전문은 「大韓開國 五百十六年 七月 十五日 北美合衆國 콜롤릐도 덴버 익국동지디표회 의사기략」을 참조.
35) 유영익, 앞의 책, 66쪽 ; 방선주, 앞의 책, 20~21쪽.
36) 金元容, 『在美韓人五十年史』, 캘리포니아 리들리, 1959, 326쪽.

重根)의 이토 히로부미(伊藤博文) 암살과 관련시켜 '동양의 문명국'인 일본의 견해에 동조하는 쪽이었다. 동부에서 공부하던 이승만은 언제 끝날지 모르는 재판을 위해 학업을 포기한 채 서부인 샌프란시스코에 장기 체류할 수 없었고, 미국 교회의 지원 아래 학업 및 생활을 유지하던 예비 선교사의 입장에서 살인 사건에 개입하길 거부했던 것이다.37) 덴버회의와 스티븐스 사건은 이승만의 향후 노선이 기독교 교육·출판 등에 의한 점진적 실력양성운동으로 향할 것이며 한국인들의 정서보다는 미국인들의 여론을 중시할 것임을 보여주는 지표였다. 이승만은 개인·집단, 사회·국가 등 각 층위에 존재하는 현실적 힘의 우열을 인정했고 자신이 속한 쪽이 우세하지 않는 한 현실에 순응하는 쪽을 택했다. 이는 그의 현실주의적 정치관으로 이어졌다.

3. 짧은 귀국, 긴 망명

이승만은 1910년 7월 18일에 프린스턴대학의 우드로 윌슨(Woodrow Wilson) 총장으로부터 박사학위를 받았다. 그는 미국에서 독립운동을 하거나 망명하는 길을 택하지 않고 귀국하는 길을 선택했다. 여기에는 당장 일본과 맞서 싸울 수는 없다는 현실 순응적인 정세관이 깔려 있었다. 또한 미국 기독교계의 도움으로 학업을 마친 그가 한국의 선교사로 되돌아올 수밖에 없는 처지였음을 반증한다. 그는 질레트 선교사가

---

37) 「人間李承晩百年」 60회(스티븐스 暗殺 사건), 『한국일보』 1975년 6월 12일자 ; 李庭植 譯註, 앞의 책, 455~456쪽.

조선 통감으로부터 신변 보장에 관한 언질을 받은 후에야 귀국길에 올랐다. 이때는 이미 '한일합방'이 선포된 후였다.38) 10월 10일 귀국 후 이승만은 1912년 3월까지 황성기독교청년회, 즉 YMCA의 한국인 총무로 일했다. 당시 이상재·김정식(金貞植)·이원긍(李源兢)·유성준(兪星濬)·안국선(安國善) 등 이승만의 옥중 동지이자 1904년 출옥을 전후해 함께 기독교에 입교했던 인물들이 YMCA의 요직을 맡고 있었다. 그 중에서도 이상재는 그의 후견인 역할을 했다.

이승만은 1912년 초까지 YMCA 학생부·종교부 간사로 종교·교육 활동에 종사했다. 이승만은 귀국 후 처음 약 6개월 동안에는 주로 서울에서 학생운동을 지도했다. 특히 YMCA 학교에서 훗날 자신의 추종자가 된 임병직(林炳稷)·윤치영(尹致暎)·허정(許政)·이원순(李元淳)·김영섭(金永燮) 등을 가르쳤다.39) YMCA 국제위원회에 제출한 보고에 따르면, 이승만은 매주 오후에 성경반을 인도했고, 매회 평균 189명의 학생들을 만났다. 또한 이승만은 각 학교마다 YMCA를 조직·관리하고, 학생 YMCA 연합토론회를 개최하였다.40)

1911년 5~6월 동안 이승만은 YMCA 미국인 총무 브로크만(Frank M. Brockman)과 함께 전국 순회 전도 여행을 떠났다. 5월 16일부터 6

---

38) 서정주는 이승만이 한일합방 소식을 들은 후 미국 대통령에게 자신이 만든 한일합방조약 폐기를 요구하는 성명서에 동의서명을 해줄 것을 요청하고자 시도했다고 썼다.(서정주, 앞의 책, 197~200쪽.) 그러나 올리버·이원순 등의 다른 어떤 회고록이나 문서에도 이러한 사실이 확인되지 않는다. 반면 일본 외무성은 이승만이 이미 1910년 4월 프린스턴대학을 졸업한 후 한국에서 교편을 잡기 위해 조만간 귀국한다는 정보를 입수한 상태였다.(「人間李承晚百年」 62회 (6年 만의 歸國), 『한국일보』 1975년 6월 15일자.)
39) 許政, 『내일을 위한 證言』, 샘터, 1979, 31쪽; 尹致暎, 「남기고 싶은 이야기들: 景武臺 四季」 151호; 「내가 아는 李博士」, 『中央日報』 1972년 8월 1일자; 李元淳, 「나의 履歷書 ③: YMCA時節」, 『한국일보』 1975년 3월 13일자.
40) 전택부, 『한국기독교청년회운동사』, 1978, 158~160쪽; 「人間李承晚百年」 64회(博士傳道師), 『한국일보』 1975년 6월 18일자.

월 21일까지 37일 동안 기차로 1,418마일, 배로 550마일, 말·나귀로 265마일, 우마차로 50마일, 도보로 7마일, 가마·인력거로 2마일 등 총 2,300마일(3,700km)을 여행했다. 총 13개 선교 구역을 방문하고, 33번의 집회에서 7,535명의 학생을 만났다.41) 남쪽의 광주·전주, 북쪽의 평양·선천 등 전국 13도를 모두 여행하며 학생 YMCA를 조직했다. 또한 그해 가을에도 10여 일에 걸쳐 중부 지방 약 280마일, 즉 1천 리를 도보로 다니며 전도 여행을 했다.42) 정력적인 지방 순회 여행과 이를 통한 지방 조직 장악은 이후 그의 주요한 정치적 특징이 되었다. 미국 박사 출신 전도사였던 이승만은 이 순회 여행을 통해 부흥전도사이자 웅변가로, 그리고 조직가로서의 면모를 잘 드러내었다. 그러나 이 시기 이승만은 순전한 종교 운동가로서 정치 활동과는 아무런 연관을 맺지 않았다.

　1912년 '105인 사건'이 터지자 이승만은 미국 미네아폴리스에서 개최되는 국제감리교대회(5월)에 한국의 평신도 대표로 참석한다는 명목으로 3월 26일 서울을 떠났다. 일본의 탄압으로부터 이승만을 보호하기 위해 미국 선교사가 주선한 끝에 출국이 이뤄질 수 있었다.43) 그는 미국으로 향하는 도중 동경에 들러 동경 YMCA의 회관 기금모금운동에 참여했다. 당시 동경 YMCA 총무는 옥중 동지인 김정식이었는데, 이승만은 4월 첫 주 가마꾸라(鎌倉)에서 개최된 학생대회에 참석해 선동적인 연설을 했다. 이 자리에는 이인(李仁)·송진우(宋鎭禹)·안재홍(安

---

41) Syngman Rhee's Letter to Friends, July 22, 1911 ; 전택부, 앞의 책, 1978, 158쪽.
42) 「이승만이 YMCA국제위원회에 보낸 보고」(1911년 11월 25일), 「人間李承晩百年」 66회(全國巡廻傳道), 『한국일보』(1975년 6월 22일자.)에서 재인용.
43) 그의 출국을 주선한 인물은 친일파로 소문난 감리교 감독 해리스(Bishop Merriman Colbert Harris)였다. 그는 이승만의 출국 허가를 일본 정부에서 얻어주었고, 여행 내내 이승만에게 일본의 한국통치 사실을 받아들여 상황에 적응하라고 역설했다.(로버트 올리버, 앞의 책, 118~120쪽.)

3장 미국 유학과 망명　**93**

在鴻)·김병로(金炳魯)·최두선(崔斗善)·현상윤(玄相允) 등 이후 민족주의 우파의 지도자이자 해방 후 한민당의 주류를 형성하는 인물들이 참석했다.44) 이인은 일본 유학생들이 한국의 독립 문제를 국제적으로 제기하지 못하고 발언권도 없다고 생각했던 차에 국제적 인물인 이승만을 만나게 되어 막연하나마 기대를 가지고 존경하게 되었다고 회고했는데, 이들과 이승만의 짧은 만남은 1920~30년대 이승만과 국내 연락·연대의 기초가 되는 것이었다.45)

이승만은 미네아폴리스의 국제감리교대회에 참석한 후 미국 망명을 선택했고, 1912년 후반 뉴저지주 캄덴(Camden)시의 YMCA에서 잠시 일했다. 그는 1913년 1월 말 감옥 동지 박용만의 초청으로 40년간 자신의 제2의 고향이 될 하와이로 향했다.

---

44) 전택부, 앞의 책, 1978, 159~160쪽; 閔庚培, 『日帝下의 韓國基督敎 民族信仰運動史』, 대한기독교서회, 1991, 115쪽; 柳東植, 『在日本韓國基督敎靑年會史(1906~1990)』, 1990, 149~166쪽.
45) 「人間李承晩百年」 67회(또다시 美國亡命), 『한국일보』 1975년 6월 24일자.

제2부

일제시기 I
: 외교독립노선과 외교 활동

4장
외교독립노선의 형성과 특징

1. 대외관의 형성과 변화

 이승만의 외교독립노선은 한말 이래 일관된 것이었다. 먼저 한국의 독립을 서구인의 여론에 호소하는 외교독립노선은 이승만의 기독교관과 만국공법에 대한 신뢰에서 비롯되었다.[1] 이는 이승만이 1904년에 쓴 『독립정신』 후록에 잘 나타나 있다. 여기서 이승만은 외교가 나라를 부지하는 법이며, 외교를 친밀히 하는 것이 소약국이 강대국 사이에서 국권을 보존하는 방법이므로 외교를 잘하는 것이 '독립쥬의' 6대 강령 중의 하나라고 강조했다.[2]

 이승만은 세계와 마땅히 통교해야 하며, 통상하는 것이 피차 이익이라고 전제한 뒤 "외국인이 오는 것이 본래 나를 해하려는 주의가 없고 피차에 다 이롭기를 경영함"이며 "외국인을 원수같이 여김이 제일 위

---

1) 金度亨, 『大韓帝國期의 政治思想硏究』, 一潮閣, 1994, 393쪽 ; 高珽烋, 「開化期 李承晩의 言論·政治 및 執筆活動」, 고려대 석사학위논문, 1984, 68쪽.
2) 리승만, 『독립정신』, 샌프란시스코 대동신서관(『雩南李承晩文書』 제1권 수록), 1910, 267~273쪽.

태한 것"으로 천주교를 몰아내려다 병인양요를 당했고, 갑신·임오에도 일본인을 몰아내려다 화를 당했다고 인식했다.3) 이승만은 제국주의 열강의 침략 논리에 대해 외국인을 몰아내지 못할 바에야 "아무리 원통하더라도 고개를 숙이고 참아서 피하면 그만"이라고 할 정도로 무저항적 수용 자세를 취했다.4) 외세에 대한 우호적 생각과 현실 순응적 정세관에 기초해 자연스럽게 외교가 유일한 국권 보존의 방법으로 제시된 것이었다.

또한 이승만이 국내에 머물면서 경험한 1890년대 중반~1900년대 중반은, 한반도를 열강의 이권 다툼장으로 만들어버린 제국주의 외교의 시대였다. 청일전쟁·러일전쟁의 발발과 강화회의, 갑신정변·갑오경장·을미사변·아관파천을 둘러싼 열강의 이권 경쟁과 세력 확장은 모두 '외교'의 미명하에 이루어졌다. 외교는 제국주의의 무력 침략을 사후 조정하는 힘의 다른 이름이었지만, 이승만은 제국주의 외교의 본질보다는 형식에 집착했다.

이러한 시대적 배경과 경험 외에도 외교 노선은 이승만의 출세 지향적 기질과도 부합하는 것이었다. 국내에서 이승만은 신분·지위·연령 등 모든 면에서 사회·정치 지도자가 될 수 없었지만, 외교 무대에선 한국을 변론하는 대표성과 명망성을 자임할 수 있었다. 특히 1905년 30세의 나이에 한국의 운명을 좌우할 수도 있는 대미 외교를 경험했던 사실은 이후 그가 외교 노선으로 일로매진하는 결정적 계기가 되었다. 한편 이승만이 외교의 방식을 선호한 개인적 이유 중의 하나는 이것이 생사를 건 투쟁이 아니라 현실주의에 기초해 필요에 따라 시도할 수

---

3) 리승만, 위의 책, 253~259쪽.
4) 徐仲錫, 「李承晩대통령과 韓國民族主義」, 『韓國民族主義論 II』, 宋建鎬·姜萬吉 編, 창작과비평사, 1983, 226~227쪽.

있으며 개인적 안전을 보증할 수 있는 방안이었기 때문일 것이다.

결국 이승만의 외교 노선은 개항기 한반도의 상황 및 국제 정세, 미국·기독교·옥중 생활이라는 개인적 경험, 출세 지향성·안전 보증이라는 개인적 특성이 결합되면서 형성된 것이었다. 특히 옥중 생활에서 본격화된 미국 선교사·기독교·미국에 대한 그의 신뢰는 유학 기간을 통해 신념화되었고, 이를 통해 대미 외교 일변도의 외교 노선이 형성되었다.

1) 개항기의 대외관

이승만의 외교독립노선은 국제 정세에 대한 이해와 대외 관계의 중요성에 대한 인식으로부터 비롯되었다. 이승만은 독립협회 시절부터 체험에 기초해 자신의 대외관을 정립하기 시작했으며, 이러한 인식이 이후 대외관의 바탕을 형성했다. 특히 이승만의 대외관에서 주목해야 할 부분은 한반도에 직접적인 영향력을 갖고 있던 미국·일본·러시아에 대한 인식이다.[5]

이승만 대외관의 특징은 대미·대러 인식에서는 친미·반러로 일관했으며, 대일 인식은 시기에 따라 변화했다는 점이다.[6] 이승만의 친미적 대미관은 배재학당 시절부터 형성되어 옥중에서 신념화되었고, 도미 유학과 미주 생활 과정에서 체화되었다. 대일인식은 1905년을 기점으로

---

5) 여기서는 중국을 다루지 않았는데, 이승만이 정치 무대에 등장했을 때는 중국이 이미 한반도에서 영향력을 상실한 후였기 때문이다.
6) 유영익은 이승만의 대외관이 蔑淸·恐露·反日·親美 사상이며, 이것이 한성감옥에서 확고히 형성되었다고 주장했다.[유영익, 『젊은 날의 이승만 : 한성감옥 생활(1899~1904)과 옥중잡기연구』, 연세대학교 출판부, 2002, 155~158쪽.]

우호적 인식에서 소극적 반일로, 1919년 이후 적극적 반일로 전환했다. 반면 대러 인식은 처음부터 해방 이후까지 일관되게 반러적이었다.

이승만은 1898년 독립협회 활동 시절부터 1905년 러일전쟁 시기까지 친일·반러의 입장에 서 있었다. 1880년대 중반부터 1900년대 초반까지 러시아의 남진 정책과 대한 진출은 독립협회를 중심으로 한 개화파의 반발을 불러왔다. 특히 1896년 2월 아관파천 이후, 웨베르·고무라(小村) 각서(5월) 및 로바노프·야마가다(山縣) 의정서(6월) 체결 등으로 러시아의 대한 우위가 인정되면서 독립협회의 주요한 공격 대상은 러시아로 집중되었다.[7] 이승만이 청년 개혁가로 이름을 얻은 1898년 만민공동회 활동의 주요 공격 대상 역시 러시아였다. 이승만은 제1차 만민공동회(1898년 3월 10일)에서 연사로 나서 "러시아의 군사 교관과 재정 고문을 철수시킴으로써 독립국가로서의 체모를 차리자"라고 주장했고,[8] 이후 독립협회와 『매일신문』을 통해 러시아의 절영도(絶影島) 조차(租借) 요구 반대, 목포(木浦)·증남포(甑南浦) 지단(地段) 매도 요구 반대운동을 벌였다.[9]

반면 이 시기 이승만의 대일 인식은 우호적이었다. 자서전에 따르면 그는 1896년경 한국 독립의 친구이며 주창자라는 일본인·친일파들 및 대동합방론자(大東合邦論者)들과 여러 차례 비밀 회견을 갖고, 이들의 견해에 동조했다.[10] 회고에 따르면 자신이 "너무 어리고 천진난만해서 (too young and innocent)" 일본에서 돌아온 친일 망명객들이 돈을 물쓰듯 쓰며 "미국 영향 밑에 있는 한국 지도자들"을 자기 쪽으로 끌어들

---

[7] F. A. 맥킨지, 『대한제국의 비극』, 신복룡 역주, 집문당, 1994, 281~283쪽.
[8] 「잡보」, 『독립신문』 1898년 5월 19일자.
[9] 柳永烈, 『大韓帝國期의 民族運動』, 一潮閣, 1997, 8~9쪽 ; 鄭鎭石, 「新聞記者로서의 李承晩」, 『月刊中央』 4월호, 1977, 328쪽.
[10] 李庭植 譯註, 「青年李承晩自敍傳」, 『新東亞』 9월호, 1979, 431~432쪽.

이려는 시도를 눈치 채지 못했으며, "일본인들은 민족주의파의 지도자들(the Nationalist leaders)과 재빨리 친교를 맺었다"라는 것이었다.11) 일종의 동아3국 연대론 혹은 황인종단결론에 해당하는 이들의 논리는 일본이 일로전쟁, 일미전쟁을 할 터이니 조선과 청은 일본과 연대해야 한다는 내용이었다. 이승만은 일본 사람이 쓴 『일로전쟁과 일미전쟁』이란 책을 읽고 일본의 전쟁 동기, 즉 동양을 서구로부터 방어하기 위한 목적에 깊이 감명받았다고 회고했다.12)

당시 이승만의 활동에 대한 일본 측의 반응 역시 우호적인 것이었다. 1898년 5월 18일 이승만은 『마이니치신문(每日新聞)』을 통해 러시아의 목포·진남포 매도 요구를 폭로했다. 이것이 정치 문제가 되자 러시아 공사는 외부대신 조병직(趙秉稷)에게 항의했고, 외부대신은 이승만을 불러 힐책했다. 『주오일보(中央日報)』, 『요로즈조보(ヨロズ朝報)』 등 일본 신문에 따르면 이승만은 조금도 굴함이 없이 논리 정연한 답변을 한 뒤 자리를 차고 돌아갔고 일본 신문들은 이를 격찬했다.13)

이승만은 옥중에 있던 1903년에도 조선·청·일본 등 동아시아 황인종이 단결하여 백인종의 동양 침략에 맞서자는 일본의 주장에 동조했고,14) 이러한 입장은 러일전쟁 발발 때까지도 지속되었다. 이승만의 반러·반청 인식과 친일적인 정세관, 그리고 황인종단결론은 그가 1904

---

11) "Autobiography of Dr. Syngman Rhee", 『핏치 문서철』, p. 10.
12) 李庭植 譯註, 앞의 책, 432쪽 ; "Autobiography of Dr. Syngman Rhee", 『핏치 문서철』, p. 10. 이승만은 자신이 본 것이 훗날 田中覺書(Tanaka Memorial)의 초안이었으며, 책 제목은 『日美戰爭未來記』였다고 했다.(Robert T. Oliver, *Syngman Rhee : The Man Behind the Myth*, Greenwood Press, Publishers, 1954, p. 44.)
13) 『中央日報』 1898년 6월 2일자 ; 『ヨロズ朝報』 1898년 6월 3일, 5일, 7월 4일자.(方善柱, 「李承晩과 委任統治」, 『在美韓人의 獨立運動』, 한림대 아시아문화연구소, 1989, 190~191쪽에서 재인용.)
14) 「모두 自取하는 일」, 『뎨국신문』 1903년 3월 28일자.

4장 외교독립노선의 형성과 특징 101

년 옥중에서 집필한 『독립정신』의 곳곳에 드러나 있다.15)

1904년에 발발한 러일전쟁에 대해서도 이승만은 일본의 승리를 원하고 있었다. 이승만은 러일전쟁 소식을 듣고 감옥에서 '문아일개전재옥중작(聞俄日開戰在獄中作)'이란 시를 지었다.16) 이 시의 내용은 "전쟁이 일어나 풍우대작(風雨大作) 하는데 이 몸이 감옥에 갇혀 있어 칼을 휘둘러 러시아를 무찌르지 못함을 한탄한다"라는 것이었다. 이승만은 러시아가 조선의 근대화를 반대한다고 생각했고, 따라서 일본과 러시아를 대비할 때 자연히 일본 편을 드는 심정을 가졌다.17)

러일전쟁 당시 윤치호·여운형 등 친미 지식인들의 상당수가 일본의 승리를 원했던 것은 부정할 수 없는 시대적 한계였는데,18) 더구나 이승만은 러일전쟁의 와중에 일본의 도움으로 석방(1904년 8월 9일)되었기 때문에 즉각적이고 전면적인 반일 의식을 기대할 수는 없었다. 이승만은 러일전쟁 와중에서 '한국민족당이 잠시 정권을 잡았을 때 자신이 석방되었다고 했지만,19) 앞에서 본 것처럼 일본 측 기록은 당시 일

---

15) 高珽烋, 「開化期 李承晩의 思想形成과 活動(1875~1904)」, 『歷史學報』 109호, 1986 ; 서정민, 「구한말 이승만의 활동과 기독교」, 연세대 교육대학원 석사학위논문, 1987 ; 하유식, 「대한제국기 이승만의 정치사상과 대외인식」, 『지역과 역사』 제6호, 2000, 부산경남역사연구소

16) 「詞藻」, 『新韓民報』 1911년 4월 5일자. 시의 전문은 다음과 같다. 男兒尺劍恨無功 萬事隻身在此中 滿天雲意東來雨 動地寒聲北起風 醉着羣山無語翠 護將孤燭一心紅 自謀獨善非良計 他日崑岡玉石同. 이승만의 자서전에 따르면 이 시는 兪星濬이 감옥에 같이 있을 때 지은 유명한 시였다.(李庭植 譯註, 앞의 책, 435쪽.)

17) 방선주, 앞의 책, 193쪽 ; 이승만이 출옥했을 때 그의 옛 친구들, 즉 독립협회파는 열광적으로 일본의 승리에 감격하고 있었다.(로버트 올리버, 앞의 책, 72~73쪽.)

18) 윤치호는 황인종단결론·극동3국 제휴론 등을 거론하며 일제가 당시 내세운 아시아주의·동양평화론에 동조했다. 윤치호는 러일전에서 일본의 승리를 환영했다.(『尹致昊日記』 1905년 9월 7일자 ; 柳永烈, 『開化期의 尹致昊硏究』, 한길사, 1985, 155~157쪽.) 한편 여운형도 對露 선전포고를 하여 국권을 확보하자고 호소하고 다녔다.(李萬珪, 「夢陽呂運亨鬪爭史」, 『新天地』 8월호, 1947.)

본 공사 하야시(林權助)가 이승만을 석방시켜주었다고 쓰고 있다.[20]

이승만은 한규설·민영환의 밀사로 대미 외교를 위해 1904년 도미할 시점에도 반일적인 감정을 나타내지 않았다. 당시 그는 일본에 우호적인 시각과 자세를 갖고 있었다. 1905년 이승만은 미국 대통령 루즈벨트를 만나기 전에 기자와 만나 한국이 식민지가 된다면 일본과 러시아 중 어느 나라를 택하겠느냐는 질문을 받자 러시아는 황인종 공동의 적이며 비교 대상이 될 수 없다고 답변했다.[21]

2) 대일관의 변화

그의 대일관은 현실주의적이고 대세 추종적인 것이었으며, 신념에 근거했다기보다는 개인적 이해와 결부된 것이었다. 미주 유학 시절 이승만은 안중근이나 장인환·전명운의 의열투쟁에 반대했다. 이승만은 장인환·전명운의 스티븐슨 저격 사건의 재판 통역을 거부하면서, 기독교도로서 '살인자'를 변호할 수 없으며 동부에서 공부하는 관계로 서부에 와서 변호 활동을 벌일 수 없다는 이유를 내세웠다. 그는 미국 기독교 선교본부의 자금과 후원에 의지해 유학할 수 있었는데, 이들은 정

---

19) 李庭植 譯註, 앞의 책, 436쪽. 해방 직후 이승만은 『독립정신』, 重刊辭(1945)에서 러일전쟁 당시 개진파, 즉 개화파가 정권을 잡은 후 자신을 석방했다고 썼다.(리승만 저, 『독립정신』, 정동출판사, 1993, 298쪽, 하와이 호놀룰루 태평양잡지사 발행 1954년 판본의 再刊本.)
20) (地檢秘 제1253호)(昭和 13년 8월 9일), 「民族革命ヲ目的トスル同志會(秘密結社興業俱樂部)事件檢擧ニ關スル件」; (京西高秘 제3213호-5)(昭和 13년 8월), 「民族革命ヲ目的トスル同志會(秘密結社興業俱樂部)事件檢擧ニ關スル件(對5월 21일 京西高秘 제3213호-4)」; 申興雨, 「李承晩を語る」, 『思想彙報』 16호 (1938년 9월), 高等法院檢事局思想部, 288~289쪽.
21) *New York Times*, August 4, 5, 1905.

교분리와 현실 인정을 중시했고 일본이 동아시아의 문명국이라고 인정하고 있었다. 만약 이승만이 반일 정치운동으로 나선다면, 그의 학업과 장래는 불투명해질 수밖에 없었다. 이승만은 독립 운동가들이 국외 근거지 마련을 위해 망명을 선택하던 1910년에 귀국했고, 독립운동과는 무관한 종교 활동에 전념했다. 105인 사건을 피해 1912년 미국으로 건너갔을 때에도 총독 정치에 대해 우호적인 발언을 서슴지 않았다.[22] 자신의 진로가 불투명한 상태에서 이승만은 명백한 반일 의사를 표명하지 않았다.

1913년 하와이 망명 이후 해방될 때까지 이승만의 대일관 및 태도는 객관적 정세와 조건에 따라 반일과 유화적 자세 사이를 오고갔다. 이승만의 대일관에서 가장 특징적인 점은 그의 대일 자세 및 운동 방침이 미국의 대일 관계와 직접적으로 연관되어 있었다는 사실이다. 이승만은 국제 정세나 미국 정세가 일본에게 불리하게 돌아간다고 판단되는 시점에서는 적극적인 반일 구호와 운동 방침을 내세웠다. 제1차 세계대전 종전 이후 워싱턴군축회의(1918~21), 광주학생운동·만주사변(1920년대 후반~30년대 초반), 태평양전쟁(1941~45) 시기가 이에 해당했다. 그러나 미일 간의 평화가 지속되면 이승만은 대일 유화적인 자세를 취했다. 특히 그가 활동의 근거지로 삼은 하와이에서는 일본인들의 영향력이 강했고, 1941년 태평양전쟁의 발발 이전에는 미일 간의 우호 분위기가 지배적이었다. 이승만은 하와이에서 기독교·교육·언론

---

22) 이승만은 1912년 11월 18일 『워싱턴 포스트(Washington Post)』와의 기자회견에서 이렇게 발언했다. "(한일합방 후-인용자주) 불과 3년이 지나기도 전에 한국은 낡은 인습이 지배하는 느림보 나라에서 활발하고 떠들썩한 산업경제의 한 중심으로 변모했다. 오늘의 서울은 주민의 피부 색깔을 제외한다면 (미국의) 신시내티와 다를 것이 없다."(로버트 올리버, 앞의 책, 121쪽.) 이승만이 105인 사건을 비판하는 책을 낸 것은 1913년 하와이에 간 이후의 일이다.(리승만, 『한국교회핍박』, 하와이 新韓國報社, 1913.)

계의 지도자로 활동했는데, 하와이 소수민족 중에서 영향력이 강했던 일본인을 적극적으로 배척하는 것은 스스로의 입지를 허무는 일이었다.23) 이승만이 노골적인 반일 언론·반일운동이나 무력·폭력 노선을 취하지 않은 데는 하와이의 특수한 상황이 일정하게 작용했다. 대외적으로 이승만은 미국 정세와 하와이 내 자신의 입지에 따라 대일관에서 유화적 자세와 반일을 오고 갔지만, 한인 사회 내부에 대해서는 언제나 반일 구호를 내세웠다. 이승만은 자신의 종교 활동과 교육 활동이 모두 독립과 반일을 위한 것이라고 한인들에게 설명했다. 그러나 1915년의 국민회 쿠데타와 1918년 이즈모호(出雲號) 사건 등은 이승만의 대내적 반일 구호가 실제로는 자신의 정치적 기반 강화를 위한 도구일 뿐이라는 의심을 불러일으키기에 충분했다. 적어도 1919년 이전까지 이승만은 단 한 차례도 노골적인 반일운동을 벌인 적이 없었다.

이승만은 3·1운동 이후에야 반일을 주장했고, 1921년 워싱턴군축회의를 전후해 미국 언론에 미일개전론(美日開戰論)이 등장하는 시기에 와서야 격렬한 반일을 주장했다. 그러나 워싱턴군축회의가 한국 문제를 전혀 거론하지 않은 채 미일 간의 협력 체제로 종결되자, 다시 유화적인 대일관과 태도로 전환했다. 이승만은 1922년 9월 하와이로 귀환했는데, 기자회견을 통해 대일전은 불가능하며 새로운 조선 총독이 많은 개혁을 단행해 한국인들의 성원을 얻고 있다고 발언했다.24) 같은 해 이승만을 교주로 하는 한인기독교회 건립식이 개최되었을 때 하와

---

23) 이승만은 이미 1910년대 중반 이후 하와이 YMCA에서 일본인 지도자들과 함께 간부진으로 활동했다.(Roberta W. S. Chang, "The Korean National Association Kuk Min Hur and Rhee Syngman in the Courts of the Territory of Hawaii 1915 to 1936", 『大韓人國民會와 이승만』, 국사편찬위원회, 1999.)
24) 朝鮮總督府警務局, 「(大正十一年)朝鮮治安狀況(國外)追加」, 金正柱 編, 『朝鮮統治史料』 제7권, 韓國史料研究所, 1971, 320~321쪽.

이 한인 사회 최초로 일본 총영사가 참석해 기부금을 내기까지 했다.25) 이어 10월 호놀룰루에서 개최된 만국상업회의에 참석한 김윤수(金潤秀)는 이승만이 정치적 활동으로부터 아동 교육을 중점으로 한 국민 양성으로 전환함으로써 종래에 비해 정치적 색채가 다소 감소되었다고 일본 총영사에게 보고했다.26) 이승만은 외교에 의한 독립운동이 실패하고, 국제 정세 및 미국 여론이 일본에게 유리하게 전개되자, 명목상의 반일 구호보다는 실리를 꾀했다.

1923년 이승만이 운영하던 한인기독학원 학생들로 구성된 하와이모국방문단의 한국 방문은 그의 대일관을 잘 드러내주는 사건이었다. 임시정부 수립 후 4년이 지난 이때 이승만은 여전히 임시정부 대통령이었지만, 자신이 운영하던 학교 건축비 조달을 위해 호놀룰루 주재 일본 총영사관과 교섭한 결과 학생들이 일본 여권을 갖고 한국을 방문하도록 했다. 이 시점에서 임시정부 대통령 이승만과 그의 '적국' 일본 정부의 관계는 명백히 비적대적이었다. 이러한 이승만의 유화적인 대일관과 태도는 1939년 워싱턴으로 건너갈 때까지 지속되었다. 이처럼 이승만의 대일관과 태도는 국제 정세의 변화 및 그의 활동 기반·조건과 긴밀히 연결된 것이었다.

3) 친미적 대미관

한편 이승만의 대미관은 한말부터 해방 후까지 친미주의로 일관되

---

25) 在ホノルル帝國總領事館, 「(大正十四年十二月調)布哇朝鮮人事情」, 김정주, 위의 책, 941~944쪽.
26) 朝鮮總督府警務局, 앞의 책, 323~325쪽.

었다. 이승만의 친미주의적 대미관은 배재학당 시절부터 형성되기 시작했고, 독립협회 활동기를 거치면서 강화되었다.[27] 독립협회 활동기 이승만은 미국인 선교사와 교사들의 치외법권적 지위를 이용해 도피하거나 보호를 받는 등 현실적 도움을 받았다. 나아가 앞에서 살펴본 것처럼 그의 수감 기간 동안 알렌 미국 공사와 아펜젤러·애비슨·벙커·헐버트·게일 등 미국 선교사들은 그의 구명과 석방을 위해 가능한 모든 수단을 다 동원했다. 이러한 경험은 이승만이 친미주의적 대미관을 신념화하는 데 크게 기여했다. 이승만은 도미 유학과 미주 생활 과정에서 자신의 친미적 대미관을 체화시켰다. 이승만이 1904년 감옥에서 집필한 『독립정신』에는 그의 대미관이 잘 정리되어 있다. 『독립정신』의 핵심은 '기독교화=서구화·근대화=미국화'라고 할 수 있다. 『독립정신』에서 이승만의 주장은 세 가지로 요약되는데, 첫째는 한국민의 기독교화이고, 둘째는 기독교 국가가 채택하는 정치제도의 수용이며, 셋째는 만국공법의 준행이었다.

  이승만은 반개화국(半開化國)인 한국이 기독교를 수용해 국민을 교화시킨 후에야 전제 정치를 벗어나 문명 부강을 이룩할 수 있으며 만국공법을 따라야만 한국이 서양 문명국과 동등한 권리를 회복해 완전한 자주독립권을 행사할 수 있다고 보았다.[28] 이승만에게 기독교는 곧 서구 제국의 문명과 일치되는 개념이었고, 곧 신문명의 힘을 상징하는 것이었다.[29]

---

27) 손세일은 이승만의 친미주의적 대미관이 6세 때 천연두로 눈을 못 뜨다가 호레이스 알렌의 치료로 낫게 된 것으로부터 시작되었다고 했다.(孫世一, 『李承晚과 金九』, 一潮閣, 1970, 354쪽.) 그러나 이승만 자신은 진고개의 일본인 의사로부터 치료를 받았다고 했고(徐廷柱, 『雩南李承晚傳』, 華山문화기획, 1995, 44~47쪽), 李元淳은 惠民署에서 일하던 친척 李浩善이 진고개의 외국인 의사를 소개해 치료를 받았다고 했다.(李元淳, 『人間李承晚』, 新太陽社, 1988, 20쪽.)
28) 고정휴, 앞의 논문, 50~60쪽 ; 서정민, 앞의 논문, 76쪽.

기독교와 만국공법에 대한 이승만의 인식은 친미외교노선으로 이어졌다. 이승만은 미국이 기독교에 바탕을 둔 문명 부강국이자 인간 세상의 극락국으로 "남의 권리를 빼앗지도 않을뿐더러 남의 권리를 보호하여 주기를 의리로 아는" 나라라고 생각했다. 이승만은 한국이 청·일본·러시아에 둘러싸여 국권 상실의 위기에 처했기에 믿고 의지할 것이 미국뿐이라고 인식했다.30) 이승만이 서양의 '기독교 문명국' 사이에서 통용되는 만국공법에 대한 환상에 빠져 그 배후에 숨어 있는 제국주의적 침략 야욕을 간과했다는 비판이 있지만,31) 배재학당과 옥중 생활을 통해 이승만은 기독교로 개종했고 미국 선교사의 도움에 절대적으로 의지했다.32) 이승만은 미국인 선교사들을 절대적으로 신뢰했고, 선교사들은 이승만을 한국 전도에 활용할 교역자로 키우고 싶어했다. 선교사들의 도움에 의한 미국 유학과 1905년 대미 외교 시도는 이승만에게 친미외교노선에 대한 확신을 주었다.

1913년 하와이로 망명한 이후 이승만의 대미 인식은 더욱 친미적으로 정착되었고 한국의 독립 문제와 반일 문제도 미국의 대일 정책에 따라야 한다는 사고를 갖게 되었다. 올리버에 따르면 이승만이 미국 역사의 한 부분이 된 것은 그가 미국에서 교육받아 40년을 생활했고, 정치·사회적 사고가 미국화되었기 때문이 아니라 1904년 이래 미국

---

29) 서정민, 위의 논문, 77쪽. 서정민은 이승만의 기독교 신앙이 정책적·현실적·문화적·서구적 개념이라고 결론지었다.(같은 논문, 83쪽.)
30) 고정휴, 「독립운동기 이승만의 외교노선과 제국주의」, 『역사비평』 겨울호, 1995, 132쪽.
31) 주진오, 「청년기 이승만의 언론·정치활동 해외활동」, 『역사비평』 여름호, 1996, 181쪽.
32) 고정휴는 이승만이 기독교에 입문하게 된 것이 ① 배재학당에서의 기독교 교육, ② 서재필과 윤치호가 주창한 기독교개화론의 영향, ③ 감옥에서 느낀 죽음에 대한 공포감 때문이었다고 분석했다.(고정휴, 석사학위논문, 49~50쪽.)

정부·여론의 입장에서 한국 문제를 고찰해왔기 때문이었다.[33]

따라서 재미 시절 이승만은, 미국이 대일 정책을 전환하고 미일전쟁을 수행하지 않는 한 한국의 독립이 불가능하다는 기본 인식을 갖고 있었다. 이런 인식 속에서 한국인들에게 대일 전면전쟁에서 승리할 물리력이 없는 이상 무력투쟁은 불가능하다는 논리를 제시하기도 했다. 이승만은 "서구 세계에서 많은 존경을 받는 일본인 정치가" 이토 히로부미나 "테오도르 루즈벨트 대통령의 친구"인 스티븐슨을 암살한 것이 미국 여론을 악화시켰다고 인식했고, 임시정부에 윤봉길·이봉창 의거가 일본의 탄압만을 초래할 것이라는 항의 편지를 보내기도 했다.[34] 이러한 대미관과 이에 근거한 외교 노선은 필연적으로 미국의 정세에 따라 유화적인 대일 자세를 초래하기도 했다. 이러한 이승만의 대미 의존적 대일관은 무장독립론자의 입장에서 볼 때 타협적인 자세로 인식될 수밖에 없는 것이었다.

다른 한편 이승만의 친미·친기독교적 대미관은 그로 하여금 미국을 유일한 외교의 대상으로 설정하게 만들고, 독립 후 수립될 국가를 미국식 기독교 국가로 상정하게 했다. 3·1운동 당시 이승만은 대한공화국임시정부 국무경(國務卿, 국무총리) 자격으로 발언하며 한국에 동양 최초의 기독교 독립국가를 건설하겠다고 주장했다.[35] 또한 필라델피아 한인자유대회에서도 기독교 국가와 미국식 민주제 실시를 주장했다. 이러한 대미 인식은 미국에서 교육받은 한인 지도자들에게 공통된 것이었다. 서재필은 뉴욕에서 개최된 독립선언 2주년 기념대회(1921년 3

---

33) 로버트 올리버, 앞의 책, 320~321쪽.
34) 로버트 올리버, 위의 책, 105, 169~170쪽.
35) 「이승만의 선언서」(1919년 4월 7일자.), 外務省 亞細亞局, 「(參考資料第二十四輯)朝鮮獨立運動問題」, 김정주, 앞의 책 7권, 429~430쪽 ; 『新韓民報』 1919년 4월 8일자.

월 2일) 석상에서, 지구상에 미국보다 더 좋은 나라가 없다고 주장했고,36) 이승만은 1921년 6월 30일에 『호놀룰루 애드버타이저(*Honolulu Advertiser*)』와의 인터뷰에서 자신의 소망은 한국인 자녀를 미국식으로 교육시키는 것이며, 이들은 한인들을 미국화시키는 선교사가 될 것이라고 강조했다.37)

한편 이러한 미국식 기독교 정부 수립 주장은 한국민의 독립 자격과 자치 능력에 대한 부정 및 독재정부 옹호론과 맞닿아 있었다. 이승만이 3·1운동 이후에도 정한경과 함께 위임통치론을 계속 주장했던 점이나, 필라델피아 한인자유대회에서 한국의 독립 이후 최소 10~15년 동안은 한국인들의 자치 능력이 향상될 때까지 참정권 행사에 제한을 가한다고 결정한 점 등은 이러한 인식의 소산이었다.38) 한국인들의 자치 능력·독립 능력에 대한 부정은 독립 후 '매우 굳센 중앙정부' 즉 강력한 독재정부가 국민의 자유를 제한하는 것이 필요하다는 인식으로 이어졌는데,39) 서재필은 1921년 김규식이 상해에 갈 때 전달한 임시정부에 띄운 편지에서 독립 후 "10년간의 독재"가 필요하다고 노골적으로 주장할 정도였다.40) 즉 이승만을 비롯해 미국에서 교육받은 한국 엘리트들은 미국식 관점에서 한국인들의 독립·자유·참정권 수준을 평

---

36) 外務省 亞細亞局,「(參考資料第二十四輯)朝鮮獨立運動問題」, 김정주, 위의 책, 430~437쪽.
37) *Honolulu Advertiser*, June 30, August 3, 1921 ; 外務省 亞細亞局,「(參考資料第二十四輯)朝鮮獨立運動問題」, 김정주, 위의 책, 441~452쪽.
38) 필라델피아 통신부, "Aims and Aspiration of the Koreans", *First Korean Congress*, 1919, 33쪽 ; 高珽烋,「大韓民國臨時政府 歐美委員部(1921~1925)硏究」, 고려대 사학과 박사학위논문, 1991, 52~53쪽에서 재인용.
39) 『新韓民報』1919년 8월 28일자.
40) "Outline of Policy and Organizations of Government", NARA, RG 319 육군정보국문서(No. 43) ; 方善柱,「1921~22년의 워싱톤회의와 재미한인의 독립청원운동」,『한민족독립운동사』6, 국사편찬위원회, 1989, 210쪽에서 재인용.

가했고, 한국인의 준비가 부족하다고 판단했던 것이다. 이러한 의식은 이승만의 왕족 의식과 겹쳐지면서 자연스레 해방 후 독재체제 형성을 가져오는 배경이 되었다.

4) 반러적 대러관

한편 이승만의 반러적인 인식은 소비에트가 들어선 이후 계속 유지되었다. 이승만은 반소적 태도를 분명히 하며 대외적으로는 소련과 연대하는 문제에 대해 부정적인 입장을 견지했다. 이승만은 1920년대 초반에는 소련과 연대하는 것이 바로 공산주의 사상을 받아들여 한국을 노예국화하는 것이라고 주장하며,[41] 오직 미국의 "성의있는 원조"에 기대야 한다고 주장했다.[42] 그런데 이승만은 미일 관계가 우호적 안정기에 접어든 1920년대 후반, 추종자들에게 자신은 혁명·폭력·공산주의에는 반대하지만 소련 및 약소국과의 연락이 "吾人의 유일한 대외운동"이므로 찬성한다는 견해를 밝히기도 했다.[43] 즉 이승만은 이념적으로 공산주의에 반대한다는 반소적 입장을 대외적으로 명확히 했지만, 자금 획득과 외교 지원 등의 필요에 따라서는 소련과 일시적으로 연대할 수 있다고 생각했다. 이러한 사고는 대외적으로 공표되지 않는 비밀 교섭으로 이어졌다. 1921~22년과 1933년 두 차례 시도된 대소 연대 시도가 바로 이것이었다.

이승만은 상해를 방문했던 1921년 적십자사 총재인 이희경(李喜儆)

---

41) 林炳稷, 『臨政에서 印度까지』, 女苑社, 1964, 171~172쪽.
42) 「大韓居留民團 환영회에서 이승만의 연설」(1920년 12월 28일), 國會圖書館, 『韓國民族運動史料(中國篇)』, 1976, 214쪽.
43) 「李承晩 → 尹致暎」(1928년 2월), 『雩南李承晩文書』 16권, 141~148쪽.

을 통해 대소 외교를 시도했다.44) 최근 연구에 따르면 이승만은 1920년 초 러시아 볼셰비키의 승리 가능성, 구미 각국이 소비에트 러시아 정부를 승인할 가능성을 점쳤고, 나아가 소련이 최초로 한국 임시정부를 승인할 가능성에 주목했다.45) 이에 따라 1920년 초부터 이승만은 이희경의 모스크바행을 준비했다. 이미 1920년 5월 무렵 이희경은 워싱턴 주재 소련 대사와 교섭해 모스크바행 승인을 받은 상태였다.46) 그러나 소련과의 연대를 둘러싸고 임정 내부에서는 이승만·이동휘·안창호 세력 간의 갈등이 첨예화되었고, 1920년 5월 말 이희경의 모스크바행 계획이 폭로되어 논란의 대상이 되었다.47)

당시 임정은 1920년을 독립전쟁의 원년으로 삼아 소련으로부터 무기와 군인 양성 자금을 지원받으려 했다. 1920년 1월 22일 국무회의가 안공근(安恭根)·여운형(呂運亨)의 파견을 결정했지만, 국무총리 이동휘(李東輝)는 비밀리에 자기 심복 한형권(韓亨權)만을 모스크바로 보내 자금을 수령했고, 이는 이후 임정 분열의 주요 원인이 되었다.48) 이희경은 이동휘와 안창호가 임정을 탈퇴한 후인 1921년 5월에야 모스크바로 떠날 수 있었는데, 목적은 임정 승인 청원과 김립(金立)이 소련에서 받아온 자금의 진상을 확인하기 위한 것이었다.49) 소련 문서에 따르면 이승만

---

44) 李喜儆(1890~1941)은 평남 순천 출신으로 1904년 미국에 건너가 일리노이대학 의학과를 졸업한 의사였다. 하와이에서 의사 생활을 하다 1918년 귀국했고, 3·1운동 이후 의정원 의원·적십자회장 등을 역임했다. 1935년 귀국 후 체포되었고, 고문 후유증으로 사망했다.[「공적조서」(보훈처 소장) ; 國家報勳處, 1988, 『獨立有功者功勳錄』 5권, 5쪽 ; 『新韓民報』 1919년 7월 19일, 1941년 6월 26일 ; 『태평양주보』 no. 486(1941년 7월 19일.)]
45) 이애숙, 「상해 임시정부 참여세력의 대소(對蘇) 교섭」, 『역사와현실』 32호, 1999, 14~23쪽.
46) 『島山日記』 1920년 7월 13일, 16일자.
47) 『島山日記』 1920년 5월 31일, 6월 1일자.
48) 尹大遠, 「大韓民國臨時政府의 組織·運營과 獨立方略의 분화(1919~1930)」, 서울대 국사학과 박사학위논문, 1999, 144~148쪽.

은 임시정부 대통령의 서명이 담긴 신임장 제정을 요청했지만, 소련정부가 이를 접수하지 않음으로써 첫 번째 대소 외교는 실패했다.50)

이승만은 1920~30년대 반소노선을 취했지만, 소련과 연락하고 재정후원을 얻으려는 비밀 시도를 하기도 했다. 특히 1933년 소련 방문 이전 시기에는 선별적인 대소 연대에 찬성했다. 이승만은 1928년 동지회의 정강(政綱)을 문의하는 윤치영에게 보낸 답장에서 소련과의 연대에 찬성했고, '공산사회 등화(等化)' 즉 평등한 공산사회 건설에도 동의했다. 그러나 이승만은 첫째로 미국·영국에 거주하는 환경을 고려해야 하고, 둘째로 국제주의보다 국가·민족주의가 우선이며, 셋째로 계급구별은 민족을 분열시켜 독립운동에 방해가 되니, '공산사회 등화'는 독립 후에 선택해도 늦지 않으나 소련과 연락을 취하는 것은 급무라고 했다.51)

1930년대 들어 이승만은 재차 소련과의 접촉을 시도했다. 이승만은 1923년부터 소련 통신사(Soviet news service)에서 비상근 통신원으로 일하던 엘 토드(L. Todd)에게 접근해 소련의 대일 정책을 문의했고, 1932년 겨울에는 토드를 통해 워싱턴 주재 비공식 소련 대표인 스크버스키

---

49) 이애숙, 앞의 논문, 22쪽 ; 金乙漢 編著, 『千里駒金東成』, 을유문화사, 1981, 287쪽. 이승만이 이상재에게 보낸 편지(1921년 7월 29일)에 따르면 안공근도 함께 모스크바로 파견됐다. 이희경은 1922년 7월 베를린으로 돌아왔고, 1923년 1월 미국으로 재차 건너갔다.[「李承晚 → 李商在」(1921년 7월 29일), 「李承晚 → 李喜儆」(1922년 8월 3일), 「張鵬 → 李承晚」(1922년 8월 11일), 『雩南李承晚文書』 16권, 180~185, 217쪽 ; 18권, 166~171쪽.]
50) 「소련 외무인민위원부 제2극동국장 주코프(Жуков Д. А.)가 보고한 문서」(1945년 8월 23일) Жуков Д. А., "Характеристика на корейского политического Сун ман Ри" 1945. 8. 23, АВПРФ, Фонд 013, Опись 7, Папка 4, Пор 46, с. 14~16 ; 김성보, 「소련의 대한정책과 북한에서의 분단질서 형성, 1945~1946」, 『분단50년과 통일시대의 과제』, 역사비평사, 1995, 54~56쪽 ;『朝鮮日報』 1995년 2월 7일자.
51) 「李承晚 → 尹致暎」(1928년 2월), 『雩南李承晚文書』 16권, 141~148쪽.

(Boris Skvirsky)와 접촉해 소련행 비자를 신청하기도 했다.52) 1933년 이승만은 국제연맹 회의에 참석해서 한국 문제를 호소하려 했으나 성과를 거두지 못했고, 3월 일본이 국제연맹을 탈퇴하자 재차 러시아행을 계획했다. 이승만은 표면적으로 '만주의 한인과 만주인이 만주국을 지지한다'라는 일본의 주장을 반박할 증거 자료 수집차 러시아를 거쳐 만주로 여행할 필요가 있다고 했지만,53) 동지회에 보낸 문서에 따르면 내심으로 미일 간의 전쟁이 발발하게 되면 소련의 역할이 중요하게 되고 시베리아 한인의 역할이 커지기 때문에 시베리아 한인 및 소련과 연대할 필요가 있다고 생각하고 있었다.54) 이것이 방문 계획의 진짜 의도였다. 이승만은 오스트리아 주재 중국 대리공사 후치태(董德乾)의 소개로 소련 공사인 페테루스키(Peterwsky)를 만나 비자를 획득했다. 그는 1933년 7월 19일 모스크바에 도착했으나 이튿날 추방당했다.55) 이승만이 추방당한 것은 당시 소련으로부터 동청철도(東淸鐵道)를 매입하러 모스크바에 와 있던 일본 협상단이 이승만의 추방을 요구했기 때문이었다.56) 후에 한길수(韓吉洙)는 이승만이 한때 소련의 강력한 신봉자였으며, 1933년 모스크바를 방문해 재정 후원을 모색했으나 실패한 후 반소 선전을 시작했다고 비난했다.57) 그러나 이승만의 대소 접촉은

---

52) L. Todd, "Rhee's bids for Russian support : 1921 Rhee and Korea," 역사문제연구소 소장,『金龍中文書綴』. 이 문서철에 대해서는 정병준,「김용중의 중립화통일운동과 관련문서의 현황」,『역사비평』봄호, 1995를 참조.
53) 서정주, 앞의 책, 240~243쪽 ; 유영익,『이승만의 삶과 꿈』, 중앙일보사, 1996, 176쪽.
54) 國家報勳處,「사실통고서」(1933년 7월 7일),『美洲韓人民族運動資料』, 海外의 韓國獨立運動史資料(XXII) 美洲篇 ④, 1998, 306쪽 ; 로버트 올리버, 앞의 책, 162쪽.
55) John D. Palmer, "Syngman Rhee's Diplomatic Activities in Geneva and Moscow, 1933," Major in East Asian Studies, Department of Asian Studies, Graduate School of International Studies, Yonsei University, December 1996, pp. 34~41.
56) 서정주, 앞의 책, 243~249쪽 ; 유영익, 앞의 책, 176쪽.

미국의 대일 정책 방향에 따른 차선책이었을 뿐 그 의도가 공산주의나 소련의 노선에 대한 호감에서 비롯된 것은 결코 아니었다.

이와 같이 1920~30년대 이승만의 대소관은 시종일관 반소적이었지만, 미국의 여론이 한국을 등진 상황 속에서 비밀리에 소련의 재정적 후원을 얻으려 시도하기도 했다. 그러나 1933년 소련 방문 이후 이승만은 더 이상 소련과의 비밀 합작이나 원조 요청을 고려하지 않고 대내외적으로 명백한 반소·반공노선을 표방했다. 이승만은 1933년 직접 소련을 방문해 소련 정부와 모스크바를 체험함으로써 피상적이던 이전의 반러·반소적인 인식에서 확고한 신념으로 전환하는 계기를 맞았으며, 더구나 모욕적인 추방을 당함으로써 소련에 대한 반감을 굳히게 되었다. 1933년 이후 이승만의 대소관은 반소·반공으로 굳어졌고, 1940년대 초반 이승만을 처음 만난 장석윤이 이승만의 노선은 반소노선이었다고 증언할 정도로 분명해졌다.[58] 이런 연장선상에서 이승만은 1945년 샌프란시스코 회담에서 노골적인 반소·반공운동을 펼침으로써 소련으로부터 극우 민족주의자이자 요주의 인물이라는 평판을 얻게 되었다.[59]

이상과 같이 이승만의 대미·대일·대러시아관은 친기독교·친미·반러를 기본으로 삼았으며, 미국의 대일 노선에 연동해서 반일과 유화적 대일 관점·태도를 오갔다. 그의 친미주의에 대해 한편에서 친미라기보다 철저히 미국의 이익을 대변하는 것이라는 평가가 있지만,[60] 다른

---

57) "Bare Kim Koo—Syngman Rhee's nefarious plan : intrigues hatched to pawn Korea's independence and economic interests to aliens by Kilsoo K. Haan,"『독립』 1946년 1월 23일.
58) 「장석윤의 증언(1979년 3월 22일)」, 李仁秀, 『대한민국의 건국』, 촛불, 1988, 131쪽.
59) 김성보, 앞의 논문, 54~59쪽.
60) 김도현, 「李承晩路線의 재검토」, 『해방전후사의 인식』, 한길사, 1979, 305쪽.

한편으로 객관적 정세와 조건을 고려해 일본에 대한 강·온 양면 전술을 구사하는 현실주의적 정치가라는 평가도 있다.[61] 이러한 대외 인식에 기초해 이승만은 대미 외교에 집중하기 위해 개인 사설 기관인 구미위원부(한국위원회 : Korean Commission)를 27년간 유지했다. 구미위원부의 존재는 그 역할에 대한 평가를 떠나서 미국 정부에 한국인의 존재와 독립 열망을 알리는 계기가 되었다.

2. 외교독립노선의 구성과 특징

1) 무력투쟁불가론·미일개전론

대한제국기이던 1905년 이승만의 대미 외교가 독립 유지 외교였다면,[62] 1910년 이후 1945년까지 이승만의 외교는 한국 독립 외교였다. 또한 대한제국기 이승만은 대외적인 외교보다는 대내적 실력양성을 통한 국권 유지에 더 치중한 반면,[63] 일제시대에는 독립 외교와 실력

---

61) 방선주는 이승만을 德川家康적 인물로 평가했는데, 이는 국제 정세의 변화를 고려해 때가 올 때까지 기다리는 신중함과 인내를 가졌다는 의미였다.(方善柱, 『在美韓人의 獨立運動』, 한림대 아시아문화연구소, 1989, 206쪽.)
62) 이승만의 1905년 대미 외교에 대해 駐美 일본 임시대리공사는 일본 외무대신에게 보낸 보고(1905. 8. 5)에서 '한국 독립 유지 운동'이라고 명명했는데, 당시 대한제국은 독립국가였으므로 정확한 지적이다.[『日本外交文書』제38권 제1책 468호(明治 38년 8월 5일자.) ; 『日韓外交資料集成』5626호.(明治 38년 8월 5일자.)]
63) 하유식, 앞의 논문, 58쪽.

양성 사이를 오갔다.

이승만의 외교독립노선은 그의 독립운동 방략의 일부분이자 가장 큰 비중을 차지하는 것이었다. 이승만의 독립운동 방략은 크게 외교독립론과 실력양성론이라는 두 축으로 구성되어 있었는데, 주체적인 조건과 객관적인 상황에 따라 그 선택이 바뀌었다. 국제 정세에서 배일적인 흐름이 고조될 때는 외교독립론을 전면에 내세웠다가 정세가 일본에 우호적인 흐름으로 바뀌는 퇴조기에는 실력양성론을 내세웠다. 이승만에게 있어서 외교독립론과 실력양성론은 동전의 앞뒤처럼 항상 붙어 다니는 것이었다.[64]

외교독립론과 실력양성론이 근거하고 있는 이론·방법론은 무장투쟁불가론, 자력독립불가론, 준비론이었다. 이승만의 독립운동 방략은 한국은 독립할 수 있는 준비, 곧 일본과 전면적인 전쟁을 통해 승리할 물리력과 실력을 갖지 못했기 때문에 전면전쟁이 불가능하다, 따라서 현재로선 자력 독립이 불가능하니 실력을 갖출 때까지 준비해야 한다는 것으로 요약할 수 있다.[65] 다만 국제 정세와 미국 여론에서 반일적인 흐름이 고조될 때는 미국 정부·의회에 대한 청원과 여론을 향한 선전외교로 한국 독립에 대한 동정을 호소해 미일 간의 전쟁 발발을 기다린다는 것이었다.

이러한 이승만의 논리는 엄밀하게 말하면 독립 부정의 논리에 가까웠고 외세 의존적인 운동 방략이었다. 이승만의 외교독립론·실력양성론이 근거하고 있는 이론·방법론인 무장투쟁불가론·자력독립불가론·준비론은 모두 동일한 논리와 상황 인식에서 비롯된 것이라고 볼 수 있다.

---

64) 고정휴, 박사학위논문, 1991, 278쪽.
65) 윤대원, 앞의 논문, 148~170쪽.

이승만의 무력투쟁불가론은 이미 1915년 하와이에서 박용만과 대립할 때부터 강조되었으며, 일제시대 내내 지속되었다.66) 1915년 이래 하와이 주도권 투쟁에서 표출된 무력 투쟁 반대는 하와이라는 특수한 지역에서 개인적 생존을 위해 펼쳤던 논리로 이해할 수도 있지만, 임시정부 대통령이 된 1919년 이후의 무력투쟁불가론은 독립운동의 최고 지도자로서의 자격과 지위를 스스로 허무는 것이었다. 이승만의 무력투쟁불가론이 설득력을 지니기 위해서는 적극적인 대안이나 성공적인 독립운동 방략이 필요했지만 이는 제시되지 않았다. 문제는 이러한 이승만의 소극적 반대 논리가 중국과 만주, 노령의 독립운동 진영에게 분열과 무장해제의 논리로 비춰졌다는 점이다. 이승만이 제시한 무력투쟁 반대 논리는 첫째, 독립 전쟁 반대론, 둘째, 소규모 의열투쟁 반대론으로 나누어볼 수 있다.

먼저 독립 전쟁 반대론에 대해 살펴보자. 이승만이 대통령으로 상해에 부임하지 않자 국무총리 이동휘는 편지(1919년 11월 29일)를 보내 대정방침(大政方針), 즉 독립운동 방략을 질문하면서, 이승만의 생각에 독립이 "국제연맹에 대한 요구"로 가능한가 아니면 "최후 혈전주의(血戰主義)"로 해결되느냐고 물었다.67) 이승만은 답장(1920년 1월 28일)에서 자신은 평화회의·국제연맹 등 외교에 희망을 두지 않고, '최후 수단', 즉 독립 전쟁을 통해서만 완전 독립을 이룬다는 데 찬성한다고 답했다.68) 이승만은 상해 도착 성명(1920년 12월 8일) 등 여러 곳에서 독립 전쟁에 대해 원칙적으로 찬성했다.69) 그러나 이승만은 독립 전쟁의

---

66) 방선주, 앞의 책, 11~258쪽 ; 김원용, 『재미한인50년사』, 캘리포니아 리들리, 1959.
67) 「李東輝 → 李承晩」(1919년 11월 29일), 『雩南李承晩文書』 18권, 454~462쪽.
68) 「李承晩 → 李東輝」(1920년 1월 28일), 『雩南李承晩文書』 16권, 159~165쪽 ; 「重要通信」, 『大韓民國臨時政府公報』 제13호(1920년 3월 24일.)

준비가 부족하다는 이유로 즉각적인 개전에는 반대했다. 이러한 이승만의 입장은 1921년 3월 발표한 연두교서를 통해 "我의 승리는 武力에 在하고 무력의 승리는 준비에 在"하다는 준비론을 임시정부의 응행방침(應行方針)으로 제시한 데서 잘 드러났다.70) 그런데 독립 전쟁 반대론은 이승만뿐만 아니라 안창호 등 미주에서 활동했던 많은 사람들이 주장한 것이기도 했다. 안창호는 1920년대 즉각적인 개전보다는 선준비를 강조하며 실력양성을 주장했는데,71) 그는 폭탄 투척이나 테러 같은 의열 투쟁이 우리 민족이 과격파라는 의혹을 외국인에게 야기하여 열국의 동정을 얻는 데 방해가 된다는 부정적 인식을 갖고 있었다.72) 독립 전쟁을 반대하는 논리는 군사적 준비가 안 되었다는 실력부족론에 근거한 것이며 이는 자연스럽게 실력양성에 근거한 준비론으로 기울게 되었다. 이러한 의식의 밑바탕에 놓인 제국주의 열강에 대한 인식은 독립전쟁론자와는 근본적으로 달랐다.73)

이승만은 준비 부족을 이유로 준비론을 주장했고, 독립전쟁론에 대해 부정적인 의견이었다.74) 나아가 이승만은 현실적인 조건을 고려해 원동(遠東)과 미주의 역할분담론을 제기하며, 무장투쟁은 원동에서 준비하며 외교는 미주가 담당해야 한다고 주장했는데,75) 이는 무장투쟁

---

69) 國會圖書館, 앞의 책, 214쪽;「李承晚 → 白純」(1924년 4월 28일),「李承晚 → 張鵬」(1920년 8월 19일),『雩南李承晚文書』16권, 48, 221~222쪽.
70)「大統領의 敎書」,『독립신문』1921년 3월 5일자.
71)「우리 國民이 斷定코 實行할 六大事(一)」,『독립신문』1920년 1월 8일자.
72) 윤대원, 앞의 글, 154~155쪽; 서중석,「韓末・日帝侵略下 資本主義 近代化論의 性格」,『한국근현대의 민족문제연구』, 1989, 138~141쪽.
73) 윤대원, 위의 글, 151쪽.
74) 이승만은 김현구에게 보낸 편지(1929년 3월 9일)에서 세계전쟁설의 풍문이 있으나 전쟁이 일어나도 준비가 없기 때문에 우리에게는 상관없다고 여러 차례 강조했다.(『雩南李承晚文書』16권, 29~30쪽.)
75)「李承晚 → 李東輝」(1920년 1월 28일),『雩南李承晚文書』16권, 159~165쪽.

준비는 원동에서 알아서 하라는 방관적 자세에서 비롯된 것이었다. 그렇다면 언제 준비가 완료되는가 하는 점이 관건이겠는데, 이승만의 말에 따르면 평화적 수단을 다 동원한 후 최후 수단인 전쟁에 의존해야 하는데, "그 전쟁이라는 것이 1년 후일지 10년 후일지는 말할 수 없다"라는 것으로 요약된다.76) 즉 이승만은 독립 전쟁 자체를 불가능하다고 여겼으며 더 큰 문제는 독립 전쟁을 위한 준비 자체를 방기했다는 점이다.

이승만은 의열 투쟁에 대해서도 반대 입장을 분명히 했다.77) 이승만은 1920년 국무위원·장붕(張鵬) 등에게 보낸 편지에서 국내에서 폭탄의 사용이 불가하다고 강조했으며,78) "지금 몇십 몇백 인이 爆藥 炸彈 등으로 示威 恐怯하면 한때 듣기에 快치 않은 것은 아니나" 불가하다고 했다.79) 이승만의 논리는 3·1정신이 비폭력 노선이므로 "소규모의 폭력을 중지하고 안으로는 양정축예(養精築銳)하여 후일을 준비하며, 밖으로는 비폭력을 주장"해야 한다는 것이었다.80) 김구는 비폭력에 반대하며 중경 임시정부가 3·1절 기념식에서 독립선언서 낭독을 폐지하면서 그 이유로 공약 3장이 비폭력을 주장했기 때문이라고 충고했지만,81) 이승만은 '폭력'만 주장하는 것은 하나만 알고 둘은 모르는 것이라며 비폭력을 주장했다.82) 또한 이승만은 하와이 한인 사회에서 동지

---

76) 「1922년 9월 8일 하와이에서의 신문기자회견」, 朝鮮總督府警務局, 「(大正十一年)朝鮮治安狀況(國外)追加」, 김정주, 앞의 책 7권, 320~321쪽.
77) 「李承晩 → 國務委員」(1920년 9월 30일);「李承晩 → 張鵬」(1920년 10월 15일), 『雩南李承晩文書』 16권, 9, 225~227쪽.
78) 「李承晩 → 國務委員」(1920년 9월 30일);「李承晩 → 張鵬」(1920년 10월 15일), 『雩南李承晩文書』 16권, 9, 225~227쪽.
79) 「李承晩 → 尹致暎」(1928년 2월), 『雩南李承晩文書』 16권, 141~148쪽.
80) 「李承晩 → 尹致暎」(1928년 2월), 『雩南李承晩文書』 16권, 141~148쪽.
81) 「金九 → 金利濟」(?1939년 6월 25일), 『雩南李承晩文書』 18권, 356~357쪽.
82) 「李承晩 → 金九」(1939년 8월 30일), 『雩南李承晩文書』 16권, 11~12쪽.

회의 3대 정강 중 비폭력에 의한 민족 대업 성취에 대해 비판이 제기되자,[83] 전쟁을 준비한 후 공식적인 선전포고로 개전하는 것은 폭력이 아니고 세계의 공법(公法)이지만, 무법한 개인행동으로 원수 한두 사람을 살해하려다 무수한 재산상의 손해를 당하게 하는 것이라며 반대 의사를 밝혔다.[84] 이승만은 전쟁으로 일본에 승리할 수 있기 전에는 모든 군사행동이 불가능하며, "무법한 개인행동"에 불과하다고 규정했다.[85] 나아가 일본과의 전쟁에서 승리할 수 있기 전에는 모든 무장 투쟁·의열 투쟁이 부정적인 결과만을 초래한다고 주장했다. 이승만이 일차적으로 중시한 것은 독립운동자의 항일 의지·역량 집중 등 항일운동의 의식·조직적 성장이 아니라 미국 등 세계 여론의 향배와 지지 여부였다. 즉 이승만의 비폭력 노선은 미주에서는 가능할 수 있었으나 중국이나 국내에서 불가능했다. 일제와 정면으로 마주서 비폭력적인 항일을 주장하는 것은 사실상 독립운동 정신과 운동 자체를 포기하는 것과 다를 바 없었다. 이는 미주에서 이승만이 주장한 실력양성운동이 지속될 수 있었던 반면 일제하 한국 내 실력양성운동이 개량주의·점진주의·타협주의, 나아가 순응과 협력의 길로 귀결된 원인이었다.[86]

현재 무력 투쟁이 불가능하다면 무엇을 해야 할 것인가에 대해 이승만은 원동(遠東)은 무력 투쟁을 '준비'하고 자신은 "미국에서 외교"를 하겠다고 했다. 이처럼 대미 외교는 이승만이 주장한 외교의 기본이자 핵심이었고, 그가 제시한 독립운동 방략의 중심축이었다. 3·1운동 당

---

83) 이외에 동지회의 강령에 민족주의와 공산주의를 모두 포용하지 못한 점, 구미위원부와 임정 간의 위상 정립 문제, 노동자·농민 중심의 민족운동 전개 문제, 청년들을 포용하여 약소민족과 교류를 증진시키는 문제 등이 포함되지 않았다는 비판이 있었다.(「정강의 신성」, 『태평양잡지』 1930년 7월호.)
84) 「동지회간친회 후문」, 『태평양잡지』 1930년 7월호.
85) 위와 같음.
86) 서중석, 앞의 논문, 143쪽.

시 이승만은 파리평화회의도, 유럽에서의 유세도 필요 없으며 오직 미국에서 보통 민심을 '고동(鼓動)'시키는 것만이 필요하다고 주장했다.87) 또한 1919년 7월 5일 임정에 보낸 장문의 편지에서도 외교적 노력을 미국에 집중해야 한다고 썼다.88) 이승만은 생활 근거를 미국에 두고 있었을 뿐만 아니라 윌슨 미 대통령이 주도하던 국제연맹에 기대를 걸고 있었기 때문에 자연스럽게 대미 외교를 외교의 중심으로 사고한 측면도 있다. 그러나 본질적으로 이승만은 한국이 자력으로 독립할 실력과 능력이 없으며, 일본을 상대로 독립 전쟁을 벌일 수 없다는 판단하에 한국의 독립은 미국과 일본이 전쟁을 벌일 때 가능하다고 판단하고 있었다.89)

이런 맥락에서 이승만이 상정한 대미 외교와 선전 활동의 목적은 미국이 당장 한국 독립을 위해 "출력(出力)"하기를 도모하는 데 있지 않았다. 이승만의 대미 외교는 미국의 배일열이 극도에 도달하도록 "미국인심을 고동"하는 것이었다. 즉 미국의 배일열이 극도에 달하면, 미국에서 군비와 군수물자를 지원할 터이니 그때 독립 전쟁에 착수하자는 것이었다.90) 이승만은 독립 전쟁 개시의 가장 중요한 요소가 미일전이라고 생각했기 때문에, 미일전쟁이 발발하기 전에 무장 투쟁은 불가능할뿐더러 소모적이라고 생각했다.

이승만의 미일개전론에 근거한 외교론은 신채호에 의해 격렬하게 비판받았다. 신채호는 이승만의 외교론이 아(我)에서 비아(非我)로 전환한 것으로 독립운동을 저해하는 반독립운동이라고 판단했다. 오로지

---

87)「李承晩 → 玄楯」(1919. 4. 27),『雩南李承晩文書』16권, 270~279쪽.
88) 로버트 올리버, 앞의 책, 158쪽.
89) 고정휴, 앞의 글, 278쪽 ; 고정휴,「독립운동기 이승만의 외교노선과 제국주의」,『역사비평』겨울호, 1995, 134쪽.
90)「李承晩 → 李東輝」(1920년 1월 28일),『雩南李承晩文書』16권, 159~165쪽.

외교만을 신봉하여 "미래의 일미전쟁, 일러전쟁 등 기회"만 기다리자고 함으로써 오히려 2천만 민중의 투쟁력을 소산시켜버린다는 비판이었다. 신채호는 외국의 힘으로 얻은 독립은 그 나라의 노예로 전락하는 것을 의미하기에, 외교론에 의한 독립은 결국 지배 국가를 갑에서 을로 바꾸는 것에 지나지 않다고 주장했다.[91]

미일개전론을 중시한 이승만은 미국과 일본의 관계에 악화 가능성이 있는 시점, 국제적으로 한국을 포함한 동북아시아에 전운이 감돌던 시점에 크게 네 차례의 대미 외교를 시도했다. 첫 번째 대미 외교가 시도된 1904~5년은 러일전쟁 이후 포츠머스 강화조약 시기였다. 일본 팽창에 대한 구미 열강의 간섭이 행해지던 때였다. 두 번째인 1918~19년의 위임통치 제안과 1920~21년의 대미 외교·워싱턴군축회의 외교는 제1차 세계대전 이후 파리강화회의 및 군비 축소를 둘러싼 미일의 대립·갈등이 제고되면서 미일개전론이 고조되던 때였다. 세 번째, 1933년 국제연맹 외교는 일본의 만주 침략으로 국제연맹이 리튼 조사단을 만주에 파견했을 때였다. 마지막 1942~45년의 대미 외교는 태평양전쟁기에 시도되었다. 국망 이후 한국 독립운동은 시대 상황의 변화에 맞춰 방략상의 변화를 거듭해왔지만, 이승만이 40여 년간 유지한 유일의 독립운동 방략은 '대미 외교'였으며, 이는 미국 의회와 행정부를 향한 청원 외교와, 일반 시민과 여론을 대상으로 한 여론 선전·호소의 두 가지였다.[92]

---

91) 申采浩, 「與友人絶交書」·「朝鮮革命宣言」(서중석, 「이승만노선과 한국민족주의」, 『한국근현대의 민족문제연구』, 지식산업사, 1989, 235쪽에서 재인용.)
92) 정병준, 「이승만의 독립운동론」, 『논쟁으로 본 한국사회100년』, 역사비평사, 2000.

2) 한반도중립화론 : 외교 노선의 핵심

이승만 대미 외교의 핵심은 한국이 독립할 자격이 있음을 증명하거나 호소하는 것이 아니라 동북아시아의 국제 질서 속에서 한국의 독립 필요성을 강조하는 방식이었다. 즉 이승만의 외교는 미국의 입장에서 바라볼 때 한국을 일본의 식민지로 내버려두는 것이 미국의 이익에 저해된다고 판단하도록 선전하는 것이 중심이었다.[93] 이런 맥락에서 이승만은 한국인의 입장에서 정당한 외교가 아니라 미국인들의 입장에서 호소력 있는 외교를 중시했던 것이다.

이승만이 미국의 입장에서 한반도 문제를 바라볼 때 핵심적으로 제기한 논리는 한반도의 중립화 문제였다. 여기서의 중립화란 독립국가가 외교에서 시도하는 전시중립 혹은 중립 선언이 아니라 미국이 선택하는 대한 정책으로서, 문호 개방을 통한 통상의 자유 및 중립주의를 의미하는 것이었다. 즉 중립화의 주체가 한국이나 한국 정부가 아니라 미국이라는 점이 가장 큰 특징이었다. 이승만의 한반도 중립화 인식은 몇 단계를 거치면서 성장·발전했는데, 그 과정은 1904년 『독립정신』의 단계, 1910년 박사학위논문의 단계, 1919년 위임통치 청원의 단계, 1920~30년대 외교 활동의 단계로 구분할 수 있다.

이승만은 『독립정신』의 단계에서 열강의 한반도 진출이 통상 문제 때문이라고 파악했고, 통상이 모든 국가에 이익이라는 관점을 갖고 있었다. 이런 관점에서 이승만은 한반도가 청·일본·러시아 등 열강의 틈바구니에서 독립을 유지하기 위해서는 만국공법을 지키는 가운데 중립 외교를 펼쳐 나가야 한다고 주장했다.[94] 이러한 만국공법 준수론과

---

93) 로버트 올리버, 앞의 책, 320~321쪽.
94) 리승만, 『독립정신』, 1910, 30~33, 267~273쪽.

중립외교론은 개화파로부터 독립협회에 이르기까지 계속적으로 이어져왔던 논리였다.[95] 『독립정신』 단계에서 이승만은 당시 한반도의 영세중립국화를 주장하는 논리를 반박했다.[96] 이승만은 정치적 영세중립국화를 반대했으나, 통상에서의 중립주의 및 문호 개방, 중립 외교를 통한 세력균형으로 독립을 유지할 수 있다고 판단했으며, 이러한 인식이 외교독립노선의 핵심이 되었다.

이승만은 1910년 프린스턴대학에서 「미국의 영향을 받은 중립(Neutrality as Influenced by the United States)」이라는 논문으로 박사학위를 취득했는데, 이는 1776~1872년까지 국제법상에서의 전시중립을 다룬 것이었다. 이승만의 전공은 국제법이었으며 부전공은 미국 역사와 서양사였다.[97] 이승만의 강조점은 영세중립이나 중립화·전시중립 같은 외교상의 혹은 국제정치상의 중립이 아니라, 상업상의 중립 또는 교역상의 중립이었다.[98] 이승만의 관심은 중립적 교역이라는 개념·법률·관행이 국제적 상거래에서, 특히 해상 무역에서 언제 어떻게 성립됐으며 발달해왔는가를 규명하는 것이었다.

이승만이 '교역상의 중립'을 선택한 것은 미 국무장관 헤이(John Hay)로부터 받은 영향 때문이었다. 헤이는 중국에 대한 문호 개방 정책(Open Door Policy)을 통해 중국 영토 보전과 중국 전역에서의 상업 활동의 기회균등을 주장했는데, 이는 미국의 중국 진출을 위한 포석이었

---

95) 朴熙琥, 「舊韓末 韓半島中立化論 硏究」, 동국대 대학원 박사학위논문, 1997 ; 주진오, 「한국근대 집권, 관료세력의 민족문제 인식과 대응」, 『역사와현실』 창간호, 1989, 44쪽 ; 주진오, 「청년기 이승만의 언론·정치활동 해외활동」, 『역사비평』 여름호, 1996, 180~181쪽.
96) 리승만, 앞의 책, 24~33쪽.
97) 로버트 올리버, 앞의 책, 112쪽.
98) 이승만은 상업상·교역상의 중립을 중립적 교역(neutral commerce)으로 표현했다.(김학준, 『한말의 서양정치학 수용 연구』, 서울대학교 출판부, 2000, 187쪽.)

지만 동시에 일본의 중국 진출을 저지하는 효과를 갖고 있었던 것이다.99) 이승만은 1905년 국무장관 헤이를 만난 자리에서, 미국이 중국에서 문호 개방 정책을 통해 일본의 침략을 저지한 것처럼, 한국에 대해서도 문호 개방 정책을 실시해 달라고 청한 적이 있다. 이승만은 헤이가 급서하지 않았다면 한국의 운명이 달라졌을 것이라고 생각할 정도로 헤이의 문호 개방 정책과 그 핵심인 무역에서의 기회균등을 중시했다.100) 이러한 맥락에서, 이승만의 박사학위논문은 통상·무역에서의 중립주의, 문호 개방 정책이라는 1900년대 초반 미국의 태평양 정책을 염두에 둔 것이었다고 볼 수 있다. 중립화를 통한 한반도 독립이라는 이승만의 구상은 철저하게 미국적 사고에 기초한 것이었으며 한국 독립운동의 방략이 아니라 미국 대외 정책의 일환이라 할 수 있는 것이었다. 이승만의 이러한 논리는 태평양전쟁 시기까지 지속되었다.

정두옥(鄭斗玉)의 『재미한족독립운동실기(在美韓族獨立運動實記)』에 따르면 1914~15년 시기 이승만은 자신이 운영하던 『태평양잡지』를 통해 주로 영세중립을 주장했다.101) 이러한 논조도 부당했지만, 이 잡지는 당시 제국주의의 식민 지배를 미화해 비난을 받았다. 즉 "인도국이 영국에 식민지가 되여서 안락(安樂)을 누린다는 것, 빌이핀(필리핀)은 미

---

99) 미국사연구회 편역, 『미국역사의 기본사료』, 소나무, 1996, 195~199쪽; 金辰雄, 『現代美國外交史』, 아세아문화사, 1987, 17~48쪽. 헤이의 문호 개방 선언은 의화단 사건을 전후해 1899년과 1900년에 걸쳐 2차례 발표되었다.
100) 로버트 올리버, 앞의 책, 82~83쪽. 올리버는 "이승만이 진심으로 동의했던 존 헤이의 對중국 문호 개방 정책을 중심으로 한 미국의 對아시아 중립 정책(American neutrality in Asia)"에 대해 박사논문을 준비했다고 했는데(로버트 올리버, 같은 책, 113쪽), 박사논문은 주로 1776~1872년간의 중립의 역사를 다루었을 뿐 對중국 문호 개방 정책이 시작된 1900년대를 다루지는 않았다. 그러나 박사논문에 깔린 문제의식이 헤이의 영향을 받은 것은 분명했다.
101) 鄭斗玉, 『在美韓族獨立運動實記(필사본)』, 하와이대학 한국연구소 소장, 1969, 66~67쪽.

국에게 통치를 받는 것, 안남(安南, 베트남)이 법국(法國, 프랑스)에 식민지가 되여서 다들 안전한 생활을 하고 평화로이 안전"하다고 주장했다는 것이다. 반(反)이승만파였던 정두옥은 이승만이 "실로 이것을 흠선(欽羨)하고 바래는 바"가 아니었는가 하며 목청을 높였다.102)

1919년 이승만·정한경이 표방한 위임통치안의 핵심 역시 한반도 중립화론과 동일한 논리에 기초한 것이었다. 지금까지 국제연맹을 통한 위임통치라는 대목만이 강조되었지만, 실제로 이승만·정한경 등이 주장한 것은 한반도의 중립적 상업 지역화 및 완충국화, 즉 세력균형 지역화였다. 이승만은 정한경과 함께 1919년 3월 3일 다음과 같은 서한을 윌슨 대통령에게 제출했다.

동봉한 청원서를 각하께서 평화회의에 제출하여 주시옵고 평화회의에 모인 연합군 측이 장래 한국의 완전한 독립을 보장하는 조건하에 **한국을 국제연맹의 위임통치하에 두고**(under the mandatory of the League of the Nations) 현 일본의 통치하에서 해방하는 조치를 취할 수 있도록 저희들의 자유원망을 평화회의의 탁상에서 지지하여 주시기를 간절히 청원하는 바입니다. 이것이 성취되면 **한반도는 중립적인 상업 지역**(a zone of neutral commerce)으로 변하고 모든 나라가 혜택을 받을 것입니다. 이것은 또한 **극동에 하나의 완충국**(a buffer state in the Far East)**을 창립**하는 것이 되어 이것은 어떤 특수 국가의 확장을 방지하고 동양에 있어서의 평화를 유지할 것으로 알고 있습니다.(강조―인용자.)103)

---

102) 정두옥은 『태평양잡지』가 "일본 천황폐하께서 군함을 탑승하시고 관병식을 하셨다"라고 썼고, 이에 대해 한인 애국혼의 반역이라는 여론이 거셌을 뿐만 아니라 블라디보스톡 한인 신문이 이를 반박해 논란이 벌어졌다고 회상했다. 『태평양잡지』는 "인종적으로나 문화로나 일본이 아라사보다 친근하지 않이한가?"라고 주장했다.
103) 「대한인국민회 대표 이승만·정한경이 윌슨 대통령에게 보낸 청원서」(작성 1919년 2월 25일, 발송 3월 3일) Woodrow Wilson Library Collection, Rare Books and Special Collection, Library of Congress, 방선주, 앞의 책, 235~239쪽.

'위임통치 청원'으로 불리는 이 편지에서 가장 논란이 된 부분은 "한국을 국제연맹의 위임통치하에 두고"라는 구절이었다.104) 이 구절 때문에 위임통치 논쟁이라는 민감한 정치적 논쟁이 일어났지만, 사실 이승만이 강조한 것은 한반도를 '중립적 상업 지역'으로 만들고 극동의 '완충국'화 하자는 것이었다. 즉 이 청원서는 이미 『독립정신』단계에서부터 이승만이 주장하고 강조해왔던 교역상 중립국화를 통한 한반도의 독립 방안이었다고 할 수 있다. 문제는 이러한 논리가 미국인들을 상대로 한 설득과 여론 환기 및 외교에는 합리적일 수 있었겠지만, 한국인들 자신의 독립 방안이 될 수는 없다는 점이었다. 나아가 한반도 중립국화나 국제연맹 위임통치국화라는 두 가지 주장은 모두 한국의 자력독립불가론에 기초한 것이었다는 점에서 비판을 면하기 힘든 것이었다.

이와 같은 이승만의 논리는 1921~22년의 워싱턴군축회의와 1933년의 국제연맹회의 외교 때까지도 지속되었다. 워싱턴군축회의 당시 일본 정보 당국은 한국 대표들의 주장이 "일본의 대륙 침략 교두보인 한국을 열강의 무력 간섭에 의해 영생중립국으로 함으로써 태평양 연안국의 영구 평화를 보증할 수 있다"라는 것이었다고 요약했다.105) 이승만은 미국이 몬로주의를 통해 남미에 대한 유럽제국의 간섭을 배제하

---

104) 이승만은 거의 동일한 내용을 담은 청원서를 파리 만국평화회의에 제출했다. 이 청원서 역시 '한국을 국제연맹의 위임통치하에 두고', '중립적 상업 지역', '극동의 완충국'으로 만들어 달라는 구절을 포함하고 있다.[「대한인국민회 대표 이승만·정한경이 윌슨대통령에게 보낸 청원서」(작성 1919. 2. 25, 발송 3. 7) Woodrow Wilson Library Collection, Rare Books and Special Collection, Library of Congress, 방선주, 위의 책, 240~244쪽.]
105) 「興業俱樂部事件の檢擧狀況」, 朝鮮總督府警務局, 『最近に於ける朝鮮治安狀況』, 1938 ; (地檢秘 제1253호)(昭和 13년 8월 9일), 「民族革命ヲ目的トスル同志會(秘密結社興業俱樂部)事件檢擧ニ關スル件」.

고 아메리카대륙에서 패권을 차지했듯이, 일본이 아시아에서 일본식 몬로주의를 추구함으로써 아시아 전역을 석권하는 패권 국가를 지향하려 한다고 주장했다. 한국 문제는 일본의 국내 문제가 아니라 피침략국의 국제 문제이며, 일본의 대륙 침략 교두보인 한국을 독립·문호 개방시킴으로써 전아시아를 독립·문호 개방시킬 수 있기에,106) 한국을 상업·무역·무력의 중립지대로 만들고 최후에는 독립시켜서 일본의 패권을 방지해야 한다는 것이었다.107)

이승만은 1933년 만주 침략을 조사하기 위한 국제연맹의 리튼 조사단 보고 회의에서도, 한국을 중립국으로 독립시킴으로써 일본의 대륙 침략을 저지해야 한다고 주장했다. 이승만은 "일본의 대륙 침략 정책을 저지하고 극동의 평화를 유지하기 위해서는 일본 대륙 침략의 발판인 조선을 열국 군대의 보증에 의해 중립국으로서 그 독립을 승인해야 한다"라고 주장하며, 중립국 조선은 영토 확장론을 배격하며 문호 개방을 통한 통상 균등과 세력균형을 약속한다고 했다.108)

이와 같이 이승만 외교의 핵심은 바로 이 한반도의 정치·경제적 '중립'지대화를 통한 세력균형이었다. 이러한 구상은 1904년 『독립정신』으로부터 태평양전쟁 때까지 이어진 핵심 논리였다.

문제는 이러한 한반도중립화론이 여타의 무장투쟁론·독립운동론과 결합되거나 상보적 관계에 놓인 것이 아니라 사실상 주체적 독립운동

---

106) 「이승만의 성명」(1921. 8. 28), 「한국대표가 태평양회의와 관련해 미국대통령에게 제출한 4개조」, 國會圖書館, 앞의 책, 219, 222~224, 228쪽.
107) 「구미위원부 통신」 제30호(1921. 7. 20); 朝鮮總督府警務局, 「(大正十年九月)在外不逞鮮人ノ近情」, 김정주, 앞의 책 8권, 54~61쪽.
108) 「李承晩カ昭和八年滿洲事變ニ關スル壽府國際聯盟ノ會議前後ニ於ケセネバ及各國ニ於ケル朝鮮獨立ノ爲メニ演說シタル原稿」(地檢秘 昭和 13년 6월 9일, 제934호);「興業俱樂部事件の檢擧狀況」,『最近に於ける朝鮮治安狀況』, 朝鮮總督府警務局, 1938.

부정론이었다는 점에 있었다. 이 논리는 한국인들에게는 독립운동 무용론, 외세 의존적 허무주의에 가까운 것이었다. 한국인들의 이해와 요구를 반영한 것이 아니라 미국의 입장에 철저했던 이 논리는 전혀 현실성이 없는 탁상공론에 가까웠다. 때문에 이러한 노선은 단 한 번도 미국인들에게 동정이나 호응을 얻지 못했다. 미국인들을 향한 이 주관적 호소의 논리는 태평양전쟁을 전후한 시점에 미일 개전이 전면화됨에 따라 폐기되었다. 또한 중경 임정의 활동이 비약적으로 성장하면서, 중국으로부터의 승인 가능성이 농후해지자, 이승만은 대미 외교의 중심을 임정 승인 외교로 전환했다.

3) 아일랜드 독립운동의 영향

이승만의 외교 노선 가운데 특기할 점은 1910~20년대 아일랜드 독립운동을 모방하고, 그 영향을 받았다는 사실이다. 아일랜드는 영국에 대항해 오랫동안 독립운동을 한 역사를 가지고 있었는데, 아일랜드 독립운동은 미주 한인의 독립운동에 영향을 주었다. 특히 아일랜드의 독립운동은 재미 한인 사회에 무형정부론과 임시정부론의 실례로 받아들여졌다. 그때 아일랜드의 민족주의 정당인 신페인당(Sinn Feinn Pairti Na Noibri : 신페인노동자당)은 1902년에 신페인이라는 정책을 채택했는데, 이 강령의 중요한 내용은 영국에 대한 수동적인 저항, 세금의 원천징수, 아일랜드인의 통치위원회와 독립적인 지방법원들의 설립이었다. 신페인정책은 아일랜드인의 무형 정부 설립을 촉구한 것이고, 이의 논리적 귀결은 임시정부의 수립이었다.

아일랜드는 제1차 세계대전 중에 폭동을 일으켰고, 1916년 아일랜드 임시정부를 선포했다.109) 이러한 무형정부론과 임시정부 수립은 아마도 박용만의 무형정부론이나 3·1운동과 임시정부 수립의 역사적 전제인 1917년의 대동단결선언에 영향을 끼쳤을 가능성이 있다.110) 1919년 2월 영국 감옥에서 탈출해 아일랜드 임시정부 대통령이자 의회(The Dail : house of parliament) 의장이 된 발레라(Eamon de Valera, 1882~1975)는 미국 시민이자 변호사 출신이었는데, 1919년 6월 미국에 건너와 500만 달러의 기금을 모았다.111) 1910~20년대 미국에서 그의 명성은 상당했으며 미국 사회의 여론 역시 아일랜드에 동정적이었다. 1846~51년의 대기근으로 약 200만 가량의 아일랜드인이 해외로 이주했는데, 이 중 상당수가 미국에 정착했다. 이런 연유로 1910~20년대 미국 주류 사회는 아일랜드의 독립운동에 많은 관심과 동정을 보내고 있었다.

때문에 한국에서 3·1운동이 일어나고 외교 노선에 입각한 대미 청원 외교가 고조에 도달하던 시점에서 재미 한인들은 자연스럽게 미국의 여론이 우호적으로 대하던 아일랜드의 독립운동 방식에 관심을 가졌고, 나아가 이를 모방하고자 했다. 또한 국내에서도 1920년대는 물론 1930년대 초반까지 아일랜드 독립운동과 발레라에 대한 관심이 지속되었다.112) 이승만은 미국 내에서 벌어진 아일랜드 임시정부의 활동

---

109) 신혜수, 「영국-아일랜드」, 『역사비평』 봄호, 1995, 146~156쪽; 박지향, 『영국사』, 까치, 1997, 188~191쪽.
110) 박용만의 무형정부론이 독립운동에 미친 영향에 대해서는 趙東杰, 「臨時政府 樹立을 위한 1917년도의 '大同團結宣言'」, 『韓國民族主義의 成立과 獨立運動史研究』, 지식산업사, 1989, 320쪽; 方善柱, 「朴容萬評傳」, 앞의 책, 1989, 53~68쪽을 참조.
111) "Biographical history" Papers of Eamon de Valera(1882~1975), Archives Department, University College, Dublin; 『한국일보』 1975년 7월 27일자.
112) 1920~30년대에 국내 잡지에 실렸던 아일랜드에 관한 대표적인 기사들을 정리하면 다음과 같다. 주로 1920년대 초반과 1930년대 초반에 집중된 것을 알 수 있다. 鈴木生「愛蘭及其自治問題の觀察」, 『朝鮮及滿洲』, 1920년 7월(제157호); 李鍾駿「英國과 愛蘭問題」, 『서울』, 제5호, 1920; 時永浦三「愛蘭問題

으로부터 다음과 같은 몇 가지 점을 모방했다.

먼저 아일랜드 임시정부가 시행한 공채 모집 방식의 모방이었다. 1918~19년 아일랜드 임시정부 대통령으로 미국에 체재 중이던 발레라는 500만 달러의 공채 모집에 성공했다.113) 당시 이승만은 아일랜드를 모방해 공채를 발행하며, 이것이 외국인에게 발매하는 국채가 아니라 아일랜드의 경우처럼 내외국인이 한국 독립을 '연조(捐助)'하기 위해 기증하는 것이라고 주장했다.114) 지금까지 공채표 판매와 관련해 '애국금—공채표' 논쟁만이 알려졌지만, 처음부터 이승만은 아일랜드 임시정부 방식처럼 국채가 아닌 의연금·성금의 성격으로 공채 발행을 희망했던 것이다.

다음으로 아일랜드계의 미의회 청원운동 및 외교 활동에 대한 모방이었다. 아일랜드계 시민들의 지지를 받은 의원들은 1920년 3월 17일 "아일랜드 독립에 동정을 표하며 국제연맹 회원으로 받아들여야 한다"는 결의안을 상원에 제출했다. 이때 이승만의 구미위원부는 콜로라도

と朝鮮」,『警務彙報』,(一)~(二) 11~12월(제198호), 1921 ;「腥血과 恐怖에 싸인 愛蘭」,(1)~(6)『동명』, 제2~7호, 1922 ; 許憲,「世界一週紀行(第二信), 꽃의「바리웃드」를 보고, 다시 太西洋 건너 愛蘭으로!」,『三千里』, 제2호, 1929 ; 春秋匹夫,「愛蘭大統領의 脫獄」,『三千里』, 제6호, 1930 ; 金東煥,「愛蘭의 復活祭動亂, 愛蘭民族運動의 一斷面」,『三千里』, 제8호, 1930 ; 李如星,「愛蘭運動의 特質」,『三千里』, 제8호, 1930 ; 白樂濬,「愛蘭自由國 新任首相 데·발레라氏와 愛蘭政界의 變動」,『東光』, 제32호, 1932 ; 咸尙勳,「再次 動搖하는 愛蘭問題」,『東光』, 제33호, 1932 ; 李晶燮,「愛蘭 首都 떠블린에서」,『東光』, 제33호, 1932 ; 崔麟,「愛蘭革命家 新大統領 데발레라氏 會見記」,『彗星』, 제2권 제4호, 1932 ; 許憲,「新興自由國 愛蘭印象記」,『彗星』, 제2권 제4호, 1932 ;「行進하는 靑年愛蘭」,『三千里』, 제4권 제8호, 1932 ; 李春光,「最近 弱小民族 諸問題—愛蘭은 어데로?」,『第一線』, 제2권 제7호, 1932 ; 鄭寅燮,「愛蘭紀行, 太西洋 건너 故鄉으로」,『三千里』, 제10권 제10호, 1938.

113)「愛蘭의 國債」,『독립신문』 1919년 9월 4일자.

114)「李承晩 → 李東輝」(1920. 1. 28),『雩南李承晩文書』 16권, 165~166쪽 ;『大韓民國臨時政府公報』 13호(1920. 3. 24).

주 찰스 토머스(Charles Thomas) 의원을 통해 이 결의안에 한국 문제를 삽입하도록 개의했다. 한국의 사정이 아일랜드와 비교·거론되는 일이 많았고 의회에는 아일랜드 동정자가 많았으므로, 한국과 아일랜드의 일괄 결의안은 현명한 전술이라고 할 수 있었다. 그러나 표결 결과 개의는 부결되었고, 개별 표결에 부쳐진 한국 문제는 34 대 46으로 부결되었다. 반면 아일랜드 문제는 38 대 36으로 가결되었다.[115] 이승만은 1920년 8월에도 샌프란시스코 민주당 전당대회에 아일랜드와 함께 한국 독립 승인을 요구했으나 이 역시 실패했다.[116] 이승만이 지속적으로 아일랜드와 함께 한국 독립 청원을 한 결정적인 이유는 아일랜드가 1921년 '독립'됨으로써 미국의 외교적 승인을 얻으면 독립이 된다는 기대감이 있었기 때문이었다.[117] 그러나 아일랜드의 이러한 외형적인 '독립'은 독립 전쟁(1919~21)과 협상을 통해 영국을 압박한 결과였지 단순히 미국 의회의 결의안 때문이 아니었다. 또한 아일랜드는 즉시 완전 독립한 것이 아니라 영국 안에 머물러 있으면서 자치령의 신분을 갖는 아일랜드자유국(Irish Free State)으로 분립되었던 데 지나지 않았다. 나아가 아일랜드는 1920년 아일랜드 정부법에 의해 남·북아일랜드로 분할되었기 때문에 완전한 통일·독립은 아니었던 것이다.

마지막은 아일랜드 자치운동의 영향이었다. 아일랜드 자치운동의 역

---

115) 신재홍, 「大韓民國臨時政府外交史研究」, 경희대 박사학위논문, 1988, 96~98쪽;「人間李承晩百年」 88회(미의회 '한국결의안 부결),『한국일보』 1975년 7월 27일자.
116) 金正明 編,『朝鮮獨立運動』, 제I권 분책, 原書房, 1967, 735~755쪽; 朝鮮總督府警務局,「(大正十年三月)美國及布哇地方ニ於ケル不逞鮮人ノ狀況」, 김정주, 앞의 책 8권, 411~419쪽.
117) 이승만은「주차구미위원부통신」 30호(1921년 7월 20일)를 통해 영국은 아일랜드의 독립을, 미국은 필리핀의 독립을 승인하는데 왜 일본은 한국의 독립을 승인하지 않느냐며 아일랜드와 한국의 위치를 등치시켰다.(國會圖書館, 앞의 책, 1976, 222~223쪽.)

사는 1870년에 아이작 벗이 아일랜드 의회 창설을 요구하는 자치정부 연합을 만들면서 시작되었고, 1921년에 일종의 자치령인 아일랜드자유국이 설립될 때까지 지속되었다. 특히 아일랜드의 자치운동은 영국 의회에서 최소 3차례 이상 자치법안을 상정하려 할 정도로 영국 측의 호의적인 반응을 끌어냈다. 그러나 자치 반대론자들은 이에 반대하며 내전을 준비했고, 제1차 세계대전 중 폭동이 일어나 1916년에 아일랜드 임시정부가 선포되었다. 아일랜드 독립 전쟁의 결과, 영국은 아일랜드와 협상해 정치적 해결 방안의 일환으로 영국 통치하에 머물러 있으면서 자치령의 신분을 갖는 아일랜드자유국의 설립을 허용했다. 아일랜드는 1948년 12월에야 독립했다. 이처럼 제1차 세계대전을 전후한 시점에서 아일랜드는 임시정부·독립 전쟁을 한 축으로 하고 다른 한 축으로는 영국 정부와의 협상을 통한 자치운동을 전개했다. 이승만의 시각에서 볼 때 미국의 지지를 받고 일정하게 성공을 거둔 아일랜드 자치운동은 성공적이고 실현 가능한 사례로 비춰졌을 가능성이 높다. 이승만은 공채 모집이나 의회 청원운동 같은 아일랜드계의 미국 내 활동을 외형적으로 모방했을 뿐만 아니라 자치운동을 통한 부분적 승리라는 아일랜드의 경험을 염두에 두었을 가능성이 있다. 특히 이승만이 1919년 위임통치론을 제기하고, 나아가 1920년대 후반 국내 자치론자들의 자치론에 동조하는 입장을 취하게 된 데는, 당시 벌어졌던 아일랜드 자치운동이 일정한 영향을 끼쳤을 가능성이 높다.[118]

아일랜드의 경우는 이들이 미국 내 주류를 형성한 데다 미국 조야에 동정적인 견해를 조성하였고, 아일랜드 자체가 오랜 독립 투쟁을 겪어

---

[118] 아일랜드 자치운동에 대한 1920년대 국내의 관심에 대해서는 姜明淑, 「1920년대 초 東亞日報에 나타난 자치에 관한 논의」, 『1920년대 초 자치에 관한 인식』, 한국역사연구회 제72회 연구발표회, 2000을 참조.

온 역사가 있었기 때문에 한국의 경우와는 직접적으로 등치될 수 없었다. 그러나 미국식 고등교육을 받고 미국 정서에 민감했던 이승만은 이를 고려하고 본받을 만한 독립운동 방략으로 이해했음이 분명하다.

이처럼 이승만의 외교 노선은 당시 미국을 중심으로 전개된 미국·아일랜드 등의 외교 노선과 방식을 형태적으로 모방한 것이었다. 그런데 아시아의 식민지 한국이 무장투쟁 없이 미국에서 단순한 청원·호소 외교를 통해 '독립'운동을 하겠다는 것은 현실성이 결여된 노선이었다. 미국과 아일랜드는 자국의 구체적인 상황과 사회·역사적 전통 속에서 치열한 노력 끝에 각자의 외교정책과 노선을 마련했다. 미국은 강대국 외교정책의 특징을 갖고 있었고, 아일랜드는 무장 투쟁과 외교 협상의 화전 양면전술을 구사했으며, 미국 내에 지지·동정자들이 많이 포진하고 있었다. 그러나 이승만은 이러한 과정에 대한 깊은 고민 없이 형태적으로만 타국의 외교정책·노선·방식을 모방했다. 미국 내 많은 소수민족과 망명객들이 다양한 방식의 독립운동 방략을 구사했지만 이승만은 그 가운데에서도 미국·아일랜드 등 서구 백인 국가의 외교 노선만을 모방했다. 이승만은 결코 같은 아시아 (반)식민지였던 중국·태국·베트남 등의 독립운동 방식이나 이들과의 연대에 관심을 기울이지 않았다. 이는 외교독립노선에서 이승만의 '서향주의(西向主義)'였다.[119] 또한 이승만은 자신의 외교 노선이 한국적 상황·현실에 적합한가의 여부보다는 미국 사회와 여론이 얼마나 우호적인 태도를 나타내는가 하는 점으로 성패의 가능성을 점쳤던 것이다. 이승만은 타국의 외교 노선과 방식을 형태적으로 모방했으나 그 속에 포함된 외교

---

[119] 이 용어는 유영익의 것을 차용한 것이다. 유영익은 이승만의 건국 이상이 19세기말 급진 개혁가들이 추구했던 '서향주의'적 개혁 이상의 연장선상에 놓인 것이라고 주장했다.(유영익, 앞의 책, 1996, 225쪽.)

의 실체와 구체적 외교 내용은 모방할 수 없었으며, 타국 외교의 형태적 모방과 실제 내용 간의 괴리는 이승만 외교 노선의 가장 근본적인 한계로 작용했다.

5장
1910~30년대 외교 활동

1. 정립(鼎立)의 재미 한인 지도자
: 박용만·안창호·이승만

1) 박용만과 이승만

 1910~30년대 이승만의 활동을 살펴보기 위해서는 먼저 미주 한인 지도자 간의 관계와 노선을 비교해볼 필요가 있다. 미주 한인 지도자 중 가장 유력한 인물은 우성 박용만(又醒 朴容萬), 도산 안창호(島山 安昌浩), 우남 이승만(雩南 李承晚)이었다. 이들은 각각 무력투쟁노선(박용만), 실력양성노선(안창호), 외교노선(이승만) 등 한국 부르주아민족주의운동의 가장 중심적인 조류를 대표하는 인물들이었다. 또한 이들은 각각의 카리스마를 갖고 추종 세력을 형성했는데, 이승만은 동지회, 안창호는 흥사단, 박용만은 국민군단으로 대표되는 자신의 독자적 지지 기반을 갖고 있었다. 이들 세 사람은 3·1운동 이후 수립된 각지의 임시정부에서 중요한 지위에 추천될 정도로 명망을 가진 인물들이었다.
 박용만과 이승만의 대립은 독립 방략과 인간관계에서 분명했다. 박용만은 네브라스카주 커니(Kearney)-헤이스팅스(Hastings)의 소년병학교(1909~14)로부터 출발해서 하와이의 산넘어병학교-국민군단, 북경의 군사통일회의에 이르기까지, 무장투쟁노선을 주장한 무력투쟁론자였다.[1] 그래서 그 당시 일제의 자료는 박용만을 하와이 '무단파(武斷派)'의 수령으로, 이승만을 '문치파(文治派)'의 수령으로 불렀다.[2] 이승만은 교회(감리교회·한인기독교회)와 학교(한인기숙학원·여자기숙학원·한인중앙학원·한인기독학원)를 중심으로 종교·교육 활동에 전념했다. 박용만과 이승만은 대한제국기 감옥에서 형제 결의를 했는데, 박용만은 이승만의 아들 태산과 『독립정신』의 원고를 미국으로 반출해 샌프란시스코에서 출간할 수 있게 했을 뿐만 아니라 1913년 이승만을 하와이로 초청한 장본인이었다.

1915년부터 본격화된 하와이 한인 사회의 분쟁은 기본적으로 박용만과 이승만 간의 갈등이 주된 원인이었다. 이러한 갈등의 밑바탕에는 독립운동 노선의 차이, 한인 사회 지도권·재정권의 장악을 둘러싼 갈등이 놓여 있었다. 이승만은 1915년 국민회 일부 간부의 재정흠축(財政欠縮 : 횡령)과 문부(文簿) 착오, 무장투쟁노선의 무모함을 공격하며 하와이국민회를 장악했고, 박용만의 세력은 현저히 약화되었다. 이승만

---

1) 박용만에 대해서는 朴永錫, 「韓人少年兵學校 硏究-헤스팅스 韓人少年兵學校를 중심으로」, 『한국독립운동사연구』 1집, 1987 ; 윤병석, 「1910년대 미주지역 한인사회의 동향과 조국독립운동-韓人少年兵學校와 崇武學校·大朝鮮國民軍團士官學校를 중심으로」, 『斗溪李丙燾博士九旬紀念韓國史學論叢』, 지식산업사, 1987 ; Dae-Sook Suh, "Park, Yong-Man and His Revolution," 『한국무장독립운동에 관한 국제학술대회 논문집』, 한국독립유공자협회, 1988 ; 方善柱, 「朴容萬評傳」, 『在美韓人의 獨立運動』, 한림대 아시아문화연구소, 1989 ; 안형주, 「박용만의 소년병학교」, 단국대학교 한국민족학연구소, 『한국민족학연구』 4, 1999를 참조.
2) 「米國およびハワイにおける抗日獨立運動者狀況報告の件」(大正 10년 3월 25일), 『朝鮮獨立運動』 제I권 分冊, 金正明 編, 原書房, 1967, 735~755쪽.

은 이후 하와이 한인 사회를 지배했다.3) 그러나 이승만은 국민회 장악 과정에서 불법적 수단과 폭력, 재판에 호소함으로써 반대파들의 극렬한 저항을 초래했다. 또한 이후 국민회 운영에 있어서도 독선적 모습을 보여줌으로써 반대파를 효과적으로 제어하거나 감싸안는 포용력있는 지도자의 모습을 보여주지 못했다.4) 하와이 한인 사회에서 벌어진 1915년과 1918년, 1921년과 1930년 등 대표적인 4차례의 '사회 풍파'에는 재정 문제와 조직의 지도권을 둘러싼 재판과 폭력 사태가 반드시 개입되었다.5)

이승만, 박용만 사이에 안창호가 개입되면 3자의 관계는 복잡해진다. 세 사람 모두 독립운동 방략과 활동에 있어서 일정하게 미국의 영향을 받았고, 미주 한인들을 지지 기반으로 삼았다는 공통점을 지녔다. 박용만은 이승만·안창호와 분명히 구별되는 무력투쟁론자였지만, 안창호와 함께 미주 대한인국민회의 주요 간부로 활동했다. 박용만의 무력투쟁론은 미국에서 받은 군사교육과 재미 중국인들의 무장투쟁에서 영향을 받은 것이었다. 박용만은 네브라스카주립대학 ROTC 과정을 이수했을 뿐만 아니라 당시 재미 중국인 단체인 보황회(保皇會)가 운영하던 무관학교인 간성학교(干城學校)의 경험을 본받았다.6) 미국인 호머

---

3) 金元容, 『재미한인50년사』, 캘리포니아 리들리, 1959, 134~176쪽 ; 方善柱, 「朴容萬評傳」, 앞의 책, 1989, 11~116쪽.
4) 리차드 알렌은 이승만이 하와이 시절 "관용성이 없고 성미가 급한 인간으로 유명"했으며 하와이 생활 25년 동안의 "특징은 논쟁이었다"라고 지적했다.(리차드 알렌, 尹大均 역, 『韓國과 李承晩』, 合同通信社, 1961, 53쪽.)
5) 하와이 한인 사회의 분규에 대해서는 김원용, 앞의 책, 137~176쪽 ; 金度亨, 「1930년대 초반 하와이 한인사회의 동향」, 『한국근현대사연구』 9집, 1998 ; Roberta W. S. Chang, "The Korean National Association Kuk Min Hur and Rhee Syngman in the Courts of the Territory of Hawaii 1915 to 1936", 『大韓人國民會와 李承晚(1915~36년간 하와이 법정자료)』, 韓國現代史資料集成 45, 국사편찬위원회, 1999를 참조.
6) 보황회는 西太后를 배격하고 입헌군주제를 추구했는데 재미 중국인은 물론 서

리(Homer Lea)가 주도한 간성학교를 통해 배출된 중국인 장교들을 주축으로 1905년 당시 미국 내에는 총 21개 중대 약 2,100명의 보황회군대(Chinese Imperial Reform Army)가 존재했다.7) 박용만의 군사학교들은 이러한 현실적 경험에 토대한 것이었다. 또한 박용만은 단순히 무장투쟁론자만은 아니었다. 박용만은 『신한민보(新韓民報)』와 『국민보』의 주필을 지냈고, 무형정부론에 기초한 임시정부 수립을 주장했다. 박용만은 1920년대 북경을 중심으로 둔전제도에 기초한 둔전병 양성을 목표로 대본공사(大本公司)를 경영하기도 했다. 독립전쟁을 위한 실력양성이라는 준비론적 입장은 1910~20년대 독립운동 진영에서 보편적으로 나타나는 현상이었는데, 박용만은 이런 면에서 안창호와 공통점을 갖고 있었다. 독립운동 방법론·방략의 차이 외에 안창호와 박용만의 차이는 두드러지지 않는다.

구 전체 화교의 1/8을 회원으로 흡수했으며 康有爲·梁啓超의 지도하에 있었다. 대동교육회-대동보국회를 이끈 張慶·文讓穆·白一圭 등은 이 보황회와 긴밀한 관련을 맺었으며, 박용만 역시 대동보국회를 통해 보황회와 관계를 맺었다.(Jane Leung Larson, "New Source Materials on Kang Youwei and the Baohuanghui : The Tan Zhangxiao(Tom Leung) Collection of Letters and Documents at UCLA's East Asian Library," *Chinese America : History and Perspectives*, Los Angeles : Chinese Historical Society of America, 1993, p. 151 ; 安炳柱, 『朴容萬과 在美韓人少年兵學校의 民族運動』, 미출간본, 2003, 7~8쪽.)
7) Thelma Fleming, "Homer Lea and the Decline of the West", *American Heritage*, vol. 39, no. 4, p. 100 ; Carl Glick, *Double Ten : Captain O'banion's Story of the Chinese Revolution*, New York, Whittlesey House, 1945, p. 70 ; Key Ray Chong, *Americans and Chinese Reform and Revolution, 1888~1922 : The Role of Private Citizens in Diplomacy*, New York, University Press, 1984, p. 69, 72.(安炳柱, 앞의 책, 2003, 7~13쪽 재인용.)

2) 안창호와 이승만

　이승만과 안창호 간의 차이 역시 모호한 측면이 있다.[8] 이승만과 안창호는 재미 한인의 지도자였지만, 두 사람이 모두 미주에 머문 1913～19년간, 각각 하와이와 미국 서부에 떨어져 거의 접촉할 기회가 없었다. 상해 임시정부에서도 두 사람이 직접적으로 대면한 것은 이승만이 상해를 방문한 1920년 1～5월까지가 고작이었다. 실상 두 사람의 노선이 서로 충돌하거나 대립한 경우는 거의 없었다.[9] 이들의 노선이 대립한 곳은 미주가 아니라 국내였으며, 특히 각각의 추종 집단들이 파벌 투쟁을 벌이며 이러한 대립이 부각되곤 했다. 국내 추종 집단들의 가장 큰 차이는 지역적 차별성이었다. 안창호의 흥사단과 관련 있는 수양동우회(修養同友會)는 서북 태생 기독교 유학생 출신들이 중심을 이룬 반면, 동지회의 연장 단체인 흥업구락부(興業俱樂部)는 기호 태생 감리교 유학생 출신들이 중심을 이루어, 지역적 색채가 분명히 구별되었다. 그러나 불과 1만 명도 채 되지 않았던 미주에서 서북과 기호의 지역적 차이는 큰 의미를 지닐 수 없었다.

---

8) 안창호에 대해서는 朱耀翰 編著, 『安島山全書』, 1963 ; 도산기념사업회, 『安島山全書』 상·중·하, 범양사 출판부, 1990～93 ; 도산사상연구회, 『도산안창호의 사상과 민족운동』, 학문사, 1995 ; 尹炳奭·尹慶老, 『안창호일대기』, 역민사, 1995 ; 尹炳奭, 「미주에서의 도산 안창호의 민족운동」, 『도산 : 코리안 아메리칸』, 1994 ; 이명화, 「흥사단원동임시위원부와 도산 안창호의 민족운동」, 『한국독립운동사연구』 제8집, 1994을 참조.
9) 안창호는 주로 1919～22년간 상해 임시정부에서 이동휘의 노선과 비교되곤 했다. 그간 양자의 노선은 미국 대 소련이라는 이념·지역적 배경과 실력양성 대 무장투쟁이라는 독립 방략의 차이로 대별되어왔는데, 안창호의 노선이 국내 민족개량주의자들의 독립불능론·실력양성론·자치론과 동일한 것인지의 여부는 논란이 되고 있다.(李明花, 「도산 안창호의 독립운동과 노선 : 최근 도산에 관한 연구를 중심으로」, 『安島山全書(下)』, 도산사상연구회, 범양사 출판부, 1993, 92～112쪽.)

독립운동 방략에 있어서 일반적으로 이승만은 외교노선, 안창호는 실력양성노선으로 규정된다. 그러나 1910~20년대 이들은 기본적으로 한국의 즉시 독립은 불가능하니 독립 전선을 정비해 다가올 결정적 시기에 대한 준비를 굳혀간다는 준비론의 입장에 서 있었다. 준비론 자체는 1910년대의 일반적 상황이었지만, 최후의 독립 쟁취 방략이 국제 외교에 의한 것이냐, 식민국 외교(자치론)냐, 독립 전쟁에 의한 것이냐를 중심으로 입장이 나뉘었다.[10]

앞서 살펴본 것처럼 이승만의 노선은 정세에 따라 외교 노선과 경제적 실력양성노선을 오고갔으며, 그것은 미국의 대일관 변화를 중심으로 한 세계 정세에 따른 것이었다. 즉 이승만은 미일 관계가 원만하면 교육·경제적 실력양성운동을, 미일 관계가 악화되면 대미 외교를 통한 배일 의식 고취를, 미일 개전이 되면 독립 전쟁을 개시한다는 입장을 취하고 있었다.

안창호 역시 이승만과 마찬가지로 1910~20년대 초반까지 무력투쟁이 불가능하며 실력을 양성해야 한다고 생각했으며,[11] 파리평화회의·국제연맹 등에 호소하는 청원 외교에 이승만과 함께했다. 안창호는 금전·지식·도덕·단결의 힘을 축적하여 힘을 길러야 한다고 주장하며 이러한 실력양성론의 입장에 서서 흥사단을 조직(1913)했다. 흥사단은 1917년 자본을 모아 북미실업주식회사를 설립하여 벼농사를 짓는 등

---

10) 조동걸, 「한말 계몽주의의 구조와 독립운동상의 위치」, 『한국민족주의의 성립과 독립운동사 연구』, 지식산업사, 1989 ; 조동걸, 「민족운동가로서의 도산」, 『安島山全書(下)』, 도산사상연구회, 범양사 출판부, 1993, 37쪽.
11) 안창호는 1921년 7월 18일 상해에서 미주 흥사단에 보낸 편지에서 "한갓 요행과 우연을 바라보고 한번 떠들기나 하면 독립이 될까 혹은 六穴砲질이나 炸彈질이나 하면 독립이 될까" 하는 생각은 어리석은 것이라고 지적했다.[「단우에게 올리는 글」(1921년 7월 18일), 도산안창호선생전집편찬위원회 편, 『島山安昌浩全集』 제7권, 島山安昌浩先生記念事業會, 2000, 129~139쪽.]

11년간 운영한 적이 있는데,12) 이는 미주 사회에서 정치·사회단체가 실업 회사를 설립해 경제적 이익과 공생을 도모한 최초의 사례가 되었다. 안창호는 1910년대에 흥사단이라는 정치조직과 북미실업주식회사라는 경제조직을 결합시킴으로써 경제적 실력양성운동의 새 장을 열었다. 그후 이승만은 이를 모방해 동지회라는 정치조직과 동지식산회사라는 경제조직을 결합해 운영했다.

이런 측면에서 이승만과 안창호는 외교론·실력양성론에 공감하며 정치조직과 경제조직이 연계된 사조직을 이끄는 등 공통점을 지녔다. 그러나 안창호는 워싱턴군축회의가 실패한 1920년대 초반 이후 이승만식의 외교 노선을 비판하며 미일개전·러일개전론 등을 강력하게 부정했다.13)

안창호와 이승만의 차이는 1920년대 중반 이후 분명해졌다. 먼저 양자의 차이는 실력양성의 최종 목표가 무엇이며, 얼마나 그에 철저했는가 하는 점이었다. 이와 관련해 안창호는 점진과 개조의 입장을 취했으나 완전 준비를 하고 있다가 혁명과 전쟁이 필요할 때는 즉시 독립전쟁을 수행하려 한 독립전쟁론자였다는 평가에 주목할 필요가 있다.14) 두 번째 차이는 독립운동의 근거지를 어디로 설정했는가 하는

---

12) 북미실업주식회사는 1917년 1월 자본금 9만 5천 달러로 시작되었으나, 1920년 벼농사 실패를 계기로 1927년 해체되었다. 흥사단원들은 1932년 다시 5만 달러 자본의 흥업회사 조직을 계획했으나 실패로 귀결되었다.(김원용, 앞의 책, 180, 289쪽.)
13) 안창호는 "歐洲平和會와 國際聯盟會를 바라던 것은 오늘은 다 지나간 꿈"이 되었으며, 앞으로도 "혹은 俄日戰爭으로 좋은 기회가 생길까 혹은 美日戰爭으로 좋은 결과가 생길까 하여 이것을 바라보는 이는 없지 아니한 모양이나 이것이 또한 평화회나 국제연맹회를 바람과 무엇이 다르리오"라며 외교 노선에 부정적 입장을 분명히 했다.(도산안창호선생전집편찬위원회 편, 앞의 책, 129~139쪽.)
14) 이명화, 앞의 논문, 1993, 111쪽.

점이었다. 이는 단순한 지역의 문제가 아니라 일본 제국주의와 직접 싸우는 전장을 어디로 설정했으며, 그곳에서 어떤 방략으로 독립운동을 하려 했는가를 보여주는 것이었다. 이승만은 1920년 초반 잠시 상해를 방문한 이후로 하와이와 미주에 머물렀으며, 단 한 번도 체포 위험에 노출되지 않았다. 반면 안창호는 1919년 상해로 건너간 이후 1932년 일제에 체포될 때까지 중국에 머물렀다. 특히 안창호는 1921년 이후 중국에서 근거지 건설과 학교 창설·출판 사업에 몰두하면서 일본 제국주의에 대한 긴장을 놓지 않았다.

이런 선택의 결과 1920년대 중반 이후 국제 정세가 불리하게 전개되던 시점에서 박용만·안창호·이승만의 운명이 갈라졌다. 박용만은 북경 군사통일촉진회를 중심으로 무력투쟁노선을 견지하다 1928년 암살되었다. 안창호는 상해에서 국민대표회의를 비롯해 유일당운동과 이상촌운동을 추진하다 일제에 체포되었고, 두 차례의 감옥 생활을 거쳐 1938년 병사했다. 이승만은 하와이에서 동지식산회사를 조직하고 하와이한인학생모국방문단을 국내에 보내는 한편, 국내 자치론자들과 접촉하는 등 독립운동과는 거리가 먼 상태였다. 안창호·박용만은 독립운동의 최일선에서 최후를 맞았지만, 이승만은 살아남았다.

한편 안창호와 이승만, 박용만의 관계를 이해하는 데 있어서 독립운동 방략의 차이보다는 성격이나 지도력의 차이가 좀 더 중요한 요소라고 볼 수도 있다.15) 가장 권위주의적이었던 것은 이승만인데, 그는 한

---

15) OSS요원으로 광복군과 함께 중국에서 OSS작전을 준비했고, 해방 후 미군정장관 특별보좌관을 지낸 윔스(Clarence Weems, Jr.)는 안창호·이승만·이동휘를 1850~60년대 이탈리아 혁명운동의 지도자에 비유했다. 그는 국민의식의 지속적 발전 계획을 추구한 안창호를 정치철학자였던 주세페 마치니(Giuseppe Mazzini)에, 무장투쟁을 추구한 이동휘를 외세에 반대하는 의용군 지도자였던 주세페 가리발디(Giuseppe Garibaldi)에 비유했다. 윔스는 외교 활동을 추구한 이승만을 주세페 베르디(Giuseppe Verdi)에 비유했는데, 베르디는 오페라의 비유를

성정부의 영원한 집정관총재·동지회의 영원총재 등에서 드러나듯이, 영속적인 권력을 추구했다. 이승만은 동지회원들이 무조건적으로 총재에게 복종할 의무를 규약에 명시했고, 임정과의 분쟁 과정에서 독립정부가 수립될 때까지는 자신이 집정관총재라고 주장했다. 그는 당파싸움에서 반대편에게 무자비했고, 추종자들에게 관대하지 못했다. 1910~20년대의 핵심 측근으로, 박용만과 그의 무장투쟁노선을 하와이에서 축출하는 데 헌신했던 민찬호(閔瓚鎬)·홍한식(洪漢植)·박상하(朴相夏) 등이, 1940년대 정반대편에서 이승만을 공격하게 된 데는 이승만의 이러한 퍼스낼리티가 크게 작용했다. 반면 안창호는 타고난 지도자형이라기보다는 실무적인 총무형을 자처했다. 홍사단이 내세운 무실역행(務實力行)처럼 스스로 노동하면서 조직하고, 세력을 확장했다. 상해 임시정부 시절 내무총장에서 노동국총판으로 격하되었음에도 불구하고 임정과 이승만을 지지한 데서 그의 성격이 잘 드러난다. 안창호는 임정의 존속을 위해 이승만의 대통령 자임을 인정했지만, 다른 한편으로 이는 그의 우유부단함을 보여주는 증거이기도 했다.16) 반면 박용만은 타고난 군인이었고 선이 굵은 남자였다. 미국식 군사교육을 받고 가는 곳마다 재미 한인 남성들에게 군사교육을 시켰다. 자신이 열렬히 지지하고 후원했던 이승만 측이 공격했지만, 박용만은 맞대응을 하지 않았다. 박용만은 위임통치 청원을 한 이승만이 외교 노선을 내세우며 이끌던 임시정부를 거부하고, 북경에서 신채호 등과 북경군사통일회를 이끌며

통해 유럽인들에게 이탈리아인의 곤경을 알린 인물이었다.[Clarence N. Weems, "Washington's First Steps Toward Korean—American Joint Action (1941~1943)", 한국독립유공자협회, 『한국무장독립운동에 관한 국제학술대회 논문집』, 1988년 11월.]
16) 이명화는 안창호가 "목적을 달성하기 위하여 전략·전술에 능한 운동가라기보다는 도덕적 신념과 정의를 믿고 이에 따라 사고하고 행동하는 유형이었다"라고 평가했다.(이명화, 앞의 논문, 1993, 111쪽.)

무력투쟁을 주장하다 결국 이해명(李海鳴) 등에 의해 1928년 북경에서 암살되었다.17)

2. 위임통치(委任統治) 청원

1) 1913~18년 : 준비론·실력양성론

이승만은 1913년부터 1919년 1월 소약국동맹회(小弱國同盟會) 파견 국민회 대표로 샌프란시스코에 올 때까지 하와이에 머물렀다. 당시 이승만의 입장은 무력투쟁 반대, 학교 교육 및 언론 교육을 통한 2세 양성 등 준비론과 실력양성론에 가까운 것이었다.18) 이승만은 종교적으로는 한인기독교회라는 독자 교파의 교주, 정치적으로는 한인 교민 단체인 국민회 하와이 지방총회의 지도자, 교육면으로는 한인기독학원 교장, 언론면으로는 『국민보』·『태평양잡지』의 사장이었다. 이승만의 하와이 내 위치는 독립운동에 헌신하는 직업적 독립운동가나 투사와는 거리가 먼 것이었다. 현실주의자 이승만은 독립운동을 전면에 내세우고 활동을 벌이는 순간 많은 것을 잃게 된다는 점을 누구보다 잘 알고 있었다. 국제 정세 및 미국의 대일 여론, 미국 기독교계와의 관계

---

17) 서대숙, 「박용만과 그의 혁명과제」, 1999 ; 김도훈, 「1910년대 박용만의 정치사상」, 1999 ; 안형주, 「박용만의 소년병학교」, 단국대학교 한국민족학연구소, 『한국민족학연구』 4, 1999. 박용만의 암살과 관련된 논란에 대해서는 方善柱, 「朴容萬評傳」, 앞의 책, 1989, 141~169쪽을 참조.
18) 方善柱, 「李承晚과 委任統治案」, 위의 책, 1989, 189~227쪽.

등이 하와이 내에서 이승만의 독립운동을 제약하는 외적 요인이었지만, 가장 근본적인 요인은 이승만 자신이 독립운동에 적극적이지 않았던 데 있었다. 이승만은 대일 독립운동의 승리가 불가능하다고 판단했으며, 승산이 서지 않는 싸움을 위해 자신을 희생하는 순교자가 되려고 하지 않았다.

먼저 1910년대의 미일 관계는 우호적인 분위기로 가득했다. 1905년 가쓰라―태프트 밀약까지 거슬러 올라가지 않더라도 1915~17년간의 제1차 세계대전 기간 일본과 미국은 연합국의 일원으로 동맹국이었으며, 하와이에는 두 나라의 우호 증진을 기념하는 공작 조형물이 건설되고 있었다. 이런 상황 속에서 이승만은 일본을 자극할 수 있는 반일적인 태도를 보이지 않으려고 노력했다. 1915년 이승만은 『호놀룰루 애드버타이저(Honolulu Advertiser)』 신문에 자신은 한국은 물론 하와이에서도 혁명운동을 꿈꾼 적이 없다고 주장했다.[19]

1916년 9월 29일자 『호놀룰루 스타불레틴(Honolulu Star Bulletin)』은 일본인들의 주장을 받아들여 하와이 한인들이 9월 1일 이래 독립운동을 위한 군자금으로 5천 달러 이상을 모금했으며, 박용만이 국치 기념일을 전후해 반일 선동을 하고 있다고 보도했다.[20] 스타불레틴은 다음 날에도 한인 사회에 정통하다는 일본인의 발언을 이용해 박용만뿐 아니라 교육자이자 기독교 신사인 이승만도 반일적이며, 그가 학교에서 학생들을 반일적으로 가르친다고 보도했다.[21] 이승만은 이에 대해 "우

---

19) 로버트 올리버, 앞의 책, 129쪽.
20) *Honolulu Star Bulletin*, September 26, 1916 ; 「(機密第24號)大正5年 11月 5日 在ホノルル總領事諸井六郎 : 朴容晩ノ獨立資金募集ニ對スル邦字及英字新聞所說ノ餘波ニ關スル件」, 不逞團關係雜件 : 朝鮮人ノ部 在歐米ノ三(日本外務省 外交史料館, 4·3·2·2·1·5).
21) *Honolulu Star Bulletin*, September 30, 1916.

리 학교에서는 반일적인 것은 아무것도 가르치지 않는다. 정반대로 우리는 전인류를 사랑하라는 기독교 원리를 가르치고 있다. 나는 우리 백성들 가운데서 어떠한 반일 감정도 일으키길 원치 않는다"라고 했다.22)

이승만이 재미 한인 사회에서 처음으로 외교독립운동에 나서게 된 1918년은, 역설적으로 이승만의 '반일' 의식에 대한 심각한 문제 제기가 연이었던 해였다. 1915년과는 정반대로 1918년 초에는 이승만 측이 공금을 횡령했고 장부를 누락했다는 혐의로 공격을 받았다.23) 5천 명의 한인 사회가 갹출해낸 자금의 관할과 분배권이 문제의 핵심이었고, 그 배후에는 독립운동 방략의 차이와 감정 문제가 개재되어 있었다. 폭력사태가 벌어졌고, 경찰이 출동했으며, 사태는 재판정으로 비화되었다. 이 와중에서 이승만 측은 호놀룰루항에 기항 중이던 일본군함 이즈모호(出雲號)를 박용만 측이 폭파시키려 한다며 미군 당국에 밀고했고, 박용만 측은 이에 격분했다.24) 또 하나의 사건은 그해 7월 하와

---

22) *Honolulu Star Bulletin*, October 6, 1916.
23) 이는 1917년 제1차 소약국동맹회와 관련이 있었다. 당시 박용만은 한인 대표로 회의에 참석했는데, 이승만 측이 거둔 여비와 실제 박용만에게 건네진 여비 간의 차이가 문제였다. 이승만·안현경이 공식적으로 거둔다고 공언한 금액은 500달러였지만, 실제로 거둔 돈은 1,500달러였고, 안현경은 그 차액을 재무인 宋憲澍의 개인구좌에 예치해두었다.(「공함」(1917년 9월 28일 총회장 安玄卿) ; 「리승만·안현경의 편지」(1917년 9월 28일) ; 「대한인국민회 총회장 安玄卿이 代議長에게 보내는 제6호 公函」 in Circuit Court of the First Circuit, Territory of Hawaii, January 1918, Criminal no. 6866 7/59, The Territory of Hawaii vs Kim Sun Yul et al. 국사편찬위원회, 『大韓人國民會와 이승만』, 韓國現代史資料集成 45, 1999, 94~99쪽) ; 「朴容萬ノ渡米ニ關スル件」(1917. 10. 25, 在ホノルル總領事 諸井六郎 보고), 『不逞團關係雜件 : 朝鮮人ノ部 在歐米ノ三』(日本外務省 外交史料館, 4·3·2·2·1·5) ; 「布哇鮮人國民會ノ紛擾ニ關スル件」(1918. 3. 9, 在ホノルル總領事 諸井六郎 보고)]
24) 「박용만 씨의 선언서, 출운호 사건을 변론」, 『新韓民報』 1918년 6월 28일자 ; 「이즈모호 사건」, 『新韓民報』 1918년 6월 28일자 ; 방선주, 앞의 책, 1989,

이를 방문한 미국 내무장관 레인의 환영식장에 걸린 태극기가 변조된 일이었다. 반대파는 이승만이 환영식에 참석했다가 일본인 모리의 반대로 태극기를 4괘가 아닌 8괘로 변조했다고 주장했다. 이승만 측은 환영식에 참석치 않았으나 이승만이 참석한 위원회가 구황실이 쓰던 8괘 태극기로 국기를 바꾼 것은 사실이라고 했다.25) 어떤 경우에서든 이승만의 '반일' 의식은 논란의 대상이 되었다.

다음으로 미국 기독교계와의 관계는 이승만이 미주에서 존립할 수 있는 가장 큰 동력이었다. 이승만이 하와이에 자리 잡을 수 있었던 것은 미국 감리교단의 전폭적인 지원 때문이었다.26) 한국의 선교사로 키워진 이승만은 종교 지도자로서 노골적인 반일이나 대일 무력투쟁을 주장할 수 없었다. 미국 기독교가 이승만을 지원한 동기는 그의 애국심이나 독립 의지 때문이 아니라 한국에 대한 선교, 혹은 하와이 내 한인에 대한 기독교화의 지도자로 그를 지목했기 때문이었다. 미국 기독교단은 정치와 종교의 분리를 주장했고, 기독교적 관용과 화해를 원했다. 이승만의 교회와 학교는 감리교단을 중심으로 한 미국 기독교단과 기독교인들의 기부에 상당히 의존하고 있었고, 노골적인 반일운동이나 무력투쟁의 주장은 스스로의 존립 기반을 허무는 것이었다. 1918년 이승만은 신립교(新立教, 후에 한인기독교회)라는 독자적인 무교파(無敎派)를 창설해 교주가 되었고, 감리교단과의 관계가 악화되었지만, 이승만의 하와이 내 지지 기반은 분명 미국 기독교계와 YMCA였다. 이승만

96~105쪽.
25) 「하와이 한인의 손에 잡힌 태극기」, 『新韓民報』 1918년 7월 25일자 ; 「내무총장환영회와 한국국기문제」, 『新韓民報』 1918년 7월 25일자(『연합회공고서』 제53호) ; 「국기변작문제와 리승만 씨의 변명」, 『新韓民報』 1918년 8월 1일자.
26) 유동식, 『하와이의 한인과 교회 : 그리스도연합감리교회85년사』, 하와이 ; 그리스도연합감리교회, 1988, 97~113쪽.

은 1918년 말에야 비로소 독립운동선상에 나서게 되었고, 이 역시 처음에는 내키지 않는 선택이었다.

2) 1919년 : 위임통치 청원

1918년 말 제1차 세계대전 종전에 따라 파리강화회의(1919년 1월 18일)가 개최된다는 소식은 윌슨의 민족자결주의와 함께 재미 한인들의 독립열을 고조시켰다. 1918년 11월 14일 국민회 북미총회는 특별임원회를 열고, 윌슨 대통령에게 승리 치하서를 보내고, 시국 문제 건의서를 중앙총회에 제출하기로 결정했다.27) 여기서 말하는 시국 문제란 전후 외교의 기회가 왔으니, 한인은 이 기회를 잡아 외교를 하며, 이를 위해 단체 행동과 재정 수합이 필요하다는 것이었다.28) 북미총회의 건의서를 받은 안창호는 급거 로스앤젤리스에서 샌프란시스코로 건너와 1918년 11월 25일 대한인국민회 북미총회 임원과 유지 인사 20여 명으로 중앙총회임시평의회를 개최했다. 회의의 결정 사항은 다음과 같았다.

⑴ 평화회의와 소약속국동맹회(小弱屬國同盟會)에 한인 대표자 3명을 파견할 일
⑵ 한인 대표는 이승만, 민찬호, 정한경 3씨를 택정할 일
⑶ 뉴욕 소약속국동맹회에 참가한 각국인이 각기 평화회에 대표자를 파견하는 경우에는 한인 대표자 1인을 파리 평화회까지 파견하기로 함
⑷ 파리로 대표를 보낼 경우에는 정한경 씨를 파견하기로 함29)

---

27)『新韓民報』1918년 11월 14, 11월 21일자.
28)『新韓民報』1918년 11월 28일자, 12월 5일자.
29)「호외」,『新韓民報』1918년 12월 5일자 ; 朱耀翰 編,「安昌浩豫審訊問記補遺」,

평화회의는 파리평화회의를 의미하는 것이고, 소약속국동맹회는 1917년부터 계속된 약소국의 연합회의였다. 1918년 말까지 재미 한인이 좀 더 중시했던 것은 소약속국동맹회였다. 논의 당시 대표자 물망에 오른 것은 이승만, 박용만, 윤병구, 이대위, 민찬호, 정한경이었다. 처음에는 박용만이 1917년 소약속국동맹회에 대표자로 참석한 경력이 있으니 그를 파견하자는 의견이 있었다. 그러나 국민회에서 대표 파견 논의를 시작한 것은 11월 말이었고, 2주 뒤인 12월 14일에 개회될 예정이던 소약속국동맹회에 박용만을 파견하기에는 시간적 여유가 없었다. 또한 제1차 세계대전 직후 전시 상태였기 때문에 하와이 한인들이 여행권 없이 여행하는 것은 불가능하다는 점도 지적되었다. 이런 연유로 국민회 중앙총회는 미대륙에 있던 민찬호와 정한경을 대표로 선정했다. 또한 파리강화회의에 파견할 대표 문제와 관련해 경비 부족의 이유로 하와이의 박용만과 이승만 중 한 명만을 선택하자는 논의가 제기되었다. 여기서 박용만은 소약속국동맹회에 참석한 경력이, 이승만은 윌슨 대통령과의 친구라는 사실이 각각 장점으로 부각되었다. 결국 중앙총회는 경비상의 이유를 들어 정한경을 대표로 선정했고, 그 이후 여러 지방의 항의를 받아들여 이승만을 파리로 추가 파견하기로 결정했다.[30]

안창호의 초청을 받은 이승만은 비자 문제로 1919년 1월 6일에야 호놀룰루를 떠나 1월 15일 샌프란시스코에 도착했다.[31] 출발 일자가 늦어진 것은 본토행 비자를 받는 데 시간이 걸렸기 때문이었다.[32] 이

『安島山全書』, 三中堂, 1963, 897~898쪽.
30) 「논설: 우리는 평화회에 대한 여론이 통일한가?」, 『新韓民報』 1919년 1월 16일자; 방선주, 앞의 책, 1989, 209쪽.
31) 「旅行記大略」(1919년 2월 6일), 『朝鮮獨立運動』 제I권 分冊, 金正明 編, 原書房, 1967, 731~734쪽;「委員統治說」, 『雩南李承晩文書』 8권, 359~360쪽;『新韓民報』 1919년 1월 16일자.
32) 「委員統治說」, 『雩南李承晩文書』 제8권, 359~360쪽;「논설: 우리의 평화회

승만이 하와이에서 지체하는 동안 중요한 변화가 일어났는데, 그것은 다름 아닌 외교에 있어서 소약국동맹회로부터 파리강화회의로의 중점 이동이었다.

소약속국동맹회의 정확한 명칭은 약소피압박민족연맹대회(the Conference for the League of Small and Oppressed Nationalities)이며, 그 목적은 제1차 세계대전 중 약소국들이 협동하여 제1차 세계대전 후 평화회담 등에 약소국 대표가 참석하여 자신들의 권리를 찾자는 것이었다.33) 이미 1917년 10월 29~31일 뉴욕 맥알핀(McAlphin) 호텔에서 제1차 회의가 개최되어 24개국이 참석했었다.

제2차 소약속국동맹회는 1918년 12월 14~15일간 뉴욕 맥알핀호텔에서 개최되었다. 한국, 리투아니아, 폴란드, 알바니아, 그리스, 인도, 아일랜드, 페르시아, 스코틀랜드, 우크라이나, 유대계 러시아인 레토니아, 트란스발, 체코의 대표들이 참석했고, 한국 측 대표로는 국민회의 민찬호·정한경과 신한협회(新韓協會)의 김헌식(金憲植)이 참석했다.34)

에 대한 여론이 통일한가?」, 『新韓民報』 1919년 1월 16일자.
33) 국사편찬위원회, 1999, 앞의 책 45집, 94~95쪽 ; 「소약국민동맹회 강령과 결안」, 『新韓民報』 1918년 12월 5, 12, 16, 19일자.
34) 구한국 외교관 출신인 김헌식은 1916~17년간 미국 정보 당국을 위해 일했으며, 1918년 소약국동맹회의 집행위원회 임원으로 선출되기도 했다. 1918년 11월 30일 김헌식은 뉴욕 거주 18인과 함께 新韓會 총회를 열고 결의문을 작성했으며, 12월 3일 申聲求 회장과 국무부·상원 외교 분과 등에 이를 전달하려고 노력했다. 또한 신한회는 12월 2일 파리에 가 있던 랜싱 미 국무장관에게 이 결의문을 우송했고, 이러한 신한회의 청원 외교 활동은 언론의 주목을 받았다. 1918년 12월 4일 연합통신(AP)은 워싱턴발로 이를 보도해 세계에 알렸고, 이 소식은 일본에 건너가 1918년 12월 15일자『ヨロズ朝報』와 『Japan Advertiser』 등 일간지·영자지에서 모두 다루어졌다. 1918년 12월 18일자 『Japan Advertiser』는 한국 대표 등 소약국동맹회 각국 대표들이 윌슨 대통령에게 청원서를 보냈다고 보도했다. 이와 같이 김헌식을 비롯한 신한협회의 소약국동맹회를 전후한 청원운동은 신문 보도를 통해 다른 지역, 특히 재일 유학생과 각지의 독립운동가들에게 자극을 주었다.(方善柱, 1988, 「3·1운동과 재미한인」, 『한민족독립운동사』 3, 국사편

로스앤젤리스에 있던 민찬호는 1918년 11월 30일 시카고에서 정한경과 합류해 이 회의에 참석했으나, 국민회에 대항 의식을 갖고 있던 김헌식은 국민회 대표가 한인들의 정식 대표가 아니라고 주장하는 동시에 한 발 앞서 독자적인 청원운동을 벌였다.35) 정한경·민찬호의 활동은 크게 두 가지였는데, 하나는 소약속국동맹회 활동의 연장선상에서 미국 정부를 향한 청원서 발송이었고, 다른 하나는 파리강화회의 참석을 위한 여권 획득 운동이었다. 이 두 사람은 모두 이승만의 열렬한 지지자들이기도 했다.36)

1918년 12월 어느 날 정한경은 이승만·정한경·민찬호 3명의 이름으로 된 청원서를 윌슨 대통령에게 보냈고, 12월 22일 뉴욕에서 청원서를 이미 발송했다는 전보를 파리의 윌슨에게 보냈다.37) 이 일은 전적

찬위원회, 483~502쪽 ; 愼鏞廈, 1979, 「3·1獨立運動 勃發의 經緯-初期組織化段階의 基本過程」, 『韓國近代史論 II』, 尹炳奭·愼鏞廈·安秉直 편, 지식산업사, 57~61쪽 ; 國會圖書館, 1976, 『韓國民族運動史料(中國篇)』, 5~8쪽 ; 『新韓民報』 1918년 12월 12일자.) 종래 이승만을 파리강화회의에 대표로 파견한다는 1918년 12월 1일자 『Japan Advertiser』 보도가 동경 2·8선언에 영향을 주었다고 알려져왔는데, 신용하는 이러한 신문 보도가 존재하지 않았고, 오히려 보도된 것은 김헌식 등의 소약국동맹회 관련 기사였음을 밝혔다. 또한 이러한 오해가 2·8선언 참가자인 田榮澤의 회상기 「東京留學生의 獨立運動」, 『新天地』 1946년 3월호)에서 비롯되었음을 밝혔다.(신용하, 앞의 논문, 98쪽.) 신용하는 따라서 3·1운동에 가장 빠른 영향을 준 것이 재미 교포의 독립운동보다는 상해 교포의 독립운동이었다고 주장했다. 반면 방선주는 상해보다 미국의 영향이 중요했다고 지적했다.(방선주, 1988, 앞의 논문, 495쪽.)
35) 『新韓民報』 1919년 3월 13일자.
36) 鄭翰景(1891~1985)은 평남 순천생으로 1905년 도미해 네브라스카대학에서 학사(1917)·석사(1918)를, 아메리칸대학에서 박사(1921)를 취득한 이래 이승만을 보좌했다. 閔瓚鎬(1878~1954)는 황해도 평산생으로 배재학당·감리교신학교를 졸업한 뒤 1905년 미국에 건너와 목사로 일했고, 특히 이승만이 설립한 하와이 한인기독교회를 담당한 바 있다.[Roberta W. S. Chang, "Mollie Min and the Reverend : Indelible Figures in the History of Koreans in Hawaii" (unpublished.)]
37) 원문은 Woodrow Wilson Library Collection, Rare Books and Special Collection, Library of Congress에 소장.(방선주, 앞의 책, 1989, 230~234쪽.)

으로 정한경이 작성해 처리한 것이었다.38) 소약속국동맹회의 2차회의와 공동 연명의 청원서 제출이 종결되자, 국민회의 관심은 파리강화회의로 집중되었다. 정한경은 1918년 12월 20일경부터 파리강화회의에 참석하기 위해 여권 수속을 시작했다. 그러나 승전국인 일본의 항의로 미국 정부가 여권을 발급해주지 않아 미주에서는 파리에 대표를 파견하지 못했다.39) 불과 29세였던 정한경은 재미 한인의 의사를 대변하여 외교를 벌이기엔 경험이나 연령도 부족했으나, 국민회 대표로서 할 만한 노력은 다 기울였다.

이승만은 소약속국동맹회가 종결되고, 파리강화회의에 대한 기대가 고조되었지만, 파리행 여권 획득이 불가능해진 1919년 1월 15일에야 샌프란시스코에 도착했다. 이승만은 자신에게 부여된 과제가 파리강화회의에 국민회 대표로 참석하는 것임을 알았지만, 스스로도 성공 가능성이 없다고 판단했다. 이승만은 1월 15일 샌프란시스코 환영회에서 "나는 정한경 씨를 도와 서서히 운동할 것이 있으면 나 역시 그를 원조할 것"이며 "구라파에 가건 못 가건" 동방으로 가서 협의할 것이라는 방관적 태도를 보였다.40) 2월 3일에야 이승만은 필라델피아에서 서

---

38) 이승만은 당시 하와이에 있었고, 민찬호 역시 12월 28일 로스앤젤리스로 귀환했다.(방선주, 앞의 책, 1989, 209~212쪽;『新韓民報』1919년 1월 16일자.) 청원서의 원문은 방선주, 앞의 책, 230~234쪽을 참조.
39) 「재미한국인 정한경의 불국행 여권발급청구에 관해 1918년 12월 24일 재뉴욕 총영사가 외무대신에게 전보한 요지」, 國會圖書館, 앞의 책, 7~8쪽.
40) 「高第10438號(1919년 4월 8일) 極秘 在米鮮人獨立運動の內幕：李承晩より在ハワイ國民會宛の秘密書面入手の件」, 金正明編,『朝鮮獨立運動』제I권 分冊, 民族主義運動 篇, 原書房, 1967, 731~734쪽; 같은 자료가『現代史資料』,「朝鮮 I」, 443~446쪽에 실려 있다. 이 문건의 제목은「旅行記大略」이며 이승만이 1919년 2월 6일 하와이로 보낸 비밀 서신이다. 이승만의 당부에도 불구하고 이 문건은 인쇄되어 유포되었고, 국내까지 보내져 일본 당국에 압수되었다. 윤치호 역시 이 문건을 1919년 4월에 서울에서 보았다.(『尹致昊日記』1919년 4월 13일자.)

재필과 정한경을 만났고, 이들은 철야로 회의를 했다.

정한경은 워싱턴-뉴욕에서 2개월간 여권 획득에 노력했으나 실패했음을 밝혔고, 서재필도 "이번의 일은 만사가 허사라. 평화회에 가도 얻는 것이 없을 것이라. 결국 우롱당할 것이 뻔하"다며 대신 50만 달러를 들여 영문 잡지를 발간하자고 했다.[41] 이승만 역시 파리행이 불가능하다는 점에서 이들과 동일한 견해였다. 이승만은 "평화회의 일건은 사실 그대로 동포들에게 발표하여 이를 완전히 단념하고 선후책을 협의"해야 한다고 주장했다. 이승만은 "당초 하와이에 있을 때부터 이것을 예측한 고로 서서히 일을 추진하려고 하였던 것"이나 하와이에서 모두가 열광하고 뉴욕·샌프란시스코의 영자 신문들이 파리평화회의 문제를 보도했기 때문에 어쩔 수 없이 왔다고 밝혔다.[42]

이승만은 정한경에게 파리행을 포기하고 신문 잡지에 기고하라고 권유했다. 이승만은 정한경에게도 알리지 않은 성공 여부가 불투명한 "은밀한 딴 계획"이 있다고 했는데, 그것은 다름 아닌 윌슨 면담 계획이었다. 즉 윌슨은 2월 중순 잠시 귀국 예정이었는데, 파리에 가서도 만날 수 없을 바에야 미국에서 윌슨의 귀국을 기다려 "그와 회견하여 한번 말이라도 건네볼 생각"이었다.[43] 이승만은 2월 6일 뉴욕에서 이러한 내용의 편지를 하와이로 부친 후, 2월 8일 워싱턴병원에 입원했다.[44] 입원 중인 이승만은 백일규를 통해 비공식적으로 대표 사임 의

---

41) 서재필은 이미 1918년 12월 19일 국민회 중앙총회장 안창호에게 50만 달러 자본의 영문 잡지 창설 방안을 제출했으나 1919년 1월 3일 임시국민대회에서 부결되었다.(『新韓民報』 1919년 2월 20, 23일자.) 정한경이 1919년 2월 24일 재차 이 문제를 국민회에 제출했으나 역시 부결되었다.(『新韓民報』 1919년 3월 13일자.)
42) 「旅行記大略」(1919년 2월 6일), 1967, 앞의 책, 金正明 編, 731~734쪽.
43) 위와 같음.
44) 『新韓民報』 1919년 3월 29일자. 이승만은 열대에서 한대지방으로 옮겨와 병이

사를 밝히며, 윤병구나 헐버트로 대체해줄 것을 요구했다. 2월 24일 국민회 제3차 위원회는 이 요구를 거부하고 안창호 명의의 위문편지를 보냈다. 그러나 이승만은 3월 들어 또다시 민찬호를 통해 공식 문서로 파리강화회의 참석이 불가능하니 사임하겠다는 의사를 표명했다.45)

이처럼 이승만은 파리강화회의에 대해 부정적이고 소극적인 대응 자세로 일관했다. 1918년 말~19년 초의 재미 한인들의 소약속국동맹회·파리강화회의에 대한 청원운동은 언론을 통해 동경의 유학생들을 자극하고 2·8독립선언에 영향을 주었으며 나아가 3·1독립선언에도 영향을 주었다. 이는 이승만·서재필이 전력을 기울인 1921년 워싱턴군축회의보다 역사적 의의가 큰 것이었지만, 이승만은 여기에 동참하는 데 큰 공을 세우지 못했다.46)

3) 위임통치 청원 논란

이승만이 병원에 입원한 동안 정한경은 2월 5일 이승만·서재필과의 회담 결과를 안창호에게 보고했다.47) 정한경은 파리행 여권 획득을 위해 국무부, 이민국, 영국 대사관 등을 통해 교섭했지만 불가능했으니 첫째 캐나다를 우회해 프랑스로 가는 방법, 둘째 헐버트에게 위임해 평화회의에 한국 문제를 제출하는 방법, 셋째 2월 중순에 돌아오는 윌슨 대통령에게 한국 사정을 호소하는 방법 중 하나를 택하라고 했다. 안창호는 시일이 촉박했기에 비공식적으로 세 번째 방법, 즉 이승만이

났으며, 약 3주 동안 입원했다.
45) 「듕앙총회의 독립션언던보를 받은 후 활동」, 『신한민보』 1919년 3월 13일자.
46) 방선주, 앞의 책, 1989, 215쪽.
47) 『新韓民報』 1919년 3월 13일자.

윌슨에게 "말이라도 한번 건네볼"려 한다는 방침을 승인했다.

이승만은 윌슨의 프린스턴대학원 원장 시절 그에게 졸업장을 받은 마지막 제자로 친분이 두터운 것으로 소문이 나 있었고, 미주 교포 사회에서는 윌슨의 딸이 대장경 매카도우와 결혼할 때 결혼식에 초청받은 사람은 하와이 총독과 이승만뿐이었다는 얘기가 이승만의 명성을 제고하는 데 크게 작용했다.[48] 그러나 윌슨을 만나는 것은 불가능했다. 이승만으로서는 적절한 대응책이 필요했다.

정한경은 병원으로 이승만을 찾아와 1918년 12월 윌슨에게 제출했던 청원서 중 일부 문구를 수정하고 위임통치 청원을 삽입해 윌슨에게 제출할 것을 상의했다. 작성 일자는 1919년 2월 25일이지만, 실제 제출일은 3월 3일이었다. 이날 이승만은 윌슨의 비서실장에게 대통령을 2~3분만이라도 만나 직접 청원서를 제출하고 싶다는 편지를 전달했지만, 윌슨은 응답하지 않았다.[49] 3월 7일 이승만은 국무장관 대리 포크에게 청원서를 파리의 랜싱 국무장관에게 보내달라고 요구하는 것을 마지막으로 위임통치 청원운동을 종결했다.

이승만과 정한경이 위임통치를 청원한 것은 한국의 즉시 독립이 불가능하다는 인식 때문이었다.[50] 또한 이들은 스스로의 힘으론 독립이 불가능하다는 자력독립불가론의 입장에 서 있었다. 미국에서 공부한 지식인의 현실주의적 상황 판단이었으나 재미 한인 독립운동을 대표할 수 없는 견해였다. 나아가 이들은 독립 부정의 방안인 위임통치 청

---

48) 「歐機密 제33호, 1918년 12월 12일 在紐育總領事 報告 : 在米朝鮮人獨立運動ノ關スル件」, 『不逞團關係雜件 朝鮮人ノ部 : 在歐米ノ3』. 일본 외무성은 이 소문을 정한경의 격문에서 인용했다.
49) 방선주, 앞의 책, 1989, 219~220, 235~239쪽.
50) 「委任統治說」, 『雩南李承晩文書』 제8권, 359~360쪽 ; 「大統領談」, 『독립신문』 1921년 3월 26일자.

원을 스스로 작성·제출함으로써 독립운동의 대표자라는 자신의 역할과 임무를 망각했고, 재미 한인의 독립 의지를 부정했다. 이들은 목전의 실현 가능성과 미국 사회가 수긍할 만한 제안에 관심을 기울였을 뿐, 그것이 한국 독립운동의 적절한 방안이자 당면한 요구인지는 고려하지 않았다. 이러한 태도는 이승만이 재미 한인 사회의 여론을 중시하기보다는 자신이 한인 사회를 지배하고 지도한다는 우월 의식을 가지고 있던 결과이기도 했다.

이승만은 위임통치 청원의 정치적 위험성을 전혀 실감하지 못했다. 위임통치 청원이 쟁점으로 대두되기 시작한 것은 3·1운동 이후 상해·북경 등지에서였는데, 이는 이승만과 정한경이 자초한 결과였다. 국내의 3·1운동 소식이 미주에 전해진 것은 3월 9일이었는데 이승만은 3월 16일 기자회견을 통해 바로 이「한국위임통치청원서」를 공개해 신문에 보도케 했으며, 정한경은 3월 20일 뉴욕타임지에 위임통치안을 기고하고 나아가『아시아(Asia)』5월호에 자치설을 발표하기까지 했다.51)

당시 미주에서는 위임통치안이 별다른 정치 쟁점으로 떠오르지 못했다. 반면 상해에서는 이미 4월 11일 임시의정원 제1차 회의에서 신채호가 이승만이 위임통치 및 자치론을 제안한 사실을 거론하며 그의 국무총리 선임에 반대했는데,52) 미주의 소식이 불과 한 달도 안 되어 상해의 정치 문제가 된 것이었다. 현순(玄楯)도 4월 26일 이승만에게 전보를 보내 위임통치 청원 소문이 퍼진 후 "우리 일하는 데 무한한 장애가 되니 만일 그 말이 사실일 것이면 우리는 각하를 신용치 안나

---

51) *New York Times*, March 17, 1919 ; 방선주, 앞의 책, 1989, 222~223쪽.
52) 「大韓民國臨時議政院紀事錄(第1回集~第6會集)」,『韓國獨立運動史』臨政篇 II 資料 2, 1971, 국사편찬위원회, 387쪽.

이다"라고 했다.53)

　이승만이 위임통치안에 대해 적극적으로 변명하고 나선 것은 그가 상해에 부임했다 돌아온 1921년 5~6월부터였다. 이때 이승만 측은 "국제연맹회에 위임하자 한 것이 그때 세계 형편에 적당히 될 줄로 생각하고 서명한 것"54)이며 위임통치안은 윌슨 대통령의 수중에 들어갔을 뿐 파리평화회의에는 제출되지 않아서 한국 문제에 아무런 영향이 없으며 그것도 3·1운동 직전인 2월 25일의 일이라고 주장했다.55)

　이승만의 주장은 첫째로 위임통치 청원이 3·1운동 이전의 정세로는 타당한 것이었고, 둘째로 위임통치 청원에 대해 대한인국민회 총회장인 안창호와 임원회의 사전 인가장을 받았고, 셋째로 위임통치 청원이 문제가 된 것은 박용만 일파의 정치적 공격에서 비롯된 것이며, 넷째로 3·1운동 이전에 위임통치 청원이 이루어졌다는 것으로 요약된다.56) 첫째 주장을 논외로 한다 하더라도 나머지 주장은 근거가 희박했다. 정한경은 대한인국민회 임원회의 위임통치 제출 인가장이 자기 손에 있다고 했지만, 가장 결정적인 이 문서는 결코 공개되지 않았으며, 이승만 자신도 이 문제를 안창호와 협의하지 않았다고 했다.57) 안창호 역시 정한경이 『아시아』 잡지에 게재한 자치론 논문 때문에 상해에서 분노가 일어나고 있다고 전보(1919. 6. 16)한 것으로 미루어 볼 때, 정

---

53) 『新韓民報』 1919년 8월 16일자 ; 「李承晩 → 玄楯」(1919년 4월 27일), 『雩南李承晩文書』 16권, 270쪽.
54) 민찬호·안현경·리종관, 「위임통치에 딕한 사실」(1921년 5월), 『雩南李承晩文書』 제8권, 312쪽.
55) 정한경, 「야릇하게 떠드러오는 '맨딕토리' 문제의 內容」(1921년 6월 15일), 『雩南李承晩文書』 8권, 332~333쪽.
56) 「정한경이 안창호에게 보낸 편지」,(1921년 6월 13일) ; 「정한경이 이광수에게 보낸 편지」(1921년 6월 13일), 『韓國獨立運動史』 3, 국사편찬위원회, 1973, 248~258쪽.
57) 『島山安昌浩日記』 1921년 2월 23일자.

한경에게 동의했을 가능성은 희박하다.58)

　위임통치 청원에 대한 이승만의 의도가 선의에서 비롯된 것이며,59) 또한 독립 능력의 국제적 시험을 위한 도전이었다는 주장이 있지만,60) 이것이 과연 독립운동의 범주에 속하는 것인지의 여부는 당대부터 논란이 분분했다. 특히 문제가 된 부분은 이런 위임통치 청원을 제출한 이승만이 상해 임시정부의 대통령이 되었다는 점과 그가 단 한 번도 위임통치 문제에 대해 공개적인 사과나 철회를 하지 않았다는 점이었다.61)

58) 「도산선생의 덕확한 면보도착」, 『新韓民報』 1919년 6월 17일자.
59) 프랑크 볼드윈은 1919년 초 미국에서는 아르메니아 신탁통치 受託 논의가 상당히 있었기 때문에 이승만이 위임통치안을 제안한 것이 아주 동떨어진 계획은 아니었으며, 이승만이 이 제안 때문에 심하고 온당치 못하게 혹평을 받았다고 주장했다.(프랑크 볼드윈, 「윌슨, 民族自決主義, 三·一運動」, 『三·一運動50周年紀念論集』, 東亞日報社, 1969, 520쪽.)
60) 김현구는 이승만의 위임통치안 제출은 한국이 독립 자격이 없으며 독립할 능력도 없을 뿐만 아니라 독립하더라도 이전과 같은 혼돈 정치로 돌아갈 것이라는 일본 측의 이론을 반박하기 위해 한국을 국제 위임통치 밑에 두어 얼마동안 독립 능력을 시험하라는 것으로 그 의미는 도전(challenge)이었다고 주장했다.[「논설 : 리승만 박사를 변호(김현구)」, 『新韓民報』 1919년 9월 27일자.]
61) 이승만은 상해로 건너온 후 1921년 1월 5일 제1차 국무회의에 참석했다. 회의는 위임통치 청원과 자치론에 대한 논란 끝에 "위임통치청원의 동기가 독립을 부인하려던 고의가 아니고, 지금 국제 정세에 현혹이 없다는 성명서를 발표하여 일반 동포의 의혹을 풀게 하자"라고 의결했으나 이승만은 성명서 발표를 거절했다.(김원용, 앞의 책, 478~481쪽.) 이승만은 위임통치 문제를 둘러싼 상해 임정 내부의 논란에서도 전혀 자세를 굽히지 않았고, 이는 임정 분열의 가장 큰 원인이 되었다.

3. 대통령 자임(自任)과 한성정부 법통론

1) 대한공화국 임시정부 국무경

3·1운동 소식이 미주에 전해진 것은 3월 9일 현순 목사의 전보가 도착되면서였다. 상해에 있던 현순은 3월 1일 당일에 샌프란시스코의 안창호에게 3·1운동에 관한 전보를 보냈고, 이것이 해저 전신 고장으로 늦게 도착했던 것이다.[62] 현순은 이 전보에서 독립 선언의 대표자로 손병희·이상재·길선주를 꼽았고, 이승만을 애타게 찾으며 회전(回電)을 요구했다. 이승만이 미주 지역에서 3·1운동과 관련을 맺게 되는 계기는 바로 현순의 이 전보에서 비롯되었다. 안창호는 곧바로 이승만에게 이를 알렸고,[63] 이승만은 3월 10일 현순의 해저 전신 번호를 알려달라고 국민회에 요청했다.[64] 현순은 '상해특별대표원' 혹은 '독립단 총무의 자격으로 미주에 3·1운동 소식을 전한 것인데, 그가 전한 정보

---

[62] 『新韓民報』 1919년 3월 13일자. 원문은 다음과 같다. "상항 한인 안창호. 한인 3빅만명 독립단은 예수교회 三천과 텬도 교회 五천과 각 대학교와 모든 학교들과 및 각 단톄들이 니러나 조직한 쟈라. 독립단은 三月 一日 하오 一시에 셔울, 평양과 밋 그 밧게 각도시에서 대한독립을 선언하고 대표쟈는 손병희, 리상지, 길선쥬 三시를 파숑하얏소 리승만박사는 어데 잇소 회뎐하시오. 상희특별대표원 현순."
[63] 『新韓民報』 1919년 3월 13일자.
[64] 『新韓民報』 1919년 3월 13일자. 이승만은 처음에 상해로 건너갈 생각을 갖고 있었다. 그는 국민회 하와이총회장 李鍾寬에게 상해행 여권을 주선하라고 했다.[「李承晩 → 李鍾寬」(1919년 3월 17일.) Korea American Research Project, The Hei Sop Chin Archival Collection, Collection 367 : Korean Immigrant History Materials, box 2. Korean Provisional Government Papers, folder 3 Cablegram, Asian American Studies Center and Department of Special Collections, University of California, Los Angeles(이하 『임정전문철』로 약칭.]

는 미주에서 큰 영향력을 행사하였다.65)

 이승만은 3·1운동 소식을 접한 후 3월 16일 기자회견을 열고 국제연맹에 제출한 위임통치 청원서를 공개했다. 그와 함께 국민회 대표로 파리강화회의 출석을 도모했던 정한경은 3월 20일 『뉴욕타임즈』에 위임통치안을 기고했다. 이승만은 애초부터 한국의 즉시 독립이나 자력독립이 불가능하다고 판단했으며, 미국의 힘을 빌려야 한다고 생각했다. 이승만의 외교는 언론을 통한 선전이었다. 3월 20일 이승만은 안창호에게 전보를 보내, 서재필·정한경과 함께 뉴욕에서 각국 신문기자 초대연을 개최하고 "연설로 한번 크게 반포하야 동정을 닐으키려" 한다고 보고했다.66) 며칠 뒤 이승만은 약간 계획을 수정해 4월 14~16일 필라델피아에서 '북미대한인 연합대회'를 개최한다고 밝혔다.67) 바로 필라델피아 한인자유대회(혹은 제1차 한인의회)였다.

 이승만이 필라델피아회의를 준비하는 중이었던 4월 4일, 상해에 있던 현순은 미주 대한인국민회와 이승만 앞으로 '대한공화국 임시정부'가 성립되었음을 알려왔다. 현순은 '만주에 있는 각 단체 대표자들을 소집'해서 임시공화정부를 조직했으며, 대통령에 손병희, 부통령에 박영효, 국무경에 이승만이 선출되었다고 전했다. 3·1운동 발발 이후 최초로 미주에 알려진 이 임시정부는 『신한민보(新韓民報)』 4월 5일자에 대서특필되었다.68) 현순은 3·1운동 발발 소식을 최초로 미주에 전했

---

65) 현순은 3월 15일에도 전보를 보내 이승만의 주소를 문의하며 그의 파리행을 권고했다.(『新韓民報』 1919년 3월 20일자.)
66) 「논설 : 리박사가 중앙총회장 안창호씨에게」, 『新韓民報』 1919년 3월 29일자.
67) 『新韓民報』 1919년 3월 28, 29일자, 4월 3일자.
68) 대한공화국 임시정부 기사는 이후로도 여러 차례 게재되었다. 「대한국립시정부 내각이 조직되여」, 『新韓民報』 1919년 4월 5일자 ; 「듕앙총회에서 4개국 정부에 발한 뎐보」, 『新韓民報』 1919년 4월 8일자 ; 「대한민국림시정부에 관한 통신」, 『新韓民報』 1919년 8월 16일자.

을 뿐만 아니라 또다시 최초로 임시정부 수립 소식을 미주에 전했던 것이다. 현순의 소식을 접한 미주에서는 이 임시정부를 실존하는 것으로 인식했으며, 대한공화국 임시정부라는 이름으로 불렀다.69) 현순은 3·1운동 발발 직후부터 4월 초순까지 하와이와 샌프란시스코의 대한인국민회를 향해 10여 통 이상의 전문을 보내 3·1운동과 각종 임시정부 수립 소식을 전했다.

현순으로부터 발원한 '대한공화국 임시정부'에 대해 지금까지 대부분의 연구들은 이것이 노령의 대한국민의회가 조직한 대통령제 정부라고 생각했으며, 이를 '노령정부'로 불렀다. 이러한 주장은 1959년 김원용(金元容)이 미국에서 펴낸 『재미한인50년사』에 따른 것이다.70) 1차 자료적 성격이 강한 이 책에서 김원용은 노령의 대한국민의회가 바로 이 '대한공화국 임시정부'를 조직했다고 서술했으며, 많은 사람들이 이 견해를 따랐다. 그러나 대한국민의회는 3·1운동에 적극 참여해 독립선언서를 발표하고 통합 상해 임시정부에 참여했지만 독자적인 임시정부를 조직한 적이 없으며 대통령제 정부를 조직한 사실도 없었다.71) 3·1운동 소식을 접한 미주 교포들은 당연히 임시정부 수립을 예상하고 기대하고 있었으며, 현순이 전한 '대한공화국 임시정부'는 자연스레 실체를 갖는 정부로 인식되었다. 김원용 역시 이런 당연한 전제 위에서 대한공화국 임시정부를 당시 현존하던 여러 임시정부 중의 하나로 비정하게 되었던 것이다.

현재까지 알려진 '대한공화국 임시정부' 관련 자료는 3종류이다. 미

---

69) 홀로살음(이살음), 「대한공화국 건설정부와 우리」, 『新韓民報』 1919년 4월 8일자.
70) 金元容, 앞의 책, 452~453쪽.
71) 潘炳律, 「大韓國民議會의 성립과 조직」, 『韓國學報』 46집, 1987, 161~165쪽 ; 반병률, 「노령에서의 3·1운동」, 『한민족독립운동사』 3, 국사편찬위원회, 1988.

주에 가장 먼저 전해진 '대한공화국 임시정부' 소식은 4월 5일자 『신한민보』 기사였다.

(1) 1919년 4월 5일 『신한민보』 기사
만주에 있는 각 단체 대표자들을 소집한 후에 대한공화국임시정부 내각을 조직하였습니다. 대통령 손병희, 부통령 박영효, 국무경 리승만, 내무경 안창호, 탁지경 윤현진, 법무경 남형우, 군무경 이동휘, 강화전권대사 김규식.[72]

이 기사에는 출처가 나와 있지 않았다. 그러나 이 기사가 최초로 '대한공화국 임시정부'라는 명칭을 사용한 이래, 미주에서는 대한공화국 임시정부가 최초의 실존 임시정부로 인식되기 시작했다. 이 보도가 있던 4월 5일 대한인국민회 중앙총회는 4대국 정부에 전보를 보내면서 현순에게 받았다는 일자 미상의 전보 내용을 발표했다.

(2) 1919년 4월 8일 『신한민보』 기사
대한인국민회는 상해에 잇난 대한독립단 특별위원 현슌 씨에게 이 아래와 갓흔 뎐보를 받앗나이다. (중략)

1. 림시공화정부를 조직하얏난데 그 총부통령과 내각은 이 아래와 갓슴니다. 대통령은 손병희로 부통령은 박영효로 국무경은 리승만으로 탁지경은 윤현진으로 법무경은 남현우로 군무경은 리동휘로 내무경은 안창호로 독립군총사령관은 류동렬로 강화견권대사는 김규식으로 조직하얏나이다.
1. 수백만명의 생존을 경쟁하난 한인들을 대표하야 우리는 다시 각하께서 현금 패리쓰에 잇난 우리의 강화전권대사 김규식씨를 인증하야 쥬시기를 바라오며 또한 우리가 이사에 말한 바 한인들이 자유를 얻기로 결심한 증거를 각하께 올리나이다. (하략) (건국긔원 4252년 4월 5일 대한인국민회 듕앙총회댱 대리 백일규)[73]

---

72) 「대한국림시정부 내각이 조직되여」, 『新韓民報』 1919년 4월 5일자.
73) 「듕앙총회에서 4대국 정부에 발한 뎐보」, 『新韓民報』 1919년 4월 8일자.

위의 두 기사는 약간의 차이가 있지만 각료 명단이 동일한 것으로 미루어 (1)이 (2)의 축약본임을 알 수 있다. 설립지와 임시정부의 명칭이 '대한공화국 임시정부'와 '임시공화정부'로 약간의 차이가 있는데, 이는 현순이 보낸 영문 전보를 번역하는 과정에서 생긴 차이였다.

위의 두 가지 기사를 통해 미주에서는 대한공화국 임시정부가 실제로 수립되었고, 이승만이 이 임시정부의 국무경이라고 인식하게 되었다. 이승만 자신도 대한공화국 임시정부 국무경으로 행세하기 시작했다. 이는 이승만이 통합 상해 임시정부의 대통령이 될 수 있는 가장 중요한 배경이 되었다. 더욱 중요한 것은 이 대한공화국 임시정부가 미주에 전해진 여러 임시정부 중 최초의 소식이었기에 재미 한인들에게 강렬한 인상을 남겼고 선전 효과를 지녔다는 점이었다. 4개월 뒤인 1919년 8월 15일 하와이 호놀룰루에서 이승만의 추종자 김영우는 『듸한독립혈젼긔』를 발행했는데, 여기에 다음과 같은 내용이 수록되어 있다.

(3) 1919년 3월 29일 현순이 하와이 국민회로 보낸 전보
일본은 간활한 슈단으로 시텬교도와 부상패에 부속훈 친일당슈 三인의게 뢰물을 쥬어 자치단을 죠직케 ㅎ고 대한독립운동을 져해홀 모양인듸 이 단체는 억지로 독립운동 반대쟈의 일홈을 두게 ㅎ엿다. 三월 二十五일과 二十六일에는 셔울셔 굉장히 활동ㅎ엿눈듸 장안 모든 언덕에는 대한국긔로 단장훈 즁 한인 二빅명이 포박을 당ㅎ고 또 한일 량편에 사상쟈가 불소ㅎ다 ㅎ엿고 대한 三남 각쳐에셔도 이졔 또 독립군이 대긔ㅎ엿고 북으로는 만쥬와 서빅리아 등디로 매일 六백명 가량의 대한 독립군이 두만강을 건너 내디로 들어오는듸 현금 각쳐에셔 동일훈 목적으로 소집ㅎ야 활동ㅎ는 한인이 대략 二백만명 가량이 된다 ㅎ엿고 한·쳥·아 三국 졉계되는 간도에셔는 한인들이 림시대한공화졍부를 죠직ㅎ고 대통령 이하 각 내각임원을 션틱훈 것이 여ㅎㅎ더라.
대통령 손병희 부통령 박영효 국무 급 외무총쟝 리승만 내무총장 안챵호 탁지총장 윤현진 사법총쟝 남형우 군무총쟝 리동휘 참모총쟝 류동렬 평화대사 진정원[74]

이를 위의 두 기사와 비교해보면 (1)·(2)와 (3)은 설립 지역(만주 : 한·청·아 3국 접경 간도), 정부 명칭(대한공화국 임시정부 : 임시대한공화정부), 각료 명칭(경 : 총장), 강화 전권대사(김규식 : 진정원)에 있어서 부분적인 차이가 있음을 알 수 있다. 때문에 만주에서 수립된 대한공화국 임시정부와 간도에서 수립된 임시대한공화정부라는 별개의 임시정부로 파악하는 견해도 있다.75) 그러나 이는 동일한 것으로 위의 세 가지 소식은 모두 동일한 출처에서 비롯된 것이다. 그 출처는 현순이 하와이로 보낸 3월 29일자 영문 전보였다. (3)은 현순이 보낸 영문 전보의 전문 번역본이며, (2)는 전보를 의역한 것이며, (1)은 영문 전보를 축약한 것이라는 차이가 있을 뿐이다.

지금까지 '대한공화국 임시정부' 혹은 '임시대한공화정부'에 대해서는 논의가 분분했으나 정확한 판별을 할 수 없었다. 그 이유는 현순이 보낸 이 전보들이 한글이 아닌 영문이었기 때문이다. 『디한독립혈전긔』에 게재된 내용은 바로 이 영문 전보의 번역본이다. 이 전보의 영문 원본은 UCLA 아시안―아메리칸 스터디스 센터(UCLA Asian―American Studies Center) 「진희섭(秦希燮)―안형주(安炯柱) 콜렉션」에 소장되어 있다. 이에 기초해서 대한공화국 임시정부의 '신화'가 성립된 과정을 살펴보면 다음과 같다.

(4) 1919년 3월 29일 현순이 하와이 국민회로 보낸 전보 원문
Korean National Association
Honolulu

---

74) 「상해 3월 29일 국민총회에 달한 현순 씨의 전보」, 『디한독립혈전긔』(하와이 호놀룰루, 1919년 8월 15일), 김영우, 국사편찬위원회, 『韓國獨立運動史』, 資料 4, 臨政篇 IV, 1974, 335~336쪽에서 재인용.
75) 李延馥, 「大韓民國臨時政府의 수립배경과 民主共和政治」, 『大韓民國臨時政府의 法統과 歷史的 再照明』, 국가보훈처, 1997, 36~37쪽.

Japan Employs cunning tricks bribed three pro Japanese. Shichunkyoins Pushangs formed self government league intending demonstration against us. People are forced to sign against independence. On twentyfifth twentysixth grand demonstrations at Seoul. Hills decorated with our flags. 200 arrested casualties both sides same(?) Uprising everyday. 600 our troops crossed (일부 내용 결락) Demonstrations in Siberia Manchuria. Provisional Government established by Representatives. President Son Pyung Hi, Vice President Pak Young Hyo, Secretary State Rhee (S)yngman, Home Ahn Chang Ho, Finance Yun Hyun Jin, Justice Nam Hyung Woo, War Li Tong Whi, Commander Lyu Tong Yul, Delegate at Paris Kim Kyu Sik. Announcement follows, answer your opinion immediately. Seven hundred thousand yen confiscated by Japanese. Financial help urgent. Money received. Kim Kyu Sik changed name Chin Chung Wen, Boite Postal 369 Paris. Hyun Soon.[76]

이 전보에 기초해 위의 (1)~(3)을 살펴보면 첫째, '대한공화국 임시정부' 혹은 '임시대한공화정부'라는 상이한 명칭은 단지 'Provisional Government'라는 일반명사를 고유명사처럼 번역하면서 생긴 차이였음을 알 수 있다. 둘째, 각료 명칭에서 '총장'과 '경'의 차이 역시 번역자의 자의에 따른 것임을 알 수 있다. 원문에는 그것이 장관인지 경인지 총장인지 전혀 언급이 없었다. '대한공화국 임시정부'와 '임시대한공화정부'를 별개의 임시정부로 인식하게끔 만든 세 번째 요인은 강화대사 '김규식'과 '진정원'의 차이였는데, 위 영문 전보에서 드러나듯이 진정원(Chin Chung Wen)은 김규식의 변성명이었다.[77] 넷째, 설립 지역과 관련해 '만주'와 '한·아·청 접계의 간도'로 서로 상이한 것으로 비춰졌

---

76) 「현순이 하와이국민회에 보낸 전보」(1919년 3월 29일), 『임정전문철』.
77) 김규식이 진정원임을 확인해주는 기록은 더 있다. 현순은 이승만에게 보낸 1919년 3월 31일자 전보에도 김규식의 파리 주소가 진정원의 이름으로 되어 있었다고 밝혔다.(JoongAng Ilbo and The Institute for Modern Korean Studies, Yonsei University, *The Syngman Rhee Telegrams*, volume I, 2000, p. 56.)

표 5-1. 세칭 '노령정부' 관련 자료의 비교

	수립일	수립지 / 수립자	명 칭	출 전
(1)	미상	만주 / 각 단체 대표자	대한공화국 림시정부	『신한민보』(1945년 4월 5일)
(2)	미상	한·청·아 3국 접계 간도	림시대한공화정부	『뎌한독립혈전긔』
(3)	미상	시베리아·만주 / 대표	Provisional Government	「현순→하와이국민회」 (1919년 3월 29일)
(4)	1919.3.21	만주·아령 / 대한국민의회	대한국민의회 정부	『재미한인50년사』, 452~453쪽

지만, 영문 전보에는 그 지역명이 정확히 표시되지 않은 채 시베리아 와 만주라고 되어 있고, 번역자들이 이를 자의적으로 해석했을 뿐이다.

이와 같이 3월 29일의 하와이로 전해진 전보와 4월 5일 미주로 전해 진 소식은 모두 현순이 상해에서 보낸 영문 전보에서 비롯된 것이었 다. 보다 정확히 말하면 3월 29일 하와이로 전해진 전보가 당시 전신 검열의 문제 때문에 4월 초순에야 미주 본토에 전해졌고, 번역·윤문과 정에서 윤색된 것이라고 볼 수 있다.[78]

그러면 이제는 현순의 발설로 비롯된 대한공화국 임시정부와 대한 국민의회 혹은 세칭 '노령정부'와의 관계에 대해 살펴보자. 지금까지 알려진 노령정부 관련 자료를 정리해보면 표 5-1과 같다.

앞에서 설명했듯이 (1)~(3)은 동일한 자료, 즉 현순이 보낸 3월 29일 자 영문 전보에 근거한 것이다. 김원용이 쓴 (4)의 출처는 분명치 않다. 김원용은 대한국민의회가 바로 손병희를 대통령으로 하는 '대한공화국 임시정부' 혹은 '임시대한공화국'을 수립했다고 주장했다. 그러나 김원

---

[78] 당시 미국은 3월 11일부터 4월 11일까지 미국-중국-일본 간의 전보·통신을 검열했으며, 아마도 이런 이유로 전보의 원활한 전달이 늦어졌을 가능성이 있 다.(『新韓民報』 1919년 4월 15일자.) 한편 이승만은 일본 측이 전신을 검열해 방해하고 있다고 생각했다.[「李承晩→玄楯」(1919년 4월 27일자, 5월 8일자.), 『雩南李承晩文書』 16권, 270~284쪽.)]

용의 기록 외에는 어디에서도 이러한 내용을 찾아볼 수 없다.

진정한 '노령정부'에 해당하던 대한국민의회의 조직과 선언서가 미주에 전파된 것은 대한공화국 임시정부 소식보다 20일 늦은 4월 25일이었지만,[79] 이는 미주 한인 사회에서 전혀 주목을 받지 못했다. 대한국민의회가 임시정부를 조직하지 않았기 때문에 당연히 각료 명단도 발표되지 않았다. 임시정부 각료 명단을 발표하지 않았던 대한국민의회는 미주 한인 사회에서 아무런 영향력을 행사하지 못했고, 단지 3·1운동 이후 폭발적으로 생산되던 독립운동 소식 중 하나로 간주되었을 뿐이다.

재미 한인들은 여러 건의 임시정부 설립 소식을 듣고 통합 상해 임시정부 수립을 목격하면서 대한공화국 임시정부를 대한국민의회가 수립한 '노령정부'로 착각했다.[80] 통합 상해 임정에 합류한 것은 실체가 분명하던 대한국민의회였으나 재미 한인들은 현실 속에 존재하지 않던 대한공화국 임시정부를 실체를 갖는 '노령정부'로 오인했다. 이는 김원용을 비롯한 대부분의 재미 한인들에게 보편적인 것이었다. 이들은 상해에서 현순이 보낸 '간도' 혹은 '만주' 등 시베리아 접경 지역에 존재하는 '대한공화국 임시정부' 소식을 들었고, 이승만은 미주에서 실질적으로 이 정부의 국무경(총리)으로 활동했으며, 나아가 노령의 대한국민의회가 통합 상해 임정에 참가하는 상황을 목격했다. 대한공화국이 위치한 '간도' 혹은 '시베리아·만주'와 대한국민의회가 위치한 노령

---

79) 「아령 둥령을 대표한 대한국민의회의 선언과 의결」, 『新韓民報』 1919년 4월 25일자. 보도된 내용은 한족상설의회가 1919년 3월 17일 독립선언에 기초해 대한국민의회를 조직하고 선언서를 교부했다는 정확한 사실이었다.
80) 이에 대해서는 정병준, 「1919년 李承晩의 臨政 대통령 자임과 '漢城政府' 법통론」, 『한국독립운동사연구』 제16집, 한국독립운동사연구소, 2001, 198~199쪽을 참조.

의 지역적 중복성 역시, 상이한 양자를 동일한 조직으로 판단하는 중요한 근거가 되었을 것이다. 지금까지의 연구 결과에 따르면 '대한공화국 임시정부' 혹은 '임시대한공화국'은 대한국민의회와는 무관하게 천도교단 혹은 노령·간도의 독립운동 세력이 조직한 것으로 추정되고 있다.[81)]

한 가지 분명한 점은 대한공화국 임시정부의 발설자인 현순이 불과 열흘 뒤인 4월 10일 스스로 자신의 정보가 틀렸음을 곧바로 시인했다는 사실이다.[82)] 이는 대한공화국 임시정부가 존재하지 않았음을 반증하는 것이며, 존재했다고 하더라도 무시할 만한 것이었음을 의미한다. 그럼에도 불구하고 미주에서는 제일 먼저 보도되고 유포된 대한공화국 임시정부가 실체를 갖는 정부인 것처럼 인식되는 상황이 벌어졌다.

2) 초기 상해 임시정부 국무총리

현순의 보도에 근거해 이승만은 4월 5일 이후 대한공화국 임시정부 국무경으로서 공식 활동을 시작했지만, 당시 상해에서는 '초기' 상해

---

81) 고정휴, 「世稱 漢城政府의 組織主體와 宣布經緯에 대한 檢討」, 『韓國史硏究』 97집, 1997 ; 「3·1운동과 天道敎團의 臨時政府 수립구상」, 『韓國史學報』 3·4 합집 ; 李賢周, 「3·1운동 직후 '國民大會'와 임시정부 수립운동」, 『한국근현대사연구』 6, 1997 ; 반병률, 앞의 논문, 1987.
82) 「玄楯 → 하와이국민회」(1919년 4월 19일), 『임정전문철』. 현순은 3월 29일 소위 '대한화국임시정부(provisional government)'가 수립되었다는 전보를 하와이로 보냈으나 이틀 뒤인 3월 31일 이승만에게 전보를 보내 '임시정부가 현재 조직 중(provisional government under construction)'이라고 했다. 뒤의 임시정부는 초기 상해 임시정부를 의미하는 것으로 판단된다.(JoongAng Ilbo and The Institute for Modern Korean Studies, Yonsei University, *The Syngman Rhee Telegrams*, volume I, 2000, p. 56.)

임시정부가 태동 중이었다.[83] 상해에 모인 인사들은 임시의정원을 조직하고 4월 13일 정부의 성립을 선포했다. 이승만은 이 초기 상해 임정의 국무총리로 선임되었다. 4월 11일 제1회 의정원이 정식으로 각원을 선출하기 전날인 4월 10일 현순은 하와이국민회로 전보를 보내 초기 상해 임정의 수립과 이승만의 국무총리 선출을 알렸다.[84] 무엇보다 중요한 점은 현순이 이전에 보낸 임정 설립 소식, 즉 대한공화국 임시정부 소식이 착오(wrong)였으며, 진짜 정부가 현재 설립 중이라고 밝혔다는 사실이다. 이에 따르면 진짜 정부에는 각료 중 대통령직이 없으며 국무총리(premier) 이승만, 내무 안창호, 외무 김규식, 재무 최재형, 군무 이동휘, 참모 조성환이라는 것이었다.[85]

4월 10일 하와이 국민회로 전해진 이 초기 상해 임정 소식은 4월 15일 현순을 통해 이승만에게 정확히 전달되었다.[86] 현순은 4월 16일에 하와이국민회 이종관에게도 전보를 보내 '진정한 대한민국 임시정부(Real Provisional Government of the Republic of Korea)'가 임시의정원(Provisional Congress)에 의해 조직되었다며 각원 명단을 첨부했다.[87]

---

83) 여기서 말하는 '초기' 상해 임시정부는 1919년 9월 '통합' 상해 임시정부와 구별하기 위해서 사용한 용어로 윤대원의 표현을 빌린 것이다.(尹大遠, 「大韓民國 臨時政府의 組織·運營과 獨立方略의 분화(1919~1930)」, 서울대 국사학과 박사학위논문, 1999, 21쪽.)
84) 「玄楯 → 하와이국민회」(1919년 4월 19일), 『임정전문철』.
85) 원문은 다음과 같다. Provisional Government cabled before was wrong. Our real one being under construction as follows. No Presidents, Premier Rhee Syngman, Home Ahn Chang Ho, Foreign Kim Kyu Sik, Finance Choi Chai Hyeng, War Lee Tong Whi, Commander Cho Sung Whan. Japanese sent six battalions 400 gendarmes to Korea. Hyun Soon.(위와 같음)
86) 이승만이 받은 전보 내용은 다음과 같다. "신셩한 대한민쥬국 림시정부가 림시의정원에서 조직되엿는데 그 각원들은 여하하외다. 총리 리승만, 닉무경 안창호, 외무경 김규식, 지무경 최지형, 법무경 리시영, 군무경 리동휘 등 제씨로 션명하엿소."(「대한민국림시정부에 관한 통신」, 『新韓民報』 1919년 8월 16일.)
87) 「玄楯 → 李鍾寬」(1919년 3월 16일), 『임정전문철』.

현순은 4월 26일 이승만에게 보낸 전보에서 상해 의정원이 이승만을 총리로 지명했으니 취임하던지 아니면 대리를 지정하라고 충고했다.[88]

4월 5일 이후 최소한 5월 말까지 이승만은 현순의 전보에만 존재했던 대한공화국 임시정부의 국무경(국무총리)으로 활동했다. 이승만은 상해의 현순에게는 임시정부로부터 공식적으로 공채 발행권과 신임장을 얻어줄 것을 요청하는 한편 대외적으로는 윌슨 대통령과 파리평화회의 등에 대한공화국 임시정부의 승인과 한국 독립의 승인을 요청하면서 선전 활동을 벌였다.

이승만은 자신이 초기 상해 임정의 국무총리로 선임된 사실을 5월 31일까지도 공표하지 않았고 대한공화국 임시정부의 국무경으로 행세했다. 그 이유는 다음과 같은 점 때문이었다.

첫째, 이승만 자신의 말대로 "외국인에게 조석변개(朝夕變改)"하는 인상을 줄까 하는 우려 때문이었다.[89] 이승만은 대한공화국 임시정부 국무경으로 활발히 활동 중이었고, 언론에 공표된 상태에서 또다시 정부가 변경되었다고 발표하기 힘들다고 생각했다. 또한 이승만 자신도 두 정부의 관계에 대해서 혼란스러운 상태였다. 재미 한인들도 마찬가지로 혼란의 와중이었는데, 초기 상해 임정 수립 소식이 전해지고 난 뒤, 상해 임정의 임시헌법이 소개될 때, 이는 '대한공화국 임시헌법'으로 소개되었을 정도였다.[90]

둘째, 두 번의 임시정부 조직 사실과 이승만의 국무총리 임명 통보가

---

88) 「李承晚 → 玄楯」(1919년 4월 27일), 『雩南李承晚文書』 16권, 270쪽 ; 같은 편지가 「대한민국림시정부에 관한 통신」(『新韓民報』 1919년 8월 16일)에도 실려 있다.
89) 「李承晚 → 玄楯」(1919년 4월 27일), 『雩南李承晚文書』 16권, 270~272쪽.
90) 「대한공화국림시헌법」; 「논설 : 대한공화국민에게, 특별히 해외에 나온 대한국민에게」, 『新韓民報』 1919년 6월 10일자.

모두 현순 개인의 명의로 왔다는 점 때문이다.91) 미주 한인들은 3·1운동과 임시정부 수립 소식 자체에 흥분되어 있는 상태였지만, 과연 그 소식을 상해에서 전하는 현순의 자격이 무엇인지는 분명치 않았다. 때문에 이승만은 대한공화국 임시정부의 국무경으로 행세한 직후부터 현순에게 두 차례 이상 공채 발행권과 신임장을 요구했다. 이후로도 이승만은 4월 27일, 5월 6일, 8일 등에 걸쳐 계속 신임장과 국채 발행권을 요구하며 필요하다면 자신이 상해로 가겠다는 뜻을 여러 차례 표명했다.92) 그러나 정보를 장악한 것은 상해와 현순이었기 때문에 이승만은 한성정부 소식이 전해지기 전까지 현순과 상해 임정이 시키는 대로 따르겠다는 자세로 일관했다.

셋째, 위임통치 문제 때문이었다. 현순은 이승만이 초기 상해 임정의 국무총리로 선임된 사실을 통보한 직후인 4월 26일 상해 임정에서 이승만의 "맨데토리(위임통치)" 청원 문제로 "무한한 장익"가 있으며, 만일 그 말이 사실이라면 "우리는 각하를 신용치 안나이다"라고 사실 여부를 추궁했다.93) 이승만은 맨데토리 문제는 이미 끝난 지 오래되었고, 자신이 4월 5일 (대한공화국 임시정부) 총리 지명 이후 10여 차례에 걸쳐 그런 취지로 답전을 했는데 왜 아직까지 맨데토리 문제만 거론하느

---

91) 「대한민국림시정부에 관한 통신」, 『新韓民報』 1919년 8월 16일자.
92) 위와 같음. "吾兄이 該處에 계셔셔 一次 文字가 無하고 且 弟를 首相의 명의로 公布ᄒ셧스나 正式 文憑이 都無ᄒ즉 何로 依ᄒ야 憑准을 作ᄒ오며 且 임시국회에셔 선정ᄒ겟다 ᄒ오니 임시국회의 정형을 알너주시던지 그러치 안으면 국회의 정책으로 무슴 指示ᄒ시난 意志가 有ᄒ던지 ᄒ여야 방향을 知홀 터이온데 晝夜苦待ᄒ오되 엇더한 소식이 無ᄒ오니 甚悶이외다. 弟는 此에 留在ᄒ야 잇으라시던지 遠東으로 來ᄒ라 하시던지 示明ᄒ심을 姑俟ᄒ오며 此處事는 十分如意홀 모양이외다."[「李承晩 → 玄楯」(1919년 5월 8일), 『雩南李承晩文書』 16권, 284~287쪽.]
93) 「李承晩 → 玄楯」(1919년 4월 27일), 『雩南李承晩文書』, 270쪽, 「李承晩 → 하와이국민회」(1919년 4월 28일), 『임정전문철』.

냐, "此로 인하야 吾人의 大事에 國際上으로난 少無障阻이고 若 吾 韓人界에 是非가 有하면 此는 不過 路人爭評之意而已외다"라고 묵살하는 태도를 취했다.94)

넷째, 상해와 미주를 연결하는 현순이 5월 이후 한동안 나타나지 않았기 때문이다. 이승만은 5월 6일 이후로 상해와 연락이 끊어졌다고 했는데,95) 현순은 이 무렵 대한국민의회와의 교섭을 위해 블라디보스톡에 파견되었고, 8월 말 상해로 귀환했다.96) 이승만은 자신이 요구한 공채 발행권과 신임장이 오지 않은 상황에서 섣불리 상해 임정을 선포할 수 없었을 것이다.

다섯째, 이승만이 최고 지도자로서의 독점적인 지위와 무제한의 권한을 점할 수 있는 가능성에 전력을 기울였기 때문이다. 대한공화국 임시정부는 소재 미상·설립자 미상의 정부인 데다 대통령(손병희)과 부통령(박영효)이 모두 활동 불가능한 상태에서 국무총리인 이승만이 현실적인 최고위직이었다. 즉 실체가 불분명한 대한공화국 임시정부의 이름하에서 이승만은 실질적 정부 수반으로서 모든 권리를 행사할 수 있었다. 게다가 이승만은 대통령직에 집착했다. 이승만은 이미 현순이 초기 상해 임정에는 대통령직제가 없다고 밝혔음에도 불구하고 4월 27

---

94) 「李承晚 → 玄楯」(1919년 5월 8일), 『雩南李承晚文書』, 280~283쪽. 이 편지는 전신의 중단 때문에 상해 YMCA의 S. E Henning 편에 보낸 것이다.
95) 「대한민국립시정부에 관한 통신」, 『新韓民報』 1919년 8월 16일자.
96) 일제 정보 자료 등에는 현순이 7월경 상해에 귀환한 것으로 나타나 있으나[「상해주재 한인독립운동자의 근황」(1921년 10월 23일), 『韓國民族運動史料(中國篇)』, 355쪽 ; 「대한인국민의회의 선포문에 관한 건」(1920년 5월 6일), 『韓國民族運動史料(3·1운동편)』, 597쪽. 「安昌浩 → 李鍾寬」(1919년 7월 11일), 「임정전문철」], 현순의 자서전에는 8월 말 海蔘威 신한촌에서 이동휘를 데려온 것으로 되어 있다.[玄楯, 『玄楯自史』, 「十六. 三一運動과 我의 死命」, 1~16쪽, 「현순문서」(Soon Hyun Collection) Soon Hyun Historical Committee, 남가주대학 기록연구센터 동아시아도서관(the East Asian Library of the Archival Research Center, University of Southern California.)]

일 현순에게 보내는 편지에서 상해 임정에 대통령이 있는지를 문의할 정도였다.[97] 이런 이승만의 정치적 성향과는 반대로 초기 상해 임정은 임시의정원이라는 의사 결정 기구를 통해 이승만을 '국무총리'로 선출했고, 명백한 실체와 인적 구조를 갖고 있었다. 이런 초기 상해 임정을 상대로 대한공화국 임시정부에서처럼 자의적으로 결정하고 활동하는 것은 어려웠다. 또한 미주에서의 자유로운 활동이 상해로부터 제약을 당할지도 모른다는 우려가 있었다. 이런 제약 요인이 이승만으로 하여금 초기 상해 임정과 일정한 거리를 갖게 하는 한 요인이 되었다.

결국 가장 큰 원인은 정보의 혼란과 상해 쪽 정보에 의존할 수밖에 없는 이승만의 수동성이었다. 상해의 정보에 의지하면 할수록 이승만은 정세의 주도권을 행사할 수 없게 되었다. 특히 상해의 정보는 혼란스러웠고, 자신에게 아무런 공식 위임장이나 공채 발행권을 허가하지 않은 채 처음부터 위임통치 청원을 문제 삼았기 때문에 이승만은 상해 임정에 대해 호감을 갖지 않았다. 이러한 초기의 불편한 관계는 한성 정부 소식을 접한 5월 말~6월 초 이후 이승만이 상해 임정에 대해 고압적 태도를 취하는 원인이 되기도 했다. 이승만은 가급적 자신에게 유리한 부분을 집중적으로 부각시키고 이를 한인 사회에서 관철시키는 데 집중했다.

초기 상해 임정이 수립되었다는 소식은 5월 말에 들어서야 미주 한인 사회에 공표되었다. 5월 24일『신한민보』는 '대한공화국 임시국회'가 4월 11일 의정원이라는 명칭으로 조직되었고, 이동녕이 의장이 되었다고 보도했다.[98] 그러나 초기 상해 임정이 대한공화국 임시국회로

---

97)「대한공화국림시헌법」;「논설 : 대한공화국민에게, 특별히 해외에 나온 대한국민에게」,『新韓民報』1919년 6월 10일자.
98)『新韓民報』1919년 5월 24일자.

소개된 데서 알 수 있듯이 미주 한인들은 초기 상해 임정과 대한공화국 임시정부와의 관계를 구별할 수 없었다. 5월 27일에는 상해 임정에서 애국금 3백만 원을 모집하며 미주에서는 국민회가 모집을 대리한다는 전보가 도착하는데, 이때도 발신자는 대한공화국 임시정부로 보도되었다.99) 존재하지 않았던 대한공화국 임시정부와 초기 상해 임정에 대한 정보의 혼란은 모든 임시정부를 대한공화국 임시정부로 통칭한 데서 잘 드러났다. 이러한 상황은 7월 중순 초기 상해 임정, 즉 '대한민국 임시정부' 관련 문건이 도착할 때까지 계속되었다.100)

초기 상해 임정에서 이승만에게 공식으로 국무총리 선임을 통보한 것은 5월 29·30일이었다. 임시의정원 원장 이동녕은 이승만에게 전보를 보내어 다음과 같이 통보했다.

리승만각하 4월 11일 림시국회가 회집하여 선거법에 의지하여 각하를 총리로 선거하엿으니 조량하시오. 림시의회댱 리동녕.
리승만각하 각하의 뎐보를 받앗으며 졍식 빙쥰을 뎐보하엿으니 이것이 국치와 혹 기타 관계에 만죡하오릿가. 현순씨에게 통신치 마르시오. 희뎌뎐신 부호는 ○○○○ 올시다.101)

이 소식은 곧바로 미주 사회에 알려졌다. 이승만은 『신한민보』를 통해 "대한공화국 쥬미한국대표 리승만박사는 상해에 잇는 대한국 림시국회에서 림시정부 슈상을 리승만박사로 선임하얏다는 국회의댱의 해

---

99) 『新韓民報』 1919년 5월 29일자.
100) 상해 임정의 임시헌장은 6월 10일 '대한공화국임시헌법'이라는 이름으로 알려졌고(『新韓民報』 1919년 6월 10일자.), 7월 22일에 가서야 '임시헌장'이라는 정확한 이름으로 알려졌다.(『新韓民報』 1919년 7월 22일자.) 이때 임시정부 정강, 임시 징세령·인구 시행 세칙, 애국금·인구세 징수에 관한 건 등이 같이 보도되었다.
101) 「대한민국림시정부에 관한 통신」, 『新韓民報』 1919년 8월 19일자.

뎌뎐신을 오늘에 졉슈하얏다"라고 발표했다.[102]

4월 13일에 이승만을 총리로 선임한 상해 임정이 왜 5월 말에 가서야 이승만에게 이 사실을 정식으로 통보했는지는 의문이다. 이동녕은 이승만이 요구한 정식 빙준(憑準)을 보냈지만, 이승만은 초기 상해 임정 국무총리에 곧바로 취임하지 않았다. 그 이유는 상해 임정의 공식 신임장이 도착한 5월 말 국내에서 조직된 한성정부 관련 문건이 이승만의 수중에 들어왔기 때문이었다.

1919년 5월 미주에서 이승만의 성가는 날로 높아갔다. 박용만에 이어 안창호가 상해로 떠남으로써(1919년 5월) 미주에서 이승만과 정립(鼎立)했던 3대 세력 중 이승만만이 남게 되었다. 게다가 이승만이 대한공화국 임시정부 국무경, 상해정부 국무총리에 이어 조선민국 임시정부 부도령으로 선출된 사실까지 보도되면서, 그의 최고 지도자로서의 명성은 더욱 확고해졌다.[103] 또한 샌프란시스코에서 간행되는 『소년중국』은 일본이 해외 한인 독립운동가인 이승만, 이완, 이위종에게 30만 원의 현상금을 걸고 자객을 파견했다고 보도했는데, 이는 이후 이승만의 반일운동가로서의 면모를 보여주는 주요한 선전 재료가 되었다.[104]

---

102) 「림시국회에서 슈상을 임명, 리승만박사로 정식 서임」, 『新韓民報』 1919년 5월 31일자.
103) 『新韓民報』 1919년 6월 3일자. 4월 9일 서울에서 압수된 조선민국정부안은 조선자주당과 조선민국대회의 명의로 발표되었고, 손병희 정도령, 이승만 부도령 등의 각료 명단을 발표했다. 미주에서 발표될 때는 손병희 대통령, 이승만 부통령으로 발표되었다. 고정휴는 이것을 신한민국 임시정부 소식으로 보았는데, 이는 착오이다.[고정휴, 「大韓民國臨時政府 歐美委員部(1919~1925) 硏究」, 고려대 사학과 박사학위논문, 1991, 76~77쪽.]
104) 『新韓民報』 1919년 5월 22일자. 이승만은 5월 17일 李鍾寬에게 보내는 전보에서 "암살소문 낭설이오. 걱정없소"라고 답할 정도로 이 기사는 소문을 타고 번진 것으로 보인다.[「李承晩 → 李鍾寬」(1919년 5월 17일), 『임정전문철』.] 후에 일본이 자신에게 30만 달러의 현상금을 내걸었다는 이승만의 선전은 여기에서 비롯된 것이다.

3) 한성정부 집정관총재

그러던 중 '5월 금음' 즉 5월 31일에 한성정부 문건이 이승만에게 도착했다.105) 이승만의 진술에 따르면 내용은 다음과 같았다.

불의에 결성에서 四月 二十六日 세계에 반포한 원문이 와성톤에 릭도하엿으니 이는 한 외국사람이 본국 경성으로부터 직힝으로 올 쩍에 여러가지 즁요한 문젹과 함가지 '쏠ㅅ베비' 머리 속에 넣어가지고 온 것이라. 말하는 바를 의지하여 보건대 二十五인 인도쟈가 十三도를 대표하여 경성에 비밀히 회집하여 목판에 선포문을 조각인쇄하여 전국에 반포한지라. 이 대표쟈 등에 다슈는 물론 피착하엿지마는 나라를 위하여 자긔의 싱명을 희성하는 것이 자긔들이 지원하든 바니 이는 다름 아니오 우리의 독립운동에 몃 디방에서 몃 긔 인도쟈의 선동을 짜라 니러난 것이 아니오 젼국이 일동으로 원하는 것을 증거코져 함이라. 선포문과 같히 온 것을 보건대 그 회를 '국민대회'라 칭하고 국민대회는 향자에 손병희셩사 등 三十三어른의 독립션언한 바를 완젼케 하기로 목뎍이라 하엿으며 또 공포하기를 국민대회에서 결의한 바를 영원정부가 조직되기 전까지 시행이라 한지라. 그 쇼문이 와셩톤에 오면셔 각쳐 미국신문에셔 됴션 경성에서 직접 받은 쇼문을 긔지한지라.106)

이승만의 발언을 정리하면 첫째, 13도 대표 25명이 비밀리 13도 대표대회를 서울에서 개최했다, 둘째, 국민대회를 개최하고 목판 선언문을 전국에 배포했다, 셋째, 국민대회는 3·1독립선언을 완성하기 위한 목적을 갖고 있으며, 국민대회의 결의사항은 '영원정부'가 조직되기 전까지 시행해야 한다는 것이다. 즉 이승만은 13도 대표대회(4월 2일)와 국민대회(4월 23일)의 중요성을 강조하면서 한성정부의 신성 불가침과 영속성을 강조한 것이다. '영원정부' 즉 독립정부가 수립되기 전까지는

---

105) 「국채표에 대흔 포고문, 림시집정관 총직 리승만」, 『新韓民報』 1919년 8월 21일자.
106) 「대한민국림시정부에 관한 통신」, 『新韓民報』 1919년 8월 19일자.

표 5-2. 미주에 전달된 한성정부 관련 문건의 판본 비교

내용		출전 (1)	(2)	(3)	(4)
①	대한민주국임시집정관총재선언서	○	○	×	×
② 국민대회취지서	13도대표자	○	○	○	○
	결의사항	○	○	○	○
③ 선포문	임시정부내각원	○	○	○	○
	평정관	○	○	○	○
	약법	○	○	○	○
④ 임시정부선포문	임시정부령1호	×	×	×	○
	임시정부령2호	×	×	×	○
⑤	판형	신문	필사본	목판인쇄	목판등사

[출전] (1) 「대한민쥬국대통령의 션언서」(1919년 7월 4일, 이승만 발표), 『新韓民報』, 1919년 7월 10일자.
(2) 「대한민쥬국 림시집정관 총지 션언서」(李元淳소장 필사본, 일자 불명), 『雩南李承晚文書』 제6권, 6~14쪽.
(3) 「한성정부 관련 전단」(목판원본), 『雩南李承晚文書』 제4권, 26~29쪽.
(4) 「한성정부 관련 전단」(日譯本), 「騷擾第783호, 獨立運動ニ關スル不穩文書發見ノ件(1919.4. 24)」, 『現代史資料(25)』, 姜德相 編(みすず書房, 1966, 452~455쪽); 國會圖書館 編, 1979, 『韓國民族運動史料(三一運動篇 其三)』, 324~328쪽.

국내 13도 대표대회와 국민대회가 선출한 한성정부 집정관총재가 정당성과 영속성을 지닌다고 발표한 것이다.

그런데 국내에서 알려진 한성정부 관련 문건과 미주에서 알려진 한성정부 관련 문건에는 약간의 차이가 있다. 현재까지 알려진 한성정부 관련 문건의 판본을 정리하면 표 5-2와 같다.

분석에 앞서 소위 한성정부 문건으로 알려진 여러 문서에 대해 간략히 살펴보자. ①「대한민주국임시집정관총재선언서」는 이승만이 1919년 7월 4일 미주 한인 사회에 한성정부의 설립을 선포하면서 발표한 문건으로 국내에서 만들어진 것이 아니다. ②「국민대회취지서」는 조선 건국 4252년 4월 국민대회 명의로 발표되었다. 13도 대표자로 이만식

(李晩植), 이용규(李容珪), 강훈(康勳), 김류(金瑬), 최전구(崔銓九), 이내수(李來秀), 유식(柳植), 김명선(金明善), 기식(奇寔), 김탁(金鐸), 박한영(朴漢永), 이종욱(李鍾郁), 유근(柳槿), 주익(朱翼), 김현준(金顯峻), 박장호(朴章浩), 송지헌(宋之憲), 강지형(姜芝馨), 홍성욱(洪性郁), 정담교(鄭潭敎), 이용준(李容俊), 이동욱(李東旭), 장정(張檉), 장사(張梭), 박탁(朴鐸) 등의 이름이 등장하며 임시정부 조직 등 6가지 결의사항을 담고 있다. ③「선포문」에는 임시정부 각원, 평정관, 파리강화회의 대표, 6개조 약법 등이 소개되어 있다.107) ④「임시정부 선포문」은 기원 4252년 4월, 조선민족대회 명의로 뿌려진 것으로 임시정부령 제1호(납세를 거절할 것), 임시정부령 제2호(적의 재판과 행정상 모든 명령을 거절할 것)를 수록하고 있다.

이러한 내용으로 구성되어 있는 한성정부 관련 문건의 출처는 위의 표에 나타난 것과 같이 네 군데다. 이 가운데서 한성정부 관련 문서 원본을 수록한 것은 (3)이다. (1)과 (2)는 이승만이 5월 31일 신흥우로부터 한성정부 관련 문건 원본 (3)을 넘겨받고 6월 14일부터 일단 대통령으로 행세를 시작한 후, 한성정부 관련 문건, 즉 ② 국민대회 취지서와 ③ 선포문에다, 자신이 작성한 ① 대한민주국임시집정관총재선언서를 첨부해 배포한 것임을 알 수 있다.108) (1)과 (2)는 동일한 내용이

---

107) 임시정부 각원·평정관·파리강화회의 대표 등의 명단을 정리하면 다음과 같다.
·임시정부 각원 : 집정관총재(李承晩), 국무총리총재(李東輝), 내무부총장(朴容萬), 내무부총장(李東寧), 국무부총장(盧伯麟), 재무부총장(李始榮), 재무부차장(韓南洙), 법무부차장(申圭植), 학무부총장(金奎植), 교통부총장(文昌範), 노동국총판(安昌浩), 참모부총장(柳東說), 차장(李世承).
·평정관 : 趙鼎九, 朴殷植, 玄尙健, 韓南洙, 孫晉衡, 申采浩, 鄭良弼, 玄楯, 孫貞道, 鄭鉉湜, 金晉鏞, 曺成煥, 李奎豊, 朴景鍾, 朴贊翊, 李範允, 李奎甲, 尹解.
·파리강화회의 대표 : 李承晩, 閔瓚鎬, 安昌浩, 朴容萬, 李東輝, 金奎植, 盧伯麟.
108) 이승만이 스스로 작성한 대한민주국임시집정관총재선언서의 초안은 『雩南李承晩文書』 6권, 1~6쪽에「大韓民主國臨時大統領宣言書」라는 제목으로 실려 있다.

며, 단지 표현상의 차이가 약간 있을 뿐이다.

최근 연구 결과에 따르면 한성정부 조직 과정을 주도한 것은 종교적으로는 기독교계, 지역적으로는 기호 인사들이었으며, 조직 과정에서 기호파와 서북파, 기독교와 천도교의 대립이 있었다.109) 이러한 대립 과정은 한성정부 명의로 발표된 문건에도 반영되었다. 4월 23일 국민대회시 배포된 문건은 두 부류로, 한성정부를 조직한 기독교·기호파 지도부가 작성한 ② 국민대회취지서 ③ 선포문과 서북 계열 학생 실행부가 이미 작성 혹은 수령해놓은 ④ 임시정부 선포문으로 구성되어 있다. 4월 23일 같은 사람에 의해 뿌려진 이질적인 두 가지 문서는 모두 한성정부 관련 문서로 국내외에 소개되었다.110)

이상과 같이 이승만은 4월 23일 '국민대회' 이전에 작성된 한성정부 관련 문건인 국민대회 취지서와 선포문만을 입수했던 것이다. 이는 이승만이 실제로 국민대회의 성사 여부나 이후 진행 경과, 한성정부의 실체에 대해 정확히 알 수 없었음을 의미한다.

5월 31일 신흥우에게 한성정부 문건을 건네받은 이승만이 대한공화국 임시정부 국무경의 직함을 버리고 처음으로 대통령(President)으로 자임한 것은 1919년 6월 14일부터였다. 이승만은 대통령 명의로 구한국과 조약을 맺었던 열강들에게 한성정부(the Republic of Korea)의 탄생을 알리는 공식 서한을 보냈다.111) 같은 날 『신한민보』는 처음으로 한성정부 소식을 게재했다.

---

109) 高珽烋, 앞의 논문, 1997, 199~200쪽.
110) 일제의 문서는 물론이고 미국 언론에서도 국민대회 취지서, 선포문 및 (신한민국)임시정부 선포문(임시정부령 1·2호)이 함께 알려졌고, 이것이 모두 한성정부 소식으로 인식되었다.
111) 『新韓民報』 1919년 8월 21일자 ; Korea Review, I-5 (1919년 7월), 8쪽에 실려 있다. 여기서 이승만은 자신을 대통령(president)으로, 국민대회를 the Korean National Council로, 국호를 the Republic of Korea로 호칭했다.

[5월 11일 셔울 련합통신샤 통신으로] (a) 대한독립당 두회자들은 대한공화국 림시정부를 한국내디에 비밀히 건설하고 리승만박사로 대통령을 뽑앗는데 림시정부의 **내각의 다슈는 합중국에서 교육을 받은 사람들이라** 하며 림시헌법을 보건대 공화국제도를 쓰게 만들엇고 국민의 대정책의 강령은 국민의 자유와 동등권을 쥬댱하야 세계의 영구뎍 평화를 협찬하기로 위쥬하며 대한국민된 쟈는 누구든지 세납과 병역에 복무케 하얏더라. 13도의 대표자 25인이 회집하야 일본이 한국 통치권을 한국에 다시 돌리라고 강경히 요구하며 일본은 한국 내디에 잇는 군대를 속히 거두어 가라고 요구하며 한인들은 다 죽을지언뎡 왜정부에 세납을 받지 안키로 결심하얏다더라. (b) 림시정부의 명령으로 왜정부의 명령을 복종치 말라하며 각 동리마다 림시디방정부를 조직하야 원수 왜놈에게셔 한국 통치권을 다시 찾는 때까지 치안의 질서를 유지하기로 결심하얏더라.(강조—인용자)112)

『신한민보』의 한구석에 조그맣게 게재된 이 기사가 미주 한인 사회뿐만 아니라 한국 독립운동 전반에 큰 파장을 불러올 것을 예측한 사람은 없었다. 앞에서 지적했듯이 이 기사는 4월 23일 배포된 두 부류의 상이한 문건, 즉 기독교·기호파 지도부가 작성한 국민대회 취지서·선포문 및 서북 계열 학생 실행부의 임시정부 선포문을 (a)와 (b)로 혼합해서 보도하고 있다.113) 즉 이 기사는 이승만이 가지고 있지 않은 「임시정부선포문」의 내용을 담고 있는 것으로 미루어 이승만 측의 선전용 조작일 수 없으며, 분명한 근거가 있었을 것이다.114) 그러나 이승만이

---

112) 「한국내디에 림시정부가 조직되여, 각디방에 림시정부를 조직하고 왜놈에게 세납을 절대 거절」, 『新韓民報』 1919년 6월 14일자.
113) 고정휴는 (a)부분의 각료 중 다수가 미국 교육자라는 것과 (b)부분의 임시 지방정부 운운을 근거로 이 기사가 사실에 근거한 것이 아니라 한성정부 관련자가 연합통신 기자에게 언론 선전을 한 것으로 추정했다.(고정휴, 박사학위논문, 77~78쪽.) 그러나 각료 중 3명(이승만, 박용만, 김규식)이 대학 졸업자이며, 2명(노백린, 안창호)은 미주에 머물며 독립운동을 하고 있었기에 적어도 미국식 사고를 이해하는 사람이 5명 이상이었다. 또한 임시 지방정부 운운은 「임시정부령 제2호」에 등장하는 지방자치제도를 뜻하는 것으로 이 기사는 국민대회의 실상을 제대로 전한 것이었다.

한글로 대통령, 영어로 'President'를 자임한 것은 분명한 문제였다. 당시 상해에 있던 안창호는 이승만의 대통령 자임 소식이 전해지자마자 곧바로 국민회에 전문을 보내 (상해) '대한공화국 임시정부'가 아직 대통령을 선정하지 않았다고 반박했다.115)

그러나 이승만은 대통령이란 명칭을 밀고 나갈 결심을 분명히 했다. 6월 17일 이승만은 상해로 전문을 보내 자신이 '대통령의 명의'로 파리의 김규식·이관용에게 신임장을 보냈고, 동맹국들에게 한국 독립을 인정하라는 '국서'를 보냈으며 조만간 미국 국회에도 제의할 것이라고 통보했다. 이승만은 이 전문에서 외교 사무는 워싱턴에서 주관할 터이니 서로 혼잡되지 않도록 하라고 지시했다.116) 또한 6월 일자 미상일에 이승만은 일본 천황에게도 한성정부의 수립과 자신이 대통령으로 선출된 사실을 지적하며 일본의 철수를 촉구했다.117) 이처럼 이승만은 일단 한성정부 관련 문서들을 입수하자, 대통령 명의로 외교 문서들을 발행하고, 파리강화회의의 김규식에게 신임장을 보내는 등, 대외적으로 대통령 선포 작업을 했다.

---

114) 한성정부가 연합통신(AP)의 보도로 전세계에 알려졌다는 것은 바로 이 기사에서 연유했는데, 현재 이 기사가 실린 미국 신문은 확인되지 않는다. 한편 『대한독립혈전긔』에는 5월 11일이 아니라 「서울 6월 11일 연합통신」발 보도로 "경성에 소집ᄒ 대한 十三도 대표회에셔는 국무총장 리승만박사로 대한공화국 림시대통령을 공션ᄒ 엿더라"라고 되어 있다.(국사편찬위원회, 『韓國獨立運動史』資料 4, 臨政篇 Ⅳ, 1968, 343쪽.)
115) 「도산선생의 뎍확한 뎐보 도착, 림시정부에 관계된 사항」, 『新韓民報』 1919년 6월 17일자.
116) 「대한민국림시정부에 관한 통신」, 『新韓民報』 1919년 8월 19일자. 이승만은 6월 19일 하와이 李鍾寬에게 보낸 전문에서 자신이 행정 사무를 반포할 예정이며, 김규식·李鍾寬에게 신임장(delegate credential)을 보낸 사실과 자신이 대통령이 됐으니 "議定하라고 각국에 통첩"을 보냈다고 밝혔다.[「李承晩 → 李鍾寬(1919년 6월 19일)」, 『임정전문철』.]
117) 방선주, 「1921~22년의 워싱톤회의와 재미한인의 독립청원운동」, 『한민족독립운동사』 8, 국사편찬위원회, 1989, 199쪽.

일단 대통령임을 대외적으로 선포하고 20여 일 뒤인 7월 4일에야 이승만은 대한민주국 임시 대통령의 명의로 국내외 동포들에게 선언서를 발표했다.118) 이 선언서는 이승만이 작성한 「선언서」와 한성정부에서 작성한 「국민대회취지서」, 「선포문」 등으로 구성되어 있었다. 이를 통해 이승만은 국내에서 13도 대표가 회의를 개최한 후 한성정부를 수립했으며, 따라서 한성정부가 정통성을 지니는 정부라고 강조했다.

이승만의 선언이 있자, 미주 한인 사회는 혼란에 빠졌다. 가장 큰 이유는 여전히 정보의 불명확과 혼재에 따른 상황 판단의 어려움이었다. 『신한민보』는 "내지와 원동이 서로 교통을 못함으로 피차 간에 모순되는 일이 있는 듯"하다며 일단 이승만의 선언에 동의하는 태도를 취했지만, 같은 날짜에 이승만이 국무총리로 되어 있는 상해 임정의 「(통유제3호) 임시징세령에 관한 건」을 게재함으로써 반박의 여지를 남겨 두었다.119)

4) 한성정부 문건 개조와 대통령제 정부의 창출

후에 이승만은 자신이 대통령으로 자임한 데 대한 의혹이 제기되자, 자신이 대통령으로 자임한 것이 아니라 미국 언론에서 먼저 자신을 대통령으로 호칭했다고 주장했다. 그는 한성정부 소식이 미국 언론에 퍼지면서 자신을 대통령(president)으로 소개해 어쩔 수 없이 대통령이란 명칭을 썼다며 『뉴욕타임즈』(1919년 7월 13일자.) 기사를 실례로 들었다.

---

118) 「대한민쥬국대통령의 션언셔」, 『新韓民報』 1919년 7월 10일자.
119) 『新韓民報』 1919년 7월 10일자.

됴션은 민쥬국으로 션포. 림시 대통령은 리승만.

됴션 경셩에서 5월 12일 발송한 신문탐보원의 통신을 거하니 내지 됴션독립당 인도쟈들이 비밀히 됴션의 림시정부를 조직하고 리승만씨를 대통령으로 션거하엿다 하며 늬각원들은 다 미국에서 교육을 받은 한인이더라. 이 대표쟈들이 약법을 졔뎡하엿는데 그 약법에 말하기를 국톄는 민쥬국톄를 치용하며 국시는 국민의 자유와 권리를 존즁하고 세계평화의 힝운을 증즁케 하며 인민의 의무는 세납과 병역에 복죵케 한다 하엿으며 三十三인이 十三도를 대표하여 션언셔를 반포의결한 사항이 잇는데 그 결의한 사항은 일본정부에 향하여 됴션에 대한 통치권을 쳘거하고 군병을 쳘퇴하라 요구하며 일본 관텽에 일반 세납을 거절하며 신정부는 일반 인민에게 일본정부의 명령을 복죵 말고 각디방은 디방자치를 건셜하여 안녕질셔를 유지하여 한국의 뎍국되는 일본의 관할에 벗어날 썌가지 계속하쟈 하엿더라.120)

이 『뉴욕타임즈』 보도는 위에서 인용한 5월 11일자 연합통신 기사와 거의 동일함을 알 수 있다. 그런데 『뉴욕타임즈』에는 7월 13일은 물론이고 그 전후에도 이러한 기사가 게재되지 않았다.121) 이승만은 이 기사를 예로 들면서 자신이 국민대회에서 결의한 바를 준행하기 위해 대한민국 대통령의 명의를 사용했다고 주장했다.122) 결국 이승만은 첫째, 국내에서 13도 대표회의와 국민대회를 개최했기에 한성정부가 정통성이 있으며, 둘째, 관련 공문들이 다 자신에게 있어 이를 증명할 수 있으며, 셋째, 한성정부 소식이 미국 신문에 게재되면서 자신을 대통령(President)으로 소개했기 때문에 대통령으로 행세했다고 주장했다.

---

120) 「대한민국림시정부에 관한 통신」(1919년 7월 29일. 이승만 발표), 『新韓民報』 1919년 8월 19일자.
121) 이 시기를 전후해 뉴욕타임즈에 실린 한국 관련 기사는 미국 장로교 본부가 한국에서의 기독교도 탄압과 학살에 관한 보고서를 제출했다는 7월 13일자 보도뿐이다.("Horrors in Korea, Charged to Japan", *New York Times*, July 13, 1919.)
122) 「대한민국림시정부에 관한 통신」(1919년 7월 29일. 이승만 발표), 『新韓民報』 1919년 8월 19일자.

이승만은 정통성의 출처를 국내 13도대회와 국민대회에서 구했고, 대통령 직명의 출처를 미국 신문에서 구했던 것이다. 또한 관련 공문을 구비하고 있다고 함으로써 이를 뒷받침했다. 그러나 이승만은 모든 사실을 정확히 진술한 것이 아니라 자신에게 유리한 부분만을 과대 선전했다.

먼저 한성정부의 실체와 지향점은 이승만이 내세운 한성정부 정통론과는 거리가 멀었다.

첫째, 한성정부 정통성의 근거로 활용되는 13도 대표대회나 국민대회는 실재하지 않았다. 13도 대표대회는 4월 2일 인천 만국공원에서 열릴 예정이었으나 참석자는 기독교계 인물들과 경인 지역 거주자 몇 명이었고, 4월 23일 국민대회 역시 소수 학생의 시위운동으로 종결되었다. 13도 대표회의와 국민대회는 국민적 합의 절차를 강조하기 위한 명분이었지, 실체가 존재한 것은 아니었다.123) 즉 한성정부는 지상(紙上) 정부의 성격이 강했고, 전단으로 '선포'되었을 뿐 국민적 지지 기반이나 동의 절차는 물론이고 대중적 호응도 받지 못했다. 또한 중요한 점은 한성정부 관련 문건을 이승만에게 전달한 신흥우가 국민대회 이전에 출국했고 국민대회의 실상을 전혀 알 수 없는 상태였다는 사실이다. 이승만 역시 이 사실을 정확히 인식하고 있었다. 이승만은 1920년 6월 31일 이상재에게 한성정부의 문빙(文憑)을 요구했는데,124) 이는 국민대회 취지서와 각료 명단 등의 전단 외에 13도 대표회의나 국민대회 등이 이승만을 집정관총재로 선출한 사실과 절차를 증명할 수 있는 증거 서류나 신임장이 존재하지 않았음을 의미하는 것이었다. 표면적으로 한성정부 수립과 무관했던 이상재에게 왜 관련 문서를 요청했는가

---

123) 高珽烋, 앞의 논문, 1997, 200쪽.
124) 「이승만→이상재」(1920년 6월 31일), 『雩南李承晩文書』 16권, 179쪽.

하는 점은 또 다른 해명 과제이지만, 이승만이 다 가지고 있다고 호언장담한 한성정부 문건들은 시위용으로 뿌려진 전단뿐이었다.

둘째, 한성정부는 선포 문건에서 다른 임시정부와 다르게 공화제 이념조차 명확히 제시하지 못할 정도로 낙후된 정치의식을 갖고 있었다.125) 한성정부 약법6개조는 공화제 국가의 기본법으로는 미비한 상태였다. 민주정치의 본질은 인민의 기본권, 권력 분립, 대의제 등이며, 이런 정치제도를 채택하는 나라의 국체는 공화제로 통칭되지만, 한성정부는 국체를 민주제, 정체를 대의제로 하는 등 기본적인 인식이 부족했던 것이다.126)

셋째, 한성정부는 각료 명칭을 정하는 데 있어서도 '제제(帝制)'도 아니고 '공화제'도 아닌 과도적 형태의 정부를 취했다.127) 한성정부를 주도한 이규갑은 한성정부 조직 당시 유교적 복벽주의자들이 공화제에 반발했던 까닭에 각료 명칭에서 논란이 있었고, "여러 가지 논란 끝에 총장이라고 합의가 되었는데, 그 이유는 우리가 제국의 이름으로 결단이 났기 때문에 정부 조직을 대통령제로 하지 말고 제국식의 이름을 이어받는 것이 좋겠다는"128) 의견을 반영했기 때문이라고 증언했다. 또한 이규갑은 한성정부의 정부 수반의 명칭이 집정관총재로 된 것은 "모의 과정에서 왕정을 일단 복귀시켰다가 공화국을 만들자는" 복벽주의자들의 주장과 타협하는 과정에서 창안된 것이라고 밝혔다.129) 그렇다면 한성정부의 조직이 결코 대통령제와 같은 공화정을 염두에 둔 것

---

125) 孫世一, 「大韓民國 臨時政府의 政治指導體系」, 尹炳奭·愼鏞廈·安秉直 편, 『韓國近代史論 Ⅱ』, 지식산업사, 1979, 282쪽; 고정휴, 앞의 논문, 1997, 200쪽.
126) 손세일, 위의 논문, .284~285쪽.
127) 고정휴, 박사학위논문, 73쪽.
128) 이규갑, 「漢城臨時政府 樹立의 顚末」, 『新東亞』 4월호, 1969, 176쪽.
129) 「李奎甲인터뷰」(1969년 1월 19일) 손세일, 앞의 논문, 285쪽에서 재인용.

이 아님은 분명해진다.

이규갑의 증언처럼, 총장이라는 명칭은 대한제국 시대의 관원 명칭에서 비롯된 것으로 보이지만 집정관총재의 연원은 분명치 않다. 이 직명의 출처로 생각할 수 있는 가능성은 다음과 같다.

첫째, 신해혁명(辛亥革命) 이후 중국 정치 상황으로부터 받은 영향을 지적할 수 있다. '집정(執政)'이라는 용어는 중국 고대의 '장관국가정사(掌管國家政事)'에서 유래한 직명일 뿐만 아니라 1924년 북양군벌(北洋軍閥) 단기서(段祺瑞)가 북경에 임시정부를 세우며 집정을 자처한 적도 있다.130) 또한 이정규(李丁奎)는 한성정부가 중국 남방의 '손문(孫文) 정부식'으로 집정관총재를 두고 그 밑에 7부와 노동국을 두었다고 회고했는데,131) 1912년 신해혁명 이후 수립된 임시정부는 대통령(총통)—총장—차장으로 구성되어 있었다. 때문에 한성정부가 중화민국 대총통제의 형식을 모방하되 공화제를 명확히 표방한 통령 혹은 대통령의 명칭을 의도적으로 채택하지 않은 것으로 볼 때, 이는 제국과 공화정의 과도적 형태라고 할 수 있다.132)

둘째는 로마의 집정·집정관(consul)에서 유래되었을 가능성이다. 로마의 집정관은 공화정 시대에 왕권을 대신해 권력을 장악한 최고 행정자 혹은 국가의 수반이었고 제정기에는 황제의 지명으로 황제권을 대행했던 행정관이라는 이중적 의미를 지녔다.

셋째는 프랑스혁명기에 등장한 집정(consul), 집정정부(consulat)의 영향을 받았을 가능성이다.133) 프랑스혁명기 절대왕정에서 공화정으로

---

130) 고정휴, 앞의 논문, 1997, 173쪽, 주14)에서 재인용.
131) 李丁奎, 『又觀文存』, 삼화인쇄출판부, 1974, 97쪽.(고정휴, 위의 논문, 1997, 173쪽에서 재인용.)
132) 韓哲昊, 「대한민국임시정부의 대통령제」, 한국근현대사학회, 『대한민국임시정부수립80주년기념논문집(상)』, 국가보훈처, 1999, 130쪽.

넘어가는 과도기에 국가를 통치한 집정관은, 형태적으로는 삼두정치에 가까운 것이었다. 로마공화정이 제정으로 넘어가는 과정에서 실시된 삼두정치의 최고 정무관 역시 정원 3명, 임기 1년의 집정관이었다.

집정관이라는 직명의 용례는 중국·로마·프랑스 등에서 다양하게 찾아볼 수 있는데, 결국 그 핵심은 제정도 공화정도 아닌 과도기의 집단 지도 체제를 본뜬 것이라고 할 수 있다. 때문에 공화제에 반발하는 유림 측을 포섭하기 위해 한성정부의 주체 세력이던 이규갑 등 기독교 세력이 공화정의 상징인 대통령 명칭을 회피하는 방편으로 집정관 명칭을 사용했다는 추론은 설득력이 있다.[134]

한편 집정관에 총재를 붙인 이유는 두 가지로 추측해볼 수 있는데, 첫째는 이 명칭이 대한제국기 수륜원(水輪院)·철도원(鐵道院)·평식원(平式院)·수민원(綏民院)·제실제도정리국(帝室制度整理局)·서북철도국(西北鐵道局)·군국기무처(軍國機務處)·표훈원(表勳院)·지계아문(地契衙門) 등의 칙임(勅任) 장관명을 차용했을 가능성이다. 이 경우에는 당연히 왕의 임명을 전제로 하는 것이므로, 집정관총재라는 명칭은 명문화되지는 않았으나 실재하는 왕 예하에 집정관총재-총장으로 구성되는 정부체제를 염두에 두었다고 할 수 있다. 둘째 가능성은 총재라는 명칭이 프랑스혁명

---

133) 1799년 11월 9일(브뤼메르 Brumaire 18일 : 공화력 2월 18일)에 나폴레옹 쿠데타로 성립한 집정정부(통령정부)는 처음에 3명의 임시집정관을 두고 다음에 임기 10년의 집정관을 두었다. 그후 제1집정인 나폴레옹이 1802년 종신 집정이 되고, 이어 황제가 되어 제1제정을 수립함으로써 1804년에 폐지되었다.
134) 韓哲昊, 앞의 논문, 1999, 129쪽. 그는 집정관총재라는 직명이 결국 로마의 집정관이 내포하고 있던 이중적 의미와 중국 고대 집정의 명칭을 기독교 측이 유림 측에 절충안으로 내놓은 것이며, 여기에는 대한제국 황제로부터 권력을 위임받은 최고 행정관이라는 의미가 내포되어 있다고 추정했다. 이 경우 집정관은 공화정 하의 대통령이 아니라 오히려 대한제국 황제 체제하에서의 재상-예를 들어 고대 중국 내지 로마 황제체제하에서의 집정관-과 같은 의미였다.(같은 논문, 130쪽.)

표 5-3. 한성정부 각료명단의 비교

출전 이름	(1) 『신한민보』	(2) 『우남』 6권	(3) 『우남』 4권	(4) 강덕상	(5) 김원용
李承晩	집정관총재	집정관총재	집정관총재	집정관총재	집정관총재
李東輝	국무총리 총장	국무총리 총재	국무총리 총재	국무총리 총재	국무총리
朴容萬	외무부총장	외무부총장	외무부총장	외무부총장	외무총장
李東寧	내무부총장	내무부총장	내무부총장	내무부총장	내무총장
盧伯麟	군무부총장	군무부총장	군무부총장	군무부총장	군무총장
李始榮	재무부총장	재무부총장	재무부총장	재무부총장	재무총장
申圭植	법무부총장	법무부총장	법무부총장	법무부총장	법무총장
金奎植	학무부총장	학무부총장	학무부총장	학무부총장	학무총장
文昌範	교통부총장	교통부총장	교통부총장	교통부총장	교통총장
安昌浩	노동부총장	노동부총장	노동국총판	노동국총판	노동총판
柳東說	참모부총장	참모부총장	참모부총장	참모부총장	참모총장

[출전] 각각의 전거는 다음과 같다.
  (1) 李承晩 발표(1919년 7월 4일), 「대한민쥬국대통령의 션언셔」, 『新韓民報』 1919년 7월 10일자.
  (2) 李元淳 필사본, 「대한민쥬국 림시집정관 총직 션언셔」, 『雩南李承晩文書』 6권, 6~14쪽.
  (3) 한성정부전단 원본 『雩南李承晩文書』 제4권, 26~29쪽.
  (4) 일제가 압수한 한성정부 문건(日譯), 「騷擾第783호, 獨立運動ニ關スル不穩文書發見ノ件」(1919년 4월 24일), 『現代史資料』 25, 姜德相 編.(みすず書房, 1966, 452~455쪽.)
  (5) 金元容, 1959, 『在美韓人50年史』, 캘리포니아 리들리, 456쪽.

기 테르미도르(Thermidor) 반동 이후 나폴레옹의 쿠데타까지 1795~99년에 존재한 프랑스 정체인 총재정부(總裁政府)에서 비롯되었을 가능성이다. 이 경우 총재정부는 다섯 사람으로 구성되었는데, 한성정부의 경우에는 집정관총재와 국무총리총재라는 최고위직 두 자리의 각료가 총재 명칭을 갖고 있다. 이러한 여러 가능성을 고려해볼 때 한성정부는 프랑스혁명기의 과도적 정부 형태인 총재정부-집정정부를 혼합하거나, 집정정부와 왕정을 혼합한 과도기적이고 불분명한 정치 체제를 구

상했다고 볼 수 있다.[135]

이러한 절충적이고 과도적인 정치 체제는 너무 모호했고 일반적으로 이해하기 힘든 것이었다. 집정관제가 기독교 측과 유림 측, 공화정 지지파와 왕정 지지파 간의 타협의 산물이었다고 해도 그런 타협 과정과 의미는 보편화되기 어려운 것이었다. 또한 비밀 지하조직을 통해 급조된 이 내용을 상해·미주 등지에서 정확히 이해한다는 것은 처음부터 불가능했다. 실제로 미주에서 이승만이 집정관총재를 대통령으로 해석하고 선전한 것은 그 직책 명을 창안해낸 사람들의 의도와 정면으로 배치되는 것이었다.

이승만은 국내에서 수립된 과도적 정치 체제의 '한성정부'를 바탕으로 새로운 대통령제 정부를 창출했다. 나아가 이승만은 한성정부의 각료 직명을 부분적으로 개조하고 자신은 무소불위의 권한을 갖는 대통령으로 자임했는데, 이 내용은 전혀 주목받지 못했다. 이는 이승만의 정치적 의도가 깔린 '개작(改作)'이자 엄밀히 말해 문서 변조에 해당하는 것이었다. 지금까지 알려진 한성정부 각료 명단과 직책을 정리하면 표 5-3과 같다.

먼저 대통령이란 직명이 없다는 점이 눈에 띈다. 이승만은 외국 언론에 대통령 명칭의 연원을 돌렸지만, 논란의 와중에서도 '대통령' 명의로 선언서를 발표할 정도로 대통령직에 집착했다. 앞에서 살펴본 것처럼 이승만은 현순이 초기 상해 임정에 대통령이 없다고 여러 차례 강조했음에도 불구하고, 4월 27일 편지를 보내 대통령직이 있는지를 문의할 정도로 대통령이란 명칭과 직제에 유난한 관심을 갖고 있었다. 이러한 이승만의 대통령직에 대한 집착은 통합 상해 임정에 집정관총

---

135) 한성정부의 각료를 구성하는 데 주역을 담당한 李奎甲, 洪冕熹 등이 법률가 출신이었다는 점도 고려되어야 할 것이다.

재 대신 대통령직의 설치를 끈질기게 요청한 데서도 분명히 드러난다.

다음으로 주목할 점은 국무총리총재 이동휘와 노동국총판 안창호의 직책이 변경된 부분이다. 한성정부 성립을 전한 국민대회 취지서는 원래 목판본으로 제작되었으며 (3)이 원본이고 (4)도 이와 동일하지만 일본어 번역본이다. 그런데 이에 따르면 한성정부는 2총재(집정관총재・국무총리총재), 8부 총장(외무・내무・군무・재무・법무・학무・교통・참모), 1국 총판(노동국)의 정부 체제를 갖고 있음을 알 수 있다.

즉 외형적으로 한성정부는 2총재가 8부 총장과 1국 총판을 관할하는 집단 지도 체제를 갖고 있었다. 앞에서 설명한 것처럼 한성정부가 집정정부-총재정부의 혼합체였다고 한다면 최고 지도부는 2총재, 즉 이승만과 이동휘라고 할 수 있다. 양자의 정부 내 위상은 동일한 총재였던 것이다. 집정관과 국무총리의 역할 분담이 어떤 것인지는 분명치 않다. 한성정부가 국외의 망명 인사만을 각료로 선임한 망명 정부의 형식을 지녔다고 할 때, 미주에 있던 이승만은 망명 정부의 대표 역할과 대연합국 외교 총책임자로의 대외적 역할을, 한국과 근접해 있을 뿐만 아니라 한인의 밀집 지역이던 노령에서 활동하던 이동휘는 실질적인 독립군 양성과 무력투쟁 등을 총괄하는 대내적 역할을 나누어 맡은 것으로 추정할 수 있다.

또 원본에 따르면 안창호는 부(部)의 총장이 아니라 그 하위의 국(局)을 담당하는 총판으로 선임되어 있었다.136) 이규갑은 (안창호의) "특출한 외교적인 수완을 살려 러시아혁명을 계기로 세계적으로 일고 있는 노동운동에 중점적으로 대비하기 위한 조치"로 노동국총판에 선임했다고 밝혔다.137) 그러나 안창호가 총장급보다 낮은 노동국총판에 선임

---

136) 대한제국기 總辦은 典圜局, 機器局 등의 으뜸 벼슬이었는데, 典圜局은 度支部 소속으로 대한제국기 局은 部의 하부 기관이었다.

된 것은 노동운동을 하대하는 유교적인 혹은 전통적인 사고의 산물이었을 뿐만 아니라 기호 인물들이 중심이 된 한성정부 조직자들이 서북 출신인 안창호의 비중을 낮추었음을 의미한다.

미주에 널리 알려진 한성정부 문건은 국내에서 제작된 목판 인쇄본의 내용이 아니라 1919년 7월 4일 이승만이 발표한 내용을 담은 「대한민쥬국대통령의 션언서」였다.138) 최근 『우남이승만문서(雩南李承晚文書)』 동문편(東文篇)에 원본이 공개되기 전까지는 그 누구도 한성정부 문건의 원문을 보지 못했다. 알려진 것은 이승만이 발표한 신문 보도뿐이었고, 이는 상해의 경우에도 마찬가지였다.139) 그런데 이승만이 발표한 내용을 원래의 한성정부 포고문과 비교해보면 가장 결정적인 두 사람의 직책이 변경되어 있음을 알 수 있다. 즉 국무총리총재인 이동휘가 국무총리총장으로 격하된 반면, 노동국총판이었던 안창호는 노동부총장으로 한 단계 격상된 것이다.

이런 변경이 이루어질 수 있는 첫 번째 가능성은 전사(轉寫)과정에서의 오류가 발생했을 경우이고, 두 번째 가능성은 이승만이 의도적으로 변경한 경우이다. 논리적으로 볼 때 이동휘가 국무총리총재로 알려질 경우, 이는 이승만의 '대통령' 자임에 결정적인 장애가 될 것이 분명했다. 왜냐하면 이승만은 "당초에 한성에서 국한문으로 집정관총재라 하고 영문은 프레지던트"로 했으며,140) "內地에서 總裁라흔 거시 즉 統領

---

137) 이규갑, 앞의 글, 185쪽.
138) 『新韓民報』 1919년 7월 10일자.
139) 일제가 상해 임정과 교민단 등에서 압수한 문건으로 편집한 『朝鮮民族運動年鑑』에도 한성정부 각료 중 '국무총리총재'가 '국무총리'로 되어 있다.(在上海日本總領事館警察部第二課 編, 『朝鮮民族運動年鑑』, 東文社書店, 1946.) 이는 미주와 상해 등지에 유포된 한성정부 각료 명단이 이규갑 등 조직 주체에 의한 것이 아니라 이승만의 발표문에 근거한 것임을 알 수 있게 한다.
140) 「李承晚 → 安玄卿」(1920년 2월 13일자.), 『雩南李承晚文書』 16권, 117쪽.

이라 흠이 英文으로 President"라고 주장했는데,141) 이는 논리적으로 한성정부가 단일한 대통령-국무총리 제도라는 뜻이었다. 즉 이승만은 한성정부에서 집정관총재라고 발표했고, 이것이 AP·뉴욕타임즈 등을 통해 미국에 'president'로 알려졌으며 자신은 'president'라는 영문 단어를 사람들이 이해하기 쉬운 대통령으로 명명했을 뿐이라고 주장했다. 이승만은 '집정관총재=president=대통령'이며, 세 가지 명칭이 아무런 차이가 없다고 주장했다.

그런데 앞에서 살펴본 것처럼 한성정부는 '총재=통령=president'의 체제가 아니었다. 총재는 이승만 한 명이 아니라 이동휘까지 2명이었고, 한성정부는 2총재-8총장의 집단 지도 체제의 면모를 갖추고 있었다.142) 문제는 이승만 역시 이러한 점을 충분히 알고 있었다는 사실이다. 이승만은 5월 말에 한성정부 수립 문건을 접수하고, 자신이 집정관총재이며, 이동휘가 국무총리총재, 안창호가 노동국총판임을 알았다. 그러나 이승만은 먼저 대외적으로 자신이 대통령이라고 발표해서 이를 대내외적으로 공식화시킨 후 한 달이 지나서야 대통령이 집정관총재이며, 이동휘는 국무총리, 안창호는 노동부총장이라는 개조된 내용을 발표했던 것이다. 이승만은 자신의 최고 지도자로서의 권위를 위협할 수 있는 이동휘의 국무총리총재 직명을 격하시킴으로써 1집정관총재-9총장 체제, 혹은 대통령-국무총리-장관의 수직적인 권력 체제를 강조하려 했던 것이다.

반면 안창호가 노동국총판에서 노동부총장으로 격상된 이유는 이동

---

141)「李承晩 → 李東輝」(1920년 1월 28일),『雩南李承晩文書』16권, 162~163쪽.
142) 상해의 임시정부 통합 과정에서 2명의 총재에 대한 논의가 있었는지는 분명치 않다. 다만 상해에서는 집정관총재가 總務=Director이며 대통령이 아니라는 점을 분명히 인식하고 있었다.[李承晩 → 玄楯(1920년 초),『雩南李承晩文書』16권, 291~300쪽.]

휘의 경우와는 반대였다고 할 수 있다. 안창호는 국민회 중앙총회장으로 미주에서 막강한 영향력을 행사하고 있었는데, 이러한 안창호를 각 부의 총장급도 안 되는 노동국총판으로 해서는 한성정부가 미주 사회에서 영향력을 가질 수 없었기 때문이다.

결국 이승만은 한성정부의 각료 명칭 중 집정관총재, 국무총리총재, 노동국총판이라는 세 가지 중요한 직위의 명칭을 변경했다. 집정관총재를 대통령으로, 국무총리총재를 국무총리총장으로, 노동국총판을 노동부총장으로 변경한 것은 단순한 명칭 개조에 그치는 것이 아니었다. 이승만은 집단 지도 체제를 지향한 한성정부 수립 주체들의 의도를 자의적으로 해석해 자신에게 유리한 미국식 대통령 중심제를 만들어냈고, 미주와 상해의 교민·독립운동 진영에 그 진상을 감추었다. 한성정부는 국내에서의 조직 당시와는 달리 미주로 전해져 이승만에 의해 선포되면서 중요한 몇몇 부분들에 의미가 덧붙여지기도 하고, 각료 명칭이 변경되기도 했다. 이승만이 선포한 한성정부는 국내에서 추진된 한성정부와는 별개였으며, 정치체제와 지향점도 다른 것이었다.[143]

상해 정부는 이승만이 국무총리 취임을 거부했음에도 불구하고 국채 발행권을 위임했다.[144] 그러나 이승만은 8월 13일 집정관총재 명의로 「국채표에 대한 포고문」을 발표하며 국채 수합권이 상해 임정이 아니라 한성정부의 권한으로 비롯되었다고 주장했다.[145] 또한 8월 22일 파리에서 김규식이 도착하자, 8월 25일 집정관총재의 명으로 「임시

---

143) 미주의 한 논자는 집정관총재제인 한성정부는 반포된 직후 사라졌고, 외국에서 조직된 2개의 정부, 즉 상해에서 조직된 총리제 정부와 워싱턴에서 이승만이 만든 대통령제 정부가 합하여 통합 상해 임정이 되었다고 주장했다.(「림시정부 뎨4쥬년」, 『新韓民報』 1923년 4월 26일자.)
144) 「공채표와 애국금」, 『新韓民報』 1919년 10월 7일자 ; 『韓國獨立運動史』 자료 2, 403~405쪽.
145) 「국채표에 대한 포고문」, 『新韓民報』 1919년 8월 21일자.

정부행정령(제2호): 한국위원회」를 통해 구미위원부를 설립했다.146) 이승만은 가장 중요한 공채권과 구미위원부 설립의 법적 근거를 존재하지 않는 한성정부에서 구했던 것이다.

당시 상해에서는 노령-한성-상해 3정부의 통합 논의가 깊숙이 진행되고 있었는데, 마지막 남은 문제는 이승만의 대통령 자임 문제였다. 논쟁 결과 상해 임시정부는 9월 11일 국내에서 수립된 한성정부의 법통을 따라 이승만을 대통령으로 하고, 나머지 각료는 한성정부 각료 명단 그대로를 인정하는 개편을 통해 노령-한성-상해 3정부의 통합을 이루었다. 이 과정에서 이승만은 기호파-기독교 세력을 중심으로 한 국내 지지 세력의 신속한 후원과 국외(상해) 지원의 결합, 국민대회를 통한 정부 수립이라는 논리·형식적 정당성의 확보를 통해 임시정부 통합 논의의 주도권을 장악할 수 있었다.147) 이승만이 통합 상해 임시정부의 대통령이 되는 과정은 결국 몇몇 각료 직위 명칭의 자의적 개조를 통한 한성정부 체제의 변경(집단 지도 체제 → 단일 지도 체제), 한성정부 수립 의도의 변경(군주제·공화제의 과도 형태 → 대통령 중심제), 그리고 변경시킨 제도의 관철 과정이었다.

---

146) 「림시정부행정령(뎨2호) 한국위원회」, 『新韓民報』 1919년 9월 18일자 ; 「執政官總裁公佈文 第2號 : 大韓民國特派歐美駐紮委員部 設置 條款」(집정관총재 이승만)(1919년 8월 25일), 『雩南李承晚文書』 9권, 1쪽.
147) 윤대원, 박사학위논문, 37~49쪽 ; 權寧厚, 「李承晚과 大韓民國 臨時政府, 1919~1925」, 건국대 사학과 석사학위논문, 1987, 33~61쪽.

4. 구미위원부의 설립과 외교 활동

1) 구미위원부의 기원

이승만은 자신이 대한공화국 임시정부의 국무경으로 추대된 사실을 인지한 시점부터 국무총리로서의 공식 활동을 개시했다. 우선 그는 대한공화국 임시정부와 자신의 관계를 공식화하는 데 주력했다. 현순의 전보를 받은 다음 날인 4월 5일 대한공화국 임정이 자신에게 "우리 운동에 대하여 빚을 얻는 권리를 쥬는 것을 곳 뎐보"해 보낼 것을 요청했다.148) 그리고 4월 11일에는 현순에게 직접 국채 발행 신임장을 요청했고,149) 14일에는 하와이국민회장 이종관(李鍾寬)에게 상해의 현순에게 전보를 쳐서 임정 명의의 신임장(credential)을 보내라고 요청했다.150) 대한공화국 임시정부와 관련해 이승만의 유일한 관심은 미국에

---

148) 「대한민국림시정부에 관한 통신」, 『新韓民報』 1919년 8월 16일자; 「李承晚 → 玄楯」(1919년 4월 27일), 『雩南李承晚文書』 16권, 270~279쪽. 이승만은 4월 11일에도 대한공화국 임정이 자신에게 국채 얻는 권리를 공식적으로 부여해야 한다고 현순에게 전보했다.(위와 같음.) 윤대원은 현순이 4월 5일 이승만에게 통보한 것이 초기 상해 임정의 국무총리 임명이었다고 썼지만,(윤대원, 박사학위논문, 112~113쪽) 이는 상해 임정이 아니라 '대한공화국 임시정부'에 대한 소식이었다. 원래 이승만은 4월 5일 현순에게 보낼 전보 초안에서 자신에게 선전비로 1만 달러를 즉시 보내라고 썼지만, 발송한 진짜 전보에서는 "자금이 필요하다"는 것으로 변경되었다.[「李承晚 → 玄楯」(1919년 4월 5일), JoongAng Ilbo and The Institute for Modern Korean Studies, Yonsei University, The Syngman Rhee Telegrams, volume I, 2000, pp. 66~67.]
149) 「대한민국림시정부에 관한 통신」, 『新韓民報』 1919년 8월 16일자; 전보 원문은 다음과 같다. Cable me credential by Provisional Government authorizing me to borrow money to finance our work[「李承晚 → 玄楯」(1919년 4월 27일), 『雩南李承晚文書』 16권, 270~279쪽.]
150) 「李承晚 → 李鍾寬」(1919년 4월 14일), 『임정전문철』.

서 '국채'를 발행하는 데 필요한 임시정부의 증거 서류 및 신임장이었다.151) 이는 이승만의 운동관과 독립관을 잘 보여주는 대목이다. 이승만은 대한공화국 임시정부의 정확한 실체를 파악하거나 현장에 동참하는 데는 관심을 두지 않았다. 대한공화국 임시정부는 정부 위치, 주도 세력, 지향성, 노선, 활동 등이 모두 불투명했지만 이승만은 국채·공채 발행권(請財權)과 자기 지위에 대한 신임장만을 요구했다. 이승만은 대한공화국 임시정부가 어디 있으며 무슨 일을 하고 있는지, 혹은 하려고 하는지에 대해서는 관심이 없었다.

한편 대외적으로 이승만은 4월 7일 대한공화국 임시정부 국무경의 자격으로 연합통신과 기자회견을 갖고 "이번 독립운동에 인도자들의 쥬의는 한국으로 동양의 처음되는 예수교국을 건설하겟노라"라고 밝혔다.152) 나아가 이승만은 4월 12일 월슨 대통령과 프랑스 수상에게 '대한공화국 임시정부 국무경' 명의로 공첩을 보내 파리평화회의에서 한국 독립을 인정하라고 요구하며, 평화회의 4대 강국(영국, 미국, 프랑스, 이탈리아) 행정위원회가 파리에 파견된 임시정부 강화대사들의 발언권을 허락하라고 요구했다.153) 4월 14일 이승만은 임시 국무경의 자격으로 공고를 내어 필라델피아 '국민대회'를 선전했다.154) 필라델피아 제1차 한인회의(First Korean Congress)는 4월 14~16일간 필라델피아에서 개최되었는데, 일종의 종교 집회 같은 식순으로 진행되었다. 참석한 미국인들은 대부분 선교 사업에 종사하는 종교인들이었고, 이 회

---

151) 이승만은 1919년 5월 6일에도 현순에게 전보를 보내 국채 발행을 위한 임정의 신임장을 요구했다.(「대한민국립시정부에 관한 통신」, 『新韓民報』 1919년 8월 16일자.)
152) 『新韓民報』 1919년 4월 8일자.
153) 『新韓民報』 1919년 5월 13일자.
154) 『新韓民報』 1919년 4월 17일자.

의의 하이라이트는, 필라델피아 독립관까지 행진해서 초대 미국 대통령 워싱턴이 앉았던 의자에 이승만이 앉고 참석자들이 만세를 부르는 장면이었다. 이 회의는 미국 대통령과 파리강화회의에 대한공화국 임시정부(the Provisional Government of the Korean Republic)의 승인을 요청했다. 이들은 청원문에서 대한공화국 임시정부가 "진정한 민주주의 이념에 기초한 공화제 정부이며, 지도자는 기독교 정신으로 인도"한다고 밝혔다.155)

이승만은 4월 30일 대한공화국 임시정부 국무경의 이름으로 윌슨에게 재차 청원서를 제출했다.156) 이 청원서에서 이승만은 첫째로 기독교 국가의 수립, 둘째로 대한공화국 임정이 진정한 한국인의 정부임, 셋째로 김규식이 평화회의 강화대사임을 강조했다. 이승만은 서재필을 통해 대한자유친우회(후에 한국친우회)를 조직하여 이 사실을 대한공화국 임시 통신부를 통해 발표했다.157)

이 시기 이승만의 활동 중 가장 중요한 것은 4월 25일 워싱턴에 정부대표사무소를 설치한 일이었다. 이 사무소는 한동안 '대한공화국 임시사무소'·'한국공화정부공관(韓國共和政府公館)' 등으로 불리다 8월 25일 구미위원부로 개편되었다.158) 이 구미위원부로의 개편은 다름 아닌

---

155) First Korean Congress, p. 69. 이 '당황한 전보'는 4월 29일 파리에 도착했는데, 김규식은 4월 30일 국민회에 편지를 보내 청원서가 파리평화회의와 각국 대사관에만 발송되고 자신에게는 발송되지 않은 사실에 불만을 표시했다.(『新韓民報』 1919년 5월 29일자.)
156) 「국무경리승만박사의 청원」, 『新韓民報』 1919년 5월 8일자. 이승만은 이 청원서에서 한국이 독립되어야 "자유적 예수교인의 민주국"이 될 수 있다고 주장했다.
157) 『新韓民報』 1919년 5월 13일자.
158) 「李承晚 → 玄楯」(1919년 4월 27일), 『雩南李承晚文書』 16권, 277쪽. 이승만은 즉시 하와이국민회에 전보를 보내 임시정부 (워싱턴)사무소 전신주소로 KORIC Washington을 사용하라고 지시했다.[「李承晚 → 호놀룰루국민회」(1919년 4월 25일), 『임정전문철』] ; 『新韓民報』 1919년 7월 19일자.

한성정부 법통론에 근거한 것이지만, 구미위원부로 개편되기 전 이 사무소의 법적 연원이 존재하지 않는 대한공화국 임시정부에서 비롯되었다는 사실은 지금까지 알려지지 않았다.

한성정부 법통론이란 국내에서 13도 대표가 대회를 개최(4월 2일)하고 약법(約法)과 각료 명단을 정한 후 국민대회(4월 23일)를 통해 추인받았기에 정통성이 있으며, 또한 약법에 따르면 '영원정부' 즉 독립 정부가 수립되기 전까지는 국내 13도 대표대회와 국민대회가 선출한 한성정부 집정관총재가 정당성과 영속성을 지닌다는 것이었다.159)

구미위원부는 여러 가지 면에서 독특한 위상을 점하는 것이었다. 먼저 이승만이 구미위원부를 조직한 근본적인 이유는 미주 한인 사회의 재정 관할권을 장악하려는 의도 때문이었다.160) 이승만은 처음에는 미주와 하와이의 대표 각1명 및 김규식 등 3명으로 재무위원회(financial committee)를 조직해 미주에서 공채 모집을 할 계획이었으나, 서재필의 건의로 외교·홍보·재정 확보를 포괄하는 구미위원부를 조직했다.161) 재정 수합이 가장 큰 활동 목적이었던 구미위원부는 임시정부 산하의 기관이었음에도 불구하고 예산안 집행에 대해 감독이나 사후 승인을 받지 않았다.162) 한편 이승만은 7월 14일 초기 상해 임정 의정원에 편지를 보내 워싱턴에 임시 공사관본부(temporary legation headquarters)를 확보했으며 '항구적인 공사관본부' 설치를 준비 중이라고 했지만,163)

---

159) 『新韓民報』 1919년 8월 19일자 ; 윤대원, 박사학위논문, 111~119쪽.
160) 高珽烋, 「歐美駐箚韓國委員會의 初期 組織과 活動, 1919~1922」, 『歷史學報』 134·135, 1992, 17쪽.
161) 李相薰, 「金奎植의 歐美委員部 활동(1919~1920)」, 한림대 사학과 석사학위논문, 1996, 10~14쪽.
162) 고정휴, 박사학위논문, 106쪽.
163) 「李承晩 → 상해 임시정부 의정원」(1919년 7월 14일), 이상훈, 앞의 논문, 10쪽에서 재인용.

공사관이나 대사관이 아닌 구미위원부를 결성했다.

김현구(金鉉九)에 따르면 당시 한국인들의 여론은 임시정부의 한국공사관·대사관을 설립하는 것을 당연시했으나 이승만이 '위원부'를 고집했다는 것이다.164) 표면적으로 이러한 조치는 이승만이 제안한 후 서재필과 법률 고문 돌프(Frederic A. Dolph)의 동의를 얻은 결과였으나, 그 이면에는 한국 임시정부가 열강으로부터 법률적 승인은 물론 사실상의 정부로도 승인받지 못했기 때문에 공사관·대사관 설립이 불가하다는 현실이 숨어 있었다. 따라서 이승만은 당시 캐나다가 영국의 자치령으로 워싱턴에 외교위원부를 설치한 것처럼 한국도 일본의 속지(屬地) 자격으로 위원부를 설치하기로 했던 것이다.165)

구미위원부와 대사관·공사관의 관계는 김규식의 후임으로 구미위원부 임시위원장에 임명(1920년 9월)된 현순이 1921년 4월 주미한국대사관 설립을 강행함으로써 분명히 드러났다. 이승만은 현순에게 '공사' 임명장을 주었지만, 현순이 대사관을 설립하자 현순을 공박하며 해임명령을 내렸고, 이에 맞서 현순은 이승만 진영이 위임통치론의 연장선상에서 외교를 한다며 비난했다.166)

---

164) 金鉉九,『雩南略傳』, 75~76쪽;『金鉉九自傳』제2부,「社會生活」, 179~180쪽.
165) 反이승만 감정이 심했던 김현구는 이승만의 논리가 '可疑可惑'의 것으로 한국 독립운동은 한국이 일본 영지가 아님을 주장하는 것이 목적이었으나 이승만이 한국이 일본의 속지라고 자인한 것은 그가 법률적으로 盲目이었을 뿐만 아니라 이미 1913년 일본 천황에게 공개적으로 自治權을 청원했던 경험이 있을 정도로 '頑見이 尙存'했기 때문이라고 비난했다.(金鉉九,『金鉉九自傳』, 180쪽.)
166) 고정휴, 박사학위논문, 214~223 ; 김현구, 위의 책, 181~182쪽.

2) 구미위원부의 외교·선전 활동

이승만은 통합 상해 임시정부의 대통령으로 추대된 이후 구미위원부를 통해 주로 대미 외교에 노력을 집중했다. 구미위원부의 활동은 크게 두 가지였는데, 청재권(請財權) 또는 징세권(徵稅權)의 독점을 통한 재정 출납 업무와 외교 및 선전 활동이었다. 구미위원부는 독자적으로 공채표를 발행하여 미주 교민들뿐만 아니라 외국 정부와 민간인을 상대로 자금을 모집하려는 계획을 세웠다. 당초 공채표의 발매 목표는 500만 달러였지만, 현실적으로 목표 달성이 불가능했기 때문에 1920년 4월 30만 달러로 조정되었다. 구미위원부가 1922년 4월까지 실제로 걷은 총액은 14만 8,653달러였고, 이 중 공채금은 8만 1,352달러로 총액의 55% 정도였다. 구미위원부는 이 금액 중 약 18% 가량을 임정에 송금했고, 거의 대부분을 사무실 유지비와 인건비에 지출했다.[167]

구미위원부의 외교·선전 활동은 크게 (1) 한국친우회의 조직·운영과 선전 활동, (2) 1919~20년 미의회 청원운동, (3) 1921~22년 워싱턴 군축회의 참가 시도로 구분된다. 당시 미국 정부는 한국 문제를 일본의 내정 문제로 취급했기 때문에, 한국 문제를 외교 문제화하거나 공식적으로 미국 정부에 제기하는 것이 불가능했다. 이승만은 미국이 국민의 여론에 따라 움직이는 민주국가라고 생각했고 미국 일반 국민의 친한 동정 여론이 높아지면 정부와 의회의 대한 정책이 변화할 것이라는 희망을 갖고 있었다. 이런 목적에 활용된 한국친우회(League of the Friends of Korea)는 서재필이 필라델피아에서 조직한 극동 문제에 관심

---

[167] 고정휴, 박사학위논문 ; 고정휴, 「대한민국임시정부와 미주지역 독립운동」, 『대한민국임시정부와 독립운동』, 대한민국임시정부 수립 80주년기념 국제학술회의, 한국근현대사연구회, 1999.

있는 기독교인들의 모임이었다. 구미위원부는 1921년 7월 미국 21개 도시와 런던·파리 등 유럽 주요 도시에 한국친우회를 조직하고 회원 2만 5천 명을 확보했다.168) 한국친우회의 조직과 함께 구미위원부는 구한국 고문 헐버트(Homer B. Hulbert) 교수와 선교사 벡(S. A. Beck) 목사를 위원부 선전원으로 고용해 미국 여러 도시에서 순회 강연을 했다. 또한 구미위원부는 여러 종류의 선전 책자와 팸플릿 등을 간행해 미국 여론의 향배를 조정하고자 했다.169) 구미위원부 자체의 집계에 따르면 미국 시민을 상대로 한 강연회 개최, 출판물을 통한 선전 활동의 결과 1919년 3월부터 1920년 9월까지 미국 언론에 9천여 회에 걸쳐 한국문제에 동정적인 기사가 게재되었다.170)

1919~20년간 구미위원부의 미 의회 청원운동은 한국친우회 회원이나 구미위원부 자체적으로 미 상원·하원의 한국 문제 동정자나 유력자를 통해 한국 독립 문제를 의회에 상정하려는 시도였다. 상원에서는 3차에 걸쳐 18명의 의원이, 하원에서는 1차에 3명의 의원이 한국 독립 문제와 관련된 발언을 해서 미 국회의사록에 기록되었다.171) 구미위원부가 시도한 의회 청원운동의 최대 성과는 1920년 3월 17일 아일랜드 독립안과 함께 한국 독립 동정안이 상정된 것이었다. 3월 20일 아일랜드 독립안은 38 대 36으로 가결되었으나, 한국 독립안은 34 대 46으로

---

168) 이정식, 『서재필』, 정음사, 1984, 109~115쪽 ; 洪善杓, 「徐載弼의 獨立運動(1919~1922) 硏究」, 『한국독립운동사연구』 7집, 1993, 208~211쪽.
169) 구미위원부의 선전활동에 대해서는 고정휴, 박사학위논문, 184~197쪽을 참조.
170) 『독립신문』 1921년 1월 15일자 ; 申載洪, 「大韓民國臨時政府의 對美外交」, 『韓美修交100年史』, 國際歷史學會議 韓國委員會, 1982, 276쪽.
171) 申載洪, 「大韓民國臨時政府外交史硏究」, 경희대 박사학위논문, 1988, 96~98쪽 ; 鄭用大, 『大韓民國臨時政府外交史』, 한국정신문화연구원, 1992, 135~136쪽 ; 량기백, 『미의회 의사록 한국 관계기록 요약집(1878~1949)』, 주미국 대한민국 대사관 외교사료실, 2001.

부결되었다.172)

　1920년대 중반에 접어들자 3·1운동과 관련해 일본의 잔학상에 대한 미국 언론의 관심이 줄어들었고, 사이토 마코토(齋藤實) 신임 총독의 소위 문화정책에 대한 우호적인 여론이 지배하는 상황이 되었다. 이승만·김규식·임병직 등 구미위원부의 핵심 인물들은 1920년 6월 워싱턴을 떠나 하와이로 건너갔고, 그해 12월 모두 중국 상해로 이동했다. 이승만은 1921년 5월까지 상해에 머물렀지만, 이동휘 등 반대 세력과의 대립으로 별다른 활동을 하지 못했다. 이승만을 둘러싸고 임정의 개조·승인 논쟁, 집정관총재·대통령 논쟁, 위임통치 논쟁, 공채표·애국금 논쟁, 대정방침(大政方針) 논쟁 등 무수한 논쟁이 제기되었고, 이미 1921년 2월 국민대표회 소집이 제기된 상태였다.

　이승만은 1921년 5월 필리핀 루손을 거쳐 하와이로 돌아왔다. 표면적으로 내세운 가장 큰 이유는 워싱턴군축회의를 계기로 조성된 미일 개전에 대비하는 외교의 준비였다.173) 이승만은 미군함을 타고 귀환함으로써 대미 교섭력의 일단을 보여주기도 했다.174) 1921~22년간 워싱턴군축회의 참여는 미일 개전설에 희망을 걸고 이승만과 구미위원부가 전력을 기울였던 최대의 외교 사업이었다.175) 1921년 11월부터 개막된 워싱턴군축회의에 한국 문제를 상정하기 위해 구미위원부는 국

---

172) 申載洪, 「大韓民國臨時政府와 歐美와의 關係」, 『韓國史論』 10집, 국사편찬위원회, 1981, 317~319쪽.
173) 이에 대해서는 윤대원, 박사학위논문, 224~226쪽 ; 高珽烋, 박사학위논문, 213~223쪽을 참조.
174) 「李承晩來布後ノ行動其他ニ關スル件」(1921년 8월 12일), 『不逞團關係雜件 : 朝鮮人ノ部 上海假政府篇ノ4』(日本外務省 外交史料館).
175) 方善柱, 「1921~22년의 워싱턴회의와 재미한인의 독립청원운동」, 『한민족독립운동사』 6, 국사편찬위원회, 1989 ; 高珽烋, 「歐美駐箚韓國委員會의 초기 조직과 활동(1919~1922)」, 『歷史學報』 134·135, 1992 ; 申載洪, 앞의 논문, 1981, 319~322쪽.

내외의 지원을 총동원했다. 상해 임정은 외교후원회를 조직했고 국내의 이상재 등은 '한국인민치태평양회의서(韓國人民致太平洋會議書)'를 발송하는 등 적극적 후원을, 미주 교포들은 재정적 지원을 아끼지 않았다. 그러나 한국 문제의 상정, 혹은 한국 대표의 출석·발언권 신청이 모두 묵살당하게 되자, 사실상 구미위원부의 활동은 막다른 골목에 다다른 셈이었다. 서재필은 1922년 2월 9일 『한국평론』의 폐간과 한국친우회 조직의 해체를 선포했고, 국민회의 기관지 『신한민보』는 재정 곤란으로 4월부터 무기 정간에 들어갔다.[176]

1921년 5월 수립된 상해의 신규식(申圭植) 대리 내각은 사실상 기호파 내각으로 워싱턴군축회의에 진력했으나, 1922년 2월 워싱턴회의가 아무 성과 없이 끝나자 외교 실패의 책임을 지고 사퇴했다. 상해에서 국민대표회 운동이 본격화되는 와중에 내정(內政) 불통일·외교 실패·조각(組閣) 불능의 이유로 대통령 및 각원의 불신임안이 상정되고, 6월 17일 가결되었다.[177] 이승만도 5월 27일 상해의 노백린(盧伯麟)에게 사직 의사를 전보로 밝혔다가 6월 초 철회할 정도로 상황은 악화되어 있었다.[178]

한편 중국 상해에서 1922~23년 국민대표회가 실패한 후 이승만은 이동녕 내각을 내세워 기호파만으로 임정 명의를 최소한 유지하려 시도했다.[179] 그러나 의정원은 1924년 6월 16일 대통령의 부재를 이유로 대통령 유고 결의안을 통과시켰고, 헌법 개정을 통해 1925년 3월 23일

---

176) 『新韓民報』 1922년 2월 24일자 ; 방선주, 앞의 책, 1989, 221쪽.
177) 윤대원, 박사학위논문, 234~242쪽.
178) 朝鮮總督府 警務局, 「(大正十一年)朝鮮治安狀況(國外)」, 『朝鮮統治史料』 7卷, 金廷柱 編, 韓國史料研究院, 1971, 77~78쪽.
179) 「國務院諸公에게 : 政務指示」(李承晚 → 國務院)(1924년 3월 24일), 『雩南李承晚文書』 6권, 101쪽 ; 윤대원, 박사학위논문, 269쪽.

이승만을 면직시켰다. 이에 앞서 3월 10일 임시정부는 구미위원부가 불법 기관이라며 해체를 명령했다. 임시정부의 목소리는 격앙되어 있었다.180) 임시정부는 구미위원부의 문권(文券)은 임정 외교부로, 인구세 수봉권은 북미대한인국민회로 넘기라고 명령했지만 이승만은 이를 수용하지 않고 격렬히 반발했다. 이승만과 구미위원부, 교민단은 구미위원부가 한성정부 집정관총재의 명령으로 조직되었다는 한성정부 법통론을 내세우며 오히려 임정의 불법성을 지적하는 등 정면으로 맞서기까지 했다.181)

구미위원부 해체와 탄핵·면직안에 맞서 이승만은 한때 임정에서 쿠데타를 일으키는 한편 임정을 상해에서 하와이로 이전할 계획을 세우기도 했지만, 여력이 없었다.182) 이승만은 표면적으로 강력하게 반발했지만, 사실상 더 이상 구미위원부를 유지하기 어려운 상황이었다. 이승만이 하와이로 돌아가 동지식산회사를 중심으로 한 경제적 실력양성운

---

180) "구미위원부는 원래 이승만대통령이 단독으로 설립하고 거기다 구미에 대한 吾人의 외교와 선전기관이라 하여 멋대로 聲名한 것이며 결코 국무회의의 결의 또는 의정원의 동의를 거쳐 적법으로 설립된 것이 아니다. 그리고 그때 정부에서는 이것이 우리 내부의 관계뿐만 아니라 대외 신용상 관계가 없지 않을가를 고려하여 이를 곧 취소하지 않고 외무부의 一보조기관으로 묵인하지 않으면 안되기에 이르렀다. (중략) 인구세금을 居中 挪用 (중략) 외국공채의 수입도 거의 그 全數를 挪用 (중략) 엄연히 연방정부의 실태를 나타내며 吾人운동의 통일을 파괴하고 (중략) 정부의 행정을 방해하고 인심을 분열케 하는 등 당파적 행동."『임시대통령령 제1호 : 구미위원부 폐지에 관한 건』(1925년 3월 10일), 韓詩俊 편, 『대한민국임시정부법령집』, 국가보훈처, 1999, 290~291쪽.]
181) 「구미위원부통신」 제94호(1925년 3월 30일), 國會圖書館, 앞의 책, 552~554쪽.
182) 일본 정보에 따르면 임정의 하와이·미국 이전설은 이미 1921년 국민대표회에 맞서 尹琦燮·張鵬·申翼熙·申圭植 등이 건의한 바 있다.(朝鮮總督府警務局, 「(大正十年九月)在外不逞鮮人ノ近情」, 金廷柱 編, 앞의 책 제8권, 26~29쪽.) 또한 1925년 5월에도 조소앙이 임정의 하와이 이전을 주장했다.『趙素昻 → 李承晩』(1925년 5월 16일), 『雩南李承晩文書』 18권, 218~220쪽.]

동에 몰두하는 사이 구미위원부는 윤치영(尹致暎)·김현구(金鉉九) 등에 의해 명맥이 유지되었고, 1928년부터 실질적인 폐쇄 상태에 들어갔다.[183]

1925년 구미위원부 해체와 이승만의 대통령직 면직 이후 이승만과 임시정부의 관계는 단절되었다. 이승만과 임시정부의 관계 복구는 1933년에 가서야 시도될 수 있었다. 1932년 윤봉길 사건 이후 상해를 떠난 임시정부는 강소성(江蘇省) 가흥(嘉興)에서 제25회 임시의정원(1933년 3월 6일)을 개최하고 이승만을 국무위원 9명 중의 하나로 선출했다.[184] 이승만이 국무위원으로 복권된 것은 두 가지 이유 때문인 것으로 보인다.

첫째는 김구와의 개인적 관계 때문이었다. 김구는 1920년대 초반 이승만 탄핵을 둘러싼 임시정부 내외의 대립 과정에서 철저하게 이승만을 지지하는 정부 옹호파이자 기호파의 핵심이었고, 또한 이승만과 계속 연락을 취하고 있었다. 이승만과 임정의 관계 회복은 김구가 국무령(주석)에 선출되어 임시정부를 장악한 이후, 특히 임정이 피난하는 혼란기에 시도되었는데, 여기에 김구의 영향력이 결정적인 역할을 했을 것이다.

둘째는 1932~33년의 국제연맹 회의라는 공식적 외교의 필요성 때문이었다. 만주사변 발발 이후 국제연맹은 리튼(Lytton) 조사단을 통해 만주 실정을 조사하고 제네바에서 국제연맹회의를 개최했다. 이승만은 이 회의에 한국 독립 문제를 호소하기 위해 1932년 12월 23일 제네바

---

183) 김현구는 1927년 4월 구미위원부 부흥을 위한 8개년 계획을 수립했지만, 성공할 수 없었다. 이승만은 1928년 내내 김현구에게 편지를 보내 구미위원부 문을 닫고 하와이로 와서 같이 사업하자고 설득했다.[朝鮮總督府警務局,「朝鮮の治安狀況」(昭和 2年版), 33~35쪽 ;「李承晩 → 金鉉九」(1928년 3월 9, 22일),『雩南李承晩文書』16권, 29~32쪽.]
184) 「大韓民國臨時議政院會議錄」,『韓國獨立運動史』자료1, 臨政篇 I, 국사편찬위원회, 1970, 57쪽 ;「大韓民國臨時政府 公報 第55號(1933년 6월 30일)」,『韓國民族運動史料(中國篇)』, 國會圖書館, 1976, 777쪽.

로 떠났고, 이에 앞서 11월 10일 임시정부 국무회의는 이승만을 국제연맹에 한국 독립을 탄원할 전권대사로 임명했다.185) 이승만은 국제연맹 임무가 종결된 후인 1933년 12월 30일 국무위원직에서 '만기 해임' 되었다.186)

이승만은 1934년 초 다시 임정의 주미외무행서(駐美外務行署) 위원으로 선임되었다.187) 임시의정원 상임위원회는 1934년 3월 외무부행서 규정과 재무부행서 규정을 제정했고, 국무회의는 4월 2일 이 규정들을 공포했다.188) 이에 따르면 외무행서와 재무행서는 미국에 설치되었는데, 이승만은 주미외무행서위원으로 선임되었고, 재무위원에는 제1행서(하와이) 이정건(李正健), 제2행서(하와이) 이원순(李元淳), 제3행서(샌프란시스코) 백일규(白一圭), 제4행서(로스앤젤레스) 송헌주(宋憲澍), 제5행서(뉴욕) 장덕수(張德秀) 등이 선임되었다. 규정에 따르면 외무행서는 외무부 산하 기관으로 필요한 여러 지방에 둘 수 있으며, 각 행서에는 외무위원 1인과 비서 약간 명을 둘 수 있는 체제였다.189) 즉 외무행서는 외교를 담당하는 외무부 산하 기관이며 이승만은 그 중 미주의 책임자로 임명된 것이다. 외무행서와 함께 재무행서 5곳을 설치하고 재

---

185) 이한우, 『거대한 생애 이승만90년』 상, 朝鮮日報社, 1995, 163쪽;「이승만연보」, 『뭉치면 살고 : 1898~1944 언론인 이승만의 글모음』, 朝鮮日報社, 1995, 490쪽. 제네바에서 이승만은 대한민국임시정부 대통령으로 행세했다.(방선주,「1930년대의 재미한인독립운동」, 『한민족독립운동사』 8, 국사편찬위원회, 1990, 441쪽.)
186)「大韓民國臨時政府 公報 第56號」(1934년 1월 20일), 國會圖書館, 앞의 책, 801~803쪽.
187)「大韓民國臨時政府 官報 第57號」(1934년 4월 15일), 國會圖書館, 앞의 책, 811~814쪽.
188)「大韓民國臨時政府 官報 第57號(1934년 4월 15일)」, 『韓國民族運動史料(中國篇)』, 811~814쪽.
189)「外務部行署規程」, 『韓國獨立運動史』 資料 1 臨政篇 I, 국사편찬위원회, 1970, 66쪽.

무위원 5명을 선임한 것은 미주에서 필요한 재정과 외교를 분리시키며 각파를 안배하려는 의도에서 비롯된 것이었다.190)

임정의 목표는 외교보다는 실질적인 재정 원조에 있었다. 임정은 1934년 8월 재무부 주미 제6행서를 시카고에 두기로 하고 김경(金慶)을 위원에, 이진일(李進一)·정경회(鄭京會)·조극(趙極)·이회영(李會榮)을 비서에 선임했다.191) 10월 27회 임시의정원회의는 이용직(李容稷, 하와이)을 주포와외무행서(駐布哇外務行署) 외무위원(6월 25일자)에, 김윤배를 하와이 제1행서 재무위원 대리로, 고소암을 뉴욕 제5행서 재무위원 대리로 임명하는 등 미주에서의 재정 지원에 중점을 두었다.192)

1936년 7월 8일 국무회의는 주미외무행서 외무위원 이승만을 "사정에 인ᄒᆞ야 그 직을 해임"시켰다.193) 같은 해 11월 3일 국무회의가 하와이군도 선유위원(宣諭委員)을 두기로 결정했는데, 이승만과 적대적 관계였던 현순을 선유위원에 선임(11월 19일)하고, 재무행서 재무위원을 교체한 것으로 미루어 이러한 조치는 미주와 다양한 접촉 관계를 유지하려는 임정의 시도로 판단된다. 특히 이승만의 해임은 그가 임시정부 외무행서위원으로 있던 1934~36년간 미주 지역에서 별다른 외교의 기회와 방법이 없었다는 점과 관련이 있었다.194)

---

190) 高珽烋, 「第2次 世界大戰期 在美韓人社會의 動向과 駐美外交委員部의 活動」, 『國史館論叢』 49집, 1993, 236쪽.
191) 「大韓民國臨時政府 公報 第58號(1934년 9월 15일)」, 『韓國民族運動史料(中國篇)』, 842~843쪽.
192) 「大韓民國臨時議政院會議錄」, 『韓國獨立運動史』 資料 1 臨政篇 I, 국사편찬위원회, 1970, 63~64쪽.
193) 「大韓民國臨時政府 公報 第61號」, 『국민보』 1936년 12월 30일자.
194) 반면 1936년 3월 8일 국무회의는 徐嶺海를 임시정부 외무부 駐法특파위원(프랑스 주재 외교특파원)으로 선임했다. 서영해는 1939년까지 그 직을 유지했다.(「大韓民國臨時政府 公報 第61號」, 『국민보』 1936년 12월 30일자 ; 국사편찬위원회, 앞의 책, 93쪽.) 이는 유럽 외교와 관련된 것이었다.

6장
태평양전쟁기 전시 외교 활동

1. 주미외교위원부 창설과 전후 구상

1) 재미 한인의 통일과 주미외교위원부의 창설

1930년대에 이승만은 하와이에 머물렀으며, 유력한 사회 지도자로 활동했다. 이승만의 역할은 다면적이었는데, 첫째, 교민단·동지회를 지도하는 사회 지도자, 둘째, 한인기독학원을 운영하는 교육자, 셋째, 한인기독교회를 설립한 교역자로서의 모습 등이 그것이었다. 하와이 한인 사회의 유력한 단체인 동지회·부인구제회·한인기독교회·한인기독교회 부설 신흥국어학교·한인기독학원 등이 이승만의 지지 기반이었다. 그러나 1930년대는 이승만에게 불운한 시기였다. 동지회원의 재력을 집중해서 시도했던 동지식산회사가 실질적으로 파산한 1929년 이후 이승만은 재정적으로나 사회적으로 고립되기 시작했다.

1930년 동지미포대회(同志美布大會) 이후 벌어진 사회·교회 분열은 하와이 내 이승만의 지도력을 뒤흔들기에 충분했다. 소위 '신도인(新渡人)'으로 불린 김현구(金鉉九)·김원용(金元容)·이용직(李容稷) 등 신흥 지도력이 이승만과 맞서면서 한인기독교회 내부에서 이승만파 대 반이승만파 간의 대립이 시작되었다. 이어서 교민단과 동지회 간에도 갈등이 벌어졌다. 이러한 갈등은 결국 여러 차례의 재판으로 이어졌고, 1921년 이후 교민단으로 불리던 하와이국민회가 1930년 재판에서 승리해 옛 이름으로 복설되었다.[1]

본래 1930년 동지미포대회의 개최는 박용만·안창호라는 주요 라이벌이 없는 상태에서 재미 한인 사회 전반을 이승만의 지지 기반으로 포섭하려는 목적에서 시도된 것이었지만,[2] 결국은 사회와 교회의 분열로 귀결되었다. 여러 차례의 재판 비용을 충당하기 위해 한인 사회의 재정은 곤궁해졌고, 재판의 결과로 한인 단체의 분열이 심화되고 반목이 고조되었다. 또한 본토에서 시작된 경제공황의 여파가 하와이 사회로 밀려들면서 분열상을 보이는 사회단체에 대한 한인들의 관심과 재정 후원 역시 급속히 식어갔다.

사회단체 분열과 재판 과정을 통해 지도자로서의 면목이 손상되었던 이승만은 1931년 11월 21일 긴급한 외교적 사명을 내세워 워싱턴으로 향했다.[3] 이승만은 1932~33년 동안 일본의 만주 침략을 토의하는 스위스 제네바의 국제연맹회의에 참석하고 파리·런던·모스크바 등을 거쳐 1933년 10월에 잠시 호놀룰루에 들렀으나, 곧바로 떠나야 했다.

---

[1] 1930년대 한인 사회 내부의 갈등에 대해서는 金度亨, 「1930년대 초반 하와이 한인사회의 동향」, 『한국근현대사연구』 9집, 1998을 참조.
[2] 하와이 내 이승만의 강력한 라이벌이었던 박용만은 이미 중국 북경에서 암살(1928)되었고, 미 본토에서 반이승만 세력의 핵심이었던 안창호는 1924년 잠시 미주를 다녀간 후 1932년 일경에 체포될 때까지 상해에서 독립운동에 종사하고 있었다.
[3] 김현구는 이승만이 하와이 경무청과 법정에서 한인 사회의 소란을 일으키고 손해를 막심하게 했다는 이유로 하와이에서 "移出하라고 出境令을 당하"자 긴급한 외교를 빙자해 워싱턴으로 옮겨갔다고 주장했다.(金鉉九, 『雩南略傳』, 연도미상, 하와이대 한국학연구소 소장, 212~213쪽.)

표 6-1. 1940년 미국·하와이 내 한인들의 인구 구성

	남 성	여 성	합 계
미국 내 한국인	1,053	658	1,711
미국 출생(시민)	501	461	962
외국 출생(외국인)	552	197	749
하와이 내 한국인	3,965	2,886	6,851
미국 출생(시민)	2,267	2,194	4,461
외국 출생(외국인)	1,698	692	2,390

[출전] 「MIS의 비망록 : 미국과 하와이 내 한인」(1943년 3월 19일) ; 「MIS의 보고서 : 미국과 하와이 내 한인에 관한 추가자료」(1943년 3월 20일) ; 「MIS/Washington의 보고서 : 한국군부대」(1943년 3월 22일), 국사편찬위원회, 1994, 『한국독립운동사자료집』 24집, 279~282쪽.

이승만은 1935년 1월 19일 호놀룰루로 돌아올 때까지 만 3년 이상을 외유해야 했다. 이후 이승만은 교회·사회에 '완화주의'로 교정을 시도했으나 1년 반 후에 다시 파쟁이 생겼고, 침묵을 지킬 수밖에 없었다. 이승만 스스로 "동포의 재정을 모손(耗損)하며 독립은 회복하지 못하고 보니 자연 내게 대한 악감이 심해"졌다고 할 정도였다.4)

1930년대 말~1940년대 초반의 재미 한인 사회는 이전과는 질적으로 다른 모습으로 변화되었다.

표 6-1에서 드러나듯이 1940년 현재 미국 정부에 파악된 한인의 총수는 8,562명이며, 분포 지역은 하와이 6,851명, 미본토 1,711명으로 하와이에 80%, 미 본토에 20%가 거주하고 있었다. 국적별로는 한국적 3,139명(하와이 2,390명, 미 본토 749명), 미국적 5,423명(하와이 4,461명, 미 본토 962명)으로 한국적이 37%, 미국적이 63%를 차지했다. 즉 한인 사회 내부에 이민 2세인 미국 시민들이 다수를 차지하게 되었으며,

---
4) 『태평양주보』 no. 342.(1939년 4월 8일)

표 6-2. 1940년 하와이 한인의 연령별 인구

	18세 이하	18~20세	21~44세	45세 이상
미국 출생 한국인	2,653	595	1,200	13
남성	1,329	292	636	10
여성	1,324	303	564	3
외국 출생 한국인	4	7	450	1,929
남성	5	3	96	1,596
여성	1	4	354	333

[출전] 위와 같음. 국사편찬위원회, 1994, 『한국독립운동사자료집』 24집, 279~282쪽.

이민 1세들이 소수화되었음을 알 수 있다. 특히 하와이에서는 이민 2세들의 비율이 이민 1세 보다 2배 정도로 성장했다. 이는 단순한 숫자의 문제가 아니었다. 심각한 것은 이민 1·2세 간 연령별 격차였다. 1940년 하와이 한인의 연령별 인구통계(표 6-2)에는 이러한 상황이 잘 드러나 있다.

이민 1세들의 절대다수는 45세 이상(1,929명)이었던 반면, 이민 2세의 다수는 20세 미만(3,248명)이었다.[5] 이러한 양극적 구성은 여러 가지 문제를 야기시켰다. 1930년대 말~40년대 초 재미 한인 사회의 가장 큰 특징은 이민 1세와 2세 간의 분리·단절이었다.

하와이 한인 6천 명 중 초창기의 사회단체나 독립운동에 관심 있는 1세들은 1천 명 미만에 불과했다. 게다가 이들 1천 명이 이승만 계열의 동지회, 반대파인 국민회, 한길수 등의 중한민중동맹단, 독립단 등으로 갈라졌다. 이들은 평균연령이 50대 후반 이상이었다. 노령화는 자연적으로 경제적 능력 문제도 발생시켰다. 이처럼 이민 1세들이 노

---

5) 한편 『태평양주보』 no. 472(1941년 4월 5일)에도 동일한 통계가 게재되었는데, 이에 따르면 한국계 미국 시민은 총 4,711명으로 되어 있다.

령화·소수화·무관심화되자 한인 단체들의 활동은 자연 쇠퇴하게 되었다. 특히 노령화의 문제가 가장 심각했다. 1900년대 초 이민으로 건너온 첫 세대는 40여 년을 경과해 노년기에 접어들었다. 1930년대 후반 동지회나 국민회 모두 호상부(護喪部)를 만들어 조직을 유지할 정도로 노령화와 후속 세대 단절이라는 위기 상황에 처해 있었다.6) 이는 회원들의 노령화에 대처하는 자연적인 결과였지만, 다른 한편으로는 회원 대상자인 노령 인구를 끌어들이는 유인책이기도 했다.7) 노령화의 또 다른 모습은 경제적 능력의 저락이었고, 이는 한인 단체의 침체와 직결되는 것이기도 했다.8)

2세들의 특징은 한인 단체와 운동에 대한 무관심·미국화·신분상의 차이 등이었다. 하와이 거주 한인 6,800여 명 중 65% 이상의 비율을 차지하는, 미국에서 태어나 시민권을 보유한 한인 2세들은, 1세들이 갖고 있던 한국에 대한 애정, 독립운동에 대한 열의, 한국어·한국 문화에 대한 관심이 거의 없었다. 이들은 신분상 미국 시민이었고, 미국식으로 교육받아 미국 시민으로 성장하길 희망했다.9) 때문에 동지회와

---

6) 동지회 호상부는 1938년 6월 조직되었다. 최초의 동기는 동지회원 80여 명이 모두 연로해짐에 따라 장례 품앗이가 필요한 데서 출발했다. 반면 이는 조직의 전반적인 노령화 및 신규 회원과 2세의 가입이 없음을 반증하는 것이었다.[『태평양주보』 no. 358(1939년 11월 18일)]
7) 동지회의 경우 회비를 내는 회원이 80여 명에 불과했지만 호상부를 만든 이후 불과 1년 만에 480여 명의 호상부원을 모을 수 있었다. 자력으로는 장례비와 묘지를 마련할 수 없었던 노년 동지회원들의 경제 사정을 해결하기 위해 호상부원이 되면 사망했을 때 230달러가 지급되었다. 그러나 동지회 호상부원이 되려면 회원으로서의 의무금과 태평양주보 구독료 기타 등등의 비용을 내야 했다. 이는 필연적으로 60대 이상 회원의 급증을 가져왔다. 상황은 국민회 측도 마찬가지였다.[『태평양주보』 no. 379(1940년 4월 6일)]
8) 1940년대 동지회 중앙부장이던 손승운은 동지회의 재정 형편이 '민망하며 경상비가 늘 부족하다고 회원들에게 호소했다.[『태평양주보』 no. 390(1940년 6월 15일), no. 391(1940년 6월 22일)]
9) 이러한 경향은 이미 1930년대부터 현저하게 드러났다. 1937년 하와이대학에서

국민회 등은 모두 미국식으로 사고하고 행동하는 새로운 세대에 적응하기 위해 기관지에 영문란을 설치하거나 영자 신문을 간행할 필요성을 절감하고 있었다.10)

1세들의 노령화, 독립운동의 침체, 파벌 투쟁의 격화는 한국 독립운동에 대한 하와이 한인 사회의 관심과 후원을 격감시켰고, 이승만은 교회와 학교 사업을 돌보는 것 외에는 별다른 활동을 할 수 없었다. 그러나 중일전쟁이 발발하고 유럽에서 전운이 감도는 등 세계대전의 징후가 감지되면서, 이승만은 마지막으로 외교 무대에 나섰다. 1938년 동지대표대회는 해산된 구미위원부의 복설(復設)을 결정했고, 이후 이승만을 위해 3만 달러를 모금해 외교를 시작하자는 논의가 하와이 동지회에서 제기되었다. 이 금액으로 워싱턴에 건물을 구입해 영원히 외교의 근거지로 만들자는 주장이었다.11)

이승만은 1939년 3월 하와이를 떠나 본토로 건너갔다. 시애틀과 몬타나주 비웃(Butte)을 거쳐 4월 워싱턴에 도착한 이승만은 처음엔 체코의 국민외교부를 본따서 대한국민위원부를 만들 생각이었다.12) 실제로 구미위원부(Korean Commission)는 대한국민위원부(Korean Nationalist Mission)라는 명칭을 한동안 사용했다.13) 이런 명칭을 구상하게 된 가

최초로 석사를 받은 한국인인 김봉희는 하와이 한인 사회를 다룬 자신의 석사 논문에서 2세들이 1세와 다르게 한국에 대해 무관심하다는 결론을 내렸다.[Kim, Bernice Bong Hee, "The Koreans in Hawaii" thesis, University of Hawaii, 1937, pp. 100~135 ; Bernice Bong Hee Kim, "The Koreans in Hawaii", *Social Science*, 9-4(October, 1934) ; 『국민보』 1937년 6월 30일.]

10) 『태평양주보』 no. 472.(1941년 4월 5일)
11) 이 제안은 이승만의 추종자인 최선주 등으로부터 비롯되었다. 한편 이승만은 1919년 하와이에서 온 3,500달러로 워싱턴에 가옥을 구매하려 했으나 당시 구미위원부 고문이던 서재필·돌프의 반대로 무산되었다고 회고했다.[『태평양주보』 no. 362(1939년 12월 23일)]
12) 『태평양주보』 no. 341(1939년 4월 1일), no. 346(1939년 5월 6일), no. 350.(1939년 6월 3일)

표 6-3. 워싱턴 구미위원부의 역대 주소·책임자

연도	위 치	책 임 자
1919	1314 H St. NW Continental Trust Bldg #908	
1920	1314 H St. NW Continental Trust Bldg #905-07	
1921	1314 H St. NW Continental Trust Bldg #905-907	위원장(김규식), 회계(현순), 직원(정한경)
1922	1314 H St. NW Continental Trust Bldg #905-907	위원장(서재필)
1923	1314 H St. NW Continental Trust Bldg #905-907	위원장(이승만)
1924	1314 H St. NW People's Life Insurance Bldg	
1925	1314 H St. NW People's Life Insurance Bldg	
1926	1314 H St. NW People's Life Insurance Bldg	
1927	1310 Park Road NW	위원(김현구)
1928~29	1310 Park Road NW	위원(김현구)
1930	1310 Park Road NW	위원(윤치영)
1931	1310 Park Road NW	
1933	1343 H St. NW Room1010	위원장(이승만)
1934	416 5th NW Room312	위원장(이승만)
1935~39	416 5th NW Room312	위원장(이승만)
1940	416 5th NW Room312	위원장(이승만)
1941	416 5th NW Room312	위원장(이승만)
1942	1341 G Street. NW Room377	위원장(이승만) [명의] 한미협회
1943	416 5th Ave. NW Room 416, Korean Commission	위원장(이승만) [명의] 한국위원회

[출전] 방선주, 1990, 「1930년대의 재미한인독립운동」, 『한민족독립운동사』 제8권, 국사편찬위원회, 438~439쪽; 구미위원부 관련 기록 종합.

장 큰 이유는 임정과의 관계를 고려했기 때문이었다. 1925년 임정은 구미위원부 해산 명령을 내렸고, 이승만은 이에 반발하며 저항했다. 구

---

13) Robert T. Oliver, *Syngman Rhee : The Man Behind the Myth*, Greenwood Press, Publisher, 1954, p. 167.

미위원부는 1928년 재정난으로 실질적으로 해산했으나, 명맥은 계속 유지되었다.14)

1938년 복설 논의가 제기되었을 때 구미위원부의 정당성 근거로 하와이 동지회와 이승만이 내세운 것은 한성정부 법통론이었다. 그 핵심은 1919년 3·1운동 당시 국내 한성정부가 외교 선전의 사명을 해외에 맡겼고, 구미위원부는 한성정부의 명령과 법통을 이어받아 수립된 것으로 임시정부와 무관하다는 주장이었다.15)

그러나 이제 누구도 한성정부 법통론을 존중하거나 기억하지 않았다. 권위와 정통성은 상해·중경 임시정부의 몫이었다. 유일한 한성정부 법통론자였던 이승만은 임시정부 대통령에서 면직되었고, 이후 다시 외교 활동을 시작하기 위해서는 임시정부와의 관계 개선, 나아가서는 임시정부의 승인이 필요했다. 이런 연유로 동지회는 어려운 재정상황에도 불구하고 임정 재무부에 다시 인구세를 납부하기 시작했다.16)

나아가 1939년 중반 이승만은 임정 인사부에 구미위원부의 복설을 요청했다. 1939년 10월 15일 임시의정원 제31회 정기회의에 제출된 정무 보고에 따르면 이승만은 1939년 중반 "외교의 필요성을 느끼고 美京華盛頓에 至하여 各 要路 人士와 交際하면서" 임정 인사부에 구미위원부의 부활을 요청했다.17) 그러나 임시정부는 "구미위원부는 이미 의

---

14) 구미위원부는 1937년 10월에 가서야 채무를 완전히 청산할 수 있었다.[『태평양주보』 no. 281(1938년 2월 5일)]
15) 『태평양주보』 no. 333.(1939년 2월 4일)
16) 동지회는 이승만이 임시정부와 관계를 다시 복원한 1932~33년 무렵부터 임시정부에 인구세를 보냈던 것으로 보인다. 동지회는 1940년 300달러의 인구세를 보냈다.[『태평양주보』 no. 392(1940년 6월 29일), no. 396(1940년 7월 27일)]
17) 車利錫의 「政務報告」, 「제31회 議會速記錄」, 국사편찬위원회, 앞의 책, 93쪽. 정무 보고는 1938년 11월~1939년 10월의 상황을 보고한 것인데, 이승만이 구미위원부 부활을 신청한 정확한 날짜는 기록되지 않았다. 이승만이 하와이에서 미국으로 건너간 것이 1939년 3월이므로 구미위원부 복설 신청도 이 이후일

회에서 그의 폐지를 결정한 것이므로 금일 遽然히 부활시킬 수 없다는 旨"로 이 요청을 거부했다. 아직까지 이승만의 지난 행적과 구미위원부의 역할은 임시정부 인사들에게 잊혀지지 않는 상처였던 것이다. 따라서 이승만은 1941년 4월 재미한족연합위원회가 자신을 대미외교위원으로 임명하고, 임시정부가 주미외교위원부(駐美外交委員部)를 정식 외교기관으로 인준할 때까지 개인의 자격으로 활동해야 했다. 그러나 자금 부족과 정통성 문제 때문에 이승만의 활동은 제한될 수밖에 없었다.[18] 1939년 4월부터 1941년 4월까지 만2년 동안 이승만은 1920년대와 동일하게 미국 언론과 여론에 대한 선전·호소 활동을 벌였다.

이 시기에 이승만이 했던 가장 큰 활동은, 첫째로 간헐적인 선전 활동과 『일본내막기(Japan inside out)』의 준비 및 출간(1941)이었고, 둘째로 한미협회(Korean-American Council)의 조직이었다.[19]

1930년대 중반 미국 본토와 하와이 한인 사회에 새로운 지도자들이 등장하기 시작하면서 통일운동이 전개되었다. 1930년대 중반 하와이에서는 여러 차례 한인 단체들 간의 통일 노력이 있었으나 성공에 이르지 못했다.[20] 하와이 한인 단체의 통일은 이승만이 하와이를 떠나 워싱턴에 간 이후에야 가능했다. 1940년 10월 연합한인위원회가 선정되

것이다.
18) 이승만의 자금원은 동지회였다. 동지회는 1940년에 외교비로 3천 달러를 예상하고 매달 250달러를 보낼 계획이었으나, 실제로 보낸 돈은 매달 100달러에 불과했다.[『태평양주보』 no. 406(1940년 10월 5일)] 이 정도의 돈으로는 생계를 유지하는 외에 활발한 활동을 기대할 수 없었다.
19) 로버트 올리버, 앞의 책, 166~168쪽 ; 『新韓民報』 1941년 8월 28일자.
20) 1937년 9~10월 통합 교섭이 있었으나 실패했고,(『국민보』 1937년 10월 6, 13일자.) 1938년 9월 20일에는 합동선언서가 발표되었으나 다시 실패로 귀결되었다.(『국민보』 1938년 9월 17일자, 10월 5, 12일자.) 가장 큰 원인은 양 단체 회원 수의(회비 납부자 기준) 차이 때문이었다. 국민회원은 463인인 데 반해 동지회원은 80인이었고, 회원 아닌 기타 한인에게 투표권을 줄 것인가의 여부를 둘러싸고 합동 교섭이 결렬되었다.[『태평양주보』 no. 326(1938년 12월 17일)]

어 미국 국방에 협력하기로 했고, 중경에서 광복군 성립 소식이 전해지자 1941년 3월에는 국민회·동지회 합작으로 광복군후원금관리위원이 설치되었다.21) 본토에서는 사업으로 성공한 김호·김형순·김원용 등 소위 리들리(Reedley) 3김 씨가 침체되었던 국민회 활동을 부흥시켰다. 하와이·미주 한인 사회에서 통일운동과 독립열이 고조된 가장 큰 이유는 임시정부 활동의 활성화 때문이었다. 3·1운동, 윤봉길·이봉창 의거, 군사위원회 결성, 광복군 결성 등 임시정부의 활동은 재미 한인 사회를 고무했고, 그에 대한 원조를 가능케 했다. 둘째 원인은 미국 경제의 흐름 때문이었다. 3·1운동 당시 재미 한인의 독립운동 원조가 가능했던 것도 제1차 세계대전의 특수가 있었기 때문이었고, 1930년 미국 경제공황의 여파는 1930년대 재미 한인운동의 침체를 가져왔다. 이제 제2차 세계대전으로 향하는 길목에서 미국 경제는 호황 국면으로 접어들고 있었다. 즉 재미 한인운동은 제1차 세계대전과 제2차 세계대전이라는 양차대전을 기점으로 쌍곡선을 그리며 독립운동을 고조시켜 갔다.

  1930년대 후반 하와이와 본토에서 일어난 통일운동 노력의 결과, 1941년 4월 해외한족대회가 개최되었고 재미 한인의 통일 기관인 재미한족연합위원회가 만들어졌다. 한인 7천여 명이 거주하는 하와이에 의사부를, 3천여 명이 거주하는 본토에 집행부를 둔 이 위원회는, 단순한 교민 단체가 아니었다. 재미한족연합회는 항일전선의 통일, 임시정부 봉대, 군사운동, 대미 외교기관 설치, 독립금 모금 등을 자신의 임무로 내세운 독립운동 기관이었다. 제2차 세계대전의 향배에 따라 조국 독립이 가능하다고 판단한 이들은, 외교와 군사라는 두 가지 방향

---

21) 『태평양주보』 no. 409(1940년 10월 29일), no. 470(1941년 3월 22일), no. 471 (1941년 3월 29일)

으로 독립운동을 전개하기 시작했다. 이들은 이승만을 대미외교위원으로, 한길수(韓吉洙)를 국방봉사원으로 선정해 대미 외교와 군사를 맡겼다.22) 이승만은 재미한족연합회의 추천과 임시정부의 추인으로 주미외교위원부 위원장이 될 수 있었다.

미주 한인이 대립과 파벌을 극복하고 통일을 이룬 것은 3·1운동 이후 20년 만의 일이었다. 이때는 바로 태평양전쟁의 발발(1941년 12월) 직전이었다. 진주만 사건 여파로 전시 상태에 돌입한 하와이 의사부에서는 정치·선전 활동이 거의 불가능했으므로 로스앤젤레스를 중심으로 한 미국 본토에서의 활동이 더욱 중요했다. 재미한족연합회의 주된 활동은 크게 세 가지였다. 첫째는 임시정부 후원 활동, 둘째는 한국 독립운동을 확대하기 위한 외교·선전 활동, 셋째는 미국 국방 업무 후원 활동이었다.

2) 정적 한길수

여기서 1940년대 초반 이승만의 미국 내 최대 정적으로 부상한 한길수에 대해 살펴볼 필요가 있다. 재미한족연합회의 국방봉사원으로 선정된 한길수는 일본의 진주만 폭격을 예언함으로써 일약 매스컴의 총아가 된 인물이다. 그러나 그의 생애는 수수께끼에 가려져 있다.23) 지

---

22) 고정휴, 앞의 논문, 1993, 229~235쪽.
23) 한길수에 대해서는 김원용, 『在美漢人五十年史』, 캘리포니아 리들리, 1999 ; 郭林大, 『못잊어 華麗江山 : 在美獨立鬪爭半世紀秘史』, 대성문화사, 1973 ; 稲葉 強, 「太平洋戰中の在米朝鮮人運動―特に韓吉洙の活動を中心に」, 『朝鮮民族運動史硏究』 7, 1991 ; Linda J. Min, "Kilsoo K. Haan versus Syngman Rhee : a competition for leadership in the Korean independence movement in the United States, 1938~1945", Seoul, Graduate School of International Studies, Yonsei

금까지 한길수의 출생·사망일 등에 대해서조차 정확히 알려진 것이 없다. 최근 발굴한 몇 가지 자료를 통해 재구성한 한길수의 약력은 다음과 같다.24)

- 1900년 5월 31일 한국 경기도 장단 출생. 부친 한영식(상업)과 모친 김경희의 장자로 출생.
- 1905년 5세, 부모 이민시 S.S. China호를 타고 하와이 호놀룰루에 도착, 1905~38년 11월까지 하와이에 거주.
- 1910년경(10세)부터 15세까지 오아후섬 와이자후(Waijahu)의 오하우 설탕회사(Oahu Sugar Co.)에서 사탕수수 노동자로 일함.
- 1914~16년 3년간 호놀룰루의 감리교 기숙학원인 한인기숙학교(The Korean Compound)에서 수학. 당시 기숙학교의 교장인 이승만에게 배움.
- 1918년 오아후섬 호놀룰루의 칼리히와에나학교(Kalihiwaena School)의 초등학교 8학년을 졸업.
- 1918년(18세) 오아후섬 와이자후의 오아후 설탕회사와 296에이커의 설탕수수 경작 계약을 맺고 경영함.
- 1919년(19세) 호놀룰루의 하와이주 방위군(Hawaiian National Guard)에 입대하여 2년간 복무함. 1920년 명예제대함.
- 1920년? 구세군에 들어가 오아후섬 호놀룰루에서 한국구세군(Korean Corp)을 조력함.
- 1921~22년 10개월 동안 캘리포니아주 샌프란시스코의 구세군훈련대학(The Salvation Army Training College) 수학.
- 1922~26년간 구세군의 장교(대위)로서 복무함. 오아후, 카우아이, 마우이,

University, 1997 ; 방선주, 「한길수와 이승만」, 『이승만연구』, 연세대학교 출판부, 2000 ; 「최초공개! 한길수 X−파일(KBS 수요기획)」 1·2부, 2002년 3월 13, 20일 방영 ; 정병준, 「해방전후 美洲 韓人 독립운동 관련자료」, 한국정신문화연구원 편, 『해방전후사 사료연구 I』, 선인, 2002 등을 참조.

24) 「후스후 : 韓길수씨(一)」 『新韓民報』 1968년 11월 29일자 ; 「후스후 : 韓길수씨(二)」, 『新韓民報』 1968년 12월 13일자 ; 「후스후 : 韓길수씨(三)」, 『新韓民報』 1968년 12월 27일자 ; 「한길수이력서」, Haan, Kilsoo, 「1933~78 진주만자료(Pearl Harbor Materials, 1933~1978)」, Fred Cannings Collection, Archives of Contemporary History, University of Wyoming ; 「한길수의 아들(Stan Haan) 인터뷰」.(2001년 채널세븐)

하와이에서 근무함.
- 1926년 호놀룰루에서 스텔라 윤(Stella Yoon)과 결혼함, 부인의 본명은 윤점순으로 라하이나 관립학교, 카메하메하3세소학교 등에서 교사로 활동함.25) 딸(Dorothy Haan : 버클리에서 신문학 전공), 아들(Stan Haan : 산호세 거주), 손주 5명이 있음.
- 1927~32년간 여러 일을 함. 보험 외판, 부동산 등.
- 1932년 중한민중동맹단(The Sino-Korean People's League)에 가입했고, 하와이 및 미국 대표가 됨. 한길수의 주장을 그대로 전재한 1968년 『신한민보』에 따르면 "1921년경 김규식이 워싱턴에서 구미위원부장으로 시무하다가 상해로 향하는 길에 하와이에 들러서 중한동맹단을 조직하였는데 이 단체는 순전히 한국 독립을 위하여 지하운동을 목적하고 한국독립당(비밀단체)과 연락하여 일본과 기타 동양 사정을 정탐하는 기관"이었으며, 1932년에 한국독립당이 미주의 책임적 대표 인물을 구할 때 한길수의 부친과 고세창 2인이 한길수를 김규식에게 소개시켜 한길수가 중한동맹단 미주 대표가 되었다고 함.
- 1932년 하와이 주재 미 해군정보국(ONI)과 접촉하여 정보원으로 일하기 시작함.
- 1933년 미 육군 정보참모부(G-2)와 중한민중동맹단 단장인 김규식 박사 간의 회담을 주선함. 회담은 1933년 7월 호놀룰루 포트 섀프터(Fort Shafter)에서 개최되었음.
- 1933~37년간, 미 육군 정보참모부(G-2), 해군정보국(ONI), 미 해군의 윌리스 브래들리(Willis W. Bradley) 대위와 협력함.
- 1935~37년간 호놀루루 일본 총영사관에서 '逆첩자(counterspy)'로 활동함. 미군 측에 대해서는 한국 독립을 위해 일하는 것을 내세워 확실한 신임을 얻었으나 일본 측에 대해서는 확실한 구실이 없어 '동양은 동양인의 동양이라는 주장을 가지고 교섭했음. 일본 영사는 십분 신뢰하지 못할지라도 '잃을 것이 없다' 하고 한길수를 받아들임. 한인 사회에서 일본의 정탐으로 '오해'받았고, 일본 영사관에서는 의심을 사 선상에서 살해될 위기에 처하기도 했음.
- 1937년 상하양원합동조사위원회(The Join House and Senate Investigating Committee)에 출석해 하와이에서 일본 영사관의 음모를 폭로하는 증언을 행함. 이후 질레트(Guy Gillette) 상원의원의 후원을 받게 됨.

25) 『국민보』 1937년 3월 31일, 6월 30일자 ; 『신한민보』 1939년 7월 6일자.

- 1938년 질레트 상원의원의 후원으로 미 본토 캘리포니아주 샌프란시스코로 건너옴.
- 1938~47년 초까지 워싱턴디씨에서 중한민중동맹단의 대표로 거주함. 이 기간 동안 1939년, 1941년, 1943년 다양한 미의회 청문회에 출석함.
- 1939년 미 국무부의 요청으로 중한민중동맹단의 워싱턴 대표로 등록했음.
- 1940년 松尾樹明이 쓴『3국동맹과 일미전쟁』을 탈취해 국무부·백악관에 전달하고 번역·출판을 계획함.
- 1940년 8월 외국인 등록시 한인을 일본인이 아닌 한인으로 등록하는 데 기여함.
- 1941년 12월 7일 일본의 진주만 공격을 여러 차례에 걸쳐 경고함.
- 1942년 전략첩보국(OSS)의 요청으로 태평양 연안 군사 지역의 일본인 상황에 관한 조사를 행함.
- 1945년『독립(Korean Independence)』신문을 대표해 캘리포니아주 샌프란시스코에서 개최된 제1회 유엔회담에 출석함.
- 1946년과 1947년 잠시, 유엔의 "대변인연구회(Speakers Research Committee)"의 부의장으로 일함.(이는 William Jennings Bryan의 딸인 Mrs. R. Bryan Rohe 산하의 비공식 위원회였음.)
- 1947~48년간 캘리포니아주 리들리의 김형제상회(Kim Brothers)에서 파트타임으로 일함.
- 1949년 이후 반미공작 탐사 및 정보 활동, 1949년 한국전쟁 예견.
- 1950~56년간 캘리포니아주 로스앤젤레스의 동양식품회사(the Oriental Foods, Inc.)에서 일함. 북가좌주의 판매원.
- 1950~65년간, 천킹코퍼레이션(Chun King Corporation)의 판매부장으로 일함.
- (관심사항 주) : 1932년 2월부터 1968년까지, 미국 내 한국 지하활동의 대표로 일했음. 존 버치 협회(John Birch Society)의 웰치와 이승만 대통령의 전 고문 올리버 박사는 "한길수는 시베리아에서 출생했다" "한은 그 생애의 대부분을 중국과 일본에서 보냈다"라고 했으나 이는 거짓말임.
- 1956년 4월 10일 미국 시민으로 귀화함.
- 1965년 6월 1일 은퇴하여 한인 지하공작운동에 전념하여 순행 연설.
- 1976년 7월 25일 76세로 사망, 캘리포니아주 산호세에 묻힘.

경기도 장단 출신으로 어린 시절 부모를 따라 하와이로 이민 온 한길수는 이승만이 세운 한인중앙학원·미국초등학교에서 배웠고, 후에 구세군대학에서 10개월간 수학했다.26) 하와이 방위군에서 복무한 이후 구세군에서 활동한 한길수의 행적은 묘연했다. 스스로의 주장에 따르면 요시다(吉田) 혹은 케네스(Kenneth)란 이름으로 1935~37년간 호놀룰루 주재 일본 영사관에서 일했고, 이때 일본의 미국 침략 계획에 관한 고급 정보들을 염탐했다. 그가 일본의 제5열이라는 풍문도 이 때문에 나돌았다.27) 한길수가 한인 사회에서 명성을 얻게 된 것은 1937년 10월 호놀룰루에서 개최된 하와이 준주(準州)의 정식 주로의 승격 문제에 대한 연방의회 상하 양원 합동위원회 공청회 석상에서였다. 한길수는 이 공청회에 등장해 호놀룰루 일본 영사관이 일본인을 비롯한 동양인을 결집해 백인에 대항하려 한다며 반일 목소리를 드높였다.28) 이 직후인 1938년 말 한길수는 중한민중동맹단 워싱턴 대표로 본토에 건너갔고, 정력적인 강연 여행을 다녔다. 한길수 자신의 주장에 따르면 1941년 4월까지 2년간 3만 2천 마일, 35주 90도시 순회, 169회의 강연

---

26) 현재까지 알려진 한길수 문서들은 4종류이다. (1) 「(한길수문서)1937~1963년 하와이·미국 서부지역의 일본인 활동」(Letters and clippings relating to Japanese activities in Hawaii and the Western U.S., 1937~1963), the Manuscript Division of Bancroft Library, University of California at Berkeley) (2) 「한국지하통신(Korean underground report)」(등사판 뉴스레터), Hoover Institute on War, Revolution and Peace, Stanford University (3) Haan, Kilsoo 「1933~78 진주만자료(Pearl Harbor Materials, 1933~1978)」, Fred Cannings Collection, Archives of Contemporary History, University of Wyoming (4) IRR Case Files, Impersonal Files, Case ZA000565, Sino-Korean Peoples League, Box. 35, RG 319, National Archives.
27) 방선주에 따르면 한길수는 1936년 3차례에 걸쳐 일본 영사관에서 110달러를 받았으나, 이미 일본 영사관 잠입에 대해 미 국무장관 헐에게 보고 편지(1936. 5. 22)를 쓸 정도로 공개적인 첩보 활동을 자임했다. 그런 의미에서 한길수는 이중첩자가 아니라 자원 공작원이었다.(방선주, 「한길수와 이승만」, 『이승만연구』, 연세대학교 출판부, 2000, 334, 341, 356쪽.)
28) 稻葉强, 앞의 논문.

과 7회의 라디오 출연을 했다. 한길수는 이솝우화에 등장하는 늑대소년처럼 일본의 미국 침략을 계속 주장했다. 우연의 일치인지 몰라도 일본의 진주만 습격이 있었고, 한길수가 진주만 습격을 정확히 예언한 것으로 밝혀지자 그의 주가는 급상승했다. 1942년 중경의 김원봉(金元鳳)은 한길수를 조선민족전선연맹 미국 전권 대표로 임명했고, 1943년에는 조선민족혁명당 미주지부 워싱턴 대표로 임명했다. 그는 워싱턴을 중심으로 반일선전과 중국 내 한인운동 세력, 특히 조선민족혁명당을 비롯한 좌파 세력에 대한 지지를 호소했다. 여론을 중시한 미 국무부와 군 정보 당국은 대중매체의 큰 인기를 끌고 있던 한길수에게 관심을 표명했고, 한국과 만주, 심지어는 브라질에까지 정보원을 두고 있다던 한길수의 선전에 귀를 기울였다.

한길수는 한인 유학생들의 신분 유지와 한인이 적성국민이 아닌 준우호국민으로 대우받게 하는 데 일조했다. 그러나 중경 내 좌파 세력과 연계해 반일 활동을 벌이며 선의의 과대 선전을 계속한 결과, 임정과 한독당을 지지하는 미주 한인 단체들의 반감을 사게 되었다. 한길수는 이승만과 사사건건 충돌한 결과 1942년 2월 재미한족연합회로부터 면직되었다. 이후 중한민중동맹단은 재미한족연합회에서 탈퇴했다. 또한 태평양전쟁 발발 후 일본계 미국인 강제수용 계획의 선두에 섬으로써 많은 일본인들의 증오의 표적이 되었다.

이승만은 한길수를 공산주의자·이중 첩자라며 매도했고, 한길수는 이승만이 노욕에 가득 찬 보수 정객이며 김구의 임시정부는 실력이 부족하다고 선전했다. 워싱턴 정가에서 벌어진 양자의 대립은 가뜩이나 중경 임정 승인 혹은 지지에 인색하던 미국의 태도에 부정적 영향을 끼쳤다. 이승만과 한길수의 최종 대결은 1945년 유엔 창설을 위한 샌프란시스코 회담에서였다. 한길수와 이승만의 대결은 한국 독립운동을 위해 불행한 일이었다. 더구나 '길거리 싸움꾼'이던 한길수와 대결하는 모습으로 비춰진 것은 이승만에게 불리한 일이었다. 이승만 자신을 위해서나 재미 한인 독립운동을 위해, 한길수를 잘 처분할 수 있었다면 다른 국면이 전개되었을 가능성도 있다.29)

3) 주미외교위원부 파란

재미한족연합회는 출범 당시부터 문제의 소지를 안고 있었는데, 그것은 다름 아닌 주미외교위원부와 임정의 관계 때문이었다. 김구는 해외한족대회에 '훈사(訓辭)'를 보내 개인 의견을 전제로 외교기관의 명칭을 '임정주미외교위원회'로 하며 책임자 5인을 선정하라고 했다.30) 한족연합회에서 이승만을 위원장으로 하는 주미외교위원부를 조직하자 임정은 1941년 6월 3일 이를 승인하고 미국 대통령에게 보낼 공함을 준비했다.31) 이는 결국 미주 교민 단체의 추천에 의해 임시 '정부'가 외교기관을 승인하는 방식이었다. 즉 '정부'가 외교 대표를 임명하고 파견한 것이 아니라 미주 교민 단체가 인물 선정·경비 부담·조직 유지 등의 모든 활동을 담당했고, 정부는 다만 이를 '법적'으로 승인한 것이었다. 임시정부와 미주 교민 단체의 이러한 관계는 이후 미주 한인 사회의 분열을 가져오는 중요한 요인이 되었다.

---

29) 방선주, 앞의 논문, 2000, 357쪽. 방선주는 한길수를 "꾀가 많고 장난기 많은 검까마귀 같은 인물"에, 이승만은 "순백하고, 우아한 또 고고한 자태"를 가진, 그러나 "자기 영역을 침범한 물새들에게 매우 잔인한 공격자"인 백조에 비유했다.
30) 『태평양주보』 no. 480.(1941년 5월 31일)
31) 『태평양주보』 no. 483(1941년 6월 21일); 『新韓民報』 1941년 6월 26일, 8월 21일자.

사건의 발단은 1942년 12월 재미한족연합회 집행부 임원 김호·전경무의 워싱턴 방문에서 비롯되었다. 김호는 외교위원부의 문호를 확대해 위원을 확충하자고 주장했으나 이승만은 이를 거부했다.[32] 논란이 된 쟁점은 한미협회와 주미외교위원부의 관계 단절, 외교위원부의 확대 등이었지만, 문제의 핵심은 이승만의 독선적 태도였다.[33]

1943년 1월 국민회 제7차 대표회는 이승만이 외교 실패·권리 남용·인심 소란을 범했다며 임시정부에 소환, 즉 면직을 요청하기 시작했다.[34] 1943년 3월 하와이에서 건너온 의사부 대표 이원순·김원용이 워싱턴을 방문해 타협을 시도했다. 연합회는 이승만과 친밀했던 의사부 의장 이원순을 보내 워싱턴 주미외교위원부의 확대를 시도했지만 실패했다.[35] 이원순은 연합회 의사부 의장으로 파견되었지만, 도리어 이승만의 입장을 두둔했다. 나아가 이승만은 외교위원부의 지방지부 설치를 통한 기구 확대를 시도하고 정한경·이원순을 신임 외교위원으로 지명함으로써 한족연합회와 협의하지 않을 뜻을 분명히 했다.[36] 하와이 의사부에 이승만과의 협상을 맡겨두었던 국민회는 격분했고, 9월

---

32) 사건의 전말에 대해서는 OSS California Office, "A Report on the progress of the Free Korean Movement"(1943년 3월 24일.) RG 226, box 72, folder 571 ; 「李承晩이 金乎에게 보낸 편지」(1942년 12월 7, 8, 25일), 獨立紀念館 소장, 大韓人國民會資料 ; 김광식, 1994, 「자료소개 : 이승만서신」, 『월간독립기념관』 2월호 ; 「김호가 이승만에게 보낸 편지」(1942년 12월 16일), 『韓國獨立運動史』 자료 23, 임정편 Ⅷ, 국사편찬위원회, 1993, 453~459쪽을 참조.
33) 송헌주는 1941년 재미한족연합회 결성 당시, 국민회원 다수의 여론에 따라 국민회 중앙집행위원회가 이승만의 외교위원 추천을 배제하라고 지령했지만, 송종익·한시대·김호 등 국민회 대표는 동지회의 참가가 중요하다고 해서 이승만을 외교위원장에 추천했고, 이것이 문제의 출발점이었다고 주장했다.[「성명서(국민회를 탈퇴하는 이유) ; 송헌주」, 『독립』 1944년 5월 3일자.]
34) 『新韓民報』 1943년 1월 14일, 5월 6일자.
35) 『新韓民報』 1943년 3월 25일, 9월 9일자.
36) 『위원부통신』 제36호(1943년 8월 3일)

3일 특별중앙집행위원회를 개최하고 이승만의 소환을 임시정부에 품청하기로 결의했다.37)

하와이연합회 의사부도 10월 3일 정기회의에서 (1) 이 박사를 원로 정치가로 존경하며 그를 임정 외교부 고문으로 승차시킨다, (2) 워싱턴 외교위원부를 다시 조직한다는 결정을 내렸다.38) 결국 재미한족연합위원회 의사부·집행부는 10월 6일과 7일 각각 이승만의 주미외교위원부 위원장 소환을 임시정부에 요청했다.39) 하와이 의사부 의장인 안원규는 이승만의 외교가 실패한 구체적인 사례로 (1) 1941년 위원회의 중경 특파 방해, (2) 외교위원부 확대에 대한 전경무(田耕武)·김호(金乎)의 제의안 거부, (3) 독립금을 직접 관할하려 정부를 강박하다가 실패, (4) 외교위원부 각 지방지부 설치를 선언했으나 실패했다는 점등을 지적했다.40)

대안으로 하와이 의사부는 이승만 대신 외교위원부의 새 책임자로 이범석(李範奭)을 추천했고, 집행부는 이에 동의했다. 그러나 김구는 집행부·의사부에서 1인씩을 파견해 같이 협조하는 것이 좋겠다는 개인 의견을 피력했다.41) 사태가 이에 이르자 연합회 의사부는 12월 20일 외교위원부에 대한 지원 중단을 결의했고, 의사부 사무소를 워싱턴에 설치하겠다고 선언했다.42)

이에 맞서 이승만의 동지회는 동지대표회(1943년 12월 5~23일)의 결정에 따라 12월 23일 연합회를 탈퇴했고, 하와이 동지회—국민회가

---

37) 『新韓民報』 1943년 5월 12일, 9월 9일자.
38) 『국민보』 1943년 10월 13일자; 『新韓民報』 1943년 10월 14일자.
39) 『新韓民報』 1943년 10월 14일자.
40) 「리박사와 그 외교실책: 안원규(의사부 의장)」, 『국민보』 1943년 10월 13일자.
41) 『국민보』 1943년 10월 13일자.
42) 『新韓民報』 1944년 1월 6일자.

함께 간행하던 『국민보·태평양주보』가 중단되고 『태평양주보』가 복간되기에 이르렀다.43) 한족연합회는 한 걸음 더 나아가 1944년 6월 워싱턴에 독자적인 외교 사무소를 설치하기에 이르렀다.44)

연합회의 분열은 곧 임시정부에 대한 재정 지원의 축소를 가져왔다. 재정 곤란을 당한 임시정부는 1944년 8월 외교위원부 개조 방침을 천명했다. 임시정부는 재미 한인 단체 7/10 이상이 참석해, 참석자 3/4의 결정으로 조직되는 외교위원부를 인정하겠다며 현행 주미외교위원부와 재미한족연합회 워싱턴 대표는 활동을 중지하라고 지시(1944년 8월 12일)했다.45) 이에 따라 하와이와 본토 각지에 산재하던 재미 한인 17개 단체 중 13개 단체가 이 방침에 호응해 재미한인각단체대표회를 개최(1944년 10월 28일~11월 5일)하고 외교위원부를 개조했다.46) 그러나 김구는 이승만의 동지회가 불참했다며, 이를 승인하지 않았다.47) 나아가 임정은 스스로의 공언을 뒤집고 독단적으로 이승만을 위원장으로 한 주미외교위원회 인선과 조직을 공표(1944년 11월 21일)했다.48)

임정의 태도 번복으로 미주 한인 사회는 사분오열되었다. 임정의 지시에 따를 것인가, 아니면 독자적으로 워싱턴에 외교 사무소를 두어야 할 것인가 하는 문제를 중심으로 연합회와 민족혁명당 미주지부는 두

---

43) 『국민보』 1943년 12월 29일자. 국민회 기관지 『국민보』와 동지회 기관지 『태평양주보』는 하와이 한인 사회 통일의 연장선상에서 1942년 1월 21일부터 연합체제로 발행되었다. 영문 제목은 The Korean National Herald-Pacific Weekly였다.
44) 『新韓民報』 1944년 6월 29일자.
45) 『新韓民報』 1944년 8월 17일자.
46) 선출된 임원진은 다음과 같다. 위원장 김원용, 부위원장 한시대, 총서기 전경무, 서기 한길수·배의환(『新韓民報』 1944년 11월 9일자.)
47) 『독립』 1944년 11월 29일자.
48) 임정이 제시한 임원진은 다음과 같다. 외교위원장 이승만, 부위원장 김원용, 총서기 정한경, 위원 한시대·김호·이살음·변준호·안원규·송헌주(「임시정부의 최후 지령」, 『新韓民報』 1944년 11월 23일자.)

파로 분열되었다. 또한 새로 공표된 주미외교위원회는 중경 내에서도 논란을 불러일으켰고, 1945년 4월 11일에야 임시의정원에 '주미외무위원회 규정(駐美外交委員會 規程)' 추인안이 제출되었다.49)

그럼에도 김구는 미주에서 이승만이 가장 유력한 인물이라고 결정한 것이었다. 이승만을 제외한 재미 한인 사회 전체의 의견일지라도 이승만을 배제한 조직을 인정할 수 없다는 김구의 태도는 이승만에 대한 전폭적인 신뢰와 후원에서 비롯된 것이었다. 이는 해방 후 이승만 —김구의 관계를 보여주는 전조이기도 했다.50)

태평양전쟁을 통일된 연합 조직으로 맞이했던 재미 한인들은 전쟁이 종국으로 치닫는 와중에서 분열되었다. 이러한 갈등과 분열은 한인 독립운동과 임시정부에 대한 미국의 적극적 지원을 받는 데 장애 요인으로 작용했다. 분열의 첫 번째 이유는 위에서 살펴본 임정의 이승만 지지 때문이었고, 이것이 재미 한인 사회를 분열시킨 기본 원인이었다. 갈등의 두 번째 요인은 이념적인 대립이었다. 임시정부에 대한 지지와 반대 진영이 갈라졌고, 임정의 보수적 우익 노선에 반발하는 세력이 미주에서도 생겨났다. 중한민중동맹단의 한길수·정덕근 외에도 미주 본토와 하와이에서 김강(金剛)·변준호(卞埈鎬)·이경선·현앨리스·이득환·장세운·김혜란·장기형 등이 민족혁명당 미주지부를 중심으로 세력을 형성했고,51) 『독립』이란 신문을 발행하여 자신의 노선을 주장했다.52)

---

49) 「大韓民國臨時約憲改正委員會 會議錄」, 국사편찬위원회, 『한국독립운동사』 자료 1, 임정편 I, 1970, 379~380쪽.
50) 孫世一은 이승만·김구가 신분적 배경, 교육·학문적 배경, 종교적 배경, 옥중 생활의 영향, 가족 환경 등에서 현격한 격차를 가졌으며, 특히 김구는 상해 임정 초기의 대통령과 '경무국장'의 수직적 관계를 해방 후까지 극복할 수 없었다고 주장했다.(孫世一, 『李承晩과 金九』, 一潮閣, 1970, 3~61쪽.)
51) 특기할 만한 점은 1910~20년대 하와이에서 이승만의 최측근이었던 사람들이 1940년대 초반에는 가장 강력한 반대자로 돌변해 민족혁명당 하와이지부에 가

반면 홍사단을 비롯해 오랫동안 임정을 지지해온 국민회와 재미한족 연합회의 주류 세력들은 이들이 임정의 권위에 도전하며 한인 독립운동 진영을 분열시킨다고 격분했다. 세 번째 요인은 국민회를 중심으로 새로 등장한 지도자들의 문제였다. 박용만의 암살(1928)과 안창호의 체포(1932), 이승만의 하와이 재판 패배(1930) 등 재미 한인 사회의 주요 3대 지도자의 몰락은 모두 1930년 대공황을 전후해 벌어졌다. 국민회· 동지회·홍사단·국민군단 등 재미 한인 사회의 모든 단체가 침체 국면을 맞았고, 1930년대 중반 이후 새롭게 등장한 한인 사회의 지도자들은 직업적 독립운동가·사상가가 아닌 부유한 실업가들이었다. 1910년대 이래의 지도자들이 사라지거나 위축된 상태에서, 이들은 자금 지원을 통해 재미 한인 단체를 후원해 활동을 재개시켰고, 나아가 단체의 지도자로 부상했다. 하와이의 이원순, 미주국민회의 김호·김형순·김용중 등이 이에 해당했다. 문제는 이들이 재미 한인 단체의 재정과 조직을 장악했지만, 재미 한인 일반의 대중적 지지를 끌어내기에는 지도자로서의 카리스마가 부족했다는 점이었다.[53] 마지막 요인은 이승만의

담했다는 사실이다. 한인기독학원장이었던 閔瓚鎬가 민혁당 하와이지부 위원장이 된 것을 필두로 1915년 박용만을 몰아낸 하와이풍파의 주역인 洪漢植과 손창희·김이제·박상하·정인수·홍치범 등 1910~20년대 이승만의 측근들이 모두 민혁당 하와이지부 집행위원이 되었다.(『독립』 1943년 10월 6일, 1944년 2월 3일, 1945년 2월 21일, 28일자.) 3·1운동 당시 미주에서 이승만을 대통령으로 추대하는 데 결정적인 역할을 했던 현순 역시 민족혁명당 하와이지부 총서기와 『독립』 발기인 겸 하와이지국장이 되었다.

52) 민족혁명당 미주지부에 대해서는 Eun Sik Yang, "Korean Revolutionary Nationalist Movement in America, 1937~1955, Case of Kim Kang", Edited by Eui-Young You, P. Kandal Cal. State LA, 1992 ; Eun Sik Yang, "Korean Revolu- tionary Nationalism in America : Kim Kang and the Student Circle, 1938~1956", Asian American Studies Center, University of California, Los Angeles ; 稻葉强, 앞의 논문 ; 강만길, 『조선민족혁명당과 통일전선』, 화평사, 1991 ; 金福壽, 「광복전후기 미국에서 발행된 '독립'지의 성격과 보도경향」, 『정신문화연구』 통권 58호, 1995를 참조

독선적인 태도와 자금·조직을 장악하려는 시도에 기인한 것이었다. 1940년대 초반 재미 한인 사회는 이러한 복잡한 요인들이 얽히면서 통일과 분열, 연대와 대립을 오고갔다.

4) 전후 구상과 대한민주당 창설 계획

한편 이승만은 한족연합회의 해임 요구에 독자적인 세력 규합으로 맞섰다. 먼저 이승만은 1943년 말부터 시작해 1944년 3월까지 재미한족대회를 독자적으로 개최한다는 계획을 수립했다. 이승만은 한족대회 소집을 발표했고, 각 단체에 대표 파견을 요구했다.54) 재미한족대회는 3월 31일로 예정되어 있었으나 정확한 이유가 밝혀지지 않은 채 무기한 연기되었다.

한편 연합회와의 갈등이 고조된 1944년 6월 4일 이승만을 포함한 22인은 주미외교위원부에서 이원순 사회하에 내무부, 경제부, 교육부, 정치부 등 4개 위원부를 조직했다.55) 각부 위원장은 이승만이 지명한 각부 부원 중에서 선정되었다. 재미 한인 사회에서는 이승만이 주도하는 이 조직이 임시정부를 대체하려는 새로운 시도가 아닌가 하는 의문이 제기되었다.

회의에 앞서 이승만은 자신이 지명하는 부원들에게 친비(親秘) 서신(1944년 5월 24일)과 외교위원부의 계획 설명서를 보냈다. 이 계획서에

---

53) 정병준, 「金乎와 리들리그룹」, 한사김호(金乎)선생공훈선양학술강연회 사단법인 대한민국순국선열유족회(2003년 1월 10일), 2003.
54) 『위원부통신』 제58호(1944년 1월 7일), 제59호(1944년 2월 15일) ; 『新韓民報』 1944년 1월 6일, 3월 9일, 12월 28일자.
55) 「한국외교위원부는 소속 정치기관을 조직」, 『新韓民報』 1944년 6월 15일자.

표 6-4. 주미외교위원부 산하 각위원부(협찬부)의 구성원과 목적

구분 명칭	구 성 원		목 적
	5월 24일	6월 4일(확정)	
내사부 (내무위원부)	황창하(부장)· 황사용·정기원· 김홍기·나재원· 장인명·조대홍· 한영교	부장(황창하), 서기(황사용), 협찬원(김홍기·장인명· 조대홍·한영교·정기원)	전체 한인의 통일적 정신의 발전과 보유를 도모하며 한국 임시정부와 한국 외교위원부에 충성케 하며 인재를 적당히 훈련하여서 전후 한국 정부를 조력할 수 있게 준비할 것.
경제부 (경제위원부)	김세선·유일한· 김준성·남궁염· 최용진·전처선· 신상금	부장(김세선), 서기(김준성), 협찬원(유일한·최용진· 남궁염·전처선)	한국의 노동 안정과 자연 부원 발전을 목적으로 하고 미국의 각종 상업계와 은행계도 더불어 협상하며 상업 관계를 시설할 것.
교육부 (교육위원부)	임창영(부장)· 김현철·배민수· 김진억·김계봉	부장(임창영)*, 서기(김현철), 협찬원(배민수·김진억· 김계봉)	연합국 정부들과 국민에게 한국의 지위와 목적을 보급시킬 것.
정치부 (정치위원부)	임병직(부장)· 한표욱·이병두· 박범구·이원순· 씨 부인(매리)	부장(임병직), 서기(이메리), 협찬원(강택모·한필립· 김진홍)	한국 임시정부 승인과 한국국군을 위하여 렌드-리스를 미국 정부에 계속 협상하며 요구할 것.
전무부 (군무위원부)	미발표	부장(신상근), 서기(손리도), 협찬원(박떼시·최정집)	한국의 전쟁 노력에 참가를 위하여 실제 계획과 예정 계획을 미국 군사 당국에 제공하고 집행하기를 노력할 것.

[출전] 「외교위원부통신」, 제75호(1944년 6월 8일), 제76호(1944년 6월 15일), 제77호(1944년 6월 22일)를 종합.(『新韓民報』 1944년 6월 15, 22, 29일자에서 재인용.)
[비고] *본문에는 립창임으로 되어 있음.

따르면 "새로 수립한 정치 기관의 각 위원부는 완전히 외교위원부의 지명하는 권력 범위 아래 제한되었으며 (중략) **새 정치조직체는 한국의 내무와 경제와 교육과 정치와 전쟁 노력을 현시 전쟁 기간과 전쟁 후에 공히 지배하는 것을 목적**(강조-인용자)으로 하였다"라고 했다.56)

즉 이 조직은 전시 및 전후 한국의 행정을 책임지는 일종의 임시정

---
56) 「한국외교위원부는 소속 정치기관을 조직」, 『新韓民報』 1944년 6월 15일자.

부를 목적으로 한 것이 분명했다.

이승만은 이미 1944년 5월부터 이 조직을 준비해왔다. 이승만 사진첩에는 1944년 5월 28일 촬영한 주미외교위원부 '협찬회'의 기념사진이 남아 있으며, 이러한 조직적 준비하에 6월 4일 4개 위원부가 조직된 것이었다.57)

이승만은 「위원부통신」 제76호(1944년 6월 15일)를 통해 이 조직의 정식 명칭이 협찬부이며, 재정부와 기타 몇 부를 더 조직할 예정이라고 밝혔다. 또한 일의 진행에 따라서는 로스앤젤레스와 하와이에도 협찬위원을 선정해서 "우리 민족운동에 누구나 봉사를 제공케 하며 더욱 참전에 노력하도록 힘쓰기로" 했다고 덧붙였다.

이상에서 드러나듯이 협찬부는 형식상으로는 3월 말로 계획되었던 재미한족대회를 대체한 것이었고, 내용상으로는 새로운 임시정부를 조직한 것이었다. 이승만은 협찬부가 새로운 임시정부의 조직이 아니라고 변명했지만,58) 재미 한인 사회에서는 이승만이 "일종 분수에 넘치는 정부 조직의 야심을 가진다는 혐의를 피치 못할 것"이라는 비난이 일어났다.59)

이승만의 시도는 한편으로 독자적인 임시정부 수립·정치적 영향력 강화를 목적한 것이지만, 다른 한편으로는 재미 한인 사회 내부에 존재하고 있던 한국 연구 붐을 반영한 것이었다. 1943년부터 재미 한인

---

57) 유영익, 『이승만의 삶과 꿈』 중앙일보사, 1996, 203쪽. 참가 인물들은 다음과 같다. 鄭基元, 金顯哲, 裵敏洙, 姜鏞訖, 韓永敎, James Shinn, 林昌榮, 林炳稷, 金世旋, 崔容鎭, 이메리, 李元淳.
58) 「협찬부조직에 관하야」, 「외교위원부통신」 (78호), 『북미시보』 1945년 8월 16일자.
59) 「시사만평 : 워싱턴 한국외교부는 어디로 가는가」, 『독립』 1944년 6월 28일자 ; 「한국외교위원부의 정치기관 조직동기는 무엇」, 『新韓民報』 1944년 6월 22일자.

사회에서는, 한국에 관한 정보 수집·연구를 통해 태평양전쟁에 기여하며 또한 전후 한국경제를 부흥시키기 위해 한국 연구의 필요성이 제기되고 있었다. 그 중심인물은 유일한(柳一韓)이었는데, 그는 이미 1942년 10월 한국 사정에 관한 방대한 보고서를 작성해 전략첩보국(OSS)에 제출했고, 한국 정보의 중요성을 정확히 인식하고 있었다.[60] 유일한의 발의에 따라 그를 위원장으로 하는 한족연합회 연구부가 조직(1943년 7월 15일)되었다.[61] 유일한은 한족연합회의 연구부가 지지부진하자 1943년 12월 독자적으로 뉴욕에서 고려경제연구회를 설립했다.[62]

그런데 이승만이 조직한 협찬부의 구성원 27명 중 무려 7명이 고려경제연구회 회원이었다. 이 사실이 알려지자 유일한과 이병두는 즉각 성명을 발표하고 자신들은 협찬부 회의에 참가하거나 이름을 내건 적도 없으며, 고려경제회는 이와 무관하다고 밝혔다.[63] 반면 고려경제회의 발기회원으로 협찬회에 참가한 김준성(부회장), 배민수·전처선·김세선(이사) 및 선우천복·김진억·이종숙 등은 고려경제회를 탈퇴(1944년 6월 7일)해야 했다.[64]

---

60) 유일한은 이 보고서를 1943년 재미한족연합회 연구부의 이름으로 간행했는데, OSS는 이 자료가 자신들에게 제출된 보고서와 동일한 정보를 담고 있으므로 비밀분류해야 한다는 강경한 입장을 보이기도 했다.(Korea : The Other Ally of the Orient, by New Ilhan, published by The Korean Committee in America, 국사편찬위원회, 『한국독립운동사』 자료 22, 임정편 VII, 1993.)
61) 「연합회 연구부 위원 조직」, 『新韓民報』 1943년 7월 22, 29일자. 구성원은 류일한(위원장), 김용성(부위원장), 송헌주·김병연(부원)이었다.
62) 「경제연구회 조직준비」, 『新韓民報』 1943년 12월 16일자. 이 연구회의 창립준비위원은 다음과 같았다. 임시의장(류일한), 임시서기(김성덕), 임시재무(정기원·김진억), 임시선거위원(김경·김세선·전처선·김진억·선우천복), 장정제정위원(정기원·류일한·배민수·김세선·김준성·김성덕), 통신급선전위원.(이종숙·김성덕·김진억.)
63) 「류일한씨와 이병두씨의 성명」, 『新韓民報』 1944년 7월 6일자.
64) 『독립』 1944년 6월 28일자.

결국 협찬부는 고려경제회 등 관련자들의 탈퇴 및 재미 한인 사회의 의혹 증가, 그리고 1944년 8월 임시정부의 주미외교위원부 개조 지시에 따라 그 존재가 유야무야되었다.

그런데 이미 1944년의 시점에서 이승만이 전후 국가 수립 구상에 착수하고 있었다는 점은 주목할 만한 사실이다. 이 중에서도 내사부와 경제부의 설치 목적은 이승만의 포부를 엿볼 수 있게 해준다. 내사부의 목적 중 하나인 "인재를 적당히 훈련하여서 전후 한국 정부를 조력할 수 있게 준비할 것"이라는 대목은 이 시점에서 이승만이 전후 국가 건설을 위해 인적 자원을 준비하고 있었음을 보여준다. 특히 이승만은 수십 명의 한인 청년을 미군 정보기관인 COI(Coordinator of Information : 정보조정국, 1941년 7월 창설)—OSS(Office of Strategic Services : 전략첩보국, 1942년 6월 창설)에 소개해 훈련을 받게 했는데, 이들은 해방 후 이승만의 정치적 자산이 되었다. 또한 "한국의 노동 안정과 자연 부원 발전을 목적으로 하고 미국의 각종 상업계와 은행계도 더불어 협상하며 상업 관계를 시설할 것"을 목표로 한 경제부의 활동은 직접 이승만에 의해 부분적으로 시도되었고, 그 영향은 1946년 이승만의 국내 활동에 영향을 미쳤다.

이승만의 전후 국가 수립 구상과 관련해 또 한 가지 주목해야 할 점은, 이승만이 자신의 지지 기반인 동지회를 해방 직전인 1945년 5월 말 대한민주당이라는 정당 조직으로 전환하려 했다는 사실이다. 1945년 5월 26일 동지회 제1회 미포(美布)대표대회가 로스앤젤레스에서 개최되었고, 여기서 동지회의 명칭 변경과 정강 제정이 이루어졌다.[65] 동지회는 명칭을 대한민주당(Korean Nationalist Democratic Party)으로 변경하고 정치·외교·군사운동으로 광복 사업을 촉진케 한다는 목적을

---

[65] 대회는 5월 26일 개최되어 이후 6차례 회의를 한 끝에 6월 24일 폐회되었다.

천명했다.66) 또한 동지회의 종래 3대 정강에 다음과 같은 정강 3항을 첨부하기로 했다.

1. 본당은 대한민족의 절대 독립을 주장함.
2. 본당은 민주주의를 수립하여 이로써 정체를 건설함.
3. 본당은 활민운동으로써 대한인민의 자유와 생명재산을 보장함.67)

이와 함께 제시된 대한민주당의 9개 정책은 다음과 같았다.

1. 임시정부가 한국에 들어가서 총선거를 실시할 시까지 절대로 봉대함.
2. 선거권은 남녀평등으로 함.
3. 국제통상을 장려함.
4. 왜적의 불법소유는 국유로 몰수하고 사유재산은 종법 처결하기로 주장함.
5. 독립주권을 손상하는 자는 종법 응징하기로 주장함.
6. 의무교육을 전국적으로 실시키로 주장함.
7. 한국국방을 위하여 의무군사교련을 실시키로 주장함.
8. 국제평화를 위하여 한국군병으로 일본을 경찰하기를 주장함.
9. 종교·출판·언론·집회 등 자유를 보장하기로 주장함.

대한민주당의 정강과 정책은 뚜렷한 특징이 없었다. 다만 임시정부를 봉대하며, 민주주의 정체를 수립한다는 내용을 담고 있을 뿐이다.
조직 체계는 하와이에 하와이총회를, 미주에 북미총회를 두며 이 두 총회를 관할하는 중앙위원부를 하와이 8명, 미주 4명으로 조직하기로 했다. 중앙위원과 부위원장은 일반 투표로 선출한 후, 이들이 중앙위원부에서 위원장을 간선하기로 했다. 이는 분명 종신총재인 이승만을 대한민주당 위원장으로 전환시키는 것임을 의미했는데, 1920년대 이승만

---

66) 『북미시보』 1945년 7월 1일자.
67) 위와 같음.

이 이동휘 등이 주장한 상해 임정의 위원제로의 변경을 '소비에트식'이라며 거부했던 데 비추어 매우 놀라운 전환이었다. 이러한 전환이 필요한 이유에 대해 동지회 측에서는 다음과 같은 세 가지 점을 들었다.

1. 대정당으로 활동하기 위함.
2. 동지회라는 명칭은 대외 선전에 불편함.
3. 위원제가 총재제보다 신시대에 적합함.68)

일반적으로 이승만은 스스로를 특정 계급·계층의 지도자가 아닌 '국부'로 자임하며 해방 직후 정당 결성 및 참여를 회피한 것으로 알려져 왔다. 그러나 해방 직전인 1945년 5~6월의 시점에서 동지회는 대한민주당으로의 전환을 결정했으며, 이는 이승만의 사전 승인·지시 없이는 불가능한 일이었다.69) 이승만이 왜 이 시점에서 정당 조직으로의 전환을 결심했는지 정확한 이유는 알 수 없다. 한 가지 분명한 것은 이미 재미 한인 사회 내부에서 정당 건설 논의가 있었으며, 이승만도 자신의 정치적 기반 공고화와 해방 후 국가 건설에 대비해 동지회라는 불분명한 조직 체계보다는 분명한 정당 조직을 선호했을 것이란 점이다.

이미 재미 한인 사회에서는 재미 한인의 각종 단체를 통일해서 단일당을 조직하자는 분위기가 존재했다. 단일당 조직 제안은 국민회 제7차 대표대회(1943) 때 중가주 지방회로부터 시작되었다.70) 국민회는 이 문제를 1943년 5월 재미한족연합회에 넘겼다.71) 당시 연합회는 임시정

---

68) 「사설 : 동지회 명칭 변경에 대하야」, 『북미시보』 1945년 12월 1일자.
69) 이승만은 동지회의 정당 조직으로의 변경, 위원제 채택 등에 대해 재가했다.(『북미시보』 1945년 12월 1일자.)
70) 「대한인국민회 제7차 대표대회(제34회 대의원회) 입안」, 『新韓民報』 1943년 1월 14일자. 중가주 지방회는 김호·김형순·김용중·김원용 등 소위 국민회 리들리 그룹(Reedly Group)이 장악하고 있었으며, 국민회에 막강한 영향력을 행사했던 지방회였다.

부에 대해 이승만 면직을 요청한 상태였기 때문에 단일당 조직 문제는 논의될 공간이 없었다. 단일당 문제와 관련해 김원용은 연합회 제3차 전체대회 석상(1944년 4월)에서 원래 자신들이 단일당을 구상했으나 대신 연합회가 조직되었으며, 처음 계획은 해외한족대회를 조직하려 했으나 극동에서 올 수 없었기에 재미한족연합회가 되었다고 밝혔다.[72] 같은 자리에서 한시대 역시 "3년 전"에 김호가 미·포·묵·큐(미국·하와이·멕시코·쿠바) 한인 단체를 하나로 뭉쳐 단일당을 만들려 했다고 밝혔다. 즉 김호·김원용·김형순·한시대로 대표되는 국민회의 리들리 그룹은 재미한족연합회를 만들 당시부터 단일당 조직 문제를 구상했고, 1942년 이승만 문제로 한족연합회가 삐걱이자 다시 한 번 단일당 조직을 제안했던 것이다.

이승만은 이러한 단일당 조직 흐름에 맞서기 위해서도 대한민주당 조직을 추진했다. 그러나 대한민주당으로의 전환이 추진되는 시점에서 이미 태평양전쟁의 종전이 목전에 도래했고, 또한 위원제를 채택한 민주당에 대해 동지회원들이 반발했기 때문에 실제로 동지회의 대한민주당으로의 전환은 실현되지 못했다.[73] 동지회는 1945년 11월 17일 특별총임원회를 개최하고 민주당에 관한 문제를 토의하기로 했고, 1946년도 동지대표대회를 통해 동지회의 명칭을 '한국민주당'으로 변경할 계획이었다.[74] 당시 국내에서 한국민주당이 창립되고 이승만이 '영수'로 추대되었기 때문에 국내 민주당과도 연락을 취하기로 했다. 그러나

---

71) 「대한인국민회 중앙상무부 사업성적서」, 『新韓民報』 1943년 5월 6일자.
72) 「사설 : 우리는 철저한 각오를 가지자(재미한족연합위원회 제3차 전체대회를 보고)」, 『독립』 1944년 4월 13일자.
73) 『북미시보』 1945년 12월 1일자.
74) 「공문 제11호, 동지회 중앙부장 손승운」(1945년 11월 10일자.), 『북미시보』 1945년 11월15일자.

1946년 1월 5일 개최된 동지회 북미총회 제5차 연례대표회는 이승만의 추후 훈시에 따라 민주당으로의 명칭 변경 문제를 처리하기로 함으로써 실질적으로 정당 전환을 보류했다.75)

2. 대일 무장투쟁노선의 제기

1) 미 정보조정국(COI)의 한반도 침투 계획

앞에서 살펴본 것처럼 이승만은 미일 개전이 있어야만 한국이 독립되며, 그때에 가서야 전면적인 대일 무장투쟁이 가능하다고 판단하고 있었다. 1941년 12월 진주만 사건이 일어나자 이승만은 미국의 대일 선전포고와 함께 곧바로 전면적인 대일 무장투쟁을 주장하고 나섰다. 이 시점에서 재미 한인은 단결되어 있었고, 이승만은 임시정부의 미주 대표 자격을 갖고 있었다. 특히 미국 CIA의 전신이자 미국 정보기관의 효시가 되는 COI-OSS를 통해 이승만은 한인 게릴라 부대의 창설과 대일 무장투쟁의 전면화를 제기했다.

이승만이 COI와 연계된 것은 중국에서 대일 정보 수집 활동을 계획 중이던 게일 사절단(Gale Mission)을 통해서였다. 태평양전쟁 발발 직전인 1941년 9월부터 COI는 중국을 통한 대일 정보 수집 계획을 추진했는데, 이 임무를 담당할 적임자로 게일(Esson McDowell Gale)을 선정했

---

75) 『북미시보』 1946년 1월 15일자. 이후 동지회는 민주당으로의 변경 문제를 중앙부로 위임했다.(『북미시보』 1946년 2월 1일자.)

다. 게일은 전형적인 한국통이자 이승만에 대해 우호적인 인물이었다.76) COI는 게일 사절단의 파견을 위해 그해 9월부터 12월까지 여러 차례의 대규모 부간(部間)회의(interdepartmental conferences)를 개최했고, 이승만은 바로 이 회의에 참석함으로써 COI와 관계를 맺기 시작했다.77) 이승만이 이 회의에 참석할 수 있었던 것은, COI 책임자 도노반의 오른팔이자 조직의 2인자였던 굿펠로우가 이승만에게 호감을 갖고 있었기 때문이다. 이승만은 이미 1941년 여름부터 육군부 정보참모부(G-2)에 근무 중이던 굿펠로우와 교류했으며,78) 굿펠로우는 이후 이승만의 귀국 및 정권 장악에 큰 도움을 주었다. 게일은 회의에서 이승만이 "중화민국의 아버지인 손문(孫文) 박사와 유사한 역할을 할 수 있는 사람"이며 "주위에 한국인 애국자들을 집결시킬 수 있는 존경받는 인물"이라고 소개했다.79) 이러한 게일의 평가는 COI의 1·2인자인 도노반과 굿펠로우 등에게 깊은 감명을 주었다.

게일 사절단은 1942년 2월 8일 뉴욕을 출발해 3월 중경에 도착했다. 이들의 임무는 중경 한인들을 이용한 비밀 정보 및 사보타지 시스템을

---

76) 에슨 게일(1894~1964)은 1888~1927년간 한국에 체류했고, 삼촌인 제임스 게일(Games Scarth Gale : 1863~1937)은 한국에서 활동했던 유명한 선교사였다. 그의 부인 애니 헤론(Annie Heron)도 의료 선교사였던 헤론(J. H. Heron) 부부의 딸로 서울 출생이었다.
77) Clarence N. Weems, "Washington's First Steps Toward Korean-American Joint Action (1941~1943)", 사단법인 한국독립유공자협회, 『한국무장독립운동에 관한 국제학술대회 논문집』, 1988.
78) 「굿펠로우가 이승만에게 보낸 편지」(1958. 9. 4), Preston Millard Goodfellow Papers, the Hoover Institution Archives, Stanford University.(이하『굿펠로우문서철』로 약칭.) 이승만은 이미 진주만 사건 이전에 여러 차례 굿펠로우와 저녁을 함께 했고, 1942년 1월 1일 자신의 저서 『Japan Inside Out』을 선물하기도 했다.
79) Memorandum by Esson Gale, "Koreans and their activities in the United States"(January 16, 1942), 국사편찬위원회, 『韓國獨立運動史』 자료25, 임정편 X, 1994, 49~50쪽.

구축하는 것이었다. 그러나 게일 사절단은 첫째로 중국에서 한인들을 미국 첩보 활동의 대리인으로 활용한다는 계획이 중국 정보 당국, 특히 조사통계국(調査統計國)의 대립(戴笠)의 강력한 반발을 불러일으킨 점, 둘째로 이승만을 중국 내 대리인으로 설정하여 중국의 실력자 대립이 지원하던 임정·광복군 측을 배제한 점, 셋째로 주중 미국 대사 고스(Gauss)와 게일 간의 경쟁·대립, 넷째로 영국 비밀정보기관 SOE와 밀착함으로써 영국 식민주의를 혐오하던 중국을 자극한 점, 다섯째로 미국 정보처 명함을 가지고 다닌 게일의 개인적 실수 등 때문에 실패로 귀결되었다.[80] 게일은 임무가 실패한 후 1942년 8월 미국으로 귀환했다.

게일 사절단의 실패에도 불구하고 이승만과 COI의 관계는 1942년 초반 최고조에 달했다. 이는 태평양전쟁의 발발 직후 한국과 한국인들을 대일 특수작전 및 정보 공작에 활용하자는 제안이 이 시점에서 활발하게 논의된 것과 관계가 있었다. 1941년 말~42년 초 한국과 한국인들을 대일 특수작전·정보 공작에 활용하는 것에 대한 여러 제안들을 정리하면 다음과 같다.

- 1941년 12월 25일. 챔벌레인, 한국 전선(Korean Front) 설립 제안, 블라디보스톡을 통해 한국으로 침투, 제5열 활동에 한국인들을 활용, 한국·만주 내 일본 통신망의 파괴.[81]
- 1942년 1월 17일. 브루스터, 전쟁부 군 정보부 책임자 마일즈 준장에게 중국군의 승리를 위해 한국군을 제5열로 준비할 것을 제안.[82]

---

80) Maochun Yu, OSS in China : Prelude to Cold War, Yale University Press, New Heaven and London, 1996, pp. 12~26.
81) Culver Bryant Chamberlain, "Diversion of Japanese Offensive by establishing a Korean Front" (December 23, 1941), 국사편찬위원회, 『한국독립운동사』, 자료 25, 임정편 X, 1994, 35~42쪽. 워싱턴 변호사였던 챔벌레인의 계획은 전쟁부 군 사정보국에서 검토했으나 계획 실행에 필요한 정보 부족으로 착수되지 못했다.
82) Francis T. Brewster to Brigadier General Sherman Miles, MID, "Use of Koreans

- 1942년 1월 24일. 에슨 게일, 대일 특수작전에 한국인을 활용할 것을 제안, "일본 본토·한국·만주를 포함한 대륙의 특정 점령 지역에서 일본에 대항한 작전 수행에 한국인들은 가장 준비된 '교두보'이다." 훈련받은 미군 그룹이 중경에 한국인 특별 훈련소를 설치하고, 특수작전을 전개.[83]
- 1942년 1월 27일. 드패스 2세, 올리비아계획(Scheme 'Olivia')을 제안. COI본부가 중경 인근에 수립되며 한국·만주·화북·양자강 등에서 정보 및 사보타지 그룹을 지휘, 한국인 활용에 주안점.[84]
- 1942년 2월 4일. 해리스·스태거즈·윌리암스, 전쟁부장관에게 한국 전복 활동을 조직하는 데 있어 이승만을 책임자로 임명하라고 요구.[85]

이러한 계획은 모두 중국·연해주의 한인들을 이용한 특수전의 전개, 게릴라 부대의 창설, 한인 부대 책임자로 이승만과 임정의 활용을 주장한 것이었다. 비록 1942년 초반 이 계획안들이 바로 실현되지는 못했지만, 이는 OSS 핵심 간부들에게 영향을 주어 1944~45년 중국에서의 독수리작전(Eagle Project)·화북작전(North China), 미국에서 냅코작전(Napko Project)이라는 한인 특수부대의 운용을 가능케 했다.

이 시점에서 이승만의 사설 로비단은 발빠르게 움직였다. 먼저 한미협회는 미국 정부 요로를 향해 이승만이 한국 임시정부의 초대 대통령이자 우드로 윌슨 대통령의 친구로 신임장을 제출하려 하니 임시정부를 승인하라고 연이어 요청했다. 1월 8일에는 해리스·스태거즈·윌리암스가 아이크스 내무장관에게, 1월 14일에는 한미협회가 국무장관에게, 2월 4일에는 윌리암스가 스팀슨 전쟁부장관에게 편지를 보내 이승

---

    in the Japanese War"(January 17, 1942), 국사편찬위원회, 앞의 책 24집, 1994, 15쪽.
83) Memorandum by Esson Gale for Col. Donovan, "Employment of Koreans for S.O. operations"(January 24, 1942), 국사편찬위원회, 위의 책 25집, 1994, 58쪽.
84) Memorandum by Morris. B. Depass Jr. for Col. Donovan, "Scheme 'Olivia'" (January 27, 1942), 국사편찬위원회, 위의 책 25집, 1994, 60~63쪽.
85) Letter from Frederick Harris Brown, John Staggers, and Jay Williams to Secretary of War(February 4, 1942), 국사편찬위원회, 위의 책 24집, 1994, 21쪽.

만을 극구 칭찬하며 임시정부의 승인을 요청했다.[86]

또한 굿펠로우는 1942년 2월 27일부터 3월 1일까지 워싱턴디씨 라파옛호텔에서 개최된 대한인자유대회(Korean Liberty Convention)에 하와이와 중경 대표를 출석시키기 위해 국무부와 접촉할 정도로 이승만을 원조하고 있었다.[87] 대한인자유대회는 1919년에 열린 필라델피아의 한인자유대회를 그대로 본뜬 것으로, 대회에 참석했던 국무부의 랭던(William Rangdon)과 혼백(Hornbeck)은 이승만의 모든 주장이 '선전수작'이라고 결론 내렸지만, 이를 계기로 미국 대한 정책 및 이승만과 COI의 관계는 질적인 변화를 맞았다.

COI는 올리비아계획을 구체화한 훈련 과정을 설정했고, 이를 통해 COI 최초의 특수작전부대인 101지대(Special Unit Detachment 101 : SU DET 101)를 창설했다. 이승만은 자유한인대회 폐막 직후 장석윤(張錫潤, 1공화국 내무장관)을 바로 이 COI 1기생으로 추천했다. 아이플러(Carl Eifler) 소령이 책임자가 된 101지대는 원래 중경에 들어가 정보 수집·한국 침투 등 특수작전을 계획했지만, 장개석·스틸웰의 반대로 중국 대신 버마 산중에 들어갔다. 이 부대는 1942~43년 버마와 중경을 오가며 OSS활동을 벌였다.[88] 그런데 여기서 주목할 점은 101지

---

86) "Letter from Frederick Harris Brown, John Staggers, and Jay Jerome Williams to Harold L. Ickes, Secretary of Internal Affairs", (January 8, 1942), 국사편찬위원회, 앞의 책 25집, 1994, 38쪽 ; Memorandum by Korean—American Council, January 14, 1942. MID 000.24Korea / 2-4-42. 국사편찬위원회, 앞의 책 24집, 1994, 13쪽 ; Letter from Jay Jerome Williams to Stimson, Secretary of War, (February 4, 1942), MID 000.24 Korea / 2-4-42. 국사편찬위원회, 앞의 책 24집, 1994, 19쪽.
87) Memorandum by Goodfellow for Col. Donovan(February 17, 1942), 국사편찬위원회, 위의 책 25집, 1994, 76쪽.
88) 方善柱, 「美洲地域에서 韓國獨立運動의 特性(OSS NAPKO)」, 『한국독립운동사연구』 제7집, 1993 ; 方善柱, 「아이프러機關과 在美韓人의 復國運動」, 『第2回 韓國學國際學術會議論文集』, 仁荷大學校 韓國學硏究所, 1995 ; 정병준, 「해제

대의 아이플러·장석윤, 그리고 1942년 중반 입대해 미14공군 소속이 된 정운수(鄭雲樹)가 이승만과 중경 임시정부의 중계 역할을 담당했다는 사실이다. 또한 아이플러와 장석윤은 1944~45년에 로스앤젤레스 연안에 있는 산타 카탈리나 섬에서 OSS의 한국 침투 작전인 냅코 프로젝트(NAPKO project)를 주도하기도 했다.

이승만과 COI의 관계가 밀착되는 1942년 초반에 미 국무부는 대한정책과 관련해 두 가지 중요한 방침을 정했다. 그것은 첫째로 대한민국 임시정부를 외교적으로 승인하지 않으며 한국에 대해서는 신탁통치를 실시한다, 둘째로 임정 승인은 현실성을 결여한 정책이지만, 비정규 한국군(게릴라부대) 창설 계획은 전쟁 수행상 유익하다는 것이다.[89] 이러한 방침은 임정 불승인과 전후 신탁통치 실시라는 전후 대한 정책의 핵심을 이루는 것이었다.

나아가 국무부의 동양 전문가인 랭던(William Russel Rangdon)은 1942년 2월 20일「한국 독립 문제의 몇 가지 유의사항」이라는 유명한 비망록을 작성했는데, 이 비망록은 이후 대한 정책의 기본 골격을 이루는 것이었다.[90] 랭던은 한국이 식민 통치하에서 문맹 상태로 가난할

: 태평양전쟁기 재미한인의 독립운동과 美전략첩보국의 냅코계획」, 『NAPKO Project of OSS : 재미한인들의 조국 정진 계획』(海外의 韓國獨立運動史料 24, 美洲篇 6), 國家報勳處, 2001.

89) James Irving Matray, The Reluctant Crusade : American Foreign Policy in Korea, 1941~1950, University of Hawaii Press, 1985, pp. 12~17.

90) 랭던은 1891년 터키에 거주하던 미국인 부모 밑에서 출생했으며, 직업 외교관이었다. 1933년 11월부터 1936년까지 서울 주재 미국 총영사(Consul General at Seoul)를 지냈으며, 1936~37년간은 만주 심양에서, 1938~41년까지는 일본 동경에서 근무했다. 1941년 6월부터 국무부 본부에서 일했고, 태평양전쟁 기간에는 잠시 중국 곤명에도 근무한 적이 있던 한국통이자 아시아통이었다. 종전 직후인 1945년 10월 20일 서울에 도착했고, 정치 고문단의 실력자로 행세했다. 국무부와 협의를 위해 귀국한 베닝호프를 대신해 한동안 정치 고문 대리역을 수행했으며, 1945년 12월 18일 정치 고문에 임명되었다. 베닝호프의 하급이었

뿐 아니라 정치적 경험도 없고 경제적 후진국으로 미개하기 때문에, 근대국가로 발전하기 위해서는 강대국들에 의한 보호·지도·원조를 최소한 1세대(25년)간 받아야 할 것이라고 지적했다. 또한 만주의 게릴라 부대처럼 한국 내부와 연결을 갖는 해외 독립운동 단체에 대해서는 지원해야 하지만 "명목상의 조직체(shadow organization)" 즉 임정에 대해서는 성급한 승인을 피해야 할 것이라고 못 박았다. 랭던은 한국 독립에 대한 미국의 보장은 한국인들의 독립운동에 해가 될 뿐이며, 미 행정부는 중국과 소련과의 협의를 거친 다음 한국에 대한 명백한 정책을 구상해야 한다고 했다.[91] 미국 내 한인 단체의 단결을 촉구하며 신탁통치 가능성을 제기한 랭던의 견해는, 미 국무부 내에서 설득력을 얻고 있었다.

또한 1942년 4월 미국을 방문한 국민당정부 외교부장 송자문(T. V. Soong)은 한국 문제에 관해 유명한 송자문 비망록(Soong Memorandum)을 루즈벨트 대통령에게 제출했는데, 그 핵심은 한인을 무장시켜 적후공작을 하며, 전후 한국의 독립을 보장하자는 것이었다. 또한 송자문은 5만 명의 게릴라 부대를 조직하자고 제의했다.[92] 이에 대해 국무부는 임정 승인이 불가능하며 한국 독립을 지금 약속하는 것도 국제 관계상

지만 1946년 3월 이후 1947년 전반까지 크게 활약했다. 1947년 6월 제이콥스(Jacobs)가 부임한 이래 주한정치고문단의 2인자 역할을 했다. 1947년 12월 제이콥스가 협의차 본국에 귀임한 동안 정치 고문 대리역을 담당했다. 공식적으론 1945년부터 1948년까지 서울 주재 미국 총영사, 1945년부터 1947년까지 주한미군사령관 정치 고문, 미소공동위원회 미국 측 대표를 지냈다. 1960년대 사망한 것으로 알려진다.(김광운·정병준, 「『駐韓美軍政治顧問文書』 해제」, 『大韓民國史資料集』 18, 국사편찬위원회, 1994.)

91) Memorandum by William R. Langdon, "Some Aspects of the Question of Korean Independence"(February 20, 1942), 895.01/79.
92) "T. V. Soong to Roosevelt," *Foreign Relations of United States* (이하 FRUS로 약칭), United States Government Printing Office, 1942, vol. 1, pp. 868~869.

바람직하지 않지만 비정규 한국군(게릴라 부대) 창설 계획은 몇 가지 점에서 유익하다고 결론 내렸다.[93] 이의 연장선상에서 태평양전쟁위원회(Pacific War Council)는 1942년 4월 15일 국무부의 정책을 공식적으로 인준했다.[94]

한편 군부에서는 합동참모부 산하 합동심리전위원회(Joint Psychological Warfare Committee)와 합동기획참모(Joint Planning Staff)가 3월 초부터 6월까지 한국과 한국인을 대상으로 한 심리전을 기획했다. 국무부보다 중국 내 한인 활동에 대한 정보가 부족했던 이들은 이승만과 한길수의 정보를 그대로 신뢰했고, 한국·만주·일본에 대한 심리전·정보 수집·사보타지 활동 등을 계획했다. 이들은 COI에 대해 합동참모본부와 공조를 취할 것, 이승만과만 연대하지 말 것, 즉 한길수 등과도 연대할 것, 일본이 승승장구하는 이때 한국 내에서 사보타지 활동을 삼가할 것 등을 요구했다.[95] 같은 시기 중국에 파견된 미 군사사절단 단장 매그루더(John Magruder) 준장 역시 한국인을 사보타지 및 첩보 활동에 활용하려는 시도가 중국 측을 자극할 것이라고 보고했고, 6월에 국무부·합참 등은 COI가 이승만을 통해 추진하는 한인 파괴전 계획을 중단하라고 요구했다.[96] 6월에 COI는 합참 산하의 OSS로 재편되었고, 한인을 활용한 전복·첩보 활동은 한동안 위축될 수밖에 없었다.

---

93) "Roosevelt to Welles"(April 8, 1942) ; "Welles to Roosevelt"(April 13, 1942) *FRUS*, 1942, vol. 1, pp. 867, 870~872.
94) "George M. Elsey Memorandum"(August 6, 1942) 895.01/8-648 ; "Hamilton Memorandum"(April 25, 1942) 895.01/118½.
95) RG 218, Combined Chiefs of Staff Decimal File 1942-45, CCS 334 Joint Psychological Warfare Committee(3-18-42), CCS 385 Korea(3-16-42), box 210 ; 방선주, 「미주지역에서 한국독립운동의 특성」, 『한국독립운동사연구』 7집, 1993, 504쪽 ; 웜스, 위의 논문, 15~17쪽.
96) Bradley F. Smith, The Shadow Warriors : O.S.S. and the Origins of the C.I.A, Basic Books, Inc., Publishers, N.Y. pp. 129~130.

이처럼 미 행정부의 대한 정책이 공식적으로는 임정 불승인·신탁통치 실시로 굳어졌지만, 한편으로 한인 게릴라 부대의 창설·활용에 우호적인 상황 속에서, 1942년 6월 이승만은 전쟁부로부터 한인 입대 지원자 50명의 선발을 요청받았다.97) 이승만은 10월 게릴라 훈련에 필요한 한인 지원자 60명의 명단을 제공했고, 이 기회를 이용해 한인 게릴라 부대 창설을 제안했다. 이승만은 굿펠로우·크롬웰 등 자신의 측근들과만 이 문제를 협의했을 뿐, 재미한족연합회와는 협의하지 않았다. 이는 곧바로 연합회와 이승만의 갈등 요소가 되었다.98)

이승만은 10월 10일 굿펠로우에게 보낸 비망록에서 미군의 군사 지원 제공을 요청했다. 그는 게릴라 전법 훈련을 받은 후 미군부대 혹은 자유한인부대(Free Korean Legion)의 핵심이 될 수 있는 한인 지원자 50명을 추천했다. 이승만은 500명의 추가 지원자를 더 추천할 수 있으며 나아가 중국에서 스틸웰 장군의 지휘하에 2만 5천 명의 한인 게릴라 부대와 예비 병력 5천 명, 도합 3만 명의 병력을 창설할 수 있다고 공언했다. 미국이 무기대여법(lend-lease)에 따라 이 계획을 승인한다면

---

97) 이승만은 10월 60명의 명단을 제출했고, 1942년 11월 27일 60명 중 12명이 훈련 소집 명령을 받아 워싱턴으로 갔고, 그 중 9명이 훈련을 받았다. 그러나 1943년 4월 15일 이들은 해외로 파견되지 못하고 육군으로 배속되었다.(「이승만이 Carroll T. Harris대령에게 보낸 편지」(1942년 9월 29일);「이승만이 군사정보국 언어학교 칼 굴드에게 보낸 편지」(1943년 6월 11일), 국사편찬위원회, 1994, 앞의 책 25집, 196, 331쪽.) 다른 자료에 따르면 이승만은 50명을 추천했고, 그 중 12명이 1942년 12월 7일 진주만 기념일에 입대했다.[「이승만이 김호에게 보낸 편지」(1942년 12월 7일.)]
98) 『新韓民報』 1943년 9월 16일자;「캐롤 해리스가 굿펠로우에게 보낸 편지」(1942년 10월 5일), 국사편찬위원회, 1995, 앞의 책, 200쪽. 한족연합회 집행위원회는 회의(1942년 10월 3~4일)를 열고 한미협회의 크롬웰이 국무부에 보낸 편지에서 국교를 단절하겠다고 협박한 사건, 이승만이 전쟁부가 요구한 한국인 50명 모병 요구를 공조직이 아닌 사조직을 통해 처리한 것 등을 토의했고, 이승만이 한미협회와 손을 끊을 것, 이승만이 주미외교위원부 위원장이지만 고문·자문역을 제외한 행정권을 갖지 말 것 등을 결의했다.

자신과 한미협회의 크롬웰(James H. R. Cromwell)이 캘커타·중경으로 건너가 임정의 김구·이청천 등과 함께 활동하겠다고 밝혔다.99) 이승만은 이를 위해 필요한 무기 목록과 예산 명세를 제출하기까지 했다.100) 이승만은 중국 주재 미 군사고문단장인 스틸웰 중장의 지휘하에 2만 5천 명의 한인 게릴라 부대를 창출하며, 미군 당국과 한인 게릴라 부대 간의 연락을 담당할 재미 한인 출신으로 구성된 한국 군사사절단(Korean Military Mission)을 조직하자고 제안했다.101) 이승만의 계획에 따르면 중경의 임시정부는 중국 내 한인들로 한인 게릴라 부대를 창설해 미군하에서 지휘하며, 이승만은 주미외교위원부 예하에 재미 한인으로 구성된 군사사절단을 창설함으로써 중경 임정은 실제 병력 제공 및 전투를 담당하고, 워싱턴의 이승만은 미군과의 연락 임무를 담당하는 이원 체제를 수립할 예정이었다.

이승만의 한인 게릴라 부대 창설 제안은 김구와 긴밀한 협의하에 이루어진 것이기도 했다. 이 시점에 이승만의 심복인 장석윤은 COI 101 지대의 일원으로 인도의 캘거타와 중국 중경을 왕래하면서 이승만과 중경 임시정부의 연락병 역할을 하고 있었는데,102) 이승만은 바로 장석윤의 101지대를 이용해 중경 정부와 합작으로 한인 게릴라 부대 창

---

99) 「이승만이 굿펠로우에게 보낸 비망록 : 군사원조제공 요청」(1942년 10월 10일), "Offer of Korean Military Resources to U. S. Military Authorities" ; 「한미협회 크롬웰이 굿펠로우에게 보낸 편지」(1942년 10월 26일), 국사편찬위원회, 앞의 책 24집, 1994, 147~149쪽 ; 앞의 책 25집, 205~206, 232쪽.
100) 「이승만의 비밀비망록」(일자 미상), 국사편찬위원회, 앞의 책 25집, 1994, 242쪽.
101) 위와 같음.
102) 「張錫潤 인터뷰」(1997년 6월 10일. 일산자택) ; 장석윤, 「풍상 끝에 얻은 섭리」, 『격랑 반세기 1』, 강원일보사, 1988 ; 「나의 회고록」, 『강원일보』 1973년 12월~1974년 5월 ; 張錫潤, 「李承晩博士와 제2차대전」, 『월간독립기념관』 제2권 제5호(1989년 5월).

설을 시도했던 것이다. 중국 국민당 정부의 눈치를 봐야 했던 김구는 1942년 8월 아이플러를 통해 한미 간에 게릴라 부대를 창설하자고 스틸웰에게 제안했으며,103) 아이플러를 통해 워싱턴의 이승만과 이 내용을 협의했다. 중경과 워싱턴을 연결해준 아이플러는 1942년 8월 말~9월 초의 시점에 중경에서 한국 침투를 도모 중이었다. 아이플러는 한국으로 침투하는 통로를 구축하는 데 4개월의 기간과 8천 달러의 비용이 소요될 것으로 추정했다.104) 이처럼 1942년 8~10월의 시점에 COI가 한국 침투를 심도 있게 검토하고 있었으므로, 10월 10일 이승만의 제안은 현실성이 있는 것이기도 했다.

2) 한인 게릴라 부대 창설 제안의 성과

그런데 COI가 필요한 것은 대규모 부대가 아니라 소수 정예의 특수공작원이었으며, 이들은 이미 이승만의 추천에 따라 10여 명 안팎의 한인 요원을 확보한 상태였다. 이 중에는 이승만 정권하에서 중요한 역할을 담당한 장기영(張基永, 체신장관)·이순용(李淳鎔, 내무장관, 李灌鎔의 동생)·장석윤(張錫潤, 내무장관)·김길준(金吉俊, 미군정장관 공보고문, 金哲埈의 형)·정운수(鄭雲樹, 대한정치공작대)·김세선(金世旋, 뉴욕영사)·한표욱(韓豹頊, 주미공사)·이문상·한승엽·황득일 등이 포함되어 있었다.105)

---

103) 「스틸웰이 보낸 전문」(1942년 8월 13일), 「굿펠로우가 도노반에게 보낸 비망록: 한국작전」(1944년 7월 22일), 국사편찬위원회, 앞의 책 25집, 1994, 420쪽.
104) 「중경의 아이플러가 도노반에게 보낸 전문」(1942년 8월 31일), 국사편찬위원회, 위의 책 25집, 1994, 25쪽.
105) 웜스는 이승만이 1942년 3월 22명을 추천했고, 1943년 봄에는 16명을 추천해

이승만의 제안은 중국 내 한인들과 미주 한인들을 동원해 2만 5천 명 이상의 병력을 운용하자는 것이었지만, 미군의 규정상 이는 불가능했다. 실현 가능한 방법은 미군 소속의 외국인 부대(foreign troop units)로 한인 부대를 창설하는 방안이었다. 미군은 제2차 세계대전 당시 니세이 부대로 불린 일본인 2세로 구성된 제100보병부대를 비롯해 노르웨이·그리스·오스트리아인 부대 등 인종별 단일 부대 제도를 운영한 적이 있었다.106) 그러나 이런 외국인 부대에 편성될 수 있는 자격은 미국에 거주하는 우방국 외국인과 그 지역 출신 미국 시민뿐이었다.

미군 당국이 답변을 미루자, 이승만은 1943년 2월 16일과 17일에 각각 코델 헐 국무장관과 스팀슨 전쟁부장관에 편지를 보내, 왜 자신의 제안에 대해 조치하지 않느냐고 항의했고,107) 굿펠로우를 동원해 전쟁부 정보참모부에 재촉 비망록을 보내기까지 했다.108) 이승만은 3월 16일 맥클로이 전쟁부차관에 대해서도 한인 게릴라 부대의 창설을 재차 촉구했다.109) 맥클로이는 3월 25일에야 답장을 보내 한인자유대대의

서 총 38명의 한국인이 OSS 훈련을 받았다고 했다.(Weems, 앞의 글, 19~20쪽.) 그런데 현재 확인되는 바로는 1942년 3월 26일 한미협회가 육군 입대 희망자로 김세선·정운수·이순용을 포함해 11명의 한국 청년을 추천했을 뿐이다. 나머지 8명의 이름은 다음과 같다. 칼 곽(Carl C. Kwak), 김하태, 제이콥 김(Jacob Kim), 윤응팔, 김주항, 김진홍, 레이몬드 윤(Raymond Yoon), 무스 리(Moos S Lee).[「한미협회가 작성한 입대지원자명단」(1942년 3월 26일), 국사편찬위원회, 앞의 책 25집, 1994, 104~105쪽.]

106) 閔丙用, 「2차대전의 英雄 한인2세 김영옥대령」, 『美洲移民100年』, 한국일보사 출판국, 1987, 102~109쪽.
107) 「이승만이 코델 헐 국무장관에게 보낸 편지」(1943년 2월 16일); 「이승만이 스팀슨 전쟁부장관에게 보낸 편지」(1943년 2월 17일), 국사편찬위원회, 앞의 책 24집, 1994, 221~223쪽.
108) 「굿펠로우가 일본-만주과장에게 보낸 비망록」(1943년 2월 23일), 국사편찬위원회, 위의 책 25집, 1994, 234책.
109) 「이승만이 맥클로이 전쟁부차관보에게 보낸 전문」(1943년 3월 16일), 국사편찬위원회, 위의 책 24집, 1994, 274쪽.

창설이 불가능하다고 답변했다.110) 미군 당국은 한인자유대대의 창설 문제를 실질적으로 검토했지만, 하와이와 미 본토에 거주하는 한인 중 징집 가능한 신체검사 통과 예상자는 불과 600명에 불과했다.111)

소모 병력 보충을 예상할 때 이승만이 주장한 자유한인대대(a Korean battalion)의 창설은 물리적으로 불가능했고, 미군은 부대원의 유지·모병·훈련에 있어서의 전문화, 전개 대상 지역의 제한 같은 불이익 때문에 일반 전투에 이런 부대의 활용이 제한적이라고 판단해 한인 부대 창설에 반대했다.112)

한편 OSS 역시 1943년 초반 이승만과의 관계를 공식적으로는 단절시켰다. 이승만이 OSS와의 관계를 대외 선전용으로 떠들고 다닌다는 의심이 제기되었기 때문에, 이승만과의 연계는 매우 위험한 일로 비춰졌다.113)

이후로도 이승만은 계속해서 무기 대여국에 50만 달러의 무기 대여

---

110) 「맥클로이가 이승만에게 보낸 편지」(1943년 3월 25일), 국사편찬위원회, 위의 책 24집, 1994, 288쪽.
111) 미군 정보 당국이 조사한 1940년 현재 하와이 거주 「연령별 한인인구」는 다음과 같았다. 이들 가운데 18~44세까지가 군입대 적정 연령이었다. 즉 시민권을 가진 한인 928명과 非시민권 한인 99명 등 총 1,027명이 군입대 가능자였다. 본토의 경우 연령별 센서스가 없었지만 하와이와 동일한 비율로 추산해 약 300명의 적령자가 있다고 추정되었다. 미군은 이들 1,300여 명 가운데 통상 신체검사 통과자 비율(55%)을 적용할 때 군입대 적격자 수는 600명에 불과할 것이라고 판단했다.(국사편찬위원회, 위의 책 24집, 1994, 279~282쪽.)
112) 「정보참모부장이 맥클로이 전쟁부차관에게 보낸 비망록 : 한국군부대」(1943년 3월 22일), 국사편찬위원회, 위의 책 24집, 1994, 283쪽.
113) 문제의 발단은 이승만이 1942년 11월 27일 OSS에 12명의 한인 자원자를 추천하면서 발생했다. 자원자들은 자신이 배속되는 곳을 몰랐지만 그 중 한 명인 李淳鎔(Wylie)이 밀봉된 편지를 뜯어 OSS임을 알게 되었고, 이로 인해 여러 곳에 OSS를 문의하는 소동이 벌어졌다. [「이승만이 굿펠로우에게 보내는 편지」, 「이승만이 굿펠로우에게 보낸 편지」(1943년 2월 9일), 국사편찬위원회, 앞의 책 25집, 1994, 271쪽.]

를 요청(1943년 9월 29일)하고, 합참의장에게 태평양섬의 노무자를 이용한 특수작전(1944년 7월 19일)을 제안했지만, OSS나 군부는 귀를 기울이지 않았다. 1944년 말부터 본격화된 OSS의 한반도 침투 작전인 냅코 프로젝트는 이승만 혹은 재미 한인 단체와는 무관하게 개별적인 한인을 포섭해 활용하는 방식으로 추진되었다.114)

그럼에도 불구하고 1941년 말부터 1943년 초반까지 계속된 이승만과 COI·OSS의 접촉은 이승만에게 여러 가지 중요한 성과를 가져다주었다. 중요한 성과의 첫째는 미 군부와의 연계였다. 군부의 강경파와 정보 담당자들은 이승만에게 동정적이었고 해방 직후 이승만의 조기 귀국과 정계 등장에 중요한 역할을 했다. 무엇보다도 이승만은 굿펠로우라는 정보 공작의 달인을 친구로 만들어 인맥 구축에서 최대의 성과를 거두었다. 언론인 출신으로 OSS 부책임자가 된 굿펠로우는 이승만이 1945년 10월, 조기 귀국하는 데 결정적으로 기여했을 뿐만 아니라 1946년 초반 하지 중장의 정치 고문으로 이승만이 정치 기반을 강화하는 데 핵심적인 역할을 한 인물이었다.115) 군부와의 관계가 가져온 또 하나의 성과는 선전의 기회였다. 이승만은 1942년 6~7월 COI의 요청으로 '미국의 소리(VOA)' 방송을 통해 한국인들에게 무장봉기를 호소했는데, 이 단파방송을 통해 이승만은 미주와 국내에서 자신의 명성을 드높일 수 있었다.

다음으로 들 수 있는 성과는 이승만 직계 인맥의 구축이다. COI-OSS로 이어지는 정보부대에 이승만의 추천으로 입대한 인물들은 모두

---

114) 「굿펠로우가 도노반에게 보낸 비망록 : 한국작전」(1944년 7월 22일) ; 「국무부 극동국 일본과 맥퀸이 벌국무차관보에게 보낸 비망록」(1944년 7월 31일), 국사편찬위원회, 위의 책 25집, 1994, 420~425쪽.
115) Bruce Cumings, *The Origins of the Korean War, volume II : The Roaring of the Cataract 1947~1950*, Princeton University Press, 1990, chapters 2, 4.

그의 핵심 측근이 되었다. 장석윤·정운수·이순용·장기영·헨리 리 등이 대표적이었는데, 이들은 해방 전에는 이승만에게 전쟁 상황 및 중경 임시정부에 대한 전시 고급 정보를 제공했으며, 해방 후에는 주한 미군사령부에 소속되어 이승만의 사설 고문으로 활동했다. 특히 장석윤·정운수는 이승만과 중경 간의 연락 임무를 맡았으며,116) 장석윤의 상관이던 아이플러에 따르면 중경에서 한인들이 다니는 가톨릭성당의 고백성사실을 도청해 한국 관련 정보를 수집해 이승만에게 중계했다는 것이다.117)

보다 중요한 것은 이승만이 이들 군부의 정보통들과 연계됨으로써 전후 미국 강경파들의 반소·반공노선을 이해할 수 있게 되었다는 점이다. 해방 후 이승만이 승리할 수 있었던 중요한 이유 중의 하나는 이승만을 혐오하던 국무부가 아니라 그에게 호감을 갖고 있던 군부가 남한을 통치했다는 점이었는데, 이승만은 반소·반공을 추구하던 군부의 생각을 정확하게 읽음으로써 남한 내 그 누구보다도 유리한 입장에 설 수 있었다. 또한 군부 내에서도 정보기관의 인물들과 유대를 맺고 자기 심복들을 심음으로써 해방 전후 미국의 세계 전략과 움직임을 명확하게 파악하고 자신의 이해·요구를 관철시킬 수 있게 되었다. 이러한 요인을 통해 이승만은 종국적으로 해방 정국에서 그 누구보다도 뛰어

---

116) 「張錫潤 인터뷰」(1997년 6월 10일, 일산자택) ; 장석윤, 「풍상 끝에 얻은 섭리」, 『격랑 반세기 1』, 강원일보사, 1988 ; 「나의 회고록」, 『강원일보』 1973년 12월~1974년 5월 ; 張錫潤, 「李承晩博士와 제2차대전」, 『월간독립기념관』 제2권 제5호(1989년 5월) ; 정운수, 「鄭雲樹가 걸어온 抗日獨立鬪爭의 經緯」, 보훈처 소장.

117) Thomas N. Moon & Carl Eifler, *The Deadliest Colonel*, VANTAGE PRESS, New York Washington Atlanta Hollywood, 1975, p. 168. 장석윤은 도청의 달인이었다. 鮮于學源은 OSS 입대와 관련해 신문을 받았을 때 옆방에서 장석윤이 도청했다고 썼다.(선우학원, 『아리랑 그 슬픈 가락이여』, 대흥기획, 1994, 69~70쪽 ; 방선주, 앞의 논문, 1995, 165쪽.)

난 정보 마인드를 갖게 되었고, 이는 정치적 승리의 주요 원동력으로 작용했다.

끝으로 이승만은 COI·OSS와의 연계를 통해 중경 임시정부와의 직접적인 연락망을 구축할 수 있었다. 적어도 1942~43년간 미군 정보당국은 이승만과 임정의 무전 연락을 중계해주었다.[118] 1942년 10월 10일 이승만이 굿펠로우에게 보낸 문서에 따르면 "과거 육군이 중경에 보내는 우리 통신을 보내주는 호의"를 베풀었다는 것이다. 이는 이승만과 중경 간의 연락이 미 육군의 통신 채널을 통해 이루어졌음을 의미한다.[119] 김구는 'Kingstone'이라는 암호명을 사용해 이승만과 연락을 취했는데, 중계자는 굿펠로우였다. 김구는 1943년 1월 4일자로 굿펠로우에게 미국 정부의 한인 게릴라 훈련에 대한 지원을 요청했고, 이승만은 장석윤을 김구에게 보내라고 요청했다.[120] 한편 이승만에게 보낸 또 다른 전문(1942년 11월 3일)에서 김구는 한족연합회가 당시 중경 특파원으로 파견할 예정이던 김호·전경무가 중경에 올 수 없다고 했다. 임시정부가 이동을 고려 중이기 때문이라는 것이었다.[121] 중경 임정이 이동 예정이라는 김구의 주장은 사실과 다른데, 김구와 이승만이 합작해서 한족연합회의 중경 특파원을 가로막았다는 주장은 바로 여기서 유래했다.[122]

미군 통신 채널을 통한 이승만—김구의 연락은 항일 게릴라 작전의 전개 및 한인 부대 창설이라는 공동의 목표를 향한 것으로, 긍정적인

---

118) 「이승만의 비밀비망록」(일자 미상) ; 「Kingstone(김구)이 이승만 박사에게 보낸 전문」(1942년 11월 3일), 국사편찬위원회, 앞의 책 25집, 1994, 242, 245쪽.
119) 「이승만의 비밀비망록」(일자 미상), 위의 책, 242쪽.
120) RG 226, Entry 190, Box 473. 방선주, 위의 논문, 1995, 165쪽에서 재인용.
121) 「Kingstone(김구)이 이승만박사에게 보낸 전문」(1942년 11월 3일), 국사편찬위원회, 앞의 책 25집, 1995, 245쪽.
122) 김원용, 앞의 책, 1959, 426~428쪽.

의미를 지니는 것이었다. 반면 미주 쪽에서는 재미한족연합회를 배제한 이승만 개인을 축으로 하고, 중경 쪽에서는 민족혁명당 등 좌파 세력을 제외한 김구 등 축심파(軸心派)를 다른 축으로 해서 비밀 연락이 이루어짐으로써 이승만-김구는 밀착된 반면, 미주·중경의 나머지 세력들은 불만을 품게 되었다. 특히 미군 통신 채널의 이용과 정보·공작 부대원들의 중경 출입은 김구와 임정에게 이승만을 미 군부에 영향력을 행사하는 실력자로 비춰지게 했을 가능성이 매우 크다. 1944년 주미외교위원부 개조 파동 당시 김구가 이승만을 확고히 지지한 데에는 이러한 밀접한 연락 관계에 따른 이승만의 위상 과대평가가 큰 역할을 했을 것이다. 또한 해방 후 이승만과 김구가 수직적인 관계를 설정하게 되는 데에도 1940년대 초반의 연락 관계가 중요한 역할을 했던 것으로 보인다.

3. 반소반공노선과 '얄타 밀약설'

1) 반소반공노선의 연원

1941년 4월 재미한족연합위원회의 결정으로 대미 외교원에 선정된 이승만은 본격적인 대미 외교에 나섰다. 태평양전쟁기 이승만은 중경 임시정부의 승인을 요청하는 한편 임시정부 승인에 기초해 무기 대여를 요청하는 데 외교 활동의 중점을 두었다. 1942년부터 1945년까지 이승만은 30여 차례에 걸쳐서 국무부·전쟁부·백악관 등에 임시정부의 승인과 무기 대여를 요청했다. 그러나 미국은 자칭 망명정부를 승인할 수 없다는 방침을 표방했고, 내면적으로는 1943년 중반 이후 한반도의 군사적 점령과 군정실시―다자간 국제신탁통치―독립이라는 3단계의 대한 정책 방향을 정해놓고 있었다.[123]

이승만은 미국의 정부 채널을 통해 임정 승인을 청원하는 한편으로 한미협회 등 미국인 후원 조직을 결성해 한국 독립운동에 대한 미국인들의 동정과 지원을 확보하려고 시도했다.

1941년에 결성될 당시에 한인친우회·한미참모회·한미협상회로 불린 한미협회는 캐나다 대사를 지냈던 크롬웰, 변호사로 법률고문이었던 스태거즈(John W. Staggers), 신문기자 출신의 윌리암스(Jay Jerome Williams), 파운드리감리교회(Foundry Methodist Church)의 목사이자 미 상원 원목(院牧)으로 워싱턴 정가에 영향력을 갖고 있던 해리스(Frederick Brown Harris) 등이 핵심 인물이었다.[124] 이는 3·1운동 이후 서재필이 조직했던 한국친우회의 재판이었다. 이들은 1942~43년간 미국 정부 요로에 이승만과 임시정부를 선전하는 편지 공세를 맹렬하게 벌였고, 한때는 지방 지부 설치에 노력하기도 했다.[125] 한미친우회는 이승만의 사설 조직이었으나 임시정부 외교기관이던 주미외교위원부가 재정 지

---

123) 구대열, 『한국국제관계사연구 2』 6장, 역사비평사, 1995 ; 鄭容郁, 「1942~47년 美國의 對韓政策과 過渡政府形態 構想」, 서울대 국사학과 박사학위논문, 1996, 12~42쪽.
124) 『新韓民報』 1941년 12월 25일자. 이들은 모두 해방 이후 이승만의 사설 로비스트로 워싱턴에서 활동했으며, 정부 수립 이후 한미 간의 무역 및 경제 관계 형성에 중요한 역할을 했다.[RG 59, OIR Report, no. 4977, "South Korea : President Rhee's American 'Kitchen Cabinet'" Division of Research for Far East, Office of Intelligence Research, (June 1949.)]
125) 『新韓民報』 1942년 2월 9일자.

원을 해서 말썽이 일었다. 또한 한미협회 의장인 크롬웰은 1942년 5월 5일 "사실상의 정부인 임시정부와 이승만을 승인하지 않으면 대일 공격을 준비 중인 한인 청년들을 이승만이 풀어놓지 않을 것"이라는 협박성 편지(1943년 3월 15일)를 국무부에 보냈고, 국무부는 5월 20일 이를 맹렬히 비난했다.126) 이승만은 이러한 요청이 받아들여지지 않자 1942년 8월 14일 한족연합회로 편지를 보내 "1942년 3월 15일 이후로는 미 국무성과의 교섭을 단절하였노라"라고 밝혔다. 북미국민회는 이것이 '국교단절' 선언이라며 분개했고, 이후 이승만의 독단에 맞서 소환 요구를 발의하기 시작했다. 이밖에도 한국기독친우회(the Christian Friends of Korea)라는 재한 선교사 출신이 중심이 된 후원 조직이 있었다.127)

이승만은 이러한 친한 조직을 결성한 후 언론·여론에 대해 선전 활동을 폈다. 미국이 여론에 의해 움직이는 사회라고 확신하고 있던 이승만은 3·1운동 이후에도 동일한 여론 선전 방식을 택한 적이 있었다. 주미외교위원부의 가장 큰 성과로 꼽힐 수 있는 것은 1942년 2월 27일부터 3월 1일까지 워싱턴디씨 라파옛호텔에서 개최된 대한인자유대회(Korean Liberty Convention)였다. 한미협회와 한국기독친우회의 회원들이 대거 등장해서 연설한 대한인자유대회는 1919년 필라델피아의 한인자유대회를 그대로 본 뜬 것으로, 임시정부에 대한 미국 정부의 청원을 호소하는 결의문을 채택했다.128) 이 대회가 이승만과 한국 독립운동을

---

126) 한길수, 「왜 우리는 이박사의 정책을 반대하는가(Why we oppose Dr. Rhee's policy)」(1942년 10월 14일), RG 319, IRR Case Files, Impersonal Files, Case ZA000565, Sino-Korean Peoples League, Box 35, folder 1 of 3.
127) 『독립』 1944년 11월 15, 22일.
128) 「대한인자유대회 보고 : 대회서기 정운수」 1~4, 『新韓民報』 1942년 3월 12, 19, 26일, 4월 2일자.

널리 선전하는 계기가 되었다는 평가가 있지만,129) 대회에 참석했던 국무부의 혼벡·랭던은 한인 스스로 힘에 의한 독립 의지가 결핍되었으며, 과거만을 언급하는 선전장이었을 뿐이라고 비판했다.130)

1940년대 이승만의 외교는 언론의 주목을 받지도 못했고, 별다른 성과를 거두지도 못했다. 이승만은 1945년 UN 조직을 위한 샌프란시스코 회담(1945년 4월 25일~6월 26일)에서야 비로소 언론의 화려한 조명을 받았다. 이 회담에서 물의를 일으켰지만 그는 반소·반공의 옹호자로서의 입지를 굳힐 수 있었다. 반소·반공노선은 1940년대 이승만의 대미 외교의 가장 큰 특징이자 성과였다. 1920~30년대 이승만의 노선과 1940년대의 노선을 뚜렷이 구분하는 특징인 반소·반공노선은 이승만의 조기 귀국과 정계 부상에 큰 역할을 한 것이기도 했다.

현재 문서를 통해 확인할 수 있는 이승만의 반소·반공노선의 출발점은 1943년 초반이었다. 1943년 2월 16일 이승만은 코델 헐 미 국무장관에게 보내는 편지에서 미 국무부가 임시정부를 승인하지 않고 축출함으로써 러시아가 후원하는 소비에트한국공화국(Soviet Republic of Korea)을 수립하려 한다고 비난했다.131) 또한 이승만은 같은 해 4월 주미외교위원부 통신을 통해서, 스탈린의 신망을 받는 '어떤 미국 신문기자'의 발언을 인용해 "전후 소련이 만주·한국에 소비에트공화독립국을 세우려 한다"라고 주장했다.132) 이승만이 주장한 소비에트한국공화국의 출처가 어디인지는 불분명하지만, 이승만의 의도가 처음에는 한국 임시정부를 승인하지 않는 국무부 등 미국 정부에 압박을 가하기 위한

---

129) 유영익, 앞의 책, 1996, 194~196쪽.
130) "Korean Liberty Conference," RG 59, State Department Decimal file 895.01/84.
131) 「이승만이 코델 헐 국무장관에게 보낸 편지」(1943년 2월 16일), MID 381. Korea 2-16-43, 국사편찬위원회, 앞의 책 24집, 1994, 221쪽.
132) 『국민보-태평양주보』 1943년 4월 21일자.

선의로 출발했음을 알 수 있다.

그런데 한국 임시정부를 승인하지 않으면, 미국 정부가 한국의 공산화·소비에트화를 방임하는 것이라는 이승만의 논리는, 1945년 샌프란시스코 회담을 전후해서 미 국무부 내에 공산주의자들이 존재하고, 이들로 말미암아 한국 공산화가 촉진된다는 논리로 발전했다. 이 단계가 되면 임시정부의 승인 문제보다는 반소·반공 문제가 좀 더 전면에 나서게 된다. 즉 이승만은 임시정부 승인을 촉구하기 위한 선의에서 국무부를 비판할 의도를 지니고 외교적으로 소련 문제를 거론했지만, 종국에는 미 국무부 관리의 사상 검열, 나아가 미국 정부와 중국 정부의 외교 노선이 친소적임을 비판하게 되었던 것이다. 이 단계에 도달하면 이승만의 입장은 임정 승인 외교보다는 반소·반공에 중점을 두게 되며, 이는 얄타체제로 대표되는 유화적인 미국의 대소 정책을 비판하는 국가주의·반공주의자들의 입장과 동일한 것이었다. 그런데 이승만은 1945년 3월 28일 워싱턴 주재 소련 대사에게 편지를 보내 러일전쟁 이전 한러 관계의 우호성을 들며 한국 독립을 도와주길 청원한 사실이 확인된다. 이는 이승만의 본격적인 반소 공격이 샌프란시스코 회담 직전에 계획·결정되었음을 의미한다.[133]

2) 샌프란시스코 회담과 얄타 밀약설

샌프란시스코 회담이 개최되자, 이승만은 반소·반공 신문으로 유명한 허스트(Hearst)계 신문인 『로스앤젤레스 익재미너(Los Angeles Examiner)』

---

133) 「이승만이 워싱턴주재 소련대사에게 보낸 편지」(1945년 3월 28일), 『핏치문서철』.

를 통해, 미국과 영국이 얄타 회담(1945년 2월)에서 한국을 소련의 세력권에 양도했다고 주장했다.134)

이승만은 『로스앤젤레스 익재미너』의 워싱턴 특파원 레이 리차즈(Ray Richards)를 통해, 이 정보가 '비밀 정탐'으로부터 나온 것이며 자신은 얄타 회담에서 미소가 합의한 '각서 1벌'을 가지고 있다고 주장했다.135) 『로스앤젤레스 익재미너』에 보도된 이승만의 얄타 밀약설의 내용은 다음과 같은 것이었다.

워싱턴 구미위원부는 현재 桑港에 머물러 있는 이승만 씨의 훈령에 의하여 아래와 같은 각서를 발표하였다.

1. 영국과 북미합중국은 일본과의 전쟁이 끝난 뒤까지 조선을 러시아의 세력 범위 안에 머물러 있을 것을 러시아와 동의하였다.
2. 더 나아가서 일본과의 전쟁이 끝날 때까지 북미합중국과 영국은 조선에 어떠한 서약이든지 하지 않을 것에 대하여 의견이 일치되었다.

여기 대하여 이승만의 말은 만주나 내몽고에 대하여 얄타에서 어떻게 되었는지는 알지 못하되 이 조선문제에 대한 것만은 정확한 사실인 것을 확신한다. 이

---

134) "Syngman Rhee Charges 'Big 3' OK'd Korean Deal. Korea will be under Russia's thumbs, says Rhee by Ray Richards", *L. A. Examiner*, May 21. 1945 ; 『독립』 1945년 5월 23일, 30일자. 이승만은 이미 5월 8일 미국이 샌프란시스코 회담에 한국 대표의 출석권을 주지 않는 것은 얄타 비밀협정 때문이라고 주장하는 편지를 샌프란시스코 회담 미국대표단 서기장에게 보냈고, 곧바로 백악관에 항의 편지를 썼다. 이승만은 이 내용을 윌라드 에드워드를 통해 『시카고 트리뷴(*Chicago Tribune*)』 신문 5월 15일자에 발표했다.(『新韓民報』 1945년 5월 31일자.)

135) 『독립』 1945년 5월 30일. 이승만은 에밀 구베로우(Emile Gouvereau)라는 러시아인 명의로 5월 11~15일간 상원의원 조지(Walter F. George) 등에게 얄타 밀약설을 주장하는 편지를 보내기도 했으나,[(고정휴, 「샌프란시스코회의(1945)와 얄타 밀약설」, 연세대학교 국학연구원 편, 『미주한인의 민족운동』, 혜안, 2003, 296~299쪽)] 이 편지는 이승만의 사설 조직이던 한미협회의 윌리암스(Jay Jerome Williams)가 기초한 것이었다. 구베로우는 이승만과 한미협회가 만든 가공의 인물로, 대외적으로는 단 한 번도 그 이름과 신분이 드러나지 않았다.

비밀의 출처는 어떠한 비밀정탐으로부터 나온 것이다.136)

이승만의 주장은 반공에 공명하는 『로스앤젤레스 익재미너』를 비롯해 『시카고 트리뷴(Chicago Tribune)』, 『샌프란시스코 익재미너』 등에 대서특필되었고, 이는 연합국의 일원으로 UN 창립회원이 될 소련의 입장을 곤혹스럽게 했다.137) 또한 이승만은 트루만 대통령·국무장관 등에게도 항의 서한을 보내 얄타 비밀협정을 시인하고 사과하라고 요구했다.138) 이승만은 한반도가 소련의 영향권하에 들어갈 터인데 이는 미국과 소련 간의, 혹은 중국 국민당정부와 소련 간의 밀약을 통해 국제적으로 보증되었으며 소련 지역 내지 중공 지역의 한국인 공산주의자들이 이 일을 담당할 것이라고 주장했다.

미 국무부 극동국장 발렌타인(Joseph Ballantine)은 5월 22일 즉각 얄타 밀약이란 존재하지 않으며, 미국이 한국을 소련의 지배하에 팔아넘기지도 않았다고 부인했다. 그러나 이승만은 계속해서 얄타 밀약설을 주장했다. 이 문제는 중경 임정으로도 비화되었다. 임정은 중경 주재 소련 대사관과 미국 대사관에 얄타 밀약설을 문의했지만, 이들의 공식

---

136) *Los Angeles Examiner*, May 21, 1945(『독립』 1945년 5월 23일에서 재인용.)
137) 샌프란시스코회담에서 이승만과 손을 잡고 본격적인 반소·반공운동에 열을 올린 레이 리차즈는 이후로도 이승만의 주요한 언론 후원자가 되었다. 해방 후에는 INS(International News Service)의 특파원으로 이승만을 적극 옹호하는 반소·반공 기사를 썼다. 전후 반소·반공의 대변지였던 허스트계 신문사에서 활동했으며 1950년대 맥카시 선풍 당시 맥카시 팀의 일원으로 합류해서 국무부의 아시아 전문가인 오웬 래티모어(Owen Lattimore)와 아메라시아(Amerasia) 잡지를 빨갱이로 모는 작업에 참여하기도 했다.(Lindsay Chaney & Michael Cieply, *The Hearsts : Family and Empire —the later years*, Simon and Schuster, New York, 1981, pp. 130~131.)
138) "Syngman Rhee to Truman"(May 15, 1945) ; "Secretary of State to Syngman Rhee"(June 5, 1945) ; "Syngman Rhee to Truman"(July 21, 1945) ; "Syngman Rhee to Lockhart"(July 25, 1945), *FRUS*, 1945, vol. 6, pp. 1028~1036.

반응 역시 얄타 회담에서 한반도의 장래에 관한 비밀협정이 없었다는 것이었다.139)

이승만은 얄타 밀약설로 연합국의 핵심인 미국·소련을 공격했을 뿐만 아니라 나아가 중국 국민당정부 외교부장 겸 수상으로 모스크바를 방문하고 있던 송자문을 극렬히 비난했다. 이승만은 송자문이 한국과 만주를 소련에게 팔아넘겨버렸으며, 최근 수상이 된 것 역시 극단적인 반공주의자인 장개석을 제어하기 위한 조치의 일환이라고 주장했다.140) 이승만은 6월 5일에는 국무장관 대리인 그류(Joseph C. Grew)에게 송자문을 비난하는 편지를 보내며 관련 신문 기사를 동봉했다.141)

임시정부 승인 외교를 하러 샌프란시스코 회담에 간 이승만이 연합국인 미국·소련·중국을 모두 비판하는 사태에 직면하자, 동행했던 한시대(韓始大)·한길수·김용중(金龍中) 등은 경악했다. 이승만의 얄타 밀약설 제기와 반소·반공 캠페인은 중국·미국·소련 등 연합국과의 연대를 국제 승인의 필수적인 요소라고 생각하고 있던 임정에도 큰 타격을 주었다.142) 미 국무부는 이승만이 실성하거나 노망이 났다며 불쾌해했

---

139) 「大韓民國26年度 政務報告書」 중 외무부 정무보고서, 『한국독립운동사』 자료 1, 임정편 I, 1970, 465~466쪽. 김규식 역시 1945년 5월 24일 『大公報』 기자에게, 임정이 비공식적으로 駐中 소련대사와 면담 결과 얄타 밀약설이 없다는 점을 확인했다고 밝혔다. 이 사실은 미 국무부에도 보고되었다.(「金奎植의 얄타密約說否認談話」(1945년 5월 25일), 秋憲樹, 『資料韓國獨立運動』 1, 연세대 출판부, 1970, 422쪽 ; "The Ambassador in China(Hurley) to the Secretary of State" 895.01/5－2945.)
140) *Los Angeles Examiner*, June 1, 1945 ; 『독립』 1945년 6월 6일자.
141) 「이승만이 그류에게 보낸 편지」(1945년 6월 5일), State Department Decimal file 895.01.－545. 이승만이 첨부한 기사는 6월 2일자 『워싱턴 타임즈헤럴드 (*Washington Times Herald*)』의 Jon Kimche라는 기자가 쓴 "Hard task for Soong in Moscow : 'Delicate Mission' Involves U.S. Policy"라는 기사였는데, 이 역시 이승만의 발설 내용을 담은 것이었다.
142) 鄭秉峻, 「해방직전 임시정부의 민족통일전선운동」, 國家報勳處, 『대한민국임시정부수립80주년기념논문집(하)』, 1999, 561~562쪽.

고, 중국·소련 역시 이 사건을 계기로 반임정·반이승만 태도를 분명히 했다. 임정에 우호적이던 중국 대표 소육린(邵毓麟)은 이승만의 태도에 격분했고, 중공 대표로 참가했던 동필무(董必武) 역시 김성숙(金星淑)에게 얄타 밀약설로 임정과 소련의 관계가 험악해졌다고 전했다.[143] 이후 소련은 이승만·김구·조소앙에 대해 친국민당·친미인 동시에 반소적인 반동 인물로 평가했다.[144]

이승만이 주장한 '비밀정탐'·'각서 1벌'은 존재하지 않았으며, 이승만이 제시한 증거는 5월 8일자 『시카고 트리뷴』의 보도였다. 여기에 게재된 것은 다름 아닌 5월 7일 이승만 자신이 발설한 얄타 비밀협정설 뿐이었다.[145] 이승만의 추종자들은 이미 신문에 보도된 것을 이승만이 다시 강조했을 뿐인데 무엇이 문제냐고 주장했으나,[146] 연합국과의 관계 개선 및 승인이 절실히 필요하던 임정 산하 주미외교위원회 위원장의 활동으로는 부적절한 것이었다.

그러나 이승만은 계속해서 반소·반공적 입장을 강조했다. 블라디보스톡에 한국인 공산주의자들의 한국해방위원회가 조직되어 있다는 주장에서[147] 한 걸음 더 나아가, 소련이 약 8천 명의 한국인들을 적기군(Korean Red Banner Army)에서 제대시켜 한국을 공산화시키려 하기 때

---

143) 김성숙은 국무회의에서 이승만의 파면을 주장했고, 임정 주미외교위원장에서 파면시켰다고 회고했다.(李庭植 면담, 金學俊 편집·해설, 『혁명가들의 항일 회상』, 民音社, 1988, 120~121쪽.)
144) 金聖甫, 「北韓의 土地改革과 農業協同化」, 연세대 사학과 박사학위논문, 1996, 87쪽.
145) 「재미한족연합회 대표단의 보고」, 『독립』 1945년 7월 18일자 ; 「공동성명서 발표이후 소식 : 이정근」, 『新韓民報』 1945년 5월 31일자.
146) 1945년 7월 15일 LA에서 시국대회 형식으로 개최된 '상항회의 임정대표단의 보고회에서 尹炳求·李薩音의 발언.(『독립』 1945년 7월 25일자.) 이 대회에서 이살음은 격렬하게 송자문을 비난했다.
147) "Acheson to Hurley"(February 20, 1945), FRUS, 1945, vol. 6, pp. 1022~1023.

문에 이에 대처하기 위해 즉각 임정을 승인하라고 요청하기도 했다.[148] 소련군 내 한인 부대에 관한 정보 출처는 김구가 이승만에게 쓴 1944년 9월 21일자 편지가 시작이었을 것으로 보인다.[149] 이 편지에서 김구는 소련이 극동에서 미국 세력 확대를 방지하기 위해 소련군 내 10만에 달하는 한인 장교·병사들을 한국에 파견할지 모른다고 썼다. 김구는 소련군 내의 한인 사단을 부각시키고 극동에서 소련 공산주의의 영향력 확대를 과장함으로써, 극동에서 미국의 적극적인 대응책 마련을 촉구하려는 의도였다. 구체적으로 중국에서 미군과 합동작전을 할 독자적 한인 부대 설립의 필요성을 강조하기 위한 것이었다. 그런데 이승만에게 전해진 이 소식은 이후 소련 위협론으로 가공되기 시작했다. 이후 『뉴스위크』 1944년 11월 6일자는 소련이 시베리아 18만 한인 가운데 선발한 최소 1개 사단의 한인 사단을 극동군에 배치해 중국이나 서방에 앞서 한국 해방을 대비하고 있다고 썼다.[150] 1945년 1월 범태평양회의(Conference of Pacific Relations)에 참석했던 정한경은 중국 대표로부터 소련군 내 한인 2개 사단이 시베리아 인근 철도에 임무 대기 중이라는 정보를 듣고 이를 미 정보 당국에 알렸다.[151] 대부분 이승만·정한경 등 재미 한인들로부터 나온 이러한 정보는 완전한 허구이자 근거없는 뜬소문의 확대판이었다. 소련군 내 한인 부대로 지칭할 수 있는 것은 1942년 동북항일연군을 주축으로 조직된 88독립보병여단(일명 東北抗日聯軍教導旅)뿐이었다. 88여단은 전체 병력 규모가

---

148) "Syngman Rhee to Lokhart"(July 25, 1945), FRUS, 1945, vol. 6, pp. 1032~1036.
149) 「김구가 이승만에게 보낸 편지」(1944년 9월 21일자.) 국사편찬위원회, 『한국독립운동사자료집』 22집, 1993, 360~361쪽.
150) "Red Star Over Korea," Newsweek, November 6, 1944.
151) 「Daniel C. Buchanan의 보고 : 한국문제비망록」(1945년 4월 12일), 국사편찬위원회, 『한국독립운동사자료집』 22집, 1993, 355~358쪽.

1,500명 내외였는데, 이 중 한국인 대원은 빨치산 출신 100여 명에 불과했다. 재소 한인으로 구성된 부대는 존재하지 않았다.152) 이후 소련군의 대일전 과정에 한인 사단은 동원되지 않았고, 물론 존재하지도 않았다. 그럼에도 불구하고 이승만은 이를 지속적으로 활용해 반소·반공 선전을 했던 것이다.

이상과 같이 이승만은 임정 승인 외교를 표방했지만, 오히려 임정의 진로에 부정적인 결과를 초래했다.153) 대한 정책을 입안·결정하는 미 국무부는 임정과 이승만에 대한 부정적 인식을 더욱 확고히 갖게 되었으며, 중국과 소련 역시 부정적 인식을 갖게 되었다. 임정과 한인 단체에 대한 국무부의 부정적 인식은 해방 전후 미국의 대한 정책이 신탁통치로 결정되는 데도 일정한 작용을 했다. 또한 임정은 이승만의 외교를 통해 미국의 우호적 태도를 기대했지만, 결과는 정반대로 나타났다.

반면 이승만은 1940년대 대미 외교 과정에서 중요한 성과를 거두었는데, 이는 다름 아닌 미국 내 지지 기반을 구축한 것이었다. 이승만의 미국 내 인맥은 주미외교위원부 활동을 통한 인맥과 반소·반공노선을 통한 인맥의 두 부류로 나뉜다.

먼저 이승만은 태평양전쟁기 외교 활동을 통해 군부와 민간에 친구이자 사설 로비스트를 구축할 수 있었다. 군부에서 가장 중요한 사람은 굿펠로우였으며, 민간에서는 한미협회의 중심인물인 해리스, 윌리암스, 스태거즈, 레이디(Harold Lady), 돌베어(Samuel Dolbear), 올리버(Robert T. Oliver) 등이었다.154)

---

152) 기광서, 「소련군 88독립보병여단의 김일성 그룹」, 『역사와현실』 28호, 1998.
153) OSS 조사분석과는 이승만 스스로도 이런 주장이 관련 당사국들이 임정에 보였던 이전의 호의를 철회하게 만들 것임을 분명히 알고 있을 것이라고 썼다.(OSS, R&A Report no.3201, "Korea, Dr. Rhee's Yalta Rumors" June 25, 1945.)
154) 이들의 약력과 역할에 대해서는 다음을 참조. RG 59, OIR Report, no. 4977,

1942년 10월 미상원 원목이 된 해리스는 워싱턴 교회연합(Washigton Federation of Churches)의 회장으로 버킹검궁전에서 영접을 받을 정도의 실력자였다. 1941년에는 루즈벨트와 처칠이 그가 주재하는 교회에서 크리스마스를 보냈다.155) 이승만은 1939년 워싱턴에 이주한 후 정기적으로 파운드리교회에 출석했으며, 이곳에서 국무부의 동아시아 전문가인 알렉시스 존슨(Alexis Johnson) 등 유력한 인물들과 만났다. 해리스는 1942년 초 한미협회 의장직을 수락했고, 두 사람의 관계는 1950년대까지 계속되었다. 이들은 먼저 이승만의 조기 귀국을 도와주었으며, 미군정기 이승만의 부탁으로 미국 내에서 대소 봉쇄 정책과 남한 단독정부 수립을 위한 여론 선전의 주역이 되었다. 이승만의 사설 로비스트인 이들은 1950년대까지 이승만의 중요한 정치·경제·공보 고문으로 활동했다.

다음으로 이승만은 샌프란시스코 회담을 전후한 반소·반공 선전을 통해 반공 지도자로서의 면모를 확보할 수 있었으며, 특히 반소·반공적 사고를 갖고 있던 군부 및 미 공화당 내 일부 세력의 지지를 획득할 수 있었다. 특히 이승만은 이러한 반소·반공노선을 통해 맥아더와 연계를 가질 수 있었다. 미군정기 맥아더의 중요성은 두말할 필요가 없었는데, 그것은 맥아더가 주한미군 사령관 하지의 상관이었을 뿐만 아니라 아시아우선주의자로서 명백한 반소·반공정책의 숭배자였기 때문이다.156) 맥아더와 이승만이 연계되는 것은 두 가지 계기를 통해서

"South Korea : President Rhee's American 'Kitchen Cabinet'" Division of Research for Far East, Office of Intelligence Research(June 1949) ; 오유석, 「이승만의 미국인 '사설고문단'」, 『역사비평』 여름호, 1994 ; 정병준, 「이승만의 정치고문들」, 『역사비평』 여름호, 1998.

155) "Dr. Frederick Harris Elected Chaplain of Senate", 『新韓民報』 1942년 10월 29일자.

156) Michael Schaller, *Douglas MacArthur : The Far Eastern General*, Oxford : Oxford

였는데, 하나는 이승만의 철저한 반소·반공노선의 표방 때문이었고, 다른 하나는 맥아더의 고문이자 필리핀의 실력자인 로물로(Carlos P. Romulo)를 통해서였다.157) 이승만과 로물로의 관계가 언제부터 시작되었는지는 분명치 않지만, 워싱턴디씨 필리핀 망명 임시정부의 정보장관이었던 로물로는 1944년 8월 29일 한미협회가 뉴욕에서 개최한 디너파티에 참가했으며,158) 샌프란시스코 회담에 필리핀 대표단장으로 참석해 한국의 독립을 옹호하기도 했다.159) 이승만은 1945년 7월부터 여러 차례 맥아더에게 전문을 보내 반소·반공적 입장을 강조했으며, 또한 로물로와의 친분을 언급하며 조기 귀국을 청원하기 시작했다.

이상에서 살펴본 태평양전쟁기 이승만의 전시 외교 활동의 의미를 정리하면 다음과 같다. 먼저 이승만은 임정 외교부 산하 주미외교위원부 위원장에 선임됨으로써 임시정부와의 공식적 연계를 재개할 수 있었다. 나아가 김구 등 임정의 핵심파와 긴밀한 연대를 맺음으로써 해방 후 스스로를 임정계 인물로 부각시킬 수 있는 단초를 마련하였다. 엄밀하게 보면 이승만은 임정 외교부 산하의 부서장에 불과했지만, 임

University Press, 1989, pp. 119~142 ; 커밍스, 앞의 책, "introduction".
157) 로물로(1899~1985)는 필리핀의 군인·외교관으로, 1941년 코레히도섬에서 맥아더의 전속 부관이 되어 '자유의 소리' 방송을 주관했고, 1942년 일본군이 필리핀을 점령하자 오스트레일리아로 건너갔다. 이후 정보장관으로 마누엘 케손(Manuel Quezon : 1878~1944) 대통령이 이끄는 워싱턴디씨 망명 임시정부에 참여했고, 워싱턴 주재 필리핀 辦務官의 직함을 지녔다. 맥아더는 로물로를 자신의 친구라고 불렀고, 1945년 필리핀 탈환전에 함께했다. 1949~50년 유엔 총회 의장을 지냈다.(李基錫 번역, 『맥아더回想錄』, 新太陽社, 1965, 122~123쪽 ; Carlos P. Romulo, *My Brother Americans*, Doubleday, Doran & Company, Inc. Garden City 1945 New York ; Carlos P. Romulo, *I Walked with Heroes*, Holt, Rinehart and Winston, New York.)
158) 뉴욕한인회, 『사반세기 뉴욕한인회』, 오늘, 1985, 13쪽.
159) 「조선의 절대 독립을 주장, 아시아민족의 대언자 로물로」, 『독립』 1945년 5월 9일자.

정보다 한 달 이상 빨리 귀국함으로써 국내 정계에서는 임정의 최고 지도자처럼 행세할 수 있었다. 주미외교위원부는 단순히 임정과의 관계를 회복시킨 차원에 그친 것이 아니라, 이승만이 해방 직후 임정의 명의를 활용할 수 있는 근거를 제공한 것이었다.

주미외교위원부의 주된 활동 목표가 미국에서의 임정 승인 외교였지만, 사실상 이승만의 대미 외교는 별다른 성과를 거두지 못했다. 반면 대일 무장투쟁노선과 한인 게릴라 부대의 창설을 주장함으로써 이승만은 미 군부 및 정보 관계자들과 연계를 맺을 수 있었으며, 이들은 해방 전후 그의 미국 내 사설 고문단으로 중요한 역할을 할 수 있었다.

마지막으로 이승만은 샌프란시스코 회담에서의 반소·반공 선전을 통해 아시아의 강력한 반공 지도자로 부각되었으며, 맥아더 등 군부 내 강경파의 주목과 후원을 받을 수 있게 되었다. 특히 맥아더와의 연계는 이승만의 해방 직후 조기 귀국과 남한 정계 부각에 결정적인 단서가 되었다. 샌프란시스코 회담에서 이승만의 반소·반공 선전은 임시정부 주미외교위원부 위원장으로서 임정의 승인과 한국 독립에 대한 연합국의 원조와 승인을 얻어내야 한다는 임무를 방기한 것이었고, 결과적으로는 미 국무부와 소련 등 연합국으로 하여금 임정에 대한 부정적 견해를 굳히는 계기로 작용했다.

중경 임시정부의 입장에서 볼 때 태평양전쟁기 이승만이 시도한 전시 외교는 결과적으로 재미 한인 사회의 지지 감소와 연합국의 부정적 인식을 초래했다. 반면 이승만의 입장에서 태평양전쟁기의 전시 외교는 반소·반공 지도자로서 자신을 부각시키고 사설 인맥을 구축하는 한편 해방 직후 조기 귀국을 실현시킬 수 있는 토대를 마련한 것이었다. 자신을 부정하고 비난했던 이승만을 정치적으로 복권시켰을 뿐만 아니라 일방적으로 후원했던 중경 임시정부는 그 대가로 정치적 타격을 받았다. 반면 이승만은 임시정부의 외교 대표라는 정치적 정통성을 회복했고 개인적 이득도 얻을 수 있었다. 1940년대 초반 이승만과 중경 임시정부의 관계 회복은 결과적으로 중경 임시정부에겐 명백한 손해로 귀결되었고, 이승만에겐 행운이자 축복이었다. 중경 임시정부와의 관계 회복이 없었다면 해방 후 이승만의 부각은 불가능했을 것이다.

   1940년대 초반 이루어진 이승만의 이러한 개인적 목표의 달성은 해방 후 그가 국내 정계에서 우익 진영의 최고 지도자로 부각될 수 있는 배경이 되는 것이었다.

제3부

일제시기 Ⅱ
: 국내 연계와 지지 기반

7장
1910~20년대 국내 민족주의 세력과의 관계

1. 3·1운동과 국내 인맥의 역할

1) 3·1운동과 이승만의 명성 제고

　3·1운동 이후 선포된 임시정부로서 현재까지 알려진 곳은 모두 8곳인데, 그곳에서 이승만은 모두 국무총리급에 해당하는 직위에 추대되었다.1) 가장 잘 알려진 3개의 임시정부인 대한공화국 임시정부 곧 세칭 노령정부(국무경),2) 초기 상해정부(국무총리), 한성정부(집정관총재)

---

1) 각 임시정부의 각 원 명단에 대해서는 金元容, 『재미한인50년사』, 캘리포니아 리들리, 1959, 452쪽 ; 金正明, 『朝鮮獨立運動』 Ⅱ, 原書房, 1967, 16, 19~20, 22, 805쪽 ; 『朝鮮民族運動年鑑』, 3~4쪽 ; 『默菴備忘錄』 1925년 1월 10일 ; 李延馥, 「大韓民國臨時政府의 수립배경과 民主共和政治」, 『大韓民國臨時政府의 法統과 歷史의 再照明』, 國家報勳處, 1997, 37~39쪽을 참조
2) 앞에서 살펴본 것처럼 미주에서 '대한공화국 임시정부'로 불린 이 임시정부는 한동안 국내 학계에서 '노령정부'로 오인되었다. 이 정부는 1919년 4월 4일 현순이 미주 국민회·이승만에게 알린 것이다. 통칭 '노령정부'로 불리는 이 정부가 국민의회의 임시정부가 아님이 반병률에 의해 밝혀졌으나(潘炳律, 「大韓國民議會의 성립과 조직」, 『韓國學報』 46집, 1987, 161~165쪽), 여기서는 편의상 노령정부라는 명칭을 사용했다.

표 7-1. 각 임시정부 각료 및 요인 명단

	대한국민의회	조선민국임시정부	대한민국임시정부	신한민국정부	한성정부	대한민간정부	임시대한공화정부	고려임시정부
설립일	1919. 3. 21	1919. 4. 10	1919. 4. 17	1919. 4. 17	1919. 4. 23	1919. 4. 1	1919. 3. 29	1919. 4
설립지	노령	서울	상해	평안도	서울	기호	간도	간도
대통령	손병희	손병희 (정도령)		이동휘 (집정관)	이승만 (집정관 총재)	손병희	손병희	이동휘 (총통)
부통령	박영효	이승만 (부도령)				오세창	박영효	
국무총리	이승만	이승만 (내각총무)	이승만	이승만 (국방총리)	이동휘 (국무총리 총재)	이승만	이승만 (국무급외 무총장)	이승만
외무		민찬호	김규식	박용만	박용만	김윤식		김규식
내무	안창호	김윤식	안창호	(미정)	이동녕	이동녕	안창호	안창호
군무	이동휘	노백린	이동휘		노백린	노백린	이동휘	
재무		이상	최재형	이시영	이시영	권동진		이시영
법무		윤익선	이시영		신규식	이시영	남형우 (사법총장)	
학무		안창호			김규식	안창호		
교통		조용은	문창범	문창범	문창범	박용만		문창범
산업	남형우	오세창						
탁지	윤현진						윤현진	
노동				안창호	안창호 (노동총판)	문창범		
참모	유동열				안창호 유동열		유동열	
의정					김규식			
통무					최린			
강화대사	김규식	이승만			이승만 안창호 이동휘 노백린 민찬호 박용만 김규식		진정원 (평화대사)	
기타			의정원 의원		평정관			

[출전] 김원용, 『재미한인50년사』, 452쪽; 金正明, 『朝鮮獨立運動』 II, 16, 19~20, 22, 805쪽; 『朝鮮民族運動年鑑』, 3~4쪽; 『默菴備忘錄』 1925년 1월 10일자; 『韓國獨立運動史』 資料, 臨政篇, 375쪽.(李延馥, 1997, 「大韓民國臨時政府의 수립배경과 民主共和政治」, 『大韓民國臨時政府의 法統과 歷史的 再照明』, 국가보훈처, 37~39쪽을 중심으로 재편집)

에서 이승만은 실제로 최고의 직책에 선임되었다. 대한공화국 임시정부의 경우 손병희·박영효가 대통령·부통령이었지만, 이들은 3·1운동의 여파로 취임이나 활동이 불가능했다. 이승만은 명목상의 국내 지도자인 이들을 대체해 활동할 수 있는 실질적인 최고 지위에 선정되었다. 이처럼 이승만은 1919년의 시점에서 한국·상해 등에서 상당한 명성을 얻고 있었다.

기존 연구는 이승만이 한성정부 집정관총재, 초기 상해정부의 국무총리·대통령으로 추대된 배경으로 (1) 독립협회 활동과 그에 따른 투옥 경력 등 독립운동의 실적, (2) 미국 프린스턴대학 박사학위 취득, (3) 미국 윌슨 대통령과의 교분, (4) 재미교포 사이의 명망, (5) 연장자, (6) 카리스마적 매력, (7) 자금 조달 능력 등 7가지 항목을 들었다.3)

보다 구체적으로 이승만의 명성이 높아진 것은 당시 한국인들의 기대와 이승만의 개인적 자질이 복합되었기 때문이다. 3·1운동을 전후한 시점에서 한국인들 속에서는 첫째로 파리강화회의, 둘째로 윌슨과 미국, 셋째로 기독교 혹은 만국공법에 따른 정의와 인도에 의지해 독립을 찾으려는 기대와 시도가 존재했다. 즉 외교독립노선, 미국과 윌슨의 민족자결주의, 기독교에 대한 기대가 있었다.

이승만은 이러한 세 가지 차원의 기대를 충족시킬 수 있는 경력·학력·인맥을 가진 거의 유일한 사람이었다. 경력 면에서 이승만은 청년 개혁가, 외교가, 종교 교육가로 알려져 있었다. 구한말 독립협회 활동과 7년간의 투옥 경험, 1907년 덴버회의 회장 등이 그의 청년 개혁가로서의 면모를 보여준 것이라고 한다면, 1904~5년 외교밀사로 미 국

---

3) 孫世一, 「大韓民國 臨時政府의 指導體系」, 尹炳奭·愼鏞廈·安秉直 편, 『韓國近代史論 II』, 지식산업사, 1979, 284쪽; 佐佐木春隆, 『朝鮮戰爭前史としての韓國獨立運動の硏究』, 東京 國書刊行會, 1985, 249~250쪽; 양영석, 「위임통치청원(1919)에 관한 고찰—그 비판과 반론」, 『한국학보』 49호, 1987, 104쪽.

무장관 헤이 및 루즈벨트 대통령과의 면담, 1918~19년 국민회의 소약속국동맹회·파리강화회의 대표 등은 외교가로서의 면모를 보여주는 것이었다. 또한 옥중선교와 1910~12년 YMCA 학생부 간사 등은 기독교 교육가로서의 면모를 보여주는 것이었다. 학력 면에서 이승만은 전통적 한학교육과 함께 근대식 교육을 한 배재학당, 미국 조지워싱턴대·하버드대·프린스턴대학을 나온 유일한 한국인 철학박사였다. 특히 구교육과 신교육, 그것도 미국 본토 교육을 동시에 받은 점은 그의 성가를 높이는 데 기여했다. 보다 중요한 것은 이승만의 인맥이었다. 이승만의 국내 인맥을 분류하면 정치적으로는 구한말 이래의 개화 세력, 종교적으로는 기독교 및 YMCA 세력, 지역적으로는 기호파가 중심이었으며, 국외 인맥에는 재한·재미 기독교 선교사들과의 우호적인 관계 및 윌슨 대통령과의 개인적 친분이 큰 영향을 끼쳤다. 그러면 3·1운동 당시 이승만에 대한 국내의 평가가 어떠했는지 구체적으로 살펴보자.

동경의 2·8독립선언이 국내의 3·1독립선언에 큰 영향을 주었음은 주지의 사실이다. 그런데 이 2·8독립선언에는 미주 한인의 독립운동이 큰 영향을 미쳤다. 앞에서 살펴보았듯이 1918년 12월의 재미 한인 사회는 소약속국동맹회와 파리강화회의를 통해 한국 독립을 위한 청원운동과 대표파견운동을 전개했다. 미주에서 이 일을 주도한 것은 안창호(安昌浩)의 국민회(國民會)와 김헌식(金憲植)의 신한회(新韓會)였다. 이승만은 아직 본토로 건너오지도 않았지만, 이 소식이 일본과 국내에 알려질 때는 안창호나 김헌식 혹은 국민회나 신한회가 아닌, 이승만이 부각되었다. 미주에서 단지 이름만을 걸고 있었던 이승만이 일본과 국내에서 파급력을 갖는 인물로 부각되었던 정보 유통의 경로를 주목할 필요가 있다.

일본 유학생들은 고베(神戶)에서 발행되는 『재팬 에드버타이저 *Japan*

Advertizer)』 1918년 12월 15일자에 게재된 「한국인들 독립을 주장 (Korean Agitate for Independence)」이라는 기사를 계기로 독립운동을 조직화하기 시작했다.4) 같은 신문 12월 18일자에는 소약속국동맹회에 참석한 한국 대표들이 다른 나라 대표들과 함께 파리강화회의에 대해 민족자결을 주장했다는 기사가 게재되었다.5) 분명 두 기사는 소약속국 동맹회에서 한인 대표의 활동, 특히 김헌식의 활동을 언급한 것이었다. 그러나 유학생들에게 강한 인상을 주었던 것은 이승만이 파리강화회의 대표로 파견되었다는 보도였다. 2·8선언에 참가했던 두 사람의 회고 역시 마찬가지이다.

(1) 전영택(田榮澤) : 이때 神戶에서 英人의 손으로 발행되는 영자신문 *Japan Advertizer*에 이승만 박사가 한국대표로 파리강화회의에 간다는 기사가 조고마케 기재된 것을 미슌학교인 青山學園에 있는 우리 학생들이 서양인 교수 집에서 발견하게 되매 이 뉴쓰는 곧 비밀리에 유학생 중의 몇 사람에게 알려지자 그들에게 큰 충동을 주었다.6)

(2) 최승만(崔承萬) : 유학생들의 마음을 자극시켜준 것은 신문들의 기사였다. 12월 1일 동경에서 발행되는 *Japan Advertizer*라는 영자신문에 "미주에 있는 한국인 이승만, 민찬호, 정한경 등 세 사람이 한국 민족 대표로 독립을 호소하기 위하여 빠리 강화회의에 파견되었다"라는 내용의 기사와 12월 15일 東京朝日新聞에 미국 샌프란시스코에 거류하는 한국인들이 독립운동자금 30만원을 모집하였다는 기사를 읽게 되자 유학생들은 흥분.7)

전영택과 최승만은 재미 한인 사회에서 실질적으로 일을 주도했던

---

4) 愼鏞廈, 「3·1獨立運動勃發의 經緯-初期 組織化段階의 基本過程」, 尹炳奭·愼鏞廈·安秉直 편, 앞의 책, 1979, 59~60쪽. 기사의 내용은 재미 한인들이 독립운동에 대해 미국의 원조를 요청하는 청원서를 미국정부, 국무부, 상원외교위원회에 제출했다는 것이다.
5) 신용하, 위의 논문, 60쪽.
6) 田榮澤, 「東京留學生의 獨立運動」, 『新天地』 제1권 제3호, 3월호, 1946, 97쪽.
7) 崔承萬, 『나의 回顧錄』, 寶晉齋, 1985, 79~80쪽.

안창호나 김헌식이 아니라 단지 이름만 걸고 있었던 이승만을 기억했는데, 이러한 현상은 일본 유학생들에게 일반적인 것이었다. 또한 당시 미주 유학생 여운홍(呂運弘)은 로스앤젤레스에서 안창호를 만나고, 샌프란시스코에서 국민회 북미총회장 이대위를 만나 여비 보조를 받아, 1919년 1월 14일 미국을 떠나 2월 1일 요코하마(橫濱)에 도착했다.[8] 여운홍의 회고에 따르면 자신이 국민회의 청원운동을 전하기 전에 이미 동경 유학생들은 미주의 진행 상황을 대강 알고 있었다는 것이다. 또한 전영택의 회고에 따르면 동경 유학생들은 1919년 1월 무렵 서울을 거쳐온 이광수로부터 중국 상해의 독립운동 소식을, 미국에서 귀국한 지용은(池鏞殷)으로부터 미주 독립운동 소식을 들었다.[9] 동경 유학생들의 1919년 1월 7일 YMCA 웅변대회, 2·8독립선언은 분명 미주 독립운동의 영향을 받은 것이었는데, 미주 독립선언이 국내외로 퍼지면서 가장 주목을 받은 인물은 이승만이었다.

　재미 한인 독립운동의 영향은 단지 일본에만 파급력을 가진 것이 아니었다. 3·1운동 당시 서울에서 학생운동의 지도적 역할을 담당하며 기성인과 학생층의 연합전선 형성에 노력한 연희전문학교의 김원벽(金元璧)은, 이미 1918년 11월말 재미 한인의 소약속국동맹회 및 파리강화회의 청원운동에 대해 알고 있었다.[10] 경성민정(京城民情)을 보고한 일본의 정보 문서는 연희전문학교가 있는 고양군 연희면(延禧面) 창천리(倉川里)가 신포와(新布哇) 즉 새로운 하와이로 불리고 있는데, 그 이유는 하와이의 반일 한국인처럼 불온한 언동이 일상화되어 있기 때문이

---

8) 呂運弘, 『夢陽呂運亨』, 靑廈閣, 1967, 28~35쪽.
9) 田榮澤, 앞의 글, 98쪽.
10) 鄭世鉉, 「3·1學生獨立運動」, 尹炳奭·愼鏞廈·安秉直 편, 앞의 책, 1979, 142~145쪽; 김원벽의 역할에 대해서는 「豫審終結決定書」(金炯璣 등 學生團), 『獨立運動史資料集』 5권, 69~70쪽을 참조.

라고 지적했다. 특히 이 정보 보고는 연희전문학교의 김원벽과 노준탁(盧俊鐸)의 발언을 다음과 같이 인용했다.

> 이번 휴전조약의 성립을 보게 된 것은 첫째 미국이 참전한 결과이며, 또한 이번 대전으로써 제국주의는 완전히 패배하고 전세계는 민주주의에 의하여 지배될 것이 확실하다. 생각하건대 지난해에 미국의 桑港에서 25개 약소국회의가 개최되자 재미동포들은 박용만과 안창호를 대표자로 파견했다. 이들은 윌슨 대통령에게 조선의 구원을 호소하니 대통령도 동회의에 대하여 다대한 동정을 보였으므로 오는 강화회의에서 대통령은 그의 주장인 正義人道主義에 의하여 조선을 위하여 진력할 것으로 믿어진다. 이에 우리들의 희망인 자유평등한 共和政治를 구가할 날도 멀지 않은 것 같다.11)

이들의 발언은 1917년 소약속국동맹회에 박용만이 참석한 사실과 윌슨이 이들의 호소에 동정적이었고 강화회의에서도 호의적일 것이라는 희망을 뒤섞어놓은 것이었다. 이는 당시 국내에서 파리강화회의와 미국에 대한 기대, 윌슨의 정의인도주의 즉 민족자결주의에 대한 기대 및 공화제 정부 수립에 대한 열망이 어떤 것이었는지를 보여주기에 충분하다.

또한 같은 정보 보고에 따르면, 1918년 11월말 서울에서는 파리강화회의에 소약속국동맹회 참가국도 출석하는데, 한국 대표로 하와이의 이승만이 참가하며, 황해도 거주 모 부호가 이미 3만 원의 경비를 조달했다는 소문이 퍼져 있었다.12) 미주에서 소약속국동맹회와 파리강화회의에 대비한 대표단을 선정한 일자가 11월 25일이었음에 비춰볼 때 이러한 소문은 사실보다는 희망을 담은 것이었지만, 국내에서 이승만

---

11) 「時局ト鮮人ノ言動」(高第 3583號, 京城民情彙報, 1918년 11월 30일), 姜德相 編, 『現代史資料』 25, みすず書房, 1966, 65~66쪽.
12) 위의 1918년 11월 30일자 정보 보고.

에 대한 기대감이 상당했음을 알 수 있다.

미국과 윌슨의 민족자결주의, 그리고 평화회의에 대한 외교적 기대가 고조될수록 이승만에 대한 기대도 고조되었다. 3·1운동 발발 한 달 전인 1919년 2월 평남 경찰부장은 재미 한인이 파리강화회의에 대표자를 파견해 독립운동을 벌인다는 소문을 보고하면서 한 기독교도의 발언을 인용했다.

> 독립운동은 하와이 거주 이승만이 장본인이다. 이 사람은 신학 및 철학박사 학위를 가진 학자로서 미국에서도 존경을 받고 있으며, 특히 윌슨과도 친교가 있다. 지난번 대통령 영애 결혼식에는 특히 초대받아 참석한 관계도 있다. 반드시 대통령을 움직일 자신이 있다. 미국은 금력과 자유라는 2대 원동력을 가진 고로 대통령이 표면상 원조하면 성공이 곤란할 것이 없다.13)

이러한 발언은 당시 국내에서 이승만에 대한 기대의 실상이 어떤 것이었는지를 분명히 보여주고 있다. 이승만이 파리강화회의의 대표로 선출되었으며, 파리에 이미 도착했거나 도착 예정이라는 소식은 1919년 3~4월에 간도와 노령에도 만연해 있었다.14) 결국 파리강화회의와 미국·윌슨의 민족자결주의에 대한 기대, 기독교적 국제질서관 등이 이승만의 경력·학력·인맥과 결합되면서, 이승만은 당시 최고의 지명도를 갖는 인물로 부각되었던 것이다.

초기 상해 임시정부가 조직될 시점에는 이미 이승만의 위임통치안 청원 사실이 공개된 후였다. 신채호는 이 자리에서 이승만·박영효·이

---

13) 「朝鮮獨立運動說ニ對スル鮮人ノ感想」(高第 2802號, 地方民情彙報, 1919年 2月 5日), 姜德相 編, 『現代史資料』 25, みすず書房, 1966, 68~69쪽.
14) 「間島方面韓族獨立運動ニ關スル起因及經過ノ概要(朝特報第 2호, 1919년 3월 13일)」, 姜德相 編, 『現代史資料』 26, みすず書房, 1967, 82쪽 ; 「獨立運動ニ關スル件(國外第31報), 騷密第 2호, 1919년 4월 14일」, 120쪽.

상재의 총리 추천을 반대하며 박용만을 천거했다. 신채호는 이승만의 위임통치 청원 사실을 거론했지만 오히려 현창운(玄彰運)의 조롱을 받고 회의장을 나가야 했다. 이 회의에 참석했던 현순이 "당시 형세는 내외지를 막론하고 인심의 추향(趨向)이 오즉 이승만에게 폭주(瀑注)하엿섯다"라고 회상할 정도로 이승만에 대한 기대는 전폭적이었다.15)

3·1운동 이후 이승만이 대통령으로 자임하고, 상해 임시정부가 이를 승인한 것은 그가 한성정부 집정관총재로 추대되었기 때문이었다. 여기서 한성정부 법통론이 생겨났다. 한성정부 법통론의 핵심은 국내 13도 대표들이 대표대회를 개최(4월 2일)하여 각료를 정하고 이를 국민대회(4월 23일)를 통해 공포했으므로, 여타 임시정부와는 달리 합법성과 정통성을 갖는다는 것이었다. 최근 연구 결과에 따르면 한성정부 조직 과정을 주도한 것은 종교적으로는 기독교계, 지역적으로는 기호 인사들이었으며, 그 과정에서 기호파와 서북파, 기독교와 천도교의 대립이 있었다. 한성정부는 이승만으로 대표되는 기독교 세력, 그리고 기호 출신의 인물들이 우세한 '망명정부'의 성격을 지니고 있었으며, 이를 주도한 기독교 세력 중 이규갑(李奎甲)과 홍면희(洪冕憙)가 표면에 나섰지만, 배후에는 이상재(李商在)·박승봉(朴承鳳)·신홍우(申興雨)·오기선(吳基善) 등 기독교청년회의 지도급 인물들이 있었다. 이규갑·홍면희가 상해로 떠난 4월 중순 이후 국민대회 개최 및 가두시위·전단 배포는 학생 조직이 담당했는데, 여기에서는 정부 조직을 주도한 기호파와는 달리 서북 계열이 우세했다.16)

---

15) 玄楯, 「十六. 三一運動과 我의 死命」, 『玄楯自史』, 8쪽.
16) 高珽烋, 「世稱 漢城政府의 組織主體와 宣布經緯에 대한 檢討」, 『韓國史硏究』 97집, 1997, 199~200쪽.

2) 국내 인맥의 기원

한성정부의 수립 및 이승만과의 연계과정에서 가장 주목되는 인물은 이상재·신흥우였다. 신흥우는 한성정부 문건을 이승만에게 전달했으며, 이상재는 그 배후인물이었기 때문이다. 후에 흥업구락부 사건이 발생하자, 일제는 이승만과 흥업구락부 간부의 관계를 "숙명적 우정 관계(宿命的 友情關係)"라고 지칭했다.[17] 이들의 관계는 구한말 감옥에서 출발했다. 이승만·이상재·윤치호(尹致昊)·신흥우·유성준(兪星濬) 등은 모두 기호 양반 출신 개화파로 함께 투옥 생활을 했고, 이후 기독교로 개종한 동지 관계였으며, 기독교청년회(YMCA)에서 함께 일한 사이였다. 또한 구자옥(具滋玉)·안재홍(安在鴻)·유억겸(兪億兼)·이관구(李寬求) 등은 이승만이 1910~12년 기독교청년회 청년부를 담당하고 있던 시기에 사제 관계를 맺은 적이 있었다. 이처럼 이승만과 흥업구락부원은 구동지 혹은 사제 관계를 갖는 동지들이었다.

구한말 감옥에서 시작된 이승만의 국내 핵심 인맥인 이상재, 윤치호, 신흥우, 유성준에 대해 살펴보자.

먼저 이상재(1850~1927)는 충남 서천 출생이며, 32세 때 박정양의 문하생으로 신사유람단의 수행원이 되어 일본에 다녀온 뒤, 주미공사 박정양을 따라 2등서기관으로 부임하는 등 근대문물을 접했다. 관직으로는 통위영문안(統衛營文案), 전환국위원(典圜局委員), 승정원승지(承政院承旨), 학무아문참의(學務衙門參議), 학부참서관(學部參書官), 내각총서(內閣總書), 의정부총무국장(議政府總務局長), 의정부참의(議政府參議) 등을

---

17) '李承晩對興業俱樂部幹部ト／宿命的友情關係'(地檢秘 제1253호)(昭和 13年 8月 9日), 「民族革命ヲ目的トスル同志會(秘密結社興業俱樂部)事件檢擧ニ關スル件」; 朝鮮總督府警務局, 『最近に於ける朝鮮治安狀況』, 1938년판.(김봉우, 『일제식민통치비사』, 청아, 1989, 316~327쪽)

역임했다. 서재필·윤치호와 함께 1896년 독립협회를 조직했고, 부회장을 지냈다. 1898년 11월 독립협회에 반대하는 수구세력의 음모로 독립협회의 왕정폐지와 윤치호 대통령 추대 운운하는 모략문서 '익명서 사건(匿名書事件)'이 터져, 이상재는 정교(鄭喬)·남궁억(南宮檍) 등 독립협회원 17명과 함께 체포되었다.[18] 이때 윤치호의 지시를 받은 이승만이 양홍묵(梁弘默)과 함께 수천 명을 이끌고 만민공동회를 개최하고, 경무청에서 6일간 농성한 결과 이상재 등은 무죄석방되었다. 1902년 5월 이상재는 국체개혁을 음모했다는 죄목으로 전승지(前承旨) 이원긍(李源兢), 전국장(前局長) 유성준, 전참서관(前參書官) 홍재기(洪在箕), 전경무관(前警務官) 김정식(金貞植) 및 둘째 아들 이승인과 함께 경위원(警衛院)에 검거되었다.[19] 이때 이상재·이원긍·유성준·홍재기·김정식은 모두 이승만과 같은 한성감옥소에 있었는데, 이승만의 감화로 모두 기독교로 개종했다. 이들은 1904년 러일전쟁으로 석방되자마자 귀족교회인 '연동교회(蓮洞敎會)'에 입교하는 동시에 이승만과 함께 황성기독교청년회(YMCA)에 집단 가입했다. 이상재는 1904년 영국 선교사 게일에게 세례를 받았고, 이후 YMCA 총무가 되어 청년운동에 종사했다. 이상재는 1920년대 민족개량주의로 선회한 타협주의자들과 비타협적 민족주의자들 등의 넓은 단층을 포괄할 수 있는 지도적 민족주의자로 활동했다. 일제는 이상재를 친일 혹은 타협적 단체로 끌어들이려 노력했지만, 실패했다.[20]

윤치호(1856~1945)는 충남 아산 출생으로 신사유람단의 어윤중(魚允中)의 수행원으로 일본을 다녀왔고, 일본 도닌샤(同人社)·상해 중서학

---

18) 윤치호, 「독립협회의 始終」, 『新民』 14.(1926년 6월)
19) 『日省錄』 光武 6年 5月 11日 ; 『官報』 光武 6年 6月 28日.
20) 「齋藤實총독의 정치선전 브레인 細井肇의 의견서」(1920년 4월 13일), 강동진, 『日帝의 韓國侵略政策史』, 한길사, 1980, 408쪽.

원(中西學院)·미국 밴더빌트 및 에모리대학에 유학했다. 의정부참찬(議政府參贊)·내각비서관(內閣秘書官)·외부협판(外部協辦)·학부대신(學部大臣)·한성부판윤(漢城府判尹)·덕원감리(德源監理) 등을 지냈다. 독립협회에 참여해 중추원일등의관(中樞院一等議官)·부의장, 만민공동회 회장, 독립신문사 사장을 지냈다. 1905년 YMCA 이사가 되었고, 1916년 총무를 거쳐, 1917년 회장이 되었다. 대한자강회 회장을 지냈으며, 105인 사건으로 복역했다. 현실 타협적이고 투항주의적인 경향이 강해 친일파가 되었다.21)

신흥우(1883~1959)는 충남 청원 출생이다. 큰형 신응우(申膺雨, 1865~1913)와 둘째 형 신긍우(申肯雨, 1871~1895)가 이승만과 친구 사이였다. 부친 신면휴(申冕休)는 이들 형제와 이승만을 가르쳤다. 신흥우는 어릴 적부터 이승만을 의형으로 따랐고, 배재학당의 동문이었다. 1901년 덕어학교(德語學校) 재학 중 난언불고죄(亂言不告罪)로 투옥되어 이승만과 함께 감옥 생활을 했다. 1903년부터 1911년까지 미국 남가주대학에서 공부했고, 1908년 장인환·전명운 사건의 통역을 담당하기도 했다. 귀국 후 배재학교 교장이 되었으며, 3·1운동 직후 이승만에게 한성정부 관련 문건을 전달했다. YMCA 이사로 활동했다.

유성준(1860~1934)은 유길준(兪吉濬)의 동생으로 메이지대학(明治大)을 졸업했고, 탁지부(度支部)주사·내무부주사·내무부협판·지방국장·내각법제국장을 역임했다. 1901년 일본 유학생 혁명혈약서 사건이 발생하자, 일본 육사 출신인 장호익(張浩翼)·조택현(趙宅顯) 등과 함께 1902년 체포되어 유배 생활을 했다. 당시 옥중에서 독립협회 사건으로 체포된 이상재·이원긍·홍재기·김정식 등을 만났고, 이승만의 인도로 기독교인이 되었다. 석방 후 연동교회에 출석했고, 게일·이원긍·김정식

---

21) 柳永烈, 『開化期의 尹致昊硏究』, 한길사, 1985.

과 함께 교육협회를 창설했다. 1906년부터 YMCA 교육부 위원으로 일했다. 그의 영향으로 조카이자 유길준의 아들인 유억겸(1895~1947) 역시 이승만의 추종 세력이 되었다. 유억겸은 순종의 동서로, 동경제대 법학부를 졸업한 변호사였으며, 1923년 연희전문 교수가 되었고 곧 연희전문 부학감 및 이화여전 이사가 되었다. 신흥우와 함께 흥업구락부, 적극신앙단, YMCA에서 중추로 활동했다.

이승만의 국내 인맥과 핵심 인물들은 구한말 이래 이승만과 생사의 고비를 같이한 옥중 동지였고, 정치적으로 친미 개화·개혁파였으며, 종교적으로는 기독교도였고, 기호 지방을 지역 기반으로 한 양반 출신 인사들이었다. 이들 외에 김정식·홍재기·안국선(安國善)·김린(金麟)·이원긍 등이 이승만과 같이 최초로 양반 기독교도가 된(官紳社會信敎之始) 사람들이었다.[22] 이들은 한말 독립협회를 통한 동일한 정치적 지향, 기독교라는 종교적 배경, 기호 지방의 지역적 근거, 양반 관료 출신이라는 신분적 배경 등이 공통분모였으며, 이들이 사회에 미치는 영향력의 범위가 이승만의 국내 지지 기반이 되었다.

3·1운동 시기에 이들은 거의 유사한 모습을 보여주었다. 그것은 첫

---

[22] 李能和, 『朝鮮基督敎及外交史』 下篇, 203쪽 ; 연동교회, 『연동교회90년사』, 1984, 77~79쪽. 金貞植(1862~1937)은 독립협회 당시 경무관 신분으로 만민공동회에 참석하는 등의 활동으로 1902년 투옥되었다. 재감중에 이승만과 함께 기독교도가 되었고, 1904년 석방된 뒤 연동교회 및 황성기독교청년회에 가입했다. 李源兢(1849~?)은 홍문관교리·이조참의·승지 등을 역임하다 독립협회의 러시아 絶影島 조차 반대에 참가해 체포되었고, 옥중에서 이승만 등과 함께 개종했다. 출옥 후 연동교회와 황성기독교청년회에 다녔으며, 게일의 민족차별주의와 천민의 장로 임명에 반대해 妙洞敎會라는 양반교회를 따로 설립하기도 했다. 이능화는 李源兢의 큰 아들이다. 金麟 역시 독립협회 관련으로 투옥되어 옥중에서 기독교로 개종한 후 1907년 황성기독교청년회의 총무가 되었다. 이후 일본 조합교회와 손잡고 친일에 나서 維新會를 조직해 친일화를 시도했다.

째로 이들이 표면에 드러나지는 않았지만 상당한 역할을 했다는 점, 둘째로 그럼에도 불구하고 적극적인 참가를 거부하거나 소극적인 태도를 보임으로써 변절자나 친일파라는 비난의 표적이 되었다는 점이다.

이상재의 경우에는 천도교 대표(손병희)와 함께 기독교계 대표(이상재·윤치호)와 귀족 대표(박영효)로 이승훈·함태영·이갑성·최남선 등으로부터 3·1선언 참가를 권유받았지만 거절했다.[23] 그는 제1회 운동에는 이름을 내지 않고 계속 독립운동을 진행하기로 내락한 후, 독립청원을 위한 동경행에는 찬성했으나 중단된 것으로 알려져 있다. 그러나 여운홍이 1918년 11월 뉴욕에서 헐버트(Homer Hulbert)를 만나 100만 인 이상의 청원서를 만들어 파리강화회의로 가져오라는 말을 듣고, 국내에서 들어와 상의한 사람은 이상재였다. 또한 여운홍에게 서명 작업이 불가능하니 곧 상해로 가라는 지시를 한 것도 이상재였다.[24] 한편 이규갑·이갑성 등은 이상재가 3·1독립선언문 초안을 검토·수정했으나, 일제와의 담판 대표로 내정되어 전면에 내세워지지 않았다고 주장하기도 했다.[25] 또한 상해에 파견된 현순이 미주를 향해 민족 대표

---

23) 「이상재신문조서」(1919년 5월 23일), 『한민족독립운동사자료집』 16, 13~16쪽 ; 玄相允, 「三一運動의 回想」, 『新天地』 1946년 3월호, 28쪽 ; 玄相允, 1950, 「三一運動勃發의 槪略」, 『新天地』 3월호, 49~50쪽 ; (金秉濟), 「三一運動實記」, 『開闢』 1946년 4월호 48쪽. 이상재·윤치호는 최남선이, 박영효는 손병희·송진우가 설득을 담당했으나 세 사람이 모두 거절했다고 현상윤·김병제는 회고했다. 이상재는 신문 과정에서 독립은 찬성하지만, 자신이 연로할뿐더러 방법에 동의하지 않기에 청원서에 서명하지 않았다고 했고, 현상윤도 연로해서 사양했다고 썼다. 이갑성은 이상재를 독립선언 이후 제3진의 지도자로 예비해두었으며, 이상재·윤치호가 생명을 위탁했다고 주장했다. [李甲成, 1950, 「三一當時를 回想하며」, 『民聲』 3월호, 9쪽 ; 「李甲成의 증언」(1969년 1월 15일), 金良善, 1969, 「三·一運動과 基督敎界」, 『三·一運動50周年紀念論集』, 東亞日報社, 253~255쪽.]
24) 呂運弘, 「헐버트박사와 나」, 『民聲』 10월호, 1949, 60~61쪽 ; 呂運弘, 『夢陽呂運亨』, 靑廈閣, 1967, 30~34쪽.
25) 전택부, 『한국기독교청년회운동사』, 1978, 245, 251~252쪽.

로 손꼽은 것도 손병희·길선주·이상재였다. 그러나 이상재가 3·1운동을 거부했기에, 한용운이 1927년 이상재가 사망했을 때 장의위원 명단에서 자기 이름을 지워버렸다는 얘기가 있을 정도로, 3·1운동 시기 이상재의 거취는 의문시되었다.26)

유성준은 3·1운동 당시 경기도 참여관(參與官)이었고, 전혀 드러나지는 않았지만 박영효의 3·1운동 참여를 권유하는 역할을 담당했다.27) 윤치호는 3·1운동 발발 직후 『경성일보(京城日報)』에 3·1운동에 반대하는 그의 기사가 실려 친일파로 지탄을 받았지만, 미주에서는 독립운동에 헌신하겠다는 그의 맹서문이 보도되기도 했다.28)

신흥우 역시 파리강화회의에 한국 대표로 참석하라는 압력을 피해 평양의 기홀병원에 입원했고, 이 때문에 3월 1일 뿌려진 격문에 일본 통치로부터 분립을 원치 않는다는 파리강화회의 제출용 증명서에 서명날인한 매국노로 지목되어 있었다. 그러나 신흥우는 이승만에게 한성정부 관련 문건을 전달했으며, 3·1운동을 소개한 『한국의 갱생(The Rebirth of Korea)』을 집필했고, 일본 정보 당국은 이 책을 구미위원부의 선전용 간행물로 파악했다. 또한 신흥우는 미국에서 귀국하기 전에 반일 언론을 했다는 그에 대한 소문이 국내에 있었고,29) 귀국 직후에는 근신하면서도 반일적인 태도를 보였다. 신흥우는 이승만·서재필을 만

---

26) 任重彬, 『萬海 韓龍雲』, 太極出版社, 1972, 171~174쪽; 任重彬, 『韓龍雲一代記』, 정음사, 1974, 95~98쪽.
27) 玄相允, 「三一運動勃發의 槪略」, 『新天地』 3월호, 1950, 50쪽.
28) 윤치호는 『京城日報』의 기사가 자신과 합의 없이 방담한 내용을 기사화한 것이라며 불쾌하다고 했다. 한편 이승만이 주도하는 『국민보』는 윤치호가 7월 4일 "죽은 혼이라도 나의 민족과 함께 잇으리라"라고 서명한 선언문을 게재했다.(『新韓民報』 1919년 8월 14, 16일자.)
29) 山邊悌三郎에 따르면 신흥우는 ① 동척의 식민화 계획 폐지, ② 한인에게 자치권(Home Rule)을 부여한다는 천황의 약속 ③ 합리적 수준의 언론 자유를 주장했다.(『尹致昊日記』 1919년 11월 15일자.)

난 사실을 토로하며 일본을 격렬히 비난했고, 심지어 상해 등지의 지도자와 신뢰·협동할 것을 강조해서, 윤치호를 놀라게 하기까지 했다.[30)]

이들의 공통된 입장은 독립에는 찬성하지만, 일회적인 선언·청원의 방식이나 폭력·혁명적 방법에 의존할 수는 없다는 것이었다. 이들은 일제의 즉각적 탄압을 받을 수 있는 노골적인 반일운동은 비현실적이며 무모하다는 판단하에, 합법적인 틀 내에서의 반일독립운동을 추진하는 준비론·실력양성론적 경향을 갖고 있었다. 이런 측면에서 이들의 위상은 이중적인 것이었는데, 의식은 독립운동을 지향했지만 즉시 독립은 불가능하다고 판단하고 있었으며, 일제가 허용하는 합법적 허용 범위 내에서 운동을 추진하려 했기 때문이다. 전투적 방식의 비타협적 독립운동 진영에서 볼 때 이들의 합법적인 '독립운동'은 독립불가론의 경향이 농후한 것이었으며, 특히 일제가 이들의 활동을 허용한다는 점에서 그러한 의혹은 현실성을 갖는 것이었다. 결국 이들은 독립운동과 친일·동화라는 양극단의 경계선상에 위치해 있었으며, 정세와 일제의 방침 여하에 따라 의식과 존재가 끊임없이 부동하는 모습을 보여주었다.

3) 이상재·신흥우·한성정부

이상재·신흥우 등은 3·1운동은 물론, 한성정부의 수립과 이승만의 집정관총재 옹립 과정에서, 그리고 이승만의 통합임시정부 대통령 추대 이후에도 재정적·정치적 후원과 연락·연대관계를 유지했다.

먼저 신흥우는 1919년 5월 미국 감리교 선교100주년기념대회에 참석차 도미하여, 한성정부 문건을 이승만에게 전달했다.[31)] 신흥우와 이

---

30) 『尹致昊日記』 1919년 11월 19일자, 12월 9일자.

승만의 관계는 매우 밀접했다. 신흥우는 어릴 적부터 이승만과 함께 한학을 공부했으며, 형 신긍우·신용우가 이승만과 친구였기 때문에 이승만을 의형으로 삼고 따랐다. 또한 개혁파로 함께 투옥된 적이 있으며, 1900년대 초 감옥에서 이승만과 함께 기독교로 개종한 인물이었다. 문건의 직접 전달자는 신흥우였지만,32) 실제로 문건을 국외로 반출한 것은 벡(S. A. Beck)이라는 선교사였다.33)

백서암(白瑞岩) 혹은 배액(裵額)으로 불린 벡은 1899년 6월 미국 감리교 선교사로 내한한 이래 1905~8년간 YMCA 회계로 일했고, 1903~18년까지 3차례에 걸쳐 미국 감리회 조선매년회(朝鮮每年會) 서기를 지냈다.34) 즉 벡은 이승만이 1910~12년 귀국했을 때부터 알고 지냈으며, 특히 YMCA 회계로서 이상재-이승만-신흥우로 이어지는 국내 YMCA 인맥과 밀접한 관계였다. 3·1운동이 발발한 직후 때마침 영국과 미국의 성서공회가 한국과 필리핀에서의 업무를 교환하기로 함에 따라, 벡은 3월 31일 업무를 이관하고 미국으로 떠났다. 이때 '누군가' 치외법권이 허용되는 벡에게 한성정부 관련 문건의 전달을 의뢰했고, 벡은 이 문건들을 딸의 인형 속에 숨겼다가 배 안에서 신흥우에게 전달했다.35)

---

31) 高珽烋,「大韓民國臨時政府 歐美委員部硏究」, 고려대 사학과 박사학위논문, 1991, 78~84쪽.
32) 『新韓民報』 1919년 6월 12일자.
33) 「이승만의 공표」(1919년 7월 29일), 『新韓民報』 1919년 8월 19일자 ; 『大韓獨立血戰記』(1919년 8월 15일), 국사편찬위원회, 『韓國獨立運動史』 임정편, 자료 4, 326쪽 ; 全澤鳧, 『人間申興雨』, 大韓基督敎書會, 1971, 127~129, 134쪽 ; 郭林大, 『못잊어 華麗江山』, 대성문화사, 1973, 132~134쪽.
34) 김승태·박혜진 엮음, 『내한선교사총람』, 한국기독교역사연구소, 1994, 121쪽 ; 『基督敎美監理會朝鮮年會錄』, 1912~20년.
35) The Korean Mission Field, April, 1919, p. 86 ; 벡은 감리교 선교사로 1907년 내한해, 평양기독병원에서 근무하던 Sarah B. Hallman(허공양)과 1912년 결혼했고, 딸을 두었다.(김승태·박혜진 엮음, 위의 책, 249쪽.) 『대한독립혈전긔』에 등

벡은 1919년 6월 30일, 3·1운동에 관한 상황과 관련 사진을 미국 의회에 제출했다. 이승만은 한성정부 문건을 가져다준 벡에게 파격적인 대우를 했는데, 1919년 10월 구미위원부의 선전원으로 임명하면서 수십 년간 한국 독립운동에 종사해온 헐버트와 동일하게 월 200달러를 지불했다.36) 이후 벡은 잔무 처리를 위해 1919년 10월 한국을 재차 방문했을 때, 윤치호에게 이승만의 편지를 전하면서 반일운동에 동참할 뜻을 강력하게 표명했다.37) 다시 미국으로 건너간 벡은 이승만과 더불어 한국친우회·한인구제회의 결성에 노력했다.38)

　그런데 벡의 역할은 단순한 연락자의 수준에 그치는 것이 아니었다. 이화장의 『이승만 문서』 가운데에는 「내지밀송서류(內地密送書類)」라는 제목의 문서철이 있다. 이 문서는 3·1운동 직후 여러 상황을 기록한 것으로, 1907년부터 1919년 11월까지의 시기를 다룬 26종 760장의 분량이다. 이승만은 이 문서의 목록을 만들며 "Mr. S. A. Beck이 올 때 이 책을 Candy Box모양과 如히 만들어 가져온 것인대 리상직씨가 증여한 것"이라고 써넣었다.39) 즉 벡이 다시 한국을 잠시 방문했던 1919년 10~11월 사이에 이상재가 벡을 통해 이승만에게 보낸 것임을 알 수 있다. 그렇다면 이상재의 역할은 무엇이었는가 하는 의문이 생긴다.

　한성정부 수립의 중심인물이었던 이규갑은 한성정부를 조직할 당시

　　장하는 모 외국 선교사의 부인과 딸아이는 벡의 부인과 딸이다.
36) 方善柱, 「1921~22년의 워싱턴회의와 재미한인의 독립청원운동」, 『한민족독립운동사』 6, 국사편찬위원회, 1989, 203~204쪽.
37) *The Korean Mission Field*, November, 1919, p. 240 ; 『尹致昊日記』 1919년 10월 18일자. 벡은 윤치호에게 Mr. Candler와 Dr. R의 편지를 전했는데, Dr. R은 이승만(Dr. Rhee Syngman)의 약자임이 분명하다.
38) 고정휴, 박사학위논문, 1991, 112쪽 ; 「李承晚 → 李商在」(1920년 6월 29일), 『雩南李承晚文書』 16권, 176~ 177쪽.
39) 『雩南李承晚文書』 4권, 189~190쪽 ; 尹炳奭, 「3·1運動 關聯文書 解題」, 같은 책, 9~12쪽.

"단체대표로서 진신(晉紳)이라 하여 한말(韓末) 고관(高官)을 지낸 분들의 대표로 월남 이상재 선생과 박승봉(朴承鳳) 선생을 내정했었는데, 후에 만약 일본정부와 우리나라 독립문제로 담판하는 경우가 생겼을 때 민족대표(民族代表)로 추대하기 위하여 일부러 뺐었다"라고 회고했다.40) 또한 이승만은 1920년 6월 31일 이상재에게 보낸 편지에서, 미국 정부와 비밀교섭을 하는데 한성에서 공식으로 자신을 집정관총재(執政官總裁) 곧 대통령으로 선거했다는 '문빙(文憑)'이 있으면 매우 긴요하겠다며 이를 주선해달라고 부탁했다.41) 다시 말해 이승만은 한성정부의 문빙을 다름 아닌 이상재에게 요청했던 것인데, 이는 이상재가 이승만의 강력한 국내 지지자였기 때문만은 아니었다.42) 이는 이상재가 한성정부와 모종의 관련이 있으며, 한성정부 문빙을 얻어줄 수 있는 위치였음을 반증하는 것이다.

이승만이 이상재를 '노사(老師)' 혹은 '애사(愛師)'로 부를 정도로, 두 사람의 인간적·정치적 관계는 돈독했다.43) 이승만이 1905년 『독립정신』을 집필했을 때, 이 글을 비평해 교정한 것은 '로셩흔 션비 리샹직'였다.44) 1920년대 이승만은 누구에게도 알리지 않은 상해 임시정부의

---

40) 李奎甲, 「漢城臨時政府樹立의 顚末」, 『新東亞』 4월호, 1969, 181~182쪽.
41) 「李承晩 → 李商在」(1920년 6월 31일), 『雩南李承晩文書』 16권, 179쪽.
42) 이상재(1850~1927)는 주미 공사관 2등서기관 등 관직을 거쳐 독립협회 부회장을 지냈다. 1898년 11월 '匿名書事件'으로 투옥되었다가, 이승만이 주도한 농성 덕에 풀려난 적이 있다. 1902년 투옥되었을 때는 이승만과 같은 감방에 수감되기도 했다. 이때 이승만과 함께 기독교로 개종했고, 출옥 후에는 蓮洞敎會를 다니며 皇城基督敎靑年會(YMCA) 교육부 위원장을 지내는 등 기독교계의 지도자로 부상했다. 또한 이승만의 유학 시절 강력한 후원자였으며, 1910~12년간 이승만을 YMCA 학생부 간사로 끌어들인 적이 있다.
43) 이승만의 재임 시절 李商在略傳이 간행되었는데, 이는 대통령 공보실이 발간한 유일한 인물전기였다. 이상재약전은 '대통령의 지시'로 작성되었고, 신흥우가 자료를 제공했다.(公報室, 『月南李商在先生略傳』, 1956, 1~3쪽.)
44) 박용만이 쓴 「후셔」에 따르면, 이승만이 옥중에서 책을 집필해 옥중 동지인 鄭

내밀한 소식과 비밀을 서슴없이 이상재에게 알렸고,45) 자신에게 필요한 한성정부의 문빙을 다름 아닌 이상재에게 구했다.46) 또한 이승만은 동지회를 통한 국내외의 협력을 요청하기도 했으며,47) 매번 편지를 보낼 때마다 임시정부의 유지 및 활동을 위한 자금 지원을 요청했다. 이승만은 이상재에게 매년 1만 원에서 3만 원 가량의 자금을 보내줄 것을 요청했다.48)

이상재는 이러한 이승만의 요구에 부응해, 정치적 지원과 경제적 지원을 모두 병행했다. 이상재의 정치적 도움은 3·1운동 당시의 원조 및 한성정부의 후원을 꼽을 수 있으며, 1921년의 '한국인민치태평양회의서'와 1923년 1월의 '경고해외각단체서(警告海外各團體書, 일명 內地警告書)' 등은 국내에서 할 수 있던 최상급의 후원이었다. 특히 이상재는 이승만이 위기에 처한 시점마다 중요한 정치적 도움을 제공했다.

1921년 11월 워싱턴군축회의를 앞두고, 이상재는 국내 13도 260군 및 기타 사회단체 대표자 372명이 서명한 건의서를 상해를 경유해 이승만에게 전달했다.49) 이 건의서는 1922년 1월 1일 워싱턴회의 사무국

淳萬·申興雨·李東寧 등에게 보인 후 박용만에게 비평을 청했고, 박용만은 이를 이상재에게 부탁해 내용을 교정했다.[「후서(박용만)」, 리승만, 『독립정신』, 大同新書館, 1910.]
45) 이승만은 국무위원의 개편, 李喜儆·安恭根의 모스크바 파견, 임시정부의 내부 파벌 문제 등을 모두 이상재에게 알렸다.[「李承晩 → 李商在」(1920년 6월 23일 ; 1921년 7월 29일 ; 1924년 8월 9일), 『雩南李承晩文書』 16권, 176~197쪽.]
46) 「李承晩 → 李商在」(1920년 6월 23일), 『雩南李承晩文書』 16권, 176~179쪽.
47) 「李承晩 → 李商在」(1925년 4월 7일), 『雩南李承晩文書』 16권, 199~200쪽.
48) 「李承晩 → 李商在」(1921년 7월 29일), 『雩南李承晩文書』 16권, 180~185쪽.
49) 일제는 이 진정서가 2~3명에 의해 작성된 점, 사용된 인감이 실제 인감과 다른 점, 수년 전에 사망한 인물이 포함된 점 등을 들어, 이것이 위조라고 주장했다.[朝鮮總督府警務局, 「(大正十一年)朝鮮治安狀況(國外)」, 金正柱編, 『朝鮮統治史料』 제8권, 韓國史料研究所, 1971, 119~120쪽.] 그러나 이승만은 이와 관련해 이상재에게 감사 편지를 썼고, 미주의 일반적 인식 역시 이상재가 보낸 것으로 확신했다.[「李承晩 → 李商在」(1921년 12월 30일), 『雩南李承晩文書』

및 신문사에 송부되었고, 아무런 외교적 성과를 거두지 못한 워싱턴회의의 가장 큰 공적이 되었다. 1923년의 '경고해외각단체서'는 국민대표대회와 대통령불신임안 제출 등으로 위기에 처한 이승만을 원조할 목적으로 작성되었다. 이상재·최남선(崔南善)·오세창(吳世昌)·한용운(韓龍雲)·박영효·강매(姜邁) 등 6인 명의의 이 경고서는 상해 임정을 떠나간 이동휘·안창호·김규식을 비난하면서, 금전 낭비와 위임통치 문제 등에 대해 이승만을 극력 옹호했다.50) 이상재가 보낸 이 경고서를 기초로 1923년 5월 하와이에서는 공동회가 발기되어, 국민대표대회와 상해의 반이승만파를 공격했다.51)

이상재는 재정적으로도 이승만을 원조했다.52) 이상재 등이 조달한 자금이 이승만에게 전달되는 경로는 네 가지였던 것으로 보인다. 첫째는 선교사를 이용하는 방법이었다. 이승만은 이상재에게 보낸 편지(1920년 6월 23일)에서 '노블'이나 '켄소' 편으로 금전을 부송(付送)하라고 요청했는데,53) 이는 선교사들이 이승만을 위해 자금 전달 및 연락 창구 역

16권, 186~187쪽 ; 김원용, 앞의 책, 393쪽.]
50) 미주에서는 이 문건이 상해에서 조완구에 의해 조작되었다는 기사가 박용만 계열의 『태평양시사』 149호에 게재되었으나,(『新韓民報』 1923년 6월 7일자.) 이승만은 이 경고서와 관련해 이상재에게 감사 편지를 보냈다. 이로 미루어 이상재가 작성한 것이 분명하다.[「李承晩 → 李商在」(1923년 3월?), 『雩南李承晩文書』 16권, 188~192쪽.]
51) 「李承晩 → 歐美委員部」(1923년 3월 6일), 『雩南李承晩文書』 16권, 3~7쪽.
52) 방선주에 따르면, 이상재는 태평양회의를 전후해 활발히 활동했고, 태평양회의를 위해 국내에서 특별 의연금 6,217달러를 밀송했다.(방선주, 앞의 논문, 1989, 216쪽.)
53) 노블(William Arthur Noble, 1866~1945)은 1892년 내한한 감리교 선교사로 3년간 배재학당 교사로 이승만을 가르친 적이 있으며, 이후 평양·서울·수원 등지의 감리사로 활동했다. 그의 아들인 해롤드 노블(Harold Noble)은 이승만의 정치 고문이 되었다.(김승태·박혜진 엮음, 앞의 책, 375쪽.) 켄소는 겐소(John F. Genso, 1884~1950)라는 인물로 1908년 북장로교 선교사로 내한했으며, 선교부의 재정담당으로 일하다가 1941년 일제에 의해 강제 송환되었다. 그의 맏딸 아

할을 했음을 반증한다. 윤치영은 1924년 젠소가 교회기금 명목으로 이 승만에게 독립운동자금을 전달했다고 증언했다.54) 여운형도 자신이 상해에 있을 때 이상재가 젠소 선교사 부부를 통해 돈을 보내고 연락을 취했다고 했는데,55) 이로 미루어 젠소는 이상재의 자금 전달 및 연락 창구로 활동했음이 확실하다. 둘째는 이승만이 외국인 특파원을 보내는 방법이었다. 이승만은 1924년 8월 젠킨이란 여자를 상해에서 국내로 파견했는데, 이 여자는 이미 수년 전에도 상해에서 국내로 파견된 적이 있었다.56) 젠킨은 남장로교 선교사 젠킨(William McCleary Junckin : 1865 ~1908)의 부인인 메리 젠킨(Mary Leyburn Junckin : 1865~1952)으로 보인다.57) 이승만은 이 여자에게 신임장을 주고, 심방이나 친선방문을 빙자해 국내 인사들에게 금전을 요청하라고 했다. 셋째는 해외 파견자를 통해 이승만에게 직접 자금을 전달하는 방법이었다. 1921년 7월 5일 이상재가 길씨(吉氏, 이름 미상)를 통해 임시정부에 은화 4천 원을 보냈음이 확인된다.58) 마지막은 공식적인 경로를 통해 이승만에게 자금이 건네진 경우인데, 1923년 하와이기독학원 모국방문단이 모금해

비가일(Abigail)은 미군정기 농업고문인 키니(Robert Kinney)와 결혼했다.(김승태·박혜진 엮음, 같은 책, 231쪽).

54) 윤치영은 尹致昊, 尹致昭, 閔大植, 金一善, 金性洙, 李丙默, 尹相殷 등이 모아준 상당액의 자금을 젠소 장로가 전했다고 회고했다.(尹致暎, 『尹致暎의 20世紀』, 삼성출판사, 1991, 85, 132~133쪽.)

55) 李萬珪, 『呂運亨鬪爭史』, 民主文化社, 1946, 제3장 6절.

56) 「李承晩 → 李商在」(1924년 8월 9일), 『雩南李承晩文書』 16권, 193~197쪽.

57) 기독교대백과사전편찬위원회 편, 『基督敎大百科事典』 13권, 기독교문사, 1994. 젠킨은 군산에 교회·고아원을 세웠고, 부인은 전주 기전여학교에서 근무하다 1908년 젠킨이 사망한 후 귀국했다. 젠킨 집안과 이승만의 인연은 깊은 것이었다. 1942년 8월 대학교수이던 로버트 올리버(Robert T. Oliver)를 공보·선전 고문으로 이승만에게 소개한 사람은, 다름 아닌 젠킨의 아들이자 장로교 목사인 에드워드 젠킨(Edward Junckin)이었다.(Robert T. Oliver, *Syngman Rhee : The Man Behind the Myth*, Greenwood Press, Publisher, 1954, 183쪽.)

58) 「李承晩 → 李商在」(1921년 7월 29일), 『雩南李承晩文書』 16권, 180~185쪽.

간 경우와 해외동포위문금 등이 이에 해당한다.59)

나아가 정신적으로도 이상재가 이승만을 생각하는 마음은 절절했다. 이상재는 1922년 4월 북경에서 개최된 만국청년대회에 참석한 틈을 타, 이승만에게 편지를 보내며 이렇게 썼다.

나무가 크면 바람을 받기 쉽고 옷이 깨끗하면 때를 잘 타는 법이니 어떠한 일이 있다 하더라도 동요하지 말고 더욱 마음을 굳건하게 갖어 안에 있는 여러 사람의 생각에 부응토록 바랍니다.60)

이상재는 이승만보다 25세 연상이자 고관을 지냈지만, 이승만의 '불경(不敬)'에도 불구하고 이승만을 '권애(眷愛)'했으며,61) 이승만 역시 이상재를 존경했다.62)

한편 한성정부 조직과 관련하여 이상재와 함께 거론된 박승봉(朴承鳳)은, 이상재와 비슷한 시기에 개종한 후 연동교회 초대장로이자 기독교청년회의 이사직을 맡았다. 또한 한성정부에 기독교 장로파 대표로

---

59) 해외동포위문금은 1921년 하와이 세계신문기자대회에 참석했던 金東成이 귀국한 후 東亞日報를 중심으로 조직한 해외동포위문회에서 모금한 자금이었다. 해외동포위문회는 하와이의 경우 한인기독학원에만 2,500원을 기부했다.(『新韓民報』1924년 7월 31일자 ; 東亞日報社, 『東亞日報社史』제1권, 1975, 203쪽.)
60) 「李商在 → 李承晩」,(1922년 4월 13일), 『雩南李承晩文書』 17권, 477~479쪽 ; 월남이상재동상건립위원회편, 『월남이상재연구』, 路出版, 1986, 375~376쪽. 이 편지를 들고 간 사람은 李淳鎔이었는데, 그는 전주이씨 종친인 李載昆의 아들이자 李灌鎔의 동생이었다. 이순용은 이승만의 총애를 받았고, 그의 추천으로 OSS훈련을 받았다. 그는 정부 수립 후 내무장관을 역임했다.
61) 金鉉九, 『雩南略傳』, 연도미상, 하와이대 한국학연구소 소장, 39쪽.
62) 해방 후 이승만이 처음으로 대중 강연을 한 곳은 전조선신문기자대회(1945년 10월 23일) 석상이었다. YMCA에서 열린 이 대회에 참석한 이승만의 첫 발언은 "이 회관에 들어서니 1901년 전후 이곳에서 함께 일하던 옛 친구의 생각이 간절한 중 더욱 월남 이상재 씨를 잊을 수 없다"였다.(『自由新聞』1945년 10월 25일자.)

참석한 장붕(張鵬)·박용희(朴容羲) 역시 이상재·박승봉과 함께 연동교회에 다니면서 3·1운동을 전후한 시기에 밀접한 관련을 맺었다.63) 한편 신흥우는 자신이 미국으로 떠나기 전 오기선(吳基善) 목사를 통해 한성정부의 핵심 인물인 한남수(韓南洙)를 만났다고 밝혔는데, 이들 이상재·박승봉·신흥우·오기선 등은 한성정부에 관한 일제의 심문조서에는 등장하지 않는 인물들이다. 이들은 모두 기독교 인사들이며, 조선기독교청년회연합회(YMCA)의 이사라는 공통된 활동 배경을 갖는, 기독교계의 원로 내지 중견급 인물들이었다.64)

또한 이상재·오기선·신흥우는 모두 3·1운동 단계에서 참가하거나 참가 권유를 받고 불참했으며, 표면적으로는 드러나지 않는 연계 관계를 갖고 있었다. 이갑성의 회고에 따르면, 3·1운동 직전인 2월 24~26일간 이상재는 '사회 및 기독교계의 원로이자 탁월한 정치적 역량을 인정받아 일본 정부와 직접 담판할 교섭사(交涉使)의 정사(正使)로 선정되었으나 이를 사절했으며, 재차의 교섭에도 불응했다. 이상재는 교섭사를 사절하는 대신 민족 대표 일원의 자격은 승낙했고, 이갑성은 독립선언서 발표 이후 대표자 전원이 체포될 경우에 대비해, 함태영(咸台永)을 제2진의 지도자로, 이상재는 제3진의 지도자로 준비해줄 것을 부탁했다.65) 북감리파 감리사인 오기선의 경우, 기독교 대표로 현순 등과 함께 3·1운동에 참여했으나, 현순이 상해로 떠난 다음 날인 2월 24일 독립선언 방식에 반대하며 기독교 측의 원래 주장인 독립청원서 제출을 주장하면서 탈퇴했다.66) 신흥우는 2월 중순경 파리강화회의 대표

---

63) 고정휴, 앞의 논문, 1997, 186~189쪽.
64) 고정휴, 위의 논문, 187~188쪽.
65) 「李甲成의 증언」(1969년 1월 15일), 金良善, 「三·一運動과 基督敎界」, 『三·一運動50周年紀念論集』, 東亞日報社, 1969, 253~255쪽.
66) 「손병희 등 48인의 예심종결결정서」, 『獨立運動史資料集』 5권, 18~19쪽. 이

파견을 거절하며 평양 기홀병원에 입원해 친일 논란이 일어났지만, 2월 14일 병을 핑계로 입원한 이승훈(李昇薰)에게 길선주 목사를 소개함으로써 3·1운동의 확산에 기여한 측면도 있었다.67)

현순은 3월 1일 상해에서 샌프란시스코에 있는 안창호에게 전문을 보내 3·1독립선언의 발발을 알렸다. 이 전문에서 현순은 대표자가 손병희·길선주·이상재라고 밝히며, 이승만에게 회전하라고 긴급히 요청했다.68) 3·1운동을 논의하는 어떤 자리에도 끼지 않았던 이상재가 대표로 등장하고, 나아가 현순이 이승만을 찾은 이유는 무엇일까?69) 현순은 이승만과 같은 배재학당 출신으로, 이승만이 청년회를 조직한 상동감리교회의 부목사(1911)를 지냈다. 나아가 1919년 상해 임정에서 이승만의 측근 비선(秘線)인 안현경(安玄卿)이 도착하기 전까지, 이승만의 가장 강력한 지지자이자 정보통이었다.70) 가장 합리적인 설명은 현순이 국내를 떠나오기 전 이상재와 밀접한 연결 관계를 갖고 있었는데, 이상재는 한성정부 수립에 관여했으며, 현순은 한성정부 준비 세력들로부터 이승만과 연락하라는 임무를 부여받았다는 추론이다.

현순의 회고록에 따르면, 그는 1919년 2월 19일에 이갑성의 자택에서 김필수(金弼秀)·이승훈·함태영·이갑성·안세환(安世煥)·오기선·박희

승만은 이상재에게 한성정부의 문빙을 요구한 1920년 6월 31일자 편지를 宋彥用, 吳起善, 李民히(蓮洞學校內) 婦人會中央部 會場 金種圃에게 보여주라고 했다.
67) 김양선, 앞의 논문, 247쪽.
68) 『新韓民報』 1919년 3월 13일.
69) 현순은 3월 15일에도 미주국민회에 전보를 보내 이승만의 주소를 문의하면서, 이승만이 아직 유럽에 가지 않았으면 유럽행을 권고하라고 요청했다.(『新韓民報』 1919년 3월 20일자.)
70) 韓圭茂, 「尙洞靑年會에 대한 연구, 1897~1914」, 『歷史學報』 126집, 1990 ; 한규무, 「玄楯(1878~1968)의 인물과 활동」, 『國史館論叢』 40집, 1992, 77~79쪽 ; 宋炳基, 「簡札 解題」, 『雩南李承晚文書』 16권, 7쪽.

도(朴熙道) 등과 만나 거사계획을 논의한 후, 20일에는 이승훈과 함께 최린(崔麟)을 방문해 천도교와 운동 계획을 상의했다. 이후 서무(이승훈·함태영·오기선), 외교통신(현순·안세환·이갑성), 회계(박희도) 등 3개 부서를 정했고, 국내 운동 계획을 해외에 선전하기 위해 외교통신원 1명을 상해에 파견해 파리평화회의와 미주·하와이 동포에게 통고하고 국내와 통신키로 했다. 현순은 외교통신원으로 임명된 후, 22일에 천도교 측에서 여비 2천 원을 받아 24일에 중국으로 떠났다. 현순은 천도교 측 인사인 최운정(崔云丁, 곧 崔昌植)과 함께 3월 1일 상해에 도착했고, 3월 4일 『더 차이나 프레스(The China Press)』에 3·1운동 기사가 실린 후 상해 재류 인사들과 협의해 '임시사무처(臨時事務處)'를 조직해 총무로 활동했다. 현순은 한동안 상해에서 독립운동의 최고기관(임시정부)을 조직하자는 제안에 반대하면서, 국내의 연락을 기다리며 국내 운동을 응원하는 재외기관 설치를 주장했다. 이후 국내에서 이봉수가 천도교 측 임시정부안을 가져왔고, 신익희가 기호파를 중심으로 논의한 끝에 초기 상해 임시정부가 조직되었다. 또한 4월 말에는 한남수(韓南洙)·이규갑(李奎甲)·홍진(洪震)·장붕(張鵬) 등이 국내에서 한성정부안을 가져왔다. 한성정부안이 도착한 이후 현순은 처음에는 한성정부 대신 초기 상해정부를 추대하기도 했으나, 이후 한성정부 봉대에 찬성하며 8월말 해삼위(海蔘威) 신한촌(新韓村)으로 가서 이동휘(李東輝)를 상해로 끌어오는 적극적 역할을 담당했다.[71]

이상과 같은 단편적인 관계들을 정리하면, 3·1운동 이전에는 현순-오기선, 현순-이상재-이승만, 3·1운동 이후에는 신흥우-오기선-한남수, 이상재-이규갑, 이상재-오기선 등이 밀접하게 연관되어 있었음을 알 수 있다. 즉 국외의 현순-이승만, 국내의 이상재-오기선-신

---

71) 玄楯, 『玄楯自史』, 「十六. 三一運動과 我의 死命」, 1~16쪽.

홍우―한남수―이규갑 등이 밀접한 연결 관계를 맺고 있었음을 알 수 있다.72) 이들은 3·1독립선언과 한성정부 조직의 전면에는 나서지 않았다. 이에 대해 기독교계의 2·3진으로 남아 3·1운동을 지속적으로 전개하고자 하는 신중함 때문이었다는 설명이 있지만, 보다 근본적으로는 한국 독립이 즉시 성취되지는 않을 것이라고 판단했기 때문일 것이다.73)

3·1운동은 이승만의 대중적 명망성을 제고했고, 이는 1920년대까지 지속되었다. 1923년 『동아일보』는 현대 인물 투표를 실시했는데, 경찰의 간섭으로 중단된 결과에 따르더라도 이승만은 49표를 차지해, 다음 순위인 최린의 25표를 거의 배나 앞선 것으로 나타났다.74) 종래 이승만의 국내 지지 기반으로는 1938년의 홍업구락부 사건만이 언급되었다. 사건 관련자들은 주로 미국·일본 유학생 출신, 종교적으로는 기독교 신자 및 YMCA 관련자, 지역적으로는 기호파 출신이었다. 발각 당시 조직의 주도자였던 신홍우는 홍업구락부가 1924년 이승만과의 접촉을 통해 시작된 것으로 진술했고,75) 이후 이것이 정설로 알려져왔다. 그러나 1920년대 이승만과 국내 민족주의 세력과의 관계는 멀리는 구한말, 가깝게는 1910년대부터 시작된 역사적 연원을 갖는 것이었다. 또한 이는 단순한 개별적인 접촉 차원이 아니라 정치·이념적 지향의

---

72) 현재 이들의 관계를 총체적으로 해명해줄 수 있는 명확한 자료는 발굴되지 않았다. 그러나 3·1운동 당시 기독교 핵심들이 검거되지 않았으며, 한성정부의 경우에도 가장 핵심인 이규갑·홍면희가 검거되지 않았으므로, 현재 전하는 일제의 공판 기록이 완벽한 것이라고 할 수는 없다.
73) 고정휴, 앞의 논문, 1997, 188쪽.
74) 나머지는 安昌浩 22표, 崔南善 18표, 徐載弼 17표, 李春載 12표, 李商在 10표였다.(『東亞日報』1923년 5월 11~12일자 ; 국사편찬위원회, 『日帝侵略下韓國三十六年史』 7집, 1972, 101~102쪽.)
75) 全澤鳧, 앞의 책, 1971, 244~245쪽.

공통성에 기반한 것이었다.

3·1운동을 전후한 시점에서 이승만과 이상재·윤치호·신흥우·유성준 등의 정치·사상적 연대 관계는 급격히 강화되었고, 이들은 1920년대 이승만의 국내 지지 기반이 되었다. 이들과 이승만의 공통점을 정리하면 (1) 대한제국기 양반 개화파로 관직 경력, (2) 독립협회 등의 활동으로 함께 투옥된 경험, (3) 옥중에서 기독교로 개종, (4) 1904년 YMCA의 창립 멤버 및 핵심 인물, (5) 기호 출신, (6) 3·1운동에 소극적 태도, (7) 1920년대 실력양성운동 및 개량주의운동 참여 등으로 요약할 수 있다.

그러나 보다 중요한 사실은 이승만과 국내의 관계가 이러한 개인적인 인연과 관계의 특수성에 그치지 않고, 조직적·집단적이고 정치적·이념적인 결합과 상호작용으로 확대되었다는 점이다. 특히 1920년대 초중반 국내 민족주의 세력이 추구했던 실력양성론이 하와이의 이승만으로부터 공명을 받고 국내와 하와이가 결합되는 과정은, 국내와 미주라는 지역적 차이를 제외하고는 이들의 정치·사상적 지향이 동일했음을 의미한다.

2. 실력양성운동과 하와이 한인기독학원모국방문단

1) 실력양성운동으로의 전환

1920년대 국내에서는 실력양성론에 기초한 문화운동·자치운동과 비타협적 정치투쟁론에 기초한 신간회운동이 고조되었다.76) 국내에서 실력양성운동이 강하게 고조되는 시점에, 하와이에 있던 이승만의 선택 가능성 역시 실력양성론으로 기울어질 수밖에 없었다. 이는 두 가지 이유 때문이었다.

첫째, 1921~1922년 초 워싱턴군축회의에 대한 청원 외교의 실패를 마지막으로, 이승만의 외교독립노선은 존립 기반을 상실했다. 재미 한인들은 총 4만 달러 이상을 들여 워싱턴군축회의에 대한 외교를 후원했지만, 한국 문제의 상정은커녕 발언권조차 얻지 못한 채 회의는 종결되었다. 3·1운동 발발 이후 만 3년간 전력으로 독립운동을 후원해온 미주 한인 사회의 열정은 식었다. 상해에서는 이승만을 지지하던 신규식(申圭植) 내각이 붕괴되었고, 상해의 독립운동 세력은 급격하게 국민대표대회로 기울어지게 되었다. 또한 위임통치 논쟁, 집정관·대통령 논쟁, 공채표·애국금 논쟁, 대정(大政) 방침 논쟁 등으로 이승만에 대해 쌓여왔던 불만이 폭발하면서, 이승만에 대한 불신임·탄핵·면직 결의가 연이었다. 그 결과 이승만은 1925년 상해 임정으로부터 면직되었고, 구미위원부는 해체되었다. 이승만은 더 이상 상해를 향해 외교나 독립운동을 주장할 수 없게 되었다.

이승만은 1922년 9월 7일 하와이로 귀환해, 한인기독교회·한인기독학원 경영자로 돌아갔다. 이승만의 선택은 동지대회(1924년 11월)를 통해 영원한 총재로 추대된 후 '동지식산회사'를 통한 '실력양성운동'을 추진하는 것이었다.77) 이승만의 실력양성은 교육과 실업을 통한 구국

---

76) 徐仲錫, 「韓末 日帝侵略下의 資本主義 近代化論의 性格」, 『한국근현대의 민족문제연구』, 지식산업사, 1989, 220~225쪽 ; 박찬승, 『한국근대정치사상사연구』, 역사비평사, 1992, 367~384쪽 ; 박찬승, 「부르주아민족주의운동」, 『한국역사입문 3』, 풀빛, 1996, 443~460쪽.
77) 김원용, 앞의 책, 198~200쪽.

을 내세우는 것이었다. 이승만은 동지회 회원들에게 주식을 발행해서 1925년 동지식산회사(Dongji Investment Co.)를 설립했다. 동지식산회사를 만들며 이승만은 100만 명의 독립운동자를 얻고, 다른 한편으로는 고본금(股本金)을 모집하고 상업회의소를 설치하여 정치운동과 경제운동을 아울러 진행하자고 주장했다.[78] 그런데 1925년부터 1929년까지 동지회－동지식산회사의 존재는 국내 민족주의 세력, 특히 이승만의 지지 세력에게 영향을 끼쳤다. 정치적 독립운동단체인 동지회와 그 예하의 경제적 실력양성운동을 담당하는 산업부인 동지식산회사로 구성되는 조직 유형은 국내 흥업구락부에 직접적인 영향을 주었다. 흥업구락부가 창립 이래 산업부 조직을 시도한 것은 바로 동지식산회사의 영향이었다.

둘째, 1920년대 초중반 하와이의 이승만과 국내 사이에는 밀접한 연계·연락·연대 및 상호 교감이 있었다. 이승만이 워싱턴군축회의의 실패를 전후로 곤경에 빠졌을 때, 국내 민족주의 세력과의 연락·연대가 활발해졌다. 상해에서 이승만의 명성이 추락한 것과는 달리, 국내 민족주의 진영 내부에서 이승만의 성가는 점차 높아졌다. 이상재·신흥우·윤치호·유성준 등을 중심으로 형성되었던 이승만의 국내 인맥은 점차 조직적으로 하와이와 교류할 수 있는 합법적인 틀을 모색했고, 이러한 합법적인 왕래를 통한 비밀 연락의 결과 1925년 동지회의 자매단체인 흥업구락부가 조직되었다. 결국 흥업구락부는 구한말부터 형성된 이승만의 국내 인맥을 중심으로, 3·1운동 이후 실력양성론과 준비론의 입장에 서 있던 국내 민족주의 계열이 결합된 것이었다.

일반적으로 1920년대 국내 실력양성운동 혹은 '문화운동'의 대표적인 두 가지 사례는 물산장려운동과 민립대학설립운동으로 지목된다.

---

78) 『新韓民報』 1924년 12월 18일자.

그런데 두 운동은 모두 이승만과 관련되었고, 중심인물들 가운데 상당수가 이승만의 국내 조직 기반인 홍업구락부원이 되었다는 공통점을 지니고 있다. 1922년 12월 조선물산장려회가 유성준·권태희·김윤수 등 '좌익민족주의자'들에 의해 발기되었는데,79) 유성준은 이승만의 감옥 동지이자 기독교로 함께 개종한 경험을 지닌 인물이었고, 실직적인 후원자였던 김윤수는 물산장려회가 결성되기 직전인 1922년 10월 범태평양 통상회의(通商會議)에 참석해서 이승만의 실력양성론에 영향을 받은 적이 있다.80)

국내에서 물산장려운동이 발기되자마자 이승만은 1923년 3월 직접 물산장려회와 일화배척운동(日貨排斥運動)을 제창했고, 곧바로 하와이 호놀룰루에서 호항한인물산장려회취지서(湖港韓人物産奬勵會趣旨書)가 배포되었다.81) 미주에서는 이미 1919년 일화배척운동의 제기와 함께 국내 토산품 애용운동이 벌어졌었다.82) 1923년 4월에는 국내에서 이상

---

79) 박경식, 앞의 책, 2, 8쪽. 일본 정보 당국은 이들을 '좌익민족주의자'라고 불렀는데, 유성준은 경기도 참여관(후에 강원도지사 역임)을 지낸 현직 관리였고, 김윤수는 포목상인이었다. 표면적으로는 걸맞지 않게 보이는 이 명칭은 이승만과의 교감 및 이들의 부동적인 지향성을 지칭한 것이었다.
80) 이승만은 김윤수·이정범 환영회(1922년 10월 17일)에서 "우리 대표가 하와이에 온 것을 호기로 신중 심의한 결과 피아간의 연락 및 내외 대응책에 관한 了解를 얻은 것을 여러분과 함께 기뻐하는 바이며 제씨는 무릇 더욱 분발 노력해 목적 수행의 대계를 수립해 용맹매진하라"라고 흥분된 태도로 연설했다.(朝鮮總督府 警務局,『(大正十一年)朝鮮治安狀況(國外)追加』, 金正柱 編,『朝鮮統治史料』第8卷, 韓國史料研究所, 1971, 323쪽.)
81) 「李承晩 → 申衡浩」(1923년 3월 26일),『雩南李承晩文書』16권, 90~91쪽. 이미 1923년 3월 국내에는 하와이에 물산장려회가 결성되어 본국 물산을 쓰기로 했다는 사실이 보도되었다.(『東亞日報』1923년 3월 21일자.)
82) 1919년 6월 호놀룰루 한인 1,500명은 국민대회를 개최하고 倭貨배척운동을 벌였는데, 이에 동참하지 않는 자는 '원수'·'國魂 없는 자'로 매도되었다. 이 배척운동은 곧 국산품애용운동으로 이어졌다.(『新韓民報』1919년 4월 25일자, 6월 26일자, 7월 17일자.)

재·이승훈 등에 의해 민립대학기성회가 조직되었는데, 그 직후인 5월 미주에서 민립대학후원회가 조직되었고, 민립대학후원회비가 모금되었다.83)

이러한 연계의 뿌리는 이승만의 국내 인맥이었으며, 인적 교류 차원을 뛰어넘는 정치·사상적인 노선의 교류와 조직적 연계가 본격화되기 시작한 것은 3·1운동 발발 이후였다. 연락은 이승만의 의형제였던 신흥우가 담당했다. 신흥우는 YMCA 이사·총무라는 합법적인 신분을 이용해 일제 시기에 가장 해외여행을 많이 다닌 인물이었다. 이승만의 실질적인 국내 연락책이었고, 이승만의 입장에서 볼 때는 국내의 실무책임자였다. 표 7-2에서 드러나듯이 이승만의 국내 연계 활동이 최정점에 이르고, 동지회의 국내 자매단체인 흥업구락부가 결성되었던 1921~1925년간 신흥우는 거의 매년 미국을 왕래했다.

이승만은 1919년 한성정부 문건을 전한 신흥우에게 미국에 잔류해 독립운동을 같이 하자고 권유했지만, 신흥우는 귀국을 약속하고 왔기 때문에 배신자가 될 수 없다며 거절했다.84) 신흥우는 1921년 8월 하와이에서 개최된 범태평양교육회의에 참가했으나, 이승만은 이미 워싱턴군축회의 참가차 본토로 건너간 후여서 만날 수 없었다. 귀국한 신흥우는 1921년 9월 박영효·윤치호·김동성과 함께 범태평양조선협회를 조직했고, 그해 10월 하와이에서 개최되는 세계신문기자대회에 김동성을 파견했다. 김동성은 정한경과 함께 세계신문기자대회에 참석한 후 11월 워싱턴군축회의에도 참석했다.

---

83) 『新韓民報』 1923년 7월 17일자 ; 『東亞日報』 1923년 11월 21일자.
84) 「申興雨に對する檢事の訊問調書」, 『思想彙報』 제16호(1938년 9월), 126~153쪽.

표 7-2. 신흥우의 해외여행 기록

	연 도	국 가	목 적	비 고
1	1903~1911	미국	유학(남가주대학)	
2	1913	스위스	세계주일학교대회	조선 대표 출석
3	1916. 5	미국 뉴욕	북감리교4년총회	
4	1919. 4~11	미국 오하이오주 콜럼버스	북감리파 백년제기념회	미국 각지 교회 시찰
5	1921. 7	미국 하와이	범태평양교육대회	조선 대표 (일본 대표 神田·姉崎)
6	1923	미국 뉴욕	캐나다국제기독교청년회 주관자회의	
		오스트리아	만국기독교청년회대표자대회	
7	1924. 5	미국 매사추세츠 스프링필드·뉴욕	기독교청년회연합회 간부협의회	
		영국 런던	세계학생기독교대회	
8	1925. 7	미국 하와이	범태평양회의	조선 대표(유억겸·송진우·김양수)일본 대표(澤柳·高柳·齋藤·田澤·頭本·丹羽·鶴見)
9	1928	예루살렘	세계기독교선교대회	
	1928	미국 뉴욕	북감리파4년총회	
10	1929. 9	미국	중미 각주 교회 순회강연	북감리교회 선교국 요청
11	1930. 5	미국	남가주대 창립50주년 기념축하회	
12	1931. 5	캐나다 토론토	세계기독교청년회 조선 대표	조선 대표(유억겸)
13	1932. 4	미국 뉴욕	북감리파4년총회	준비위원
14	1933.	필리핀	동양 및 인도의 기독교청년회 간사협의회	

[출전]「申興雨に對する檢事の訊問調書」, 高等法院 檢事局 思想部,『思想彙報』제16호 (1938년 9월), 126~153쪽.

신흥우는 1922년 9월에도 도미해 미 동방을 순회하다, 1923년 2월 말 시카고-캐나다를 경유해 귀국했는데,[85] 이승만과 직접 대면하지는

---

85)『新韓民報』1923년 3월 15일자.

못했지만 모종의 연락을 했을 것으로 보인다. 이승만은 1923년 3월경 이상재에게 쓴 편지에서 신형(申兄)의 무사 귀국을 희망하며 '약속한 금액'을 되도록 속히 보내줄 것을 요청했는데, 신형은 다름 아닌 신흥우였음이 분명하다.86)

2) 임시정부 대통령과 '모국' 일본

이승만과 국내 연락·연대 관계의 전환점은 1923년 하와이 한인기독학원모국방문단이었다. 1923년도에는 '경고해외각단체서'의 배포, 물산장려운동·민립대학설립운동의 교류 등 이승만과 국내의 연락·연대가 빈번했으며, 하와이모국방문단은 이런 교류 작용의 한 매듭이었다. 이런 움직임의 주도자들은 이상재·유성준·김윤수 등 이승만의 국내 인맥이었다.

한인기독학원은 1913년 여학생기숙사로 출발해서 1914년 한인여자학원이 되었고, 1916년 한인여자성경학원으로 학교 인가를 얻어 영어·국어를 가르치다가, 1918년 한인기독교회 산하 남녀공학 학교로 설립된 학교였다.87) 이 학교는 이승만이 하와이에서 터를 닦을 수 있었던 기초였으며, 1915년과 1918년 두 차례 벌어진 이승만과 박용만과 간의 소위 '사회풍파'도 바로 이 한인기독학원에 대한 투자 및 재산권을 둘러싸고 발생한 것이었다. 이승만은 하와이로 돌아온 직후 한인기독교회와 한인기독학원의 확장 및 신축에 전념했다. 1921년 한인기독학원의 새로운 교실을 신축하기 시작해, 1922년 9월 18일 낙성식을 거행했

---

86) 「李承晩 → 李商在」(1923년 3월?), 『雩南李承晩文書』 16권, 188~192쪽.
87) 김원용, 앞의 책, 43~45, 244~245쪽.

다.88) 당초 건축 예산은 84,815달러였으며, 이 가운데 미국인 5만 달러와 한국인 3만 5천 달러 등의 기부금을 기대했으나, 기부금이 3만 달러 가량 부족했다.

1922년 10월 김윤수(金潤秀)·이정범(李政範)의 범태평양상업회의 참석은 부족한 건축 기금 해결을 위한 모국방문단 조직의 첫 출발점이 되었다. 이들이 하와이에 머물던 시점에 한인기독학원 원장 민찬호(閔瓚鎬)는 기독학원 기금 모집을 위한 학생방문단의 방한 계획을 호놀룰루 일본 총영사에게 출원한 상태였다. 일본 총영사는 '미포(米布) 방면' 한인의 배일사상이 점차 쇠퇴하는 반면 조선 관람을 신청한 것은 아주 기쁜 현상으로서, 왕래하는 한인으로 하여금 "조선의 실황을 소개하는 좋은 효과"가 있을 것이라고 믿는다고 보고했다.89)

이러한 보고는 의미심장한 것이었는데, 왜냐하면 모국방문단은 일본 총영사가 수립했던 1916년 이래의 계획이 성사된 결과였기 때문이다. 하와이 한인모국방문단의 첫 구상은 한인기독학원에서 나온 것이 아니었다. 한인모국방문단 계획은 이미 1916년 호놀룰루 일본기독교청년회(YMCA) 총무가 제안한 이래 일본 총영사관—외무성과 긴밀한 협의 하에 준비된 것이었고, 그 목적은 독립운동가의 회유 및 변절 유도였다. 1916년 호놀룰루 총영사 모로이 로쿠로(諸井六郞)는 호놀룰루의 기독교청년회 간사 마쓰자와(松澤)가 하와이 거주 한인들을 '계발(啓發)하고 회유할 목적'으로 선인(鮮人) 관광단을 조직할 계획을 추진 중임을 보고했다.90) 마쓰자와는 일본으로 가던 중 호놀룰루에 기항한 해리스

---

88) 김원용, 위의 책, 43~45, 244~245쪽 ; 在ホノルル帝國總領事館, 「(大正十四年十二月調)布哇朝鮮人事情」, 김정주, 앞의 책 7권, 941~944쪽.
89) 朝鮮總督府警務局, 「(大正十一年)朝鮮治安狀況(國外)追加」, 김정주, 앞의 책 8권, 323쪽.
90) 「(機密第26號)朝鮮人朴容晩ノ軍資金募集ニ關レ再應具申ノ件」(1916년 11월 23

박사와 협의해 "배일주의(排日主義)의 주창자"인 박용만과 이승만을 선인 관광단에 포함시킬 계획을 세웠다. 두 사람을 유인하기 위해 마쓰자와와 해리스가 꾸민 계획은 해리스가 사사(師事)하는 경성기독청년회의 간사 윤치호를 설득해, 윤치호로 하여금 박용만과 이승만의 모국 관광을 권유한다는 방략이었다. 해리스는 이 계획을 찬성한 후에 충분히 알선할 것을 약속했으며, 마쓰자와는 도쿄·요코하마·경성의 각 청년회에 이러한 내용을 통지했고, 해리스는 일본 관계자와 협의했다. 여기에 등장하는 해리스는 다름 아닌 친일파로 소문난 감리교 감독 해리스(Bishop Merriman Colbert Harris)였다. 1874년 감리교 일본 선교사로 부임한 이래 친일적 행적을 보인 해리스는 1904년 한국과 일본 주재 감독이 되었고, 1906년에는 엡웻청년회가 을사조약 반대투쟁에 참가했다고 해체시킨 적이 있었다.[91] 해리스는 1912년 105인 사건 당시 이승만이 하와이로 도피할 수 있게 도와준 장본인이었다. 해리스는 동북아 감리교 책임자였는데, 이승만이 미국 미네아폴리스에서 개최되는 국제 감리교대회에 한국의 평신도 대표로 참석할 수 있게 일본 정부로부터 출국허가를 얻어주었고, 여행 내내 이승만에게 일본의 한국 통치 사실을 받아들여 상황에 적응하라고 역설했다.[92] 일제가 기독교청년회(YMCA)를 통해 친일적인 해리스와 윤치호로 하여금 이승만·박용만의 모국 방문을 꾸미게 만들고, 호놀룰루 기독교청년회 간사 마쓰자와가 이를 실현 가능한 것으로 판단했다는 사실은, 기독교청년회가 한국·일본·하와이를 막론하고 일종의 '교통로'로 기능했음을 보여준다.

    1923년 하와이모국방문단이 과연 1916년에 세운 계획의 실현이었는

    일, 在ホノルル總領事諸井六郎), 『不逞團關係雜件 : 朝鮮人ノ部 在歐米ノ三』(日本外務省 外交史料館, 4·3·2·2·1·5)
91) 김승태·박혜진 엮음, 앞의 책, 256쪽.
92) 로버트 올리버, 앞의 책, 118~120쪽.

지, 아니면 우연한 일치였는지는 불분명하지만, 일본 당국이 모국방문단을 정치적으로 활용할 복안을 갖고 있었음은 명백했다.

하와이에서 돌아온 김윤수와 이정범은 모국방문단의 귀국 실현에 큰 역할을 담당했다. 김윤수는 1923년 2월 초부터 이상재와 함께 환영계획을 구상하기 시작했고, 4월에는 포와학생고국방문단(布哇學生故國訪問團)환영준비위원회를 결성했다.[93] 가장 큰 장애였던 여비 문제는 이정범의 부친인 이계태(李啓泰)가 방문단에게 쓰일 여행 경비인 4천 원을 내기로 하여 해결되었다.[94] 환영위원회(위원장 이상재)는 구자옥을 일본 요코하마까지 보내 일행을 영접했다.[95] 하와이 한인기독학원에서는 1923년 5월 30일 민찬호·김영우·김노디의 인솔하에 남학생 12명과 여학생 8명으로 모국방문단을 조직했고, 이들은 6월 20일 호놀룰루를 떠나 6월 30일 요코하마를 거쳐, 7월 2일 국내에 도착했다.

전국 각지에서는 환영준비위원회가 결성되었고, 이들은 전국 각지를 순방하면서 야구시합, 연극, 음악회 및 강연회를 개최해 열렬한 환영을 받았다. 총독부 당국도 이들의 활동을 적극 후원해서 해주에선 황해도 경찰부장이 다과회를 개최했고, 사리원에선 군수와 경찰서장이 재령까지 출영을 나갔으며, 함흥에선 함남도지사 이규완(李圭完)을 만난 후 함흥형무소를 관람하기도 했다.[96]

---

93) 『東亞日報』 1923년 2월 7, 12일자, 4월 5일자.
94) 『東亞日報』 1923년 5월 24일자. 이승만은 이계태에게 감사의 뜻을 표했다.(「李承晩 → 李商在」(1924년 8월 9일), 『雩南李承晩文書』 16권, 193~197쪽.)
95) 『東亞日報』 1923년 6월 20일자.
96) 『東亞日報』 1923년 7월 20, 21일자, 8월 27일자.

표 7-3. 하와이모국방문단 모금·기부액

각지환영회	금 액	각지환영회	금 액	각지환영회	금 액
경 성	12,170.92	평 양	1,487.75	진 주	328.25
인 천	713.45	개 성	835.20	부 산	200.00
해 주	911.50	청 주	595.00	수 원	450.00
재 령	500.00	이 리	200.00	원 산	550.00
사리원	439.65	전 주	900.00	함 흥	643.00
정 주	300.00	광 주	400.00	安 州	100.00
선 천	250.00	영 광	400.00	新 院	100.00
용암포	400.00	군 산	195.00	長 城	70.00
진남포	328.00	대 구	500.00	창 원	100.00
신의주	968.25	마 산	652.25	安東縣	81.90
				합 계	25,770.13

[출전] 金元容, 『在美韓人50年史』, 캘리포니아 리들리, 1959, 125~126쪽;『東亞日報』1923년 11월 24일자.

    이들은 국내 각지를 순방한 후 9월 7일 하와이로 돌아갔는데, 이들이 모금하거나 기부 받은 총액은 2만 5,770원 13전으로, 이 가운데 왕래 경비 9,613원을 제하고 남은 것이 1만 6,157원 13전이었고, 당시 환전 시세인 44달러 88센트 대 100원으로 계산할 때 3,600달러였다.[97]
    이러한 결과는 대외적으로 표방했던 모금액 3만 달러는 물론이고 이승만이 예상했던 1만 5천 달러의 1/3에도 못 미치는 성과였다. 이미 모국방문단이 출발하기 전부터 이러한 우려가 있었지만,[98] 이승만은 '학교연금(민립대학설립운동 모금)' 금화 3천여 원을 보내달라며 실망을

---

[97] 김원용, 앞의 책, 125~126쪽;『東亞日報』1923년 11월 24일자.
[98] 모국방문단이 결성되자 일부에서는 국내 교회가 산동 선교사를 파송했음에도 불구하고 그 뒷감당을 하지 못하며, 교인이 30만이나 되지만『기독신보』도 유지하지 못할 뿐 아니라, 교육열이 고조되어도 학교 시설은 청년의 1/2도 수용 못하는 처지라며, 3만 원 모금에 비판적인 견해가 존재했다.(최희송, 「경계변으로 보는 하와이 우리 학생내디방문단」,『新韓民報』1923년 5월 17일자.)

감추지 않았다.99)

하와이모국방문단의 긍정적인 측면은 이승만과 국내 연계의 교두보가 마련된 점이라고 할 수 있다. 하와이 내 이승만의 핵심 측근인 민찬호·김영우·김노디가 국내의 이승만 지지 세력인 이상재·유성준·신흥우·구자옥·김윤수 등과 직접 대면한 사실은 1925년 홍업구락부 조직의 밑바탕이 되었다. 한인기독학원의 인솔 교사 신분으로 들어온 3명은 모두 하와이 한인 사회 및 독립운동의 중심인물들이었다. 민찬호는 1918년 소약속국동맹회·파리강화회의 국민회 대표, 1921년 동지회 회장·하와이 거류민단 단장 등을 역임했으며, 김영우는 『태평양주보』 주필을 지냈고, 김노디는 1918년 필라델피아한인자유대회 참석자이자 이승만의 총애를 받는 인물이었다. 사실상 이들은 상해 임정 대통령 이승만의 하와이 내 핵심 참모들이었다. 또한 하와이모국방문단에 대한 답방의 형식으로 1924년 YMCA야구단의 하와이 방문이 이루어졌는데, 최초의 계획은 이상재가 직접 하와이로 갈 예정이었다.100) 비록 이상재가 동행하지 못했지만, 이들은 1924년 7~8월에 하와이 40여 곳을 순방하며 대환영을 받았으며, 이 답방단에는 윤치영(尹致暎)이 동행했다.101) 윤치호의 사촌동생인 윤치영의 역할은 매우 중요했다. 그는 이후 구미위원부·동지회의 핵심으로 일하는 등 이승만의 심복이 되었고, 1935년 귀국한 후에는 동지회의 자매단체인 홍업구락부의 핵심으로 활동했기 때문이다.

---

99) 「李承晩 → 李商在」(1924년 8월 9일), 『雩南李承晩文書』 16권, 193~197쪽. 이승만은 민영휘가 2천 원밖에 내지 않은 데 대해 강한 불만을 토로했다. 그러나 민영휘의 2천 원은 기부금 중 가장 많은 액수였다.(『東亞日報』 1923년 7월 8일자.)
100) 『東亞日報』 1923년 10월 11일자. 그러나 일본이 여권을 발급하지 않아 이상재의 동행은 불가능했다.(전택부, 『이상재평전』, 범우사, 1985, 168쪽.)
101) 尹致暎, 앞의 책, 1991, 84~97쪽.

3. 일제의 이승만 활용 기도와 자치론

1) 항일과 타협의 갈림길

한편 하와이모국방문단의 방문을 기점으로 1920년대 초중반 국내외 민족주의 세력의 노선 및 이에 대한 일본제국주의 정책 방향은 명확하게 드러나기 시작했다.

국내 부르주아 세력 중 일부는 하와이모국방문단을 둘러싸고 자본의 논리와 민족주의의 논리 사이를 오가는 이중적인 모습을 드러냈다. 범태평양상업회의-물산장려운동-하와이모국방문단에 깊숙이 개입했던 김윤수·이정범·장두현(張斗鉉) 등은 한편으로 자본주의적 발전 전망에 대한 기대와 희망을 품었으며, 이를 위해 하와이·미주와의 경제적 연대를 희망했다. 범태평양상업회의에서 김윤수는 부회장에, 이정범은 결의위원에 당선되었고, 장두현은 이를 대대적으로 홍보했다.102) 김윤수는 이 회의에서 조선과 제(諸) 외국 간 직접항로 개통, 자유항 개설, 외국자본의 투자 적극 장려, 이를 조사하기 위한 특별위원회 조직 등을 제안했는데,103) 여기서 조선이 내포적 경제발전을 지향하는 독립국인가 아니면 식민지인가의 여부는 큰 문제가 되지 않았다. 이런 측면에서 이승만과 연계된 국내 세력 중 일부 개량주의자들은 하와이 이승만과의 연락·연대를 정치적 차원뿐만 아니라 경제적 이해 관계 즉 자본의 논리에서 이해했는데, 이 경우 이승만과의 연대는 일본 제국주의의 허용 범위 안에 놓여진 것이었다.

---

102) 『東亞日報』 1922년 10월 29일자.
103) 『東亞日報』 1922년 11월 18일자.

다른 한편으로 김윤수·이정범은 이 회의에 참석해 민족주의적 입장을 강하게 피력하기도 했다. 김윤수는 교민단 환영회 석상에서 상해 임정에 돈을 모아 보내 빨리 독립을 이루자는 등 반일적인 연설을 함으로써 호놀룰루 주재 일본 영사관을 경악하게 만들었다.[104] 또한 이상재 등 핵심 인물들은 하와이모국방문단을 비밀 독립운동 혹은 독립운동자금의 제공 기회로 생각했다.[105]

이처럼 이승만과 국내 세력의 연계에는 반일민족주의적 지향과 자본주의적 발전에 대한 기대감이 양립하고 있었다. 두 가지 경향을 모두 갖고 있던 이승만의 국내 지지 기반은 민족주의의 논리와 자본의 논리 사이를 오가는 부동성을 보이게 되었다. 이러한 이중적 요소의 결합은 이후 이들의 진로에 큰 영향을 끼쳤다.

다음으로 하와이모국방문단의 실현은 일제 문화통치 정책의 일환이기도 했다. 이는 일제가 임시정부 대통령인 이승만이 실질적으로 운영하며, 반일 독립운동가로 이름 높은 민찬호·김노디 등이 이끄는 한인기독학원 모국방문단의 입국을 허용한 이유에서 잘 드러난다. 1920년대 초중반은 민족주의 계열에서 실력양성운동, '문화운동'이 활발하던 한편, 일본제국주의의 소위 '문화통치'가 본격화되던 때이기도 했다. 특히 1922~23년은 해외 교포학생 '모국' 방문단의 입국이 연이었다.

1921년에는 러시아혁명 이후 처음으로 해삼위(海蔘威) 동양대학교(東洋大學校) 재학 중인 조선 학생 11명이 해삼위 기독청년회 주최로

---

104) 朝鮮總督府警務局, 「(大正十一年)朝鮮治安狀況(國外)追加」, 김정주, 앞의 책 7권, 322~323쪽. 국내에서와는 전혀 다른 이들의 언행에 당황한 호놀룰루 일본 총영사 야마자키(山崎)는 부하인 가시무라(木樫村) 서기생과 함께 이들을 만나 진상 확인 작업을 벌였다. 김윤수·이정범은 자신들이 하와이 한인들에게 총독 정치 발전상에 대해 설명했으며, 이승만·민찬호가 실력양성·교육우선주의로 선회하고 있다고 이들을 안심시켰다.
105) 윤치영, 앞의 책, 84쪽.

부활주일을 이용해 고국방문을 했다. 이들은 해삼위 조선학생음악단으로 불리며 4~6월 동안 전국을 순회했고, '모국견학인상기(母國見學印象記)'가 신문에 연재되기도 했다.106) 다음 해인 1922년 4~8월에는 해삼위 천도교청년연예단 21명이 방한해, 전국을 순회하며 연극, 가극, 음악회, 무도회를 벌였다.

   1923년 7~8월에는 하와이 모국방문단과 함께 동경 유학생 학우회(學友會)의 축구단·강연단, 동경조선기독교청년회 야구단, 고학생 형설회(螢雪會) 극단의 전국 각지 순회가 잇달았다. 물론 동경 유학생 학우회 강연단의 경우처럼 강연 도중 '불온발언'으로 검거되는 사태가 발생하기도 했지만,107) 대부분의 경우 총독부의 보호 속에 무사히 방문 일정을 끝마쳤다. 방문단이 경제적 도움, 혹은 정치적 각성·선전 활동을 통한 독립운동을 추구했는지의 여부와 관계없이, 이들의 방문을 허용한 일본 측의 의도는 식민지 '모국'의 발전상에 대한 강조와 동화선전이었다. 즉 이 당시 일본의 정책 방향은 문화운동의 3대 슬로건인 '자치·실력양성·민족성 개량을 통해 무저항주의적 타협과 실질적인 독립 포기를 한국인들에게 설득하는 것이었다.108) 반일운동에 대한 노골적인 탄압과는 달리, 민족개량주의를 체제 내에서 일정 정도 허용함으로써 독립운동 세력을 분열·약화시킬 수 있다는 판단에 기초한 것이었다. 그 이유는 실력양성운동에 기초한 개량주의가 기본적으로 즉시 독립 불가론, 무력항쟁 불가론, 합법적인 교육·실업양성 및 준비론에 기초한 것으로 폭력·무장투쟁 등 전투적인 방식의 독립운동 혹은 비타협적 반일운동과는 달리 총독부의 허가 범위 내에서 기능함으로써

---

106) 김니꼴라이, 「母國見學印象記」 1~4, 『東亞日報』 1921년 7월 18~28일자.
107) 韓呈謙, 李正根, 李如星 3명은 대구 강연 도중 검거되었다.(『東亞日報』 1923년 7월 12일자.)
108) 姜東鎭, 『日帝의 韓國侵掠政策史』, 한길사, 1980, 391쪽.

일본 통치 자체를 부인하지 않았기 때문이었다.109)

특히 하와이와 해삼위의 모국방문단은 일본 측에게 좋은 선전 재료가 되기도 했다. 하와이 모국방문단의 결성을 전후해, 미주에서는 이미 1922년 해삼위 모국방문단이 총독부의 초대를 받아 방문한 후에 총독부 측에서 해삼위 한인들이 다 귀화했다고 발표한 것처럼 이용당할 우려가 있다는 의견이 제출된 적이 있다.110) 즉 임시정부 대통령 이승만이 운영하는 학교의 학생들이 일본 여권을 가지고 일본 정부의 승인하에 입국했다는 점은, 단기적으로 임시정부와 독립운동 진영의 '투항' 증거로 선전될 수 있는 것이었으며, 장기적으로는 해외 학생들이 식민치하의 '모국'을 방문해, 각지의 환대 속에 발전상을 체험하고 돌아가게 함으로써, 해외 독립운동의 근거를 사상·문화적으로 파괴할 수 있는 것이었다.111) 이는 3·1운동 이후 대두된 일본제국주의의 탄력 있는 고급 회유·귀순 정책의 산물이었다.112) 이 시기 총독부는 이데올로기 면으로는 민족개량주의를 퍼뜨리고, 실천 면에서는 반일운동을 대일 타협의 테두리 안의 '문화운동'으로 유도하며, 자치운동을 추진하는 정치단체 조직을 통해 민족운동의 좌경화를 견제했다.113)

이미 1922년의 범태평양상업회의를 전후해, 호놀룰루 주재 일본 총영사는 하와이와 국내가 동일하게 실력양성운동을 추진하는 현상과 그 성격을 정확히 지적했다.114) 일본 총영사의 보고에 따르면, 이승만

---

109) 강동진, 위의 책, 379~393쪽.
110) 「논설 : 방문단에 대하야」, 『新韓民報』 1923년 6월 21일자.
111) 당시 방한단으로 왔었던 한(최)살로메는 이승만이 방문단에게 "모국을 보고 배우는 것"이 목적이라고 말했다고 회고했다.[「Salome Han과 최용호의 대담」, (1997년 8월 7일), 최영호, 「이승만과 하와이 교포사회」, 현대한국학연구소, 『이승만의 독립운동과 대한민국 건국』, 1998, 10쪽에서 재인용.]
112) 1921~22년간 상해에서 임시정부의 소장파 이광수에 대한 귀순 공작과 국내에서 최남선·최린에 대한 회유 정책이 가장 대표적이었다.
113) 강동진, 앞의 책, 377쪽.

은 정치적 활동에서 아동교육으로 중점을 이동해 국민양성에 진력함으로써 정치적 색채가 다소 감소되었고, 민찬호 역시 급격한 독립 수단이 불가능하다는 것을 자각하고 "점차 제국(帝國)에 복귀하려는 형세"를 보일 뿐만 아니라 직접 학생모국방문단을 이끌고 방한하겠다고 총영사에게 접촉한 것으로 볼 때, 미포 방면 한인의 배일사상이 점차 쇠퇴하는 것을 알 수 있다고 보고했다. 나아가 하와이 독립운동 단체는 재정적으로 궁핍한 상황을 보이고 있는데 이는 한인들이 독립의 불가능을 자각한 결과이며, 반면 향학열이 격증하는 것은 국내 각지에서 전개되는 "실력양성의 목소리가 이곳에서도 실현되고" 있는 것이라고 했다. 하와이모국방문단의 방한에 대한 조선총독부의 공식적인 견해는 『조선총독부시정연보(朝鮮總督府施政年報)』(1923)에 잘 드러나 있다.

> 하와이·미국 등지에서도 실력양성의 급무(急務)를 말하는 자가 생겨났는데 (중략) 하와이·미국 지방에 있는 이승만·현순 등의 경우에도 역시 교육의 급무를 말하며 과격한 독립운동은 그 효과가 없음을 자각해 하등 활동의 모양이 없다.[115]

1924년 초반 일본 경찰의 정보 보고에 따르면, 한인기독학원 모국방문단의 방한을 전후해 하와이에서는 이승만 계열의 교민단과 대한독립단의 대립이 심각해졌다. 특히 '급진파'인 대한독립단 계열은 "일본 관헌 등의 후원하에 고국방문학생단을 조직해 조선 및 일본을 순유(巡遊)"한 이후 교민단이 점차 '연화(軟化)'되고 있다며, 각지에 격문을 뿌리며 교민단과 일체의 연락을 끊을 것을 주장했다. 이들이 주장한 교민단의 연화 사실은 다음과 같았다.

---

114) 朝鮮總督府警務局, 「(大正十一年)朝鮮治安狀況(國外)追加」, 김정주, 앞의 책 7권, 323~325쪽.
115) 朝鮮總督府, 『朝鮮總督府施政年報(大正十二年度)』, 29~30쪽.

1. 이승만 박사가 경영하는 학교가 일본의 후원을 받아 학생으로 하여금 내지 및 조선을 방문케 한 일.
2. 교민단은 교회당 창설 당시 일본 영사를 초청해 기부금을 받고 무명씨로 국민보에 등재한 일.
3. 민찬호 목사는 국민보 확장의 목적으로써 일본 영사를 방문해 이를 의뢰한 일.
4. 3·1운동 이래 재외 각 신문지상에 일본인의 광고를 등재한 일이 없었으나 국민보는 일본인 하원모(河原某)의 금물상(金物商) 광고를 등재한 일.116)

이승만과 민찬호, 그리고 그들이 운영하던 교민단·한인기독학원·국민보 등이 모두 일본 정부·영사관·일본인 등과 아무 거리낌 없이 교류했다는 지적은, 이 시기 이승만 노선이 개량주의적이거나 대일 투항적인 것으로 비춰질 수 있음을 의미했다. 이 시점에서 이승만은 대한민국 임시정부의 대통령 신분을 유지하고 있었다.

하와이모국방문단은 다른 한편으로 이승만의 독립운동관에 대해 시사하는 점이 적지 않다. 모국방문단에 대해서는 한인기독학원 동창회에서조차 반대했고,117) 힐로항(港)에 거주하는 교포들은 『힐로시사(時事)』라는 신문을 통해 대통령 관할하에 있는 하와이교민단이 교육비 3만 달러에 팔려 백기를 들고 일본인에게 항서(降書)를 써서 바친다며 비난했다.118) 모국방문단이 3만 달러의 모금에 성공하는가의 여부에 관계없이 첫째로 독립운동을 포기하고 일본의 보호를 청하는 것이 아니면, 둘째로 일본의 선전에 이용당하는 경우 중 하나가 될 것이며, 결국은 독립운동 "정신상 대실패"를 초래할 것이란 우려였다.119) 가장

---

116) 「(關機高收第2526號 / 1) 臨時報 第66號, 布哇鮮人獨立團 / 內訌」(1924년 2월 12일, 關東廳警務局), 『不逞團關係雜件 : 朝鮮人 / 部 在歐米 / 七』.(日本 外務省 外交史料館, 4·3·2·2·1·5)
117) 『新韓民報』 1923년 4월 26일자.
118) 『新韓民報』 1923년 5월 17일자.
119) 「논설 : 방문단에 대하여」, 『新韓民報』 1923년 6월 21일자.

논란이 된 부분은 학생들을 국내에 보내려면 일본 영사의 허락과 증명을 얻어야 했는데, 3·1운동 이후 재미 한인의 항일 정신이 고조되면서 일본인과는 내왕을 하지 않던 차에, 임시 대통령이던 이승만이 3만 달러를 위해 일본 영사와 교섭한 사실이 독립운동의 정신을 손상시켰다는 사실이었다.[120]

결국 이승만은 1922~23년의 시점에서 반일독립운동의 표어보다는 경제적 실리를 중시했으며, 적극적인 반일 투쟁보다는 교육 활동을 통한 실력양성과 준비론에 기울어져 있었다고 할 수 있다. 이승만은 아직까지 임시정부 대통령이었지만, 워싱턴군축회의 이후 상대적 안정기에 접어든 국제 정세에 비추어, 반일 투쟁의 적절한 국면이 조성되지 않는 한 무모한 반일 투쟁을 선택하기보다는, 안정된 하와이에서 교육과 실업 두 방면으로 실력을 양성하고 비축하는 쪽을 선택했다고 할 수 있다.

2) 자치론 : 일제와 이승만의 간격

1920년대 국내에서 제기된 실력양성론·준비론은 1920년대 후반 이래 자치론·동화론·적극 친일노선과 비타협적 항일노선으로 분화되었는데, 분화의 방향은 정세의 변화, 민족주의 진영 내부의 역량, 일제의 정책 방향과 긴밀하게 결부된 것이었다.

---

[120] 김원용, 앞의 책, 126쪽 ; 1919년 6월 북미총회는 스탁톤·덴버 지방의 한인이 일본인 업소에서 일하며 함께 자동차를 타고 우편함을 쓴다며 경고문을 발표했으며(『新韓民報』 1919년 6월 28일자.), 1925년 호놀룰루 부영사로 취임한 梁在厦는 한인들로부터 살해 위협을 당할 정도로 미주의 반일 열기는 뜨거웠다.

결국 '문화운동'이 좌절되고 민족자본의 존립이 위기 상황에 처하자, 부르주아민족주의 우파는 일제 당국에 대해 더욱 타협적인 자세로 기울어져 1920년대 중반 이후 '자치운동'을 모색하게 되었다. 자치운동의 움직임은 1923~24년, 1925~27년, 1920~32년의 세 차례에 걸쳐 이루어졌으며, 그 운동의 중심은 동아일보 계열과 천도교 신파의 최린 등이었다. 이 가운데 1926년경의 자치운동론은 일제 총독부 당국과 연결되면서 상당히 실현 가능성이 있어 보였으며, 이는 부르주아민족주의 좌파와 사회주의자들을 자극하여 자치운동에 반대하는 신간회를 조속히 결성하게 하는 결과를 가져왔다. 자치운동은 "독립에 도달하는 한 단계로서 자치권을 획득하는 것이 필요하다"라는 단계적 운동론을 내세우고 있었다. 그러나 이는 자본의 확대재생산을 앞세우면서 예속자본으로 전화하고 있던 민족자본 최상층과, 정치적 욕구 충족을 일차적으로 생각하고 있던 일부 타협주의자들이, 일제 지배자들과 야합하여 진행하고 있었던 이 운동의 본질적 성격을 은폐하기 위한 논리에 지나지 않는 것이었다.[121]

1920년대 초중반 이승만의 향후 노선 역시 뚜렷한 방향이 결정된 것은 아니었지만, 국내 문화운동의 향배와 그 부침을 같이한 것만은 사실이었다. 특히 일본 정보망은 3·1운동 직후 이승만이 즉시 독립이 불가능하니 자치획득운동을 벌여야 한다고 주장했다는 정보에 주목했다.[122] 일본군 정보는 임시정부가 자치파(이승만·신규식)·병력독립파(이동휘·김가진)·선전독립파(안창호)로 나뉘어 있으며, 이승만은 독립의 계제로 우선 자치를 획득하자고 주장했지만, 이동휘 일파의 반대로

---

121) 박찬승, 앞의 책, 1996, 443~460쪽.
122) 「鮮內外一般ノ狀況, 朝特報 第79號(朝鮮軍參謀部)」(1919년 12월 3일), 姜德相 編, 앞의 책, 1966, 284~285쪽.

이를 취소했다고 보고했다.123) 이런 정보 보고의 사실 여부는 불명확하지만, 부르주아민족운동의 총본산인 임정 초대 대통령 이승만이 경제적 실력양성·교육진흥을 내걸고 1923년부터 일본 영사관·총독부 측과 접촉했다는 사실은 총독부의 주목을 끌기에 충분했다. 일본 제국주의는 1920년대 중반 이승만의 실력양성론적 경향을 매우 고무적으로 파악하고, 이를 회유·활용하려고 시도했다. 이승만의 투항·귀순이 불가능하더라도 그를 활용해 임시정부를 중심으로 한 해외 독립운동 진영을 분열시키며, 자치론·동화론의 확산을 통해 국내 통치 기반을 강화할 수 있기 때문이었다. 특히 총독부는 1924년 자치운동을 표방하고 나섰던 연정회(硏政會)의 주역 송진우·최린을 적극 활용했다.124)

먼저 송진우는 1925년 제1회 태평양회의 조선 대표로 하와이에 가서 이승만·서재필을 만났다. 이승만의 하와이 잔류 요청을 송진우가 국내 문제를 이유로 거절했다는 얘기가 있지만,125) 이승만과 송진우는 국내 정세에 대해 논의했다. 송진우에 따르면 이승만은 '공산주의, 암살폭동 등'에는 찬성하지 않았지만, 자치운동에는 반대하지 않았다. 송진우는 귀국 후 사이토 마코토(齋藤實) 총독의 브레인이자 『경성일보』 제3대 사장이었던 아베 미쓰이에(阿部充家)에게 이 내용을 전했다. 아베는 총독에게 이 내용을 보고하면서, 이승만 등의 "머리가 변해서 그 변화가 조선에 미치는 바 크다"라고 말하고 "한번 돌아오게 해보고 싶사옵니다"라는 의견을 내놓았다.126)

---

123) 「鮮內外一般ノ狀況, 朝特報 第2號(朝鮮軍參謀部)」(1920년 1월 10일);「鮮內外一般ノ狀況, 朝特報 第8號(朝鮮軍參謀部)」(1920년 2월 5일), 姜德相 編, 위의 책, 293~294쪽.
124) 송진우·김성수·최린·신석우·東亞日報의 연정회 준비 계획에 대해서는 강동진, 앞의 책, 414~ 415쪽 참조.
125) 古下先生傳記編纂委員會, 『古下宋鎭禹傳記』, 東亞日報社, 1990, 260쪽.
126) 「齋藤實에게 보낸 阿部充家서한」(1925년 7월 30일), 강동진, 앞의 책, 421쪽

1925년 이승만은 상해 임정 대통령에서 면직되었고, 그의 기반인 구미위원부 역시 해체됨으로써 중국 내 독립운동과는 절연되었다. 따라서 이승만이 마지막으로 국내 민족개량주의 세력과 타협을 모색했을 가능성이 있다.127) 이러한 연계는 이미 1920년대 초반부터 계속되어 온 것이었고, 송진우의 방문 이전에 동지회의 지부인 흥업구락부가 조직(1925년 3월)됨으로써, 이승만은 확실한 국내 연락망을 확보한 상태였다. 특히 태평양회의에 참석한 한국 대표 5명 중 신흥우·유억겸은 이미 흥업구락부원이었으며, 태평양회의 이후 미주에 유학한 김양수(金良洙)·김종철(金鍾哲)은 동지회 회원이 되었기에, 이승만이 몹시 고무되었음은 분명했다. 이승만과 국내의 연계가 깊어지면 깊어질수록, 총독부 입장에서 볼 때는 이승만을 국내 정치에 활용할 가능성이 높아지는 것이었다.

　아베는 이후 총독에게 보낸 편지에서 안재홍을 통해 한국 내 우익 정당 수립 가능성을 엿보았고, 이것은 "송진우 귀국 선물의 한 가닥이 벌써 싹트기 시작"한 것이라고 생각한다고 밝혔다.128) 아베는 이러한 움직임을 지원하기 위해서는 한편으로는 국정 참여의 가능성을, 다른 한쪽으로는 자력으로 산업입국할 수 있는 길을 열어주어야, 한국의 좌경화를 막을 수 있다고 주장했다. 총독부 측은 국내 자치론 및 실력양성론의 양성을 통해 좌익의 성장을 막을 수 있으며, 이를 위해 이승만을 활용하는 것이 필요하다고 판단하고 있었다.

　송진우의 귀국 직후인 1925년 9월 15일 조선사정조사연구회(朝鮮事情調査硏究會)가 안재홍·백남훈(白南薰)·박찬희(朴瓚熙)·백남운(白南雲)·백관

에서 재인용.
127) 고정휴, 박사학위논문, 1991, 300쪽.
128) 「齋藤實에게 보낸 阿部充家서한」(1925년 10월 7일), 강동진, 앞의 책, 421쪽에서 재인용.

수(白寬洙)·홍성하(洪性夏)·김기전(金起纏)·박승철(朴勝喆)·김준연(金俊淵)·최원순(崔元淳)·한위건(韓偉健)·조정환(曺正煥)·김수학(金秀學)·최두선(崔斗善)·조병옥(趙炳玉)·이긍종(李肯鍾)·유억겸(兪億兼)·홍명희(洪命憙)·이재간(李載侃) 등에 의해 조직되었다.129) 조선사정연구회는 표면적으로 연구회를 표방했으나, 주목적은 공산주의에 반대하는 민족주의의 선전, 천도교 통일 및 좌익에 대항하는 '민족운동의 일대 세력을 형성'하는 것과 '물산장려운동'에 자금을 대주는 일이었다.130) 조선총독부의 자료에 따르면, 이 연구회에는 좌익의 독주에 의심을 품은 인물들이 많이 참가했는데, 실질적인 주도는 발기인 명단에 포함되지 않았으나 대일 타협적인 태도로 말이 많던 송진우·최원순(崔元淳)이 담당했으며, 친일파인 유성준 등이 강연회를 주재했다.131) 총독부는 1926년경 이 연구회를 이용해 '독립운동을 자치운동으로 방향 전환시키기 위해 협의했던 사실'이 있었다.132) 즉 조선사정연구회를 이용해서 많은 민족주의자를 끌어들인 뒤, 총독부 측은 민족개량주의자의 영향 아래 있던 사람들을 시켜 1926년 10월경 본격적인 자치운동 정치단체의 조직에 착수했다. 자치운동을 추진하던 동아일보 계열의 인물들이 1926년 10월경 연정회 부활을 재차 추진하자, 이에 자극받은 비타협적 민족주의자들은 사회주의자들과 연대해 1927년 신간회 결성에 나섰다.

---

129) 「獨立運動終熄後ニ於ケル民族運動ノ梗槪」(昭和 2년 1월), 『齋藤實文書』 제10권, 高麗書林, 235쪽. 참여자들의 경력에 대해서는 고정휴, 「태평양문제연구회 조선지회와 조선사정연구회」, 『역사와현실』 6호, 1991, 308~312쪽을 참조.
130) 강동진, 앞의 책, 418쪽. 반면 고정휴는 조선사정연구회의 성격이 극단적 공산주의 수용에 반대하며 궁극적으로 민족정신의 보존에 노력하는 민족주의적 성향의 '연구'단체였다고 했다.(고정휴, 박사학위논문, 1991, 314쪽.)
131) 「獨立運動終熄後ニ於ケル民族運動ノ梗槪」(昭和 2년 1월), 『齋藤實文書』 제10권, 234~237쪽.
132) 강동진, 앞의 책, 418~419쪽.

그런데 이승만을 국내 정치, 특히 자치운동 및 민족개량주의운동에 활용하려는 총독부의 정책은 단지 송진우를 통한 암묵적인 의사 타진에 그치지 않았다. 1926년경부터 아베의 간여 아래 연정회 부활 계획을 주도한 천도교의 최린은 연정회의 대체적인 준비가 이루어진 1926년 9월부터 1928년 초에 걸쳐 "재외민족주의자의 후원·양해를 얻기 위한" 사명을 띠고 외유에 올라, 이승만·김양수·장덕수·안창호와 만나고 귀국했다.133) 최린은 이정섭(李晶燮)과 동행했는데, 여행지·만난 사람·언동 등에 있어서도 아베와 협의했고, 총독부의 뜻에 따라 안창호·이승만이 있는 미국과 당시 민족 문제의 초점이 되고 있던 아일랜드를 중심으로 여행했다. 총독부는 당시 급속한 공산주의의 진전과 비타협적 민족주의자의 좌경화(1927년 2월 창설된 신간회)라는 상황 아래, 미국의 안창호·이승만을 움직여 그 영향력으로 국내의 민족주의 우파를 묶고, 그것을 이용해서 사회주의와 민족주의 좌파와 대항시키려 했다.134) 최린은 미국에서 마치 반일민족주의자와 같은 발언을 했지만, 이것 역시 아베와의 사전 협의로 이루어진 것이었다.135)

최린은 이승만·서재필을 모두 만났으며, 역시 자치운동에 대해 논의했다. 최린·이정섭이 하와이에서 이승만을 만났을 때 국내의 자치운동에 대한 의견을 물었고, 이승만은 "그것이라도 하는 것이 좋다"라고 했

---

133) 朝鮮總督府 警務局, 「最近ノ天道敎ト其ノ分裂ヨリ合同ヘノ過程」(昭和 5년 12월), 『齋藤實文書』 제10권, 470~478쪽.
134) 강동진, 앞의 책, 426~427쪽.
135) 강동진, 위의 책, 427~428쪽. 『雩南李承晩文書』에 실린 김현구의 1927년도분 편지에는 崔麟·李晶燮 등의 일정이 상세히 보고되고 있다. 로스앤젤레스에서 최린은 내외 독립운동이 서로 연락해야 할 필요를 역설했고, 이정섭은 신간회로 하여금 내외 독립운동의 총간부를 삼아 해외 각 단체를 능히 명령할 수 있게 해야 한다고 주장했다.[「金鉉九 → 李承晩」(1927년 8월 6일), 『雩南李承晩文書』 16권, 591~593쪽.]

고, 미주에서 만난 서재필도 자치운동에 대해 "나는 오래 해외에 재(在)하야 국내 사정을 모르니 그것이라도 하여야 되겟다면 반대치 안켓다"라고 했지만, 영국에서 만난 신펜당(Sinn Fein : 아일랜드 신페인노동자당) 당수는 자치운동에 반대했다. 이러한 소문은 국내를 거쳐 이미 상해로까지 퍼졌고, 이 소문을 들은 김구는 이승만에게 사실 여부를 문의했다.136)

이러한 여러 가지 단서들은 이승만이 1920년대에 분명히 자치운동이라도 할 수만 있다면 해야 한다고 생각했음을 보여준다. 이승만·서재필·정한경 등 미국에서 교육받은 인텔리들이 보기에는 한국의 즉시 독립은 불가능한 것이었고, 국제 정세가 허락할 때까지는 자치라도 하는 것이 유익했을지 모른다. 김현구에 따르면, 이승만은 이미 1913년부터 공개적으로 자치론을 주장했다. 이승만은 1913년 자신이 운영하던 『태평양잡지』에 일본 '천황폐하' 앞으로 보내는 공개 편지를 게재하며, "자치권을 청(請)하였던 완견(頑見)"을 가지고 있었다.137) 또한 1919년 한국이 일본의 속지(屬地)라는 판단하에, 영국의 자치령이던 캐나다가 워싱턴에 외교위원부를 둔 것을 본따, 대사관·공사관이 아닌 구미 '위원부'를 조직했다. 이런 측면을 고려한다면, 이승만이 1910년 강제병합 이후 일제 통치하의 자치·자치론을 '현실적'이며 실현 가능한 방안으로 여겼을 가능성이 높다.

이승만은 자치·자치론에 대해 직접적인 증거 자료를 남기지 않았다. 그러나 이승만과 함께 위임통치청원을 했던 정한경 등으로부터 간접

---

136) 『中外日報』 기자였던 이정섭은 국내 환영식상에서 여행 소감을 말하며, 이런 발언을 했다. 이것이 상해까지 전파되어 呂運亨이 공공연설에서 이승만의 자치론 동조를 신랄하게 비판했던 것이다.[「金九 → 李承晚」(1928년 11월 20일), 『雩南李承晚文書』 16권, 320~323쪽.]
137) 金鉉九, 앞의 책, 179~180쪽.

적인 시사를 얻을 수 있다. 정한경은 1919년 『아시아』 잡지를 통해 한국에 대한 자치를 제안한 적이 있다.138) 정한경은 완전 독립의 아래 단계로 자치를 거론했는데, 정한경이 말한 자치는 지방자치보다는 자치정부 수립에 가까운 것으로 판단된다. 미국의 한 논자는 일제가 한국을 병합할 때 동화책으로 얼(정신)을 뽑으면서 일선동조설(日鮮同祖論, the theory of same ancestor), 동국민 대우설, 자치설 등을 퍼뜨렸는데, 당시 국내에서 논의되던 자치는 지방자치(home rule)를 뜻하고, 해외에서 유행하는 자치설은 자치정부(self government)를 뜻하는 것이라고 주장했다.139) 즉 미주에서 논의되는 자치설은 아일랜드가 영국에 대해 일종의 자치정부를 수립한 것처럼, 독립적인 자치정부가 행정권과 사법권을 행사하는 정부 형태이지, 지방자치와 같은 형태가 아니라는 것이었다. 이승만은 구미위원부의 창설, 공채 모집, 미 의회 외교 등에 있어서 아일랜드 망명정부의 활동을 그대로 본떴는데, 자치 문제에 있어서도 아일랜드의 방식을 염두에 두었을 가능성이 있다.

그러나 미주에서 논의되던 아일랜드 방식의 자치정부와, 총독부 및 민족개량주의자들의 지방자치는 큰 차이가 있는 것이 아니었다. 총독부가 이승만의 자치론 동조를 국내 정치에 활용하려 시도했을 때도 마

---

138) 1919년 정한경이 제기한 자치설은 일본이 한국민들에게 ① 완전 독립(complete independence) ② 자치(autonomy) ③ 참정권(a voice in making and administrating her own laws and in selecting the executive and judicial officials for the country) 중의 하나를 주어야 한다고 주장한 데서 비롯된 것이다.(New York Times, March 21, 1919 ; Henry Chung, "Korea's Appeal," Asia, May, 1919 ; 방선주, 앞의 책, 1989, 247~248쪽.)
139) 빅산티호, 「자치설! 그 무삼 무서운 말인고?」, 『新韓民報』 1919년 3월 20일자. 이 논자는 아일랜드 자치정부의 경우 미합중국의 각 주정부가 연방정부에 대해 자치적 정치를 수행하는 경우와 같다고 주장했다. 그러나 아일랜드 자치정부에 반대되는 용어로 사용된 지방자치(home rule)란 용어는 아일랜드 자치운동에서 비롯되었으므로 정확한 구분은 아니었다.

찬가지였는데, 그것이 자치정부이든 지방자치이든 간에 즉시 독립·완전 독립이 아닌 것은 분명했기 때문이다.

이승만은 1930년대 한때 귀국의 뜻을 품은 적도 있었다. 1929년 그가 경영하던 동지식산회사가 도산하고, 1930년에 미주 한인 사회 통일이라는 원대한 포부를 안고 시작한 동지미포대회(同志美布大會)도 동지회·교민단의 분열로 이어졌다. 연이은 재판에서 실패한 이승만은 1932년 뉴욕으로 건너갔다. 당시 뉴욕에서 개최되는 북감리파 4년대회에 참석 중이던 신흥우와 만난 이승만은 "조선에 귀주(歸住)할까 하는 의사"를 표명하며 신흥우에게 자문을 구했다. 신흥우는 즉답을 회피하며, 조선의 교육 사업과 농촌진흥 사업, 즉 흥업구락부 사업이 진행중인 취지를 설명하기도 했다.[140]

이상과 같이 1920년대 중반 이후 이승만의 노선은 총독부의 관심을 끌었다. 이승만이 자치론을 주장하거나 이에 적극적으로 동조한 증거는 없지만, 이 시기에 그가 적극적인 독립운동으로부터 멀어진 것만은 분명했다. 한편 총독부는 그가 국내와의 연대가 강화되면서 국외 독립운동 세력과 국내 민족개량주의 세력의 경계선에서 부동하는 것으로 파악했고, 그를 이용하려고 했다.

자치론과 관련된 이승만의 입장은 1930년대에도 엿볼 수 있다. 이승만은 1930년대 초반 하와이를 떠나 스위스 제네바로 갔고, 이후 본토에 머물렀다. 그는 1935년 1월 프란체스카와 함께 하와이로 돌아왔다. 『호놀룰루 스타불레틴』과의 인터뷰에서, 이승만은 "세계 열강이 (독일) 자르(Saar) 지역에서 행해진 것과 유사한 국민투표를 실시하라고 일본에게 압력을 가한다면, 한국민들은 즉각 니뽄의 지배 이외의 다른

---

140) 申興雨, 「李承晚を語る」, 高等法院檢事局思想部, 『思想彙報』 16호(1938년 9월), 288~289쪽.

통치제제를 선택할 것이다"라고 주장했다.141) 이승만은 자신이 국외에서 주로 활동하는 혁명조직인 대한민국 임시정부 대통령이라며, 한국 독립을 성취하려는 지속적 노력에는 변함이 없다고 덧붙였다. 『호놀룰루 스타불레틴』이 '방문자(visitor)'라고 부를 만큼 그는 하와이와 멀어진 상태였고, 임시정부에서 면직된 지 10년이 지났지만, 이승만은 여전히 임시정부 대통령 직함을 내세운 것이었다.142)

이승만이 자르 주민투표를 언급한 것은, 그가 1930년대 중반에도 여전히 국제연맹의 위임통치 방식으로 한국 독립을 상정하는 외교노선에 관심을 갖고 있었으며, 내용적으로는 자치론에 가까운 입장을 갖고 있었음을 보여준다. 이승만이 『호놀룰루 스타불레틴(Honolulu Star Bulletin)』과 인터뷰한 1935년 1월에, 세계의 관심은 독일의 한 주(州)인 자르 또는 자를란트(Saarland)에 쏠려 있었다. 석탄자원이 풍부한 요충지 자르는 프랑스와 독일(프로이센)의 분쟁지로, 1648년 베스트팔렌 조약 이후 150년간 양국이 전쟁을 통해 번갈아 점령한 지역이었다. 1871년 프로이센·프랑스 전쟁의 결과 알자스-로렌과 함께 독일에 병합되었다. 그런데 제1차 세계대전 후 베르사유 조약으로 자르 지역은 경제적으로 탄광채굴권이 프랑스에 양도되었고, 정치적으로는 15년간 국제연맹의 행정관리·감독하에 자치제가 실시되었다. 15년이 종결되자 주민들에게 프랑스와 독일 양국 간에 자르의 소속을 선택케 하는 국민투표가 실시되었다. 1935년 1월 15일 실시된 국민투표에서 자르 주민의 91%

---

141) "Visitors Urges Korean Ballot On Own Rule : Dr. Syngma Rhee Favors Plebiscite Similar To Vote In the Saar," *Honolulu Star Bulletin*, January 25, 1935.(안형주 선생 제공.)
142) "Dr. Syngman Rhee Is Coming Back With His Bride," Honolulu Star Bulletin, January 21, 1935 ; "Visitor Urges Korea Ballot on Own Rule," *Honolulu Star Bulletin*, January 25, 1935 ; "Korean Patriot Returns ; Will Speak Sunday," *Honolulu Star Bulletin*, January 26, 1935.

가 독일 복귀를 선택했다.[143]

　이상과 같이 자르 주민투표는 해당 지역이 독일-프랑스 간의 오랜 영토 분쟁지였고, 주민들이 그 귀속권을 결정한 것일 뿐, 그 내용이나 방식이 한국 독립 문제와는 전혀 무관한 것이었다. 다만 외형적으로 국제연맹으로 대표되는 강대국의 개입, 국제연맹 감독하의 주민자치, 귀속 문제 결정에 대한 주민투표라는 '외교'가 있었을 뿐이다. 그런데 이승만은 하와이로 돌아오던 당시 국제적 조명을 받고 있던 자르 문제를 언급함으로써 언론의 주목을 받고자 했던 것이다. 이승만은 강대국이 자르 주민투표를 강제한 것처럼, 일본에 대해서도 국제적 압력을 가해 한국인들의 국민투표가 있게 되면, 한국인들이 일본 통치가 아닌 다른 체제를 선택할 것이라고 발언한 것이었다. 한국은 분쟁 지역도 아니었고, 국제연맹이 감독하는 '자치' 지역도 아니었으며, 국제연맹 주도의 '주민투표'도 불가능한 지역이었다. 이승만은 국제연맹이 개입한다면, 식민지 한국이 자르 지역과 같은 위임통치 혹은 자치제도를 시행하고, 상당 기간을 거친 후에 국민투표로 독립 혹은 귀속 여부를 결정할 수 있다는 생각을 가졌음을 알 수 있다. 여기서 드러나듯이 이승만은 아일랜드의 경우와 마찬가지로 외국의 '자치' 독립의 성공 사례를 모방하려 했음이 분명했다. 이승만의 외교독립노선은 그 기본이 자력에 의한 독립운동이 아니라 외부 정세와 국제 질서에 의지한 것이었다. 때문에 이승만은 일본을 둘러싼 국제적 외교 쟁점이 형성되지 않는 시점에서는, 일본의 호의를 요청하는 자치나 국민투표 등에 타협적이고 긍정적 입장을 표방했던 것이다.

---

143) 자르는 제2차 세계대전 이후 다시 프랑스가 점령해 자치령화되었으나, 주민투표를 거쳐 1957년 다시 독일의 주로 편입되었다.

8장
이승만의 국내 지지 기반
흥업구락부(1925~38년)

1. 흥업구락부의 모체, 동지회

1) 대광(大光) : 동지회의 기원

하와이모국방문단을 중심으로 한 국내와 하와이의 교류는, 1925년 동지회 산업부로 알려진 동지식산회사가 조직되면서, 본격적인 경제적 실력양성운동 혹은 경제적 교류의 시도로 이어졌다. 동지회(同志會)는 이승만이 상해에서 하와이로 귀환한 직후인 1921년 7월에 조직된 사조직이었다. 이승만이 동지회를 조직한 이유는 농장 노동자를 중심으로 형성된 폐쇄적인 하와이 한인 사회와는 달리, 다양한 정치적 견해와 혁명 방략이 분출하고 있던 상해 시절의 경험이 강력한 조직의 필요성을 절감시켰기 때문이었다. 정당 혹은 강력한 개인 기관의 필요성을 절감한 이승만은 먼저 동지회를 조직했고, 교민 단체로서 독립운동 단체의 기능을 겸비했던 기존의 대한인국민회 하와이지방총회를 임시정부 '민단령(民團令)'에 의해 하와이 교민단(僑民團)으로 개조(1922년 3월 22일)했다.1) 이로써 이승만은 자신의 핵심 사조직인 동지회 외에도 교민 조직(교민단), 교회(한인기독교회), 학교(한인기독학원) 등을 조직 기반으로 삼을 수 있었다. 특히 국민회 하와이지방총회가 교민단으로 개조됨으로써, 하와이와 북미의 양대 지방총회를 축으로 형성되었던 국민회 중앙총회는 해체(1922)되었다. 1923년 하와이교민단은 규약을 변경했는데, 골자는 교민단이 임시정부 내무부 관할이 아니라 구미위원부 위원장 관할로 복속되는 것이었다.2) 이후 1930년 초 이승만과의 재판에서 승소해 교민단이 국민회로 이름을 회복할 때까지, 약 10여년 동안 하와이 한인 사회는 절대적으로 이승만의 수중에 들어 있었다. 임정 내무부 산하의 기관임을 표방하고 조직된 교민단은 이승만 내각불신임안이 통과(1922년 6월 17일)되자, 이에 반대해 임시의정원에 항의서를 보냈다.3) 나아가 이승만이 탄핵·면직당한 이후 임정을 반대하면서 임정에 보내는 인구세를 구미위원부에 보내기도 했다.4)

동지회의 기원에 대해서는 여러가지 이설(異說)이 있다. 첫째, 가장 일반적인 설명은 동지회가 1921년 7월에 조직되었고, 1924년 11월 동

---

1) 「하와이민단 총임원 선정」, 『新韓民報』 1921년 4월 21일자 ; 「하와이 교민단 제1회 의사회」, 『新韓民報』 1922년 3월 23일자 ; 김원용, 『재미한인50년사』, 캘리포니아 리들리, 1959, 157쪽.
2) 교민단의 자치규정은 이전의 국민회 것을 대부분 인용했지만, 구미위원부에 예속되는 다음과 같은 3가지 조항이 첨부되었다. (1) 본단의 명칭은 하와이대한인교민단이라 함. (2) 본단은 하와이에 교류하는 교민을 통솔하며, 구미위원부에 예속된 정치기관으로 활동함. (3) 본단의 단장과 부단장은 구미위원부 위원장의 인준을 얻어서 행정함.(김원용, 위의 책, 158쪽.)
3) 「호항 한인교민단의 결의 : 상해 의정원의 결의를 항거」, 『新韓民報』 1922년 8월 14일자.
4) 교민단은 1930년 이승만의 동지회와 수차례의 재판 끝에 승리했고, 1932년 1월 16일 국민회 복설(復設)을 결의한 후, 1933년 1월 3일 하와이대한인국민회로 복설되었다.(김원용, 앞의 책, 164~165쪽.)

지대회를 개최해 이승만을 명예총재로, 1930년 동지미포대회(同志美布大會)를 통해 이승만을 영원 총재로 추대했다는 설이다.5) 둘째, 1921년 워싱턴군축회의 실패 후 뉴욕에서 비밀결사 대광(大光)을 조직했고, 이후에 하와이로 본부를 이전해서 동지회를 조직했다는 설이다.6) 셋째, 1918(1919)~24년까지는 '동지'라는 이름을, 그후 1924~30년에는 '동지회'라는 이름을 조직명으로 사용했다는 설이다.7) 비밀결사 대광에 대해 김영섭(金永燮)은 "큰 빛(大光)이 세상을 비추다"라는 신약성경 마태복음의 구절에서 대광이라는 조직명을 따왔다고 했다.8) 동지회 회원이었던 김영섭과 김현구의 진술에 따르면, 대광은 1921년 독립운동의 장기 대책을 수립하기 위한 비밀 조직으로 뉴욕에서 조직되었다.9) 당시 학생이던 장덕수(張德秀)·윤홍섭(尹弘燮)·허정(許政)·임용호(林龍浩)·안택주(安宅柱)·이철원(李哲源)·최순주(崔淳周) 등이 구미위원부 유지와 독립운동의 장기 대책을 수립하기 위해 내외지 연락을 목적으로 비밀결사 대광을 조직했다.10)

---

5) 김원용, 위의 책, 198~200쪽.
6) 「布哇ニ於ケル鮮人不逞革命同志會ノ件」, 「布哇革命同志會ノ內容」(昭和 13年 5月調)(地檢秘 昭和 13년 6월 9일, 제932호)(昭和 十三年 六月 一日 拓務省朝鮮部長 → 朝鮮總督府警務局長)
7) 김현구, 『雩南略傳』, 연도미상, 하와이대 한국학연구소 소장, 99~103쪽.
8) 「同志會ノ沿革ニ關スル件」(昭和 13년 8월 19일)(京西高秘 제8146호.) 김영섭은 마태복음 3장에서 조직명을 차용했다고 했으나, 실제로는 마태복음 4장 13~16절의 구절을 인용한 것이다. 예수는 첫 번째 기적을 이룬 가버나움이란 마을에 이르러, 선지자 이사야의 예언을 인용해 다음과 같이 말했다. "흑암에 앉은 백성이 큰 빛을 보았고, 사망의 땅과 그늘에 앉은 자들에게 빛이 비취었도다."
9) (地檢秘 昭和 13년 6월 9일, 제932호)(昭和 十三年 六月 一日 拓務省朝鮮部長 → 朝鮮總督府警務局長), 「布哇ニ於ケル鮮人不逞革命同志會ノ件」; (昭和 13년 8월 19일)(京西高秘 제8146호, 西大門警察署長 → 京城地方法院檢事正), 「同志會ノ沿革ニ關スル件」; 김현구, 앞의 책, 98~100쪽.
10) 김현구, 앞의 책, 99쪽.

원래 대광은 총재를 국내에 두기로 하고, 이승만을 부총재로 선출한 후 후원했다. 이승만은 대광의 지부를 하와이와 미주 각지에 설립할 것을 약속했지만, 이를 어기고 동지회를 조직했다.11)

대광의 실체에 대한 명확한 해명은 어렵지만, 위에서 제기된 여러 설의 공통된 사실은 1913년 이승만의 하와이 도래 이후 그를 개인적으로 후원하는 '동지' 규합운동이 시작되었다는 점이다. 이승만은 감리교 한인기숙학원 교장으로 활동을 개시했는데, 처음에는 월급을 받지 않는 무급 봉사를 자처했다. 이를 동정하는 한인들이 생활비 보조를 시작했다. 1914년에 들어 이러한 동정자들이 수백 명에 달해, 매달 각 사람이 1달러 25센트를 내면 그 중 25센트를 경비로 제하고 1달러를 이승만에게 주었다.12)

2) 동지회

1915년과 1918년 하와이에서 박용만파와의 대립이 있으면서부터 이들의 당파적 활동이 두드러졌다. 이승만이 1919년 한성정부 집정관총재로 추대된 이후 재정 후원자들의 지지가 신념화되었고, 1921년 7월 7일 동지회가 결성되었다.13) 이승만은 1921년 7월 7일 하와이 호놀룰루에서 민찬호·안현경·이종관과 함께 동지회 조직을 의논한 후, 7월 21일에 동지회를 창립했다.14) 이승만은 선포문에서 임시정부를 옹호할

---

11) 김현구, 위의 책, 99~100쪽 ; 김현구는 1930년 동지회 美布大會의 분규가, 대회 참석차 하와이로 건너온 대광 단원 金鉉九·李容稷·金元容·崔永基·宋世仁이 하와이 대광을 조직하자, 이승만이 이에 대해 불만을 품었기 때문에 일어났다고 주장했다.(김현구, 위의 책, 137~138쪽.)
12) 김원용, 앞의 책, 198~199쪽.
13) 김원용, 위의 책, 198~199쪽 ; 김현구, 앞의 책, 101~103쪽.

단체가 필요하므로 동지회를 조직한다고 밝히며, 다음과 같은 규정을 발표했다.

(1) 본회의 명칭은 동지회라 함.
(2) 본회의 목적은 상해의 임시정부를 옹호하며 대동단결을 도모하되, 임시정부의 위신을 타락거나 방해하려는 불충불의한 국민이 있으면 본회가 일심하여 방어하며 상당한 방법으로 조처함.
(3) 본회의 사명은 총재의 대정 방침을 보좌하여 명령을 절대 복종함에 있음.
(4) 본회의 위치는 호놀룰루에 두고, 각 지방에 지방회를 두기로 함.
(5) 본회의 회원은 매월에 월례금 1달러 25센트씩을 납입함.15)

함께 발표된「동지회 설립이유」에 따르면 동지회의 목표는 임시정부를 전복하고 이를 대체하는 기관을 세우려는 재외 각 단체를 분쇄하기 위함이었는데,16) 이는 국민대표회의를 겨냥한 것이었다. 동지회 설

---

14) 盧載淵,『在美韓人史略』, 羅城, 1963, 522쪽.
15) 김원용, 앞의 책, 199~200쪽. 한편 일본 측 기록에는 동지회의 규정이 조금 다르게 명시되어 있다. 1. 본회의 목적은 현 정부를 옹호해 대동단결을 도모하는 데 있음. 1. 불충불의한 국민이 있는데 현 정부의 위신을 실추시키고 위해를 가하는 때는 본회가 마음을 다잡아 방어하며 상당한 방법으로써 조치를 취할 일. 1. 일체 한인은 남녀를 불문하고 비밀리 여하한 부분에 속해 있어도 현 정부에 충성을 다해 본회의 목적을 준수하는 것을 맹서하는 자는 입회를 허락함. 1. 본회의 목적을 달성하기 위해 각지에 통신해 기맥을 상통할 일. 1. 중대한 관계가 있는 사건은 극비를 지킬 일. 1. 현 정부가 만일 위난에 빠지는 경우에는 우리들은 신체와 물질을 전부 바쳐 응원할 일. 1. 본회원으로서 본회의 목적 준수하는 때 타방면으로부터 위해를 입을 시에는 본회는 마음을 합하여 극력 보호할 일. 1. 본회 기관 집행에 주무 1인, 재무 3인을 둘 일. 1. 직원은 본부와 지부가 함께 공선할 일. 1. 회비는 매월 25센트로 할 일. 1. 通計 1개월 100원으로 정한 속에 주무월급으로 60원을 공제함.[朝鮮總督府警務局,「(大正十年九月)在外不逞鮮人ノ近情」, 金正柱 編,『朝鮮統治史料』 제8권, 韓國史料研究所, 1971, 52~54.쪽.]
16)「布哇に於ける不逞鮮人同志會設立」(大正 10년 8월 26일, 高警第26983호), 金正明 編,『朝鮮獨立運動』제I권 分冊, 民族主義運動 篇, 原書房, 1967, 765~766쪽.

립 이후 이승만은 워싱턴군축회의(1921년 12월~1922년 2월) 참석을 시도했지만, 아무런 외교적 성과를 거두지 못한 채 하와이로 귀환했다.

이승만은 1924년 11월 23일에 하와이 호놀룰루에서 동지대회를 개최하고, 새로운 방향을 모색했다.[17] 이 대회에서 이승만은 영원한 총재로 선출된 후 "동지회의 3대 정강을 세우고 그 정강에 대하여 뜻 같은 사람을 모아서 동지회를 발전시킬 터인데, 백만 동지를 얻어 고본금을 모집하며 산업기관을 설립하고 정치와 경제운동을 아울러 일심협력"하라는 총재의 정책을 발표했다.[18] 이에 따라 동지회의 3대 정강과 4대 진행 방침이 결정되었다.[19]

3대 정강

(1) 독립 선언에 선포된 바 공약 3장을 실시할지니, 삼일정신을 발휘하여 끝까지 정의와 인도를 주장하며 비폭력인 희생적 행동으로 우리 대업을 성취하자.

(2) 조직적 행동이 성공의 요소이니, 우리는 개인행동을 일체 버리고 단체 범위 안에서 질서를 존중하여 지휘에 복종하자.

(3) 경제 자유가 민족의 생명이니 자작자급을 함께 도모하자.[20]

---

17) 「布哇ニ於ケル鮮人不逞革命同志會ノ件」(地檢秘 昭和 13년 6월 9일, 제932호) (昭和 13년 6월 1일 拓務省朝鮮部長 → 朝鮮總督府警務局長) ; 「布哇革命同志會ノ內容」(昭和 13年 5月調) ; 「海外月旦」, 『新韓民報』 1924년 12월 18일자.

18) 김원용, 앞의 책, 203쪽.

19) 홍선표는 1930년 同志美布大會에서 3대 정강·4대 진행방침이 결정되었다고 했지만(洪善杓, 「이승만의 통일운동」, 『한국독립운동사연구』 제11집, 1997, 271쪽 ; 홍선표, 「解題」, 『북미시보』, 海外의 韓國獨立運動史料(ⅩⅩⅡ) 美洲編 ③, 1998, 5쪽), 이는 오류이다. 3대 정강·4대 진행방침은 이미 1924년 동지대회에서 결정된 사항이었다.[「同志會ノ沿革ニ關スル件(許聖壽·金永燮·李容稷의 진술)」(昭和13년 8월 19일)(京西高秘 제8146호) ; 김원용, 위의 책, 203~204쪽.]

20) 김원용, 앞의 책, 203~204쪽.

4대 진행 방침

(1) 대업을 성취하기에 2천만 일치행동을 요구할지니, 우선 일백만 동지의 맹약을 얻어 대단결의 기초를 이루기 위해 제1차의 진행 방침을 정하노니, 이것을 완성하기까지는 시위운동이나 혹 남을 배척하는 주의를 먼저 취하지 말고, 다만 민족 대단결에 전력할지니, 각 동지는 매일 한 점 이상의 시간을 공헌하여 이 정책을 속히 성취하기를 힘쓰자.
(2) 우리 주의와 상반되는 동포에게 억지로 권하거나 시비하지 말고 각각 자기의 성심으로 남을 감복시키기를 힘쓸지니, 결코 동족 간의 쟁론을 피하자.
(3) 계급과 종교 지방 등 모든 구별을 타파하여 민족 대단결에 장애를 없이 할지니, 이상 정강과 방침에 절대 동의하는 남녀는 일체 동지로 인정하자.
(4) 우리의 의복과 식물과 가구 등 일용물품을 우리끼리 공궤(供饋)하여 우리 민족의 생활책을 개발할지니, 일반 동지는 가급적으로 이것을 실시하기를 각각 애국애족하는 중대한 책임으로 인정하라.[21]

3대 정강과 4대 진행 방침의 핵심은 (1) 비폭력·무저항주의 (2) 경제적 실력양성 및 자급자족 (3) 조직적 단결과 100만 회원 모집으로 요약할 수 있다. 이는 앞에서 설명한 것처럼 이승만이 1920년대 중반 이후 경제적 실력양성운동으로 기울고 있었음을 반증하는 것이다. 정강과 진행 방침에서 가장 특징적인 점은 두 가지인데, 첫째로는 동지회가 임시정부 봉대를 내걸고 조직되었음에도 불구하고 임시정부를 지지하거나 봉대한다는 조항이 없다는 점이다. 둘째로는 이 시점에서 이승만은 아직까지 임시정부 대통령이었지만, 동지회의 목표가 막연한 '대업성취'로만 되어있을 뿐 명백하게 독립 달성으로 공표되진 않았다는 점이다. 이승만은 정통성의 기원을 임시정부에 두었을 뿐, 조직의 운명과 방향을 임시정부에 맡기지는 않았던 것이다. 또한 독립운동은 표면상의 명분이었을 뿐, 실질적인 목표가 아니었음을 알 수 있다. 이

---

21) 「民族革命ヲ目的トスル同志會(秘密結社興業俱樂部)事件檢擧ニ關スル件」.(地檢秘 제1253호) (昭和 13년 8월 9일).

러한 사실을 종합해보면 동지회는 막연한 '대업성취'를 내건 정치단체의 외형을 지녔지만 실제로는 교민 친목 단체 및 경제적 상호부조 기관으로서의 위상을 갖고 있었다고 할 수 있다.

3) 동지식산회사

이승만은 1924년 11월 동지대회를 계기로, 동지회 회원들에게 주식을 발행해서 1925년 동지식산회사(Dongji Investment Co.)를 설립했다.22) 이승만은 1924년 11월 23일 와일루아에서 연설하기를, 100만 명의 독립운동자를 얻고 한편으로 고본금을 모집해서 상업회의소 같은 것도 설치하며 정치운동과 경제운동을 아울러 진행하자고 주장했다.23) 동지식산회사는 하와이 올라(Olaa) 지방에 오히아 킬 블럭스(Ohia Keel blocks : 造船의 龍骨臺)라는 나무가 울창한 땅 9,900에이커를 1만 달러 정도로 구입했다. 이승만은 이곳에 회원을 입주시켜 하나의 유토피아를 건설하겠다는 꿈을 꾸었고, 일이 잘되면 독립운동에 조력할 수 있을 것이라 생각했다. 동지촌(同志村)이라고 불린 이 시도는 1927년 현재 21가구의 남녀 40명, 아동 13명이 입주했을 뿐 성과가 좋지 않았다.24) 김현구에 따르면 이 동지촌의 운영이 사회주의 사상에서 비롯되었으며, 박용만의 무형정부론(無形政府論)과 둔병식(屯兵式) 거류민제도를 모방했다

---

22) 동지식산회의 설립 문제는 1924년 동지대회의 결정 사항이었다. "동지들의 고본금으로 동지식산회사를 설립하되, 자본금을 7만 달러로 정하고, 고본금 12,500달러가 모집되는 때에 주식회사 관허를 얻어서 사업을 착수할 것이며, 동지촌 건설에 노력할 것임."(김원용, 앞의 책, 204쪽.)
23) 『新韓民報』 1924년 12월 18일자.
24) 朝鮮總督府警務局, 『朝鮮の治安狀況』(昭和 2年版), 朴慶植解說, 不二出版, 33~39쪽.

고 했는데,25) 당시의 유행 사조인 사회주의 사상의 만연과 그의 온건사회주의자들과의 교제로 보아서 타당한 측면이 있다.26) 그런데 1925년 9월 동지회 이사부가 임시로 제정한 동지회합자회사(동지식산회사)의 규칙에 따르면, 이 회사의 목적은 "한쪽에 경제력을 발전ᄒ지니 본국물산을 가급뎍으로 장려ᄒ며 혹 토디가옥 등 모든 부동산과 각종 물품을 매매젼집ᄒ며 농업과 공업 모든 정당ᄒ 연업에 힘과 시긔를 싸라 공동 리익을 도모홈"으로 되어 있다.27) 즉 국내와의 연계를 통한 경제적 실력양성운동이 이 회사의 주요한 목표임을 알 수 있다.

동지식산회사는 처음에는 선박제조용 목재를 미 해군에 팔아서 운용하려 했으나 목재가 부적합했고, 다음으로는 조선식 가구를 제작하려 했으나 역시 자본과 목재의 부적합으로 실패했다. 마지막에 미 해군 화학제작용 목탄을 만드는 용역 계약을 체결했으나 계약 조건을 이행할 수 없었다. 동지식산회사가 밝힌 부정확한 회계 보고에 따르더라도, 이미 1927년에 이르러 불입금 22,132달러에 부채는 14,164달러에 달해서, 이미 사실상의 파산 상태가 되었다.28) 또한 미 해군과의 거래에서만 벌과금 등 부채가 3만 달러에 달했지만, 회사 자산은 1만 5천 달러밖에 되지 않았다. 이승만은 1929년 하와이와 미주를 순회하며 자금을 끌어들이려 시도했으나, 결국 동지식산회사는 파산했다. 이후 이승만은 교민단과 한인기독교회의 재산 처분으로 자금 염출을 시도하

---

25) 김현구, 앞의 책, 111~114쪽.
26) 방선주, 「1930~40년대 歐美에서의 獨立運動과 列强의 反應」, 梅軒尹奉吉義士 義擧第60周年紀念國際學術會議, 『韓國獨立運動과 尹奉吉義士』, 1992, 330쪽.
27) 國家報勳處, 「동지회합자회샤규칙」, 『美洲韓人民族運動資料』, 海外의 韓國獨立運動史資料(XXII), 美洲篇④, 1998, 311쪽.
28) 朝鮮總督府警務局, 『朝鮮の治安狀況』(昭和2年版) 朴慶植 解說, 不二出版, 38~39쪽. 1927년 동지식산회사가 발표한 회계 보고는 다음과 같다. 그러나 수지가 정확히 맞지 않는 상태로 발표되었다.

다가, 도리어 여러 건의 재판에 휘말리고 말았다. 1930년 현재 동지식산회사의 부채는 9만 3천 달러였고, 동지회의 유일한 재산인 올라농장은 3만 달러에 불과했다.29) 1930년대 초반 연이은 재판과 분규로 이승만의 명성은 외교뿐만 아니라 경제적 실력양성에서도 결정적인 타격을 입었다. 그러나 이승만은 1932~33년 미 의회에 로비해 미 해군과의 계약에서 발생한 부채를 탕감하는 데 성공함으로써 미국 정계에 미치는 공작력을 보여주었다.30)

동지회는 1930년 7월 동지미포대회(同志美布大會)를 소집하고 단체 부흥을 논의했다. 그러나 새롭게 등장한 김원용(金元容)·김현구(金鉉九)·이용직(李容稷) 등의 간부진과 이승만 간에 불화가 생겨났고, 그 결

수입		지출	
수입총액	24,824.45	지출총액	35,039.87
불입금	22,132.09	가옥건축비	18,108.96
잡수입	2,691.36	사무비	153.50
		農具費	78.40
		耕作用馬匹購入費	959.85
		개간비	5,609.50
		대부금	3,544.61
		부채 未拂金(차액)	5,715.42
		購入地未拂6金	8,448.96

29) 하와이국민회, ① The Case of Korean National Association (March 27, 1931); ②「동지식산회사 관련문건」, "Unauthorized Loan", "Policy of 'Frightfulness' and Mob Agitation" "Shifting Blame"(국사편찬위원회 소장문서.)
30) 하와이 출신 의원 휴스턴(Houston)은 1932년 12월 8일 동지식산회사 구제를 위한 청원안 H.R. 2872호[A bill(H.R. 2872) for the relief of the Dongji Investment Co. (Ltd).]를 하원에 제출했고, 이는 하원 소청위원회(Committee on Claims)를 거쳐 全員委員會(Committee of the Whole House)에 상정되었다. 1933년 2월 8일 하원 전원위원회는 이를 토의해 통과시켰고, 2월 9일 상원 소청위원회에 이첩된 후, 2월 16일 상원에서 통과되었다. 이후 2월 26일 법안 등록을 거쳐 부통령이 서명했고, 3월 1일 대통령이 재가했다.(Congressional Record, pp. 3641~3642, 3652, 3664, 4981, 5061, 5063, 5657 ; 김원용, 앞의 책, 204~205쪽 ; 방선주, 앞의 책, 331쪽.)

과 재판이 연이었다.31) 동지회 회원은 최대 400여 명에서 최소 150여 명이었고, 하와이에는 하와이·마위·오하후섬에 9개의 지방회가 있었으며, 미주 대륙에는 시카고·뉴욕·몬타나·디트로이트·로스앤젤레스 등지에 지방회가 존재했다. 특히 1929년 10월에 결성된 라성동지회는 1943년 확장하여 동지회 북미총회를 설립하여 이승만을 후원했다.32)

2. 흥업구락부의 조직·구성·지향

1) 조직 과정

동지회는 국내와 자연스럽게 연계되었다. 동지회가 1924년 동지대회를 통해 이승만을 영원한 총재로 추대하고 동지식산회사 사업에 뛰어들 시점에, 앞서 살펴본 것처럼 국내와의 연락·연대는 긴밀한 상태였다. 이승만과 국내 지지 세력 간의 연락·연대는 1923년 하와이모국방문단과 1924년 답방단의 교환으로 최정점을 이루었고, 이러한 연장선상에서 1925년 동지회의 자매단체인 흥업구락부가 조직될 수 있었다. 하와이와 국내의 연락 책임자는 신흥우(申興雨)였다.

신흥우는 1924년 5월 스위스 제네바에서 조선YMCA(조선중앙기독청년회)를 일본기독교연합회로부터 독립시켜, 세계YMCA연맹(The World

---

31) 1930년의 '풍파'에 대해서는 金度亨, 1998, 「1930년대 초반 하와이 한인사회의 동향」, 『한국근현대사연구』 9집을 참조.
32) 김원용, 앞의 책, 207~215쪽.

Alliance of YMCAs) 및 세계기독교학생연맹에 직접 가맹시키는 데 성공했다.[33] 이미 1922년 4~5월에 조선YMCA와 학생YMCA가 일본YMCA로부터 독립된다는 결정이 내려진 상태였고, 이러한 분립을 주도한 것은 이상재(李商在)·윤치호(尹致昊)·신흥우였다.[34] 한국YMCA가 일본YMCA로부터 분리됨으로써 신흥우를 중심으로 한 국내 이승만 지지 세력들은 세계YMCA연맹·기독교학생연맹의 국제대회를 명목으로 합법적인 미국 여행이 가능했고, 이를 통해 이승만과 접촉했다.

신흥우는 제네바에서 미국으로 건너갔고, 1924년 10월 25일 하와이 호놀룰루에서 이승만과 만났다.[35] 이승만은 신흥우에게 독립을 목적으로 하는 동지회의 조직 사실을 밝히며, 간부 진영과 재미 한인의 거의 대부분이 동지회원이라고 소개했다. 이승만은 북미 800여 한인 중 흥사단을 제외한 대부분과, 멕시코 1천 여 한인과 하와이 6천 명 중 미성년자와 박용만 독립단 30명을 제외하고는, 모두 동지회원이라고 과장했다.[36] 또한 이승만은 동지회가 갹출금을 모금해 1만 5천여 정보의

---

[33] (京西高秘 제3213호-5)(昭和13년 8월)「民族革命ヲ目的トスル同志會(秘密結社興業俱樂部)事件檢擧ニ關スル件」.(對5월21일 「興業俱樂部檢擧件」.) 위의 문건을 포함해 이하의 홍업구락부 관련 자료는 京城地方法院 檢事局이 西大門警察署를 비롯한 京畿道警察部 등의 홍업구락부 사건 관련 訊問調書들을 철해 놓은 『延禧專門學校·同志會·興業俱樂部關係報告(自昭和12年3月30日 至昭和13年12月10日)』에서 나온 것이다. 이는 사건 관련자인 具滋玉 간사가 보관한 「興業俱樂部員名簿」·「興業俱樂部日記」(上·下), 李萬珪 회계가 보관한 「會計關係簿册」 등 관련자들이 직접 작성한 문건과 供述에 기초한 것이다. 이하 특별히 출처를 명시하지 않은 심문조서·보고서는 이 문서철에서 나온 것이다.

[34] 전택부, 『한국기독교청년회운동사』, 1978, 282~287쪽.

[35] 「同志會及興業俱樂部의 眞相」, 『思想彙報』 제16호(1938. 9), 73~91쪽 ; 김승태, 『일제강점기 종교정책사 자료집 : 기독교편, 1910~1945』, 한국기독교역사연구소, 1996, 264~270쪽.

[36] (京西高秘 제3213호-5)(昭和13년 8월)「民族革命ヲ目的トスル同志會(秘密結社興業俱樂部)事件檢擧ニ關スル件」.(對5월21일 「興業俱樂部檢擧件」.)

임야를 매수해 가구 제조에 착수했으며, 성과에 따라 임야를 개간해 농장을 경영할 계획이라며 동지식산회사의 상황을 밝혔다. 이런 설명 끝에 이승만은 신흥우에게 "안창호는 로스앤젤레스를 중심으로 흥사단(興士團)을 조직, 이미 선내(鮮內)에 서북파(西北派) 중심의 수양동우회(修養同友會)라는 단체를 결성케 하여 각종 문화단체에 그 세력을 부식 중이다. 따라서 당신이 선내 동지와 협의하여 동지회와 동일한 주의·목적을 갖는 연장 단체를 비밀리에 조직, 기독교계와 각종 문화단체 내의 흥사단 세력을 제압하여 그 지도권을 획득하는 동시에 시기를 보아 내외 세력이 호응, 조국 광복을 달성하는 데 힘써달라"라고 요청했다.37) 이승만은 동지회의 3대 강령, 4대 진행 방침의 인쇄물을 주며 그 내용을 설명했고, 신흥우는 그 자리에서 국내 동지와 상담해 '조선의 정세에 적응한 단체를 조직하고 동지회 본부와도 연락해 조선독립을 위해 노력할 것'을 약속했다. 이승만은 흥사단의 연장 단체인 수양동우회가 기독교청년회 및 기독교 계통의 학교·병원·교회당 등의 교역자를 포섭하는 데 전력하고 있으므로, 동지회 조직도 비밀단체로 하며 끝까지 비밀주의를 지켜야 한다고 강조했다. 나아가 이승만은 "교묘한 수단으로써 지도분자"를 끌어들이되 수양동우회와 헛된 파쟁을 피하며 "혁명단체로서의 본질을 폭로되지 않도록 유의해야 한다"라며 구체적인 활동 전술을 제시하기까지 했다.

신흥우는 이승만이 건네준 동지회 정강·진행 방침은 보안상 파기했지만, 그 요점을 정확히 기억했다. 1924년 11월 5일 귀국한 신흥우는 11월 10일 종로 기독교청년회 사무실에서 이상재·구자옥(具滋玉)을 만나, 이승만과의 면담 사실 및 동지회 연장 단체의 국내 조직에 대해 협

---

37) 「興業俱樂部事件の檢擧狀況」, 朝鮮總督府警務局, 『最近に於ける朝鮮治安狀況』, 1938 ; 김봉우, 『일제식민통치비사』, 청아, 1989, 316~327쪽.

의하고 전폭적인 동의를 얻었다. 이러한 제1차 준비회 이후 11월 20일 경 구자옥 자택에서 신흥우·유억겸(兪億兼)·구자옥·이갑성(李甲成)·박동완(朴東完)·안재홍(安在鴻) 등 6명이 제2차 준비회를 비밀리에 개최하고, 동지회의 국내 연장 단체 조직 문제를 합의했다. 회원 교섭은 신흥우·구자옥이 담당해, 개별적으로 조직의 목적을 설명하고 입회를 권유한 후, 정식으로 조직준비위원회를 개최할 것을 결정했다.38)

12월 15일 기독교청년회 사무실에서 유억겸·윤치호·신흥우·장두현(張斗鉉)·구자옥·오화영(吳華英)·홍종숙(洪鍾肅)·이갑성·박동완·안재홍·유성준(兪星濬)·이상재가 참석한 가운데, 이상재의 사회로 조직준비위원회가 개최되었다. 신흥우는 동지회의 조직, 흥사단·수양동우회와의 대립 관계, 농장 개척 및 청년·학생 훈련 등의 상황을 보고하며 "조선 독립의 대업을 성취하는 데는 단순히 국외에서 운동만으로는 부족하니 조선 내지에서도 기호파의 동지가 공모해 동지회와 동일한 주의 목적을 갖고 그 연장 단체를 조직하여 기독교 계통의 문화단체 및 사회문화단체 내에 잠입, 흥사단을 억압하고 단체의 지도권을 획득해 민족운동의 통일 및 실력양성과 대동단결을 도모하여 시기를 보아 내외 호응으로 조선 독립의 대업 성취를 위해 노력하자"라는 이승만의 말을 전했다.39) 이승만의 발언은 하와이와 국내의 연계에 있어서, 첫째로 동지회와 연대한 독립운동 및 연장 단체의 조직, 둘째로 흥사단과 대립되는 기호파 조직의 결성, 셋째로 기독교 사회·문화단체 중심의 실력양성운동을 전개하자는 것이었다. 국내 자매단체의 목적·방법은 동지회의 3대 정강·4대 진행 방침을 따라 다음과 같이 결정했다.

---

38) (地檢秘 제1253호) (昭和 13년 8월 9일),「民族革命ヲ目的トスル同志會(秘密結社興業俱樂部)事件檢擧ニ關スル件」.
39) (京西高秘 제3213호-5) (昭和 13년 8월),「民族革命ヲ目的トスル同志會(秘密結社興業俱樂部)事件檢擧ニ關スル件」.(對5월 21일「興業俱樂部檢擧件」.)

(ㄱ) 민족관념을 보급하고 조선 독립을 도모할 것.
(ㄴ) 단체행동을 실행할 경우에는 단체의 지도자에 복종토록 할 것.
(ㄷ) 산업발전과 자급자족에 노력하도록 할 것.
(ㄹ) 계급과 종교 및 지방적 파벌을 타파하여 민족적 대동단결을 기할 것.
(ㅁ) 조직의 목적을 설명, 상대방을 선도 혹은 설복시켜 동지를 확보할 것.
(ㅂ) 교양사업—학교 또는 문화단체의 민족계몽강연회 등 개최—에 진력할 것.[40]

또한 조직원 확보는 홍사단처럼 노골적인 방식이 아니라 비밀주의에 따라 온건한 방법을 사용하며, 홍사단과의 파쟁을 피하기로 했다. 참석자 모두가 조직 결성에 찬성한 후 조직원 선발, 운동자금 조성 방법, 조직 명칭 및 기타 방침에 대해 협의했다. 활동 자금 조성은 고본금(股本金, 1구좌 10원 이상) 및 월연금(月捐金, 1원)을 납부해, 상당액에 도달하면 동지회 산업부와 무역을 하며, 조직 내에 산업부를 설치해 연락과 운동자금의 조성에 노력하기로 했다.[41]

한편 조직의 명칭·규약도 발각을 대비해, 표면적으로는 친목 실업단체로 위장하기로 하고, 규칙기초위원으로 신흥우(위원장), 구자옥·유억겸(위원)을 선정했다.[42] 또한 비밀주의를 채택해 일정한 사무소를 설치하지 않고, 집회 역시 친목을 위장해 개인 가옥이나 야외 등에서 이동식으로 하기로 결정했다. 이상과 같은 준비위원회를 통해 참석자들은 발기인이 되었으며, 규칙 제출과 함께 창립총회를 개최하기로 합의했다.

---

40) 「興業俱樂部事件の檢擧狀況」, 朝鮮總督府警務局, 『最近に於ける朝鮮治安狀況』, 1938年.
41) (京西高秘 제3213호-5) (昭和 13년 8월), 「民族革命ヲ目的トスル同志會(秘密結社興業俱樂部)事件檢擧ニ關スル件」.(對5월21일 「興業俱樂部檢擧件」.)
42) 위와 같음. 한편 다른 기록에는 이갑성이 위원으로 되어 있기도 하다. [「在米革命同志會ノ朝鮮支部タル秘密結社興業俱樂部事件檢擧ニ關スル件」, 「改題延禧專門學校經濟研究會關係者檢擧ノ件」.(昭和 13년 5월 23일 발송.)]

규칙기초위원으로 선출된 신흥우·유억겸·구자옥은 1925년 1월부터 3월 초순까지 4차례에 걸쳐 협의했다. 조직의 명칭은 조선독립의 대업(大業)을 흥(興)하는 단체라는 의미인 '흥업'에다 발각에 대비해 친목 단체로 가장하기 위한 '구락부'를 붙여 '흥업구락부'라고 합의했다. 또한 규칙은 동지회의 정강이 존재하기 때문에, 별도의 규칙을 만들지 않고 독립운동의 진행 단계를 흥업구락부 규칙으로 제시하며, 일체의 내용을 위장하기로 했다.

한편 신흥우를 중심으로 흥업구락부의 준비 조직이 진행되던 3월 초순, 이승만은 동지회의 조직과 활동 방향에 대해 이상재에게 알렸다.[43] 이승만은 이상재에게 동지회의 결성 사실을 알리는 한편 미주 동지회의 목적이 "내지(內地)와 합자(合資)하여 물산을 장려하려 하는" 것이라고 밝히며 "내지 각처에서 동지회를 분설(分設)하고 내외에서 협력"하자고 요청했다. 이승만은 정치와 경제 양방면으로 큰 성과를 기대한다고 강조했는데, 이러한 이승만의 요청은 흥업구락부 조직을 실현시키는 주요한 동력이 되었을 것이다. 또한 흥업구락부가 창립 당시부터 사실상 동지회 국내 지부의 위상을 가졌음을 알 수 있다.[44] 나아가 동지회의 설립 목표 및 국내 연계가 경제적 실력양성 혹은 물산장려노선에 입각한 것임을 알 수 있다.

초안 준비가 완료된 1925년 3월 23일 경성부 사직정 신흥우의 자택 응접실에서 이상재·유성준·윤치호·장두현·오화영·이갑성·유억겸·구

---

43) 이승만의 1925년 4월 7일자 편지에 따르면, 그는 3월 초 '寸讀(짧은 편지)'을 통해 이상재에게 동지회의 결성 사실과 대략을 통보했다.(『雩南李承晩文書』 15권, 199~200쪽.)
44) 흥업구락부는 우선 서울에서 동지를 획득한 후 순차적으로 지방에 지부를 둔다는 방침을 갖고 있었다.[「昭和 13년 5월, 革命同志會竝興業俱樂部ノ組織沿革」(地檢秘 제931호) (昭和 13년 6월 9일.)]

자옥·박동완·신흥우 등 10명이 창립총회를 개최했다.[45] 9개 항의 규약은 동지회와 같이 조선인의 실력, 특히 경제력 방면의 실력을 양성하고, 시기를 보아 내외 호응하여 혁명을 일으킨다는 목적을 표방했다.

흥업구락부 규약

1. 이 회는 흥업구락부라 한다.
2. 이 부의 목적은 금전을 저축하여 상당한 금액에 이를 때는 실업을 발달시켜 시기에 응하여 내외국과 무역을 하고 혹은 자금을 빌려주기도 하며 또는 부원 간에 상호부조를 함을 목적으로 한다.
3. 부원이 될 때는 어떤 부원의 추천으로 부원 간의 동의를 요하고 입부금은 10원을 한 구좌로 하여 한 사람이 한 구좌 이상 납입하고 또는 부비를 매월 1원 이상 납입하는 것으로 한다.
4. 이 회의 사업을 발전시키기 위하여 지부를 둘 수 있다.
5. 이익 배당은 필요한 시기에 부원회의 결의로 이를 실행한다.
6. 이 부의 사무를 처리하기 위하여 다음과 같은 임원을 둔다.
   (1) 부장 1명
   (2) 회계 2명
   (3) 간사 약간 명
7. 금전을 처리함에는 부원회의 결의를 요한다.
8. 납입한 부금은 어떠한 경우에도 일체 반환하지 않는다.
9. 필요한 경우에는 전 부원의 동의로 이 규칙을 개정할 수 있다.[46]

조직의 목적이 함축된 규약 1, 2조는 대외 위장용이었다. 제1조 흥업구락부란 조직 명칭은 '대업을 일으킨다(興業)', 즉 조선 독립이란 의미였지만, '실업을 일으킨다고 위장한 것이었다. 제2조의 의미는 운동자금을 모집하고 동지를 획득하여, 정세를 보아 동지회와 연락하여 동지로서 협력하고 대업을 성취할 것을 목적한다는 것이었다. 즉 동지회와

---

45) 안재홍·홍종숙은 사고로 불참했으나 창립총회원으로 파악되어 있다.
46) 京城地方法院 檢事 長崎祐三, 「同志會及興業俱樂部の眞相」, 『思想彙報』 제16호(1938년 9월), 73~91쪽; 김승태, 앞의 책, 1996, 264~270쪽.

같이 조선인의 경제적 실력을 양성하고, 시기를 보아 내외 호응하여 혁명을 일으킨다는 것이 규약의 핵심이었다.47)

창립총회에서 임원진을 선발한 결과 부장(이상재), 회계(윤치호·장두현), 간사(이갑성·구자옥)가 선임되었고, 회원(유성준·박동완·유억겸·오화영·홍종숙·안재홍·신흥우)도 결정되었다.48) 부장은 일반 모임의 회장과 동일하게 구락부의 사무를 총리하고, 회계는 구락부의 금전 출납을 담당하며, 간사는 부원 획득이나 예회(例會)의 개최일 등을 결정하는 책임을 담당했다.49)

흥업구락부는 부원 획득에 있어서 '엄선주의(嚴選主義)'를 주장했다. 즉 부원 획득의 기준은 사회적 유력자, 신망있는 자, 인격 고결자, 명문가 등의 여부였다.50) 즉 사회의 중심 지도층 중에서 독립운동에 뜻을 둔 사람을 조직원으로 엄선한다는 것이었다. 기존 부원이 추천해 일단 후보자가 되면, 다음 예회까지 각부원이 해당 후보자의 인물·의식 정도 등을 조사한 후, 예회에서 투표해 전원 일치가 아니면 부원으로 받아들이지 않았다. 또한 조직의 통일성을 기하기 위해 제17회 예회(1926년 9월 6일)부터 통지위원(通知委員) 제도를 실시했는데, 이는 신입부원에 대한 교육을 추천자가 담당함으로써 조직의 목적·계통·방침, 단체 조직의 경위 등에 대한 전달 방식과 인식이 통일성을 결여했

---

47) 위와 같음.
48) 다른 경찰조서에는 鄭春洙와 金一善이 불참했으나, 창립회원으로 되어 있다. [「在米革命同志會ノ朝鮮支部タル秘密結社興業俱樂部事件檢擧ニ關スル件」, 「改題延禧專門學校經濟硏究會關係者檢擧ノ件」.(昭和 13년 5월 23일 발송.)]
49) 「申興雨に對する檢事の訊問調書」, 『思想彙報』 16호(1938년 9월), 126~153쪽.
50) 창립총회에서 제시된 조직원의 선별 기준은 (1) 조선 독립에 대해 뜻을 같이하는 의식분자일 것, (2) 비밀 엄수의 인격자일 것, (3) 현재 사회 각계의 우수한 중심적 지도분자일 것, (4) 파벌을 방지하기 위해 입회시 嚴選主義를 취할 것 등이었다.

다는 판단에 따른 것이다.51) 구두 호선 결과 유억겸·구자옥·홍종숙 3명이 통지위원으로 선발되었다.

그러나 부원수가 증가하면서 만장일치의 선발이 어려워지자, 1928년 11월 24일 제29회 예회에서 신흥우가 전형위원을 통해 후보자를 선정한 뒤 2/3의 찬성으로 부원을 획득하자고 제안했고, 제30회 예회(1928년 12월 13일)에서 이 제안이 가결되었다. 이제 부원 후보자는 전형위원 5명(장두현, 신흥우, 유억겸, 구자옥, 이만규)이 선발하게 되었지만, 흥업구락부는 제29회 예회에서 김춘기(金春基)·안재학(安在鶴)·이상협(李相協)을 신입부원으로 받아들인 것을 마지막으로 더 이상의 부원 확장을 하지 않았다.

2) 구성원의 경력과 특징

1938년까지 흥업구락부원의 회원수는 창립회원 12명과 신입회원 40명을 합해 총 52명이었다. 이 가운데 사망 4명(김응집·김일선·유성준·이상재), 해외 거주 4명(박동완·임두화 : 하와이, 최영재·최창근 : 만주), 흥업구락부원으로 회의에 한 번도 참석하지 않은 자 5명(김동성·김준옥·윤치소·이상협·최남), 흥업구락부 참가 거부자 1명(양주삼)을 제외하면, 1938년 사건 발각 당시 조직원은 총 38명이었다.

---

51) 예를 들어 이관구는 제12회 예회(1926년 3월 26일)에서 회원으로 승인되었는데, 그를 추천한 것은 金應集이었다. 중앙기독교청년회 學館의 동창이던 김응집은 흥업구락부의 규약을 보여주지 않았고, 옛날부터 알던 선후배 다수가 참가하는 '사교구락부'라고 했다. 경찰 심문 과정에서 이관구는 흥업구락부가 정치단체라고는 '夢想'도 하지 않았는데, 참가를 거듭하면서 정치적 분위기를 감지했다고 했다.[「興業俱樂部ニ對スル感想ト現在ノ心境」(李寬求) (昭和 13年 9月 5日), 「同志會(秘密結社興業俱樂部)ノ聲明書案ニ關スル件」.]

그러나 실제 사건 관련자는 이보다 훨씬 더 많았다. 먼저 흥업구락부 사건의 단서를 제공한 연전 우애회(友愛會) 사건(경제연구회 사건) 관련 구속자 5명(李順鐸·盧東奎·白南雲·鄭光鉉·玄正柱)과 청구회(靑丘會) 관련자 2명(卞榮魯·張澤相), 그리고 미주 동지회 관련자 4명(李容稷·李哲源·尹致暎·洪秉璇)을 포함하면, 흥업구락부 사건 관련 구속자 수는 50명 이상이었다.52) 구속자뿐만 아니라 흥업구락부 회원들에 의해 후보자로 추천되었던 44명 중 대다수가 흥업구락부의 영향력하에 놓여 있었다고 할 수 있다. 왜냐하면 흥업구락부 후보자 추천을 거부한 것은 양주삼뿐이었고, 그외 나머지 후보 추천자들은 모두 흥업구락부원으로 가입했기 때문이다. 만장일치제 투표 방식으로 진행된 부원 후보자 선발 방식이 제약 요건으로 작용하지 않았다면, 이들 후보로 추천되었던 인물들도 부원으로 선출되었을 경우 대부분 참가했을 가능성이 높았다고 볼 수 있다. 따라서 흥업구락부 부원 등 직접 관련자 50명 및 부원 추천자 44명 등 간접 관련자들을 합하면, 흥업구락부의 직접적인 영향력 범위는 100명을 상회한다고 할 수 있다.

흥업구락부 부원의 학력·경력 등을 살펴보면 표 8-1과 같다.

먼저 창립회원 12명 중 핵심 인물인 신흥우·유성준·윤치호·이상재 등은 앞에서 설명한 것처럼 (1) 지역·계급 기반(기호 지방·양반 출신), (2) 대한제국기 정치 지향(독립협회 등 개화파 활동) (3) 정치·종교적 동지 의식(1900년대 초 함께 투옥된 경험), (4) 기독교(옥중에서 기독교로 개종, 1904년 YMCA의 창립멤버 및 핵심 인물로 활동), (5) 독립운동 방략(3·1운동에 소극적 태도, 1920년대 실력양성운동·개량주의운

---

52) 연전 경제연구회 관련 검거자는 총 23명이었는데, 그 중 이순탁·백남운·노동규만 기소되었고, 나머지는 모두 기소유예와 불기소처분을 받았다. 기소유예처분을 받은 연전 교수 정광현은 윤치호의 사위였으며, 불기소처분을 받은 연전 교수 최순주는 동지회 회원이었다.

표 8-1. 흥업구락부 부원의 출신 배경 및 주요 경력

성명	구속여부	생몰연대	예회출석	조직·검거시 직업	출신지	학력	경력
具永淑	구속	1892~1980	17회	세브란스병원 의사	서울	소년병학교·인디아니폴리스대	(일명 구연성) 의사·감리교 전도사
具滋玉	구속	1891~납북	38회	중앙YMCA 총무	서울	관립영어학교·윌리암스대	YMCA연합회 도시부위원·적극신앙단
金永燮	구속	1888~납북	16회	감리교 목사	경기 강화	한성육군무관학교·하트포드신학교	동지회간부·뉴욕한인감리교회목사·정동교회목사·적극신앙단·YMCA 회우부위원장
金潤秀	미체	1882~?	5회	경성상회사장·광산업	서울	오성학교	동양물산주식회사사상무취체역·범태평양상업회의부회장·민립대학기성회회금보관위원·물산장려회이사·조선중앙일보취체역
金應集	사망	1872~1935	37회				종교교회
金一善	사망	1872~1935	36회	경성보육원장 진명여자고보 이사	서울		YMCA 회우부간사·민립대학기성회회금보관위원·인창의숙 이사장
金俊淵	구속	1895~1971	5회	朝鮮日報 논설위원·東亞日報 주필	전남 영암	동경제대·베를린대	보성전문교수·제3차조선공산당 책임비서·조선사정연구회원
金俊玉	미체	1893~?	3회	송도중학 교장	경기 개성	헨드릭스대·벤더빌트대	감리교총리원 교육국 총무
金春基	미체		3회	중앙고보 교사			李剛公妃弟(義弟)
朴東完	在美	1885~1941	22회	감리교 전도사	경기 포천	관립영어학교·배재학당 대학부	3·1운동33인(감리교)·물산장려회이사·신간회·YMCA 연합회농촌부위원·하와이행
朴勝喆	구속	1896~?	31회	배화고보 교사	서울	YMCA청년학교·와세다대	조선물산장려회원·YMCA 학교동창회회장·조선사정연구회원
朴容均	미체		3회	세브란스의전 교수			泰東新聞계획참가
白南奭	구속	1892~?	10회	연희전문교수		에모리대	주일학교운동 종사 (白土兼의 아들)

申錫九	미체	1875~1950	6회	남감리교 목사	충북 청주	협성신학교	3·1운동33인(감리교)·감리교천안지방 감리사·해방 후 북한에서 사망
申洪植	미체	1872~1939	3회	남감리교 목사	충북 청원	협성신학교	3·1운동33인(감리교)·감리사
申興雨	구속	1883~1959	31회	배재고보 교장	충북 청원	배재학당· USC	YMCA 연합회총무· 중앙 YMCA이사·적극신앙단 조직
沈浩燮	미체	1890~1973	5회	의사	경기 평택	총독부부속의학교·동경제대	경성의전교수·세브란스의전교수
安在鶴	미체		2회	경신학교 교무주임	경기 평택	독일유학	안재홍의 친아우 정신여학교교사
安在鴻	구속	1891~1965	24회	朝鮮日報 주필	경기 평택	YMCA중학부· 와세다대	3·1운동청년외교단· 중앙학교학감·신간회·YMCA교육부간사·조선사정연구회원
吳華英	구속	1879~1959	18회	남감리교 목사	황해 평산	협성신학교	3·1운동33인(감리교)·중앙YMCA 종교부위원장
劉敬相	구속		15회	중앙고보 교무주임			
兪星濬	사망	1862~1934	10회	중추원 참의	서울	明治大	장로교장로·중앙학교교장·충북도지사·민립대학기성회상무위원·물산장려회이사장·YMCA 연합회위원
兪億兼	구속	1895~1947	36회	연희전문 부학감· 부교장	서울	동경제대	변호사·조선사정연구회원·적극신앙단· YMCA 회계·순종동서
陸定洙	구속		9회	청년회학교 교사			
尹致昊	미체	1865~1945	23회	중앙YMCA 회장· YMCA 회장	충남 아산	밴더빌트· 에모리	독립협회장·한영서원교장·청년학우회장· 중앙 YMCA 총무
李甲成	구속	1889~1981	14회	세브란스병원 의약지배인 (무직)	경북 대구	세브란스의전	3·1운동33인(장로교)·상해임정·민립대학기성회집행위원·물산장려회이사·신간회
李康來	구속	1891~1967	14회	배화여고보 교사	경기 안성	일본사범대	송도고보교사· 조선어학회회원
李建春	구속	1897~?	37회	동대문 부인병원 사무원	서울	배재고보	YMCA 연합회 간사· 중앙 YMCA 회원부간사·적극신앙단
李寬求	구속	1899~1991	11회	朝鮮日報 정치부장	서울	YMCA 중학부· 경도제대	신간회중앙위원·조선중앙일보주필

李萬珪	구속	1882~1978	22회	배화여고보 교무주임	강원 원주	경성의전	송도중학교사· YMCA 서기· 조선어학회원
李商在	사망	1850~1927	11회	朝鮮日報 社長	충남 서천	한학	독립협회부회장· YMCA 교육부위원장·조선교육협회장· 민립대학기성회위원장·신간회장·태평양문제연구회원
李源喆	미체	1896~1963	4회	연전 교수		연전·미시간대	천문학자
李春昊	구속	1892~?	27회	연희전문 학감	경기 개성	한영서원· 웨슬리안대	YMCA 활동
林斗華	在美	1886~?	5회	목사	평남 대동	클레어몬트학교· 에모리대	감리교목사·협성신학교수·송도고보교장·하와이
張斗鉉	미체	1874~1938	28회	서울고무공업 사장· 조선상업은행 감사	서울	한학	典禮院典祀·輿一社사장·조선상업은행감사·仁川米豆取引所취체역·경성상업회의소평의원·민립대학기성회회금보관위원·물산장려회이사·朝鮮日報고문·조선체육회 초대회장
鄭大鉉	미체		2회	보성고보 교장 ·중추원 참의	서울	관립일어학교· 동경 高師	민립대학기성회발기인·중추원참의(칙임대우)
鄭春洙	구속	1874~1951	8회	남감리교 목사	충북 청주	협성신학교	3·1운동33인(감리교)·중앙 YMCA 이사·적극신앙단· 감리교총리원 이사
曺正煥	구속	1893~1967	13회	배화여학교 교사· 연희전문 교수	여천	세브란스의전· 미시간대학원	순천매산학교부교장·이화여전교수·조선사정연구회원
崔斗善	구속	1894~1974	11회	중앙고보 교장·경성방직 취체역	서울	와세다대· 베를린대	최남선의 동생·보성전문상무이사·조선사정연구회원
崔永在	在滿	?	7회				만주
崔昌根	在滿	?	18회	基靑學校 寫眞館主			사진업·만주
崔鉉培	구속	1894~1970	14회	연희전문 교수	경북 울산	경도제대	한글학자· 조선어학회상무이사
玄東完	구속	1899~1963	14회	基靑 부총무 (광산)	서울	보성고보	YMCA 간사
洪秉德	구속	1892~?	10회	基靑학교장			YMCA 교육부간사· 적극신앙단

| 洪承國 | 구속 | 1888~1962 | 14회 | 연희전문 교수 | | 오하이오주립대 | 송도중학교사·조선어학회 사건 |
| 洪鍾肅 | 구속 | 1877~? | 32회 | 남감리교 목사 | 경기 개성 | 협성신학교 | YMCA 이사·청년운동가 |

| 【흥업구락부 예회 불참자 및 부원 거부자】 ||||||||
성 명	구속 여부	생몰연대	예회 출석	조직·검거시 직업	출신지	학 력	경 력
金東成	미체	1890~1969	불참	朝鮮日報 편집인	경기 개성	한영서원·오하이오주립대	東亞日報조사부장·범태평양기자대회부회장·朝鮮日報편집국장·동지회원
金鎭玉	미체		불참	상업은행 상무취체			
尹致昭	미체		불참		충남 아산		윤치호의 사촌·윤보선의 부·조선상업은행감사·동양서원·분원자기주식회사감사·중추원참의·국방헌금
李相協	미체	1893~1957	불참	朝鮮日報 편집고문·每日新報 부사장	서울	관립법어학교·慶應義塾	每日新報편집장·東亞日報편집부장·민립대학기성회 발기인
崔 楠	미체		불참	동아부인상회장·鮮滿土地鑛山취체	서울	보성중학·秋田광산학교	조선상업은행원·朝鮮日報기자·덕원상점사장·同順德사장·三共興業취체
梁柱三	미체	1879~1950	거부	조선감리교총리원 총리사	평남 용강	밴더빌트대·랜돌프메이컨대	협성신학교수·한영서원부원장·조선감리회 초대총리사·기독교서회

[출전] <民族革命ヲ目的トスル同志會(秘密結社興業俱樂部)事件檢擧ニ關スル件>(京西高秘 第3213號ノ5)(昭和13년 8월); 基督敎百科事典編纂委員會, 1988 ≪基督敎大百科事典≫; ≪朝鮮日報≫·≪東亞日報≫ 등을 종합해 작성.
[비고] 구속 여부는 1938년 흥업구락부 사건 당시의 구속 여부를 의미함.

동), (6) 친미 성향 등에서 이승만과 중층적인 공통성을 갖고 있었다. 중심인물들의 이러한 경향은 흥업구락부의 전체적인 성향과도 일치하는 것으로 볼 수 있다.

부원 52명의 학력을 보면, 미국 유학 12명, 일본 유학 11명, 독일 유학 2명 등 외국 유학 출신자가 전체 부원의 절반 가량을 차지한다. 이

표 8-2. 흥업구락부 부원의 직업별 분포

	목사	교육자			의사	언론인	YMCA직원	실업가	기타	합계
		교사	교수	교장						
인원수	9	7	6	5	4	6	6	5	1	49

[출전] 「(極高秘)關係者名簿」(地檢秘 제943호)(昭和 13년 6월 10일);「民族革命ヲ目的トスル同志會(秘密結社興業俱樂部)事件檢擧ニ關スル件」(.京西高秘 第3213號ノ5)(昭和13년 8월.)
[비고] 직업이 밝혀지지 않은 김웅집, 박용균, 최영재는 제외.

러한 학력 분포는 흥업구락부가 당대 한국 사회 지식인들의 집합체였음을 나타내며, 유학과 해외여행 등을 통해 세계 정세와 질서에 대해 비교적 정확한 정보를 가진 집단이었음을 의미한다. 이들의 교육 배경은 한편으로 자본주의적 세계관과 그에 대한 동경을 자아낸 반면, 한국 독립에 대한 부정적 견해를 초래했을 가능성이 높다. 또한 국내에서 학교를 나온 사람들 가운데 감리교가 설립한 협성신학 출신 4명과 배재고보 출신 3명 등이 포함되었는데, 이들을 포함하면 교육 과정에서 미국의 영향을 받은 사람이 가장 많은 수를 차지했다. 이는 흥업구락부가 친미 성향을 지니는 배경이 되었다.

직업별 분포를 보면 표 8-2와 같다.

직업별 분포에서 가장 눈에 띄는 점은 교육자가 다수를 점한다는 사실이다. 교사·교수·교장을 합한 수가 18명에다, YMCA 직원으로 분류된 기독교청년회학교 교장(홍병덕)·교사(육정수)를 포함하면, 교육자는 총 20명이다. 그 다음이 목사·언론인·YMCA 직원·실업가·의사의 순서이다. 이러한 직업 분포 역시 흥업구락부가 '엄선주의'에 기초해 한국 내에서 영향력 있는 직종 종사자들을 선발했음을 반증한다. 또한 이러한 특징은 흥업구락부가 외형적으로 사교구락부의 모습을 유지하는 데 큰 역할을 했으며, 나아가 흥업구락부 관련자들이 교육 보급·실업 부흥이라는 실력양성운동을 선호할 수밖에 없는 배경이 되었다. 특히 교육자·의사 중에서 연희전문·배재고보·송도중학·배화여고 등 기독교계 학교가 차지하는 비중이 압도적으로 많았으며, 이는 흥업구락부와 기독교·미국의 연관 관계를 보여주는 것이다. 언론계에서는 이상재가 사장으로 있었던 조선일보 관련자(김준연·안재홍·이관구·장두현·김동성·이상협)가 압도적 다수를 차지했다.53)

종교적 성향에서 볼 때 참가자의 대부분은 기독교도였으며, 그 중에서도 감리교 관련자가 절대다수를 차지했다. 3·1독립선언서 33인 중 6인이 흥업구락부에 참가했는데, 장로교가 1명(이갑성)인데 반해 감리교는 5명(박동완·신석구·신홍식·오화영·정춘수)이 모두 참가함으로써, 흥업구락부 내 감리교의 영향이 상당했음을 알 수 있다. 또한 흥업구락부원의 반수 이상이 중앙기독교청년회(YMCA)와 관련을 맺고 있는 데서 드러나듯이, 흥업구락부원은 한국 감리교 및 YMCA의 실력자들로서 실질적으로 감리교와 YMCA를 지배했다. 이러한 종교적 성향, 특히 감리교 관련자의 집중은 흥업구락부의 지역적 기반·연고와도 밀접한 관련을 갖는 것이었다.

지역적 기반에 비추어 볼 때 흥업구락부원의 절대다수는 기호 지방 출신이었다. 흥업구락부원 중 서북 출신은 단 한 사람도 없었다.54) 김준연(전라), 이갑성·최현배(경상), 이만규(강원)를 제외하면 모두 서울·경기·충청 출신이었다. 이러한 흥업구락부의 지역적 편중은 서북 지방을 근거지로 한 흥사단·수양동우회와의 지역감정과 대결의식을 초래

---

53) 김준연과 최두선은 후일 東亞日報 주필·사장이 되었고, 중앙고보 교사인 김춘기와 유경상, 그리고 보성고보 교장인 정대현도 역시 東亞日報 계열이었다.
54) 오화영이 유일하게 황해도 평산 출신이었지만, 황해도는 서북보다는 기호 지방에 가까운 문화적 전통을 가졌고, 기호파의 영수인 이승만도 황해도 평산 출신이었다.

했다. 홍사단·수양동우회 관련자들의 상당수는 기독교 북장로회 신자였는데, 이는 이들의 지역적 기반인 평안도가 북장로회의 선교구였기 때문이다. 반면 홍업구락부의 대부분은 기독교 감리교 신자였는데, 이 역시 감리교가 서울을 중심으로 선교를 시작했고, 남감리교가 들어온 이후에도 서울·개성을 중심으로 선교를 시작한 것과 관련이 깊었다.55) 또한 홍업구락부의 설립 목적 중 하나가 수양동우회에 대항하는 기호세력의 결집이었기 때문에, 기호 지방 출신 인사의 편중은 당연한 결과였다.

사회 활동 및 경력을 살펴보면 홍업구락부원들의 정치적 성향은 더욱 뚜렷해진다. 먼저 3·1운동에 참가한 사람들을 살펴보면 33인 출신 6명을 포함해서, 안재홍(청년외교단)·이상재 등이 참여했으며,56) 반면 신흥우·유성준·윤치호 등은 소극적 태도 및 친일 시비로 논란의 대상이 되기도 했다.

1920년대 들어 홍업구락부 참가자들이 가장 활발하게 활동을 벌였던 분야는 실력양성운동이었다. 홍업구락부원들의 상당수가 실력양성운동의 대표격인 물산장려운동(유성준·김윤수·박동완·박승철·이갑성·장두현·오화영)과 민립대학기성회(이상재·김윤수·김일선·유성준·이갑성·장두현·정대현)에 참여해 실제적인 활동을 주도했다. 홍업구락부가 지향하는 노선은 실력양성에 따른 독립준비론이었는데, 홍업구락부 조직 이전에 최고조에 달했던 이 두 가지 운동은 결과적으로 홍업구락

---

55) 1901년 감리교와 남감리교는 전국을 3지방으로 나누어 선교 구역을 정했는데, 3개의 선교 지역은 서울 및 그 이남(남부), 인천·강화·황해(서부), 평안(북부)이었다.
56) 안재홍에 대해서는 韓永愚, 「安在鴻의 新民族主義와 史學」, 『한국독립운동사연구』 1, 1987 ; 이지원, 「일제하 안재홍의 현실인식과 민족해방운동론」, 『역사와 현실』 6호, 1991을 참조.

부 참가자들이 경험한 최대의 실력양성운동이 되었다.

한편 흥업구락부가 결성된 직후에 조직된 태평양문제연구회 조선지회(1925년 11월 28일)와 조선사정조사연구회(1925년 9월 15일)에는 흥업구락부원 혹은 관련자들이 대거 참가했다. 태평양문제연구회 조선지회에는 구영숙·구자옥·신흥우·안재홍·유억겸·윤치호·조정환 등이 참가했으며, 특히 윤치호는 위원장, 신흥우는 서기 겸 회계를 맡아 실질적으로 활동을 주도했다.57) 태평양문제연구회 조선지회는 이승만과 연결된 비밀 조직 흥업구락부의 표현 단체였다는 주장이 있을 정도로 흥업구락부와 밀접한 관련을 갖고 있었다.58) 한편 조선사정조사연구회 제1차 조사보고회(1925년 11월 28일)에도 흥업구락부원 김준연·박승철·안재홍·유억겸·이춘호·조정환·최두선 등이 참가해 참가자의 절대 다수를 차지했다.59) 한편 이 두 단체에 참석한 백관수·백남운·이관용 등도 흥업구락부 부원 후보 명단에 오른 사람들로서 이들을 포함할 경우 흥업구락부가 차지하는 비중은 더욱 컸다.

1927년 2월 조직된 민족협동전선인 신간회(新幹會)는 비타협적 민족주의자와 타협적 민족주의자들의 분기점이었는데, 흥업구락부의 부장이던 이상재가 신간회 회장이 된 것을 필두로 이갑성·박동완·안재홍·유억겸·정춘수·이관구 등이 신간회에 적극 참가했다. 흥업구락부는 이승만에게 신간회 활동이 동지회 활동의 연장이라고 설명한 것으로 보인다. 유억겸은 1927년 제2차 태평양회의에 참가했을 때, 신간회가 "오족(吾族)의 광복(光復)을 위한 대동단결(大同團結)을 목적으로 한 단체"이며, 그 강령이 "1. 정치상 경제상의 각성을 촉진함(해방을 의미

---

57) 『東亞日報』 1925년 11월 30일자.
58) 고정휴, 「태평양문제연구회 조선지회와 조선사정연구회」, 『역사와현실』 제6호, 1991, 306쪽.
59) 『東亞日報』 1925년 11월 30일자.

함), 2. 우리는 단결을 공고히 함(한족대동단결을 의미함), 3. 일체 기회주의를 부인함(자치운동 기타 타협성을 가진 운동 일체를 배척함을 의미함. 其 절대독립을 주장함)"이라고 밝혔다.[60]

한편 구미위원부에서 일하던 김현구는 이승만에게 보낸 1927~28년의 정보 보고에서 '其中(新幹會) 諸人은 我方同志人士'라고 지적하고 있을 뿐만 아니라, 신간회가 '동지회의 內地幻體'라고까지 했다.[61] 김현구는 1927~28년 미주를 방문한 백관수·유억겸·최린·이정범 등으로부터 이러한 정보를 수집했으며, 나아가 이승만에게 신간회 미주지회를 설립해야 하며, 『조선일보』나 『조선』에 투고해야 한다고 권유하기도 했다. 이에 대해 이승만은 "신간회도 역시 통일을 목표로 삼고 있는 듯하니 나는 반드시 서로 돕는 뜻을 보일 것"이라며 신간회 활동에 관심을 표명했지만,[62] 미주에 신간회 지부를 만드는 것에는 반대했다. 이승만은 "신간회를 해외에도 설치하는 일이 좋지 아니한 것은 아니나 혹 그로 인하여 일에 지장을 초래하지나 않을까 염려"된다며, 차라리 "먼저 국내에 있는 몇 사람에게 통지하여 그들의 뜻에 따라 실행하는 것만 같지 못하다"라고 했다.[63] 즉 이승만은 활동의 중심이 자신에게 있어야지, 국내로부터 연동되는 신간회가 정세의 중심이 될 수는 없다고 판단했던 것이다.

---

60)「兪億兼 → 金鉉九」(1927년 8월 18일), 『雩南李承晩文書』 제18권, 500~502쪽.
61) 宋炳基,「簡札 解題」, 『雩南李承晩文書』 제16권, 12쪽.
62)「李承晩 → 金鉉九」(1927년 9월 4일), 『雩南李承晩文書』 제16권, 28쪽.
63)「李承晩 → 金鉉九?」(1929년 3월 9일), 『雩南李承晩文書』 제16권, 29~30쪽.

3) 흥업구락부의 지향

이상과 같이 흥업구락부는 (1) 유학 경험(미국·일본) (2) 지역 기반 (기호 출신), (3) 종교(감리교·YMCA) (4) 독립운동 방략(준비론·실력양성운동) (5) 친미 성향 등의 공통성을 지닌 인사들의 조직이었다고 할 수 있다.

그런데 흥업구락부에 가입한 부원의 정치적 성격을 볼 때 여기에는 민족주의 좌파의 대표적 인물로 거론되는 이상재·안재홍 등 조선일보 계열은 물론, 민족주의 우파로 3·1운동에 참가했던 감리교 목사(박동완·신석구·오화영·정춘수)를 비롯해 기독교 학교·교회의 지도자들이 포함되었으며, 친일파로 분류되는 유성준·윤치호·정대현 등도 참가했다.64) 그 중 가장 많은 부분을 차지하는 인물들은 민족주의 우파 혹은 민족개량주의자로 통칭되는 부류였다. 민족개량주의를 과연 민족주의 세력의 범주에 포함시킬 것인가의 여부는 논란의 대상이지만,65) 민족

---

64) 1920~30년대 민족주의 세력에 대해 박찬승·지수걸 등은 부르주아민족주의 좌파 혹은 좌익민족부르주아지(안재홍 등 朝鮮日報 계열, 이종린 등 천도교 구파), 부르주아민족주의 우파 혹은 우익민족부르주아지(최린 등 천도교 신파, 김성수·송진우 등 동아일보·경성방직 계열, 이광수·주요한 등 수양동우회 계열)로 분류했다.(朴贊勝, 「항일운동기 부르주아민족주의 세력의 신국가 건설구상」, 『大東文化研究』 27, 1992, 187~204쪽; 「부르주아민족주의운동」, 『한국역사입문』 ③, 풀빛, 1996, 443~460쪽; 지수걸, 「1930년대 초반기(1930~33) 사회주의자들의 민족개량주의 운동 비판」, 『한국인문사회과학의 현단계와 전망』, 역사비평사, 1988, 267~268쪽.) 반면 서중석은 민족개량주의자(이광수·최남선·최린), 민족주의 우파(이상재·권동진·안재홍), 민족주의 좌파 혹은 사회주의적 민족주의자(홍명희)로 분류했다.(서중석, 「일제시대 사회주의자들의 민족관과 계급관」, 朴玄埰·鄭昌烈 編, 『韓國民族主義論 Ⅲ』, 창작과비평사, 1985, 289~291쪽) 강동진은 민족주의 우파(점진주의자 : 안창호·이광수), 민족주의 좌파(이동휘·여운형)로 구별했다.(강동진, 『日帝의 韓國侵略政策史』, 한길사, 1980, 379~429쪽.)
65) 박찬승·지수걸은 민족개량주의자를 부르주아민족운동의 범주에 포함시켜야 한다고 주장했고, 강동진은 민족개량주의가 민족주의 우파에서 분리된 사이비 민

주의 좌우파가 흥업구락부 내에 공존하고 있었던 것만은 분명한 사실이다.

종래 민족주의 좌우파를 분류하는 기준은 일본에 대한 타협·비타협성과 자치론에 대한 태도, 구체적으로는 신간회 참여 여부였다. 이에 따르면 흥업구락부원들의 대다수는 자치론과는 상대적으로 무관한 반면, 한말 이래 자강운동이나 실력양성론에 가까운 인물들이었다. 그런데 자강운동이나 실력양성론은 어느 특정인의 주의 주장이나 운동이라기보다는 그럴 수밖에 없는 한 시대의 성격을 나타내는 것으로서, 인물·단체·계급·계층에 따라 복합적 성격을 띠었다.66) 나아가 민족개량주의 혹은 민족주의 우파와 민족주의 좌파 간의 경계는 명확하지 않은 면이 있으며, 1930년대에 들어서면서 정치 세력으로서 민족주의 좌파가 존재하지 않는다는 것이 일반적인 설명이다. 이런 측면에 비추어 볼 때 흥업구락부원들 속에는 민족주의적 지향과 대일 타협적 지향이 공존했다고 볼 수 있다.

특히 비타협적 민족주의자의 대표로 거론되는 이상재·안재홍이 처음부터 흥업구락부의 핵심 인물로 활약한 상태에서, 나아가 부원의 선발이 만장일치제에 의해 이루어졌음에도 불구하고, 유성준·정대현 등 친일파로 분류될 수 있는 인물 등이 선출된 것은 흥업구락부에 존재하는 이중적 지향성이 드러난 것으로 볼 수 있다. 흥업구락부에는 이상재·안재홍으로 대표되는 국내의 반일민족주의적 지향성과 이승만과

족주의로 민족주의 우파에 속한다고 보았다. 반면 서중석은 민족개량주의를 민족주의 세력에서 제외해야 한다고 주장했는데, 이 경우 실력양성운동·문화운동·자치운동을 추구한 민족개량주의는 민족독립 부정의 사상으로 규정된다.(서중석,「한말·일제하의 자본주의 근대화론의 성격」,『한국 근현대의 민족문제 연구』, 지식산업사, 1989, 173~174, 188쪽.)

66) 서중석, 위의 논문, 1989, 224쪽.

연대를 통한 민족주의적인 정치·경제적 실력양성운동 지향성이 있었을 뿐만 아니라, 경제적 실력양성론으로 위장된 대일 타협적 성향이 함께 존재했다. 어느 측면이 조직의 주된 성격이었는가 하는 점은 지도부와 정세에 따라 변화했다고 할 수 있다.

이상재와 안재홍이 주도한 초기 단계(1925~27년)에는 반일민족주의적 지향이 전면에 내세워진 반면, 이상재가 사망한 후 윤치호가 조직을 주도한 다음부터, 나아가 만주사변 이후에는 민족주의적 지향이 사라지고 대신 사교구락부의 성격이 강화되었다고 판단된다. 이상재와 안재홍이 홍업구락부를 주도하던 시기에 국내에서는 비타협적 민족주의운동이 고조되고 있었으며, 홍업구락부원들의 사회 활동 역시 활발하게 전개되었다. 이들이 주도하던 만 2년 동안(1925년 3월~1927년 2월) 총 20회의 예회가 개최되어, 홍업구락부 전체 예회 46회의 절반 가량이 이 시기에 집중되었음을 알 수 있다.[67] 또한 이 시기에 부원 확충 작업이 집중적으로 이루어졌다. 이 기간 동안 홍업구락부는 월례회 형식의 정기 집회를 통해 회원 관리와 조직 발전 방안 등을 모색했으며, 이러한 기초 작업은 홍업구락부의 본격적 활동으로 이어질 가능성이 높은 것이었다. 그러나 1927년 들어 조직의 지도자인 이상재가 사망했을 뿐만 아니라 신간회 활동이 전면화됨에 따라, 홍업구락부의 자체 활동보다는 신간회 등 표면 단체의 활동이 활발해졌다. 홍업구락부의 준비 활동이나 대외 활동이 더 이상 진척되지 못하는 상태가 된 것이었다. 나아가 비타협적 민족주의자의 대표적 인물이었던 이상재의 후임 윤치호는 대일 타협적 성향이 강했고, 조직의 지도자로 적합한 인물이 아니었다. 1932년을 기점으로 홍업구락부의 활동이 급전직하하게 된 데는 만주사변으로 대표되는 정세의 악화, 타협적 지도부의 등장이

---

67) 홍업구락부의 예회 상황에 대해서는 부록 [별표 1]을 참조.

큰 역할을 했다. 이에 따라 회원들 내부에 존재하던 현실 순응적 경향이 더욱 큰 목소리를 얻게 된 것으로 판단된다. 비타협적 지도부라는 구심력을 잃은 흥업구락부는 기호 출신 기독교 지식인의 사교구락부적 성격이 훨씬 강화되었다. 이후 흥업구락부는 정치노선보다는 지역 배경과 인간 관계, 종교적 유대의식이 보다 큰 의미를 지니게 되었다.

한편 흥업구락부 예회에서 추천된 부원 후보자 가운데 총 44명이 부원으로 선출되지 못했다. 부원 선발이 만장일치의 방식을 택했기 때문에, 최대 4차례까지 추천되었음에도 불구하고 선출되지 못한 경우도 있었다. 그런데 이들 후보 추천자 중 탈락자들의 명단은 흥업구락부의 경향성 및 친분 관계를 보여준다. 이들은 부원이 아니었을 뿐, 흥업구락부의 영향권에 있던 사람들이었다.

총 44명의 탈락자 가운데에는 권동진·최남선 등 3·1운동 중심인물이 포함된 반면, 윤종식(府議) 등 친일파도 포함되어 있다. 또한 조만식·이종린 등 민족주의자들뿐만 아니라, 백남운·허헌 등 좌파 계열의 인사들도 여러 차례에 걸쳐 추천되었다. 탈락자 가운데 송언용·우홍태·윤치왕·이관용 등은 이승만과 개인적인 친분이 있는 사람들이었으며,[68] 비부원으로 흥업구락부와 긴밀한 관계를 맺었던 대표적 인물이기도 했다.

---

68) 宋彥用은 이승만이 동지로 인정해 이상재에게 자신의 비밀편지를 보여주라 한 인물이며[「李承晚 → 李商在」(1920년 6월 23일)], 禹興泰는 미주에서 이승만과 편지를 주고받았을 뿐만 아니라 이승만의 입장에서 국민대표회에 반대하는 운동에 참가하기도 했다[「禹興泰 → 李承晚」(?1922년 5월 18일; 8월 18일), 『雩南李承晚文書』 제17권, 368~369쪽;「禹興泰 → 조오홍」(1921년 6월 9일), 같은 책 18권, 497~499쪽;「禹興泰 → 신형호」(1922년 8월 23일);「李承晚 →禹興泰」(?1922년 6월 2일), 같은 책 16권, 130쪽.] 尹致旺은 미주 유학 과정에서, 그리고 李灌鎔은 파리강화회의 당시 이승만과 연락을 주고받은 인연을 가지고 있다.

표 8-3. 흥업구락부 부원 후보 추천자 중 탈락자

이름	추천회수	추천 당시 직책	이름	추천회수	추천 당시 직책
權東鎭	2회	천도교구파 간부 ·독립선언 33인	李甲秀	4회	의사
金冠柱	1회	함흥 영생고보 교장	李灌鎔*	3회	조선일보사원
金炳翼	1회	?	李錫源	2회	목사
金思牧	2회	목사	李用霖	3회	실업가
金溶埰	4회	의사	李寅榮	1회	基靑 간사
金贊興	1회	?	李鍾麟	2회	천도교구파 간부
金忠鎭	2회	개성 好壽敦여고보 교사	李鍾泰	2회	당시 상업은행 종로지점장
閔泰瑗	1회	신문사원	李憲寧	3회	대지주·자산가
閔熙植	2회	대지주	李興柱	3회	?
朴有鎭	2회	조선일보사원	鄭聖宗	1회	基靑 간사
方奎煥	3회	의사	鄭寅普	3회	연전교수
白南雲	1회	연전 상과 교수	鄭泰應	1회	大英 聖公會사무원
宋彥用*	3회	세브란스의전 서무간사	趙南稷	3회	당시 동일은행원
申基俊	1회	연전교수 (ㅁ上海 交通大學 교수)	曺晩植	1회	평양·조선기독교연합회 위원
申弼浩	1회	의사	崔南善	3회	ㅁ만주국립대교수· 독립선언기초
沈明燮	2회	목사	崔在鶴	1회	대영성공회 서기
嚴柱益	3회	양정고보 교장	崔興琮	3회	목사
吳漢泳	2회	세브란스의전 교수	韓翊洙	2회	總理院 회계
玉璿珍	2회	보성전문 교수	許憲	3회	변호사
禹興泰*	2회	실업가	洪命憙	2회	조선일보 간부
尹宗植	3회	ㅁ府議	洪秉璇	3회	청년회간사
尹致旺*	2회	세브란스부인과장(윤치호의 동생)	洪錫厚	3회	세브란스의전 교수(의사)

[출전] 흥업구락부 예회 상황을 종합해 작성.[(京西高秘 第3213號／5)(昭和 13年 8月)(京城西大門警察署長 → 京畿道警察部長·京城地方法院檢事正),「民族革命ヲ目的トスル同志會(秘密結社興業俱樂部)事件檢擧ニ關スル件(對 5月 21日 京西高秘 第3213號／4.)〕
1. * 표는 이승만과 개인적인 친분이 있는 사람.
2. ㅁ 표는 검거 당시 직책.

탈락된 인사들의 직업별 분포도 연전·세브란스 교수(7명), 의사(4명), 목사(4명), 교육자(6명), 언론인(3명) 등 기존 회원의 직업 분포와 유사했다. 이는 흥업구락부의 국내 기반이 기독교 중심의 사회 명망가·지도층 중심이었음을 반증하는 것이었다.

특기할 사항은 탈락자 중 천도교 간부인 권동진·이종린이 각각 두 차례 추천되었고, 서북파의 거두인 조만식이 한 차례 추천되었다는 사실이다. 이들이 비록 부원으로 선발되지는 않았으나, 이들을 추천한 것은 흥업구락부가 자신의 종교·지역적 기반을 확대하려는 시도의 일환이었다.

흥업구락부 부원으로 선발되었을 때 거부 의사를 밝힌 경우는 양주삼이 유일했는데, 만약 탈락된 이들이 부원으로 추천되었을 경우 거부했을 가능성은 거의 없다. 따라서 넓은 범위에서 이들은 흥업구락부의 세력권 내에 있었으며, 실력양성론에 기초한 이승만과의 연계에 동의할 수 있는 세력이었다.

한편 일제 심문 과정에서 윤치영은 흥업구락부원은 아니지만 흥업구락부의 영향하에 있는 서울 거주자의 명단을 진술한 적이 있다. 이를 정리하면 표 8-4와 같다.

여기서 주목되는 점은 동아일보-보성전문-경성방직 계열의 핵심 인물인 김성수·송진우·백관수가 포함되어 있다는 사실이다. 흥업구락부 사건에 대한 최초의 보고인 1938년 5월 18일자 서대문경찰서장의 보고에 따르면, 윤치영은 분명히 유억겸·백관수·송진우·김양수 등이 모두 동지회원으로 범태평양회의나 기독교청년회 등에 참가했다고 진술했다.[69] 더 상세하게 취조한 결과, 서울에 거주하는 동지회원은 신흥우·구자옥·백관수·김도연·유억겸·김양수·장덕수·김성수·김활란·홍병선 등이며, 이들이 흥업구락부를 조직한 것으로 파악되었다. 그러나 김성수·백관수·송진우는 흥업구락부 사건과 관련해 조사받거나 처벌

---

69) (京西高秘 第3213號 / 4) (昭和 13년 5월 18일), 「延禧專門學校學內組織ニ關スル件」, [尹致暎 / 供述(昭和11年米國から歸還) / 槪要.]

표 8-4. 윤치영이 진술한 흥업구락부 예하 3개 그룹 포섭자

俞億兼그룹 延專友愛會(經濟研究會·數物研究會·文友會)		申興雨그룹	
具滋玉	목사	金永燮	감리사
金度演	금융업	金宇鍾	목사
金東成	식당	金裕淳	불명
金良洙	광산업	金弼淳	목사
金活蘭	梨專부 교장	朴淵瑞	목사
盧東奎	연전 교수	朴仁德	무직
白寬洙	東亞日報 社長	沈明燮	목사
白南雲	연전 교수	俞珏卿	制節會長
卞榮魯	식당	任永信	재미(1940년 귀국)
宋鎭禹	前 東亞日報 社長	張德秀	普專 강사
俞億兼	연전 부교장	張龍河	배재부 교장
尹致暎	基靑幹事	尹致昊그룹	
李順鐸	延專 상과장	金性洙	보전 교장
鄭光鉉	연전 교수	金俊玉	송도고보 교장
洪翼範	불명	尹致昊	中基靑 회장
기타 : 葛弘基(美), 白樂濬(美), 李卯默(美), 李敦河(東京 영문), 李源喆(美), 鄭寅普(한학), 崔淳周(美), 崔鉉培(京都 철학), 玄濟明(美), 洪承國(美)		尹弘燮	무직
		崔奎南	연전 강사
		崔淳周	연전 강사
		洪秉璇	목사

[출전] ① 「延禧專門學校學內組織ニ關スル件」(昭和13년 5월 21일 발송) ; (京西高秘 제3213호-4) (昭和13년 5월 18일) 「延禧專門學校學內組織ニ關スル件」 ② 「改題延禧專門學校經濟研究會關係者檢擧ノ件」(昭和13년 5월 23일 발송)을 종합해 작성.
[비고] 기타는 출전 ②에서 확인되는 중요 인물이며, 이밖에도 연희전문 출신 延專友愛會 인사로 17명이 더 확인된다.

받지 않았다.70)

앞서 살펴본 것처럼 송진우는 신흥우·유억겸·김양수·김종철과 함

---

70) 김활란은 1938년 9월 8일과 10일 두 차례에 걸쳐 서대문경찰서의 심문을 받았고, 홍병선은 적극신앙단 관련으로 구속되었다.(『尹致昊日記』 1938년 9월 9일, 10일자.)

께 1925년 제1차 태평양회의에 참가해 이승만을 만났으며, 자치론을 둘러싼 의견을 교환했다. 이때 이미 신홍우·유억겸은 홍업구락부원이었고, 김양수·김종철은 유학차 미국에 잔류해서 모두 동지회 회원이 되었다.

송진우는 메이지대(明治大) 재학 중이던 1912년에 동경에서 미국으로 망명하는 이승만을 만난 지 13년 만에 이승만을 다시 만났다. 이때 자치론과 실력양성론을 중심으로 송진우가 이승만과 가진 교감은 단순한 감정상의 문제가 아니라, 세계 정세관·정치노선·사상적 지향 등의 유사성에서 오는 정치·사상적 동질감이었을 것으로 보인다.71)

백관수는 이상재가 사장으로 있던 『조선일보』의 편집인 자격으로 1927년 제2차 태평양회의에 참가했다.72) 김현구는 백관수가 신간회 간부이며 '我方 동지 중 1인인 듯'하다고 이승만에게 보고했고,73) 백관수는 태평양회의에 참가한 후 이승만에게 문안 편지를 보내기도 했다.74)

김성수·백관수·송진우는 1928년 8월 20일을 전후한 시점에서 이승만에게 편지를 보냈는데, 이 편지는 하와이 와히아와 한인교회에 목사로 부임하기 위해 그해 9월 도미한 박동완 편에 보내졌을 가능성이 높다.75) 감리교 목사이자 33인의 한 명인 박동완은 홍업구락부원이었다.

---

71) 일제시대 송진우의 노선에 대해서는 沈在昱, 「古下 宋鎭禹의 思想과 活動研究」, 동국대 사학과 석사학위논문, 1996 ; 김기주, 「고하 송진우의 민족교육사상과 교육활동」, 『전남사학』 11, 1997 ; 윤덕영, 「고하 송진우의 생애와 활동」, 『한국현대사인물연구 2』, 백산서당, 1999를 참조.

72) 白寬洙, 「太平洋問題研究會와 朝鮮會員團體와의 關係」(1929년 10월 28일), 尹在根, 『芹村白寬洙』, 東亞日報社, 1996, 327쪽에서 재인용.

73) 「金鉉九 → 李承晩」(?1927년 7월 18일), 『雩南李承晩文書』 제16권, 580~581쪽.

74) 「白寬洙 → 李承晩」(1928년 8월 28일), 『雩南李承晩文書』 제17권, 79~84쪽.

75) 「金性洙 → 李承晩」(?1928년 8월 23일), 『雩南李承晩文書』 제16권, 374~375쪽 ; 「宋鎭禹 → 李承晩」(1928년 8월 22일), 『雩南李承晩文書』 제17권, 137쪽.

한편 김양수에 대해 이승만은 분명한 신뢰를 보냈다. 미주 한인 사회에서 김양수의 노선에 대해 의혹이 일자 이승만은 "김군(金良洙-인용자)은 우리의 절대적인 동지인 만큼 무슨 의려(疑慮)가 있겠습니까? 우리 동지 간에 혹 서로 의심하거나 서로 공박하는 폐단이 있는데 이는 참으로 우리 측의 큰 약점이며 그 점을 우려하여 탄식하여 마지않는 바입니다"라고 할 정도였다.76)

한 가지 주목할 점은 김성수·백관수·송진우와 함께 동아일보-보성전문 그룹으로 활동했으며, 해방 후에는 한국민주당의 중심인물이 된 허정·장덕수·김양수·김도연 등이 모두 동지회 회원이었고 이승만의 열렬한 지지자였다는 사실이다.77) 즉, 동아일보-보성전문 그룹은 이승만과의 개인적 접촉뿐만 아니라, 정치노선·사상적 지향의 유사성에서 비롯된 정치·사상적 동질감, 흥업구락부·동지회의 경험 등을 통해 이승만과의 연계 고리를 갖고 있었다. 특히 상해 임시정부 대통령이라는 명망 외에도 흥업구락부·동지회라는 구체적 조직을 통한 수직적 연계의 경험은, 해방 후 자연스럽게 이승만을 지주(支柱)로 하는 우익 진영의 결집을 가능하게 했을 것이다.

이상과 같이 흥업구락부 및 기독교를 중심으로 한 세력, 귀국한 동지회원, 동아일보·보성전문 그룹 등이 이승만의 국내 지지 기반이었다고 할 수 있다. 그런데 1920~30년대 국내에서는 민족주의 좌우파의 분류, 혹은 비타협·타협적 민족주의자의 분류가 가능하지만, 국외 이승만과의 관계에서 볼 때 민족주의 세력 내부에 존재하는 다양한 사상적 지향과 방법론은 큰 차이가 될 수 없었다. 가장 큰 이유는 국내에서

---

76) 「李承晚 → 金鉉九?」(1929년 3월 9일), 『雩南李承晚文書』 제16권, 29~30쪽.
77) 허정·장덕수·김양수는 1928년부터 1930년까지 뉴욕에서 洪得洙·宋世仁·李奉洙와 함께 『三一新報』라는 주간신문을 발행했다. 이 신문은 이승만을 지지하였고, 재원은 비밀결사 大光이 제공했다.(김원용, 앞의 책, 272쪽.)

이승만의 정치·사상적 지향성 혹은 민족주의적 성향을 검증할 수 없었기 때문이며, 이승만 또한 타협·비타협적 민족주의자를 구분하지 않고 관계를 맺었기 때문이다.

일제시대에는 이승만과의 관계에 있어서 민족개량주의 세력과 비타협적 민족주의 세력 혹은 민족주의 좌파 사이의 차이가 중요하지 않았으나, 해방 후에는 상황이 변화했다. 일제시대 이승만의 지지 세력이었던 안재홍·이만규 등 민족주의 좌파에 속하는 인물들은 해방 후 이승만과 분리된 반면, 대부분의 개량주의 세력은 한민당을 중심으로 단정 세력을 형성했기 때문이다.[78]

흥업구락부의 조직 체계는 창립부터 발각 때까지 변동이 없었다. 부장—회계(2명)—간사(2명)의 체제가 그대로 유지되었는데, 1927년 3월 초대부장 이상재가 사망한 후 윤치호가 부장이 되어 1938년까지 부장직을 유지했다. 회계는 윤치호·장두현·박승철·김일선·이만규 등으로 이어졌고, 간사는 이갑성·구자옥·이만규·김응집 등이 맡았다.

흥업구락부는 그 출발이 이상재·신흥우와 이승만의 연계에서 시작되었을 뿐만 아니라, 활동과 운영의 성쇠에도 역시 두 사람의 역할이 크게 작용했다. 먼저 이상재는 국내 민족주의 진영의 좌장이자 흥업구락부의 부장으로서, 또한 최고 연장자로서 흥업구락부원들 내부의 개량주의 내지 타협적 세력의 성장을 제어하고, 흥업구락부가 민족운동의 방향으로 기능할 수 있도록 조정하는 역할을 담당했다.

흥업구락부의 조직 과정 및 운영에서 가장 적극적이고 활동적인 모습을 보여준 것은 신흥우였다. 신흥우는 흥업구락부의 조직 관리를 위

---

[78] 해방 후와 관련해서, 서중석은 이승만의 국내 지지 기반을 민족개량주의로 파악하며, 민족개량주의가 해방 후 중경 임정 추대운동—단정운동의 인적·물적 배경을 이룬다고 주장했다.(서중석, 『현대한국민족운동연구』, 역사비평사, 1991, 60~61, 604~605쪽.)

표 8-5. 흥업구락부 간부진의 변화

	부장	회계	간사
창립당시(1925. 3)	이상재	윤치호·장두현	이갑성·구자옥
1차 개편(1927. 5)	윤치호	박승철	이만규·구자옥
2차 개편(1931. 3)	윤치호	박승철	이만규·김응집
검거당시(1938. 5)	윤치호	박승철·이만규	구자옥

[출전] 「民族革命ヲ目的トスル同志會(秘密結社興業俱樂部)事件檢擧ニ關スル件」.(京西高秘 第3213號ノ5)(昭和13년 8월.)

해 여러 가지 방안을 시도했다. 먼저 신입 부원들에 대한 오리엔테이션을 통해 흥업구락부의 조직적 기초를 다지기 위해 통지위원제도의 실시(1926년 9월)를 제안했고, 또한 만장일치를 통한 신입 부원 선발의 문제점을 해결하기 위해 전형위원회 설치(1928년 12월)를 제안하기도 했다. 나아가 신흥우는 흥업구락부가 동지 획득·운동자금 모집과 정기 집회를 개최하는 수준에서 한 걸음 더 나아가 사상적 지향을 일치시키고 조직적 훈련을 하기 위해 각자 특정한 주제를 연구해 발표하는 수양담화회를 개최하자고 제안(1928년 11월)했다. 또한 신흥우는 1929년 8월 기독교·사회문화단체 및 지방에 흥업구락부의 지부를 설치하자는 제안을 하기도 했다. 그러나 전형위원회·수양담화회·지부 문제 등은 모두 흥업구락부 회의에서 실시가 결정되었지만, 단 한 번도 실현되지 않았다. 신흥우는 1931년 11월 5만원을 투자해 흥업구락부 내에 산업부를 설치하여 본격적인 활동을 벌이자고 제안했으나, 윤치호·장두현이 자금 출연을 거부해 산업부 설치가 무산되었다. 이에 격분한 신흥우는 1932년 10월 아무런 활동도 하지 않는 흥업구락부의 해체를 주장한 후 흥업구락부를 떠났다. 신흥우가 탈퇴한 이후 흥업구락부는 모든 정치적 색채와 논의를 배제한 사교구락부로 성격이 확정되었다.

3. 흥업구락부의 활동

1) 조직 확대·운동자금 조성

흥업구락부가 발각되었을 때 일제는 흥업구락부가 각 계급의 지도자를 획득하는 한편 파벌을 방지하기 위해 엄선주의를 취한 관계로 그 인원은 50명이 안 되는 소수이지만, 종교계·교육계·언론계의 우두머리들로 구성되었다고 평가했다.79) 일제는 흥업구락부의 활동에 대해서 46차례의 회합, 운동자금 조성, 동지 획득일 뿐 외부 활동은 없었으며, 만주사변 이후 "내선일체의 풍조"에 눌려 그 존재가 유명무실해졌다고 했다.

흥업구락부의 활동은 정기 모임, 조직원 확보, 활동 자금 모집이었고, 직접적인 대외 활동은 전무했다. 또한 출발 시점에서는 장래의 독립운동을 위해 실력을 비축한다고 했지만, 실제로 이를 위한 준비 활동은 없었다. 즉 흥업구락부는 추구하는 노선이 준비론·실력양성론이었을 뿐만 아니라, 스스로도 조직을 준비하고 정비하는 수준에서 종결된 조직이었다고 해도 과언이 아니었다. 신흥우는 검찰 조사 과정에서 최초에는 국제연맹 등 외국의 힘에 의지해 독립을 촉진시킬 생각이었으나, 외력(外力)을 믿을 수 없음이 판명되어 "조선 민중 전체가 학문적·경제적 실력양성에 힘을 기울이고, 독립의식을 주입 고취함으로써 종합적 실력에 의하여 어떤 시기에 조선의 독립을 실현하려" 했다고 진술했다. 그러나 독립의 시기가 언제인가 하는 검사의 질문에 신흥우

---

79)「同志會及興業俱樂部の眞相」,『思想彙報』제16호(1938년 9월), 73~91쪽.

는 미지수라고 대답했다.80)

　홍업구락부의 최대 활동은 이승만과의 조직적인 연락이었고, 이를 통해 자신들이 민족운동에 가담하고 있다는 환상을 갖게 되었다.81) 그러나 홍업구락부가 독립운동 단체 혹은 동지회의 지부라는 의식은 이상재가 사망한 1927년을 정점으로 서서히 축소된 반면, 기호파 기독교 엘리트의 사교구락부 성격은 더욱 강화되기 시작했다. 나아가 신흥우가 주장한 산업부 설치가 거부된 1932년 이후, 실제로 홍업구락부의 활동은 종료된 것이나 다름없었다. 1938년 검거 당시 홍업구락부는, 간부진들이 조직 해체를 결의하고 그동안 모은 운동자금으로 구입한 토지의 매매를 추진하던 상황에 놓여 있었다.82)

　홍업구락부는 조직 이후 1937년까지 46회의 예회를 개최했다. 예회에서는 새로운 부원 확보 및 후보자 추천, 활동 자금 상황 보고가 이루어졌고, 때에 따라 동지회와의 연락 상황, 태평양회의 출석 상황, 지방의 지부 설치 등 당면 문제를 협의했다. 예회는 홍업구락부 활동의 가장 중심적인 활동이었다. 연도별 예회의 상황을 정리하면 표 8-6과 같다.

　예회의 상황을 보면 이상재가 생존해 있던 1925~26년도에 활동이 가장 활발했음을 알 수 있다.([별표1] 참조) 일제의 심문 기록처럼 1927~28년을 기점으로 예회 수가 감소하는 것은 홍업구락부원들이 여러 기독교 및 문화단체에 참가하는 등 사회 활동이 활발해진 데 따른 것으로 볼 수 있다. 1932년 이후 예회가 매년 1회로 축소된 것은 일제의

---

80) 「申興雨ニ對する檢事ノ訊問調書」, 위의 책, 126~153쪽.
81) 具滋玉, 「興業俱樂部ニ對スル感想ト現在ノ心境」.
82) 유억겸·구자옥·이관구는 홍업구락부가 1937년 겨울부터 해체를 고려하고 있었다고 진술했다.[(昭和 13年 9月 5日), 「同志會(秘密結社興業俱樂部)ノ聲明書案ニ關スル件」.]

표 8-6. 흥업구락부의 연도별 예회 상황

연도	1925	1926	1927	1928	1929	1930	1931
예회 수	9	10	5	6	4	3	3
참석자 수	109	169	79	105	61	43	24
1932	1933	1934	1935	1936	1937	합계	1회 평균 참가자
1	1	1	1	1	1	46	
13	15	17	19	14	17	685	14.8명

[출전] 「民族革命ヲ目的トスル同志會(秘密結社興業俱樂部)事件檢擧ニ關スル件」(地檢秘 제 1253호) (昭和 13년 8월 9일.)

대륙 진출 등 정세의 영향과, 신흥우가 흥업구락부를 탈퇴하면서 적극 신앙단을 조직하는 등, 파벌 투쟁에 따라 운동의 열의가 상실된 데 기인한 것이었다.

다음으로 흥업구락부는 조직 목적 중 하나가 경제적 실력양성운동을 통해 동지회와 정치·경제적 연대를 취하는 것이었기 때문에, 설립 직후부터 운동자금 확보에 주력했다. 이승만은 동지회를 결성한 후 동지회의 산업부로 동지식산회사를 설립했고, 경제적 실력양성 및 국내와의 무역을 구상하고 있었는데, 흥업구락부는 이러한 이승만의 노선을 따르려 했다.

먼저 산업과 무역을 위한 적당한 자금의 축적을 위해 흥업구락부는 갹출금(股本金)과 월연금(月捐金)을 모집했다. 1925년부터 축적된 금액은 1938년 검거 당시 2,400원에 달했다.[83] 1934년 이 자금을 활용하는 방안을 논의하는 과정에서 이건춘은 신촌에 있는 농민수양소의 구입을 제안했는데, 이는 1932년 윤치호의 주장으로 신흥우·홍병선이 농촌지도자 양성을 목적으로 설치한 것이었다.[84] 그러나 신흥우가 흥업구

---

83) 「興業俱樂部事件の檢擧狀況」, 朝鮮總督府警務局, 『最近に於ける朝鮮治安狀況』, 1938.

락부를 탈퇴한 후 농민수양소를 구입하는 대신에, 회계 박승철이 중심이 되어 1934년 봄과 가을 두 차례에 걸쳐 경기도 연천군 통현리 소재 전답을 매입했다.85)

그런데 이러한 적은 금액의 저축으로는 최초에 목표한 실업 부흥은 불가능한 것이었기 때문에, 신흥우는 흥업구락부 내에 독자적인 산업부를 둘 것을 제안했다. 흥업구락부의 출범 직후부터 신흥우는 동지회 산업부인 동지식산회사와의 연대를 모색하기 위해 노력했고, 1925·1928·1929년 세 차례에 걸쳐 하와이를 방문한 후 동지식산회사의 구체적인 상황을 흥업구락부에 보고했다. 그러나 동지식산회사가 자금난으로 어려움에 처해 있었기에 즉각적인 연대 사업은 어려웠다.

그러던 중 1931년 신흥우는 시카고에서 김경(金慶)을 만났다. 김경은 1932년 가을 시카고에서 박람회가 개최될 때 조선 특산물이나 골동품 등을 판매하면 많은 이익을 얻을 수 있을 것이라고 했고, 동지회 간부인 안원규 역시 재미 한인이 있기 때문에 한국 물산을 수출하면 상당한 이익이 있을 것이라고 했다. 여기서 신흥우는 구체적인 아이디어를 얻었다. 동지회 산업부인 동지식산회사를 모방하여, 흥업구락부 내에 산업부를 설립한 후 미주와 무역을 통해 한국 독립 완성의 비용을 충당하겠다는 생각을 갖게 된 것이다.86)

신흥우는 귀국 직후 구자옥·현동완·김응집 등과 수차례에 걸쳐 산업부 설치 계획을 위해 사전 정지 작업을 했다. 그 결과 5만 원을 출자

---

84) 「申興雨に對する檢事の訊問調書」, 앞의 책, 126~153쪽.
85) 흥업구락부원의 운동자금은 1938년 9월 3일 흥업구락부 해산 성명과 동시에 서대문경찰서를 통해 국방비로 헌납되었다.[(昭和 13年 9月 2日), 「同志會(秘密結社興業俱樂部)ノ聲明書案ニ關スル件」; (昭和 13年 12月 10일), 「興業俱樂部員ノ國防獻金ニ關スル件.)]
86) 「申興雨に對する檢事の訊問調書」, 앞의 책, 126~153쪽.

표 8-7. 신흥우의 동지식산회사·산업부 관련 도미 결과

연 도	방문지	면담자	면담내용
1925	하와이	이승만	동지식산회사, 토지 개간, 벌목, 조선 가구 제작
1928	하와이	이승만	동지회 산업부, 삼림 벌채·토지 개간 중이나 자금 결핍·사업 부진으로 난관
1929	하와이	김노디	동지식산회사의 자금난, 기독학원의 경제 상황 어려움
1931	시카고	김 경	1932 시카고박람회 때 조선 특산물·골동품 출품 제안

하며, 그 중 윤치호가 2만 원, 김일선 1만 원, 장두현 1만 원, 나머지 부원이 잔액 1만 원을 부담한다는 계획이 수립되었다.[87]

이러한 사전 정지 작업에 기초해 신흥우는 1931년 11월 23일 제40회 예회에서 이미 합의한 대로 산업부를 설립하자고 제의했다. 신흥우는 "흥업구락부는 조직과 동시에 산업부를 설치해 하와이 동지회 본부의 산업부와 무역을 하는 동시에 운동자금도 조성하려고 그간 연락을 취했고, 시기를 보아 대업 성취를 위해 내외 호응해 일제히 봉기할 것에 대해서는 최초부터 이승만과 타합(打合)이 있었으나 자금 관계로 이를 실행하지 못하고 있는 것은 실로 유감"이라며, 만주사변 직후의 정세를 맞아 흥업구락부의 운동을 발전시킬 절호의 기회가 왔으므로, 5만 원을 투자해 산업부를 설치하자고 제안했다. 참석자들은 모두 찬성했고, 윤치호는 자금 갹출 방법 모색을 위해 연구위원(신흥우·김웅집·구자옥·박승철)을 두자고 제안했다.

신흥우는 자금줄인 윤치호·김일선·장두현을 설득하기 위해 이들과 친한 현동완과 김웅집을 동원했으나, 이들은 부담액이 크다며 모두 거절했다. 12월 중순 신흥우는 직접 윤치호 등을 방문해 출자를 권유했

---

87) (京西高秘 제3213호/5) (昭和 13년 8월), 「民族革命ヲ目的トスル同志會(秘密結社興業俱樂部)事件檢擧ニ關スル件」(對 5월 21일 京西高秘 제3213호/4).

으나, 윤치호는 "수백 원이라면 몰라도 수만 원이란 대금(大金)을 현금으로 내놓는 것은 불가능하다"라며 거절했다. 윤치호 등의 출자 거부에 신흥우는 격분했고, 이후 양자의 관계는 악화되었다.[88] 산업부 설치를 둘러싼 대립은 흥업구락부 내외에서 신흥우와 여타 흥업구락부원 간의 파벌 투쟁이 빚어지는 원인이 되었다.

신흥우는 1932년 10월 15일 제41회 예회에서 산업부 설치도 실현하지 못할 정도라면 차라리 흥업구락부를 해산하자며, 흥업구락부 해체를 제안했다. 박승철·김응집 등 일부는 이에 찬성했지만, 유억겸·구자옥 등 대다수는 존속설을 주장하며 해체에 반대했다. 이후 신흥우는 흥업구락부를 떠나서 적극신앙단이라는 파시스트 종교조직으로 방향을 선회했다.[89]

2) 이승만과의 연락·연대

한편 흥업구락부는 동지회의 국내 자매단체로서 동지회와의 연락을 중시했다. 검찰 심문 과정에서 신흥우는 자신이 동지회의 국내지부를 만들라는 이승만의 지령을 받지도 않았고, 동지회의 지부도 아니라고 부인했다.[90] 그러나 신흥우는 이승만과 이심전심으로 동지회의 정신을

---

88) 「民族革命ヲ目的トスル同志會(秘密結社興業俱樂部)事件檢擧ニ關スル件」(京西高秘 第3213號ノ5)(昭和 13년 8월.)
89) 적극신앙단에 대해서는 김승태, 「積極信仰團 사건」, 『한국기독교의 역사적 반성』, 다산글방, 1994(「積極信仰團事件」, 『韓國基督敎史研究』 20호의 수정판), 1988 ; 김상태, 「일제하 申興雨의 '社會福音主義'와 民族運動論」, 『역사문제연구』 창간호, 역사문제연구소, 1996 ; 野田晶子, 「申興雨의 民族運動과 '變節'에 관한 硏究」, 성신여대대학원 석사학위논문, 1998 ; 김권정, 「1920~30年代 申興雨의 基督敎 民族運動」, 『한국민족운동사연구』 21집, 1999를 참조.

참작하여 한국 내에 연장 단체를 만들려고 했으며, "첫째, 조선 독립을 근본적으로 염원하고 있는 점, 둘째, 조선 민족의 경제적 충실에 힘을 기울이는 점, 셋째, 상호부조를 강조하고 파벌 투쟁의 멸절(滅絕)을 높이 부르짖고 있는 점"에서 두 단체가 동일한 정신을 가지고 있다고 밝혔다. 특히 동지회의 정강 제2·3조와 흥업구락부 규약 제2조가 이를 드러내준다고 진술했다. 신흥우는 흥업구락부가 "형식적으로 동지회의 한 지부는 아니지만 정신적으로 동지회 계통"이라고 했으며, "다만 정신적으로 동일 계통에 속하고 있고 연락을 취하고 있는" 관계로 동지회에서는 흥업구락부에 대해 단 한 번도 지령이 온 적이 없다고 밝혔다.91)

그럼에도 불구하고 흥업구락부에게 이승만 및 동지회와의 연락 관계 수립은 매우 중요한 것이었다. 흥업구락부 측에서 볼 때 이승만과의 연락·연대 관계 유지는 독립운동 참가의 희망과 가능성을 열어놓는 것이었고,92) 다른 한편으로는 자본주의적 발전의 돌파구로 활용할 수도 있는 것이었다.

흥업구락부와 이승만의 연락은 주로 신흥우에 의해 이루어졌다. 신흥우는 기독교 관련 국제회의에 참석한다는 명목으로 도미해서 이승만과 연락을 취했고, 귀국 후 예회 등의 자리에서 일반부원에게 접촉 결과를 모두 전달했다. 이러한 공유 작업은 흥업구락부 예회에서 가장

---

90) 「申興雨に對する檢事の訊問調書」, 앞의 책, 126~153쪽.
91) 위와 같음.
92) 신흥우는 흥업구락부 조직 당시 자신의 착오점을 지적하며 이렇게 술회했다. "외국에서 조선독립을 목적으로 맹활동을 하는 友人 이승만을 개인적으로 친교함으로써 서로 사업적으로 원조하는 데 정도를 넘어선 바가 오류의 출발점이었다. 저들 재외 동지회원과 사업적으로 연락 원조를 행하면 자기도 물론 독립운동자의 가능성이 있는 것은 면하지 못할 사실이었다."[「興業俱樂部ニ對スル感想卜現在ノ心境(申興雨)」(昭和 13年 9月 5日), 「同志會(秘密結社興業俱樂部)ノ聲明書案ニ關スル件」.]

표 8-8. 흥업구락부와 이승만의 연락·연대 관계

연월	명목	접촉 장소	참석자	접촉자	접촉내용
1925. 7	제1회 태평양회의	미국 하와이	申興雨·兪億兼·宋鎭禹·金良洙·金鍾哲	이승만 ·동지회 간부	신흥우(흥업구락부 조직 보고)·김양수·김종철(동지회 가입)·송진우(이승만과 자치론 협의)
1927. 7	제2회 태평양회의	미국 하와이	兪億兼·白寬洙·金活蘭	이승만 ·동지회 간부	흥업구락부 여비1천 원 제공·흥업구락부 보고
1928. 6	북감리교 4년총회	미국 하와이	申興雨	이승만	흥업구락부 상황 보고 ·동지식산회사 상황 파악
1928. 9	와히아와 교회시무	미국 하와이	朴東完		김일선, 동지회와 연락 및 동지회 연대 당부
1929. 5	기독교사업시찰	미국 하와이	具滋玉	이승만 ·민찬호 ·박동완 ·이태성	흥업구락부 상황 보고 ·동지회 상황 파악 ·뉴욕에서 동지회 입회 ·1931. 6. 신흥우와 함께 귀국
1929. 9	북감리교 선교국 선교강연	중미 각주	申興雨	동지회 뉴욕지부원 ·김노디	동지식산회사 상황 파악
1930. 3.	남감리교 4년총회	미국	李春昊	동지회원(뉴욕)	흥업구락부—동지회 간 연락
1931. 7	세계기독교청년대회	캐나다 토론토	申興雨·兪億兼	김경·안원규·이승만·윤치영	흥업구락부 내 산업부 설치 논의·이승만과 기념사진 (워싱턴)
1932. 5	북감리교 4년 총회 준비회	미국 뉴욕	申興雨	이승만(2차)	이승만 귀국 의사 타진 ·신흥우 교육 사업 ·농촌진흥 사업 설명
1933	호놀룰루 제일한인 감리교회 시무	미국 하와이	林斗華		동지회와 연락 당부
1934	귀국		李容稷		동지회 회원·구미위원부 위원
1935. 4	도미 유학	미국	羅善宋 (연전 졸업)		유억겸 동지회 상황 조사 지시
1937. 6	귀국		尹致暎		동지회 회원·구미위원부 위원

[출전] 「(極高秘)關係者名簿」(地檢秘 제943호)(昭和13년 6월 10일);「民族革命ヲ目的トスル同志會(秘密結社興業俱樂部)事件檢擧ニ關スル件」(地檢秘 제1253호)(昭和13년 8월 9일)

중요한 정치적 의미를 갖는 것이었고, 흥업구락부가 경험한 최대의 비밀 활동이었다. 신흥우 이외에도 유억겸·구자옥·이춘호 등도 이승만과의 연락, 동지회와의 연대를 담당했다. 또한 흥업구락부원 가운데 박동완·임두화 2명이 하와이에 목사 시무차 건너감으로써 흥업구락부와 이승만의 연락을 담당하기도 했다. 이를 정리하면 표 8-8과 같다.

　1925년 제1회 태평양회의는 흥업구락부와 동지회가 최초로 연결되는 기회였다. 신흥우·유억겸은 하와이에 머무는 동안 이승만 등 동지회 간부와 여러 차례 회합하며 흥업구락부 조직 사실과 회원의 성격·직업·사회적 배경, 자금 조성 방법 등을 보고했고, 동지회·흥업구락부의 현황에 대해 서로 정보를 교환했다. 신흥우는 이승만과 양 단체 간의 연락 방법에 대해 합의했는데, 편지나 문서에 의한 방법은 위험하기 때문에, 상세한 보고 연락은 기독교 관계 국제회의를 구실로 인편을 통해 하기로 결정했다.[93] 이승만은 흥업구락부원의 성패가 우수한 분자의 집중 여부에 있다며, 회원 확대를 위해 이미 설립된 기독교계의 문화단체 등에 침투해 지도권을 획득해야 한다는 점 등을 지적했다.[94] 또한 이승만은 운동자금을 가급적 속히 많이 모을 방법을 강구하여 동지회와 산업무역을 할 수 있을 정도로 진전시켜 달라고 주문했다.

　1927년 제2회 태평양회의 때에도 흥업구락부는 유억겸의 여비 1천원을 보조하며 흥업구락부의 상황을 보고하고 동지회의 실정을 보고받았다.[95] 이렇게 국제회의를 빌미로 한 흥업구락부원의 미국·하와이 방문은 1935년까지 거의 매년 지속되었다. 특히 1929년 YMCA 총무로 기독교 시찰을 명목으로 도미한 구자옥은 흥업구락부 상황을 보고하고 동지회 활동 상황을 시찰하는 임무를 지니고 있었는데, 이승만을 만난 후 뉴욕에서 남궁염(南宮炎)·윤병구(尹炳求)의 추천으로 동지회에

---

93) 신흥우가 제5회 예회(1925년 8월 1일)에 보고한 내용.
94) 「申興雨に對する檢事の訊問調書」, 앞의 책.
95) 이승만은 귀국하는 유억겸에게 「太平洋會議 朝鮮代表 兪億兼仁兄」이라고 自署한 木札을 선물했고, 이는 흥업구락부 사건 당시 증거물로 압수되었다.

입회하기까지 했다.

이러한 국제회의를 통한 연락 활동 외에도 홍업구락부원이 하와이로 이주한 경우도 있었다. 1928년의 박동완(朴東完) 목사와 1933년의 임두화(林斗華) 목사가 이에 해당했는데, 두 사람 모두 감리교 목사로 하와이 한인교회의 초청을 받아 도미했다. 특히 33인의 하나였던 박동완 목사는 하와이 와히아와 한인기독교회 목사로 초빙 받아 도미했는데, 와히아와는 이승만이 1918년에 감리교로부터 독립해서 세운 독립교회인 한인기독교회의 지교회였다.96) 도미하는 박동완에게 홍업구락부는 제28회 예회(1928년 7월 20일)에서 동지회와의 연락 유지를 요청했고, 박동완은 1941년 사망할 때까지 와히아와교회에서 봉사했다.97) 박동완은 이승만에게 자신이 국내에서 경험한 홍업구락부 관련 사항을 빠짐없이 전달했음이 분명했다. 임두화 목사는 1933년 호놀룰루 한인제일감리교회 담임목사로 부임차 도미했는데, 이승만이 운영하는 한인기독교회와 사이가 좋지 않던 감리교회로 부임했기 때문에 이승만과 밀접한 관계를 맺지는 않은 것으로 보인다.98)

한편 동지회 회원으로 활동하던 이승만의 측근들이 귀국하여, 홍업구락부에 이승만과 동지회의 상황을 전달했다. 제일 먼저 귀국한 동지회원은 김영섭이었다. 그는 1925년 말 귀국해서 중앙감리교회 목사 및 협성신학 교수로 있었는데, 1926년 3월 홍업구락부원이 되었다. 김영섭은 1910~12년간 이승만의 국내 체류시 이승만과 만났으며, 1920년

---

96) 유동식, 『정동제일교회의 역사 : 1885~1990』, 기독교대한감리회 정동제일교회, 1992, 242쪽.
97) 『新韓民報』 1928년 8월 16일자 ; 1941년 3월 23일자.
98) 임두화는 1944년까지 호놀룰루 한인제일감리교회 담임목사를 지냈고, 이후 샌프란시스코한인감리교회·오클랜드한인감리교회 등지에서 활동했다.(유동식, 『하와이의 한인과 교회 : 그리스도연합감리교회85년사』, 그리스도연합감리교회, 1988, 171~173쪽 ; 『新韓民報』 1938년 8월 24일자 ; 1945년 8월 23일자.)

5월 미국에서 개최된 세계감리교총회에 한국 대표로 참석한 이래 구미위원부에서 일하면서, 이승만과 함께 비밀 조직 '대광'을 조직한 적이 있었다. 앞에서 살펴본 것처럼 대광은 동지회의 전신 격인 단체였으며, 대광 출신인 김영섭은 흥업구락부에 대해 동지회의 역사적 유래와 목적 등을 '독립운동'의 차원에서 설명했다.99)

구미위원부 위원이자 동지회 중앙부 이사로 이승만에게 충성을 다했던 이용직은 1934년 귀국했다.100) 이용직은 1930년 하와이한인기독교회 목사로 재직하던 중 이승만과의 갈등으로 목사직에서 축출되었고, 이후 한길수와도 어울렸으나 결국 귀국할 수밖에 없었다.101) 이용직은 1934년 귀국 직후 2주간 경성 혼마치(本町)경찰서의 취조를 받았으나, 전향을 맹세하고 평양으로 돌아가서 부인과 함께 애희병원(愛喜病院)을 운영했다.102) 이용직은 이후 친일 행각을 벌였지만, 국내 인사들에게 이승만에 대한 정보를 제공했을 가능성이 농후하다.103)

윤치호의 사촌동생 윤치영은 1937년 5월에 귀국했다. 윤치영은 이승만을 '아버지' 혹은 '한국의 아버지(father of Korea)'라고 부르며 "각하의 취하실 길은 집정관 겸 천황 겸 대통령의 지위와 권력을 가져야" 하며,

---

99) 김영섭은 1927~34년간, 1938~43년간 정동교회의 담임목사였으며, 金種宇 목사와 함께 정동교회를 이끌었다.(유동식, 위의 책, 1992, 269~271쪽.)
100) 『雩南李承晚文書』 제17권, 519~532쪽;『朝鮮日報』 1935년 1월 9일자.
101) 이용직은 평양 숭실전문·뉴욕대학·뉴욕대신학원·뉴욕대 의과 등에서 공부한 인텔리로 초기 구미위원부의 핵심이었으며, 동지회의 중심인물이었다. 이에 따라 이승만이 설립한 한인기독교회의 목사로 초빙받았으나, 1930년 교회의 관할권을 둘러싸고 이승만과 대립한 결과 축출되었다.("Rhee's Method" in Kuk Min Hur files ; 김원용, 앞의 책, 161쪽.)
102) 『朝鮮中央日報』 1935년 1월 9일자.
103) (京西高秘 제8147호, 昭和 13年 8月 23日), 「在米同志會關係者(李容稷) ノ最近 ノ動靜 ノ件」. 이후 이용직은 평양에서 金東元·曹晚植 등 민족주의 진영의 오류를 지적하며 전향을 요구했을 뿐만 아니라, 적극적으로 신사참배에 가담하는 등 친일 활동을 했다.

표 8-9. 국내 거주 동지회원 및 경력

	성명	연령	직업	해방 후 경력 (귀국년도)
체포	尹致暎	41	중앙기독교청년회 간사	한민당발기인·이승만비서·민주의원비서국장·제헌의원·초대 내무장관(1935년)
체포	李鍾淵	38	회사원	
	張錫英	45	연전 교수	한민당발기인·민족통일총본부 선전부원
	崔淳周	38	연전 교수	한민당발기인·조선은행이사·조선상공회의소 회두·민주의원 경제전문위원·경성상공회의소부회두·신한공사이사
	尹弘燮	미상	무직	한민당발기인·구왕실사무청 사무장관
	金良洙	미상	지주	한민당발기인·고려청년당발기인·반탁총동원위 중앙위원·민족통일총본부 재정부장·독촉국민회 총무부장·제헌의원
체포	具滋玉	49	중앙기독교청년회 총무	한민당 발기인·애국금헌성회 선전부원·비상국민회의 회원·경기도지사·유엔조선준비위원단환영준비위원회 위원(1931년)
체포	白南七	47	중앙모타즈상회	[해방전 경력]基靑학교영어과·동경조선기독교간사·금릉대학·디트로이트·로녹대학(1932년)
	許 政	미상	미상	한민당발기인·독촉중협전형위원·애국금헌성회회원·민주의원비서·민족통일총본부협의원·제헌의원(1932년)
체포	金永燮	51	목사	한민당원·조선기독교남부대회 부회장(1925년)
체포	申興雨	56	배재중학 임시교장	韓國公論·Union Democrat 간행·주일특명전권대사
	李起鵬	미상	미상	한민당발기인·이승만비서·서울시장(1934년)
	張德秀	미상	보성전문학교 교수	한민당발기인·총무부장·동아일보취체역·비상국민회의주비위원·황해회회장·1947년 피살(1936년)
	李容稷	미상	미상	한민당발기인·미소공위대책정당단체협의회부주석·민족자주연맹 중집위원(1934년)
	尹誠淳	미상	이화전문학교 학감	

[출전] (地檢秘 제1253호) (昭和 13년 8월 9일), 「民族革命ヲ目的トスル同志會(秘密結社興業俱樂部)事件檢擧ニ關スル件」; 基督敎百科事典編纂委員會, 1988, 『基督敎大百科事典』; 『朝鮮日報』·『東亞日報』·『京鄕新聞』 등을 종합.
[비고] 이 명단은 1938년 흥업구락부 사건 당시 경찰·검찰 신문과정에서 구자옥이 밝힌 것이다.

20~30만 달러의 자금을 확보하고 100만 달러를 적립해야 한다고 할 정도로 노골적인 이승만의 추종자였다.[104] 윤치영은 자신의 귀국 목적

이 재정난을 겪고 있던 이승만에 대한 자금 조달을 위해서였다고 주장했다. 윤치영의 귀국이 이승만과의 사전 협의에 의한 것인지는 분명치 않지만, 윤치영은 이승만 관련 최신 정보를 흥업구락부에 제공했음이 분명했다.[105]

이밖에도 1938년 흥업구락부 사건이 발각되었을 당시, 국내에 거주하고 있던 동지회 회원들은 15명 가량이었다. 이들은 모두 미국 유학생 출신으로 구미위원부·동지회 등에서 이승만을 옹호한 사람들이었다. 이들 중 흥업구락부와 관련을 맺지 않은 사람들도 존재하지만, 이들의 활동 반경은 흥업구락부원들의 활동 반경과 거의 대부분 겹치는 것이었다. 즉 교회·YMCA·학교 등에서 이들은 자연스럽게 흥업구락부원과 동일한 교우 집단을 형성했으며, 이승만에 대한 정보를 공유했다.

이상과 같이 흥업구락부는 끊임없이 다양한 방법을 통해 이승만과 연락·연대를 시도했고, 이승만과 동지회의 실정을 파악하기 위해 노력했다. 반면 이승만은 흥업구락부의 활동에 대한 관심과 연락·연대 관계 수립에 대해 흥업구락부보다 상대적으로 소극적이었다. 이승만은 흥업구락부가 수립된 1925년 이후 국내로부터의 재정적 후원이나 정치적 지원이 필수적인 상황에서 벗어났고, 자급자족의 실력양성에 매진하고 있었다. 나아가 이승만은 1929년 동지식산회사가 파산하고, 1930년 동지미포대회 이후 하와이 사회에서 분쟁에 휩싸임으로써, 더 이상 동지회 활동을 적극적으로 추진할 수 없었다.

---

104) 「尹致暎 → 李承晩」(1928년 1월 4일 ; ?1927년 1월 7일), 『雩南李承晩文書』 제17권, 395~450쪽.
105) 尹致暎, 『尹致暎의 20世紀』, 삼성출판사, 1991, 123, 129, 140쪽. 윤치영은 자신이 흥업구락부의 총간사라고 주장했지만, 흥업구락부의 정식 부원은 아니었다.

3) 기독교 문화단체 내 활동

홍업구락부가 가장 활발한 활동을 벌인 분야는 바로 기독교 계열 문화단체였으며, 이 단체의 주도권을 둘러싸고 흥사단 계열과 치열한 파벌 투쟁을 벌였다. 특히 홍업구락부는 감리교·장로교를 통합하는 조선기독교연합회를 장악했고, 중앙·서울의 YMCA도 장악했다. 조선기독교연합회의 경우 이상재·윤치호가 회장을 지냈고, 신흥우·구자옥이 총무로 활동했다. 조선기독교청년회연합회에는 이상재·윤치호·유성준·유억겸·신흥우·구자옥 등이, 경성중앙기독교청년회에는 윤치호·유억겸·신흥우·구자옥·김일선 등이 핵심 간부직을 맡았다. 원래 중앙기독교청년회는 1925년 간부 중 홍업구락부 계열이 반을, 동우회 계열과 무소속이 반을 차지하여 홍업구락부 대 동우회, 기호파 대 서북파의 대립이 심했으나, 홍업구락부가 무소속 간부를 확보함으로써 실권을 장악했다.

또한 홍업구락부의 핵심 간부인 신흥우·김영섭·정춘수(鄭春洙) 등은 조선기독교감리회를 장악했으며, 각지의 감리교회당에 영향력을 행사했다.106) 나아가 연희전문학교(유억겸·이춘호·홍승국·최현배·백남석·조정환)를 비롯해 경신중학교(안재홍), 배화고등여학교(이강래·이만규·조정환), 중앙중학교(최두선), 보성중학교(정대현), 배재중학교(신흥우·김영섭), 이화여전(유억겸·신흥우·윤치호·김영섭) 등의 학교와 세브란스병원·동대문부인병원의 실권을 장악하고 있었다. 그러나 일제의 기

---

106) 홍업구락부원이 지배한 교회는 다음과 같다. 開城北교회당(오화영), 水標橋교회당(홍종숙·이춘호·현동완), 鐘橋교회당(윤치호·구자옥·이만규·김응집), 貞洞교회당(김영섭·박동완·신흥우·이건춘·육정수), 勝洞교회당(홍병덕), 仁川內里교회당(신흥식), 安國洞교회당(유억겸), 新村교회당(홍승국), 江原道春川교회당.(신석구.)

록이 지적하는 것처럼 이러한 기독교 관련 단체의 장악은 수양동우회와의 파벌적·지역적 대립의 측면이 강한 것이었을 뿐, 정치적·실천적 의미가 있는 것은 아니었다.[107]

한편 '종래 총독 정치에 소극적 반항을 해오던, 민족주의 의식이 농후'한 여러 단체에도 흥업구락부원이 관계했다. 일제는 이 가운데 신간회의 경우에는 회장을 위시해 중요 간부를 전부 흥업구락부원이 점하고 있었으며, "이 단체는 흥업구락부가 사회문화단체를 조직·지도한 최고의 기치를 천명한 유력 단체"였다고 평가했다.[108] 일제의 파악에 따르면, 신간회 창립 당시 흥업구락부원으로 간부가 된 사람으로 이상재(회장), 박동완(재정부장), 신석우(정치부장, 조선일보사원), 김준연(정치부원), 안재홍(조사연구부장) 등이 있었고, 이 밖에도 구자옥·김동성·김영섭·김윤수·김응집·박승철·신흥우·오화영·유성준·유억겸·이갑성·이건춘·이관구·이만규·이춘호·최두선·현동완·홍병덕 등이 참가했다는 점을 강조했다.

이 밖에도 흥업구락부원이 참가한 각종 단체는 표 8-10과 같다.

이들 단체 중 흥업구락부 사건과 관련해 검거·구속자를 낸 단체는 청구회와 수교구락부였다. 청구회에서는 장택상(46세·지주)·변영로(41세·似文食堂主)가 구속되었고, 수교구락부에서는 이의식(38세·의사)이 구속되었다. 한편 우생회(優生會)는 흥업구락부의 행동 반경이 민족주의 계열의 합법적인 활동 공간이었음을 보여주는 사례였다. 우생회에는 송진우(동아)·방응모(조선)·여운형(중앙) 등 3대 신문사 사장이 포

---

107) 「興業俱樂部事件の檢擧狀況」, 朝鮮總督府警務局, 『最近に於ける朝鮮治安狀況』, 1938年 ; 「同志會及興業俱樂部の眞相」, 『思想彙報』 제16호(1938년 9월), 73~91쪽.
108) (地檢秘 제1253호) (昭和 13년 8월 9일), 「民族革命ヲ目的トスル同志會(秘密結社興業俱樂部)事件檢擧ニ關スル件」.

표 8-10. 흥업구락부원이 관계한 사회·문화단체

단체명	조직일	관련자	목적	활동
青丘會	1930. 6	兪億兼·金應集·李寬求·卞榮魯·張澤相·姜世馨·李春昊·尹致暎·李甲秀	민족주의자 의견 교환·회원 친목·단결정신 양성을 목적	매월 예회·회원 획득·1938.5.20 해산·운동 기금 국방 헌금으로 제공
優生會	1932. 8	具滋玉·金應集·金俊淵·李寬求·李甲秀·白麟濟·柳相基·吳漢泳·李榮俊·鄭求忠·劉英俊·朴昌薰·宋鎭禹·方應謨·呂運亨	조선인의 의학상 우생학 원리를 연구·그 지식의 보급·국민체위 향상을 목적	기관지 ≪優生≫발행·강연회 개최(연1회)·좌담회 개최(1933~34)
少年 斥候團 朝鮮 聯盟	1923	李商在·尹致昊(회장)·申興雨·兪億兼(부회장)·具滋玉	민족소년운동 단체	지방세포20·단원4백·조선소년군(趙喆鎬)과 대립·1937 종로서 해산
朝鮮物産 獎勵會	1923	兪星濬(회장)·吳華英(이사)·金應集·玄東完·具滋玉·申興雨	自作自給을 통한 경제적 독립을 도모	조선물산선전강연회 개최·1937. 8월 경찰 해산
朝鮮教育協會	1922	李商在(회장)·兪鎭泰·兪星濬	교육 보급·학교 설립	1938년 4월 임의 해산
水交俱樂部	1932. 2	金應集·李建春·金乙漢·李義植	사회상식 함양·동지 친목·단결정신 양성	기자들의 비밀결사·예회·강연회 개최
우리친목회	1925	李商在·兪星濬·申興雨·尹致昊·安在鴻·吳華英·玄東完·洪鍾肅·洪秉德·李建春	불교·유교·천도교·기독교 등 종교단체와 파벌을 초월한 민족적 단결과 친목을 도모	1938년 2월 종로서 해산
朝鮮日報社		李商在(사장)·安在鴻(주필)·李寬求(정치부장)	신간회 조직 전후, 논조가 거의 민족혁명단체의 기관지를 방불·발행 정지	
朝鮮語學會		崔鉉培·李萬珪	조선어 연구·보급	

[출전] [興業俱樂部ノ基督教文化運動ヲ朝鮮獨立運動ニ利用シタ活動狀況] <民族革命ヲ目的トスル同志會(秘密結社興業俱樂部)事件檢擧ニ關スル件>(京西高秘 第3213號ノ5) (昭和13년 8월)에 수록.

함되어 있었으며, 이들은 모두 해방 전후 민족주의운동의 중심 세력이 었다.

이상의 단체 중 조선물산장려회, 소년척후단 조선연맹, 조선교육협회, 청구회는 사건 발생 직후 해산했는데, 이는 흥업구락부원들이 이 단체의 중심인물이었음을 반증한다. 그러나 이러한 단체 활동이 흥업구락부 활동의 조직적 연장이었을 가능성은 희박하다. 홍업구락부 자체가 강력한 조직도 아니었을 뿐만 아니라 목적의식적으로 세력과 조직의 확장을 시도하지도 않았기 때문이다. 그럼에도 불구하고 이러한 사회 활동을 통해, 미주 유학생들을 주축으로 한 일단의 그룹이 YMCA를 거점으로 이승만의 동지회와 끊임없이 연락을 취하고 있으며 세력을 확산하고 있다는 점이, 민족주의 진영 내에서 정확하게 인식되었다.

4. 홍업구락부 사건

1) 조직 발각·검거·친일화

홍업구락부의 존재가 일제에게 발각된 것은 연희전문학교 경제연구회 사건 때문이었다. 경제연구회 관련자 이원구(李元九)의 자택 수색과정에서 우애회(友愛會)가 발견되었고, 이 조직이 연희전문학교 직원으로 조직된 표면적 친목 단체(1923년 5월 창립)로 유억겸(연전 부교장)과 이춘호(학감)가 중심인물이라는 점이 드러났다.[109] 그러나 유억겸은 순종황제의 동서였기 때문에 수사가 불가능했고, 동우회 사건의 기소유예자인 이묘묵(李卯默)·현제명(玄濟明)의 진술을 통해 유억겸이 이승만의 동

---

109) (京西高秘 第3213號, 昭和 13年 3月 30日),「延禧專門學校ノ學內組織ニ關スル件」;(京西高秘 第3213號ノ2, 昭和 13年 5月 10日),「延禧專門學校ノ學內組織ニ關スル件(對 3月 30日 本號)」;「延禧專門學校經濟研究會關係者檢擧ノ件」(昭和 13年 5月 13日 發送);「延禧專門赤色グループ關係者檢擧ノ件」(昭和 13년 5월 18일 발송).

지회에 가입했으며, 연전 우애회가 동지회 계통이라는 사실, 기독교 국제회의·학사 시찰을 명목으로 도미해 이승만과 연락했다는 사실, 1937년 1월 인도에서 개최된 기독교 전세계회의에 윤치영과 함께 참가해 조선 독립 문제를 논의했으며, 윤치영은 동지회·구미위원부 간사였다는 사실 등을 확인했다.110)

이에 따라 1938년 5월 17일 윤치영을 취조한 결과 홍업구락부의 존재 및 조직원이 드러났고, 그의 진술에 따라 5월 19일 구자옥을 심문했다. 구증(口證)만 있던 홍업구락부는 구자옥이 자택 온돌 내 은닉해 둔 『홍업구락부원명부(興業俱樂部員名簿)』와 『홍업구락부일기』 상·하 2책이 발견됨으로써 수사의 결정적 단서가 포착되었다. 이 명부에 따라 이만규의 자택을 수색했고, 여기서 홍업구락부 『회계관계 부책(簿冊)』과 경기도 연천 지방에 매입해둔 토지문서 등이 압수되었다.

홍업구락부가 이승만의 사조직인 동지회의 국내 자매단체이며, 국내 기독교계·교육계·언론계의 거물들이 관련되어 있는 등 사건의 전모가 드러나면서, 일제는 상당히 신중한 모습을 보여주었다. 일제는 먼저 5월 20일 홍업구락부 발기인으로서 "비교적 사회적 반향이 적다고 인정되는" 이갑성·홍종숙·오화영·장두현·안재홍·김준연·박승철만을 검거했고, 이 가운데 장두현을 제외한 나머지를 모두 구속했다.111) 일제는 이들의 심문을 완료한 후인 6월 7일에는 신홍우를, 6월 25일에는 유억겸을 검거해 사건 조사를 완료했다.

맨 마지막으로 남은 것은 홍업구락부의 최고책임자인 윤치호에 대한 조사였다. 이미 윤치호는 친일로 접어든 지 오래였고, 그의 사위인

---

110) 「在米革命同志會ノ朝鮮支部タル秘密結社興業俱樂部事件檢擧ニ關スル件」, 「改題延禧專門學校經濟研究會關係者檢擧ノ件」(昭和 13년 5월 23일 발송.)
111) 위와 같음.

정광현(鄭光鉉)이 연전 경제연구회 사건으로 구속 중인 상태였다. 윤치호는 정광현에 대한 선처를 호소하기 위해 총독·경무국장·경무국 보안과장·서대문경찰서장 등에게 로비를 했으며, 5월 20일에는 조선군사령부에 4천 원의 국방헌금과 1천 원의 휼병금(恤兵金)을 헌납했다.[112] 윤치호는 8월 16일에야 경기도경찰부장의 요청으로 서대문경찰서에 출두해 심문을 받았고, 8월 31일에는 사상검사 나가사키 유조(長崎祐三)의 심문을 받았다.

윤치호는 흥업구락부가 이승만을 지원하는 동지회의 지부인 사실을 몰랐다고 발뺌했다. 윤치호는 자신은 흥업구락부의 '간판'이었을 뿐이며, 실제 활동은 신흥우·유억겸·구자옥이 한 일이라고 주장했다.[113] 윤치호는 자신이 독립운동과 무관하다는 증거의 첫째로 1919년 3·1운동에 반대한 자신이 1925년에 한국 독립운동을 추구하는 조직에 참가할 리 없다, 둘째로 부장인 자신은 14년 동안 단 한 사람의 구락부원도 추천하지 않았다, 셋째로 이승만을 위해, 즉 산업부 설치에 2만 원 출자를 거부한 것은 활동에 동의하지 않았기 때문이라는 이유를 들었다.[114] 흥업구락부의 책임자인 윤치호의 이런 태도는 떳떳치 못한 것이었으며, 윤치호가 이승만과의 연대를 몰랐다는 말도 거짓이었다.[115]

---

112) 『尹致昊日記』 1938년 5월 17~20일자. 윤치호는 1937년 7월에도 6,500원의 애국금을 냈고, 각지의 시국 강연에 참석했다.[(京高特秘 제9427호, 昭和13년 10월 4일), 「興業俱樂部事件關係者ノ國防獻金ニ關スル件」.]
113) 윤치호는 신흥우가 1935년 적극신앙단으로 교단에서 물러난 데 앙심을 품고 헌병대와 음모를 꾸몄을 것이란 의혹을 갖고 있었다. 당시 신흥우는 총독부 경무국장·학무국장의 비호하에 교회를 중심으로 '반서양·친동양적'인 계획을 꾸미고 있었다.(『尹致昊日記』 1938년 2월 5일·5월 19일·5월 22일·5월 24일·5월 29일·7월 29일·8월 16일·8월 30일·8월 31일자.)
114) 『尹致昊日記』 1938년 8월 16일·31일자.
115) 윤치호의 補身主義는 이미 新民會 사건 당시에도 드러났다. 윤치호는 신민회 사건에 대한 조사 과정에서, 1907년 4월 신민회 결성 당시 "안창호의 부탁으로 다만 (조직책의) 이름만 빌려주었을 뿐, 그 내용에 있어서는 안창호가 모든 것

흥업구락부 사건은 일제가 9월 3일 신흥우 이하 54명에 대해, 치안유지법 위반혐의로 기소유예 처분을 내림으로써 종결되었다. 총독부 당국의 지적처럼 '기호파의 총수인 이승만이 수년에 걸쳐 구축한 선내(鮮內) 별동운동'이었던 흥업구락부에 대해 일제는 전원 기소유예 처분을 내렸는데, 이는 매우 이례적인 것이었다. 일제가 이 사건을 확대하기보다는 축소한 듯한 인상이 없지 않았다. 흥업구락부와 직·간접으로 관련된 인사들은 100여 명이 넘었지만, 그 중 일부만 조사를 받았고, 구속자들은 대부분 기소유예 처분 이전에 석방되었기 때문이다. 이는 수양동우회 사건과 비교해보면 보다 더 분명해진다. 1937년 6월 검거되기 시작한 동우회 사건에서 1938년 3월까지 안창호·주요한·이광수 등 총 181명이 치안유지법 위반으로 검거되었고, 같은 해 8월 41명이 정식으로 기소되었다. 이들은 1941년 11월 경성고등법원 상고심에서 무죄판결을 받을 때까지 피고의 신분을 유지해야 했다. 특히 동우회는 단체의 최고 지도자 안창호가 사건의 와중에 사망함으로써 조직적으로 큰 타격을 받기까지 했다.116)

일제가 흥업구락부에 대해서 수양동우회보다 더 관대한 태도를 취한 것은 다음과 같은 두 가지 이유 때문이었다. 첫째, 흥업구락부 관계자들이 갖는 사회적 영향력과 파급 효과였다. 안창호·이광수 등의 영향력도 무시할 수 없는 것이었지만, 흥업구락부는 지역적으로 서울 중심, 계층적으로 한국의 상층 지식인·엘리트들로 구성되어 있었으므로 학교·교회·언론 등에 미치는 파장력이 더욱 컸다. 흥업구락부의 핵심 간부인 윤치호는 당시 국내 기독교계의 최고 원로(75세)였고, 유억겸은

을 처리하고 있었다"라고 주장했다.(「신민회 사건 제1회 공판시말서(윤치호)」, 『한민족독립운동사자료집』 제1집, 국사편찬위원회, 19쪽.)
116) 金相泰, 「1920~30년대 同友會·興業俱樂部 硏究」, 서울대 석사학위논문, 1991 ; 趙培原, 「修養同友會·同友會硏究」, 성균관대 석사학위논문, 1997.

순종황제의 동서이자 연희전문의 부교장이었으며, 신흥우는 YMCA 총무이자 국제적으로 알려진 인물이었다. 전쟁의 총후(銃後) 단결을 외치던 총독부 당국의 입장에서 볼 때 이들까지 처벌하는 것은 스스로 통치 기반을 허무는 셈이었다. 김약수(金若水)는 홍업구락부 사건을 평가하면서 "사건 관계자들은 거의 민중으로부터 사상온건자로 인정되는 인물들로 상당한 영향을 지닌 지도자들이다. 이번에 종로서에서 취조한 동우회 사건의 관계자는 대부분 지방적인 관계상 그 영향도 적으나 이번 사건은 대부분 경성 거주자로서 세상 일반의 시청과 동정을 모으고" 있다고 했다.117)

둘째, 일제는 이미 흥업구락부원들의 상당수가 친일적 색채가 짙어졌다는 판단 아래, 처벌보다는 회유를 통한 전반적인 친일화가 더욱 유리하다는 판단을 내렸다. 홍업구락부는 조직된 지 10년이 넘었지만 일제의 통치 기반을 흔들 수 있는 위험한 활동을 하지 않았으며, 나아가 1932년 이후로는 1년에 1회만 회합하는 등 유명무실한 상태에 놓여 있었다. 또한 일제의 평가처럼 사건 관련자 중 일부는 이미 중일전쟁 이후 "본국의 성전(聖戰)을 이해하고 총후(銃後)의 국민정신운동에 솔선하여 참가"하고 있는 상태였다. 불기소나 무혐의가 아닌 기소유예 처분을 조건으로, 일제는 홍업구락부원들에게 노골적인 친일을 요구할 수 있었던 것이다. 일제의 이러한 정책은 당시 국내 지도인사들에게도 놀라운 소식이었다. 송진우는 이들에 대한 기소유예 처분이 "대승적 입장과 고등정책"으로 이루어진 것이라고 평가했고, 여운형 역시 "민족적 사상을 품고 있는 비밀결사를 한 사람도 처형하지 않고 관대하게 처분"했다고 놀라움을 금치 못했다.118)

---

117) (昭和 13年 9月 21日) (京高特秘 제2206호-1), 「興業俱樂部事件ニ對スル部民ノ感想ノ件(共產主義者 金若水)」.

먼저 관련자 중 신흥우·유억겸·이만규·이춘호·최현배·최두선 등 학교 교직원 9명은 8월 말 퇴직원을 제출했고,[119] 윤치호는 9월 2일에 신흥우·유억겸 등 8명을 불러 전향성명서를 작성한 후, "민족자결의 미망(迷妄)을 청산하고 내선일체(內鮮一體)의 사명을 구현"하겠다는 성명서를 9월 3일 발표했다.[120] 윤치호는 9월 5·6일 미나미 지로(南次郎) 총독을 만나 희망3요항(希望3要項)을 일본 붓글씨로 하사받았고,[121] 12일 관련자 27명을 불러 이 지시사항을 전달했다. 9월 13일 윤치호는 흥업구락부원들을 이끌고 조선신사에 참배했다.[122] 다음 날 윤치호는 신흥우·이춘호·유억겸을 불러 본격적인 친일 활동 계획을 수립했다. 이들은 (1) 흥업구락부원들이 국민정신총동원조선연맹·조선방공협회·시국대응전선사상보국연맹에 가입할 것, (2) 미나미 총독의 희망요항을 기독교회를 통해 전국적으로 선전할 것, (3) 매월 일정액(2~50전)을 국방 헌금으로 낼 것 등을 결정했다.[123]

흥업구락부원들은 매월 정례회의에서 '애국좌담회'를 개최하고, 그때

---

118) (昭和 13年 9月 21日) (京高特秘 第2206호-1),「興業俱樂部事件ニ對スル部民ノ感想ノ件(政要 宋鎭禹 ; 共産主義者 呂運亨)」.
119) (京西高秘 제8294호, 昭和 13年 8月 25日),「延禧專門學校開校ニ關スル件」 ; (京西高秘 제8319호, 昭和13年 8月 16日),「學校敎師辭職願ニ關スル件」.
120) (昭和 13年 9月 2日),「同志會(秘密結社興業俱樂部)ノ聲明書案ニ關スル件」 ;「興業俱樂部事件」,『東亞日報』1938년 9월 4일자.
121) 3요항의 내용은 다음과 같다. ① 반도청년층 지도에 관해 언행일치의 조화로운 인격을 양성할 것 ② 동양인의 동양 건설의 핵심은 내선일체의 완벽에 있다 ③ 내선일체의 근처는 충량한 일본국 신민이 되는 실질을 함양하는 데 있다.[『尹致昊日記』, 1938년 9월 5~6일자 ; (昭和 13年 9月 6日) (京西高秘 제8582호),「南總督ヨリ尹致昊ニ對スル半島靑年ニ對スル指導元利要綱示達ニ關スル件」 ; (昭和 13年 9月 7日) (地檢秘 제1403·1404호),「興業俱樂部關係者ノ動靜並南總督ヨリ尹致昊ニ對スル半島靑年ニ對スル指導原理要綱示達ニ關スル件」.]
122)『尹致昊日記』1938년 9월 13일자.
123) (昭和 13年 9月 15日) (京鍾警高秘 제8273호-4),「尹致昊ノ動靜ニ關スル件」 ;『尹致昊日記』1938년 9월 14일자.

마다 정기적으로 국방 헌금을 냈다. 또한 이들은 조직적으로 기독교의 친일·동화에 기여했다. 한국YMCA가 세계YMCA연맹을 탈퇴해 일본 YMCA에 편입(1938년 8월 19일)되었고, 조선 감리교가 일본 감리교에 합병(1938년 10월 5일)되었으며, 10월 7일에는 기독교 관계자들을 동원해 학생 등 5,216명이 배재중학 교정에 집합해 일본국가 봉창·황궁요배·황국신민의 서사 제창·황군의 무운장구 기도 등의 행사를 치른 후, 총독부를 방문해 총독의 종교보국 교시를 듣는 등, 노골적인 친일의 길을 걸어갔다.124)

개별적으로도 홍업구락부 관련자들은 이 사건 이후로 돌이킬 수 없는 친일 행각을 벌였다.125) 윤치호·윤치영·신흥우 등은 친일 논설과 강연에 분망했고, 유억겸·구자옥은 거의 매월 일본을 드나들다시피 했다.126) 이러한 친일 행각은 일제의 강요와 위협에 못이긴 것이긴 했지만,127) 이는 분명 총독부의 지적처럼 "비상시국하에 선내 사상지도"에 적잖은 효과를 줌으로써 일본 식민통치에 기여한 것이었으며,128) 당사자들에게는 돌이킬 수 없는 과오가 된 것이었다.

---

124) 김승태,『한국기독교의 역사적 반성』, 다산글방 ; 임종국, 1991,『실록친일파』, 돌베개, 1994.
125) 이들의 친일 행적에 대해서는『親日派群像』;『親日派罪狀記』; 김승태, 위의 책, 399~416쪽을 참조.
126) 대한YMCA연맹 엮음,『韓國YMCA運動史』, 路出版, 1986, 142~147쪽.
127) 일제는 홍업구락부 관련자들뿐만 아니라 일반 사상·정치범들에게 전향서와 반성문을 요구했다. 특히 한국의 최고 지식인을 자부했던 홍업구락부원들에게 이러한 반성문은 치욕적인 일이었고, 스스로를 허물어뜨림으로써 보다 노골적인 친일의 길로 접어들게 하는 계기가 되었다. 일제의 문서철에는 신흥우·유억겸·구자옥·이관구·김영섭이 쓴 '감상문'과, 백남운·노동규·이순탁이 쓴 '悔悟錄'이 남아 있다.[(昭和 13년 9月 5일),「同志會(秘密結社興業俱樂部)ノ聲明書案ニ關スル件」; (昭和 13년 11월 22일),「悔悟錄 : 京城延禧專門學校 教授 白南雲, 盧東奎, 李順鐸)]
128)「興業俱樂部事件の檢擧狀況」, 朝鮮總督府警務局,『最近に於ける朝鮮治安狀況』, 1938년.

2) 흥업구락부의 유산

흥업구락부는 발족부터 검거·해산에 이르기까지 외형적으로 두드러진 활동을 하지 못했다. 정기 모임, 조직원 확보, 활동자금 모집 등의 일상적 활동 외에 이승만과의 연락 활동이 정치적 의미를 갖는 유일한 것이었다. 또한 이상재·신흥우 등 초기 회원이자 조직의 상층부는 이승만과의 관계에 적극적이며 이를 독립운동의 일환으로 생각한 반면, 윤치호 등 개량주의자와 추가 가담자 및 조직의 하층부는 이승만과의 관계 설정 및 독립운동에 소극적이었다. 때문에 이상재의 사망 이후 정치조직의 성격보다는 기독교 및 관련 문화단체 내 기호파 중심의 사교클럽의 성격이 강화되었다. 이는 흥업구락부 내부에 민족주의적 지향성과 개량주의·타협주의적 지향성이 병존하고 있었으며, 정세와 지도부의 성격에 따라 그 주된 방향이 결정되었음을 보여준다. 그러나 해방 이후 이승만의 옹립 과정을 염두에 두면 흥업구락부가 남긴 유산은 여러 각도로 해석될 수 있다.

첫째, 흥업구락부가 민족주의 진영 내에서 이승만의 지지 기반을 형성하는 중요한 역할을 했다는 점이다. 감리교회·YMCA·학교·언론 등에 대해 흥업구락부가 갖고 있던 영향력은 해방 후에도 대부분 계승되었다.[129] 또한 흥업구락부가 동지회의 국내 자매단체로서 정치적 탄압의 대상이 되었다는 점이 선전되면서 이승만의 명성이 제고되었다는

---

129) 해방 후 기독교계는 전폭적으로 임정과 이승만에 대해 지지 운동을 벌였다. 이미 1945년 말에 조선기독교회 南部大會(1945년 11월 27~30일)가 개최되어, 임정 절대 지지와 이승만 지지를 선언했고, 12월 1일에는 基督新民會가 같은 입장을 표방했다. 동지회원이자 흥업구락부원이던 김영섭 목사는 남부대회의 부회장이자 기독신민회의 문교국장이었다. (『서울신문』 1945년 12월 5일자; 『東亞日報』 1945년 12월 5일자.)

점을 주목해야 한다. 흥업구락부원들이 해방 전후 이승만을 위해 조직적으로 활동한 사실이 없음에도 불구하고, 흥업구락부를 통해 이승만의 국내 명성이 지식인 사회에 퍼져 나가는 유통 경로가 만들어졌다. 특히 이만규를 통해 여운형이, 홍익범을 통해 허헌이 이승만의 존재와 활동을 인식하고 선전하는 등, 좌파로 퍼져 나가는 이승만의 지명도가 흥업구락부의 존재로부터 비롯된 것은 분명하다.

둘째, 해방 이전 이승만의 국내 지지 세력 내지 연락 세력이 존재했다는 점이다. 포괄적으로는 민족주의 세력 중 일부가 이승만의 국내 지지 기반이 되었으며, 구체적으로는 흥업구락부 사건의 검거·구속자, 부원추천후보자 외에 귀국한 동지회원들과 동아일보 그룹 등이 이승만의 중심적 지지 세력이 되었다. 이들이 이승만의 국내 지지 기반이 되어 이승만과 결합하는 과정은 단순한 인맥 차원에서 이루어진 것이 아니라, 정치·사상적인 측면에서 이루어진 자연스러운 결합이었다. 이승만의 지지 세력 중에는 민족주의 좌파적 지향과 개량주의적 지향이 공존하고 있었으나, 점차 민족개량주의적 노선과 세력이 지배적인 요소가 되었다. 이들의 분리는 해방 이후에 본격적으로 이루어졌다. 해방 후 우익과 한민당의 핵심으로 꼽을 수 있는 장덕수·허정·백관수 등과 조병옥(경무국장)·장택상(수도경찰청장) 등이 모두 이승만과 밀착되어 있었던 점은 해방 후 이승만의 권력 장악의 밑거름이 되었다. 동아일보-보성전문 그룹은 해방 후 김성수-한민당의 주축이 되었지만, 친일 경력과 계급적 기반 때문에 해방 직후 전면에 나설 수 없었다. 이들은 명망성과 항일투쟁의 경력 면에서 앞선 이승만과 중경 임시정부를 지지함으로써 남한 정계를 장악하고자 했지만, 중경 임시정부보다는 이승만에 가까운 세력이었다.

먼저 1920년대 송진우-동아일보 그룹은 세계 정세관과 독립운동 방략에 있어서 이승만과 정치·사상적인 입장을 함께 했다. 즉 반공산주의적인 민족주의 세력에 의한 독립준비론·실력양성론, 자치론, 미일개전 이후 독립 가능론 등이 이들의 공통된 인식이었다. 또한 동아일보 계열과 흥업구락부 계열 등은 친일이라는 면에서 모두 공통성 내지 동질성을 갖고 있었다. 이들은 자신들을 공산주의자들의 공격으로부터 보호해줄 지도자가 필요했다. 이런 측면에서 출신 배경과 활동 경험, 정치·사상적 동질성을 가진 이승만은 가장 적절한 지도자이자 보호자였다.

또 한 가지 빠뜨릴 수 없는 점은 국내 민족주의 진영의 지도자들이 이승만과의 관계에서는 수직적인 인간 관계를 맺고 있었다는 점이다. 이상재·윤치호를 제외하고 경력·학력·연령의 측면에서 이승만을 앞서는 국내 인사는 없었다. 유교 윤리의 영향이 강하던 한국사회에서 1920년대 대통령 이승만과 연락·연대를 맺기 시작한 국내 민족주의 지도자들은, 이승만과의 관계에서 평등하거나 동등한 입장을 가질 수 없었다.

셋째, 흥업구락부를 통해 일제 말기에 이승만의 명성과 활동이 민족주의 진영 이외에 사회주의·공산주의 계열에도 일정하게 퍼져 나갔다는 점이다. 특히 YMCA에 출입했던 민족주의 좌파인 여운형·장권(張權) 등에게 흥업구락부와 이승만·동지회에 관한 정보가 입수되었다는 점은, 해방 이후 여운형 계열의 행보에 영향을 끼쳤을 가능성이 있다.[130] 또한 여운형의 사돈이자 건국동맹원이었던 이만규가 흥업구락부의 회

---

130) 장권은 흥업구락부원으로 지목될 정도로 철저한 YMCA맨이었다.(전택부, 앞의 책, 1971, 244쪽.) 그는 YMCA 유도부를 지도했으며, 오랜 기간 여운형의 심복으로 서울시내 체육 교사 및 체육·武道人을 중심으로 치안유지대 준비 작업을 하고, 해방 직후 건국치안대를 조직했다. 여운형과 정치적 운명을 같이 했으나 1946년 5월 사회민주당에 참가했으며, 1948년 월북한 후 사회민주당 대표를 지냈다.

계·간사로 오래 활동한 사실은 여운형이 이승만의 미국 내 활동과 상황을 파악하는 데 일정하게 도움을 주었을 것이다.131) 여운형·이만규·장권은 모두 건국동맹, 건국준비위원회, 인민공화국, 조선인민당을 이끈 대표적인 중도좌파로 손꼽혔는데, 이들이 모두 해방 직전 이승만의 명성과 활동에 대한 과장된 정보를 접하고 있었고, 민족주의 계열 내부의 여론 주도층에서 이승만이 중심인물로 부각되는 과정을 목격했다는 사실은 중요한 부분이다. 해방 후 이승만이 좌파의 조선인민공화국의 주석으로 추대될 수 있었던 데는 이러한 정보들이 배경으로 작용했을 가능성이 크다.

---

131) 이만규는 일본대학을 졸업한 교육자였다. 송도중학교 교원·배화고녀 교장을 지냈고 『조선교육사』를 썼다. 1941년 조선어학회 사건으로 투옥되었고, 석방 후 건국동맹에 가맹했다. 해방 후 인공 중앙인민위원·보건부장·민전 중앙위원을 지냈다. 인민당 서기장·정치위원·3당합동시 31인파·근민당 의장 등을 지내면서, 시종일관 여운형과 정치노선을 같이 했다. 1948년 5월 월북해서, 동년 8월 최고인민회의 대의원·1954년 최고인민회의 상임위원회 위원·1956년 조국통일민주주의전선 중앙위원·1967년 조국통일전선 기관지 『통일사』 주필·1967년 최고인민회의 4기 대의원을 역임했다. 아들 李貞求와 딸 李珏卿·李喆卿 역시 건국동맹원이었다.(정병준, 『몽양여운형평전』, 한울, 1995, 88쪽.)

9장
태평양전쟁기 단파방송 사건과 국내의 이승만 인식

1. 단파방송 : '이승만 신화'의 배경

　태평양전쟁기에 접어들었을 때, 이승만은 이미 일반 한국인들에겐 잊혀진 이름이었다. 1938년 흥업구락부 사건으로 그의 이름이 마지막으로 국내에 거론되었으나, 국내 언론에 활발히 소개된 1920년대로부터 이미 20여 년이 흘러 있었다. 태평양전쟁이 진행되면서 미군 정보당국은 여러 경로로 한국에 관한 정보 수집에 전력했는데, 그 중에는 한국의 중요인물들에 대한 여러 건의 조사 문서들이 포함되어 있다. 먼저 학병으로 중국 전선에 끌려 나갔다가 1945년 초 일본군을 탈출한 한국 학생들이 OSS 중국지부에 밝힌 한국 저명인사의 명단을 보면, 송진우(宋鎭禹)·여운형(呂運亨)·김성수(金性洙)·유억겸(兪億兼)·장덕수(張德秀)·조만식(曺晩植)·신석우(申錫雨)·이태준(李泰俊)·이광수(李光洙)·한용운(韓龍雲)·한상룡(韓相龍)·양주동(梁柱東)·최린(崔麟)·유진오(兪鎭午)·이기영(李箕永)·방응모(方應謨)·이관술(李觀述)·이관구(李觀求)·정인과(鄭仁

果) 등 주로 민족주의 계열의 인물들이 거론되었다.1) 이광수마저 반일적이라고 지적한 이들이었지만, 그 속에 이승만의 이름은 거론되지 않았다. 1945년 한국 진주를 준비 중이던 미 제24군단 정보참모부(G-2)는 15명의 유식한 한인 포로에게 '지하운동을 하고 있는 지도자'를 선정하게 했다. 이들은 여운형·윤치호·이광수·김일성 등을 거론했을 뿐, 이승만의 이름은 거명하지 않았다.2) 또한 미군 CIC 6개 지대가 공동으로 조사해 작성한『지역연구 : 한국(*Area Study : Korea*)』(1945년 8월)은 한국의 3대 인물로 조만식·윤치호·김성수를 꼽았다. 이 보고서는 OSS 문서를 많이 참고했다고 쓰고 있다. 최근 한 연구에 따르면, 일제 말기 국내 민족운동가 중 가장 잘 알려진 인물이자 독립 후 적합한 지도자로 지목된 것은 여운형이었으며, 민중들에게 가장 많은 영향을 준 것은 만주의 김일성을 중심으로 한 무장부대였다.3)

일반인들은 이승만의 이름과 활동을 알지 못했지만, 태평양전쟁기 국내 좌우파 지식인들 속에서는 그의 명망이 계속 유지되었다. 따라서 해방 직후 그의 명성이 남한을 뒤덮은 것은 우연한 일이 아니었다. 적어도 국내의 여론 형성층 내지 여론 주도층이라고 할 수 있는 좌우파의 지도자급 인사들이 미주에 있던 이승만의 존재와 활동을 알았기 때문이다. 특히 태평양전쟁기 국내 좌우파 지도자들의 이승만에 대한 인식은, 해방 직후 그가 좌우익을 막론한 전민족적 지도자의 이미지를

---

1) OSS/China, Yv-356, "Biographical Notes on Korea" October 4, 1945, 국사편찬위원회,『韓國獨立運動史』資料 28, 臨政篇 XIII, 1995, 313~339쪽.
2) "Summary of PW Interrogation Reports : Korean Political Matters" HQ, XXIV Corps, Nakagusuku Castle, Okinawa. 方善柱,「美軍政期의 情報資料 : 類型 및 意味」, 方善柱·존메릴·李庭植·徐仲錫·和田春樹·徐大肅,『한국현대사와 美軍政』, 한림대 아시아문화연구소, 1991, 8쪽에서 재인용.
3) 卞恩眞,「日帝 戰時파시즘期(1937~45) 朝鮮民衆의 現實認識과 抵抗」, 고려대 사학과 박사학위논문, 1998, 254~265쪽.

형성하는 데 결정적인 역할을 했다. 여기에 가장 큰 기여를 한 것이 단파방송 청취였는데, 이를 통해 이승만의 활동과 위상은 사실보다 훨씬 과장된 형태로 좌우파 지도자들에게 전파되었다.

태평양전쟁기에 국제 정세를 판단할 수 없던 국내 인사들은 이승만의 '미국의 소리(Voice of America)' 방송 자체만으로도 많은 환상을 가지면서 독립의 시기가 가까워졌다고 판단했다. 특히 미일전쟁으로 일제가 패망하고 미국의 도움으로 조선이 독립할 것이란 예측이 높아짐에 따라, 미국에 대한 기대와 환상이 커졌다. 이런 연유로 일부에서는 임시정부가 미국에 있으며, 이승만이 미국에서 '독립' 조선의 대통령으로 선출되었다거나, 아니면 미국의 적극적인 지원 아래 독립운동을 하는 것으로 믿기까지 했다.[4] 1940년대 일제 경찰·재판소가 가장 많이 취급한 사건들이 유언비어 사건이었으며,[5] '미국의 소리' 방송을 중심으로 한 단파방송의 청취는 해방 후 이승만 신화의 배경을 형성했다.[6]

---

4) 구체적인 사례는 변은진, 위의 논문, 266~289쪽을 참조. 이들은 중고등학생, 지식인, 공장노동자 등 주로 청년들이었으며, 지역도 일본(東京·京都·岡山縣), 군산·청주 등 여러 지역이었다. 이 시기의 독립운동 방략은 실력양성 및 무장화를 통한 민중봉기론이었으며, 다른 한편으로 미국·소련 등 연합국의 역량을 활용해야 한다는 논의도 존재했다.
5) 사회과학원 역사연구소, 『현대조선역사』(일송정, 1988 복각판), 1983, 157쪽.
6) 趙東杰, 『太白抗日史』, 江原日報社, 1977, 312쪽.

2. 좌파의 이승만 인식

1) 여운형과 건국동맹

먼저 해방 정국을 주도한 조선건국준비위원회(朝鮮建國準備委員會)-조선인민공화국(朝鮮人民共和國)과 그 전신인 조선건국동맹(朝鮮建國同盟)의 핵심들이 이 시기에 이승만을 어떻게 인식하고 있었고, 어떤 경로로 정보를 획득했는가 하는 점을 살펴보자. 앞서 지적한 것처럼 흥업구락부 사건 관련자 중 이만규와 장권은 모두 건국동맹원이자 건국준비위원회의 핵심 참모로 활동했기 때문에, 이승만과 흥업구락부원의 관계 및 그의 동향을 알게 되었다. 또한 여운형 자신도 3·1운동을 전후한 시점에서 상해 임시정부에서 활동하며 직접 이승만과 접촉한 경험을 가지고 있었기 때문에, 이승만에 관련된 정보의 진위를 판별할 수 있었을 것이다.

보다 중요한 점은 1940년대에 들어서 단파방송을 통해 이승만의 명성이 다시 한 번 제고되었다는 사실이다. 단파방송은 이승만의 명성을 제고시켰을 뿐만 아니라, 지도자로서의 신비감, 민족해방의 희망과 우상으로 자리잡게 했다.

해방 직후 건준위원장으로 해방 정국을 주도한 여운형은 1944년 8월 조선건국동맹이라는 투쟁조직을 결성하고 해방에 대비하는 활동을 해왔다. 건국동맹이라는 조직은 이미 그 조직명 속에 일본의 패망을 당연한 전제로 하고, 이후 다가올 건국이라는 과제를 상정한 것으로, 태평양전쟁기 국내 상황 속에서 예상하기 힘든 정세관을 담은 것이었다.7) 여운형은 건국동맹의 모체 조직인 조선민족해방연맹(朝鮮民族解放

聯盟)을 1943년 8월에 조직했는데, 이 조직의 구상은 제2차 투옥 기간 (1942년 12월~1943년 6월) 중 이루어진 것이었다. 그런데 여운형은 이미 1942년 12월 투옥되기 전에 일본의 패전과 한국의 해방에 대한 확신을 가졌다.

여운형은 태평양전쟁 발발 직후인 1942년 4월 일제의 탄압과 친일 회유를 피하기 위한 방편으로 일본을 방문했다.[8] 이때 여운형은 미군기의 최초 동경 공습을 직접 목격했고, 1942년 6월 동경에서 귀국한 후 친구인 승동교회(勝洞教會) 담임목사 오건영(吳建永)과 원로목사 이재형(李載馨)에게 다음과 같이 말했다.

> 지난 4월 18일 미국 비행기의 동경 공습을 직접 목격했는데 미국기의 성능은 일본기 성능보다 우수해 일본기가 미국기를 추적하지 못했다. 동경에서 미국방송을 들으니 미국도 전쟁 준비에 광분해 최후의 승리는 미영에 있게 될 것이며 미영이 승리하면 조선독립이 확실히 가능하고 전쟁이 끝나면 미국에 거주하고 있는 조선인은 독립운동을 하게 될 것이다. 이 전쟁은 장기전이 될 것인데 내 생각에는 일본의 물자 부족 때문에 뜻밖으로 빨리 종결될 것이다. **미국에 거주하고 있는 조선인이 미국과 함께 일본에 선전을 포고했고 나도 조선독립을 희망하고 있다.**(강조―인용자)[9]

또한 재차 동경을 방문하고 귀국한 1942년 8월말 친구인 홍증식(洪增植)에게 다음과 같이 말했다.

> 일본이 인도와 버마를 해방한다는 취지를 성명한 데 대해 루즈벨트란 미국 대통령이 미국은 조선을 독립시킬 것이다는 취지로 방송한 것을 들었는데 만약

---

7) 정병준,「朝鮮建國同盟의 조직과 활동」,『韓國史研究』80집, 1992, 91~110쪽.
8) 金乙漢,「夢陽과 民世의 解放前夜」,『世代』8월호, 1971, 180~182쪽.
9) 高等法院 檢事局 思想部,「呂運亨の朝鮮獨立運動事件」,『思想彙報』, 續刊 26호, 1943 ; 政府記錄保存所, 필름번호 20814·문서번호 77-1591,「昭和十八年 刑控第六三號 : 吳建永判決文」.

대동아전에서 일본이 패하면 조선이 독립되는 것이 판명될 것이다. **이승만은 미국에서 조선 독립운동을 하고 있으며 조선 대통령의 대우를 받고 있다.** 나도 **중경이나 미국에 거주하면** 조선 독립운동을 하고 있을 것이다.(강조―인용자.)[10]

당시 여운형은 첫째로는 서울·동경에서 일본 정계·군부 고관들을 통해, 둘째로는 연안·북경·만주의 연락원(李永善·崔謹愚)들을 통해, 셋째로는 단파방송을 통해 국제정세를 파악하고 있었고, 자신이 직접 체험한 미군기의 동경 공습을 통해 일제의 패망을 확신했다.[11] 그런데 위에서 강조한 "미국에 거주하고 있는 조선인이 미국과 함께 일본에 선전을 포고"했다는 부분과 "이승만은 미국에서 조선 독립운동을 하고 있으며 조선 대통령의 대우를 받고" 있다는 발언은 매우 중요하다. 이승만이 미국에서 임시정부 대통령의 자격으로 독립운동에 종사하고 있다는 여운형의 발언은, 해방 후 좌파가 이승만을 조선인민공화국의 주석으로 추대한 이유의 일단을 보여주기 때문이다. 여운형이 발설한 이러한 정보는 단파방송을 통해서만 들을 수 있는 내용이었는데, 여운형이 단파방송을 통한 정보에 직접 접하게 되는 것은 1945년 3월 이후였다.[12] 그렇다면 여운형은 이러한 정보를 어디에서 입수했는가?

그 해답의 단서는 여운형이 1942년 12월 동경에서 귀국 후 치안유지법·육해군형법·조선임시보안령(朝鮮臨時保安令) 위반혐의로 경성헌병대에 연행·구속된 데서 드러난다. 여운형이 오건영·이재형·홍증식에게 한 발언이 오건영의 아들 오성룡(吳成龍)을 통해 유포되었고, 이에

---

10) 高等法院 檢事局 思想部, 「呂運亨の朝鮮獨立運動事件」, 『思想彙報』, 續刊 26호, 1943.
11) 鄭秉峻, 「해방직전 임시정부의 민족통일전선운동」, 國家報勳處, 『대한민국임시정부수립80주년기념논문집(하)』, 1999, 582~584쪽.
12) 李萬珪는 1944년 경기중학을 졸업한 孫雄이 자신을 찾아와 여운형 소개를 부탁했으며, 1945년 3월부터 여운형에게 스스로 제작한 단파 수신기를 통해 해외소식을 알려주었다고 했다.(정병준, 앞의 논문, 1992, 94쪽.)

따라 여운형을 비롯한 관련자 전원이 검거·투옥되었다. 여운형은 1943년 7월 2일 경성지방법원에서 징역 1년에 집행유예 3년을 선고받았고, 오건영은 1943년 4월 30일 경성복심법원에서 징역 1년에 집행유예를 선고받았다. 여운형·오건영이 구속된 1942년 12월은 바로 경성 방송국·개성 방송국을 중심으로 한 단파방송 청취 사건이 발각되어 대규모 검거 사태가 빚어진 때였고, 여운형의 투옥 역시 이와 연관된 것으로 판단된다.

즉 여운형은 단파방송을 청취하는 누군가로부터 들은 정보를 오건영·이재형에게 전했고, 오건영은 부인과 아들에게 이 소식을 전하는 한편, 용산교회 유호준(兪虎濬) 목사와 승동교회 이덕흥(李德興) 부목사에게 전했다. 전쟁이 장기화되면 미국이 승리할 것이며 재미 한인들이 조선독립운동을 하고 있다는 내용은 오건영의 아들 오성룡을 통해 번져 나갔고, 2등 헌병보조원 기야마 신주(木山眞重)라는 자의 귀에 들어가 발각되었던 것이다.13)

일제는 1940년 2월 창씨개명을 실시하는 한편, 1940년 8월 동아일보·조선일보를 폐간시키는 등 전시 체제 강화에 나섰다. 특히 일제는 한국인들이 소유한 언론기관을 폐쇄시킴으로써 '후방 안정'을 위한 정보 차단을 시도했다. 나아가 태평양전쟁이 발발한 후인 1942년 4월 27일부터는 방송전파관제를 실시하고, 일반인은 물론 외국인 소유의 단파수신기를 모두 압수함으로써, 한국인들은 모든 정보로부터 차단되었다.14) 그러나 경성 방송국·개성 방송국의 한인 직원들은 방송국이 보

---

13) 京城地方法院, 「昭和 17 刑第6152호, 刑公第3024호, 吳建永 陸海軍刑法違反 及保安法違反」. 현재 기록이 남아 있는 다른 단파방송 청취 사건의 경우 대부분 발각의 원인이 認知로 되어 있으나, 吳建永 사건만은 헌병보조원의 보고로 시작되었다.
14) 韓國放送史編纂委員會, 『韓國放送史』, 韓國放送公社, 1977, 55~56쪽.

유한 단파 수신기는 물론 사제 단파 수신기를 통해 중국 중경과 미국 샌프란시스코에서 보내오는 해외 단파방송을 청취했다.15) 이렇게 수신된 내용은 여러 경로를 통해 시중에 유포되었고, 특별한 보도 매체가 없던 전시 체제하에서 이 소문은 내용을 더해가며 급속도로 퍼져 나갔다. 결국 1942년 말~43년 초 성기석(成基錫)·염준모(廉準模)·송진근(宋珍根)·박용신(朴龍信) 등 방송 관계자와 송남헌(宋南憲)·홍익범(洪翼範)·허헌(許憲) 등 150여 명에 달하는 인사가 검속되었고, 그 결과 홍익범·문석준(文錫俊) 등 6명의 옥사자를 내고, 20여 명이 치안유지법 위반 등의 죄명으로 2년 이상의 옥고를 치렀다.16)

2) 허헌·한설야·이증림

이승만이 미국에서 임시정부를 수립했으며, 대통령으로 독립운동을 하고 있다는 내용의 정보는 단지 여운형의 경우에만 발견되는 것은 아닙니다. 해방 후 조선인민공화국의 국무총리가 된 좌파의 허헌(당시 58세) 역시 이 사건에 관련되었다. 함북 명천 출신인 허헌은 1906년 변호사가 된 이래 사상범 무료 변론으로 이름을 떨쳤고, 보성전문학교 교장, 신간회 회장, 동아일보 취체역을 지내는 등 저명한 좌파 독립운동가였다. 광주학생운동 당시 민중대회 사건으로 조병옥(趙炳玉)·홍명희

---

15) 兪炳殷의 조사에 따르면 1942~43년간 사제 단파수신기는 23명이 총 32대 이상을 제작한 것으로 집계되었다.(유병은, 『短波放送 連絡運動』, KBS문화사업단, 1991, 291~293쪽.)
16) 國家報勳處, 『獨立運動史』 4권, 1972, 875~876쪽. 단파방송 사건 전반에 대해서는 放友會, 『短波放送海外連絡事件』, 방송토론회 종합보고서, 1988 ; 兪炳殷, 「日帝末 '短波盜聽 사건'의 全貌」, 『新東亞』 3월호, 1988 ; 兪炳殷, 앞의 책, 1991, 291~293쪽을 참조.

(洪命憙)·이관용(李觀鎔) 등과 함께 검거되었다가 1932년 1월 가출옥하기도 했다.17) 허헌은 1943년 3월 말 단파방송 청취 사건으로 경기도 경찰부에 검거되었으며, 징역 2년형을 받고 복역했다.18)

허헌이 단파방송 사건과 연루되는 끈은 홍익범이라는 인물을 통해서였다. 홍익범은 허헌이 동아일보 재직 중 알고 지내던 정치부 기자 출신으로 미국 콜럼비아대학을 졸업했다.19) 일제의 조서에 따르면 홍익범은 세 차례에 걸쳐 허헌에게 이승만의 미주 활동에 대한 정보를 전한 것으로 되어 있다.

먼저 허헌은 1942년 8월 삼청동 자택에서 홍익범으로부터 "미국 재류 이승만 일파가 미국 원조 아래 조선임시정부를 조직해, 연합국의 승인을 얻어 조선독립운동을 하고 있는데, 이번 독립운동은 반드시 성공할 것이니, 우리도 호기를 잃지 말고 궐기할 준비를 해야 한다"라는 말을 들었다.20) 이에 대해 허헌 역시 "서전(緒戰)에서는 미국이 불리하지만 미국은 물질이 풍부하고 실력이 있기에 최후의 승리는 미영 연합

---

17) 京城地方法院, 「昭和18年 刑公第2756號, 許憲 陸軍刑法違反·海軍刑法違反·朝鮮臨時保安令違反事件」, 고려대학교, 필름번호 R25 F1175.
18) 허헌의 정확한 체포일은 나타나지 않는다. 그러나 경기도 경찰부의 제1회 심문일이 1943년 3월 30일인 것으로 미루어, 그 직전에 체포되었을 것이다. 또한 허헌에게 단파방송 내용을 알려준 홍익범이 체포된 것이 1943년 3월 26일이므로, 허헌은 3월 26~30일 사이에 체포되었을 것이다.
19) 京城地方法院 刑事第1審訴訟記錄, 「昭和18 刑第5073·刑公第2753號, 洪翼範 陸軍刑法違反·海軍刑法違反 事件」; 京畿道警察部 「證人訊問調書, 許憲」(1943. 7. 16); 京城地方法院檢事局 「證人訊問調書, 許憲」(1943. 9. 17.) 이하에 활용하는 재판기록 중 출처가 명시되지 않은 것은 한국방송공사 자료실에 소장된 『短波放送連絡運動 關聯人士 裁判記錄』으로 총 12책 6천 쪽 가량의 방대한 기록이다. 원래 이 문서의 출처는 경성지방법원 검사국이며, 해방 후 서울지검으로 이관되었다. 문서의 일부는 고려대학교 아세아문제연구소로, 또 일부는 국사편찬위원회로 이관되었다. 한국방송공사에 소장된 단파방송 재판기록의 대부분은 국사편찬위원회 소장본의 複本이다.
20) 「昭和 18년 8월 27일자 京畿道 警察部, 意見書(許憲)」.

국 측에 있다. 이번 전쟁이 종식되면 연합국의 힘에 의해 조선은 독립에 이르게 될 것"이라고 응답했다. 1942년 12월 20일경에도 홍익범은 허헌에게 이승만의 조선임시정부가 미국의 경제적 원조를 받는 한편, 군사동맹을 체결해 적극적으로 활동 중이라고 전했다. 허헌이 입원 중이던 1943년 1월 18일부터 2월 21일 사이에도 홍익범은 2~3차 방문해 세계대전의 전황에 대한 정보를 주고받았다.[21]

나아가 허헌은 홍익범으로부터 전해 들은 이승만 관련 정보를 유포시켰다. 1942년 12월 하순 허헌은 친구인 변호사 한영욱(韓永煜)의 사무실에서 한영욱과 문석준(文錫俊)에게 다음과 같이 전했다.

> 신문의 보도에 의하면 전쟁은 일본군이 대승하고 있는 것 같지만 사실은 그렇지 않다. 특히 **이승만으로부터 온 정확한 대일방송에 의하면 재미 이승만일파가 미국 원조하에 조선임시정부를 조직해 이승만이 대통령이 되고 조선독립운동을 하고 있는데 미국과 군사동맹을 체결해 미국을 위해 활동하는 동시에 미국으로부터는 적극적 비호를 받고 있는데** 이번 대전이 미영 측의 승리가 되어 종식되면 반드시 독립하게 되는 고로 재선 동포는 조선의 독립을 기대해 일본의 전쟁 수행에 협력하지 말고 호기가 도래하면 궐기하라고 방송(강조—인용자)[22]

허헌은 경찰 유치장에 구속된 상태에서도, 같은 방에 수감된 이이덕(李二德) 등에게 "미영 연합국 비행기가 경성을 대대적으로 폭격하면 조선민중은 노약남녀를 불문하고 손에손에 곤봉을 들고 봉기해 미영

---

21) 「昭和 18년 8월 27일자 京畿道 警察部, 意見書(許憲)」; 京城地方法院 檢事局, 「證人訊問調書 洪翼範」(1943년 8월 26일, 9월 14일.) 한편 허헌은 1942년 9월경 소련에서 중국 중경을 거쳐 국내에 침투한 鄭憲國(일명 鄭三得)을 통해, 현재 러시아에 한국인 의용군 4만 명이 존재하며, 러일 간에 전쟁이 발발하면 조선으로 진격할 것이란 정보를 얻었고, 이를 홍익범에게 전달했다. 정확한 이유는 빠져 있으나, 검사의 '公判請求書'에서 이 혐의는 제외되었다.
22) 京城地方法院 檢事局, 「證人訊問調書 文錫俊」(1943년 8월 17일, 9월 17일), 「證人訊問調書 韓永煜」(1943년 9월 14일.)

군에 가담해야 한다"라고 역설하기까지 했다.23)

허헌으로부터 이승만 관련 정보를 얻은 문석준은 함남 함주군 출신으로 허헌과는 동향이었으며, 1894년생으로 당시 50세였다.24) 일본 동경고등사범학교 출신으로 보성고등보통학교 교유(敎諭, 1928~31)와, 조선일보사 영업국장(1933~37)을 지냈고, 그후 광산업에 종사했다.25) 일제의 조서에 따르면 문석준이 동경고등사범 졸업 무렵부터 공산주의에 공명했으며, 문석준은 이승만 관련 정보를 동향 친구와 제자인 공산주의자들에게 전달했다.

먼저 1943년 4월 중순경, 문석준은 함흥공립학교 훈도로 지낼 당시 제자였던 한설야(韓雪野, 당시 44세)에게 허헌으로부터 접한 이승만 관련 정보, 즉 (1) 이승만의 대일 방송 청취, (2) 이승만이 미국 원조하에 조선임시정부를 조직하고 대통령으로 독립운동 전개, (3) 이승만이 미국과 군사동맹을 체결했다는 내용을 전했다.26) 이어 1943년 4월 22~23일경에는 한창환(韓昌桓)에게, 1943년 4월 말에는 함흥의 이증림(李增林, 당시 56세)에게도 같은 내용을 전했다.27) 주지하듯이 한설야는 대표적인 좌파 문학가로 해방 후 남한의 좌익문학운동을 주도하다 1946년 월북했으며, 이증림은 고려공산당 중앙위원과 1927년 조선공산당

---

23) 허헌은 1943년 11월 1일 징역 2년형을 선고받았고, 1945년 4월 말 병보석으로 출감했다.(심지연, 『허헌연구』, 역사비평사, 1994, 86쪽.)
24) 京城地方法院, 「昭和 18 刑第4752, 刑公第2640호, 文錫俊 陸軍刑法違反及海軍刑法違反事件」, 문석준은 1943년 10월 11일 1년 2월의 징역형을 선고받았지만, 구타·고문의 후유증으로 1944년 1월 22일 옥사했다.
25) 京城地方法院, 「昭和 18 刑第4752, 刑公第2640호, 文錫俊 陸軍刑法違反及海軍刑法違反事件」.
26) 京城地方法院 檢事局, 「證人訊問調書 韓雪野」(1943년 7월 31일.)
27) 이증림은 자신이 1924년 일본 明治大學 재학 시절 문석준이 동경고등사범학교에 다녀서 서로 알게 되었다고 진술했다.[京城地方法院 檢事局, 「證人訊問調書 李增林」(1943년 8월 1일, 9월 3일.)]

제3차대회[春景園黨] 중앙집행위원을 지낸 함흥 출신 공산주의자였다.

　주목할 사실은 이중림이 해방 직전 여운형이 조직한 건국동맹 함남지역 도 책임자였다는 점이다.28) 허헌·이중림은 모두 건국동맹-건국준비위원회 시절에 여운형과 밀접한 관련을 맺은 인물들인데, 여운형·허헌·이중림 등 여운형 서클의 핵심 인사들이 모두 이승만 관련정보, 특히 과장된 단파방송 정보를 공유했음을 알 수 있다.29)

　한편 박헌영 등 경성콤그룹(해방 후 재건파 공산당)에게 이승만이 어떻게 인식되고 있었는지는 명확치 않다. 그러나 여운형의 건국동맹에 포함된 좌익뿐만 아니라 최용달(崔容達)·이기석(李基錫)·김태준(金台俊)·이승엽(李承燁) 등 재건파의 핵심들이 태평양전쟁 말기에 여운형과 밀접한 관계를 맺고 있었으므로, 이를 통해 이승만에 관한 정보를 파악하고 있었을 것으로 보인다.30)

---

28) 정병준, 앞의 논문, 1992, 111, 117쪽.
29) 해방 후 여운형은 해외에 중경 임시정부, 미국 두 파(이승만·국민회), 연안 정당, 시베리아 정당 등 모두 5개 정부가 있으며, 이들을 환영해 국내 정부를 조직해야 한다고 주장했다.(『每日新報』1945년 10월 2일자.) 중경과 미국의 소식은 상당 부분이 단파방송에서 얻은 것이었다.
30) 정병준, 앞의 논문, 1992, 101~102쪽.

3. 우파의 이승만 인식

1) 홍익범의 역할

앞의 허헌·문석준의 사례에서 나타나듯이, 최초의 정보 출처는 다름 아닌 홍익범이었다. 홍익범은 1897년 함남 정평 출생으로 1925년 일본 와세다(早稻田)대학 정경과를 졸업했고, 1926년 미국 유학길에 올랐다.[31] 1930년 오하이오주 데니슨대학을 졸업한 후, 다시 콜럼비아대학 대학원에 진학해 외교 전공으로 파커 T. 문 교수 밑에서 문학석사(MA)를 받았고, 1932년 귀국했다.[32] 1933년 10월 동아일보 정치부 기자로 입사해, 동아일보가 폐간되는 1940년 8월 10일까지 재직했다.[33]

보훈처의 공적 조서에 따르면, 홍익범은 1924년 미국에서 시카고동지회 회장을 지냈다고 되어 있다.[34] 그의 도미 시점이 1926년이므로, 1924년에 동지회 회장을 지냈다는 기록은 오류이다. 그러나 유가족들은 홍익범이 미국에서 이승만의 사조직인 동지회에서 활동했다고 증언하고 있으므로, 그가 미주 동지회에 가담한 것만은 사실로 판단된다.[35] 또한 흥업구락부 사건 당시 윤치영은 홍익범이 유억겸 그룹에 속한다고 진술했는데, 당시 흥업구락부 관련으로 구속되지 않은 나머

---

31) 『東亞日報』 1926년 2월 4일자 ; 京城地方法院 刑事第1審訴訟記錄, 「昭和 18 刑第5073·刑公第2753호, 洪翼範 陸軍刑法違反·海軍刑法違反 事件」.
32) 『東亞日報』 1932년 11월 26일자.
33) 다른 기록에는 홍익범이 1935년부터 東亞日報 기자였다고 되어 있다.(兪炳殷, 「日帝末 '短波盜聽 사건'의 全貌」, 『新東亞』 3월호, 1988.)
34) 國家報勳處, 『獨立有功者功勳錄』 9권, 1991, 528~529쪽.
35) 홍익범 스스로도 미국 유학중 이승만과 '관계'를 맺었다고 진술했다.[京畿道警察部, 「證人訊問調書 洪翼範(景祺鉉事件)」(1943년 8월 14일.)]

지 인물들은 모두 1920~30년대에 이승만과 밀접한 관련을 맺고 있는 사람들이었다.36)

그런데 단파방송 사건에서 홍익범이 백관수(白寬洙)·국태일(菊泰一)·함상훈(咸尙勳) 등 동아일보-보성전문 그룹의 핵심 인사들과도 관련을 맺고 있었음이 밝혀졌다. 즉 이승만의 동정과 활동 상황은 홍업구락부 사건 이후에도 지속적으로 국내 우익 인사들에게 유통되었던 것이다. 다만 동아일보 계열은 홍업구락부 사건에 전면적으로 개입되지 않음으로써 체포·구속을 면했고, 이로 말미암아 이들은 홍업구락부 사건 관련자보다는 상대적으로 노골적인 친일에서 자유로울 수 있었다. 해방 후 이들은 한국민주당을 조직하고 미군정의 여당으로 활동했는데, 이들이 이승만을 추대하고 결합할 수 있었던 데는 단파방송의 영향이 있었다.

홍익범은 1943년 3월 26일에 체포되었고 8월 27일에 기소되어 11월 18일 단파방송 사건 관련자로는 최고형인 2년을 선고받았다. 그러나 고문 등 악형의 후유증으로 1943년 사망했다.

홍익범이 단파방송과 관련을 맺게 되는 경로는 그가 졸업한 경신학교(1916년 졸업)에서 비롯되었다. 여러 증언에 따르면 홍익범은 경신학교 시절 쿤스 선교사 밑에서 교육을 받았고, 미국 유학을 통해 국제 정세에 대한 안목을 갖추었으며, 동아일보 활동으로 현실적인 감각을 익혔다. 동아일보 폐간 이후로 홍익범은 쿤스 등 선교사들과 교류하면서 선교사들이 소유하고 있던 단파 수신기를 통해 중일전쟁·태평양전쟁에 대한 정보를 입수해 이를 송진우·윤보선(尹潽善) 등에게 전달하는

---

36) 「延禧專門學校學內組織ニ關スル件」(昭和 13년 5월 21일 발송) ; (京高特秘 제725호-2) (昭和 13년 5월 22일), 「在米革命同志會ノ朝鮮支部タル秘密結社興業俱樂部事件檢擧ニ關スル件」(對 5월 11일 京高特秘 제725호-1, 「改題延禧專門學校經濟硏究會關係者檢擧ノ件」.)

일을 담당했다.37)

한국명 군예빈(君芮彬)인 쿤스(Edwin Wade Koons : 1880~1947)는 1903년 북장로교 선교사로 내한했으며, 1913년 서울 경신학교 8대 교장으로 취임했다. 그러나 일제 말 신사참배 강요로 교장직을 사퇴한 후 1942년 5월 미국 간첩 혐의로 20여 일 동안 감금되기도 했던 반일적인 선교사였다. 쿤스는 미국에 돌아가자마자 한국 사정에 관한 장문의 보고서를 썼으며, 공교롭게도 샌프란시스코에 위치한 OWI(Office of War Information : 전시정보국) 해외부 태평양국 한국과 고문으로 활동했다. OWI는 바로 미국의 소리(Voice of America) 방송을 담당하는 부서였으며, 쿤스는 한국어 방송을 감독하는 역할을 했다.38)

쿤스가 1942년 5월 말 강제 추방되고, 같은 시점인 4월 27일부터 단파 수신기가 압수됨에 따라, 홍익범은 각종 정보를 수집할 길이 막혔다. 이에 따라 홍익범은 아동문학가로 경성 방송국에서 방송 원고를 쓴 적이 있던 송남헌과 접촉했고, 그를 통해 경성 방송국에서 어린이 방송과 강연을 담당하는 편성원이었던 양제현(楊濟賢)과 연결되었다.39) 양제현은 일본 와세다대학 출신으로, 홍익범의 대학 후배이기도 했다. 이런 과정을 거쳐 양제현은 청취한 해외 단파방송 내용을 송남헌에게 건넸고, 송남헌은 다시 이를 홍익범에게 건네줌으로써, 정보 유통의 연

---

37) 兪炳殷, 「단파방송 사건을 재조명한다」; 宋南憲, 「短波放送과 政界連繫關係」, 放友會, 『短波放送海外連絡事件』, 방송토론회 종합보고서, 1988 ; 「송남헌 인터뷰」(1999년 4월 15일, 자택 ; 1999년 4월 30일, 마포 ; 1999년 10월 8일, 마포.)
38) 김승태·박혜진, 『내한선교사총람』, 한국기독교역사연구소, 1994, 305~306쪽 ; 국사편찬위원회, 『韓國獨立運動史』 25집, 자료 25, 임정편 X, 1994, 174, 209~219쪽 ; RG 226, entry 140, box 80, folder 629, "Some Items to be Kept in Mind in Preparing Korean Propaganda." by Koons, undated.
39) 일제 조서에는 洪翼範과 宋南憲의 관계만 언급되어 있을 뿐 洪翼範-宋南憲-楊濟賢의 연결은 언급되어 있지 않다.[警察部 高等警察課 巡査 松村勳繁의 報告, 「軍事ニ關スル造言者檢擧ノ件」(1943년 3월 26일.)]

계 고리가 형성되었다.40) 이들이 청취한 단파방송은 중국 중경방송과 미국 샌프란시스코의 '미국의 소리' 방송이 보내는 한국어 방송이 중심이었다.

홍익범은 동아일보 폐간 이후 해외정보 수집에 전력을 기울였다. 그가 입수한 이승만 중심의 정보는 국내 민족주의자들에게 과장된 형태로 전달되었고, 증폭되어 유포되었다. 그런데 홍익범이 단파방송 수신 내용을 전달한 주요 대상이 동아일보를 중심으로 한 민족주의 진영이었다는 점에 주목해야 한다. 송남헌은 홍익범이 송진우·김병로(金炳魯)·이인(李仁)·허헌 4자 회합에 정보를 제공했으며, 이들은 전세의 추이를 검토하고 해외에서의 구국 전선의 정보를 교환하는 한편, 국내에서 장차 있을 투쟁 방안을 모색했다고 증언했다.41) 그런데 홍익범 심문조서에는 허헌 외에 송진우·김병로·이인 등 민족주의자들의 이름은 등장하지 않으며, 이들이 증인으로도 출두하지 않았으므로, 정확한 사실을 판별하기는 어렵다. 분명한 것은 홍익범이 직접적으로 이들과 연관을 맺지 않았다고 하더라도, 백관수·함상훈·국태일을 통해 간접적인 연계를 맺었다는 사실이다. 어떠한 경우든지 홍익범의 단파방송 청취 정보는 동아일보-보성전문 그룹에게 영향을 끼쳤음이 분명하고, 그 핵심은 이승만의 미주 활동과 위상에 대한 평가였다.

그런데 송진우는 1944년 독립운동을 권유하는 안재홍에게, 중경 임시정부가 연합국의 정식 승인을 얻고 독립군 10만을 보유하고 있으며, 미국차관 10억 달러 중 1억 달러를 이미 확보했으니, 일본의 패전만을 기다리자고 했다.42) 이러한 태도는 홍익범을 통해 전해 들은 중경 단

---

40) 兪炳殷, 앞의 책, 1991, 167쪽.
41) 「햇불은 흐른다(21) : 京城放送局短波事件」, 『朝鮮日報』 1964년 9월 20일자.
42) 安在鴻, 「民政長官을 辭任하고-岐路에 선 朝鮮民族」, 『新天地』 7월호, 1948, 261쪽; 서중석, 『한국현대민족운동연구』, 역사비평사, 1991, 267~274쪽.

파방송의 정보를 과대평가한 데서 비롯되었을 것이다.

단파방송 사건은 경성·개성 방송국 한인 직원들이 1942년 말~43년 초에 검거된 후, 1943년 3월 말에 송남헌(3월 25일)·홍익범(3월 26일)·허헌(3월 26~30일 사이)·문석준(5월)의 순서로 검거가 확대되었다. 즉 이 사건은 방송국 직원들의 단순한 단파 청취 사건으로 시작해서 정치적 사건으로 비화되었던 것이다. 때문에 허헌·송남헌·홍익범·문석준 등 정치·사상성을 지닌 구속자들이 집중적인 심문과 고문을 당했다. 관련자 중에선 홍익범과 허헌이 최고형인 징역 2년형을 선고받았으며, 나아가 홍익범·문석준 등은 고문 후유증으로 옥사했다.[43]

단파방송 사건에서 홍익범의 증인으로 출두한 함상훈·국태일·백관수·경기현·허헌 등은 모두 홍익범으로부터 이승만 관련 정보를 청취하고 이를 퍼뜨렸다. 먼저 허헌과의 관계는 앞에서 설명한 것과 같다.

경기현(景祺鉉, 당시36세)은 의사 출신으로 홍익범과 관련되어 구속되었다.[44] 경기현은 1935년 여름 무렵부터 자신이 근무하던 민중병원장 유석창(劉錫昶)의 소개로 홍익범을 알게 되었는데, 유석창과 홍익범은 경신중학교 동창이었다.[45] 홍익범은 1942년 7월부터 1943년 1월 하순까지 민중병원·삼영끽다점(森永喫茶店) 등지에서 경기현에게 대동아전쟁에서 일본의 패배 전망, 세계대전의 전황 등을 전했다. 1943년 1월 중순·하순에 홍익범과 경기현이 나눈 대화는 매우 흥미롭다.

홍익범은 "미국 재주(在住) 조선인 이승만 일파는 미국 정부의 원조

---

43) 단파방송 사건에 대한 전반적인 설명은 유병은, 앞의 책, 1991을 참조.
44) 京畿道警察部,「證人訊問調書 景祺鉉」(1943년 8월 9일); 京城地方法院檢事局,「證人訊問調書 景祺鉉」(1943년 9월 17일); 京城地方法院 刑事第一審訴訟記錄,「昭和 18 刑第4867·刑公第2637號 景祺鉉 陸軍刑法違反·海軍刑法違反 事件」.
45) 京畿道警察部,「證人訊問調書 景祺鉉」(1943년 8월 9일).

를 받아 동지에 조선임시정부를 수립해 미국과 군사동맹을 체결한 위에 조선독립운동을 하고 있음으로써 이번 대전이 반추축국(反樞軸國)의 승리로 종식되면 조선은 완전히 반드시 독립국이 된다"라고 설명한 후 "이번 대전이 반추축국의 승리로 종식되면 조선은 당연히 독립하며 이번 독립은 제3국의 힘에 의해 실현되는 것으로 조선 자체의 실력에 의한 것이 아니므로 선내에서는 이를 위해 비밀결사를 조직해 위험을 무릅쓸 필요는 없다"라고 했다. 경기현이 국내에서도 미리 독립에 대비한 비밀결사를 조직해, 이승만이 임시정부를 이전하는 경우 이와 합류하는 것이 필요하지 않느냐고 제안하자, 홍익범은 이렇게 답변했다.

> 나는 미국 유학 당시부터 이승만과 알고 있는데, 이승만 일파가 국내에 들어와 조선독립을 단행할 때에 국내 거주 한인 가운데 정치적 인물을 소개해 정부 조직에 참가케 하는 것이며 내가 이미 우량한 정치가를 물색중임으로써 하등 우려할 필요가 없다.[46]

홍익범의 발언은 두 가지 점에서 중요한데, 첫째로는 미국 유학 시절부터 이승만과 관계를 가져왔다는 사실, 즉 홍익범이 시카고동지회 회장이었다는 '공적조서'의 주장이 사실임을 반증하며, 둘째로는 홍익범의 활동이 이승만의 임시정부가 국내에 들어올 때를 대비해 국내의 정치인들을 포섭하는 일이었음을 알게 해준다.

경기현은 이 내용을 1943년 5월 중순경 경성의학전문학교(京城醫學專門學校) 동창인 의사 최상희(崔相熙)와 경성제일고등보통학교(京城第一高等普通學校) 동창인 상인 서병원(徐丙圓)에게 전했다.[47] 경기현은 1943

---

46) 京畿道警察部, 「證人訊問調書 洪翼範(景祺鉉事件)」(1943년 8월 14일).
47) 京畿道警察部, 「證人訊問調書 高村相熙(景祺鉉事件)」(1943년 8월 11일); 京畿道警察部, 「證人訊問調書 徐川丙圓(景祺鉉事件)」(1943년 8월 10일).

년 7월 28일경 체포되었으며, 징역 1년 6개월의 실형을 언도받았다.[48]

동아일보 출신이었던 홍익범의 정보는 당연히 동아일보 계열에도 퍼져나갔다. 재판 과정에는 국태일·함상훈·백관수 등의 동아일보 관계자들이 증인으로 출두했다.[49] 국태일은 동아일보 재정부장·영업국장, 함상훈은 동아일보 논설반, 백관수는 폐간 당시 동아일보 사장을 지내는 등 이들은 동아일보의 핵심 인물들이었다.

먼저 국태일은 1935년 중앙상회 재직 당시부터 동아일보를 출입하며 홍익범과 알게 되었고, 동아일보 영업국장 대리로 근무할 때 친하게 지냈다.[50] 동아일보 폐간 이후 홍익범은 1942년 7월과 1943년 3월 두 차례 국태일을 방문해 (1) 미국 거주 이승만이 미국 원조로 임시정부를 수립, (2) 조선임시정부는 연합국과 군사동맹을 체결, (3) 미국 조선인은 미군과 함께 추축국과 교전, (4) 연합군의 승리로 종전되면 조선은 완전 독립될 것, (5) 중국 거주 조선인은 장개석군에 편입되어 일본군과 교전 중이기에 일본의 패전이 확실하다고 발언했다.

함상훈은 동아일보에서 조선일보 편집국장으로 자리를 옮겼는데, 1942년 9월과 1943년 1월 3일 두 차례 홍익범을 만나, 일본의 패전 전망과 이승만의 활동 등에 대한 정보를 전해 들었다.[51] 또한 홍익범은 1942

---

48) 警察部 高等警察課 松村勳繁, 「不穩言動者(景祺鉉)取調ニ關スル件」(1943년 8월 18일) ; 「송남헌의 증언」(1988년 5월) (유병은, 앞의 책, 1991, 184쪽에서 재인용.)
49) 京畿道警察部, 「證人訊問調書, 秋田泰一(洪翼範事件)」(1943년 8월 17일) ; 京城地方法院檢事局, 「證人訊問調書, 秋田泰一(洪翼範事件)」(1943년 9월 17일) ; 京畿道警察部, 「證人訊問調書 咸尙勳(洪翼範事件)」(1943년 8월 19일), 京城地方法院檢事局, 「證人訊問調書 咸尙勳(洪翼範事件)」(1943년 9월 17일) ; 京畿道警察部, 「證人訊問調書, 白寬洙(洪翼範事件)」(1943년 8월 17일) ; 京城地方法院檢事局, 「證人訊問調書, 白寬洙(洪翼範事件)」(1943년 9월 17일.)
50) 京畿道警察部, 「證人訊問調書, 秋田泰一(洪翼範事件)」(1943년 8월 17일) ; 京城地方法院檢事局, 「證人訊問調書, 秋田泰一(洪翼範事件)」(1943년 9월 17일.)
51) 京畿道警察部, 「證人訊問調書 咸尙勳(洪翼範事件)」(1943년 8월 19일), 京城

년 가을부터 백관수의 자택을 매달 1회씩 방문해서 국제 정세를 전달했고, 1942년 12월 말에는 태평양전쟁에서 미국이 승리할 것이며, 그때는 이승만이 대통령으로 있는 임시정부를 중심으로 조선정부를 수립할 것이라고 발언했다.52) 이상이 일제 신문조서에 등장하는 내용이며, 홍익범은 이보다 많은 동아일보 계열 인사들에게 이승만 관련 정보를 전했을 것이다.

이처럼 홍익범은 선교사·단파방송·자신의 경험 등에서 종합한 이승만 관련 정보를 국내의 좌우파에게 널리 유포시켰다. 특히 해방 직후의 정치 상황과 관련해 결정적으로 중요한 두 세력, 즉 건국동맹—건국준비위원회—인민공화국을 이끌어나간 여운형 그룹(여운형·허헌·이증림·한설야)과 국민대회준비위원회—한국민주당을 주도한 동아일보—보성전문 그룹(송진우·백관수·함상훈·김병로·이인)에게 이승만 관련 정보가 입력되었다는 점에 주목해야 한다.

2) 송남헌·양제현·경성 방송국

마지막으로 홍익범과 경성방송국을 연결한 송남헌·양제현의 경우를 살펴보자. 일제 신문조서에 따르면 송남헌(창씨명 松原秀逸)은 재동(齋洞)국민학교 훈도 시절 홍익범의 아들 홍종철을 가르친 관계로 1939년 2월경부터 홍익범과 친밀해졌다.53) 조서에 따르면 홍익범은 1941년 5

地方法院檢事局,「證人訊問調書 咸尙勳(洪翼範事件)」(1943년 9월 17일.)
52) 京畿道警察部,「證人訊問調書, 白寬洙(洪翼範事件)」(1943년 8월 17일); 京城地方法院檢事局,「證人訊問調書, 白寬洙(洪翼範事件)」(1943년 9월 17일.)
53) 유병은, 앞의 책, 1991, 229쪽; 京城地方法院 刑事第一審訴訟記錄,「昭和 18 刑第5073·刑公第2753 洪翼範 陸軍刑法違反·海軍刑法違反 事件」.

월부터 1943년 3월 23일까지 총 8차례에 걸쳐, 세계대전의 흐름과 일본의 패망 예견, 이승만의 임시정부 대통령 활동 등에 대해 얘기했다. 특히 홍익범은 1942년 11월 송남헌이 재미 한인의 동정을 질문하자 "미국 워싱턴에 조선임시정부(朝鮮假政府)가 있는데 이승만이 대통령이며 중경 및 소련에 대표를 파견하고 있다"라고 설명했다.

당시 송남헌은 경성방송국에 아동물 작가로 출입하면서, 편성과의 편성원(PD)인 양제현과 친밀했는데, 양제현은 임정 요인인 양우조(楊宇朝)의 사촌동생이었다. 양제현은 경성 방송국 내의 단파 수신기를 통해 밀청(密聽)한 중경·샌프란시스코 방송 내용을 송남헌을 통해 홍익범에게 전달했고, 홍익범은 이를 유포시켰다. 즉 단파방송은 양제현-송남헌-홍익범을 거치면서 유포되었던 것이다.

그런데 홍익범이 유포시킨 전황 정보는 단파방송의 내용 그대로가 아니었다. 이것은 단파방송 및 홍익범의 미주 시절 경험, 송남헌의 정보, 나아가 조선인들의 독립 염원과 과장이 복합적으로 결합된 것이었다.

위에서 보았듯이 1942년 11월에 송남헌은 홍익범으로부터, 이승만이 미국에서 임시정부 대통령으로 활동하고 있다는 내용을 들었다. 또한 송남헌은 임시정부에 대한 추가 정보를 호소가와(細川嘉六)의 『일본문명사(日本文明史)』 제26권에서 얻었다.[54] 송남헌은 홍익범의 전언, 자신의 독서, 단파방송을 종합한 정보를 유포시켰다.

양제현은 1942년 12월 25일경 경성 방송국 직원 송진근(宋珍根)·손정봉(孫正鳳) 등에게 "최근 어떤 사람의 말에 따르면 미국 거주 조선인

---

54) 송남헌은 호소가와의 책을 本町의 가메이(龜井)서점에서 읽었다고 증언했다.[「송남헌 인터뷰」(1999년 4월 15일, 자택 ; 1999년 4월 30일, 마포 ; 1999년 10월 8일, 마포.)]

이승만 일파가 동지에서 조선임시정부인 고려공화국(高麗共和國)을 수립해서 이미 이십 수개국으로부터 승인을 받음으로써 이승만 일파는 그곳에 있어서 상당히 활동하고 있다"라고 했다.55) 그런데 송남헌 판결문에 따르면 양제현에게 이런 얘기를 해준 '어떤 사람'은 다름 아닌 송남헌이었다.56)

이상을 종합하면 송남헌·양제현 등이 전파한 임시정부 대통령 이승만 관련 내용은 홍익범으로부터 나왔고, 홍익범이 동일한 정보를 좌우파 모두에게 퍼뜨린 것이라고 할 수 있다. 송남헌 역시 홍익범의 정보와 단파방송 청취 내용, 자신의 정보 등을 종합해 이를 유포시켰던 것이다. 이 사건과 관련해 송남헌은 징역 8개월형을, 양제현은 징역 1년형을 받았다.57)

3) 이승만의 단파방송

단파방송의 정확한 진상을 파악하기 위해서는 당시 미국 샌프란시스코 OWI가 방송한 '미국의 소리' 한국어 방송을 통해 전달된 이승만의 방송 내용에 임시정부와 관련된 정보가 얼마나 담겨 있었는가를 살펴볼 필요가 있다. '미국의 소리' 한국어 방송은 1942년 중반부터 시작되었다. 최초의 한국어 방송 아나운서는 당시 재미 한인 유학생들 중

---

55) 京城地方法院 刑事第一審訴訟記錄,「昭和18 刑第3462·刑公第1904, 和田濟賢 安寧秩序ニ對スル罪」.
56) 京城覆審法院 檢事局 事件記錄,『(昭和 18年)刑事控訴事件 裁判原本綴 第三册』,「昭和 18년 刑控 第三三六號 松原秀逸 判決文」(1943년 10월 29일.) 판결문에 따르면 송남헌이 양제현에게 이 얘기를 전한 것은 1942년 12월 하순경이었다.
57) 심지연 지음,『송남헌회고록』, 한울, 2000, 37~62쪽.

에서 선발했고, 그후 메릴랜드주립대학 도서관에 근무하던 유경상(劉慶商, Kingsley Lyu), 황성수(黃聖秀, S. S. Whang) 목사 등이 담당했다.[58] 이승만은 1942년 여러 차례에 걸쳐 한국어와 영어로 국내를 향해 방송했던 것으로 보이는데, 현재 확인되는 기록들을 정리하면 다음과 같다.

(1) 1941. 12. 25. 이승만이 COI(Coordinator of Information : 정보조정국, OSS 의 전신)의 요청으로 한글방송을 함.[59]
(2) 1942. 6. 13. 이승만이 VOA를 통해 한국을 향해 방송.[60]
(3) 1942. 7. 6. 이승만 영어·한국어로 동양·남미주를 향해 방송.[61]
(4) 1942. 7. 11~12. 이승만 3차례에 걸쳐 영어·한국어로 단파방송.[62]

이승만의 단파방송은 COI와 OWI라는 전시 정보기관을 통해 이루어진 것으로, 미주 내 이승만의 명망 및 미 군부와의 유대 관계에서 비롯된 것이었다. 여러 차례의 방송 중 (2)~(4)에서 드러나듯이 이승만의 한국방송은 6월부터 7월 사이에 여러 차례 집중되었다. 또한 이 시기는 한국에서 전파관제 때문에 선교사들의 단파 수신기가 압수되고, 한국인들은 경성 방송국 등에서 단파방송을 엿듣던 때이기도 했다. 이 방송 중 이승만이 임시정부를 언급한 부분들을 정리하면 다음과 같다.

먼저 이승만이 자신의 자격에 대해 밝힌 것은 (3) 가운데 "나는 리승만이오 대한림시정부 대표원으로 미국 경성 와싱톤에서 말합니다"라고 한 것이 유일하다. 즉 이승만은 임시정부 대표로 워싱턴에서 방송

---

58) 「朴慶浩 인터뷰」(1957년), 유병은, 앞의 책, 1991, 61쪽 ; 「FBI보고서 : 샌프란시스코지역 한인활동상황」(1943년 4월 27일), MID 291.2 Koreans, 국사편찬위원회, 『韓國獨立運動史』 24집, 임정편 IX, 1994, 333쪽.
59) 『新韓民報』 1941년 12월 25일자 ; "Letter from Jay Jerome Williams to Stimson, Secretary of War," Feb 4, 1943. MID 000.24 Korea/2－4－42.
60) 유병은, 앞의 책, 62~63쪽.
61) 「이승만박사의 레코드」, 『新韓民報』 1942년 8월 6일자.
62) 「이승만의 단파방송」, 『태평양주보』 1942년 8월 5일자.

한다고 했을 뿐 자신이 대통령이라고 한 적은 없다. 또한 이승만은 임시정부의 위치와 활동에 대해 (2)에서 구체적으로 밝혔는데, 여기서 이승만은 임시정부가 중국 중경에 있으며 김구·이시영·조완구·조소앙 등이 일하고 있다, 또한 광복군은 이청천·조완구·조소앙·조성환 등의 장군으로 총사령부를 수립했고, 장개석 정부의 원조와 정식승인을 받았다고 밝혔다. 덧붙여 이승만은 워싱턴에서 자신이 임시정부 승인을 미국 정부에 교섭 중이라고 밝혔고, 승인이 되는 대로 군사원조를 얻을 것이라고 했다.

이승만이 행한 모든 단파방송을 검토해보아도, 국내에서 홍익범을 중심으로 퍼져 나간 (1) 미주에 조선임시정부 혹은 고려공화국이 수립되었다, (2) 이승만이 임시정부의 대통령이다, (3) 미국·중국 등이 임시정부를 정식 승인해서 군사·경제원조를 하고 있다는 내용은 존재하지 않는다. 다만 이승만은 임시정부의 대표로 임시정부의 활동을 소개하며 국내 민심을 선동했을 뿐이다. 그러나 이승만이 단파방송에 나왔다는 사실이 국내에서 유통될 때는, 이승만계 인물인 홍익범을 통해 "미주에 존재하는 임시정부 대통령 이승만이 미국의 승인·원조하에 적극 활동하고 있다"라는 내용으로 과대 선전되었다. 또한 국내에서 이미 1920~30년대 이승만의 활동을 알고 있던 국내 인사들은, 단파방송을 통해 전해지는 전황 정보의 사실성에 기초해, 홍익범이 전하는 이승만 정보를 그대로 수용했음이 분명하다. 이런 측면에서 이승만의 단파방송은 미국 OWI가 예상한 이상의 심리전 효과를 거둔 셈이며, 그 최종 수혜자는 이승만 자신이었다.

이상의 내용을 정리하면 다음과 같다. 흥업구락부 사건 이후 이승만은 구체적인 인적 연락·연대를 통해 국내와의 연결이 더 이상 불가능했다. 그러나 태평양전쟁 시기에 들어서면서 이승만의 존재 및 활약은

표 9-1 이승만 단파방송이 국내에 미친 영향

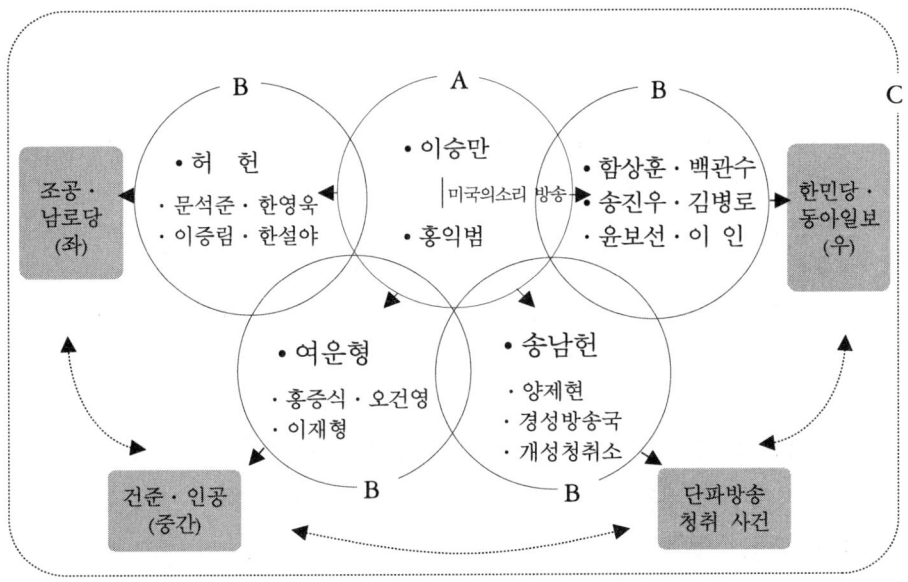

[범례] A : 국내 여론주도층의 기존 이승만 인지 범위
　　　 B : 단파방송의 직접적 청취 전달 범위
　　　 C : 단파방송의 간접적 파급 범위

실제 이상으로 국내에서 알려졌다. 가장 대표적인 수단은 단파방송 청취를 통한 유언비어의 유포 방식이었는데, 이는 동아일보 계열 등 민족주의 세력은 물론 국내 좌파에게도 영향을 끼쳤다. 이승만의 추종자였던 홍익범을 중심으로 좌우파 정치지도자에게 퍼져 나간 단파방송 청취 정보는, 구체적인 전황 보고와 홍익범이 과장한 이승만 관련 정보로 구성되어 있었다. 그러나 이승만 관련 정보는 정확한 사실이 아니었음에도 불구하고, 전시 정보 통제의 상황 속에서 민족해방을 염원하던 좌우파 지도자들에게 사실 이상의 설득력과 선전 효과를 지니게 되었다. 결국 이러한 심리전의 결과 250명 이상이 검거되는 단파방송 청취 사건이 발생했고, 이 사건은 역설적으로 국내 여론 주도층 속에

서 이승만의 국내 지명도가 확고해지는 계기로 작용했다.

단파방송 사건에서 유포된 이승만에 관련된 정보를 종합하면 다음과 같다.

(1) 이승만은 조선임시정부(고려공화국) 대통령으로 미국에서 활동중이다.
(2) 이승만은 미국으로부터 경제·군사적 원조를 받아 독립운동에 종사하고 있다.
(3) 미국·중국을 포함한 20여 개국 이상이 임시정부를 승인했다.
(4) 일본은 패전할 것이며 한국의 독립은 필연적인데, 그때는 이승만의 임시정부를 중심으로 정부를 수립할 것이다.

이러한 일련의 사건을 통해 해방 직전에 국내의 좌우파들은 이승만을 임시정부의 대통령 내지 국외 민족해방운동의 주요 지도자로 인식하게 되었다. 특히 해방 후 좌파의 중심인 여운형 계열과 우파의 중심인 동아일보 계열이 이승만을 임시정부 대통령으로 선전하고 확신했다는 점은, 해방 후 이승만이 정계에 부각되는 한 배경을 형성했다. 국내에 있는 친 이승만 계열의 인맥을 통해 유포된 정보는 좌우 여론 주도층, 교회, 문화단체 등을 통해 확산되었다. 해방 직후 수많은 벽보에서 '고려공화국' 등의 명칭이 등장하고, 이승만이 대통령으로 지목되는 것도 바로 이러한 정보에 기인한 것이었다.

제4부

해방 직후
: 정부 수립 노선과 활동

10장
조기 귀국과 동경 회합

1. 귀국 로비와 여행 계획

1) 귀국 로비

이승만은 1945년 10월 16일 귀국했는데, 이는 11월 23일에 귀국한 중경의 임시정부보다 한 달 이상 빠른 것이었다. 급변하던 해방 정국에서 한 달이라는 시간은 이승만이 정치적 지반을 공고히 하는 데 적지 않은 도움을 주었고, 1945년 말까지 남한 정세의 주도권을 장악하는 데 결정적인 역할을 했다.

이승만은 태평양전쟁 종전이 임박한 8월 8일 백악관에 귀국 청원 편지를 낸 것을 필두로 귀국 로비에 박차를 가했다.[1] 이승만이 귀국하기 위해서는 반드시 거쳐야 할 세 가지 관문이 있었다. 첫 번째는 국무부 여권과의 출국 여권을 받는 것, 두 번째는 군 관할 지역인 태평양 전구

---

1) "Ballantine to Syngman Rhee"(September 7, 1945), NARA, RG 59, State Department decimal file 895.01/8－1845.

에 들어가기 위해 주한미군사령부와 그의 상급 조직인 태평양지구 미육군사령부 및 전쟁부의 허가를 받는 것, 세 번째는 군사 지역 여행을 위해 군용기의 사용 허가를 받는 것이었다. 순서상 주한미군사령관 하지의 허가, 이에 대한 태평양지구 미육군사령관 맥아더의 허가, 이에 기초한 국무부의 허가로 이어지는 것이었다.

이승만이 이러한 복잡한 귀국 허가 과정을 거쳐 제일 먼저 귀국할 수 있었던 것은 첫째로 자신의 노력, 둘째로 주위에 모여 있던 사설 로비스트들의 도움, 셋째로 맥아더의 적극적인 후원과 하지의 요청, 그리고 남한 정치인들의 요구 때문이었다.

먼저 이승만은 국무부와 전쟁부, 그리고 맥아더 등에게 자신의 귀국을 직접 요청했다. 이승만은 8월 10일 전쟁부에 귀국 요청을 했고,[2] 8월 28일 굿펠로우를 통해 간접적으로 국무부에 귀국 신청을 했다. 또한 이승만은 백악관에 대해 8월 15일·21일·28일에 전문을, 8월 8일·18일에는 편지를 보내는 등, 8월에만 5차례의 적극적인 로비를 시도했다.[3]

이승만 귀국에 결정적 도움을 제공한 인물은 맥아더였다. 맥아더 문서철에서 찾을 수 있는 양자의 첫 번째 접촉은 1945년 7월 말이었다. 이승만은 1945년 7월 27일 맥아더에게 전문을 보내, 한인들이 태평양전쟁에 참여하고 싶었으나 소련의 방해를 받아 참여하지 못했다고 주장했다. 이어서 이승만은 당시 마닐라에 있던 맥아더에게 필리핀의 로물로(Romulo) 장군이 자신의 마닐라행을 위해 모든 준비를 해줄 것이며, 자신은 마닐라에서 한국인을 향해 방송할 것이라고 주장했다.[4] 이

---

[2] "Request of Syngman Rhee to go into Korea" 381 CTO (August 10, 1945), NARA, RG 165, Records of the Office of the Director of Plans and Operations. 1923-48, 091 Korea.

[3] "Ballantine to Syngman Rhee"(September 7, 1945), NARA, RG 59, State Department decimal file 895.01/8-1845.

와 같은 이승만의 반소 태도는 '아시아 우선주의자'로 반소·반공과 대소 봉쇄 정책, 나아가 반격 정책을 신봉했던 맥아더의 주목을 받았다. 맥아더는 7월 30일자로 이승만의 "숭고한 정신(splendid spirit)"에 깊은 감명을 받았다는 답전을 보냈다.5) 이후 맥아더에게 보낸 8월 27일자 전문에서 이승만은 보다 강력한 반소 입장을 표명했다.

　우리는 **공동 점령이나 신탁에 반대**한다. 만약 점령이 필요하다면, 미국이 흘린 핏값과 소모한 막대한 비용의 대가로 **미군만의 단독 점령을 환영**한다. 대일본전은 민주주의를 위한 세계 안보를 달성하기 위해 승리한 것이다. 왜 우리가 러시아로 하여금 한국에 들어와 공산주의 정부를 수립하고 한국에서 유혈내전의 씨앗을 뿌리도록 허락해야 하는가? 우리의 유일한 희망은 극동 평화를 위해 트루만 대통령과 각하가 단일한 통일 민주주의 독립 한국을 주창하는 데 있을 따름이다. 우리는 트루만 대통령에게 본인을 한국에 들여보내, 그곳에서 어떤 자격으로라도 미군과 협력하고 지원할 수 있게 해달라고 요청한다.(강조―인용자.)6)

　이승만은 맥아더에게 보낸 9월 29일자 전문에서도 격렬한 반소 입장을 표명했다. 그는 중국 외교부장 송자문(宋子文)이 한국에서 소련의 지배권을 보장하기 위해 스탈린과 비밀 협정을 체결했다고 주장했다. 비밀 협정의 체결에 따라 수천 명의 시베리아 출신 한국인들과 수천 명의 연안 출신 중국 공산주의자들이 한국에서 자유롭게 된 반면, 중경에 있는 모든 한국의 민주적 민족주의 지도자들은 움츠러든 형국이

---

4) "Syngman Rhee to MacArthur"(July 27, 1945), MacArthur Memorial Archives(이하 MA), RG 5, Box 2, folder 2, "Official Comes, July~Dec', 1945" ; 이승만은 동일한 메시지를 같은 날 니미츠 제독(Chester W. Nimitz)에게도 전송했다.(895.01/8 -845.)
5) "Telegram from O. J. Jamerson"(July 30, 1945.) 895.01/8-845. 당시 괌에 있던 니미츠 제독 역시 7월 28일자로 이승만의 전문에 답전을 보내 일본인과 싸우려는 이승만의 노력을 칭송했다.
6) "Syngman Rhee to MacArthur"(August 28, 1945), MA, RG 5, Box 2, folder 2.

라고 적었다. 그리고 이승만은 워싱턴의 몇몇 인사들이 자신을 방해했지만, 현재는 모든 문제가 해결되었고, 단지 맥아더의 명령만이 남았을 따름이라고 덧붙였다.7)

이승만이 맥아더에게 귀국을 청원한 것은 8월 27일이었다. 이승만은 맥아더에게 자신의 명확한 반소·반공 입장과 한반도에 대한 영향력을 과장함으로써 조기 귀국을 청원했으며, 맥아더의 고문인 로물로와의 친분 관계를 활용했다. 맥아더는 이승만의 철저한 반소·반공 태도에 호응했다. 맥아더는 9월 29일경 국무부가 요청한 여타 재미 한인의 입국 신청을 허가하지 않은 반면, 이승만의 입국만을 허가했다. 국무부는 이승만의 입국만이 허가되고 여타 한인의 입국이 불허된 것이 이승만 파벌에 대한 미국의 지지라는 인상을 줄까 우려했다.8) 이승만이 맥아더에게 보낸 9월 29일자 전문에 따르면 이승만은 귀국과 관련된 두 가지 관문을 넘었다. 첫째는 국무부로부터 마닐라 경유 한국 입국 여권을 획득했고, 둘째는 맥아더의 승인을 얻어 합동참모부로부터 전쟁 지역 여행을 위한 군사 허가를 받았다는 것이다. 즉 이승만은 귀국에 필요한 맥아더의 동의·승인을 얻어냈고, 이에 기초해 국무부의 출국 승인을 얻어낸 것이었다.

다음으로 이승만은 자신의 귀국을 위해 주위에 모여 있던 사설 로비스트들을 최대한 활용했다. 이승만의 주요한 로비스트인 윌리암스(J. Jerome Williams)와 굿펠로우(Preston M. Goodfellow) 등은 국무부를 상대로 로비

---

7) "Syngman Rhee to MacArthur"(September 29, 1945), MA, RG 5, Box 2, folder 2.
8) 전쟁부 작전기획국은 9월 29일 귀국을 희망하는 재미 한인의 명단을 맥아더에게 보냈는데, 맥아더는 이승만의 입국만을 허가했다.[「전쟁부 작전기획국장 헐이 맥아더에게 보낸 전문(이승만 귀환과 김구·김규식 귀국허가의 건)」(October 13, 1945), OPD 336 Korea(September 29, 1945.), RG 165, P & O, ABC decimal file, box no. 31, section 17-A.]

를 벌였다. 먼저 윌리암스는 국무부 극동국의 한국 담당 관리를 방문해 임정을 승인할 것, 이승만을 지원할 것, 이승만을 한국 정부의 수반으로 인정해 남한으로 즉각 파견할 것을 요청했다.9) 노련한 신문기자였던 윌리암스는 1942년 크롬웰(James H. R. Cromwell)이 조직한 한미협회(Korean-American Council)에 가담했던 이승만의 로비스트였는데, 한미협회의 회원이자 이승만의 로비스트인 더글라스(Paul F. Douglas)·스태거즈(John Staggers)·윌리암스는 연명으로 8월 22일에 이승만의 즉시 귀국을 요청하는 서한을 트루만 대통령에게 발송했다.10)

한편 OSS 부국장이던 굿펠로우는 8~9월 내내 여러 차례 국무부 극동국을 방문했으며, 미국 정부가 이승만이 대표로 있는 임시정부를 인정하지 않는 것은 실수라고 강조했다. 굿펠로우는 8월 28일에 극동국을 방문해 이승만의 중경 방문을 요청했다. 아울러 굿펠로우는 이승만의 중경행에 몇몇 미군 관리를 동반시키는 것이 유용할 것이라는 제안을 하기까지 했다. 굿펠로우는 이승만이 "여타 한국인 지도자들보다 미국적인 관점을 갖고 있기 때문에 그의 여행을 허가해야 한다"라고 주장했다.11) 당시 굿펠로우는 OSS 부국장이자 육군 대령이라는 공식적 직책을 갖고 있었기에, 극동국장 빈센트(John Carter Vincent)는 굿펠로우의 관심이 이런 공적 직위에서 비롯된 것인가를 물었고, 당황한 굿펠로우는 자신의 관심이 전적으로 개인적인 것이라고 변명했다.12)

굿펠로우는 이승만에 대한 여권 발급이 늦어지자, 9월 24일 국무부

---

9) "Vincent to the Secretary of State" FW 740.00119 Control(Korea)/11-745.
10) "Korean American Council to the President"(August 22, 1945), 895.01/8-2245 ; "Vincent to Douglass"(September 24, 1945), 895.01/8-2245.
11) "Ballantine to Dunn"(August 28, 1945) FW895.01/8-1545.
12) "Vincent to the Secretary of State" FW 740.00119 Control(Korea)/11-745 ; "Vincent to Dickover"(September 24, 1945) 895.01/9-2445.

를 방문해 이승만의 한국 귀환에 필요한 허가나 문서를 획득하는 데 문제를 일으키는 '장애물'이 무엇이며, 왜 이승만이 귀국을 신청한 여타 재미 한인들과 동격의 취급을 받아야 하느냐며 항의하기까지 했다.13)

굿펠로우가 이승만의 조기 귀국을 위해 기울인 노력은 국무부 관리들이 볼 때도 지나친 측면이 있을 정도로 열성적이었다. 이러한 굿펠로우의 로비는 이승만 스스로도 자신의 귀국에 굿펠로우와 맥아더의 도움이 컸다고 말할 정도로 중요한 것이었다.14) 때문에 이승만은 귀국 직후 즉각 하지에게 굿펠로우의 남한 부임을 강력하게 건의해 실현시켰던 것이다. 1941년 이승만을 알게 된 굿펠로우는 적어도 1946년 말까지 이승만이 미국의 여론 동향과 미군정 및 미국 정부의 민감한 정보를 파악하는 데 결정적인 역할을 했다.15)

마지막으로 이승만의 귀국은 하지의 요청과 맥아더의 재가, 그리고 남한 내 우익들의 강력한 요구로 가능할 수 있었다. 미군 진주 직후인 9월 14일 한국민주당의 원세훈(元世勳)과 조병옥(趙炳玉)은 중경의 김구(金九)·김규식(金奎植)·신익희(申翼熙) 앞으로 서신을 보내 임시정부의

---

13) 국무부는 이 시점에서 이승만과 田耕武를 포함해 최소 10명 이상의 한국인들의 출국 심사를 하고 있었다.["Dickover to Vincent"(September 24, 1945) 895.01/9-2445.]
14) 尹致英, 『尹致英의 20世紀』, 삼성출판사, 1991, 156쪽.
15) 굿펠로우는 1941년 여름 G-2에서 이승만을 처음 만났으며, 이승만의 가장 중요한 정보원이자 정치 고문으로 활동했다. 1945년 12월 OSS 부책임자를 끝으로 대령으로 전역한 굿펠로우는 이승만의 추천으로 1946년 초 하지의 정치 고문으로 남한에 부임했고, 이승만을 위해 민주의원 공작을 담당했다. 동년 5월 광산 스캔들로 미국에 송환되었지만, 한국전쟁에 이르기까지 이승만의 중요한 로비스트로 활약했다.[「굿펠로우가 이승만에게 보낸 편지」(1958. 9. 4), Preston Millard Goodfellow Papers, box no. 1, the Hoover Institution Archives, Stanford University(이하 『굿펠로우문서철』로 약칭); Bruce Cumings, *The Origins of the Korean War, vol. II*, Princeton University Press, 1990, chapter 12 ; 정병준, 「해방정국의 미국 공작원들」, 『말』 10월호, 1992 ; 정병준, 『몽양여운형평전』, 한울, 1995, 제5장 ; 정병준, 「이승만의 정치고문들」, 『역사비평』 여름호, 1998.]

즉각적인 귀국을 요청한 적이 있었다.16) 이 서신은 주한미군의 군사 통신망을 통해 중경으로 전달되었다. 이미 주한미군 사령부(USAFIK) 정보참모부(G-2)는 진주 후 두 번째 주간 정보 요약에서 한민당이 미군 사령부에 대해 "현재 중경에 있는 대한민국 임시정부를 초청해 한국에 들어올 수 있도록 허락할 것, 미군은 이 작업을 승인하고 촉진시킬 것, 미군은 임정의 각료들을 신뢰하며 이들의 직무를 가능하면 최대한 이용할 것"을 요청했다고 기록했다.17) 아직까지 하지에게 있어서 중경에 있는 김구와 김규식, 워싱턴에 있는 이승만이란 존재는 '대한민국 임시정부'라는 큰 틀 내에 속해 있는 임정 계열 인사에 불과했다. 중경과 워싱턴 사이의 변별력은 그다지 큰 문제가 되지 않았던 시점이었다. 하지는 9월 말 이승만·김구·김규식이 개인 자격으로 한국에 입국할 수 있게 허용해 달라는 건의를 제출했다.18)

2) 여행 허가 획득과 여행 계획

올리버는 이승만이 중국을 경유하지 않고 마닐라를 경유해 귀국하려 했다고 기술했다. 김규식·조소앙 등 임정 세력이 국내에 확고한 지지 기반을 구축할 때까지, 중국 외교부장 송자문이 이승만을 중국에 억류할지도 모른다는 우려 때문이었다고 한다.19) 그러나 이는 정확한

---

16) RG 332, XXIV Corps Historical File ; 브루스 커밍스 지음·김주환 옮김, 『한국전쟁의 기원』 하권, 청사, 1986, 376~377쪽.
17) G-2 Weekly Summary, no. 2(1945. 9. 25)
18) "CINCAFPAC ADV to WARCOS"(September 29, 1945), MA, RG 9, War Department Blue Binders, Box 156, folder 2 ; "Benninghoff to Atcheson"(October 10, 1945), FRUS, 1945, vol. 6, pp. 1070~1071.
19) Robert T. Oliver, *Syngman Rhee : The Man Behind the Myth*, Greenwood Press,

사실이 아니다. 이승만은 처음에 중경을 거쳐 귀국할 것을 희망했기 때문이다.

8월 15일부터 재미 한인들과 중경 임시정부 인사들의 귀국 청원이 이어졌다. 국무부의 입장은 관련 지역 미 전구(戰區) 사령관이 허락하고 여행 수단이 마련된다면, 어떤 한국인의 귀국에도 반대할 이유가 없다는 것이었다.20) 제일 먼저 귀국 청원을 한 것은 전경무(田耕武, J. Kyung Dunn)를 비롯한 재미한족연합위원회 인사들이었다.21) 또한 이승만의 정적이었던 한길수(韓吉洙, Kilsoo Haan) 역시 귀국을 강력히 요청했으며, 이승만의 추종자였던 윤병구(尹秉球) 목사도 귀국 청원을 한 상태였다.22)

해방 직후 이승만은 김구와 중경에서 함께 전후 계획을 수립한다는 데 합의했다. 이승만은 8월 18일 트루만 대통령에게 임시정부 주석 김구와 외무부장 조소앙 명의로 된 전문을 제출했다.23) 이후 이승만을 대리해 국무부를 방문(1945년 8월 28일)한 굿펠로우는, 한국의 향후 계획의 입안 및 협의를 위해 김구가 이승만의 즉각적 중경 방문을 요청했다고 밝혔다. 굿펠로우는 이승만의 중경행에 미국 관리 몇몇을 동반시켜 이

Publishers, Westport, Connecticut, 1954, pp. 211~212.
20) "Ballantine to Dunn"(September 14, 1945) 895.01/8-1545 ; "Acheson to the American Embassy, Chungking"(September 21, 1945) 895.01/9-1745.
21) "J. Kyuang Dunn to Byrnes"(August 15, 1945) 895.01/8-1545. 이들의 귀국 허가는 1945년 10월 말에야 내려졌고, 이들은 11월 4일에 귀국했다.["Ballantine to J. K. Dunn"(September 14, 1945) 895.01 /8-1545 ; 『新朝鮮報』 1945년 11월 9일자.)] 이들의 귀국이 늦어진 것은 먼저 귀국한 이승만의 개입 때문이었다. 이승만은 올리버에게 보낸 편지에서 전경무를 비롯한 6명에 대한 군사 허가가 하지에 의해 보류된 반면 윤병구에 대한 귀국이 허용되었다고 밝혔다.["Syngman Rhee to Oliver"(October 21, 1945), 국사편찬위원회 소장, Oliver Papers.]
22) "Ballantine to Acheson"(September 13, 1945) 895.01/9-1345.
23) "Syngman Rhee to the President"(August 18, 1945) 895.01 /8-1845.

승만·김구와 밀접한 접촉을 갖게 함으로써 향후 사태 발전에 대한 이해를 얻을 수 있다고 주장했다.24) 극동국장 발렌타인(Joseph W. Ballantine)은 미군 관리가 이승만과 대동한다면 "우리 정부가 소위 대한민국 임시정부를 동국의 장차 정부로 지지하게 될 소지가 있다는 인상을 주게 될 것이므로" 반대해야 한다는 견해를 표명했고, 국무장관이 이에 동의했다. 그러나 이승만의 중경행에 대해서는 중국 정부가 입국 허가를 내주고, 미 정부 소유의 수송 수단에 대한 이용 허가가 떨어진다면, 이를 승인할 수 있다는 견해를 밝혔다.25)

즉 이승만은 김구의 요청에 따라 중경에 들어가 임시정부 측과 향후 정국 구상을 협의하려 했던 것이다. 그러나 이승만은 9월에 들어서 중경 대신 필리핀 마닐라를 경유해 입국하게 해줄 것을 국무부에 요청했다.26) 이승만이 중경행을 포기한 것은 올리버의 지적처럼 송자문의 억류를 두려워해서일 수도 있지만, 강력한 권한을 지닌 맥아더와의 관계 설정을 더 중시했기 때문이었다.

올리버에 따르면, 국무부 여권과가 이승만의 여권 발급에 대한 국무장관의 결재를 얻은 것은 9월 5일이었다.27) 전쟁 지역인 남한에 들어가기 위해선 관할 지역 군 사령부의 허가가 필요했고, 전쟁 지역의 민간인 출입을 담당하고 있던 합참의 스위니(Sweeney) 대령이 맥아더에게 전문을 보내 마침내 허가를 얻었다. 스위니는 이승만이 군용 한국 입국 허가서에 기재한 대로 임시정부의 미국 최고 대표위원 혹은 한국위원회 위원장(High Commissioner from Korea to the United States)이란 직함을 지닌 채 적절한 경로를 거쳐 귀국할 수 있다는 허가서를 내주었다.28) 그러나 항공

---

24) "Ballantine to Dunn"(August 28, 1945) FW895.01/8－1545.
25) 위와 같음.
26) "Ballantine to Acheson"(September 13, 1945) 895.01/8－1445.
27) 올리버, 앞의 책, 212~214쪽.

편을 준비하는 사이, 국무부는 여권과 부과장 쉬플레이(Ruth Shipley)를 불러 한국위원회 위원장이란 명칭으론 여권을 내줄 수 없다며 이승만의 여권 취소를 지시했다.

이승만에 대한 여권 허가 취소는 국무부의 임정 불승인 정책에 어긋나는 이승만의 직함 때문이었을 가능성이 가장 크지만, 다른 한편 이승만이 마닐라를 경유하겠다는 요청 때문이었을 가능성도 있다. 국무부 극동국장 발렌타인이 이승만에게 보낸 서한(1945년 9월 14일)에 따르면, 이승만은 중경 대신 필리핀을 경유해 한국으로 귀국하겠다고 요청했다. 발렌타인은 이승만의 귀국에 필요한 태평양전구사령관의 입국 허가와 전쟁부의 수송 수단 제공이 완료되었는데, 왜 이승만이 필리핀을 거쳐 귀국하려는지 그 이유를 알 수 없다고 통보했다.[29]

이승만은 필리핀에 기착해, 마닐라에 머물고 있던 맥아더를 만나려 했을 가능성이 매우 높다. 왜냐하면 이승만은 귀국 과정에서 맥아더와 만나는 데 집착했기 때문이다. 맥아더가 필리핀을 떠나 동경에 입성하자, 이승만의 여행 계획도 변경되었다. 마닐라 경유를 요청했던 이승만은 마닐라 대신 맥아더가 주둔하고 있던 동경을 경유해 입국하는 방안을 추진했다. 이승만은 여권이 발급되던 9월 27~29일 사이에 동경 경유라는 새로운 계획을 수립했다.

국무부가 여권 허가를 취소하자, 다급해진 이승만은 9월 24일 쉬플레이를 만나 아무런 호칭도 필요없으며 귀국만 할 수 있으면 된다고

---

28) 1945년 9월 13일 합참이 태평양육군총사령부에게 보낸 전문은 "이곳의 한국위원회 위원장(Korean Commissioner)인 이승만 박사가 필리핀을 경유해 한국에 귀환하길 희망함. 견해표명을 요청함"으로 되어 있다.("JCS to CINCAFPAC"(September 13, 1945), MA, RG 9, Box. 156, folder 2.)

29) "Ballantine to Acheson"(September 13, 1945) ; "Ballantine to Syngman Rhee" (September 14, 1945) 895.01/8-1545.

간청했다. 합참의 스위니 대령은 한국위원회 위원장을 "한국에 돌아가는 한국인"으로 고쳐 적었고, 새로운 허가서를 발급했다.30) 결국 이승만은 9월 24일에 합참의 승인을 얻었다.

이승만은 재차 맥아더에게 전문(1945년 9월 29일)을 보내, 자신이 마닐라를 거쳐 귀국하는 길에 동경을 경유해 입국할 수 있도록 동경 경유 및 동경-서울 간 여행을 허가하는 전문을 스위니 대령에게 보내줄 것을 부탁했다.31) 또한 합참도 태평양육군총사령부에 전문(1945년 9월 30일)을 보내, 이미 필리핀 경유 귀국이 허가된 이승만에게 일본 경유를 허가해줄 것을 요청했다.32) 이 문서는 맥아더에게 보고되었다. 9월 30일 맥아더 사령부의 인사참모부장인 구너(M. J. Gunner) 준장은 이승만의 동경 경유 귀국을 승인했다.33)

이승만의 여권 발급 일자는 9월 27~29일 사이였다.34) 국무부 내의 '한 우호적 관리'의 도움으로 여권이 발급되었고, 합참이 군사 통행 허가를 내주었지만,35) 10월 4일까지 이승만은 떠날 수 없었다. 마지막 남은 장애물은 항공편이었다. 이 문제가 해결되자 이승만은 곧바로 10월 4일 출국할 수 있었다.

한편 미 국무부는 1949년 이승만의 귀국 과정에 의혹을 품고, 국무

---

30) "Dickover to Vincent," 895.01/9-2445.
31) "Syngman Rhee to MacArthur"(September 27, 1945), MA, RG 5, Box 2, folder 2.
32) "JCS to CINCAFPAC"(September 30, 1945), MA, RG 9, Box. 156, folder 2.
33) "Approved by Gunner"(September 30, 1945), MA, RG 9, Box. 156, folder 2. 한편 이정식은 이승만의 귀국에 하지가 가장 중요한 역할을 했다고 주장했는데, 하지의 끈질긴 이승만 귀국 요청이 맥아더 사령부를 통해 미 펜타곤에 전달되었고, 펜타곤이 워싱턴 출장소의 킨트너 대령으로 하여금 이승만의 귀국을 승인하게 했다고 썼다. 그러나 국무부나 전쟁부의 문서 어디에도 하지의 '끈질긴 요청'과 킨트너 대령의 이야기는 확인되지 않는다.(李庭植, 1990, 「李承晩은 美정보기관의 文官大領이었나」, 『新東亞』 2월호, 581쪽.)
34) "Acheson to Robertson"(September 27, 1945), FRUS, 1945, vol. 6, p. 1060.
35) "Syngman Rhee to Oliver"(October 2, 1945), Oliver Papers.

부의 기록을 검토했다. 그 결과 이승만의 귀국이 개인적인 것이었으며, 당시 국무부 측은 그것을 막을 만한 확고한 정책을 갖고 있지 않았다는 사실만이 확인되었다.36) 이승만의 여권이 어떤 경로로 발급되었는지 국무부도 몰랐다는 주장을 액면 그대로 수용할 수는 없다. 분명한 것은 국무부의 한인 귀국에 대한 정책이 명확히 정립되지 않은 사이, 이승만은 한국을 관할했던 맥아더와 전쟁부에 대한 로비를 통해 조기 귀국을 성사시킬 수 있었다는 점이다. 그의 귀국에 가장 중요한 역할을 한 두 사람은 맥아더와 굿펠로우였다.37)

이상의 추적을 기초로 이승만의 귀국 허가 과정을 정리하면 다음과 같다.38) 이승만은 8월 27일 맥아더를 통해 자신의 귀국 알선을 부탁했고, 8월 28일 굿펠로우를 통해 중경 경유 입국을 국무부에 청원했다. 태평양전구 총사령관 맥아더는 관할 지역의 통과를 허가했고, 전쟁부를 통해 수송 수단이 마련되었다. 9월 5일 국무부는 이승만의 여권을 승인했다. 그러나 이승만은 중경 대신 맥아더가 있던 마닐라를 거쳐 귀국하는 것을 희망했다. 또한 이승만이 여행 허가서에 기재한 임시정부 한국위원회 위원장이란 직함이 국무부의 반대를 불러일으켰고, 이 때문에 여권 승인이 취소되었다. 이승만은 국무부에 다시 여권을 신청했고, 위원장이란 명칭을 삭제하고 9월 24일 합참의 승인을 얻었다. 그러나 이때는 이미 맥아더가 동경에 진주한 상태였기 때문에, 이승만은 마닐라가 아닌 동경을 경유하기를 희망했다. 국무부와 합참은 이승만

---

36) Warren S. Hunsberger, "U. S. Involvement in the Return of Syngman Rhee to Korea"(September 2, 1949) 895.00/8-1949.
37) 이는 이승만의 同志會가 이승만의 귀국 직후인 10월 26일에 하지가 아닌 맥아더에게 감사 전문을 보낸 데서도 분명히 드러난다.["Dongjihoi Headquarters North America to MacArthur"(October 26, 1945), MA, RG 5, Box 2, folder 2.]
38) 鄭秉峻, 「해방직후 李承晚의 귀국과 東京會合」, 于松趙東杰先生停年紀念論叢刊行委員會, 『韓國民族運動史研究』, 나남출판사, 1997.

에게 동경 경유와 군용기 사용 문제에 대해 맥아더의 승인을 요청했고, 이승만은 9월 29일 맥아더에게 전문을 보내 승인을 얻어냈다.

여기서 몇 가지 중요한 사실이 드러난다. 첫째, 이승만은 입국 과정에서부터 중경 임시정부에 대한 견제 의식 내지 대항 의식을 갖고 있었다는 점이다. 이는 이승만이 중경 임정보다 먼저 귀국해서 좀 더 빨리 정치적 고지를 선점하려는 의지를 갖고 있었기 때문일 것이다. 이승만은 귀국 후 기자회견에서 중경 임정과 상의해 같이 들어오려 했으나 "중국 방면에 장애가 많아서" 함께 오지 못했다고 발언했는데, 이는 부분적인 사실만을 반영한 것이었다. 이승만은 중경 임정의 귀국 과정과 독립촉성중앙협의회의 결성 과정에서 임정의 '개인 자격'을 강조하며 임정과 대립하는 태도를 취했기 때문이다.[39]

둘째, 이승만은 마닐라나 동경 어디에서든지 맥아더를 만나려고 애썼다. 이는 맥아더가 국무부 관리들과는 달리 자신에게 호의를 베풀고 있으며, 맥아더가 남한을 관할하고 있는 군사적 최고 실권자라는 점을 염두에 두었기 때문이다.

셋째, 맥아더가 이승만의 귀국에 결정적인 영향력을 미쳤다는 사실이다. 맥아더는 이승만이 중경 경유-마닐라 경유-동경 경유로 번번이 자신의 여정을 바꾸었고, 국무부 관리들이 비우호적인 태도를 취했음에도 불구하고, 이승만의 동경 경유 입국 허가와 군용기 사용 허가를 내주었다. 나아가 그는 동경에서 두 차례나 이승만을 만나 환대했고, 하지와 함께 이승만이 남한 정계의 신화적 인물로 부상하는 데 결정적 단서를 제공했다.

이승만은 우여곡절 끝에 국무부·합참의 승인과 수송 수단의 사용

---

39) 정병준, 「주한미군정의 '임시한국행정부' 수립 구상과 독립촉성중앙협의회」, 『역사와현실』 제19호, 1996.

허가를 받아 10월 4일 오후 9시 워싱턴을 출발할 수 있었다. 이승만의 여행 허가 획득이 난항을 겪었던 것은, 국무부가 임정 불승인 정책을 고수하며 이승만이 특정 정파를 대표한다는 인상을 주지 않으려 했던 데 반해, 이승만은 맥아더와 임정을 활용해 자신의 정치적 위상을 높이려고 시도했기 때문이다.40)

2. 맥아더·하지·이승만의 동경 회합

이승만은 "나 한 사람은 오던지 가던지 죽던지 살던지 일평생 직혀오는 한가지 목적으로 끗가지 갈 것이니 의려말고 후원"해 달라는 고별사를 남기고 미주를 떠났다.41) 샌프란시스코에 도착한 이승만은 5일 비행기를 갈아타고, 태평양을 횡단했다. 워싱턴에서 하와이까지는 민간 비행기를 이용했다. 하와이에 도착한 이승만은 다시 군용기로 바꿔 탔고, 퀴젤린(Kwajelen)과 괌(Guam)을 거쳐 10월 10일 일본 동경 인근 카나가와(神奈川縣)현의 아쓰키(厚木) 미군 비행장에 도착했다.42)

이승만은 출국 허가를 받을 때와는 달리 필리핀의 마닐라를 경유하진 않았다.43) 이승만은 10월 12일 오전 11시에 동경에 들어갔는데, 맥

---

40) 정병준, 「해방직후 이승만의 귀국과 동경회합」, 앞의 책, 1997, 927~932쪽.
41) 「리승만박사의 고별사」, 『북미시보』 1945년 11월 1일자.
42) 「이승만의 서울중앙방송국 연설(1945년 11월 7일)」, 『新朝鮮報』 1945년 11월 8일자 ; 『自由新聞』 1945년 10월 19일자.
43) 「이승만의 1945년 11월 7일 서울중앙방송국 연설」, 『新朝鮮報』 1945년 11월 8일자 ; 『自由新聞』 1945년 10월 19일자.

아더는 이승만을 위해 "연합군 최고사령부의 이 대령(Colonel Rhee)이 전쟁부의 굿펠로우 대령에게" 보내는 전문을 전쟁부에 보내주었다.[44] 이승만은 무사히 도착했으며, 피곤을 풀기 위해 12일은 쉬고, 13일부터 일을 처리할 예정이라고 밝혔다.

이승만은 동경에 10월 16일 오전까지 머물렀는데, 이승만의 동경 행적은 주목해서 살펴볼 필요가 있다. 이승만과 하지, 맥아더, 그리고 동경 주재 정치 고문 앳치슨(George Atcheson Jr.) 간에 긴밀한 회합이 있었고, 이 회동은 미군정이 수립해 놓은 정치 계획안과 관련해 매우 중요한 의미를 지니기 때문이다. 또한 이승만은 귀국하는 일개 한국인에 불과했는데, 맥아더는 그를 동경에 불러들여 두 차례나 만났고, 이승만과 만나게 하려고 급히 하지를 동경으로 불러들였다. 이는 전무후무한 일이었다.

맥아더 문서에 따르면 이승만은 10월 14일과 15일에 걸쳐 "전한국위원회 위원장이자 1919년 '임시' 대통령(former Commissioner of Korea and in 1919 was 'provisional' President)" 자격으로 맥아더를 만났다.[45] 국무부 관리들이 못마땅하게 여겨서 여권 발급을 취소하기까지 했던 '한국위원회 위원장', '임시정부 대통령' 이승만을 맥아더가 만났다는 사실은 매우 의미심장한 대목이다. 맥아더가 임정 직함을 사용하는 것에 대해 적극적으로 인정하지는 않더라도, 묵인할 정도로 이승만에게 호감을 갖고 있었음을 보여주기 때문이다.

맥아더는 자신의 보증과 승인하에 이승만의 한국 입국을 주선했기 때문에 이승만을 환대했다. 그의 약속장을 통해 보건대, 이는 매우 이

---

44) 「맥아더가 육군부에 보낸 전문」, (1945. 10. 12), 『굿펠로우문서철』.
45) 맥아더의 약속장(appointment book)에 따르면, 이승만은 10월 14일(日) 오후 5시 30분에 맥아더와 회견했고, 10월 15일 11시 30분에는 출국 인사차 맥아더를 방문했다.(MA, RG 5, Box. 66, folder 6.)

례적인 사건이었다.46) 이승만이 임병직에게 보낸 전문에 따르면 "리 박사께서는 동경에 주재하는 맥아더 장군의 청함을 받아 신문기자 3인과 미국 헌병 4인을 대동하여 군용 비행기로 일본 동경에 가셨다"라고 했다.47)

한편 정치 고문 앳치슨은 10월 13일 하지를 만났다고 적었다. 당시 하지는 업무 연락차 맥아더 사령부를 방문 중이었다.48) 당시 국내 언론들은 하지가 38선 문제 등 긴급한 문제를 상의하기 위해 10월 12일 급히 동경으로 날아갔고, 10월 15일 귀환했다고 보도했다.49) 이승만에 따르면, 맥아더가 자신을 위해 하지를 동경으로 불러 "친밀한 가운데 이야기"를 나눴으며, 이틀 반 동안 3인이 회합했다.50) 이승만은 하지를 만난 '전후' 3일간 그의 권유로 휴식을 취한 후 서울로 들어왔다고 했다. 이승만은 10월 16일 오전 동경을 떠나, 오후 5시에 김포비행장에 도착했다.

이승만은 10월 13일~15일에 걸쳐 하지를 만났다. 놀랍게도 하지는 이승만을 만난 사실을 숨겼고, 1945년 11월 2일 24군 참모회의 석상에서 "이승만의 서울 도착에 깜짝 놀랐다"라고 거짓말을 하기까지 했

---

46) 해방 후 귀국한 어느 한국인도 동경에서 맥아더와 하지의 극진한 대접을 받은 적이 없으며, 이는 일본인들의 경우도 마찬가지였다. 이승만 이후 귀국한 재미 한족연합위원회 성원들은 맥아더는커녕 하지조차 만나지 못했다. 이승만이 맥아더를 만난 사실도 중요하지만, 맥아더가 하지를 동경으로 불러들여 이승만을 영접하게 한 사실은 정치적으로 큰 의미를 지녔다.
47) 『북미시보』(호외) 1945년 10월 18일자.
48) 맥아더의 약속장에는 하지의 10월 12~15일간 동경 방문 내지 면담에 관한 기록이 발견되지 않는다. 그 직후인 1945년 10월 25일 업무 협의차 맥아더를 방문한 기록은 있지만, 그 이전의 방문기록은 약속장에 나타나 있지 않다.(MA, RG 5, Box. 66, folder 6.)
49) 『自由新聞』 1945년 10월 14일자 ; 『新朝鮮報』 1945년 10월 15, 17일자.
50) 『新朝鮮報』 1945년 10월 18일자 ; 『自由新聞』 1945년 10월 18일자 ; 『북미시보』(호외) 1945년 10월 18일자.

다.51) 이승만은 올리버에게 보낸 10월 21일자 편지에서 "하지 장군이 나를 만나기 위해 동경에 왔으며, 하지와 나는 우리가 모든 준비를 갖출 때까지 내 도착을 알리지 않기로 합의했다. 하지는 내게 옛 왕궁을 거처로 마련해주겠다고 했지만 거절했다"라고 했다.52) 하지가 갖추고자 한 준비는, 남한에서 일고 있던 혁명의 파고를 잠재우기 위한 임정 중심의 정계 개편 작업과 이승만 부각 작업이었을 텐데, 하지는 단숨에 동경에 날아올 정도로 이승만의 귀국을 적극 환영했다.

이상을 통해 하지가 앳치슨·이승만·맥아더를 만났고, 이승만이 맥아더·하지를 만났다는 사실이 확인된다. 다만 맥아더·하지·이승만·앳치슨 이 네 사람이 동시에 회동했음을 확인해주는 자료는 없다.53) 그러나 10월 14일 맥아더가 이승만을 만났을 때, 그의 정치 고문 앳치슨과 주한미군 사령관 하지가 배석했음은 의문의 여지가 없다. 과연 이들이 한자리에서 무릎을 맞대고 논의한 계획과 일정은 무엇이었을까?

이상을 정리해보면 이승만의 동경 일정은 다음과 같다.54)

```
10월 4일    이승만 워싱턴 출발, 샌프란시스코행
10월 5일    샌프란시스코 출발 (하와이 도착, 군용기 환승, 퀴젤린-괌 경유)
10월 10일   이승만 카나가와현 아쓰키 비행장 도착
10월 12일   이승만 11시 동경 입성, 하지 동경행
```

---

51) XXIV Corps Staff Meeting(November 21, 1945), "Historian Journal"(November 21, 1945.)
52) "Syngman Rhee to Robert T. Oliver"(October 21, 1945), Oliver Papers.
53) 커밍스는 굿펠로우가 동경 회동에 참가했다고 주장했으나, 이는 사실과 다르다.(브루스 커밍스, 앞의 책 상권, 314~317쪽.)
54) 『新朝鮮報』 1945년 10월 15, 17, 18일자, 11월 8일자;『自由新聞』 1945년 10월 14, 18, 19일자;「맥아더가 육군부에 보낸 전문」(1945. 10. 12),『굿펠로우문서철』, box no. 1;「맥아더의 약속장(appointment book)」, MA, RG 5, Box. 66, folder 6.; "Atcheson to Byrnes"(October 15, 1945) FRUS, 1945, vol. 6, pp. 1091~1092를 종합해서 작성.

10월 13일 하지-앳치슨 회담, 이승만 맥아더 사령부 방문(이승만-맥아더-하지 회담)
10월 14일 이승만-맥아더-하지 회담(혹은 앳치슨 포함 4자 회담)
10월 15일 이승만-맥아더-하지 회담, 하지 귀경, 앳치슨의 「전한국국민행정부」 계획안
10월 16일 이승만 김포비행장 도착, 하지의 「임시 한국정부」 수립 비망록, 베닝호프 미국행

하지가 자신의 참모들에게 거짓말까지 하면서 비밀에 붙이고 싶어 했던 이 회합에 관한 의사록은 존재하지 않는다. 커밍스의 주장처럼 이 회동에서는 하지·맥아더·이승만이 이미 확립된 국무부의 국제주의적 정책(신탁통치안)에 반하는 계획을 작성했을 가능성이 매우 높다.[55] 특히 하지는 10월 13일에 주일 정치 고문인 앳치슨을 만났을 때 매우 중요한 문제에 대해 논의했는데,[56] 그것은 바로 '전(全)한국국민집행부(National Korean Peoples Executive)' 혹은 '정무위원회(Governing Committee)' 같은 미군정 주도하에서 이승만·임정 세력을 중심으로 하는 자문통치기구를 세울 구상이었다.

이승만·맥아더·하지 간의 동경 회합의 내용을 간접적으로 알 수 있는 정보는 10월 15일 주일 정치 고문 앳치슨이 국무장관에 보낸 전문에 잘 나타나 있다.

1. 소식통에 따르면 이승만이 단독으로 한국에 귀환하던 길에 10월 13일 동경을 방문했다고 한다.
2. 한국의 현상황으로 보아 우리가 진보적이고 대중적이며 존경받는 **지도자나 소규모 집단들을 활용해 군정과의 협조 및 지시하에 집행·행정부적 정부기관**(an executive and administrative governmental agency)**으로 발전할 수

---

55) 브루스 커밍스, 앞의 책 상권, 316~317쪽.
56) "Atcheson to Byrnes"(October 15, 1945), *FRUS*, 1945, vol. 6, pp. 1091~1092.

있는 일정한 조직의 **핵심**(nucleus of an organization)으로 활동을 개시할 수 있게 해야 하지 않겠는가 (중략) 이 핵심 조직을 굳이 '**한국 임시정부**(The Korean Provisional Government)'라 부를 필요는 없지만 일종의 '**전한국국민집행부**(National Korean Peoples Executive)'로 이름 붙일 수 있고, 하지 장군이 구성한 **고문회의**(Advisory Council)**도 이 행정부에 대한 고문**으로 활동하거나 (중략) 아니면 상황이 전개되는 대로 **적당한 시기에 동집행부와 통합** (중략) 집행부가 **적어도 초기 단계에서는 이승만과 김구 및 김규식을 중심으로 구성**되어야
3. 한국에 대한 적극적 조치가 취해질 시기 (중략) **한 지도자나 혹은 연합체에 대해 공개적인 공식 승인이나 지지**를 보낸다는 것 (중략) 한국 상황은 그러한 조치를 충분히 정당화
4. 10월 13일 하지와 면담 (중략) 본인의 견해에 반대하지 않음 (중략) **집행부는 군정의 부속 기관**으로 수립.(강조―인용자)57)

애치슨 제안은 크게 세 가지 점으로 구성되어 있다. 첫 번째로 한 지도자나 정치조직, 즉 이승만과 임정 세력을 공개 지지해야 한다는 점, 두 번째로 이들을 장래 정부로 발전할 조직의 근간으로 삼는다는 점, 세 번째로 전한국국민집행부라는 이 조직체가 미군정의 부속기관으로 설립되며, 미군정이 창출한 고문 회의는 이 조직의 고문 역할을 수행하거나 통합된다는 점이다. 결국 애치슨 제안의 핵심은 미군정 통제하에 이승만·김구·김규식 등 중경 임시정부 세력을 중심으로 임시정부 내지 장차 정부 조직으로 발전할 수 있는 행정조직을 창출한다는 것으로 요약할 수 있다.

애치슨은 10월 13일에 하지와 회견했고, 13~14일 사이에 분명 이승만-맥아더와 회담을 했으며, 이승만이 아직 동경에 있던 10월 15일에 이러한 제안을 국무부에 제출했던 것이다. 이 사이에 어떠한 연관이 있는 것일까? 개인적 경력을 살펴볼 때, 애치슨은 1920년 중경·북경에

---

57) 위와 같음.

서 견습 통역관으로 일하기 시작한 이래 중국 전문 외교관으로 활약했다. 특히 앳치슨은 1924년 2월 중국 영사보로 외교관 활동을 시작한 이래, 천진(天津) 주재 영사(1928), 복주(福州) 주재 영사(1928), 남경(南京) 주재 영사(1934) 등을 거쳐 1942년 12월부로 중경 주재 대사관 영사가 되었으며, 1944년 7월에는 2급외교관으로, 1945년 5월에는 1급외교관으로 승진한 인물이었다. 그는 1945년 9월 7일부로 연합군최고사령부(SCAP)에 공사(minister) 직위의 정치 고문으로 파견되어 1946년 5월 30일 대사급으로 승진했다.58) 중경 시절 앳치슨은 임시정부의 조소앙·김구 등과 접촉해본 경험을 갖고 있으며, 임시정부 사정에 대해 정통했다.59) 그러나 앳치슨이 중경 임시정부에 대해 정통했다 하더라도 남한 내에서 벌어지고 있는 상황을 정확히 파악했다고 보는 것은 무리이다. 나아가 주일 정치 고문인 앳치슨이 남한 내에서 집행될 위와 같은 정치 발전 경로를 독자적으로 제출했다고 볼 수도 없다. 따라서 10월 15일자 앳치슨의 제안은 하지의 입장을 대변한 것이 분명했다.

---

58) "Background of Atcheson, George, Jr.", MA, RG 5, Box 107, folder 1.
59) *FRUS* 1944~45년도 중국·한국 부분에는 앳치슨이 임시정부와 관련해 국무부에 보낸 여러 전문들이 확인된다. 앳치슨의 기본적인 입장은 임시정부를 인정할 수 없다는 국무부의 의견을 대변하는 쪽이었다.["Atcheson to the Secretary of State"(March 1, 1945 ; April 9, 1945), *FRUS*, 1945, vol.6, p. 1024, 1025.] 연륜 있는 중국통(Old China Hand)의 대표 격이었던 앳치슨은 1947년 비행기 추락사고로 사망했다.

3. 정책 결정자 하지

하지는 9월 중순부터 중경 임정을 '임시정부' 자격으로 귀국시켜 간판으로 사용한다는 계획을 수립한 상태였으며, 기본적으로는 신탁통치 계획이 아닌 미군정 통제하의 '자문조직'·'행정부' 같은 독자적 기구를 창설한다는 방안을 추진 중이었다.

하지는 10월 15일에 서울로 귀환했는데, 귀환 직후 국무부와 협의차 본국에 들어가는 정치 고문 베닝호프(H. Merrell Benninghoff)에게 10월 16일 비망록을 전달했다. 이 비망록에 담긴 내용은 매우 중요한 것이었다. 하지는 자신이 베닝호프와 빈번한 회담을 가졌기 때문에 워싱턴에서 자기의 견해를 정확히 대변해 "워싱턴 관리들에게 한국 내 실정 및 문제 등에 대해 정확한 인상을 갖게 해줄 것"을 확신한다고 썼다. 더 중요한 것은 하지가 워싱턴에서 협의할 사항으로 베닝호프에게 요구한 것들이었다. 여기에서 하지는 38선으로 인한 정치·경제적 문제, 친일파 문제, 소련의 영향력 문제, 고위급 정치 고문의 필요성 등을 언급했지만 가장 주목을 끄는 것은 'h항'이었다. 하지는 "h. 다만 명목상의 최고 지도자를 가진 정부라도 좋으니, 임시적으로나마 한국 정부를 조속히 수립하고, 가급적 빨리 총선거를 시행할 필요"를 강조했다.[60] 바로 남한에서 명목상의 임시정부라도 조속히 수립하고, 이를 합법화시킬 총선거를 실시해야 한다는 주장이었다.[61] 베닝호프가 국무부에서

---

60) "Hodge to Benninghoff"(October 16, 1945), OPD 336 Korea, sec. I, RG 319.
61) 베닝호프는 10월 16일경 출발해서 12월 24일 서울로 귀환했다.(『自由新聞』 1945년 12월 27일자.) 베닝호프가 자리를 비운 사이 랭던이 10월 20일부터 정치 고문 대리로 활약했고, 그는 베닝호프가 귀임하기 직전인 12월 18일 정치 고문에 임명되었다. 베닝호프가 귀임하자 랭던은 업무 협의차 일본에 건너갔다.

어떤 태도를 취했는지에 관한 자료는 아직 발견되지 않았지만, 하지의 입장을 두둔했을 것이 분명했다.62) 베닝호프는 국무부는 물론 전쟁부 작전국 등을 방문해 하지의 계획, 즉 '임시한국행정부' 혹은 '정무위원회' 방안을 두둔했다. 베닝호프는 한국에 부임할 러치 장군을 비롯해 전쟁부 작전국 장교들과 회의했는데, 여기서 베닝호프는 신탁통치에 대한 한국인들의 반감을 지적하며, 중경 임정을 승인함으로써 신탁 문제를 회피할 수 있고, 이를 위한 랭던 계획을 고려해야 한다고 주장했을 것이다.63)

베닝호프는 1943년 이래 국무부에서 미국의 대한 정책으로 다자간 국제 신탁통치 계획을 주조하는 데 깊숙이 개입한 인물이었다. 특히 베닝호프는 1945년 8월 초 3부조정위원회(SWNCC)의 극동문제 소위원회를 주관했기 때문에 국무부의 대한 신탁통치 방침을 누구보다도 더 잘 알고 있었다.64) 그런 베닝호프가 국무부에 가서 자신이 입안했다고 해도 과언이 아닐 신탁통치 계획에 반대하는 입장을 표명하게 되었다는 것은 시사하는 바가 크다.

이승만의 귀국을 전후해서 미군정이 보인 정책 방향은 매우 중요한

---

62) 국무부는 10월 22일자로 랭던에게 보낸 전문에서 앳치슨의 '전한국국민집행부' 구상에 관해 베닝호프가 미국에 도착하는 대로 협의해 그 결과를 통보해주겠다고 했다.(RG 59, State Department, Decimal File, 895.01/10-1545.) 그러나 베닝호프와 국무부 극동국 관리들 간의 대담 비망록은 국무부 문서에 나타나지 않는다.
63) "Visit of Mr. Benninghoff, State Department Advisor to Gen. Hodge in Korea" (November 1, 1945), RG 165, OPD, 091 Korea ;「한국문제에 대한 러치 장군과 베닝호프의 회담」(December 4, 1945) 국사편찬위원회,『한국독립운동사』자료 23, 임정편 VIII, 1993, 345~347쪽.
64)「1945년 8월 극동문제 소위원회 제30차 회의록」. 나머지 다른 구성원은 블레익슬리(George Blakeslee), 보튼(Hugh Borton), 힐드링(John Hilldring), 마틴(Edwin Martin) 등 동아시아 전문가들이었다.(브루스 커밍스, 앞의 책 하권, 43쪽 주67에서 재인용.)

것이었다. 하지는 10월 5일 한민당원이 중심이 된 11명의 미군정 고문관을 임명했고, 10월 10일에는 아놀드 군정장관 명의로 강력하게 조선인민공화국(약칭 인공) 부인 성명을 발표했다. 진주 후 최초의 반(反)인공 성명을 발표한 동시에, 우익 중심의 고문단을 설치했던 것이다. 남한 진주 후 미군정의 초기 점령 정책은 인공 해체와 이승만·김구 중심의 우익 세력 부식이라는 반(反)인공·친(親)임정 정책으로 요약된다.65) 여기에 국무부 신탁통치 계획 반대 및 대안 창출이라는 이슈가 포함되면서, 하지는 실질적으로 대한 정책의 입안·결정자로 행동했다. 이러한 정책의 결과 고문회의(1945년 10월)-독립촉성중앙협의회(1945년 11월 : 정무위원회)-민주의원(1946년 2월)-입법의원(1946년 11월) 등 일련의 정치조직 창출이 시도되었다.

10월 8일 국민당(國民黨)의 안재홍(安在鴻)은 하지와 회견하는 자리에서 38선 분할 점령의 종식과 외국군 철수를 요청하는 결의서를 대통령에게 전달해줄 것을 요청했는데, 하지는 즉각적으로 전달할 것을 약속했다.66) 당시 하지는 국무부에 자신의 입장을 대변할 특사를 파견할 생각이었기 때문에 안재홍의 38선 철폐 요구의 전달을 흔쾌히 수락했던 것이다. 당시 신문들은 미군정이 10월 15일경 군사사절단 2~3명을 워싱턴 국무부에 파견할 예정이라고 밝혔는데,67) 이는 다름 아닌 하지의 정치 고문 베닝호프였다.

---

65) 이러한 정세 판단은 진주 초기 미군정이 입수할 수 있었던 정보의 성향 때문이었을 것이다. 일본군·조선총독부·우익 인사들이 미군정에게 제공한 초기의 부정확하고 왜곡된 정보는 미군정의 첫 '방침'들을 결정했고, 이러한 방침들은 정세와 맞물리면서 일정한 관성을 갖는 '정책'으로 변화했다.(정병준, 「남한진주를 전후한 주한미군의 對韓정보와 초기점령정책의 수립」, 『史學硏究』 51호, 1996.)
66) 『新朝鮮報』 1945년 10월 11일자.
67) 『自由新聞』 1945년 10월 14일자.

하지는 동경에서 돌아오자마자 10월 16일 미군정에 대한 정의를 재차 강조했다. 이는 두 가지 내용을 핵심으로 하고 있다. 즉 하지는 군정을 반대하는 인공을 강력히 비난한 동시에, 자기의 권한을 벗어난 발언을 했던 것이다. 하지는 한국인들이 "스스로 통치할 준비가 되면 곧 한국에 독립과 한국인 자신의 자유정부를 줄 것"이며, 미군정에 협력해 "정부와 건전한 경제 건설"을 완성한 뒤, 개인 단체와 정당 설립에 관하여 의견을 표시할 때가 올 것이라고 밝혔다.[68] 그렇지만 실제로 하지는 한국인들에게 독립과 자유정부를 '줄' 위치도 아니었고, 그럴 만한 결정권도 없었다. 나아가 미 국무부가 준비한 공식적 대한 정책은 소련과 협상을 통한 다자간 신탁통치 구상이었기 때문에 하지의 발언은 실상 매우 충격적인 것이었다. 결론부터 말하자면 하지의 발언은 우선 신탁통치 구상 대신에, 남한 내에 미군정 예하의 '한국인 행정부'라는 '자유정부'를 건설하며, 38선 철폐를 통해 이를 북한 지역까지 확대·강화함으로써 한국인들에게 '독립'을 주겠다는 구상을 표명한 것이었다.

하지와 만난 앳치슨은 10월 15일에 '전한국국민행정부'의 조직을 제안했고, 그 다음 날(10월 16일) 하지는 '임시 한국 정부'의 수립을 강조했다. 두 사람의 제안은 분명한 연관 관계를 갖고 있었다. 1945년 11월에 가서야 좀 더 명백한 모습을 드러낸 이러한 구상의 뼈대는, 대내적으로는 중경 임정을 간판으로 한 미군정 통제하의 임시 한국 행정조직 창출 작업이었고, 대외적으로는 신탁통치에 대한 반대였다.

앳치슨의 제안은 또한 맥아더·이승만과의 긴밀한 협의 내지 동의를 거친 것이었다. 그러나 당시 맥아더는 남한 사정에 정통하지 못했고 신경을 쓸 여유가 없었기 때문에, 구체적 발전 경로가 맥아더에게서

---

68) 『新朝鮮報』 1945년 10월 17일자.

나왔다고는 볼 수 없다. 그럼에도 불구하고 미국의 신탁통치 계획이 소련과의 협상 내지 소련에의 굴복이므로, 국무부의 신탁통치 계획에 반대하고 공산주의자들과 추호도 타협·거래할 수 없다는 맥아더의 생각이 전체적 윤곽에 영향을 끼쳤을 가능성은 충분하다.

이와 관련해 이승만은 귀국 얼마 후인 1945년 10월 29일 기자회견에서, 귀국 당시 동경에서 맥아더를 만났을 때 그가 자신에게 "민족 통일의 결집체를 만드는 데 그 시일이 얼마나 걸리겠느냐" 하고 물었음을 밝혔다.69) 사태의 연관 속에서 본다면, 맥아더는 이승만에게 두 가지를 요구했다고 볼 수 있다. 첫째는 이승만이 중심이 된 '민족 통일의 결집체' 즉 '전한국국민행정부' 같은 조직체의 구상과 실천이었고, 둘째는 이러한 조직을 신속하게 결성해야 한다는 시간적 촉박성을 제기했던 것이다. 특히 시간적 촉박성의 문제는 이미 미 국무부의 신탁통치 구상이 점차 현실화되면서, 이미 신탁통치 초안이 작성되고 소련과의 협상이 임박했다는 정황과 관련이 깊었다.

이승만의 귀국 시점에 이미 미 국무부의 한반도 신탁통치 계획 초안은 완성 단계에 도달해 있었다. 더 중요한 점은 맥아더·하지·이승만이 미 국무부의 신탁통치 계획을 잘 알고 있었다는 사실이다. 마샬 국무장관은 1945년 10월 1일 맥아더에게 전문을 보내 "가장 빠른 현실적 시일" 내에 "국제적 신탁통치가 한국에서 실시되어야 한다는 제안"이 3부조정위원회에 제출되어 있다고 지적하면서, 이에 대한 맥아더와 그의 정치 고문 앳치슨의 논평을 요청했다.70) 10월 중순 3부조정위원회의 신탁통치 초안이 동경의 맥아더 사령부에 전송되었고, 장개석 정부 역시 9월 말의 시점에서 이미 미국의 신탁통치 계획안을 재확인한 상

---

69) 『自由新聞』 1945년 10월 30일자.
70) "Marshall to MacArthur"(October 1, 1945), *FRUS*, 1945, vol 6, pp. 1067~1068.

황이었다.71) 이승만은 얄타 회담에서 미국이 소련에게 한반도에 대한 이권을 양보했다는 소위 '얄타 밀약설'을 신봉했으며, 신탁통치안은 결국 이 같은 얄타 밀약에 근거해 한반도에 대한 이권을 소련에 넘기려는 것이라고 파악하고 있었다.72)

주한 정치 고문 베닝호프도 국무장관에게 보내는 9월 26일자 전문에서 "원래 예정되었던 신탁통치협정 회담이 체결되기 전까지 통일된 기초 위에서 국가통치를 위한 협약"을 소련 측과 체결해줄 것을 요청했다.73) 베닝호프가 1940년대 초반 한반도신탁통치 계획안을 수립하는데 참여했으므로 미군정이 1945년 9월 국무부의 신탁통치계획을 상세히 알고 있었다는 점은 의문의 여지가 없다.

이처럼 1945년 10월 초순의 시점에서 동경의 맥아더, 서울의 하지, 이승만은 모두 미 국무부 주도의 다자간 국제 신탁통치 계획안을 알고 있었다. 또한 이유는 달랐지만 세 사람 모두 신탁통치 계획에 반대 입장을 취하고 있었다.

그렇다고 해서 과연 이들이 동경에서 국무부의 신탁통치 계획을 무산시킨다는 노골적 목표를 내걸고 회동을 했는지의 여부는 불투명하다. 아마도 맥아더-하지는 이 목표를 구체적으로 논의해 합의했고, 이승만에게는 신탁통치 방안 대신 복안으로 수립해놓은 '임시한국행정부' 계획을 현실화하는 문제를 넌지시 통보했을 것이다. 이들의 사상적

---

71) 1945년 9월 26일 국무부 극동국장은 중국 대사 魏道明과의 대담에서 1945년 6월 트루만과 중국 외교부장 宋子文의 의논대로 한국에 대한 4강 신탁통치안이 여전히 유효한 대한정책임을 확인했다.["Memorandum of Conversation by Vincent"(September 26, 1945), FRUS, 1945, vol. 6, p. 1058.]
72) 이승만은 1945년 10월 22일 기자회견에서 자신이 샌프란시스코에 있을 때부터 신탁통치에 관해 알고 있었다고 진술했다.(『自由新聞』 1945년 10월 23일자.)
73) "Benninghoff to the Secretary of State"(September 26, 1945), FRUS, 1945, vol. 6, pp. 1059~1060.

일치점은 반소·반공이었다. 그러나 이들이 합의한 이승만—임정 세력을 중심으로 한 미군정 통제하의 '한국인 행정부' 조직 구상은 분명 소련과 협상을 전제로 한 신탁통치 구상에 정면으로 배치되는 것이었다. 또한 이들 세 사람은 자신들의 구상이 국무부의 신탁통치 계획에 결정적 장애물이 될 것임을 분명히 알고 있었다.

하지가 이후에 취한 행동의 경로를 살펴보면, 이 같은 구상은 단순히 계획(plan)의 단계에 그친 것이 아니라, 끊임없이 실현 가능성을 모색했던 정책적 결정이었다. 이승만은 1945년 10월 21일 올리버에게 보낸 편지에서 하지가 국무부에 보낸 성명의 사본을 자신에게 보냈는데, 여기서 "국무부가 초기 정책을 바꾸지 않는다면, 상황은 점점 악화될 것이다"라고 썼음을 지적했다.74) 이는 국무부의 신탁통치 계획에 대해 하지가 분명한 반대 입장을 나타낸 것이었다.

결국 맥아더·하지·이승만의 동경 회동은 국무부의 신탁통치 계획에 반대하며, 그 대안으로 이승만—중경 임시정부를 중심으로 미군정 통제하에 임시정부 혹은 '임시한국행정부'를 조직하자는 것이었다. 그리고 이 같은 구상은 이승만이 귀국한 후 남한 정계에 그대로 적용되었다. 그 첫 번째 시도는 바로 독립촉성중앙협의회의 조직이었고, 이런 구상을 한층 더 이론적으로 정리하고 체계화한 것이 바로 11월 20일 소위 '랭던안'으로 구체화된 정무위원회(governing committee) 구상이었다.75)

---

74) "Syngman Rhee to Oliver"(October 21, 1945), Oliver Papers.
75) 랭던의 정무위원회 계획에 대해 지금까지는 이것이 반탁 구상이며 단정의 시원을 연 것이라는 점이 지적되어왔다. 그러나 이 계획이 獨促中協을 통해 구체화되고 현지화된 미군정의 '정책'으로 입안된 것이라는 점은 주목 받지 못했다.(정병준, 「주한미군정의 '임시한국행정부' 수립구상과 독립촉성중앙협의회」, 『역사와현실』 제19호, 1996.)

11장
정계 부상과 독립촉성중앙협의회의 조직

1. '민족 지도자' 이미지의 부각

해방 직전 미국 군사정보 부서들의 평가에 따르면, 이승만은 한국 내에서 잊혀진 인물이었다. 지식층을 제외한 대중적 차원에서 이승만의 명성은 높지 않았다. 태평양전쟁기 미 24군단, OSS, 해군부 해상작전국 정보처가 실시한 한인 포로들에 대한 심문조서를 보면, 대부분의 포로들은 한국의 지도자로 여운형·엄항섭·윤치호·이광수·김성수·최린·송진우·장덕수·조만식 등을 꼽았을 뿐 이승만을 언급한 경우는 한 건도 없었다.[1] 남한에 진주한 미 제24군단과 제10군의 정보참모부는 류우큐우 작전에서 잡힌 700여 명의 한인 전쟁 포로를 심문한 보고서 2건을 제출했는데, 여기에도 이승만은 거론되지 않았다.[2] 그러나 해방 직후 이승만은 급격하게 민족 지도자로 추대되었으며, 귀국 직후 아무

---

1) 국사편찬위원회, 『韓國獨立運動史』 資料 28, 臨政篇 XIII, 1995, 313~339쪽.
2) "Summary of PW Interrogation Reports, Kyongsong-Inch'on-Pusan(Korea)" (August 26, 1945); "Summary of PW Interrogation Reports, Korean Political Matters"(August 29, 1945.)

도 넘볼 수 없는 대중적 명망성과 상징력, 독립운동의 살아있는 화신이란 칭호를 얻었다. 해방 직후 이승만이 이렇게 급격하게 부상하게 된 것은 다음과 같은 세 가지 요소 때문이다.

첫째, 앞에서 살펴보았듯이 맥아더와 하지로 대표되는 미군의 적극적인 후원과 신화화 작업을 들 수 있다. 맥아더는 제일 먼저 이승만의 입국을 허가했고, 동경에서 두 차례나 환대했고, 나아가 주한미군 사령관 하지를 동경으로 불러 만나게 했다. 올리버의 회고에 따르면 맥아더는 하지에게 이승만을 조선의 '영웅'으로 환영하라고 권고했다.3) 이승만은 맥아더가 제공한 전용기 바탄(Bataan)호를 타고 귀국했다. 맥아더가 바탄호를 국외로 보내 외국인을 태운 것은 두 차례였는데, 탑승자는 모두 이승만이었다. 맥아더는 1945~50년간 단 두 차례만 동경을 비웠는데, 그 중 한 번이 대한민국 정부 출범식 참석이었고, 이승만과는 모두 5차례 이상 회동했다.4)

하지 역시 이승만을 자신의 빈객(賓客, honor guest)으로 정중히 예우했다.5) 자신이 숙소로 쓰고 있던 조선호텔의 침실·개별 식당·회의실 등을 갖춘 스위트룸을 이승만에게 제공했다. 자신의 부관 스미스 중위를 임시 전속부관으로 임명했으며, 방 밖에는 무장 헌병 2명을 배치했다. 하지는 이승만이 외출할 때는 순종이 쓰던 리무진을 내주기까지

---

3) Robert T. Oliver, *Syngman Rhee : The Man Behind the Myth*, Greenwood Press, Publishers, Westport, Connecticut, 1954, p. 213. ; 林炳稷, 『林炳稷回顧錄』, 女苑社, 1964, 280쪽.
4) Bruce Cumings, *The Origins of the Korean War, Volume II*, pp. 233~234.
5) 뉴욕타임즈 특파원 리차드 존스톤은 이승만이 하지의 귀빈으로 도착했으며, 오자마자 격렬한 반소·반공 태도를 취했다는 기사(1945년 10월 17일)를 썼다. 이 때문에 국무부 내에서 이승만에 대한 하지의 태도를 놓고 격론이 벌어지기까지 했다.[740.00119 Control(Korea)/10-2545, "The Secretary of State to the Acting Political Adviser in Japan, Atcheson"(October 25, 1945), *FRUS*, 1945, vol. 6, p. 1104.]

했다. 이승만이 돈암장으로 옮긴 후에도 스미스는 이승만의 시중을 들었고, 하지는 무장 헌병 1개 분대와 학병 출신으로 미군정에 소속된 청년들 13명을 보내 경비를 담당하게 했다.[6]

하지는 이승만이 귀국한 다음 날인 10월 17일에 신문기자들을 배석시킨 가운데, 이승만을 조선의 진정한 애국자로 묘사하며 찬사를 보냈다. 하지는 이승만을 앞세운 채 수행하듯 뒤따라 들어왔고, 이승만을 기자회견장 헤드테이블의 중앙에 앉히고, 자신은 그 왼쪽 자리에 앉았다. 군정장관 아놀드가 헤드테이블의 말석을 차지했고, 하지의 개인 통역 이묘묵(李卯默)이 이승만의 오른쪽 자리에 앉았다.[7]

10월 20일 개최된 연합군 환영회는 더욱 극적이었다. 5만 명의 인파가 참석한 가운데 중앙청 앞에서 개최된 이 환영회에서, 하지는 짧은 답사 직후 이렇게 이승만을 소개했다. "이 가운데 조선 사람의 위대한 지도자가 있으니 소개하겠습니다. 조선의 해방을 위해 싸웠고 조선의 자유와 독립을 위해 큰 세력을 가진 분입니다. 개인의 야심은 추호도 없고 다만 국제 관계에 일생을 바치고 노력하신 분이며 따라서 군정부 정당에도 아무런 관련이 없고 단지 개인 자격으로 이 땅에 오신 분입니다."[8] 하지는 이승만이 연설하는 내내 부동자세로 서 있었다. 남한의 최고 통치자인 하지가 고개를 숙이고 최고의 경의를 표하는 '애국자'가 있다는 사실은 한국인들에게 강한 인상을 주었다.

상황은 당시 좌파에 대한 하지의 태도와 비교할 때 더욱 분명해진다. 하지는 해방 직후 가장 유력한 정치인이었던 여운형에게조차 "이기적

---

6) 尹致英, 『尹致英의 20世紀』, 삼성출판사, 1991, 156~157쪽.
7) 『自由新聞』 1945년 10월 18일자.
8) "Rhee calls Korea to resist division. Patriot, Introduced at Fete by Gen. Hodge, Stresses Demand for Unity" by Richard J. H. Johnston, New York Time, October 21, 1945); 『新朝鮮報』 1945년 10월 21일자.

이고 사욕적인 지도자", "괴뢰극을 막후에서 조종하는 사기한", "왜놈 돈을 받아먹은 친일파"라고 비난했다.9) 반면 하지는 진정으로 이승만을 존경한다는 뜻을 공개적으로 여러 차례 반복했고, 물심양면으로 이승만을 지지하고 원조했다. 하지의 이러한 태도는 이승만이 국사(國土, statesman), 나아가 국부라는 이름으로 불리게 된 배경이 되었다.

하지가 이승만을 열렬히 환영한 것은 해방 직후 당면한 상황과 관련이 있었다. 하지는 초기 점령과 군정 실시에 관해 10월 중순까지 국무부나 합참으로부터 아무런 훈령을 받지 못했다.10) 진주 직후 1~2개월 동안 하지는 한국민주당 등 "영어를 유창하게 구사하는 한국인"과 조선총독부의 정보에 기초해 몇 가지 중요한 조치들을 취했다.11) 하지가 취한 조치의 핵심은 미군 진주 직전에 조직된 좌파 중심의 가장 강력한 정치조직이던 인공의 해체와 중경 임시정부의 활용이었다. 하지는 남한에서 일고 있는 혁명적 움직임이 공산주의적인 것이라고 판단했고, 이러한 흐름의 중심에 서 있는 인공의 해체가 점령군의 안전 확보와 치안 유지에 필수적이라고 생각했다. 인공의 해체는 물리적으로 어려운 작업이 아니었지만, 문제는 인공에 집중된 대중의 정치적 지지와 열기를 대체할 수 있는 우익 정치조직의 확보가 쉽지 않았다는 점이었다.

하지는 남한 우익들의 조언에 따라 중경 임정과 이승만을 활용한다는 방안을 선택했는데, 이러한 선택은 특정 정치 세력을 후원하지 않는

---

9) "The Victim of Military Occupation" The Voice of Korea, September 16, 1947 ; 정병준, 『몽양여운형평전』, 한울, 1995, 149~150쪽.
10) 맥아더가 합참으로부터 남한 점령과 관련해 최초로 접수한 훈령은 1945년 10월 17일자 「미군이 점령한 한국 내 지역에서의 민사행정에 관해 태평양지구 미군사령관에게 보내는 최초의 기본훈령」이었다.(FRUS, 1945, vol. 6, pp. 1073~1091.)
11) 정병준, 「남한진주를 전후한 주한미군의 對韓정보와 초기점령정책의 수립」, 『史學研究』 51집, 1996, 148~159쪽.

다는 국무부의 대한 외교 정책에 정면으로 위배되는 것이었고, 미국의 대외 정책과 군사정책의 현지 집행자라는 군정의 권한을 넘어서 대한 정책을 스스로 결정한 것이기도 했다. 하지는 진주한 지 1주일 만에 "임시정부를 간판으로 활용한다"라는 구상을 수립했고, 나아가 임시정부를 "연합국 후원하의 임시정부 자격"으로 이용하려 했다.[12] 하지는 임정의 귀국을 서둘렀지만, 임정의 귀국은 11월 말에야 가능할 정도로 여러 가지 문제점을 안고 있었다. 우선 임정의 귀국이 개인 자격인가 정부 자격인가를 둘러싸고 논란이 벌어졌고, 다음으로 임정에 대한 중국 국민당의 영향력과 임정의 민족주의적 성향이 문제가 되었다.[13]

이상과 같이 하지는 해방 후의 정책적 필요성, 우익 인사들의 요청, 맥아더의 적극 원조 등에 기초해, 이승만에 대한 전면적인 지지에 나섰다. 그리고 하지의 이러한 이승만 지지는 1946년 말까지 지속되면서, 이승만의 가장 중요한 정치적 기반이 되었다.[14]

둘째 배경은 우익 진영-한국민주당의 강력한 지지와 추대였다. 앞서 살펴본 것처럼 1920년대 이래 태평양전쟁에 이르기까지 국내에는

---

12) "The Acting Political Adviser in Korea, Benninghoff to the Secretary of State" (September 15, 1945) *FRUS*, 1945, vol. 6, pp. 1049~1053.
13) 정병준,「남한진주를 전후한 주한미군의 對韓정보와 초기점령정책의 수립」,『史學研究』51호, 1996, 172~173쪽. 하지에게 임정과 이승만에 대한 직접적 정보를 제공한 것은 OSS 출신인 윔스(Clearance Norwood Weems)였다. 윔스는 1945년 9월 28일 "Korea and the Provisional Government"라는 보고서를 제출했고, 이 보고서가 임정과 이승만에 대한 하지의 판단 근거가 되었다.(정용욱,「미군정의 임정관계 보고서」,『역사비평』가을호, 1993, 366~376쪽.)
14) 이승만을 옹호하는 입장에서는, 1946년 5월 좌우합작운동의 개시 이래 하지가 중도파를 지지하고 용공적인 정책을 구사하면서 이승만과 결별했다고 주장했지만, 이는 사실과 다르다. 아래에서 설명하겠지만 하지와 이승만의 관계가 끝난 것은 1946년 말~47년 초 이승만이 방미 과정에서 하지를 배신하고 그를 공산주의자로 무고한 데서 비롯되었다. 그 이전까지 하지는 이승만의 절대적 지지자이자 후원자였다.

이승만의 연락·연대 세력이 존재했다. 이승만의 국내 지지 기반은 포괄적으로 민족주의 우파 진영이었으며, 구체적으로는 흥업구락부 사건의 검거·구속자, 부원 추천 후보자, 귀국한 동지회원들, 동아일보 그룹 등이었다. 흥업구락부(1925~38)는 민족주의 우파 진영 내에서 이승만의 핵심 지지 세력이었고, 감리교회·YMCA·학교·언론 등 자신들의 영향권에 들어 있던 조직과 흥업구락부 사건(1938)을 통해 이승만의 국내 명성이 유포되었다. 동아일보 그룹은 1920년대 자치론을 중심으로 맺기 시작한 이승만과의 관계를 기초로, 1940년대 초반의 단파방송 청취를 통해 이승만의 활동에 공명하면서, 해방 후 이승만의 정치적 지지 세력이 되었다. 해방 후 이들은 한국민주당을 형성했는데, 이들과 이승만의 결합은 단순한 인맥 차원에서 연계한 것이 아니라 정치·사상적 측면에서 이루어진 노선의 결합이었으며, 그 핵심은 자본주의적 전망을 가진 실력양성론이었다.

해방 직후 국민대회준비회-한국민주당으로 대표되는 남한 우익 진영은 중경 임시정부 봉대를 정치적 구호로 내걸었다. 해방 후 국내 우익 진영의 가장 대표적인 지도자는 한민당의 송진우와 국민당의 안재홍이었다.

먼저 송진우는 해방 전후에 여운형이 제안한 민족 역량 통일을 거부했다. 송진우가 좌우합작을 거부하며, 표면적으로 내세운 것은 중경 임정 지지였지만, 그 외에도 친일 전력, 사회주의 세력에 대한 반발, 민족협동전선에 대한 부정적 시각, 중경 임정에 대한 과대평가, 동아일보·경성방직·보성전문·중앙학원의 역량에 대한 과대평가가 원인이 되었다.[15] 송진우는 1944년 독립운동을 권유하는 안재홍에게, 중경 임시정부가 연합국의 정식 승인을 얻었으며 독립군 10만을 보유하고 있을

---

15) 서중석, 『한국현대민족운동연구』, 역사비평사, 1991, 202~204쪽.

뿐만 아니라 미국차관 10억 달러 중 1억 달러를 이미 확보했으니, 일본 패전만을 기다리자고 한 적이 있었다.16) 송진우는 중경 임정을 높이 평가했고, 해방 후 인공 부정을 위한 방략이자 한민당의 존재를 부각시키기 위해, 계속 중경 임정 추대를 내세웠다.17) 그러나 한민당과 중경 임정은 경험·노선상의 차이가 분명했다.18) 반면 이승만의 귀국 이후 이승만과 송진우는 정세 판단과 대처 방안에 있어서 공동 입장을 취했다. 두 사람은 인공 타도를 위해 임정 정통론을 적극 내세우되, 일단 임정이 귀국하여 정국이 정리되면 임정을 해체하고 새로이 독립정부를 수립해야 한다는 계획에 합의했다.19) 또한 이승만과 송진우는 미군정이 후원한 독립촉성중앙협의회를 주도함으로써 정치적 운명을 같이 했다.

안재홍은 우익 정당인 국민당의 당수였는데, 그는 3·1운동 당시 청년외교단으로 이승만의 명성을 드높인 일로 투옥되었고, 이승만과 개인적인 서신을 교환하기도 했다. 또한 안재홍은 흥업구락부원으로 이승만의 지지자였으며, 그의 동생인 안재학 역시 흥업구락부원이 된 연고로 이승만에 대한 기대가 높았다. 안재홍은 1945년 12월 말 독립촉성중앙협의회가 실패할 때까지 이승만을 중심으로 한 정계 통합, 좌우합작을 추진했다.

송진우의 경우에서 드러나듯이 해방 직후 우익 진영은 조직적으로는 중경 임정 추대를 내세웠지만, 개인적으로는 이승만을 선호하고 있

---

16) 安在鴻,「民政長官을 辭任하고—岐路에 선 朝鮮民族」,『新天地』7월호, 1948, 261쪽.
17) 서중석, 앞의 책, 267~274쪽.
18) 1945년 말 한민당 주최로 벌어진 환영석상에서 친일 문제를 둘러싸고 벌어진 신익희·송진우의 언쟁이 가장 대표적인 경우였다.(李敬南,『雪山張德秀』, 東亞日報社, 1981, 326~332쪽.)
19)「尹致暎·尹錫五의 증언」, 孫世一,『李承晩과 金九』, 一潮閣, 1970, 201쪽.

표 11-1. 한민당 간부 중 이승만 관련 인물

이 름	한민당 내 직책	이승만과의 관계	미군정기 직책
宋鎭禹	수석총무	1925년 범태평양회의·단파방송	
白寬洙	총 무	1928년 범태평양회의·단파방송	
金度演	총 무	『三一新報』·동지회원	
許 政	총 무	『三一新報』·동지회원	
趙炳玉	총 무	흥사단 계열	경무국장
張德秀	외무부 부장	『三一新報』·동지회원	
尹潽善	외 무 부	미국 유학, 단파방송	
尹致暎	외 무 부	동지회원·구미위원부	
具滋玉	외 무 부	동지회원·흥업구락부원	서울시장
崔淳周	외 무 부	동지회원	
尹弘燮	외 무 부	동지회원	
咸尙勳	선전부 부장	단파방송 관련	
宋南憲	선전부 부장	단파방송 관련	
金良洙	노 동 부	동지회원	
李源喆	후 생 부	흥업구락부원	
李寬求	조 사 부	흥업구락부원	
兪億兼	중앙감찰위원	흥업구락부원	문교부장
李春昊	중앙감찰위원	흥업구락부원	

[출전] 宋南憲, 1985, 『해방3년사1』, 까치, 124~125쪽;「民族革命ヲ目的トスル同志會(秘密結社興業俱樂部)事件檢擧ニ關スル件」(京西高秘 第3213號ノ5) (昭和 13년 8월);『東亞日報』·『朝鮮日報』·『京鄕新聞』을 종합.

었다. 이승만은 이미 한국민주당으로부터 김구·서재필을 포함한 7인의 영수 중 수위(首位)로 추천되었는데, 표 11-1에서 알 수 있듯이 한민당 간부진의 상당수가 일제시대 이래 이승만과 밀접한 관계를 유지한 인물임을 고려할 때 이는 당연한 결과였다. 즉 1920년대 이래 실력양성·개량주의운동, 1930년대 흥업구락부 사건, 1940년대 단파방송 사건 등의 직간접적 영향으로 우익 진영 내 이승만의 명성과 위상은 독보적인 것이었다.

이승만은 임정의 전직 대통령이었으나, 귀국 당시에는 임정의 주미 외교위원회 위원장에 불과했다. 임정의 실제 대표는 김구 주석이었다. 국내 우익은 중경 임정 봉대를 내걸었으나, 김구보다는 이승만을 선호했다. 나아가 이승만이 중경 임정보다 40여 일 이상 앞서 귀국함으로써, 한민당은 이승만을 중심으로 정계 구도를 재편하려 했다. 이승만의 귀국 직후인 10월 18일에는 국민당의 안재홍(安在鴻)·이의식(李義植), 한민당의 백관수(白寬洙)·김준연(金俊淵)·김병로(金炳魯), 19일에는 유억겸(兪億兼)·김활란(金活蘭)·오천석(吳天錫)·이묘묵·정인과(鄭仁果)·백낙준(白樂濬)·현동완(玄東完) 등이 이승만을 방문했다. 이들 대부분은 이미 식민지 시대부터 이승만의 정치적 추종자였다.20) 이후 이승만과 한민당은 미군정의 후원하에 정계 재편을 구상했고, 중경 임정을 여기에 참가시킴으로써 주도권을 행사하려 했다.

이상과 같이 해방 직후 우익 진영은 이승만과 맺은 개인적·조직적 관계에 기초해 이승만을 지지했으며, 나아가 자신들의 정치적 목표인 인공 타도를 위해 이승만·임정 지지를 내세웠다. 이들이 이승만을 선호한 이유는 우선 중경 임정보다 이승만을 개인적으로 또 조직적으로 빈번히 접촉해본 경험이 있었다는 점, 다음으로 이승만과 우익 지지자들이 미군정과 직결되는 미국에서 유학하거나 활동한 친미·기독교 세력이라는 점, 이념적으로 중경 임정은 전투적이고 배타적인 민족주의 세력이었던 데 반해, 이승만은 친일 문제에 대해 유화적이고 온정주의적인 입장을 취한 점, 마지막으로 이승만이 뛰어난 가문·학력·경력을 가졌다는 점 등을 들 수 있다.

셋째 배경은 좌익의 지지와 추대였다. 위의 두 가지 요소보다 더욱 결정적으로 이승만의 대중적 명망성을 제고시킨 것은 바로 인민공화

---

20) 『每日新報』 1945년 10월 20일자.

국의 벽보 조각(組閣)이었다. 미군의 진주 소식이 전해진 9월 6일에 건준을 계승한 인공이 급조되었는데, 이승만은 인민공화국을 이끌어갈 55명의 인민위원 중 한 명으로 선출되었다. 나아가 9월 14일에는 인공의 내각이 발표되었는데, 여기서 이승만은 주석으로 추대되었다.21) 인공 내각을 알리는 벽보는 크게 두 가지 측면에서 이승만의 명성을 높였다. 첫째는 이승만이 해방 정국에서 좌우익을 망라한 최고 지도자라는 점을 부각시켰고, 둘째는 전국적 차원에서, 특히 지방에서 이승만이 '대통령'급 지도자로 인식되는 결과를 초래했다.

일반 국민들에게 인공의 조각 내용은 해방 정국에서 지도자들의 서열을 보여주는 것으로 인식되었는데, 귀국하지도 않은 이승만이 주석에 추대된 반면, 해방 정국을 주도한 여운형은 부주석, 좌익계 변호사 허헌은 국무총리, 중경 임정 주석 김구는 내정부장, 한민당의 실세인 김성수는 문교부장에 임명됨으로써, 좌익과 우익, 국내외를 막론하고 이승만이 최고의 정치 지도자임을 보여주는 계기가 되었다. 또한 이승만의 귀국 직후 좌파의 최고 지도자였던 박헌영·여운형·허헌·최용달·이강국 등이 연달아 이승만에게 주석 취임을 호소하며 충성을 맹세함으로써, 이러한 위계 서열이 사실이라는 인상을 주었다. 좌익의 시도는 이승만을 좌익 진영으로 끌어들이려는 노력의 일환이었지만, 대중들에게는 이승만이 단지 우익 진영의 지도자일 뿐만 아니라 좌익 진영도 추종하는 민족 지도자라는 선전 효과를 가져왔다. 이승만은 인공의 최고 지도부들이 주석 취임을 간곡히 애원하는 모습에 즉답을 회피함으로써 성가를 높였다. 결국 이승만은 11월 7일에 가서야 인공 주석 취임을 거절했지만, 이미 좌우·국내외 정치 지도자 중 최고라는 선전 효과를 충분히 거둔 뒤였다.

---

21) 『每日新報』 1945년 9월 15일자.

이 조각 내용은 벽보와 삐라 등을 통해 남한 전역으로 퍼져 나갔고, 이승만이 귀국하기 전에 그의 명성을 제고시키는 데 큰 역할을 했다.22) 정치적 중심인 서울과는 달리 지방에서는 인민위원회가 1945년 말까지 행정 기능을 수행했으며, 대중들은 자신들의 '공화국'이 수립되었다고 확신하고 있었다.23) 해방 직후 정치의식이 폭발적으로 비약되던 시점에 정부가 수립되었고, 이승만이 정부의 수반이라는 등식이 성립됨으로써, 이승만에 대한 대중적 지지와 호감이 커졌다. 특히 이러한 선전이 우익 진영이 아닌 좌익 진영에 의해 주도되었다는 사실은 이승만이 민족 지도자라는 인상을 주기에 충분했다.

이승만을 주석으로 선출한 내각 명단은 박헌영이 중심이 되어 만들었는데, 이승만이 미국과 가까운 사이였고 임정의 초대 대통령을 지냈다는 점이 고려되었다.24) 좌익 진영은 미국과 임정을 고려해 이승만을 선택한 것이다. 또한 인공의 핵심 인물인 여운형·허헌 등이 1940년대 초반 단파방송을 통해 이승만의 미국 내 활동과 역할을 알고 있었다는 점도 이승만을 선택하게 된 배경이 되었다.

한편 이러한 세 가지 객관적 배경 외에도, 이승만의 개인적 배경 역시 중요한 역할을 했다. 특히 그의 혈연적 배경과 학력·경력이 당대 최고의 수준이었기 때문에 대중적 선호도가 제고될 수 있었다. 첫째로는 그가 전주 이씨로 왕족 출신이라는 혈연적 배경이 대중들에게 호소

---

22) 「朝鮮人民共和國政府發表(9월 14일 오후 3시) 조선인민공화국 정부부서」, 沈之淵 편, 『해방정국논쟁사 I』, 한울, 1986, 73~74쪽.
23) 서중석, 앞의 책, 229~230쪽.
24) 朴駟遠은 박헌영이 이승만을 추대한 것은 미국을 고려했기 때문에 형식적으로 내세운 것이라고 주장했다.(朴駟遠, 『南勞黨總批判』, 1948 ; 金南植, 『南勞黨硏究資料集』 2, 고려대출판부, 1973, 335쪽.) 그러나 1940년대 단파방송 사건에서 드러나듯이 이승만의 명성은 국내 좌우파 지도자들에게 잘 알려져 있던 상태였다.

력을 지녔을 것이다.25) 둘째로는 미국 프린스턴대학 철학박사 출신으로 당대 최고의 학력을 가졌다는 점을 들 수 있다. 셋째로는 미국과의 연관이었는데, 그가 기독교도로 미국 생활을 오래 했으며 나아가 윌슨 전 미국 대통령과 맥아더 등 유력한 미국인 친구들을 수많이 갖고 있을 뿐만 아니라 친밀한 관계라는 소문이 만연했다. 넷째로는 독립투사로서의 이미지였는데, 이승만은 가문·학력에서 드러나는 왕족·상류계급의 모습뿐만 아니라, 서민형 독립투사로서 활동했다는 인상을 부각시키는 데 성공했다. 즉 이승만은 단순한 왕족이 아니라 청년 개혁가로 활동하다 사형수가 되어 고초를 겪었으며, 임시정부의 초대 대통령으로 활동했다는 점이 부각되었다. 마지막으로 들 수 있는 점은 이승만이 당대 최고의 연장자였다는 사실이다. 해방 정국에서 우익의 3대 지도자는 이승만·김구·김규식이었는데, 경력은 물론 나이에서도 이승만이 최고령자가 됨으로써 자연스럽게 좌우익 정치 지도자의 수령으로 인식되었다. 또한 이승만 스스로도 자신이 왕족의 후예임을 밝혀주는 족보와 1904년 도미 외교의 밀서, 각종 국제회의에서 한국을 대표한 자기 활동상을 보도한 신문 스크랩, 우드로 윌슨과 함께 찍은 사진 등을 가지고 다니며, 자신이 정통적인 한국인의 지도자라고 주장했다.26) 이러한 요소들은 이승만이 40여 년 동안 해외에서 망명했다는 사실과 복합되면서 이승만을 신화 속의 인물로 만들었고, 이승만을 최고의 민족 지도자로 인식하게 만들었다.

---

25) 김정원은 이승만의 가계가 일반에 널리 알려졌기 때문에, 이승만은 왕족임을 과시하지 않고 오히려 자신이 '평민'을 신뢰한다고 함으로써, 다른 양반과의 차별성을 과장해 부각시켰다고 지적했다. 즉 이승만은 전통적 계급제도나 군주제를 복구하자고 주장하지 않는 것처럼 태도를 취하면서도, 전통적 맥락에서 합법적인 권위의 상징을 끌어냈다는 것이다.(김정원, 『韓國分斷史』, 동녘, 1985, 50쪽.)
26) 김정원, 위의 책, 53쪽.

결국 이승만이 남한 정계에서 급속도로 부상할 수 있었던 것은 그의 개인적 경력과 자질, 그리고 남한 정계의 요구, 미군정의 적극적 후원이 복합된 가운데 이루어졌다. 이러한 배경을 기초로 입국 직후에 이승만은 미군정·좌익·우익의 지지와 후원 속에서 지도자로 부각되었다. 위의 세 가지 배경은 주로 이승만의 입국 이전에 형성된 상황이었고, 그것은 그의 행운이었다. 이승만이 확실하게 좌우 진영과 미군정으로부터 지지를 받는 민족 지도자라는 인상을 더욱 굳힌 것은 정당통일운동을 통해서였다.

이승만은 민족 지도자라는 외관을 갖춘 채 국내 정계의 첫발을 디뎠으며, 그 첫 번째 활동을 민족통일운동의 일환으로 시도된 정당통일운동으로 시작했다. '대동단결'이라는 구호와 함께 펼쳐진 정당통일운동은 이승만의 이미지를 전민족적 지도자로 형상화하는 데 중요한 역할을 했다.

2. 정당통일운동과 독립촉성중앙협의회

10월 16일 이승만이 귀국하자 당시 전개되고 있던 정당 중심의 통일운동에서 이승만이 이끄는 민족통일전선 결성으로 중점이 옮겨지기 시작했다.[27] 각 정당행동통일위원회(各政黨行動統一委員會)는 10월 17~18

---

[27] 정당통일운동의 중심은 안재홍이 주축이 된 各黨行動統一委員會였다. 예하의 부서에는 獨立促進部가 있었는데, 안재홍은 이 명칭을 염두에 두고 10월 23일 정당대표자회의에서 獨立促進中央協議會라는 조직 명칭을 제기했다.(鄭秉峻, 「1946~1947년 左右合作運動의 전개과정과 성격변화」, 서울대학교 국사학과

일에 회의를 개최하고 조선공산당·조선인민당·한국민주당·국민당 등 4대 주요 정당들의 회의를 주선했다. 이 회의의 목적은 이승만을 중심으로 한 민족 통일의 완성이었고, 여운형은 통일을 위해 인공을 해산시킬 의도가 있다고 발언했다.[28]

이승만은 주로 우익 인사들을 중심으로 남한의 정계 인사들을 광범위하게 접촉했다.[29] 이승만은 "근본적인 강력한 통일 단체를 만들어야 한다"라는 명목으로, 10월 23일 조선호텔에서 각 정당 대표 2명씩 50여 단체의 대표 200여 명을 소집했다.[30] 이날 회의에서 안재홍은 각 당에서 대표 1명씩을 선정해 민족통일기관인 '독립촉성중앙협의회(獨立促成中央協議會)'를 구성하고, 회장에는 이승만을 추대하며 회의 소집 문제도 이승만에게 일임하자고 제안했다.[31] 이에 따라 이승만에게 회의 소집권을 일임한 독립촉성중앙협의회(이하 '독촉중협'으로 약칭)가 결성되었다.

독촉중협의 회장으로 추대된 이승만은 곧바로 10월 25일 돈암장에서 회의를 개최하고, 독촉중협의 조직과 성격에 대해 논의했다.[32] 참석자는 한민당의 송진우(宋鎭禹)·원세훈(元世勳)·백관수·함상훈(咸尙勳)·박찬희(朴贊熙), 장안파 공산당의 최익환(崔益煥)·최성환(崔星煥)·서병조(徐柄肇), 국민당의 안재홍, 국민대회준비회의 서상일(徐相日)·김준연 등 우익이 중심이었다. 이날 회의는 "삼엄한 경비 밑에서 완전한 등화관제 아래에서" 진행되었다.[33] 회의 내용은 알려지지 않았지만, 이승만은 "조

석사학위논문 제1장, 1992.)
28) 『每日新報』 1945년 10월 19일자.
29) 『每日新報』 1945년 10월 20일자.
30) 『新朝鮮報』 1945년 10월 22일자.
31) 『每日新報』 1945년 10월 25일자.
32) 『新朝鮮報』 1945년 10월 26일자.
33) 『每日新報』 1945년 10월 30일자.

선을 에워싼 복잡 미묘한 국제정세"에 대해 장시간 설명했다.

이후 이승만은 각 정당·사회단체의 대표들과 계속적인 회견을 가졌다. 10월 31일에 이승만은 박헌영과 통일전선 문제에 대해 협의했는데, 당시 조공은 아직까지 독촉중협에 참가하지 않은 상태였다. 박헌영은 독촉중협 내에서 친일파 배제를 참가의 전제 조건으로 내걸었고, 이승만은 이에 동의했다. 11월 1일에는 여운형과 회견했는데, 여운형은 이미 10월 27일에 안재홍과 만나 "국내 통일전선 통일은 이 박사에 대한 국민적 신망이 최고조인 이 기회를 놓치면 안 된다"라는 데 합의했기 때문에 이승만에 대한 전폭적 지지 견해를 밝혔다.[34] 10월 말로 각 정당·사회단체의 지도자들과 면담을 끝낸 이승만은 11월 2일에 천도교 강당에서 제2회 독촉중협을 개최한다고 발표했다.

11월 2일 오후 2시에 천도교 강당에 72개 정당·사회단체의 대표 수백여 명이 참석한 가운데, 제2회 독촉중협 회의가 개최되었다. 회의에서는 이승만이 기초한 연합국에 보내는 결의문을 채택했고, 중앙집행위원과 총본부의 구성과 인원 선정에 대해서는 이승만에게 일임하기로 했다.[35] 이승만은 자신이 기초한 연합국에 보내는 결의문에서 맥아더·하지·아놀드 등이 38선 분할을 원하지 않는데도 미국 내 정책 입안자들이 이를 주도했으며, 국무부의 정책이 친일파에 의해 경도되고 있다고 주장했다. 이는 국무부를 중심으로 한 미국의 '국제주의적' 대외 정책 입안자들을 겨냥한 것인 동시에, 그 대안으로 제출된 임시정부 활용 방안을 피력한 것이었으며, 하지를 비롯한 미군정 수뇌부의

---

34) 『自由新聞』 1945년 10월 28일자.
35) 『自由新聞』 1945년 11월 4일자 ; 『新朝鮮報』 1945년 11월 4일자. 李萬珪에 따르면 이 회의에서 전형위원 7인의 선임권을 이승만에게 일임하고, 이 전형위원이 중앙위원 30명을 선출하자는 결의가 있었다.(李萬珪, 『呂運亨鬪爭史』, 民主文化社, 1946, 250쪽.)

입장을 대변한 것이기도 했다.

이승만이 각 정당·사회단체의 대표들을 소집한 것은 자신이 초당적 민족 지도자라는 인상을 주기 위한 것이었을 뿐만 아니라, 조공과 인공 등 해방 직후에 남한의 정계를 주도했던 좌파를 약화시키기 위한 것이기도 했다. 이승만은 자신과의 회견을 위해 급조된 우익 정당·단체들에게 유력한 좌파 정당들과 동일한 발언권과 결의권을 줌으로써 좌파를 제압하고자 했다. 조공은 11월 2일 회의에 강력히 반발했는데, 그 이유는 첫째로 단체 대표자가 아닌 한민당 소속 군중이 회의장에 들어간 반면, 입장해야 할 단체 대표자들은 접대위원과 경찰, 미군 헌병의 제지로 못 들어갔으며, 둘째로 회의 진행이 민주적인 방식이 아니라 우익 단체의 의사만을 반영해 다수에 따른 가결주의(可決主義)로 일관했고, 셋째로 결의문의 수정이 결정되었지만 문구뿐만 아니라 내용의 수정도 필요하다고 주장했다.36)

결국 해방 이후 건준-인공을 통한 민족통일전선 결성이 실패한 후에 시도되었던 정당통일운동은, 이승만의 귀국을 계기로 독촉중협 발족으로 이어졌다. 정당통일운동의 최초 목표는 좌우합작을 통한 민족통일전선의 결성이었지만, 독촉중협은 이러한 목표를 실현하기에는 조직적으로 부적합했다.

발족 당시 독촉중협은 이승만을 중심으로 범우익 세력의 광범위한 결집에 기초해, 좌익 진영의 상당 부분을 포괄했다. 독촉중협의 발족과정에서 이승만은 좌익 진영과 부분적인 마찰을 일으켰지만,37) 이 시점

---

36) 『自由新聞』 1945년 11월 4일자 ; 『新朝鮮報』 1945년 11월 4일자.
37) 연합국에 보내는 결의문을 둘러싸고 박헌영은 이승만의 초안이 연합국의 호의를 무시했다며 수정을 주장했으며, 결국 독촉중협과 조선공산당이 개별적으로 결의문을 보내는 사태가 벌어졌다.(『自由新聞』 1945년 11월 4일, 7일자 ; 『新朝鮮報』 1945년 11월 4일, 12일자 ; 『自由新聞』 1945년 11월 5일자 ; 『서울신문』

표 11-2. 선구회 조사 양심적인 지도자 (1945년 11월)

이름	呂運亨	李承晩	金九	朴憲永	李觀述	金日成	崔鉉培	金奎植	徐載弼	洪南杓	기타
퍼센트	33%	21%	18%	16%	12%	9%	7%	6%	5%	5%	23명

[비고] 총 1,957매 배부, 626매 회수, 회수율 32%, 백분율의 합이 100을 넘는 것은 1매에 여러 사람을 투표했기 때문임.

표 11-3. 선구회 조사 과거 대표적 조선혁명가 (1945년 11월)

이름	呂運亨	李承晩	朴憲永	金九	許憲	金日成	安在鴻	金奎植	白南雲	崔容達	기타
득표수	195	176	168	156	78	72	59	52	48	40	65

[비고] 총 1,957매 배부, 978매 회수, 회수율 50%, 득표수가 회수된 매수와 다른 것은 1매에 여러 사람을 투표했기 때문임.

까지만 해도 좌익과의 관계는 원만했다. 조공·인민당·인민공화국 등은 해방 직후 자신들이 보유하고 있던 정국의 주도권을 상당 부분 양보하며 이승만과의 통일을 시도했다. 그러나 독촉중협의 결과는 민족 통일전선의 완성이 아니라, 이승만의 명성을 제고시키는 방향으로 귀결되었다. 독촉중협의 성패 여부와 관련 없이 좌우익 정당·사회단체를 망라한 조직을 창출하게 되자, 이승만의 명성은 최고조에 달했다. 독촉중협의 결성을 통해 이승만은 국내의 최고 지도자로 공식 인정을 받게 되었다.

이러한 이승만의 명성은 1945년 11월 여론조사에 그대로 반영되어 나타났다. 선구회(先驅會)라는 중도파 단체는 10월 10일부터 11월 9일까지 한 달 동안, 각 정당·언론사·문화단체·학교 등 105개 단체에 대해 여론조사를 실시했다.[38] 양심적인 지도자의 순위는 여운형(33%)-

---

1945년 12월 6일자 ; "Resolution of the Korean Congress of Political Parties" FRUS, 1945, vol. 6, pp. 1110~1111.

38) 先驅會本部 輿論調査部, 「朝鮮 指導人物 輿論調査 發表」, 『先驅』 1945년 12월, 45~52쪽. 설문의 내용은 1) 양심적인 지도자, 2) 희망하는 정부 조직 형태,

이승만(21%)-김구(18%)의 순위였다.39) 또한 과거의 대표적 조선 혁명가 항목에서도 이승만(176)은 여운형(195)에 이어 근소한 차이로 2위로 나타났다.

선구회의 이 조사는 인물 선호도에서 좌익이 상당히 우세한 것으로 드러났는데, 이는 이승만과 중경 임정이 귀국하기 이전에 국내에서 좌익의 활동이 활발했기 때문이라고 할 수 있다. 또한 여론조사의 결과는 조사 주체와 방법, 표본 설정과 조사 장소, 조사 시점과 조사 의도와도 관련이 있었을 것이다. 여하튼 이 조사가 전반적으로 좌파적 인물과 성향에 우호적인 경향을 보여주는 것만은 부정할 수 없다.40) 그러나 대통령 후보로는 단연 이승만이 압도적인 비중으로 선정되었다. 이승만은 44%로 최고 득표를 했으며, 대통령 이외에 추천된 각료직은 외무부장이 유일했다.

이 여론조사가 정확한 민심을 반영했다고는 할 수 없지만, 1945년 11월의 시점에서 서울의 정당·사회문화·교육단체 관련자 등 지식인들의 경향성을 보여주기에는 충분하다. 이승만은 양심적인 지도자와 과거의 대표적 조선 혁명가 항목에서는 여운형보다 선호도가 떨어졌지만, 대통령 후보로는 압도적인 지지를 받고 있었다. 좌파적 성향이 짙던 지식인 속에서 이러한 경향이 나타난 것으로 미루어, 일반 대중적 차원에서는 이승만을 대통령감으로 인정하는 정도가 훨씬 강했음을

---

3) 내각 후보, 4) 과거 혁명가 등 4항목이었다.
39) 양심적인 지도자의 기준은 1) 국제 정세에 정통, 2) 조선 사정에 통달, 3) 가장 양심·과학·조직적 4) 가장 정치적으로 포용할 아량을 가질 것 등이었다.
40) 政體에 관한 설문에서도 민주주의 정체(248명, 28%), 입헌 정체(206명, 21%), 진보적 민주주의 정체(167명, 16%), 사회주의적 민주주의 정체(147명, 15%), 사회주의 정체(89명, 9%), 신민주주의 정체(69명, 7%), 불명(16명, 2%)의 선호도를 보였다. 이 중 진보적 민주주의부터 신민주주의까지 좌파적 성향이 강한 정체를 선택한 비율은 47%로 절반에 가까운 비율이었다.

표 11-4. 선구회 조사 내각 후보자 명단 (1945년 11월)

직 명	이 름	득표수	직 명	이 름	득표수
대통령	이승만	431	사법부장	허 헌	371
	김 구	293		김병로	58
	여운형	78		최동오	52
	무기록	176		이강국	42
내무부장	김 구	195		기 타	36
	여운형	118		무기록	215
	안재홍	59	문교부장	안재홍	275
	허 헌	58		김성수	68
	기타 4명	61		김창준	68
	무기록	85		기타 6명	114
외무부장	여운형	274		무기록	249
	이승만	137	경제부장	백남운	215
	김규식	58		이관술	98
	김 구	55		박헌영	36
	기타 2명	36		김규식	34
	무기록	214		기타 7명	145
재무부장	조만식	176		무기록	346
	김성수	98	교통부장	최용달	196
	정태식	39		하필원	58
	김규식	37		안재홍	36
	기타 7명	133		기타 10명	215
	무기록	279		무기록	229
군무부장	김일성	309	노동부장	박헌영	371
	김원봉	98		여운형	38
	이청천	78		기 타	212
	김규식	27		무기록	113
	기타 3명	36	인민공화국 부서 그대로		152
	무기록	226	임시정부 부서 그대로		52

[비고] 총 1,957매 배부, 978매 회수, 회수율 50%.

추측할 수 있다.

이승만의 명성과 대동단결(大同團結) 구호는 해방 정국에서 민족통일전선을 지향하는 좌익·우익의 의도와 미군정의 지지가 결합되면서 제고된 것이었다. 이러한 이승만의 명성이 곧바로 이승만의 지지 기반으로 전환될 수 있는 것은 아니었지만, 지지 기반을 만드는 중요한 발판이 된 것만은 분명했다. 이승만에게 최초의 조직 기반이 된 독촉중협의 발족·전개 과정에는 미군정의 전폭적인 후원과, 또한 미군정의 점령 정책 구상이 깊숙이 개입되어 있었다.

독촉중협의 조직은 한국인들의 시각에서 볼 때 해방 이후 정당통일 운동의 구체적 성과였지만, 다른 한편으로는 미군정의 대한 점령 구상이 현실화되는 매개체였다. 독촉중협의 진행 과정을 통해 대체적인 윤곽만 존재하던 미군정의 대한 정책 구상은 구체화되고 현지화될 수 있었다. 미군정의 정책 구상은 이승만의 귀국 허가와 동경 회합, 귀국 후의 부각 작업을 통해 부분적으로 드러났고, 1945년 하반기 미군정이 시도했던, 랭던안으로 불리는 '정무위원회 계획'으로 정리되었다.

3. 독촉중협과 미군정의 '임시한국행정부' 구상

1) 미군정의 '임시한국행정부' 수립 구상

11월 2일 독촉중협이 결성되는 시점을 전후해서 미군정의 고위 장교들은 연이어 매우 중요한 발언을 했다. 이는 10월 20일에 미 국무부 극동국장 빈센트(John Carter Vincent)가 미 외교정책협의회에서 한반도에 대한 다자간 국제 신탁통치가 미국의 공식 대한정책이라고 밝힌 데 대한 노골적인 반대였다. 빈센트의 발언은 개인적인 견해가 아니라 오랫동안 준비되어온 미 국무부 등 대한 정책을 입안하고 결정 부서의 공식적인 견해였다. 미군정 역시 이 사실을 숙지하고 있었지만, 이러한 신탁 구상에 대한 반대가 연이었던 것이다.

첫 번째 사건은 하지의 동경행이었다. 빈센트의 발언으로 남한 정계가 소연해지자, 하지는 10월 24일 오전에 급히 동경으로 날아갔다.[41] 맥아더의 약속장에 따르면, 하지는 10월 25일 11시에 맥아더를 방문해 신탁 문제와 관련된 "업무를 협의"했다.[42] 이들은 이미 동경 회합에서 국무부 신탁통치안 반대 계획을 수립한 상태였다. 문제는 미국 정부의 공식 대한 정책을 현지 주둔군이 어떻게 부인할 수 있는가 하는 방법이었다. 말단의 정책 집행자였던 하지는 위험 부담을 분담하거나 분산시킬 필요성이 있었다. 하지가 필요했던 권위의 근원은 맥아더였다.[43]

두 번째로 동경에서 돌아온 하지는 10월 말에 정치 지도자들과 연달아 접촉했다. 10월 28일에 하지를 만난 이승만은 회견 내용과 관련해 두 가지 점을 지적했다. 첫째, 빈센트의 신탁통치 문제가 반드시 실현될 사항은 아니다, 둘째, 그 대안으로 민족통일을 달성해야 하는데 독촉중협이 민족통일의 구심체이며 맥아더 역시 이 문제에 깊은 관심을 가지고 있다는 것이었다.[44]

세 번째로 10월 30일에는 군정장관 아놀드가 기자회견을 가졌다. 아놀드는 빈센트 발언이 미국 정부의 방침이 아니라고 공식적으로 발표했다.[45] 이는 분명 거짓말이자 그의 권한을 넘어선 발언이었고, 미국

---

41) 『自由新聞』 1945년 10월 25일자.
42) MA, RG 5, Box 66, Folder 6.
43) 맥아더가 하지를 신뢰했음은 의문의 여지가 없다. 그러나 맥아더는 분망했고, 현지 사정에 밝지 못했기 때문에, 구체적인 대안이나 정책을 마련해줄 수는 없었다.["MacArthur to Hodge" CA 55221 (November 25, 1945), FRUS, 1945, vol. 6, p. 1134.]
44) 『自由新聞』 1945년 10월 28일자 ; 『每日新報』 1945년 10월 30일자.
45) 『每日新報』 1945년 10월 31일자.

의 공식적인 대한 정책에 정면으로 반대한 것이었다. 또한 아놀드는 신탁통치를 철폐하기 위해선 그 전제 조건으로 조선 사람들의 대동단결과 통일이 필요하다고 지적했다.

네 번째로 하지는 10월 31일 한민당 수석총무 송진우를 불러 1시간 가까이 토론했다. 하지의 요청에 따라 송진우는 11월 1일에「조선지식계급(朝鮮知識階級)에게 소(訴)함」이란 성명을 발표했다.46) 이 성명서는 하지의 발언 내용을 여과 없이 담고 있는데, 두 가지 점에서 매우 충격적이었다. 첫째, 빈센트의 발언을 개인적 견해로 규정하는 태도였다. 둘째, 하지는 "조선 사람들이 결속하여 독립할 만한 힘을 보여주면 이제라도 독립을 승인하겠다", 또한 남한의 한국인들이 "내 말대로 일심협력하여 민족적 일치"를 보여준다면 38선 문제도 즉시 해결될 것이라고 말했다. 조선의 독립을 승인하겠다는 하지의 발언은 거짓이었다. 왜냐하면 하지는 그 같은 결정을 내릴 위치나 입장도 아니었고, 그런 권한을 지니지도 않았기 때문이다.

다섯 번째는 아놀드의 기자회견(11월 6일)이었다. 1946년 6월로 독일 군정이 철폐된다는 동경방송을 인용해 남한의 군정은 언제 철폐되느냐는 질문을 받자, 아놀드는 "한국인의 자치 능력 여하가 군정 철폐의 시기를 좌우할 것"이라고 답변했다.47)

이상의 다섯 가지 사건은 모두 10월 말부터 11월 초순에 벌어진 일이었다. 거짓말과 미국 정부의 공식 정책에 대한 부정, 권한을 넘어선 공약 등으로 얼룩진 군정 고위 장교들의 발언의 진의는 크게 두 가지 점을 강조한 것이었다.

---

46) 『自由新聞』 1945년 11월 5일자 ; 李革, 『愛國삐라全集』, 조국문화사, 1946, 56~58쪽.
47) 『自由新聞』 1945년 11월 7일자 ; 『每日新報』 1945년 11월 7일자.

첫째, 다자간 국제 신탁통치라는 미국 정부의 공식적인 대한 정책에 대한 명백한 반대와 부인이었다. 이를 위해 빈센트의 발언을 부정하는 거짓말을 서슴지 않았다. 둘째, 한국인들이 미군정의 말에 따라 통일·단결하면 독립도 주고 38선 철폐도 된다는 내용이었다. 이는 신탁통치의 대안으로 미군정이 추진하고 있던 이승만·김구 등 임시정부 세력을 중심으로 한 '임시한국행정부'의 구상에 기초한 것이었다.[48] 이 구상의 구체적 실현체는 조직 준비 단계에 있던 독촉중협이었다.

결국 이 내용들은 이미 10월 13~14일간 동경 회합을 통해 맥아더-하지-이승만이 합의한 원칙들과 동일한 것이었다. 독촉중협은 준비된 구상이 한국 현지에서 구체적으로 적용되는 매개체였다. 그러나 독촉중협과 미군정 구상의 연관성은 공개적으로 표명되지 않았다. 또한 하지와 아놀드는 한국의 정치인이나 신문 등에 대해 별다른 복선이 없는 것 같은 발언을 했다. 그러나 발언의 이면에는 훨씬 분명하고 정책적인 결정들이 숨어 있었다.[49]

독촉중협이 본격적 일정에 오른 11월 2일에 하지는 Tfgcg 138호로

---

[48] 1945년 말까지 미군정이 신탁통치의 대안으로 제출한 '전한국국민집행부', '통합고문회의', '명목상의 최고 지도자를 가진 임시 한국 정부', '명목상의 한국 행정부', '정무위원회', '미군정 통제하의 과도정부' 등의 방안을, 이후로는 편의적으로 '임시한국행정부' 수립 구상으로 부른다. 여러 가지 구상들은 반탁을 전제로 남한에 미군정 통제하에 이승만-김구 세력의 연합을 바탕으로 '과도정부'를 수립하는 것을 목표로 하고 있다. 엄밀한 의미에서 미군정의 구상은 '남한과도정부' 수립에 가까운 것이지만, 이 명칭은 1947년의 남조선 과도정부와 혼동되기 때문에 여러 용어를 합쳐 '임시한국행정부'로 쓰기로 한다. 여기서 핵심은 이러한 행정부가 전한반도를 대상으로 하는 것인가, 아니면 남한만에 국한된 것인가 하는 점이다.
[49] 이런 측면에서 하지는 미국의 對韓 정치·경제·군사정책의 말단 집행자가 아니라 정책 입안·결정자였다. 하지는 Jeremiah Johnson의 질문에 다음과 같이 답변한 적이 있다. "장군들도 정책을 결정합니까? 물론 하죠. 어떤 것은 내가 직접 합니다."(브루스 커밍스, 앞의 책, 301쪽에서 재인용.)

맥아더에게 전문을 보냈고, 맥아더는 11월 5일에 이를 육군참모총장 마샬에게 전달했다.50) 이 전문을 요약하면 다음과 같다. (1) 이승만이 좌우익 정당통일을 잘 이끌어 나간다. (2) 김구가 귀국하면 이승만과 합류해 통일의 전진을 이룩할 것이다. (3) 하지는 이승만·김구와 함께 환국할 한국인을 심사한다. (4) 대의적이고 확대된 통합고문회의(a coalition advisory council)를 설치한다. 이 통합고문회의의 목적은 군정 기구 쇄신, 정부 실무자로 한국인 등용 문제에 대한 조력이다. (5) 통합고문회의가 잘 진행되면 **명목상의 한국 행정부**(a titular AIB Korean Administration : 강조-인용자)를 설치한다. 이는 미군정의 감독하에 놓인다. (6) 일정 시기 후, 총선을 통해 국민정부(a popular government)를 선출한다. (7) 해방을 전제로, 북한 지역까지 이 조치를 확대(further)시킨다는 것으로 정리할 수 있다. 이 전문은 분명히 하지가 10월 16일에 미국으로 귀환하는 베닝호프에게 건네준 비망록의 h항, 즉 "명목상의 최고 지도자를 가진 조직이라도 좋으니, 시급히 남한에서 임시 한국 정부를 조직하고, 총선거를 통해 이를 합법화한다"라는 구상과 동일한 내용이었다.51) 그러나 10월 16일의 비망록이 어느 구체적인 정치 세력을 지목하지 않은 반면, 11월 2일의 이 제안은 노골적으로 "명목상의 최고 지도자를 가진 한국 임시정부" 수립에 동원될 정치 세력의 구성을 분명히 표명하고 있다.

이 구상을 남한의 현실과 비교해볼 때 그 함의는 더욱 분명하게 드러난다. (1)과 (2)는 분명 이승만의 독촉중협을 염두에 둔 것이다. 이는 임시정부 세력의 활용 방안을 의미하며, 이승만과 김구가 연대할 수 있는

---

50) "General of the Army Douglas MacArthur to the Chief of Staff, Marshall" (November 5. 1945), CA 54311, 740.00119 control (Korea)/11-545.
51) "Memorandum by Hodge for Benninghoff" Subject : Visit of Washington, (October 16, 1945) 1945, RG 165, OPD 091 Korea.

가 하는 것이 독촉중협의 성패를 가늠하는 문제였다. 또한 미군정이 김구 진영과 이승만의 연대를 확신하고 있었다는 점은 1945년 말까지의 남한정세를 판독하는 데 중요한 부분이다. 이 구상의 발전 경로를 요약하면 ① 정당·이념의 통일 → ② 통합고문회의 → ③ 명목상의 한국 행정부 → ④ 남한 내 총선을 통한 국민정부 → ⑤ 북한 지역으로의 확대로 이어지는 것이었다.

미국의 공식적인 대한 정책인 다자간 신탁통치 계획을 정면으로 부정한 하지의 11월 2일자 전문이 전달되자, 국무부는 매우 당황해 했다. 특히 국무부 극동국장 빈센트는 즉각적으로 하지의 구상에 반대했다. 빈센트는 기존에 합의된 신탁통치 계획에 근거해 한국 문제를 해결해야 한다고 지적했다.52) 그러나 빈센트의 이러한 견해에 대해 전쟁부 차관보 맥클로이(John J. McCloy)는 정면으로 반박했다. 맥클로이는 딘 애치슨(Dean Acheson) 국무차관에게 보내는 11월 13일자 편지에서 여행 중 하지와 몇 차례 장시간 대화했다고 밝혔다.53) 커밍스는 맥클로이가 11월 초에 서울을 방문했었다고 했지만,54) 어디에서도 그러한 기록을 찾을 수 없다. 반면 맥아더의 약속장에 따르면, 하지가 동경에 와 있던 10월 24~25일을 전후해 맥클로이가 동경을 방문했음을 알 수 있다.55) 맥클로이는 10월 23일 거의 하루 종일 맥아더와 함께 시간을 보

---

52) "Memorandum by the Director of the Office of Far Eastern Affairs, Vincent to Col. Russel L. Vittrup, War Department"(November 7, 1945), *FRUS*, 1945, vol. 6, pp. 1113~1114.
53) "McCloy to Under Secretary of State Dean Acheson"(November 13, 1945) 740. 00119 Control (Korea)/11−1345.
54) 브루스 커밍스, 앞의 책 상권, 308쪽.
55) MA, RG 5, Box 65, folder 1. 맥클로이는 민정처의 슐겐(G. F. Schulgen) 준장, 작전처의 본스틸(Charles H. Bonesteel) 대령 등을 동반하고 동경을 방문했다. 그는 전쟁부 차관보로 6주간 세계를 순방 중이었는데, 비엔나·부다페스트 등을 거쳤고 동경이 마지막 기착지였다. 맥클로이는 동경에 4일간 체류했다.(Waller

냈고, 하지는 10월 24일 동경에 날아왔다. 아마도 맥클로이는 24~25일 사이에 동경에서 하지를 만났을 것이다.

하지의 견해를 반영한 맥클로이 서한의 핵심을 정리하면 (1) 하지 예하에 정부·자문단을 구성해 질서를 회복한다. 여기에 망명 한국인들을 활용한다. (2) 얼마 후 자유총선거를 실시한다. (3) 이승만은 공산주의자와의 협상에 유용하며, 그를 중요시하고 있다. (4) 하지에게 재량을 주어 많은 망명 한국인을 활용하게 해주어야 한다는 내용이다. 즉 이 내용은 하지가 구상하고 있던 이승만·김구의 임시정부 세력을 주축으로 한 미군정 통제하의 모종의 '임시한국행정부' 구상과 전면적으로 일치하는 것이었다.

하지의 구상과 맥클로이의 지지 서한에서, 결정판은 주한 정치 고문 랭던(William R. Langdon)이 11월 20일 국무장관에 보낸 전문이었다. 먼저 랭던은 신탁통치가 도덕적·현실적 관점에서 적합하지 않기 때문에 기각시켜야 한다고 못 박았다. 국무부의 다자간 신탁통치 계획에 대한 최초의 정면적이고 공식적인 미군정 측의 반대였다. 랭던은 그 대안으로 김구 임정 세력의 활용 방안을 내세웠다. 랭던은 다음과 같은 정책을 제출했다.

(1) 사령관은 김구로 하여금 군정 내에 몇몇 정치 그룹을 대표하는 회의(council)를 조직하게 해서 조선의 정부 형태를 연구·준비하게 하며, 정무위원회(Governing Commission)를 조직하라고 지시한다. 군정은 이 위원회에 시설과 조언, 활동자금을 제공한다.
(2) 정무위원회는 군정(현재 전한국의 조직으로 급속히 수립되고 있음)과 통합한다.

Isaascon & Evan Thomas, *The Wise Men : Six Friends and the World they made — Acheson, Bohlen, Harriman, Kennan, Lovett, McCloy*, Simon and Schuster Inc., New York, 1986, pp. 330~334.)

(3) 정무위원회는 과도정부로 군정을 승계하며, 사령관은 자신이 필요하다고 생각되는 미국인 감독관과 고문들에 대한 임명권과 거부권을 보유한다. (중략)
(4) 정무위원회는 국가의 수반을 선거한다. [주] 위 계획에 앞서 소련 측에 통보해야만 하며, 회의(council)는 정무위원회의 구성원으로 지명한 소련 지역 내 인사들이 서울에 오게 해 정무위원회를 강화할 수 있도록 소련 측을 초청해야 한다. 그러나 소련 측의 참여가 준비되지 않는다면, 계획은 38도 이남의 한국에서만 실행되어야 한다.[56]

먼저 이 계획안을 제출한 시점은 11월 20일로, 김구의 귀국(1945년 11월 23일) 직전에 제출된 것이다. 이와 관련해 랭던은 전문에서 "국민들이 아직 김구에 대한 열망을 가지고 있고, 일반적으로 정치적 열병에 들떠 있는 사이에 첫 번째 조치를 취하는 것이 매우 중요하다"라고 지적했다. 즉 김구의 입국이란 시점을 놓쳐서는 안 된다는 시기적 촉박성을 내세운 것이었다.

발전 경로를 따라 이 구상을 살펴 볼 때 (1)에서 묘사한 회의와 정무위원회는 11월 2일자 전문에서 하지가 표현한 정당과 이념의 통일, 통합고문회의에 해당하는 것이다. 여기서 이승만에 대한 언급은 빠져 있다. 그러나 이승만은 이미 국내에 들어와서 미군정의 의도대로 남한 정계의 통합자 역할을 하고 있었기 때문에 굳이 언급할 필요가 없었을 것이다. 김구가 몇몇 정치 그룹을 대표해 조직할 회의(council)와 정무위원회는 분명 독촉중협을 염두에 둔 것이었다. 독촉중협은 11월 2일에 2차 회의를 열고 본격화되기 시작했지만, 김구·임정 세력의 귀국을 목전에 두고 있었기 때문에, 이 전문이 작성될 무렵 20여 일간을 공전하고 있던 상태였다. 정무위원회가 군정과 통합해 과도정부가 된다는

---

56) "The Acting Political Adviser in Korea, Langdon to the Secretary of State" (November 20, 1945), 740.00119 control(Korea)/11－2145.

표 11-5. 1945년 미군정의 '임시 한국 행정부' 수립 구상과 발전 경로

출처·일시 \ 단계	핵심 활용 세력	제1단계 (핵심 조직 혹은 고문회의)	제2단계 (과도정부)	제3단계 (정식 정부)
(1) 하지의 전문 (9. 15)	중경 망명정부	임시정부 자격으로 중경 망명정부를 환국시켜 일정 시점까지 간판으로 활용		
(2) (10. 5)	한민당	고문회의(advisory council) 조직		
(3) 앳치슨의 전문 (10. 15)	진보·대중적, 존경받는 지도자나 소규모집단	핵심 조직 구성	집행·행정부적 정부기관(전한국국민집행부) 조직, 이승만·김구·김규식 중심. 고문회의는 행정부에 고문역을 하거나 통합	
(4) 하지의 비망록 (10. 16)			명목상 최고 지도자를 가진 임시 한국 정부 수립	조속한 시일 내 총선거 실시
(5) 하지의 전문 (11. 2)	이승만·김구	정당·이념 통일 / 통합 고문회의 조직	명목상의 한국 행정부	총선을 통한 국민정부 수립
(6) 맥클로이 서한 (11. 13)	망명 한국인	하지 예하에 정부·자문단을 구성해 질서를 회복		자유총선거 실시
(7) 랭던 전문 (11. 20)	김구 집단	회의(council), 정무위원회 조직, 미군정과 통합	미군정 통제하의 과도정부	국가 수반 선거, 정부 수립

[출전] 각 구상의 출전은 다음과 같다. (1) *FRUS*, 1945, vol. 6, pp. 1061~1065 ; (2) 『自由新聞』 1945년 10월 15일자 ; (3) *FRUS*, 1945, vol. 6, pp. 1091~1092 ; (4) "Memorandum by Hodge for Benninghoff" October 16, 1945, NARA RG 165, OPD 091 Korea ; (5) *FRUS*, 1945, vol. 6, p. 1112 ; (6) *FRUS*, 1945, vol. 6, pp. 1122~1124 ; (7) *FRUS*, 1945, vol. 6, pp. 1130~1133.

아이디어는 랭던 구상에 처음 나오는 것인데, 이미 미군정은 군정 내 실무 직위에 한국인들을 등용하고 있었기 때문에, 이러한 한국인 등용 경향을 확대시키고 최고 결정권을 제외한 행정 실무를 정무위원회에게 넘긴다는 구상으로 볼 수 있다. 결국 이러한 랭던의 구상은 진주 이

래로 미군정이 표방해온 정책이 한 층 더 구체화된 것일 뿐만 아니라 현실 속에서 경험적으로 정리된 것이었다.

랭던의 이 구상안은 미군정의 정책 기조를 계승한 것으로, 이승만·김구의 임시정부 세력을 핵심적인 활용 세력으로 설정하고 이들의 연대와 연합을 전제로 한 것이었다. 조직 결성의 성패는 이승만과 김구의 강력한 연대에 기초한 정계 통합, 특히 우익 세력의 통일과 좌익 세력이 얼마나 포괄될 것인가 하는 데 달려 있었다.

이러한 핵심 조직을 근간으로 미군정 통제하에 '과도정부' 혹은 '명목상의 최고 지도자를 갖는 임시정부'를 수립한다는 구상이었다. 이런 단계를 거쳐 최종적으로는 총선거나 정무위원회를 통해 정식 정부를 수립하는 것이 미군정의 장기적 목표였다.

한 가지 주목해야 할 점은 랭던 계획안에 드러난 대소관(對蘇觀)이다. 이 계획안은 정식 정부가 수립되기 직전에 남한에 수립된 과도정부를 북한 지역까지 '확장(further)'시킨다는 발상을 하고 있다. 물론 소련과의 협상을 전제 조건으로 내걸었지만, 이는 미군정의 정무위원회 혹은 과도정부를 소련 측에 '강제'한다는 구상이었다. 이 계획안이 제출되기 직전인 11월 13일에 미군정은 법령 제28호로 국방사령부(國防司令部) 설치, 군무국(軍務局) 창설, 육해군부(陸海軍部) 설치, 경찰군사기관(警察軍事機關)의 금지를 발표했다.[57] 미국의 공식적인 대한 정책이나 외국 점령지 통치에 관한 국제법 어디에도 미국이 한국 군대를 창설할 근거는 없었다.[58] 이는 '조숙한 냉전의 용사'였던 하지가 민족주의적이고 대소 봉쇄적인 발상으로 취한 일이었다.[59]

---

57) 국사편찬위원회,『資料大韓民國史』1권, 1968, 400쪽.
58) 브루스 커밍스 지음·김동노·이교선·이진준·한기욱 옮김,『한국현대사』, 창작과비평사, 2001, 282~284쪽.
59) 브루스 커밍스, 앞의 책 상권, 1986, 309~312쪽.

랭던의 '정무위원회' 계획은 이전의 단편적 구상들이 독촉중협의 결성과정에서 더욱 현실성 있는 방안으로 구체화되고, 세력 편성의 방향을 세련화시키는 과정에서 정식화된 것이었다. 이는 독촉중협 결성 과정과 회의 과정에서 잘 드러났다.

2) 독촉중협의 전개 과정

11월 2일의 독촉중협 회의에서 중앙집행위원 선정을 위한 전형위원의 임명 권한을 일임 받은 이승만은 전형위원의 선정에 시간을 끌고 있었다. 가장 큰 이유는 11월 말 중경 임시정부 세력의 귀국이 가까워졌기 때문이다.[60] 미군정 역시 독촉중협의 성공 여부가 이승만과 김구·임정 세력 간의 연합 여부에 달려 있다고 판단했기에, 임정 세력의 귀국을 기다리고 있었다. 중경 임정이 입국할 때를 기다리며 이승만이 중점을 둔 것은 두 가지였다. 하나는 중경 임정에 대한 공식적 지지와 개인 자격으로서의 입국이라는 문제를 부각시키는 일이었고, 다른 하나는 조공을 비롯한 좌익 세력을 끌어안는 일이었다. 이는 독촉중협의 성패와 관련된 문제였다.

먼저 이승만은 공개적으로 임정 지지를 내세우고, 인공의 주석 취임 요구를 거부했다.[61] 그러나 동시에 이승만은 임정이 정부 자격으로 귀환하는 것이 아니라, 개인 자격으로 귀국한다는 사실을 여러 차례 강조했다.[62] 나아가 이승만은 중경 임정의 귀국을 앞두고 대중적인 환영

---

60) 이승만은 11월 12일에 가진 기자회견에서, 독촉중협의 전형위원을 중경 임정 세력이 귀국한 후에 결정하고 발표할 것이라고 밝혔다.(『新朝鮮報』 1945년 11월 13일자.)
61) 『自由新聞』 1945년 11월 8일자.

분위기가 조성되자, 기자회견을 통해 "책임 있는 발표가 있을 때까지 환영 소동은 그만두어야 할 것"이라고 했다.[63]

이러한 이승만의 태도는 중경 임정이 미군정으로부터 정부 자격을 인정받을 수 없다는 상황을 강조함으로써 자신이 중심이 된 독촉중협을 강조하려는 것이었다. 이승만은 "임시정부가 국제적 승인을 받고 국권을 회복할 때까지 각 정당이 대동단결하여 한데 뭉친 단체"가 독촉중협이라고 규정했다.[64] 이승만은 정부가 수립될 때까지의 과도적 시기에는 독촉중협이 남한 자치를 목표로 한 정당통일단체라고 주장했다. 나아가 이승만은 모든 정당들을 해산하고 자신이 만든 독촉중협을 남한 내의 유일한 조직체로 만들 속셈이었다.[65]

이승만이 독촉중협을 만든 것은 철저하게 군정과의 협의하에 진행된 것이었다. 이승만은 12월 15일에 열린 독촉중협 제1회 중앙집행위원회(제1차 회합)에서 다음과 같이 발언했다.

중앙집행위원회의 조직을 군정 측에선 초조히 고대하고 있다. 군정은 40인 정도 가량으로 결성되기를 희망했는데 그 수에 이르지 못한 것이 유감이다. 군정에서 독촉중협에 바라는 것은 대내외 관계에서 이 기관을 경유하게 하여 이 기관을 권위있게 만들려는 것이다. (중략) 달외통내(達外通內)하는 기관(機關) (중략) 정부가 승인될 때까지 과도 기관으로 독촉중협을 설립해 '민의를 대표'하도록 하는 것이 군정의 갈망이다. (중략) 군정청은 나에게 말하기를 '인도자(引導者)의 회(會)를 종합'해 '민의의 대표기관'을 만들어달라는 것이다. 즉 정당·사회단체 등의 대표자모임을 종합해 '민의 대표 기관'을 만들어 민의(民意)의 소봉(所奉)이 되게 하여 달라는 것이다.[66]

---

62) 『中央新聞』 1945년 11월 6일자 ; 『新朝鮮報』 1945년 11월 20일자.
63) 『自由新聞』 1945년 11월 20일자.
64) 『自由新聞』 1945년 11월 8일자.
65) 『新朝鮮報』 1945년 11월 21일자 ; 「獨立促成中央協議會 中央執行委員會 第1回 會議錄」(1945년 12월 15일), 『雩南李承晩文書』 13권, 57~62쪽.
66) 위와 같음.

이 발언을 정리해보면, 군정은 고문회의의 실패에 따라 정부 수립 시까지 과도 기관이자 '민의 대표기관'으로 독촉중협을 성립하려 했다는 것이다. '민의 대표기관'을 조직하는 방식은 '인도자의 모임', 즉 정당·사회단체 대표자의 모임을 종합하는 것이었다. 이는 10월 23일에 각 정당 대표 2명씩이 모여 독촉중협을 만든 사실과 정확히 일치한다. 독촉중협의 임무와 권한은 군정청에 정책을 건의하고 제의하는 것으로 설정되어 있다. 바로 미군정의 통제하에 정부 수립을 목표로 하는 '통합고문회의' 내지 '정무위원회'를 의미하는 것이었다.

같은 자리에서 이승만은 좀 더 명확하게 독촉중협의 위상과 발전 전망, 그리고 미군정과의 관계를 정리했다.

> 군정은 중협에 국정회의(國政會議, 國務會議)의 명칭을 붙이고 최고 인도자로는 김구, 김규식, 조소앙, 유동열을 염두에 두고 있으며 이에 대해 대단히 좋게 생각하고 있다. 나는 이외에 송진우, 안재홍, 여운형, 박헌영 혹은 김철수 4명을 협의회에서 추천하면 어떨까 한다. 군정의 의견은 국무회의가 15인 이내로 구성되는 것이 어떻겠는가 하는 것이다. 최초에 아놀드 군정장관은 이 고문제도를 군정의 부속물로 만들려는 생각이었는데 나는 이에 반대해 민의의 대표로 군정청에 연락하는 국무회의(즉 韓人文官의 民意代表)로 하자고 했다.[67]

이승만의 이 발언은 독촉중협을 향한 미군정의 구상과 이승만의 구상 간에 존재하는 동일성과 차별성을 보여주는 것이었다. 미군정의 구상은 독촉중협이 국무회의라는 명칭을 지닌 군정 예하의 고문기관이며, 15인 이내의 최고 지도자로 구성된다는 것이었다. 또한 중경 임정 세력이 핵심 세력이 되어야 한다는 것이었는데, 이는 랭던의 정무위원회 계획의 복사판이었다.[68]

---

[67] 「獨立促成中央協議會 中央執行委員會 第1回 會議錄」(1945년 12월 15일), 『雩南李承晩文書』 13권, 68~72쪽.

이승만은 미군정의 지원하에 자신과 중경 임시정부를 주축으로 독촉중협을 '국무회의'의 위상으로 조직한다는 점에 대해 동의했다. 미군정은 이승만을 정점으로 임정 인사들이 독촉중협의 최고 지도자가 되어야 하지만 여운형·박헌영 같은 좌파 인사도 포함시켜야 한다고 주장했고, 이승만은 독촉중협에서 이들에 대한 추천을 함으로써 자신이 독촉중협 혹은 국무회의를 장악하려 했던 것이다.

미군정의 주장이 이승만—임정 블럭에 의한 정당 통일에 강조점이 있었던 반면, 이승만은 독촉중협이 우익 전체와 좌익 일부를 망라하는 남한 내 유일한 정치 블럭이 됨으로써 자신이 좌우익을 망라한 민족통일전선의 최고 지도자로 부각되길 원했다. 또한 이승만은 독촉중협이 임정 중심으로 조직되거나 진행될 수 없다는 점을 분명히 하고자 했다. 나아가 이승만은 미군정이 독촉중협에 대해 군정의 고문기관으로 군정이 통제하는 조직이 되길 희망했던 데 반대하고, 민의의 대표로 군정청에 연락하는 국무회의(즉 한인문관의 민의대표)로 하자고 했다.

이는 세 가지 점을 노린 것이었다. 첫째, 독촉중협이 미군정의 강력한 지지를 받지만, 미군정의 통제에서 자유롭게 만들어 독촉중협과 자신의 독자적 공간을 확보하려 했다. 둘째, 그렇게 함으로써 자신이 미군정의 대리인이나 고문관이 아닌 한국인들의 '민의' 대표자이자 최고 지도자임을 부각시키려 했다. 셋째, 이승만은 독촉중협을 중앙적 차원에서 단일한 통일 조직일 뿐만 아니라, 지방적 차원에서도 유일한 지

---

68) 1945년 12월 16일에 열린 독촉중협 제1회 중앙집행위원회 제2차 회합에서 장덕수는 국무회의(state council)의 성격을 규정했는데, 미군정이 의미하는 국무회의는 정무위원회(governing commission)와 동일한 의미였다. 12월 11일 아놀드는 박헌영을 만난 자리에서 장덕수가 말한 국무회의(Государственный Совет=state council) 계획, 즉 정무위원회 계획=독촉중협 계획을 설명했다.[「박헌영 동지와 아놀드의 회담」(1945년 12월 11일), АВПРФ Фонд 0102, опись 1, дело 3, папка 1, лл. 57~62, 'Беседа тов. Пака с Арнольдом.']

도력을 갖는 조직으로 발전시킬 계획을 갖고 있었다.[69]

이런 맥락에서 이승만은 임정이 귀국하기 전까지 독촉중협의 실제 조직을 완성하고, 임정이 입국한 후 이들을 독촉중협에 받아들이는 형식을 택하려 했다.[70] 그렇기 때문에 이승만은 임정이 입국하기 전에 공산당을 독촉중협에 끌어넣기 위해 전력을 기울였다. 귀국 이전에 이승만이 미국에서 보인 반소·반공 태도에 비추어 볼 때 이는 매우 이례적인 일이었다. 이승만은 임정 요인들이 입국하기 이틀 전인 11월 21일 <공산당에 대한 나의 관념>이라는 방송을 통해 자신이 "공산당에 호감을 가진 사람"이라고 주장했다. 나아가 이승만은 정부 수립 후 경제 정책을 세울 때 공산주의에서 채용할 것이 여러 가지 있으며, 경제적 측면에서 근로 대중에게 복리를 주기 위한 공산주의에 대해서는 자신도 "얼마만큼 찬성한다"라고 밝혔다.[71]

그 이틀 뒤인 11월 23일에 중경 임시정부 제1진이 서울에 도착했다. 임정 제1진이 귀국하자 이승만은 본격적으로 전형위원 선정과 중앙집행위원회 구성을 통해, 독촉중협의 결성을 공식화하려 했다. 모스크바 회담이 목전에 임박한 11월 말의 상황에서 더 이상 독촉중협의 출범을 늦출 수 없다는 촉박함이 독촉중협 출범을 가속화시키고 있었다. 특히

---

69) 『自由新聞』 1945년 11월 20일자. 이승만은 독촉중협의 중앙집행위원 구성 후에 지방 지부 설립과 지도자 선발을 통한 독촉중협의 강화 방안을 갖고 있었다.[「獨立促成中央協議會 中央執行委員會 第1回 會議錄」(1945년 12월 15일자.), 『雩南李承晩文書』 13권, 67~68쪽.]
70) 이승만은 12월 15일 독촉중협의 제1회 중앙집행위원회(제1차 회합) 회의에서 "과도정권이 필요하다면 우리는 '마음으로' 임시정부를 맞이하는 이외에 다른 도리가 없다. 임시정부가 입국하기 전에 中協이 대내대외 문제 해결의 기관으로 되었으면 좋았을 것"이며, 가장 좋은 방법은 "임정 주석 김구 씨 이하 혼성체로 국정에 대하야 최고 지도자로 하였으면 한다"라고 발언했다.[「獨立促成中央協議會 中央執行委員會 第1回 會議錄」(1945년 12월 15일), 『雩南李承晩文書』 13권, 75~77쪽.]
71) 『新朝鮮報』 1945년 11월 23일자.

미군정은 12월 1~2일경에 이승만에게 2주일 이내로 독촉중협을 출범시켜 줄 것을 요청했다. 이승만은 12월 15일에 독촉중협 제1회 중앙집행위원회(제1차 회합) 석상에서 이렇게 발언했다.

> 져 군정부(軍政府) 하지 장군은 우리를 위하야 신(神)이냐 넉시야 하면서 2주 내로 이 결성을 속히 보여 달라고 요구했습니다. (중략) 오날이 미국인 군정 측이 내용으로 이 결속의 결과를 보고해 달랜 최후의 한정일이오. 적어도 1주일 전(前)쯤 이 합동을 보여쥬엇드면 미국인이 우리에게 말하여 줄 것이 있엇슬 것인데 참으로 유감이오.[72]

12월 15일이 독촉중협 발족의 최후 한정일이라는 하지의 통보는 12월 16일에 개최되는 모스크바 3상회의 개최를 염두에 둔 것으로, 회의 개최 이전에 독촉중협을 발족시켜야 한다는 목표를 강조한 것이었다. 미군정은 다자간 신탁통치 계획에 반대하는 대안으로 '정무위원회' 방안을 구상했고, 이 방안의 구체화된 형태인 독촉중협을 모스크바 회담 개최 전에 출범시켜야 했던 것이었다.

이승만은 11월 28일부터 전형위원을 선정하고 중앙집행위원 선정을 시도했지만, 전형위원 선정에서부터 난항을 겪었고, 결과적으로 전형위원회에서 좌익 세력인 인민당과 조선공산당이 불참했다.[73] 전형위원과 중앙집행위원의 선출 방식을 둘러싸고 벌어진 좌익과의 갈등이 독촉중협의 정식 발족을 부분적으로 늦추긴 했지만, 이보다 더 결정적인 문제는 귀국한 중경 임정과의 관계에서 발생했다. 이승만이나 미군정의 염원과는 달리, 임정 측이 독촉중협에 별다른 반응을 보이지 않았

---

[72] 「獨立促成中央協議會 中央執行委員會 第1回 會議錄」(1945년 12월 15일), 『雩南李承晩文書』 13권, 26, 37~38쪽.
[73] 정병준, 「주한미군정의 '임시한국행정부' 수립구상과 독립촉성중앙협의회」, 『역사와현실』 제19호, 1996, 157~169쪽.

기 때문이다.

특히 임정을 지지한다는 이승만이 독자적으로 독촉중협을 조직한 사실은, 임정과 독촉중협의 상호 관계에 의문을 제기하기에 충분했다. 상해에서 대면한 후 25년 만에 이승만의 방문으로 첫 회동을 한 김구와 이승만의 관계는 뜻밖에 순조롭게 풀리지 않았다. 11월 25일에 김구가 이승만을 예방했고, 11월 26일과 12월 1일에도 김구가 돈암장을 찾아갔지만, 두 사람은 별다른 합의점을 찾지 못했다.[74]

이승만은 12월 3일에 개최된 임정의 '비공식 국무회의'에 직접 참여해서 임정을 독촉중협에 끌어들이려 했지만 별다른 성과를 얻지 못했다.[75] 가장 큰 이유는 임정이 귀국 직후부터 독자적인 활로를 모색하려 했기 때문이었다. 이승만은 대외적으로 한성정부법통론을 내세우며 임시정부의 정당성을 주장했지만, 내심으로는 독촉중협을 위해 임정이 해산해야 된다는 입장이었다.[76]

11월 27일에 하지는 미국 정부가 소련 정부와 모스크바에서 38선 철폐문제 등에 대한 협의를 시작했다고 밝혔다.[77] 하지는 11월 말 모스크바로 간 번즈(James F. Byrnes)를 비롯한 국무부 대표들에게 모스크바회담에서 신탁통치 계획 대신 소련 측에게 '정무위원회' 계획을 제출해 주길 강력히 요청하고 있었는데, 이를 위해선 정무위원회 계획의 구현체인 독촉중협의 실체와 내용을 구체적으로 제시하는 것이 선결 과제였다.

---

74) 『中央新聞』 1945년 11월 26일자. 『新朝鮮報』 1945년 11월 27일자 ; 12월 2일자.
75) 『自由新聞』 1945년 12월 4일자.
76) 『서울신문』 1945년 11월 30일자 ; 이승만은 "김구의 독촉중협 합류에서 가장 난관은 임시정부를 해산해야만 된다는 점"이라고 지적했다.[『獨立促成中央協議會 中央執行委員會 第1回 會議錄』(1945년 12월 15일자.), 『雩南李承晩文書』 13권, 88쪽.]
77) 『自由新聞』 1945년 11월 27일자.

때문에 하지는 임정이 귀국한 11월 말부터 12월 초까지 이승만·김구·여운형·안재홍·송진우 등 남한의 대표적인 정치 지도자들과 빈번하게 비밀 회담을 했다.78)

먼저 하지는 11월 30일에 여운형과 회견했다. 다음날 여운형은 기자들에게 하지가 "임시정부 환국으로 민족통일 문제가 결정적 단계에 접어들었다. 미군정은 절대 공평한 입장에서 통일 결성을 완성시키고 싶다. 어느 쪽에서도 납득할 수 있는 복안을 가지고 있다"라고 발언했음을 밝혔다.79) 여운형은 하지와의 약속 때문에 복안을 밝힐 수 없지만, 그 복안대로라면 "민족 통일의 앞길에 서광이 비칠 것"으로 보인다고 말했다. 여운형과 인민당은 1945년 11월 말 이래 지속적으로 인공·임정을 막론하고 좌우 연립 정부를 구성해야 한다고 주장해왔다.80) 따라서 하지는 15인 이내의 '국무회의'를 구성해 좌우익을 망라한 임시정부를 조직하자고 제안했을 가능성이 높다.81)

12월 6일에 하지는 이승만·김구·여운형을 군정청으로 불러 극비리에 회담했다.82) 이날은 새로 선임된 독촉중협의 전형위원들이 제2회 전형위원회를 열던 날이었는데, 하지는 이들에게 민족통일체인 독촉중협에 협력해줄 것을 요청했음이 분명했다.83) 이어 하지는 12월 7일에

---

78) 아놀드 군정장관은 각 정당 당수와 하지의 회견 내용은 비밀이며, 통일은 한국인들의 몫이라고 밝혔다.(『自由新聞』 1945년 12월 12일자.)
79) 『서울신문』 1945년 12월 2일자.
80) 李萬珪, 앞의 책, 270~271쪽; 朝鮮人民黨, 『人民黨의 路線』, 1946, 13~19쪽; 『新朝鮮報』 1945년 12월 19일자; 『서울신문』 1945년 12월 18일자.
81) 일부 자료에 따르면 이날 하지는 여운형과 만나 인공 해체 문제를 논의했다. (朝鮮通信社, 『1947年版 朝鮮年鑑』, 1946, 378쪽.) 그런데 여운형이 하지의 제안을 흔쾌히 여긴 것으로 보아, 인공·임정의 동시 해체 후 연립 정권 수립이란 계획이 합의되었을 가능성이 높다.
82) 『서울신문』 1945년 12월 8일자.
83) 『서울신문』 1945년 12월 7, 8일자.

독촉중협에 열성적이었던 국민당의 안재홍을 군정청으로 불러 요담했고, 12월 8일에는 한민당의 송진우를 불러 회담했다.84)

한편 아놀드 군정장관은 12월 11일 박헌영을 만나 정무위원회 계획안을 설명하면서, 정무위원회 즉 독촉중협이 "영향력 있는 각 정당의 대표자"로 구성되는 연합체가 되어야 하며, 만약 1개월 내 모든 정당의 통합이 이뤄지지 않는다면 타국의 '후견(опека)'을 받게 될 것이라고 설명했다.85) 아놀드는 정무위원회=독촉중협이 다자간 국제 신탁통치안의 대안이며, 이것이 성공하지 못한다면 신탁통치를 받게 된다고 설명했던 것이다. 그러나 박헌영은 군정과 이승만의 의도를 정확히 간파할 수 없었다.

하지와 아놀드가 남한의 좌우익 정치 지도자들과 나눈 회담은 개별적인 것이었지만, 분명한 연관 관계가 존재했다. 하지는 신탁통치 계획의 대안으로 제출할 정무위원회의 구체적인 조직체가 필요했고, 이는 이승만과 김구 세력의 강력한 연대하에 좌익 세력이 일부 참여한 단일한 연합체의 형태가 되어야 했다. 하지는 즐겨 쓰던 방식대로 "한국인들이 하나로 통일하면" 자신이 "독립을 주고 정부를 인정"하며 "38선도 철폐"될 것이라고 통보했을 것이다. 또한 하지는 자신이 의미하는 '통일'이 독촉중협을 중심으로, 그리고 이승만과 김구를 중심으로 하는 것임을 분명히 강조했을 것이다.

---

84) 『東亞日報』 1945년 12월 11일자.
85) 러시아어 원문에 따르면 정무위원회는 Государственный Совет로 되어 있다. 이는 영어로 State Council이며, 장덕수가 말한 것처럼 국무회의·국가평의회 등의 의미를 지니는 것이다. 아놀드는 국가평의회—군정청 기관—각 부로 이어지는 체제가 미군 진주 이래 3~4개월의 작업 끝에 완성된 것이라고 발언했다. [「박헌영 동지와 아놀드의 회담」 (1945년 12월 11일), АВПРФ Фонд 0102, опись 1, дело 3, папка 1, лл. 57~62, 'Беседа тов. Пака с Арнольдом.']

상황은 다급했지만, 좌익은 물론 임정의 참여가 없는 상태에서 독촉중협은 공전을 거듭할 수밖에 없었다. 결국 12월 10일에 이승만은 기자회견을 통해 상황의 다급함과 독촉중협의 중요성을 강조했다.

전쟁시나 비상시에는 주의주장을 버리고 통일하여야 (중략) 정당의 주의주장을 버려야 (중략) 이런 취지에서 각 정당의 협의회를 조직하였다. 이 협의회는 인민의 여론을 대표하는 기관으로서 우리 정부가 수립될 때까지 과도 기관이기 때문에 임시 국무원과는 직접 관계가 없다.(강조—인용자)[86]

이 발언은 이승만이 12월 16일에 개최될 모스크바회담에서 한반도의 신탁통치 문제가 논의·결정될 것을 인지하고 있음을 보여준다. 12월 15일에 독촉중협의 제1회 중앙집행위원회(제1차 회합)에서 이승만은 좀 더 분명하게 모스크바회담에 대해 지적했다.

지금 **우리나라의 국운이 조석에 달려** 있읍니다. (중략) 시기가 대단히 절박하니 (중략) **최근 개최될 모스크바 각국 외상회의에서 한국 문제에 관한 중요한 결정이 있을 터인데** (중략) 독촉중협은 원래 민의 대표기관을 만들려 한 것이 목적이다. 지금 모스크바회의 같은 데 대해서 우리의 민의를 부르지지자면 이러한 합동체가 필요한 것이다 (중략) 우리는 임정의 승인을 목표로 싸워 나갈까, 독촉중협을 육성하여 나아갈까 어름어름 하는 사이에 **신탁 단체 같은 것이 음생**(陰生)되면 참으로 야단이다 (중략) 외교 관계 신탁 문제 등에 대한 것은 나의 독단적인 의사만이 아니다. **군정 당국에서도 극력으로 자기 나라의 국무성과 싸워가면서 우리를 조력**해주고 있다.(강조—인용자)[87]

이승만의 발언을 종합해보면 독촉중협이 신탁통치 계획에 대처하기 위한 '한국인의 대표 기관'으로 조직되었고, 국무부 정책에 반대하는 미

---

86) 『東亞日報』 1945년 12월 11일자.
87) 「獨立促成中央協議會 中央執行委員會 第1回 會議錄」(1945년 12월 15일), 『雩南李承晩文書』 13권, 39, 45, 94~95, 102~103, 123~125쪽.

군정의 지원과 '조력'을 받았음을 알 수 있다. 독촉중협은 다름 아닌 랭던의 '정무위원회' 계획안의 실험 무대였다. 나아가 독촉중협을 통해 '민의 투표'까지 할 수 있다는 이승만의 발언은 이승만과 미군정 사이에 임시 한국 행정부 수립에 대한 완벽한 교감이 있었음을 의미한다.[88]

4. 독촉중협의 귀결 : 신탁파동의 전주

모스크바회의가 목전에 닥치자 다급해진 이승만은 12월 13일에 자신이 지명한 독촉중협의 전형위원들을 소집했다.[89] 사실상 독촉중협이 좌익 세력의 배척을 받기 시작한 것은 전형위원 선발을 둘러싼 갈등 때문이었다. 11월 2일 회의에서 전형위원 선발권을 위임받은 이승만은 11월 28일에 여운형(인민당)·안재홍(국민당)·허정·김동원·백남훈·원세훈·송진우(이상 한민당) 등 7명의 전형위원을 선정하고, 중앙집행위원 선정을 위한 제1회 전형위원회를 소집했다. 그러나 안재홍은 불참했고, 전형위원회에 참석한 여운형은 전형위원 7명 중 한민당원이 5명이나 들어 있어 편파적 구성이라며 퇴장했다.[90] 한민당 총무 8명 중 5명을 전형위원으로 선정한 것은, 한민당 총무진을 전형위원회로 이름만 바꿔놓은 모

---

88) 이승만은 독촉중협 제5회 중앙집행위원회(1946년 1월 18일)에서 모스크바 결정 이전에 분명 미군정과 자신 간에 미국의 공식 대한 정책인 신탁통치안에 대한 반대, 그 대안인 독촉중협 구성에 대한 합의가 있었음을 확인했다.[「獨立促成中央協議會 中央執行委員會 第5回 會議錄」(1946년 1월 18일), 『雩南李承晩文書』 13권, 289~291쪽.]
89) 『新朝鮮報』 1945년 12월 15일자.
90) 李萬珪, 『呂運亨鬪爭史』, 民主文化社, 1946, 251쪽.

양이었다. 대표적 좌익 정당인 조공 측 인사는 한 명도 포함되지 않은 반면 중도좌파 1명, 중도우파 1명, 우파 5명으로 구성된 독촉중협 전형위원회는 우익의 우위를 보장했지만, 좌우익을 망라한 정당 통일 집결체가 될 수 없었다.91) 이에 따라 이승만은 안재홍과 정노식(鄭魯湜)의 도움으로 재차 전형위원을 선정했다.92) 이 결과 안재홍(국민당)·김지웅(金志雄, 조선인민당)·김철수(金綴洙, 조선공산당)·손재기(孫在基, 천도교)·백남훈(白南薰, 한국민주당)·김석황(金錫璜, 한독당)·정노식(무소속) 등 7명의 전형위원이 새로 선정되었다. 이들 새로 선정된 7명의 전형위원은 12월 5~6일 동안 제2회 전형위원회를 열었다. 이들은 돈암장에 모여 "극비리에 이승만을 중심으로 무엇인지 신중히 토의"했고 이승만이 급히 하지·아놀드와 회동한 후 회의가 계속되었다.93) 그러나 이번에 이승만이 선정한 전형위원들도 각 당의 대표자들이 아니었을 뿐만 아니라 친이승만 계열뿐이었다. 안재홍·백남훈·정노식·손재기는 모두 우익 인사들로 이승만과 가까운 사이였고, 조공의 김철수94)와 인민당의 김지웅95) 역시 마찬가지였다. 특히 김철수와 김지웅은 조공과 인민

---

91) 『서울신문』 1945년 12월 7일자; 『新朝鮮報』 1945년 12월 8일자.
92) 독촉중협 제1회 중앙집행위원회(제1차 회합)에서 행한 張德秀의 경과 보고.[『獨立促成中央協議會 中央執行委員會 第1回 會議錄』(1945년 12월 15일자.), 『雩南李承晩文書』 13권, 8~10쪽.]
93) 『서울신문』 1945년 12월 7일자; 『新朝鮮報』 1945년 12월 8일자.
94) 이승만은 독촉중협 제1회 중앙집행위원회(제1차 회합)에서 김철수가 "매우 침착하고 진실해 보이는 분으로 타협성이 많아 보였다"라고 평가했다.[『獨立促成中央協議會 中央執行委員會 第1回 會議錄』(1945년 12월 15일자.), 『雩南李承晩文書』 13권, 22~23쪽.]
95) 金志雄은 1893년생으로 평북 義州 출신이다. 평북 信聖중학을 졸업한 후 동경 물리학교에서 1년간 수학했다. 1919년 3·1운동 당시 평북 선천군 信聖중학교 교원으로 梁旬伯, 신성학교 교장 맥퀸 등과 함께 3·1운동에 참가해 검거·투옥되었다. 독실한 기독교도였으며, 이후의 경력은 확인되지 않는다. 1945년 11월 말 조선인민당 경제부장이 되었고, 1946년 5월 미군정의 공작으로 탄생한 사회민주당에 가담해 조직부장을 지낸 경력이 확인된다.(국사편찬위원회, 『한민족

당의 동의를 얻지 못한 개인 자격의 대표였다.96) 김지웅은 인민당 내에서 영향력이 없는 인물인 데다가, 대표 자격을 인정받지 못했다. 일자는 명확치 않지만 이승만은 인민당의 이여성(李如星)을 전형위원으로 재차 선출했다. 그러나 이여성 역시 인민당의 동의를 얻지 않고는 전형위원회에 참석할 수 없음을 통보했다.97) 이처럼 독촉중협의 정식 발족을 위해 필요한 중앙집행위원 선출이 전형위원 선정에서부터 난항을 겪었고, 결과적으로 좌익 세력인 인민당과 조선공산당은 전형위원회에 불참하게 되었다.

12월 13일부터 시작된 전형위원회는 14일까지 계속되었다. 인민당 대표 이여성은 불참했으며,98) 나머지 6명의 전형위원만으로 전형위원회가 개최되었다. 13일 회의에서는 중앙집행위원의 선출 문제가 논의되었는데, 4대 정당에서 각 4명씩, 4개 대중 단체에서 2명씩의 대표를 선출한다는 점이 합의되었다.99) 14일에도 계속된 전형위원회는 각 정당, 사회단체별로 중앙집행위원 수를 할당·배정했다. 이에 따르면 정당에서는 인민당·공산당·국민당·한민당이 각각 4명, 여성 단체로는 부녀동맹 1명, 여자국민당 1명, 무소속 1명, 종교 단체로는 예수교 1명, 불교 1명, 천도교 1명, 유교 1명, 청년 단체로는 청총 2명, 그외 8명,

---

독립운동사자료집』 12(3·1운동 II), 1990, 203~208쪽 ; 金鍾範·金東雲, 『解放前後의 朝鮮眞相 : 제2집 獨立運動과 政黨及人物』, 朝鮮政經硏究所, 1945, 55~56쪽.)
96) 김철수는 이승만이 자신을 전형위원으로 임명한 후, 박헌영에게 공식적인 당대표로 참석하게 해줄 것을 요청했지만 처음에는 박헌영이 거부했고, 자신이 강력하게 주장하자 마지못해 응낙했다고 회고했다.(김철수 증언 테이프 ; 이균영, 「김철수와 박헌영의 3당합당」, 『역사비평』 봄호, 1989, 275쪽.)
97) 독촉중협 제1회 중앙집행위원회(제1차 회합)에서 행한 張德秀의 경과 보고.[「獨立促成中央協議會 中央執行委員會 第1回 會議錄」(1945년 12월 15일), 『雩南李承晩文書』 13권, 10~13쪽.]
98) 『新朝鮮報』 1945년 12월 18일자.
99) 『新朝鮮報』 1945년 12월 15일자.

기타 단체로 전평 2명, 전농 2명, 군소정당 2명 등 총 39명의 중앙집행위원이 배정되었다.[100]

한편 김철수의 증언에 따르면 이들 39명의 중앙집행위원이 정부를 조직해 국회의원 선거를 준비하고, 그 의회가 정부를 구성하고 나면 39명의 임시적인 정부는 해산한다는 데 합의가 된 상태였다.[101] 김철수의 증언은 미군정이 상정하고 있던 독촉중협의 위상과 정확하게 일치한다. 즉 미군정의 용어로는 '정무위원회' 내지 '통합고문회의'이며, 이승만의 표현에 따르자면 '국무회의' 또는 '민의 대표기관'이라는 미군정 통제하의 임시 한국 행정부 구상이었다.

12월 13~14일 사이에 박헌영이 "개인 자격의 비전형위원"으로 전형위원회에 참석해 민족주의 측 반, 공산주의 측 반으로 구성하자고 제안한 후, 이 제안이 거부되자 독촉중협에서 완전히 철수했다.[102] 좌파가 모두 철수한 12월 14일 마지막 전형위원회가 개최되어 중앙집행위원의 명단이 다음과 같이 결정되었다.[103]

김법린(金法麟), 김석황(金錫璜), 김승렬(金勝烈), 김여식(金麗植), 김지웅(金志雄), 김창엽(金昌曄), 김철수(金綴洙), 남상철(南相喆), 박용희(朴容羲), 박헌영(朴憲永), 백남신(白南信), 백남훈(白南薰), 백용희(白庸熙), 변홍규(卞鴻圭), 서중석(徐重錫), 손재기(孫在基), 송진우(宋鎭禹), 안재홍(安在鴻), 엄우룡(嚴雨龍), 여운형(呂運亨), 원세훈(元世勳), 유석현(劉錫鉉), 유 혁(柳 赫), 이갑성(李甲成), 이걸소(李傑笑),

---

100) 『新朝鮮報』 1945년 12월 16일자.
101) 「김철수 증언테이프」 및 이균영, 앞의 논문, 276쪽.
102) 김철수는 중앙집행위원 39명의 명단을 박헌영과 송진우가 모두 거부했다고 회고했다. 박헌영 측은 여운형 계열을 공산파로 보지 않았던 반면, 송진우 측은 그 반대였다는 것이다. 또한 김철수는 전형위원들이 다시 노동자·농민·청년·여성 단체의 대표들을 망라해 57명의 위원을 선정했지만, 송진우 측이 이 대중 단체들의 좌익 성향을 지적하며 이를 거부했다고 증언했다.
103) 「獨立促成中央協議會 中央執行委員會 第1回 會議錄」(1945년 12월 15일), 『雩南李承晩文書』 13권, 3~5쪽.

이성백(李成伯), 이순금(李順今), 이시열(李時悅), 이여성(李如星), 이응진(李應辰), 이의식(李義植), 이호제(李昊濟), 임영신(任永信), 조동호(趙東祜), 조두원(趙斗元), 함태영(咸台永), 허성택(許聖澤), 허정(許政), 황신덕(黃信德)

이 명단을 좌우익으로 분류한 다음 전형위원회 측이 밝힌 정당·사회단체별 구성 비율과 비교해보면 표 11-6과 같다.

좌우익의 비율로 볼 때 39명 중 좌익 인사는 15명이었고, 우익 인사는 24명이었다. 우익 인사로 포함된 군소 정당과 종교 단체 소속 인사들은 전혀 대표성이 없는 사람들이었을 뿐만 아니라, 좌익이 지배적 위상을 점하던 대중 단체들의 대표수와 비교해볼 때 과도한 것이었다.104) 특히 김창엽·남상철·이시열·백남신 같은 인물들은 전혀 알려지지 않은 무명 인사들이었다.105) 이 때문에 우익에 편중된 이 같은 인선안을 좌익이 받아들일 리 없었다.

한편 전형위원들이 선정한 중앙집행위원은 각 정당의 사전 양해나 동의를 얻은 것이 아니라, 독촉중협에서 일방적으로 선정을 통보한 형식이었다. 각 정당의 동의는 사후에 승인을 얻는 형식을 취했기 때문에, 각 정당·사회단체의 전폭적인 지지와 참여를 즉각적으로 얻어낼 수 없었다. 따라서 12월 15일에 개최된 제1회 중앙집행위원회(제1차 회합)는 이 같은 사정을 잘 반영했다. 결과적으로는 선임된 39명의 중앙집행위원 중 과반

---

104) 우익 인사들의 출신 정당·단체는 다음과 같다. 김석황(大韓民國人民政治黨·임시정부환영준비위·한독당), 유석현(임시정부환영준비위·한독당), 함태영(장로교), 변홍규(감리교 : 朝鮮基督教同志會), 김법린(朝鮮佛教革新準備委員會), 손재기(天道教青友黨), 이응진(天道教青又黨), 백남신(三一黨), 이시열(朝鮮革命黨), 남상철(民一黨), 김창엽.(大韓獨立促成全國青年總聯盟·滿洲同志會).
105) 좌익 정당·단체들이 참석을 거부한 후 독촉중협은 이들 우익 인사 23명(유도회 金承烈 불참) 만으로 운영되었다. 이후 1946년 1월 16일 독촉중협 제2회 중앙집행위원회에서 새로운 중앙집행위원 30명이 보선되었다.「獨立促成中央協議會 中央執行委員會 第3回 會議錄」(1946년 1월 16일), 『雩南李承晚文書』13권, 259~263쪽.]

표 11-6. 독촉중협 제1회 중앙집행위원의 좌우 구성 비율

소속 단체		인원수 전형위원회에서 배당한 각 정당·단체별 인원수	제1차 중앙집행위원회에서 결정된 중앙집행위원회 명단		독촉중협 참가 여부
좌익	조선인민당	4	4	여운형 이여성 김지웅 이걸소	불 참
	조선공산당	4	4	박헌영 김철수 조동호 조두원	불 참
	전 평	2	2	허성택 이성백	불 참
	전 농	2	2	백용희 유 혁	불 참
	청 총	2	1	이호제	불 참
	무 소 속	1	2	이순금 서중석	불 참
	소 계	15	15		불참 15명
우익	한국민주당	4	4	백남훈 송진우 허 정 원세훈	참 가
	국 민 당	4	4	안재홍 엄우룡 이의식 박용회	참 가
	한국독립당		2	김석황 유석현	참 가
	여자국민당	1	1	임영신	참 가
	신한민족당		2	김여식 이갑성	참 가
	기 독 교	1	2	함태영 변홍규	참 가
	불 교	1	1	김법린	참 가
	천 도 교	1	2	손재기 이응진	참 가
	유 교	1	1	김승렬	불 참
	건국부녀동맹	1	1	황신덕	참 가
	군소정당	2	3	백남신 이시열 남상철	참 가
	기 타	8	1	김창엽	참 가
	소 계	24	24		참가 23명 불참 1명
합 계		39	39		참가 23명 불참 16명

[출전] 金鍾範·金東雲, 1945, 『解放前後의 朝鮮眞相』, 朝鮮政經硏究社 ; 輿論社, 1945 『朝鮮의 將來를 決定하는 各政黨 各團體 解說』 ; 「獨立促成中央協議會錄(제1~5회 중앙집행위원회)」(1945년 12월 15일~1946년 1월 18일), 『雩南李承晚文書』 13권.

수에 못 미치는 15명만이 출석했고, 출석한 인사들은 전부 우익 인사들뿐이었다.[106] 인민당에 대한 교섭은 안재홍이, 조공에 대한 교섭은 김철수가 맡았지만 효과가 없었다. 이후로도 좌익 정당·단체는 독촉중협의 회의에 한 번도 참석하지 않았다.

---

106) 「獨立促成中央協議會 中央執行委員會 第1回 會議錄」(1945년 12월 15일), 『雩南李承晚文書』 13권, 5~6쪽.

제1회 중앙집행위원회(제1차 회합)에서 이승만은 매우 격앙된 태도를 보였다. 특히 이승만은 조공에 대해 노골적인 불만을 토로했다. 이승만은 조공과의 연대 문제는 더 이상 고려의 여지가 없다고 못 박았다. 이승만은 12월 15일이 독촉중협의 정식 출범에 대해 하지가 결과보고를 요청한 최후의 한정일이라고 밝히면서, 계속해서 비상시국임을 강조했다. 바로 다음날 개최될 모스크바회담 때문이었다. 좀 더 정확히 말하자면 이미 하지가 결정한 최후의 기일을 넘겨버린 상태였고, 더 이상 모스크바회담에 독촉중협으로 구체화된 '정무위원회'·'국무회의' 방안을 제출할 수 없게 되었기 때문이다.

흥분한 이승만은 눈가림으로라도 외국인들에게 보여주기 위해 독촉중협을 결성해야 한다고 주장했다.[107] 즉 나라의 운명이 우리 손에 있지 않고 외국인들의 손에 있으니, 일치단결하는 모습을 보여주어야 신탁 문제를 방어해낼 수 있다는 주장이었다.

하지만 여전히 임정과의 관계 설정이 문제였다. 독촉중협이 임정을 최고 기관으로 추대할 것인가, 아니면 임정 내의 일부 인사들을 끌어들여 독촉중협을 강화할 것인가, 아니면 두 조직을 병행시킬 것인가 하는 문제였다. 일부 인사들이 임정 추대를 주장하자, 이승만은 "김구와 말한 바가 있어 양해가 어렵지 않으나, 김구가 임정 요인들의 속박을 많이 받고 있다"라고 발언했다. 이승만은 임정을 조직적으로 통합하고 추대하는 것이 아니라, 개별적으로 독촉중협에 흡수할 계산이었다. 그리고 표면적으로는 군정 측이 임정 명의의 조직에 대해 협조하지 않을 것이란 이유를 내세웠다. 즉 독촉중협이 민의 대표기관이 되어 임정 측 인사들이 참여한 다음에 임정은 해산한다는 계산이었다. 그렇지만 이러한 이승만의 계산은 임정 측의 동의를 얻을 수 없었다.

---

107) 위의 책, 25쪽.

이승만이 김구와 "대강 양해"되었다고 하자, 이갑성은 도대체 임정 측의 몇 사람과 양해된 사항이냐고 질문했다. 이승만은 "이 말은 더 이상 묻지 마시오. 임정 각료회의 진행에 적지 않게 난색이 있는 모양"이라고 일축해버렸다.

이날 회의에서 각 참석자들이 보인 반응은 매우 흥미롭다. 원세훈은 공산당에 대한 반감으로 일관했지만, 그는 백남훈과 마찬가지로 이승만의 정확한 의중을 파악하지 못했다. 이갑성과 유석현은 임정 지지를 강력하게 주장해서 이승만 측의 반발을 샀고, 안재홍은 중간자적 모습을 보였다. 그러나 장덕수·송진우·허정 등 한민당 인사들은 이승만의 의중은 물론 하지의 목적도 정확하게 읽어내고 있었다.

> 장덕수 : 군정청의 생각은 임정을 그대로 두고 독촉중협을 장래의 한국 정부로 할 작정.
> 허　정 : 군정 당국이 대외 관계로 임정을 부인함으로 그 대안으로 중협을 조직한 것이며, 이것이 군정청의 요구인 가장 빠른 방법의 결정체이다. 이 기관이 순조롭게 나아가는 대로 이 기관을 통해 행정권을 위양한다는 내락이 있는 모양이다. 그렇게들 알고 너무 깊이 천착하지 않는 것이 좋을 것이다. 이 이상 알려드는 것은 최고 기밀을 범하게 되는 것이다.
> 송진우 : 나도 하지 장군을 만나 들은 바가 있거니와 참으로 긴절급박한 시국이다. 일체를 이승만에게 전임시켜 우리의 대사에 유감이 없도록 하자. 하지 장군의 말을 들으면 1~2월간이 가장 긴박하다고 한다. 이때를 지나면 1년이 지연이 될지도 알 수 없다고 한다.[108]

이들 발언의 핵심은 (1) 미군정은 임정을 부인, (2) 대안으로 이승만 중심의 독촉중협을 조직, (3) 독촉중협이 행정권을 위양받아 한국 정부

---

108) 「獨立促成中央協議會 中央執行委員會 第1回 會議錄」(1945년 12월 15일), 『雩南李承晚文書』 13권, 95, 110~115, 122, 139~140쪽.

로 발전, (4) 1946년 1~2월이 가장 긴박한 비상시국 등으로 정리할 수 있다. 이들은 이승만으로부터 이런 내용을 통보받은 것이 아니라 하지와 아놀드 등 군정 수뇌로부터 정보를 파악한 것이었다.

결국 이들은 독촉중협이 장래의 한국 정부가 되며 행정권을 위양받는다는 '최고 기밀'을 알고 있었고, 모스크바회담이 신탁통치를 결정할 것임을 알고 있었다. 나아가 이들은 모스크바 결정에 따라 1946년 1~2월에 가장 긴박한 시국이 조성될 것임을 사전에 알고 있었다. 이들의 모스크바 결정에 관한 사전 인지는 이후 정국의 동향을 파악하는 데 매우 중요한 요소이다. 이들의 발언과 이승만의 발언을 종합해볼 때, 미군정이 구상한 '정무위원회' '통합고문회의'의 실현체가 독촉중협이었음을 더욱 분명하게 알 수 있다. 이승만은 이 회의에서 결론적으로 임시정부가 공인될 수 없기 때문에 임정의 김구 이하 몇 사람을 독촉중협에 끌어들여 독촉중협을 강화하는 수밖에 없음을 강조했다.

독촉중협의 제1회 중앙집행위원회 제2차 회합은 12월 16일 돈암장에서 개최되었고, 참석자는 15명이었다.[109] 김구는 회의에 참석하지는 않았지만 돈암장을 방문 중이었다. 이승만은 독촉중협에 대해 김구·김규식의 양해를 얻었으며, 중앙집행위원의 명단을 발표함으로써 독촉중협의 출범을 공식 선언하자고 제안했다. 이승만은 12월 19일에 개최될 임정 환영식 석상에서 독촉중협의 출범을 선언함으로써 임정의 명망성을 이용할 계획이었다.[110] 이날 회의에서도 이승만은 "우리의 일이 늦어져서 군정청 하지 장군은 골이 나 있다. 공산당이 불참한 것을 들으면 또 불만스럽게 여길 것이다. 이 긴박한 시국을 볼 때 2주일 3주일

---

109) 「獨立促成中央協議會 中央執行委員會 第2回 會議錄」(1945년 12월 16일), 『雩南李承晚文書』 13권, 182~183쪽.
110) 위와 같음.

표 11-7. 독촉중협의 조직 과정과 관련 회의

일시	회의 명칭	참석자	결정 사항
1945. 10. 23	제1차 각 정당 대표자회의 (제1차 독립촉성중앙협의회 겸 결성준비회)	50여 단체 대표 200여 명	독립촉성중앙협의회 결성, 회장 이승만 추대, 회의 소집 권한 이승만에 일임
11. 2	제2차 독립촉성중앙협의회	72개 단체 대표 수백 명	연합국에 보내는 결의안 채택, 결의문 수정위원 선정 (이승만, 여운형, 안재홍, 이갑성, 박헌영), 중앙집행위원 선출을 위한 전형위원 임명권을 이승만에 일임
11. 28	독촉중협 제1차 전형위원회	여운형, 안재홍, 허 정, 김동원, 백남훈, 원세훈, 송진우	전형위원 중 한민당 측의 다수 점유로 유회됨
12. 5 ~ 12. 6	독촉중협 제2차 전형위원회	안재홍, 김지웅, 김철수, 손재기, 백남훈, 김석황, 정노식	김지웅, 인민당의 동의를 얻지 못해 이후 불참
12. 13 ~ 12. 14	독촉중협 제3차 전형위원회	안재홍, 이여성, 김철수, 손재기, 백남훈, 김석황, 정노식 (박헌영 : 비공식 참여)	이여성, 인민당의 동의를 얻지 못해 곧 불참, 정당·단체별 39인의 중앙집행위원 선정
12. 15	독촉중협 제1회 중앙집행위원회 (제1차 회합)	안재홍, 엄우룡, 이의식, 박용희, 백남훈, 송진우, 허 정, 원세훈, 이갑성, 유석현, 손재기, 이응진, 김법린, 김창엽, 황신덕	중앙집행위원 성립이 가결됨. 임정과의 관계에 대한 논란
12. 16	독촉중협 제1회 중앙집행위원회 (제2차 회합)	안재홍, 엄우룡, 이의식, 박용희, 백남훈, 허 정, 원세훈, 이갑성, 유석현, 손재기, 김법린, 김창엽, 김석황, 변홍규, 남상철	12월 19일 독촉중협의 정식 출범을 선포
1946. 1. 15	독촉중협 제2회 중앙집행위원회	백남훈, 김성수, 김여식, 박용희, 이의식, 김창엽, 엄우룡, 김석황, 안재홍, 원세훈, 허정 (윤치영 : 이승만 대리)	(1) 비상정치회의와 반탁총동원회와 독촉중협의 통합문제 논의 - 비상국민회의로 전환을 모색 (2) 독촉중협의 각부서 결정
1. 16	독촉중협 제3회 중앙집행위원회	백남훈, 박용희, 이의식, 김창엽, 엄우룡, 허 정, 원세훈, 김여식, 안재홍, 김석황, 서상일, 장덕수 (윤치영 : 이승만 대리)	(1) 중앙집행위원 보선 : 구위원 23명+신위원 30명, 도합 53명 (2) 상무위원 결정해 상무위원회 조직-4부(총무, 조직, 선전, 재무) 1국(사무), 1과(서기)

1. 17	독촉중협 제4회 중앙집행위원회		김성수, 원세훈, 안재홍, 김여식, 이학송, 엄우룡, 채규연, 유석현, 김창엽, 신 균, 이의식, 김도연, 김준연, 백관수, 박명환, 윤보선, 허 정, 장덕수, 윤치영, 김 산	비상정치회의와 독촉중협의 통합 문제 논의
1. 18	독촉중협 제5회 중앙집행위원회		엄우룡, 백관수, 원세훈, 박명환, 이의식, 이학송, 김도연, 장덕수, 허 정, 김일청, 안재홍, 권태석, 김성수, 백남훈, 김동원, 신 균, 김창엽, 김준연, 서상일, 윤치영, 송필만, 고희동	'국회 같은 국민 조직'을 결성, 이승만을 회장에, 김구를 부회장에 추대해 군정 고문부를 설치. 이에 대해 김구와 조완구 전폭 찬성

[출전] 『獨立促成中央協議會 中央執行委員會 會議錄』 제1~5회, 『雩南李承晩文書』 13권 ; 金鍾範·金東雲, 1945, 『解放前後의 朝鮮眞相』, 朝鮮政經硏究社 ; 與論社, 1945, 『朝鮮의 將來를 決定하는 各政黨 各團體 解說』.

이라는 기막히는 귀한 시간을 허비한 것은 참으로 애닲은 마음이다"라고 애석해 했다. 독촉중협이 결성되었지만, 최초의 목적과는 달리 임정 측 인사들을 포괄하지 못했을 뿐더러 좌익 진영의 대부분이 불참했기 때문이다. 그러나 문제를 수습하거나 재조정하기엔 이미 시간이 늦은 상태였다. 모스크바회담이 본 일정에 올랐기 때문이었다.

이상과 같은 독촉중협의 조직 과정과 관련 회의를 정리하면 표 11-7과 같다.

독촉중협의 중앙 조직을 수습한 이승만은 12월 17일에 곧바로 공산당을 공격하는 성명을 발표했다. 방송 연설을 통해 이승만은 공산당원들은 그들의 조국인 소련으로 돌아가라며 노골적으로 비난했다.[111] 이승만의 조공 공격은 미군정의 공격적 태도와 동일한 것이었다. 이승만은 이날 회견을 통해 군정의 수뇌들도 공산주의를 원치 않는다고 밝혔

---

111) 『서울신문』 1945년 12월 21일자.

는데,112) 미군정은 이틀 뒤인 12월 19일에 CIC를 급파해 중앙인민위원회 사무실을 포위하고 서류 등을 압수해 갔다.113)

이에 대해 조공은 12월 23일에 이승만을 '노(老)파시스트'로 비난하는 성명을 발표하고 독촉중협과의 관계를 단절했다. 여운형 역시 12월 24일에 독촉중협이 '반통일적 노선'을 걷게 되었다고 지적하면서 독촉중협에서 탈퇴했다. 이제 이승만과 좌익 세력은 돌이킬 수 없는 양극의 길로 갈라서게 되었다.

한편 미군정과 이승만은 12월 16일이라는 정해진 기일의 촉박성에 다급했지만, 임정 진영은 이들의 다급성을 알지 못했다.114) 가장 주목되는 일은 이승만과 미군정이 12월 16일이라는 최종 시한에 쫓기고 있던 마지막 순간인 12월 11~13일 사이에 벌어졌다.

임정은 독촉중협 참여 여부를 결정하기 위한 것이 아니라 임정의 진로에 대한 구체적 방안을 마련하기 위해, 조소앙을 비롯한 5명의 임정 인사로 특별정치위원회(特別政治委員會)라는 임정의 독자적인 조직화 방안을 내놓았던 것이다.115) 나아가 임정 측은 독촉중협과 무관한 정치 계획을 제출했다. 12월 19일에 열린 임시정부 개선환영대회에서 김구는 극소의 친일파 민족 반역자를 제외하곤 전민족이 통일해야 한다고 발언했고, 임정 국무위원 성주식(成周寔) 역시 남북좌우 간의 합작이 필요하다고 강조했다.116) 성주식은 이승만의 반공 주장이 개인적 견해이며, 임정은 김구의 말을 신뢰한다고 지적했다. 나아가 성주식은 임정

---

112) 『서울신문』 1945년 12월 18일자.
113) 『東亞日報』 1945년 12월 20일자.
114) 임정 측의 모스크바회담·신탁통치 문제 事前認知 여부는 매우 중요하다. 모스크바 결정을 둘러싼 왜곡 보도와 임정 중심의 초기 반탁운동의 성격 파악에 직결되는 문제이기 때문이다.
115) 『自由新聞』 1945년 12월 13일자.
116) 『서울신문』 1945년 12월 21일자.

과 독촉중협이 협동할 필요가 없을뿐더러, 독촉중협이 임정과 아무런 법적 연관성이 없다며 독촉중협과의 선을 분명히 했다.117)

이날 이승만은 모스크바회담에서 한국 문제가 결정되는데 "우리는 남의 일 보듯 하고 무심히 안젓다가 어너 하날에서 무슨 벼락이 나릴지도 모르"므로 전민족이 통일해서 "우리 안에 원수와 밧게 원수"를 막아야 한다고 호소했다.118) 이승만은 모스크바회담에서 한반도 신탁통치가 결정될 것이며, 이를 방어하기 위해 독촉중협으로 뭉쳐야 한다고 호소했다. 그러나 미국이 신탁통치를 제안했고 미국의 공식 대한 정책이 다자간 국제 신탁통치 제도의 실시임을 밝힐 수는 없었다. 이것이 이승만의 딜레마이자 미군정의 딜레마였다.

임정은 특별정치위원회의 결성을 대외적으로 공개했지만, 내부적으로는 신익희가 중심이 되어 행정연구위원회(行政硏究委員會)와 정치공작대(政治工作隊)를 비밀리에 조직해 지방 조직 강화와 대중적 지지 기반 강화에 나선 상태였다.119) 임정 외무부장 조소앙은 기자회견(12월 25일)을 통해 임정과 독촉중협이 전혀 무관함을 강조하며, 임정은 정당 간의 통일과 임정 기구의 확대 보강이라는 두 가지 길을 병진할 것이라고 말했다.120)

이로써 임정과 독촉중협의 분립은 명백해졌다. 독촉중협은 최초의 목표 지점인 이승만과 임정 세력의 강력한 연대에 실패했을 뿐만 아니라, 좌익 세력이 완전히 배제됨으로써 우익 일부에 기초한 이승만 중

---

117) 『서울신문』 1945년 12월 21일자.
118) 「全民族의 臨時政府歡迎席上에서(李承晩)」, 심지연, 『해방정국논쟁사 I』, 한울, 1986, 230~231쪽.
119) 박진희, 「해방직후 정치공작대의 조직과 활동」, 『역사와현실』 21호, 1996, 170~180쪽.
120) 『新朝鮮報』 1945년 12월 26일자.

심의 정당 블럭이 되었다. 이승만의 입장에서 볼 때 모스크바회담은 이미 시작되었고, 임정과 좌익 세력을 추스려 독촉중협과 연대하게 하기엔 너무 늦은 시점이었다. 따라서 독촉중협을 민족통일전선으로 발전시키며 자신을 정당 통합자로 내세우려 했던 이승만의 의도는 독촉의 보수 집단화로 인해 무산되었다.121) 독촉중협이 실패로 귀결되자 이승만은 모스크바 결정이 워싱턴과 모스크바에서 발표되기 직전인 12월 26일에 강경한 어조로 반탁 성명을 발표했다. 이승만은 워싱턴 소식통을 인용해 "신탁 관리를 강요하는 정부가 있다면 우리 3천만 민족은 나라를 위하여 싸우다 죽을지언정 이를 용납할 수 없"으며 공산주의자들이 통일을 방해했다고 공격했다.122)

미군정은 이승만·김구·임정 세력이 주축이 된 남한 정당 통일전선체이자, 나아가 미군정의 '통합고문회의' 혹은 '정무위원회'로 발전할 수 있는 독촉중협이 늦어도 12월 10일경에는 성공적으로 발족하길 원했다. 하지는 성공적으로 발족한 독촉중협을 토대로 11월 20일에 나온 랭던안에서 결론적으로 제시한 신탁통치 구상 반대와 그 대안인 독촉중협에 기초한 '정무위원회' 계획을 '계획'이 아닌 구체적 담보물로 국무부에 제시하고자 했다. 미군정은 국무부를 상대로 모스크바회담에서

---

121) United States Armed Forces in Korea, *History of the United States Armed Forces in Korea(HUSAFIK)*, Manuscript in Office of the Chief of the Military History, Washington, D.C., part 2, chapter 1, p. 41. (돌베개, 1988, 『주한미군사』 1~4로 영인.)
122) 『東亞日報』 1945년 12월 27일자. 이승만은 미국이 신탁통치를 구상해왔음을 누구보다 잘 알고 있었지만, 이 성명에서 강력하게 신탁통치 제안 국가를 반대한다고 밝혔다. 또한 이승만은 독촉중협 실패의 가장 큰 원인이 된 임정 계열의 불참 대신 공산주의자들을 공격했다. 같은 날 『東亞日報』는 미국이 즉시 독립을 주장한 반면, 소련은 1국 신탁통치를 주장했다는 명백한 오보이자 날조된 기사를 게재했다. 이승만과 우익, 미군정이 상호 결합되면서 형성되었던 신탁 파동에는 음모의 그림자가 어려 있었다.

신탁통치 구상을 포기하는 대신 독촉중협이 중심이 된 '정무위원회' 방안을 소련 측에 제시해줄 것을 요청하고자 했지만, 독촉중협의 실패로 이는 불가능하게 되었다. 예상과는 달리 김구·임정 진영이 독촉중협에 가담하지 않았을 뿐만 아니라, 모스크바회담 개최 직전인 12월 15일에야 독촉중협이 불완전한 모습으로 발족했기 때문에, 미군정은 '정무위원회' 구상을 강력하게 밀어붙일 수 없었다. 랭던은 12월 11일과 14일에 국무부에 전문을 보내 (1) 정무위원회 방안 (2) 남북한에 각각 최장 5년간 미소의 배타적 신탁통치 및 그후 양군 완전 철수 방안 중 하나를 선택해줄 것을 요청했는데, 이는 정무위원회 방안에 대한 강조에서 후퇴한 것이었다. 물론 그 이유는 독촉중협의 발족 지연과 지지부진 때문이었다. 랭던은 12월 14일자 전문에서 "김구나 이승만에 대한 열광적인 지지는 거의 없다"라고 절망적으로 썼다.[123]

---

123) "The Acting Political Adviser in Korea Langdon to the Secretary of State" (December 11, 1945), 740.00119 Control(Korea)/12-1145 ; December 14, 1945, 895.01/12-1445.

12장
1946년 지지 기반 강화와 단독정부 수립 제안

1. 반탁 노선의 여러 갈래 길

1) 김구의 반탁운동과 비상정치회의 소집

 1945년 12월 27일 신탁통치 소문이 전해지자 제일 먼저 움직인 것은 김구·임정 세력이었다. 임정은 12월 28일 긴급 국무위원회를 개최했고, 김구는 "새 출발로서 독립운동을 전개"해야 한다고 호소했다. 임정은 신탁통치 반대 국민총동원위원회(이하 '반탁총동원위원회'로 약칭)를 결성하기로 결정했다.[1)]

 반탁총동원위원회를 국무위원회 산하에 두고, 장정(章程)위원 9인을 임정 요인만으로 정함으로써, 임정이 최소한 정국의 주도권을 장악하고 나아가 정권 접수를 목표로 하고 있다는 점이 분명해졌다.[2)] 12월 29일에는 반탁총동원위원회 조직 조례가 작성되었다. 반탁총동원위원

---

1) 『東亞日報』 1945년 12월 30일자.
2) 章程委員 9명은 金九, 趙素昻, 金若山, 趙擎韓, 柳林, 金奎植, 申翼熙, 金朋濬, 嚴恒燮, 崔東旿로 모두 임정 국무위원이었다.

회는 국무위원회 산하 대중 투쟁 기구로 정당·사회단체·종교 단체·개인을 망라할 예정이었다. 조직은 중앙회와 지방회를 두며, 지방회는 각 도·군·면 단위까지 설치될 예정이었다.3) 반탁총동원위원회는 위원장에 권동진(權東鎭), 부위원장에 안재홍(安在鴻)·김준연(金俊淵)을 선정하고 중앙위원 76명과 상임위원 21명을 선정했는데, 독촉중협의 중심인물인 이승만·송진우·장덕수·백관수는 이 명단에서 제외되었다.4)

반탁총동원위원회가 우익 중심으로 구성되고, 또한 임정 산하 조직이 됨으로써, 민족통일전선과는 거리가 멀고 독촉중협의 실패를 재현할 우려가 있다는 지적이 있었지만, 이는 귀국 후 임정이 맞이한 최초의 기회였다.5) 12월 29일에 군정청 한인 직원들은 반탁의 표시로 총사직을 결의하고 시위 행진을 벌였고, 반탁총동원위원회는 31일에 대대적인 탁치반대국민대회를 개최하며 1946년 1월 1일까지 철시 및 파업을 단행하기로 결정했다.6)

임정 내부에서 반탁운동을 중심적으로 주도한 것은 내무부장 신익희와 그가 이끌던 정치공작대·행정연구위원회였다.7) 12월 30일 행정연구위원회는 반탁운동과 군정청에 소속된 한인 직원을 임정 산하에 두는 자주 시정 내용의 임정 포고문을 작성했고, 정치공작대는 반탁 시위를 준비했다.8) 행정연구위원회의 최하영(崔夏永)·한동석(韓東錫)이

---

3) 『서울신문』 1945년 12월 30일자.
4) 『서울신문』·『동아일보』 1946년 1월 1일자. 상임위원의 명단은 다음과 같다. 洪命憙, 梁槿煥, 咸台永, 金錫璜, 韓南洙, 白南薰, 元世勳, 明濟世, 李奎甲, 金麗植, 洪南杓, 朴憲永, 韓鎰, 金世鎔, 申伯雨, 任永信, 朴容羲, 金法麟, 金活蘭, 金若水, 朴浣.
5) 「임정외교부장 조소앙의 기자회견(1945년 12월 30일)」, 『自由新聞』 1945년 12월 31일자.
6) 『東亞日報』 1945년 12월 21·30일자.
7) 박진희, 「해방직후 정치공작대의 조직과 활동」, 『역사와현실』 21호, 1996.
8) 신창현, 『위대한 한국인-신익희』, 태양출판사, 1972, 243~244쪽.

작성한 포고문이 내무부장 신익희(申翼熙) 명의의 '국자(國字) 1호'와 '국자 2호'로 발표(1945년 12월 31일)되었다.9) 군정 산하 기관 및 직원을 임시정부가 접수해서 통치한다는 내용의 포고문들은 정치공작대원들이 중심이 되어 서울 시내에 즉각적으로 부착되었고, 지방에도 전달되었다.

임정 내무부장 신익희가 주도한 이 국자 포고문 소동이 과연 김구·임정 핵심의 사전 승인이나 지시에 의한 것이었는지의 여부는 논란의 여지가 있지만,10) 이 소동은 김구·임정이 쿠데타를 일으켜 군정을 전복하려 한다는 의혹을 사기에 충분했다. 하지는 1946년 1월 1일에 김구를 소환하여 반탁운동을 중지할 것을 명령했고, 김구에게 "다시 한번 나를 기만하면 죽여 버리겠다"라고 했다. 격분한 김구는 하지 앞에서 자살 소동을 벌이기까지 했다.11) 결국 김구는 1일 중앙방송을 통해 파업 중지와 복업을 지시할 수밖에 없었다. 또한 하지는 CIC에게 신익희 체포령을 내려, CIC요원들이 정치공작대 중앙본부인 낙산장(駱山莊)에 출동해 정치공작대 서류 일체를 압수해갔다. 1월 3일에 CIC는 신익희를 연행해 심문했으나, 1월 4일 오후에 무죄 방면했다.12)

잘 알려지지 않은 임정의 이 '작은 쿠데타' 시도는 김구가 하지 등 미군정 수뇌의 호감을 잃는 가장 결정적인 계기가 되었다. 그러나 임정은 반탁운동의 국민적 중심이 되었으며, 국자 포고 사건은 미군정까지도 부정할 수 있는 민족주의 정서의 최상급을 보여준 것으로 인식되었다.

---

9) 『東亞日報』 1946년 1월 2일자.
10) 반탁포고문은 신익희가 독자적으로 작성·발표했으며, 추후에 김구·임정의 승인을 받은 것으로 보인다. 세부 사항은 박진희, 앞의 논문, 주36)을 참조.
11) 『東亞日報』 1946년 1월 1일자 ; HUSAFIK, part 2, chapter 2, pp. 53~60 ; XXIV Corps Historical Journal(January 2, 1946).
12) 趙東杰, 「해공 신익희의 임시정부 활동」, 『海公 申翼熙 思想 講演論文』, 국민대학교, 1996, 12쪽 ; 신창현, 앞의 책, 249쪽.

신탁통치 소식이 전해질 때 미군정이 보인 반응은 기묘했다. 신탁통치 소문이 보도되기 시작한 것은 1945년 12월 27일부터였는데,13) 이 보도는 워싱턴 25일발 합동 지급보(至急報)로 되어 있었다. 그런데 실제로 모스크바3상회의 결정서가 발표된 것은 워싱턴 시각 12월 27일 오후 10시, 런던 시각 12월 28일 오전 3시, 모스크바 시각 12월 28일 오전 6시였다.14) 즉 모스크바3상회의 결정서가 발표된 것은 한국 시간 12월 28일 정오였으며, 주한미군 사령관 하지가 내용을 통보받은 것은 12월 29일 오후 1시 15분이었다.15) 『주한미군사(HUSAFIK)』가 지적했듯이 그 내용도 신탁·위임통치의 실시가 아니었지만, 국내 신문의 왜곡·날조 보도와 왜곡된 정보에 기초한 반탁운동은 이미 정점을 향해 가고 있었다.16)

하지는 12월 29일에 기자회견을 통해 한국인이 반대하는 의미의 탁치는 자신도 반대한다고 했고, 30일에는 신탁통치 문제는 앞으로 수립될 통일 정부와 미소공동위원회 간의 협의에 따라 실시 여부가 결정될 것이라고 발언했다.17)

하지는 1945년 10월 이래 자신이 추구해왔던 다자간 국제 신탁통치 반대 및 그 대안인 '임시 한국 행정부' 수립의 연장선상에서 신탁 국면을 맞이한 것이었다. 하지는 자기 권한을 넘어 한국인들의 반탁을 지지하고 고무했으며,18) 스스로도 이 점을 잘 인식했기 때문에 1월 28일

---

13) 「소련의 구실은 38선 분할점령, 미국은 즉시독립 주장」, 『東亞日報』 1945년 12월 27일자.
14) "Ambassador Harriman to the Secretary of State" 740.001119 Council/12-2745, *FRUS*, 1945, vol. 6, p. 1150.
15) 『東亞日報』 1945년 12월 30일자.
16) *HUSAFIK*, part 2, chapter 4, pp. 72~73.
17) 『中央新聞』 1946년 1월 1일자.
18) 독촉중협 제2회 중앙집행위원회에 참석한 장덕수·안재홍 등은 하지가 3상회의 에서 신탁이 결정된 것이 아니라 취소할 수 있으며, 반탁 시위운동은 민족운동

에는 사임서를 제출하기까지 했다.19) 그러나 하지는 자신을 대체할 대안이 존재하지 않는다는 점을 분명 알고 있었다.

하지는 모스크바회담에서 미국이 신탁통치안을 제출한 것을 분명히 알고 있었음에도 불구하고, 1946년 2월까지도 국무부를 향해 자신은 소련이 신탁통치를 제안했을 것으로 믿고 있었다고 주장하기까지 했다.20) 국무부 관리들은 이미 하지가 1945년 10월부터 신탁통치 초안을 검토했음을 지적하며 격노했는데, 중요한 점은 하지가 점령 초기부터 신탁통치든 다른 방식이든 간에 소련과 한국 문제를 협의할 의도나 희망을 전혀 갖지 않았으며, 단순히 남한에 친미적 기반을 공고히 하기 위해 권한을 넘어서 일방적으로 행동했다는 사실이었다.21)

군정을 접수하려던 계획이 실패한 후 임정이 고안한 만회책은 비상정치회의(非常政治會議) 소집 방안이었다. 임정은 반탁총동원위원회라는 대중 투쟁 기구를 통해 반탁운동과 대중적 지지 기반을 확대하면서, 상층에서는 정권 접수를 위한 임정 중심의 통일전선을 강화하려고 시도했다.

김구는 1월 4일에 비상정치회의를 소집한다고 발표했다.22) 비상정치회의가 임정이 귀국하기 전 수립했던 당면 정책 14개 조항(1945년

의 일환이므로 좋다고 발언했음을 이구동성으로 전했다.[「中協中執行委員會 제2회」(1946년 1월 16일.)]
19) *HUSAFIK*, vol. 2, chapter 1, p. 31.
20) "MacArthur to the Joint Chiefs of Staff"(February 2, 1946), *FRUS*, 1946, vol.8, pp. 628~630.『주한미군사』역시 하지가 모스크바에서 소련이 신탁통치를 주장한 반면, 미국은 즉시 독립을 주장했다고 믿었다고 썼다.(*HUSAFIK*, part 2, chpater 4, pp. 80~81.)
21) 브루스 커밍스, 앞의 책 하권, 39~41쪽. 커밍스는 하지의 국가주의적이고 봉쇄주의적인 발상이 전후 미국 대외 정책의 최고 결정권자인 맥클로이(John J. McCloy), 러스크(Dean Rusk), 케난(George Kennan), 해리만(Averell Harriman)과 심지어는 트루만 대통령에 의해 지지를 받았다고 주장했다.
22)『서울신문』1946년 1월 5일자.

9월 3일)의 6항에 들어 있는 내용이었다. 김구가 표방한 것은 3단계 정부 수립 방안이었는데, 그 저류에 놓인 기본적인 발상은 임정 법통론에 근거한 정권 수립이었다. 즉 임정의 논리는 임시정부를 확대·강화해서 임시적인 과도정권으로 기능하게 하고, 이 과도정권은 비상정치회의를 통해 정식 과도정권이 성립될 때까지 존속하며, 정식 과도정권은 국민대표대회를 수립해 정식 정권을 조직하자는 것이었다. 즉 확대·강화된 임시정부 → (비상정치회의) → 과도정권 → (국민대표대회) → 정식 정권의 3단계 발전 방향을 제시한 것이었다.23)

임시정부는 비상정치회의의 소집을 선포했지만, 임시정부가 연대할 수 있는 정당·사회단체의 폭은 제한되어 있었다. 임정은 먼저 4당 코뮤니케를 주도한 4당 회의·5당 회의를 비상 정치회의 예비 회담으로 방향전환하려 했지만 실패할 수밖에 없었다.24) 1월 15일에 미소공위 예비 회담 소련 대표가 서울에 도착하고 16일부터 회담이 개시되자, 임시정부는 더욱 다급해졌다. 1월 17일에 외무부장 조소앙은 비상정치회의를 통해 과도정권 수립을 위해 조공에게도 문호를 개방한다고 발표했고, 임정은 연일 비상 국무회의를 개최했지만 별다른 반응을 얻을 수 없었다.25)

임시정부는 정당·사회·종교 단체 등 21개 단체를 초청했으나, 좌익 정당인 인민당·조선공산당·독립동맹 등 3개 단체가 불참한 상태에서 1월 20일에 18개 단체 대표로 비상정치회의주비회(非常政治會議籌備會)를 조직했다.26) 형식적으로는 남북·좌우·국내외를 망라한 모습이었지

---

23) 임정의 '법통정부' 수립구상과 전개과정에 대해서는 이용기, 「1945~48년 임정 세력의 법통정부 수립운동」, 서울대 국사학과 석사학위논문, 1996 참조.
24) 「기성정부 절대 고집은 통일의 암」(인민당 총무국 1월 13일자 성명), 『朝鮮日報』 1946년 1월 15일자.
25) 『東亞日報』 1946년 1월 17일자.

만, 실질적으로는 중경 임정 산하 5개 정당이 주도권을 행사하는 구조를 갖고 있었다. 특히 임정은 이 조직이 과도적 최고 입법기관으로 임시의정원의 직권을 계승하며 임시의정원 의원은 당연직 성원이 된다고 함으로써, 비상정치회의는 임정의 확대판임을 분명히 했다.27) 임정은 비상 정치회의가 정식국회가 소집될 때까지 존속한다고 명시함으로써 과도 의회로서 기능하겠다는 의지를 다시 한 번 확인했다. 이날 주비회 회장에 안재홍, 부회장에 한시대(韓始大), 서기에 박윤진(朴允進)·장준하(張俊河)가 선임되었다.28)

비상정치회의는 1945년 12월 말 실패했던 독촉중협과 마찬가지로 우익 중심의 조직이었을 뿐만 아니라, 이승만·한민당을 배제한 채 추진됨으로써 성공할 수 있는 가능성이 제한되어 있었다.29) 나아가 미군정과의 적대적인 관계를 고려한다면 '과도정권'을 구성하기 위해 임정 세력만으로 조직된 비상정치회의의 성공 가능성은 희박했다.

---

26) 『朝鮮日報』 1946년 1월 21일자, 2월 2일자 ; 21개 단체와 대표자는 다음과 같다. ① 38이남 단체 : 국민당(安在鴻), 인민당(불참), 조선공산당(불참), 한국민주당(徐相日), 신한민족당(權泰錫) ② 38이북 단체 : 조선민주당(李宗鉉), 독립동맹(불참) ③ 중경혁명단체 : 한국독립당(趙琬九), 조선민족혁명당(成周寔), 신한민주당(金朋濬), 조선민족해방동맹(金星淑), 무정부주의자연맹(柳林) ④ 재미혁명단체 : 한족연합회(韓始大), 한국동지회(張德秀) ⑤ 재만혁명단체 : 조선혁명당(金墩) ⑥ 종교단체 : 대종교(鄭觀), 천주교(南相喆), 기독교(金觀植), 천도교(白世明), 불교(朴允進), 유교.(李載億)

27) 『朝鮮日報』 1946년 1월 21일자.

28) 『朝鮮日報』 1946년 1월 22일자. 안재홍은 독촉중협의 핵심 인사로 독촉중협과 비상정치회의의 통합 시도에 중요한 역할을 담당하게 된다.

29) 1946년 1월 19일 이승만은 김구·김규식·조소앙·조완구 등 임정 핵심 인사를 만났다. 이 자리에서 이승만은 비상정치회의가 독촉중협과 대항하기 위한 조직임을 깨달았다.[「非常國民大會 執行委員會 제2회 회의록」(1946년 1월 19일.)]

2) 이승만의 '민주적 자주정부' 수립노선과 제2의 독촉중협 시도

1946년 1월 초 격렬한 반탁운동이 전개되고, 민족통일전선 결성을 위한 몇 차례의 시도가 진행되었지만, 이승만은 침묵을 지킬 수밖에 없었다. 귀국 직후 하지로부터 절대적인 지지와 성원을 받으며 독촉중협을 조직했지만, 최소한의 좌익도 포섭하지 못했고, 임정을 끌어들이지도 못함으로써, 결국 하지가 원하던 '정무위원회', '임시한국행정부' 수립 구상을 좌절시켰기 때문이다. 이승만은 1945년 12월 26일에 최초로 반탁 성명을 발표한 후 1946년 1월 초에는 침묵을 지켰다. 격렬한 반탁운동이 전개되었지만, 이승만은 칭병하며 두문불출했다.

한편 임정 계열은 반탁운동으로 대중적 지지를 받았으나 '국자 쿠데타' 사건으로 미군정의 부정적 인식을 받았다. 미군정은 1946년 1월 초 김구에 대한 지지를 철회하고, 정무위원회 계획에서 임정이 담당하기로 되어 있던 역할을 배제할 생각이었다. 1946년 1월 15일에 24군단 정보참모부는 하지가 재가한 성명을 발표했는데, "임시정부 성원들에게 주어졌던 특별한 배려, 특히 일부 인사들에게 주어진 방어용 무기 휴대권과 특별 경찰 보호"를 박탈해야 한다는 내용이었다. 즉 지금까지 임정에게 베풀었던 분에 넘치는 호의를 박탈함으로써, 미국이 임정을 지원한다는 인상을 없애고, 임정의 해산을 시작해야 한다는 것이었다.[30] 하지는 러치 장군에게 내린 훈령(1946년 1월 18일)을 통해, 임정이 과도정권 수립을 위해 제안한 비상정치회의(非常政治會議, national government)의 소집이나 독자적인 과도정부 수립 시도를 저지해야 한다고 강조했다.[31] 김구·임정은 개인 자격으로 귀국하는 데 동의했으나, 귀국한 지

---

30) Memo, G−2 to C/S, January 15, 1946, G−2 file 2−21 Provisional Government.
31) item 6, C/S to Military Governor, General Lerch, January 18, 1946, *HUSAFIK*, part

한 달도 안 돼 정부 자격을 내세우며 쿠데타를 시도했고, 하지가 가장 신뢰하던 정치 고문 송진우의 암살에도 개입했다는 혐의를 받았다. 하지는 김구에 대해 분노하고 배신감을 느꼈다.32)

이승만은 군정의 전폭적 지지를 받았으나, 독촉중협의 실패 경험을 지녔다. 임정 계열은 대중적 지지를 얻었으나, 군정의 정치적 반대에 직면했다. 미군정은 미소공위를 앞두고 우익을 중심으로 한 정계 재편과 통일된 연합 조직이 필요했다. 이러한 3자의 이해 관계가 결합되면서 나타난 것이, 임정 중심의 비상정치회의가 비상국민회의·민주의원으로 전환되는 과정이었다.

이승만은 1946년 1월 15일을 전후해 독촉중협을 주축으로 비상정치회를 흡수해서 임시정부를 수립한다는 계획을 작성했다.33) 하지와 긴밀한 협의하에 진행된 '민주적 자주정부' 수립 계획은 반탁 정무위원회·임시 한국 행정부 계획의 재판이었으며, 제2의 독촉중협 건설 계획이었다.

1945년 12월 16일을 끝으로 열리지 않던 독촉중협이 다시 재개된 것은 1946년 1월 15일이었다. 이 시점은 매우 중요했는데, 미소공위 예비회담을 위해 소련 대표가 서울에 들어온 상태에서 임정 측은 비상정치회의를 주장하고 있었고, 미군정과 독촉중협은 미소공위와 우익 진영

2, chapter 2, p. 183. 러치 군정장관은 임정은 해산시키더라도, 이승만과 김구는 장래의 용도를 위해 살려두어야 한다고 지적했다.
32) 하지는 1947년 8월 27일 한국을 방문한 웨드마이어에게, 임정과 함께하려던 자신의 노력이 1945년 12월 말에 무산되었다고 했으며, 10월 4일 방문한 미 의원단에게 "우리는 1945년 말 임정을 내세움으로써 약간의 성공을 거둔 듯했다. 그러나 모스크바 결정이 발표되자 모든 것이 물거품이 되어버렸다"라고 말했다.(Memorandum of Hodge's conversation with General Wedemeyer, XXIV Corps Historical files ; USAFIK 11071 file, box. no. 62/96.)
33) 「獨立促成中央協議會 中央執行委員會 第2回 會議錄」(1945년 12월 16일), 『雩南李承晩文書』 13권, 184~191쪽.

통일이라는 공통 과제에 직면하고 있었다. 비상정치회의를 선포한 임정의 조급함과는 달리 독촉중협은 느긋한 편이었는데, 그 이유는 독촉중협의 협력 없이는 비상정치회의의 실패가 분명했기 때문이다. 또한 독촉중협은 임정이 갖지 못한 하지·미군정의 지원과 정보를 갖고 있었고, 미군정의 의도가 무엇인지를 정확히 파악하고 있었다. 이것이 독촉중협의 최대 강점이었다.

이미 1월 15일에 열렸던 독촉중협 제2회 중앙집행위원회에서 이승만의 비서인 윤치영은 향후 대책이 임정의 비상정치회의·반탁총동원회를 "중협(中協)에다 엇더케 연결하느냐" 하는 점이라고 지적함으로써 독촉중협을 주축으로 비상정치회의를 흡수한다는 의사를 분명히 했다.34) 김성수와 장덕수 역시 양자의 통합을 제안하며, 독촉중협이 '중심정진력(中心精進力)'이 되어 속히 임시정부 조직으로 나아가자고 주장했다.

또한 김성수·장덕수는 하지가 '민주적 자주정부(民主的 自主政府)'를 조직하라고 권유했으며, 하지가 정부 수립에 자신감을 가지고 있다 했다고 발언했다. 그렇다면 하지가 말한 '민주적 자주정부'가 과연 미소공위를 통해 수립될 정부를 의미하는 것이었을까? 1월 18일 독촉중협 제5차 중앙집행위원회에서 이승만은 이 부분에 대해 명쾌한 해답을 제출했는데, 그것은 다름 아닌 반탁 정무위원회·임시 한국 행정부의 재판(再版)이었다. 이승만은 "미군으로서는 이를(미소공위-인용자) 거부하기 곤란한 입장에 처하야 잇슴으로 이 **공동위원회를 배척하자면 요구가 잇기 전에 우리가 먼저 단합하야 우리의 통일을 중외(中外)에 성명**함으로써 미국 측에게 소련의 요구에 불응할 이유를 제공하여야 하

---

34) 「獨立促成中央協議會 中央執行委員會 第2回 會議錄」(1946년 1월 15일), 『雩南李承晚文書』 13권, 184~188쪽.

겠다(강조—인용자)"라고 밝혔다.35) 즉 이승만은 하지가 원하는 '민주적 자주정부'의 기본적인 성격이 미소공위를 거부하기 위한 내용 구성을 갖고 있으며, 또한 이것이 1945년 12월 중순에 실패한 독촉중협과 동일한 목표를 지향하는 반탁 정무위원회 구상의 연장선상에 놓여 있음을 밝힌 것이다.

이승만이 제시한 방안은 다음과 같았다.

> 이에 대(對)한 양책(良策)이 있다. 그는 투루—만 대통령(大統領)의 의사(意思)를 띠고 락크훼로 대좌(大佐)가 가지고 온 안(案)이다. 즉 우리 힘으로 규합(叫合)할 수 있는 각정당(各政黨)과 단체 및 지명인사(知名人士)와 공산주의자(共產主義者)까지라도 망라(網羅)하야 국회(國會)갓튼 국민조직(國民組織)을 완성(完成)하고 회장(會長)에 내가 되고 부회장(副會長)에 김구(金九) 주석(主席)을 추대(推戴)하야 그 조직(組織)을 임시군정청 고문부(臨時軍政廳 顧問部)와 갓튼 형식(形式)으로 해나아 간다면 하—지 중장(中將)과 러—취 군정장관(軍政長官)은 차(此)에 절대찬의(絶對贊意)를 표(表)할 것이며 또한 국내(國內) 국외(國外)에 선포(宣布)하면 미국무성(美國務省)과 중(中), 불(佛) 기타(其他) 영국(英國)까지라도 엄연(嚴然)한 이 사실(事實)을 승인(承認)하게 될 것인즉, 소련(蘇聯)이 아모리 야심(野心)이 잇다고 하드래도 별 수 업시 양보(讓步)하게 될 것이다. 차안(此案)에 관(關)하야는 이미 김구(金九) 주석(主席)과 김규식(金奎植) 부주석(副主席)과 조완구(趙琬九) 재무부장(財務部長)은 전폭적(全幅的) 찬의(贊意)를 표명(表明)36)

이승만의 계획은 제2의 독촉중협 건설 방안이었다. "정당·사회단체·개인과 좌익을 망라해 국회 같은 국민 조직을 조직하며 이승만·김구가 이를 주도한다, 이 국민 조직은 군정 고문기관의 역할을 하며, 대외적으로 선포해 미·영·중·불의 승인을 받음으로써 소련의 계획, 즉 신탁통치 계획을 포기하게 한다"라는 것이었다. 이승만의 계획은 미군정

---

35) 「獨立促成中央協議會 中央執行委員會 第5回 會議錄」(1946년 1월 18일), 『雩南李承晚文書』 13권, 293~295쪽.
36) 위의 책, 295~297쪽.

수뇌와 긴밀히 협의된 것이었는데, 여기서 주목할 점은 하지를 비롯한 미군정 수뇌부의 대소관(對蘇觀)과 미소공위 대책이었다. 이들은 미소공위를 비롯해 소련과의 협상을 통한 한국 문제의 해결을 부정적으로 인식하고 있으며, 소련에 적대적인 의식을 갖고 있었다.

> 군정(軍政)사람들의 말한 것은 **소련측(蘇聯側)과 결렬(決裂)되는 형편(形便)은 불가(不可)하다** 함니다. 이는 만약 결렬(決裂)이 잇스면 종내(終乃)에 잇셔셔 공동위원회(共同委員會)라든가 신탁문제(信託問題)가 이러난다는 것임니다. 그러니 원(願)컨댄 여러분은 이러나셔 자기(自己)의 정부(政府)를 자기(自己)가 조직(組織)하야 **정부(政府)를 셰운 후에 북(北)쪽을 소청(掃淸)**하여야 하겟소. 우리의 통일(統一)은 전(前)에 비(比)하면 사실상(事實上) 더욱 공고(鞏固)하니까 우리가 직접(直接)으로 북선(北鮮)의 관계(關係)를 해결(解決)하겟다 하엿소.(강조—인용자.)[37]

이승만은 "자기의 정부를 자기가 조직"하는 일종의 자율정부를 세운 뒤에 북쪽을 소탕하겠다고 밝혔는데, 이는 이승만의 단정노선 및 북진통일노선이 이미 1946년 초부터 형성되어 있었음을 의미하는 것이었다.[38] 이승만의 이러한 단정·북진통일노선과 호전적인 대소·대북관이 미군정 수뇌와 긴밀한 협의 속에서 정리된 것이었다는 점은 매우 중요한 대목이다.[39] 이승만과 미군정은 소련과의 협의나 미소공위를 중시

---

[37] 「非常國民大會代表會 第3回 會議錄」(1946년 1월 21일), 『雩南李承晩文書』 13권, 358~359쪽.
[38] 이승만은 미군정이 자신을 신뢰하여 독립을 원조하고 있다고 했으며, 미국의 반소 분위기와 전쟁 위기설을 찬양했다. "美國新聞에 某長官은 말하되 第三次戰爭을 準備하야 가면서 平和를 打開하겟다고 하엿담니다. 美國 各新聞의 報告 社說이 만히 이 言論을 支持하야 우리에게 對하야는 죠흔 모양으로 되고 잇는 것 갓슴니다."[「非常國民大會代表會 第3回 會議錄」(1946년 1월 21일), 『雩南李承晩文書』 13권, 375~376쪽.]
[39] 하지는 1946년 2월 38선 철폐 문제를 제안하고, 소련이 이를 거부하면 이를 정치적으로 활용하자는 공격적인 대소관을 피력했으며,("MacArthur to the Joint Chiefs of Staff"(February 12, 1946) ; "Hodge to the Secretary of State"(February

하지 않았는데, 이승만은 여러 차례에 걸쳐 미군정이 한국인들에게 정권을 양도하고 돌아가려 하고 있으니, "한국인들이 한 덩어리의 대표기관을 만들면 군정이 이를 인정하고 선퇴(善退)"할 것이라고 강조했다.40)

이와 같이 이승만은 1946년 초부터 미군정과의 교감하에 반탁·반소·반공에 근거한 남한 '자율정부' 수립노선, 즉 단정노선을 복안(腹案)으로 갖고 있었다. 이승만의 구상은 독촉중협(이승만)=정무위원회(미군정)라는 용어의 차이는 있었지만, '과도적 임시정부'·'통합자문단'·'임시 한국 행정부' 등 다양한 명칭으로 불린 미군정의 자문 기구 겸 대리 통치 기구의 수립 방안이 현지화되고 구체화된 것이었다. 이승만과 미군정의 공통점은 반탁·반소·반공 및 이승만 중심의 미군정 자문 통치 기구 설립이었다. 양자의 차이점은 단정의 시점과 통일 방안이었다. 미국의 공식 대한 정책인 다자간 신탁통치안에 대치되는 하지의 구상은 공개적으로 전면화되기 어려웠다. 반면 이승만은 즉각적이고 전면적인 단정 수립을 원했다. 통일 방안에 있어서 이승만은 북진무력통일을, 하지는 38선 철폐를 통한 자연스러운 북한 흡수를 주장했지만, 하지의 주장처럼 38선 철폐는 불가능한 것이었으므로 결국 평화적인 방식이 아닌 무력통일이 유일한 결론이 되는 것이었다.41) 즉 이승만의 단정·북진통일노선은 하지가 외교적인 수사로 포장한 지향성을 노골적이고 분명하게 표현한 것이었다.

28, 1946), *FRUS*, 1946, vol. 8, p. 643) 민주의원을 북한 지역까지 강제할 것을 주장했다.(브루스 커밍스, 앞의 책 하권, 45~46쪽.)
40) 「非常國民大會代表會 第3回 會議錄」(1946년 1월 21일), 『雩南李承晩文書』 13권, 368~370쪽.
41) 이승만의 북진 통일에 대해서는 서중석, 「이승만과 북진통일 : 1950년대 극우 반공독재의 해부」, 『역사비평』 6월호, 1995를 참조.

이승만은 임시정부가 독자적으로 비상정치회의를 소집해서는 과도정부를 수립할 수 없는 이유로 다음과 같은 세 가지 점을 들었는데, 이는 정확할 뿐 아니라 미군정의 입장을 대변한 것이었다.

1. 상해(上海)에서 군정청(軍政廳)과의 사이에 개인자격(個人資格)이라는 약조하(約條下) 환국(還國)한 것
2. 반탁운동(反託運動)으로 인(因)하야 일부위원(一部委員)은 군정 당국(軍政當局)의 오해(誤解)를 산 것
3. 내부(內部)에 의견대립(意見對立)이 있는 것42)

이승만은 임정이 군정의 눈 밖에 났기 때문에 독촉중협 없이는 움직일 수 없다는 점을 지적한 것이다. 특히 이승만이 이 조직을 '국회 같은 국민 조직'으로 지적한 점은 주목할 만하다. 이승만은 1월 15일 회의에서 국민투표의 시기가 멀지 않으니 이 조직에 지방 대표도 참석하게 하고 선거구도 결정해야 한다고 주장했는데, 이는 이 조직의 임무가 제헌국회 혹은 그 예비 단계의 과도 의회의 기능을 수행할 것임을 의미하는 것이었다.43) 이미 1월 15일 회의에서 독촉중협 성원 내부에서는 미군정과의 긴밀한 협의하에 새로 조직되는 기구가 건국에 대비한 국민회의가 되어야 한다며 비상국민회의(非常國民會議)라는 명칭이 결정되었으며,44) 조직 형식은 각 단체의 연합 방식을 택하며, 이승만을 회장, 김구를 부회장으로 한다는 것까지 정한 상태였다.

---

42) 「獨立促成中央協議會 中央執行委員會 第5回 會議錄」(1946년 1월 18일), 『雩南李承晚文書』 13권, 299~300쪽.
43) 「獨立促成中央協議會 中央執行委員會 第2回 會議錄」(1946년 1월 15일), 『雩南李承晚文書』 13권, 244~247쪽.
44) 1월 15일 독촉중협 제2차 중앙집행위원회에서 元世勳이 비상국민회의라는 명칭을 제안했고, 장덕수가 이에 동의함으로써 비상국민회의라는 조직명이 확정되었다.

2. 민주의원·이승만·굿펠로우

1) 민주의원의 조직 : 이승만의 수완

이승만은 비상정치회의와 독촉중협의 통합에 대한 전권을 부여받았고,[45] 이미 김구·김규식·조완구의 전폭적 동의를 얻은 상태였다.[46] 1월 18일 회의에서 독촉중협의 일부 성원들은 비상정치회의 주비회(籌備會)의 발족을 기다렸다가 일을 추진하자는 신중론을 내세웠지만, 이승만은 신속한 처리를 주장하며 독촉중협을 비상국민회의로 개칭할 것을 표결 처리했다. 독립동맹의 배제와 최고위원 선출권을 이승만에게 일임한 것을 마지막으로, 독촉중협은 자신의 역사적 사명을 완수했다.

독촉중협이 비상정치회의 흡수 계획을 수립하는 동안 비상정치회의 주비회는 1월 20일 발족한 이래 21·22·23일까지 연일 회의를 개최했다. 회의의 안건은 비상정치회의 조직 조례와 의사·회원 선정에 관한 초안 심의였다.[47] 임정 중심으로 추진되던 비상정치회의가 급격한 변화를 맞이한 것은 1월 23일이었다. 1월 23일의 변화는 크게 세 가지였는데, 첫째로는 비상정치회의가 비상국민회의로 명칭을 변경했고, 둘째로는 이승만과 독촉중협이 비상국민회의에 합류해 김구와 함께 영수로 추대된 것이며, 셋째로는 비상정치회의 주비회에 참가했던 임정 내 좌파인 민족혁명당(成周寔)·조선민족해방동맹(金星淑)이 탈퇴한 것이

---

45) 「獨立促成中央協議會 中央執行委員會 第4回 會議錄」(1946년 1월 17일), 『雩南李承晩文書』 13권, 282~284쪽.
46) 「獨立促成中央協議會 中央執行委員會 第5回 會議錄」(1946년 1월 18일), 『雩南李承晩文書』 13권, 297~298쪽.
47) 『朝鮮日報』 1946년 1월 22일자.

었다.48) 1월 24일에는 무정부주의연맹(柳林)이 비상국민회의 주비회를 탈퇴했다.49)

이러한 변화의 핵심은 단순히 명칭 변경의 차원이 아니었다. 핵심은 국내 좌파뿐만 아니라 임정 내부의 좌파마저 배제된 상태에서, 이승만이 개입하여 조직의 최고 지도자가 된 점이었다. 결국 비상정치회의는 임정 중심의 통일전선 강화라는 최초의 목표 지점과는 달리, 우익 반탁 세력 중심의 단체로 귀결되었으며, 내용적으로는 이승만의 독촉중협이 확대·강화된 셈이었다.

이러한 급격한 변화의 동기는 이승만의 수완 덕이었다. 1월 19일에 이승만은 임정의 핵심인 김구·김규식·조소앙·조완구를 만났고, 자신의 계획을 설명했다.50) 이승만은 비상정치회의가 독촉중협과 대결적인 입장을 취하고 있음을 확인했지만, 군정이 임시정부를 비우호적으로 생각하며 비상정치회의에 대해서도 적대적인 태도로 나올 것임을 강조했다.51) 이승만은 계속해서 김구와 임정 측에게 비상정치회의를 그대로 추진하는 것은 무모하며, 자신과 연합해서 과도정부 같은 미군정 자문 기구를 조직하자고 설득했다.

미군정과 이승만의 핵심적인 생각은 무엇이었을까? 양자의 합치점은 미소공위에 대처하기 위해, 좀 더 정확히 말하면 소련과의 협상을

---

48) 『朝鮮日報』 1946년 1월 25일자.
49) 『朝鮮日報』 1946년 1월 26일자 ; 『東亞日報』 1946년 1월 29일자.
50) 이승만은 독촉중협과 비상정치회의를 통합해 비상국민회의를 조직하고, 선거를 통해 최고 기관을 수립하자고 제안했다.(『非常國民大會代表會 第2回 會議錄』,(1946년 1월 19일), 『雩南李承晩文書』 13권, 316~ 318쪽.)
51) 이승만은 첫째, 임정의 직원과 군정 당국 사이에 호의가 없고, 둘째, 따라서 비상정치회의를 조직해도 군정의 호의를 얻기보다는 대치할 것이 분명하며, 임정이 군정에 호소해도 "별로 신기한 일"이 없을 것이라고 강조했다.(『非常國民大會代表會 第2回 會議錄』,(1946년 1월 19일), 『雩南李承晩文書』 13권, 319~320쪽.)

좌절시키기 위해, 1945년 말에 추진했던 정무위원회 방안을 다시 부활시키는 것이었다. 그런데 문제는 이승만과 하지의 공동 작품이었던 독촉중협이 이미 실패로 판명되었기에 활용할 수 없다는 점이었다. 미군정과 이승만은 임정이 보여주고 있던 대중적 열기에 주목했고, 임정이 추진하는 비상정치회의를 정무위원회 방안으로 흡수하는 방안을 고려했다. 그런데 임정은 이미 1월 초의 쿠데타 시도로 미군정과의 사이에 회복할 수 없는 간극을 형성했다. '국자 쿠데타' 이후 양자의 관계는 냉담하고 적대적인 측면도 있었지만, 임정 계열은 남한 내에서 생존하기 위해 미군정과의 관계 개선이 절실했고, 미군정 역시 임정의 지지 기반이 필요했다. 문제의 해결책은 이승만이 임정 세력을 포섭해서 미군정과 관계 개선을 시도하는 것뿐이었다.

이 부분에 대해 이승만은 하지의 전폭적인 지지를 받고 있었다. 이승만은 1월 19일 '비상국민대회 집행위원회 제2회 회의'에서 자신은 독촉중협을 해산하고 비상정치회의가 하자는 대로 따라 할 수도 있지만, 군정이 이 방안에 동의하지 않으므로 불가능하다고 강조했다.[52] 이승만은 지금 최고 기관을 선출하여 군정에 제출해야 하며, 만약 임정이 여기에 불응하면 그 책임이 임정에 돌아간다고 못 박았다. 인선은 이승만과 보좌역인 김성수(金性洙)·권태석(權泰錫)·안재홍 등이 담당했는데, 23명을 '최고 기관'의 구성원으로 선출했다.

---

52) 비상국민대회, 즉 비상국민회의는 1월 23일에 가서야 대외적으로 명칭이 공표되었다. 그러나 앞에서 본 것처럼 이미 1월 15일에 명칭이 확정되었고, 1월 18일에 독촉중협회의에서 정식으로 조직명 변경이 결정되었다. 이에 따라 이승만 측은 1월 19일 개최된 독촉중협회의를 비상국민회의 회의라고 규정했다.(「非常國民大會代表會 第2回 會議錄」(1946년 1월 19일), 『雩南李承晩文書』 13권, 310쪽.)

이승만(李承晚), 오세창(吳世昌), 김동원(金東元), 김　구(金　九), 안재홍(安在鴻), 김법린(金法麟), 김규식(金奎植), 홍명희(洪命憙), 함태영(咸台永), 조소앙(趙素昻), 조완구(趙琬九), 유동열(柳東說), 이시영(李始榮), 권동진(權東鎭), 조만식(曺晩植), 이　영(李　英), 김여식(金麗植), 이의식(李義植), 정　백(鄭　栢), 백남운(白南雲), 원세훈(元世勳), 서상일(徐相日), 김준연(金俊淵)[53]

이 명단은 비상국민회의 최고정무위원, 즉 민주의원(民主議院) 인선안의 기초가 되었다. 1월 20일에 김구 등 임정 핵심들은 이승만의 설득에 넘어갔고, 이승만의 독촉중협과 합쳐 비상국민회의를 만들기로 내락했다.[54] 또한 21일 비상정치회의 주비회는 격론 끝에 독촉중협과 통합해 비상국민회의를 조직하며, 이승만과 김구를 영수로 추대하기로 결정한 후 임정 국무회의에 최종 결정을 위임했다.[55] 김구는 "나는 안악(安岳) 김존위(金尊位)의 아들로서 오늘 이 이름·지위가 참으로 과람(過濫)한 줄 알고" 있으며 이승만을 영수로 추대하고 자신은 둘째나 셋째 등 아무런 자리라도 좋다고 스스로를 낮추었다.[56]

이승만이 비상정치회의에 참가하며, 비상정치회의가 비상국민회의로 변경된다는 사실은 이미 1월 22일 언론에 보도되었다.[57] 1월 23일에 비상국민회의 주비회로 명칭을 바꾼 후, 주비회는 장덕수(張德秀)·남상철(南相喆)·권태석·안재홍·이재억(李載億)을 준비위원으로 선정하고 조직 조례를 정하는 등 결성 준비에 박차를 가했다.[58] 김구가 비상

---

53) 「非常國民大會代表會 第2回 會議錄」(1946년 1월 19일), 『雩南李承晩文書』 13권, 335~336쪽.
54) 「非常國民大會代表會 第3回 會議錄」(1946년 1월 21일), 『雩南李承晩文書』 13권, 346~347쪽.
55) 비상정치회의 주비회에 참석했던 金朋濬·李宗鉉·徐相日의 경과 보고.(위의 책, 402~403쪽.)
56) 김성수의 보고 발언.(위의 책, 406~407쪽.)
57) 『東亞日報』 1946년 1월 22일자 ; 「非常國民會議의 正體와 그 末路」(1946년 2월20일), 金南植 편, 『南勞黨硏究資料集』 1권, 1974, 121~122쪽.

정치회의를 포기하고 비상국민회로 전환한 직후인 1월 25일에, 하지는 반도호텔에서 김구와 이승만을 대리한 윤치영을 만나 비밀 회담을 가졌다.59) 하지가 김구를 다시 만난 것은 김구에 대한 태도가 완화되었음을 반증하는 것이었다.

비상정치회의를 탈퇴한 김성숙(金星淑)·장건상(張建相)·유림(柳林) 등은 비상정치회의가 비상국민회의로 바뀌는 과정이 비민주적이었으며 정치 협잡이었다고 강력하게 비난했지만,60) 비상국민회의는 61개 단체를 망라해 2월 1일에 정식으로 발족했다. 지도자급 인사로 이승만·김구·김규식·권동진·오세창·김창숙·조만식·홍명희 등 8명, 임시의정원 14명, 단체대표 94명, 지방대표 65명, 주비회 18명 등 총 209명 중 167명의 대의원이 출석했다. 이 대회에서 비상국민회의는 13개 부서를 정하고, 좌익 합류를 교섭하기 위해 홍진(洪震)·최동오(崔東旿)·이극로(李克魯)·최범술(崔凡述)·이단(李團) 등 5명을 선임했다.

조공·인민당·독립동맹 등 좌파 정당·사회단체가 모두 배제된 비상국민회의는 이승만·김구 중심의 우익 반탁 세력의 연합체였다. 비상국민회의는 "과도정권의 모체적 성질을 가지는 동시에 임시정부를 계승한 조직"으로 설명되었지만,61) 엄밀한 의미에서 이승만·김구·미군정의 이해와 요구가 결합되면서 나타난 과도적인 기구였을 뿐이다.

이미 비상국민회의 창설대회에서 권동진·오세창 등 101명은 연서(連

---

58) 『朝鮮日報』 1946년 1월 24일자. 조직 조례에서 비상국민회의는 자신들이 임시의정원을 계승하며 과도정권 수립에 관한 권한을 지닌다고 규정했다.
59) 『自由新聞』 1946년 1월 26일자.
60) 「金若山·張建相·成周寔·金星淑의 民戰 참가 성명(1946년 2월 15일자.)」, 『朝鮮日報』 1946년 2월 16일자; 『東亞日報』 1946년 1월 29일자; 민주주의민족전선 결성대회(1946년 2월 15일)에서 김성숙의 발언.(金南植 편, 『南勞黨研究資料集』 2권, 고려대출판부, 1974, 239쪽.)
61) 「사설: 國民會議에 기대함」, 『東亞日報』 1946년 2월 1일자.

署) 결의안을 제출했는데, 그 내용은 과도정권 수립을 위해 최고정무위원을 두되, 그 인원과 선정은 이승만·김구에게 일임한다는 내용이었다.62) 이에 따라 이승만·김구는 과도정부 수립을 위한 최고정무위원 28명의 명단을 2월 13일에 발표했다.

- 임정계(臨政係) : 이승만(李承晚), 김구(金九), 김규식(金奎植), 조소앙(趙素昂), 조완구(趙琬九), 김붕준(金朋濬)
- 신한민족당(新韓民族黨) : 최익환(崔益煥), 김여식(金麗植), 권동진(權東鎭)
- 한국민주당(韓國民主黨) : 김준연(金俊淵), 김도연(金度演), 백관수(白寬洙), 백남훈(白南薰), 원세훈(元世勳)
- 국민당(國民黨) : 이의식(李義植), 박용희(朴容羲), 안재홍(安在鴻)
- 인민당(人民黨) : 여운형(呂運亨), 백상규(白象奎), 황진남(黃鎭南)
- 기타 : 함태영(咸台永, 기독교), 장면(張勉, 천주교), 김법린(金法麟, 불교), 김창숙(金昌淑, 유림), 정인보(鄭寅普, 국어학자), 오세창(吳世昌, 3·1운동 33인), 김선(金善, 여성계), 황현숙(黃賢淑, 여성계)63)

앞에서 살펴본 것처럼 이 명단은 이미 1월 19일에 이승만이 김성수·권태석·안재홍의 도움을 받아 작성한 명단과 대부분 중복되는 것이었다.64) 비상국민회의의 선전정보부장이었던 엄항섭은 비상국민회의가 과도정부 수립의 산파역으로 미군정의 자문 기관이지, 과도정권 자체는 아니라고 발표했다. 그러나 비상국민회의의 최고정무위원은 하룻밤 사이 '남조선대한국민대표민주의원(南朝鮮大韓國民代表民主議院)'으로 탈

---

62) 「非常國民會議의 正體와 그 末路」(1946년 2월 20일), 김남식, 앞의 책 1, 123쪽.
63) 『朝鮮日報』 1946년 2월 14일자 ; HUSAFIK, part 2, chapter 2, pp.78~79.
64) 1월 19일의 명단 중 제외된 사람은 김동원·홍명희·유동열·이시영·조만식·이영·정백·백남운·서상일 등 9명이며, 최고정무위원에 새로 선임된 사람은 14명으로 김붕준·최익환·장면·정인보·김도연·김선·김창숙·여운형·백상규·백관수·백남훈·박용희·황진남·황현숙 등 14명이다. 이 중 좌파 인사인 여운형·황진남은 최고정무위원 선임을 거부했고, 정인보·김창숙은 1946년 10월에 사퇴했다.

바꿈해버렸다.

2월 14일에 비상국민회의 최고정무위원은 민주의원이란 이름으로 군정청 제1회의실에서 결성식을 개최했다. 결성식에서 드러난 이승만·하지·김구의 입장은 차이가 있었다. 이승만은 민주의원이 미군정의 자문 기관임을 강조했고, 하지 역시 좌파를 포함한 한인 통일 조직이라는 점을 강조했다. 반면 김구는 민주의원이라는 명칭이나 미군정의 자문기관이란 점은 전혀 언급하지 않고 비상국민회의 최고정무위원회가 성립됐다고 함으로써 임정 법통론을 강조했다.65)

미군정의 자문기관인지 아니면 임정 법통론의 연장인지와 관계없이 민주의원은 일종의 임시정부 내지는 과도정부의 외형을 갖추고 있었다. 의장(이승만), 부의장(김규식), 국무총리(김구)가 임명되었고, 그 밑으로 내무부(內務部), 외무부(外務部), 국방부(國防部), 재무부(財務部), 문교부(文敎部), 법무부(法務部), 치안부(治安部), 농림부(農林部), 상공부(商工部), 광무부(鑛務部), 교통부(交通部), 우정부(郵政部), 후생부(厚生部), 공보부(公報部) 등 14개의 부서가 배치되었다.66) 이는 국회의 기능과 행정부의 기능이 복합된 형태로 사실상 과도적인 정부를 염두에 둔 것이었으며, 일정 부분 김구의 요구를 수용한 결과였다.67) 그러나 14개 부서의 장이 실제로 선임되지는 않았으며 단지 민주의원 직속 서무국장(高義東)·비서국장(尹致暎)만이 조직되었을 뿐이다.68)

---

65) 『朝鮮日報』 1946년 2월 15일자.
66) 「1946년 2월 23일 통과된 민주의원 규범 32조」, 『朝鮮日報』 1946년 2월 26일자.
67) 趙擎韓은 김구가 민주의원 총리직을 수락한 것이 5만 명 경비군의 조직을 하지가 약속했기 때문이라고 했다.(孫世一, 『李承晩과 金九』, 一潮閣, 1970, 223~224쪽), 미군정의 기록에 따르면 이승만·김규식이 작명한 민주의원은 군정의 교육부·농무부·기타 1개부를 담당하기 위해 신설되었다.(브루스 커밍스, 앞의 책 하권, 47쪽.)
68) 『朝鮮日報』 1946년 2월 26일자.

2) 굿펠로우의 공작

비상정치회의를 비상국민회의로 바꾼 것은 이승만이 설득한 결과였지만, 비상국민회의 최고정무위원을 남조선대한국민대표민주의원으로 전환시킨 것은 하지의 정치 고문이자 이승만의 친구였던 굿펠로우의 공작 결과였다. 굿펠로우는 하지의 정치 고문으로 일하는 동시에, 이승만의 사설 고문으로 이승만에게 하지의 의중과 목적을 일깨워줬으며, 이승만을 위해 민주의원 설립 공작을 담당했다. 굿펠로우는 민주의원 설립에 중요한 역할을 담당했으며, 자신의 약력을 기술하면서 "존 R. 하지 장군의 정치 고문으로 남한에 최초의 임시정부(the first temporary government)를 수립하는 임무를 수행했다"라고 할 정도로 그 역할에 대해 자랑스러워했다.69)

하지의 정치 고문 베닝호프도 굿펠로우가 한국 정치인들과 접촉해 주목할 만한 성과를 거두었고, 특히 김구·이승만으로 하여금 임시정부를 해체하고 하지와 함께 통일된 자문단(a united advisory group)을 조직하게 했다고 보고(1946년 1월 28일)했다.70)

이승만과 굿펠로우는 1941년 여름 육군부 정보참모부에서 처음 만났고, 1941년 말 COI가 추진한 게일 사절단과 관련해 급속도로 가까워졌다.71) 굿펠로우는 해방 직후 이승만이 조기 귀국하는 것을 적극

---

69) 『굿펠로우문서철』 box 2, Biographical material. 미군정 관리들 역시 굿펠로우의 역할을 높이 평가했다.["Benninghoff to the Secretary of State"(January 28, 1946), *FRUS*, 1946, vol. 8, p. 627 ; 리차드 로빈슨, 『미국의 배반』, 과학과사상사, 1988, 85쪽.]
70) "Benninghoff to the Secretary of State"(January 28, 1946), *FRUS*, 1946, vol. 8, p. 627 ; 리차드 로빈슨, 위의 책, 85쪽.
71) 「굿펠로우가 이승만에게 보낸 편지」(1958. 9. 4), 『굿펠로우문서철』.

도와줄 정도로 찬밀한 사이가 되었고, 이승만은 귀국 도중 동경에서 맥아더와 여러 장성들에게, 그리고 서울에서 하지에게 굿펠로우를 추천했다.72) 『굿펠로우문서철』에는 굿펠로우가 쓴 이승만과의 만남이 드라마틱하게 묘사되어 있다.

OSS의 부책임자로 SO(특수작전) 부서를 담당하고 있던 프레스턴 M. 굿펠로우 대령은 1942년 이승만 박사의 방문을 받았는데, 박사는 자신에게 낙하산훈련을 시켜 한국에 떨어뜨려 저항군을 양성하게 해달라고 요청했다. 이 박사는 당시 66세였고, 굿펠로우 대령은 그 나이의 낙하병을 훈련시켜본 적이 없었다. 그는 더 젊은 한국인들이 필요했고, 이 박사에게 그런 인원을 선발하는 데 큰 도움을 줄 수 있느냐고 물었다. 이 박사는 동의했고 전쟁 내내 굿펠로우 대령과 함께 일했다. 존 R. 하지 장군이 오키나와에서 한국으로 24군단을 이동시켰을 때, 굿펠로우 대령은 정치 고문으로 하지 장군에게 배속되었고, 한국에서 최초의 임시정부(temporary government)를 수립하는 데 큰 활약을 했다. 이 박사가 그 정부의 대통령이 되었다. 굿펠로우 대령은 1945년 이래 9번 한국을 방문했으며 미군에서 그의 휘하에서 복무했던 수많은 한국인들이 신생 대한민국에서 중요한 역할을 수행했다.73)

굿펠로우는 1945년 5월 준장 진급에서 탈락했고, 종전 후 OSS가 해체되면서 갈 곳이 없었다. 전후 동원 해제 속에서 더 이상 근무처가 없으면 1946년 1월 12일에 전역할 예정이었다.74) 하지는 이승만의 요청에 따라 1945년 11월 11일에 전쟁부에 굿펠로우의 한국 배속을 신청했고,75) 굿펠로우는 1945년 12월 26일에 워싱턴을 떠나 서울로 향했다.76) 1946년 1월 15일경 한국에 도착한 굿펠로우는 1월 25일 하지의 특별

---

72) 「이승만이 굿펠로우에게 보낸 편지」(1945. 11. 8), 『굿펠로우문서철』, box no. 1. correspondence with Syngman Rhee 1942~1965.
73) 『굿펠로우문서철』 box no. 2, Biographical Material.
74) 「도노반이 작성한 굿펠로우 승진추천장」(1945. 5. 15), 『굿펠로우문서철』 box 2.
75) 「굿펠로우가 이승만에게 보낸 편지」(1945. 11. 21), 『굿펠로우문서철』.
76) 「굿펠로우가 이승만에게 보낸 편지」(1945. 11. 27), 『굿펠로우문서철』.

정치 고문으로 정식 취임했으며, 5월 26일까지 한국에서 근무했다.77)

민주의원 조직과 관련해 굿펠로우가 수행한 역할은 두 가지였다. 첫째는 이승만과 함께 임정 세력을 끌어들여 비상국민회의를 조직한 다음에 비상국민회의 최고정무위원을 민주의원으로 전환시키는 작업이었고, 둘째는 민주의원에 최소한의 좌파라도 끌어들이는 작업이었다. 당시 북한에서 북조선임시인민위원회가 공식적으로 조직되던 상황을 고려한다면 "미국의 입장을 지지할 남조선 정치 기구의 대표부"를 구성하려는 노력은 당연한 것이었다.78)

미군정은 이 민주의원이 하지 중장의 개인자문위원회에 불과한 것이라고 설명했지만, 하지는 민주의원이 한국민의 전적인 지지를 얻도록 노력함으로써 공산주의자들의 세력을 견제할 계획이었다.79) 미군정은 여운형이 주도하는 온건좌파 정당인 인민당의 참가 여부가 민주의원 성공의 핵심이라고 판단하고 있었다.80) 소련을 상대하기 위해서는 최소한 온건좌파 정도는 포섭해야 했기 때문이다.

굿펠로우는 조공의 박헌영과 인민당의 여운형에게 접근해, 하지의 고문 기관에 참가해줄 것을 요청했다. 굿펠로우는 먼저 1월 25일에 반도호텔에서 박헌영을 만나 하지 중장의 자문위원회에 참석해달라고 요청했다. 굿펠로우는 35명으로 구성되는 이 자문위원회는 각 정당·정파로 구성되며, 장래에는 임시정부가 될 수도, 국민대회를 소집할 수도

---

77) 『自由新聞』 1946년 1월 22, 26, 29일자.
78) *HUSAFIK*, vol. 2, chapter 1, p. 29.
79) "MacArthur to the Secretary of State" (February 24, 1946), *FRUS*, 1946, vol. 8, p. 641.
80) 미군정의 한 정치 분석가는 인민당이 참가하지 않는다면 한국의 국민 정부 조직(Korean popular governmental agency), 즉 민주의원은 死産되어버릴 것이라며 인민당의 중요성을 강조했다.(Political Trends #21, February 17, 1946, Hqs USAMGIK, Dep. of Pub. Info. *HUSAFIK*, part 2, chapter 2, p. 77에서 재인용.)

있으며, 신탁 문제도 여기서 결정한다고 제안했다.[81] 조공은 미소공위가 개최되면 임시정부가 수립될 것이니 자문위원회 조직이 필요 없으며, 이는 단지 군정을 연장할 뿐이라고 거부했다.[82]

굿펠로우는 인민당의 여운형에게도 '자문위원'으로 참석할 것을 종용하였다.[83] 인민당은 1월 28~29일간 확대위원회를 개최해 이 문제를 토의했고,[84] 1월 31일에는 황진남(黃鎭南)·여운홍(呂運弘)이 굿펠로우를 면담한 후 조건부로 인민당 대표인 백상규(白象奎)·여운홍·황진남·이정구(李貞求) 4명을 파견했다.[85] 굿펠로우는 비정치적 자문 기구라는 약속을 했고, 여러 번에 걸쳐 여운형의 참가를 권유했다. 여운형은 개인 자격으로 참가하기로 했고, 황진남·굿펠로우와 함께 2월 12일에 이승만과 김구를 연달아 방문해 자문 기구의 원칙과 개인 자격 여부를 확인했다.[86]

그런데 민주의원이 결성되기 하루 직전인 1946년 2월 13일에 비상국민회의는 여운형·백상규·황진남이 비상국민회의 최고정무위원에 선출되었다고 선언했다.[87] 미군정은 하지의 자문위원회가 그 명칭을 민주의원으로 변경하였을 뿐이라고 변명했지만, 당황한 여운형과 인민당은 즉각 민주의원에서 탈퇴했다.[88]

---

81) 『自由新聞』 1946년 1월 29일자.
82) 『解放日報』·『自由新聞』·『朝鮮日報』 1946년 1월 29일자.
83) 『朝鮮日報』 1946년 2월 14일자 ; 『서울신문』 1946년 2월 15일자.
84) 『朝鮮人民報』 1946년 1월 30일자, 2월 2일자.
85) 『朝鮮日報』 1946년 2월 2일자. 인민당이 요구한 조건은 ① 자문위원회가 민생 문제 처리를 목적으로 하는 하지 장군 개인의 자문기관으로, ② 결의제를 택하지 않으며, ③ 임정 수립 등의 정치적 문제는 다루지 않는다는 등 3개항이었다. 결의제를 반대한 이유는 1945년 9월에 구성되었던 고문회의 당시 한민당이 여운형을 들러리로 만들었던 것과 관련이 있었다.
86) 『朝鮮日報』 1946년 2월 14일자 ; 『서울신문』 1946년 2월 15일자.
87) 『朝鮮日報』 1946년 2월 14일자.
88) 『서울신문』 1946년 2월 15일자.

인민당의 탈퇴를 마지막으로 민주의원에는 단 한 명의 좌익 인사도 남지 않았다.89) 하지가 지적했듯이 '극우파'가 민주의원을 장악했으며, 군정 내의 견해도 민주의원이란 이름에 걸맞는 대표성(남조선국민대표)도 민주성(민주)도 없으며 의원도 아니라는 것이 지배적이었다.90)

미군정이 민주의원을 설립한 가장 큰 이유는 1차 미소공위에 대비하기 위한 것이었다. 미군정은 3월 20일 미소공위 제1차 회담에서 미소공위가 개별적인 남북의 정당·사회단체와 교섭하는 대신, 대표 기관을 통해 협의하자고 제안했다. 즉 한인으로 구성되는 고문단이나 협의 단체를 만들어 임시정부와 임시헌법의 제정에 조력하며, 이 조직은 양 지역의 인구비례에 기초해 선출하자고 제안했던 것이다.91) 미군정은 민주의원을 남한의 대표 기관으로 삼아, 민주의원과 북한의 대표가 미소공위의 협의 대상이 될 정당·사회단체 대표의 명단을 작성하도록 할 계획이었다. 나아가 미군정은 미소공위 협상을 통해 소련 측이 남한의 민간정부, 즉 민주의원을 임시정부적 기구(the machinery of the provisional government)로 인정할 것을 요구하려 했다.92)

더 중요한 점은 미국 측 제안이 미소공위 개막 직전에 이승만 등 한국 지도자들과의 비밀회의(closed hearings)를 통해 결정되었다는 사실이다.93) 즉 미군정이 민주의원을 설립한 것은 첫째로 미소공위 협의

---

89) 유일하게 남은 것은 미국 브라운대학 출신으로 1945년 9월에 미군을 맞으러 인천 앞바다에 나갔던 인민당의 白象奎뿐이었다. 엽관운동에 빠져 있던 백상규는 인민당이 민주의원 탈퇴와 민전 참가를 결정하자, '의견불일치'를 내세워 인민당을 탈당해 버렸다.(『朝鮮日報』 1946년 2월 19일자.)
90) Hodge's conversation with visiting Congressmen (October 4, 1947), USAFIK 11071 file, box 62/96 ; 브루스 커밍스, 앞의 책 하권, 52쪽.
91) "Joint Commission Report" USAFIK 11071 file, box 64/64 ; RG 43, Joint Commission file, box no. 3.
92) *HUSAFIK*, part 2, chapter 2, p. 149.
93) 「1946년 3월 18일 하지가 SCAP에 보낸 전문」, Radio, TGFBI 229, CG USAFIK

단체의 명단을 작성하기 위한 남한의 대표 기관과, 둘째로 북한 지역까지 확대될 남한 민간정부의 기능을 담당하게 할 목적 때문이었다. 셋째, 가장 중요한 점은 그 조직 과정은 물론 미소공위 대책까지도 이승만 등과 합의했다는 사실이다. 이는 미군정과 이승만 간에 완벽한 교감과 합작이 있었음을 의미하는 것이었다. 민주의원을 남한 정부로 인정하는 동시에 미소공위가 협의할 남한 측 대표 협의 기관으로 주장한 미군정의 제안은 4월 10일 제1차 미소공위 10차 회담까지 지속되었다.[93]

그런데 미군정의 제안은 여러 면에서 소련과의 기존 합의를 깬 것이었다. 먼저 모스크바 협정이 특정 협의체가 아니라 민주적인 여러 정당·사회단체와의 협의를 규정하고 있었기 때문에 이는 소련의 동의를 얻을 수 없었다. 더 중요한 점은 민주의원이 반탁·반소·반공의 대표 조직임을 소련이 알았다는 사실이었다. 둘째, 인구비례에 의한 협의 대상 선출은 남북한이 2 : 1의 인구 격차를 보이는 상황에서 소련과 협상을 거부하거나 아니면 미군정의 방안을 강요하려는 의도였을 뿐이다. 셋째, 미군정의 미소공위 대응 방침은 미 국무부가 이미 여러 차례 반대했던 이승만·김구 등 특정 정파를 활용하는 방안이었다. 국무부는 1946년 2월 28일 맥아더에게 보내는 메시지를 통해 이승만·김구 일파와 연계되지 않고 동시에 소련의 조정을 받지도 않는 세력을 찾아내기 위해 전력을 기울여야 한다고 했는데, 이는 민주의원을 겨냥한 반대였다.[95]

---

to SCAP, March 18, 1946, G-2 file 19. *HUSAFIK*, part 2, chapter 4, pp.148~149에서 재인용.
94) 10차 회담에서 미소는 모스크바 협정을 인정하고 지지하겠다고 선언하는 정당·사회단체를 협의 대상으로 한다고 합의했다.[Bertsch's minutes of the tenth session(April 6, 1946), Joint Commission file, RG 43, box no. 3.]

그러나 하지는 이승만 진영과 깊이 연계되어 있었고, 국무부가 권고하는 반(反)이승만·김구 및 친미 세력을 발굴·육성할 시간과 의지가 부족했다. 하지는 1946년 말 입법의원이 설립될 때까지 민주의원을 자신의 자문기관으로 활용했으며, 재정적 원조를 아끼지 않았다.96)

민주의원의 실체가 드러나자 가장 당황한 것은 임정 계열이었는데, 사반세기 동안 망명정부로 활동했던 임정이 하루아침에 군정의 자문 기관으로 전락했다는 김성숙의 주장은 어떤 변명으로도 씻을 수 없는 것이었다.97) 과도정부 역할을 자임하던 비상국민회의 최고정무위원이 돌연 군정의 자문 기관으로 전락한 것이 판명되자 비상국민회의 의장 홍진은 3월 20일 성명을 발표하고, 비상국민회의와 민주의원은 그 목적과 사명이 전혀 다른 별개의 기관이라고 강조했다.98) 그러나 민주의원과 비상국민회의는 태생적으로 동일한 기초 위에 서 있었으며, 비상국민회의와 민주의원의 관계는 1948년 4월 남북협상 때까지 계속되었다.99)

이상과 같이 굿펠로우는 이승만·하지와 긴밀한 협조 속에 민주의원을 조직했고, 민주의원이 이승만의 지도 아래 작동할 수 있는 조건들을 마련했다. 그러나 다른 한편으로 굿펠로우는 이승만이 1946년 3월에 정치적 좌절을 맛보는 데 중요한 역할을 담당하기도 했다.

---

95) "Draft Message by State Department to MacArthur"(February 28, 1946), *FRUS*, 1946, vol. 8, pp. 645~646.
96) 입법의원 설립 후 민주의원을 해산해야 한다는 군정의 여론이 빗발쳤지만, 민주의원은 자문 기관 기능만 폐지하고 임정 수립의 사명을 완수하기 위해 노력한다는 논리로 계속 유지되었다. 민주의원은 1948년 5·10선거가 실시된 이후인 5월 30일에 해산했다.(『서울신문』 1946년 12월 17, 18일자 ; 『東亞日報』 1946년 12월 20일자, 1948년 5월 26일자 ; 『京鄕新聞』 1948년 5월 30일자.)
97) 金星淑, 「嗚呼! 臨政 30年만에 解散하다」, 『月刊中央』 8월호, 1968.
98) 『서울신문』 1946년 3월 21일.
99) 1948년 4월 12일 비상국민회의를 계승한 국민의회는 이승만·김성수·이청천을 '국무위원'에서 해임시켰는데, 이 시점이 비상국민회의와 민주의원의 공식적인 결별 시점이었다.(『朝鮮日報』 1948년 4월 15일자.)

3) 광산 스캔들

이승만은 미소공위의 개막으로 정치적으로 매우 예민하던 1946년 3월 18일에 건강 악화를 이유로 내세워 돌연 민주의원 의장직에서 사임했다.[100] 이승만이 실각한 원인은 그가 한 미국인에게 광산 채굴권을 팔았다는 소식이 국내 언론에 보도되었기 때문이었다. 보도의 핵심은 이승만이 사뮤엘 돌베어(Samuel H. Dolbear)라는 미국인을 한국의 광산 고문으로 임명하고, 한국 광업권에 대한 광범한 권리를 양여한다는 약속하에 미화 100만 달러를 받기로 약속했다는 것이었다.[101]

3월 12일 국내 13개 신문은 이 내용을 대대적으로 보도했고, 3월 13일 소련공산당 기관지 『프라우다(Pravda)』는 스몰렌스키(Smolensky)의 기명 기사로 이승만을 비난했다.[102] 미국의 『뉴욕타임즈(New York Times)』는 모스크바발 AP를 인용해 『프라우다』가 이승만의 광산 스캔들을 비난했다는 기사를 게재하는 등 미국의 주류 언론들이 이승만 스캔들을 보도하기 시작했다.[103] 이승만은 즉각 이를 부인하며, 그런 어리석은 말을 하는 자들은 "장래에 혹독히 처벌받을 것"이라고 위협했지만,[104] 금액만을 제외하고 이 보도는 사실이었다.

---

100) G-2 Weekly Summary, no. 28(1946. 3. 27.)
101) 『서울신문』 1946년 3월 11일자; 『朝鮮人民報』 1946년 3월 12일자.
102) 『독립』 1946년 3월 20일자. 스몰렌스키는 소연방 외무성 제2극동부 한국 담당자였던 뻬뚜호프(Петухов)의 필명이다. 그의 논설은 소련 외무성의 공식 입장을 대변하는 것이었다.(기광서, 「소련의 대한반도-북한정책 관련 기구 및 인물 분석」, 『현대북한연구』, 경남대학교 북한대학원, 1998, 105~149쪽; 河原地英武, 「蘇聯の朝鮮政策:1945~1948」, 櫻井浩 編, 『解放と朝鮮』, アジア經濟研究所, 1990, 7~26쪽.)
103) New York Times, March 3, 1946. 이외에도 Daily People's World, March 16, 1946; Los Angeles Examiner, March 19, 1946 등이 광산 스캔들을 보도했다.
104) 『中央新聞』 1946년 3월 12일.

이 보도의 출처는 1946년 1월 23일 민족혁명당 미주 지부 기관지 『독립』의 폭로 기사였다. 기고자는 이승만의 미주 시절 정적이던 한길수였다.[105] 사건의 연원은 1945년으로 거슬러 올라간다. 1945년 3월 23일 『상하이 이브닝 포스트 앤 머큐리(Shanghai Evening Post and Mercury)』지는 돌베어 사건에 대해 다음과 같이 보도했다.

조선 임시정부의 제1차 대통령 이승만 박사는 사무엘 H. 돌베어를 조선의 광산 고문으로 임명하였다. 이승만 박사는 선언하기를 전후 조선의 수다한 광산 공업들을 부흥시키며 발전시키며 또는 운전시키는 데 협조하기 위하여 다수의 광산 기사들과 야금학자들(메텔러지스트 : metalogist)이 요구될 것이라고 하였다. 돌베어 씨는 특히 조선 안에서 경험을 가졌던 광산 기사들과 접촉하려고 애쓰고 그것은 그들로 하여금 프로그램을 작성하여 뒤에 실제로 운전하는 데 협조하게 하려고 하는 것이다. 이 계획에 취미를 가진 분들은 뉴욕시 존넘버 4 부 로드웨이 11번지에 있는 돌베어 씨와 통신하기를 바란다.[106]

이 내용은 정확한 것이었다. 미 국무부 문서에 따르면, 돌베어는 1945년 3월 15일 그류 미 국무차관보에게 한국 임시정부의 광산 고문으로 임명되었다며, 외국 정부 에이전트 등록을 신청했다.[107] 돌베어는 광산 고문 임명장 사본을 동봉했는데, 그에 따르면 돌베어는 1945년 3월 5일에 주미외교위원부(Korean Commission) 위원장 이승만으로부터 1년에 명목상 1달러를 받는 광산 고문으로 임명되었다.[108] 국무부 극동국장 발렌타인(Joseph W. Ballantine)은 외국 정부 에이전트 등

---

105) "Bare Kim Koo—Syngman Rhee's nefarious plan ; intrigues hatched to pawn Korea's independence and economic interests to aliens by Kilsoo K. Haan", 『독립』 1946년 1월 23일자.
106) Shanghai Evening Post and Mercury, March 23, 1945.(『독립』 1945년 7월 18일자에서 재인용.)
107) "Dolbear to Grew"(March 15, 1945), 895.01/3-1645.
108) 「이승만이 돌베어에게 준 광산고문 임명장(1945년 3월 5일)」, 895.01/3-1645.

록은 국무부가 아니라 법무부의 관할이라고 회신했다.109) 한길수는 이 내용을 샌프란시스코 회담에서 직접 이승만에게 문의했고, 이승만은 임시정부의 승낙이 있어서 돌베어를 전후 한국의 광산 고문으로 임명했다고 밝혔다.110) 한길수가 1945년 7월 샌프란시스코 회담을 결산하는 재미 한인 집회에서 이 사실을 폭로한 이후, 한동안 이 문제는 재미 한인 사회의 쟁점이 되었다.111)

문제가 된 돌베어는 한국에서 오랫동안 광산업에 종사했으며, 1939년 가을까지 동양광업개발주식회사(東洋鑛業開發株式會社, Oriental Consolidated Mining Company : OCMC)의 대리인으로 일했다. 동양광업개발주식회사는 1897년에 자본금 500만 달러로 조직된 회사였는데 1898년에는 동양 최대의 금광이자 노다지란 단어의 출처가 된 운산금광(雲山金鑛)을 조선개광회사(朝鮮開鑛會社, Korean Mining and Development Co.)로부터 인수했다. 운산금광의 연간 금 생산량은 1897년 당시 50~300만 달러 정도였고,112) 40년간 900만 톤의 광석을 캐내 약 1,500만 달러의 순이익을 냈다. 의료 선교사이자 외교관으로 이권 획득의 선구자였던 알렌(Horace N. Allen)이 1895년 7월 조선 정부로부터 운산금광의 채굴권을 따내 조선개발회사(朝鮮開發會社, Korean Development Company)에 주었고, 채굴권은 다시 조선개광회사—동양광업개발주식회사로 넘어갔다.113) 동양광업개발주식회사는 1939년 3월까지 운산금광 독점권을

---

109) "Ballantine to Dolbear"(March 28, 1945) FW 895.01.3-1645.
110) 「상항대회에 관한 한길수씨의 보고」, 『독립』 1945년 7월 18일.
111) 예를 들어 7월 15일 개최된 샌프란시스코 회담 임정 대표단의 보고회에서 정한경은 이승만이 만일 금광을 몇백만 달러에 팔아먹었다면, 세일즈맨 출신인 자신은 태평양도 팔아먹겠다며 이승만의 관련설을 부정했다.(『독립』 1945년 7월 25일자.)
112) 이배용, 「구한말 미국의 운산금광 채굴권 획득에 대하여」, 『역사학보』 50·51 합집, 1971, 67~71쪽.
113) F. H. 해링튼 著·李光麟 譯, 『開化期의 韓美關係 : 알렌博士의 活動을 중심

대한제국으로부터 확보한 상태였다. 독점 기한이 만료되자 일본 측은 동양광업개발주식회사에게 운산금광의 채굴권 이양을 종용하며, 전후 평화 시기가 오면 공동으로 관리하자고 제안했다. 그 결과 1939년 11월에 동양광업개발주식회사와 일본 정부의 기관인 일본광산회사(Japan Mining Company) 간에 운산금광 채굴권에 대한 매매계약이 체결되었다. 돌베어는 바로 이 매매를 성사시킨 장본인이었다.114) 매각 조건은 3차례에 걸쳐서 총 817만 4천 달러(1억 2,261만 엔)을 지불하는 것이었지만, 돌베어 측은 1940년 1월에 227만 달러(3,605만 엔)를 받은 후 태평양전쟁이 발발해 나머지 590만 4천 달러(8, 855만 엔)는 회수할 수 없게 되었다.115)

돌베어는 국무부를 필두로 상원 은행위원회, 백악관 등 가능한 모든 곳에 이 동양광업개발주식회사의 미수금 처리 문제를 해결해달라고 요청했지만, 신통한 방법을 찾지 못했다. 태평양전쟁기 미 국무부의 한국 관련 문서 중 단일 주제로 가장 많은 분량을 차지하는 것이 바로 운산금광 미수금 관련일 정도로 돌베어는 동분서주했다.

한길수의 주장에 따르면, 이승만이 돌베어의 이런 처지를 알아채고 "자기와 함께 일한다면(play ball with him)" 동양광업개발주식회사의 광산 이권을 확보해주겠다고 설득했다는 것이다. 이런 연고로 이승만은 임정을 통해 돌베어를 한국의 광산 고문으로 임명했고, 100만 달러 가량의 재정 지원이 이승만에게 약속되었다는 소문이 파다했다는 것이다.116) 물론 돌베어 측에서 당장 재정 지원을 했을 가능성은 없다.

으로』, 一潮閣, 1973, 151~176쪽.
114) 『독립』 1945년 7월 18일자 ; 1946년 1월 23일자.
115) 원래 계약에 따르면 1939년 12월에 2개월 약속어음으로 227만 달러를 지불하며, 1942년 8월 31일에 454만 2천 달러, 1943년 8월 31일에 나머지 136만 2천 달러를 지불하도록 되어 있었다.

그러나 돌베어의 광산 고문 임명 과정에 이권에 대한 약속과 그 반대급부가 존재했을 가능성을 전적으로 부정할 수는 없다. 나아가 동양광업개발주식회사의 한 인사는 1946년 1월 초에 한길수에게 OSS 출신이자 이승만의 친구인 굿펠로우가 이승만이 한국 정부를 장악하는 데 도움을 주기 위해 한국으로 파견되었다고 귀띔했다. 돌베어 측이 이승만의 정치적 영향력이나 위신이 상실될까봐, 38 이북에 존재하는 운산금광을 소련이 독차지할까봐 두려워하고 있다는 것이었다.

이상이 1946년 1월 23일에 한길수가 폭로한 금광 스캔들의 전모였다. 이 보도는 아마도 귀국한 재미한족연합위원회 관련자를 통해 국내 언론에 유포된 것으로 보이는데,117) 미군정이 직접 나서 민족혁명당 미주지부 대표인 곽림대에게 이승만의 금광 스캔들의 증거 유무를 문의할 정도로 비화되었다.118)

결국 국내외 언론의 관심이 이승만의 거취에 집중되자, 이승만은 3월 18일에 민주의원 의장직에서 사퇴할 수밖에 없었다. 그러나 이후로도 이승만은 자신이 직접 경제적 이권에 관여하려 했으며, 그 와중에서 굿펠로우와 운산금광 문제는 계속 거론되었다.

이승만은 굿펠로우가 미국으로 돌아간 직후인 1946년 5월 27일에 가진 기자회견에서 "미국의 내 친구들 몇몇이 우리 자원을 개발하기 위한 무역회사를 설립했다. 굿펠로우 씨는 이 회사 임원 중 한 명이며, 또 다른 임원인 올리버 씨는 현재 이곳으로 오는 중이다"라고 밝혔다.119) 좌

---

116) 『독립』 1945년 7월 18일자 ; 1946년 1월 23일자. 郭林大의 주장에 따르면 한길수는 금광 스캔들에 관한 정보를 루즈벨트 대통령의 비서 스티븐 얼리(Steven Early)로부터 얻었다.(郭林大, 『못잊어 화려강산』, 대성문화사, 1973, 206쪽.)
117) 재미한족연합회 대표단은 2차에 걸쳐 입국했는데, 본토 대표들은 1945년 11월 4일에, 하와이 대표들은 1946년 2월 12일에 각각 서울에 도착했다.(김원용, 『재미한인50년사』, 캘리포니아 리들리, 1959, 448~449쪽.)
118) 곽림대, 앞의 책, 205~206쪽.

익지인 『조선인민보』는 이승만의 발언을 다음과 같이 인용했다.

 미국에서 자기와 굳펠러 씨 올리버 씨와 그외 자기 친지들이 한미경제회사를 조직하였는데 그 회사는 동양의 2대 금광의 하나인 조선의 운산금광과 생사(生絲)에 큰 관심을 갖었으며 미국의 악질 자본이 조선에 진출하고자 함을 방지하고 동사(同社)가 독점적으로 진출하고저 설립된 회사임으로 장래 조선 정부가 수립되면 미국 정부 승인을 받어 조선 미국 간의 통상의 독점권을 부여하겠다. 이는 조선 산업 발전에 막대한 이익이 될 것이다.[120]

이승만이 자신의 권한을 넘어서 무역 독점권을 외국 회사에 주겠다고 했지만, 러치 군정장관은 1946년 5월 28일 주례 기자회견에서 착취와 투자는 다르다면서 이승만을 옹호했다.[121] 이는 이 시점에서 미군정과 이승만의 관계를 보여주는 것이었다. 후술하겠지만 이승만은 1946년 5월에 미군정의 승인하에 경제보국회로부터 1천만 원을 헌납받았고, 독점권을 갖는 한미무역회사 설립을 시도했는데, 이는 미군정의 묵인과 후원 없이는 불가능한 일이었다. 사건의 여파는 1946년 7월까지 이어졌다. 7월 12일에 AP통신은 이승만의 워싱턴 대표인 임병직이 이승만과 한미회사를 수립했다고 보도했다. 남한의 좌익 신문은 즉각 이를 보도했고, 하지와 러치는 7월 15~16 이틀에 걸쳐 이것이 오보라고 해명했다. 이승만도 두 차례 성명을 통해 자기 입장을 해명하며 언론의 보도 태도를 비난했지만,[122] 이승만의 사업가적 기질은 이미 모든 사람들에게 널리 알려졌다.

이상과 같이 이승만은 굿펠로우를 통해 민주의원 의장이 되었고, 굿

---

119) *HUSAFIK*, part 2, chapter 2, p. 178 ; 『東亞日報』 1946년 5월 28일자.
120) 『朝鮮人民報』 1946년 5월 28일자 ; G-2 Weekly Summary, no. 38(1946. 6. 6) ; No. 45(1946. 7. 25).
121) 『東亞日報』 1946년 5월 29일자 ; G-2 Weekly Summary, no. 38(1946. 1. 1).
122) G-2 Weekly Summary, no. 45 (1946. 7. 25).

펠로우 때문에 민주의원 의장직을 사임해야 했다. 이승만은 독촉중협에 이어 민주의원에서도 실패를 경험해야 했다. 그러나 하지를 비롯한 군정 수뇌는 여전히 이승만을 지지하고 있었으며, 제1차 미소공위라는 정치적 중심에서 멀어진 이승만은 이를 기회로 활용했다. 모든 정치인들이 서울에 집중해 있을 때, 공위의 결렬을 예견하고 있던 이승만은 서울을 떠나 지방 순회를 시작했고, 이는 전혀 예상치 못했던 성과를 가져왔다.

3. 지방 순회와 지지 기반 강화

1) 독촉중협과 독촉국민회

이승만은 하지의 권유로 4월 15일부터 남한 각 지방으로 순회 여행을 떠났다.[123] 지방 순회 여행은 이승만이 1910~12년 YMCA 학생부 총무 시절과 1913년 이후 하와이에서 자신의 세력 기반을 확장하기 위해 활용했던 방법이었다. 이승만은 이러한 순회 여행을 통해 자신의 명성을 높이며, 반대 세력을 제압하는 한편 지지 기반을 확충하고 지원금을 확보했다.

특히 1946년 4~6월의 '남선순행(南鮮巡行)'은 이승만의 정치적 기반 강화에 결정적인 의미를 갖는 작업이었다. 귀국 직후 이승만의 명성은

---

123) 『朝鮮日報』 1946년 4월 11일자; 도진순, 『한국민족주의와 남북관계』, 서울대 출판부, 1998, 81쪽.

표 12-1. 독촉중협 지방도지부 대표

지역	충북	충남	전북	전남	경북	경남	함북	함남
대표	張應斗 金炳壽	南天祐 趙東根	裵恩希 柳直養	朱亨玉 金永學	鄭雲杓 張大熙	金喆壽 崔錫鳳	李幹求 李忠馥	李成俊 蔡奎恒

[출전] 『朝鮮日報』 1946년 2월 8일자.

절정에 도달했고 독촉중협과 민주의원을 장악했지만, 이는 정치적 상층 조직이었을 뿐 실제로 이승만의 대중적 하부 조직 기반은 미약했다. 때문에 이승만은 귀국 직후부터 자신만의 조직 기반을 확보하기 위해 노력해왔다.

이승만은 1945년 12월부터 1946년 1월에 걸쳐 독촉중협의 지방 지부를 건설하려고 했다. 1946년 1월 독촉중협 선전부는 38도선 이남의 각 군에 위원 40여 명을 파견해서 이미 80여 곳의 지회를 설치했고, 추가로 30여 곳의 지회를 설치할 예정이라고 밝혔다.[124] 독촉중협 문서철에 따르면 이 기간 동안 14명이 20회에 걸쳐 지방에 파견되었으며, 시기적으로는 1945년 12월(7회)과 1946년 1월(9회)에 집중되었다.[125]

이런 기초 작업의 결과 1946년 2월 6일과 8일 이틀에 걸쳐 독촉중협 선전총본부 주최로 지방도지부대표회의(地方道支部代表會議)가 개최되었다.[126]

이 시점에서 이승만은 임정의 대중 투쟁 조직인 반탁총동원위원회와 독촉중협의 지방 지부를 합해 새로운 대중 조직을 건설하는 문제를 김구와 합의했다.[127] 2월 8일에 두 단체는 합동을 선언하면서, 대한독

---

[124] 『東亞日報』 1946년 1월 11일자.
[125] 「貸借對照表」(金俊禼 작성), 『雩南李承晩文書』 13권, 490~495쪽. 월별 파견 횟수는 다음과 같다. 1945년 12월(7회), 1946년 1월(9회), 2월(2회), 3월(1회), 4월.(1회)
[126] 『朝鮮日報』 1946년 2월 8일자.

립촉성국민회(大韓獨立促成國民會, 이후 독촉국민회로 약칭)로 조직명을 변경했다.128) 그러나 이승만은 독촉중협이란 명칭이 없어지고 독촉국민회가 되었다며 이를 거부했다.129) 후에 이승만은 독촉중협을 건설한 후 각 도·군에서 조직이 진전되었으나, 자신이 병중에 있을 동안 "다소 정객들이 경향에 출몰하여 모략적 수단으로 몇몇 단체를 만들어 분열 상태를 초래"했다고 주장했지만,130) 최초에는 독촉중협과 반탁총동원위원회의 통합에 동의했다. 이승만의 목적은 독촉중협이라는 "유야무야로 겨우 간판만이 붙어" 있는 조직을 통해, 임정 계열의 명분인 비상정치회의와 대중적 기반인 반탁총동원위원회 양자를 모두 장악하려는 것이었다.131)

이승만에게 독촉중협은 도깨비방망이 같은 존재였다. 임정 계열이 추진하던 비상정치회의에 독촉중협을 붙여 비상국민회의로 전환시켰고, 비상국민회의 최고정무위원을 민주의원으로 재전환시켜 이를 손쉽게 장악했다. 같은 시점에서 이승만은 임정의 대중 투쟁 조직인 반탁총동원위원회를 독촉중협에 흡수시켜 임정의 기반을 흡수하는 동시에 자신의 대중적 지지 기반 확대를 노렸던 것이다.

그런데 반탁총동원위원회를 흡수하기에는 독촉중협 자체의 역량이 미흡했기 때문에, 이승만은 독촉중협이 흡수당하는 형태로 독촉국민회를 결성하는 데 동의할 수 없었던 것이다.132) 이에 따라 독촉국민회는

---

127) 『朝鮮日報』 1946년 2월 8일, 21일자.
128) 『朝鮮日報』 1946년 2월 8일자. 한편 독촉국민회가 이승만의 독촉중협과 김구의 반탁총동원위원회를 연대시키려는 外延圈 인사들의 충정으로 발족하게 되었다는 주장도 있다.(李敬南, 『분단시대의 청년운동』 상, 삼성문화개발, 1989, 154~155쪽.)
129) 裵恩希, 『나는 이렇게 싸웠다』, 일한도서, 1955, 53~55쪽.
130) 『서울신문』 1946년 6월 29일자.
131) 배은희, 앞의 책, 53쪽.
132) 『서울신문』 1946년 6월 30일자.

독촉중협과 반탁총동원위원회의 합체로 결성되었지만, 실제로는 임정 계열이 중심이 되어 운영될 수밖에 없었다.

독촉중협은 1946년 4월까지도 독자적인 세력을 유지했고, 이승만이 지방 순회를 떠나기 직전인 4월 10~11일에 독촉국민회 전국도부군지부장회의(全國道府郡支部長會議)를 통해서야 실질적으로 독촉국민회에 통합되었다. 김구는 이승만·김규식이 불참한 이 독촉국민회 전국대회에서 주도권을 장악했다.[133] 김구는 자신이 작성한 중앙위원회 간부의 명단을 제출했고, 고압적인 태도를 보였다.[134] 임정 간부 이시영이 위원장에 선출되었고, 임시정부 계열 인사들이 간부진의 주류를 형성했다.

1946년 4월에 임정은 독자적인 지지 기반을 강화하기 위해 기초 작업을 진행했다. 임정은 반탁운동을 통해 대중적 지지 기반을 강화했지만, 이를 자신의 조직 틀 내에 포섭하지도 못했고, 미군정과 이승만에게 번번이 정세의 주도권과 명분을 상실했었다. 임정은 미소공위가 진행되는 기회를 이용해 조직 역량을 강화하는 데 주목했다. 이는 국민당·신한민족당과의 통합을 통한 한독당의 강화(1946년 4월)와 독촉국민회 장악 등으로 나타났다. 임정은 한민당까지 흡수 통합함으로써 당을 강화하려 했지만, 한민당과 이승만의 반발로 무산되었다. 당과 대중조직의 강화를 통한 임정의 세력 확대는 제1차 미소공위가 진행되는 짧은 기간 동안 유지되었다. 심지어 김구는 4월 9일 이승만을 방문해 한독당 중앙집행위원장이 되어달라고 부탁하기까지 했다.[135] 이승만은 이에 맞서 김구에게 한독당 중앙집행위원장직을 사임하라고 종용했고, 김구는 4월 10일에 전국도부군지부장회의에서 "나는 나의 소신이 있

---

133) 김보영, 「大韓獨立促成國民會의 組織과 活動」, 한양대 사학과 석사학위논문, 1994, 10쪽.
134) G-2 Weekly Summary, no.31(1946. 4. 17)
135) 「合同은 流産」 『漢城日報』 1946년 4월 11일자.

표 12-2. 독촉국민회 임원 변동(1946년 2~12월)

직 명 \ 시기	1946. 2	1946. 4	1946. 6	1946. 9	1946. 12
총재	[李承晩]	[李承晩]	李承晩	李承晩	李承晩
부총재	[金九]	[金九·金奎植]	金九·金奎植	金九	金九
위원장	吳世昌	李始榮	李始榮	曺成煥	
부위원장	方應謨	吳夏英·李圭彩	吳夏英·申翼熙	鄭寅普	
총무부장	洪淳泌	李鍾郁	金尙德	方應謨	李雲
재정부장	吳建永	方應謨		柳基東	金錫璜
선전부장	李乙奎	金昌俊	李鍾榮	金一	梁又正
조직부장	蔡奎恒	蔡奎恒	李弘俊	李泰榮	趙尙元
문교부장	柳葉	金完圭	鄭海駿	李得年	李得年
산업부장	劉載奇	劉載奇	劉載奇	李宗鉉	柳基東
농민부장	全公雨	全公雨	全公雨	李雲	
후생부장	崔性章	崔性章	崔性章	金時學	
청년부장	李重根	韓國東	錢鎭漢	邊成玉	黃甲永
부인부장	黃基成	黃基成	黃基成	黃基成	黃基成
근로부장	權榮奎	朴文喜			
노무부장		洪允玉	朴文喜	徐世忠	李乙奎
조사부장		崔明洙	陳憲植	金浩燁	金浩燁
지방부장		宋必滿			
기획부장		徐世忠			

[출전] 『朝鮮日報』 1946년 2월 21일, 4월 12일, 6월 15일자 ; 『東亞日報』 1946년 9월 19일자 ; 『서울신문』 1946년 12월 5일자 ; 김보영, 1994, 「大韓獨立促成國民會의 組織과 活動」, 한양대 사학과 석사학위논문, 10~11쪽.

[비고] 1. 4월에 노무·조사·지방·기획 4부서가 신설됨.
2. 6월에 회장이 위원장으로, 노무부·근로부가 합해 노동부로, 산업경제부가 산업부로 바뀌었고, 기획부·지방부는 없어짐.
3. [ ]의 내용은 *HUSAFIK*, part 2, chapter 2, "National Society for the Rapid Realization of Korean Independence".

으면서도 이박사와 혼연일체"라며 불편한 심정을 표했다.[136]

독촉국민회의 활동 중점은 두 가지였는데, 첫째는 지방 차원, 특히 도 단위에서 좌익의 지도력을 대체하는 것이었고, 둘째는 통합된 우익 전선을 구축해 미소공위에 제출하는 것이었다.[137] 이미 2월 24일부터

---

136) 『東亞日報』·『朝鮮日報』 1946년 4월 11일자.

독촉국민회는 각 도·군 단위로 선전대를 파견해 선전 활동과 조직 활동에 착수했다.138)

2) '남선순행'과 독촉국민회의 장악

이승만의 지방 순회는 정치의 중심인 서울을 떠나는 유배와 마찬가지였지만, 이승만은 위기를 기회로 활용했다. 처음 이승만은 암살이 두려워 서울을 떠나길 꺼려했고,139) 이승만이 출발한 직후인 4월 19일에 경무부는 대전에서 이승만의 암살을 음모한 범인 7명을 체포했다고 밝혔다.140) 경찰과 우익은 이 사건을 대대적으로 선전하며, 이들이 이승만의 반대 정당 당원이라고 주장했다. 그러나 범인으로 검거된 9명 중 2명만이 좌파 국군준비대 출신이었고, 5명은 국방경비대 소속의 장교와 병사였다.141) 이후 경찰은 불의의 사고에 대비해 이승만의 여행 경로를 따라 경계를 강화하라는 지시를 내렸고, 자연스럽게 이승만의 여행길에 경찰이 대거 동원되었다.142)

---

137) "The National Society for the Rapid Realization of Independence" Hqs, USAMGIK, Dept. of Public Info., July 1, 1946, prepared by Philip Rowe, Political Analyst.
138) G-2 Weekly Summary, no. 24(1946. 2. 26.)
139) G-2 Weekly Summary, no. 32(1946. 4. 26.)
140) 『朝鮮日報』1946년 4월 19일, 5월 16일자.
141) 살인 예비 혐의로 기소된 것은 국군준비대 출신인 張鎭奎뿐이었다. 張鎭奎는 징역 3년을 선고받았고, 愼甲澤·趙大奉·李贊喜 등이 무기 불법관리 혐의로 징역 1~2년의 실형을 받았을 뿐, 암살 혐의는 무죄로 판명되었다. 관련자 중 金仁仲·崔點洙는 징역 10월, 李炳薰·崔守岩·李性龍은 징역 8월에 모두 집행유예 처분을 받았다.(「李承晩暗殺事件 裁判記錄」, 『雩南李承晩文書』 제15권, 335~348쪽.)
142) G-2 Periodic Report, no. 210(1946. 4. 24.) 충남 홍성에 본부를 둔 41군정중

4월 15일에 서울을 떠난 이승만은 충청남도·경상남북도·전라남북도의 순서로 좌익 세력이 강세를 보인 남부 지방에서 반탁 강연을 했다.143) 이승만의 지방 순회는 미군정과 한국인 경찰·지방 행정관리·우익 청년 단체 등의 집중적인 보호와 원조하에 이루어졌다.144) 이승만의 지방 순회는 세 가지 측면을 지닌 것이었다. 첫째, 미군정의 입장에서 볼 때 이승만의 지방 순회는 좌익의 지방 근거지를 뿌리 뽑는 반면, 우익 조직을 강화·양성함으로써 군정의 지지 기반 확보를 노릴 수 있는 기회였다. 둘째, 우익의 입장에서 볼 때는 독촉국민회를 중심으로 한 우익 진영의 지역적인 대중 기반을 실질적으로 강화할 수 있는 기회였다. 셋째, 이승만 개인으로서는 해방 후 최초의 대중 강연과 지방 유세를 통해 자신만의 세력 근거를 만들 수 있는 기회였다.

 이승만의 남선순행은 '뜻밖에' 성공을 거두었는데, 그의 방문을 계기로 지방 우익들이 집결하여 독촉국민회 지회를 결성했기 때문이었다. 미군정은 이승만의 지방 순회 강연이 엄청난 대중적 지지를 얻고 있으므로, 지방 구석구석까지 이승만이 찾아가 우익 조직을 확대한다면 한국의 정치 지형을 변화시킬 수 있을 정도라고 평가했다.145) 그러나 이러한 성과가 대중들의 자발성이나 이승만의 명성으로부터 기인한 것만은 아니었다. 미군정 헌병과 한국인 경찰·지방 관리·지역 유지, 우익 청년 단체는 한편이 되어 지방의 정치 지형을 바꾸는 데 주력했다. 경찰은 이승만 보호를 내세워 순방 지역의 좌익에 대한 예비검속과 공

  대가 제출한 보고서는 이승만이 4월 충청도를 방문했을 때 이승만에 대한 암살 음모 소문이 있었으나 허위로 판명되었다고 썼다.(HQ 41th Mil Govt Hq & Hq Co, "Organization History", May 1, 1946, NARA, RG 407, Box 21876, MGCO-41-0.1 History-Hq & Hq Co. 41th Military Government.)
143) 『朝鮮日報』 1946년 4월 24일자.
144) 리차드 로빈슨, 앞의 책, 118쪽.
145) G-2 Weekly Summary, no. 32(1946. 4. 26)

포 분위기를 형성했고, 한인 지방 관리와 유지들은 접대비와 기부금을 징수하고 태극기와 환영 전단을 가가호호 내걸게 하는 한편, 학교를 휴교시키고 학생들을 동원하기까지 했다.146) 현지의 우익 청년 단체들은 좌익 정당·사회단체를 노골적으로 습격하고 좌익 인사들을 폭행했다. 당시 1차 공위의 성공을 선전하기 위해 좌익 진영에서 파견했던 대표들이 우익 청년 단체들에게 테러를 당하는 상황과는 정반대였다.147) 미군정과 우익 진영의 완벽한 협조는 각 지방에서 대중들에게 권력의 실체가 무엇이며, 그 의도가 무엇인지 하는 점을 분명하게 보여주었다. 지방에서 좌익의 분쇄와 우익 조직의 건설에 미군정·경찰의 공권력뿐만 아니라 우익 사설 단체들의 물리력이 동원되었고, 이는 이후 일상적으로 반복되었다.

한편 이승만의 남선순행 일정을 정리하면 표 12-3과 같다.

이승만은 4월 15일부터 6월 9일까지의 기간 중 1차(4월 15일~5월 9일)와 2차(6월 3~9일)에 걸쳐 남한 각지를 순회했다. 이승만이 실제로 지방에 머문 기간은 약 1개월 정도였다. 이승만 지방 순회의 특징은 다음과 같다.

첫째, 대규모 청중이 동원되었다. 이승만의 지방 순회를 가장 상세하고 과장되게 보도한 『대동신문(大東新聞)』 등 우익 신문의 추산에 따르면 최대 73만 8천 명이 동원되었고, 경찰의 정보를 이용했을 것으로 보이는 미군정 추산에 따라도 최소 61만 8천 명 정도가 동원되었다. 군산·경주·천안·진주·마산·목포 등지에서는 해당 지역 주민의 대부분이 참석했다고 해도 과언이 아닐 정도로 지역 주민이 총동원되었다.

---

146) G-2 Periodic Report, no.237(1946. 5. 24)
147) 민전 대표로 전북지방에 파견되었던 金星淑·安基成 등은 유세 도중 폭행당했지만, 미군정과 경찰은 수수방관했다.(『大衆日報』 1946년 4월 4일자.)

표 12-3. 이승만의 남선순행 일정(1946년 4월 15일~6월 9일)

월 일	방문지	강연 장소	청중 수	강연내용	비 고
4. 17	천안	제일국민학교	3만여 명	민주정부 수립, 공위 추이에 신중, 미곡 문제	천안철도회사, 강연회 참가 지원을 위해 임시열차 운행
4. 18	대전	本町국민학교	4만 명 (대동), 2만 명 (조선)		유성온천호텔에서 굿펠로우와 요담, 암살미수 사건
4. 21	옥구	국민학교			옥구군민의 특청으로 방문
4. 22	옥천	옥천국민학교		30분 가량 인사말	
4. 22	김천	동부국민학교	1만여 명	현정국과 정세	
4. 24	대구	대명동 공설운동장	10만여 명	탁치 반대 정당도 임정 참가 가능, 諸事는 정부 수립 후 해결	일기불순으로 강연 중단, 오후 7시 반 대구방송국 방송, 출발에 앞서 경찰·미군정 편의 제공에 감사
4. 25	영천	국민학교		미국은 정의의 사자로 조선을 절대 원조	
4. 26	경주	경주중학교	5만여 명	독립운동의 유래, 독립완성에 대한 훈화	경주·영천·영일·울산 4군 연합 환영회
4. 27	울산	제일국민학교	1만여 명		
4. 29	부산	구덕산운동장	2만 5천~3만 명		급거 상경 예정 돌연 중지·부산행, 굿펠로우와 전화 통화·미 대통령 특사 방문 전언·임정 수립 급진전 운운, 백남훈, 윤치영 방문
4. 30	동래	동래중학교	1만여 명		4. 27 동래 입구에서 암살범 1명 체포
5. 1	마산	마산중학교	4만여 명		미군정장관 매리크 크프라이디 축사, 미해병대 8백여 명 참가, 1마일마다 25명의 정복경찰 배치
5. 1	진해				마산 연설 후 배로 방문
5. 2	함안	가야국민학교	2만여 명		
5. 3	진주	진주중학교	10만여 명	일치단결하여 독립 전취	진주 민전 이승만 산하로 참가, 진주 부민 7만 외 인근 9개 군민 참가
5. 4	하동	하동국민학교			진주 → 순천 도중 참석
5. 5	순천	남국민학교·순천중학교	3만여 명		김양수·배민수 등 소개, 중앙교회 환영 예배 참석(공산주의자 비판)

5.6	보성	보성국민학교	1만여 명		
5.6	장흥	장흥국민학교			
5.8	목포	산수국민학교	3만 명		모든 시민 참석, 이승만 방문 이후 지식층 지지
5.9	광주	西町국민학교	6천 명 (G-2), 5만 명 (대동)	미소공위 연기 발언, 미국인에게 감사하는 영어 연설(10분)	항공으로 귀경
남선순행 재개					
6.3	정읍	동국민학교	6만여 명	남방만의 임시정부 혹은 위원회 조직 필요	
6.4	전주	공설운동장	5만여 명	정읍 발언 재확인	처음 5분 동안 영어 연설, 정읍 발언은 일반 민중의 희망사항 대변 기자회견, 6.8 이승만 방문 저지 테러 음모 미연 방지
6.5	이리		8천 명	정읍 발언 재확인	하지와 전화 요담후 정읍 발언은 일반 민중의 초초함의 발로라고 주장
6.6	군산	이리공립학교	7만 명 (대동) 2만 명 (G-2)	정읍 발언 재확인, 소련의 고집으로 공위 휴회, 참된 끝이 아닐 때는 내 명령을 따를 것	
6.9	장호원				남선순행 종료지

[출전] 『光州民報』 1946년 4월 19일자, 5월 10·11일자 ; 『大邱時報』 1946년 4월 24·25·26·27일자, 5월 5일자 ; 『大東新聞』 1946년 4월 19·21·23·24·26·28·30일자, 5월 3·4·5·7·8·10·11일자, 6월 8일자 ; 『獨立新報』 1946년 6월 6일자 ; 『民主衆報』 1946년 4월 19·30일자 ; 『서울신문』 1946년 4월 23일자, 5월 1·12일자, 6월 5·6·8일자 ; 『自由新聞』 1946년 4월 16·24·26일자, 5월 11일자 ; 『朝鮮人民報』 1946년 4월 23일, 6월 5·6일자 ; 『朝鮮日報』 1946년 4월 20·24·26일자, 5월 11일자 ; 『中央新聞』 1946년 5월 12일자, 6월 6·8일자 ; 『中外新報』 1946년 5월 5·6·11일자, 6월 5·11일자 ; 『漢城日報』 1946년 5월 3·11일자, 6월 3일자 ; 『現代日報』 1946년 6월 12일자 ; HQ, USAFIK, G-2 Periodic Report, no. 206(1946. 4. 19), no. 209(1946. 4. 23), no. 214(1946. 4. 23), no. 217(1946. 5. 2), no. 220(1946. 5. 2), no. 224(1946. 5. 10), no. 228(1946. 5. 15), no. 235(1946. 5. 23), no. 244(1946. 6. 4), no. 246(1946. 6. 6), no. 249(1946. 6. 10), no. 257(1946. 6. 19) ; HQ, 6th Infantry Division, G-2 Periodic Report, no. 189(1946. 4. 25), no. 192(1946. 4. 28), no.193(1946. 4. 29), no. 197(1946. 5. 3), no. 199(1946. 5. 5), no. 200(1946. 5. 8), no. 202(1946. 5. 8), no. 228(1946. 6. 3), no. 229(1946. 6. 3), no. 232.(1946. 6. 7.)

참석자 수가 보도되지 않은 지역을 포함하면 그 숫자는 더욱 커질 수밖에 없는데, 이승만의 남선순행 기간 동안 최소 70~80만 명의 청중이 동원되었음을 알 수 있다. 이는 좌우를 막론하고 단일 기간에 단일 정치인이 동원한 최대의 군중 수였다.

둘째, 이승만의 남선순행이 미군정과 한국인 관리·우익 진영의 전면적 지지와 후원 아래 진행되었다는 점이다. 먼저 지적할 것은 미군정의 지원과 후원으로 좌익 세력에 대한 전면적 탄압이 동시에 진행됨으로써, 그 효과가 배가되었다는 점이다. 미소공위가 진행되는 과정에서 미군정은 좌익에 대한 탄압을 본격화했는데, 특히 "미군정에게 적대적인 범법 행위"를 행한 경우에 처벌할 수 있는 군정 법령 제72호(5월 4일)가 가장 대표적인 사례였다. "점령군의 이익에 해가 되"거나 "점령군의 권위를 손상시키"거나 허가받지 않은 집회 등에 '참가'해도 처벌할 수 있다고 규정된 군정 법령 제72호는, 2월 23일에 군정 법령 제55호로 공포된 '정당등록법'과 함께, 경찰이 좌익을 수사·체포하고 조직을 해산시킬 수 있도록 보장하는 법률적 장치였다. 군정 여론국은 군정 법령 제72호가 "경찰이 많은 지역에서 좌익에 대한 전면 공격을 감행하기 위한 백지위임장"으로 활용된다고 지적할 정도였다.[148] 이미 3월 말 미군정 보고서는 좌익 지도자를 체포하는 것이 일시적인 저지책에 불과하며, 이것만으로는 좌익 조직의 효과적 제거가 불가능하다고 지적했다. 이 보고서는 좌익 통제의 유일한 해결책은 우익의 대항 조직을 도시와 지방의 말단까지 이식함으로써, 대중적 지지를 획득하고 우익의 입장을 선전하는 것이라고 했다. 이 정보 보고는 이승만의 독

---

148) USAMGIK, Official Gazette, May 4, 1946 ; Public Opinion Bureau, Raw Reports, July 30, 1946, XXIV Corps Historical Files ; 브루스 커밍스, 앞의 책 하권, 68~70쪽.

촉국민회가 지방에서 이러한 우익의 대항 조직으로서 역할할 수 있는 기반이라고 평가하면서, 우익 조직의 이식 이전에 먼저 좌익 조직이 제거되어야 한다는 점을 강조했다.[149] 이승만은 지방 순회 과정에서 미군정 관리들과 긴밀한 관계를 유지했고, 3차례 이상(마산·광주·전주) 영어로 연설했으며, 마산에서는 미해병대원 800명이 이승만의 강연에 참석하기까지 했다.

다음으로 미군정의 지적처럼, 경찰 고위 간부가 이승만에게 밀착되었으며, 남한 전역을 통해 좌익을 탄압하는 데 앞장섰다. 예를 들어 1946년 5월, 남한의 전 경찰에게 모든 좌익 지도자를 검거하라는 명령이 말단까지 내려갔으나, 이는 미국인 고문의 양해를 받지 않은 명령이었다.[150] 미군정은 경찰이 이승만과 미군정 중 과연 누구에게 진정으로 충성하는가 하는 점을 고민해야 했다.[151] 전국 경찰서에는 이승만의 사진이 걸려 있었고, 이승만이 경찰을 지배했다.[152] 경찰은 이승만의 신변 보호를 내세워 각 지방에서 삼엄한 경계 태세를 펴고 좌익 인사를 예비검속했다. 이승만이 마산에서 머무는 동안 경찰 1천 명이 여러 군에서 차출되었으며, 그가 통과하는 도로에는 1마일마다 25명의 정복 경찰이 배치되었다.[153]

순천에서는 이승만이 도착(5월 4일)하기 4~5일 전부터 순천 경찰이 인근 수개 군 경찰의 지원을 받아 순천의 좌익 인사 170여 명을 검거

---

149) G-2 Weekly Report, no. 29(1946. 3. 31.)
150) Report, "Recommended MG policies in respect to public relations" May 6, 1946, Hqs USAMGIK, Dept. of Public Info., singed Captain Richard D. Robinson, Thomas L. Smith, and Arthur N. Feraru.
151) Interview with Major Brown, Police Inspector, Department of Police, Hqs, USAMGIK, March 2, 1947.
152) 「미군정 민사관리였던 E. A. J. Johnson의 증언」(1966년 11월 30일), 김정원, 앞의 책, 89쪽에서 재인용.
153) G-2 Periodic Report, no. 229(1946. 5. 16.)

했고,154) 숙소 부근의 민가는 모두 가택수색을 했으며, 밤에는 출입을 금지시켰다.155) 이승만은 5월 5일에 순천의 환영회장에 들어섰는데, 안내차와 10여 명의 무장 경찰이 탑승한 화물차, 그리고 미군 헌병대가 이승만을 경호했다. 이승만을 접견하는 우익 인사 100여 명 역시 모두 신체수색을 당해야 했다. 순천군수 김양수는 이승만 박사 환영준비위원회를 조직하고, 환영비 50만 원을 기부금으로 거뒀다. 또한 집집마다 가로 2척, 세로 5척의 종이 태극기와 '환영 이승만 박사 만세'를 써서 붙이게 했다.

순천 환영식에서 이승만 연설이 끝나자, 우익 관계자 수백 명이 시내를 행진하며 인민위원회·공산당·민전·부녀총동맹 사무소를 습격하고 간판을 모두 떼어버렸다.156) 미군정·경찰·우익 단체의 분명한 합작이었고, 합법적 공권력과 불법적 폭력의 결합이었다.

이승만의 지방 순회의 세 번째 특징은, 그의 대중 연설과 선동이 매우 효과적이었다는 점이다. 이승만은 강압적 상황의 한편에서 연설과 선동을 통해 우익 대중들을 움직였다. 만민공동회 당시부터 이승만의 연설은 대중을 감명시키고 선동하는 것으로 유명했다. 이승만은 1910~12년간 YMCA 학생부 총무로 남한 순회 전도 연설을 통해 수많은 사람을 기독교로 개종시켰으며, 1910년대 중반 하와이의 각 섬을 돌아다니며 하와이 한인들에게 교육의 희망과 기독교의 복음을 전하고 모금을 하기도 했다. 남선순행에서도 이승만은 대중 연설에 뛰어난 면모를 보였다. 5월 6일에 목포에서 행한 이승만의 연설은 이러한 선동가적 기질을 잘 보여주었다. 이승만은 자신을 믿고 따르라고 한 뒤, "공산주의자는

---

154) 『독립』 1946년 7월 3일자 ; 『청년해방일보』 1946년 5월 20일자.
155) 『독립』 1946년 7월 10일자 ; 『청년해방일보』 1946년 6월 11일자.
156) 『청년해방일보』 1946년 5월 30일자.

소련으로 보내야 한다. 가족의 일원이라도 거부하라. 공산주의자는 파괴주의자다. 그러므로 공산주의자는 전부 체포하라. 목포에도 몇몇 공산주의자가 있는 모양인데 전부 체포할 준비가 되어 있다. 만일 개전하면 관대히 처분하겠다"라고 했다. 이날에 있었던 연설의 절정은 이승만이 단정과 무력 통일을 주장한 부분이었다. 『청년해방일보』에 따르면 "이승만은 자기의 주장을 하지 중장에게 전하여 자기 소망이 관철되지 않으면 미소공동위원회는 결렬되고 공동위원회가 결렬되면 남조선에 단독정부를 세워 병력으로써 38선을 깨뜨리고 소군을 내어쫓고 북조선을 차지"하겠다는 주장을 펼쳤다.157) 이승만은 처음으로 단정 수립에 대한 의사와 호전적인 북진무력통일론이라는 자기 정치 노선의 핵심을 밝혔지만, 미소공위가 진행되고 있던 당시에는 언론의 주목을 받지 못했다.

또 한 가지 중요한 점은 이승만의 남선순행이 장기적이고 조직적이며 치밀하게 계획되고 추진되었다는 사실이다. 미군정기 그 어떤 좌우익 정치가도 이승만처럼 공개적으로 막대한 대중을 동원하며 지역 유지들의 후원과 지지 속에서 장기적으로 강연 여행을 할 수 없었다. 미군정과 한국인 경찰, 한국인 관료, 우익 단체들의 완벽한 협동에 의해서만 이런 순회 강연이 가능했다. 이런 측면에서 1946년 4~6월에 이루어진 이승만의 남선순행은 그 자체로 이승만의 남한 내 정치적 위상을 반영하는 것이었다.

이승만의 순방을 기회로 미군정과 경찰은 공식적으로 좌익 인사에 대한 예비검속과 치안강화를, 한국인 지방 관리와 유지들은 기부금 모금과 군중 동원을, 우익 청년 단체들은 환영식이 끝난 후 시위 행진을 통해 좌익 단체를 파괴하고 테러를 가하는 것이 정해진 틀이었다. 이

---

157) 『청년해방일보』 1946년 5월 20일자.

를 통해 독촉국민회는 지방에서 최초로 성공적인 조직력을 갖춘 우익 운동으로 성장했다.158)

　독촉국민회는 각 지역의 상황에 맞게 우익 세력을 결집해 지부를 결성했다. 독촉중협 지회와 반탁총동원위원회 지회가 공존했던 대구의 경우, 두 단체가 통합해 독촉국민회 지회를 결성(1946년 3월 9일)했고, 4월 12일에는 4천 명이 모여 독촉국민회 주최 우익 연합대회를 개최하고 좌익을 비난했다.159) 또한 좌익 세력이 강해 우익이 활동하지 못했던 지역에서는, 이승만의 지방 순회를 계기로 독촉국민회 지부가 결성되었다. 이 경우 군정과 경찰, 우익 청년단의 물리력으로 좌익 단체를 폐쇄하고, 인민위원회를 그대로 흡수해 독촉국민회를 설립하는 등의 방식으로 '간판'을 바꿔 달았다.160) 많은 지역에서 독촉국민회 지방 지부는 인기와 역량이 감소된 인민위원회의 계승자가 되었다.161)

　또한 과거의 친일 경력 때문에 해방 후 활동을 못하던 지방관리·우익 인사들은 이승만의 지방 순회를 기화로 재빨리 이승만을 지지하면서 독촉국민회 지회를 결성하고 활동을 개시했다.162) 때문에 독촉국민회 지방 지부는 주로 지주·친일파·경찰들로 충원되었다.163) 독촉국민회는 급격히 성장했고, 도 단위 차원에서 성공적인 조직 공세를 이룩

---

158) 브루스 커밍스, 앞의 책 하권, 74쪽.
159) G-2 Periodic Report, no. 179(1946. 3. 19); no. 202(1946. 4. 15.)
160) *HUSAFIK*, part 2, chapter 2, pp. 159~160 ; 김보영, 앞의 논문, 9쪽.
161) Report, "Summary Recent Info., Concerning the National Society for the Rapid Realization of Korean Independence" September 25, 1946, Hqs USAMGIK, Dept. of Public Info., prepared by Philip C. Rowe, Political Analyst.
162) 김보영, 앞의 논문, 9쪽.
163) 마크 게인, 『해방과 미군정』, 까치, 1986, 73~76쪽. 독촉국민회 충청남도지부의 경우 지부장 南天祐(감리교 목사)를 비롯한 기독교 세력, 현지 친일 자산가 등이 중심을 이루었고, 이밖에도 지주·친일파·경찰 등이 참가했다.(장규식, 「해방후 홍성지방 중도우파·사회주의 진영의 국가건설운동」, 연세대 사학과 석사학위논문, 1992, 48~55쪽.)

한 최초의 우익운동이 되었다. 주한미군의 정보 당국은 우익 진영이 정치조직의 측면에서 좌익이 점하고 있던 초기의 우세를 만회하고 있다고 평가했다.164) 심지어 북한에서 독촉국민회의 지하 회원을 모집하는 운동이 시작되었다는 보고가 있을 정도였다.165) 나아가 반드시 독촉국민회를 통하지 않더라도 이승만의 방문 이후 5~6월을 기점으로 지방에서 우익 진영은 좌익의 조직력을 극복하기 시작했다.166)

4월 15일부터 시작된 이승만의 남선순행은 5월 10일에 전라남도 광주에서 일단 중단되었다. 미소공위 무기 휴회에 대한 대책을 협의하기 위해 이승만은 곧바로 상경했다. 이승만이 서울에 올라온 이후 미군정과 우익은 좌익에 대해 더욱 공격적인 태도를 보였다. 우익은 독촉국민회를 중심으로 5월 12일에 반탁 시위를 개최했고, 시위대는 소련 영사관과 공산당사 앞에서의 시위를 필두로 좌익 신문사 3곳을 공격했다.167) 이승만은 5월 19일에 독촉국민회 인천지부 주최 독립전취인천시민대회에 참석했는데, 이 대회에는 6만 명이 동원되었다.168)

반면 정판사 위폐 사건(1946년 5월)을 시작으로 조봉암의 박헌영 비판서한이 공개되면서, 좌익의 도덕성은 실추될 대로 실추되었다. 미군정은 조공에 대한 간접적인 와해 공작뿐만 아니라 좌익 신문 정간(1946년 7월), 조공·민전 간부 체포령(1946년 7월) 등을 통해 좌익에 대한 대대적인

---

164) *HUSAFIK*, part 2, chapter 2, pp. 65~67.
165) Political Trends # 31.
166) 전남의 경우, 이승만이 방문하고 미소공위가 휴회된 직후인 5월 15일에 우익 정당·단체들은 통합을 위한 대규모 집회를 개최한 후 6월에 지방 중소도시에 대표단을 보냈으며, 7월 초에 이르자 전남 대부분의 군에서 우익이 우위를 점했다.(그란트 미드 지음·안종철 옮김, 『주한미군정연구』, 공동체, 1993, 215쪽.)
167) 시위에는 3만 5천~5만 명이 참석했고, 신문사 습격 때문에 대회 의장인 오하영 외 3명의 우익 지도자가 체포되었다.[G−2 Weekly Summary, no. 35(1946. 5. 15.)]
168) 『東亞日報』 1946년 5월 19일자.

공격과 세력 감축을 시도했다.169)

 이승만의 남선순행은 6월 2일에 재개되었다.170) 미소공위의 휴회를 전후한 시점에서 이승만의 지방순회는 한층 더 강력한 좌익 파괴·우익 건설의 효과를 나타냈다. 이승만을 비롯한 우익 인사들은 이 시점에 집중적으로 지방 순회를 했으며, 이는 독촉국민회의 조직 강화에 기여했다. 조소앙과 안재홍은 5월 29일에 2주 예정으로 지방 순회를 시작했는데, 이들은 5월 20일에 시작된 면·군·도의원 선거를 지원하기 위해 충북에 들렀다.171)

 이승만은 전라북도의 정읍·전주·이리·군산을 순방했는데, 정읍에서 그 유명한 단정 발언을 했다. 이승만의 전북 방문에도 많은 인파가 동원되었다. 이승만이 군산을 방문하기 위해 전북 지경리~군산 간 약 여덟 개 마을을 지날 때 모든 마을 주민들이 이승만을 환영하기 위해 길을 덮었고, 이리에서는 8천 명의 군중들이 빗속에서 이승만의 도착을 2시간이나 기다려야 했다.172)

 지방 순회를 통해 이승만의 개인적 인기는 귀국 이래 최고조에 도달해 있었다. 여행 과정에서 이승만은 직접 독촉국민회의 조직적 성공을 목격했고, 지방의 후원자 및 단체의 지원 아래 강연을 개최함으로써 이들과 직접적인 관계를 수립했다.

 더욱 중요한 것은 지방 순회를 계기로 이승만이 전국적 차원에서 우익 진영의 최고 지도자라는 점을 구체적으로 대중들에게 확인시키는

---

169) 서중석, 앞의 책, 495~497쪽.
170) G-2 Weekly Summary, no. 39(1946. 6. 13.)
171) 선거 결과 面會 성원 992명 중 단지 67명의 공산주의자만이 선출되었고, 한민당이 201명, "무소속"이 724명 당선되었는데, 한국인 관리들은 이들 중 90%가 보수적이며 이승만의 추종자라고 밝혔다.[G-2 Weekly Summary, no. 38 (1946. 6. 8.)]
172) HQ, 6th Infantry Division, G-2 Periodic Report, no. 232(1946. 6. 7.)

데 성공했다는 점이었다. 한민당·한독당 등 우익 정당의 지방 지부와 각종 청년 단체의 지부들은 다양한 명칭으로 존재했지만, 실제로는 동일한 인물이 중복해서 가입한 경우가 태반이었다. 독촉국민회 지부는 해당 지역에서 모든 우익의 집결장이 되었으며, 독촉국민회 지부라는 단일 깃발 아래 집결한 지방의 우익 단체와 인사들은 이승만이 우익의 최고 영수라는 점을 확인하게 되었다.173)

이 시기를 전후해 김구와 김규식 등 다른 우익 지도자들도 간헐적으로 지방 순회를 했고, 지방 우익들의 환영을 받았다. 김구는 4월 28일에 경기도 여산을 방문해 독촉국민회 지회의 환영회를 받았고, 여기에는 현지 경찰 수뇌와 관리들이 참석했다.174) 공주를 방문했을 때 경찰은 김구가 연설한 운동장에 출입하는 모든 사람의 신체를 검사했으며, 수많은 군중이 동원되었다. 공주에서 김구는 대중 연설을 통해 이승만이 최고의 지도자이며, 선거가 실시되면 이승만에게 투표해 달라고 호소했다.175) 김구가 대중 강연을 통해 공개적이고 자발적으로 이승만 예하의 2인자로 처신하는 태도를 보임으로써, 우익 진영 내의 위계질서가 이승만-김구-김규식으로 이어진다는 인식이 보편적으로 만연했다.176)

1946년 6월 9일에 이승만은 지방 순회를 마치고 상경했다. 이승만이 지방 순회를 떠나며 상정했던 주된 목적인 지방의 지지 기반을 확대하

---

173) 趙英珍(西北靑年會 부위원장 : 1997년 7월 16일, 서울 이촌동 자택)·鮮于吉永(1997년 4월 2일, 경기도 인덕원 자택)의 증언.
174) G-2 Periodic Report, no. 218(1946. 5. 3.).
175) G-2 Periodic Report, no. 229(1946. 5. 17.).
176) 배은희는 이승만을 독촉국민회 총재에 취임시키기 위해 김구와 이 문제를 협의했는데, 김구는 해결 방안으로 이승만의 남선순행 때 환영식장에 반드시 국민회 이름으로 플래카드를 들고 성대히 환영하라는 제안을 했다고 주장했다. (배은희, 앞의 책, 55쪽.)

고 강화하는 것, 즉 독촉국민회 지방 조직을 강화하는 일은 목표 이상의 성과를 달성했다.[177] 남은 것은 임정 계열이 주도권을 행사하던 중앙 조직을 확실히 장악하는 일이었다.

6월 10~11일에 개최된 독촉국민회 전국대회는 이승만이 명실상부한 우익 대중 조직의 수장으로 등장하는 무대였다. 6월대회의 하이라이트는 이승만이 연설을 통해 항간에 퍼져 있는 김구와의 갈등을 부정하는 동시에, 명의만의 총재는 거부하면서 책임을 지고 일할 수 있는 권한을 요구한 대목이었다. 이승만은 참석자들의 열광적인 환호 속에 총재로 추대되었다. 이 연설은 이승만이 행한 대중 연설 중 백미였다.[178]

미군정이 지적했듯이 독촉국민회 6월대회는 우익 진영 내에서 주도권을 둘러싸고 벌어진, 알려지지 않은 전투였다.[179] 미소공위 휴회 뒤로 표면적으로는 좌우합작운동이 정치적 초점으로 부각되었지만, 이면에서는 이승만과 김구가 우익의 실질적인 주도권 장악을 위해 독촉국민회를 놓고 대결했던 것이다. 이승만은 이 전투에서 승리함으로써 가장 강력한 우익 조직인 독촉국민회를 장악했고, 우익 진영 내부의 1인자로서 위상을 확립했다. 동시에 김구와 자신 간의 수직적인 서열 관계를 분명히 했다. 이승만이 독촉국민회 전국대회를 통해 김구와의 대결에서 승리할 수 있었던 요인은 다음의 두 가지였다.

첫째, 이승만은 지방 순회를 통해 독촉국민회의 지방 지부에 활력을 불어넣고, 조직력을 강화했다. 이승만은 도·시·군 급의 지방대의원을 장악하고, 지방 단위에서 좌우 투쟁이 어떤 방식으로 귀결될 것인지

---

177) G-2 Weekly Summary, no. 39(1946. 6. 13.)
178) G-2 Weekly Summary, no. 40(1946. 6. 19.) 이승만 연설의 원문은 「大韓獨立促成國民會代表大會會議錄摘要」, 『雩南李承晚文書』 제14권, 1~10쪽을 참조
179) "The National Society for the Rapid Realization of Independence" Hqs, USAMGIK, Dept. of Public Info., July 1, 1946, prepared by Philip Rowe, Political Analyst.

를 구체적 실례로 보여줌으로써, 우익의 명실상부한 지도자가 될 수 있었다.

둘째 요인은 임정의 산하 조직으로 출발했던 정치공작대가 이승만 진영으로 합류했기 때문이었다. 정치공작대는 임정이 국내 지지 기반 건설을 위해 1945년 12월 말에 조직했으며, 반탁운동 과정에서 급격히 성장했다. 그러나 그 과정에서 내무부장 신익희의 사조직으로 변모함으로써 임정과 갈등을 빚고 있었다.180) 독자 세력 유지에 골몰하던 신익희는 이승만과의 연합을 결심했고, 조직 역량이 뛰어났던 신익희와 정치공작대가 6월대회에서 이승만 진영에 가담함으로써, 임정의 세력은 약화된 반면 이승만의 조직력은 급성장했다.181) 주도권을 둘러싼 대결에서 이승만은 명성과 조직력 양자를 확보함으로써 승리할 수 있었다. 그 보답으로 신익희는 6월 전국대표대회에서 독촉국민회 부의장에 임명되어, 우익 진영의 실력자로 급부상했다.182) 또한 정치공작대원들이 독촉국민회 11개 집행부서 중 조직부(부장 李弘俊, 차장 曺仲瑞)·조사부(부장 陳憲植, 차장 朴文)·선전부 등의 요직을 차지함으로써 독촉국민회 내에서 신익희와 정치공작대의 영향력은 상당한 수준에 도달했다.183) 이후 독촉국민회는 신익희의 조직이라고 불릴 만큼 확고한 영향력을 행사할 수 있었다. 이는 신익희 개인의 힘이라기보다는 임정의 산하 조직이었던 정치공작대의 조직적 힘이 뒷받침되었기 때문이었다.184)

---

180) 박진희, 앞의 논문, 197~201쪽.
181) G-2 Weekly Summary, no. 56(1946. 9. 28.)
182) G-2 Weekly Summary, no. 56(1946. 9. 28.)
183) 『朝鮮日報』 1946년 6월 15일자;『大東新聞』 1946년 6월 17일자; 낙산동지회,『大韓民國建國을 위한 政治工作隊의 活動主史』, 1994, 78~80쪽.
184) G-2 Weekly Summary, no. 56(1946. 9. 28); *HUSAFIK*, part 2, chapter 2, p. 221.

결국 이승만의 지방 순회와 신익희와 정치공작대의 합류에 따라, 독촉국민회는 우익 내에서 가장 강력한 대중 조직으로 발전했다. 이승만은 독촉국민회를 장악함으로써 우익 내에서 도전받지 않는 지도력을 확보할 수 있었던 것이다.185)

이승만은 독촉국민회를 장악한 이후에도 한동안 지방 유세를 다녔다. 6월 22일에 개성을 방문했고, 다음 날에는 2만 명 앞에서 연설했다. 이승만은 3만 명의 공산주의자를 제외한 2,997만 명의 여타 한국인들은 통일과 독립을 원한다며, "독립을 위한 우리 투쟁을 도와주는 사람은 모두 친미파이다"라고 주장했다. 그는 "하지 장군의 목적은 나와 정확히 일치한다"라고 했는데, 이 대회에 참석한 CIC요원은 이승만이 대중 정서에 호소하는 재능을 지녔다고 찬사를 아끼지 않았다.186)

4. 자율정부·단독정부·과도정부

미소공위가 무기 휴회(1946년 5월 7일)되자, 이승만은 서울로 돌아와 하지·굿펠로우 등과 회담했다. 이승만은 5월 10일에 미소공위의 휴회는 '유감천만이며 공위가 속개될 것을 기대한다고 했지만 "자율적 정부수립에 대한 민성이 높은 모양이며 하루라도 빨리 정부가 수립되길 갈망한다"라고 발언했다.187) 이승만은 민중의 요구에 기초한 자율

---

185) 『東亞日報』 1946년 6월 12일자 ; *HUSAFIK*, part 2, chapter 2, p. 97.
186) 예를 들어 이승만은 이렇게 말했다. "나는 자식이 없지만, 한국의 모든 청년들은 내 아들 딸들이야."[G−2 Weekly Summary, no. 42(1946. 7. 5.)]

적 정부 수립이라는 표현을 썼는데, 이는 단독정부 수립운동의 이명(異名)이었다.188) 미소공위 휴회에 유감을 표시한 지 한 달도 못된 6월 3일에 이승만은 정읍에서 그 유명한 단정 발언을 했다.

> 이제 우리는 무기 휴회된 공위가 재개될 기색도 보이지 않으며 통일정부를 고대하나 여의치 않으니 우리는 **남방만이라도 임시정부 혹은 위원회 같은 것을 조직**하여 38이북에서 소련이 철퇴하도록 세계공론에 호소하여야 될 것(강조—인용자)189)

이승만의 발언은 정계에 파란을 몰고 왔고, 한민당을 제외한 좌우익의 대부분이 남한 단정안에 비판적 태도를 취했다.190) 이승만은 6월 11일 독촉국민회 연설에서 단정 발언을 부정하는 듯한 태도를 취했지만,191) 이는 여론 무마용이었을 뿐이다.

지금까지는 이승만이 정읍에서 최초의 단정 발언을 한 것으로 알려져왔다. 그러나 앞에서 살펴본 것처럼 이승만은 이미 1946년 초부터 미소협력 불가를 내세우며 남한만의 단독정부 수립과 무력을 통한 북한 소청(掃淸)을 주장했고, 지방 순회 과정에서도 공개적으로 동일한 주장을 했다. 다만 미소공위라는 중요한 정치 일정이 펼쳐지고 있는 서울에서 이승만의 발언이 별다른 주목을 받지 못했을 뿐이었다.

또한 이승만의 정읍 발언 이전에도 단정을 지향하는 움직임이 감지되

---

187) 『東亞日報』 1946년 5월 12일자.
188) 李仁秀는 이승만의 자율정부 수립운동이 "3·1운동으로 대한민국 임시정부를 수립한 독립운동의 정신과 전통을 계승하여 해방 후 3년간에 걸쳐 민족자결의 원칙에 따라 주권을 회복하려고 투쟁한" 독립운동으로, 단독정부 수립운동이 아니었다고 주장했다.(李仁秀, 앞의 책, 126~127쪽.)
189) 『서울신문』 1946년 6월 4일자.
190) G-2 Weekly Summary, no. 39(1946. 6. 13.)
191) G-2 Weekly Summary, no. 40(1946. 6. 19.)

었다. 미소공위가 한창 진행 중이던 4월 6일에 미국 샌프란시스코발 AP 통신은 미군정 당국이 남조선단독정부(separate independent government) 수립을 미 본국에 제의했다고 보도했다.192) 군정장관 러치와 미 국무부는 이 보도를 부정했지만, 보도의 내용이 전혀 터무니없는 것은 아니었다. 4월 8일에 업무 협의차 맥아더를 방문했던 하지 중장이 12일에 귀국할 당시, 국내 신문들은 미소공위 '소식통'을 인용해 미군정이 수개월 내에 철폐되어 행정권이 한국인들에게 이관될 것이라고 보도했는데, 이는 하지의 동경 방문이 단정 수립 제의와 관련 있다고 판단했기 때문이었다.193) 하지는 참모회의에서 동경행 결과를 설명하면서, 자신은 동경에서 항상 낙담하고 돌아오며 "그들은(맥아더 사령부―인용자) 우리 사정을 모른다. 그들은 정말로 우리들의 문제에 대해서 거의 모르는 것 같다"라고 한탄했다.194) 이는 독자적인 남한 정부 수립에 대한 맥아더의 제지를 의미하는 것이었다.

공개적으로 '세계 최초'로 남한 단정을 주장한 사람은 굿펠로우였다. 하지의 특별 정치 고문이자 이승만의 친구였던 굿펠로우는 1946년 5월 24일 귀국에 앞서 가진 기자회견에서 "소련이 조속히 무산된 제1차 미소공위를 재개시키지 않는다면 미국은 남한 단독정부의 구성을 추진해야 한다"라고 주장했다.195) 굿펠로우의 발언은 5월 6일에 나온 이

---

192) *HUSAFIK*, part 2, chapter 4, pp. 191~192. 다른 소식통은 이승만이 남한정부의 대통령으로 임명될 것이라고 했는데, 이러한 미국의 제안은 미소공위를 연장하려는 소련의 시도와 동원해제되는 미군 장교의 감소에 대한 대응책이었다.[USAMGIK, Department of Information, Press Summary (April 8, 1946.)]
193) 「行政不遠 移管豫想―임정 수립과 군정철폐의 전제로」, 『漢城日報』 1946년 4월 13일자. 국내 언론이 인용한 소식통은 굿펠로우였다. 『漢城日報』는 이 기사 옆에 「미소회담에 활약하는 外賓政客片貌」라는 제목으로 굿펠로우 회견기를 게재했다.
194) 「24군단 史官記帳(Historical Journal)」 1946년 4월 8일, 15일자.
195) 『自由新聞』 1946년 5월 25일자 ; *Pacific Stars and Stripes*, May 26, 1946 ; G―2

승만의 목포 발언과 동일한 것이었다. 굿펠로우는 서울을 떠나기 전에 이승만과 여러 차례 만났고, 귀국 도중에는 동경에서 맥아더와 면담했다.196) 이승만은 임영신을 통해 굿펠로우에게 매년 총 4만~5만 달러를 지불할 것이라고 밝혔다. 이러한 점들로 미루어 볼 때, 두 사람의 단정 수립 제기가 이미 충분히 협의된 사항이었음은 의문의 여지가 없다.197)

이상을 정리하면 다음과 같다. 이승만은 이미 1946년 초반부터 미소협력 불가를 내세워서 단정노선·북진통일노선을 측근들에게 공언했다. 5월 초에는 미소공위가 휴회되면 단정을 수립해야 한다고 주장했고, 공위가 휴회된 지 한 달 만에 공개적으로 단정 수립을 주장했다. 미군정 내부에서는 4월 초에 단정을 실시해야 한다는 의견이 제기되었고, 미군정의 정치 고문 겸 이승만의 로비스트였던 굿펠로우는 5월 말에 남한을 떠나면서 단정을 주장했다. 이승만·굿펠로우는 앞서거니 뒤서거니 서로 단정을 주장했고, 미군정은 공식적으로 단정론을 부정했다.

미군정이 단정론에 개입했다는 결정적 증거는 아직까지 발굴되지 않고 있다. 그러나 이미 1946년 초부터 이승만에게 미소공위의 실패와 대소 타협의 불가능을 강조한 것은 미군정이었으며, 독촉중협·민주의원으로 이어지는 남한만의 '임시한국행정부'·'정무위원회' 계획의 배후 조종자 역시 미군정이었다. 이런 측면에서 미군정 수뇌부의 정무위원회 구상이 1946년 2월의 민주의원, 1946년 여름의 좌우합작운동과 같은 해 11월의 과도입법의원으로 이어진다는 커밍스의 주장은 설득력이 있다.198)

Weekly Summary, no. 37(1946. 5. 29.)
196) *Seoul Times*, May 25, 1946.
197) 「이승만이 굿펠로우에게 보낸 편지」(1946. 6. 28), 『굿펠로우문서철』.
198) 브루스 커밍스, 위의 책 상권, 1986, 309~312쪽.

그러나 랭던의 정무위원회 구상이 일련의 단정 구상의 시원을 열었다는 커밍스의 주장은 의문의 여지가 있다. 왜냐하면 적어도 1947년 7월에 제2차 미소공동위원회가 무산되기 전까지 하지는 단정을 목표하지 않았기 때문이다. 하지는 전체 한반도 차원에서 미국식 정부를 수립한다는 목표를 추진했으며, 대소 봉쇄적이며 반공적일 뿐만 아니라 공격적인 구상을 갖고 있었다. 북한의 민주기지론에 상응하는 반공기지·자유기지론이었다. 하지는 대소 대결 의식과 '군인 중의 군인'이라는 자신의 스타일에 기초해, 미군정의 통제하에 수립되는 '임시 한국정부'를 북한 지역까지 확대·강제시킬 계획이었다.

그렇지만 미군정이 이승만의 단정노선을 부정하면서 대외적으로 표방한 정책과, 실제로 추진한 정책 사이에는 간극이 존재했다. 때문에 이승만이 적극적으로 단정 수립을 역설하고 국민과 정치 세력을 유도함으로써, 미국은 1947년 말 단독정부 수립 계획을 성공시킬 수 있었으며, 미군정의 '은폐된' 단정 수립 계획에서 이승만의 기여도는 대단히 컸다.[199]

미군정이 남한 단정 수립을 제안했다는 소문이 무성하던 4월 초에 이승만과 미군정의 관계는 밀착되어 있었다. 미소공위 제5호 성명이 발표(4월 18일)된 이후, 반탁 진영을 설득해 5호 성명에 대한 동의를 얻으려고 하지가 도움을 청한 것은 지방 순회 중이던 이승만이었다. 4월 21일에는 굿펠로우가 비행기로 대전에 도착했고, 유성에 머물고 있던 이승만을 방문했다. 굿펠로우는 5호 성명과 관련해 미군정의 입장을 이승만에게 알리면서 협조를 요청했다. 5호 성명은 미소공위가 협

---

[199] 신병식, 「분단국가의 수립과 이승만 노선」, 이수인 엮음, 『한국현대정치사 1』, 실천문학사, 1989, 342~343쪽.

의할 정당·사회단체의 범위를 규정하면서, 공위에 협력하겠다고 서명한다면 협의 대상이 된다고 규정했다. 하지는 찬반탁에 관계없이 5호 성명에 서명만 하면 미소공위의 협의 대상이 될 수 있고, 임시정부에 참여할 수 있을 뿐만 아니라 임시정부 수립 뒤엔 '반탁=원조반대'를 해도 무방하다고 밝혔다.200)

굿펠로우를 통해 하지의 입장을 숙지한 이승만은 4월 23일 대구에서 반탁 진영도 미소공위에 참가해서 정당·사회단체와 협의해야 한다며 5호 성명을 지지했다. 굿펠로우는 같은 날 민주의원을 찾아가 이 문제를 장시간 설명했고, 24일엔 김규식·안재홍이 아놀드와 만나 5호 성명에 대한 지지 문제를 요담했다. 그래도 반탁 진영이 5호 성명에 대한 지지를 머뭇거리자, 하지는 4월 27일에 5호 성명의 서명이 찬탁은 아니라는 특별 성명을 발표했다.201) 그러나 반탁 진영은 5호 성명에 대한 이승만의 지지 서한이 서울에 도착한 4월 30일 이후에야, 비상국민회의(4월 30일), 민주의원(5월 1일), 독촉국민회(5월 1일), 한민당(5월 1일), 한독당(5월 1일) 순으로 5호 성명 지지를 선언했다.

하지가 필요로 했던 반탁 진영의 5호 성명 지지는 미소공위 결렬의 가장 큰 원인이 되었다. 소련은 이들의 배제를 주장했고, 미국은 언론의 자유를 내세워 이를 반박했다. 시간이 필요했던 미국은 38선 철폐 문제로 맞섰고, 예상대로 소련이 거부하자 미국은 미소공위의 휴회를 제안해 5월 6일에 무기 휴회가 결정되었다.

이승만의 단정론이 문제화된 6월 초에, 미군정 공보부는 이승만 단정 발언에 대해, 6월 7~9일 동안 서울 시민 1,049명을 대상으로 여론 표본조사를 실시했다. 이 조사의 결과는 이승만의 단정 발언을 긍정적으

---

200) 『朝鮮人民報』 1946년 4월 23일자 ; G-2 Periodic Report, no. 189(1946. 4. 25.)
201) 『朝鮮日報』 1946년 4월 28일자 ; 『東亞日報』 1946년 4월 30일자.

표 12-4. 이승만 단정 발언에 대한 군정 공보부의 서울 시민 여론조사 결과

	긍정적이다 (예)	부정적이다 (아니오)	무응답
이승만 단정 발언이 정치적 통일에 미치는 영향	58%	28%	14%
이승만이 미군정청의 준대변인이다	24%	59%	17%
이승만 활동이 정치적 통일에 기여할 것이다	46%	36%	18%
이승만이 최고의 정치 지도자이다	69%		

[출전] G-2 Periodic Report, no. 277(1946. 7. 13.)

로 묘사하려는 군정 당국의 의도를 포함한 것으로 볼 수 있는데, 이승만의 활동이 한국 정계의 통일에 기여하는 것으로 묘사되어 있다.[202]

반면 이 시점에서 이승만의 사설 정보기관이었던 KDRK는 단정 발언에 대한 찬성 여론이 20%에 불과하다고 보고했다.[203]

한편 미소공위가 휴회되자 미군정은 새로운 정책을 구상했다. 미군정은 첫째로 이승만-김구-임시정부에 보내던 신뢰를 철회하고, 둘째로 중도 집단을 육성하며, 셋째로 임시 입법 기구를 구성한다는 계획을 수립했다.[204] 미군정은 온건 좌우파의 합작을 통한 입법 기구 수립으로 지지 기반을 창출하려 했고, 1946년 5월부터 좌우합작운동이 본격화되었다. 이후 1946년 말까지 남한 정세의 중심에는 좌우합작운동과 입법 기구 설립 문제가 놓여졌다.[205]

---

202) G-2 Periodic Report, no. 277(1946. 7. 13.)
203) KDRK는 Keep Dr. Rhee Korea의 약자로 독촉중협 청년부 柳汕·余勳·崔峻點에 의해 1946년 7월경 조직된 이승만의 사설 정보대였다. 이들이 작성한 보고서는 1946년 7월부터 9월까지 총 18건이 남아 있다. 이 조직은 공식적인 조직명 없이 KDRK·RIBK 등의 영문 명칭을 썼다. 한글 조직명을 정보조사국으로 부른 것으로 미루어 RIBK는 Research Information Bureau of Korea의 약자였을 것이다.[「KDRK(RIBK)문서」, 『雩南李承晩文書』 제14권, 63~430쪽.]
204) *HUSAFIK*, part 2, chapter 2, pp. 186~188.
205) 鄭秉峻, 「1946~1947년 左右合作運動의 전개과정과 성격변화」, 『韓國史論』

1차 미소공위 휴회 이후 미군정이 대외적·공식적으로 표명한 정책과 내부적 지향이 서로 일치하지 않았다는 증거는 여러 곳에서 발견된다. 먼저 하지는 좌우합작운동의 성공을 믿지 않았다.[206] 하지와 군정의 고위 장교들은 좌우합작을 지원한다고 공언했지만, 좌우합작운동 내내 온건좌파인 여운형을 조공으로부터 분리하기 위해 동원 가능한 모든 수단을 구사했다.[207] 반면 1946년 5월 말의 시점에서 하지는 굿펠로우를 통해 이승만의 후원 단체인 대한경제보국회에 2천만 원의 불법 대부를 승인했고, 그 중 1천만 원이 이승만에게 돌아가도록 조치했다.[208]

이승만은 굿펠로우에게 보낸 1946년 6월 22일자 비망록에서 공위 휴회 직후에 하지가 자신을 수반으로 하는 세 명의 저명한 지도자(이승만·김구·김규식—인용자)로 구성된 남한 과도정부를 수립하려 노력했다고 썼다.[209] 이승만에 따르면, 하지가 과도정부 계획을 동경과 워싱턴에 건의했고 승인을 기다렸다는 것이다. 이 지적은 미군정의 과도정부 계획이 이승만의 단정론과 연계된 것이자, 1946년 4월에 나온 남한 단정 보도의 근원이었음을 보여준다. 이어서 이승만은 하지가 최초에는 우익의 세 지도자를 중심으로 과도정부 수립을 시도하다가, 최근 들어 여운형·허헌과의 협조하에 남북합작의 과도정부 계획으로 전환했다고 지적했다.

29집, 1992, 249~305쪽.
206) 하지는 여운형과 김규식의 좌우합작이 의외의 결과를 가져오지 않을 것이라고 단정하고 있었다.[「하지가 굿펠로우에게 보낸 편지」(1946. 6. 23), 『굿펠로우문서철』 box 1, Correspondence 1942~1967.]
207) 정병준, 「해방직후 夢陽 呂運亨의 노선과 활동」, 『한국현대사연구』 창간호, 한국정신문화연구원 현대사연구소, 1998, 62~67쪽.
208) 정병준, 「大韓經濟輔國會의 결성과 활동」, 『역사와현실』 33호, 1999, 280~284쪽.
209) 「이승만이 굿펠로우에게 보낸 편지」(1946. 6. 22), 『굿펠로우문서철』 box 2. subject file, 1942~1967, "General Memoranda."

다른 비망록에서 이승만은 자신이 지방 순회에서 귀환한 직후에 '몇몇 군정 관리'들이 통일을 위해서는 소련이 받아들일 만한 최소한의 연립 기구를 조직해야 하며, 박헌영 일파를 고립시키는 계획에 착수할 것이라고 밝혔다고 썼다. 군정 관리들은 김규식이 이 일을 담당하지만, 그 이전에 이승만의 지지가 필요하다고 했다는 것이었다.[210] 하지 역시 이승만의 지지가 없는 한, 김규식이 성공할 수 없다고 생각했다.[211] 이승만은 하지의 생각을 좀 더 솔직하게 적었다.

> (하지) 장군은 남한만의 단독정부 수립이 한국의 북반부를 영원히 소련 지배하에 두는 것이라고 생각한다. 따라서 어떠한 희생을 치르더라도 박헌영 지배하의 공산주의자들만을 제외하고 이런 요소(여운형·허헌-인용자)들을 정부에 끌어들이는 것이 최상이라고 생각한다.[212]

이승만에 따르면 하지는 남한 단독정부 수립은 북한을 소련 지배하에 버려두는 것이므로, 소련이 인정할 수 있는 합작 기구(coalition body)를 조직하되, 김규식이 여운형·허헌을 '우리 편'으로 끌어들이면서 북한 측에 부의장직을 제공하는 방안을 구상했다는 것이다.[213]

이처럼 이승만의 단독정부와 하지가 구상하는 과도정부 간에는 공통점과 차이점이 혼재해 있었다. 두 사람의 공통점은 미소공위를 통한 임시정부 수립 방안을 거부하고, 남한에 우익 중심의 미국식 정부를 수립한다는 점이었다. 두 구상 간의 차이점은 이승만의 단독정부가 좌파 일반을 배제하고 남한에만 국한되는 것이었던 데 반해, 하지의 과도정부는 온건 좌파와 북한의 일부를 포함해 과도정부를 북한에까지

---

210) 「이승만이 굿펠로우에게 보낸 비망록」(1946. 7. 3), 『굿펠로우문서철』.
211) 「이승만이 굿펠로우에게 보낸 비망록」(1946. 6. 27), 『굿펠로우문서철』.
212) 「이승만이 굿펠로우에게 보낸 비망록」(1946. 6. 22), 『굿펠로우문서철』.
213) 「이승만이 굿펠로우에게 보낸 비망록」(1946. 6. 19), 『굿펠로우문서철』.

'확장'한다는 것이었다.

이승만은 하지와 김규식에게, 여운형·허헌이 미군정의 계획(극좌파를 제외한 과도정부 수립과 이북 수복, 즉 과도정부의 북한 지역으로의 확대 적용)에 동의한다면 좌우합작을 지지하겠다고 밝혔다. 이승만은 김규식을 연립정부의 수반으로 지지할 것이라며, 민주의원 사퇴 의사를 밝히기도 했다.[214] 하지는 소련과 북한의 동의를 얻기 위해 이승만에게 이 과도정부 수립에 참여하지 말 것을 종용했고, 이승만은 이에 동의했다.[215] 하지의 표현을 빌리자면 "늙은 악당(이승만—인용자)과 몇 차례 격렬한 회동"을 통해서 이승만을 이 방향으로 몰아넣은 것이었다.[216]

하지의 계획은 이승만과 김구 등 남한의 핵심 우익을 뒤편에 감추어 둔 채 김규식을 명목상의 대표자로 내세워, 남한 우익이 중심이 된 형식적인 남북 좌우합작 정부를 수립함으로써, 북한 지역까지도 미국의 세력권으로 만든다는 구상이었다. 이승만은 이러한 하지의 태도에 정치적 위기의식을 느꼈다. 이승만은 굿펠로우에게 "이러한 상황이 몹시 염려된다. 이런 모든 얘기를 얘기하는 것은 당신이 빨리 이곳으로 와 주었으면 하기 때문"이라며 긴급히 도움을 청했다.[217] 다급해진 이승만은 민주의원을 과도정부 혹은 북한에 수립된 소련의 정부 조직과 같은 형태로 개편하는 것이 최상의 해결책이라고 하지에게 제안하기도 했다.[218]

하지는 좌우합작의 출발 시점부터 이승만과 긴밀히 협조하고 있었

---

214) 「이승만이 굿펠로우에게 보낸 비망록」(1946. 6. 22), 『굿펠로우문서철』.
215) 「이승만이 굿펠로우에게 보낸 비망록」(1946. 6. 19), 『굿펠로우문서철』.
216) 「하지가 굿펠로우에게 보낸 편지」(1946. 6. 23), 『굿펠로우문서철』.
217) 위와 같음.
218) 「이승만이 굿펠로우에게 보낸 비망록」(1946. 6. 22), 『굿펠로우문서철』.

으며, 이승만이 더 큰 견지에서 자신의 계획에 동의해주리라고 확신했다.[219] 반면 이승만은 하지가 좌우합작을 시작하는 순간부터 자신의 정치적 운명이 위기에 처해 있었다고 판단했다. 이승만은 자신을 정치무대의 전면에서 사라지게 하려는 하지의 책략에 동의하는 것은 곧 정치적 자살과 다름없다고 해석했다. 하지에게 배신감을 느낀 이승만은 좌우합작을 무산시키기 위한 시도를 시작했다.

1946년 6월 12일 독촉국민회 전국대회에서 이승만이 조직한 민족통일총본부는 바로 좌우합작에 대한 반격의 일환이었다. 민족통일총본부는 6월 29일에 이승만을 총재, 김구를 부총재로 해서 조직되었지만, 민족 통일은 고사하고 김구의 동의마저 얻지 못했다.[220] 민주의원과 비상국민회의를 제외한 전민족의 통일을 제창한 민족통일총본부는 실질적으로 민족 통일의 일환으로 진행되던 좌우합작을 폐기시키기 위한 방략이었다.[221]

좌익은 이를 '민족분열총본부'라고 비아냥거렸다. 하지 또한 민족통일총본부가 좌우합작을 분쇄하기 위한 수단임을 알았지만, 여전히 이승만 편에 서 있었다.

> 이승만의 반소 캠페인을 단속해야만 했다. 이 늙은이는 단정 수립을 원하며 소련을 구축해야 한다는 취지로 너무 많은 불행한 말을 떠들고 다닌다. 또한 그가 미국에 무역 회사를 차려 무역권을 팔아먹었다는 보도가 있었다. 당신도 이곳과의 금전 관계는 일체 부인하길 바란다.[222]

---

219) 「하지가 굿펠로우에게 보낸 편지」(1947. 1. 28), 『굿펠로우문서철』.
220) 「民族統一總本部 特別會議錄」(1946년 6월 12일) ; 「民族統一宣言」(1946년 6월 29일), 『雩南李承晩文書』 제14권, 11~26쪽.
221) HUSAFIK, part 2, chapter 2, "Dr. Rhee's GHQ".
222) 「하지가 굿펠로우에게 보낸 편지」(1946. 6. 23), 『굿펠로우문서철』.

하지는 이승만의 단정 주장과 반소 캠페인을 우려하면서도, 굿펠로우에게 이승만과의 금전 관계를 부인해달라고 부탁할 정도로 이승만을 감쌌던 것이다. 그러나 하지와 이승만의 간격이 벌어지고, 우호적인 관계에 점차 금이 가기 시작한 것만은 분명했다. 하지는 1946년 7월 7일 굿펠로우에게 보낸 편지에서 이승만이 점점 더 '목의 가시'가 되고 있다고 지적했는데, 이는 신익희가 구상하고 이승만이 승인한 8월 29일 국치일 쿠데타 계획이 발각되었기 때문이다.223) 국치일 쿠데타 계획은 신익희의 주도로 쿠데타를 일으켜 과도정부를 수립한다는 구상이었지만, 미군정의 사전 제지로 무산되었다. 신익희는 8월 15일 광복절, 8월 29일 국치일, 9월 27일 불만·기아 총파업, 10월 27일 등 최소한 4차례에 걸쳐 임시정부 수립 혹은 중경 임시정부의 인정을 요구하는 쿠데타를 시도했다.224) 이승만은 국치일 쿠데타 직전에 CIC와 가진 인터뷰(8월 22일)에서 신익희의 계획을 모른다고 했지만, 신익희는 분명한 어조로 이승만과 김구가 자신의 계획에 동의했다고 밝혔다.225) 『주한미군사(HUSAFIK)』의 지적처럼 "가늠쇠를 겨냥하듯 잘 음미해보면, 이승만이 최소한 부분적으로는 신익희의 행동을 지령했음이 명백"했다. 이승만의 목적은 군정을 대체해 자신이 영도하는 남한 단독정부를 수립하는 데 어떤 방법과 어느 시점이 가장 적절한지를 결정하는 것이었다.226) 이승만은 자신이 배제된 채 진행되는 좌우합작—입법기

---

223) 「하지가 굿펠로우에게 보낸 편지」(1946. 7. 7), 『굿펠로우문서철』. 하지는 이승만이 3·1운동을 본뜬 반미 반소 봉기를 준비했으며, 움직일 수 없는 내부 밀고자의 비밀 정보가 있다고 했다.
224) *HUSAFIK*, part 2, chapter 2, "The Shin Ik Hi Plot", pp. 220~232 ; 도진순, 앞의 책, 106~109쪽.
225) CIC report, "Shin Ik Hi", file no. 8−18, August 27, G−2 file 1−7b, Shin Ik Hi (*HUSAFIK*, part 2, chapter 2, pp. 224~225에서 재인용.)
226) HUSAFIK, part 2, chapter 2, p. 233.

관 문제를 무산시키기 위해, 동원 가능한 모든 방법을 구사했던 것이다.

그 와중에서 우여곡절 끝에 10월 7일에 좌우합작 7원칙이 성립됨으로써, 입법 기구 문제가 정식으로 정치 일정에 오르게 되었다. 하지는 입법 기구가 조직되는 과정에서 이승만이 지금은 침묵하고 있지만 "언제나 발작의 위험성"이 있다고 했다.[227]

역설적으로 입법 기구의 조직은 이승만의 승리로 귀결되었다. 45명의 민선의원을 뽑는 선거가 10월에 실시되었다. 쌀 폭동과 추수 봉기가 결합된 10월 폭동의 와중에서 좌파는 물론 중도파 인물까지 체포령이 내려졌다. 이런 상황에서 공정한 선거가 치러지는 것은 불가능했다. 또한 간접선거(headman system)를 통한 선거 방식, 선거 홍보의 부재, 선거 행정·관리의 부재는 이승만·한민당 진영의 압도적 승리를 가져왔다.[228] 군정의 선거법은 좌익의 승리를 우려해 우익의 승리를 제도적으로 보장하는 것이었기 때문에, 미군정의 경제고문 번스(Arthur Bunce)는 이 선거를 "고무도장 사건"이라고 불렀다.[229] 4단계의 간접선거는 마을의 "이장"들이 선거인을 선발하도록 했고, 납세 자격 요건 때문에 지주·사업가·전문직 종사자들의 입장이 과도하게 대변되도록 제도화되어 있었다.[230] 강원도의 경우 이승만의 독촉국민회 지부가 선거 관리 임무를 담당하기까지 했다.

10월 31일에 발표된 민선의원 45명의 선거 결과는 우익 진영의 압도적 승리이자 '산사태'였다. 정당별 분포는 독촉국민회 17명, 한민당 14명, 한독당 3명, 인민위원회 2명, 무소속 9명으로 나타났다.

관선의원 45명의 경우에도 미군정 내에서 제안된 여타의 진보적 인

---

[227] 「하지가 굿펠로우에게 보낸 편지」(1946. 10. 18), 『굿펠로우문서철』.
[228] 鄭秉峻, 앞의 논문, 1992, 292~294쪽.
[229] "Byrnes to Martin"(February 2, 1947), 895.00/2−247.
[230] "Langdon to Byrnes"(August 30, 1946), 711.00/8−3046.

선안을 폐기시킨 후, 버치의 말과 같이 "하지가 용납할 수 있는" 사람들만 선출한 것이었다.[231] 하지조차 2명을 제외하고는 전부가 친일파, 부유한 지주, 혹은 서로 내통하는 정치인들의 단일 집단이라고 인정했다.[232] 하지의 고백처럼 "보도는 되지 않았으나 경찰을 포함한 우익 집단들이 선거 과정에서 강압적 방법을 사용"했기 때문에, 11월 4일로 계획되었던 입법의원의 개원은 한 달 뒤로 미루어졌다.

좌우합작-입법의원 조직이라는 정치적 과정에서 이승만은 표면적으로 배제되어 있었다. 그러나 막상 입법의원이 결성되자, 이미 남한의 정치적 판도가 이승만에게 유리한 방향으로 조정되어 있음이 드러났다. 김규식이 입법의원의 의장이 되었고, 중도파가 중심이 된 관선의원을 장악하고 있었지만, 그 반대편에는 이승만의 독촉국민회와 한민당·한독당 등 반탁 우익 진영이 포진했다. 1946년 초반의 민주의원이 미군정의 임명에 따른 것이어서 대의성이 결여되어 있었다고 한다면, 1946년 말의 입법의원은 선거 절차를 통해 대표성을 확보했다. 선거 절차의 유무만을 제외한다면 민주의원과 입법의원은 모두 반탁 진영의 정치적 기반이 되었고, 이승만의 세력하에 놓였다.

---

231) 정병준, 앞의 논문, 1992, 294쪽.
232) 「하지가 굿펠로우에게 보낸 편지」(1947. 1. 28), 『굿펠로우문서철』, box no. 1.

13장
1945~47년 정치자금 조성과 운용

 이승만은 1946년 중반 이후 우익 진영의 대중 조직과 정치적 주도권을 확실히 장악했다. 뿐만 아니라 남한의 경찰과 중앙·지방의 행정관리가 이승만의 편에 서 있었다고 해도 과언이 아니었다. 나아가 이승만은 동일한 시점에서 우익 내에서 통용되던 정치자금의 대부분을 장악함으로써, 실질적으로 우익 진영의 최고 지도자가 될 수 있었다. 즉 1946년 중반에 이승만은 정권 장악의 필수 요소인 조직과 자금을 장악했던 것이다.
 이승만은 우익 진영에서 가장 많은 정치자금을 조성하고 운용했다. 이승만이 조성한 정치자금 중 가장 큰 액수는 대한경제보국회(大韓經濟輔國會)가 제공한 1,000만 원(1946년 5월)과 1946년 말~47년 초 도미 외교 자금으로 조성된 14,704,820.64원(+350달러)이었다.[1] 이 두 차례의 대규모 정치자금 조성은 이 시기 이승만의 우익 진영 내 위상, 나아가 미군정과의 관계를 정확하게 보여주는 척도였다.

---

1) 鄭秉峻, 「1945~47년 우익진영의 '愛國金'과 李承晩의 정치자금 운용」, 『韓國史研究』 109호, 2000, 201~203쪽; 정병준, 「1945~47년 우익진영의 '愛國金'과 李承晩의 정치자금 운용」, 『韓國史研究』 109, 2000, 201~209쪽. 김구·김규식의 정치자금에 대해서는 정병준, 위의 논문, 2000, 194~201쪽을 참조.

이승만과 우익 진영의 정치자금과 관련해 가장 중요한 역할을 한 것은 미군정이었다. 1946~47년간 미군정은 정판사 위폐 사건(1946년 5월) 등으로 드러나듯이 좌익 진영의 자금 봉쇄에 주력한 반면, 우익 진영의 정치자금 조달·운용에는 관대했을 뿐만 아니라 실질적으로 지원 역할을 담당했기 때문이다.

　　먼저 미군정은 경제보국회에 대한 2천만 원 대부를 통해 이승만에게 1,000만 원, 『한성일보(漢城日報)』·『농민주보』에 500만 원, 민주의원에 100만 원, 기타 우익 단체에 300만 원 등을 정치자금으로 지원했다. 특히 1946년 5~6월에 미군정은 민주의원을 본격적으로 지원했는데, 하지의 정치 고문 버치 중위는 1946년 6월 김성수를 설득해 민주의원에 100만 원을, 여타 사람들도 동일한 액수를 기부하게 했다. 또한 군정은 모터풀 1개를 제공했다.[2] 나아가 군정은 1946년 9월부터 3개월에 걸쳐 240만 원을 공식적으로 민주의원에 제공했다.[3] 이를 합하면 미군정이 1946년도에 직·간접적으로 민주의원에 500만 원 이상을 지원했음을 알 수 있다.

　　한편 미군정은 좌우합작위원회의 경비를 지원하기도 했다. 1946년 300만 원, 1947년 300만 원 등 총 600만 원이 미군정의 국고금에서 하춘식(河春植) 명의로 보조되었다.[4] 또한 미군정은 이범석(李範奭)이 1946년 10월에 조직한 조선민족청년단(朝鮮民族青年團)에 대해서 1946년도에 미화 3만 3000 달러(500만 원)와 그 금액 이상의 장비를 제공했으

---

2) Interview with Bertsch by Robinson, subject : Democratic Council, March 7, 1947, RG 332, box. 77.
3) United States Armed Forces in Korea, *History of the United States Armed Forces in Korea(HUSAFIK)*, Manuscript in Office of the Chief of the Military History, part 2, chapter 2, pp. 177~179.
4) 宋南憲, 『解放三年史』 II, 까치, 1985, 389쪽. 하춘식은 하지의 河, 元世勳의 아호 春谷의 春, 김규식의 植을 조합한 이름이었다.

며,5) 1947년에 1,900만 원을 지원했다.6)

이상과 같은 대강의 계산만으로도 미군정은 1946~47년간 우익 진영에 대해 최소 5,300만 원 이상의 현금을 활동 자금으로 제공했다. 한마디로 엄청난 액수였다. 이는 당시 미군정 자신이 운용한 비자금과 비교해보면 더욱 분명해진다. 당시 미군정이 비공식적으로 운영했던 내부의 비자금 중 제일 큰 몫을 담당한 것은 주한미24군 정보참모부 산하의 971 CIC 지대(支隊)였다. 특히 971 CIC 지대의 특별수사대(Special Squad)는 주한미군 방첩대가 자랑하는 최정예 수사대였다. 이들은 1947년 1년 동안 매달 3천 달러 정도를, 1948년에는 매달 5천 달러 정도를 기밀비로 운용했다. 또한 작전 필요에 따라 담배와 의류·설파제·항생제 등의 물품을 불법으로 교환해 자금을 조달하기도 했다.7) 그럼에도 불구하고 이들이 운용한 1년 기밀비 총액은 1947년에 3만 6천 달러, 48년(1~5월)에는 2만 5천 달러였다. 1달러 대 50원의 공식 환율을 적용할 때, 각각 180만 원과 125만 원에 불과한 금액이었다.

미군정은 단순히 정치·사상적 입장에서만 좌우익에 대한 선호도를 달리한 것이 아니었고, 재정 후원의 측면에서도 극단적이고 상반된 차별 정책을 구사했다. 그 결과 1946년 하반기 이후 좌우익 간의 세력 역전이 가능했다.

---

5) 李珍京,「朝鮮民族青年團硏究」, 성균관대 사학과 석사학위논문, 1993, 19~20쪽. 한편 그레고리 헨더슨은 미군정의 지원금이 500만 달러라고 했는데, 이는 원화를 달러로 착각한 것이 분명하다.(Gregory Henderson, *Korea : The politics of the vortex*, Harvard University Press, Cambridge, Massachusetts, 1968, p. 141.)
6) 마크 게인, 『해방과 미군정』, 까치, 1986, 119쪽.
7) United States Army Intelligence Center, *History of the Counter Intelligence Corps, Volume XXX : CIC during the occupation of Korea*, March 1959, pp. 113~114.

1. 대한경제보국회(1945~46년)의 조직과 정치자금

1) 미군정·이승만·친일 경제인의 결합 과정

이승만이 대규모 정치자금 조성에 성공할 수 있었던 것은 1945년 12월에 대한경제보국회라는 친일 경제인들의 조직을 만든 뒤부터였다. 이 조직은 미군정·이승만·친일 경제인이라는 3자의 이해관계가 결합되면서 출발했다. 미군정은 심각한 미곡 문제의 해결 과정에 이승만의 도움을 받음으로써, 그의 정치적 위신을 고조시키며 경제적 기회를 제공하겠다는 계산이었다. 미군정이 이승만을 내세운 이유는 당시 미군정이 추진하고 있던 '임시 한국 행정부' 구상과 맞물린 것이었다. 이것이 경제보국회의 첫 번째 결성 배경이자 미군정의 의도였다.

이승만은 1945년 11월 중순부터 미군정과 미곡 문제의 해결에 나섰는데, 표면적으로는 미곡의 대일 밀수출 금지, 미곡 수집 촉진, 모리배 방지 등의 목적을 지닌 조직을 만든다고 선언했다. 미군정의 위촉에 따라 경제적 구국운동을 벌이는 '구국위원회'라는 것이었다.[8] 그러나 미곡 수집 촉진은 부차적인 문제였다. 경제보국회 결성의 두 번째 배경은 정치자금 확보라는 이승만의 이해와 요구였다. 이미 1945년 11월 1일의 독촉중협 회의에서 이승만은 정치자금의 염출에 대한 강한 의지를 피력한 적이 있었다.

> 미국에서나 군정청에서도 나를 존경하고 내 의사를 존중히 생각합니다. (중략) 우리도 인제는 각국에 사람을 보내야 되겠소 미국 화성돈(華盛頓)에도 보내

---

8) 『東亞日報』 1945년 12월 11일자.

고 영국 륜돈(倫敦)에도 보내고 소련 모스코에도 보내고 불국(佛國) 파리(巴里)에도 사람을 보내자는 것이오. (중략) 그러자면 사람도 있어야 되고 돈도 있어야 되지만 사람과 돈만 많아도 조직이 없으면 안 되오. (중략) 최후로 한가지 얘기 하라는 것은 일을 하라면 돈이 있어야 돼요. 돈 있는 부자들께 돈을 많이내도록 합시다. 그러타고 빼앗지는 마시오, 우리들이 불한당(不漢黨)이 될테니깐, 우리가 우리의 힘으로 경제적으로도 큰돈을 모와놓으면 저네들도 우리의 실력있다는 것을 알 것이요, 그리고 자주독립할 실력이 있구하면 모든 일이 다 일우워질 것이 아니오.9)

나아가 이승만은 대한경제보국회의 창립회의에서, 참석한 인사들에게 "새로운 정부가 수립되려는 모든 국가에서, 혹은 커다란 위난을 당한 나라에서는 국가의 지도자들은 경제적으로 부유한 시민들의 지원을 받는다. 조선에서는 이러한 지원이 그 수량에서나 조직적인 측면에서나 매우 부족하다. 내가 여러분을 초청한 것은 이런 상황을 교정하도록 하기 위한 것이다"라고 강조했다.10) 즉 이승만이 직접 정치자금 모집을 강조하고 앞장섰던 것이다.

경제보국회의 세 번째 결성 배경은 친일 혐의가 짙던 경제인들의 필요였다. 이들은 대체로 세 가지 이유 때문에 이승만에 대한 자금 지원에 적극적이었다. 첫째, 자신의 친일 행위에 대한 보험의 성격이었다.

---

9) 「朝鮮獨立促成中央協議會 第一次 第二次 經過報告」, 中央文化協會, 『中央旬報』 제2호.(1945년 12월 10일.) (정운현 기자 제공)
10) 「최창학 인터뷰」(1946년 6월 21일.) 1946년 6월 말~7월 초 주한미군 971 CIC 파견대의 특별수사요원 레이몬드 하이만(Raymond A. Heimann)은 대한경제보국회에 대해 조사했다. 그는 관련자인 崔昌學(1946년 6월 21), 許澤(1946년 6월 28일), 金熙俊(1946년 7월 1일), 孔鎭恒(1946년 7월 1일), 金鴻亮(1946년 7월 3일), 朴基孝(일자 미상) 등을 조사했고, 7월 3일 보고서를 제출했다. 이하에 등장하는 인터뷰는 모두 이 보고서에 수록된 것이다.[Memorandum for the Officer in Charge, July 3, 1996 by Raymond A. Henimann, Special Agent, CIC., Subject : Taihan Kyung Che Po Kook Whoi (Korean National Industrial Assistance Association), RG 332, Box. 77.]

이들은 좌익보다는 신뢰할 수 있는 우익 진영의 최고 정치인들에게 정치자금을 제공함으로써 친일 행적의 면죄부나 정상참작을 원했던 것이다. 둘째, 일제가 남기고 간 광범한 적산(敵産)의 이권에 대한 접근이었다. 때문에 대한경제보국회를 통해 광산·공장·기업체, 금융자산 등의 이권에 개입하려는 시도가 행해졌다. 셋째, 생필품이나 잉여 농산품·공산품에 대한 배급권과 통제권을 독점함으로써 경제적 이득을 취하려는 의도였다.

이상과 같이 미군정·이승만·경제보국회의 필요와 요구가 결합되어 대한경제보국회가 공식적으로 조직되었다. 결성을 주도한 것은 이승만이었다. 12월 3일에 돈암장 이승만 자택에서 이승만이 선별해서 초청한 대상자들이 이승만 참석하에 회의를 개최했다.11) 이 회의에서 경제보국회의 전신인 보국기금실행위원회(輔國基金實行委員會)가 조직되었다. 김홍량(金鴻亮)이 위원장, 민규식(閔奎植)이 부위원장, 그외 13명이 위원으로 선출되었다.

가장 중요한 기금의 모금 방법은 이승만의 알선으로 미군정을 통해 조선은행에서 2억 원을 대부받기로 결정했다.12) 2억 원 대부 결정은 미군정-이승만-경제보국회 3자 간의 관계를 대변해주는 결정적 대목이다. 이미 미군정과 이승만 간에 2억 원 대부에 관한 기본 계획이 수립되어 있었음을 보여주기 때문이다. 12월 8일에 열린 돈암장 회의에서도 은행에서 2억 원을 대부받으며, 대부금 상환은 최소 200명의 신입회원에게 기부를 받아 충당한다는 계획이 논의되었다.13) 2억 원 대부에 대한 비판 여론이 일자, 이승만은 12월 10일 즉각 이를 부인하

---

11) 「김홍량 인터뷰」(1946. 7. 3)
12) 『中央新聞』·『自由新聞』 1945년 12월 6일자.
13) 『中央新聞』 1945년 12월 9일자 ; 「허택 인터뷰」(1946년 6월 28일.)

며 사실무근이라고 주장했다.14) 그러나 뒤에서 살펴보겠지만, 액수를 제외하고 대부 계획은 모두 사실이었다.

보국기금실행위원회가 대한경제보국회라는 이름으로 공식 발족한 것은 1945년 12월 12일이었다. 표면적으로 내건 조직의 목표는 미곡 수집 촉진이었지만, 글렌 뉴만(Glenn Newman) 미군정 공보국장은 이 조직의 목적이 결코 미곡 수집이 아니라 오로지 정치적인 것이라고 지적했다. 뉴만은 보국회가 자임한 목적이 첫째는 재정적 혹은 기타의 방식으로 임시정부에 지원을 제공한다는 점이고, 둘째는 조선의 부자들이 애국적이란 사실을 널리 알린다는 점이라고 지적했다. 이 회의에서도 보국회 회원들은 2억 원 거출 계획을 제안했고, 후에 이승만의 공식 승인을 얻었다.15) 참석자 28명은 총 200명이 10만 원씩 헌금해서 총 2천만 원을 모은다는 계획을 세웠다.16) 잠정 내규에 따르면 보국회는 총무부·계획부·선전부·재정부 등 4개의 부서를 두며, 38선 이남의 각 군에 지부 사무소를 두는 조직 구조를 갖고 있었다. 즉, 경제보국회는 자금 모집과 미곡 수집 문제를 한꺼번에 해결하기 위해 군 단위의 지방 조직을 결성하려고 했던 것이다.

이승만의 비서이자 조선건국청년회 외교부 책임자였던 이정(李淨)은 서울 시내에 거주하는 재벌들이 이승만의 주선과 알선으로 결성한 경

---

14) 『自由新聞』 1945년 12월 7·11일자.
15) Report by Glenn Newman, Secretary of the Public Information Section, December 13, 1945, Subject : Report on the Great Korean Economic Contributors' Association(Taihan Kyun Chai Bokuk Hwai) ; Interview with 1st Lt. Bertsch, March 7, 1947, RG 332, box. 77.
16) 참석자 명단은 다음과 같다. 金鴻亮, 金星權, 全用淳, 李鍾澮, 康益夏, 崔昌學, 趙俊鎬, 朴基孝, 朴炳翼, 片德烈, 朴晉圭, 李茂, 金濟東, 金永煥, 황창규(Hwang Chang Kyu), 韓鐸烈, 金聖駿, 金淳興, 朴永根, 임정주(Lim Ching Chu), 金文成, 許澤, 유영섭(Yu Yung Sup), 白麟濟, 李賢在, 申德均, 金熙俊, 李淨.

제보국회를 조직했으며, 이 조직의 목적이 첫째는 미곡 수집 촉진이고, 둘째 보국 기금 모집이라고 설명했다.17)

12월 15일 발표된 대한경제보국회의 간부진은 다음과 같다.

위원장 : 김홍량(金鴻亮)
부위원장 : 민규식(閔奎植)
위원 : 최창학(崔昌學), 강익하(康益夏), 전용순(全用淳), 김제동(金濟東), 조준호(趙俊鎬), 박기효(朴基孝), 허택(許澤), 김성권(金星權), 공탁(孔濯), 박영근(朴永根), 김태희(金泰熙), 장진섭(張震燮), 김희준(金熙俊)
감사 : 이현재(李賢在), 김순흥(金淳興), 김성준(金聖駿)
상담역 : 이정(李淨), 이민(李民), 편덕렬(片德烈), 김영환(金永煥)18)

위원장은 황해도의 대지주이자 김구의 절친한 친구였던 김홍량이 맡았지만, 실권은 친일파인 민규식·전용순·조준호·박기효가 장악하고 있었다. 김홍량이 위원장이 된 것은, 첫째로는 경제보국회 회원들 가운데 유일하게 독립운동 경력자이자 김구의 친구라서 친일 혐의가 있던 대부분의 경제보국회원들에게 방패가 될 수 있는 인물이었다는 점 때문이다.19) 둘째로는 가장 연장자였다(당시 61세)는 점이 고려되었기 때문일 것이다.

한편 경제보국회 회원으로 확인된 인물들의 약력은 표 13-1과 같다.

---

17) 『中央新聞』 1945년 12월 15일자.
18) 『中央新聞』 1945년 12월 15일자. 다른 자료에는 상담역이 李茂, 片德烈, 金昭煥, 朴炳益. 韓澤烈로 되어있다.(『朝鮮人民報』 1945년 12월 18일자.) 孔濯은 孔鎭恒의 異名이다(孔鎭恒, 『理想鄕을 찾아서』, 濯奄孔鎭恒稀壽紀念文集刊行委員會, 1970, 527~533쪽.)
19) 김홍량(1885~1950)은 황해도의 대지주 출신으로서 신민회(1907) 회원으로 활동하며 많은 독립자금을 제공했다. 김구와는 친밀한 사이로 황해도 안악 양산학교(1905)에서 함께 활동했으며, 안명근 사건(1911)으로 함께 검거되어 8년간 옥고를 치뤘다. 김구가 農監으로 있던 東山坪농장의 소유주이기도 했다.(國家報勳處, 『獨立有功者功勳錄』 제1권, 1986, 133~134쪽.)

표 13-1. 대한경제보국회 관련자 약력

이름	경력·사회활동	경제활동
康益夏	• 3·1동지회 政經部員(1945. 12) • 보국기금실행위원(1945. 12) • 유엔조선위원단환영준비위원(1947. 12)	• 대한생명보험주식회사 취체역 사장 (1946. 6) • 경성상공회의소 설립 발기인(1946. 9)
孔鎭恒 (孔濯)	• 개성 • 早稻田大 • 영국·프랑스유학 • 천도교도 • 한글맞춤법 제1독회 후원(1932) • 천도교『新人間』사장 • 『高麗時報』발간 • 조선중앙일보 취체역(1935) • 최현배『한글갈』출간 지원(1942. 5) • 농업교육방침확립자문위원회 위원 (1945. 12) • 전재동포원호회 재무부 위원(1946. 9) • 駐佛公使(1949. 5) • 농림부 장관(1950. 10) • 아세아반공연맹 이사장(1955. 12)	• 한성도서출판주식회사 부사장 • 滿蒙산업주식회사(1934. 8)·만주에서 농장 경영(~해방) • 신한공사 이사(1946. 3~1947. 12) • 조선경제협의회 이사(1946. 3) • 三和물산주식회사 사장(1948. 5) • 조선상공회의소 통상의원 • 농협중앙회 초대회장(1956. 5)
金文成	• 대한독립청년단(1946. 9)	• 조선은행 이사(外務)(1945. 12)
金星權	• 조선민족청년단 서울시단부 이사 (1947. 5)	• 조선은행 외부감사(1945. 12)
金聖駿	• 한독당혁신파(국민당계)(1947. 9)	
金淳興	• 조선중앙일보 감사역(1935) • 한민당 발기인(1945. 8)	
金永煥	• 한민당 발기인(1945. 9)	
金泰熙	• 국회의원선거위원회 충청북도위원회 위원(1948. 3)	• 壽南商會 사장 • 조선상공회의소 설립 발기인(1946. 4)
金鴻亮	• 1885~1950 황해 안악 • 明治中學院 • 양산학교 설립(1906) • 신민회 • 寺內正毅총독암살사건으로 투옥 (1911~19) • 고려청년당 고문(1945. 9) • 3·1동지회 영수(1945. 12)	• 만주 안동현·황해도 동산평농장 경영 (1910) • 조선상선주식회사 사장(1946) • 경성상공회의소 설립준비위원(1946. 9)
金熙俊	• 1906 • 중앙학원 • 한민당 발기인(1945. 9) • 한국지사영접위원회 위원(1945. 10) • 殉國義熱祠堂奉建會 기금관리위원 (1945. 10) • 조선사회문제대책중앙협의회 발기인 (1945. 12) • 愛國金獻誠會 중앙위원(1945. 12)	• 김희준상회 사장(1946) • 조선상공회의소 설립발기준비위원 (1946. 4)

閔奎植	• 閔永徽의 차남 • 慶應義塾 경제과 • 영국런던대학 • 한민당 발기인(1945. 9) • 殉國義熱祠堂奉建會 기금관리위원 (1945. 10) • 조선사회문제대책중앙협의회 발기인 (1945. 11) • 독립헌금실행단 이사(1946. 2) • 민족대표외교사절후원회 재정부원 (1946. 11) • 유엔조선위원단환영준비위원회 위원 (1947. 12) • 김규식에게 삼청장 제공 • 납북(1950)	• 한일은행 • 廣業주식회사 상무취체역(1920) • 永保합명회사 사장(1933) • 계성주식회사(1935) • 東一은행 취체역회장(1936) • 영화산업주식회사(1937) • 조선공영주식회사(1937) • 東一은행 • 조흥은행 사장(1943) • 朝鮮無盡주식회사 사장(1945. 11) • 경기도상공경제회 회두(1946. 3) • 조선경제협의회 상무이사 • 조선상공회의소 회두(1946. 5) • 경성상공회의소 회두(1946. 9) • 조선은행 총재(1946. 9) • 조선상호은행 두취(1947. 12)
朴基孝	• 보국기금실행위원회(1945. 12) • 애국금헌성회 중앙위원(1945. 12)	• 조선광업중앙관리위원회(1945. 12)
朴炳翼		• 조선공업협회 총무부위원(1945. 10)
朴晉圭	• 民一黨 이재부장(1945)	
朴永根	• 애국금헌성회 중앙위원(1945. 12)	• 조선고무공업소(1945) • 조선고무동업협회 위원장(1945. 9) • 조선상공회의소 설립발기인(1946. 4) • 조선공업구락부 회장(1946. 5) • 조선산업건설협의회 부회장(1946. 8)
白麟濟	• 한민당 발기인(1945. 9) • 인공 경성시인민위원회 고문(1945. 9) • 한국지사영접위원회 위원(1945. 10) • 반탁총동원회 중앙위원(1945. 12) • 중앙선거위원(1947. 9) • 유엔조선위원단환영준비위원회 위원 (1947. 12) • 국회선거위원회 위원(1948. 3) • 5·10선거 서울중구 입후보(1948. 4)	• 건국의사회 위원(1945. 8) • 조선의학연구회 위원(1945. 9) • 서울시의사회 회장(1945. 12) • 미군정 보건후생 고문위원(1946. 3)
宋星鎭	• 1891년생 • 애국금헌성회 중앙위원(1945. 12)	
申德均	• 京城藥學전문학교 4회 졸업(1923) • 총독부위생시험소 근무 • 금강제약소 사원·연구부장(1938) • 경성약학전문학교 직원 • 부산 건준지부 발기인(1945. 8) • 부산시인민위원회 관련 검거(1946. 4) • 중앙대총장	• 수산업 • 부산상공회의소 상임위원(1946. 7) • 부산상공회의소 부회두(1949~52) • 부산상공회의소 회장(1957) • 대한상공회의소 부회장(1957~61)
李 淨	• 한민당 발기인(1945. 9) • 이승만 비서(1945. 12) • 조선건국청년회 외교부책임자(1945)	

李鍾澮	• 1906 함남
	• 11개 적산공장 관리운영자금
	  1천 3백만 원 불법 융자(1946. 12)
	• 풍국제분 부정사건(1946. 12)
		• 조선공업협회 감사위원(1945. 10)
		• 서울화재해상보험주식회사 취체부사장
		  (1946. 1)
		• 풍국제분 관리인(1946. 2)
		• 大洋산업주식회사 사장(1946)
		• 경성상공회의소 설립발기인·초대의원
		  (1946)

李賢在	• 한민당 발기인(1945. 9) • 檀君殿奉建期成會 중앙위원(1945. 10) • 조선사회문제대책중앙협의회(1945. 11)	• 興一社 사장 • 경기도상공경제회 이사(1946. 3) • 조선상공회의소 설립발기인·초대의원 (1946. 4) • 조선섬유산업협회 부회장(1946. 5)
張震燮	• 한민당발기인(1945. 9) • 한민당중앙집행위원회 재무부 • 애국금헌성회 중앙위원 • 이승만에게 敦岩莊 제공	• 조선다이야공업사 사장(1946) • 조선상공회의소 설립발기인(1946. 4) • 경성상공회의소 설립발기인(1946. 9)
全富一	• 1899 • 日大 法	• 三陸공업사 사장 • 普仁堂사장 • 경성상공회의소 설립발기인(1946. 9)

全用淳	• 1901~1961
	• 友溪
	• 선린상업학교
	• 동아일보 영업부사원(1927)
	• 미 군정장관 고문(1945. 10)
	• 조선사회문제대책중앙위원회(1945. 11)
	• 독촉국민회 제1회중앙상무집행위원
	  (1946. 6)
	• 유엔조선위원단환영준비위원회 위원
	  (1947. 12)
	• 총선거촉진국민대회 재무부원(1948. 2)
	• 京電파업진상조사위원(1948. 4)
		• 京城藥化연구소 사장(1929)
		  염산몰핀생산으로 치부
		• 金剛제약소 사장(1935)
		  살바루산·머큐로크롬 생산
		• 조선약품공업협회 위원장(1945. 10)
		• 金剛제약소 사장(1946)
		• 경기도상공경제회 이사(1946. 3)
		• 조선상공회의소 부회두(1946. 5)
		• 공업회의소 부회두(1947. 12)
		• 조선약업진흥주식회사 사장(1948)
		• 조선상공회의소 회두(1948. 5)
		• 경제위원회위원(1949. 2)

趙俊鎬	• 趙重鼎의 장남 • 일본 중앙대법과·영국 유학 • 시대일보 상무이사(1925) • 매점매석 모리배로 검거(1946. 2) • 한독당 혁신파(국민당계) (1947. 9)	• 東亞商社주식회사 전무취체역(1930) • 東亞상사주식회사(1930) • 東亞이발기구주식회사 • 東亞證券米豆주식회사(1937) • 제주도흥업주식회사(1937) • 동아직물판매주식회사(1938) • 三星빌·브로커(1938) • 경성산업주식회사(1938)
崔楠	• 보성중학 • 한국지사영접위원회 위원(1945. 10) • 대한국민총회 발기인(1945. 12) • 애국금헌성회 중앙위원(1945. 12) • 동양방직 영등포·인천공장에서 쌀 4천 5백 가마 은닉 압수(1946. 7)	• 조선상업은행 행원 • 德元상점 • 東亞부인상회—동아백화점(1931) • 京城荷主組 사장(1932) • 鮮滿토지광산주식회사 취체역(1935) • 조선철공소 감사(1939) • 동아피복주식회사 사장 • 국일관 사장 • 조선상공회의소 초대의원(1946. 4) • 동양방직 관리인(1946. 6) • 朝鮮相互은행 平취체역(1947)

崔昌學	• 1890 평북 • 자택 죽첨장을 임정요인에 제공(1945)	• 三成광산(1923) • 大昌산업주식회사(1934) • 多獅島鐵道주식회사 취체역(1935) • 北鮮제지화학주식회사 대주주(1935) • 조선신탁주식회사 대주주(1932) • 매일신문 취체역 • 조선광업중앙관리위원회(1945. 12)
片德烈	• 民一黨 서무부장(1945) • 정당합동준비위원회 민일당 대표 (1945. 10)	
河駿錫	• 早稻田대 졸업 • 경남 농회소작관행개선위원(1928) • 조선승마협회 이사(1945. 9)	• 현남평론사(1926) • 경남자동차주식회사 취체역(1931) • 조선신탁주식회사(1932) • 中央酒造주식회사(1937) • 제주도흥업주식회사(1937) • 朝鮮工營주식회사(1939) • 朝鮮工作주식회사(1939)
韓鐸烈	• 이승만 측근으로 전국청년대표자회 참석 (1945. 11)	• 건국산업연맹 위원장(1945. 12)
許 澤		• 廣澤산업주식회사 사장(1946) • 조선상공회의소 초대의원(1946. 4) • 미군정 무역업1차선발(광택산업)(1946. 9)

※ 이외에 金濟東(金瑞東), 유영섭, 李茂(李民), 임청주, 황창규 등의 인물이 있지만 약력을 확인할 수 없었다.
[출전] 『每日新報』 1945년 8월 17일자 ; 9월 9·11·13·18·22·25일자 ; 10월 8·12·22·26·28일자 ; 『中央新聞』 1945년 11월 12일자 ; 12월 6·8·15일자 ; 1946년 4월 20일자 ; 『朝鮮日報』 1946년 1월 2일자 ; 2월 17일자 ; 3월 15·18일자 ; 5월 5·14·22일자 ; 6월 13일자 ; 8월 25일자 ; 9월 12·22일자 ; 10월 24일자 ; 1947년 1월 6일자 ; 11월 20일자 ; 1948년 3월 23일자 ; 4월 10일자 ; 『京鄕新聞』 1947년 12월 13·14일자 ; 1948년 2월 8일자 ; 『東亞日報』 1945년 12월 8·26일자 ; 1946년 1월 21일자 ; 2월 8일자 ; 3월 11일자 ; 4월 18일자 ; 5월 23일자 ; 6월 8일자 ; 9월 13·24일자 ; 1947년 5월 20일자 ; 6월 21일자 ; 『自由新聞』 1945년 9월 26일자 ; 10월 7·27·31일자 ; 11월 8·22일자 ; 12월 5·6·9·25일자 ; 『서울신문』 1945년 12월 5일자 ; 1946년 1월 1·3일자 ; 3월 19일자 ; 4월 14일자 ; 5월 4일자 ; 6월 21일자 ; 7월 12·18·19일자 ; 8월 9일자 ; 12월 25일자 ; 1947년 12월 19일자 ; 1948년 3월 10일자 ; 4월 18일자 ; 宋南憲, 1985, 『해방3년사 I』, 까치, 210쪽 ; 대한상공회의소, 1976, 『商工會議所90年史』 上 ; 대한상공회의소, 1984, 『商工會議所百年史』, 보진재 ; 孔鎭恒, 1970, 『理想鄕을 찾아서』, 濯奄孔鎭恒稀壽紀念文集刊行委員會 ; 李漢九, 1989, 『日帝下韓國企業設立運動史』, 청사 ; 鄭晉錫, 1990, 『한국언론사』, 나남 ; 釜山日報社, 1983, 『어둠을 밝힌 사람들』 ; 金昞哲, 1978, 『人物銀行史(上)』, 銀行界社 ; 洪鉉五, 1972, 『韓國藥業史』, 韓獨藥品工業株式會社 ; 동일방직주식회사, 1982, 『동일방직사사』.

경제보국회원들의 공통적 특징을 정리하면 다음과 같다.
첫째, 경제보국회원 중 상당수가 친일파였다. 해방 후 우익 테러 단체였던 민반숙청결사대(民反肅淸決死隊)는 경제보국회의 민규식(前 조선 총독부 中樞院 참의)·최남(崔楠, 東亞婦人會社 사장)·이상옥(李相玉, 대지주·乾製商, 해방 후 일본 군수품 은닉)·허택(일본 군수품 은닉)을 친일파·민족 반역자의 일원으로 꼽았다.20) 또 혁신탐정사(革新探偵社, 梁槿煥·孫基業)와 대한독립협회(大韓獨立協會, 劉秉敏·高政輝)는 『민족반역자 처단(民族反逆者 處斷)』이란 책자에서, 민규식의 형 민대식(閔大植)과 박기효(朴基孝)를 김연수(金秊洙)·박흥식(朴興植)·김계조(金桂祚) 등 친일파와 함께, 정당에 자금을 제공한 대표적 민족반역자로 거명했다. 이들에게는 친일 혐의뿐 아니라, 이들 조직이 해방 후 민족 반역자의 기준으로 설정한 "3. 임시정부 성원을 후원한다는 표면적 목적하에 기금을 모집하는 방법으로 자신의 목적을 달성하는 자, 4. 정당에 자금을 제공함으로써 과거 범죄를 은폐하려 하는 자, 5. 대규모로 일인 재산을 매입한 자" 등의 혐의가 부가되었다.21)

이들 경제보국회원들의 친일 전력을 정리하면 표 13-2와 같다.

경력이 확인되는 경제보국회 관련자들 가운데 절반 가량이 잘 알려진 친일파들이었다. 친일 경력이 확인되지는 않지만 상당한 심증이 가는 전용순·조준호 등을 고려할 때, 경제보국회의 주류가 친일파였다고 해도 과언이 아니었다. 이들 중 상당수가 일제의 '임전보국'을 위해 금품을 헌납했는데, 이들이 해방 후 '경제보국'을 위해 헌금한 것은 생리적으로 당연한 귀결이었다. 돈을 받는 대상이 일본이냐 아니면 이승만·임정이냐의 문제는 아무런 변별력을 갖지 못하는 일이었다. 한편 훨씬 더 유명한 친일파였던 박흥식·김연수·신용욱(愼鏞項) 등이 경제

---

20) G-2 Periodic Report, no. 103(1945. 12. 22.)
21) G-2 Periodic Report, no. 89(1945. 12. 8), no. 90(1945. 12. 9) ; no. 92(1945. 12. 11.) no. 94(1945. 12. 13) ; 金鍾範·金東雲, 『해방전후의 조선진상』, 1945, 114~115쪽(돌베개 복각판, 1984)

표 13-2. 경제보국회 관련자들의 친일경력

이름	친일경력
金星權	• 임전보국단 평의원(1941. 12)
金淳興	• 국방비 1만 원 헌납(1937. 3)
金鴻亮	• 황해도회의원 • 임전보국단 평의원(1941. 12)
金熙俊	• 원산부회의원
閔奎植	• 흥아보국단 상무위원 • 경기도위원(1941. 8) • 임전대책협의회 위원 • 채권가두유격대 광화문대(1941. 9) • 임전보국단 상무이사 • 20만 원 제공(1941. 12) • 친일 방송 '재계의 신뢰절대'(1942. 5) • 국방비 5만 원 헌금(1942. 7) • 국민총력연맹 평의원(1943. 1) • 반도무훈현창회(1944. 12) • 中樞院 참의(1945. 8)
朴基孝	• 창씨명 三井基義 • 國民總力朝鮮聯盟 평의원(1940) • 臨戰對策協議會 위원 • 채권가두유격대 경성역대(1941) • 臨戰報國團 준비위원 • 대전부 청주읍 유세대 • 상무이사(1941) • 精總聯費 1만 원(1938) • 국방비 1,500원(1938. 7) • 금제품 160개(1939. 4) • 국방비 4만 원(1939. 7) • 부상병 위문비 2천 원(1940. 11) 헌납
朴永根	• 경성부회의원 • 지원병제도축하 구체적 사항 결정 발기인(1935. 5)
宋星鎭	• 경기도회의원
李鍾澮	• 창씨명 豊村裕 • 임전대책협의회 채권가두유격대 명치정대(1941. 9) • 임전보국단 평의원(1941. 12) • 함남도회의원 • 조선 주둔 일본군 井原참모장 측근
全富一	• 경성부회의원 • 임전대협의회 채권가두유격대 동대문대(1941. 9) • 경성부 중구지역 학병권유위원(1943. 11) • 국민협회회장(1945) • 박춘금 앞잡이
崔 楠	• 임전대책협의회 위원(1941. 8)
崔昌學	• 창씨명 松山昌學 • 시국운동비 5만 원 • 애국기 4만 원 • 精聯기금 10만 원 헌금(1940. 6) • 국민총력조선연맹 평의원(1940. 10) • 임전대책협의회 채권가두유격대 명치정대(1941. 9) • 임전보국단 이사(1941. 12)
河駿錫	• 경남 농회소작관행개선위원(1928) • 경남도 평의원(1930) • 국민총력조선연맹 참사(1940. 10)

[출전] 民族政經文化硏究所 編, 1948, 『親日派群像』, 삼성문화사;『民族正氣의 審判』, 1949, 革新出版社;金永鎭 編, 1949,『反民者大公判記』, 漢豊出版社;高元燮 編著, 1949, 『反民者罪狀記』, 白葉文化社;吉眞鉉, 1984,『역사에 다시 묻는다』, 三民社;김학민·정운현 엮음, 1993,『親日派罪狀記』, 학민사.

보국회에 참석하지 않은 것은, 이들이 너무 노골적인 친일파로 대중들에게 알려졌기 때문일 것이다.

둘째, 경제보국회원들의 대부분이 공업·광업·금융업 종사자였으며, 대지주 출신은 거의 없었다. 이는 경제보국회가 서울 지역을 중심으로 결성되었기 때문이기도 하며, 상대적으로 이들이 지주보다 현금 동원 능력이 탁월했기에 선별되었을 가능성을 시사하는 것이다. 또한 전용순은 신덕균-백인제 등 의학업계 인물을, 민규식은 강익하-최남 등을 은행계의 연분으로 경제보국회에 끌어들인 것으로 보인다.

한편 경제보국회가 조직되는 과정에서 몇 가지 문제가 발생했다. 첫 번째는 이종회(李鍾澮) 등 악질적인 친일파의 참석 문제, 두 번째는 한택렬 등이 경제보국회를 통해 일제 적산의 이권 확보를 시도한 스캔들이었다.[22]

2) 정치자금 조성과 이승만 1천만 원 지원

경제보국회의 활동은 크게 두 가지였다. 첫째는 최초에 공표된 미곡 수집 캠페인과 『농민주보』 지원 등 농업 관련 활동이었고, 둘째는 정치자금 조성과 운용이었다.

먼저 경제보국회는 자신들이 미군정의 지지와 후원하에서 미곡 매입 활동을 벌인다는 점을 선전했다.[23] 미군정과 경제보국회는 2백만 석을

---

22) 이에 대해서는 정병준, 「대한경제보국회의 결성과 활동」, 『역사와현실』 제33호, 1999, 272~275쪽을 참조.
23) 舊소련 문서에 따르면 이승만은 미군정 측에 식량 문제 해결을 위한 商社(компания по продовольственным отраслям) 창설을 제안했고, 이 일과 관련해 황해도의 대지주 출신인 金鴻亮을 추천했다. 아놀드 군정장관은 이러한

수집할 계획을 세우고, 남한의 145개 시·군에 1명 이상씩 모두 150~200명의 유세대를 파견하기로 결정했다.24) 실제로 파견된 유세대는 100명 내외였던 것으로 보이며, 이들에게는 하루 1백 원의 수당과 여행 경비가 제공되었다. 미군정은 재정적 지원을 할 수는 없었지만, 미군 짚차 3대를 제공했으며, 이들의 미곡 수집 캠페인을 돕는 방편이자 쌀값 폭등 방지를 위한 방안으로 미곡 소매 최고 가격제 실시를 발표(1945년 12월 19일)했다.25)

그러나 1945년 12월부터 다음해 1월까지 벌어진 이 미곡 수집 캠페인은 아무런 효과를 보지 못했다. 선전원들이 각 지방을 방문한 것은 사실로 보이지만, 일부는 서울을 떠나지도 않아 경제보국회 회원들을 격분시켰다. 이들 선전원을 통해 수집된 미곡이 얼마인지는 알 수 없지만, 거의 영에 가까웠을 것이다.26)

미군정은 1946년 1월 25일에 미곡수집령을 선포했다. 이어 2월 26일에는 양곡 자유 판매 불허와 통제·배급제 실시를 발표했다. 이로써 경제보국회가 최초에 지향했던 미곡 수집 캠페인은 실패로 돌아갔다. 그러나 이 시점에서 미군정은 곧바로 경제보국회의 용도를 폐기하지 않았다. 미군정은 자신들이 구상하고 있던 '농촌계몽'과 '발전'을 위해

내용을 박헌영에게 통보하며 협조를 요청했다.[「박헌영 동지와 아놀드의 회담」 (1945년 12월 11일), АВПРФ Фонд 0102, опись 1, дело 3, папка 1, лл. 57~62, 'Беседа тов. Пака с Арнольдом'.]

24) 『서울신문』 1945년 12월 18일자; 『朝鮮人民報』 1945년 12월 18일자; 「김홍량 인터뷰」(1946년 7월 3일); 「공진항 인터뷰」(1946년 7월 1일).
25) 「이승만이 굿펠로우에게 보낸 비망록」(1946. 6. 27), 『굿펠로우문서철』, box 2. "Korea General Memoranda". 미곡소매 최고가격제는 법령 제9호로 공포되었다. (『서울신문』 1945년 12월 20일자.)
26) 김홍량의 증언에 따르면, 미곡 수집이 이루어진 것만은 사실이었다. 그러나 어떠한 문헌 증거에서도 미곡 수집 캠페인을 통한 수집량은 확인할 수 없다. 이는 수집량이 극히 미미하거나 무시해도 좋을 만한 양이었음을 반증한다.

경제보국회를 이용했다.

　미군정은 농촌계몽과 발전을 명목으로 주간신문『농민주보』를 간행할 예정이었다. 1945년 12월 22일에 창간호 80만 부를 발행한 이 한글신문은 농민들에게 무료 배부되었고, 부수는 50만에서 100만 부 사이가 발행될 예정이었다.27) 이 신문은 철저하게 군정의 입장과 방침을 전달하고 홍보함으로써, 농촌 내에 군정의 지지 기반을 확보하려는 정치적 목적을 갖춘 것이었다.28) 문제는 인쇄 시설과 소요 경비였다. 미군정은 바로 이 대목에서 경제보국회를 활용했다. 미군정은『농민주보』의 인쇄를 1946년 2월 26일에 창간한『한성일보』에 맡겼다. 후에 민정장관이 된 안재홍(安在鴻)이 사장, 이선근(李瑄根)이 주필을 맡은『한성일보』는『농민주보』를 제작해준다는 조건으로『경성일보』시설 관리권을 넘겨받았다. 여기에 덧붙여 경제보국회는『한성일보』측에 5백만 원의 재정 지원을 했다.29) 경제보국회가『농민주보』의 발간 비용을 후원하기 위해『한성일보』에 제공한 5백만 원은 경제보국회의 차입금 2천만 원 중에서 나온 것이었다. 원래 하지가 경제보국회에게 2천만 원의 대부를 승인했던 표면적 이유는 농민에 대한 계몽·교화라는 '교육적 목적(educational purpose)'과 '교육 활동(educational work)'에 사용한다는 것이었다.30)

---

27)『中央新聞』1945년 12월 21일자 ;『民衆日報』1945년 12월 20일자.
28)『농민주보』는 미군정 철폐시까지 발행되었다. 신문의 1면에는 하지나 군정장관 등 미군정 고급장교의 담화와 성명, 미 국무부의 성명, 군정 법령 및 관련 사설 등이 게재되었고, 미국과 미군정의 방침과 입장이 아무런 여과 없이 그대로 전달되었다. 특히 큰 활자를 사용한 이 신문은 홍보 효과를 위해 삽화와 만화 등을 가장 많이 이용한 신문에 속했다.
29) 姜永壽,「牛트럭 타고 林相視察이 큰 나들이」, 한국신문연구소,『言論秘話50篇 : 元老記者들의 直筆手記』, 日刊內外經濟·코리아헤럴드, 1978, 432쪽.
30)「이승만이 굿펠로우에게 보낸 비망록」(1946. 6. 27) ;「이승만이 굿펠로우에게 보낸 비망록」(1946. 8. 5),『굿펠로우문서철』, box. 1~2.

이보다 더 중요했던 경제보국회의 활동은 정치인과 정당·사회단체에 대한 보국기금의 수집과 기부 활동이었다. 이들이 왜 모금과 기부를 했는지에 대해, 신한공사 이사로 경제보국회에 가담했던 공진항(孔鎭恒)은 이렇게 진술했다.

나는 박기효, 강익하, 전용순 제씨와 협의하여 민규식 씨를 회장으로 한 경제보국회를 설립하고 10여 명의 회원을 가입케 한 후 기금을 만들어서 우익정치가의 대표급 인물을 비롯하여 국민회, 노총, 학생회, 한성일보 등의 단체와 기관에 헌납했다. 우리들은 생각하기를 '만약 나라가 공산당 천하가 되는 날에는 우리들은 생명과 재산의 두 가지를 모두 잃어버릴 것이므로, 생명을 건지기 위한 대가로 재산의 일부를 제공해야 한다는 의견이었다.[31]

경제보국회가 발족된 이래 1946년까지 모금하거나 차입한 총액은 약 2천 2백만 원으로 추산된다. 먼저 1946년 4월까지 회원들이 납부한 금액이 180만 원에 달했다.[32] 최초에 구상했던 2백 명의 회원 확보를 통한 최소 2천만 원 확보 계획은 일단 실패했던 것이다. 그러나 처음부터 이들의 계획은 현금 출자가 아니라, 은행 자금의 차입에 중점이 놓여 있었다.

경제보국회는 발족할 당시부터 2억 원 차입 계획을 발표하고, 회원 200명이 1백만 원씩 보증을 서기로 했지만, 이는 사실 불가능에 가까웠다. 그러나 10명이 2천만 원을 대부받는 것은 사정이 달랐다. 1946년 4월에 벌어진 경제보국회 내부의 쿠데타로 이전의 간부진이 물러나고 민규식·최남·강익하(康益夏)·박기효·하준석(河駿錫)·전용순(全用淳)·공진항·김성준(金聖駿)·장진섭(張震燮)·조준호(趙俊鎬) 등 10명이 경제보국회를 장악했다. 이들은 1946년 4월 중순에 하지의 정치 고문이자

---

31) 孔鎭恒, 앞의 책, 1970, 80쪽.
32) 「허택 인터뷰」(1946. 6. 28.)

이승만의 개인 고문이었던 굿펠로우에게 2천만 원의 은행 차입을 알선해달라고 요청했다.[33] 굿펠로우는 상관과 협의해 주선할 것을 승낙했고, 1주일 뒤 승인을 통보하며 정해진 차입 수속을 취하라고 했다. 이들 10명은 소정의 수속을 마치고 4월 30일에 2천만 원을 차입하는 데 성공했다.[34]

그런데 이 2천만 원은 두 가지 점에서 폭발적 파장과 갈등이 내재된 것이었다. 그것은 첫째로 이 대부가 명백한 특혜이자 불법이었다는 점이고, 둘째로는 이 자금을 둘러싼 미군정·굿펠로우-이승만-경제보국회의 입장이 동일하지 않았다는 사실 때문이었다.

미군정은 이미 1945년 12월 20일에 재무국장 명의로 '10만 원(萬圓)을 초과(超過)하는 여신확장신청(與信擴張申請)에 관한 건(件)'이란 재무부령을 발표했다. 즉 금융 기관은 재무국장의 승인 없이는 어떠한 단체, 조합, 금융기관 및 개인에 대해 총액 10만 원을 초과하여 여신(credit)을 확장하지 못한다는 내용이었다.[35] 그런데 경제보국회의 10인은 총 2천만 원을 대부받았다. 1인당 대부액이 2백만 원이었고, 이는 정해진 1인당 대부 한도인 10만 원의 20배에 달하는 것이었다. 이는 단순히 미군정 재무국장의 실무적 처리로 해결할 수 없는 정치적 고려와 판단이 개재된 것이었다. 특히 경제보국회와 미군정 간의 알선 역할을 한 굿펠로우가 하지의 정치 고문이었으며, 1946년 중반까지 남한 정계 재편의 핵심적 역할을 한 사실을 고려할 때, 미군정의 2천만 원 대부 승인은 하

---

33) 이들이 1946년 7월 18일에 이승만에게 제출한 보고서에 따르면 "민주 진영의 재정난" "우리 경제인들의 현금 소지가 頓無한 상태"로 인하여 "국민통일운동, 계몽운동은 물론 기타 한국 독립에 필요한 모든 운동자금"으로 2천만 원이 필요했다는 것이다.
34) 공진항에 따르면, 러치(Lerch) 군정장관의 승인을 받은 이 대부는 한 장의 수표(note)로 이루어졌으며, 실제 자금은 3분할로 지불되었다.
35) 朝鮮銀行調査部, 『朝鮮經濟年報1948』 II-80, 1948.

지의 정치적 결정에 의한 것이었다.36) 또한 이러한 대부는 대내외적으로 완전한 비밀이었고, 전혀 공표되지 않았다. 심지어 제1대 경제보국회 위원장이었던 김홍량조차 이 사실을 모르고 있었다. 미군정은 우익의 수중에 들어갈 2천만 원 대부가 미군정의 승인하에 이뤄진 사실이 미칠 정치적 악영향을 고려했음이 분명하다.

1946년 6월 중순부터 971 CIC지대 특별수사요원 레이몬드 하이만(Raymond A. Heimann)은 경제보국회가 최근 우익의 정치 지도자들에게 막대한 재정 지원을 했다는 정보를 조사하라는 지대장의 구두 명령에 따라 수사를 벌였다. 그는 7월 3일에 경제보국회의 2천만 원 대부 등에 관한 보고서를 제출했고, 이에 근거해 주한미군 정보참모부장은 7월 6일 하지에게 다음과 같이 보고했다. "2. 만약 (2천만 원 대부 등이) 공개된다면, 우익의 자금 조작은 좌익의 그것과 동일한 악취를 풍길 것입니다. 4. 본인은 이 문제에 관한 어떠한 공표도 건의하지 않습니다. 만일 이 일이 새어 나간다면 우익은 스스로를 방어해야만 할 것입니다." 이 보고서 말미에 하지는 "귀관의 부하들이 이 문제에 너무 흥미를 갖지 않게 하라. 이승만이 미국에 보낸 자금이 있다면 그것이 무엇인지 확인하기 위해 재정을 조사해봐야 한다고 믿는다. 아놀드와 러치도 반드시 보아야 함"이라고 논평했다.37) 결국 하지가 불법 정치자금 조사를 중단시킨 것이었다.

반면 2천만 원 대부가 실행되고 그 중 1천만 원이 이승만의 수중에

---

36) 이는 1945년 8월부터 1947년 3월까지 1년 8개월에 걸쳐 금융조합이 자작농지 구입을 위해 농민에게 대부한 금액과 비교해보면 분명해진다. 이 기간 동안 남한 농민들이 자작농지 구입을 위해 장단기로 대부받은 총액은 2억 5,500만원이었다. 한 달 평균 1,250만 원을 대출받았다. 경제보국회가 대부받은 2천만 원은 남한 농민을 자작농으로 만들기 위해 대부된 한 달 평균 금액의 두 배 가량 되는 것이었다.(朝鮮銀行調査部, 『朝鮮經濟年報1948』 Ⅰ-283, 1948.)

37) ACofS, G-2 to Commanding General, July 6, 1946, RG 332, box 77.

들어간 시점은, 공교롭게도 조선공산당에게 치명타를 가한 정판사 위폐 사건이 발생한 때(1946년 5월)였다. 조선정판사(朝鮮精版社)가 입주한 조선공산당 본부 근택(近澤)빌딩에서 위조되었다는 100원권 지폐는 9백만 원으로 발표되었고, 이후 남한의 좌파 지도자들은 지하로 잠복해야만 했다. 미군정은 좌익의 항의에도 불구하고 이들을 엄격하게 처벌한 반면, 같은 시점에서 우익에겐 2천만 원의 정치자금을 제공했던 것이다.

하지의 입장은 경제보국회의 대출을 승인함으로써 미군정이 직접 건넬 수 없었던 정치자금을 마련하겠다는 계산이었다. 굿펠로우의 입장은 미군정과 이승만의 이익 모두를 고려한 복합적인 것이었다. 굿펠로우는 2천만 원 중 일부를 정치 공작용으로 활용했지만, 그는 2천만 원 대출과 관련해 이승만과 밀접하게 협의했으며, 결국 이 중 1천만 원이 이승만의 수중에 들어가게 만들었다.38)

한편 이승만은 경제보국회가 마련한 2천만 원을 자기 사금고(私金庫)의 돈처럼 여겼다. 경제보국회 측은 우익운동의 단일화를 위해 '국부(國父)' 이승만에게 1천만 원을 '진정(進呈)'한다고 했지만, 실상 이승만과 굿펠로우의 압력을 견디지 못했던 것이었다. 이승만은 1946년 5월 23일에 독립 자금이란 명목으로 1천만 원의 '헌성금(獻誠金)'을 경제보국회원 10인으로부터 받았다. 그러나 이승만은 경제보국회가 2천만 원을 즉각 자신에게 헌납하지 않았을 뿐만 아니라, 1천만 원을 멋대로 사용한 데 대해 격분했다.39)

---

38) 굿펠로우는 금광 스캔들에 연루되어 1946년 5월 24일에 미국으로 출국했다. 그 전날인 5월 23일에 경제보국회는 대부받은 2천만 원 중 1천만 원을 이승만에게 '헌납'했다. 굿펠로우가 귀국한 후 이승만은 1천만 원과 관련된 편지를 적어도 3차례 이상 굿펠로우에게 보냈으며, 여기에는 양자가 이 자금의 확보를 위해 긴밀히 협력했음이 드러나 있다.(정병준, 위의 논문, 1999, 283쪽.)
39) 경제보국회 측은 1천만 원을 '헌납'한 자기들을 이승만이 배척하려는 데 항의하며, 자신들은 독립할 때까지 '大藏省'으로서 돈을 내겠다고 하소연했다.(「張震燮

나아가 이승만은 1천만 원을 낸 경제보국회원들이 미군정을 통해 항의할 것을 우려해, 이들 10인에게 자필 서명이 들어 있는 문서를 제출하라고 강요했다. 이승만이 요구한 문서는 "첫째, 1천만 원은 기부한 자금이며 독립운동용이다, 둘째, 이 돈은 군정에서 나온 자금이 아니라 단지 굿펠로우가 군정의 승인을 얻어주어 은행을 통해 정당한 보증을 세우고 제공받은 것이다"라는 내용이었다.40) 이승만의 집요한 요구는 결국 관철되었고, 경제보국회의 10인은 이승만의 요구대로 문안을 만들어 1946년 7월 18일에 '보고서'를 제출했다.41) 이승만은 굿펠로우에게 보낸 편지에서 자신이 이미 굿펠로우의 귀국 이전부터 이런 서명이 들어 있는 문서를 확보하자고 주장했음을 상기시키며, 이를 확보할 때까지 주장을 굽히지 않은 것에 대해 매우 기쁘다고 썼다.

그러나 이승만이 경제보국회로부터 1천만 원과 서명이 든 문서를 받을 수 있었던 것은 하지의 결정과 의사 때문이기도 했다. 하지는 이승만과의 연락을 담당하던 스텍(Steck) 중위에게, 모금된 자금은 이 박사가 적당하다고 판단하는 데는 어디에나 사용할 수 있다고 말했다.42)

이상과 같이 1946년 5월 말 시점에 경제보국회는 회원들의 기부금 180만 원과 은행대부금 2천만 원을 확보했으며, 우익 정치인·단체에 이를 지원했다. 먼저 회원들의 기부금 180만 원은 미곡 수집 캠페인에 35만 5천 원, 1946년 2월 임시정부에 대한 기부금 1백만 원, 같은 때

書翰內容報告」;「先生님前 上書(1946년 5월 28일;張震燮」;「建白書(1946년 5월 31일, 대한경제보국회)」,『雩南李承晩文書』제15권, 95~114쪽).]
40)「이승만이 굿펠로우에게 보낸 비망록」(1946. 6. 27);「이승만이 굿펠로우에게 보낸 편지」(1946. 8. 5),『굿펠로우문서철』, box. 1-2.
41)「報告書(1946년 7월 18일;閔奎植·崔楠·康益夏·朴基孝·河駿錫·全用淳·孔鎭恒·金聖駿·張震燮·趙俊鎬)」,(『雩南李承晩文書』제15권, 101~103쪽).
42)「이승만이 굿펠로우에게 보낸 비망록」(1946. 6. 27),『굿펠로우문서철』, box. 1-2.

이승만의 비서로 경제보국회와 연락을 담당하던 이정이 속해 있던 조선건국청년회에 10만 원, 기타 군소 단체에 1~2만 원 지원 등으로 모두 소모되었다.

한편 은행에서 대부받은 2천만 원 중 1천만 원은 이승만에게(1946년 5월 23일), 5백만 원은 농민주보 지원금으로, 1백만 원은 민주의원 지원금으로, 약 2백만 원은 독립촉성국민회(獨立促成國民會)·청년연맹(靑年聯盟)·노동연맹(勞動聯盟)·부인연맹(婦人聯盟)·학생연맹(學生聯盟)에 대한 지원금으로 쓰였다.43) 한편 여운형(呂運亨)을 조선공산당과 분리시키기 위해, 굿펠로우와 버치의 정치 공작으로 탄생한 여운홍(呂運弘)의 사회민주당(社會民主黨)에도 1946년 5월경 10만 원이 제공되었다.44) 결국 차입한 2천만 원 중 밝혀지지 않은 약 190만 원의 행방을 제외하고 경제보국회는 모금한 자금의 대부분을 미군정의 의도에 맞춰 우익 지원에 사용했다. 경제보국회는 10인의 연대보증으로 2천만 원을 은행에서 대부받았고, 2년에 걸쳐 이를 갚는다고 서약했지만,45) 이들이 대부금을 반환했을 가능성은 거의 없다. 최초의 대부 승인이 정치적 결정에 따른 것이었기 때문에, 그 반환 혹은 탕감에 대한 결정도 정치적으로 이루어졌을 것이다.

이승만은 경제보국회가 민주의원에 기부금을 제공하는 데 분노했다. 커밍스의 주장처럼 이승만이 민주의원에 제공된 자금을 미국 은행의 자기 계좌로 가져갔는지는 분명치 않지만,46) 이승만이 민주의원으로

---

43) 「報告書(1946년 7월 18일) : 閔奎植·崔楠·康益夏·朴基孝·河駿錫·全用淳·孔鎭恒·金聖駿·張震燮·趙俊鎬」.
44) Interview with Bertsch by Robinson, 7 March 1947, subject ; Social Democratic Party, RG 332, Box 77.
45) 「이승만이 굿펠로우에게 보낸 편지」(1946. 8. 5), 『굿펠로우문서철』, box 1-2.
46) 커밍스는 버치와의 인터뷰를 통해, 경제보국회와 김성수 등이 제공한 자금이 대부분 이승만의 수중에 들어갔으며, 이승만이 이 돈을 미국 은행에 예치했다

자금이 흘러들어가는 것을 못마땅하게 여겼음은 분명하다.[47]

앞에서 살펴본 것처럼 이승만이 경제보국회로부터 1천만 원을 받은 1946년 5월 말~6월 초의 시점에 남한의 우익 진영은 이승만을 중심으로 명실상부하게 재편되었다. 1946년 6월에 열린 독촉국민회 전국대표대회에서 이승만은 우익 진영의 가장 막강한 대중 조직이던 독촉국민회를 장악했고, 가장 많은 정치자금을 확보했다. 이승만은 권력투쟁에서 가장 중요한 미군정의 지지, 강력한 대중 조직, 타의 추종을 불허하는 정치자금을 확보함으로써 우익 진영 내 위상을 공고히 했다.

경제보국회는 미군정과 이승만의 요구대로 모금·차입한 2천 2백만 원을 활용했음에도 불구하고, 정치적 영향력과 위신을 제고시키지도, 이권에 개입하지도 못했다. 경제보국회는 이승만에게 제출한 1946년 7월 18일자 보고서를 끝으로 공식 기록에서 자취를 감추었다. 이승만의 도미를 전후한 민족대표외교후원회의 모금 과정에서도 경제보국회나 보국회 회원의 이름은 보이지 않는다. 아마 1946년 말에 이르러 경제보국회는 조직 이름을 내건 활동을 중단한 것으로 보인다. 이로써 의혹에 쌓인 채 출범했던 경제보국회는 대외적으로 전혀 알려지지 않은 우익 진영의 정치자금 운용에 주요한 몫을 담당한 후, 역사의 전면에서 조용히 물러났다.

고 주장했다.(브루스 커밍스, 『한국전쟁의 기원』 하, 청사, 1986, 52쪽.) 또한 버치는 1946년 12월 5일 반도호텔에서 해롤드 라슨(Harold Larson) 軍史官과의 인터뷰에서, 1946년 2월 이승만이 민주의원을 지원할 자금을 요청한 후, 자기 계좌로 가져갔다고 주장했다.("Memorandum by Harold Larson" December 5, RG 332, Box 77.)

47) 1946년 12월 도미를 앞둔 시점에서 이승만의 1946년도 특별 계정 영수증철에는 11월 7일에 166,650원을 민주의원으로부터 貸去還收金으로 받았다는 기록과, 11월 26일에 도미 여비로 50만 원을 받았다는 기록이 있다. 경제보국회가 민주의원에 준 기부금의 상환이었을 가능성이 있다.(『雩南李承晩文書』 제15권, 129~130쪽.)

2. 도미 외교(1946~47년)시
   '외교 후원금' 조성과 규모

이승만이 조성한 최대 규모의 정치자금은 1946년 말~47년 초 도미 외교 자금으로 조달한 14,704,820.64원(+350달러)이었다.[48]

이승만이 남긴 문서 중 자금의 출납을 기록한 영수증철이 있는데, 1946~47년간 도미와 관련된 자금 조성을 기록한 「특별계정-1946년(Special Account-46)」 영수증철이 남아 있다. 이에 따르면 이승만의 도미와 관련해 총 14,704,820.64원과 350달러가 모금된 것을 알 수 있다. 이를 정리하면 표 13-3과 같으며, 이 영수증철의 기부자와 기부금 중 10만 원 이상을 제공한 인물·단체를 정리하면 표 13-4와 같다.

이승만의 도미 경비로 조성된 총액이 얼마인지 현재로선 정확하게 파악할 수 없다. 민족대표외교후원회의 재정부장이던 한민당의 김양수(金良洙)는 971 CIC요원에게 자신들이 20억 원을 조성할 계획이라고 밝혔다.[49] 1947년 초 시중에 떠돌던 소문은 이승만이 약 1~2억 원을 조성했다는 것이었다.[50] 반면 남한 정계의 정보에 정통했던 버치 등 미

---

48) 정병준, 앞의 논문, 2000, 201~203쪽.
49) USAFIK, CIC, Seoul District Office, Subject : Origin of Funds used by Rhee, Syng Man, January 13, 1947, RG 332, Box 77. 독촉국민회가 1946년 12월부터 1947년 2월까지 모금하기로 예상한 금액은 1억 원이었다.(『自由新聞』 1946년 12월 16일자.)
50) 1947년 1월 5일 CIC의 정보에 따르면, 이승만은 1월 초 1억 원 가까이를 모금했는데, 서울에서 5천만 원, 그외 지역에서 5천만 원을 모금했다고 되어 있다. (HQ, USAFIK, CIC, File no.8-92, Subject : Rhee Syng Man, Transfer of currency. January 6, 1947, RG 332, Box 77 ; "Korean Supporters Society for National Diplomatic Missions" 申福龍, 『韓國分斷史資料集』 6권, 1991, 382쪽.) 이경남은 외교 후원 자금의 전체 조달 목표액은 3억 원이었으며, 실적은 2억 원 이상이었다고 썼다.(李敬南, 『분단시대의 청년운동』 상, 삼성문화개발, 1989, 183쪽.)

표 13-3. 이승만 도미 외교 후원금 조성액

일 자	명 목	액 수 (만원)	비 고
1946. 10	파업대책비	45	9월총파업 대책비
1946. 10~11	건국(광복)자금	103.865	
1946. 11	외교자금	471.809	미화 350달러
1946. 12	외교자금	185.892044	
1947. 1	외교자금	0	
1947. 2	외교자금	167.625	
1947. 3	외교자금	355.6875	
1947. 4	외교자금	98.89352	
1947. 5	외교자금	41.71	
합 계		1470.482064	미화 350달러

군정 관리들은 1946년 말 이승만이 도미 경비로 3천만 원을 모금했다고 확신하고 있었다.[51] 그러나 이승만의 영수증철에 따르면 1946년 10월부터 1947년 5월까지 이승만의 도미 경비로 모금된 총액은 불과 14,704,820.64원(+미화 350달러)에 불과했다. 민족대표외교후원회 재정부장 김양수 역시 1947년 1월 13일 현재 모금된 금액이 2백만 원이라고 밝힌 바 있다.[52]

과연 어느 쪽이 사실인가? 물론 이승만의 영수증철에 기록되지 않은 도미 자금이 존재했을 가능성이 있지만,[53] 이 글에서는 이승만의 영수

---

51) Interview with Lt. Leonard Bertsch by Capt. Sargent, 1st Information & Historical Service, December 10, 1946, RG 332, Box 77. 좌파의 독립신보 역시 이승만의 도미 목적이 3천만 원의 여행 경비 때문이라고 주장했다.[G-2 Weekly Summary, no. 64 (1946. 12. 5.)]
52) USAFIK, CIC, Seoul District Office, Subject : Origin of Funds used by Rhee, Syng Man, January 13, 1947, RG 332, Box. 77.
53) 『自由新聞』 1947년 2월 12일자에 따르면, 여러 개인과 조직이 민족대표외교후원회에 132,150원의 후원금을 냈지만, 이 금액은 이승만 영수증철에 들어 있지 않다. 또한 대한노총 인천연맹이 1947년 1월 12일에 낸 5만 원 역시 마찬가지이다.(『大衆日報』 1947년 1월 14일자.)

표 13-4. 이승만 도미 외교 후원금 10만 원 이상 제공한 개인·단체

	성 명	일 시	금액(만원)	비 고
1	경성방직회사	1946. 10. 1~3	20	파업정지대책조(20만원) 2회 분납
2	朴興植	1946. 10. 1	10	파업대책조
3	경성상공회	1946. 10. 1	15	파업대책조
4	李豊漢	1946. 10. 21	20	광복자금
5	白性郁	1946. 11. 1	40	노총 급(及)청년단체 조직비
6	民主議院	1946. 11. 7	16.665	대거환수금
7	金英俊(金寧俊)	1946. 11. 7	20	건국자금
8	민주의원	1946. 11. 26	50	이박사 도미 여비
9	曺喜淳(曺希醇)	1946. 11. 26	100	도미 운동자금
10	白性郁	1946. 11. 26	100	도미 운동자금
11	豊基독촉지부장 申僖均	1946. 11. 30	10	도미 운동자금
12	朴興植	1946. 11. 30	30	도미 운동자금
13	기미독립선언기념사업회		30	
14	慶北金泉後援會 沈文	1946. 11. 30	50	도미 운동자금
15	金性洙	1946. 12. 2	100	도미 운동자금
16	魯德一	1946. 11. 5	20	도미 운동자금
17	金壽範	1946. 11. 5	10	도미 운동자금
18	姜道成	1946. 11. 5	50	도미 운동자금
19	부산 裵極星	1946. 12. 13	10	도미 운동자금
20	仁川後援會	1946. 12. 22	40	
21	진종식	1946. 12. 18	15	도미 운동자금
22	釜山 朴洵東	1946. 12. 30	10	도미 운동자금
23	外交後援會	1947. 2. 13	70	도미 운동자금
24	외교후원회	1947. 2. 15	30	도미 운동자금
25	외교후원회	1947. 2. 16	30	도미 운동자금[mintong]*
26	외교후원회	1947. 2. 18	20	도미 운동자금[mintong]
27	기미독립선언기념대회	1947. 3. 5	150	도미 운동자금
28	金萬宓 외교후원회	1947. 3. 12	10	도미 운동자금
29	仁川外交後援會長河相勳	1947. 3. 20	25	도미 운동자금
30	외교후원회	1947. 3. 25	100	도미 운동자금
31	群山외교후원회		60	백만원 할당 중으로 영수
32	論山외교후원회	1947. 4. 1	10	도미 운동 후원

33	全州외교후원회 裵恩希	1947. 4. 17	10.255	도미 운동자금
34	羅明均	1947. 4. 12	10	외교후원회
35	全州府	1947. 4. 15	20	외교후원회 배은희 씨 편
36	江華국민회	1947. 4. 19	11.80152	외교 후원
37	李春子 忠州애국부인회	1947. 5. 1	10	외교후원회
	합 계		1333.72152	

* [mintong]은 민족통일총본부를 의미함

증철에 기록된 액수를 기준으로 삼을 수밖에 없다. 또한 부분적으로 이 기록은 정확한 측면이 있기 때문이다. 예를 들어 유홍(柳鴻)은 독촉국민회 내에 설치된 민족대표외교후원회의 재정부장이었다. 그는 1946년 4월에 결성된 기미독립선언기념사업회(己未獨立宣言記念事業會)를 통해, 경성방직 광목 500필을 매매한 차익 100만 원 정도에다 일부 모금액을 더해 160만 원을 이승만 도미 자금으로 프란체스카에게 전달했다.54) 그런데 이승만 영수증철에 따르면 1947년 3월 5일 기미독립선언기념대회가 150만 원을 도미 운동자금으로 제출한 것으로 되어 있다.55)

한편 이승만의 도미 자금 모집은 계획처럼 순조롭지는 않았던 것으로 보인다. 이승만 영수증철을 정리한 위의 표 13-3에 따르면, 가장 많은 자금이 모금된 시기는 이승만이 미국으로 떠나기 직전인 1946년 11월(4,718,090원)과 귀국 직전인 1947년 3월(3,556,875원)임을 알 수 있다. 1947년 1월의 모금액이 전혀 없는 것은 의문인데, 가장 큰 가능성은 영수증이 누락되었거나, 아니면 기록할 수 없는 자금이 들어왔을 가능성을 시사한다.

---

54) 衣堂柳鴻, 『暮歲의 回顧』, 민족정기출판부, 1989, 170~173쪽.
55) 『雩南李承晚文書』 제15권, 126~156쪽. 미군정에 따르면 기미독립선언기념사업회는 1946년 말에 이승만이 방미했을 때 180만 원을 기부했고, 이후 두 차례에 걸쳐 180만 원을 더 기부했다.[G-2 Periodic Report, no. 648(1947. 10. 2.)]

도미 자금 모집과 관련된 특징을 정리하면 다음과 같다. 첫째, 기부금의 대부분인 1,334만 원 정도가 37개의 단체와 개인으로부터 집중적으로 조달되었다는 점이다. 특히 개인 기부액이 절대적으로 많았다. 이는 당시 남한의 부자들이 이승만을 후원하거나, 아니면 적어도 보험금을 내야 할 정도로 이승만의 위상이 강력했음을 의미한다.

둘째, 지방 단위에서의 자금 모집은 1947년 2월부터 본격화되었는데, 이는 이승만의 도미 외교 성과가 2월부터 우익 언론에 의해 본격적으로 홍보된 것과 관련이 있었다. 1947년 2월부터 본격화된 이러한 지방 단위의 자금 모집은 도 단위가 아닌 시·군 단위에서 이뤄졌다. 여기서 특기할 만한 점은 이승만의 도미 자금 모금과 관련해, 부산·대전·대구·광주·목포 등 대도시에서의 모금이 전혀 없었다는 사실이다. 물론 외교후원회가 지방에서 모금된 금액을 일괄해서 제출했기 때문에 이들 대도시가 빠졌을 가능성도 있지만, 부산·인천 등지에서 모금된 금액과 지방에 거주하는 개인 명의의 기부가 만 원 단위로 액수가 정해진 것으로 미루어, 이 자금들이 지방 주민을 동원한 모금액은 아니었을 것으로 보인다. 전북을 제외한 지방에서는 1947년 2월에 인천(25만 원), 군산(60만 원), 논산(17만 8천 원), 강화(11만 8천 원), 무주(4만 원), 금주(8만 원), 옹진(8만 6천 원), 부여(1만 원) 등이 모금되었다. 셋째, 지방 모금과 관련해 가장 활발한 활동을 벌인 인물은 독촉국민회 의장이던 배은희(裵恩希) 목사였다. 전주 서문밖교회 목사였던 배은희는 1947년 2월부터 5월까지 전북의 전주·익산·완주·태인·정읍 등지에서 12차례에 걸쳐 모두 642,550원을 모금했다. 이는 지방 단위의 모금액 가운데 횟수와 액수에서 첫 번째를 차지하는 것이었다.[56]

---

56) 독촉국민회에서 배은희의 역할에 대해서는 裵恩希, 『나는 왜 싸웠나』, 한국인쇄주식회사, 1955, 54~76쪽을 참조.

3. 정치자금 규모와 운용

1) 정치자금의 규모

대한경제보국회의 정치자금과 도미 외교 자금 외에도 이승만은 몇 차례에 걸쳐 정치자금을 확보했다. 먼저 한민당은 해방 직후 매월 5~15만 원씩 돈암장(敦岩莊) 경비를 제공했으며,57) 한민당원 장진섭은 이승만에게 돈암장을 제공했다.58) 1945년 12월에 송성진(宋星鎭)·최남·하준석은 이승만에게 10만 원씩을 기부한 후 경제보국회 회원이 되었고, 1945년 말에는 김구가 받은 1천 5백만~2천만 원의 '애국금' 중 상당액이 이승만에게 넘어갔을 가능성이 있다.59) 또한 미군정과 김성수 등이 제공한 민주의원 지원금 중 상당액도 이승만의 개인 계좌로 들어갔다는 의혹이 있다.60) 한편 한독당 중구지구당 부녀부장·총선거촉진위원회 재정부차장·사회당 부녀부장을 역임한 김선(金善)의 경우, 1948년 중반 도미 외교 활동을 벌이고 있던 임영신이 자금난으로 귀국 여비를 마련 못한다는 소식을 듣고, 이승만의 요청으로 외교 활동 경비 1백만 원을 제공했다. 이승만이 환전한 1달러 대 100원으로 계산하면 1만 달러에 해당하는 거액이었다.61) 민주의원 대표로 활동한 임영

---

57) 古下先生傳記編纂委員會, 『古下宋鎭禹傳記』, 東亞日報社, 1990, 472쪽.
58) 이승만은 敦岩莊 → 麻浦莊 → 梨花莊으로 이사했다. 이화장을 제공한 것은 제1공화국 내무장관을 지낸 白性郁과 그의 인척인 실업가 權寧日이었다.(尹致暎, 『尹致暎의 20世紀』, 삼성출판사, 1991, 166쪽.)
59) 정병준, 앞의 논문, 1999, 285~286쪽.
60) 정병준, 위의 논문, 1999, 286~287쪽.
61) 金善은 당시 명동에서 국제악기상회를 운영했는데, 김선이 제공한 1백만 원은 일제 피아노 20대에 해당하는 금액이었다.

표 13-5. 1945~47년간 이승만의 정치자금 조성액

	일 시	기 부 자	액수 (만원)	수 령 자
1	1945. 12	宋星鎭·崔楠·河駿錫	30	이승만
2	1945. 12	金性洙	200	임정→이승만
3	1945. 12	金秊洙	500	임정→이승만
4	1945. 12	朴興植	200	임정→이승만
5	1945. 12	閔大植·閔奎植·閔丙燾	300	임정→이승만
6	1945. 12	애국금헌성회 기타 관련자	500	임정→이승만
7	1945. 12	閔大植·閔奎植·閔丙燾	300	임정→이승만
8	1946. 5	경제보국회	1000	이승만
9	1946. 6	康益夏	300	김구→이승만
10	1946. 6	經濟報國會·金性洙	200	민주의원→이승만
11	1946. 10~1947. 5	도미 외교 자금	1470 (+350달러)	이승만
12	1947. 6	민족통일총본부(裵恩希)	78	이승만
13	1948. 8	金善	100	이승만
	합 계		5,178 (+350달러)	

신이 외교 활동비로 쓴 자금은 총 5만 달러였으나, 임영신의 귀국 여비는 김선이 낸 1백만 원이 아닌 워싱턴 친구들에게 빌린 돈으로 충당됐다. 귀국 후 임영신은 이승만에게 사용한 경비의 탕감을 요청했지만, 거부당했다.62) 이로 미루어 과연 김선이 제공한 자금이 임영신에게 전달되었는지는 의문이다. 이상이 지금까지 확인할 수 있는 이승만의 정치자금이다.

지금까지 밝혀진 이승만의 정치자금 수입 내역을 정리하면 표 13-5와 같다.63)

표에서 드러나듯이 이승만은 1945~47년간 임정·김구·민주의원에

---

62) 孫忠武, 『漢江은 흐른다 : 承堂任永信의 生涯』, 동아출판사, 1972, 525쪽.
63) 정병준, 앞의 논문, 2000, 201~207쪽.

서 건너간 것으로 추정되는 금액을 제외하면 최소 2천 7백만 원, 그것을 포함하면 최대 5천 2백만 원 이상의 정치자금을 모았다. 당시 5천 2백만 원을 1945~46년간 백미 2등품 쌀 1두의 서울시 소매 가격 545원으로 환산해 계산하면 백미 최소 19,082가마에 해당하는 금액이다. 이는 현시가로 34억 3,500만 원에 해당한다. 최소 금액인 2천 7백만 원을 쌀로 환산하면 9,908가마에 해당하며, 현시가로 17억 8천 3백만 원이다.[64]

쌀값을 통한 단순 비교 말고 경제 규모로 계산해 보면 이승만의 정치자금의 크기는 더욱 분명해진다. GNP 대비로 계산해보면 1947년 1인당 GNP 35달러와 1997년 1인당 GNP 9,511달러는 무려 272배 정도 차이가 있다.[65] 이승만이 당시 거둬들인 정치자금을 최소 금액으로 상정해 1인당 GNP 대비에 단순 비교하면 현시가로는 73억 원에 해당한다. 또한 이승만이 거둬들인 정치자금은 1945년 GNP의 0.3857%에 해당한다.[66] 한편 재정 규모로 비교해보면 이승만의 정치자금이 당시 한국의 경제 상황에서 차지하고 있던 크기를 짐작할 수 있다. 1946년도 미군정의 재정 규모는 118억 원에 불과했다. 이승만의 최소 정치자금 약 2,700만 원은 당시 1년 세입·세출액의 0.2288%에 해당하는 금액이

---

[64] 「서울市 生活必需品 小賣物價調查表(其1)」, 朝鮮銀行調查部, 『朝鮮經濟年報 1948』 III-134, 1948. 현시가는 쌀 1가마 18만원으로 계산했다. 한편 1945년도 평균 백미 1두의 평균 가격인 124원으로 계산하면, 43,548가마에 해당하며 현시가로 따져 78억 3,864만 원이다. 쌀 1섬=2가마=10두.

[65] 일제시대의 GNP와 1인당 GNP는 「日政下 朝鮮의 國民所得分配計劃表」, 朝鮮銀行調查部, 『朝鮮經濟年報』 I-318, 1948 ; 통계청, 『통계로 다시 보는 광복이전의 경제·사회상』, 1995, 78, 116쪽 ; 尹致暎, 앞의 책, 186쪽을 참조.

[66] 1945년의 GNP에는 남북한이 모두 포함되어 있기 때문에 실질적으로 남한만의 GNP는 그 총액이 훨씬 축소될 수 밖에 없다. 1937년 현재 공산액의 남북 비율은 북한 59.4%, 남한 40.6%였고, 전력(연평균 발전력)의 남북 비율은 북한 92%, 남한 8%였다.(朝鮮銀行調查部, 『朝鮮經濟年報1948』 I-322, I-324, 1948.)

표 13-6. 이승만 정치자금의 현시가 대비표

구분 금액	쌀값 대비		GNP 대비	재정규모 대비
	1945~46 1가마 2,725원	1997 1가마 180,000원	1946 70억	1946 118억
최소 2,700만 원	9,908가마	17억 8,300만 원	0.3857%	0.2288%
최대 5,200만 원	19,082가마	34억 3,500만 원	0.7429%	0.4407%

[출전] 「日政下 朝鮮의 國民所得分配計劃表」, 朝鮮銀行調査部, 1948, 『朝鮮經濟年報』 I-318 ; 통계청, 1995, 『통계로 다시 보는 광복이전의 경제·사회상』, 78, 116쪽 ; 尹致暎, 1991, 『尹致暎의 20세기』, 삼성출판사, 186쪽.

었다. 이를 1997년의 재정 규모로 환산하면, 137조 4,188억 원의 0.2288% 인 314억 4천만 원에 해당하는 금액이 된다. 가히 천문학적 금액이라고 할 수 있다.

또한 현재 문헌 기록이나 증언에 드러나지 않는 기부금 등을 고려할 때, 이승만이 모금한 정치자금은 남한의 우익 진영 내에서 유통되고 있던 정치자금의 거의 대부분이었다고 해도 과언이 아닐 것이다.

2) 정치자금 조성의 특징과 배경

그렇다면 이승만은 도대체 이렇게 많은 정치자금을 어떻게 조달할 수 있었던 것일까? 이승만의 정치자금 조성 과정의 특징과 배경을 정리하면 다음과 같다.

첫 번째 배경은 주한미군 사령관 하지의 전폭적 지지와 후원, 그리고 불법·탈법에 대한 묵인과 승인이었다. 하지는 이승만의 방미로 갈등 관계가 조성되기 전인 1946년 말까지, 이승만을 남한 정계의 핵심으로 설정하고 후원했다. 하지는 1946년 4월 경제보국회에 2천만 원을 불법적으로 대부했고, 그 중 1천만 원이 이승만에게 돌아가도록 조치했으며, 이를 수사하는 971 CIC 지대의 조사를 제어하기까지 했다.

알려진 것과는 정반대로 이승만의 방미 역시 하지의 권유에서 출발한 것이었으며, 하지는 이승만 도미 외교 자금의 모금 과정에서의 강제성과 불법적인 외화 환전을 묵인했다. 이승만은 원화를 달러로 환전하기 위해 재한 선교사와 이화여전·YWCA·연희전문 등 선교 본부가 미국에 있는 미션계 학교들을 이용했다. 이승만은 이화여전에 240만 원, YWCA에 110만 원을 기부한 후 1947년 1월 초 미국 뉴욕에서 2차례에 걸쳐 100원 대 1달러의 환율로 1만 1천 달러와 2만 4천 달러 등 총 3만 5천 달러를 선교 본부에서 받아갔다. 이와 동일한 방법이 연희전문에서도 행해졌다.67) 이승만이 환전한 1달러 대 100원은 실제 거래되는 환율보다 훨씬 파격적인 것이었다.68)

하지는 971 CIC가 연희전문의 언더우드, 이화여전·YWCA의 김활란(金活蘭), 민족대표외교후원회의 김양수(金良洙) 등을 인터뷰해, 이승만이 미션계 학교들을 통해 불법 환전하는 것을 알았다. 구체적으로 뉴욕 선교 본부가 이승만에게 3만 5천 달러를 지불했다는 전문을 가로채 물증까지 확보했고, 러치 군정장관이 처벌을 건의했음에도 불구하고

---

67) HQ, USAFIK, 971 CIC Detachment, "Dr. Rhee's Trip to America, Exchange of Currency for," January 28, 1947 ; "Radiograms, Interception of," January 2, 1947. ; "Rhee Syng Man, Transfer of currency," file no. 8-92, January 6, 1947 ; "Underwood, Dr. Horace, Interview of," RG 332, box 77.
68) 처음에 이승만은 華僑와 환전을 시도했지만, 이들이 1달러 대 203원의 비율을 주장해 거래가 깨졌다.(Interview with Lt. Leonard Bertsch by Sargent, 10 Dec. 1946, RG 332, box 77.) 당시의 환율은 공정 환율이 1달러 대 50원(1946. 7. 7)이었지만, 뉴욕에서 실거래는 1달러 대 120원(1946. 3. 20)이었고, 국내에선 1달러 대 170원도 과도한 것이 아니었다.(財政金融30年史編纂委員會, 1978, 『財政金融30年史』, 45쪽 ; 朝鮮銀行 調査部, 「朝鮮産業經濟日誌」, 『朝鮮經濟年報 1948』 II-8 ; USAFIC, CIC, File no. 8-92, Subject : Rhee Syng Man, Transfer of currency, January 6, 1947, RG 332, Box 77.)

이승만에 대한 횡령 혐의 조사와 체포 시도를 중단시켰다.69)

두 번째 배경은 자발성을 빙자한 강제 모금이었다. 이승만의 정치자금 모금에는 후원과 지원 외에 강요와 위협이 동반되어 있었다. 『주한미군사(HUSAFIK)』는 "이승만의 정치자금 수령에는 모종의 협잡이 있었음이 분명했다"라고 썼다.70) 또한 버치는 이승만이 많은 부유한 한국인들에게 친일 행적을 폭로하겠다고 위협하면서 돈을 뜯어냈다고 주장하기도 했다.71) 경제보국회가 이승만에게 1천만 원을 '헌성금(獻誠金)'으로 제공한 것 역시 이런 주장들과 무관하진 않았을 것이다. 또한 이승만을 추종하는 우익 청년 단체들과 조직들은 이승만의 이름하에서 강제적인 모금 활동을 벌였다. 이는 이후 이승만 정권기를 관통하는 일반적 특징이 되었다.

이승만이 도미 경비를 마련하기 위해 동·면·군 단위에서 강제 모금한 사례는 열거할 수 없을 정도로 많았다.72) 몇 가지 사례를 들어보자. 서울의 청파동 3가 동회에서는 한국외교사절단 후원비 등의 명목으로 한 세대에 100원씩을 기부할 것을 강요하며, 이 기부에 응하지 않으면 쌀 배급을 정지하거나, 미국 사탕을 주지 않는다고 통보했다.73) 서울

---

69) 브루스 커밍스, 앞의 책, 하권, 1986, 52쪽. 버치는 만약 미군 병사가 이승만과 동일한 방식으로 환전했다면, 오랜 기간의 감옥 생활을 면치 못했을 것이라고 지적했다.("Interview with Lt. Leonard Bertsch by Capt. Sargent, December 10, 1946," RG 332, Box. 77.)
70) HUSAFIK, part 2, chapter 2, p. 149.
71) 브루스 커밍스, 앞의 책 하권, .52쪽. 또한 버치 중위는 '덜 민주적인 방식'으로 헌금을 제공받았다고 주장했다.("Interview with Lt. Leonard Bertsch by Sargent, December 10, 1946", RG 332, box.77.)
72) 971 CIC 지대의 한 보고서는 이승만의 도미를 위해 각 가정마다 100원을 기부하라는 강요가 있었다고 밝혔다.("Rhee Syng Man, Transfer of currency", file no. 8-92, January 6, 1947, RG 332, box 77.)
73) 『獨立新報』 1946년 12월 14~15일·18일자 ; 『朝鮮日報』 1946년 12월 18일자 ; 『서울신문』 1947년 1월 7일자 ; 『東亞日報』 1947년 3월 6일자.

후암동 동부동회(東部洞會)에서는 도미한 이승만의 후원비로 극빈자는 50원, 그외에는 100원 이상을 내지 않으면 쌀 배급을 주지 않아 사회 문제가 되었다.74) ○○단은 이승만 방미 자금의 기부를 강요하다가, 서울시 당국으로부터 불법이라는 경고까지 받았다.75) 일제 말에 대조봉대일상회(大詔奉戴日常會) 불참자들을 비국민이라고 칭하며 식량 배급을 중단시킨 것과 동일한 조치였지만, 행정관리들은 돈을 잘 안 내니 이런 조치가 당연하다고 공개적으로 발언할 정도였다.76)

서울에서는 동회를 통해 쌀 배급을 빌미로 한 강제 모금이 이뤄진 한편, 지방에서는 말단 행정망을 통해 강제 기부가 이루어졌다. 경기도 강화군 14개 면에서는 우익 단체 인사들이 말단 경찰을 대동하고 각 면을 순회하면서 구장과 유력자를 소집해놓고 기부를 강요했고, 이승만의 도미 기금 30만 원을 전군(全郡)에 할당하여 호별 분담시켰다.77) 경남 부산의 조산면에서도 1947년 4월에 경찰과 지역 관리의 협력으로 만들어진 독촉국민회가 "자유의 대가"로 3백만 원 모금을 추진하면서, 가난한 면민에게까지 할당액을 통보했고, 지방 부락 유지들이 이에 동원되었다.78) 하동에서도 이러한 사례가 보고되었다.79)

자발성을 내건 이러한 강제 모금은 은행원들에게도 적용되었다. 서울 시내 주요 은행의 모든 행원들은 '감사의 뜻'을 표하기 위해 1946년

---

74) 『中外新報』 1946년 12월 17~18·21일자 ; 『獨立新報』 1946년 12월 21~22일자 ; 『京鄕新聞』 1946년 12월 21~22일자 ; 『朝鮮日報』 1946년 12월 19·29일자.
75) 徐白, 「李博士 美洲旅行記」, 『民主主義』 제20호(1947. 6. 21) (도진순, 『한국민족주의와 남북관계』, 서울대 출판부, 1998, 144쪽에서 재인용.)
76) 「서울시 시정과장 구태회의 기자회견」, 『獨立新報』 1946년 12월 14일자.
77) 『獨立新報』 1946년 12월 14일자.
78) HQ, USAFIK, 971 CIC Detachment, CIC Semi-Monthly Report, no.17(1947. 8. 31)
79) USAFIK, Pusan District Offce, CIC, "Subject : Right-Wing Activities-Collection of Funds by Intimidation," October 20, 1946, RG 332. Box 77.

11월분 월급의 1/3을 이승만의 도미 외교 활동비로 제공했다.80) 이승만 영수증철에 따르면 서울 시내 8개 시중 은행의 행원들은 1946년 12월 30일에 총 91,820원 44전을 이승만에게 헌납했다.81) 나아가 경찰은 전국적으로 경찰후원회를 조직하고 상인 등에게 기부금을 '요구'했으며, 이 자금 중 일부가 이승만에게 흘러들어갔다.82)

세 번째 배경은 여러 가지 논란에도 불구하고 이승만에 대한 대중적 지지 혹은 지명도가 확고했다는 점이었다. 1946년 중반 이승만은 우익 지도자 중에서 최고의 지도력과 영향력을 보유하고 있었다. 그의 영향력은 언론매체와 우익 조직을 통해 정교하게 대중 속을 파고들었고, 미군정의 지원은 이를 뒷받침했다. 또한 위의 강제 모금 역시 이승만의 대중 조직망이 그만큼 잘 정비되어 있었기 때문에 가능했다. 이승만을 추종하는 우익 대중 단체들이 기부를 강요할 수 있었던 배경에는, 미군정의 묵인과 이승만의 '최고 지도자'로서의 위상이 있었던 것이다. 1946년 12월 26~27일에 주한미군 공보국 여론조사실은 서울 시민 1,165명에게 이승만의 도미와 관련된 설문 조사를 했다. 그 내용을 정리하면 표 13-7과 같다.83)

서울시에 관한 한 대중들은 이승만의 도미 외교에 대해 우호적인 반응을 보이고 있었음을 알 수 있다. 주한미군 정보 당국의 판단처럼, 적

---

80) USAFIK, CIC, Seoul District Office, Memorandum for the Officer in Charge, Subject : Rhee, Syng Man's money, December 17, 1946, RG 332, Box 77.
81) 은행명과 액수는 다음과 같다. 朝興銀行 24,179원, 朝鮮殖山銀行 7,650원, 朝鮮銀行 15,505.15원, 朝鮮商業銀行 10,965.81원, 貯蓄銀行 10,500원, 朝鮮相互銀行 8,500원, 朝鮮信託會社 7,218원, 金融組合聯合會 7,311.48원.(『雩南李承晩文書』 제15권, 140~141쪽.)
82) 「미군정 중앙경제위원회(NEB) 위원장 Dr. Anderson의 증언」(1966. 11. 29) ; 「미군정 민사관리 Dr. E. A. J. Johnson의 증언」(1966. 11. 30)(김정원, 1985, 『韓國分斷史』, 동녘, 100쪽에서 재인용.)
83) G-2 Weekly Summary, no. 69(1947. 1. 9.)

표 13-7. 이승만 도미와 관련된 미군정의 설문 조사(1946. 12)

질문항목 \ 응답비율	예 인원(%)	아니오 인원(%)	모른다 인원(%)
이승만의 미국에서의 활동을 알고 있는가?	1,077(93)	88(7)	
이승만의 남한에서의 즉시철군 요구에 동의하는가?	953(82)	212(18)	
그의 활동이 한국 독립운동을 지원한다고 생각하나?	800(69)	174(15)	191(16)
평 균	943(81)	158(13)	64(5.3)

[출전] G-2 Weekly Summary, no. 69(1947. 1. 9.)

어도 서울은 우익 진영의 중심이 된 상태였다. 이승만의 대중적 명망성은 해방 직후 미군정·우익·좌익에 의해 상징적으로 부각되었지만, 그후 만1년이 경과한 1946년 하반기에 이르러 이승만은 미군정의 지원과 경찰 등 행정 조직의 장악, 그리고 우익 대중 조직의 확산에 따라, 상징적 차원이 아니라 구체적으로 대중적 기반을 확보했다.

네 번째 배경은 이승만의 능력과 수완이었다. 특히 이승만은 정치자금 조성에 재능을 갖고 있었고, 이를 위해 다양한 방법을 동원했다. 구체적인 두 가지의 사례를 들어보자. 먼저 이승만은 직접 외국의 이권단체들과 관계를 시도했다. 앞에서 살펴본 1946년 초반의 금광 스캔들과 한미무역회사 소동이 이에 해당했다.[84] 정치자금에 대한 이승만의 수완과 집념을 보여주는 또 다른 사례는 김구의 정치자금과 관련된 것이었다. 이승만의 정치자금 조성과 운용 과정에 김구가 깊숙이 개입되어 있었다는 사실은 지금까지 전혀 알려져 있지 않다. 다만 장개석(蔣介石)이 김구의 귀국시 제공한 자금을 이승만이 '대미 외교'와 독립운동

---

84) 김정원, 앞의 책, 54~55, 181쪽 ; 브루스 커밍스, 앞의 책 하권, 52쪽 ; Bruce Cumings, *The Origins of the Korean War, volume II : The Roaring of the Cataract 1947~1950*, Princeton University Press, 1990, chapters 2, 4.

에 필요하다며 가져갔다는 얘기만이 인구에 회자되고 있다.85)

1945년 11월 말 입국하는 김구에게 장개석은 미화 20만 달러와 3명의 무전사 및 무전기를 제공했다.86) 미군정의 허가를 받지 못한 상태였기에 김구는 20만 달러를 일단 뉴욕에 있는 중국 대사관에 보낸 후 다시 서울로 보내줄 것을 요청했다.87) 그러나 한미 간의 환전이 불가능했고, 미군정이 자금 유입과 용도를 계속 제한했기 때문에, 실질적으로 이 20만 달러는 무용지물에 가까웠다. 이미 이승만은 김구의 입국 직후부터 이 자금에 눈독을 들였고, 알려진 소문처럼 김구는 이승만에게 20만 달러를 주었다. 그런데 문제는 돈이 김구의 수중에 있는 것이 아니라, 주미 중국 대사관에 있다는 것이었다. 이에 이승만은 1946년 2월부터 1947년 말까지 모두 4~5차례에 걸쳐 장개석에게 이 자금을 자신에게 줄 것을 요청했다. 그 중 한 편지를 보자.

중경(重慶) 장주석(蔣主席) 각하. 청하옵건대 위도명(魏道明) 대사에게 명령하시어 미화 20만 달러를 본인의 명의로 미국안전신탁공사(美國安全信託公社, American Security and Trust Company)에 두어주시며 아울러 임병직(林炳稷) 대령을 통해 본인을 대신해 출금(出金)하도록 해주십시오. 저는 미국에서 이 차관이 매우 간절한 상태입니다. 각하의 정의(情誼)는 한인이 영원히 깊이 새길 것입니다. 하지

---

85) 당시 김구가 이승만에게 이 돈을 주었다는 소문은 익히 알려져 있었다. 경제보국회 위원장 김홍량은 1945년 11월에 김구가 장개석에게서 받은 1천만 원을 이승만에게 주었다고 증언했다.[Memorandum for the Officer in Charge, July 3, 1996 by Raymond A. Henimann, Special Agent, CIC., Subject : Taihan Kyung Che Po Kook Whoi(Korean National Industrial Assistance Association), RG 332, Box. 77.]
86) "Report on relations between the Korean Provisional Government and China," January 18, 1946, RG 332, box 47. 3명의 무전사 이름은 專員 汪榮生, 台長 陸思行, 報務員 劉龍治였다. 주한미군은 이들이 입국하자마자 송신기를 압수했고, 곧 추방했다.(秋憲樹, 『資料韓國獨立運動 1』(이하 『추헌수 1』, 『추헌수 2』로 약칭) 연세대 출판부, 1971, 469쪽.)
87) 「20萬弗의 處理方法」(吳鐵城－蔣介石) (1947. 2. 7)『추헌수 2』, 453쪽.

장군은 이미 어제 수도에서 거행된 장엄한 예식 중에 민주의원을 승인했고, 이 조직은 본인을 주석에 김규식 및 김구 두 사람을 부주석에 임명했습니다. 이승만.88)

임시정부에 제공된 자금을 미국 내의 개인 통장으로 입금시켜 달라는 이승만의 요청에 국민당 정부는 냉소적인 태도를 취했다. 1946년 내내 워싱턴의 이승만 진영은 중국대사관과 접촉했지만, 돈을 받아낼 수 없었다.89)

1946년 8월에 이승만은 굿펠로우에게 편지를 보내 "우리는 미국에서의 우리 활동에 가용할 수 있는 약간의 자금을 마련하려고 노력 중"이라고 했는데, 이는 분명 중국 대사관에 예치된 임정 자금을 의미하는 것이었을 것이다.90)

그러나 이승만은 포기하지 않았다. 1946년 말에 방미하게 된 이승만은 주미 중국 대사관 참사 진지매(陳之邁)를 통해 장개석에게 또다시 20만 달러를 자신에게 줄 것을 요청했다.91) 나아가 이승만은 귀국 길에 직접 중국을 방문해, 장개석에게 이 자금을 자신에게 줄 것을 재차 요청했다. 이로써 지금까지 이승만이 방미 후 귀국 길에 왜 번거롭게 동경을 거치고, 다시 중국 상해-남경을 거쳐 귀국했는지에 관한 의문이 풀리게 된다. 주미 중국 대사관과의 협상을 통해 20만 달러를 인수하는 것이 어렵다고 판단한 이승만은, 방미 중인 1947년 1월부터 여러 차례에 걸쳐 남경을 직접 방문해 장개석을 만나길 희망한다는 전문을 타전했다.92) 결국 이승만은 장개석을 만났지만, 20만 달러를 손에 넣

---

88) 「20萬弗 美國送金要請」(李承晩-蔣介石) (1946. 2. 18) 『추헌수 2』, 452쪽.
89) 「戰後收拾을 爲한 協助依賴」(李承晩-蔣中正) (1946. 8. 5) 『추헌수 1』, 698쪽.
90) 「이승만이 굿펠로우에게 보낸 편지」(1946. 8. 5), 『굿펠로우문서철』.
91) 「國內現況」(李承晩-蔣介石) (1946. 12. 30), 『추헌수 2』, 452~453쪽.
92) 「李承晩博士 南京訪問計劃」(李承晩-蔣介石) (1947. 1) ; 「李承晩博士 南京訪

을 수 없었다.

그러나 이 시점에서 주미 중국 대사관에는 10만 달러만이 남아 있었다. 자금난에 봉착했던 김구가 1946년 겨울에 주한 중국 영사 유어만(劉馭萬)과 협의해, 중국에서 활동하는 임시정부의 주화대표단(駐華代表團)에 10만 달러를 교부하고, 10만 달러만을 미국에 예치하도록 했기 때문이다.[93] 김구의 비서 선우진(鮮于鎭)의 증언에 따르면, 김구는 남은 10만 달러를 이승만에게 제공했고, 이승만은 프란체스카와 함께 유어만을 찾아갔지만 거절당했다.[94] 그럼에도 불구하고 이승만은 1947년 10월에 장개석에게 다시 편지를 보내 이렇게 썼다.

> 균좌(鈞座, 장개석—인용자)께서 제공하신 자금의 반이라도 역시 저로서는 이 중대한 난관을 넘어가는 데 족합니다. 만약 대사관 비서가 친히 이 돈을 워싱턴 미국안전은행(美國安全銀行)에 두는 것이 불편하시다면, 대사관에서 사람을 보내 한국위원회 주석 임본(林本, 임병직의 오자—인용자) 대령을 방문케 한즉 타당하게 처리할 수 있을 것입니다. 다른 이들은 알지 못하게 하십시오. 제가 목전에 당면한 곤란은 제가 보유한 금전이 미국 화폐와 태환(兌換)이 불가능하며 또한 돈이 필요한 곳 역시 미국이라는 점에 있습니다.[95]

단정 수립의 최대 고지를 넘고 있던 이승만에게 나머지 10만 달러는 매우 소중했겠지만, 중국 정부는 이승만의 끈질긴 요청을 거부했다. 결

「訪問消息」(顧維鈞—中國外交部) (1947. 2. 19) ; 「李承晚博士의 南京訪問에 對한 協助要請」(金九—蔣介石), 『추헌수2』, 453~455쪽 ; 「李承晚의 中國訪問에 關한 件」(李承晚—閔石麟) (1947. 4. 4) ; 「李承晚訪中에 關한 協助要請書信」(金九—蔣中正) (1947. 2.20) ; 「李承晚訪中에 關한 書信」(金九—蔣中正) (1947. 4), 『추헌수 1』, 516~517, 699쪽.

93) 「臨政活動費 美貨20萬弗 支給方法에 關한 件」(吳鐵城—蔣中正) (1947. 6. 20) ; 「美貨 5만달러 지급에 대한 謝意 表明」[濮純(朴贊翊)—吳鐵城](1947. 10. 27), 『추헌수 1』, 518, 520쪽.
94) 「鮮于鎭 인터뷰」(1996. 6. 14, 백범김구선생기념사업협회.)
95) 「在美活動費 協助要請」(李承晚—蔣中正) (1947. 10. 10), 『추헌수 2』, 454쪽.

국 나머지 10만 달러 역시 유어만을 통해 김신(金信)이 찾아왔고, 한미호텔·경교장 등의 생활비와 『백범일지(白凡逸志)』의 출간 비용 등에 충당되었다.96)

3) 정치자금의 운용

이승만은 이렇게 조성된 정치자금을 국내외의 활동 경비로 사용했다. 먼저 국내의 활동 경비는 액수가 작았다. 이승만의 영수증철 가운데 국내에서 사용한 금액을 추정할 수 있게 해주는 몇 부분이 남아 있다. 이승만이 우익 진영의 가장 큰 대중 단체인 독립촉성국민회를 장악(1946년 6월)하기 전까지 가장 중요한 손발 역할을 했던 조직은 독립촉성중앙협의회였다. 1945년 말부터 1946년 4월까지 독립촉성중앙협의회 중앙본부가 사용한 자금의 영수증이 지금까지 남아 있다. 독립촉성중앙협의회 중앙본부의 자금 내역과 대차대조표를 정리하면 표 13-8과 같다.

특기할 만한 사실은 출장비(24,100원)와 인쇄비(49,450원)로 대부분의 돈이 지출되었다는 점이다. 출장의 경우 14명이 20회에 걸쳐 지방에 파견되었으며, 1945년 12월(7회)과 1946년 1월(9회)에 출장이 집중되었다. 또 하나 중요한 점은 차입금 13,750원을 제외하고, 순수하게 이승만으로부터 나온 돈이 만3개월 동안 불과 75,200원에 불과했다는 사실이다.97) 물론 지방 지부가 자체 예산으로 활용한 금액을 포함하면

---

96) 「鮮于鎭 인터뷰」(1996. 6. 14, 1999. 10. 13, 백범김구선생기념사업협회.)
97) 이승만 영수증철에는 독촉중협 靑年總本部 부장 柳山이 1946년 7월분 예산 소요액으로 155,700원을 청구한 기록이 있다. 그러나 청년총본부를 만들며 끼워 맞추기식으로 과대 포장한 이 예산안은 불승인되었을 것이다.(『雩南李承晩文書』 제15권, 496~503쪽.)

표 13-8. 독립촉성중앙협의회 중앙본부 대차대조표(1945. 12. 22~1946. 4. 1)

대차대조표			
貸方		借方	
항 목	금 액	항 목	금 액
사무경비	2,638	입 금	75,200
임대보증금	2,000	차입금	13,750
출장비	24,100		
인쇄비	49,450		
인건비	2,000		
도서비	200		
접대비	3,500		
선전경비	4,321		
柴炭費	300		
잡 비	200		
현 금	241		
합 계	88,950	합 계	88,950
차입금 명세서			
차입처		금 액	
宋必滿		11,000	
金俊卨		2,750	
합 계		13,750	

[출전] 「貸借對照表」(金俊卨 작성), 中央日報社·延世大學校 現代韓國學硏究所, 1998, 『雩南李承晩文書』 13권, 490~495쪽.

그 액수는 늘어나겠지만, 이승만은 모금한 자금의 극히 일부만을 국내에서 사용한 것으로 판단할 수 있다. 이승만의 국내 활동비 가운데 당시의 정치 상황과 관련해 중요한 세 가지 특별 활동 경비의 사례가 확인된다.

첫째, 1946년 9월에 총파업을 막기 위한 파업 대책 자금이 이승만에게 제공되었고, 이승만이 총파업 저지에 깊숙이 관여했다는 사실이다. 이는 지금까지 전혀 알려지지 않은 사실이며, 1946년 하반기에 이승만이 지녔던 정치적 위상을 보여주는 것이었다. 즉 이승만의 정치적 위상은 단순히 우익 정치 지도자의 차원에 그친 것이 아니라, 총파업이라는 구체적 상황 속에서 군정과 우익의 대변자로 경찰과 우익 청년단체들을 지휘할 수준에 놓여 있었던 것이다. 이승만은 9월에 총파업 대책비로 경성방직에서 20만 원(10월 1·3일), 화신(和信)백화점의 박흥식에게 10만 원(10월 1일), 경성상공회의소에서 15만 원(10월 1일)을 받았다.98) 이승만은 9월 24일에 9월 총파업 분쇄에 돌입한 대한독립노동총연맹(大韓獨立勞動總聯盟, 대한노총) 위원장으로 전격 추대되었고, 26일에는 이를 정식 승인해 이후 3일간 대한노총 위원장으로 재직했다.99) 이승만은 40여 개 우익 청년 단체가 결성한 파업대책위원회(1946년 9월 26일)를 흡수해 전선파업대책협의회(全鮮罷業對策協議會)를 조직(1946년 9월 27일)하고, 파업 대책을 협의했다. 다음 날인 9월 28일에는 러치 군정장관·코넬슨 운수부장 등과 파업 대책을 협의했고, 군정은 대한노총이 제출한 철도 파업의 해결을 위한 요구 조건을 승낙했다.100) 이 직후인 9월 30일 새벽 4시에 경찰 3천여 명과 대한민주청년동맹(大韓民主靑年同盟, 대한민청)·서북청년회(西北靑年會, 서청)·독립촉성국민회청년단(獨立促成國民會靑年團, 국청)·대한독립청년단(大韓獨立靑年團, 독청) 등 우익 청년단원 2천 명이 동원되어 용산 공작창을 비롯한 철도 파업장을 급습, 1천여 명의 노동자를 검거하고 파업을 진압했다.101) 서울의 철도 총파업을 진압한 직후인 10월 1일에 경성방직·박흥식·경성상공회의소

---

98) 『雩南李承晩文書』 제13권, 127쪽.
99) 『朝鮮日報』 1946년 10월 2일자; 韓國勞總, 『韓國勞動組合運動史』, 1979, 294쪽.
100) 『朝鮮日報』 1946년 10월 2일자.
101) 『朝鮮日報』 1946년 10월 3일자; 任松子, 「美軍政期 大韓獨立促成勞動總聯盟에 關한 硏究」, 성균관대 사학과 석사학위논문, 1993, 76쪽.

가 성공 사례금을 건넸다. 이 중 일부가 철도·경성전기·경성방직 파업 진압에 동원된 대한노총 조직원과 우익 청년단에게 건네졌을 가능성을 배제할 수는 없지만,102) 이 파업깨기 자금이 이승만 도미 영수증철에 묶여 있는 것으로 미루어, 이승만의 도미 여비 및 로비 자금으로 쓰였음이 분명하다.

두 번째는 1947년 제2차 미소공위 결렬에 중요한 빌미를 제공한 6월 23일 덕수궁 앞에서 열린 반탁 시위가 이승만의 자금 지원과 조정에 의한 것이었다는 점이다. 후술하겠지만, 이 시위는 민족통일총본부(民族統一總本部)의 배은희가 알선한 78만 원의 자금으로 이루어진 것이었다.103) 이는 이승만이 제2차 미소공위를 결렬시키기 위해 우익 청년·대중 단체들을 조직적으로 동원했음을 보여주는 것이다.

마지막으로 확인되는 것은 이승만의 언론 대책비 부분이다. 개화기 언론인 출신으로 언론 매체의 중요성을 알고 있던 이승만은, 자기 입장을 옹호하고 지지해줄 수 있는 신문사 확보에 남다른 관심을 보였다. 이승만은 굿펠로우에게 보낸 1946년 6월 28일자 편지에서 자신이 정간된 『대동신문(大東新聞)』의 이종형(李鍾榮)에게 50만 원을 제공하고 소유주가 되었다고 썼다.104) 이종형은 부인 이취성(李翠星)과 함께 반민특위에 검거될 정도로 대표적인 악질 친일파였다. 모든 좌익과 대부

---

102) 金斗漢, 『피로 물들인 建國前夜』, 1963, 151~167쪽.
103) 총 779,550원이 지출되었는데, 내역을 보면 민족통일총본부 한성지부 朴栽英(5만 원), 獨靑 朴淨來(7만 원), 全國學聯 李哲承(5만 원), 國靑 陳憲植(10만 원), 韓靑 李鉉(10만 원), 靑同 柳珍山(10만 원), 光靑 崔穆根(10만 원), 朴容萬 파견비.(3만 원) 남양인쇄소 삐라 10만 매 인쇄비(5만 원), 現代日報 宋根容 (7만 원), 勞總 錢鎭漢(5만 원) 등으로 모두 6월 22~23일에 지불되었다.(Vouchers—June, July 1947.)
104) 「이승만이 굿펠로우에게 보낸 편지」(1946. 6. 28), 국사편찬위원회, 『대한민국사자료집』 28집, 1995, 100~103쪽.

분의 우익을 비난하며 국수주의적 색채가 짙었던 『대동신문』은 이후 유일하게 이승만만을 찬양했다.

한편 이승만은 『현대일보(現代日報)』와 『민중일보(民衆日報)』도 실질적으로 지배했다. 두 신문 모두 이승만의 신문으로 알려져 있으며, 김규식을 궁지로 몰아넣은 2천만 원 왜(倭)고리짝 사건을 집중적으로 보도했던 3개 신문 중 2개였다.105)

원래 좌익지였던 『현대일보』는 1946년 9월에 정간되었고, 이 판권을 서상천(徐相天)이 인수해 1947년 1월에 속간시켰다. 이 신문의 판권 소유자는 박치우(朴致祐)였지만, 그가 미군정의 수배로 지하로 잠복한 사이, 미군정이 서상천에게 판권을 넘겨줘 사회문제가 되기도 했다.106) 『현대일보』의 주필은 이승만의 일민주의(一民主義) 전도사로 유명한 양우정(梁又正)이었고, 이 신문은 노골적으로 반탁·반공과 단선·단정을 옹호했다. 프란체스카의 수표책에 따르면, 이승만은 1947년 6월 23일 『현대일보』에 20만 원을 용지 대금으로 지불했다. 또한 6월 23일 덕수궁에서 열린 반탁 시위와 관련해서 『현대일보』에 7만 원을 지불했다. 또한 『현대일보』가 입주한 이문당 건물은 이승만의 부인인 프란체스카 명의로 소유권이 등기된 상태였다.107)

『민중일보』는 1947년 4월에 윤보선이 재정난으로 휴간된 상태에서 인수해 속간한 것이었는데, 실질적인 사주는 이승만이었던 것으로 보인다. 이승만은 1947년 3월 26일 1백만 원, 1948년 2월 8일 50만 원 등 두 차례에 걸쳐 『민중일보』에 150만 원을 지불했다. 이승만은 비서 이기붕(李起朋)을 통해 『민중일보』에 관여했으며, 당시 『민중일보』 문

---

105) G-2 Weekly Summary, no. 87.(1947. 5. 15.)
106) 『獨立新報』1947년 1월 8~9일자.
107) 李敬南, 『분단시대의 청년운동』하권, 삼성문화개발, 1989, 96쪽.

화부장이었던 김동리(金東里)는 『민중일보』가 이승만의 돈암장 동정에 대해 어느 신문보다도 자세하고 신속하게 알렸기에, '돈암장 신문'으로 불렸다고 회고했다.108)

이승만의 정치자금 중 가장 많은 금액은 그의 주장대로 미국에서의 외교 선전과 로비 활동, 그리고 도미 경비로 쓰였을 것이다. 또한 이승만의 워싱턴 주재 사설 고문들에게도 상당액이 소요된 것으로 확인된다.

이승만은 1946년 6월 28일자 편지에서 굿펠로우에게 매년 '총 4만 달러 내지 5만 달러'를 지불하겠다고 밝혔다.109) 이승만이 도미할 때 환전했던 환율인 1달러 대 100원으로 환산하면 4~5백만 원에 해당하는 금액이다. 물론 이승만은 김구가 장개석으로부터 받은 전별금을 예상하고 이 정도의 금액을 상정한 것이었기 때문에 실제로 굿펠로우에게 이 액수를 지불하지는 못했을 것이다. 그러나 군부와 워싱턴 정가에 대한 로비를 위해 굿펠로우에게 일정액이 지불되었던 것은 분명하다.110) 굿펠로우는 1948년 한국 정부 수립 이후 워싱턴에서 한국 정부 혹은 이승만 개인의 종합 고문이 되고자 했다. 그는 이를 위한 종합 계획서를 제출하면서 워싱턴 주재 샴 고문조차 1년에 3만 6천 달러를 받는다며 자신은 그 이상을 받아야 한다고 요구했다.111)

한편 이승만의 공보 고문으로 활동한 올리버에게 지출된 금액은 정확하게 파악된다. 이승만은 1946년 방미했을 때 올리버에게 1만 달러

---

108) 金東里, 「'敦岩莊新聞'이라던 民衆日報 언저리」, 『言論秘話50篇』, 韓國新聞研究所, 1978, 610쪽.
109) 「이승만이 굿펠로우에게 보낸 편지」(1946. 6. 28), 『굿펠로우문서철』.
110) 이승만은 1948년 11월 굿펠로우가 9월과 11월에 사용한 비용인 2,381달러를 지불했다.["Syngman Rhee to Goodfellow"(November 29, 1948), 국사편찬위원회, 앞의 책 28집, 494쪽.]
111) 「굿펠로우가 이승만에게 보낸 편지」(1948. 9. 2), 『굿펠로우문서철』.

의 연봉을 제시하며 공보 고문으로 일해줄 것을 요청했다.112) 또한 올리버가 이끌던 워싱턴의 공보 사무실은 1948년에 올리버 4천 달러, 직원 2명에게 각 2,800달러를 지급한 것을 포함해, 2만 달러의 예산을 사용했으며, 1947~48년간 올리버에게는 매년 2만 달러 가량이 지원되었다.113) 이들 외에도 제이 제롬 윌리암스(Jay Jerome Williams), 해롤드 레이디(Harold Lady), 프레드릭 브라운(Frederick Harris Brown) 등에게 로비 자금이 건네졌을 것이다.114)

이승만은 비록 장개석의 차이나 로비(China Lobby)에는 미치지 못했지만, 자신의 독자적인 로비망을 갖고 있었다. 이승만이 동아시아에서 장개석을 제외하고 가장 유명한 인물로 미국 조야(朝野)의 주목을 받게 된 데는 이들의 역할이 컸다.

이승만은 경제보국회에서 받은 1천만 원과 도미 외교 후원비로 조성한 정치자금의 상당액을 자신의 도미 여비와 활동비, 사설 고문단의 활동비 및 보수로 지출했다. 그러나 이승만은 귀국한 직후 자금난을 호소했는데,115) 이는 그가 정치자금의 대부분을 도미 과정에서 소진했

---

112) 로버트 T. 올리버 저·박일영 역, 『李承晚秘錄』, 국제문화협회, 1982, 87쪽.
113) 로버트 T. 올리버, 위의 책, 274쪽; 「올리버가 이승만에게 보낸 편지(1949. 7. 6)」, 국사편찬위원회, 앞의 책 29집, 1996, 96쪽. 올리버의 워싱턴사무소는 1960년에 이르러 연예산 10만 달러, 올리버 연봉 1만2천 달러로 불어나 있었다.[「올리버가 과도정부 수반 허정에게 보낸 편지(1960. 5. 25)」, 국사편찬위원회, 위의 책 37집, 1997, 396~398쪽.]
114) G-2 Weekly Summary, no. 69(1947. 1. 9) incl. 2, "Dr. Rhee's Lobby in America and its Recent Activities"(1947. 1. 9.)
115) 이승만은 1947년 4월 말에 장덕수·김성수에게 재정 지원을 요청했지만, 이들은 용도와 액수를 밝히지 않는다는 이유로 이를 거부했다.[CIC Weekly Information Bulletin, no. 2(1947. 5. 1.)] 1947년 5월의 CIC보고서들은 이승만의 조직들이 자금난에 허덕이고 있다는 보고를 했다.[CIC Weekly Information Bulletin, no. 5(1947. 5. 22); No. 11(1947. 5. 31.)] 이승만의 민족통일총본부의 한 달 운영비는 2만 원이었는데, 이는 친일파이자 조선비행기회사를 운영했던 慎鏞頊이 부담했다.

거나, 아니면 하지와의 불화로 장래에 정치자금 조성이 불투명해질 것을 대비해 아껴두었음을 의미한다.

이상과 같이 1945~47년간 이승만의 정치자금 조성 및 운용과 관련한 특징을 정리하면 다음과 같다.

먼저 미군정은 1차 미소공위 휴회(1946년 5월)부터 1946년 말까지 공개적으로 좌우합작 지지를 공언했지만, 공개적으로 단정 수립을 주장하던 이승만에게 불법 정치자금을 조성해주었다. 이는 하지를 비롯한 미군정 수뇌부의 실질적인 정책 방향이 무엇인지를 시사하는 것이다. 다음으로 미군정과의 친소(親疎) 여부가 우익 진영의 자금 조성과 운용에 큰 영향을 끼쳤음을 알 수 있다. 1946년 1월 국자(國字) 쿠데타 이후의 김구, 1947년 초반 반(反)미군정·반(反)하지 공세 이후의 이승만에 대한 미군정의 입장 변화는 이들의 정치자금 조성과 운용에도 영향을 미쳤다.

마지막으로 이승만은 1946년 6월 이후 남한 우익 진영의 조직과 자금을 장악함으로써 남한 정계에서 가장 영향력 있는 지도자로서의 지위를 갖게 되었다. 이승만이 성공할 수 있었던 가장 큰 배경은 미군정의 지지와 후원이었고, 다음은 1946년 중반 이후 지방 순회를 통한 이승만의 지방 조직 장악과 개인적 카리스마 구축, 마지막으로 정치자금의 확보였다. 1946년 6월에 이승만이 자신 있게 단정 노선을 천명하고, 나아가 1947년 초 도미 외교 과정에서 미군정과의 관계를 단절한 후 단정수립운동을 전면화할 수 있었던 데는 이러한 조직과 자금의 장악이 가장 큰 원동력이 되었다.

특히 대중 조직의 장악과 정치자금 확보에서 드러난 이승만의 정보력과 정치적 판단력은 주목할 만하다. 이승만은 대한 정책의 결정권자인 미 국무부와 현지의 미군 사령부 사이에 존재하는 정책 방향의 차이와 시간 지체(time lag)를 최대한 이용할 줄 알았으며, 특히 군부의 호전적인 반소·반공 정책에 편승해 남한의 정계를 자신에게 유리한 방향으로 조정할 수 있었다. 이승만은 주한미군, 미군부, 미국 민간에 친구들을 갖고 있었고, 이들은 미국의 세계 전략이 급변하는 시점에서 이승만에게 유력한 정보원이자 조언자로 역할했다. 이승만의 정보 장악력과 판단력은 당시 남한의 어떤 정치인보다 앞선 것이었으며, 미국 정계의 풍향을 읽는 데는 점령군 당국보다 훨씬 탁월한 면을 갖고 있었다. 정보력과 판단력에서 군정 당국과 국내 정치인들을 능가하는 이승만의 자질은 1947년이 되면서 더욱 분명한 자기 목소리를 내기 시작했다.

14장
1947~48년 우익 진영의 분화와 단독정부의 실현

1. 도미 외교와 단독정부 수립운동의 강화

1) 이승만·김구·하지의 동상이몽

 1946년 10월 7일에 입법의원 설치가 확정되고, 선거가 일정에 오르자 이승만의 워싱턴 선전 본부인 한국위원부(Korean Commission)는 한국의 즉시 독립을 요구하는 대규모 언론 홍보 작업을 벌이기 시작했다.[1] 입법의원이 자신의 승리로 귀결되자, 이승만은 11월 초에 미 국무부가 입법의원을 한국 정부로 인정할 것을 요청하라는 지시를 한국위원부에 내렸다.[2] 11월 중순에 임병직과 한국위원부의 스태거즈(John J. Staggers)는 국무부 민정담당 차관보 힐드링(John R. Hilldring) 장군의 특별보좌

---

1) "Dr. Rhee's Lobby in America and its Recent Activities," incl no. 2, G-2 Weekly Summary, no. 69(1947. 1. 5.).
2) 「한국위원부 회의록 요약」(1946. 11. 18), 『굿펠로우문서철』 box 3, Subject File, 1942~1967, "Korean Commission".

관 그로스(Gross) 대령을 만나 이승만의 요청을 제출했다. 한국위원부는 이승만의 제안을 검토했고, 그 결과를 다음과 같이 보고했다.

입법의원이 정부 수립을 당신에게 요청하는 결의를 제안하고 통과시키게 하라. 만약 반대가 많으면 민선의원들만으로 회의를 소집하여 당신에게 정부 수립을 요청하게 하라. 친구들도 모두 이 정책에 전적으로 동의한다.3)

한국위원부의 제안은 입법의원을 통한 단독정부 수립 시도였다. 1946년 6월의 정읍 발언 이후 이승만 진영은 여러 차례에 걸쳐 단독정부 수립을 계획했다. 1946년 중반 이후 민족통일총본부→ 신익희 쿠데타→ 입법의원을 매개체로 한 이승만의 단독정부 수립 시도는 강한 의도와 목적을 지닌 것이었지만, 기본적으로 하지와 미군정이 용납할 수 있는 수준에서 진행된 것이었다. 이승만은 1945년 말에 임정 계열이 시도했던 국자(國字) 쿠데타의 결과를 잘 알고 있었기 때문에, 결정적인 시점을 잘 선택해야 한다는 점에 주목했다.

다른 한편 이승만은 모스크바 협정이 준수되는 한, 자신이 추구하는 남한 단독정부 수립이 불가능함을 인식하고 있었다. 남한 단독정부 수립을 위해 1946년 하반기에 이승만이 선택한 주요 공격 목표는 모스크바 협정의 폐기, 얄타 비밀협정의 공개 요청이었다. 이승만의 주장은 미국이 얄타 비밀협정에서 한반도에 대한 지배권을 소련에게 넘겼고, 그 결과 모스크바 협정이 체결되었으니, 얄타 비밀협정을 공개하면 자연스레 한반도 신탁통치안이 폐기된다는 것이었다. 이승만은 한국위원부에 보낸 12차례의 전문에서 모스크바 협정 폐기를 주장했으며,4) 임병직에게 얄타 회담 전문 공개를 국무부에 요청하라고 지

---

3) 「임병직이 이승만에게 보낸 전문」(1946. 11. 24), 『굿펠로우문서철』.
4) 「한국위원부 회의록 요약」(1946. 11. 18), 『굿펠로우문서철』.

시하기도 했다.5)

1946년 10월은 이승만에게 전환을 요구하는 시점이었다. 이승만은 좌우합작-입법의원으로 이어지는 정치 무대의 뒷편에 있었다. 그럼에도 불구하고 독촉국민회 6월 대회에 이어 9월 대회에서 더욱 확실하게 독촉국민회를 장악했고, 민선의원의 대다수를 지배함으로써 입법의원에 대한 영향력을 크게 강화했다. 가장 큰 문제는 하지와의 관계를 재정립하는 것이었다. 하지는 이승만의 단독정부 구상에 전적으로 공감했지만, 단정 수립은 그의 권한을 넘어서는 일이었다. 그는 본국의 훈령과 정책의 큰 틀 속에서 자율권을 지녔을 뿐, 미소공위나 모스크바 결정을 거부할 수 있는 권한이 없었다. 또한 하지는 이승만이 현명하게 정치 무대의 정면에서 비켜나 있기를 원했다. 하지는 "때가 되면 그(이승만―인용자주)의 힘과 그의 추종자들을 이용하길 원했고, 또 우리가 다양한 한국인들을 서로 이해시키기 위해 그동안 기울인 노력들을 대성공으로 연결시키는 것이 필요"하다고 생각했다.6) 즉 하지는 결정적인 순간을 위해 이승만을 아껴두었다. 그러나 이승만은 더 이상 하지의 만류에 따라 자신이 정치 무대의 뒤편에 서 있을 수는 없다고 판단했다. 특히 입법의원의 관선의원 선출을 둘러싸고 이승만은 하지에게 결정적인 반감을 품게 되었고, 이미 마음속으로 하지와의 결별을 굳혔다.7)

---

5) 「이승만이 임병직에게 보낸 편지 : 한국위원부에 보내는 지시 제2호」(1946. 11. 24), 『굿펠로우문서철』.
6) 「하지가 굿펠로우에게 보낸 편지」(1947. 1. 28), 『굿펠로우문서철』, box no. 1 Correspondence, 1942~1967, "Rhee, Syngman".
7) 로버트 올리버에 따르면, 좌우합작위원회가 하지에게 제출한 관선의원 45명의 선임을 이승만이 반대하자, 하지는 "리승만 박사로 하여금 執權케 할 의사가 없다"라고 말했다. 이승만은 이때부터 "귀하가 의도하는 모든 점을 보아 공개적으로 귀하를 반대할 의사가 생기게 되었다"라고 했다.(로버트 올리버 저·박마리아 역, 『리승만박사전』, 합동도서주식회사, 1956, 386쪽.)

이런 측면에서 10월 이래 이승만의 활동은 크게 두 가지였는데, 첫째는 입법의원을 매개체로 단독정부 수립을 시도하는 것이었고, 둘째는 모스크바 결정 및 미소공위의 폐기를 적극 주장하는 것이었다. 또 한 가지 중요한 점은 이미 국내에선 익숙했던 이런 주장들을 미국 여론을 향해 외치기 시작했다는 사실이었다. 이승만의 종국적 목표는 모스크바 결정을 폐기하고 대신 한국 문제를 유엔에 이관시키라는 것이었다. 이를 위해 1946년 가을 '이승만의 집[承堂]'이란 호를 가진 임영신(任永信)이 워싱턴의 이승만 참모부인 한국위원회와 한미협회에 가담해, 유엔 외교를 시도했다. 임영신의 활약은 국내에서 대서특필되었지만, 이는 처음부터 실현 가능성이 없는 것이었다.[8]

이런 상황 속에서 이승만은 직접 도미 외교를 시도함으로써, 첫째는 하지·미군정과의 관계를 끊고 정치 무대의 전면으로 복귀하고, 둘째는 자신의 단독정부수립노선을 전면화·본격화하며, 셋째는 직접적인 대미 선전 활동을 통한 모스크바 결정의 폐기 및 남한 단독정부 수립안 선전이라는 국면 전환을 시도했다. 이승만은 미국 여론을 향해 선전할 내용들을 이미 1946년 8월 초에 굿펠로우에게 지시했는데, 이는 그가 도미해서 직접 선전할 내용이기도 했다.

1. 조속한 시일 내에 통일·독립적인 민주 임시정부 수립.
2. 현재 통일 정부 수립이 불가능하면 즉시 남한만의 단독 민주정부 수립.
3. 모스크바 결정을 취소하고 한인들에게 자율정부를 수립하게 함.
4. 소련 군대의 철수.
5. 소련에게 만주·한국을 소련의 위성으로 양도한 얄타 비밀협정의 취소 (중략)
12. 공산당 문제는 정치 문제이며 내정 문제이기에 연합국이 간섭할 권리가 없음.[9]

---

8) "Dr. Rhee's Lobby in America" ; 『서울신문』 1946년 11월 8일자, 12월 4일자.

이러한 12개 항목의 핵심은 모스크바 결정의 폐기, 자율정부 혹은 남한 단독정부의 수립이었다. 그런데 놀랍게도 이승만의 도미를 권유한 것은 다름 아닌 주한미군 사령관 하지였으며 이미 11월 초 도미에 대한 두 사람의 사전 협의가 이루어졌다.10)

하지의 의도는 '위대한 한국의 애국자' 이승만을 통해 미군정의 입장을 상부에 알려 정책 결정을 촉구하며, 이승만을 잠시 한국 내 정치로부터 분리시켜 언론의 조명으로부터 물러나 있게 하려는 것이었다.11) 하지는 이승만에게 자신이 신임하고 있으니 미국에 가서 한국의 상황을 설명하고 한국의 통일·독립이 진전되도록 노력해달라고 제안했다.12) 하지가 이승만에게 원한 것은 모스크바 결정이 제대로 이해되고 있지 않으며 지금은 한국 독립을 위해 모종의 행동이 있어야 할 시점이라는 정도의 수준이었다. 그러나 신탁통치 문제와 소련·모스크바 결정에 대한 비판은 거론하지 말라고 주문했다.13)

이승만은 하지의 도미 제안을 받자마자 이에 동의했다. 이승만은 워싱턴과 런던에 가서 모스크바 결정을 폐기하는 한편, 소련과 무관하게 새로운 한국 정책을 수립하라고 연합국 측에 요청할 계획이었다.14) 이승만은 하지에게 전달한 비망록에서 다음과 같이 자신의 견해를 밝혔다.

가장 현명한 정책은 군정을 한국인 민간 정부에 넘겨준다는 귀하의 계획을

---

9) 「이승만이 굿펠로우에게 보낸 비망록」(1946. 8. 6), 『굿펠로우문서철』.
10) 정용욱, 「미군정기 이승만의 '방미외교'와 미국의 대응」, 『역사비평』 가을호, 1995, 313~315쪽.
11) 정용욱, 위의 논문, 313~315쪽.
12) 「하지가 굿펠로우에게 보낸 편지」(1947. 1. 28), 『굿펠로우문서철』.
13) 「하지가 굿펠로우에게 보낸 편지」(1947. 1. 28), 『굿펠로우문서철』.
14) 「하지가 하지에게 보낸 편지」(1946. 11. 4), 『굿펠로우문서철』.

전면적으로 실시하고 모든 미국 관리를 고문 자격으로 한인들에게 협력하게 잔류시키는 것이다. 귀하는 불필요하게 지체하지 말고 입법 기구를 완성해서 가능한 조속히 한인들에게 그들만의 독립정부 수립을 허용한다는 귀하의 진정한 의도를 보여주어야 한다.15)

즉 이승만은 미국으로 떠나기 전에 분명한 어조로 미국에 가서 반탁·모스크바 결정 폐기·단정 선전을 할 것임을 표방했던 것이다. 하지 역시 이승만이 미국에서 이러한 내용의 선전 활동을 할 것이라 알고 있었다. 1947년 초에 일어난 반탁 시위 때 하지는 이승만이 이런 내용을 선전할 줄 몰랐다고 주장했지만, 그가 예상하지 못한 것은 반탁·모스크바 결정 폐기·단정 선전이 아니라 반(反)하지·반(反)군정 선전이었다.16) 도미를 합의할 당시에 이승만과 하지는 남조선 과도입법의원·남조선 과도정부로 대표되는 군정의 한인화(韓人化, Koreanization) 혹은 과도정부 계획에 공감하고 있었으며, 그 기초는 모스크바 결정에 구애되지 않는 남한 과도정부의 수립이었다.

미군정이 이 시점에서 추진한 한인화 계획은, 군정이 담당하고 있던 입법·사법·행정의 주요 직책에 한국인을 임명하고 미국인들은 고문 자격으로 물러남으로써, 군정을 실질적으로 한국인들이 운영하게 한다는 야심찬 것이었다. 남조선 과도입법의원이 입법부로, 남조선 과도정부가 행정부로, 그리고 이미 한인화가 완료된 사법부를 종합함으로써, 한인화 계획은 완결되는 것이었다. 그런데 1946년 11월의 시점에서 남조선 과도정부의 수반, 즉 민정장관을 누구로 할 것인가 하는 점이 논

---

15) 「이승만이 하지에게 보낸 비망록」(1946. 11. 4), 『굿펠로우문서철』.
16) 미군정의 정보 보고는, 좌우합작에 따른 입법 기구의 수립과 이에 대한 하지의 지원으로 위기감을 느낀 이승만이 자신을 대통령으로 만들 수 있는 기회를 무너뜨릴 모스크바 결정을 반대하기 위해 도미한다고 정확히 지적했다.[G-2 Weekly Summary, no. 65(1946. 12. 12.)]

란이었다.

이승만에 따르면, 좌우합작에 미련이 남은 하지가 김규식을 지지한 반면, 러치는 이승만을 지지했다. 견해가 좁혀지지 않자, 러치는 누구를 선택할 것인지를 국민투표에 붙이자고 했다.17) 이승만은 입법의원이나 남조선 과도정부 중 어느 것을 통해서도 자신이 남한 과도정부 혹은 단독정부의 수반이 될 자신이 있었지만, 하지의 태도가 문제였다. 이승만은 "입법의원이 성공적으로 수립되었지만, 하지는 내가 '과도정부(interim government)'의 수반으로 있는 한 소련과의 협상이 어렵다고 생각한 끝에 김규식을 지지하는데, 김은 이미 실수를 많이 저질러 한국인들이 그를 정부 수반으로 인정하지 않을 것"이라고 했다.18) 남한 내 우익 진영이 자기편이며 미군정이 선택할 어떤 가능성에서도 정부 수반이 될 것이라고 판단한 이승만은, 이제 하지와의 결별 및 더 높은 미국의 고위급을 상대로 한 선전 활동과 국면의 전환을 결심했다.

한편 1946년 12월 초 이승만은 도미에 앞서 김구와 향후 계획에 대해 합의했다. 이승만은 미국 여론에 호소하는 외교 활동 노선을 주장했고, 김구는 주한미군 5만 명에 대항하는 폭동과 임정 법통을 근거로 한 정부 수립 노선을 주장했다. 논의 끝에 김구는 이승만이 미국 측으로부터 조속한 확약을 받지 못한다면, 자신의 혁명적 계획을 실천에 옮긴다는 전제로 이승만의 도미에 찬성했다.19)

이승만과 김구는 국내와 워싱턴에서 반탁운동을 격렬하게 전개한다

---

17) 「이승만이 굿펠로우에게 보낸 편지」(1946. 11. 9), 『굿펠로우문서철』.
18) 「이승만이 올리버에게 보낸 편지」(1946. 11. 14), 『大韓民國史資料集』 28집, 1996, 160~161쪽.
19) Robert T. Oliver, *Syngman Rhee : The Man Behind the Myth*, Greenwood Press, Publishers, Westport, Connecticut, 1954, pp. 387~388 ; G-2 Weekly Summary, no. 70(1947. 1. 16) ; 도진순, 『한국민족주의와 남북관계』, 서울대 출판부, 1997, 141~145쪽.

는 데 합의했다. 그 핵심은 좌우합작위원회에서 우익 대표를 철수시킬 것, 입법의원을 반탁운동의 선전장으로 활용할 것, 신탁 문제에 대한 미군정의 불확실한 태도와 공산주의자들을 선호하는 정책을 공격할 것, 남한만의 단독정부 수립을 위해 노력할 것 등이었다. 종국적으로 미군정에 대한 반란이었다.[20]

국내에서 김구가 반탁·반군정·반하지 운동의 일환으로 시위와 폭동을 일으키면, 미군정은 결국 김구를 체포·투옥할 수밖에 없을 것이며, 결국 김구는 순교자로서 집중 조명을 받게 된다는 시나리오였다.[21] 동시에 이승만은 미국에서 하지가 공산주의자들을 감싸는 반면 한국 애국자들을 박해한다고 선전함으로써 하지의 해임을 요구하는 한편, 즉각적인 한국 독립과 남한 단독정부 수립을 호소하려 했다. 국내와 워싱턴에서 동시에 진행하는 이 반탁·반군정·반하지 운동은 반탁·모스크바 결정 폐기라는 종전의 반탁운동과는 달리, 직접적인 정권 장악으로 초점이 이동해 있었다.[22]

국내와 워싱턴이 공조하는 이 운동으로 하지가 해임된다면, 이승만은 후속 조치로 하지의 후임자에게 압력을 가하고 설득함으로써, 자신을 수반으로 하는 남한 단독정부를 세우고자 했다.[23] 이승만의 계획은 남한 단독정부가 수립된 다음에 이 정부의 통치 권한을 북한 지역까지 확대함으로써, 38선 철폐와 통일 문제를 달성한다는 것이었다.[24] 이승

---

20) 리차드 로빈슨, 『미국의 배반』, 과학과사상사, 1988, 166쪽 ; G-2 Weekly Summary, no. 70(1947. 1. 16.)
21) XXIV Corps Historical File, box no. 76, "Historical Journal"(1947. 1. 17.)
22) 정용욱, 앞의 논문, 1995, 319쪽.
23) 이승만의 속마음을 옮긴 올리버에 따르면, 하지는 중도파를 관선의원으로 임명함으로써 '성공적'이었던 입법의원 선거 결과를 무효로 만드는 비민주적이고 불공정한 처사를 했고, 당연히 한국에서 다른 곳으로 전속되어야 했다.(올리버, 앞의 책, 1995, 390~392쪽.)
24) G-2 Weekly Summary, no. 70(1947. 1. 16) ; 리차드 로빈슨, 앞의 책, 166쪽.

만은 38선에서 양 진영의 충돌을 유발시킬 수만 있다면, 미국과 소련이 틀림없이 제3차 세계대전을 일으킬 것이라고 믿고 있었다. 주한미군의 정보 당국은 이러한 내용의 계획을 탐지하고 있었다. 또한 이승만은 1946년 하반기의 미국 의회 선거에서 공화당이 승리한 것을 기회로 여겼다. 1930년 이후 처음으로 민주당은 상하원에서 모두 소수당으로 전락했는데, 이승만은 개인적으로 이제 '자신의 친구들'이 다시 정권을 잡았기 때문에 하지는 끝장났다고 생각하고 있었다.[25]

2) 도미 외교와 외교 성과의 포장

이승만은 11월 22일에 자신이 민주의원 대표로 도미한다고 발표했다.[26] 우익은 즉각적으로 열광적인 환송 분위기를 조성했다. 이는 이승만을 민족 대표로 치장하고, 여행 경비를 빌미로 기금 모집을 하기 위한 것이었다.[27] 이승만 도미 외교 캠페인의 절정은 그가 미국으로 떠난 직후인 12월 7일에 개최된 외교사절파견국민대회였다. 우익 정당·사회단체·청년단체 등 1만 명은 서울운동장에 모여 유엔총회에 한국 즉시 독립을 호소하러 가는 민족 대표를 지지한다고 결의했고, 유엔·맥아더·하지에게 보내는 결의문을 채택했다.[28] 이러한 선전 작업

---

25) 리차드 로빈슨, 위의 책, 166~167쪽.
26) 입법의원이 설립된 이후 민주의원을 해산해야 한다는 군정의 여론이 빗발쳤지만(『서울신문』 1946년 12월 17, 18일자 ; 『東亞日報』 1946년 12월 20일자.), 민주의원은 자신의 두 가지 기능 중 자문 기관의 기능만 폐지하고 임정 수립의 사명을 완수할 때까지 계속 노력한다는 명분을 내세워 해체를 거부했다. 민주의원은 1948년 5·10 단독 선거가 실시된 이후인 5월 30일에야 해산했다.(『東亞日報』 1948년 5월 26일자 ; 『京鄕新聞』 1948년 5월 30일자.)
27) G-2 Periodic Report, no. 397(1946. 12. 5.)

은 결과적으로 '국내 과시용'으로 이승만의 위상 강화에 기여했으며, 이승만의 도미 외교가 영향력을 행사한 곳은 미국이 아니라 국내 정치에서였다.29)

후에 이승만의 지지자들은, 하지가 이승만의 도미를 반대했고 나아가 프란체스카와 함께 미국으로 쫓아버릴 계략이었기 때문에, 12월 1일 인천에서 머린 점퍼(S. S. Marine Jumper)호를 타고라도 미국에 갈 계획이었다고 주장했다.30) 그러나 하지는 이미 맥아더와 국무부로부터 이승만에게 군용 비행기의 사용 허가를 얻어주었고,31) 이승만은 12월 4일 동경에 도착했다. 맥아더는 시간이 없다며 이승만의 면담 요청을 거절했지만, 이승만은 동경에서 하루를 더 묵어 '눈총을 받아가면서' 맥아더를 몇분간 만날 수 있었다.32) 하지의 지적처럼, 이승만은 맥아더를 잠시 만났다는 사실을 과대 포장해서 맥아더와 주한미군정의 차이를 부각시키고, 나아가 한국인들에게 주한미군정 즉 하지와 그의 정책이 본국의 지지를 전혀 받지 못한다는 인상을 주기 위해, 맥아더와의 짧은 면담을 이용했던 것이다.

이승만은 12월 8일 워싱턴에 도착했다. 이승만은 기자회견에서, 미국이 고려하고 있는 한국의 통일과 한국 정부의 수립·승인에 대해서 미국 정부의 원조를 받는다는 긴급한 목적으로, 미국에 한 달간 머물 것이라고 밝혔다. 또한 한국은 자립정부를 원하고 있으며, 바로 지금 독

---

28) 『朝鮮日報』·『東亞日報』 1946년 12월 8일자.
29) G-2 Weekly Summary, no. 65(1946. 12. 12) ; 『朝鮮日報』·『東亞日報』 1946년 12월 8일자.
30) 雩南實錄編纂會, 『雩南實錄』, 1976, 186쪽 ; 『東亞日報』 1946년 11월 30일자 ; 로버트 올리버, 앞의 책, 1956, 389쪽.
31) 정용욱, 앞의 논문, 1995, 319쪽.
32) 「하지가 굿펠로우에게 보낸 편지」(1947. 1. 28), 『굿펠로우문서철』 ; 『서울신문』 1946년 12월 7일자.

립정부가 세워지길 바란다고 선언했다. 그러나 12월 11일에 국무차관 애치슨(Dean Acheson)은 이승만의 발언에 대해, 남한에 대한 미국의 정책은 항상 통일·자유·민주국가를 지향하는 동일한 것이라고 반박했다.

이승만이 미국에 도착하자마자 한 작업은, 하지에 대한 공격이었다. 먼저 이승만과 임병직은 하지가 45명의 관선 입법의원을 선발하면서 공산주의자를 포함시켰으니, 이를 철회하게 해달라고 맥아더와 국무부를 상대로 호소했다.[33] 또한 하지가 입법의원의 설립을 이유로 민주의원 해산을 지시했는데, 이것 역시 무도한 일이니 취소하게 해달라고 요청했다.[34] 이승만이 도미 당시에 내걸었던, 유엔총회에 한국 문제를 상정한다는 일은 사실상 불가능할 뿐만 아니라, 이승만의 관심사항도 아니었다. 이미 유엔총회는 폐회를 앞두고 있었다. 이승만은 총회가 휴회될 때까지 뉴욕에 가지 않았고, 대부분의 시간을 하지를 비난하고 반대하는 선전 활동에 보냈다.[35]

이승만은 도미 목적의 하나인 반(反)하지 캠페인을 전개하는 한편, 가장 중요한 목적인 남한 단정 수립안에 대한 선전 작업도 서둘렀다. 이승만은 워싱턴 도착 후 한국위원부·한미협회의 로비스트인 스태거즈, 윌리암스(Jay Jerome Williams), 굿펠로우(Preston Goodfellow) 대령, 우달(Emory Woodall) 대령, 브라운(Frederick Harris Brown) 목사, 올리버(Robert T. Oliver), 임병직, 임영신 등으로 전략 회의(strategy council)를 조직했다.[36] 이승만은 이들과 함께 미 국무부에 제출할 6개항의 기

---

[33] 「임병직이 번즈국무장관에게 보낸 편지」(1946. 12. 13), 「이승만이 맥아더에게 보낸 전문」(1946. 12. 14), 국사편찬위원회, 앞의 책 28집, 172~176쪽.
[34] 「이승만이 맥아더에게 보낸 편지」(1946. 12. 14·18·19); 「임병직이 번즈국무장관에게 보낸 편지」(1946. 12. 13), 국사편찬위원회, 앞의 책 28권, 172~176, 179~181쪽.
[35] G-2 Weekly Summary, no. 69(1947. 1. 9) incl. 2, "Dr. Rhee's Lobby in America and its Recent Activities," January 9, 1947.

본 방침을 결정했다. 가장 중요한 내용은 남북통일 이전에 과도정부를 수립하자는 것이었다. 이승만이 주장한 남한 과도정부 수립안은 다름 아닌 남한 단정안이었다.37) 즉 이것은 이전부터 주장해온 남한 단정방안을 유엔이란 틀 속에서 합리화할 수 있도록 세련화시킨 것이었다. 이승만은 1947년 1월 하순부터 6개항을 미국 정부와 언론에 적극 선전했다. 이승만은 1월 중순부터 격렬해진 남한 우익 진영의 반탁운동과 보조를 맞추어, 1월 27일에 이 6개항을 국무부에 전달했다.38)

이승만은 극우·반공 성향을 지닌 미국 정치인·종교계 인사·신문기자들을 자신의 선전 활동에 동원했고, 맥아더와 하지를 대비시키며 하지와 미 국무부의 '일부 관리'를 공산주의자로 몰았다.39) 이승만은 하지가 좌익을 '편애'하고 남한 우익을 탄압하는 반면에 맥아더는 남한 우익을 선호하고, 미군정이 군사독재를 실시하는 반면에 맥아더의 대일 정책은 민주적이라고 주장했다.40) 그러나 이승만의 대미 외교와 로비는 미 행정부 내 대한 정책 관련자들에게는 아무 효과가 없었다. 국무부는 그의 주장을 무시했고, 접견 요청조차 응하지 않았다.41)

이승만의 활동은 국내 선전용이었다. 이승만은 2월 중순 임병직을 영국에, 조소앙을 중국에 파견하며, 자신과 임영신은 미국을 상대로 연합국에 대해 전방위 외교를 펼치고 있다고 선전했다.42) 그러나 조소앙

---

36) 로버트 올리버, 앞의 책, 391쪽.
37) 鄭容郁,「1942~47년 美國의 對韓政策과 過渡政府形態 構想」, 서울대 국사학과 박사학위논문, 1995, 150~178쪽 ; 도진순, 앞의 책, 130쪽.
38) *FRUS*, 1947, vol. 6, pp. 604~605.
39) 「이승만의 성명」(1947. 1. 25, 2. 11),『東亞日報』·『京鄕新聞』1947년 1월 26일자, 2월 12일자.
40) 이승만의 1947년 1월 25일자 및 2월 11일자 성명.(『東亞日報』·『京鄕新聞』1947년 1월 26일자, 2월 12일자.)
41) 「윌리암스가 보튼에게 보낸 비망록」(1947. 1. 3) ;「극동국이 국무장관에게 보낸 비망록」(1947. 1. 22) 740.00119 Control(Korea.)

은 파견되지 않았고, 임병직 역시 영국에서 환영받지 못했다.43) 또한 이승만이 국무부 민정담당 차관보 힐드링을 만난 후, 국내 언론은 힐드링이 남한 단독정부 수립을 지지했다는 밀약설을 퍼뜨렸다.44) 이승만의 공보 고문 올리버조차 이승만이 사실을 왜곡했고, "그 유일한 목적이 한국 내의 자기 정치적 위치에 영향을 주는 데 있었을 뿐"이라고 지적했다.45)

그러나 이승만에겐 운이 따랐다. 대소 봉쇄 정책을 알리는 트루먼독트린이 발표(1947년 3월 12일)된 것이었다. 이로써 이승만은 반소·반공의 예언자로 트루먼독트린을 이끌어낸 원동력이란 찬사를 받았다. 한편 『뉴욕타임즈』는 3월 20일에 미국이 3년간 6억 달러의 대한 원조 계획을 검토 중이라고 보도했는데, 이 역시 이승만의 공으로 돌려졌다.46)

나아가 AP통신은 국무장관 마샬이 남한 단정이라는 적극적 계획을 고려 중이라고 보도했다.47) 이에 발맞춰 이승만은 한두 달 안에 남한만의 임시정부가 수립될 것이며, 미국 문관고등판무관(文官高等辦務官)이 군정장관을 대체할 것이라고 주장했다.48) 국무부의 즉각적인 부인

---

42) G-2 Weekly Summary, no. 75(1947. 2. 20);『朝鮮日報』·『東亞日報』1947년 2월 12일자; 林炳稷,『林炳稷回顧錄』, 女苑社, 1964, 290~294쪽.
43) G-2 Weekly Summary, no. 77(1947. 3. 6.)
44) 힐드링은 1947년 3월 10일 미국은 한국 정부 수립까지 철수하지 않을 것이라고 발언했지만, 국내 언론은 이것을 단독정부 수립 계획이라고 보도했다.(『東亞日報』1947년 3월 12, 13, 14일자.)
45) 로버트 올리버, 앞의 책, 93~94쪽.
46) 『東亞日報』·『京鄕新聞』1947년 3월 21일자. 이승만은 중국 상해에서도 한국 정부가 수립되면, 트루먼 대통령이 6억 달러의 대한 원조를 약속했다고 주장(4. 10)했다. 국무부는 즉각 이를 부인했지만, 국내 언론은 이승만이 트루먼으로부터 단독정부 수립과 경제 원조 약속을 받아낸 것으로 선전했다.(『朝鮮日報』1947년 4월 11일자.)
47) 『京鄕新聞』1947년 3월 22일자.
48) 『京鄕新聞』1947년 3월 23일자;『朝鮮日報』1947년 4월 15일자.

에도 불구하고, 이승만의 도미 외교 성과는 이미 초과 달성되어 있었다. 이승만은 국내 언론에 의해 반소·반공, 남한 단독정부 수립의 세계적 예언자가 되었으며, 미국의 정책 입안자보다 먼저 세계 정세의 흐름을 읽어내는 세계적 지도자로 부각되었다.49) 이승만에게 불리한 보도를 하는 언론은 여지없이 우익 청년 단체의 습격을 받았다.50)

이승만은 4월 5일에 미네아폴리스를 떠나 귀국 길에 올랐다. 재차 동경을 방문해 맥아더를 만났고, 국빈으로 중국을 들러 상해와 남경에서 장개석을 만났다. 이승만은 4월 21일에 광복군 총사령관 이청천을 대동하고, 장개석이 제공한 전용기 '자강호(自强號)' 편으로 귀국했다. 이승만은 아시아 최고의 반공 지도자인 맥아더·장개석을 만났고, 그들의 전용기를 마음대로 이용했으며, '청산리전투'의 항일 명장 이청천을 수행원처럼 동반했다. 맥아더는 하지의 강력한 반대에도 불구하고 이승만의 귀국을 승인했다.

이승만의 도미 외교는 그 자체로는 미국의 대한 정책에 아무런 영향이나 변화를 주지 못했다. 그러나 이승만은 트루만독트린·대한경제원조계획 등 미국의 대한 정책에 생긴 변화를 자신의 외교 성과로 포장하는 데 성공했다. 또한 이승만은 맥아더와 장개석 같이 그 자체로 뉴스가 되는 유명 인물과의 접촉을 통해 자신의 명성을 높였다.51) 4월 23일에 이승만이 발표한 귀국 성명은 유명한 미국 지도자의 이름을 활용해 자신을 부각시키는 그의 장기를 잘 나타내었다.

---

49) 주한미군 정보 당국은 이승만이 미국 내 대소 강경 여론에 편승해, 미국이 대한 정책의 일환으로 고려 중인 대안들을 자신의 외교 활동의 성과로 선전하는 데 분노했다.[G-2 Periodical Report, no. 492(1947. 3. 29.)]
50) 3월 24일 Korea Press는 독촉국민회 청년단의 습격을 받았는데, Korea Press가 이승만의 과도정부 수립 발언을 취소하라는 이들의 요구를 거절했기 때문이었다.[CIC Semi-Monthly Report, no. 7(1947. 3. 31.)]
51) G-2 Weekly Summary, no. 83(1947. 4. 15.)

트루만 대통령이 한국에 민주정체 건설을 절대 지지하며, 국무성 당국 모씨(힐드링—인용자주)는 한국에 총선거로 독립정부를 수립함에 찬성이고 중국은 장주석 이하 정부 당국과 민중 여론이 다 동일히 만강열정을 표하며 맥아더 장군은 나와 2시간 동안 담화에 한인들이 자치 자주할 능력 있는 것과 권리 사용의 필요는 누구나 인정치 않을 사람이 없다고 (중략) 화성돈에서 하지 중장과 나와 협의된 것이 더욱 충분하여 입법의원을 통하여 총선거제도 통과의 필요를 역설.52)

이승만의 "대중적 인기의 계량기는 거의 폭발 직전"에 이르렀고, 김구는 다시 한 번 좌절했다.53) 이승만은 열렬한 환영 속에 열린 귀국 환영대회(4월 27일)에서 입법의원이 총선거 법안을 만들어 남한 과도정부, 즉 단독정부를 수립해야 하며, 이제 김구와 김규식은 임정법통론과 좌우합작론을 모두 포기하고 "나와 같이 보조를" 취해야 할 것이라고 선언했다.54)

3) 이승만·김구·하지의 갈림길

이승만이 희망했던 하지와의 관계 단절은 그가 미주에 머무는 동안 자연스럽게 이루어졌다. 도미에 앞서 합의된 계획에 따라 이승만·김구의 반탁운동은 1946년 12월 27일의 반탁운동 제1주기를 맞으면서 시작되었다.55) 12월 26일에 이승만의 민족통일총본부가 반탁 성명을 발표한 것을 필두로, 12월 27일에는 김구의 강경한 반탁 성명이 제출되었다. 반탁의 선봉이었던 독촉국민회는 12월 28일부터 1월 5일까지를 반

---

52) 『京鄕新聞』·『朝鮮日報』 1947년 4월 26일자.
53) 리차드 로빈슨, 앞의 책, 183쪽.
54) 『東亞日報』 1947년 4월 29일자.
55) G-2 Weekly Summary, no. 68(1947. 1. 3.)

탁 주간으로 설정했다.56) 반탁 주간 동안 미군정은 극렬한 시위를 예상했지만, 반탁 삐라 살포가 있었을 뿐 12월 30일의 반탁운동 1주년 기념식은 조용히 넘어갔다.

그러나 주한미군 정보 당국이 지적했듯이 이승만의 맹목적 추종자들은 "정치적 자해 행위"를 하기 직전이었다. 이승만은 12월 31일에 미국에서 '한국민에게 보내는 신년사'를 전문으로 보냈다. 브라운 장군은 선동적인 이승만의 전문이 언론에 공개되는 것을 일단 막고, 이 문제를 프란체스카·김구·조완구·박현숙 등과 협의해야 했다. 공표되지 않은 이승만의 메시지는 "독립을 쟁취하기 위한 즉각적인 행동"을 강력히 촉구하는 것이었다.57)

뒤이어 김구가 공세를 이어받았다. 1947년 1월 초 민주의원은 38선 철폐·얄타 밀약 취소를 요구하는 메시지를 연합국에게 발송했는데, 민주의원 총리인 김구가 이를 주도했다.58) 1월 11일에 민족통일총본부는, 미의회의 다수당이 된 공화당이 모스크바 결정 중 신탁 조항의 철폐와 얄타 밀약의 공개를 제안할 것이라는, 이승만의 장밋빛 전문을 공개했다.59)

1947년 1월 7일에 전국학련(全國學聯)은 탁치 절대 반대와 자주독립 완수를 위해 최후의 한 사람까지라도 최후의 일각까지 투쟁한다는 성명을 발표했고, 이승만의 독촉국민회는 부(府)·군(郡) 지부장 회의를 명목으로 1월 9일부터 각지의 우익 지도자들이 집결해 회의를 열었다.60) 미소공위 재개를 위한 미소 양 점령 사령부의 서신 교환이 알려지자,

---

56) 위와 같음.
57) G-2 Weekly Summary, no. 69(1947. 1. 9.)
58) 『東亞日報』 1947년 1월 12일자 ; G-2 Weekly Summary, no. 70(1947. 1. 16.)
59) 『東亞日報』 1947년 1월 13일자.
60) 『朝鮮日報』 1947년 1월 26일자 ; 『東亞日報』 1947년 1월 8·25일자.

1월 13일부터 김구는 죽첨장에 비상국민회의·민주의원 등 우익단체를 모아 연일 회의를 개최했고, 1월 14일에는 김구·조소앙·유림이 하지를 항의 방문했다. 이 자리에서 김구는 작년 반탁운동 때는 "귀하가 아직 신탁은 오지 않았으니 앞으로 반탁운동을 할 기회"가 있다고 해서 참았지만 "이제는 생명을 걸고 반탁을 하겠다"라고 했다.61) 나아가 1월 16일에는 민주의원·비상국민회의·민족통일총본부·독촉국민회·한독당·한민당 등 35개 우익 단체가 강경한 반탁 성명을 제출했다.62)

이승만·김구의 상호 작용으로 상황이 악화되자, 미군정은 이승만이 극우파를 자극해 비이성적이고 불법적인 활동 양상으로 이끌어가고 있다는 판단에 도달했다. 1947년 1월 초 군정 내부에는, 이승만 그룹이 세계의 이목을 집중시키기 위해 폭동과 혼란을 야기하는 것도 주저하지 않을 것이라는 우려가 팽배해 있었다.

구체적으로 이승만과 김구의 반탁·반군정을 위한 폭동과 시위 계획이 미군정에 감지되었다. 미군정은 워싱턴의 이승만과 프란체스카가 주고받은 암호 편지들을 검열해, 이승만의 광범위하고 격렬한 반탁·반군정·반하지 거사 계획을 알게 되었다.63) 하지는 이승만이 반미의 모든 악질적 음모를 꾸민 장본인이며, 김구 일당이 이승만의 이름을 빙자해 그의 추종자들을 이용하고 있다고 분노했다.64)

한편 이승만과 김구의 계획에 대한 제보가 1월 10일경에 접수되었다. 제보자들은 제2의 3·1운동으로 기획된 이 시위·폭동이 한인 중에 순교자를 발생시키고 혼란을 야기해서, 군정으로 하여금 김구나 여타 우익 지도자를 투옥하게 할 계획이라고 했다. "은밀하고 신뢰할 만한

---

61) 『東亞日報』·『京鄕新聞』 1947년 1월 17일자.
62) 『京鄕新聞』·『朝鮮日報』 1947년 1월 18일자.
63) 「하지가 굿펠로우에게 보낸 편지」(1947. 1. 28), 『굿펠로우문서철』.
64) 「하지가 굿펠로우에게 보낸 전문」(1947. 1. 23), 『굿펠로우문서철』.

제보자들"은 이승만이 이 폭동을 기획했으며, 기간은 1월 18일부터 20일까지로 예정되어 있다고 알렸다.65)

하지와 미군정은 이승만과 김구의 반탁 시위와 폭동을 저지하기 위해 백방으로 노력을 기울였다. 하지가 가장 심혈을 기울인 것은 워싱턴에 있는 이승만을 설득하는 작업이었다. 1월 11일에 하지는 이승만에게 영향력이 있는 굿펠로우한테 급전(急電)을 보내 이승만의 대규모 시위 계획을 알리며 이들이 순교자와 조기 독립을 원하니 이승만을 설득해 미연에 방지해달라고 요청했다.66) 굿펠로우는 귀국해 있던 아놀드 전 군정장관까지 동원해가며, 이승만은 한국에서의 음모와 무관하다고 딴청을 피우면서, 이승만이 파국을 막기 위해 곧 귀국할 터인데 당신이 귀국을 방해한다는 소문이 사실이냐고 따져물었다.67) 다급해진 하지는 1월 13일에 재차 굿펠로우에게 전문을 보내, 김구 일파가 이승만의 후원하에 거사할 준비를 완료했지만, 이승만으로부터 아직까지 취소 연락이 없다며 도움을 호소했다.68)

굿펠로우의 설득을 받은 이승만은 이 직후 대규모 시위를 중단하고 반외세·반미 행동을 자제하라는 언론 보도문을 발표했다. 이승만은 1월 15일에 김구에게 전문을 보내 소요와 폭력 시위 계획을 중단하라고 지시했다.69) 하지가 1월 14일에 굿펠로우에게 고맙다는 전문을 보낸 것으로 미루어, 이승만의 시위 중단 메시지는 1월 14일에 들어왔을 것

---

65) G-2 Weekly Summary, no. 70(1947. 1. 16.)
66) 「하지가 굿펠로우에게 보낸 전문」(1947. 1. 11), 『굿펠로우문서철』.
67) 「굿펠로우가 하지에게 보낸 편지」(일자 미상, 1947. 1. 14 이전), 『굿펠로우문서철』.
68) 「하지가 굿펠로우에게 보낸 전문」(1947. 1. 13), 『굿펠로우문서철』.
69) 「언론보도문」(일자 미상, 1월 15일 이전), 「이승만이 김구에게 보낸 전문, 21호」(1947. 1. 15), 국사편찬위원회, 앞의 책 28집, 242, 226쪽; "Langdon to the Secretary of State"(January 17, 1947), FRUS, 1947, vol. 6, pp. 599~600.

이다.70) 1월 18일로 기획된 반탁 시위를 중단하라는 이승만의 메시지는 1월 17일에 민주의원에 전해졌으며, 민주의원은 1월 21일에 폭력적인 반대를 자제하라는 이승만의 전문을 공개했다.71)

이승만의 협조를 얻어낸 하지는 1월 16일에 김구와 2시간 반 동안 회담하며 설득을 시도했다. 브라운은 그 외의 우익 지도자들과 접촉했다. 이날 하지는 라디오와 방송을 통해, 반탁 시위가 남한 단정운동과 긴밀히 연계된 것이라고 강력히 경고했다. 또한 하지는 이승만과 김구를 지목해 "몇 사람의 국내적 혼란과 오도된 정치 행동" 때문에 미소공위가 연기되었고, 임시정부 수립이 몇 개월씩이나 연기되었다고 비난했다.72) 하지가 공위 결렬의 책임이 우익의 반탁운동에 있다고 지목한 것은 최초의 일이었다. 하지의 지시에 따라 수도경찰청장 장택상은 1월 17일에 모든 선동자들을 강력히 처벌하겠다는 경고 성명을 발표했다.73)

미군정은 시위를 주도할 것으로 알려진 전국학생총연맹 본부를 1월 15일 3차례, 16일 1차례나 수색하며 관련자를 연행했고, 독촉국민회 부·군 지부장 회의에 참가한 지방 우익 지도자들을 귀가시키는 데 주력했다.74) 미군정의 강력한 조치로 인해 전국반탁학련 반탁궐기대회 1주년을 기념해 계획되었던 1월 18일의 대규모 반탁 시위는 별다른 일 없이 넘어갔다. 전국학련이 주최한 '탁치반대투쟁사 발표대회'가 천도교당에서 개최되었지만, 참석자는 1,300명에 불과했다. 김구는 오늘만

---

70) 「하지가 굿펠로우에게 보낸 전문」(1947. 1. 14), 『굿펠로우문서철』.
71) 『京鄕新聞』·『東亞日報』 1947년 1월 17·22·23일자; G-2 Periodic Report, no. 429(1947. 1. 18), no. 440(1947. 1. 27.)
72) 『서울신문』·『京鄕新聞』 1947년 1월 17일자. 하지의 성명은 미국무부를 통해 1월 23일에 워싱턴에서 재차 발표되었다.(『東亞日報』 1947년 1월 24일자.)
73) 『朝鮮日報』·『東亞日報』 1947년 1월 17일자.
74) 『東亞日報』 1947년 1월 18일자; G-2 Weekly Summary, no. 71(1947. 1. 23.)

큼은 혼란을 일으키지 말고 조용히 해산해달라고 연설했다.[75]

이승만과 김구가 합의했던 1월 18~20일간의 반탁 시위와 폭동은 무산되었지만, 이번에는 김구가 독자적으로 세력 확장을 시도했다. 김구는 이승만의 계획을 이용해 자신을 수반으로 하는 임시정부를 수립하려 함으로써 사태를 복잡하게 만들었다.

1월 18일에 민주의원은 좌우합작위원회에 파견했던 민주의원 대표인 김규식·원세훈·안재홍·김붕준 등의 소환을 결정했고,[76] 1월 20일에는 입법의원이 한민당의 주도로 찬성 44표 대 반대 1표로 반탁결의안을 통과시켰다.[77] 같은 날 이승만의 민족통일총본부는 관리와 공리도 반탁 대열에 참여하라고 선동하는 성명을 발표했다.[78]

김구는 1월 19일부터 비상국민회의·민족통일총본부·독촉국민회 3단체의 통합을 제안했고, 20·22일에는 통합을 위한 연석 회의가 개최되었다.[79] 민족통일총본부와 독촉국민회는 이승만의 회답을 기다려야 한다고 주장했다.[80] 그러나 김구는 반탁독립을 추진하기 위한 통일 기관 수립이 시급하다며, 1월 24일에 반탁독립투쟁위원회(反託獨立鬪爭委員會, 이하 반탁투위)를 조직했다.[81] 우익 42개 단체를 망라한 반탁투위의 위원장은 김구였으며, 부위원장은 조소앙(趙素昻)·김성수(金性洙)였다.[82] 반탁투위는 3·1절 기간을 또 다른 반탁 주간으로 설정해, 대

---

75) G-2 Weekly Summary, no.71 (1947. 1. 23) ;『東亞日報』1947년 1월 19일·21일자.
76)『東亞日報』·『朝鮮日報』1947년 1월 19일자.
77)『過渡立法議院速記錄』제16호(1947. 1. 20) ;『東亞日報』1947년 1월 24일자.
78)『東亞日報』1947년 1월 21일자.
79)『京鄕新聞』1947년 1월 21일·22일자 ;『東亞日報』1947년 1월 23일자.
80) 예를 들어 조선민주당의 李允榮은 이승만에게 전문(1947. 1. 21)을 보내며, 김구의 통합 제의에 반대했다. 통합 논의는 이승만 귀국 후로 미루어야 한다는 주장이었다.[G-2 Periodic Report, no. 436(1947. 1. 22.)]
81)『東亞日報』·『朝鮮日報』1947년 1월 24일자.

대적인 반탁 시위를 준비했다.83) 미군정은 반탁투위의 결성이 이승만의 부재를 틈탄 김구의 권력 장악 시도라고 판단했다.84)

2월 8일에 김구는 우익 3단체인 비상국민회의·민족통일총본부·독촉국민회가 통합해, 독립운동의 최고 기관을 설립해야 한다는 성명을 발표했다.85) 그러나 김구가 주장한 것은 통합이 아니라, 이승만 조직을 흡수한 뒤에 비상국민회의를 확대하고 강화하는 것이었다.86) 김구의 논리는 비상국민회의가 임정의 독립운동 법통을 계승했으니, 나머지 두 단체가 이에 참가해야 한다는 임정법통론이었다.

비상국민회의는 2월 14~17일에 제2차 전국대의원대회를 개최하고, 세 단체를 통합해 국민의회(國民議會)를 조직하기로 결정했다.87) 국민의회는 임시의정원을 계승·보강한 기관이며, 입법의원에 맞서는 상설적인 입법기관임을 자임했다.88) 국민의회는 우익 진영 63개 단체가 참가하고, 남북을 포괄하는 13도 대표 50명을 자부했지만, 실제로는 임정법통론에 공명하는 임정 지지 세력의 재편이었을 뿐이다.

한편 2월 하순에 김구·조완구·조경한 등은 한독당과 한민당을 합당해 당 조직을 강화하는 작업을 추진하기도 했다. 김구는 2월 26일에 열린 한독당 간부회의에서 3·1절까지 양당이 합당하지 않으면 위원장

---

82) 『東亞日報』 1947년 1월 26일자.
83) G-2 Weekly Summary, no. 70 (1947. 1. 16.)
84) G-2 Weekly Summary, no. 72(1947. 1. 30.) 미군 정보 당국은 김구가 이승만을 대신해 권력 장악을 시도한 사례로 다음과 같은 경우를 들었다. (1) 이승만 도미 여비조로 거둔 자금을 건네지 않고 김구가 관리, (2) 독촉국민회·민족통일총본부를 비상국민회로 통합시도, (3) 이승만 산하 청년 단체를 대체하기 위해 김구의 독자적 청년 단체 조직 시도[G-2 Periodic Report, no. 444(1947. 1. 31)]
85) 『東亞日報』·『서울신문』 1947년 2월 9일자.
86) 『朝鮮日報』 1947년 2월 11일자.
87) 『京鄕新聞』·『朝鮮日報』·『서울신문』 1947년 2월 15·16·18·19일자.
88) 「國民議會의 性格을 말함」, 『獨立新聞』 1947년 8월 17일자.

을 사퇴하겠다고 배수진을 쳤지만, 한독당 내부의 반발로 한민당과의 합당은 무산되었다.89)

나아가 김구는 3·1절을 통해 재차 임시정부 수립을 시도했다.90) 3월 1일에 열린 독촉국민회 전국대표자대회는 국민의회의 법통을 승인하고 대한민국 임시정부를 봉대한다고 결의했고, 전국학련 역시 임정을 정식정부로 추대했다. 이어 임정이 곧 내각 명단을 발표할 것이라는 소문이 파다했다.91) 김구는 3월 3일에 국민의회를 소집해 이승만을 주석, 자신을 부주석에 추대했다.92) 한때 이승만이 주석 직을 수락했다는 보도가 있었지만,93) 우익 주도권 장악을 향한 김구의 시도는 이승만·한민당의 동의를 얻을 수 없었다.

김구는 후에 자신이 이승만의 도미 단정운동에 대해 공표만 안 했을 뿐 반대했다고 밝혔는데,94) 이는 이승만의 도미를 계기로 임정 계열이 반탁운동을 내세우면서, 이승만의 단정안이나 군정의 과도정부안 대신 임정법통에 근거한 정부 수립을 추진했음을 의미한다. 때문에 국민의회 의장 조소앙은 임시정부가 추진하는 법통정부 수립이 통일 독립국을 지향하는 반면, 이승만이 주장하는 단정안은 국부적 독립국(局部的 獨立國)이며, 군정이 추진하는 과도정부안은 국부적 비독립 지방정부(局部的 非獨立地方政府)라고 비판했다.95)

---

89) 『朝鮮日報』 1947년 2월 28일자, 3월 1일자.
90) 『京鄕新聞』 1947년 3월 2일자 ; G-2 Weekly Summary, no. 76(1947. 2. 27.) 리차드 로빈슨은 김구와 프란체스카 간의 불화가 김구의 반발을 초래했다고 주장했다.(리차드 로빈슨, 앞의 책, 181쪽.)
91) G-2 Weekly Summary, no. 77(1947. 3. 6.)
92) 『京鄕新聞』 1947년 3월 2일자 ; 『朝鮮日報』 1947년 3월 1일자 ; 『漢城日報』 1947년 3월 5일자.
93) 『朝鮮日報』 1947년 3월 6일자 ; G-2 Weekly Summary, no. 472(1947. 3. 7) ; 리차드 로빈슨, 앞의 책, 181쪽.
94) 손세일, 앞의 책, 261쪽.

김구의 임정 수립 시도는 3월 5일에 막을 내렸다. 이날 이승만은 "내가 도착할 때까지 기다리라"며 김구의 쿠데타 시도에 제동을 걸었다.96) 이보다 중요한 것은 미군정의 저지였다. 미군정은 3월 5일에 엄항섭·김석황을 체포하며 정부 수립을 선포하면 '반란행위'로 처벌할 것이라고 경고했다.97) 같은 날 브라운 장군은 김구·조완구·이시영·유림을 소환해 쿠데타에 관해 면담했으며, 임정이 행동을 개시하면 조소앙·조성환·조경한을 체포하라고 명령했다.98)

미군 CIC와 경찰은 한독당사와 김구의 죽첨장을 수색해 '대한민국특별행동대사령부포고령(大韓民國特別行動隊司令部布告令) 제1호' 등을 압수했다.99) "일종의 아희(兒戲)에 불과"했던 임정의 우익 진영 장악 및 과도정부 수립 시도는 1946년에 이어 재차 실패로 귀결되었다. 김구는 김규식 등 중도파의 지원을 받으려 시도했으나, 중도파는 물론 이승만·한민당·경찰·한국인 관리 등이 모두 등을 돌렸고, 군정의 강력한 제재를 받고 체면만 손상된 결과로 끝났다.100)

하지는 이승만이 자신을 공산주의자라고 선전포고(1947년 1월 25일)한 직후 굿펠로우에게 보낸 편지에서 "그 늙은 개자식(the old s.o.b.)이 나에게 한 배신 행위는 삭이기 힘들고 비통한 경험"이었다고 쓸 정도

---

95) 『民主日報』·『京鄕新聞』 1947년 4월 3일자.
96) G-2 Weekly Summary, no. 78(1947. 3. 13) ; G-2 Periodic Report, no. 473 (1947. 3. 7.)
97) G-2 Weekly Summary, no. 77(1947. 3. 6), no. 78(1947. 3. 13.)
98) 『東亞日報』·『朝鮮日報』 1947년 3월 9일자. 이날 김구는 브라운에게 정권을 임정에 이양해달라고 요청했지만 거부당했다.
99) 『漢城日報』 1947년 3월 6일자·7일자;『서울신문』 1947년 3월 6일자; G-2 Weekly Summary, no. 77(1947. 3. 6.) 포고령의 내용은 군정 관리로 임정 명령 불복종자, 또는 임정 비방·반대자를 처벌한다는 등 5개 조항이었다. 한독당사에서는 정부 조직표가 발견되었다.[CIC Semi-Monthly Report, no. 6(1947. 3. 15.)]
100) G-2 Weekly Summary, no. 76, 78.

로 이승만에게 격분해 있었다.101) 하지는 자신이 이승만의 도미를 주선했는데, 떠나고 난 뒤에야 이승만의 주된 도미 목적이 자신에 대한 신임을 철저히 무너뜨리고 남한 단정을 수립하기 위한 것임을 깨달았다고 분해 했다. 나아가 이승만이 도미하면서 전면 봉기와 반란을 일으켜 한국인들이 독립을 선언하고 자율정부를 수립한다는 매우 치밀한 계획을 남겨둔 데 경악을 금치 못했다.

좀 더 정확히 하지가 이승만에게 분노하기 시작한 시점을 찾는다면 이승만이 12월 중순에 맥아더·국무부를 상대로 관선(官選) 입법의원 문제·민주의원 해산 문제로 하지를 공격했을 때부터였다.102) 1947년 1월의 반탁 시위를 막는 데 성공한 하지는 즉각적으로 대안을 모색하기 시작했다. 하지의 반응은 크게 두 가지였는데, 첫째는 미군정의 정책 방향을 조정하는 문제였으며, 둘째는 이승만에 대한 개인적 복수의 문제였다. 1947년에 미군정이 김규식과 서재필을 남한 최고 지도자로 내세우려 시도했던 데는, 1947년 초반에 하지가 느낀 개인적 배신감이 큰 작용을 했다.

미군정이 1947년 1월에 마련한 '정치발전계획'은 입법의원과 중간파를 적극적으로 활용해, 미군정의 과도정부 수립 계획을 계속 추진하겠다는 의지의 재표명이었다.103) 이 계획의 핵심은 중간파 지도자들의 위상을 제고시키는 것이었다. 먼저 하지는 입법의원의 반탁결의안 통과에 반대한 유일한 인물이었던 안재홍을 민정장관에 임명(2월 5일)함으로써, 중간파 활용과 과도정부 계획을 분명히 했다. 이러한 중간파 활용

---

101) 「하지가 굿펠로우에게 보낸 편지」(1947. 1. 28), 『굿펠로우문서철』.
102) 「국무부메모」(1946. 12. 6) 740.00119 Control(Korea)/12-1346 ; 「MacArthur for Hodge to War Department for Rhee Syngman」(1946. 12. 21), SESCA 014 Korea. sec. IV 1946. 6. RG 165. box 249.
103) 하지장군 문서철, 상자번호 62/96, 「정치발전계획」(1947. 2. 4) 및 이에 대한 하지와 러치의 논평.(정용욱, 박사학위논문, 170~171쪽.)

시도의 최고봉이 바로 '김규식 대통령 옹립 계획'이었다. 러치 군정장관은 이미 김규식에게 대통령에 취임해줄 것을 요청하는 서한의 초안까지 작성해 놓은 상태였지만, 김규식은 미온적인 태도를 취했고, 미소공위의 재개 움직임이 본격화되면서 이 계획은 실현되지 못했다.104)

한편으로 하지는 이승만의 공격을 방어하기 위해, 1947년 초에 워싱턴을 방문했다. 이 기간 중 하지는 이승만에 필적할 수 있는 재미 한인 지도자를 물색했는데, 그 후보자로 선택된 사람이 서재필(徐載弼)이었다.105) 2월 27일에 하지는 워싱턴에서 서재필을 '최고의정관(最高議政官)'으로 임명하며, 자신과 함께 귀국할 것이라고 발표했다.106) 하지는 귀임시(4월 5일) 서재필을 동반하려 했으나, 81세의 노년이었던 서재필은 건강 악화로 동반할 수 없었다.107) 하지는 재차 서재필의 귀국을 종용했고, 서재필은 7월 1일에 귀국했다.108) 그러나 서재필은 이미 한국을 떠난 지 50년이 넘은 상태였고, 미국 시민으로 귀화한 지 오래여서 국내 정치를 이해할 수 없었다. 또한 서재필의 입국 시점에 이미 제2차 미소공위는 정돈 상태에 접어들었고, 서재필은 국내 정치에서 아무런 역할을 할 수 없었다.

---

104) 정용욱, 박사학위논문, 177~179쪽. 당시 시점에서 미군정이 진정으로 김규식을 대통령으로 추대하거나 옹립할 의도와 결정권을 가졌는지는 의문이다. 실제적인 내용에 있어서 미군정이 구상한 대통령(president)은, 독립 정부의 대통령이라기보다는 민정장관보다 격을 높인 주한미군 사령관 예하의 최고 고문을 의미했다고 볼 수 있다.
105) 서재필은 1946년 8월부터 미군정 고문으로부터 귀국 교섭을 받았고 1947년 3월 하지의 워싱턴 방문시 고문 취임 권유를 받았다.(金道泰, 『徐載弼博士自敍傳』, 乙酉文化社, 1972, 297~298쪽.)
106) 『東亞日報』 1947년 3월 1일·8일자 ; 『京鄕新聞』 1947년 3월 20일자.
107) 서재필은 자신이 하지와 함께 귀국하지 못한 것은 첫째로 자신의 영향력 감소를 우려한 한국 정치인들의 방해 공작, 둘째로 한국인의 이익만을 대변할 것을 두려워한 미국인들의 공작 때문이었다고 주장했다.(金道泰, 앞의 책, 299쪽.)
108) 『京鄕新聞』 1947년 4월 19일자 ; 『朝鮮日報』 1947년 7월 4일자.

2. 제2차 미소공위와 반탁 우익 진영의 분열

1) 반탁동맹의 균열

이승만은 귀국 직후 우익 진영 최고 지도자로서의 위상을 다시 한 번 확인했다. 미 국무부 차관보 힐드링과의 남한 단정 밀약설, 대소 강경 정책으로의 선회를 알리는 트루만독트린의 발표, 미국의 6억 달러 남한 경제지원설 등은 모두 이승만의 예언이 실현되는 전조로 선전·해석되었다.

이승만은 공개적으로 김구가 임시정부 법통론을 폐기해야 한다고 주장하는 한편, 김규식·중간파가 추진하는 과도정부 수립 방안을 공격했다. 이승만의 논리는 입법의원이 보통선거법안을 통과시킨 후, 남한 총선거를 실시하자는 것으로 전환되어 있었다. 입법의원의 보통선거법 제정과 이를 통한 남한 단독정부의 수립이라는 구상은, 1947년에 펼쳐진 이승만의 단독정부 수립운동이 1946년 수준의 막연한 단독정부 수립 주장이나 1946년 하반기의 유사 쿠데타를 통한 정부 수립에서 한걸음 더 나아간 세련된 것이었다.

이승만이 이러한 방안을 구사하게 된 것은 1947년 3월 9일에 워싱턴에서 하지와 은밀히 회견했기 때문이다. 이 회담에서 하지는 입법의원이 제정한 보통선거법에 따라 총선거를 치룸으로써 남한 과도정부를 수립할 것이라고 밝히는 한편, 김규식을 대통령으로 옹립하려는 계획을 흘리며 이승만을 압박했다.[109] 이러한 미군정의 방침에 맞서, 이승만은

---

109) XXIV Corps Historical File, box no. 71, "Hode to Brown"(March 11, 1947) ; "Hodge to the Secretary of State"(July 7, 1947), *FRUS*, 1947, vol. 6, pp. 691~ 692.

자신의 단정안과 미국의 과도정부안 사이의 차이를 모호하게 하면서, 자신의 단정안을 최대한 미국 측 정책의 외관을 띠게 하거나, 그와 연결되는 것처럼 보이게 하는 데 집중했다.110) 이승만은 한편으로 1947년 3월 중순이 되자 자신이 1946년 6월 이래 주장해오던 단독정부안과 미군정의 과도정부안을 절충한 '과도독립정부(Interim Independent Government)'안을 미 국무부에 제안했고,111) 다른 한편으로는 국내에 전보를 보내 입법의원에서 보통선거법을 통과시키는 데 모든 행동 계획을 집중하라고 지시했다.112)

방미 결과가 대대적으로 선전된 것과는 달리, 1947년 중반에 이승만은 여전히 여러 적들과 대치해야 했다. 미군정이 후원하는 중도파가 가장 큰 외부의 적이었다면, 임정법통론에 근거해 정부 수립을 주장하는 임정 계열이 우익 내부의 가장 큰 적이었다. 귀국 직후 보통선거법 제정 및 총선거 실시를 주장하는 이승만과 임정법통론을 주장하는 김구 진영 간의 갈등은, 독촉국민회·민주의원·국민의회 등 우익 진영 전반으로 번져 나갔다. 4월 19~22일에 개최된 독촉국민회 전국대표자대회는 이러한 갈등을 잘 보여주었다. 이승만의 부재를 틈타 독촉국민회 내 김구 세력은 임정 봉대를 꾀했지만, 이승만의 귀국을 계기로 전세가 역전되었다. 이승만은 22일 대회에 출석해 '조속한 정부 수립'을 주장한 반면, 김구는 22일에 돌연 사표를 제출했다.113) 이승만은 4월 29

---

110) 정용욱, 앞의 논문, 188~189쪽 ; 도진순, 앞의 책, 133~134쪽.
111) 「올리버가 국무부 점령지역 차관보 힐드링에게 보낸 편지」(1947. 3. 14) 740. 00119 Control(Korea) /3-1447. 편지에서 올리버는 ① 제한된 자치정부(limited self-government), 즉 미군정이 추진하는 과도정부 방안, ② 남한 자율정부, ③ 과도독립정부안 중 실현성이 있는 것으로 ②, ③을 제시했는데, ③은 형식적으로 전국 총선을 통한 전국 정부를 내세움으로써 남한 단정에 대한 거부감을 희석하기 위한 것이었다.
112) G-2 Periodical Report, no. 480(1947. 3. 20.).

일과 5월 2일에 국민의회·임정국무회의 등에 참석해서 임정봉대론의 '보류', 총선거에 의한 남한 과도정부 수립이라는 입장을 재확인했고, 임정은 이에 반발했다.114) 또한 이승만은 임정 계열의 국민의회가 거듭 주석직 취임을 요구했지만, 이를 거부함으로써 임정법통론을 사실상 부정했다.115) 결국 독촉국민회 내의 임정봉대파가 5월 6일에 임정봉대추진회(臨政奉戴推進會)를 구성함으로써, 임정 봉대를 둘러싼 이승만과 김구의 갈등은 정점에 도달했다.116) 이승만은 5월 9일에 재차 임정법통은 '잠복 상태로 계속'하다가 정식 국회·정부 수립 뒤에 의정원·임정의 법통을 전임시켜야 한다고 못박음으로써, 임정법통에 의한 정부 수립 방안을 전면 거부했다.117) 그러나 '임정법통'과 '임정봉대'를 둘러싼 이승만과 임정 계열 간의 갈등은 5월 21일에 개막된 제2차 미소공위(美蘇共委)와 함께 수면 아래로 잠복하게 되었다. 내부의 갈등보다 긴급한 공동의 투쟁 목표가 생겼기 때문이었다.

미국은 1947년 2~3월 사이에 대한 정책을 재점검한 후, 소련과의 협상 재개를 선택했다. 4월에 개최된 제4차 연합국외상회담, 즉 모스크바 4국회담은 한국 문제에 관한 미국 측의 마지막 대소 협상 기회였다. 마샬 국무장관은 4월 8일에 미소공위의 즉시 속개를 촉구하는 서한을 소련 외상에게 보냈고, 미소공위가 실패하면 미국은 필요한 조치를 단행

---

113) 『朝鮮日報』·『京鄕新聞』 1947년 4월 20·23일자 ; 『서울신문』 1947년 5월 22일자.
114) 『東亞日報』 1947년 4월 29일자 ; 『京鄕新聞』 1947년 5월 3일자.
115) G-2 Weekly Summary, no. 86(1947. 5. 8) ; 『朝鮮日報』1947년 4월 27일자 ; 『京鄕新聞』 1947년 4월 30일자.
116) 임정봉대추진회의 위원장은 金承學, 부위원장은 金錫璜, 정치부장은 白泓均이었다. 이후 임정 계열의 명제세 등 10여 명이 독촉국민회를 사퇴했다.(『東亞日報』 1947년 5월 6일자 ; 『民主日報』 1947년 5월 7일자 ; 『서울신문』 1947년 5월 22일자.)
117) 『東亞日報』 1947년 5월 10일자.

하겠다는 결의를 표명했다. 소련 외상 몰로토프의 답신 이후 몇 차례 서한이 오고간 뒤에 미소공위 재개가 결정되었다.118) 5월 21일에 개막된 제2차 미소공위는 순조롭게 진행되어, 5월 26일에는 3개의 분과위원회가 토의에 들어갔다.

제2차 미소공위의 순조로운 진행 과정은 1947년 2~3월의 반탁 시위로 통합력을 과시하고 있던 반탁 진영을 내부로부터 뒤흔들었다. 공위 재개 이래 이승만은 돈암장에서 김구·김성수·조소앙·장덕수 등 우익 인사들과 함께 연달아 반탁 진영의 공위 참가 여부를 협의했다. 이승만 등은 5월 23일에 신탁 문제의 철폐 요구와 민주주의에 대한 해석 여부, 즉 정체(政體)가 미국식인지 소련식인지를 분명히 할 것을 요구하는 질문서를 공위에 제출했다.119) 이승만의 질문은 공위를 거부하기 위한 명분이자 수단이었다.120) 반탁 진영은 6월 4일에 산하 59개 단체 대표 70여 명을 소집해 미소공위 대책협의회를 결성했는데, 6월 6일 독촉국민회는 이승만·김구의 공위 참가를 보류하라는 권고에 따라 공위대책협의회를 탈퇴했다.121)

그러나 공위의 활발한 활동과 성공 가능성이 예상되면서 반탁 진영은 동요하기 시작했다. 먼저 한민당은 6월 7일에 중앙집행위원회를 개최하고 미소공위와의 협의에 참가하겠다는 결정을 내렸고, 마침내 6월 10일에는 공위에 참가한다는 성명을 발표했다.122) 한민당의 장덕수(張德秀) 등은 이미 공위 개막 전부터 공위 참여를 주장해왔다.123) 장덕수

---

118) 미소공위 재개 경과에 대해서는 송남헌, 『해방3년사』 II권, 까치, 1985, 463~475쪽을 참조.
119) 『東亞日報』 1947년 5월 23일자.
120) 우남실록편찬위원회, 앞의 책, 219쪽.
121) G-2 Weekly Summary, no. 91(1947. 6. 12.)
122) 『民衆日報』 1947년 6월 6일자 ; 『서울신문』 1947년 6월 10일자.
123) 공위 개막을 전후해 한민당 내 장덕수·백남훈·서상일·함상훈 등은 참가파로,

는 "일부 소수당 및 외세와 결탁해 임명식 정권 수립을 기도하는 공산 세력의 책동을 분쇄하고, 이승만이 주장하는 총선거에 의한 통일정부 수립을 공위 내부에서 관철해야 한다"라고 주장했다.124) 한민당의 공위 참가 성명은 많은 우익 정당·사회단체에 영향을 끼쳤다. 한민당은 6월 17일에는 정당·노동·종교·청년·여성단체 등 10여 단체의 대표들을 불러 모아 임시정부수립대책협의회(臨時政府樹立對策協議會, 약칭 臨協)를 결성했다.125) 이들은 7월 1일에 공위와의 협상 대표로 장덕수를 선출했으며, 남북한 총선거로 정부를 수립할 것, 임시정부는 국권을 침해하는 신탁안을 절대 배격할 것, 임시정부 수립시 대한민국 임시정부의 법통을 계승할 것 등을 내세웠다.126) 임협은 미소공위에 "들어가서 싸운다"라며 미소공위 참가를 신청했지만, 좌익과 소련 측으로부터는 미소공위를 파괴하려는 단정 음모 시도로, 이승만·김구로부터는 "서명해서 지지하기로 속이고 들어가서 반대하겠다는 것은 자기의 신의를 무시"한다는 비난을 받았다.127)

이승만의 가장 강력한 지지 세력이었던 한민당의 공위 참가는 이승만에게 큰 충격을 주었다. 한민당은 기본적으로 이승만의 정치적 계획에 동승했으나, 사정에 따라 이승만 진영·임정 계열·미군정을 오가며 정치적 실리를 추구했고, 미군정에 대해 가장 유화적인 자세를 취했다. 한민당은 1947년 1월과 3월에 임정 계열의 반탁 시위와 쿠데타 계획

　　김성수·김준연은 반대파로 분류되었다.(『獨立新報』 1947년 5월 22일자.)
124) 李敬南, 『雪山張德秀』, 東亞日報社, 1981, 381쪽 ; 『東亞日報』 1947년 6월 11일자.
125) 『漢城日報』 1947년 6월 20일자.
126) 『漢城日報』 1947년 7월 3일자.
127) 『서울신문』 1947년 6월 10일자. 임협은 제2차 미소공위가 무산되자 1948년 1월 21일 한국독립수립대책협의회로 개칭해 단정 수립에 적극 나섰다.(『京鄕新聞』 1948년 1월 22일자.)

에 동참한다는 약속을 어기고 미군정과 타협적 태도를 보임으로써 임정 계열과 관계를 악화시켰고, 제2차 미소공위에 참가함으로써 이승만을 격분시켰다.128) 7월 초에 이르러 이승만과 한민당의 관계는 심각하게 악화되어, 이승만이 한민당 활동에 대한 정보를 얻기 위해 직접 사람을 파견해야 했고,129) 한민당 중앙집행위원인 백남훈에게 독촉 부의장직 사퇴를 종용하기까지 했다.130)

7월 말에 이르러 2차 공위의 결렬이 예견되자, 우익 진영의 미소공위 참가를 주도했던 한민당은 다시 이승만 진영으로 되돌아왔다. 하지만 단정 수립에 있어서 이승만에게 전면적으로 의지하는 것 외에는 내세울 명분이 없었다. 1948년에 단독정부를 수립할 때까지 한민당은 기본적으로 이승만과 연계하는 한에서만 정치적 생존이 가능하게 되었다.131)

한독당 역시 공위 참여 문제로 분열되었는데, 안재홍(安在鴻)·박용희(朴容羲)·엄우룡(嚴雨龍)·구철회(具喆會) 등 구(舊) 국민당 계열과 권태석(權泰錫)·김일청(金一靑) 등 신한민족당 계열이 한독당을 탈당해 민주한독당을 창당했다.132) 공위 참가로 돌아선 것은 한민당과 우익 정당·사회단체뿐만이 아니었다. 김규식 등 중도파가 1946년 중반에 해임을 요구한 이래 적대적 관계를 형성했던 경무국장 조병옥과 수도경

---

128) 『서울신문』 1947년 6월 10일자. 이승만은 한민당의 공위 참가에 대해 측근들에게 "왜놈들 같으면 내 말이 무슨 말인지 알아들었을 거야"라며 분노를 표시했다.(손세일, 앞의 책, 269~270쪽.)
129) G-2 Periodic Report, no. 576(1947. 7. 9.)
130) CIC Weekly Information Bulletin, no. 12(1947. 7. 10.)
131) 이승만이 1948년 5·10선거가 끝난 후 한민당과 결별하게 되는 배경도 이때의 감정이 많이 작용한 것이 분명하며, 장덕수의 죽음도 그의 미소공위 참가 주장과 관련이 있었을 것이다.(서중석, 『한국현대민족운동연구』, 역사비평사, 1991, 540쪽.)
132) 송남헌, 앞의 책 II, 435~439쪽.

찰청장 장택상이, 6월 초 김규식을 방문해 화해 제스추어를 보내기까지 했다.133)

반면 중간파와 좌익 진영은 공위 성공에 대한 기대와 희망이 고조되었다. 먼저 좌우합작위원회(약칭 合委)는 5월 말~6월 초 20여 개 단체를 포섭해, 좌우합작위원회를 개편·강화했다. 좌우합작위원회를 탈퇴했던 여운형 역시 좌익 3당의 합동 과정에서 탈락된 인사들과 구(舊)사회노동당 계열을 흡수해, 1947년 5월 24일에 근로인민당을 조직하고 2차 미소공위에 본격 대처하기 시작했다. 1947년 6월 15일에는 좌우합작위원이었던 김규식(金奎植)·여운형(呂運亨)·안재홍·홍명희(洪命熹)·최동오(崔東旿)·원세훈(元世勳)·박건웅(朴建雄)·손두환(孫斗煥)·김호(金乎)·엄우룡 등이 중심이 되어 시국대책협의회(時局對策協議會, 약칭 時協) 발기인회가 구성되었고, 7월 3일에 시협이 결성되었다.

중간우파들은 민주주의독립전선의 주도로 5월 28일에 미소공위대책각정당사회단체협의회(美蘇共委對策 各政黨社會團體協議會, 약칭 共協)를 결성했다. 건민회(健民會) 계열이 중심이 되어 중간파 67개 단체를 포괄한 공협은 주석에 김규식, 부주석에 이극로·이용직을 선임했고, 공위 협상 대표로 김규식·이극로(李克魯)·김린(金燐)·이용직(李容稷) 등 8명을 선출했다.134) 2차 미소공위를 앞두고 개편된 중간파 진영의 합위·시협·공협은 거의 동일한 보조를 취했으며, 이들이 미소공위에 제출한 답신안도 대동소이했다.135)

---

133) G-2 Periodic Report, no. 548(1947. 6. 4) ; 리차드 로빈슨, 앞의 책, 199쪽 ; 김정원, 앞의 책, 97쪽.
134) 『朝鮮日報』 1947년 6월 22일자.
135) 합위·시협·공협과 민주주의독립전선은 1947년 12월 20일에 민족자주연맹(민련)이라는 단일 연합체로 통합되었다. 이 과정에 대해서는 도진순, 앞의 책, 186~198쪽을 참조

남한 좌익 진영은 미소공위 재개를 열렬히 환영하며 지지했다. 민주주의민족전선은 그 산하 단체와 함께 미소공위와의 협의에 참가할 것을 선언했으며, 중앙인민위원회와 남로당 역시 미소공위 참가와 적극 협력을 표방했다. 이들은 반탁 세력인 한민당·한독당을 미소공위 협의 대상에서 제외하라고 주장하는 한편, 협의 대상 선정에 있어서 남한 좌익 대 우익의 비율이 최소한 5 대 5가 되어야 한다고 주장했다.136)

북한의 경우, 남한과는 달리 일사불란한 태도를 보였다. 북한은 북민전(北民戰) 주최로 6월 16일에 '북조선민전 슐하 각정당사회단체열성자대회'를 개최하고, '민주주의 임시정부수립에 관하야 각정당사회단체는 무엇을 요구할 것인가'라는 김일성의 보고를 만장일치로 승인했다.137) 이틀 후 북로당을 위시한 북조선민주당, 천도교 청우당 등 3대 정당과 36개 사회단체는 미소공위 협의 참가 신청서 및 선언문을 제출했다.138)

2) 이승만의 위기와 2차 미소공위 대책

이승만은 6월 2일에 미소공위를 거부하고 총선거를 통해 '자율독립정부'를 수립해야 하며 "총과 폭탄이 나의 육체는 꺾을 수 있겠으나 나

---

136) 심지연, 「미·소공위에 대한 미국과 소련 및 국내 정치세력의 입장과 대책」, 『미·소공동위원회연구』, 청계연구소, 1989, 57쪽. 이러한 좌익의 주장은 제2차 미소공위에 즈음해 소련 정부가 소련 측 대표단에 보낸 훈령에 근거한 것이었다.
137) 북조선민주주의민족통일전선 중앙위원회 서기국 편, 『소미공동위원회에 관한 제반자료집(증보판)』, 1947, 110~123쪽.
138) 38개 단체의 명단과 대표자명부는 다음을 참조. 「쏘미공동위원회 협의에 참가할 북조선 각정당사회단체와 其 대표자」, 북조선민주주의민족통일전선 중앙위원회 서기국 편, 위의 책, 142~143쪽.

의 정신과 주장은 꺾지 못할 것"이라는 격렬한 성명을 발표했다.139) 그러나 미소공위가 진전되고 임시정부 수립의 가능성이 높아지자, 이승만은 미소공위로 수립될 정부가 공산주의 정부가 아니라 '미국식 조선 정부'가 되어야 한다며 한걸음 물러서는 태도를 보였다.140) 워싱턴의 한국위원부 역시 미소공위 성공에 대비해 미국식 민주정부의 수립, 신탁통치를 원조·후원으로 규정, 신탁통치 기간을 5년으로 제한할 것 등을 요구하는 성명을 발표했다.141)

미군정 정보 당국의 분석에 따르면, 6월 초가 되자 이승만 역시 공위의 성공 가능성을 인정했으며, 김규식을 주석, 여운형 혹은 김두봉을 부주석으로 임명하는 임시정부가 수립될 경우, 이 임시정부는 단명할 것이며 총선거를 통해 자신이 김규식을 대체할 것으로 예상했다.142) 제2차 미소공위의 성공 가능성이 점쳐지던 1947년 6월~7월 초는, 이승만이 대통령으로 가는 과정에서 맞았던 가장 힘들고 결정적인 순간이었다.

이승만은 표면적으로 미소공위 거부에서 한 걸음 후퇴한 것처럼 보였지만, 실제로는 훨씬 더 격렬한 반탁 시위를 구상하고 있었다. 그것은 바로 6·23 반탁 시위였다. 6월 중순부터 미소공위를 방해할 목적으로 배은희(裵恩希)·김석황(金錫璜)·서상천(徐相天)·이종형(李鍾榮) 등 이

---

139) 『東亞日報』 1947년 6월 3일자.
140) 『東亞日報』 1947년 6월 18일자. 이 시점에서 CIC는, 미군정이 이승만의 체면을 살려줄 방법을 마련한다면, 이승만 진영이 공위에 참가할 것이라고 예상하기도 했다.[CIC Weekly Information Bulletin, no. 7(1947. 6. 5.)]
141) G-2 Weekly Summary, no. 91(1947. 6. 12.)
142) CIC Weekly Information Bulletin, no. 8(1947. 6. 12.) 이승만의 측근이자 민주의원 비서인 윤치영 역시, 이승만을 임시정부 대통령으로 선출한다는 보장이 있으면, 이승만 진영이 미소공위에 참가할 것이라고 밝혔다.[G-2 Weekly Summary, no. 92(1947. 6. 19.)]

승만과 김구 계열의 인물들이 6월 23일 폭동 계획을 준비 중이라는 정보가 미군 정보망에 들어왔다.143) 한동안 미군정은 김구가 이 폭동을 주도하는 반면 이승만은 폭동을 막으려 한다고 판단했지만,144) 실제로는 이승만이 이 반탁 시위를 주도했다. 미군정 정보 책임자의 논평처럼, 김구는 항상 전면에 나서 공공연한 투쟁을 선호하는 반면, 이승만은 대중의 환호가 없을 때는 막후에서 극우주의자들에게 행동을 지시하고, 환호하는 군중이 많을 때는 무대 전면에서 행동을 지휘하는 특성을 보였을 뿐이었다.145) 미군정과 한민당마저 등을 돌린 이 시점은, 아마도 해방 이래 이승만과 김구가 서로의 협조를 절박하게 원하고 협력했던 마지막 시기였을 것이다.

6월 23일은 단오절이자, 미소공위 협의 대상자 신청 접수 마감일이었다. 미군정이 행정명령 3호에 따라 공위 기간 동안 대중 집회를 금지시켰기 때문에, 반탁 시위는 보스톤마라톤대회에서 우승한 서윤복(徐潤福) 선수 환영대회를 명목으로 개최되었다. 이승만과 김구의 목적은 한민당마저 참여 속의 반탁을 주장하며 2차 미소공위에 참가하려는 상황에서, 반탁 대중을 동원해 대규모 시위를 벌임으로써, 소극적으로는 우익 진영의 공위 참가를 저지하고, 적극적으로는 공위 결렬을 의도한 것이었다. 우익 신문들은 이날 시위에 10~30만 명이 동원되었다고 주장했지만, 실제로는 3천~4천 명이 동원되었고, 시위가 성공하지 못하자, 우익 진영의 공위 협의 대상 참가 신청서 접수가 쇄도했다.146)

---

143) G-2 Periodic Report, no. 558(1947. 6.17) ; 도진순, 앞의 책, 152~155쪽.
144) G-2 Periodic Report, no. 559(1947. 6. 18), no. 562(1947. 6. 21).
145) G-2 Periodic Report, no. 566(1947. 6. 26.)
146) G-2 Weekly Summary, no. 93(1947. 6. 26) ; CIC Weekly Information Bulletin, no. 10(1947. 6. 26.) 남한에서 참가 신청을 제출한 정당·사회단체는 425개 단체였고, 답신안을 제출한 것은 397개였다. 북한에서 참가를 신청한 정당·사회단체는 38개였으며, 이들은 공동으로 답신안을 제출했다. 그 결과 남북한에서

전국학련이 중심이 된 1,500명의 반탁 시위대는 덕수궁에 돌입해 미소공위 소련 대표단 차량에 투석하는 등 폭력을 행사한 후, 경찰의 보호하에 대표자를 보내 미국 대표 브라운과 회담하기까지 했다. 앞에서 살펴본 것처럼 이 시위는 민족통일총본부(民族統一總本部)의 배은희가 이승만에게 알선한 78만 원의 자금으로 이루어진 것이었다. 이후 2주일간 지속된 이 반탁 시위는 전국적 차원에서 조직되었고, 이승만과 김구는 이를 위해 전국 독촉국민회 지부장에게 상경하라는 소집장을 공동 서명해 발송하기까지 했다.147) 이는 이승만이 제2차 미소공위를 결렬시키기 위해 우익 청년·대중 단체들을 조직적으로 동원했음을 보여주는 것이다. 미군정은 이 시위의 배후에 이승만과 김구가 있으며 이승만이 막후의 주도 인물임을 알았지만, 미군정의 체포가 도리어 이들을 순교자로 만들 것임을 알았기에 내버려두었을 뿐이다.148)

6·23 반탁 시위와 함께 6월 말~7월 초의 시점에서, 극우파에 의한 여러 가지 테러·암살 논의가 미군 정보망에 접수되었다. 제2차 미소공위가 개최되면서 가장 주목을 받은 인물은 바로 중도파인 여운형·김규식이었고, 이들이 가장 주요한 테러·암살 대상자였다. 미소공위가 성공할 전망이 최고조에 도달했던 6월 말의 시중 여론은 김규식과 여운형을 대통령·국무총리·외무장관 등으로 거론하고 있었다.149) 남한

총 463개 정당·사회단체가 협의 참가를 신청했고, 그 중 435개 단체가 답신안을 제출했다. 남한의 정당·사회단체가 제출한 회원수는 남한 인구의 3배인 6,200만 명이었다.(沈之淵,「해방후 주요정치집단의 통치구조와 정책구상에 대한 분석」,『한국정치학회보』제20집 제2호, 1988, 305쪽.)
147) 지방에서는 춘천 1,500명, 대전 2천 명, 청주 1천 명 등이 동원되었다.(G-2 Periodic Report, no. 564 (1947. 6. 24) ; 雩南實錄編纂委員會, 앞의 책, 223쪽.)
148) G-2 Periodic Report, no. 566(1947. 6. 26) ; CIC Weekly Information Bulletin, no. 12(1947. 7. 10.)
149) 6월 마지막 주와 7월 첫 주의 시중 소문은 대통령(김규식), 부통령(조만식·김원봉), 국무총리(신익희), 내무장관(안재홍) 방안, 혹은 대통령(서재필), 부통령

경찰의 총수인 조병옥·장택상의 보고서에 따르면, 5월 말에 우익 진영이 미소공위 파탄을 위해 관련자 암살을 계획 중이며, 첫 대상자로 꼽힌 인물은 여운형·김규식·허헌이었다. 조병옥은 김석황 등 임정 계열이 이들 외에 미소공위 소련 측 대표를 암살하고, 조병옥·장택상의 암살 계획도 꾸미고 있다고 주장했다.150) 장택상은 이미 우익 진영이 200여 정의 권총을 보유하고 있다고 주장했다. 여운형은 5월 12일에 혜화동로타리에서 권총 저격을 받았고,151) 6월 16일에는 8명의 괴한이 김규식의 삼청동 자택 침입을 시도했다.152) 6월 29일에는 극우파가 미소공위 미국 측 수석 대표인 브라운 장군을 암살하도록 명령했다는 정보가 입수되기도 했다.153)

미군정이 입수한 가장 충격적인 정보는 익명의 독촉국민회 회원이 CIC에 보낸 6월 19일자 편지에서 나온 것이었다. 이 정보에 따르면 김구 주도하에 한독당·독촉국민회·반탁투쟁위원회(反託鬪爭委員會, 약칭 반탁투) 내의 임정 세력과 일부 한민당 세력이 좌익 지도자를 암살하고, 경찰과 우익 무장단체의 지원하에 7월 1일에 임시정부를 선포할 계획이었다.154) 우익 세력이 이미 탄광에서 다이너마이트를 입수하고 영등포에서 무기를 만들고 있다는 정보도 접수되었다.155) 미군정은 기

(김두봉), 국무총리(김규식), 외무장관(여운형) 방안 등을 거론했다.[CIC Weekly Summary, no. 11-12(1947. 7. 3, 7. 10.)]
150) G-2 Periodic Report, no. 539(1947. 5. 24.)
151) 『東亞日報』 1947년 5월 14일자.
152) G-2 Periodic Report, no. 558(1947. 6. 17) ; 『京鄕新聞』 1947년 6월 17일자.
153) G-2 Periodic Report, no. 569(1947. 6. 30.) 당시 브라운은 미소공위 회담을 위해 평양을 방문 중이었는데, 우익 진영이 평양에서 브라운을 암살함으로써 미소공위를 결렬시키려 한다는 정보였다.
154) 反託鬪爭委員會(약칭 반탁투)는 이승만이 도미 중이었던 1947년 1월 24일에 김구의 주도로 결성되었다. 위원장은 김구, 부위원장 조성환, 조완구, 김성수였으며 이승만은 최고 고문이었다.(『朝鮮日報』 1947년 1월 24일, 26일자 ; 『황해로동신문』 1947년 7월 13일자.)

타 정보와 관련자들을 광범히 면담한 결과 이 내용이 사실임을 확인했고, 하지는 6월 28일에 이승만에게 공개적인 경고 서한을 보냈다. 이 서한에서 하지는, 이승만 진영의 정치 기구 상층부에서 나온 정보에 따르면, 이승만과 김구가 공위를 결렬시키기 위해 테러 행위·경제 교란은 물론 여러 건의 정치 암살을 계획 중이라고 한다며, 암살 중지를 강력히 경고했다.156)

이승만은 CIC 요원과 만나 자신의 혐의 내용을 부인하면서 제보자를 공개하라고 요구했고, 6월 30일에는 하지에게 답장을 보내 "신탁지지를 강요하기 위해 위협적이며 입을 틀어막는 방식"이라고 주장했다.157) 김구 역시 하지에게 항의 서한을 보내 밀고자를 공개하라고 요구했다.158) 이승만은 7월 10일에 "언사나 행동에 과격하거나 폭력에 가까운 상태"를 일체 중단하라는 성명을 발표했다. 그로부터 1주일 뒤인 7월 19일에 여운형이 극우 테러리스트에게 암살되었다.

6·23 반탁 시위 이래 계속된 이승만과 김구의 반탁운동의 정점은 7월 10~17일까지 진행된 한국민족대표자대회(韓國民族代表者大會, 약칭 民代)였다.159) 독촉국민회는 7월 5일~10일간, 전국에서 '총선거법에 의준(依準)한 투표 방식'으로 200명의 '민족 대표'를 선출했고, 이들은 7월 10일 독촉국민회 회의실에서 대회를 개최했다.160) 이승만의 의도는 공위에 불참한 이승만과 김구의 직계들만으로 공위에 대항하는 한편, 남한 단정 수립을 추진하는 것이었다. 민족대표자대회는 배은희를 의장

---

155) CIC Weekly Information Bulletin, no. 11(1947. 7. 3), no. 14(1947. 7. 15.)
156) 『서울신문』 1947년 7월 3일자, 『朝鮮日報』 1947년 7월 2일자.
157) 『朝鮮日報』 1947년 7월 2일자 ; 『서울신문』 1947년 7월 3일자.
158) 『서울신문』 1947년 7월 4일자.
159) 『東亞日報』 1947년 7월 11~13일자.
160) 康晉和 編, 『大韓民國建國十年誌』, 建國記念事業會, 1956, 291쪽.

으로 선정했는데, 이 기구는 실패로 돌아간 민주의원·국민의회를 대체해 입법 기구의 역할을 자임하려는 목적을 갖고 있었다.161) 이승만과 김구는 민족대표자대회에 참석해 미소공위 거부, 임정 추대, 독립을 위한 더 많은 소요(騷擾)의 필요성 등을 강조했다.162) 하지의 분석에 따르면, 이승만은 중경 임정 세력과 연대해 민족대표자대회를 통한 남한 단독정부 수립을 희망했지만, 임정법통에 의한 정부 수립은 잠시 보류하고 총선거에 집중하자면서 선(先) 총선-후(後) 정부 수립의 입장을 강하게 피력했다.163) 이승만은 입법의원의 지원을 요청했고, 21명의 입법의원이 민족대표자대회에 참석했다. 미군 정보 당국에 따르면, 대회에 참석한 신익희는 공위 실패를 주장하면서 민대가 총선 계획을 구체적으로 연구해야 한다고 주장했다.164)

미소공위의 진전, 반탁 진영의 분열과 한민당의 이탈, 서재필의 귀국(7월 1일) 등으로 총체적 위기의식을 느낀 이승만과 김구 진영은 긴밀한 협조의 필요성에 공감하고 있었다. 민족대표자회의는 7월 12일에 국민의회와의 통합을 결의했고, 국민의회도 13일에 민족대표자회의와의 통합을 결의했다.165) 양 진영의 대표들은 7월 14일에 교섭위원 연석회의를 개최하고, 통합을 본격적으로 추진했다. 김구는 15일 회의에 출석해 정부 수립에 관해 이승만과 자신 간에는 의견 차이가 없으며, 자신이 2인자라고 스스로를 낮추며 이승만을 따르자고 했다.166) 그러나 양 진영의 본격적인 통합이 시도되려는 순간, 제2차 미소공위는 사

---

161) CIC Weekly Information Bulletin, no. 12(1947. 7. 10) ;『東亞日報』1947년 7월 13일자.
162) G-2 Periodic Report, no. 581(1947. 7. 15.)
163) "Hodge to the Secretary of State"(July 16, 1947), FRUS, 1947, vol. 6, p.703.
164) CIC Weekly Information Bulletin, no. 14(1947. 7. 24.)
165)『朝鮮日報』1947년 7월 15일자.
166) CIC Weekly Information Bulletin, no. 14(1947. 7. 24.)

실상 정돈 상태에 들어가 있었다.

미소공위는 남북의 협의 신청 단체들에게 협의의 목적과 절차를 소개할 때까지만 해도 큰 무리 없이 순항되었다. 그러나 7월 초에 협의 대상 단체의 명부 작성을 둘러싸고 본격적으로 대립하게 되었다.[167] 미국이 회원수 1만 명 이상의 단체와 우선적으로 협의하자고 제안하자, 소련은 이에 입각해 협의 대상 단체의 명부를 제출(7월 10일)했다. 소련은 463개 단체 중 남한의 307개 단체와 북한 10개 단체를 제외한 146개 단체를 협의 대상으로 선정했다. 이 중 남한은 118개, 북한은 28개였다.

소련은 (1) 3상결정에 규정된 사회단체의 정의에 부합되지 않는 사회단체, (2) 도(道) 이하의 단체로 순지방적인 단체, (3) 반탁투쟁위원회 가입단체 등을 배제하라고 요구했다.[168] 소련 측은 남한에 배당한 118개 단체의 성향을 우익 74, 좌익 34, 중간 10으로 분류했다.

그러나 미국의 분류는 달랐다. 미국은 비상국민회의, 독립촉성국민회, 민족통일총본부 같은 우익 진영의 대중 조직이 포함된 반탁투위를 협의 대상 명부에서 제외시킬 수 없다는 입장을 분명히 했다. 미국 측 분류에 따르면, 우익은 중간파를 포함해도 단체 수에서는 10%, 회원 수에서는 20% 정도 좌익보다 열세였다. 미국 측은 모스크바 결정에는 사회단체에 대한 정의가 없으며, 중앙에 본부가 없는 지방단체라고 해서 협의 대상에서 배제할 수 없다는 입장을 밝혔다.[169] 소련은 우익 주류가 배제된 협의 대상 명부를 원했고, 이와 관련해 타협을 거부했

---

167) 제2차 미소공위 회담의 경과에 대해서는 정용욱, 앞의 논문, 224~225쪽을 참조.
168) Erik van Ree, *Socialism in One Zone*, Berg Publishers Ltd, 1989, p. 256.
169) 미소 간의 의견 차에 대한 미국 측 설명은 1947년 7월 16일자 미 측 수석 대표 브라운의 연설을 참조.(『東亞日報』 1947년 7월 17일자; USAMGIK, Summation of U.S. Military Government Activities in Korea, no. 22, pp. 27~31.)

다. 결국 미소는 반탁투위의 협의 대상 포함 여부를 둘러싼 의견 차이를 좁히지 못했다.

공위 결렬의 위험에도 불구하고, 하지는 7월 10일에 반탁 시위 금지 조치를 해제했다.170) 이승만의 반탁 캠페인은 절정에 달했고, 이승만은 하지와의 회견에서 공위로 수립될 임시정부에는 참여하지 않겠다고 선언했다. 7월 19일, 공위 성공을 위해 매진하던 여운형이 암살되었다. 이제 이승만에 반대하거나 미소공위와의 협조를 주장할 수 있는 온건 지도자는 거의 사라졌다.171)

8월 20일로 예정된 제54차 본회의에 소련 측 대표가 참가를 거부함으로써, 제2차 미소공위는 사실상 결렬되었다.

3. 단정의 실현과 이승만·김구의 분립

1) 한국 문제의 유엔 이관과 총선거 캠페인

1947년 7월 중순 이후 미소공위의 미국 측 대표단은 미소공위 결렬

---

170) "Hodge to Marshall"(July 10, 1947), *FRUS*, 1947, vol. 6, pp. 697~670 ; New York Times, July 12, 1947, p. 4.
171) "Memorandum by Borton"(July 25, 1947), 895.00.7−2447 ; "Hodge to War Department"(July 27, 1947), 740.00119 Control(Korea)/7−2747 ; "Hodge to War Department"(July 27, 1947), JCS Records, CCS 383.21 Korea(3−19−45), sec. XI, RG 218 ;『朝鮮日報』1947년 7월 2일자 ; 정병준, 1995,『몽양여운형평전』, 한울, 제7장. 여운형 암살 후 김규식 역시 거듭된 암살 위협을 받았다. 심약한 김규식은 한동안 정계에서 은퇴하다시피 했다.

을 기정사실화하며, 이후의 대비책을 본국과 협의하기 시작했다. 미국은 미소공위 결렬 방침을 정한 후, 한국 문제를 유엔으로 이관하기 위한 단계적 조치들을 취해 나갔다.172)

이승만은 7월 16일에 하지 및 그의 정치 고문이자 미소공위 미국 측 대표인 제이콥스(Joseph E. Jacobs)와 만났다.173) 이 회동은 이승만의 남한총선거 주장 및 하지에 대한 공격에 맞서기 위해, 하지와 국무부가 마련한 자리였다.174) 그러나 시중 여론은 이제 공위가 막바지에 도달했고, 하지가 남한 정부 수립에 관한 계획을 작성하기 위해 이승만을 부른 것으로 해석했다. 김규식 역시 이승만·하지의 회동이 미소공위 결렬의 전주곡이며, 하지가 남한 단독정부 수립에 있어서 이승만의 손을 들어줄 것이라는 견해를 표명했다.175) 공교롭게도 이날은 미소공위의 미국 측 수석 대표인 브라운이 협의 대상 문제를 둘러싸고 공위가 대치 상태에 들어갔음을 발표한 날이기도 했다.176)

미소공위 결렬을 예감한 이승만은 민족대표자대회와 국민의회의 통합을 추진하는 한편으로, 입법의원을 통과한 보통선거법에 의한 남한총선거를 재차 추진하기 시작했다. 7월 17일의 민족대표자대회는 국민의회·입법의원 20여 명 등과 함께 연석회의를 개최하고, 8월 1일에 대의원대회를 소집하고 총선거 실시에 관한 방책을 수립할 것을 결정한 후, 다음과 같은 4개 조항을 결의했다.

---

172) 제2차 미소공위 전후 미소의 대응 방침과 후속 방침에 대해서는 정용욱, 앞의 논문, 234~248쪽을 참조.
173) "Hodge to the Secretary of State"(July 17 1947), *FRUS*, 1947, vol. 6, pp. 708~709 ; 『東亞日報』 1947년 7월 19일자.
174) "Hodge to the Secretary of State"(July 7, 1947) ; "Secretary of State to Jacobs, Political Adviser in Korea"(July 14, 1947) ; "Hodge to the Secretary of State"(July 16, 1947), *FRUS*, 1947, vol. 6, pp. 691~693, 701~703, 703~704.
175) CIC Weekly Information Bulletin, no. 14(1947. 7. 24.)
176) 『서울신문』·『朝鮮日報』 1947년 7월 17일자.

1. 보선 실시의 선포를 하지 중장에게 요청할 것.
1. 민정장관을 민선으로 하도록 하지 중장에게 요청할 것.
1. 총선거 실시에 있어서 하지 중장의 협조를 요청할 것.
1. 미소공위는 어느 때 종결될 것인가 하지 중장에게 질문할 것.[177]

이 결의는 미소공위 반대나 반탁의 시기가 지나고 미소공위 종결에 따른 총선거 실시가 임박했다는 이승만 측의 정세 인식을 보여주는 것이었다. 이승만은 최악의 순간을 넘겼고, 미국의 정책은 이승만에게 유리한 방향으로 조정되어 가고 있었다.

미군정은 공위 재개에 대비해, 1947년 5월 14일에 법령 제141호로 남조선 과도정부를 선포했다. 이와 함께 행정권을 대폭 한국인 관리들에게 이양했고, 한국인 부처장들로 정무회의(政務會議)를 구성하게 했으며, 미국인 부처장들은 고문으로 물러났다. 또한 6월 27일에는 입법의원을 통해 보통선거법안을 통과시켰다. 이는 미소공위가 임시정부 수립에 합의할 때 활용될 수 있도록 준비된 제도적 장치들이었다. 더 중요한 점은 이러한 조치가 미국의 2차 공위 협상 전략의 일환이었다는 사실이다. 미국의 2차 공위 협상 전략의 가장 큰 특징은 '협의' 대신 '총선거' 방안이었다. 2차 공위가 협의 대상 문제로 공전되던 8월 중순, 미소공위 미국 측 대표단의 문서는 미국이 택할 수 있는 세 가지 선택 가능성으로 다음과 같은 계획을 거론했다.

A. 복수다당(複數多黨) 후보들 간의 자유·비밀선거 원칙에 의한 전국총선거를 통해 임시정부 구성.
B. 현존하는 남북의 입법 기구를 통합하여 임시정부 선출.
C. 미소공위에 의한 임시정부 지명에 이어 바로 입법 기구 선출과 임시정부와 지방정부의 관리 선출을 위한 총선 시행.[178]

---

177) 『東亞日報』 1947년 7월 19일자.

미국은 A계획을 초기 입장으로 정했지만, 이는 모스크바 결정에 위배될 뿐 아니라 소련이 반대할 것이 분명했다. 때문에 국무부는 소련이 반대하면 즉시 다음 대안인 B, C로 옮겨갈 것을 미대표단에게 지시했다. 어느 경우든 2：1의 인구비례를 보이는 남북한의 상황을 고려해, 인구비례 총선안이 수립될 임시정부에서 미국의 영향력 관철을 확실히 담보하는 방식이었던 것이다. 또한 선거라는 절차적 민주주의가 미국식 민주주의의 전형이라는 점도 고려의 대상이 되었을 것이다. 미국은 2차 공위가 협의 대상 문제로 난항을 겪자, 7월 27일에 민전 주최로 열린 '공위 경축 임정수립 촉진인민대회'에서, 미소공위가 아닌 선거를 통해서 정부를 구성할 수도 있다는 방침을 밝혔고, 8월 12일의 미소공위 제53차 회의에서는 한국 여론이 임명보다는 선거를 요구하고 있으므로 내각을 선출하는 선거를 실시하자고 제안하기에 이르렀다.

미국이 총선거 방식의 임시정부 수립이란 공세적 방안을 고집한 이면에는, 트루만독트린에 따른 국제 냉전의 본격화와, 1947년 초반부터 본격 검토되었던 남한 단정안의 현실성이 크게 작용했을 것이다. 미국은 나중에 수립될 임시정부의 형태와 구조에서도 동일한 입장을 취했다. 즉 미국은 제2차 미소공위 개막 직전 선포된 미군정 예하의 남조선 과도정부처럼, 부—국 체제로 이루어진 정부 형태가 기본이 되어야 한다고 생각했으며, 대통령 또는 총리로는 우익이나 중간 측 인사를 임명할 생각이었다.

미 대표단이 수립했던 이러한 임시정부 수립 과정과 구조는, 한민당을 중심으로 한 임협 측이 제출한 답신서의 내용과 매우 유사한 내용

---

178) 미소공위 문서철, 롤번호 5, 「조선민주주의임시정부 헌장에 관한 첫번째 초안, 계획 "B" 및 계획 "C"」(1947. 8. 18), 정용욱, 박사학위논문, 169~170쪽 재인용.

이었다. 또한 한민당을 중심으로 한 우익 진영의 총선거 주장은 미국 측의 견해를 대변한 것이자 상호 교감에 따른 것이었다.179) 임협과 입의가 미소공위에 제출한 답신안에 따르면, 임시정부 수립 절차는 다음과 같았다.

남북한 총선거 → 대통령·부통령 선출 → 내각 조직·임시 국회의원 선거 → 임시국회 소집 → 임시헌장·임시선거법 추인. 임시헌장과 임시선거법은 공위 협의 단체를 통하여 발표되는 민족 총의에 의하여 결정되고, 미소공위의 합의와 미·소·중·영 4개국 정부의 동의로써 효력 발생.180)

모스크바 결정에 따라 미소공위와의 협의를 신청한 한민당 중심의 임협안은, 실상 모스크바 결정에 정면으로 위배되는 주장이었다. 이전의 반탁이 임시정부 수립과 신탁(후견)제 실시라는 두 가지 초점 중 신탁 실시만을 반대했던 데 반해, 임협의 안은 이미 모스크바 결정에서 합의된 임시정부 수립 방안, 즉 "미소공위가 한국의 정당·사회단체와 협의해 임시정부를 구성한다"라는 방안까지 반대한 것이었다. 한민당은 답신안을 제출하기 전인 6월 27일에 "남북 조선을 통한 총선거로서 임정을 수립하자"라고 발표했고, 그 직후인 6월 29일에 입법의원은 보통선거법안을 통과시켰다.181) 이는 분명 준비된 계획이었다.

한민당-입법의원-미군정은 2차 공위에 대비해 공동으로 총선거를 주장하며, 총선거에 필요한 법적 정비를 서둘러 완료했다.182) 그런데

---

179) 제2차 미소공위 답신안에 대해서는 다음을 참조. 北朝鮮通信社, 「남조선반동정당답신비교표」, 『旬刊北朝鮮通信』, no. 1(1947년 8월 하순호), 32쪽 ; 『황해로동신문』 1947년 7월 13일자 ; 『京鄕新聞』 1947년 7월 6일자 ; 鄭珪鉉, 『臨時政府樹立大綱 : 미소공위자문안답신집』, 새한민보사, 1947, 1~120쪽.
180) 「臨協의 答申案」, 鄭珪鉉, 『臨時政府樹立大綱』, 새한민보사, 1947, 16~40쪽.
181) 『東亞日報』 1947년 6월 28일자 ; 『合同通信』 1947년 6월 30일자.
182) 정병준, 「해방직후 각정파의 정부수립 구상과 그 특징 : 제2차 미소공위 답신

미소공위가 결렬의 위기에 처하자, 가장 실현 가능한 선택지는 총선거에 의한 남한만의 단독정부 수립 방안이었고, 이는 이승만이 1년 전부터 주장해오던 것이었다. 이승만의 민족대표자대회는 7월 28일에 하지 중장에게 총선거 법안의 즉시 공포를 요청하는 서한을 보냈다.183)

미소공위의 결렬은 한편으로 이승만의 입지를 강화시키는 것이었지만, 다른 한편으로는 공동의 위기 의식 속에 단결했던 임정 진영과의 갈등을 재연시키는 계기가 되었다. 이승만 진영과 임정은 총선거에 따른 남한 단정 수립론과 임정봉대론을 둘러싸고 다시 대립하기 시작했다.

7월 초에 제기된 민족대표자대회와 국민의회의 통합 논의는 8월 초까지 여러 차례의 연석회의를 통해 논의되었다. 총선거냐 법통이냐로 대표되는 주도권 싸움이 핵심 쟁점이었다. 이승만은 군정 선거법을 활용한 총선을 주장한 반면, 임정 계열은 독자적인 법령 제정을 주장했다. 또한 국민의회는 미군정을 위해 일한 입법의원 출신자의 참석을 거부했다.184) 격렬한 논의 끝에 민족대표자대회와 국민의회의 통합 논의는 결국 무산되었다. 8월 9일, 민족대표자대회는 국민의회에 파견된 대의원을 소환하는 한편, 소환에 불응하는 대의원 처벌을 결의하는 등, 양측의 대결 양상은 심각해졌다.185)

이승만은 8월 25일에 열린 민족대표자대회 제21차 대회에서 분명한 어조로, 미군과 협조하거나 한인 단독으로라도 조속한 시일 내에 총선거를 실시해야 한다고 주장했다.186) 이승만은 총선거에 반대하거나 미

안 분석을 중심으로」, 평화문제연구소, 『통일문제연구』 제10권 2호(통권 제30호), 1998 ; 정용욱, 앞의 논문, 217~224쪽.
183) 『朝鮮日報』 1947년 7월 31일자.
184) CIC Weekly Information Bulletin, no. 16(1947. 8. 7.)
185) 『京鄕新聞』 1947년 8월 10일자.

군과 협조하지 않고 '자율적'으로 하자는 반대 의견이 있다고 비판했는데, 이는 임정 계열의 임정법통론을 겨냥한 것이었다.[187] 이승만은 8월 26일의 민족대표자대회에서 총선거대책위원회(總選擧對策委員會, 위원장 申翼熙, 부위원장 明濟世)를 구성하고, 9월 9일에는 집행부를 결정함으로써, 입법의원에서 통과된 보통선거법에 의한 남한만의 조기 총선거를 강력히 추진해 나갔다.[188] 총선거대책위원회는 독촉국민회 등을 통해 9월 말에 이르러 시·도·부·군·읍·면 단위의 지방 조직을 완료했다.

이승만은 총선거 문제를 둘러싸고 지지부진한 상태였던 임정 계열과의 통합을 추진하는 대신, 한민당과의 재결합을 선택했다. 한민당은 2차 공위에 참가하면서도, 임명제가 아닌 총선거의 방식으로 정부가 구성된다면 당연히 이승만이 대통령이 될 것으로 확신했다. 김성수는 7월초 CIC 특별수사요원과의 면담에서 "총선이 실시되면 이승만이 전국적 차원에서 대통령에 선출될 것이다. 미소공위가 공정한 선거를 보장하면 우익 진영의 승리가 분명하다"라고 주장했다.[189] 또한 한민당이 공위에 제출한 답신서에도 남북 전국 총선거로 대통령·부통령을 선출한 이후, 대통령이 임시국회를 구성하도록 규정되어 있었다. 즉 대통령은 직선제로 선출되어 막강한 권한을 가지는 구도였다. 이는 1948년에 한민당이 간선으로 초대 대통령을 선출한 이후 국무총리직 장악과 내각책임제 추진에 나선 것과 대비되는 것이었다. 한민당이 강력한 대통령중심제를 내세운 것이 공위 참가에 반대하는 이승만·김구 세력

---

186) 『朝鮮日報』 1947년 8월 26일자.
187) 『朝鮮日報』 1947년 8월 26일자.
188) 『朝鮮日報』 1947년 9월 9일자.
189) CIC Weekly Information Bulletin, no. 12(1947. 7. 10.) 이날 김성수의 주장은 매우 흥미로웠는데 그 내용은 (1) 한국에는 극우 세력이 존재하지 않는다. 한민당도 토지 국유·산업 국유 등 사회주의적 강령을 가지고 있다. (2) 미소 간의 전쟁이 불가피하다는 것이었다. 이는 미소공위를 겨냥한 발언이었을 것이다.

을 무마하기 위한 의도 때문이었을 가능성이 크지만,190) 다른 한편으로 이승만을 배제하고는 강력한 우익 정부 수립이 불가능함을 인식하고 있었기 때문이었다. 때문에 2차 공위가 무산된 시점에서, 한민당의 이승만 진영으로의 합류는 자연스러운 귀결이었다.

반면 김구의 국민의회는 9월 1일부터 5일까지 제43차 임시대회를 개최하고, 이승만의 총선거안 즉 남한만의 단독선거·단독정부 수립에 반대하는 결의안을 채택하고, 이승만을 주석, 김구를 부주석에 재추대했다.191) 그러나 이승만은 9월 3일 국민의회에 메시지를 보내 총선거를 반대하는 것은 "건국대업(建國大業)의 전도(前途)를 막는 공담(空談)"이며 지금은 "38이남은 고사하고 다만 한 도(道)나 한 군(郡)으로만이라도 정부"를 세워야 한다고 주장했다.192) 9월 16일, 이승만은 김구가 사생(死生)을 같이하던 동지들과 노선 분화를 못하는 "심법(心法)과 곤란"을 양해하지만 국민의회 주석 추대는 재차 거부한다고 밝혔다.193)

이승만이 분명하게 임정과의 결별을 선언한 것은, 해방 이후 우익의 정부 수립 방안이었던 중경 임정 추대운동이 한국 문제의 유엔 이관과 함께 실질적으로 종식되었음을 의미하는 것이었다.194) 실제 9월 초 미군 정보망에는 김구 그룹이 이승만을 암살할 가능성이 있다는 보고가 있을 정도로 양자 간에는 불편한 관계가 형성되었다.195)

국민의회와의 통합을 접어둔 이승만은 9월 초에 한민당(金性洙·張德

---

190) 정병준, 앞의 논문, 1998, 32쪽.
191) 『朝鮮日報』 1947년 9월 2일자;『京鄕新聞』 1947년 9월 3일·5일자;『東亞日報』 1947년 9월 7일자;『서울신문』 1947년 9월 9일자.
192) 『東亞日報』·『朝鮮日報』 1947년 9월 4일자.
193) 『東亞日報』 1947년 9월 17일자. 이 시점에서 이승만은 김구가 임정 요인들과 갈라서지 못하는 것에 대해, 다 썩은 동아줄을 못 끊는다고 한탄했다.(손세일, 앞의 책, 276쪽.)
194) 서중석, 앞의 책, 543쪽.
195) CIC Weekly Information Bulletin, no. 20(1947. 9. 4.)

秀)과 독촉국민회(白南薰·明濟世)를 위시한 우익 정당·단체들을 소집해 남한 총선거에 대비한 간담회를 연달아 개최하면서, 총선거 실시에 대비한 우익 진영의 단일 정강·정책 수립, 중앙·지방의 세포조직 건설 문제 등을 구체적으로 토의하기 시작했다.196)

이승만을 중심으로 김구·한민당이 새로운 판짜기를 시도하는 시점에 제2차 미소공위는 완전히 결렬되었다. 미국은 소련이 명백히 거부할 것으로 예상하면서도, 소련에게 미·소·영·중 4개국의 워싱턴 회담을 제안했고, 막상 소련이 이를 거부하자 한국 문제의 유엔 이관을 제안(1947년 9월 17일)했다. 이에 맞서 소련은 미소 양군을 1948년 말까지 철수시키자는 양군 철병 제안(1947년 9월 26일)을 내놓았다. 미소의 의견이 팽팽히 맞서는 가운데, 미국은 한국 문제에 대한 결의안 초안을 유엔에 제출(1947년 10월 17일)했다. 미소공위 소련 대표단이 서울에서 철수(1947년 10월 23일)함으로써, 제2차 미소공위는 완전히 결렬되었다.

이승만은 9월 말에 소련의 양군 철수 제안을 비판하며, 소련만의 즉시 철수를 요구했다. 그는 미군이 계속 주둔해야 하며, 미군정은 "북한의 한인적군부대(韓人赤軍部隊)를 해산하고 우리의 국방군이 사용할 충분한 무기와 탄약을 공급"해야 한다고 주장했다.197)

2) 조기 총선거론과 불안한 동맹

한국 문제의 유엔 이관은 미 국무부가 준비했던 대한 정책 중 하나

---

196) 『朝鮮日報』 1947년 9월 6·10·13일자.
197) 『東亞日報』·『朝鮮日報』 1947년 10월 1일자.

의 선택 방안이었지만, 이는 이미 이승만이 1946년 말부터 주장해온 바의 실현이었다. 이승만은 자신의 총선·단정노선이 외형적으로 미국의 대한 정책과 동일한 것처럼 비춰지길 원했으나, 이제 미국의 대한 정책은 내용적으로도 이승만 노선과 근접해 있었다.

한국 문제가 유엔으로 이관되자, 이승만을 유엔 파견 한국 대표로 추대하는 캠페인이 대대적으로 벌어졌다. 민족대표자대회를 중심으로 한민당·한독당·조선민주당 등 우익 정당·사회단체는 9월 17일부터 이승만 자택에 모여 대책 마련에 나섰다. 이들은 23일에 이승만을 유엔에 파견할 대표로 결정하는 한편, 입법의원·과도정부·하지·유엔총회 앞으로 이승만 대표 파견에 관한 서한을 발송했다.[198]

이승만의 유엔 대표 추대 캠페인은, 동시에 조기 총선거 실시 캠페인이기도 했다. 민족대표자대회가 조직한 총선거대책위원회는 9월 30일~10월 2일 사이에 각도군(各道郡) 지부장 회의를 개최하고, 총선거의 조속한 실시를 주장했다.[199] 10월 5일에 개최된 미국 마샬제안달성국민대회(提案達成國民大會)는 유엔 대표로 이승만(正使)과 조소앙(副使)을 임명했고,[200] 입법의원 역시 이승만을 외교 대표로 파견할 계획이었다.[201]

10월 12일에 독촉국민회 주최로 전국 각지에서 열린 유엔총회대책 국민대회는 이승만을 민족 대표로 추대했다.[202] 10월 15일에는 한민당

---

198) 『서울신문』·『東亞日報』·『朝鮮日報』·『京鄕新聞』 1947년 9월 25일자.
199) 『京鄕新聞』·『朝鮮日報』·『東亞日報』 1947년 10월 3일자.
200) 『東亞日報』·『朝鮮日報』·『京鄕新聞』 1947년 10월 7일자; G-2 Weekly Summary, no. 108(1947. 10. 9.)
201) 입법의원은 10월 20일에 이승만의 유엔총회 파견을 결정하고, 과도정부에 이를 건의했다.[『서울신문』 1947년 10월 22일자; 『過渡立法議院速記錄』 제161호(1947. 10. 20.)]
202) 『東亞日報』 1947년 10월 16일자.

등 50여 개의 우익 정당·단체들이 독촉국민회에 모여, 각 대표자연합회의를 개최하고 '민족대표유엔파견촉진위원회'를 결성했다.203) 또한 10월 17일에는 민족대표유엔파견촉진위원회 제1차 회의가 개최되어, 위원장(明濟世)과 부위원장(金承學·金烱敏) 등의 부서를 결정했다.204)

이승만 자신은 여러 종류의 '국민대회'에 참석하지 않았지만 '국민의 선택'으로 민족 대표로 선정되었다. 1946년 도미 외교 당시부터 취해진 이러한 방식은, 이승만의 독특한 정치 기법이었다. 미군정의 정보 보고에 따르면 '국민대회'에 본인은 불참하지만 '국민의 선택'에 따라 민족 지도자로 추대되는 과정을 연출함으로써, 그가 어떤 특정 정당이나 정파에 속해 있지 않으며, 모든 우익 정당들을 지도한다는 국가 지도자로서의 이미지를 형성하는 데 성공했던 것이다.205)

대대적인 유엔 대표 추대 캠페인과 총선 실시를 통해 자신의 입장을 분명히 한 이승만은, 정권 수립의 결정적 기회가 도래했다고 판단해, 유엔행을 선택하는 대신 국내 잔류를 결정했다. 9월 말에 이승만은, 미국 친구들로부터 유엔에 오라는 종용을 받고 있으나, 국내 문제가 더 시급하여 지금은 갈 수 없다고 밝혔다.206) 또한 유엔에 가서 좌우합작으로 정부를 세워야 한다고 주장하는 사람(金奎植)이나 총선에 반대하는 사람(趙素昻)과는 동행할 수 없다고도 밝혔다.207) 이승만이 실질적으로 중시한 것은 유엔 결정에 구애되지 않는 남한만의 총선거 실시였으며, 이를 위해 9월 말 내내 워싱턴 한국위원부와 남한 총선거에 관한 의견을 교환했다.208)

---

203) 『朝鮮日報』 1947년 10월 17일자.
204) 『朝鮮日報』 1947년 10월 19일자.
205) CIC Weekly Information Bulletin, no. 27(1947. 10. 23.)
206) 『京鄕新聞』 1947년 9월 21일자.
207) 『東亞日報』 1947년 10월 17일자.

민족대표자대회·총선거대책위원회·독촉국민회·애국단체연합회 등 다양한 명칭의 우익 연합을 통해, 이승만은 조기 총선거를 추진했다. 한국 문제가 유엔에 상정되어 있던 10월 중순, 이승만은 유엔을 통한 문제 해결에 조바심을 내기 시작했다. 독촉국민회는 10월 21일에 애국단체대표회의를 개최하고 좌익의 폭동 음모, 좌우합작파, 임정법통파를 규탄했다. 또한 10월 26일에는 남산공원에서 총선거추진·국제음모 규탄국민대회를 개최했는데, 미군정은 이날 집회가 '이승만 지지 전국 집회'였으며 5만 명이 참석했다고 기록했다.209) 이날 대회에서는 즉각적인 총선거 실시(1947년 12월 1일)와 모든 중간파 정당의 해체에 관한 결의문이 채택되었고, 좌익의 8·15폭동 음모와 관련해 소련을 비난하는 메시지가 낭독되었다.210) 이승만은 참석하지 않았지만, 정신적으로 그곳에 있었고, 이날 채택된 결정서의 영역본은 그의 타자기와 등사기로 작성되고 인쇄되었다. 10월 마지막 주에는 독촉국민회 지방 지부가 주최하는 총선거 추진국민대회가 개성(1만 명 참석), 마산(5천 명 참석) 등에서 개최되었다.211)

이승만은 미군정을 향해 남한에 대한 조기 총선거 실시를 요구하며, 구체적인 일자를 확정하라고 여러 차례에 걸쳐 요구했다. 첫 번째 요구는 12월 1일까지 총선을 실시하라는 10월 26일자 결의안을 통해 이루어졌고, 12월 1일이 지나자 이번에는 1948년 1월로 일자를 조정했다.212) 하지는 한국 문제가 유엔에 상정된 이상, 유엔의 결정과 본국의 훈령 없이 자신의 권한으로 총선거를 실시할 수는 없다는 태도를 취했

---

208) CIC Weekly Information Bulletin, no. 23(1947. 9. 25.)
209) CIC Semi-Monthly Report, no. 22(1947. 11. 15.)
210) CIC Weekly Information Bulletin, no. 28(1947. 10. 31.)
211) CIC Weekly Information Bulletin, no. 29(1947. 11. 6.)
212) G-2 Periodic Report, no. 692(1947. 11. 24.)

다. 이승만 역시 이를 잘 알고 있었고, 물밑으로는 하지와 접촉해, 1948년 4월 중으로 남한에서 선거 실시를 약속하면 하지와 미군정에게 최대한 협조하겠다고 약속하기도 했다.213)

이승만이 한국 문제의 유엔 이관에도 불구하고 계속적으로 조기 총선거를 주장한 이유는 크게 세 가지로 생각할 수 있다.

첫째, 유엔을 통해 전국 총선거가 실시되거나 아니면 남한 단독선거가 일정도 없이 연기되는 사태를 저지하기 위한 것이었다.214) 유엔위원단의 방한이 확정된 이후에도, 이승만은 이들의 방한 이전에 총선을 실시해야 한다는 주장을 계속했다. 이를 위해 이승만은 딘 군정장관에게 대표를 파견해, 조기 총선거 일자의 확정을 요구했고, 대중 시위·시가행진·철시 등의 조기 총선거 압력 방안을 계획하기도 했다. 이승만은 11월 30일에 열린 서북청년회 창립1주년 대회에 참석해, 조기 총선거 실시를 위해 싸우다 죽어도 좋다고 연설했다.215)

둘째, 조기 총선 요구는 유엔임시한위의 활동이 결국 남한 단독 총선거로 귀결될 것을 대비한 포석이었다.216) 이승만은 한국 문제의 유엔 이관(1947년 9월 17일) → 유엔한국임시위원단의 파견 결정(11월 14일) → 유엔한국임시위원단의 입국(1948년 1월 8일)의 와중에서, 적극적으로 남한만의 조기 총선거를 주장함으로써, 남한 총선거가 자신이 쟁취해낸 성과로 비춰지길 원했다. 이승만은 미국의 선택이 남한

---

213) CIC Weekly Information Bulletin, no. 35(1947. 12. 22.)
214) CIC Weekly Information Bulletin, no. 32(1947. 11. 27.)
215) G-2 Periodic Report, no. 697(1947. 12. 1), no. 698(1947. 12. 2), no. 699(1947. 12. 3), no. 700(1947. 12. 4) ; CIC Weekly Information Bulletin, no. 32(1947. 11. 27.)
216) 11월 4일에 이승만은 유엔위원단이 남북총선거를 감시하려 해도, 소련이 불응하면 결국 남한총선거로 귀결될 것이니 시일만 허비할 뿐이라며, 남한만의 단독선거를 주장했다.(『東亞日報』 1947년 11월 6일자.)

총선거로 귀결될 것을 알았고, 그때를 대비해 끊임없이 조기 남한 총선을 요구했던 것이다. 유엔소총회에서 남한 총선거가 결정(1948년 2월 26일)되자, 이미 1년 반 전부터 공개적으로 끊임없이 남한만의 총선거를 주장해온 이승만의 정치적 승리는 명확해졌다.

셋째, 한국 문제가 유엔에 이관되고 유엔임시한위의 파견이 결정되었지만, 1947년 10~11월은 이승만에게 불안정한 시기였다. 유엔에서 한국 문제가 지체되는 동안, 이승만은 자신이 대통령이 될 수 있는 절호의 기회가 도래했다고 생각했다.[217] 하지만 남북 총선거와 미소 양군 철수에 동의하는 김규식·홍명희 등 중도파의 움직임에 김구가 접근하고 있었기 때문에 긴장을 늦출 수 없었다. 이승만은 김구와 중도파의 접근을 차단하고, 김구를 남한만의 총선으로 끌어들이기 위해, 적극적으로 조기 총선거의 실시를 주장했던 것이다.

한편 한국 문제의 유엔 이관을 전후한 시점에서, 김구와 임정의 노선은 혼란스러웠다. 김구는 임정법통론에 매달려 정부 수립을 주장했지만, 다른 한편으로는 여러 가지 가능성을 모색할 수밖에 없었다. 김구는 미소공위가 사실상 결렬된 후 7~8월 내내 임정법통·총선거를 둘러싸고 이승만 진영과 통합 논의를 벌였고, 결과는 실패였다. 9월 1~5일 사이에 열린 국민의회 제43차 회의에서 임정의 조소앙은 임정 수립을 위한 연합국 감시하의 남북 총선거를 주장했고,[218] 한국 문제의 유엔 이관에 대해 김구는 국제 감시하의 남북 총선이 일찍부터 자신의 주장이었다고 주장했다.[219]

그럼에도 불구하고 한국 문제가 유엔에 이관된 후 유엔임시한위의

---

217) G-2 Periodic Report, no. 659(1947. 10. 15.)
218) CIC Weekly Information Bulletin no. 21(1947. 9. 11.)
219) 『새한민보』 1-8, 1949년 9월 중순호, 9쪽.

파견이 결정되기 전인 9~11월 중순까지, 임정 계열은 임정법통론에 의한 정부 수립과 유엔 감시하의 남북 총선거라는 두 가지 정부 수립 방안 사이에서 정확한 입장을 정하지 못하고 있었다. 10월 5일에 서울 운동장에서 열린 마샬제안달성국민대회에서, 김구는 이승만을 유엔 대표로 파견해야 한다고 주장했으나, 남북한을 통한 총선거를 주장하는 김구 진영과 남한만의 총선거를 주장하는 이승만은 대립적인 모습을 보이고 있었다.[220] 또한 김구는 11월 중순까지 남한만의 단독선거에 반대한다는 입장을 여러 차례 밝혔다.[221]

이 시기에 임정은 남북 총선거 혹은 남북 지도자회의 등 중도파의 주장에 주목하고 있었다. 임정이 관련된 첫 번째 사례는 10월에 정안립(鄭安立, 본명 鄭永澤)이 추진한 건국위원회(Committee for Building a Nation)의 경우였고, 두 번째는 11월에 한독당이 중도파가 주도하는 12 정당협의회에 참가한 것이었다. 이 두 가지 일은 서로 밀접한 관련하에 전개되었다.

정안립은 만주에서 박용만과 함께 대본공사(大本公司)를 경영했고, 스스로 장개석·손문의 친구라고 지칭하는 우파 인물이었는데,[222] 1947년 10월 초에 10명의 남북 지도자로 건국위원회를 조직하자고 제안했다. 정영택은 300만 명 당 1인의 비율로 대표를 선정해서, 남에서 7명(이

---

[220] CIC Weekly Information Bulletin no. 25(1947. 10. 9.)
[221] G-2 Periodic Report no. 683(1947. 11. 13.)
[222] 『又醒遺傳』에 수록된 鄭安立의 약력에 따르면, 정안립은 鎭川 출생으로 原名은 英澤으로 되어 있다. 田愚의 문도로, 法官養成所를 졸업한 후 교관 생활을 했고, 기호학회 조직(1907), 陽智郡守(1910), 張作霖의 고문으로 활동했다. 무오독립선언서의 서명자이며 呂準·金復·朴容萬과 교류했다. 해방 후 정안립은 임정환국준비회, 반탁총동원위원회 등에서 활동했으며, 교통사고로 사망했다.(金鉉九, 『又醒遺傳』, 72~79쪽; 『每日新報』 1945년 9월 3일자; 『서울신문』 1945년 12월 6일자, 1946년 1월 1일자; 『朝鮮日報』 1946년 1월 13일자.)

승만, 김구, 김규식, 안재홍, 박헌영 혹은 허헌, 장건상, 정안립), 북에서 3명(김일성, 김두봉, 조만식)을 선발해, 남북 지도자의 협의로 총선을 치르자고 주장했다. 정안립 사건은 10월 18일에 『동경 성조지(星條紙, Tokyo Stars and Stripes)』가 소련이 남한 우익 및 중간파 지도자와 비밀 협의해 연립정부 수립을 기도하고 있다는 이승만의 발표(10월 15일)를 기재하면서 공개되었다.223) 『성조지』는 슈티코프가 이 제안을 했으며, 대학교수인 정안립과 통역인 손빈(孫彬, 일명 손홍원)이 이 제안을 가져왔다고 보도했다. 이승만은 보도를 부인하며, 슈티코프의 제안이 아니라 정안립의 개인적 제안이었을 뿐이라고 했는데,224) 정안립은 이승만뿐만 아니라 김구·김규식·안재홍 등과도 접촉했다. 특히 이승만과의 대화는 주목할 만한 것이었다.

이승만은 정안립의 남북 지도자 회담을 통한 총선거안에 대해, 이 문제가 한국 지도자들의 손에 달린 것이 아니라 미소의 손에 달린 문제라고 지적했다. 정안립은 이승만이 북한의 지도자를 초청할 경우 북한이 응할 것이라고 했지만, 이승만은 김일성과 만날 마음이 전혀 없으며, 독립이 실현되면 김일성은 한인들에 의해 축출될 것이라는 입장을 피력했다. 또한 이승만은 '트로이의 목마'같은 중도파를 이용할 생각이 없다고 못 박았다. 이승만은 이러한 회의가 개최되기 위해서는 첫째로 코로트코프 북한 주재 소련군 사령관이 동의할 것, 둘째로 코로트코프가 이승만에게 개인적 메시지를 보낼 것을 전제 조건으로 제시했다.225) 이승만은 정안립의 시도가 소련의 중간파 부각 작업과 관련 있다고 생각했고, 이를 미군 당국에 흘렸던 것이다.

---

223) 『서울신문』 1947년 10월 22일자. G-2 Periodic Report, no. 667(1947. 10. 24.)
224) 『서울신문』 1947년 10월 24일자 ; 『京鄕新聞』 1947년 10월 24일자. ; G-2 Weekly Summary, no. 110(1947. 10. 23), no. 111(1947. 10. 30.)
225) CIC Weekly Information Bulletin, no. 26(1947. 10. 16), no. 27(1947. 10. 23.)

미군 정보 당국의 조사에 따르면, 정안립은 김구·김규식과 접촉했으나 이들은 그의 말을 신뢰하지 않은 것으로 드러났다. 정안립은 미군 정보참모부(G-2)·방첩대(CIC)에 방북 신청 허가를 제시했으나 거부당했다. 미군 방첩대는 정안립과 손빈이 소련 대표단과 연계되었다는 혐의로 조사했다. 정안립은 미군 방첩대에 중간파 12정당협의회가 자신의 산물이라고 주장했으나, 조소앙은 정안립과 정협의 관련을 부인했다.226) 11월 중순 정안립이 북한 방문을 시도한 것을 마지막으로 이 계획은 완전히 실패했다.227)

　표면적으로 정안립의 시도는 해프닝으로 끝났지만, 11월 한독당이 중간파 연합의 12정당협의회(政黨協議會, 약칭 政協)에 참가하면서, 남북 지도자 회담 및 남북 총선거가 정계의 화두가 되었다. 한독당은 11월 4일 민주독립당·근로인민당·인민공화당·민주한독당·민중동맹·신진당·조선공화당·천도교보국당·천도교청우당·조선민주당·사회민주당 등과 함께 12정당협의회를 구성했다.228) 이미 한독당은 9월 말에 조소앙·엄항섭·조경한의 공동 제안으로 남북 요인 회담 개최를 결정하고, 남한 각 정당회의 개최를 위해 정형택(鄭亨澤)·성낙훈(成樂勳)·김경태(金京泰)·조각산(趙覺山)을 교섭위원으로 선정했다.229) 이들은 통일

---

226) CIC Weekly Information Bulletin, no. 30(1947. 11. 13.)
227) CIC Weekly Information Bulletin, no. 31(1947. 11. 20), no. 32(1947. 11. 27.) 정안립은 1947년 11월 1일 자신을 회장으로 하는 南北統一期成會를 조직하고 趙素昻·張建相을 고문으로 발표했으나 별다른 활동을 하지 못했다.(『서울신문』 1947년 11월 14일자.)
228) 정협에 대해서는 도진순, 앞의 책, 181~186쪽을 참조.
229) 『東亞日報』 1948년 1월 18일자. 현재 정안립(정영택)과 정형택이 동일 인물인지는 정확치 않다. 정형택은 1946년 8월 이래 한독당 중앙상무위원이었고(『朝鮮日報』 1946년 8월 24일자 ; 『東亞日報』·『서울신문』 1947년 5월 19일자.), 정영택은 1946년 1월 대한민국임시정부환국준비회-全國義勇團總本部 단장으로 나타난다.(『朝鮮日報』 1946년 1월 12일자.)

정부 수립, 미소 양군 철수, 남북 지도자 회의 문제 등을 결정했는데, 이는 유엔 감시하의 남북 총선에는 동의하지만, 즉각적인 남한만의 총선을 주장하는 이승만의 방식에는 반대한다는 것을 분명히 한 것이었다.[230] 미 정보 당국은 김구가 정협에 참가하지 않았지만, 만약 정협이 성공할 기미가 보이면 적극적으로 나설 것이 분명하며, 이들의 성공과 김구의 후원은 한국의 '조지 워싱턴'이 되려는 이승만의 야망에 해가 될 것이라고 분석했다.[231]

한독당 대표로 정당협의회에 참석한 조소앙은 CIC와의 인터뷰에서, 남한 정당 통일에 기초해 남북 정당회의를 개최해야 한다고 주장했다. 또한 한민당·이승만 등 극우와 민전·남로당 등 극좌를 배제한 반면, 김구는 아직까지 회의에 참석하지는 않았으나 정협에 협조적이며 정기적으로 상황을 보고한다고 밝혔다.[232] 조소앙은 유엔 감시하의 총선은 찬성하나, 이승만의 즉각 남한 단선에는 반대한다고 밝혔다. 미군 방첩대는 정협의 성공이 이승만의 몰락으로 귀결될 것이라고 판단했다.[233] 그러나 유엔임시한국위원단의 파견 결정(11월 14일) 직후 정협은 실패로 판명되었다.

정협은 11월 17~19일에 회의를 개최했다. 한독당 대표 성낙훈은 김구가 당이나 개인의 입장을 막론하고 회의에 반대하지 않는다고 주장했지만, 한민당의 장덕수나 김규식은 정협의 성공 가능성에 회의적인 입장을 표하며, 조소앙의 야심을 지적했다.[234] 한독당은 11월 19일에

---

230) 『朝鮮日報』 1947년 11월 6일자 ; CIC Weekly Information Bulletin, no. 29(1947. 11. 6.)
231) CIC Weekly Information Bulletin, no. 29(1947. 11. 6) ; G−2 Weekly Summary, no. 116(1947. 12. 4.)
232) CIC Weekly Information Bulletin, no. 30(1947. 11. 13) ; G−2 Periodic Report, no. 685(1947. 11. 15.)
233) CIC Weekly Information Bulletin no. 30(1947. 11. 13.)

정당협의회로부터 철수했는데, 가장 큰 원인은 정협의 지지부진과 조소앙의 정치적 야심에 대한 김구의 의혹 때문이었다.235) 실질적으로 정협은 김구가 이승만과의 재통합에 나서고, 한독당 일부 당원이 남로당으로부터 자금을 받았다는 의혹이 제기되면서 붕괴되었다.236)

한편 이승만과 한민당은 중도파와 한독당의 연계를 우려해, 11월 15일에 독촉국민회 주최 '총선거촉진국민대회'를 개최했다. 대회는 한독당이 후원하는 정협을 비난하는 '중·좌 12정당 준동대책결의문'을 채택했다.237) 이승만 진영은 정협이 우익 진영을 분열시킴으로써 정치권을 장악하려는 음모라고 비난하며, 유엔한위의 한국 도착 이전에 조기 총선거를 주장했다.238)

이상과 같이 이승만·한민당 등 우익 진영의 대대적인 공격과 좌익 진영의 불참으로 정협의 전망이 불투명해지자, 임정 계열은 또다시 11월 말 이승만과의 통합 시도에 나섰다. 이승만과 김구는 11월 말 여러 차례 회동하면서 의견을 접근시켰다.239)

그런데 임정 계열이 이승만과의 통합으로 재전환했을 때는 더 이상 임정법통론을 주장할 수 없었다. 또한 임정은 정협이 추진했던 남북 지도자 회담·남북 총선거 방안도 사실상 포기한 상태였다. 한독당은 12월 9일에 정협 교섭위원이던 성낙훈·정형택·김경태를 제명 처분하

---

234) CIC Weekly Information Bulletin, no. 31(1947. 11. 20.)
235) CIC Weekly Information Bulletin, no. 32(1947. 11. 27) ;『조선일보』1947년 11월 21일자 ; 도진순, 앞의 책, 185~186쪽.
236) 한독당원 김경태·민대호·성낙훈은 남로당으로부터 20만 원을 받아 한독당 분열에 사용했다는 혐의를 받았으나[CIC Weekly Information Bulletin, no. 34(1947. 12. 11)], 이들은 혐의를 부인했다.(『東亞日報』1948년 1월 18일자.)
237)『東亞日報』·『京鄕新聞』1947년 11월 16일자.
238) CIC Weekly Information Bulletin, no. 31(1947. 11. 20) ;『새한민보』1947년 12월 중순호.
239) CIC Weekly Information Bulletin, no. 36(1947. 12. 29.)

고 민대호(閔大鎬)를 정권 처분했으며,240) 정협 대표로 활동했던 조소앙은 12월 20일에 정계 사퇴를 발표했다.241) 남북 지도자 회담·남북 총선거를 주장했던 이들의 제명·정권·은퇴는, 사실상 임정 계열이 이승만과의 연합에 의한 남한 조기 총선거로 기울었음을 의미했다.

3) 합작의 종결 : 이승만의 길·김구의 길

김구는 11월 30일에 이승만과 회담 직후 성명을 발표하고 "역효과를 보이고 있는" 12정당협의를 '보류'한다고 밝혔다. 이날 성명의 하이라이트는 소련이 유엔 감시하의 총선거를 보이콧해서 남한만의 총선거로 정부를 수립한다고 해도 "법리상으로나 국제 관계상으로 보아 통일정부일 것이요 단독정부는 아닐 것"이라는 김구의 주장이었다.242) 이승만이 주장하는 정부나 자신이 주장하는 정부가 동일하다는 김구의 성명은, 임정이 이승만의 남한 단독선거 주장에 동의하고 있음을 보여주었다.243) 11월 24일에 김구는 남한 단독선거가 국토 분단·민족 분열을 초래한다고 비판했는데, 불과 1주일만에 정반대의 입장으로 돌아선 것이었다.244)

---

240) 『서울신문』 1947년 12월 9일자.
241) 『서울신문』·『朝鮮日報』 1947년 12월 23일자.
242) 『東亞日報』·『朝鮮日報』 1947년 12월 2일자.
243) 『京鄕新聞』·『東亞日報』 1947년 12월 7일자 ; G-2 Weekly Summary, no. 116(1947. 12. 4.).
244) 『朝鮮日報』 1947년 11월 25일자. 미군정 정보 당국의 분석에 따르면, 이승만과 김구의 차이는 즉각적인 선거 실시 문제였다. 유엔한위의 총선거 실시 하한선이 1948년 3월 31일이기에, 김구는 이승만처럼 선거를 서두를 필요가 없다고 생각하며, 유엔한위가 실패하면 남한 단독정부 수립에 동의할 것이란 분석이었다.[G-2 Weekly Summary, no. 116(1948. 12. 4.)]

국민의회 44차 임시대회는 12월 1~3일에 개최될 예정이었다. 12월 1일에 이승만·김구가 함께 참석함으로써, 이전과 같은 협조 체제로의 복귀가 눈앞에 도래한 것으로 보였다. 이승만은 과거를 잊고 새 출발을 하자며, 남한만의 조기 총선거 실시와 남한 정부 수립 후 북한과의 통일을 주장했다. 김구는 이승만과 서로의 의견이 완전히 일치했으며, 만약 남한 총선을 통해 정부가 수립되면 이 정부는 전국 정부라고 역설했다.[245] 민족대표자대회와의 통합을 위해 5인위원회가 지명되었고, 이승만 역시 11월 30일·12월 1일에 걸쳐 김구와 회견한 후 민족대표자대회의 국민의회 합류를 지시했다.[246] 민족대표자대회 대표 신익희·명제세·이윤영(李允榮)·최규설(崔圭卨)·강인택(姜仁澤)과 국민의회 대표 박윤진(朴允進)·조상항(趙尚恒)·이단(李團)·이운(李雲)·최석봉(崔錫鳳)·조대연(趙大衍)·신일준(辛一俊)은 12월 1~2일 회동하여, 민족대표자대회를 해체하고 국민의회에 통합할 것에 합의했다. 12월 3일에 국민의회와 민족대표자대회는 통합을 결의하고, 국민의회 의원선거법에 따른 자율적 총선거 실시 등 3개항의 협상서를 발표했다.[247]

두 조직의 통합은 12월 12일로 예정되어 있었고, 이승만은 입법의원 48명을 이 통합에 합류시킴으로써 새로운 조직이 한국민을 대표해 한국문제에 관해 유엔임시한위와 상의할 수 있을 것이라고 예상했다.[248] 김구 역시 두 조직의 완전 합작이 민족 단결 공작의 기초이며, 이승만과 완전한 합의를 보았다고 발표했다.[249]

---

245) 『朝鮮日報』·『京鄕新聞』 1947년 12월 2일자 ; CIC Weekly Information Bulletin, no. 33(1947. 12. 4.)
246) 『朝鮮日報』 1947년 12월 4일자.
247) 『朝鮮日報』·『京鄕新聞』·『東亞日報』 1947년 12월 4일자.
248) CIC Weekly Information Bulletin, no. 34(1947. 12. 11) ; 『京鄕新聞』·『서울신문』 1947년 12월 6일자.
249) 『서울신문』·『東亞日報』 1947년 12월 5일자.

그런데 12월 2일에 한민당 정치부장 장덕수가 암살되었고, 이 사건의 배후에 김석황·신익희·조소앙·엄항섭 등 한독당 관계자들이 관련되어 있음이 밝혀지면서, 두 조직의 통합 결의는 물거품이 되어 버렸다.250) 장덕수의 죽음으로 한민당과 김구·임정 간에는 극도의 적개심이 자리하게 되었다. 한민당원이던 수도경찰청장 장택상은 국민의회 간부 중 장덕수 암살에 관련자가 있다며, 12월 12일에 개최 예정이던 국민의회와 민족대표대회의 합동회의의 허가를 취소시켰다.251) 양 단체의 통합은 보류되었다.252) 이제 통합의 열쇠는 이승만의 손에 쥐어졌으나, 이승만은 장덕수 암살 사건의 와중에서 김구·임정 측에 아무런 도움을 제공하지 않겠다고 결정했다. 불과 1년 전인 1946년 12월 10일, 김구는 도미 중이던 '이 박사 형님'의 외교비 모금을 위해 영하 20도의 날씨에도 불구하고, 장개석이 전별 선물로 준 외투를 내놓았지만,253) 이승만은 김구를 돌아보지 않았다.

두 단체의 합동이 무산된 12월 13일의 민족대표자대회는 단독으로 25차 회의를 개최하고 총선거대책위원회 정비에 나서며, 유엔한위와 교섭할 민족대표단 구성을 결정했다.254) 나아가 12월 20일에는 한국민족대표단 및 보조위원회를 일방적으로 결정해 발표했다. 김구는 이승만과 함께 고문으로 추대되었지만, 오세창·이시영·명제세·김성수·신익희·배은희로 구성된 의장단에 김구 계열은 한 명도 끼어 있지 않았다.255)

---

250) 이경남, 앞의 책, 382~405쪽 ; 서중석, 앞의 책, 546쪽. 미군정은 장덕수가 암살되자마자 김구가 암살 교사자일 가능성이 있다고 지목했다.[G-2 Weekly Summary, no. 17(1947. 12. 11.)]
251) 『東亞日報』·『京鄕新聞』 1947년 12월 11일자.
252) 『京鄕新聞』·『朝鮮日報』 1947년 12월 14일자.
253) 『東亞日報』 1946년 12월 11일자.
254) 『東亞日報』·『朝鮮日報』 1947년 12월 16일자.

김구는 12월 14·21·22일에 연이어 이화장을 방문하여 장덕수 암살 문제와 양 단체 통합 문제를 논의했으나,256) 이승만의 반응은 냉담했다. 김구는 아직까지 국민의회와 민족대표자대회의 통합에 미련을 버리지 못했지만, 이승만의 반응에 분노했다. 12월 22일자 김구의 성명은 이승만과 김구의 관계가 결정적으로 분열되기 시작했음을 보여준다. 이 성명에서 김구는 민족대표자대회가 발표한 민족대표단 명단은 전혀 알지도 못했고, 통일에 방해가 될 뿐이라며 이승만을 강력하게 비판한 후, 다음과 같이 주장했다.

> 우리가 원하는 바도 자주통일정부요 그들이(유엔위원단—인용자) 우리를 위하여 독립하여 주겠다는 정부도 남북을 통한 총선거에 의한 자주독립의 통일정부다. 그러므로 우리는 여하한 경우에든지 단독정부는 절대 반대할 것이다.257)

이후 김구는 다시 12월 23일부터 연달아 이승만을 방문하여 두 단체의 통합과 민족대표단 문제 등을 토의했고,258) 두 단체는 12월 27일에 공동성명을 발표해서 양 단체의 합동대회를 1월 8일에 재차 개최한다고 알렸다.259) 이승만과 김구는 새로운 통합단체의 간부 진영과 선거법 문제 등에 대해서도 12월 말 내내 협의했다.260)

그러나 이승만은 1948년 1월 6일, 국민의회와 민족대표자대회의 합동이 문제가 되고 있으나 "나로는 이 문제에 좌우간 간섭코자 아니"한

---

255) 『朝鮮日報』 1947년 12월 20일자. 이시영은 국민의회 노선에 반발해 이미 1947년 9월 26일에 국민회의 국무위원과 의정원 의원직을 사퇴했다.(『東亞日報』·『朝鮮日報』 1947년 9월 26일자.)
256) 『東亞日報』 1947년 12월 16일자.
257) 『朝鮮日報』·『서울신문』 1947년 12월 23일자.
258) 『東亞日報』·『朝鮮日報』 1947년 12월 26·28일자.
259) 『京鄉新聞』·『朝鮮日報』 1947년 12월 28일자.
260) 『京鄉新聞』·『서울신문』·『朝鮮日報』 1947년 12월 30일자.

다고 함으로써, 더 이상 통합에 뜻이 없음을 밝혔다.[261] 1월 8일로 예정되었던 두 단체의 합동대회 역시 집회 허가를 얻지 못함으로써 연기되었다. 두 단체는 상임위원 및 각도 대표를 모아 연석회의(소위원회)를 개최해 합동을 선언하고, 조소앙을 의장으로 하는 간부진을 발표했지만 통합은 실패로 귀결되었다.[262] 이 시점에서 미군정은 이승만이 초대 대통령이 되려는 생각에 집착하고 있으며, 최대 장애는 김구라고 지적했다.[263]

장덕수 암살 사건으로 인해 김구·임정 진영은 미군정·한민당과는 도저히 화해할 수 없는 관계가 되었다. 반면 한민당과 김구 사이의 불화는 이승만의 정치적 기반을 강화하는 효과를 가져온 것이기도 했다. 한민당의 목표는 "미군정하 여당화(與黨化)하고 있는 공고한 지반을 배경으로 여하한 형태의 선거를 실행할지라도 적극적으로 호응하여 현 기성 세력 유지에 부동한 태도로 임"하는 것이었다.[264] 한민당은 장덕수 암살을 계기로, 단독정부 내 2인자 자리를 다툴 상대인 임정 계열을 제거하기 위해 온 힘을 기울였다. 김구·임정은 이승만·한민당과의 정치적 결별을 택할 수밖에 없었다.

유엔한국임시위원단(United Nations Temporary Commission on Korea : UNCOK)은 1948년 1월 8일 서울에 도착했고, 1월 22일에는 남한의 이승만·김구·김규식·김성수·허헌·박헌영, 북한의 김일성·김두봉·조만식 등 정치 지도자의 의견을 청취하겠다고 발표했다.[265] 이미 우익 진

---

261) 『東亞日報』 1948년 1월 7일자.
262) 『朝鮮日報』·『서울신문』 1948년 1월 9·11·16일자.
263) G-2 Weekly Summary, no. 121(1948. 1. 12.)
264) 『朝鮮日報』 1948년 1월 16일자.
265) 『서울신문』 1948년 1월 24일자; 林命三, 『유엔朝鮮委員團報告書』, 國際新聞社, 1949, 29~39쪽.

영은 국제연합조선위원단 전국환영준비위원회(國際聯合朝鮮委員團 全國歡迎準備委員會)를 결성했고, 남한 지역만의 즉각 선거를 요구하고 나섰다.266) 1월 23일, 예상했던 대로 북한 주재 소련군 사령부는 유엔임시한위의 평양 방문을 거절했다.

이승만은 1월 26일 유엔임시한위와의 협의에서, 미군정의 중간파 후원 정책이 공산당을 부활시킨다며 비난한 후, 다음과 같은 두 가지 방안을 제시했다.

(1) 유엔임시한위가 과도선거를 실시해 3~4주 내에 민선 대표단을 구성하여 협의.
(2) 조속히 남한만의 총선거를 실시해 남한에서 '통일정부'를 수립.267)

이승만은 유엔임시한위가 북한에 들어갈 가망이 없으며 전국 총선거가 불가능하니, 시간을 낭비할 것 없이 남한만의 단독선거를 실시하라는 것이었다.268) 반면 같은 날 김구는 유엔한위와 협의한 후 양군을 철퇴한 다음에 남북 요인 회담을 하여 선거 준비를 하고서, 총선거를 통해 통일정부를 수립해야 한다고 밝혔다.269) 김구는 유엔한위와 협의하기 전에 김규식과 이 문제를 협의했고, 1월 28일에는 유엔임시한위에 6개항의 의견서를 보내 남한 단독선거 반대·양군 철퇴·남북 지도자 회담을 제안했다.270) 김구는 이 시점을 계기로 완전히 이승만과의

---

266) 『東亞日報』 1948년 1월 6·10일자.
267) 『서울신문』·『京鄕新聞』·『朝鮮日報』·『東亞日報』 1947년 1월 27일자 ; CIC Weekly Information Bulletin, no. 41(1948. 2. 2.)
268) CIC Weekly Information Bulletin, no. 42(1948. 2. 9.)
269) 『동아일보』·『조선일보』·『경향신문』·『서울신문』 1948년 1월 28일자.
270) 『경향신문』 1948년 1월 28일자 ; 『서울신문』 1948년 1월 29일자. 미군정의 정보 당국은 김구가 이러한 성명을 발표한 것이 남북총선거 시에는 자신이, 남한이 단선하면 이승만이 승리할 것으로 판단했기 때문이라고 판단했다. 한편

합작을 단념하고, 김규식과 연대를 통한 남북 협상·남한 단선 반대로 나서게 되었다.271)

김구의 의견서는 즉각적으로 우익의 대대적인 비난과 반격을 불러일으켰다. 한민당이 중심이 된 한국독립수립대책협의회(약칭 한협)는 김구의 주장이 "조선을 소련의 위성국가화하려는 의도"이며 이후로 김구는 민족 지도자가 아니라 "크레믈린궁(宮)의 한 신자(信者)"라고 주장했고,272) 전국학련도 김구의 견해가 공산당과 동일한 주장이며 지도자로서 위신을 스스로 상실하는 자멸적 행동이라고 비난했다.273)

이승만은 민족대표자대회에서 조직한 선거대책위원회를 통해 남한 단독선거를 추진해 나갔고, 유엔임시한위는 2월 6일에 한국 문제를 유엔소총회에 이관했다. 유엔임시한위는 하지의 건의에 따라 유엔 감시하의 총선 실시(5월 9일)를 결정했고, 3월 1일에는 하지가 이 사실을 공표했다.

남한 단정에 앞장섰던 이승만은 모험을 통해 승리를 얻을 수 있었다. 미국은 자신의 전략적·군사적 이해에 따라 한국 문제를 유엔에 이관했지만, 결과는 오히려 이승만이 원하는 대로 되어버렸다.274) 이승만과 한민당, 민족대표자대회, 독촉국민회 등 단정 추진 세력은 3월 1일에 중앙정부수립결정안 축하 국민대회(中央政府樹立決定案 祝賀 國民大會)를 개최했는데,275) 이 자리에서 이승만은 다음과 같이 주장했다.

> 김규식은 하지가 김구를 지원할 것으로 생각했다. 다른 소문에 따르면 하지는 이승만을 억압하고 중간파의 승리를 위해 김규식에게 1억 원을 제공했다는 것이다.[CIC Weekly Information Bulletin no. 41(1948. 2. 2.)]

271) 도진순, 앞의 책, 203쪽.
272) 한협은 2차공위에 대처하기 위해 한민당을 중심으로 조직되었던 임협을 1948년 1월 21일 개칭한 것이다.(『京鄕新聞』 1948년 1월 22일자.)
273) 『東亞日報』 1948년 1월 31일자. 우익 단체의 反김구 활동에 대해서는 G-2 Periodic Report, no. 749(1948. 2. 3)을 참조.
274) 리차드 알렌 저·尹大均 역, 『韓國과 李承晩』, 合同通信社, 1961, 94쪽.

1. 단독정부라는 말은 당초(當初)에 누가 만들어낸 말인지 모르겠으나 내가 거의 1년 전에 미주에서 돌아와서 문자와 언론으로 성명한 것은 **과도정부(過渡政府)로 남북을 대표한 정부를 수립하기로 한 것인데 선거를 반대하는 사람들이 단독선거라는 언론을 내서 인심을 현혹시킨 것이니 이들은 총선거도 말고 정부도 수립하지 말고 가만이 앉았다가 공산화하고 말자는** 것이다.
1. 남조선에 정부수립이 되면 남북 분열을 영구히 인정하는 것으로 남북이 병행할 수 없으므로 총선거는 지지할 수 없다는 말이 있으나 이것은 사리에 당치 않는 말이다. **사람의 몸에 한편이 죽어가는 경우에는 살아있는 편이라도 완전히 살려서 죽은 편을 살리기를 꾀할 것인데 다른 방책 없이 운명을 기다리고 있다면 살아있는 편까지 마저 죽어버리자는 것은 누구나 알아들을 수 없는 말이다.**(강조─인용자)276)

'살아있는 편'만이라도 살리자는 주장은 권력에 대한 이승만의 집념을 보여주기에 충분했다.277) 김구·김규식이 남북 협상에 나섬으로써 남한의 총선거는 이승만과 한민당만의 잔치가 되었다. 입법의원에서는 신익희·서상일 등 43명이 연서한 남한 선거 촉진에 관한 결의안이 2월 23일에 의장 김규식·부의장 최동오 등의 반대에도 불구하고 통과되었고, 관선의원들은 3월 8일에 공동 사직서를 제출했다.278) 김구는 장덕수 재판 과정에서 암살의 배후로 몰렸고, 3월 12일과 15일에 재판정에서 심문을 받아야 했다. 이승만은 사실을 모르니 단언할 수는 없지만 김구가 "고의로 이런 일에 관련되었으리라고는 믿을 수 없다"라며 김구의 관련성을 강조했다.279)

---

275) 『東亞日報』·『朝鮮日報』 1948년 3월 2일자 ; 『서울신문』 1948년 3월 3일자.
276) 『東亞日報』 1948년 3월 2일자.
277) 서중석은 권력에 대한 이승만의 집념은 상식을 초월하고 양식과 사리를 떠난, 그 자체가 절대적인 목표였다고 평가했다.(서중석, 앞의 책, 544~545쪽.)
278) 『東亞日報』·『서울신문』·『京鄕新聞』 1948년 2월 25일자 ; 『過渡立法議院速記錄』 210호(1948년 2월 23일자.) ; 『東亞日報』·『京鄕新聞』 1948년 3월 10일자 ; G-2 Periodic Report, no. 774(1948. 3. 4.)

한편 남한만의 단선이 명확해진 시점에서 남한의 대표적인 우익 청년 단체들도 이승만의 수중에 들어왔다. 광복군 총사령관으로 통합 우익 청년 단체인 대동청년단을 이끌던 이청천이 2월 말에 이승만 진영에 합류해 독촉국민회 부위원장에 추대되었다.280) 민족청년단의 이범석, 서북청년회의 문봉제, 대한청년단의 유진산 역시 독촉국민회 상임위원이 되었다. 이들의 이승만 진영 합류는 김구에게 정치적 타격이었다.281)

이승만 자신은 대통령 후보가 아니라고 공언했지만, 민족대표대회·입법의원·국민의회 등 추종 세력의 결합된 힘을 계산했고, 이들로 구성될 국회에서 대통령으로 선출될 자신을 가지고 있었다. 그가 신봉하는 민주주의는 대의제 민주주의나 미국식 민주주의가 아니라 독재이자 파시즘이었다.282) 1947년 11월 이래 남한에서는 우익 테러가 급증하기 시작했고, 우익 청년단의 군사 훈련과 기부금 강요 등이 빈발했

---

279) 『朝鮮日報』·『서울신문』 1948년 3월 9일자.
280) G-2 Periodic Report, no. 748(1948. 2. 2.)
281) G-2 Periodic Report, no. 778(1948. 3. 9) ; CIC Semi-Monthly Report, no. 5 (1948. 3. 15.) 방첩대 보고는 이청천이 국방장관 직위를 노리고 있다고 분석했다.
282) G-2 Periodic Report, no. 703(1947. 12. 8.) 초대 주미 대사 무초는 이승만을 이렇게 평가했다. "이승만은 매우 고집이 강했다. 게릴라 작전과 같은 활동으로 오래 일본과 투쟁한 결과, 한국 대통령이 되었다. 이때 그는 너무 노쇠해 게릴라적인 행동, 혁명적 본능을 공인된 국가원수의 면모로 변화시킬 수 없었다. (중략) 자신의 경험에 기초해 그는 매우 지나치게 의심이 많았다. 그는 아무도 믿지 않았다. 자신을 믿었는지조차 의심스럽다. (중략) 그는 스스로 토마스 제퍼슨식 민주주의자(a Jeffersonian Democrat)라고 자부했다. 이런 면에서 그의 수사학은 미국인 방문자들을 매혹시켰다. 내 생각으로 이승만은 이를 이승만식 독재(Rhee Autocrat)로 전환시켰다. 그는 의문의 여지없이 괴팍하고 매우 고집 센 독재자였다."(Oral History Interview with Ambassador John J. Muccio, February 10 and February 18, 1971. by Jerry N. Hess, Harry S. Truman Library, pp.13~14.)

다.283) 서북청년회는 공개적으로 북진을 주장했고, 이승만 역시 『민중일보(民衆日報)』와의 회견에서 군대를 창설해 북진 통일하겠다고 공언했다.284) 이승만이 해석하는 '국민의 선택'과 '국민의 여망'은 '이승만의 선택'과 '이승만의 여망'이었다.285) 1948년 3월 이래 전국 각지에서 이승만을 대통령으로 추대하라는 우익 정당·사회단체들의 시위와 집회가 끊이지 않았다.286)

이승만은 3월 5일에 68개 우익 정당·사회단체를 결집시켜 각정당사회단체대표자대회를 개최하고, 총선에 대비한 민족 대표단 33인을 선정했다.287) 나아가 3월 10일에는 '총선거에 대한 주의건'이란 제목으로 투표자에 대한 권고 담화문을 발표했다.288) 이승만은 이번 총선거가 독립주의·독립반대주의·중간주의에 대한 심판이라고 강조하면서, '민족진영', 즉 우익 진영을 선출하라고 지시했다. 나아가 이승만은 우익 진영이 협의를 통해 단일 후보자를 내며, 투표자들은 이들만을 입후보자로 인정하라고 요구했다. 이승만은 후보 등록, 유세, 투표 등의 선거 행위와 선거 관리를 실질적으로 주도했고, 선거 결과가 나오기 전에

---

283) 미군정 집계에 따르면, 11월에는 테러 63건, 사망 6명, 부상 107명이었다. 테러 주체가 불명인 18건을 제외하더라도, 우익 테러가 35건으로 전체의 절반을 상회했다. 12월에도 63건의 테러가 발생했고, 1948년 1월에는 테러 25건, 사망 2명, 부상 69명, 그중 우익 테러 14건으로 집계되었다.[G-2 Periodic Report, no. 723(1948. 1. 3), no. 749(1948. 2. 3.)]
284) G-2 Periodic Report, no. 753(1948. 2. 7), no. 756(1948. 2. 11.)
285) G-2 Periodic Report, no. 722(1948. 1. 2.)
286) 예를 들어 2월 29일에 목포시 공무원 1,400명은 선거촉진대회를 개최했는데, 이승만을 최고 지도자로 추대했고, 한민당 부산지부는 중앙당으로부터 이승만을 대통령으로 추대하라는 지시를 받았다.[G-2 Periodic Report, no. 781(1948. 3. 12.)]
287) 『서울신문』·『朝鮮日報』 1948년 3월 6일자 ; G-2 Weekly Summary, no. 130 (1948. 3.13.) 처음에는 김구·조소앙의 이름이 포함되었으나 논쟁 끝에 제외되었다. 3월 12일, 이시영과 김창숙은 이를 거부했다.
288) 『서울신문』·『東亞日報』 1948년 3월 11·12일자.

이미 정치적인 승리자였다. 선거 결과 이승만의 독촉국민회가 55석, 한민당이 28석을 차지했다.

이상과 같이 이승만은 1947년 중반 이후의 위기 상황에서 흔들리지 않고 반탁·남한만의 즉시 총선거 방침을 주장했고, 미국 대한 정책의 변화 속에서 최후의 승자가 될 수 있었다. 이승만의 정치적 파트너이자 미군정의 여당이었던 한민당은, 2차 미소공위에 참여함으로써 남한 총선거 참여의 주동적 역할을 할 수 없었고, 이승만에게 복속되었다. 이승만과 함께 공위 결렬을 위해 노력해온 김구는 한국 문제의 유엔 이관을 전후해, 임정법통론·남북총선방안을 놓고 명확한 입장을 결정하지 못했다. 유엔임시한위의 파견이 결정되고, 중도파와의 합작이 무산되고 난 후, 김구는 임정법통·남북총선거방안을 모두 포기하고 이승만의 단독정부 수립안에 동참했다. 그러나 장덕수 암살 정국이 전개되면서, 김구·임정 세력은 한민당·미군정의 공격에 당면했다. 이승만은 이를 외면함으로써 김구·임정 세력의 몰락을 방관했다. 단선·단정이 목전에 임박한 시점에서, 김구·임정 세력은 단정노선에의 참여를 거부하고, 남북 총선거·남북 요인 회담을 본격적으로 추진했다. 이로써 이승만은 그 누구로부터도 도전받지 않는 남한 최고 지도자의 자리를 확고히 할 수 있게 되었다.289)

---

289) 이승만이 정권을 장악한 후 CIA는 이렇게 평가했다. "이승만은 개인적으로 이 나라를 장악할 궁극적인 목적으로 한국의 독립에 全생애를 바쳤다. 이 목적을 추구하면서 그는 자신의 개인적 출세를 위해 기꺼이 이용할 수 있었던 요소들을 이용하는 데 주저치 않았다. 중요한 하나의 예외가 있다면, 그것은 그가 공산주의와의 거래를 항상 거부했다는 점이다. 그의 지성은 천박했고, 그의 행동은 흔히 비합리적이거나 유치하기조차 했다. 그러나 이승만은 결국 자신이 아주 빈틈없는 정치인임을 증명했다."[CIA, "Prospects for the Survival of the Republic of Korea," ORE 44-48 (1948. 10. 28), Appendix A, "Personality of Syngman Rhee" ; CIA, "National Intelligence Survey, Korea."]

글을 맺으며

　이승만은 상해 임시정부 대통령(1919~1925)과 대한민국 대통령(1948~1960)을 역임하며, 한국 역사상 첫 공화정을 대표했다. 그는 전근대에서 근대로, 식민지에서 신생 공화국으로 전환하는 시점에서 결정적인 역할을 함으로써, 한국 역사의 일부가 되었다. 아직까지도 그에 대한 논란이 식지 않는 것은 그만큼 이승만이 한국현대사에 남긴 영향이 컸기 때문이다.
　이승만의 성장 배경과 사상 형성의 과정을 살펴볼 때, 그에게 가장 큰 영향을 끼친 것은 가계에서 비롯된 이중적인 왕족 의식과 정치 지향성이었다. 기독교와 미국 등 근대 문명의 영향은 이러한 기본적인 의식과 지향성을 뒷받침하는 도구적인 역할을 했다.
　이승만은 조선왕조 태종의 큰 아들 양녕대군(讓寧大君)의 16대손이다. 왕족 출신을 자부했으나, 이미 직계 7대조로부터 당대에 이르기까지 현직은 물론 생원진사시(生員進士試)에조차 합격자를 내지 못할 정도로, 몰락 양반과 다를 바 없는 처지였다. 권위주의적이었던 아버지로부터 보학과 가계의 중요성을 배웠다. 유년기부터 이미 몰락한 집안이지만 왕족이라는 자긍심을 갖고 있었다. 조선왕조와 고종 등에 대해서는 강한 반발 의식과 적개심을 가진 반면, 대외적으로는 강한 왕족 의식을 표방하는 이중적인 의식을 갖게 되었다. 유년기에는 불교에 심취해 있던 어머니의 종교적 영향을 받았고, 외아들로 커가며 고집 센 성격의 소유자가 되었다.

이승만은 서울의 여러 서당을 다니며 전통 한학을 공부했다. 13세부터 19세까지 매년 과거에 응시했으나, 번번이 낙방했다. 갑오경장으로 과거가 폐지되자, 1895년에 미국 선교사가 세운 배재학당에 입학함으로써 근대 문명과 접하게 되었다. 과거 낙방으로 조선왕조에 불만을 품고 있던 이승만은 이후 급격하게 변모했다. 영어를 배워 6개월 만에 영어 교사가 될 정도로 총명했던 이승만은 1년 만에 단발함으로써, 전통과의 결별에 과감함을 보여주었다. 배재학당은 이승만에게 영어와 기독교, 미국에 대한 동경을 심어주었으며, 이러한 것들은 모두 그의 정치적 입신을 위한 도구로 활용되었다. 이승만은 이미 배재학당 시절부터 정치 지향적이었고, 자신을 수용하지 않는 체제에 대해 비판적이었다. 그는 서재필·윤치호 등의 영향하에 1898년부터 언론과 정치 활동에 나섰다. 이 시기 그는 정치 지향적이고 과격한 행동파였다. 그는 독립협회 활동의 결과로 투옥되었고, 탈옥 미수로 무기징역형을 받았다. 첫 정치 활동의 결과로 한때나마 사형수가 되어본 경험은, 그의 인생에 중요한 교훈을 남겼다. 하나는 정치적 승패의 비정함이며 다른 하나는 종교적 지향이었다.

이 시기에 이승만은 자신의 정치 사상을 정리한 『독립경신』을 집필했는데, 이는 정신(기독교)·제도(서양정치·법률)·외교(만국공법·중립외교)의 측면에서 한국을 완전히 서구화·기독교화하자는 것이었다. 특히 서구화의 핵심은 미국화를 의미하는 것이었으며, 이러한 기독교·서구 지향적인 국가관과 대외관이 한국의 내정(內政)과 내적 발전 가능성에 대한 부정적 인식과 결합되면서 그의 외교독립노선을 형성했다.

이승만은 러일전쟁의 와중에서 일본의 도움으로 풀려났고, 1904년 말에 민영환(閔泳煥)·한규설(韓圭卨)의 개인 밀사 자격으로 미국에 갔다. 이승만의 사명은 한미수호조약의 거중조정(居中調停) 조항에 따라 미국이 한국의 독립을 지지해달라고 요청하는 것이었다. 이때 이승만은 헤이 국무장관과 루즈벨트 대통령을 만났는데, 이는 그가 망명 외교에서 접촉한 최고위직이었다. 임시정부 대통령이 된 이후에 단 한 번도 미국 대통령이나 국무장관을 만나지 못했다는 사실을 상기하면 1905년의 '독립유지외교(獨立維持外交)'는 그가 평생 추구한 외교의 첫 출발이자 가장 큰 성공이었다. 루즈벨트는 이미 가쓰라-태프트 밀약을 인정한 상태였지만, 짐짓 무명의 30대 한국 청년의 호소에 시간을 허락했다. 자연히 이승만은 기독교 국가인 미국의 정의·인도주의를 신봉하게 되었고, 이는 이후 외교독립노선을 유지하는 데 큰 영향을 주었다.

이승만은 주한 미국 선교사들과 미국 선교본부의 도움으로, 1905~1910년간 조지 워싱턴대학·하버드대학·프린스턴대학에서 학사·석사·박사까지 차례로 학위를 취득했다. 미국인의 경우에도 최소 12년 이상이 소요되는 이 과정을 불과 5년 반 만에 완료할 수 있었던 것은, 이승만을 한국의 선교사로 키우려 했던 미국 기독교계의 특별 배려 덕분이었다. 유학을 마친 이승만은 잠시 귀국해 YMCA에서 일한 후 1912년에 미국으로 망명했다.

일제시대 이승만의 외교독립노선은 개항기 한반도의 국제 정세 및 시대 상황, 미국·기독교·옥중 경험, 개인적 출세 지향성·안전 보증 등의 요소가 결합되어 형성되었다. 특히 국제 정세에 대한 이해와 대외 관계의 중요성에 대한 인식이 핵심적이었다. 이승만이 체험에 기초해 자신의 대외관을 정립하기 시작한 것은 독립협회(獨立協會) 시절부터였다. 이 시기의 인식이 이후 이승만 대외관의 바탕을 형성했다. 이승만의 대미(對美)·대러(對露)·대일(對日) 인식의 특징은 친미(親美)·반러(反

露)·반일(反日)로 요약할 수 있다. 이승만의 친미적 대미관은 배재학당 시절부터 형성되어, 옥중에서 신념화되었고, 도미 유학과 미주 생활 과정에서 체화되었다. 이를 통해 대미 외교 일변도의 외교 노선이 형성되었다.

이승만의 대일 인식은 1905년을 기점으로 우호적 인식에서 소극적 반일로, 1919년 이후에는 적극적 반일로 전환했다. 반면 대러 인식은 처음부터 해방 이후까지 일관되게 반러적이었다.

이승만의 대일관은 현실주의적이고 대세 추종적인 것이었다. 그의 대일관은 신념에 근거했다기보다는 개인적 이해와 밀접한 관련을 맺고 있었다. 그는 미주 유학 시절 안중근이나 장인환·전명운의 의열 투쟁에 반대했다. 하와이 망명 이후 해방될 때까지 이승만의 대일관 및 태도는 객관적 정세와 조건에 따라 반일과 유화적 자세 사이를 오고갔다. 이승만의 대일관에서 가장 특징적인 점은, 그의 대일 자세 및 운동 방침이 미국의 대일 관계와 직접적으로 연관되어 있었다는 사실이다. 이승만은 국제 정세나 미국 정세가 일본에게 불리하게 돌아간다고 판단되는 시점에서는, 적극적인 반일 구호와 운동 방침을 내세웠다. 그러나 미일 간의 평화가 지속되면, 대일 유화적인 자세를 취했다.

한편 이승만의 대미관은 한말부터 해방 후까지 친미주의로 일관되었다. 이승만이 1904년 감옥에서 집필한 『독립정신』에는 그의 대미관이 잘 정리되어 있다. 그 핵심은 기독교화=서구화·근대화=미국화였다. 미국 망명 이후 이승만은 미일 개전(美日開戰)이 되어야 한국 독립이 가능하다고 판단했다. 또한 한국인들이 일본과의 전면 전쟁에서 승리할 물리력이 없는 이상, 무력 투쟁은 불가능하다는 논리를 내세우게 되었다. 이러한 자력 독립 불가능론은 다른 한편으로 한국민의 독립 자격이나 자치 능력에 대한 부정 및 독재 정부 옹호론과 맞닿아 있었다.

이승만의 독립운동 방략은 외교독립노선과 실력양성론이라는 두 축으로 구성되어 있었으며, 주체적인 조건과 객관적인 상황에 따라 그 선택이 바뀌었다. 국제 정세에서 배일적인 흐름이 고조될 때는 외교독립론을 전면에 내세웠다가, 정세가 일본에 우호적인 흐름으로 바뀌는 퇴조기에는 실력양성론을 전면에 내세웠다.

외교독립론·실력양성론이 근거하고 있는 이론·방법론은 무장투쟁 불가론·자력 독립 불가론·준비론이었다. 이승만의 독립운동 방략은 한국은 독립할 수 있는 준비, 곧 일본과 전면적인 전쟁을 통해 승리할 물리력과 실력을 갖지 못했기 때문에 전면 전쟁이 불가능하며, 따라서 현재로선 자력 독립이 불가능하니 실력을 갖출 때까지 준비해야 한다는 것으로 요약된다. 다만 국제 정세와 미국 여론에서 반일적인 흐름이 고조될 때는, 미국 정부·의회에 대한 청원 외교와 여론을 향한 선전과 호소로써 한국 독립에 대한 동정을 일으켜 미일 간의 전쟁 발발을 기다린다는 것이었다. 또한 이승만은 한국 독립 전쟁 개시의 가장 중요한 요소가 미일 개전이라고 생각했기 때문에, 미일 전쟁이 발발하기 전의 무장 투쟁은 불가능할 뿐더러 소모적이라고 생각했다.

미일개전론을 중시한 이승만은 미일 간의 관계가 악화 가능성이 있는 시점, 즉 한국을 포함한 동북아시아에 전운이 감돌 때, 대미 외교를 시도했다. 이승만이 행한 대미 외교의 핵심은 한국의 독립 자격이나 필요성을 한국과 한국인들로부터 찾는 것이 아니라, 미국인들의 이해관계 속에서 설명하는 것이었다. 즉 이승만의 외교는 미국인들에게 한국을 일본의 식민지로 내버려두면 미국의 이익에 저해된다고 선전하는 것이 중심이었다.

이런 미국적 사고에서 나온 논리가 한반도의 중립화 문제였다. 지금까지 이승만의 외교 노선과 관련해 1919년 국제연맹 위임통치 청원이 강조되어왔다. 그런데 위임통치 청원의 핵심은 국제연맹의 위임통치가 아니라 한반도의 중립 지대화였다. 여기서 중립화란 한국 혹은 한국 정부가 주체가 되는 외교상의 전시중립(戰時中立)이나 중립 선언이 아니라, 미국이 대한 정책의 일환으로 문호 개방을 통한 통상의 자유 및 중립주의를 시행하는 것을 의미했다. 이승만은 『독립정신』 단계에서부터 한반도의 중립 외교를 중시했으며, 이는 미국 유학 시절 문호개방 정책(open door policy)의 장본인이었던 미 국무장관 헤이의 영향을 받아 한반도의 중립 지대화로 구체화되었다. 이승만은 박사논문에서도 바로 상업상의 중립 또는 교역상의 중립을 다루었고, 이후 외교 활동에서도 이를 원용했다. 1919년의 위임통치안은 한반도를 중립적 상업 지대로 만들어 완충국의 역할을 하게 함으로써, 장차 독립시키자는 논리였다. 또한 1921~22년의 워싱턴군축회의와 1933년의 국제연맹회의에 관한 외교에서도, 일본이 대륙 침략의 교두보로 삼고 있는 한국을 중립화시킴으로써 세계 평화를 지킬 수 있다는 논리를 폈다. 미국인을 설득하기 위해 이승만은, 미국이 몬로주의를 통해 남미에서 미국의 이익을 확보했듯이, 일본이 아시아에서 일본식 몬로주의를 통해 배타적인 이익을 확보하려 한다고 주장했다. 그는 한국의 상황과 현실에서의 타당성보다는 미국 사회와 여론이 얼마나 우호적인 태도를 나타내는가 하는 점에 외교 노선의 성패 여부를 두었다. 이승만의 외교 노선과 활동은 미국을 사고의 중심에 놓고, 미국을 대상으로, 미국식 방식으로 이루어진 것이었다. 한반도중립화론은 여타의 무장투쟁론·독립운동과 결합되거나 상보적 관계에 놓인 것이 아니라, 사실상 주체적 독립운동 부정론이나 외세 의존적 허무주의에 가까웠다. 한국인들의 이해와 요구를 반영한 것이 아니라, 미국의 입장에 철저했던 이러한 노선은 미국인들의 동정이나 호응을 얻지 못했다.

한편 이승만의 외교 노선은 여러 가지 측면에서 당시 아일랜드 독립운동의 영향을 받았다. 아일랜드 독립운동은 첫째 무형정부론·임시정부론, 둘째 아일랜드 임시정부의 공채 모집, 셋째 아일랜드계의 미의회 청원운동 및 외교 활동, 넷째 자치론 등에서 이승만의 외교 노선과 활동에 영향을 주었다. 이승만은 이념적인 반소에도 불구하고, 자금과 외교 협력의 필요성에 따라 1921~22년과 1933년에 최소 2차례 이상 대소 외교를 시도했다. 현실적 필요에 따라 선택의 폭이 결정되었음을 반증한다.

이승만은 이러한 외교 노선에 기초해서, 3·1운동 이후 본격적인 외교 활동을 전개했다. 이승만의 외교 활동은 구미위원회(歐美委員部)를 통해 이루어졌으며, 이는 '한성정부 법통론(漢城政府 法統論)'에 근거한 것이었다. 그런데 '한성정부' 명단이 미국으로 전해지는 과정에서, 이승만은 집정관총재이던 자신을 대통령으로 변경했고, '국무총리총재(國務總理總裁)'였던 이동휘(李東輝)는 '국무총리'로 격하시키고, '노동국총판(勞動局總辦)'이던 안창호(安昌浩)를 '노동부총장'으로 격상시켰다. 한성정부는 2명의 총재가 지도하는 집단 지도 체제였으나, 이승만이 중요한 직책과 체제를 임의로 수정해 이를 자신에게 유리한 대통령중심제로 변경했던 것이다.

이승만의 외교 활동은 1922년의 워싱턴군축회의를 끝으로 사실상 종결되었다. 1925년에 임시정부는 이승만에 대한 탄핵·면직과 구미위원부 해산을 결정했다. 이승만이 임시정부와의 관계를 완전히 회복한 것은 1941년에 임정 산하의 주미외교위원부(駐美外交委員部) 위원장이 되면서부터였다. 태평양전쟁이 발발하자, 이승만은 미일 개전에 따른 독립 전쟁 개시라는 종전의 주장을 본격화했다.

태평양전쟁기 이승만의 전시 외교는 미국 정부를 상대로 한 임시정부 승인 외교와 군사원조 청원 외교, 민간을 향한 선전 활동에 초점이 두어졌다. 이승만은 특히 1942~43년간에 미국 군사정보기관인 COI·OSS와 접촉하면서 임시정부에 대한 군사원조 및 한인 게릴라 부대의 창설을 요구했다. 한인 게릴라 부대 창설 시도는 실패했지만, 이승만은 미 군부 내에 유력한 조력자들을 얻었고, 이들의 도움으로 한국을 향해 단파방송을 할 수 있었다. 이승만은 굿펠로우를 비롯한 군 정보통 및 해리스 브라운 같은 유력한 워싱턴 로비스트들과 관계를 맺게 되었다. 또한 자신의 추종자들을 OSS와 미군 정보부대에 배치하는 데 성공했다. 이러한 미 군부 내 이승만 인맥은 해방 후에 그가 제일 먼저 귀국할 수 있던 원동력이 되었다.

이 시기 이승만 외교의 또 다른 특징은 반소·반공노선의 본격적인 제기였다. 이승만은 1943년부터 소련의 남진 의도를 비난했으며, 1945년 샌프란시스코 회담에서 얄타 밀약설을 제기함으로써 반소·반공노선을 전면화했다. 얄타 밀약설이란 1945년 2월에 열린 얄타 회담 과정에서, 미국이 소련에게 한반도의 지배권을 비밀리 양보했다는 주장이었다. 연합국의 일원인 소련을 공격함으로써 이승만은 임정 승인이라는 본래의 목적 달성에는 실패했지만, 반소·반공주의자로서 명성을 얻는 데 성공했다. 또한 강력한 반소·반공노선을 통해 이승만은 아시아 우선주의자로 반소·반공의 신봉자였던 맥아더의 주목을 받게 되었다.

지금까지 이승만은 해방 전후 국내에서 지지 기반을 전혀 갖지 못했다는 것이 일반적인 분석이었다. 1912년 미국으로 망명한 후 사반세기 만에 귀국한 이승만이 국내에 조직 기반을 갖지 못했던 것은 당연했다. 그러나 아무런 기반이 없던 이승만이 어떻게 해방 직후에 미군정·좌익·우익의 지지를 받으면서 정계에 등장할 수 있었고, 어떻게 1946년 중반에 자금과 조직 면에서 남한의 우익 진영을 확실히 장악했으며, 이를 토대로 정치적 성공을 거둘 수 있었는가 하는 점은 충분히 해명되지 않았다.

이승만은 3·1운동 이후 국내외에 수립된 임시정부에서 최고위급에 임명되었다. 이는 파리강화회의와 미국·월슨의 민족자결주의에 기대하는 외교독립론, 기독교적 국제 질서관 등에 대한 국내의 기대가 이승만의 학력·경력·인맥과 결합되면서 나타난 결과였다. 이승만이 대통령으로 자임할 수 있었던 근거인 한성정부의 배후에는, 이상재·박승봉·신흥우·오기선 등 기독교계 인물들이 포진해 있었다. 일제는 이들이 이승만과 "우정 관계에 기초한 숙명적 인연"을 맺었다고 평가했는데, 이들은 한성정부 수립과 이승만의 임시정부 대통령 지명에 큰 역할을 했다. 특히 이상재·신흥우는 이승만의 국내 지지 기반의 핵심 인물이었다. 이상재는 이승만의 요청에 따라 정치적 지원과 경제적 지원을 병행했다. 1921년의 '한국인민치태평양회의서(韓國人民致太平洋會議書)'와 1923년 1월의 '경고해외각단체서(警告海外各團體書, 일명 內地警告書)' 등 정치적 지원과 경제적 지원이 이상재를 통해 이루어졌다.

3·1운동을 전후해 하와이의 이승만과 국내의 이상재·윤치호·신흥우·유성준 등의 정치·사상적 연대 관계는 급격히 강화되었고, 이는 1920년대 이승만의 국내 지지 기반이 되었다. 이승만의 국내 인맥은 구한말 이래 이승만과 생사의 고비를 같이 한 옥중 동지이자, 정치적으로 변법개화·개혁 지향적이며, 종교적으로는 기독교 계열이고, 지역적 기반은 기호 지방이었으며, 신분상으로는 양반 출신들이 핵심을 이루었다. 이들이 사회에 미치는 영향력의 범위가 이승만의 국내 지지 기반이 되었다. 나아가 이승만과 국내의 관계는 개인적인 인연과 관계에 그친 것이 아니라, 조직·집단적이고, 정치·이념적인 결합과 상호작용으로 확대되었다. 특히 1920년대 초중반에 국내 민족주의 진영에

서 강력하게 제기된 실력양성론은 하와이로부터 이승만의 공명을 받았고, 부분적으로는 하와이의 영향이 국내로 역유입되는 과정을 겪었다. 이는 국내와 하와이라는 지역적 차이를 제외하고는, 이들의 정치·사상적 지향이 동일했음을 의미한다.

이승만과 국내의 연락·연대 관계의 전환점은 1923년 하와이 한인기독학원모국방문단의 방한이었다. 1923년도에는 '경고해외각단체서'의 배포, 물산장려운동·민립대학설립운동의 교류 등 이승만과 국내의 연락·연대가 빈번했으며, 하와이모국방문단은 이러한 교류 작용의 한 매듭이었다. 이 움직임의 주도자는 이상재·유성준·김윤수 등 국내의 이승만 인맥이었다. 이승만은 워싱턴군축회의 실패를 끝으로 외교독립노선을 접었고, 하와이 한인기독학원 활동과 동지식산회사 경영이라는 실력양성론으로 선회했다. 1925년부터 1929년까지 운영된 동지식산회사의 존재는 국내 민족주의 세력, 특히 이승만의 지지 세력에게 큰 영향을 끼쳤다. 정치적 독립운동단체인 동지회와, 그 자매단체로 경제적 실력양성운동을 담당하는 산업부인 동지식산회사의 결합 방식은 중요한 모델이 되었다. 표면적으로 현재의 경제적 실력양성(동지식산회사)을 추진함으로써 장래의 독립 대업에 접근(동지회)한다는, 단계론적이며 준비론적인 접근 방법이 부각되었다. 이는 현실적 위험을 감수하지 않고도, 독립운동에 동참한다는 공감대를 형성할 수 있는 효과적인 방법이기도 했다. 동지회의 국내 자매단체인 홍업구락부는 동지식산회사의 영향으로 산업부 조직을 시도했다.

한편 일제는 이승만이 추진하는 경제·교육 실력양성운동의 개량주의적 속성에 주목했다. 1920년대에 국내 민족주의 우파는 자본의 논리와 민족주의의 논리 사이에서 부동(浮動)했는데, 민족개량주의에서 한 걸음 더 나아가 자치론·동화론으로 변질하는 움직임이 나타나기도 했다. 일제는 동화정책의 일환으로 하와이모국방문단의 '모국' 방문을 허락했으며, 이를 정치적 선전에 활용했다. 또한 일제는 이승만이 즉시독립노선이나 외교노선을 포기하고 교육·실업 부흥에 매달려 있는 점에 주목했다. 일제는 이승만의 즉시독립불가론을 한국 내 정치 상황에 활용하고자 했으며, 구체적으로는 이승만의 자치론적 경향을 견인하고자 했다.

1925년에는 동아일보의 송진우(宋鎭禹)가, 1927~28년에는 천도교의 최린(崔麟)이 총독부의 양해하에 미국에서 이승만을 만나 자치론에 대한 견해를 탐문했다. 이승만은 서재필·정한경 등 미국에서 교육받은 다른 인텔리들처럼, 한국의 즉시 독립이 불가능한 상태에서는 국제 정세가 허락할 때까지 자치라도 하는 것이 유익하다는 판단을 갖고 있었다. 이승만의 자치론 동조는 아일랜드 자치운동의 영향을 받은 것이기도 했다.

이승만과 국내 지지 세력 간의 연락·연대는 1923년 하와이모국방문단과 1924년 답방단의 교환으로 최정점을 이루었고, 이러한 연장선상에서 1925년에 동지회의 국내 자매단체인 흥업구락부가 조직되었다. 흥업구락부는 관련자가 100명 이상이었으며, (1) 유학 경험(미국·일본), (2) 지역 기반(기호 출신), (3) 종교(감리교·YMCA), (4) 독립운동 방략(준비론·실력양성운동), (5) 친미 성향 등의 공통성을 지닌 인사들의 조직이었다. 이들은 지식인이자, 명망있고 유력한 사회 지도자들이었다. 대부분 부유한 집안 출신으로 교육·문화·교회에서 발언권을 지닌 여론 주도층이었다.

흥업구락부의 가장 중요한 활동은 이승만과의 연락·연대였다. 흥업구락부는 최소한 13차례 이상 이승만 측과의 연락활동을 유지했고, 자신들이 동지회의 국내 연장 단체라고 자임했다. 이들 외에 미주 동지회원으로 국내에 입국한 인사들을 통해, 1920년대 중반 이후 국내에는 상당한 규모의 이승만 인맥과 지지 기반이 만들어졌다. 흥업구락부는 1927년에 이상재의 사망을 기점으로 활동이 축소되었다. 1932년 이후 국제 정세의 변화, 신흥우의 탈퇴, 내부의 파벌 투쟁으로 활동이 유명무실해졌으며, 1938년 일제에 의해 해산되었다. 흥업구락부 내부에는 민족주의적 지향성과 개량주의·타협주의적 지향성이 병존하고 있었으며, 정세와 지도부의 성격에 따라 그 주된 방향이 결정되었다. 이상재 사망 이후, 점차 민족개량주의적 노선과 세력이 지배적인 요소가 되었다. 두 지향성의 분리는 해방 이후에 본격적으로 이루어졌다.

그러나 해방 이후 이승만의 정계 부상 과정을 염두에 둘 때, 흥업구락부가 갖고 있는 의미는 다음과 같다. 첫째, 흥업구락부는 민족주의 진영 내에서 이승만의 지지 기반을 형성하는 데 중요한 역할을 했다. 감리교회·YMCA·학교·언론 등에 대해 흥업구락부가 갖고 있던 영향력은 해방 후에도 대부분 계승되었다. 흥업구락부를 통해 국내 지식인 사회에 이승만의 명성이 퍼져 나가는 유통 경로가 만들어졌다. 둘째, 해방 이전 이승만의 국내 지지 세력 내지 연락 세력이 존재했다. 포괄적으로는 민족주의 세력이 이승만의 국내 지지 기반이었으며, 구체적으로는 흥업구락부 사건의 검거·구속자, 부원추천후보자, 귀국한 동지 회원들과 동아일보 그룹들이 해방 후 이승만의 중심적 지지 세력이 되었다. 셋째, 이들이 이승만과 결합하는 과정은 단순히 인맥 차원에서 이루어진 것이 아니라 정치·사상적인 측면에서의 공감과 연대 차원에서 이루어졌다. 멀리는 개항기의 변법개화론적 지향과, 당대의 친미적 실력양성론·준비론적 노선의 결합이었다. 이들은 신분·교육·종교의 배경이 동일했으며, 사회·정치 활동에서도 동일한 지향을 갖고 있었다. 이들은 전통에서 근대로, 왕정에서 공화정으로, 독립에서 식민으로 이행하는 과도기에 형성된 한국 내 주요 정치 세력이었다.

홍업구락부 관련자들이 일제에 의해 대량 검거된 1938년 이후, 국내에는 이승만의 공식적인 지지 기반이 남아 있지 않았다. 특히 태평양 전쟁이 발발한 후 주한 선교사들까지 국외로 추방되면서, 한국은 국제사회로부터 완전히 고립된 채 정보가 차단되었다. 강압적인 전시체제가 전개된 이 시기는 식민지에서 해방으로 넘어가는 과도기였으며, 일제의 패망을 예견하고 이에 대비하는 여러 민족운동이 활발해지던 때이기도 했다. 이 와중에 1942년부터 미국 샌프란시스코와 중국 중경에서 한국인을 향한 단파방송이 실시되었다.

특히 샌프란시스코에서 송출된 미국의 소리(VOA) 방송을 통해, 이승만은 임시정부 대표의 자격으로 여러 차례에 걸쳐 대일 투쟁을 선동하는 연설을 했다. 이 방송 연설은 국내의 다양한 인사들에게 퍼져 나갔다. 그리고 곧이어 일제에 의해 단파방송 청취 및 유포자에 대한 대량 검거 사태가 벌어졌다. 이 단파방송 청취 사건은 해방 후 이승만이 남한 정계에서 우익은 물론 좌익의 지지를 받는 전국적 지도자로 부상하는 데 결정적인 역할을 했다. 암흑기 속에 빛을 찾는 염원 속에서, 이승만에 대한 과장된 명성과 평판, 유언비어가 한국의 주요 여론 주도층에게 확산되었기 때문이다.

단파방송 사건의 주역은 동아일보 기자이자 미국 유학생 출신인 홍익범(洪翼範)이었다. 그는 유학 시절 이승만의 동지회에 가담했으며 홍업구락부와도 연계를 갖고 있었다. 홍익범은 경성 방송국에 접수된 단파방송 내용을 여러 경로로 유통시켰는데, 홍익범의 정보는 여운형(呂運亨)·허헌(許憲) 등 좌파와 송진우(宋鎭禹)·함상훈(咸尙勳) 등 동아일보 계열의 우파에게 영향을 주었다. 이승만의 실제 방송 연설은 임시정부를 대표해 대일 항쟁을 고취하는 내용이었지만, 이것이 국내에 유포될 때는 그가 임시정부 대통령이며, 미국을 비롯한 연합국의 승인하에 대일 투쟁을 전개하고 있다는 과장이 덧붙여졌다. 특히 해방 직후 건국준비위원회—인민공화국을 주도한 여운형과 허헌 계열이 모두 이 단파방송 사건에 연루되어 검거된 점은 해방 후 이승만이 인민공화국 주석으로 추대되는 배경이 되었다.

해방 직후 이승만은 자신의 노력과 로비스트의 도움, 그리고 국내 우파의 지지 속에 해외 한국인 가운데 가장 먼저 귀국(1945년 10월 16일)할 수 있었다. 이승만은 맥아더와 하지의 승인과 도움으로 귀국했으며, 동경 회합(1945년 10월 13~15일)에서 반탁에 기초한 임시 한국 행정부 수립 구상에 합의했다. 귀국 직후 이승만이 '최고 지도자'로 추대될 수 있었던 것은 미군정·좌익·우익이 모두 그를 지지했기 때문이었다. 또한 그의 개인적 자질이 대중적 호응을 얻는 데 큰 역할을 했다. 이승만은 정당통일운동을 주도함으로써 민족 지도자의 이미지와 명성을 얻었다. 이승만은 정당통일의 결정체인 독립촉성중앙협의회(獨立促成中央協議會)를 장악했는데, 이는 미군정의 반탁 정무위원회의 구상이 구체화된 것이었다.

미군정은 미국의 공식 대한 정책인 다자간 국제 신탁통치 계획에 반대했을 뿐만 아니라, 나아가 미군정 주도하에 이승만·임시정부 중심의 과도정부를 수립한 후, 이를 북한 지역에까지 확대한다는 호전적인 계획을 추진했다. 북한의 '민주기지' 노선에 대비할 수 있는 일종의 '자유기지' 노선이었다. 미군정의 정책 문서는 이 계획을 임시 한국 행정부·정무위원회라 불렀고, 국내 정치 현장에서는 독촉중협이라는 이름으로 계획이 실현되었다. 이명동체(異名同體)의 독촉중협은 바로 이 계획의 구현체였다. 이승만과 한민당, 미군정은 긴밀히 협력했지만, 임정 세력과 좌익 진영의 불참으로 독촉중협은 목적 달성에 실패했다. 이승만은

1945년 10월부터 미국이 주도하는 다자간 국제 신탁통치 계획을 정확히 인식하고 있었으며, 미군정 수뇌와 함께 이에 대처하는 남한만의 자문 행정 기구의 조직에 나섰던 것이다.

1946년 2월에 이승만은 미군정과의 긴밀한 연대 속에서 재차 제2의 독촉중협 건설을 시도했는데, 이는 다름 아닌 민주의원의 조직이었다. 미군정은 이승만과 협의하에 제1차 미소공위에서 남한을 대표하는 협의 대표 기구로 민주의원을 내세웠으며, 미소공위를 결렬시킨다는 내부 계획을 갖고 있었다. 이승만은 이미 1946년 1월 초부터 미군정의 공위 대책이 결렬을 유도하는 것임을 알고 있었으며, 남한만의 단독정부 수립과 북진통일노선을 구상하기 시작했다. 이승만은 광산 스캔들로 1946년 3월에 민주의원 의장직에서 물러났지만 미군정의 지지하에 4~6월 남한을 순회하는 여행길에 올랐다. 이 '남선순행(南鮮巡行)'은 이승만의 정치적 기반 강화에 결정적인 역할을 했다. 74만 명 이상이 동원된 이승만의 지방 순회는 미군정과 한국인 관리·우익 진영의 전면적인 지지·후원 속에 진행되었다. 여기에는 이승만의 대중 연설과 선동이 한몫을 했다. 이승만의 남한 순회 여행은 조직적이며 치밀하게 계획되고 추진된 것으로, 좌익의 지방 근거지를 뿌리 뽑는 한편 우익 조직을 강화하고 양성하기 위한 것이었다. 이런 성공을 바탕으로 이승만은 1946년 6월에 우익 최대의 대중 조직인 독립촉성국민회를 장악하게 되었다.

종래에 이승만은 1946년 6월 3일 정읍에서 최초의 단정 발언을 한 것으로 알려졌으나, 이미 1946년 1월초에 단독정부 수립 방침을 확정했고, 5월 6일 목포 강연에서 단정 수립 의사와 북진무력통일론을 공개적으로 천명했다. 이승만의 단정 주장은 미군정 내에 형성되어 있던 단정론의 기류를 반영한 것이기도 했다. 이승만이 단정론을 공개적으로 천명한 1946년 중반, 그는 우익의 대중 조직뿐만 아니라 정치자금까지 대부분 장악했다. 이승만은 친일 경제인·미군정과 함께 1945년 12월 말에 정치자금 조달 창구인 대한경제보국회(大韓經濟輔國會)를 조직했으며, 이를 통해 1946년 6월 초에는 1천만 원의 정치자금을 헌납 받았다. 또한 이승만은 미군정의 후원하에 1946년 말에 도미를 결정하고, 1천 5백만 원 가량의 자금을 모금했다. 1946년 말에 이르러 이승만은 서울과 지방의 우익 조직은 물론, 한국인 경찰과 관리들까지 조종할 수 있게 되었다.

이승만은 정읍 발언을 통해 단정론을 내세운 뒤, 민족통일총본부(1946년 6월)·신익희의 4차례 쿠데타 시도·입법의원 등을 통해 단독정부 수립을 추진했다. 그러나 이는 기본적으로 미군정이 양해할 수 있는 범위 내에서 진행된 것이었다. 하지와 미군정의 수뇌부가 자신을 명백히 지지했으나, 정치의 전면에서 좌우합작운동이 전개되자 이승만은 미군정과의 결별을 고려하게 되었다.

이승만은 우익의 자금과 조직의 주도권을 장악하고, 나아가 선거를 통해 입법의원의 지지를 얻은 뒤, 도미 외교 길에 올랐다. 도미는 하지의 권유에 의한 것이었지만, 이승만의 목적은 하지의 해임이었다. 미군정과의 결별을 통한 단정운동의 전면화, 미국 대외 정책의 전환 촉구 등이 도미의 또 다른 목적이었다. 이승만의 도미를 전후해 미국의 대한 정책은 대소 봉쇄로 전환되었고, 이승만은 이를 자신의 외교 성과로 포장하는 데 성공했다. 배신당한 하지와 미군정은 이승만을 제거하고 그를 대체하기 위해 김규식 대통령 옹립 계획과 서재필 귀국 등을 추진했지만, 이미 때는 늦었다. 자신들이 1년 이상 최상의 노력으로 공들여온 우익 진영 내 이승만의 조직과 자금을 대체할 수 있는 대항 세력의 육성은 거의 불가능했다.

미국은 1947년 7월에 이르러서야 남한 단독정부 수립을 공식적인 대한 정책으로 채택했지만, 이는 이승만이 이미 1년 전부터 공개적으로 요구해오던 것이었다. 이승만은 또다시 미국 대한 정책의 전환을 자신의 선견지명으로 돌렸다. 미국이 단독정부 수립 방안을 선택했을 때, 남한에서 이승만의 정치적 라이벌은 존재하지 않았다. 한국민주당은 제2차 미소공위에 참가함으로써 명분을 잃었고, 김구·임정 세력은 장덕수 암살 사건에 휘말린 데다 남북 협상에 나섬으로써 이승만과 결별했다. 결국 이승만은 해방 직후에 형성되었던 미군정·좌익·우익의 연합적 지지 속에서 등장했고, 좌익(1945년 말), 미군정(1947년 초), 한국민주당(1947년 제2차 미소공위), 김구(1947년 말) 등의 순서로 결별함으로써, 1948년 초에는 최고 권력에 가장 가까이 다가설 수 있었다.

이상에서 살펴본 것처럼 이승만은 외교독립노선과 실력양성론이라는 공통 노선을 통해 국내 민족주의 세력과 관계를 맺었고, 이들을 중심으로 해방 직후에 급격히 정치적으로 부상할 수 있었다. 이승만의 단독정부 수립운동은 1946년 중반에 우익 대중 조직과 상층 조직, 그리고 정치자금을 장악하면서 가능했고, 이는 미군정의 지원 속에 출발해서 1946년 말~47년 초 도미 외교를 기점으로 전면화되었다.

1948년의 정부 수립은 짧게는 해방 후 정치 투쟁의 결과였으나, 장기적으로는 개항기 이래 지속되었던 한국 근대국가 수립을 향한 노선 갈등의 일단락이었다. 이는 일제시대 이래 사회주의·공산주의 국가 수립을 향한 좌파적 노선과 자본주의 국가 수립을 향한 우파적 노선의 갈등이, 남과 북에 각각 별개의 분단국가 수립으로 귀결되었음을 의미한다. 이승만에 의한 국가 수립은 개항기 이래 변법개화론적이고 민족주의 우파적이며, 친미적이지만 반소·반공적이고, 기독교적이지만 양반과 왕족 등 구래의 신분제적 가치에 가까운, 우파적 노선과 경향성을 대변했다. 이들은 개항기 이래 한국 사회에서 실질적으로 지배적 지위를 차지했고, 독립운동 방략에서는 타협과 항일의 폭넓은 범위를 포함하는 실력양성론·외교론으로 묶일 수 있었다. 유교적 가치와 신분제적 향수가 위력을 갖던 상황 속에서, 이승만은 연륜과 지위, 배경과 경력을 바탕으로 이들의 상징적이고 분명한 지도자가 되었다.

1948년이 되어서야 한국은 서양이 1789년 이후 본격화한 국민국가 시대의 막을 열었다. 르네상스 이후 서양인들이 향유했던 민주주의, 자유, 평등, 시민, 개인주의, 인권 등의 새로운 개념과 문화가 해방 이후에야 전해지면서 한국화의 첫 발을 내딛었다. 격렬한 충돌 속에 등장한 새로운 국민국가는 분단과 통일, 독재와 민주주의, 빈곤과 풍요의 길항 속에 좌표를 정해야 했다. 후발 주자의 태생적 고난과 오랜 식민지의 후유증이 신생 공화국의 어두운 그림자였다. 감당하기 힘든 최악의 참극이 그 앞에 놓여져 있었다.

5천 년 역사상 최초의 신생 공화국이 수립되었을 때, 이승만은 74세였다. 미래지향적이기보다는 과거의지적일 수밖에 없었다. 그가 권좌에 올랐을 때, 그의 정치 행위는 모두 공화국의 첫 번째 일로 기록되었다. 나아가 이는 한국 현대 정치사의 출발점이자 판단 기준이었고, 비교의 지표가 되었다. 그리고 모든 평가를 떠나, 한국 현대사에 오랜 울림을 갖는 역사로 기록되었다.

별표
참고문헌
찾아보기

별표-1. 흥업구락부 例會 상황

	일시	장소	참석자	내용
1	1925. 3. 23	신흥우 자택	구자옥·박동완·신흥우·오화영· 유성준·유억겸·윤치호·이갑성· 이상재·장두현	흥업구락부 조직, 2명불참(안재홍·홍종숙), 임원선정 [부장(이상재), 회계(윤치호, 장두현), 간사(이갑성, 구자옥)], 조직명·규약 채택, 고본금 모집
2	1925. 5. 12	白寅基 별장	구자옥·신흥우·오화영·유억겸· 이갑성·이상재·장두현	조직 확대 방안 및 흥사단 억업 방안, 동지 획득(김일선·신흥식·정춘수) ·회계 보고
3	1925. 6. 6	윤치호 별장	구자옥·김일선·박동완·신흥우· 안재홍·오화영·유억겸·윤치호· 이갑성·장두현·정춘수·홍종숙	불참(이상재·유성준) 태평양회의참석자(신흥우·유억겸) 송별회, 윤치호 이승만과의 연락에 대해 지시, 동지 획득(양주삼·신석구·김윤수) ·회계 보고
4	1925. 7. 4	김일선 자택	구자옥·김윤수·김일선·박동완· 신흥식·안재홍·이갑성·이상재· 장두현·홍종숙	규칙 인쇄, 불참(신흥우), 동지 획득(김응집)
5	1925. 8. 1	청량사	구자옥·김응집·김일선·박동완· 신흥우·안재홍·윤치호·이갑성· 이상재·장두현·홍종숙	동지 획득(구영숙·이건순) 및 회계 보고, 태평양회의 상황·동지회 상황 ·상호 연락 방법 보고, 이승만 희망을 보고
6	1925. 9. 9	식도원	구영숙·김윤수·김응집·김일선· 박동완·신석구·신흥우·안채홍· 오화영·유성준·유억겸·이갑성· 이건춘·장두현·홍종숙	유억겸 환영회, 회원 획득·회계 보고
7	1925. 10. 3	유성준 자택	구자옥·김응집·김일선·박동완· 안재홍·유성준·유억겸·이갑성· 이건춘·장두현·홍종숙	동지 획득(이춘호)·회계 보고
8	1925. 11. 7	구영숙 자택	구영숙·구자옥·김응집·김일선· 박동완·신흥우·안재홍·유성준· 유억겸·윤치호·이건춘·이상재· 이춘호·장두현·정춘수·홍종숙	동지 획득(박승철)·회계 보고
9	1925. 12. 5	YMCA 회관	구영숙·구자옥·김윤수·김응집· 김일선·박동완·박승철·신흥식· 안재홍·유성준·유억겸·이건춘· 이상재·이춘호·정춘수·홍종숙	동지 획득(임두화·조정환)·회계 보고
10	1926. 1. 9	YMCA 회관	구영숙·구자옥·김응집·김일선· 박동완·박승철·신흥우·안재홍· 유성준·유억겸·윤치호·이갑성· 이건춘·이춘호·조정환·홍종숙	동지 획득(투표 결과 불승인)·회계 보고

11	1926. 2. 6	YMCA 회관	구영숙·구자옥·김윤수·김웅집· 김일선·박동완·박승철·신흥우· 안재홍·유억겸·윤치호·이갑성· 이건춘·이상재·임두화·조정환· 홍종숙	동지 획득(崔斗善)·회계 보고, 신동지 후보 (李興柱·金思牧·沈浩燮·金永燮·李寬 求·金贊興·洪秉德·陸定洙·金秉琦)
12	1926. 3. 26	YMCA 회관	구영숙·구자옥·김웅집·김일선· 박승철·이건춘·이상재·이춘호· 장두현·조정환·최두선·홍종숙	동지 획득(김영섭·이관구·심호섭) ·회계 보고, 신동지후보(이흥주·홍승국·육정수 ·김사목·崔興琮)
13	1926. 4. 17	YMCA 회관	구영숙·구자옥·김영섭·김웅집· 김일선·박동완·박승철·신흥우· 심호섭·유억겸·이갑성·이건춘· 이관구·이춘호·임두화·장두현· 조정환·최두선·홍종숙	동지 획득(홍승국·육정수) ·회계 보고, 신동지 후보 (李興柱·崔興琮·崔昌根·李萬珪 ·洪錫厚·宋彦用·金俊淵·鄭大鉉)
14	1926. 5. 21	구자옥 자택	구영숙·구자옥·김영섭·김윤수· 김웅집·김일선·박동완·박승철· 신흥우·안재홍·유성준·유억겸· 육정수·이건춘·이관구·이상재· 임두화·정춘수·최두선·홍승국· 홍종숙	동지 획득(김준연)·회계 보고, 신동지 후보 (정대현·이만규·최홍종·최창근 ·홍석후·송언용·李用霖·尹宗植)
15	1926. 7. 2	閔泳瓚 별장	구영숙·구자옥·김영섭·김웅집·김일 선·박동완·박승철·신흥우·안재홍· 유성준·유억겸·육정수·윤치호·이갑 성·이건춘·이관구·이춘호·조정환· 홍승국·홍종숙	동지 획득(정대현)·회계 보고, 신동지 후보 (홍석후·崔鉉培·이만규·최창근·송언용 ·이용림·윤종식·백남석·최영재·윤치소 ·홍병선·이종린·김용채·김동성)
16	1926. 8. 20	노량진 한강 배	구자옥·김영섭·김웅집·김일선· 박동완·박승철·유성준·유억겸· 육정수·이춘호·장두현·조정환· 최두선·홍승국·홍종숙	유성준(충남도지사) 송별회 ·동지 획득 (이만규·최영재·최창근·백남석) ·회계 보고, 신동지 후보 (최현배·이용림·윤종식·윤치소·홍병선 ·이종린·김용채·김동성·우홍태)
17	1926. 9. 6	백인기 별장	구영숙·김영섭·김일선·김준연· 박승철·백남석·신석구·신흥식· 신흥우·안재홍·오화영·유억겸· 육정수·이건춘·이관구·이만규· 이춘호·임두화·장두현·정대현· 최영재·최창근·홍승국·홍종숙	동지 획득(모두 낙선) ·회계 보고, 통지위원제도 설치 (위원 : 유억겸·구자옥·홍종숙)
18	1926. 11. 8	尼寺 (塔洞僧房)	구자옥·김영섭·김웅집·박동완· 박승철·심호섭·유억겸·윤치호· 이만규·이춘호·이춘호·조정환· 최영재·최창근·홍승국·홍종숙	동지 획득 (윤치소·홍병덕·김동성·이원철) ·회계 보고, 신동지 후보 (우홍태·현동완·朴有鎭·玉璿鎭 ·沈明燮·韓翊洙·李甲秀)
19	1926. 12. 26	식도원	구자옥·김영섭·김웅집·김일선· 김준연·박동완·백남석·신흥우· 심호섭·안재홍·유억겸·육정수· 윤치호·이건춘·이관구·이만규· 이상재·이원철·이춘호·임두화· 장두현·조정환·최영재·최창근· 홍병덕·홍승국·홍종숙	沈浩燮의 초대연, 회계 보고, 이갑성 모친상 위문

	날짜	장소	참석자	비고
20	1927. 2. 26	YMCA 회관	구자옥·김웅집·김일선·안재홍·이건춘·이관구·이만규·장두현·조정환·최영재·홍병덕·홍승국·홍종숙	동지획득(현동완) · 회계 보고, 이갑성 간사사임, 이만규 신임 간사 선정
21	1927. 5. 5	YMCA 회관	구자옥·김웅집·김일선·박승철·신흥우·유억겸·윤치호·이건춘·이만규·이원철·장두현·조정환·최영재·최창근·현동완·홍병덕·홍승국·홍종숙	신임부장(윤치호) · 회계(박승철) 선임, 회계 보고, 신동지 후보 (최현배·옥선진·박유진·한익수·이갑수·심명섭·方奎煥·劉敬相)
22	1927. 6. 30	奉元寺	구자옥·김웅집·김일선·백남석·신석구·오화영·이갑성·이춘호·최창근·현동완·홍승국	동지 획득(최현배·유경상) · 회계 보고, 신동지 후보 (權東鎭·吳漢泳·峴曦式·李錫源·방규환·이갑수·金忠鎭·金鎭玉·李憲寧·趙南稷·李鍾泰)
23	1927. 9. 10	명월관	구자옥·김영섭·김웅집·김일선·박동완·박승철·백남석·신석구·오화영·유경상·육정수·윤치호·이건춘·이만규·이원철·이춘호·장두현·조정환·최영재·홍종숙	윤치호 부장 취임 피력, 회계 보고
24	1927. 10. 29	대관원	구영숙·구자옥·김웅집·김일선·박동완·박승철·백남석·신흥우·유경상·유억겸·이건춘·이만규·이춘호·장두현·정춘수·최창근·최현배	친목 도모, 夕食 후 산회
25	1928. 1. 3	YMCA 회관	구영숙·구자옥·김영섭·김웅집·김일선·박동완·박승철·신흥우·오화영·유경상·유억겸·육정수·윤치호·이건춘·이관구·이춘호·장두현·최두선·최창근·홍승국·홍종숙	동지획득(金鎭玉)·회계 보고, 신동지 후보 (권동진·오한영·민회식·이석원·이갑수·김충진·이헌녕·조남직·이종태·林容均·鄭泰應·尹致旺·許憲·崔楠·嚴柱益·李灌鎔·金俊玉·李康來·崔南善)
26	1928. 3. 23	YMCA 회관	구자옥·김웅집·김일선·박동완·안재홍·유경상·이건춘·이만규·이춘호·장두현·정대현·현동완·홍병덕	동지 획득 (박용균·최남·이강래) · 회계 보고, 신동지 후보 (안재학·이헌녕·조남직·정대현·이상협·허헌·엄주익·김준옥·김용채·정인보·최남선·홍명희·이관용·윤치왕·윤우식)
27	1928. 5. 22	YMCA 회관	구자옥·김영섭·김일선·박승철·백남석·오화영·유경상·윤치호·이건춘·이춘호·최창근·최현배·홍종숙	동지 획득(모두 낙선) · 회계 보고, 신동지 후보 (안재학·이인영·김춘기·엄주익·이상협·김용채·정인보·최남선·홍명희·이관용·윤우식)
28	1928. 7. 20	청량사	구자옥·김영섭·김웅집·김일선·박동완·박용균·신흥우·심호섭·오화영·유경상·유억겸·이강래·이건춘·이만규·이원철·이춘호·최창근·최현배·현동완·홍종숙	박동완 도미 송별, 신흥우 귀국 환영 예회, 이승만과의 연대 관계 논의

별표 719

	날짜	장소	참석자	내용
29	1928. 11. 25	YMCA 회관	구자옥·김일선·백남석·신흥우·오화영·유억겸·윤치호·이강래·이건춘·이만규·장두현·최현배·현동완	신흥우 동지 선발 전형위원회 설치 및 수양담발표회 개최 제안, 동지 획득 (안재학·김춘기·김준옥·이상협), 신동지 후보 (신기준·정성종·방규환·신필호·최재학·홍병선·김관주·조만식·민태원·허 헌·백남운·홍명희·정인보)
30	1928. 12. 13	YMCA 회관	구자옥·김영섭·김응집·김일선·박승철·박용균·백남석·신석구·신흥우·안재학·오화영·유경상·유억겸·육정수·윤치호·이강래·이건춘·이만규·이춘호·장두현·최창근·최현배·현동완·홍승국·홍종숙	신흥우 제안 (전형위원회 설치·수양담화 실시) 결정, 전형위원 선임 (신흥우·장두현·유억겸·구자옥·이만규) 고본금·월연금 납입 독려위원 선임 (육정수·유경상·이만규)
31	1929. 3. 29	YMCA 회관	구자옥·김응집·김준옥·신흥우·안재홍·유억겸·육정수·이강래·이건춘·이만규·장두현·최현배·현동완·홍병덕·홍종숙	朝鮮日報 주필 안재홍 출옥위원회 개최 결의 (백합원에서 개최)
32	1929. 4. 26	YMCA 회관	구자옥·김응집·김일선·박승철·신흥우·안재학·안재홍·오화영·유경상·유억겸·이강래·이건춘·이관구·장두현·정춘수·최창근·최현배·홍병덕·홍종숙	구자옥 도미 송별회 (장두현·이승만 등 동지회와 연락 및 상황 조사를 지시), 회계 보고, 6회 이상 무단결석 부원 제명 결정 (실행되지 않음), 간사 교체 (구자옥→김응집)
33	1929. 8. 16	YMCA 회관	김응집·김일선·박승철·신흥우·안재홍·유억겸·이건춘·이만규·이춘호·최두선·최창근·현동완·홍병덕	신흥우 도미 송별, 신흥우 지부 설치 ① 기독교회 및 사회 각문화단체 ② 지방) 제안을 통과시킴
34	1929. 10. 29	YMCA 회관	김응집·김일선·박승철·백남석·안재홍·오화영·유억겸·이강래·이건춘·최두선·현동완·홍병덕·홍승국·홍종숙	회계 보고, 신흥우 도미 불참
35	1930. 3. 7	YMCA 회관	김영섭·김응집·김일선·박승철·신흥우·안재홍·오화영·유억겸·이강래·이건춘·이만규·이춘호·최창근·최현배·홍승국·홍종숙	신흥우 동지회 활동 보고 (김노디 면담결과)
36	1930. 6. 15	YMCA 회관	김응집·박승철·안재홍·유억겸·윤치호·이강래·이건춘·이만규·장두현·조정환·최창근·최현배·홍종숙	회계 보고, 운동자금 이식 방법 논의
37	1930. 9. 22	YMCA 회관	김응집·김일선·박승철·신흥우·안재홍·오화영·유경상·윤치호·이강래·이건춘·이만규·최창근·최현배	신흥우 법학박사 환영회 개최
38	1931. 3. 15	YMCA 회관	구영숙·김영섭·김응집·김일선·김춘기·박승철·신흥우·안재홍·유억겸·윤치호·이건춘·최두선·최창근·최현배	회계 보고, 임원 개선 (윤치호 이하 재선임), 구영숙 귀국환영회

39	1931. 5. 23	YMCA 회관	구영숙·박승철·신흥우·윤치호· 이강래·이춘호·조정환·최창근· 현동완·홍종숙	회계 보고, 구속 중인 김일선 위문(박승철·김웅집), 이춘호 도미귀국환영회
40	1931. 11. 23	YMCA 회관	구자옥·김영섭·김웅집·김일선· 박승철·신흥우·안재홍·유경상· 윤치호·이건춘·이관구·이춘호· 장두현·최창근·최현배	신흥우 산업부 설치 제안 (5만 원 출자, 신흥우·김웅집·구자옥 ·박승철 연구위원 간사로 선출), 구자옥 귀국환영회 (동지회와 연락 보고), 김일선 예심면소 위안회
41	1932. 10. 15	YMCA 회관	구영숙·구자옥·김웅집·박승철· 신흥우·유경상·유억겸·이강래· 이건춘·이만규·이춘호·최영재· 현동완	신흥우 산업부 설치 문제로 흥업구락부 해산 주장, 유억겸·구자옥 등 대다수 존속 주장, 회계 박승철·간사 김웅집 사임 제출 (박승철 보류, 김웅집 각하)
42	1933. 2. 4	YMCA 회관	구자옥·김웅집·김일선·김준옥· 박승철·신흥우·유억겸·윤치호· 이강래·이건춘·이만규·이춘호· 정춘수·현동완·홍병덕	운동자금 활용 협의, 이건춘의 농민수양소 구입 제안 가결, 자금활용연구위원 선정 (이춘호·유억겸·이만규·신흥우·박승철)
43	1934. 3. 19	백합원	구영숙·구자옥·김일선·김준옥· 박승철·신석구·유경상·유억겸· 윤치호·이건춘·이만규·이춘호· 장두현·정춘수·현동완·홍병덕· 홍종숙	간담회 및 夕食
44	1935. 2. 8	명월관	구영숙·구자옥·김웅집·김준연· 김춘기·박승철·박웅균·오화영· 유경상·유억겸·이건춘·이관구· 이만규·이춘호·장두현·최두선· 최현배·홍승국·홍종숙	김일선(1934 사망) 추도, 후임 회계 선임(이만규), 박승철 자금 활용 연구 결과 1934년 이래 2회에 걸쳐 연천군 내 전답 매입 보고.
45	1936. 2. 5	영보그릴	구자옥·김영섭·김웅집·김준연· 박승철·백남석·유경상·유억겸· 이강래·이건춘·이관구·이만규· 최두선·현동완	간사 김웅집 사망(1935 가을), 이만규 연천군 토지 매입 관련 서류 보고, 변영로(청년회간사) 외 1인 석식 참가
46	1937. 3. 21	경성역 구내 2층식당	구자옥·김웅집·김춘기·김준연· 박승철·신흥우·심호섭·유경상· 유억겸·이갑성·이강래·이건춘· 이만규·최두선·최현배	이만규 연천군 토지 관련 회계보고

[출전]「申興雨に對する檢事の訊問調書」高等法院 檢事局 思想部『思想彙報』제16호(1938. 9); (地檢秘 第1253號) (昭和13년 8월 9일) (京城地方法院檢事正→法務局長·高等法院檢事長·覆審法院檢事長)「民族革命ヲ目的トスル同志會(秘密結社興業俱樂部)事件檢擧ニ關スル件」.

[비고] 이 예회 기록은 구자옥이 보관 중이던『흥업구락부명부』,『흥업구락부일기』상·하, 이만규가 보관 중이던 회계 관계 簿冊 및 토지소유 권리증 등에 기초한 것이다.

별표-2. 흥업구락부 부원의 출신 배경(해방 후 포함)

성명	구속여부	생물연대	예회출석	조직·검거시 직업	출신지	학력	일제시대 경력	해방 후 경력
具永淑	구속	1892~1980	17회	세브란스병원 의사	서울	소년병학교, 인디아나 폴리스대	·일명 구연성 ·의사 ·감리교전도사	·건국의사회 의원 ·교육문화사절단원으로 도미
具滋玉	구속	1891~납북	38회	중앙YMCA 총무	서울	관립영어학교, 윌리암스대	·YMCA연합회 도시부위원 ·적극신앙단	·한민당 발기인 ·애국금헌성회 선전부원 ·비상국민회의 회원 ·경기도 지사 ·유엔조선준비위원단 환영준비위원회 위원
金永燮	구속	1888~납북	16회	감리교 목사	경기 강화	한성육군무관학교, 하트포드 신학교	·동지회 간부 ·뉴욕한인 감리교회 목사 ·정동교회 목사 ·적극신앙단 ·YMCA회우 부위원장	·한민당 발기인 ·조선기독교남부대회 부회장 ·독촉국민회 인천지부회장
金潤秀	미체	1882~?	5회	경성상회 사장, 광산업	서울	오성학교	·동양물산주식회사 상무취체역 ·범태평양상업회의 부회장 ·민립대학기성회 회금보관위원 ·물산장려회 이사 ·조선중앙일보 취체역	·한국지사영접위원회 위원 ·애국금헌성회중앙위원
金應集	사망	1872~1935	37회				종교교회 (宗橋敎會)	
金一善	사망	1872~1935	36회	경성보육원장, 진명여자고보 이사	서울		·YMCA회우부 간사 ·민립대학기성회 회금보관위원 ·인창의숙 이사장	
金俊淵	구속	1895~1971	5회	朝鮮日報 논설위원, 東亞日報 주필	전남 영암	동경제대, 베를린대	·보성전문 교수 ·제3차조선공산당 책임비서 ·조선사정연구회원	·애국금헌성회위원 ·서울대 총장 취임 거절 ·비상국민회의 법제위원 ·민주의원 ·한민당 선전부장 ·한국민족대표외교후원회 전남유세대 ·반탁독립투쟁위원회 지도위원 ·제헌의원
金俊玉	미체	1893~?	3회	송도중학 교장	경기 개성	헨드릭스대, 벤더빌트대	·감리교총리원 교육국 총무	·한민당 발기인
金春基	미체		3회	중앙고보 교사			李剛公妃弟(義弟)	·임시정부영수환국 전국환영회 교섭부원
朴東完	在美	1885~1941	22회	감리교 전도사	경기 포천	관립영어학교, 배재학당 대학부	·3·1운동 33인 (감리교) ·물산장려회 이사 ·신간회 ·YMCA연합회 농촌부 위원 ·하와이행	
朴勝喆	구속	1896~?	31회	배화고보 교사	서울	YMCA청년학교, 와세다대	·조선물산장려회원 ·YMCA학교동창회 회장 ·조선사정연구회원	한민당 발기인

성명	상태	생몰	회수	직책	지역	학교	활동	기타
朴容均	미체		3회	세브란스의전 교수			·泰東新聞 계획 참가	조선약품공업협회 연구부원
白南薰	구속	1892~?	10회	연희전문 교수		에모리대	·주일학교운동 종사 (白土蕉의 아들)	
申錫九	미체	1875~1950	6회	남감리교 목사	충북 청주	협성신학교	·3·1운동 33인 (감리교) ·감리교 천안지방 감리사 ·해방 후 북한에서 사망	
申洪植	미체	1872~1939	3회	남감리교 목사	충북 청원	협성신학교	·3·1운동 33인 (감리교) ·감리사	
申興雨	구속	1883~1959	31회	배재고보 교장	충북 청원	배재학당, USC	·YMCA연합회 총무 ·중앙YMCA 이사 ·적극신앙단 조직	·韓國公司 ·영자신문 (Union Democrat) 간행 ·주일특명전권대사
沈浩燮	미체	1890~1973	5회	의사	경기 평택	총독부 부속의학교, 동경제대	·경성의전 교수 ·세브란스의전 교수	·경성의학전문학교 교장 ·애국금헌성회 중앙위원 ·보건후생고문위원회 위원 ·유엔조선준비위원단 환영준비위원회 위원
安在鶴	미체		2회	경신학교 교무주임	경기 평택	독일 유학	·안재홍의 實弟 ·정신여학교 교사	
安在鴻	구속	1891~1965	24회	朝鮮日報 주필	경기 평택	YMCA 중학부, 와세다대	·3·1운동 청년외교단 ·중앙학교 학감 ·신간회 ·YMCA교육부 간사 ·조선사정연구회원	·건준부위원장 ·국민당 당수 ·반탁총동원위 부위원장 ·한독당 중앙위원 ·漢城日報 사장 ·좌우합작위원 ·과도의원·민정장관 ·2대 국회의원
吳華英	구속	1879~1959	18회	남감리교 목사	황해 평산	협성신학교	3·1운동 33인 (감리교)·중앙 YMCA종교부 위원장	·조선독립운동사 편찬발기인회 발기인 ·한국지사영접위원회 위원 ·독촉국민회 부위원장
劉敬相	구속		15회	중앙고보 교무주임				
兪星濬	사망	1862~1934	10회	중추원 참의	서울	明治大	·장로교 장로 ·중앙학교 교장 ·충북도 지사 ·민립대학기성회 상무위원 ·물산장려회 이사장 ·YMCA연합회 위원	
兪億兼	구속	1895~1947	36회	연희전문 부학감, 부교장	서울	동경제대	·변호사 ·조선사정연구회원 ·적극신앙단 ·YMCA 회계 ·순종황후 동생	·한민당 중앙감찰위원 ·미군정 문교부장
陸定洙	구속		9회	청년회학교 교사				
尹致昊	미체	1865~1945	23회	중앙YMCA 회장, YMCA 회장	충남 아산	밴더빌트, 에모리	·독립협회장 ·한영서원 교장 ·청년학우회장 ·중앙 YMCA 총무	
李甲成	구속	1889~1981	14회	세브란스병원 의약지배인 (무직)	경북 대구	세브란스의전	·3·1운동 33인(장로교) ·상해 임정 ·민립대학기성회 집행위원 ·물산장려회 이사 ·신간회	·한민당 발기인 ·애국금헌성회 발기인 ·신한민족당 부의장 ·독촉국민회 부의장 ·입법의원 ·중앙선거위원회 위원 ·국회선거위원회 위원

이름		생몰	회수	직업	지역	학력	경력	기타
李康來	구속	1891~1967	14회	배화여고보 교사	경기 안성	일본사범대	·송도고보 교사 ·조선어학회 회원	배화여중 교장
李建春	구속	1897~?	37회	동대문 부인병원 사무원	서울	배재고보	·YMCA연합회 간사 ·중앙YMCA회원부 간사 ·적극신앙단	
李寬求	구속	1899~1991	11회	朝鮮日報 정치부장	서울	YMCA중학부, 경도제대	·신간회 중앙위원 ·조선중앙일보 주필	·한민당 문교부장 ·합동통신사 부사장 ·입법의원(단선안 반대로 입법의원 사임
李萬珪	구속	1882~1978	22회	배화여고보 교무주임	강원 원주	경성의전	·송도중학 교사 ·YMCA 서기 ·조선어학회원	·전국인민대표자대회 전국인민위원 ·민전문화부장 ·인민당 서기국장 ·사로당 상임위원 ·근민당 조직국장
李商在	사망	1850~1927	11회	朝鮮日報 社長	충남 서천	한학	·독립협회 부회장 ·YMCA교육부위원장 ·조선교육협회장 ·민립대학기성회 위원장 ·신간회 회장 ·태평양문제연구회원	
李源喆	미체	1896~1963	4회	연전 교수		연전,미시간대	·천문학자	·한민당 발기인 ·전조선기상대장 ·홍명희, 안재홍, 김병로 등과 신당발기위원회 조직
李春昊	구속	1892~?	27회	연희전문 학감	경기 개성	한영서원, 웨슬리안대	·YMCA활동	·한민당 선전부원 ·국립서울대 초대총장 ·문교부 차장
林斗華	在美	1886~?	5회	목사	평남 대동	클레어몬트학교, 에모리대	·감리교 목사 ·협성신학 교수 ·송도고보 교장 ·하와이	
張斗鉉	미체	1874~1938	28회	서울고무공업사 사장, 조선상업은행 감사	서울	한학	·典禮院 典祀 ·興一社 사장 ·조선상업은행 감사 ·仁川米豆取引所 취체역 ·경성상업회의소 평의원 ·민립대학기성회 회금보관위원 ·물산장려회 이사 ·朝鮮日報 고문 ·조선체육회 초대회장	
鄭大鉉	미체		2회	보성고보 교장, 중추원 참의	서울	관립일어학교, 동경 高師	·민립대학기성회 발기인 ·중추원 참의 (칙임대우)	
鄭春洙	구속	1874~1951	8회	남감리교 목사	충북 청주	협성신학교	·3·1운동 33인 (감리교) ·중앙YMCA 이사 ·적극신앙단 ·감리교 총리원 이사	
曺正煥	구속	1893~1967	13회	배화여학교 교사, 연희전문교수	여천	세브란스의전, 미시간대학원	·순천매산학교 부교장 ·이화여전 교수 ·조선사정연구회원	·미군정 외무처 주일연락사무소 초대 외무관장

성명	구분	생몰년	회수	직업	지역	학력	경력	기타
崔斗善	구속	1894~1974	11회	중앙고보 교장, 경성방직 취체역	서울	와세다대, 베를린대	·최남선의 동생 ·보성전문 상무이사 ·조선사정연구회원	·조선교육심의회 교육행정위원 ·애국금헌성회 중앙위원 ·조선경제고문회 고문 ·한민당 상무집행위원 ·국회선거위원회 부위원장
崔永在	在滿	?	7회				·만주	·조선원호단체연합 중앙위원회
崔昌根	在滿	?	18회	基靑學校 寫眞館主			·사진업 ·만주	
崔鉉培	구속	1894~1970	14회	연희전문 교수	경북 울산	경도제대	·한글학자 ·조선어학회 상무이사	·조선어학회 교재편찬위원회 위원 ·한민당 발기인 ·조선교육심의회 교과서위원
玄東完	구속	1899~1963	14회	基靑 부총무(광산)	서울	보성고보	·YMCA 간사	·한민당 조사부원, 당무부원, 탈당 ·하지 유임서한 전달
洪秉德	구속	1892~?	10회	基靑 학교장			·YMCA 교육부 간사 ·적극신앙단	
洪承國	구속	1888~1962	14회	연희전문 교수		오하이오주립대	·송도중학 교사 ·조선어학회 사건	·한국지사영접위원회 상임위원 ·애국금헌성회 중앙위원
洪鍾肅	구속	1877~?	32회	남감리교 목사	경기 개성	협성신학교	·YMCA 이사 ·청년운동가	·한민당 심사부원, 조직부원
【흥업구락부 예회 불참자 및 부원거부자】								
金東成	미체	1890~1969	불참	朝鮮日報 편집인	경기 개성	한영서원, 오하이오주립대	·東亞日報 조사부장 ·범태평양기자대회 부회장 ·朝鮮日報 편집국장 ·동지회원	·국제통신사 주간 ·애국금헌성회 선전 부원 ·합동통신사 사장 ·양선거위원회 위원 ·유엔조선준비위원단 환영준비위원회 위원 ·공보처장
金鎭玉	미체		불참	상업은행 상무취체				
尹致昭	미체		불참		충남 아산		·윤치호의 사촌 ·윤보선의 부 ·조선상업은행 감사 ·동양서원 ·분원자기주식회사 감사 ·중추원 참의 ·국방헌금	
李相協	미체	1893~1957	불참	朝鮮日報 편집고문, 每日新報 부사장	서울	관립법어학교, 慶應義塾	·每日新報 편집장 ·東亞日報 편집부장 ·민립대학기성회 발기인	
崔楠	미체		불참	동아부인상회 장, 鮮滿土地 鑛山 취체	서울	보성중학, 秋田광산학교	·조선상업은행원 ·朝鮮日報 기자 ·덕원상점 사장 ·同順德 사장 ·三共興業 취체	·한국지사영접위원회 상임위원 ·동양방직 사장 ·태평양동지회 고문
梁柱三	미체	1879~1950	거부	조선감리교 총리원총리사	평남 용강	밴더빌트대, 랜돌프메이컨대	·협성신학 교수 ·한영서원 부원장 ·조선감리회 초대감리사 ·기독교서회	·감리교신학교 ·대한적십자사 초대총재 ·기독교서회

【참고문헌】

- 이 목록은 자료와 연구 성과로 나누어 작성했다.
- 자료는 국어-외국어-회고록·전기·평전-校史·社史·敎會史·기타의 순서로, 연구 성과는 단행본-논문의 순서로 정리했다.
- 배열 순서는 시대로 먼저 나누고, 다음에 필자 이름의 가나다순으로 했다.

I. 자료

1. 국어

(1) 신문
- 개 화 기 : 『뎨국신문』 『독닙신문』 『皇城新聞』
- 일제시대 : 『共立新報』 『歐美委員部通信』 『國民報』 『大東公報』 『獨立』 『同志別報』 『북미시보』 『新韓民報』 『太平洋時事』 『太平洋雜誌』 『太平洋週報』(이상 美洲 주간신문) 『獨立新聞』(상해판) 『東亞日報』 『每日新報』 『朝鮮日報』
- 해방 이후 : 『大東新聞』 『江原日報』 『京鄕新聞』 『光州民報』 『大衆日報』 『獨立新報』 『東光新聞』 『每日新報』 『民主日報』 『民主衆報』 『북미시보』 『서울신문』 『新朝鮮報』 『嶺南日報』 『自由新聞』 『朝鮮人民報』 『朝鮮日報』 『朝鮮中央日報』 『中央新聞』 『中央日報』 『中外新報』 『靑年解放日報』 『韓國日報』 『漢城日報』 『現代日報』

『황해로동신문』

桂勳模 編, 『韓國言論年表 2 : 1945~1950』, 관훈클럽 신영연구기금, 1987.
國史編纂委員會, 『資料大韓民國史』 1~12, 1968~1999.
金南植·李庭植·韓洪九 編, 『韓國現代史資料叢書』 1~5, 돌베개, 1986.
東亞日報社, 『東亞日報社說選集』 1~3, 1977.
東亞日報社, 『東亞日報索引 (8) : 1945~1955』, 東亞日報社, 1981.

(2) 잡지

- 일제시대 : 『開闢』『三千里』『新民』
- 해방 이후 : 『女性中央』『다리』『大潮』『文化創造』『民鼓』『民聲』『民主朝鮮』『白民』『三千里』『새한민보』『先驅』『先鋒』『世代』『旬刊北朝鮮通信』『新東亞』『新世代』『新朝鮮』『新天地』『實話』『우리공론』『月刊 말』『月刊中央』『人民』『人民科學』『再建』『政經文化』『朝鮮經濟』『週報 民主主義』『學兵』『革命』

國會圖書館, 『國內刊行物 記事索引, 1945~1947』, 1969.
金南植·李庭植·韓洪九 編, 『韓國現代史資料叢書』 6~9, 돌베개, 1986.
韓國監理敎會史學會, 『神學月報』 영인복각판, 1988.
韓國學硏究院, 『韓國雜誌槪觀 및 號別目次集 : 解放後』, 1975.

(3) 연감·일지

『農業經濟年報』, 1949.
國史編纂委員會, 『大韓民國史年表』 上, 1984.
김천영, 『年表 韓國現代史』, 한울림, 1984.
民主主義民族戰線 事務局, 『朝鮮解放年報』, 文又印書館, 1946.
朴熙永 編, 『解放以後朝鮮內主要日誌』, 현대문화프린트사, 1946.
柳文華 編, 『해방후 4년간의 國內外 重要日誌』, 民主朝鮮社, 1949.
李錫台 編, 『社會科學大辭典』, 文又印書館, 1949.
朝鮮銀行調査部, 『朝鮮經濟年報』, 1948.
_____, 『經濟年鑑』, 1949.
朝鮮中央通信社, 『朝鮮中央年鑑』, 1947~1951년판.
朝鮮通信社, 『朝鮮年鑑』, 1947.

_____, 『朝鮮年鑑』, 1948.

(4) 자료집

康晉和 編, 『大韓民國建國十年誌』, 建國記念事業會, 1956.
高麗大學校 亞細亞問題研究所, 『北韓法令沿革集』, 1969.
_____, 『北韓硏究資料集』 1, 1969.
國家報勳處, 『大韓民國臨時政府 承認 關聯文書 - 海外의 韓國獨立運動 史料 XI』, 1994
_____, 『북미시보 - 海外의 韓國獨立運動史料 XXII』(美洲編 ③), 1998.
_____, 『美洲韓人民族運動資料 - 海外의 韓國獨立運動史料 XXII』(美洲編 ④), 1998.
_____, 『The Korean Student Bulletin - 海外의 韓國獨立運動史料 XXIII』(美洲編 ⑤), 2000.
國史編纂委員會, 『資料大韓民國史』 1~12, 1968~99.
_____, 『韓國獨立運動史』(臨政篇 I~II), 1970~71.
_____, 『大韓帝國官員履歷書』, 1972.
_____, 『輿地圖書』 下, 1973.
_____, 『北韓關係史料集』 1~17, 1982~94.
_____, 「UN韓國臨時委員團 關係文書」, 『大韓民國史資料集』 1~7, 1987~90.
_____, 『한민족독립운동사자료집』 12(3·1운동 II), 1990.
_____, 「韓國關係英國外務 省文書」, 『大韓民國史資料集』 8~17, 1991~94.
_____, 『韓國獨立運動史』 자료 21~28(임정편), 1992~95.
_____, 「駐韓美軍政治顧問 文書」, 『大韓民國史資料集』 18~26, 1994~95.
_____, 「駐日美軍政治顧問 文書」, 『大韓民國史資料集』 27, 1995.
_____, 「李承晚關係書翰資 料集」, 『大韓民國史資料集』 28~37, 1996~97.
_____, 「UN의 한국문제 처리에 관한 美국무부 문서」, 『大韓民國史資料集』 38~44, 1998~99.
_____, 「大韓人國民會와 이승만(1915~36년간 하와이 법정자료)」, 『韓國現代史資料集成』 45, 1999.
_____, 「美軍政期 軍政中隊·軍政團 文書」, 『韓國現代史資料集成』

47~50, 2000.
國會圖書館, 『韓國民族運動史料(中國編)』, 1976.
_____, 『韓國民族運動史料(三·一運動編)』 1~3, 1977~79.
基督敎百科事典編纂委員會, 『基督敎大百科事典』, 1988.
金南植 外, 『北韓對外政策基本資料集』 1·2, 東亞日報社, 1976.
金南植, 『南勞黨研究資料集』 1·2집, 高麗大學校 亞細亞問題研究所, 1974.
金南植·李庭植·韓洪九 編, 『韓國現代史資料叢書』 1~15, 돌베개, 1986.
김승태, 『일제강점기 종교정책사 자료집: 기독교편, 1910~1945』, 한국기독교역사연구소, 1996.
김승태·박혜진 엮음, 『내한선교사총람』, 한국기독교역사연구소, 1994.
金鍾範·金東雲, 『解放前後의 朝鮮眞相: 제2집 獨立運動과 政黨 及 人物』, 朝鮮政經硏究所, 1945.
南朝鮮過渡立法議院, 『南朝鮮過渡立法議院 速記錄』 1~5(여강출판사, 1984 영인).
盧重善 編, 『民族과 統一』(資料編), 사계절, 1985.
大檢察廳, 『左翼事件實錄』 1~11, 1975.
朴洸 編, 『陣痛의 記錄 — 全朝鮮諸政黨社會團體代表者聯席會議文獻集』, 平和圖書주식회사, 1948.
朴慶植 編, 『アジア問題研究叢書 第14卷: 解放後 朝鮮の 政治·經濟·文化 狀況』, アジア問題研究所, 1990.
북조선민주주의민족통일전선 중앙위원회 서기국 편, 『소미공동위원회에 관한 제반자료집』(증보판), 1947.
서울시 人民委員會 文化宣傳部, 『政黨 社會團體 登錄綴(1950년)』, 1950.
서울특별시 警察局 査察課, 『査察要覽』, 1955
雩南李承晩文書編纂委員會, 『梨花莊所藏 雩南李承晩文書(東文篇)』 1~18권, 中央日報社 現代韓國學研究所, 1998.
- 제1~3권: 李承晩著作 1~3
- 제4~5권: 3·1운동관련문서 1~2
- 제6~8권: 대한민국임시정부 관련문서 1~3
- 제9~11권: 歐美委員部 관련문서 1~3
- 제12권: 하와이·미주 교민단체 관련문서

- 제13~15권 : 建國期문서 1~3
- 제16~18권 : 簡札 1~3

鄭珪鉉, 『臨時政府樹立大綱 : 미소공위자문안답신집』, 새한민보사, 1947.
鄭容郁 編, 『解放直後 政治社會史資料集』 1~12, 다락방, 1994.
秋憲樹, 『資料韓國獨立運動』 1·2, 연세대학교출판부, 1971.
통계청, 『통계로 다시 보는 광복이전의 경제·사회상』, 1995.
韓國法制研究會, 『美軍政法令總覽』(국문판).
한림대 아시아문화연구소, 『조선공산당문건자료집 1945~1946』, 1993.
韓詩俊 編, 『大韓民國臨時政府法令集』, 國家報勳處, 1999.

(5) 奎章閣 자료
宗正院 編, 光武 6년(1902) 『璿源續譜(太宗子孫錄 讓寧大君派)』 25권 25책 중 1, 3, 11, 22책(奎章閣 8338/8525)
『甲子式年宗親類附加現錄』 1卷(奎9004, 奎9071) 仁祖 2(1624) 宗簿寺
『乙卯式年宗親錄』(奎9035) 肅宗 1(1675) 宗簿寺
『太宗大王宗親錄』 1卷(奎9002) (광해군 이후)

(6) 기타
「朴承善의 家系 및 生平」(李恩秀 작성)
「李恩秀手記」
「李承晩 除籍謄本」(서울 동대문구 창신동 625번지) (종로구청)
「보훈처공적조서」(鄭雲樹·李喜徹·朴基闊·朴順東·李鍾實·朴亨武)

2. 외국어

(1) 영어

A. 미간행자료

가. 美國立文書記錄管理廳(NARA) 소장 문서

- RG 43. 미소공동위원회 문서철

  Joint Commission file : Records of the American Delegation, U.S.-U.S.S.R. Joint Commission on Korea, and Records Relating to the United Nations Temporary Commission of Korea (UNTCOK)

- RG 59. 국무부 십진분류문서철 (State Department, Decimal File)

  ① 895series "Internal Affairs of Korea"(한국 내정관련 문서철) : 1945~49년분은 『美國務省 韓國關係 文書』 23책(韓國人文科學院, 1995)으로 出刊.

  ② 740.00119 control/Korea series(주한미군 정치고문단 문서철) : 國史編纂委員會, 『大韓民國史資料集 : 駐韓美軍政治顧問文書』 제18~26집(1994~95)으로 出刊.

  ③ 501.BB Korea series(UN의 한국문제 처리관련 문서철) : 國史編纂委員會, 『大韓民國史資料集 : UN의 한국문제 처리에 관한 美국무부 문서』 제38~44집(1998~99)으로 出刊.

- RG 165. 육군부 작전국 문서철 (OPD 091 Korea)

  ① 1923~48년간 기획작전처 문서철 (Records of the Office of the Director of Plans and Operations, 1923~48.)

  ② 1942~49년간 민정처 문서철 (Records of the Civil Affairs Division, 1942~49.)

  ③ 작전처 전략기획단 미·영회담 문서철 (American-British Conversation Files : ABC)

  ④ 육군부 작전국 문서철 (OPD 091 Korea)

- RG 218. 연합참모장 십진분류문서철 (Combined Chiefs of Staff Decimal File, 1942~45.)

- RG 226. OSS문서철

- RG 319. 육군참모부 문서 (Records of the Army Staff)

  ① 육군부 첩보계획 십진분류화일 (Army-Intelligence Project Decimal File)

  ② 육군정보처 문서 (MID file)

  ③ IRR문서철 (US Army Investigative Records Repository : 미육군 CIC조사자료소장처) IRR Case File Series

  — IRR Case Files, Impersonal Files, Case ZA000565, "Sino-Korean Peoples League" Box 35 folder 1 of 3. [또한 RG 407 「부관부문서(Records of the Adjutant General's Office)」에도 소장됨]

- IRR Case Files, Impersonal Files, "Syngman Rhee" Case no.XA519887, Box no.185A. (또한 RG 263 Records of the Central Intelligence Agency, Box. no.3에도 소장)
- IRR Case Files, Impersonal Files, "Yoon Sook Moh" Case no.XA516361, Box no.296.
- IRR Case Files, Impersonal Files, "Louise Yim" Case no.XA531880, Box no.254.
- IRR Case Files, Impersonal Files, "Ik Hi Shin" Case no.XA524320, Box no.211.

④ 1939~55년 정보참모부 문서철 (Records of the Office of the Assistant Chief of Staff, G-2, Intelligence, 1939~55.)

⑤ 1943~54년 작전참모부 문서철 (Records of the Assistant Chief of Staff, G-3, Operations, 1943~54.)

⑥ 기획작전처 문서철 (Records of the Plans and Operations Division, 1946~50.)

- RG 332. 1945~1948년간 주한미24군 정보참모부 군사과 역사문서 (United States Army Forces in Korea XXIV Corps, G-2 Historical Section, Historical Files, 1945~48.)

- RG 353. 삼부조정위원회 십진분류문서철 (SWNCC & SANACC Decimal Subject Files, 1944~49.)

① 롤번호 7,「Committee of Three」

- RG 407.「부관부문서(Records of the Adjutant General's Office)」ー「단위부대 역사문서철(Unit Historical File)」

① 군정중대·군정단문서철 (World War II Operations Reports-Military Government) : Boxes 21875~21880, 21883, 21886, 21887

② 제971 CIC파견대(the 971st CIC Detachment)의 정보문서철
- 971 CIC파견대 1947·1948년도 연례경과보고서(Annual Progress Report) : 鄭容郁 편,『解放直後 政治社會史 資料集』제10권, 다락방, 1994.
- 971 CIC파견대 일일정보요약(daily periodic report), 週刊諜報公報(Weekly Information Bulletin), 防諜隊月刊公報(Counter Intelligence Corps Monthly Bulletin), National Archives, Pacific Sierra Region. (태평양 연안지역 分所)

③ Syngman Rhee & Nodie Dora Kim file (1920) in Immigration Service, U.

S. Department of Labor.

나. 맥아더기념문서관(MacArthur Memorial Archives) 소장 문서
- RG 5, Box 2, folder 2, "Official Comes, July-Dec '45".
- RG 9, Box 156, folder 2, War Department Blue Binders.

다. 루즈벨트대통령기념도서관(Franklin D. Roosevelt Library : FDRL) 소장 문서
- PSF 문서철 : "Memorandum for the president from Donovan" #186 (1942. 1. 24)

라. 하와이州 제1순회법원(Circuit Court of the First Circuit, State of Hawaii) 소장 재판문서
- Documents of 1918, relating to You Dong Men, Kim Sung Yul, Kim Han Kyung and Lee Chan Sook.
- 김종학 대 홍한식 사건(1915. 6. 25), 김순기 대 안현경 사건(1918. 2. 15), 하와이準州 대 유동면 등 사건(1918. 3. 18), 이종관 대 손창희 등 사건 (1920. 3. 12), 12건의 개별 형사사건(1921. 8. 9), 안영찬 대 이승만 사건 (1931. 1. 13), 배일진 대 손덕인 등 사건(1931. 2. 3), 손덕인 등 대 김정현 등 사건(1931. 2. 4), 배일진 등 대 손덕인 등 사건(1931. 4. 23), 대한인국민 회 대 대조선독립단 사건(1936. 2. 20) [이상 『韓國現代史資料集成 45, 1999. : 大韓人國民會와 李承晩(1915~36년간) 하와이 법정자료』, 國史編纂委員會에 수록]
- (Docket no.012997, Type Law), 'Lee Myueng Woo(Plaintiff) VS The Korean National Association of Hawaii(Dependant)'(1930. 10. 9)
- "Case of the Korean National Association"(1931. 3. 27), Archives of Hawaii, Case of Hist & Misc.

마. 개인 콜렉션
- 역사문제연구소 소장 金龍中문서철
- 콜럼비아대학 소장 金龍中문서철 : Kim Yong-jeung Papers in the Rare Books and Manuscripts Library, Columbia University.
- 하바드대 옌칭연구소 소장 핏치문서철 : George A. Fitch Papers, Yenching

Institute, Harvard University.
- 國史編纂委員會 소장 올리버문서철 : Robert T. Oliver Papers (林炳稷서한철 포함)
- 스탠포드대 후버연구소 소장 굿펠로우문서철 : Preston Millard Goodfellow Papers, Hoover Institution Archives, Stanford University.
- UCLA 아시안아메리칸 스터디스센터 소장 秦希燮·安炯柱콜렉션 : Korean Immigrant History Materials, Asian American Studies Center and Department of Special Collections, University of California, Los Angeles.

B. 간행자료

Chonsik-Lee, Materials on Korean Communism, 1945~1947. Center for Korean Studies. University of Hawaii, 1977.

Deasook-Suh, Documents of Korean Communism, 1918~1948. Princeton University Press, 1970.

Deasook-Suh, Korean Communism, 1945~1980. Hawaii University Press, 1981.

Headquarter USAFIK, G-2 Weekly Summary (『주한미군주간정보요약』으로 영인, 한림대 아시아문화연구소, 1989.)

_____, G-2 Periodic Report (『주한미군일일정보요약』으로 영인, 한림대 아시아문화연구소, 1989) (제7사단 G-2 보고서는 『地方美軍政資料集』 1~3으로 영인, 경인문화사, 경남대 극동문제연구소)

_____, G-2 Periodic Report (『美軍事顧問團情報日誌』로 영인, 한림대 아시아문화연구소, 1989.)

_____, Intelligence Summary Northern Korea (『주한미군북한정보요약』으로 영인, 한림대 아시아문화연구소, 1989.)

Leonard Hoag, American Military Government in Korea: War Policy and the First Year of Occupation, 1941~1946. Draft manuscript produced under the auspices of the Chief of Military History, Department of the Army, 1970, Pentagon Library. (신복룡 옮김, 『한국분단보고서』 상, 풀빛, 1992.)

Spencer J. Palmer, The Period of Growing Influence, 1887~1895, Koran-American Relations: Documents Pertaining to the Far Eastern Diplomacy of the

United States, vol.2, Berkeley and Los Angeles: University of California Press, 1963.

United States, Department of State, Foreign Relations of United States, Deplomatic Papers, United States Government Printing Office, (1945~1946년도는 김국태 역,『해방3년과 미국1』, 돌베개, 1984 ; 1950년분의 일부는 徐東九 편역,『韓半島 긴장과 美國－25年前과 오늘』, 대한공론사, 1977.)

United States Armed Forces in Korea, Counter Intelligence Corps Reports, 1945~1947, Washington National Record Center(WNRC), Record Group 332, XXIV Corps Historical File.

_____, Historical Journal, WNRC, Record Group 332, XXIV Corps Historical File.

_____, History of the United States Armed Forces in Korea. Manuscript in Office of the Chief of the Military History, Washington, D. C. (『주한미군사』 1~4로 영인, 돌베개, 1988.)

_____, Official Gazette. (『美軍政廳官報』 1~4로 영인, 원주문화사, 1990.)

_____, Summation of U.S. Military Government Activities in Korea. (『미군정활동보고서』 1~6으로 영인, 원주문화사, 1990.)

United States Army Intelligence Center, History of the Counter Intelligence Corps Volume XXX : CIC During the Occupation of Korea, March 1959. United States Army Intelligence Center, Fort Holabird, Baltimore 19, Maryland.

Wilbur L. William & William W. O'Hearn, History of United States Army Military Government in Korea, Period of September 1945 to June 1946. The Statistical Research Division, The Office of Administration, USAMGIK, 1946.

US Military Attache to Amembassy at Seoul, Joint Weeka (鄭容郁 編,『JOINT WEEKA』 1~8로 영인, 영진문화사, 1993.)

Korea Review, 1-5.

United States Army Intelligence Center, History of the Counter Intelligence Corps, Volume XXX: CIC during the occupation of Korea, Fort

　　　　　　Holabird. Maryland 1959. (鄭容郁 편,『해방직후 정치사회사 자료집』
　　　　　　에 수록, 1994.)
　　　　　　_____, CIC Semi-Monthly Report. (鄭容郁 편,『해방직후 정치사회사 자
　　　　　　료집』에 수록, 1994.)
　　　　　　_____, CIC Weekly Information Bulletin. (鄭容郁 편,『해방직후 정치사
　　　　　　회사 자료집』에 수록, 1994.)
申福龍 編,『韓國分斷史資料集』1~8, 원주문화사, 1991.
李吉相 編,『解放前後史資料集』1·2, 원주문화사, 1992.
중앙일보 현대사연구소,『美軍CIC情報報告書』1~4, 1996.

C. 기타

Los Angeles Examiner, New York Times, Seoul Times, The Korean Mission
　　　Field, Honolulu Star Bulletin.
S. Rhee, "Child Life in Korea", The Korean Mission Field, Volume 8-3, March
　　　1903.
"The Closing Exercises of Paichai", The Korean Repository, July 1897.
필라델피아통신부, "Aims and Aspiration of the Koreans", First Korean
　　　Congress, 1919.
하와이국민회, The Case of Korean National Association (1931. 3. 27) ; "Unauthorized
　　　Loan", "Policy of 'Frightfulness' and Mob Agitation", "Shifting Blame".

(2) 일어

A. 미간행자료

가. 日本外務省 外交史料館 소장 자료
- 「不逞團關係雜件:朝鮮人ノ部:在歐米ノ1~8」(1910~1925) 총 9책
　제1권 不逞團關係雜件:鮮人ノ部:在歐米ノ1 (明治 43년 8월~大正 2년
　　　12월)
　제2권 不逞團關係雜件:朝鮮人ノ部:在歐米ノ2 (大正 3년 1월~大正 5년

제3권 不逞團關係雜件：朝鮮人ノ部：在歐米ノ3 (大正 3년 1월~大正 5년 10월)

제4권 不逞團關係雜件：朝鮮人ノ部：在歐米ノ4 (大正 8년 5월 1일~大正 9년 9월 15일)

제5권 不逞團關係雜件：朝鮮人ノ部：在歐米ノ5 (大正 9년 10월~大正 10년 12월)

제6권 不逞團關係雜件：鮮人ノ部：在歐米ノ6 (大正 11년)

제7권 不逞團關係雜件：鮮人ノ部：在歐米ノ7 (大正 13년)

제7~2권 不逞團關係雜件：鮮人ノ部：在歐米ノ7：雜ノ2 (大正 13년)

제8권 不逞團關係雜件：鮮人ノ部：在歐米ノ8 (大正 14년)

- 「不逞團關係雜件－上海假政府篇」 총 6책

  제1권 1919년 3월~1920년 5월

  제2권 1920년 6월~10월

  제3권 1920년 11월~1921년 7월

  제4권 1921년 7월~1923년 3월

  제5권 1923년 3월~1925년 12월

  제6권 1926년 1월~1926년 12월

- 「不逞團關係雜件：朝鮮人ノ部 鮮人ト太平洋會議」 총 3책

  제1권 1921년 7월~10월

  제2권 1921년 11월~12월

  제3권 1922년 11년 1월~

나. 경찰·검찰조서 및 재판기록

- 興業俱樂部 관련 경찰·검찰조서

  京城地方法院 檢事局 思想係, 『延禧專門學校·同志會·興業俱樂部關係報告』(自昭和十二年三月三十日至昭和十三年十二月十日)

  ① (京西高秘 第三二一三號, 昭和十三年 三月 三十日) (京城西大門警察署長 → 京畿道警察部長·京城地方法院 檢事正)「延禧專門學校ノ學內組織ニ關スル件」

② (京西高秘 第三二一三號ノ二, 昭和十三年 五月 十日) (京城西大門警察署長 → 京畿道警察部長·京城地方法院 檢事正)「延禧專門學校ノ學內組織ニ關スル件」(對三月三十日 本號)

③ (京畿道警察部長 보고) (京城地方法院檢事正 → 法務局長·高等法院檢事長·京城覆審法院檢事長)「延禧專門學校經濟研究會關係者檢擧ノ件」(昭和 13년 5월 13일 발송)

④ (京城西大門警察署長 보고) (京城地方法院檢事正 → 法務局長·高等法院檢事長·京城覆審法院檢事長) 「延禧專門赤色グループ關係者檢擧ノ件」(昭和 13년 5월 18일 발송)

⑤ (京城西大門警察署長 보고) (京城地方法院檢事正 → 法務局長·高等法院檢事長·京城覆審法院檢事長)「延禧專門學校學內組織ニ關スル件」(昭和 13년 5월 21일 발송)

⑥ (京畿道警察部 보고) (京城地方法院檢事正 → 法務局長·高等法院檢事長·京城覆審法院檢事長) 「在米革命同志會ノ朝鮮支部タル秘密結社興業俱樂部事件檢擧ニ關スル件」 「改題延禧專門學校經濟研究會關係者檢擧ノ件」(昭和 13년 5월 23일 발송)

⑦ (地檢秘 제931호) (昭和 13년 6월 9일)「昭和 13년 5월, 革命同志會竝興業俱樂部ノ組織沿革」

⑧ (地檢秘 제1253호) (昭和 13년 8월 9일) (京城地方法院檢事正 → 法務局長·高等法院檢事長·覆審法院檢事長)「民族革命ヲ目的トスル同志會(秘密結社興業俱樂部)事件檢擧ニ關スル件」

高等法院 檢事局 思想部, 「申興雨に對する檢事の訊問調書」, 『思想彙報』 제16호, 1938. 9.

申興雨, 「李承晩を語る」, 『思想彙報』 제16호, 高等法院 檢事局 思想部, 1938. 9.

朝鮮總督府 警務局, 「興業俱樂部事件の檢擧狀況」, 『最近に於ける朝鮮治安狀況』, 1938.

京城地方法院 檢事 長崎祐三, 「同志會及興業俱樂部の眞相」, 『思想彙報』 제16호, 高等法院 檢事局 思想部, 1938. 9.

- 단파방송 사건 재판기록
  ① 한국방송공사 소장자료

京畿道警察部,「證人訊問調書 徐川丙圓(景祺鉉事件)」, 1943. 8. 10.
_____,「證人訊問調書 高村相熙(景祺鉉事件)」, 1943. 8. 11.
_____,「證人訊問調書 咸尙勳(洪翼範事件)」, 1943. 8. 19.
_____,「證人訊問調書 洪翼範(景祺鉉事件)」, 1943. 8. 14.
_____,「證人訊問調書, 白寬洙(洪翼範事件)」, 1943. 8. 17.
_____,「證人訊問調書, 秋田泰一(洪翼範事件)」, 1943. 8. 17.
京城地方法院,「昭和 17 刑第 6152호, 刑公第 3024호, 吳建永 陸海軍刑法違反及保安法違反」
_____,「昭和 18 刑第 4752호, 刑公第 2640호, 文錫俊 陸軍刑法違反及海軍刑法違反事件」
_____, 刑事第一審訴訟記錄,「昭和 18 刑第 5073호, 刑公第 275호 洪翼範 陸軍刑法違反·海軍刑法違反 事件」
_____, 刑事第一審訴訟記錄,「昭和 18 刑第 3462호, 刑公第 1904호 和田濟賢 安寧秩序ニ對スル罪」
京城地方法院檢事局,「證人訊問調書 景祺鉉」, 1943. 9. 17.
_____,「證人訊問調書 咸尙勳(洪翼範事件)」, 1943. 9. 17.
_____,「證人訊問調書, 白寬洙(洪翼範事件)」, 1943. 9. 17
_____,「證人訊問調書, 秋田泰一(洪翼範事件)」, 1943. 9. 17.
松村勳繁,「不穩言動者(景祺鉉)取調ニ關スル件」, 警察部 高等警察課, 1943. 8. 18.
警察部 高等警察課(巡査 松村勳繁의 報告),「軍事ニ關スル造言者(洪翼範)檢擧ノ件」, 1943. 3. 26.

② 고려대학교 소장자료
京城地方法院,「昭和 18年 刑公第2756號, 許憲 陸軍刑法違反·海軍刑法違反·朝鮮臨時保安令違反事件」, 고려대학교 필름번호 R25 F1175.

③ 정부기록보존소 소장자료
總務處 政府記錄保存所, 필름번호 20814·문서번호 77-1591,「昭和十八年刑控第六三號: 吳建永判決文」
京城覆審法院 檢事局 事件記錄,「昭和18년 刑控第三三六號 松原秀逸 判決文」,『(昭和 18年)刑事控訴事件 裁判原本綴 第三冊』, 1943. 10. 29.

高等法院 檢事局 思想部,「呂運亨の朝鮮獨立運動事件」,『思想彙報』續刊 제 26호, 1943.

B. 간행자료

朝鮮總督府,『朝鮮總督府施政年報(大正十二年度)』
朝鮮總督府警務局,『最近に於ける朝鮮治安狀況』, 1938.
佐佐木春隆,『朝鮮戰爭前史としての韓國獨立運動の研究』, 國書刊行會(동경), 1985.
姜德相 編,『現代史資料(25)』, みすず書房, 1966.
_____,『現代史資料(26)』, みすず書房, 1967.
金正明 編,『朝鮮獨立運動』第1卷 分册(民族主義運動篇), 原書房, 1967.
金正柱 編,『朝鮮統治史料』第7卷·第8卷, 不逞鮮人 韓國史料研究所, 1971.
森田芳夫·長田かな子 編,『朝鮮終戰の記錄』資料編 1~3, 巖南堂書店(日本), 1979~1980.

(3) 러시아어

- 「소련 외무인민위원부 제2극동국장 주코프(Жуков Д. А.)가 보고한 문서」 (1945. 8. 23) Жуков Д. А., "Характеристика на корейского политического Сун ман Ри", 1945. 8. 23. Архив Внешней Политики Российской Федерации(러시아연방대외정책문서보관소, 이하 АВПРФ로 약칭), Фонд 013, Опись 7, Папка 4, Пор 46, с.14~16.
- 「박헌영의 하지·아놀드·이승만 대담록」(1945. 10~12) "Беседы Пака с Хаджем, Арнольдом и Ли Сын Маном" АВПРФ, Фонд 0102, опись 1, дедо 3, папка 1, лл.32~64.

3. 회고록·전기·평전

(1) 단행본

葛弘基,『大統領李承晚博士略傳』, 公報處, 1955.

姜萬吉,『趙素昻』, 한길사, 1982.
京鄕新聞社,『내가 겪은 20세기』, 1974.
고영민,『해방정국의 증언』, 사계절, 1987.
고춘섭,『頂上을 向하여－추공 吳楨洙 입지전』, 샘터, 1984.
古下宋鎭禹先生傳記編纂委員會,『古下宋鎭禹先生傳』, 東亞日報社, 1965.
古下先生傳記編纂委員會,『古下宋鎭禹傳記』, 東亞日報社, 1990.
公報室 編,『世紀의 偉人－外國人이 본 李承晩大統領』, 公報室, 1956.
郭林大,『못잊어 화려강산』, 대성문화사, 1973.
金珖燮,『李承晩大統領 全世界에 웨친다』, 대한신문사, 1952.
金光雲,『통일·독립의 현대사』, 지성사, 1995.
金 九,『白凡逸志』, 서문당, 1989.
김민희,『쓰여지지 않은 역사』, 대동, 1993.
金度演,『나의 人生白書－常山 金度演回顧錄』, 일신문화사, 1965.
金道泰,『徐載弼博士自敍傳』, 乙酉文化社, 1972.
金斗漢,『피로 물들인 建國前夜』, 대한공론사, 1963.
金錫營,『景武臺의 秘密』, 平進文化社, 1960.
金乙漢 編著,『千里駒金東成』, 을유문화사, 1981.
金麟瑞,『亡命老人 李承晩博士를 辯護함』, 독학협회 출판사, 1963.
김인호,『死線을 넘어서』, 진흥문화사, 1948.
金長興,『민족의 太陽：雩南李承晩博士評傳』, 警察圖書出版協會, 1956.
金俊淵,『獨立路線』, 時事時報社出版局, 1947.
金中源,『李承晩博士傳』, 韓美文化協會 大阪支部, 1958.
金珍培,『街人金炳魯』, 삼화인쇄주식회사, 1983.
金學俊,『街人金炳魯評傳』, 민음사, 1988.
金鉉九,『金鉉九自傳』·『雩南略傳』·『又醒遺傳』·『儉隱略傳』, 하와이대학 한국학연구소 소장.
金炯敏,『金炯敏回顧錄』, 범우사, 1987.
大韓獨立血史編纂委員會,『국부 리승만박사 그림전기』, 大韓軍人遺族會, 1957.
東亞日報社,『秘話 제1공화국：이승만박사의 망명과 환국』, 弘學出版社, 1975.
로버트 T. 올리버 지음·박일영 옮김,『李承晩秘錄』, 국제문화협회, 1982.
로버트 T. 올리버 지음·박마리아 옮김,『리승만박사전』, 합동도서주식회사, 1956.

유영익, 『이승만의 삶과 꿈』, 중앙일보사, 1996.
리푸랜세스카 지음·조혜자 옮김, 『대통령의 건강』, 도서출판 촛불, 1988.
文一信 편저, 『李承晩의 秘密 제1집 : 朴氏夫人은 살아있었다』, 凡洋出版社, 1960.
박성하, 『대한민국의 아버지 우남 리승만박사전』, 명세당, 1956.
朴良來, 『恩讐에 얽힌 巨星 : 李博士를 審判할 자? 그 누구냐』, 殷尙文化社, 1963.
박용만, 『景武臺秘話』, 삼국문화사, 1965.
朴進穆, 『民草』, 원음출판사, 1983.
박태균, 『현대사를 베고 쓰러진 거인들』, 지성사, 1994.
朴泰遠, 『若山과 義烈團』, 栢陽堂, 1947.
裵恩希, 『나는 왜 싸웠나』, 한국인쇄주식회사, 1955.
裵義煥, 『보릿고개는 넘었지만(裵義煥回顧錄)』, 코리아헤럴드·내외경제신문, 1991.
白南薰, 『나의 一生』, 대한공론사, 1973.
白斗鎭, 『白斗鎭回顧錄』, 대한공론사, 1975.
白凡思想硏究所, 『白凡語錄』, 화다출판사, 1978.
白凡傳記編纂委員會, 『白凡金九一生涯와 思想』, 교문사, 1982.
卞榮泰, 『나의 祖國』, 자유출판사, 1956.
社團法人 鐵驥李範奭記念事業會, 『(鐵驥)李範奭自傳』, 외길사, 1991.
社團法人 鐵驥李範奭記念事業會, 『(鐵驥) 李範奭評傳』, 한그루, 1992.
三均學會 편, 『素昻先生文集』 상·하, 햇불사, 1970.
徐珉濠, 『나의 獄中記』, 1962.
徐廷柱, 『李承晩博士傳』, 三八社, 1949.(『雩南李承晩傳』, 華山, 1995로 재출간.)
鮮于基成, 『韓國靑年運動史』, 금문사, 1973.
鮮于鎭 外, 『轉換期의 內幕』, 朝鮮日報社, 1982.
鮮于學源, 『아리랑 그 슬픈 가락이여』, 大興企劃, 1994.
邵毓麟 著·河正玉 譯, 『勝利前後 : 抗日戰 勝利後의 韓中側面史』, 民潮社, 1969.
孫世一, 『李承晩과 金九』, 一潮閣, 1970.
孫忠武, 『漢江은 흐른다 : 承堂任永信의 生涯』, 동아출판사, 1972.
_____, 『경무대의 女人들』, 韓振出版社, 1980.
宋建鎬, 『徐載弼과 李承晩 : 8·15와 指導者路線』, 正宇社, 1980.
宋南憲, 『시베리아의 투사 : 元世勳』, 천산산맥, 1990.
新聞學會 編, 『自由의 領導者 : 李大統領李承晩博士傳記』, 신문학회, 1955.

신창현, 『위대한 한국인 - 신익희』, 태양출판사, 1972.
_____, 『내가 모신 海公申翼熙先生』, 인물연구소, 1992.
申鉉謨, 『匹夫不可奪志』, 1994.
心山記念事業準備委員會 編, 『擘翁一代記 : 心山 金昌淑先生鬪爭史』, 1965.
심지연 지음, 『송남헌회고록』, 한울, 2000.
安在鴻選集刊行委員會 편, 『民世安在鴻選集』 1·2, 지식산업사, 1981·1983.
愛山同門會, 『愛山餘滴 : 李仁先生 隨想評論』, 세문사, 1961.
梁又正 編, 『李承晚大統領 建國路線의 勝利』, 獨立精神普及會, 1948.
_____, 『李大統領建國政治理念 : 一民主義의 理論的 展開』, 연합신문사, 1949.
_____, 『李大統領鬪爭史』, 聯合新聞社, 1949.
양우조·최선화 지음 김현주 정리, 『제시의 일기』, 혜윰, 1998.
呂運弘, 『夢陽呂運亨』, 청하각, 1967.
吳泳鎭, 『하나의 證言』, 중앙문화사, 1952.
雩南實錄編纂委員會, 『雩南實錄』, 열화당, 1976.
우남전기편찬위원회, 『우남노선 : 리승만박사투쟁노선』, 1958.
월남이상재동상건립위원회 편, 『월남이상재연구』, 路出版, 1986.
柳根一, 『理性의 韓國人 金奎植』, 동서문화사, 1981.
柳致松, 『海公申翼熙一代記』, 해공선생기념사업회, 1984.
柳瀅基, 『백사당 양주삼박사소전』, 경천애인사, 1958.
柳 鴻, 『暮歲의 回顧』, 민족정기출판부, 1989.
尹炳奭, 『李相卨傳』, 一潮閣, 1989.
尹潽善, 『구국의 가시밭길 : 나의 회고』, 한국정경사, 1967.
尹錫五 외, 『남기고 싶은 이야기들』, 중앙일보, 1976.
尹在根, 『芹村白寬洙』, 東亞日報社, 1996.
尹致暎, 『尹致暎의 20세기』, 삼성출판사, 1991.
李 仁, 『半世紀의 證言』, 명지대학교출판부, 1974.
李敬南, 『雪山張德秀』, 東亞日報社, 1981.
李基錫 옮김, 『맥아더回想錄』, 新太陽社, 1965.
李基炯, 『몽양여운형』, 실천문학사, 1984.
李萬珪, 『呂運亨鬪爭史』, 민주문화사, 1946.
李範奭 외, 『主權者의 證言』, 희망출판사, 1965.

_____, 『事實의 全部를 記錄한다』, 희망출판사, 1966.
李範奭 지음·宋志英 옮김, 『放浪의 情熱』, 정음사, 1950.
李範奭, 『民族과 靑年 1』, 고려문화사, 1948.
_____, 『톰스크의 하늘 아래서』, 신현실사, 1972.
_____, 『우둥불』, 삼육출판사, 1986.
李相敦, 『鬪爭二十年 : 李相敦政治評論集』, 신민당출판국, 1969.
이상수, 『송철회고록』, 키스프린팅, 1985.
李承晩博士鬪爭史刊行會, 『民族의 巨星 : 李承晩博士』, 문성당.
李元淳, 『人間 李承晩』, 신태양사, 1965.
_____, 『世紀를 넘어서 : 海史 李元淳 自傳』, 新太陽社, 1989.
李庭植, 『金奎植의 生涯』, 신구문화사, 1974.
_____, 『서재필』, 정음사, 1984.
李庭植·金學俊, 『革命家들의 抗日回想』, 민음사, 1988.
李哲承, 『全國學聯』, 중앙일보·동양방송, 1976.
이해경, 『나의 아버지 義親王』, 도서출판眞, 1997.
이한우, 『거대한 생애 이승만90년』 상·하, 朝鮮日報社, 1995.
仁村記念會, 『仁村 金性洙傳』, 인촌기념회, 1976.
林炳稷, 『林炳稷回顧錄』, 女苑社, 1964.
任重彬, 『萬海 韓龍雲』, 太極出版社, 1972.
_____, 『韓龍雲一代記』, 정음사, 1974.
전택부, 『人間申興雨』, 大韓基督敎書會, 1971.
_____, 『이상재평전』, 범우사, 1985.
장병혜, 『常綠의 自由魂 － 滄浪 張澤相 一代記』, 영남대학교 박물관, 1973.
鄭 喬, 『大韓季年史』 下, 國史編纂委員會.
鄭斗玉, 『在美韓族獨立運動實記』(筆寫本), 하와이대학 한국연구소 소장, 1969.
鄭秉峻, 『몽양여운형평전』, 한울, 1995.
鄭一亨, 『오직 한길로』, 을유문화사, 1991.
趙炳玉, 『나의 回顧錄』, 민교사, 1959.
朝鮮日報社, 『1898~1944 언론인 이승만의 글모음』, 朝鮮日報社, 1995.
趙鍾武, 『아메리카대륙의 韓人風雲兒들』 上·下, 朝鮮日報社, 1987.
中川信夫, 『李承晩·蔣介石』, 三一書房(東京), 1960.

崔鳳潤, 『떠도는 영혼의 노래』, 東光出版社, 1986.
崔承萬, 『나의 回顧錄』, 寶晉齋, 1985.
崔時仲, 『仁村 金性洙』, 東亞日報社, 1986.
치스차코프 외·國土統一院 역, 『朝鮮의 解放』, 國土統一院, 1987.
한승인, 『독재자 이승만』, 일월서각, 1984.
＿＿＿, 『내가 만난 잊을수 없는 사람들』, 일월서각, 1988.
韓徹永, 『自由世界의 巨星 李承晩大統領』, 文化春秋社, 1953.
玄 楯, 『布哇遊覽記』, 日韓印刷株式會社(玄公廉), 1908.
한표욱, 『이승만과 한미외교』, 중앙일보사, 1996.
함토은, 『독재몽유병자―족청의 행장기』, 정경민보사, 1954.
해리 트루만, 『試鍊과 希望의 歲月』 上·下, 지문각, 1970.
許 政, 『雩南李承晩』, 太極出版社, 1969.
＿＿＿, 『내일을 위한 證言』, 샘터, 1979.
洪元吉, 『淸谷回顧錄』, 제일문화사(대전), 1978.
Carlos P. Romulo, *My Brother Americans*, Doubleday, Doran & Company, Inc. Garden City, New York, 1945.
C. W. Kendall, *The Truth About Korea*, San Francisco: Korean National Association, 1919.
Dae-Sook Suh, *The Writings of Henry Cu Kim : Autobiography With Commentaries On Syngman Rhee, Park Yong Man, And Chong Sun Man*, Center For Korean Studies, University of Hawaii, Paper no.13.
F. A. 맥켄지 지음·李光麟 옮김, 『韓國의 獨立運動』, 一潮閣, 1969.
F.A. 맥켄지 지음·신복룡 역주, 『대한제국의 비극』, 집문당, 1994.
George F. Kennan, *Memoirs 1925~1950*, Boston, 1967.
Harry S. Truman, *Memoirs, vol. II: Years of Trial and Hope*.
Hormer B. Hulbert, *The Passing of Korea*, New York: Young People's Missionary Movement of the United States, 1906.
＿＿＿＿, *The Passing of Korea*, London 1909.
Hyun, Soon, *My Autobiography*.(Typescript)
Peter Hyun, *Man Sei! : The Making of a Korean American*, A Kolowalu Book, University of Hawaii Press, 1986.

Richard C. Allen, *Korea's Syngman Rhee : An Unauthorized Portrait*, Charles E. Tuttle Company: Publishers Rutland, Vermont & Tokyo, Japan, 1960. (리차드 알렌 지음·尹大均 옮김, 『韓國과 李承晩』, 合同通信社, 1961.)

Robert T. Oliver, *Syngman Rhee : The Man Behind the Myth*, Greenwood Press, Publishers, Westport, Connecticut, 1954.(로버트 T. 올리버 지음·박마리아 옮김, 『리승만박사전 − 신비에 싸인 인물』, 합동도서주식회사, 1956.)

_____, *Syngman Rhee and American Involvement in Korea, 1942~1960 : A Personal Narrative*, Panmun Book Company LTD, Seoul. 1978(로버트 T. 올리버 지음·朴日泳 옮김, 『大韓民國 建國의 秘話 : 李承晩과 韓美關係』, 啓明社, 1990.)

_____, *History of the Korean people in modern times : 1800 to the present*, University of Delaware Press, 1993.

_____, *The Way It Was−All the Way : A Documentary Accounting*, unpublished.

(2) 신문·잡지 연재물

姜仁燮, 「李承晩博士의 逸話들」, 『新東亞』 9월호, 1965.

姜竣植, 「하지와 李承晩 金九 呂運亨의 暗鬪」, 『新東亞』 2·3월호, 1989.

_____, 「해방정국,미군정의 이승만 옹립 드라마」, 『新東亞』 1월호, 1989.

_____, 「신익희는 우익쿠데타를 기도했었다」, 『월간다리』 3월호, 1990.

權五琦, 「李靑潭인터뷰」, 『新東亞』 2월호, 1967.

金敎植, 「이승만대통령 박승선 스토리」, 『주부생활』 9월호, 1985.

金東里, 「'敦岩莊新聞'이라던 民衆日報 언저리」, 『言論秘話50篇』, 韓國新聞硏究所, 1978.

金東鉉, 「李承晩史料의 비밀」, 『月刊朝鮮』 2월호, 1992.

金秉濟, 「三一運動實記」, 『開闢』 4월호, 1946.

金星淑, 「嗚呼! 臨政 30年만에 解散하다」, 『月刊中央』 8월호, 1968.

金乙漢, 「夢陽과 民世의 解放前夜」, 『世代』 8월호, 1971.

金一善, 「李承晩博士는 渾身都是熱」, 『開闢』 8월호, 1925.

金在明, 「李承晩의 政敵 崔能鎭의 悲劇」, 『政經文化』 10월호, 1983.

_____, 「金星淑先生의 墓碑銘」, 『政經文化』 10월호, 1985.

_____, 「宋南憲이 겪은 解放3年」, 『政經文化』 12월호, 1985.

_____,「柳林先生의 憂國魂」,『政經文化』 12월호, 1985.

_____,「張建相先生의 波瀾의 歷程」,『政經文化』 11월호, 1985.

_____,「三均主義의 先覺者 趙素昻先生」,『政經文化』 6월호, 1986.

_____,「시베리아의 鬪士 元世勳」,『政經文化』 7·8월호, 1986.

_____,「趙琬九先生의 북망산천」,『政經文化』 3월호, 1986.

_____,「韓國獨立黨 망각의 이력서」,『政經文化』 4월호, 1986.

_____,「이승만 서울탈출기 : 50년 6월 27일 새벽의 도강, 그 진상」,『월간경향』 6월호, 1987.

_____,「金奎植에의 새로운 證言들」,『월간경향』 4월호, 1987.

김 철,「最後의 政治人 柳珍山研究」,『新東亞』 3월호, 1983.

金珍培,「初代大法院長 街人 金炳魯」,『新東亞』 5월호, 1983.

노가원,「빨치산 유격총사령관 하준수일대기 하 : 이승만 경호대장에서 빨치산 총수로 월북」,『월간다리』 2월호, 1990.

突戶寬,「評傳李承晩」,『中央公論』 2월호, 1956.

로버트 T. 올리버,「해방전후의 이승만」,『新東亞』 9월호, 1978.

_____,「내가 아는 이승만박사」,『新東亞』 9월호, 1979.

邵毓麟,「使韓回憶錄 9 : 이박사와 하아지중장」,『정경연구』 1월호, 1978.

_____,「使韓回憶錄 12 : 정부수립 전야·이박사와 중국」,『정경연구』 8월호, 1978.

宋建鎬,「李承晩論」,『思想界』 11-5, 1963.

_____,「李承晩博士의 政治思想」,『新東亞』 9월호, 1965.

_____,「사라진 정치지도자군상 : 이승만론」,『政經研究』 9월호, 1965.

_____,「李承晩과 金九의 民族路線」,『창작과비평』 43호, 1977.

_____,「이승만」,『韓國現代人物史論 : 民族運動의 思想과 指導路線』, 한길사, 1984.

신상초,「밖에서 본 이승만박사」,『新東亞』 9월호, 1965.

安在鴻,「民政長官을 辭任하고 - 岐路에 선 朝鮮民族」,『新天地』 7월호, 1948.

양흥모,「이승만박사와 군대」,『新東亞』 9월호, 1965.

呂運弘,「헐버트박사와 나」,『民聲』 10월호, 1949.

吳一龍,「정치삐라로 지샌 1945년의 해방정국」,『新東亞』 10월호, 1985.

元致豪,「申興雨박사의 放送 녹음기록」, 1958.

俞炳殷,「日帝末 '短波盜聽 사건'의 全貌」,『新東亞』 3월호, 1988.

유양수, 「한국초대 퍼스트레이디의 초상-프란체스카 리여사」, 『月刊朝鮮』 12월호, 1995.
尹汝雋, 「美洲移民七十年」 1~27, 『京鄕新聞』, 1973. 10. 6~12. 26.
윤치영, 「반공·건국에 영일없던 나날 : 이승만」, 『新東亞』 8월호, 1977.
윤치호, 「독립협회의 始終」, 『新民』 14 6월호, 1926.
李甲成, 「三一當時를 回想하며」, 『民聲』 3월호, 1950.
李敬南, 「이화장과 경교장」, 『政經文化』 10월호, 1985.
이경남, 「이승만 나라세우기 인촌 힘입었다」, 『新東亞』 3월호, 1995.
李奎甲, 「漢城臨時政府樹立의 顚末」, 『新東亞』 4월호, 1969.
이도희, 「이승만대통령과 북한산 문수사」, 『가정조선』 8월호, 1986.
이동욱, 「우리의 건국대통령은 이렇게 죽어갔다」, 『月刊朝鮮』 2월호, 1995.
이동현, 「이승만의 집권전략 : 사설정보대 운영 해방정국 장악」, 『WIN』 9월호, 1996.
李萬珪, 「夢陽呂運亨鬪爭史」, 『新天地』 8월호, 1947.
이병윤, 「정신의학자가 본 이승만박사」, 『新東亞』 9월호, 1965.
李相敦, 「解放前後 縱橫觀」, 『新東亞』 8월호, 1987.
이열모, 「이승만박사의 경제정책」, 『新東亞』 9월호, 1965.
이영근, 「통일일보 회장 고 이영근 회고록 (하) : 이승만, 박헌영을 제압하다」, 『月刊朝鮮』 9월호, 1990.
이웅희, 「이승만박사의 외교정책」, 『新東亞』 9월호, 1965.
이은수, 「探訪談 : '아버지 李博士'는 잘못이 크오, 독재자 이승만씨의 아들 李恩秀氏와 며느리安蓮玉女史」, 『實話』 11월호, 新太陽社, 1960.
李 仁, 「解放前後의 片片錄」, 『新東亞』 3월호, 1980.
이재학, 「안에서 본 이승만박사」, 『新東亞』 9월호, 1965.
李庭植, 「이승만시대의 특성」, 『新東亞』 9월호, 1965.
李庭植 譯註, 「青年李承晚自敍傳」, 『新東亞』 9월호 권말부록, 1979.
_____, 「이승만은 미정보기관의 문관대령이었나」, 『新東亞』 2월호, 1990.
林炳稷, 「이박사, 하지중장 뿌리치다」, 『月刊中央』 8월호, 1968.
_____, 「이박사와 더불어 부산까지」, 『新東亞』 6월호, 1970.
任洪彬, 「韓半島 分斷의 뿌리」, 『新東亞』 8월호, 1983.
_____, 「미국측 극비자료를 토대로 한 입체분석 : 李承晚 金九 하지」, 『新東

亞』11·12월호, 1983.
張錫潤, 「풍상 끝에 얻은 섭리」, 『격랑반세기 1』, 강원일보사, 1988.
田榮澤, 「東京留學生의 獨立運動」, 『新天地』 제1권 제3호, 3월호, 1946
政經文化, 「충격정보 미국무성 극비문서 : 이승만 제거 비상계획」, 『政經文化』 7월호, 1984.
정병준, 「해방정국의 미공작원들」, 『月刊 말』 10월호, 1992.
정용석, 「한반도는 4분될 뻔했다」, 『新東亞』 1월호, 1983.
鄭晋錫, 「신문기자로서의 이승만」, 『月刊中央』 4월호, 1977.
_____, 「협성회회보·매일신문 論攷」, 『신문과 방송』 7월호, 1977.
_____, 「新聞記者로서의 李承晩」, 『月刊中央』 4월호, 1979.
_____, 「인물로 본 한국 언론 100년」, 『신문과 방송』 7월호, 1991.
_____, 「인물로 본 한국 언론 100년-(2) 독립신문의 해외유학파와 외국인들」, 『신문과 방송』 8월호, 1991.
_____, 「인물로 본 한국 언론 100년-(3) 1898년의 민간신문 기자들」, 『신문과 방송』 9월호, 1991.
조갑제, 「이승만대통령제거계획 : 52년 6월초의 육본심야회의」, 『月刊朝鮮』 6월호, 1984.
曺惠子, 「인간 이승만의 새 傳記」 1~12, 『여성中央』 1~12월호, 1983.
중앙일보사, 「남기고 싶은 이야기들 : 景武臺四季」 1~182회, 『中央日報』 1972. 2. 4~9. 11.
편집부, 「미CIA 1급비밀문서 : 이승만제거, 두 갈래의 쿠데타음모」, 『新東亞』 8월호, 1995.
한갑수, 「우남과 만송」, 『新東亞』 9월호, 1965.
한국일보사, 「人間李承晩百年」 1~100회, 『한국일보』 1975. 4. 11~8. 13.
韓賢宇, 「나의 反託鬪爭記」 1~5회, 『世代』 1975. 10~1976. 2.
해리 트루만, 「트루만회고록」, 『新東亞』 6월호, 1968.
玄相允, 「三一運動의 回想」, 『新天地』 3월호, 1946.
_____, 「三一運動勃發의 槪略」, 『新天地』 3월호, 1950.
後石學人, 「資料로 본 解放10年史」, 『한국일보』 1955. 8. 15.~12. 1 : 『朝鮮日報』 1959. 8. 8.~10.13.
S. Rhee, "Child Life in Korea" The Korean Mission Field, March 1903 (Volume 8-3).

4. 校史·社史·敎會史·기타

建國靑年運動協議會總本部, 『大韓民國建國靑年運動史』, 1990.
김운석, 『北韓傀集戰術文獻集』, 한국아세아반공연맹, 1957.
金元容, 『在美韓人五十年史』 Readly, California(독립운동사편찬위원회, 『독립운동사자료집』 8 수록), 1959.
김택용, 『재미한인교회75년사』, 생명의말씀사, 1979.
駱山同志會, 『大韓民國建國을 위한 政治工作隊의 活動主史』, 1994.
內務部治安局, 『民族의 先鋒 : 대한경찰전사』, 1952.
_____, 『韓國警察史』, 1973.
盧載淵, 『在美韓人史略』, 羅城(독립운동사편찬위원회, 『독립운동사자료집』 8 수록), 1963.
뉴욕한인회, 『사반세기 뉴욕한인회』, 오늘, 1985.
대한YMCA연맹 엮음, 『韓國YMCA運動史』, 路出版, 1986.
東亞日報史, 『東亞日報社史』 1, 東亞日報社, 1975.
라성한인연합장로교회70년사편찬위원회, 『라성한인연합장로교회70년사』, 라성한인연합장로교회, 1976.
培材學堂, 『培材八十年史』, 1965.
배재100년사편찬위원회, 『배재백년사』, 1989.
徐光云, 『美洲韓人70年史』, 海外僑胞問題硏究所, 1971.
李革편, 『愛國삐라全集』, 조국문화사, 1946.
仁川內里敎會, 『內里九十五年史』, 기독교대한감리회 인천내리교회, 1980.
_____, 『內里百年史』, 기독교대한감리회 인천내리교회, 1985.
전택부, 『한국기독교청년회운동사』, 1978.
정동제일교회역사편찬위원회, 『정동제일교회구십년사』, 기독교대한감리교정동제일교회, 1977.
朝鮮日報社, 『뭉치면 살고 : 1898~1944 언론인 이승만의 글모음』, 朝鮮日報社, 1995.
_____, 『이승만 : 초대대통령의 나라세우기』(CD), 솔빛조선미디어, 1995.
조이제, 『한국감리교청년회100년사』, 감리교청년회100주년기념사업위원회, 1997.
주요한, 『흥사단 50년사』, 대성문화사, 1965.

中央情報部,『北韓對南工作史 1·2』, 1972.
최병현,『강변에 앉아 울었노라 : 뉴욕한인교회70년사』, 깊은샘, 1992.
韓國勞總,『韓國勞動組合運動史』, 1979.
한국방송사편찬위원회,『한국방송사』, 한국방송공사, 1977.

5. 증언·인터뷰

「李恩秀 인터뷰(安炯柱 대담)」(1998. 11. 20, 미국 LA자택)
「張錫潤 인터뷰」(1997. 6. 10, 일산 자택)
「宋南憲 인터뷰」(1999. 4. 15, 자택 ; 1999. 4. 30, 마포 ; 1999. 10. 8, 마포)
「鮮于鎭 인터뷰」(1996. 6. 14. ; 1999. 10. 13, 백범김구선생기념사업협회)
「趙英珍(西北靑年會 부위원장) 인터뷰」(1997. 7. 16, 이촌동 자택)
「鮮于吉永 인터뷰」(1997. 4. 2, 경기도 인덕원 자택)
「崔義鎬(白衣社·김일성암살미수) 인터뷰」(1998. 3. 28, 國史編纂委員會)
「趙在國(김일성암살미수) 인터뷰」(1997. 4. 16, 대전 자택)

II. 연구 성과

1. 단행본

(1) 개화기~일제시대

姜東鎭,『日帝의 韓國侵略政策史』, 한길사, 1980.
姜信杓,『壇山社會와 韓國移住民 — Hawaii 韓人生活의 人類學的 硏究』, 한국
    연구원, 1980.
權相老,『韓國地名沿革考 : 地名變遷辭典』, 1940.
金度亨,『大韓帝國期의 政治思想硏究』, 一潮閣, 1994.
김봉우,『일제식민통치비사』, 청아, 1989

김승태, 『한국기독교의 역사적 반성』, 다산글방, 1994.
金泳模, 『朝鮮支配層硏究』, 一潮閣, 1981.
김학준, 『한말의 서양정치학 수용 연구 : 유길준·안국선·이승만을 중심으로』, 서울대학교출판부, 2000.
閔庚培, 『日帝下의 韓國基督敎 民族信仰運動史』, 대한기독교서회, 1991.
박찬승, 『한국근대정치사상사연구』, 역사비평사, 1992.
方善柱, 『在美韓人의 獨立運動』, 한림대 아시아문화연구소, 1989.
放友會, 『短波放送海外連絡事件』, 방송토론회 종합보고서, 1988.
신명호, 『조선의 왕』, 가람기획, 1998.
신성려, 『하와이移民略史』, 高麗大 民族文化硏究所, 1988.
愼鏞廈, 『獨立協會硏究』, 一潮閣, 1979.
兪炳殷, 『短波放送 連絡運動』, KBS문화사업단, 1991.
柳永烈, 『開化期의 尹致昊硏究』, 한길사, 1985.
_____, 『대한제국기의 민족운동』, 一潮閣, 1997.
李能和, 『朝鮮基督敎及外交史』 下, 朝鮮基督敎 彰文社, 1928.
이승만 지음·정인섭 옮김, 『이승만의 전시중립론』, 나남출판사, 2000.
이정식·스칼라피노, 『한국공산주의운동사 1~3』, 돌베개, 1986.
鄭英熹, 『개화기 종교계의 교육운동 연구』, 혜안, 1999.
정진석 편저, 『독립신문·서재필문헌해제』, 나남출판, 1996.
韓國敎育史庫, 『高宗황제의 주권수호 외교』, 1994.
韓永愚, 『韓國民族主義歷史學』, 一潮閣, 1993.
해링턴 지음·李光麟 옮김, 『開化期의 韓美關係』, 一潮閣, 1989.
Andrew W. Lind, *Hawaii's People*, Honolulu: University of Hawaii Press, 1955.
Arthur L. Gardner, *The Koreans in Hawaii: An Annotated Bibliography*, Honolulu: University of Hawaii Press, 1970.
Eugene C. I. Kim, and Kim Han-Kyo, *Korea and the Politics of Imperialism (1876~1910)*, Berkeley and Los Angeles: University of California Press, 1967.
Fred Harvey Harrington, *God, Mammon and the Japanese-Dr. Horace N. Allen and Korean-American Relations, 1884~1905*, The University of Wisconsin Press, 1963.

Frederick M. Nelson, *Korea and the Old Order in East Asia*, Baton Rouge, La.: Louisiana State University Press, 1946.
Henry Chung, *Korean Treaties*, New York: Fleming, 1919.
_____, *Treaty and Conventions Between Corea and Other Powers*, New York: H.S. Nichols Co., 1919.
_____, *Korean Treaties*, New York: H.S. Nichols, 1921.
Hilary Conroy, *The Japanese Seizure of Korea, 1868~1910*, Philadelphia: University of Pennsylvania Press, 1960.
John Hyun, *A Condense History of the Kungminhoe ; the Korean National Association*, Korea University, Seoul, 1985.
Michael E. Robinson, *Cultural Nationalism in Colonial Korea 1920~1925*, Seattle, University of Washington Press, 1988.(김민환 옮김, 『일제하 문화적 민족주의』, 나남, 1990.)
Michi Weglyn, *Years of Infamy : The Untold Story of America's Concentration Camps*, New York, Morrow Quill Paperbacks, 1976.
Robert M. C. Little, *The Government of Hawaii: A Study in Territorial Administration*, Stanford, California. Stanford University Press, 1929.
Wayne Patterson, *The Korean Frontier in America-Immigration to Hawaii, 1896~1910*, University of Hawaii Press, 1988.

(2) 해방 이후

강정구, 『좌절된 사회혁명』, 열음사, 1989.
高承濟, 『한국이민사연구』, 章文閣, 1973.
구대열, 『한국국제관계사 1』, 역사비평사, 1995.
國史編纂委員會, 『韓國獨立運動史 1』, 1965.
그란트 미드 지음·안종철 옮김, 『주한미군정연구』, 공동체, 1992.
김기원, 『미군정기의 경제구조』, 푸른산, 1990.
金南植, 『南勞黨硏究』, 돌베개, 1984.
김동춘 편, 『한국현대사연구 1』, 이성과현실사, 1988.
김운태, 『韓國現代政治史 2』, 성문각, 1976.
金辰雄, 『現代美國外交史』, 亞細亞文化社, 1987.

金昌順·金俊燁,『韓國共產主義運動史 1~5』, 청계연구소, 1986.
金赫東,『美軍政下의 立法議院』, 凡友社, 1970.
데이비드 꽁드,『분단과 미국 1~2』, 사계절, 1988.
도진순,『한국민족주의와 남북관계』, 서울대학교출판부, 1997.
리차드 E. 라우터백,『韓國美軍政史』, 국제신문사, 1948.
리차드 로빈슨,『미국의 배반』, 과학과사상사, 1988.
마크 게인,『解放과 美軍政』, 까치, 1986.
文學琫,『米帝의 朝鮮侵掠政策의 正體와 內亂挑發者의 眞相을 暴露함』, 조선중앙통신사 출판부, 1950.(國史編纂委員會,『北韓關係史料集』 VII, 1989.)
미국사연구회 편역,『미국역사의 기본사료』, 소나무, 1996.
閔丙用,『美洲移民 100年』, 한국일보사 출판국, 1986.
브루스 커밍스 지음·김주환 옮김,『한국전쟁의 기원』상·하, 靑史, 1986.
서중석,『한국현대민족운동연구』, 역사비평사, 1991.
宋建鎬,『한국현대사』, 두레, 1986.
宋建鎬·박현채 외,『해방40년의 재인식 1』, 돌베개, 1985.
宋南憲,『韓國現代政治史』, 성문각, 1980.
_____,『解放3年史 I·II』, 까치, 1985.
沈之淵,『韓國民主黨硏究』, 풀빛, 1982.
_____,『해방정국논쟁자료 I』, 한울, 1986.
_____,『미소공동위원회연구』, 청계연구소, 1989.
_____,『허헌연구』, 역사비평사, 1994.
안병욱 편,『한국사회운동의 새로운 인식 1』, 대동, 1992.
안종철,『광주·전남지방 현대사연구』, 한울, 1988.
안수훈,『한국성결교회성장사』, 기독교 미주성결교회 출판부, 1981.
역사문제연구소 편,『쟁점과 과제 : 민족해방운동사』, 역사비평사, 1989.
_____,『해방3년사연구입문』, 까치, 1989.
연동교회,『연동교회90년사』, 1984.
柳東植,『하와이의 한인과 교회』, 하와이 그리스도연합감리교회, 1988.
_____,『在日本韓國基督敎靑年會史(1906~1990)』, 1990.
_____,『정동제일교회의 역사 : 1885~1990』, 기독교대한감리회 정동제일교

회, 1992.
李敬南, 『분단시대의 청년운동』 상·하, 삼성문화문고, 1989.
李起夏, 『韓國政黨發達史』, 의회정치사, 1961.
_____, 『韓國共産主義運動史 1~3』, 國土統一院 調査研究室, 1976.
李仁秀, 『대한민국의 건국』, 촛불, 1988.
李庭植, 『韓國現代政治史 3』, 성문각, 1976.
_____, 『韓國民族主義의 運動史』, 한밭출판사, 1984.
이호재, 『한국외교정책의 이상과 현실』, 법문사, 1969.
임명삼, 『유엔조선위원단보고서』, 국제신문사, 1949.
임종국, 『실록친일파』, 돌베개, 1991.
정병준, 『해외사료총서 2 : 미국소재 한국사자료 조사보고 I NARA 소장 RG5 9·RG84 외』, 국사편찬위원회, 2002.
제임스 메트레이 지음·구대열 옮김, 『한반도의 분단과 미국』, 을유문화사, 1989.
曹圭河·姜聲才·李庚文, 『南北의 對話』, 한일문고, 1972.
조순승, 『韓國分斷史』, 형성사, 1982.
중앙일보 특별취재반, 『秘錄 : 조선민주주의인민공화국』 상·하, 1992.
최봉윤, 『미국속의 한국인』, 종로서적, 1983.
崔相龍, 『미군정과 한국민족주의』, 나남, 1989.
최웅·김봉중, 『미국의 역사』, 소나무, 1997.
한국역사연구회 현대사연구반, 『한국현대사 1~4』, 풀빛, 1991.
韓永愚, 『우리 역사와의 대화』, 乙酉文化社, 1991.
_____, 『다시 찾는 우리 역사』, 경세원, 1997.
Bradley F. Smith, *The Shadow Warriors : O.S.S. and the Origins of the C.I.A*, Basic Books, Inc., Publishers, N.Y.
Bruce Cumings, *The Origins of the Korean War, vol. II*, Princeton University Press, 1990.
Choy, Bong Youn, *Korea: A History*, Ruland, Vt., and Tokyo: Charles E. Tuttle Co., 1971.
_____, *Korean in America*, Nelson-Hall, Chicago, 1979.
David Kim, *Korean to Win*, University of California at Los Angeles, 1975.
D. G. Tewksbury, *Source Materials on Korean Politics and Ideologies*, New York:

Institute of the Pacific Relations, 1950.

Erik van Ree, *Socialism in One Zone*, Berg Publishers Ltd, 1989.

Gregory Henderson, *Korea: The politics of the vortex*, Harvard University Press, Cambridge, Massachusetts, 1968.

George L. Paik (白樂濬), *The History of Protestant Mission in Korea (1882~1910)*, Pyonyang: Union, Christian College Press, 1929.

Hyung-chan Kim and Wayne Patterson, *The Koreans in America (1882~1974)*, Oceana Publications, Inc., Dobbs Ferry, New York, 1974.

Kim Hyung-chan and Wayne Patterson, *The Koreans in America (1882~1974)*, Dobbs Ferry, N.Y. Oceana Publications, 1974.

Maochun Yu, *OSS in China: Prelude to Cold War*, Yale University Press, New Heaven and London 1996.

Michael Park, *Three Generations of Koreans in America*, University of California, Berkeley, 1974.

Quee-Young Kim, *The Fall of Syngman Rhee*, Institute of East Asian Studies, University of California, Berkeley, 1983.

Samuel O. S. Lee, *75th Anniversary of Korean Immigration to Hawaii 1903~1978*, The 75th Anniversary of Korea Immigration to Hawaii Committee, 1978.

Thomas N. Moon & Carl Eifler, *The Deadliest Colonel*, VANTAGE PRESS, New York Washington Atlanta Hollywood 1975.

Waller Isaascon & Evan Thomas, *The Wise Men: Six Friends and the World they made-Acheson, Bohlen, Harriman, Kennan, Lovett, McCloy*, Simon and Schuster Inc., New York. 1986.

Warren Y. Kim, *Koreans in America*, Po Chin Chai Printing Co., Seoul, Korea, 1971.

2. 논문

(1) 개화기~일제시대

강영심, 「1920년대 조선물산장려운동의 전개와 성격」, 『국사관논총』 47, 1993.

高珽烋,「開化期 李承晩의 言論·政治 및 執筆活動」, 고려대 사학과 석사학위 논문, 1984.

_____,「開化期 李承晩의 思想形成과 活動(1875~1904)」,『歷史學報』109호, 1986.

_____,「3·1운동과 미국」,『3·1 민족해방운동 연구 — 3·1운동 70주년 기념논문집』, 한국역사연구회·역사문제연구소, 1989.

_____,「태평양문제연구회 조선지회와 조선사정연구회」,『역사와현실』 6호, 1991.

_____,「이승만과 구미위원부」,『역사비평』 14(가을호), 1991.

_____,「이승만은 독립운동을 했는가」,『역사비평』 15(겨울호), 1991.

_____,「大韓民國臨時政府 歐美委員部(1919~1925) 硏究」, 고려대 사학과 박사학위논문, 1991.

_____,「歐美駐箚韓國委員會의 초기 조직과 활동(1919~1922)」,『歷史學報』 134·135, 1992.

_____,「제2차 세계대전기 재미한인사회의 동향과 주미외교위원부의 활동」,『국사관논총』 49집, 1993.

_____,「독립운동기 이승만의 외교노선과 제국주의」,『역사비평』 겨울호, 1995.

_____,「世稱 漢城政府의 組織主體와 宣布經緯에 대한 檢討」,『韓國史硏究』 97집, 1997.

_____,「3·1운동과 天道敎團의 臨時政府 수립구상」,『韓國史學報』 3·4호 합집, 1998.

_____,「러일전쟁 전후의 고종외교」,『한민족독립운동사 1』, 國史編纂委員會, 1998.

_____,「대한민국임시정부와 미주지역 독립운동」,『대한민국임시정부와 독립운동』, 대한민국임시정부 수립 80주년기념 국제학술회의, 한국근현대사연구회, 1999.

權寧厚,「李承晩과 大韓民國 臨時政府, 1919~1925」, 건국대 사학과 석사학위논문, 1987.

김권정,「1920~30年代 申興雨의 基督敎 民族運動」,『한국민족운동사연구』 21집, 1999.

김기석,「光武帝의 주권수호 외교, 1905~1907 : 乙巳勒約 무효 선언을 중심으로」(李泰鎭 편),『日本의 大韓帝國 强占』, 까치, 1995.
김도현,「李承晩路線의 재검토」,『해방전후사의 인식』, 한길사, 1979.
김도형,「한국근대사에서 자주·독립의 의미」,『역사비평』여름호, 1995.
金度亨,「1930년대 초반 하와이 한인사회의 동향」,『한국근현대사연구』9집, 1998.
金度勳,「共立協會(1905~1909)의 民族運動硏究」, 국민대 석사학위논문, 1987.
김상태,「1920~1930년대 同友會·興業俱樂部 硏究」, 서울대 석사학위논문, 1991.
_____,「일제하 申興雨의 '社會福音主義'와 民族運動論」,『역사문제연구』창간호, 역사문제연구소, 1996.
金良善,「三·一運動과 基督敎界」,『三·一運動50周年紀念論集』, 東亞日報社, 1969.
金榮洙,「俄館播遷期 정치세력 연구」, 성균관대 사학과 석사학위논문, 1999.
김원모,「遣美 朝鮮報聘使 隨員 邊燧·高永喆·玄興澤 연구」,『상명사학』제3·4합집, 1995
김인선,「개화기 이승만의 한글운동연구」, 연세대 국학협동과정 박사학위논문, 1999.
노경채,「임시정부는 얼마나 독립운동을 하였나」,『역사비평』11(겨울호), 1990.
민병용,「美洲에서의 獨立運動史 硏究」,『韓國獨立運動과 民族統一』, 독립기념관 한국독립운동사연구소, 세종문화회관, 1995.
박찬승,「부르주아민족주의운동」,『한국역사입문 3』, 풀빛, 1996.
朴熙琥,「舊韓末 韓半島中立化論 硏究」, 동국대대학원 박사학위논문, 1997.
方善柱,「1930년대 상해 거주 한국인의 실태」,『新東亞』8월호, 1979.
_____,「高宗의 1905년 密書 : 美·英·佛 등 在外공관에 보내는 암호電文」,『월간경향』3월호, 1987.
_____,「徐光範과 李範晋」,『崔永禧先生華甲紀念韓國史學論叢』, 탐구당, 1987.
_____,「3·1운동과 재미한인」,『한민족독립운동사 3』, 國史編纂委員會, 1988.
_____,「臨時政府/光復軍支援 在美韓人團體에 대한 美國情報機關의 査察」,『한국무장독립운동에 관한 국제학술대회 논문집』, 한국독립유공자협회, 1988.
_____,「1921~22년의 워싱톤회의와 재미한인의 독립청원운동」,『한민족독립운동사 6』, 國史編纂委員會, 1989.

_____, 「1930년대 在美韓人獨立運動」, 『한민족독립운동사 8』, 國史編纂委員會, 1990.

_____, 「1930~40년대 歐美에서의 獨立運動과 列強의 反應」, 『韓國獨立運動과 尹奉吉義士』, 梅軒尹奉吉義士義擧 第50周年紀念國際學術會議, 세종문화회관, 1992.

_____, 「在美 3·1運動 總司令官 白一圭의 鬪爭一生」, 『水村朴永錫敎授華甲紀念韓民族獨立運動史論叢』, 탐구당, 1992.

_____, 「美洲地域에서 韓國獨立運動의 特性(OSS NAPKO)」, 『한국독립운동사연구』 제7집, 독립기념관 한국독립운동사연구소 제7회 독립운동사 학술심포지움, 1993.

_____, 「아이프러機關과 在美韓人의 復國運動」, 『第二回 韓國學國際學術會議論文集 - 解放 50주년, 세계 속의 韓國學』, 仁荷大學校 韓國學硏究所, 1995.

_____, 「임정의 광복활동과 미주 한인의 독립운동 - 제2차 대전 종반기 국제정세와 관련하여」(백범김구선생 탄신 120주년기념 국제학술대회), 『白凡 金九의 民族 獨立·統一運動』, 백범김구선생기념사업협회, 세종문화회관, 1997.

_____, 「이승만과 한길수」, 『이승만의 독립운동과 대한민국 건국』, 연세대 현대한국학연구소 제2차 국제학술회의, 1998.

_____, 「대한민국임시정부와 미국」(대한민국임시정부 수립 80주년기념 국제학술회의), 『대한민국임시정부와 독립운동』, 세종문화회관 대회의실(한국근현대사연구회 주최, 國家報勳處·東亞日報社 후원), 1999.

서정민, 「구한말 이승만의 활동과 기독교(1875~1904)」, 연세대 교육대학원 석사학위논문, 1987.[『한국기독교사연구』 18집(1988)에 수록]

徐仲錫, 「韓末·日帝侵略下 資本主義 近代化論의 性格」, 『한국근현대의 민족문제연구』, 지식산업사, 1989.

孫世一, 「大韓民國 臨時政府의 政治指導體系」, 『韓國近代史論 II』, 지식산업사, 1979.

愼鏞廈, 「3·1獨立運動 勃發의 經緯」(尹炳奭·愼鏞廈·安秉直 편), 『韓國近代史論 II』, 지식산업사, 1979.

申載洪, 「大韓民國臨時政府와 歐美와의 關係」, 『韓國史論』 10집, 國史編纂

　　　　　　委員會, 1981.
_____, 「大韓民國臨時政府의 對美外交」, 『韓美修交100年史』, 國際歷史學會議 韓國委員會, 1982.
_____, 「大韓民國臨時政府外交史硏究」, 경희대 박사학위논문, 1988.
안형주, 「박용만의 소년병학교」, 『한국민족학연구 4』, 단국대학교 한국민족학연구소, 1999.
野田晶子, 「申興雨의 民族運動과 '變節'에 관한 硏究」, 성신여대 대학원 석사학위논문, 1998.
양영석, 「위임통치청원(1919)에 관한 고찰-그 비판과 반론」, 『한국학보』 49호, 1987.
吳世昌, 「韓人의 美洲移民과 抗日運動」, 『민족문화논총』 6, 영남대학교, 1984.
유병용, 「3.1運動과 韓國獨立問題에 관한 美國言論의 反響」, 『金哲埈박사화갑기념史學論叢』, 지식산업사 1983.
柳永益, 「雩南 李承晩의 '獄中雜記' 白眉」, 『인문과학』 80집, 연세대 인문과학연구소, 1994.
尹大遠, 「大韓民國臨時政府의 組織·運營과 獨立方略의 분화(1919~1930)」, 서울대 국사학과 박사학위논문, 1999.
윤병석, 「1910년대 美洲지역 韓人 社會의 動向과 祖國獨立運動」, 『斗溪李丙燾博士九旬紀念韓國史學論叢』, 1987.
_____, 「國外 韓人의 歷史와 文化, 社會에 관한 基礎的 硏究 (1)-美洲 韓人社會의 成立과 民族運動」, 『한국학연구』 2(별집), 1990.
尹炳喜, 「第2次 日本亡命時節 朴泳孝의 쿠데타陰謀事件」, 『李基白先生古稀記念韓國史學論叢』 下, 一潮閣, 1994.
李光麟, 「舊韓末 獄中에서의 基督敎信仰」, 『韓國開化史의 諸問題』, 一潮閣, 1986.
_____, 「한국최초의 미국대학 졸업생 변수」, 『韓國開化史의 諸問題』, 一潮閣, 1986.
_____, 「初期의 培材學堂」, 『開化派와 開化思想』, 一潮閣, 1989.
이명화, 「민립대학 설립운동의 배경과 성격」, 『한국독립운동사연구 5』, 1991.
이배용, 「구한말 미국의 운산금광 채굴권 획득에 대하여」, 『역사학보』 50·51합집, 1971.

이애숙, 「상해 임시정부 참여세력의 대소(對蘇) 교섭」, 『역사와현실』 32호, 1999.
이지원, 「일제하 안재홍의 현실인식과 민족해방운동론」, 『역사와현실』 6호, 1991.
이현희, 「太平洋會議에의 韓國外交後援問題」, 『韓國史論叢 1』, 성신여대, 1976.
_____, 「大韓民國臨時政府의 樹立計劃과 天道敎」, 『한국사상 20』, 1987.
鄭秉峻, 「조선건국동맹의 조직과 활동」, 『한국사연구』 80집, 1992.
_____, 「해방직전 임시정부의 민족통일전선운동」, 『대한민국임시정부수립80주년기념논문집(하)』, 國家報勳處, 1999.
_____, 「이승만의 독립운동론」, 『논쟁으로 본 한국사회100년』, 역사비평사, 2000.
_____, 「이승만 : 반공건국과 분단독재의 카리스마」, 『한국사인물열전 3』, 한영우선생정년기념논총간행위원회 엮음, 돌베개, 2003.
鄭聖培, 「初期 李承晩에게 나타난 基督敎 理念이 그의 行動에 미친 影響研究」, 監理敎神學大學, 1983.
鄭世鉉, 「3·1學生獨立運動」, 『韓國近代史論 II』(尹炳奭·愼鏞廈·安秉直 편), 지식산업사, 1979.
정진석, 「언론인 이승만의 말과 글」, 『뭉치면 살고 : 1898~1944 언론인 이승만의 글모음』, 朝鮮日報社, 1995.
趙東杰, 「臨時政府 樹立을 위한 1917년도의 '大同團結宣言'」, 『韓國民族主義의 成立과 獨立運動史研究』, 지식산업사, 1989.
趙培原, 「修養同友會·同友會研究」, 성균관대 사학과 석사학위논문, 1997.
朱鎭五, 「19세기 후반 開化改革論의 構造와 展開 : 獨立協會를 中心으로」, 연세대 사학과 박사학위논문, 1995.
_____, 「독립협회의 정치체제론」, 『상명사학』 제3·4합집, 1995.
_____, 「청년기 이승만의 언론·정치활동 해외활동」, 『역사비평』 여름호, 1996.
최기영, 「뎨국신문, 공립신보, 신한민보 분석」, 『대한제국기신문연구』, 一潮閣, 1991.
崔永浩, 「韓國人 初期 하와이 移民 - 始作과 終末의 動機」, 『全海宗博士華甲紀念史學論叢』, 1979.
_____, 「이승만과 하와이 교포사회」, 『이승만의 독립운동과 대한민국 건국』, 현대한국학연구소, 1998.
최유리, 「일제말기 참정권 논의와 그 성격」, 『이대사원』 28집, 1995.

추헌수,「韓國臨時政府의 外交에 관한 考察」,『延世論叢 10』, 1973.
_____,「韓國獨立運動史」,『韓國現代文化史大系 4』, 고려대 민족문화연구소, 1978.
프란크 볼드윈,「윌슨, 民族自決主意, 三・一運動」,『三・一運動50周年紀念論集』, 東亞日報社, 1969.
하유식,「대한제국기 이승만의 정치사상과 대외인식」,『지역과 역사』제6호, 부산경남역사연구소, 2000.
韓圭茂,「尙洞靑年會에 대한 연구, 1897~1914」,『歷史學報』126집, 1990.
_____,「玄楯(1878~1968)의 인물과 활동」,『國史館論叢』72집, 1992.
韓永愚,「安在鴻의 新民族主義와 史學」,『한국독립운동사연구 1』, 1987.
_____,「乙未之變, 大韓帝國 성립과『明成皇后 國葬都監儀軌』」,『韓國學報』100집, 2000.
洪景萬,「春生門事件」,『李載龒博士還曆紀念韓國史學論叢』, 한울, 1990.
홍선표,「이승만의 통일운동-1930년 하와이 동지미포대표회를 전후로」,『한국독립운동사연구』제11집, 1997.
홍순민,「조선후기 王室의 구성과 璿源錄」,『韓國文化 11』, 1990.
Carol Bulger Van Valkenburg, "An Alien Place : the Port Missoula, Montana, Detention Camp, 1941~1944" Master of Interdisciplinary Studies thesis, University of Montana.
Clarence N. Weems, "Washington's First Steps Toward Korean-American Joint Action (1941~1943)"『한국무장독립운동에 관한 국제학술대회 논문집』, 사단법인 한국독립유공자협회, 1988.
Daniel L. Gifford, "Education in the Korea", *The Korean Repository*, August, 1896.
Hong N. Kim, "U.S Archival Materials in Washington, D.C. for the Study of Korea", *Korea Observer* vol. XVIII. no.2, Summer 1987.
John D. Palmer, "Syngman Rhee's Diplomatic Activities in Geneva and Moscow, 1933", Major in East Asian Studies, Department of Asian Studies, Graduate School of International Studies, Yonsei University, December 1996.
Kim, Bernice B. H(김봉희), "The Koreans in Hawaii", Master's thesis(Sociology), University of Hawaii, 1937.

Kingsley K. Lyu(劉慶商), "Korean Nationalist Activities in Hawaii & America 1901~1945", Graduate Division, University of Hawaii, 1950.
Kingsley K. Lyu, "Korean Nationalist Activities In Hawaii And America, 1901~1945", in *Counterpoint Perspectives On Asian American*, UCLA, 1976.
Linda J. Min, "Kilsoo K. Haan versus Syngman Rhee : a competition for leadership in the Korean independence movement in the United States, 1938~1945", Seoul : Graduate School of International Studies, Yonsei University, 1997.
Roberta W. S. Chang, "The Korean National Association Kuk Min Hur and Rhee Syngman in the Courts of the Territory of Hawaii 1915 to 1936" 『韓國現代史資料集成 45 : 大韓人國民會와 李承晩(1915~36년간) 하와이 법정자료』, 國史編纂委員會, 1999.

(2) 해방 이후

가브리엘 콜코, 「미국과 한국의 해방」, 『한국현대사의 재조명』, 돌베개, 1982.
고휘주, 「李承晩의 政治權力에 關한 硏究 : 統治者倫理와 政治權力의 節次的 正當性 問題를 中心으로」, 중앙대학교 대학원, 1990.
그란트 미드, 「미군정의 정치경제적 인식」, 『한국현대사의 재조명』, 돌베개, 1982.
金光植, 「美軍政과 分斷國家의 形成」, 『한국현대사 1』, 열음사, 1985.
김광운·정병준, 「주한미군 정치고문 문서 해제」, 『대한민국사자료집』 18집, 國史編纂委員會, 1994.
金大商, 「친일세력 재등장의 정치구조」, 『한국현대정치사 1』, 실천문학사, 1987.
金得中, 「制憲國會의 構成過程과 性格」, 성균관대 사학과 석사학위논문, 1993.
金甫穎, 「大韓獨立促成國民會의 組織과 活動」, 한양대 사학과 석사학위논문, 1994.
金聖甫, 「소련의 대한정책과 북한에서의 분단질서 형성, 1945~1946」, 『분단50년과 통일시대의 과제』, 역사비평사, 1995.
_____, 「北韓의 土地改革과 農業協同化」, 연세대 사학과 박사학위논문, 1996.
김수자, 「美軍政期(1945~1948) 統治機構와 官僚任用政策 - 中央行政機構 改編과 行政官僚의 社會的 背景을 중심으로」, 이화여대 석사학위논

문, 1993.
金榮美, 「美軍政期 南朝鮮過渡立法議院의 成立과 活動」, 서울대 석사학위논문, 1993.
김왕경, 「李承晩, 朴正熙 兩 大統領의 리더쉽 比較硏究」, 國防大學院, 1985.
金一榮, 「李承晩 統治期 政治體制의 性格에 關한 硏究」, 成均館大 정외과 박사학위논문, 1991.
金昌道, 「政治的 리더쉽에 關한 比較硏究 : 李承晩, 張勉, 朴正熙를 中心으로」, 成均館大學校, 1987.
김혜수, 「정부수립 직후 이승만정권의 통치이념 정립과정」, 『이대사원』 28집, 1995.
노기영, 「이승만정권의 태평양동맹 정책과 한미일관계」, 부산대학교, 1998.
도진순, 「1945~1946년 미국의 대한정책과 우익의 분화」, 『역사와현실』 7호, 1992.
류상영, 「한국경찰과 초기국가의 형성」, 연세대 석사학위논문, 1988.
_____, 「8·15 직후 좌우익 청년단체의 조직과 활동」, 『해방전후사의 인식 4』, 한길사, 1989.
류은미, 「이승만의 권력장악에 관한 연구」, 경남대학교 대학원, 1993.
류정임, 「解放直後 民主主義民族戰線의 形成과 그 性格 硏究」, 이화여대 사학과 석사학위논문, 1992.
박용규, 「민족주의 교육사상가 이만규」, 『역사비평』 가을호, 1993.
박진희, 「해방직후 정치공작대의 조직과 활동」, 『역사와현실』 21호, 1996.
朴彩鎔, 「李博士의 單政路線에 關한 硏究, 1945~1948」, 고려대 교육대학원 석사학위논문, 1971.
朴泰均, 「1945~1946년 美軍政의 政治勢力 再編計劃과 南韓政治構圖의 變化」, 『韓國史硏究』 74집, 1991.
方善柱, 「虜獲 北韓筆寫文書 解除(1)」, 『아시아문화』 창간호, 1986.
_____, 「美國의 韓國關係 現代史資料」, 『韓國現代史論』(한국사학회 편), 을유문화사, 1986.
_____, 「美國 第24軍 G-2 軍史室 資料解題」, 『아시아문화』 제3호, 1987.
_____, 「美國內 資料를 통하여 본 韓國近·現代史의 의문점」, 『아시아문화』 제2호, 1987.
_____, 「해설」, 『G-2 Periodic Report1 : 주한미군정보일지 1』, 한림대학교, 1988.
_____, 「美軍政期의 情報資料 : 類型 및 意味」, 『韓國現代史와 美軍政』, 한

림대학교 아시아문화연구소, 1991.

_____, 「美國 國立公文書館 國務部文書槪要」, 『國史館論叢』 第79輯, 國史編纂委員會, 1998.

브루스 커밍스, 「미국의 정책과 한국해방」, 『한국현대사』(프랭크 볼드윈 편), 사계절, 1984.

_____, 「갈등 초기의 한미관계 1943~1953」, 『한국전쟁과 한미관계』, 청사, 1987.

徐仲錫, 「李承晩大統領과 韓國民族主義」, 『한국민족주의론 2』, 창작과비평사, 1983.

_____, 「金九路線의 挫折과 歷史的 敎訓」, 『한국현대정치사 1』, 실천문학사, 1989.

_____, 「反託鬪爭과 自主的 統一民主國家建設의 挫折」, 『이영희화갑기념문집』, 1989.

_____, 「한국전쟁과 이승만정권의 권력강화」, 『역사비평』 9(여름호), 1990.

_____, 「미군정·이승만정권·4월혁명기의 지방자치제」, 『역사비평』 13(여름호), 1991.

_____, 「이승만과 북진통일 - 1950년대 극우반공독재의 해부」, 『역사비평』 29(여름호), 1995.

_____, 「이승만정부 초기의 일민주의」, 『진단학보』 제83호, 1997.

성 모, 「한국교회의 반공 이데올로기 형성에 관한 연구 : 해방후에서 이승만정권기를 중심으로」, 감리교신학대학, 1993.

孫鳳淑, 「韓國自由黨十二年史의 硏究 : 李承晩博士執權下의 政黨體制를 中心으로」, 梨花女子大學校 정외과 석사학위논문, 1967.

송건호, 「이승만과 김구의 민족노선」, 『韓國近代史論』 III, 지식산업사, 1978.

_____, 「이승만은 과연 애국자인가」, 『역사비평』 7(겨울호), 1989.

신계주, 「우남 이승만의 대미관에 관한 연구」, 한국정신문화연구원, 1997.

신광영, 「남한과 일본에서의 미점령군의 노동정책 비교연구」, 『경제와 사회』 여름·가을호, 이론과실천사, 1989.

신병식, 「분단국가의 수립과 이승만노선」, 『한국현대정치사 1』, 실천문학사, 1989.

_____, 「이승만의 정치관 연구 1 : 그의 저작을 중심으로」, 『상지병설전문대논문집』 15호, 1996.

신혜수, 「영국 - 아일랜드」, 『역사비평』 봄호, 1995.

沈之淵, 「설산 장덕수의 정치이념연구」, 『慶南大學校論文集』 제9호, 1982.
안　진, 「미군정기 국가기구의 형성과 성격」, 『해방전후사의 인식 3』, 한길사, 1987.
＿＿＿, 「미군정의 국가기구의 형성과정」, 서울대 사회학과 박사학위논문, 1990.
安秉燮, 「李承晩의 救國運動과 政治思想에 관한 硏究 : 建國까지를 中心으로」, 嶺南大學校, 1988.
안윤모, 「전후 미국 우파 인민주의의 성격(1949~1979)」, 『이대사원』 28집, 1995.
안종철, 「建國準備委員會의 性格에 관한 硏究」, 서울대 정치학과 석사학위논문, 1985.
안철현, 「이승만 정권의 '임시정부 법통계승론'을 비판함」, 『역사비평』 8(봄호), 1990.
양상완, 「李承晩·金九의 政治理念과 統一路線 比較硏究」, 檀國大學校, 1991.
오성진, 「이승만 정권의 정치충원에 관한 연구 : 일제 친일세력의 충원을 중심으로」, 延世大學校 정치학과 석사학위논문, 1985.
오유석, 「미군정하 우익청년단체에 관한 연구 : 45-48」, 이화여대 사회학과 석사학위논문, 1987.
＿＿＿, 「1950년 5·30총선 - 위기로 몰린 이승만정권」, 『역사비평』 16(봄호), 1992.
＿＿＿, 「이승만 대 조봉암·신익희」, 『역사비평』 17(여름호), 1992.
元鍾大, 「이승만 연구」, 고려대학교 교육대학원 사회교육전공 석사학위논문, 1977.
柳東憲, 「李承晩의 政治路線에 대한 一考察 : 大韓民國 政府樹立 過程을 背景으로」, 한양대학교 대학원, 1983.
柳永益, 「李承晩의 建國理想」, 『韓國史市民講座』 17호, 1995.
＿＿＿, 「리승만 그는 누구인가, 세목에 철저하며 거시적 형안 구비한 업적주의자」, 『한국논단』 8월호, 1996.
유홍림, 「정치지도자의 정치행태에 대한 심리학적 분석 - 이승만을 중심으로」, 고려대학교 대학원 행정학과 석사학위논문, 1980.
尹東鉉, 「李承晩 外交의 變遷過程과 內容分析 : 對美外交를 中心으로」, 高麗大學校 大學院, 1987.

尹元泰,「政治指導者들의 解放政局 認識과 對應에 관한 硏究 : 李承晩·金九·金奎植·呂運亨·朴憲永을 中心으로」, 경상대학교, 1989.
윤해동,「여운형 암살과 이승만·미군정」,『역사비평』6(가을호), 1989.
李景珉,「朝鮮分斷の過程－呂運亨·宋鎭禹にとって8·15」,『木野評論』第15號, 京都精華大學, 1984.
_____,「第二次大戰後の朝鮮民衆(上)－建國準備委員會の一考察」,『木野評論』第16號, 京都精華大學, 1985.
_____,「第二次大戰後の朝鮮民衆(中)－建國準備委員會の一考察」,『木野評論』第16號, 京都精華大學, 1986.
李龜杓,「解放直後 3年間의 李承晩의 政治리더쉽에 관한 硏究 : 그의 퍼스날리티와 政治行態간의 聯關關係를 中心으로」, 서울대학교, 1985.
이균영,「김철수 연구」,『역사비평』봄호, 1989.
_____,「김철수와 박헌영의 3당합당」,『역사비평』봄호, 1989.
이병국,「이승만의 남한단정노선의 배경과 전개과정에 관한 연구(1945~1948)」, 연세대 석사학위논문, 1973.
李承憶,「8·15후 남한에서의 金融組合 재편과정(1945~1958)」, 한양대 사학과 석사학위논문, 1993.
_____,「임시정부의 귀국과 대미군정 관계(1945. 8~1946. 2)」,『역사와현실』24호, 1997.
李信澈,「조국통일 민주주의전선 연구－1948.4~1950.6을 중심으로」, 성균관대 사학과 석사학위논문, 1994.
이태섭,「6·25와 이승만의 민중통제체제의 실상」,『역사비평』5(여름호), 1989.
이완범,「한반도 신탁통치문제 1943~46」,『해방전후사의 인식 3』, 한길사, 1987.
_____,「해방3년사의 쟁점」,『해방전후사의 인식 6』, 한길사, 1989.
_____,「해방전후사연구 10년의 현황과 자료」,『해방전후사의 인식 4』, 한길사, 1989.
李庸起,「1945~48년 臨政勢力의 '法統政府' 수립운동」, 서울대 국사학과 석사학위논문, 1996.
李珍京,「朝鮮民族靑年團硏究」, 성균관대학교 사학과 석사학위논문, 1994.
이한빈,「해방후 한국의 정치변동과 관료제의 발전」,『행정논총』제5권 제1호, 서울대학교 행정대학원, 1967.

任松子, 「美軍政期 大韓獨立促成勞動總聯盟에 關한 硏究」, 성균관대 사학과 석사학위논문, 1993.

任 哲, 「第2次大戰後の朝鮮における民主主義民族戰線」, 『國際關係學 硏究 9』, 日本 津田塾大學, 1983.

장규식, 「해방후 홍성지방 중도우파·사회주의 진영의 국가건설운동」, 연세대 사학과 석사학위논문, 1992.

張元禎, 「1945.8.~1946.10. 慶尙南道 右翼勢力에 관한 考察」, 이화여대 사학과 석사학위논문, 1993.

張俊璟, 「韓國 政治指導者의 리더쉽 特性에 관한 比較硏究 : 李承晩과 朴正熙 兩 大統領을 中心으로」, 延世大學校, 1990.

장하진, 「이승만정권기 매판지배집단의 구성과 성격」, 『역사비평』 6(가을호), 1989.

잭 샌더즈, 「미 국립문서처의 한국관계 자료」, 『한국전쟁과 한미관계』, 청사, 1987.

全鎭浩, 「이승만의 단정노선에 관한 연구」, 서울大學校 외교학과 석사학위논문, 1987.

鄭秉峻, 「1946~1947년 左右合作運動의 전개과정과 성격변화」, 『韓國史論』 29집, 1992.

＿＿＿, 「중앙정치와 지방정치의 분류법」, 『역사와현실』 9호, 1993.

＿＿＿, 「미국내 한국현대사관련 자료의 현황과 이용법 : NARA를 중심으로」, 『역사와현실』 제14호, 1994.

＿＿＿, 「김용중의 중립화 통일운동과 관련문서의 현황」, 『역사비평』 봄호, 1995.

＿＿＿, 「주한미군정의 '임시한국행정부' 수립 구상과 독립촉성중앙협의회」, 『역사와현실』 19호, 1996.

＿＿＿, 「남한진주를 전후한 주한미군의 對韓정보와 초기점령정책의 수립」, 『史學硏究』 51호, 1996.

＿＿＿, 「해방직후 李承晩의 귀국과 東京會合」, 『韓國民族運動史硏究』, 于松 趙東杰先生停年紀念論叢刊行委員會, 1997.

＿＿＿, 「이승만의 정치고문들」, 『역사비평』 여름호, 1998.

＿＿＿, 「해방직후 각정파의 정부수립 구상과 그 특징 : 제2차 미소공위 답신안 분석을 중심으로」, 『통일문제연구』 제10권 2호(통권 제30호), 평화문제연구소, 1998.

_____, 「1947~48년 대한민국임시정부의 '滿洲計劃'과 長延地區民主自衛軍」, 『軍史』 37호, 국방군사연구소, 1998.
_____, 「大韓經濟輔國會의 결성과 활동」, 『역사와현실』 33호, 1999.
_____, 「1945~47년 우익진영의 '愛國金'과 李承晩의 정치자금 운용」, 『韓國史硏究』 109집, 2000.
_____, 「해방전후 美洲 韓人 독립운동 관련자료」, 『해방전후사 사료연구 I』 (한국정신문화연구원 편), 선인, 2002.
_____, 「1940년대 재미한인의 민족운동」, 『하와이한인이주 100주년 기념 국제학술회의 자료집』, 하와이대학 한국학센터(The Center for Korean Studies at University of Hawaii Manoa)·한국민족운동사학회·국가보훈처 공동주최, 하와이대학 한국학센터 강당, 2003. 10. 16.
_____, 「한국 농지개혁 재검토 : 완료시점·추진동력·성격」, 『역사비평』 겨울호, 2003.
鄭容郁, 「미군정의 임정관계 보고서」, 『역사비평』 가을호, 1993.
_____, 「解放以前 美國의 對韓構想과 對韓政策」, 『韓國史硏究』 83집, 1993.
_____, 「미국 국립문서관 소재 '노동'관련자료」, 『역사와현실』 11호, 1994.
_____, 「1947년의 철군논의와 미국의 남한 점령정책」, 『역사와현실』 14호, 1994.
_____, 「미군정기 이승만의 '방미외교'와 미국의 대응」, 『역사비평』 30(가을호), 1995.
_____, 『1942~47년 美國의 對韓政策과 過渡政府形態 構想』, 서울대 국사학과 박사학위논문, 1996.
鄭義澈, 「政治指導者類型에 관한 社會心理學的 硏究 : 李承晩(1875~1965)과 朴正熙(1917~1979) 比較分析」, 국민대학교 대학원, 1985.
정주진, 「李承晩 문민정부의 軍部統制에 관한 연구」, 연세대학교 행정대학원, 1997.
鄭昌鉉, 「1946년 左翼政治勢力의 '3黨合黨' 路線과 推進過程」, 『韓國史論』 30, 1993.
정해구, 「분단과 이승만 : 1945~1948」, 『역사비평』 32(봄호), 1996.
曺二鉉, 「1948~1949년 駐韓美軍의 철수와 駐韓美軍軍事顧問團의 활동」, 서울대학교 국사학과 석사학위논문, 1995.
진덕규, 「이승만의 단정론과 한민당」, 『현대사를 어떻게 볼 것인가 1』, 東亞日

報, 1987.
최상룡,「미군정기 한국 : 아시아 냉전의 초점」,『한국사회연구 1』, 한길사, 1983.
최유식,「미국 대통령도서관 소장 한국관련 자료현황」,『역사와현실』17호, 1995.
최장집·정해구,「해방8년사의 총체적 인식」,『해방전후사의 인식 4』, 한길사, 1989.
鐸木昌之,「朝鮮解放直後に於ける金日成路線」,『アジア經濟』30-2, 亞世亞經濟研究所, 1989.
펠 쯔,「미국의 대한정책결정」,『한국전쟁과 한미관계』, 청사, 1987.
하유식,「이승만정권 초기 대한청년단의 조직과 활동」, 부산대학교 사학과 석사학위논문, 1995.
한공택,「한반도 분단고정화 과정에 관한 연구 : 이승만 집권기 분단구조를 중심으로」, 1995.
한정일,「분단과 미군정」,『한국현대정치사 1』, 실천문학사, 1989.
許 洙,「1945~46년 美軍政의 生必品 統制政策」, 서울대학교 국사학과 석사학위논문, 1995.
홍석률,「이승만정권의 북진통일론과 냉전외교정책」,『韓國史硏究』85, 1994.
_____,「한국전쟁 직후 미국의 이승만 제거계획」,『역사비평』26(가을호), 1994.
홍순권,「李承晩의 政治權力掌握에 關한 硏究 : 解放後 政府樹立까지」, 서울대학교, 1985.
홍인숙,「建國準備委員會에 관한 硏究」, 이화여대 정외과 석사학위논문, 1984.
황남준,「전남지방 정치와 여순 사건」,『해방전후사의 인식 2』, 한길사, 1985.
黃元權,「李承晩과 金九의 政治路線에 關한 硏究 : 1945~1948」, 연세대학교, 1980.
Jung Byung-joon, "Attempts to Settle the Past during the April Popular Struggle", *Korea Journal* vol.42, no.3, Autumn 2002, Korean National Commission for UNESCO.

【찾아보기】

가

가쓰라-태프트 밀약　　85, 147
각정당행동통일위원회(各政黨行動統一委員會)　　467
간성학교(干城學校)　　139
강매(姜邁)　　295
강익하(康益夏)　　591, 594
강인택(姜仁澤)　　687
강지형(姜芝馨)　　180
강훈(康勳)　　180
개화파　　78
거창 사건　　21
건국동맹　　397, 410
건국위원회(Committee for Building a Nation)　　681
건국준비위원회　　397
건민회(健民會)　　658
게일 사절단(Gale Mission)　　241, 530
게일(Esson McDowell Gale)　　241
게일(James S. Gale)　　75, 87
경고해외각단체서(警告海外各團體書)　　294, 308
경기현　　415
경성일보　　322
경성콤그룹　　410
경제보국회　　578, 591, 594, 596~599, 606, 624
경제연구회　　350, 387
고려경제연구회　　236
고려경제회　　237
고문회의　　449
고소암　　209
고스(Gauss)　　243
고종　　57, 69, 73, 82
공산당　　488, 504
공진항(孔鎭恒)　　594
공채　　132
과도독립정부(Interim Independent Government)　　653
과도입법의원　　566
과도정부　　563, 571, 572
곽림대　　541
광복군　　220
광복군후원금관리위원　　220
광산 스캔들　　537
광주학생운동　　104
교민단　　206, 211, 318, 319, 332, 339
교육협회　　287
구국위원회　　580

구녀(M. J. Gunner)   437
구미위원부   23, 43, 196, 199, 201, 204, 206, 216, 218, 289, 303, 332, 381, 383
구미위원부(한국위원회, Korean Commission)   116
구영숙   358
구자옥   44, 284, 311, 313, 343~346, 348, 349, 358, 365, 369, 374~376, 378, 379, 384, 385, 388, 389, 393
구철회   657
971 CIC요원   601
971 CIC지대(支隊)   579, 596, 610
국가주의(Nationalism)   34
국군준비대   548
국무경(國務卿)   109, 165, 197, 198
국무위원회   509
국무총리총장   193, 195
국무총리총재   190, 192~195
국무회의   486, 491, 497, 500
국민군단   138
국민당(國民黨)   449, 461, 468, 492, 495, 546
국민대표대회   295
국민대표회   205
국민대표회의   144, 335
국민대회   178, 186, 200
국민대회준비회의   460, 468
국민방위군 사건   25
국민보   319
국민의회   647, 648, 653, 654, 665, 668, 672, 674, 687, 689
국민정신총동원조선연맹   392
국민주의   32
국민회   214, 332
국민회 하와이 지방총회   146
국방경비대   548
국방사령부(國防司令部)   483
국부(國父)론   27
국자(國字) 2호   511
국자(國字) 1호   511
국자(國字) 쿠데타   516, 525, 628
국제연맹   114, 128, 330
국제연맹 회의   207, 212
국제주의(Internationalism)   34
국채표   195
국치일 쿠데타   574
국태일(菊泰一)   412, 414, 415, 417
군무국(軍務局)   483
군사위원회   220
군사통일촉진회   144
군사통일회의   138
군정 법령 제55호   553
군정 법령 제72호   553
굿펠로우(Preston M. Goodfellow)   46, 242, 245, 249, 252, 254, 256, 267, 430, 431, 434, 438, 523, 530~533, 536, 541, 542, 563, 565, 567, 570, 572, 574, 595, 597~599, 621, 623, 630, 637, 644
권동진(權東鎭)   363, 365, 510, 527
권태석(權泰錫)   525, 526, 528, 657
권태희   305
규장각   43
그레이트하우스(Greathouse)   70
그류(Joseph C. Grew)   264, 538

근로인민당　　　658
글렌 뉴만(Glenn Newman)　　　583
기독교청년회(YMCA)　　　284
기미독립선언기념대회　　　604
기식(奇寔)　　　180
기호파　　　196, 205, 207, 283, 384
길선주　　　161, 289, 299
김가진　　　83, 321
김강(金剛)　　　231
김경(金慶)　　　209, 374
김경태(金京泰)　　　683, 685
김계조(金桂祚)　　　589
김구(金九)　　　40, 120, 207, 226, 229, 231, 250, 256, 265, 266, 269, 326, 422, 432, 434, 445, 463, 464, 466, 471, 477, 480, 481, 486, 490, 491, 500, 502, 505, 507, 509, 511, 513, 516, 519, 523, 524, 526, 527, 530, 533, 535, 544, 546, 560, 561, 570, 573, 584, 607, 614, 633, 641, 642~647, 649, 652, 653, 655, 662, 674, 680~682, 685, 686, 690, 691, 693, 696
김규식(金奎植)　　　110, 164, 167, 171, 180, 183, 190, 195, 200, 201, 204, 223, 264, 295, 432, 433, 445, 466, 486, 519, 523, 524, 527, 546, 560, 568, 570~572, 576, 622, 633, 641, 646, 649, 650, 652, 657, 658, 660, 662, 663, 668, 677, 680, 682, 684, 690, 691, 693
김기전(金起纏)　　　323
김길준(金吉俊)　　　251
김노디　　　311, 313, 315
김도연　　　365, 368
김동리(金東里)　　　623
김동성　　　306, 349, 356, 385
김동원　　　494
김두봉　　　660, 682, 690
김류(金瑬)　　　180
김린(金麟)　　　287, 658
김립(金立)　　　112
김명선(金明善)　　　180
김병로(金炳魯)　　　93, 414, 418, 463
김병제　　　288
김봉준　　　646
김석황(金錫璜)　　　495, 649, 660, 663, 688
김선(金善)　　　606
김성수(金性洙)　　　365, 367, 399, 400, 455, 464, 518, 525, 528, 578, 606, 646, 655, 673, 674, 688, 690
김성숙(金星淑)　　　265, 523, 527, 536
김성준(金聖駿)　　　594
김세선(金世旋)　　　236, 251
김수학(金秀學)　　　323
김신(金信)　　　618
김약수(金若水)　　　391
김양수(金良洙)　　　307, 323, 325, 365, 366, 368, 555, 601, 602, 610
김연수(金秊洙)　　　589
김영선(金英善)　　　76
김영섭(金永燮)　　　92, 333, 380, 381, 384, 385
김영옥　　　252
김영우　　　165, 311, 313
김용중(金龍中)　　　47, 232, 264
김원벽(金元璧)　　　280
김원봉(金元鳳)　　　226
김원용(金元容)　　　24, 168, 211, 220, 228, 230, 240, 340
김윤배　　　209
김윤수(金潤秀)　　　106, 305, 308, 309, 311, 313, 314, 357, 357, 385

김윤정(金潤晶)　　　85
김웅집　　　349, 369, 374~376, 385
김이제　　　232
김일선　　　349, 357, 369, 375, 384
김일성　　　400, 682, 690
김일청(金一靑)　　　657
김재풍　　　69
김정식(金貞植)　　　79, 92, 93, 285~287
김종철(金鍾哲)　　　323, 366
김종한　　　83
김준성　　　236
김준연(金俊淵)　　　323, 356, 358, 385, 388, 463, 468, 510
김준옥　　　349
김지웅(金志雄)　　　495
김진억　　　236
김창숙　　　527
김철수(金綴洙)　　　486, 495, 497
김춘기(金春基)　　　349
김탁(金鐸)　　　180
김태준(金台俊)　　　410
김필수(金弼秀)　　　299
김헌식(金憲植)　　　152, 278, 279
김현구(金鉉九)　　　87, 201, 207, 211, 326, 333, 340, 359, 367
김현준(金顯峻)　　　180
김형순　　　220, 232, 240
김혜란　　　231
김호(金乎)　　　220, 228~230, 232, 240, 256, 658
김홍량(金鴻亮)　　　582, 584, 596
김홍집　　　69
김활란(金活蘭)　　　365, 463, 610

나

나가사키 유조(長崎祐三)　　　389
낙동서당　　　65
낙산장(駱山莊)　　　511
남궁억(南宮檍)　　　74, 285
남궁염(南宮炎)　　　379
남북 정당회의　　　684
남북총선방안　　　696
남북협상　　　536
남상철(南相喆)　　　526
남선순행(南鮮巡行)　　　543, 548, 556
남조선 과도입법의원　　　632
남조선 과도정부　　　632
남조선대한국민대표민주의원(南朝鮮大韓國民代表民主議院)　　　528, 530
남한 과도정부　　　570, 632, 638, 641, 652
남한 단독정부(단정)　　　565, 631, 634, 652
남한 단정안　　　670, 672
남형우　　　164
내각책임제　　　673
냅코 작전(Napko Project)　　　244, 246, 254
노동국총판　　　192~195
노동부총장　　　193, 195
노령정부　　　163, 168, 169

노백린(盧伯麟)　　　180, 190, 205
노블　295
노준탁(盧俊鐸)　　　281
『농민주보』　　　591, 593
농지개혁　　　21
니드햄(Charles W. Needham)　　　83, 88

다

다나카 각서(田中覺書, Tanaka Memorial)　　　101
단기서(段祺瑞)　　　188
단독정부　　　509, 563, 571, 628, 630, 641
단독정부 수립운동　　　564, 627
단일당　　　239, 240
단정 발언　　　559
단정노선　　　40, 521
단정론　　　568
단파방송　　　399, 402, 462, 465
당면 정책 14개 조항　　　513
대광(大光)　　　331, 333, 381
대동단결선언　　　131
대동청년단　　　694
대동합방론자(大東合邦論者)　　　100
대립(戴笠)　　　243
대본공사(大本公司)　　　140, 681
대통령중심제　　　673
대한경제보국회(大韓經濟輔國會)　　　570, 577, 580, 583
대한공화국 임시정부
　(The Provisional Government of the Korean Republic)　　　109, 163, 166, 167, 169, 197~199, 275
대한국민위원부　　　216
대한국민의회　　　163, 169, 174
대한독립노동총연맹(大韓獨立勞動總聯盟, 대한노총)　　　620
대한독립단　　　318
대한독립청년단(大韓獨立靑年團, 독청)　　　620
대한독립촉성국민회(大韓獨立促成國民會)　　　544
대한독립협회(大韓獨立協會)　　　589
대한민주국　　　179, 184
대한민주당(Korean Nationalist Democratic Party)　　　237~240
대한민주청년동맹(大韓民主靑年同盟, 대한민청)　　　620
대한인국민회 북미총회　　　150
대한인자유대회(Korean Liberty Convention)　　　245, 259
대한자유친우회　　　199
대한청년단　　　694
더글라스(Paul F. Douglas)　　　431
덴버회의　　　89, 90, 277
『뎨국신문』　　　72, 76
도노반　　　242
도동　　　55
도동서당　　　65, 67
도미 외교　　　627
『독립』　　　538
독립 유지 외교　　　86, 116
독립단　　　342
독립동맹　　　514, 523
독립전쟁론　　　119

독립전쟁반대론　　118
『독립정신』　　76, 77, 97, 102
독립촉성국민회(獨立促成國民會)　　599, 618, 666
독립촉성국민회청년단(獨立促成國民會靑年團, 국청)　　620
독립촉성중앙협의회(獨立促成中央協議會)　　43, 449, 461, 468
독립협회　　72, 78, 80, 100, 277, 285, 350
독립협회파　　81
독수리작전(Eagle Project)　　244
독촉국민회　　543, 545, 546, 548, 549, 557~559, 561, 568, 573, 575, 576, 604, 612, 629, 641, 646~648, 653, 662, 663, 676, 685, 694
독촉국민회 전국대표대회　　600
독촉국민회 전국대회　　561
독촉중협　　469, 470, 477, 478, 481, 484, 486, 487, 490, 491, 493, 494, 498, 500~502, 505~507, 510, 515, 517, 519, 521~523, 525, 543~545, 557, 566
돌베어(Samuel Dolbear)　　267, 540
돌프(Frederic A. Dolph)　　201, 216
동경 유학생 학우회(學友會)　　316
동경 회합　　427
동도서기론　　73
동북항일연군　　266
동아일보　　396
동아일보 계열　　39
동양광업개발주식회사
　(東洋鑛業開發株式會社, Oriental Consolidated Mining Company, OCMC)　　539
동우회　　384
동지대표회　　229
동지대회　　303, 336, 338
동지미포대회(同志美布大會)　　211, 328, 333, 340, 383
동지식산회사(Dongji Investment Co.)　　39, 144, 206, 303, 331, 338, 339, 343, 373, 383
동지촌(同志村)　　338
동지회　　39, 113, 145, 211, 214, 219, 230, 237, 239, 240, 294, 304, 313, 331, 333~335, 337, 341, 342, 344, 346, 367, 373, 377, 383
동지회 제1회 미포(美布)대표대회　　237
동지회합자회사　　339
동필무(董必武)　　265
동화론자　　32
딘 애치슨(Dean Acheson)　　479
딘스모어(Hugh A. Dinsmore)　　84

라

라이만 애보트(Lyman Abot)　　76
락크훼로　　519
랜싱　　152, 157
랭던(William Russel Rangdon)　　245, 246, 480, 482, 484, 486, 507, 508, 567
러일전쟁　　81
러치　　516, 542, 565, 596, 610, 620, 633
레이 리차즈(Ray Richards)　　262
레이디(Harold Lady)　　267
레이몬드 하이만(Raymond A. Heimann)　　596
레인　　149
로물로(Carlos P. Romulo)　　269, 428, 430
로바노프·야마가다(山縣) 의정서　　100
리들리 그룹(Reedly Group)　　239, 240
리튼(Lytton) 조사단　　123, 129, 207

마

마샬　　　451, 478, 654
마쓰자와(松澤)　　　309
만국공법　　　78, 97, 107, 277
만민공동회의　　　72, 74, 100, 285
만주사변　　　104
매그루더(John Magruder)　　　248
『미일신문』　　　72
맥아더　　　268, 270, 428~430, 432, 436~444, 450, 451, 456, 466, 469, 475, 477, 565, 637, 638, 640, 641, 650
맥아더기념문서관　　　46
맥클로이(John J. McCloy)　　　252, 479, 480
메리 젠킨(Mary Leyburn Junckin)　　　296
명제세(明濟世)　　　673, 675, 677, 687, 688
모로이 로쿠로(諸井六郎)　　　309
모리　　　149
모스크바 3상회의　　　489
모스크바 각국 외상회의　　　493
모스크바회담　　　493, 502, 504, 506, 513
몬로주의　　　128
몰로토프　　　655
무장투쟁불가론　　　117
무정부주의연맹　　　524
무형정부론(無形政府論)　　　130, 140, 338
문경호(文耿鎬)　　　73
문봉제　　　694
문석준(文錫俊)　　　406, 408, 409, 415
문수암　　　61
문창범(文昌範)　　　180, 190
문호 개방 정책(Open Door Policy)　　　84, 126
물산장려운동　　　39, 304
미국의 소리(Voice of America)　　　39, 254, 401, 413, 420
미나미 지로(南次郎)　　　392
미소공위　　　520, 534, 535
미소공위 예비회담　　　514, 517
미소공위대책 각정당사회단체협의회　　　658
미일개전론(美日開戰論)　　　38, 105, 122
민규식(閔奎植)　　　582, 584, 589, 591, 594
민대식(閔大植)　　　589
민대호(閔大鎬)　　　686
민립대학기성회　　　306
민립대학설립운동　　　39, 304
민립대학후원회　　　306
민반숙청결사대(民反肅淸決死隊)　　　589
민상호　　　69
민영환(閔泳煥)　　　82~85, 103
민족개량주의　　　38, 317, 323, 324, 327, 361
민족개량주의자　　　32
민족대표외교후원회　　　604, 610
민족대표자대회　　　665, 668, 672, 676, 687~689, 692
민족자결주의　　　150, 277, 281
민족주의 우파　　　32
민족주의 좌파　　　33
민족청년단　　　694
민족통일총본부(民族統一總本部)　　　43, 573, 621, 628, 641, 642, 646, 647, 662, 666

민족혁명당　523
민족혁명당 미주지부　　230, 538, 541
민주기지론　567
민주의원(民主議院)　　449, 517, 523, 526, 532, 534~537, 542, 545, 566, 568, 572, 573, 578, 599, 606, 607, 635, 642, 645, 646, 653
민주적 자주정부　516~518
민주주의독립전선　658
민주주의민족전선　659
민찬호(閔瓚鎬)　145, 150~152, 156, 180, 232, 279, 309, 311, 313, 315, 318, 319, 334

바

바탄(Bataan)호　456
박건웅　658
박기효(朴基孝)　584, 589, 594
박동완(朴東完)　344, 346, 348, 356, 357, 358, 360, 367, 379, 380, 385
박상하(朴相夏)　145, 232
박승봉(朴承鳳)　283, 293, 297
박승선　47, 56, 63, 76
박승철(朴勝喆)　323, 357, 358, 369, 375, 376, 385, 388
박영효　162, 164, 174, 277, 282, 288, 289, 295, 306
박영효(朴泳孝) 쿠데타　74
박용만(朴容萬)　23, 63, 80, 90, 94, 131, 137, 138, 140, 144, 145, 147, 148, 151, 159, 177, 180, 190, 212, 232, 281, 283, 310, 338, 342, 681
박용만파　334
박용신(朴龍信)　406
박용희(朴容羲)　298, 657
박윤진(朴允進)　515, 687
박장현(朴長玹)　86
박장호(朴章浩)　180
박정양　284
박찬희(朴瓚熙)　323, 468
박치우(朴致祐)　622
박탁(朴鐸)　180
박한영(朴漢永)　180
박헌영　410, 464, 465, 469, 486, 487, 492, 497, 532, 558, 571, 682, 690
박현숙　642
박흥식(朴興植)　589, 620
박희도(朴熙道)　299
반공주의　21, 37
반소·반공노선　115
반일민족주의　361
반탁독립투쟁위원회　646
반탁운동　509
반탁총동원위원회　509, 510, 513, 518, 544, 545, 557
반탁투쟁위원회(反託鬪爭委員會, 반탁투위)　663, 666
발레라(Eamon de Valera)　131, 132
발렌타인(Joseph W. Ballantine)　263, 435, 436, 538
방응모(方應謨)　385, 399
배민수　236
배은희(裵恩希)　605, 621, 660, 662, 664, 688
배의환　230
배재학당　66, 67, 70, 71, 88, 107, 299
백관수(白寬洙)　323, 358, 359, 365, 367, 395, 412, 414, 415, 417, 418, 463, 468, 510
백낙준(白樂濬)　463

백남석 384
백남운(白南雲) 323, 358, 363
백남훈(白南薰) 323, 494, 495, 501, 657, 675
『백범일지(白凡逸志)』 618
백상규(白象奎) 533
105인 사건 93, 104
백인제 591
백일규(白一圭) 155, 208
버치 576, 578, 611
번스(Arthur Bunce) 575
번즈(James F. Byrnes) 490
범태평양교육회의 306
범태평양상업회의 309, 314, 317
범태평양조선협회 306
범태평양회의(Conference of Pacific Relations) 266
법통정부 648
벙커(Dalziel A. Bunker) 75, 80, 87, 88
베닝호프(H. Merrell Benninghoff) 246, 447, 449, 452, 530
베베르 69
벡(S. A. Beck) 203, 291
변법개화론 34
변영로 385
변준호(卞埈鎬) 230, 231
보국기금실행위원회(輔國基金實行委員會) 582
보도연맹 사건 21
보도연맹 학살 25
보통선거법 653, 668
보통선거법안 652, 671
보황회(保皇會) 139
부르주아민족주의 20
부르주아민족주의 세력 34
부산정치파동 21, 25
북경군사통일회 145
북미실업주식회사 142
북조선임시인민위원회 532
북진통일노선 520
북진통일론 27
분단 내인론(內因論) 29
브라운(Frederick Harris Brown) 637, 642, 645, 649, 662, 663, 668
브로크만(Frank M. Brockman) 92
비상 국무회의 514
비상국민회의 최고정무위원 526, 528, 532, 533, 536, 545
비상국민회의 최고정무위원회 529
비상국민회의(非常國民議) 43, 517, 522, 523, 527, 528, 530, 532, 533, 536, 545, 568, 573, 646, 647, 666
비상정치회의(非常政治會議, national government) 509, 513~517, 522, 523, 525, 530, 545
비상정치회의주비회(非常政治會議籌備會) 514, 523, 526
비타협적 민족주의 325
빈센트(John Carter Vincent) 431, 474, 477, 479

사

4당 코뮤니케 514
4당 회의 514
4대 진행 방침 337, 343

사뮤엘 돌베어(Samuel H. Dolbear)　　　537, 538
사사오입　　21
사이토 마코토(齋藤實)　　204, 322
사회민주당(社會民主黨)　　599
산넘어병학교　　138
산업부　　370
3대 강령　　343
3대 정강　　336
3선 개헌　　21
3·1독립선언　　278
3·15부정선거　　21
3·1운동　　43
상동(尙洞)청년회　　82
샌프란시스코 회담　　260, 261
서병원(徐丙圓)　　416
서병조(徐柄肇)　　468
서북청년회(西北靑年會, 서청)　　620, 694
서북파(西北派)　　283, 343
서상대(徐相大)　　74
서상일(徐相日)　　468, 693
서상천(徐相天)　　622, 660
『서유견문』　　78
서윤복(徐潤福)　　661
서재필　　71, 73, 109, 154, 156, 199, 201, 202, 205, 216, 258, 285, 289, 322, 325, 650, 651, 665
서향주의(西向主義)　　135
선거대책위원회　　692
선구회(先驅會)　　471
선우길영　　47
선우진　　47
선우천복　　236
선원속보　　43, 52
성기석(成基錫)　　406
성낙훈(成樂勳)　　683, 685
성주식(成周寔)　　505, 523
소년병학교　　138
소약국동맹회(小弱國同盟會)　　146, 148
소약속국동맹회　　151, 278, 279, 281, 313
소육린(邵毓麟)　　265
손두환　　658
손병희　　161, 162, 164, 168, 174, 277, 288, 289
손빈(孫彬)　　682
손재기(孫在基)　　495
손정봉(孫正鳳)　　419
손창희　　232
손홍원　　682
송남헌(宋南憲)　　47, 406, 413, 415, 418, 419
송성진(宋星鎭)　　606
송언용　　363
송자문(宋子文, T. V. Soong)　　247, 264, 429, 433
송종익　　228
송지헌(宋之憲)　　180
송진근(宋珍根)　　406, 419
송진우(宋鎭禹)　　93, 288, 307, 322, 323, 325, 365, 367, 385, 399, 414, 418, 455, 460, 461, 468, 476, 486, 491, 494, 501, 510, 517
송헌주(宋憲澍)　　148, 208, 228, 230
수교구락부　　385
수양담화회　　370

수양동우회(修養同友會)　　　141, 343, 344, 356, 390
쉬플레이(Ruth Shipley)　　　436
스몰렌스키(Smolensky)　　　537
스위니(Sweeney)　　　435
스크랜턴(Williams B. Scranton)　　　87
스크버스키(Boris Skvirsky)　　　114
스태거즈(John Staggers)　　　244, 258, 267, 431, 627, 637
스텔라 윤(Stella Yoon)　　　223
스트롱(斯特弄)　　　69
스티븐스 저격 사건　　　89
스틸웰　　　249
스팀슨　　　244, 252
시국대응전선사상보국연맹　　　392
시국대책협의회　　　658
CIC　　　511, 563, 574, 649, 664
COI　　　241, 530
신간회　　　303, 321, 325, 358, 361, 385
신규식(申圭植)　　　180, 190, 205, 206, 303, 321
신궁우(申肯雨)　　　67, 286, 291
신덕균　　　591
신립교(新立敎)　　　149
신면휴(申冕休)　　　63, 67, 286
신민족주의　　　32
신석구　　　356, 360
신석우(申錫雨)　　　385, 399
『신(新)영한사전』　　　76
신용우　　　291
신용욱(愼鏞頊)　　　589
신응우(申膺雨)　　　67, 286
신익희(申翼熙)　　　206, 432, 506, 510, 511, 562, 574, 673, 687, 688, 693
신일준(辛一俊)　　　687
신채호(申采浩)　　　122, 145, 158, 180, 282
신탁통치 반대 국민총동원위원회　　　509
신태무(申泰武)　　　85
신페인당(Sinn Feinn Pairti Na Noibri, 신페인노동자당)　　　130
신한민족당　　　546, 657
신한협회(新韓協會)　　　152
신한회(新韓會)　　　278
신흥식　　　356
신흥우(申興雨)　　　63, 67, 76, 79, 88, 180, 181, 283, 284, 286, 287, 289, 290, 293, 298, 304,
　　　306~308, 313, 323, 328, 341~346, 348~350, 357, 358, 365~367, 369, 371, 373,
　　　375~377, 379, 384, 385, 389, 391, 392~394
실력양성노선　　　32, 37
실력양성론　　　34, 38, 117, 302, 304, 320, 322, 323, 371, 460
실력양성운동　　　39, 344, 362
13도 대표대회　　　178, 186, 200
12정당협의회(政黨協議會)　　　683, 686

아

아관파천　　　71
아놀드　　　449, 457, 469, 475, 476, 486, 492, 568, 596, 644
아메라시아(Amerasia)　　　263
아베 미쓰이에(阿部充家)　　　322, 323, 325
아시아우선주의자　　　268

아이작 벗 134
아이플러(Carl Eifler) 245, 251, 255
아일랜드 38, 130, 327
아일랜드 임시정부 131
아일랜드자유국(Irish Free State) 133, 134
아펜젤러(Henry G. Appenzeller) 75, 80, 88
안경수 69, 70
안공근(安恭根) 112
안국선(安國善) 92, 287
안세환(安世煥) 299
안원규 229, 230
안재학(安在鶴) 349
안재홍(安在鴻) 33, 93, 284, 323, 344, 348, 356, 357, 358, 361, 384, 385, 388, 414, 449, 460, 461, 463, 468, 469, 486, 491, 492, 494, 495, 499, 501, 510, 515, 525, 526, 528, 559, 568, 593, 646, 650, 657, 658, 682
안중근(安重根) 90, 103
안창호(安昌浩) 12, 119, 137, 141~143, 145, 150, 151, 156, 159, 161, 164, 171, 183, 192~194, 212, 232, 278, 281, 295, 299, 321, 325, 343, 390
안택주(安宅柱) 333
안현경(安玄卿) 148, 299, 334
안형주 47
알렉시스 존슨(Alexis Johnson) 268
알렌(Horace N. Allen) 69, 75, 87, 539
'애국금―공채표' 논쟁 132
애국단체대표회의 678
애국동지대표회 89
애비슨(O. R. Avison) 68, 75
앳치슨(George Atcheson Jr.) 441~445, 450, 451
앳킨슨(Atkinson) 84
약소피압박민족연맹대회
 (The Conference for the League of Small and Oppressed Nationalities) 152
얄타 밀약설 262~264, 452
얄타 비밀협정 628, 630
얄타 회담 262
양녕대군 58
양우정(梁又正) 622
양우조(楊宇朝) 419
양제현(楊濟賢) 413, 418
양주동(梁柱東) 399
양주삼 349
양홍묵(梁弘默) 74, 285
어윤중(魚允中) 285
언더우드(Horace G. Underwood) 87, 610
엄비(嚴妃, 純獻皇貴妃) 75
엄선주의(嚴選主義) 348, 355, 371
엄우룡 657, 658
엄항섭 455, 528, 649, 688
에밀 구베로우(Emile Gouvereau) 262
에버레디 계획 25
엘 토드(L. Todd) 113
여운형(呂運亨) 39, 102, 112, 296, 385, 391, 395, 396, 399, 400, 402, 404, 410, 418, 455, 457, 460, 464, 465, 468, 469, 471, 486, 487, 491, 494, 505, 532, 533, 570~572, 599, 658, 660, 662, 663, 667
여운홍(呂運弘) 280, 288, 533, 599
연동교회(蓮洞敎會) 80, 285
연정회(硏政會) 322, 324
연합한인위원회 219

염준모(廉準模)　　　406
영세중립　　　126
예회　　　372, 377
오건영(吳建永)　　　403, 404
오기선(吳基善)　　　283, 298, 299
5당 회의　　　514
OWI(Office of War Information, 전시정보국)　　　413, 420, 422
OSS　　　244, 455, 531, 541
오성륜(吳成龍)　　　404
오세창(吳世昌)　　　295, 527, 688
오웬 래티모어(Owen Lattimore)　　　263
오천석(吳天錫)　　　463
오화영(吳華英)　　　344, 346, 348, 356, 357, 360, 385, 388
『옥중잡기(獄中雜記)』　　　76
올라농장　　　340
올리버(Robert T. Oliver)　　　46, 57, 267, 433, 435, 443, 453, 456, 541, 623, 637, 639
올리비아계획(Scheme 'Olivia')　　　244, 245
와드맨(John W. Wadman)　　　84
YMCA　　　92
외교독립노선　　　32, 37, 78, 97, 277, 303
외교독립론　　　34, 117
외교사절파견국민대회　　　635
외교후원금　　　601
외교후원회　　　205
외인론(外因論)　　　29
우달(Emory Woodall)　　　637
우드로 윌슨(Woodrow Wilson)　　　91
우생회(優生會)　　　385
우수현　　　59
우애회(友愛會)　　　350, 387
우홍태　　　363
운산금광(雲山金鑛)　　　539, 541, 542
워싱턴군축회의　　　104, 105, 128, 204, 294, 303, 336
원세훈(元世勳)　　　432, 468, 494, 501, 646, 658
원약　　　52, 55
웨베르·고무라(小村) 각서　　　100
위임통치　　　173, 329
위임통치론　　　24, 110, 201
위임통치안　　　127, 158, 282
위임통치청원　　　38, 128, 157, 159
윌리암스(Jay Jerome Williams)　　　244, 258, 262, 267, 430, 431, 637
윌슨　　　150, 155, 157, 198, 466
유경상(劉慶商, Kingsley Lyu)　　　421
유근(柳槿)　　　180
유길준(兪吉濬)　　　78, 286
유동근(柳東根)　　　79
유동열　　　180, 190, 486
유림(柳林)　　　524, 527, 643, 649
유석창(劉錫昶)　　　415
유석현　　　501
유성준(兪星濬)　　　33, 79, 92, 284~286, 289, 304, 305, 308, 313, 344, 346, 348~350, 357, 360, 361, 384, 385
유식(柳植)　　　180
유어만　　　618
유억겸(兪億兼)　　　284, 287, 307, 323, 344~346, 348, 349, 358, 359, 365~367, 376, 378, 379, 384, 385, 387, 389, 390, 392, 393, 399, 463
유엔 감시하의 남북 총선거　　　681

유엔소총회　　　692
유엔임시한국위원단(United Nations Temporary Commission on Korea, UNCOK, 유엔임시한위)
　　　　　　679, 680, 684, 690, 692
유영석(柳永錫)　　　72
유일당운동　　　144
유일한(柳一韓)　　　236
유진산　　　694
유진오(兪鎭午)　　　399
유호준(兪虎濬)　　　405
유홍(柳鴻)　　　604
육정수　　　355
윤병구(尹炳求)　　　84, 151, 156, 265, 379
윤봉길　　　109, 207, 220
윤웅렬(尹雄烈)　　　70
윤인　　　52
윤점순　　　223
윤종식(府議)　　　363
윤치소　　　349
윤치영(尹致暎)　　　92, 113, 207, 296, 313, 365, 381, 388, 393, 518, 527, 529
윤치왕　　　363
윤치호(尹致昊)　　　33, 69, 102, 284, 285, 288, 289, 292, 304, 306, 310, 313, 342, 344, 346, 350,
　　　　　　357, 358, 360, 362, 369, 370, 373, 375, 381, 384, 388, 390, 392, 393, 400
윤현진　　　164
윤홍섭(尹弘燮)　　　333
의열 투쟁　　　120
의친왕　　　58
이갑성(李甲成)　　　288, 298, 344, 348, 356~358, 369, 385, 388, 501
이강국　　　464
이강래　　　384
이건춘　　　373, 385
이건하　　　65
이경선　　　51, 62, 231
이계태(李啓泰)　　　311
이관구(李寬求)　　　284, 356, 358, 385, 399
이관술(李觀述)　　　399
이관용(李觀鎔)　　　175, 176, 183, 358, 363, 406
이광수(李光洙)　　　280, 390, 399, 400, 455
이규갑(李奎甲)　　　180, 187~189, 191, 192, 283, 288, 292, 300
이규완(李圭完)　　　311
이극로(李克魯)　　　527, 658
이근수　　　60, 65
이긍종(李肯鍾)　　　323
이기석(李基錫)　　　410
이기영(李箕永)　　　399
이내수(李來秀)　　　180
이능화(李能和)　　　80
이단(李團)　　　527, 687
이대위　　　151, 280
이덕홍(李德興)　　　405
이도철　　　69, 70
이동녕(李東寧)　　　175, 176, 180, 190, 293,　　　205
이동욱(李東旭)　　　180
이동휘(李東輝)　　　112, 118, 141, 164, 171, 180, 190, 192~194, 204, 239, 295, 321
이득환　　　231
이만규　　　44, 349, 356, 369, 384, 385, 388, 392, 395, 396, 402
이만식(李晩植)　　　179
이묘묵(李卯默)　　　387, 457, 463

이문상　　　　251
이민굉　　　　69
이범교　　　　60
이범래　　　　69
이범석(李範奭)　　　229, 578, 694
이범진　　　　69
이병두　　　　236
이봉창　　　　109, 220
이살음(李薩音)　　　230, 265
이상옥(李相玉)　　　589
이상재(李商在)　　　33, 74, 79, 89, 92, 161, 186, 282~284, 286, 288~290, 292, 293, 295, 297,
　　　　　　　　　　298, 304, 305, 308, 311, 313, 315, 342, 343, 346, 348~350, 357, 358, 361,
　　　　　　　　　　362, 369, 372, 384, 385, 394
이상촌운동　　　144
이상협(李相協)　　　349, 356
이선근(李瑄根)　　　593
이세진　　　　69
이순용(李淳鎔, Wylie)　　251, 253, 255
이승엽(李承燁)　　　410
이승인　　　　285
이승인(李承仁)　　　79, 285
이승훈(李昇薰)　　　288, 299, 300, 305
이시영(李始榮)　　　180, 190, 422, 546, 649, 688
이여성(李如星)　　　496
이완　　　　177
이완용　　　　69
이용규(李容珪)　　　180
이용준(李容俊)　　　180
이용직(李容稙)　　　209, 211, 340, 381, 658
이운(李雲)　　　687
이원구(李元九)　　　387
이원긍(李源兢)　　　79, 80, 92, 285~287
이원순(李元淳)　　　92, 208, 228, 232, 233
이위종　　　　177
이윤영(李允榮)　　　687
이은수　　　　47, 56
이의식(李義植)　　　385, 463
이이덕(李二德)　　　408
이인(李仁)　　　93, 414, 418
이재간(李載侃)　　　323
이재순　　　　69
이재억(李載億)　　　526
이재형(李載馨)　　　403, 404
이정(李淨)　　　583, 599
이정건(李正健)　　　208
이정구(李貞求)　　　533
이정규(李丁奎)　　　188
이정근　　　　265
이정범(李政範)　　　309, 311, 314, 359
이정섭(李晶燮)　　　325
이종관(李鍾寬)　　　183, 197, 334
이종린　　　　365
이종숙　　　　236
이종욱(李鍾郁)　　　180
이종일(李種一)　　　72
이종형(李鍾滎)　　　621, 660
이종회(李鍾澮)　　　591

이중진(李重鎭)　　　76
이즈모호(出雲號) 사건　　　105, 148
이증림(李增林)　　　409, 418
이진일(李進一)　　　209
이진호　　　69
이철원(李哲源)　　　333
이청천　　　250, 422, 640, 694
이춘호　　　358, 378, 384, 385, 387, 392
이충구　　　69
이취성(李翠星)　　　621
이태준(李泰俊)　　　399
이토 히로부미(伊藤博文)　　　91, 109
2·8독립선언　　　278
이하영　　　69
이학균　　　69
이해명(李海鳴)　　　146
이헌필　　　63
이화장　　　42
이회영(李會漢)　　　209
이희경(李喜儆)　　　111
인민공화국　　　463, 471
인민당　　　471, 489, 491, 499, 514, 532
인민위원회　　　557
101지대(Special Unit Detachment 101, SU DET 101)　　　245, 250
일민주의(一民主義)　　　25, 37, 622
일본 외무성 외교사료관　　　43
『일본내막기(Japan inside out)』　　　219
일선동조설(日鮮同祖論)　　　327
임두화(林斗華)　　　379, 380
임병직(林炳稷)　　　46, 92, 204, 442, 542, 627, 637, 638
임시 한국 행정부　　　452, 512, 516, 580
임시대한공화정부　　　166, 167
임시의정원　　　171, 176, 647
임시정부　　　43
임시정부 법통론　　　652
임시정부론　　　130
임시정부수립대책협의회　　　656
임영신(任永信)　　　566, 637, 630, 638
임오군란　　　76
임용호(林龍浩)　　　333
임정　　　487, 513, 607
임정국무회의　　　654
임정법통론　　　514, 529, 641, 647, 653, 680, 685, 696
임정봉대추진회(臨政奉戴推進會)　　　654
임최수　　　69
입법기구　　　569
입법의원　　　449, 536, 576, 627~629, 634, 637, 641, 647, 652, 668, 671, 676

자

자력독립불가론　　　117
자를란트(Saarland)　　　329
자유기지론　　　567
자유한인대대(a Korean battalion)　　　253
자유한인부대(Free Korean Legion)　　　249

자율독립정부　　　659
자율정부　　　521, 563, 630
자치론　　　323, 328, 329, 361
자치운동　　　133, 134, 321
자치정부　　　327
장개석(蔣介石)　　　21, 614, 624, 640, 688
장건상(張建相)　　　527, 682
장권(張權)　　　396, 402
장기영(張基永)　　　251, 255
장기형　　　231
장덕수(張德秀)　　　208, 325, 333, 365, 368, 395, 399, 455, 501, 510, 518, 526, 655, 674, 684, 688~690, 693, 696
장두현(張斗鉉)　　　314, 344, 346, 348, 349, 356, 357, 369, 370, 375, 388
장붕(張鵬)　　　120, 206, 298, 300
장사(張梭)　　　180
장석윤(張錫潤)　　　47, 115, 245, 246, 250, 251, 255, 256
장세운　　　231
장안파 공산당　　　468
장인환(張仁煥)　　　89, 103, 286
장정(張檉)　　　180
장준하(張俊河)　　　515
장진섭(張震燮)　　　594, 606
장택상　　　385, 395, 645, 658, 663, 688
장호익(張浩翼)　　　286
재미한인각단체대표회　　　230
재미한족대회　　　233
재미한족연합위원회　　　219, 220, 541
재미한족연합회　　　226, 227, 232, 239, 249
적극신앙단　　　287, 373, 376
전경무(田耕武)　　　228~230, 256, 434
전국반탁학련　　　645
전국학련(全國學聯)　　　642, 648, 662, 692
전국학생총연맹　　　645
전덕기(全德基)　　　89
전략첩보국　　　46
전명운(田明雲)　　　89, 103, 286
전선파업대책협의회(全鮮罷業對策協議會)　　　620
전영택(田榮澤)　　　153, 279
전용순(全用淳)　　　584, 589, 591, 594
전처선　　　236
전한국국민집행부　　　445
전형위원회　　　370
정경회(鄭京會)　　　209
정광현(鄭光鉉)　　　389
정교(鄭喬)　　　82, 285
정노식(鄭魯湜)　　　495
정담교(鄭潭教)　　　180
정당등록법　　　553
정당통일운동　　　467, 470
정대현　　　33, 357, 360, 361, 384
정덕근　　　231
정두옥(鄭斗玉)　　　126
정무위원회(Governing Committee)　　　444, 448, 453, 481, 483, 486, 489, 490, 497, 500, 502, 507, 516, 521, 525, 566
정순만(鄭淳萬)　　　80, 293
정안립(鄭安立)　　　681, 682
정운수(鄭雲樹)　　　246, 251, 255, 259

찾아보기　**787**

정읍 발언　　564
정인과(鄭仁果)　　399, 463
정인수　　232
정춘수(鄭春洙)　　356, 358, 360, 384
정치공작대(政治工作隊)　　506, 510, 511, 562
정판사 위폐 사건　　558, 578, 597
정한경　　110, 127, 150~152, 154~156, 158, 162, 228, 230, 266, 279, 326
정형택(鄭亨澤)　　683, 685
제이 제롬 윌리암스(Jay Jerome Williams)　　624
제이콥스(Joseph E. Jacobs)　　247, 668
제중원　　68, 70
조각산(趙覺山)　　683
조경한　　647
조공　　471, 505, 532
조극(趙極)　　209
조대연(趙大衍)　　687
조만식(曺晩植)　　365, 399, 400, 455, 527, 682, 690
조민희(趙民熙)　　82
조병옥(趙炳玉)　　323, 395, 406, 432, 657, 663
조병직(趙秉稷)　　101
조봉암　　558
조상항(趙尙恒)　　687
조선개광회사(朝鮮開鑛會社, Korean Mining and Development Co.)　　539
조선개발회사(朝鮮開發會社, Korean Development Company)　　539
조선건국동맹　　402
조선건국청년회　　583, 599
조선공산당　　468, 489, 495, 514, 599
조선기독교연합회　　384
조선기독교청년회연합회(YMCA)　　298
조선물산장려회　　305
조선민족전선연맹　　226
조선민족청년단(朝鮮民族靑年團)　　578
조선민족해방연맹(朝鮮民族解放聯盟)　　402, 523
조선민족혁명당　　226
조선방공협회　　392
조선사정조사연구회(朝鮮事情調査研究會)　　323, 358
조선인민공화국　　404
조선인민당　　397, 468, 495
조성환(曺成煥)　　171, 180, 422
조소앙(趙素昻)　　206, 265, 422, 433, 434, 486, 505, 506, 514, 524, 559, 638, 643, 646, 648, 655, 676, 677, 680, 684, 686, 688
조영진　　47
조완구(趙琬九)　　422, 519, 523, 524, 642, 647, 649
조재국　　47
조정환(曺正煥)　　323, 358, 384
조준호(趙俊鎬)　　584, 589, 594
조지(Walter F. George)　　262
조택현(趙宅顯)　　286
존스(George H Jones)　　87
좌우합작　　460, 566, 569, 572, 573, 575, 633
좌우합작위원회　　578, 634, 646, 658
주미외교위원부(Korean Commission)　　23, 219, 227, 228, 233, 257, 258, 267, 269, 538,
주미외교위원회　　230, 463
주미외무행서(駐美外務行署)　　208
주상호　　68
주시경　　74
주요한　　390

주익(朱翼)　　　180
『주한미군사(HUSAFIK)』　　　512
준비론　　　117, 119, 320, 371
중경 임시정부　　　460, 485, 489, 574
중경 임정 추대운동　　　674
중립주의　　　126
중립화 외교　　　38
중앙기독교청년회(YMCA)　　　356, 384
중앙정부수립결정안 축하 국민대회(中央政府樹立決定案 祝賀 國民大會)　　　692
중추원 의관　　　74
중한민중동맹단(The Sino-Korean People's League)　　　223, 214, 225, 226, 231
지덕사　　　55, 59
지용은(池鎔殷)　　　280
진희섭　　　47
질레트(Philip L. Gillett)　　　87, 91
집정관총재　　　145, 179, 186, 187, 190, 191, 194, 195, 206, 277, 334

차

차이나 로비(China Lobby)　　　624
찰스 토머스(Charles Thomas)　　　133
창록　　　56
천도교　　　495
청구회(靑丘會)　　　350, 385
『체역집(替役集)』　　　76
『청일전긔』　　　76
총선거대책위원회(總選擧對策委員會)　　　673
최권　　　55
최규설(崔圭卨)　　　687
최남(崔楠)　　　349, 589, 591, 594, 606
최남선(崔南善)　　　288, 295, 363
최동오(崔東旿)　　　527, 658, 693
최두선(崔斗善)　　　93, 323, 358, 384, 385, 392
최린(崔麟)　　　300, 321, 322, 325, 359, 399, 455
최범술(崔凡述)　　　527
최상희(崔相熙)　　　416
최석봉(崔錫鳳)　　　687
최선주　　　216
최성환(崔星煥)　　　468
최순주(崔淳周)　　　333
최승만(崔承萬)　　　279
최용달(崔容達)　　　410, 464
최운정(崔云丁)　　　300
최원순(崔元淳)　　　323
최응원　　　60
최의호　　　47
최익환(崔益煥)　　　468
최재형　　　171
최전구(崔銓九)　　　180
최정식(崔廷植)　　　74
최정익(崔正益)　　　72
최하영(崔夏永)　　　510
최현배　　　356, 384, 392
춘생문 사건　　　68, 70
친미파　　　31

카

KDRK　　569
켄소　　295
코델 헐　　252, 260
코로트코프　　682
쿤스(Edwin Wade Koons)　　413
크롬웰(James H. R. Cromwell)　　249, 250, 258

타

탁치반대국민대회　　510
태산　　63, 138
태평양문제연구회　　358
태평양전쟁　　104
태평양회의　　323, 379
태프트(William H. Taft)　　84
테오도르 루즈벨트(Theodore Roosevelt)　　84, 109
통지위원(通知委員)　　348
통지위원제도　　370
통합고문회의　　486, 497, 502, 507
트루만　　431, 434, 519, 641
트루만독트린　　639, 640, 652
특별정치위원회(特別政治委員會)　　505, 506

파

파리강화회의　　150, 277~279, 281, 313
88독립보병여단　　266
페테루스키(Peterwsky)　　114
포크　　157
『프라우다(Pravda)』　　537
프란체스카　　328, 604, 622, 636, 642, 643
프레드릭 브라운(Frederick Harris Brown)　　624
프린스턴대학　　91
필라델피아 제1차 한인회의(First Korean Congress)　　198
필라델피아 한인자유대회　　109, 162
핏치　　47

하

하야시 곤스케(林權助)　　81, 103
하와이 교민단(僑民團)　　332
하와이기독학원 모국방문단　　296, 308
하와이모국방문단　　106, 310, 313, 314, 318, 319, 331, 341
하와이한인학생모국방문단　　144
하준석(河駿錫)　　594, 606
하지(John R. Hodge)　　35, 254, 268, 428, 433, 441~444, 447, 449, 453, 456, 457, 459, 469, 475~477, 480, 489, 491, 492, 500, 502, 511~513, 516, 519, 521, 525, 527, 529~531, 536, 543, 565, 568, 570, 572~574, 576, 595, 596, 609, 628~633, 637, 638, 641, 643, 645, 649~651, 667, 668, 692
하춘식(河春植)　　578

한국기독친우회(the Christian Friends of Korea)　　　259
한국독립수립대책협의회　　　692
한국민족대표자대회(韓國民族代表者大會)　　　664
한국민주당　　　39, 40, 43, 240, 458, 459, 468, 495
한국위원부(Korean Commission)　　　627, 628, 637, 660
한국위원회　　　630
한국인민치태평양회의서(韓國人民致太平洋會議書)　　　205, 294
한국친우회(League of the Friends of Korea)　　　199, 202, 258, 292
한국해방위원회　　　265
한규설(韓圭卨)　　　82~84, 103
한길수(韓吉洙)　　　23, 214, 221, 224~226, 230, 231, 248, 259, 264, 381, 434, 538~541
한남수(韓南洙)　　　180, 298, 300
한독당　　　495, 546, 560, 568, 576, 647, 657, 684
한동석(韓東錫)　　　510
한미경제회사　　　542
한미무역회사　　　542
한미상호방위조약　　　21, 25
한미수호조약(韓美修好條約)　　　82
한미협회(Korean-American Council)　　　219, 228, 244, 258, 267, 269, 630, 637, 431
한민당　　　468, 501, 515, 546, 560, 568, 575, 576, 647, 656, 670, 673
한반도중립화론　　　129
한상룡(韓相龍)　　　399
한설야(韓雪野)　　　409, 418
한성정부　　　178, 183~185, 187, 192, 194~196, 206, 275, 277, 284, 293, 334
한성정부 법통론　　　200, 218, 218, 490
한승엽　　　251
한시대(韓始大)　　　228, 230, 240, 264, 515
한영욱(韓永煜)　　　408
한용운(韓龍雲)　　　289, 295, 399
한위건(韓偉健)　　　323
한인구제회　　　292
한인기독교회　　　105, 146, 149, 303, 332, 339
한인기독학원　　　146, 211, 303, 308, 313, 318, 319, 332
한인기숙학교(The Korean Compound)　　　222
한창환(韓昌桓)　　　409
한표욱(韓豹頊)　　　251
한형권(韓亨權)　　　112
함상훈(咸尙勳)　　　412, 414, 415, 417, 418, 468
함태영(咸台永)　　　288, 298, 299
함평 사건　　　21
해롤드 레이디(Harold Lady)　　　624
해리스(Bishop Merriman Colbert Harris)　　　93, 310
해리스(Frederick Brown Harris)　　　258
해삼위 조선학생음악단　　　316
해외한족대회　　　220
햄린(Lewis T. Hamlin)　　　88
행정연구위원회(行政研究委員會)　　　506, 510
허정(許政)　　　92, 333, 368, 395, 494, 501
허택　　　589
허헌　　　39, 395, 406~408, 414, 415,, 418, 464, 465, 571, 572, 663, 682, 690
허헌(許憲)　　　363, 406
헐버트(Homer B. Hulbert)　　　75, 156, 203, 288, 292
헤이(John Hay)　　　83, 84, 125
헨리 리　　　255
혁신탐정사(革新探偵社)　　　589
현공렴(玄公廉)　　　73
현동완(玄東完)　　　374, 385, 463

현상윤(玄相允)　　　93, 288
현순(玄楯)　　　158, 161~163, 166, 168~171, 173, 174, 176, 180, 197, 201, 209, 232, 283, 288, 298, 299
현앨리스　　　231
현제명(玄濟明)　　　387
현창운(玄彰運)　　　283
현채(玄采)　　　67
협성회(協誠會)　　　71, 73
『협성회회보』　　　71, 72
협찬부　　　235, 237
형설회(螢雪會)　　　316
호머 리(Homer Lea)　　　140
호상부(護喪部)　　　215
호소가와(細川嘉六)　　　419
호항한인물산장려회취지서　　　305
혼백(Hornbeck)　　　245
홀(Ernest F. Hall)　　　88
홍면희(洪冕憙)　　　191, 283
홍명희(洪命憙)　　　323, 406, 527, 658, 680
홍병덕　　　355, 385
홍병선　　　365, 373
홍성욱(洪性郁)　　　180
홍성하(洪性夏)　　　323
홍승국　　　384
홍익범(洪翼範)　　　395, 406, 407, 411, 413, 415, 417, 419, 423
홍재기(洪在箕)　　　79, 285　　　286, 287
홍정후(洪正厚)　　　73
홍종숙(洪鍾肅)　　　344　　　348, 388
홍증식(洪璔植)　　　403　　　404
홍진(洪震)　　　300, 527,　　　536
홍치범　　　232
홍한식(洪漢植)　　　145, 232
화북작전(North China)　　　244
파이팅(Georgiana Whiting)　　　68
황국협회　　　74
황득일　　　251
황성기독교청년회(YMCA)　　　80, 92, 285
황성수(黃聖秀, S. S. Whang)　　　421
황인종단결론　　　101
황진남(黃鎭南)　　　533
후견(опека)　　　492
후치태(董德乾)　　　114
흥사단　　　142, 145, 232, 344, 356
흥업구락부(興業俱樂部)　　　39, 44, 141, 287, 304, 323, 341, 346, 362, 367, 368, 377, 379, 383, 384, 389, 396, 460, 462
힐드링(John R. Hilldring)　　　627, 639, 652
힐로시사(時事)　　　319